中华人民共和国地方志·福建省

龙海市志

1993—2007

中共龙海市委党史和地方志研究室 编

方志出版社

龙海市地图

芗城区
龙文区
漳州市
芗城区
新桥街道
步文镇
蓝田镇
芝山镇
朝阳镇
郭坑镇
靖城镇
九湖镇
颜厝镇
榜山镇
龙海市
石码街道
程溪镇
东泗
官浔镇
长桥镇
南浦
赤岭畲族乡
湖西畲族乡
紫泥镇
海澄镇
南靖县
平和县
长泰县
漳浦县
龙文区
九龙江（北溪）
九龙江（西溪）
南溪
双第华侨农场
九龙岭林场
九九坑农场
新社农场
浮山农场
内寮农场
榜山农场
龙海良种场
青年山农场
东泗玳瑁茶场
乌石步水库
上峰水库
湖后水库
南坑水库
峭坑水库
莲池水库
西山水库
大坑水库
大尖山 954
大帽山
后倒山
江寨山
五牙山
毛顶山
草尖尾
大帽山
漳州站
漳州北互通
漳州东站
龙海站
江东互通
龙海互通
漳州互通
赵家堡互通
G319
G324
S207
S208
鹰厦铁路
龙厦铁路
厦深铁路
图例
设区市行政中心
县级行政中心
街道办事处
镇、乡
农林场
社区居委会
村委会
自然村、工区
设区市行政区域界
县级行政区域界
镇、乡行政区域界
高速公路及出入口
铁路及车站
在建铁路
国道及编号
省道及编号
县道
主要街道
一般街道
隧道
桥
机场
港口、码头
河流
水库
主要堤
珊瑚礁
岛礁
山峰
注：本图资料截至2007年12月。
比例尺 1：200 000
审图号：闽S〔2017〕61号
福建省制图院　编制

海沧区
集美区
同安区
翔安区
湖里区
思明区
金门县
厦门市
集美街道
侨英街道
杏滨街道
杏林街道
新阳街道
海沧街道
殿前街道
禾山街道
莲前街道
梧村街道
鹭江街道
厦港街道
滨海街道
鼓浪屿街道
鼓浪屿
厦门岛
厦门港
西港
东渡
海沧大桥
集美大桥（在建）
杏林大桥（在建）
厦门高崎国际机场
厦门站
五缘大桥
翔安隧道（在建）
马銮海堤
新阳大桥
厦门东侧水道
小金门岛
大担岛
二担岛
四担岛
三担岛
五担岛
青屿
大离浦屿
鳄鱼屿
下后滨
刘五店
澳头
西亭
杏林互通
杏堤
杏林
浦林
芸尾
东孚镇
东浦
温厝
古楼
敖冠
红屿
火烧屿
大兔屿
猴屿
大屿
贞庵
鸡屿
土屿
鼠屿
槟榔屿
烟屿
大尖礁
虎仔屿
复鼎屿
狮球
九龙江口
海门岛
海平
海山
北山
西山
大山
大涂洲
埭新大涂农场
大成农场
沙头农场
甘文农场
军垦农场
角美镇
浮宫镇
港尾镇
白水镇
东园镇
隆教畲族乡
前亭镇
马坪镇
佛昙镇
石坑
石坑码头
屿仔尾码头
屿仔尾
石后
田洋内
虎甲山
后村
大径
澳口礁
破灶屿
小破灶屿
七洋礁
大径码头
卓岐
深沃
公园头
后港
白屿
沉礁
龟礁
蛇渡
浯屿
九节礁
青礁屿
浯垵
土堆礁
岛美
乌屎礁
后石
燕尾角
白网礁
小澳
陈厝前
白坑
流会
鸟嘴尾角
麦穗礁
苦横礁
好命礁
乌鼻头角
鸡屎礁
旗尾山
镇海
关头
红星
隆教湾
白塘
大屿脚礁
天马山
白塘湾
湖前湾
半洋礁
东碇岛
林进屿
江口湾
后蔡湾
前亭港
佛昙港
岱嵩
小嵩岛
岱嵩岛
大白石
整美
屈原公
新安
林埭
洞野
桥仔头
过港
刘下
顶埕
石过陂水库
杨美水库
太武山
南安
古城
梅市
上午
汤头
东坑
港尾
水磨坑水库
南坑水库
困牛山
南安水库
东海水库
前线水库
黄坑
径内
新村
北山
岭头
西南院
苦坑
大林
东门
山边
洋坪
后厝
新厝
塘内水库
院前水库
溪东水库
郊边水库
赤兰溪水库
霞郭
埔里
霞威
邱厝
渔业
港前
霞圳
霞兴
美山
丹宅
后宝
际都
溪山
山塘
八坑
郊边
西凤
方田
崎岭
楼埭
沙坛
考后
黄岭
大岐
高山
城外
尖山脚
店地
东地
白沙
石埠
格林
王公地
古山
山过
G319
G324
S201
S208
沈海高速
鹰厦铁路
海
集
美
区
沧
县
金
门
厦
门
港

龙海市交通旅游图

靖城镇
龙合
后巷
芗城区
龙文区
南靖县
平和县
漳浦
长泰县
九龙江
北溪
西溪
漳州市
漳州站
芝山镇
芗城区
新桥街道
步文镇
龙文区
蓝田镇
朝阳镇
郭坑镇
漳州东站
漳州北互通
龙海市
石码街道
榜山镇
紫泥镇
海澄镇
九湖镇
颜厝镇
程溪镇
东泗
官浔镇
长桥镇
南浦
湖西畲族乡
赤岭畲族乡
东泗玳瑁茶场
双第华侨农场
九九坑农场
榜山农场
新社农场
浮山农场
内寮农场
龙海良种场
青年山农场
石狮岩
白云岩
紫云岩
江东桥
林氏义庄
木棉亭碑刻
雨亭
乌石步水库
上峰水库
湖后水库
南坑水库
莲池水库
峭坑水库
后倒山
江寨山
大尖山
954
草尖尾
九龙岭
大帽山
五牙山
毛顶山
大垣山
鹰厦铁路
龙厦铁路
厦深铁路
G319
G324
S207
S208
赵家堡互通
江东互通
图例
设区市行政中心
县级行政中心
街道办事处
镇、乡
农林场
社区居委会
村委会
自然村、工区
设区市行政区域界
县级行政区域界
镇、乡行政区域界
高速公路及出入口
铁路及车站
在建铁路
国道及编号
省道及编号
县道
主要街道
一般街道
一般道路
隧道
桥
机场
港口、码头
河流
水库
主要堤
珊瑚礁
岛礁
自然保护区
景点
山峰
注：本图资料截至2007年12月。
比例尺 1：200 000
审图号：闽S〔2017〕61号
福建省制图院 编制

海
集
美
区
同
安
区
翔
安
区
沧
湖
里
区
思
明
区
金
门
县
集美区
集美街道
侨英街道
杏滨街道
杏林街道
杏林
杏堤
西亭
浦林
杏林互通
G319
G324
沈海高速
鹰厦铁路
东孚镇
芸尾
东浦
新阳街道
新阳大桥
马銮海堤
集美站
杏林大桥（在建）
集美大桥（在建）
厦门高崎国际机场
五缘大桥
翔安隧道（在建）
殿前街道
禾山街道
湖里区
海沧大桥
海沧区
厦门市
莲前街道
梧村街道
鹭江街道
厦门站
思明区
厦港街道
滨海街道
鼓浪屿街道
鼓浪屿
海沧街道
温厝
古楼
敖冠
红屿
火烧屿
大兔屿
猴屿
大屿
鸡屿
贞庵
青礁慈济宫
白礁慈济宫
龙池岩
角美镇
九龙江口
海门岛
厦门岛
小金门岛
大担岛
二担岛
四担岛
五担岛
三担岛
狮球
大尖礁
土屿
鼠屿
槟榔屿
烟屿
复鼎屿
虎仔屿
鳄鱼屿
下后滨
刘五店
大离浦屿
澳头
S201
石坑码头
屿仔尾码头
石坑枪城
南炮台
石坑
浮宫镇
港尾镇
隆教畲族乡
镇海卫城
许提督碑亭
云盖寺
虎甲山
太武山
白石岩
大径码头
澳口礁
破灶屿
小破灶屿
七洋礁
青屿
白屿
沉礁
龟礁
浯屿
九节礁
燕尾角
白网礁
鸟嘴尾角
麦穗礁
苦横礁
好命礁
乌鼻头角
鸡屎礁
隆教湾
旗尾山
前亭镇
马坪镇
佛昙镇
杨美水库
石过陂水库
南坑水库
水磨坑水库
前线水库
东海水库
白塘湾
湖前湾
江口湾
后蔡湾
半洋礁
林进屿
大屿脚礁
天马山
佛昙港
前亭港
桥仔头
过港
洞野
林埭
顶埕
刘下
大白石
岱嵩
整美
东碇岛
新安

龙海市地势图

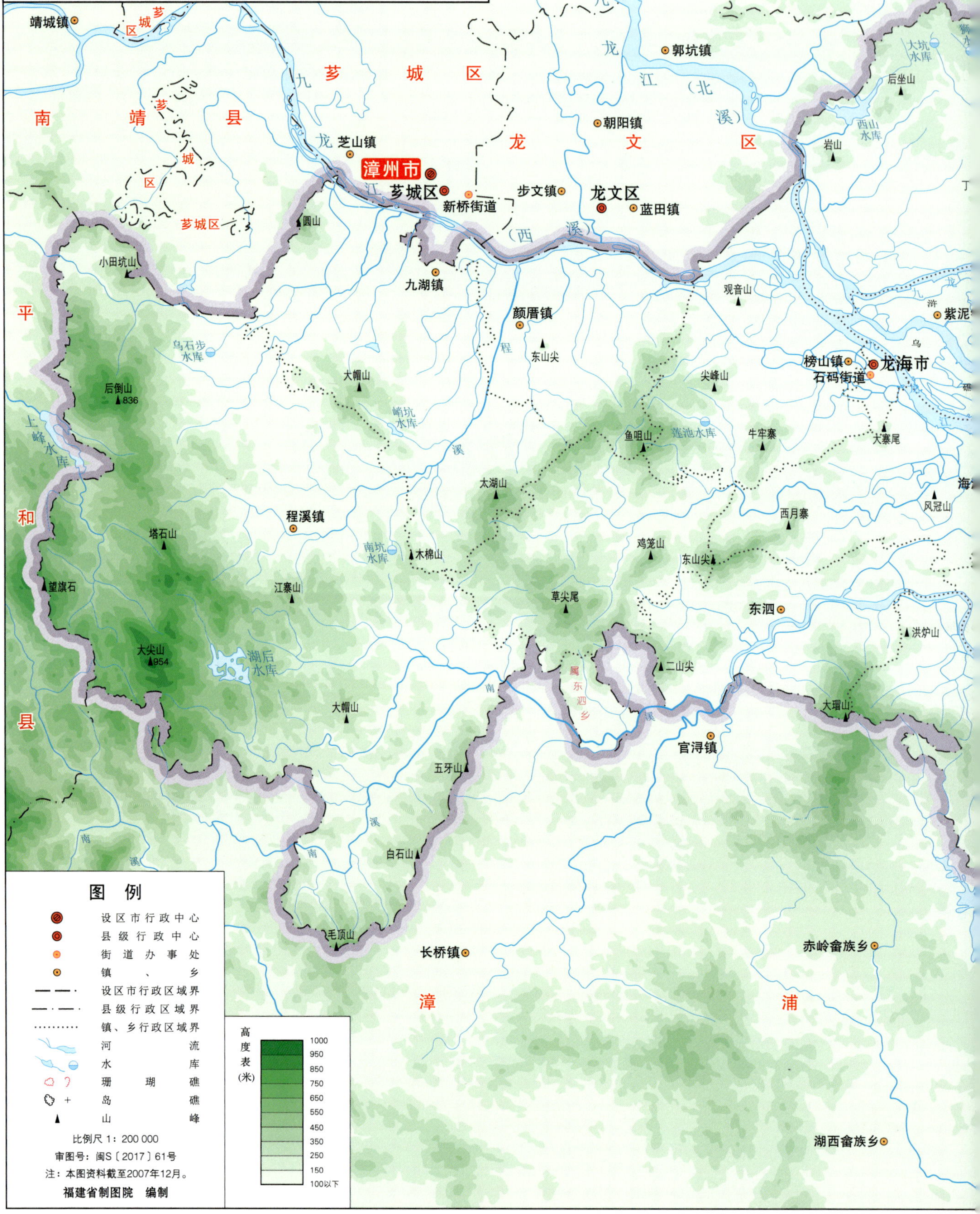

靖城镇
南靖县
芗城区
漳州市
芗城区
新桥街道
芝山镇
步文镇
龙文区
蓝田镇
朝阳镇
郭坑镇
龙文区
长泰县
九龙江（北溪）
九龙江
九龙江（西溪）
圆山
小田坑山
九湖镇
颜厝镇
乌石步水库
东山尖
后倒山
836
上峰水库
大帽山
峁坑水库
观音山
尖峰山
榜山镇
石码街道
龙海市
紫泥
鱼咀山
莲池水库
牛牢寨
大寨尾
太湖山
程溪镇
塔石山
南坑水库
木棉山
西月寨
风冠山
鸡笼山
东山尖
望旗石
江寨山
草尖尾
东泗
洪炉山
大尖山
954
湖后水库
二山尖
属东泗乡
平和县
大帽山
大瑁山
官浔镇
五牙山
白石山
毛顶山
长桥镇
赤岭畲族乡
漳浦县
湖西畲族乡
后坐山
大坑水库
西山水库
岩山
图例
设区市行政中心
县级行政中心
街道办事处
镇、乡
设区市行政区域界
县级行政区域界
镇、乡行政区域界
河流
水库
珊瑚礁
岛礁
山峰
比例尺 1：200 000
审图号：闽S〔2017〕61号
注：本图资料截至2007年12月。
福建省制图院　编制
高度表（米）
1000
950
850
750
650
550
450
350
250
150
100以下

侨英街道
集美区
集美街道
杏滨街道
杏林街道
东孚镇
西山
海
集
美
区
同
安
区
翔
安
区
鳄鱼屿
大嶝浦屿
沧
新阳街道
角美镇
文圃山
红屿
湖
里
区
殿前街道
禾山街道
湖里区
海沧区
厦门市
火烧屿
大兔屿
莲前街道
大尖礁
梧村街道
猴屿
大屿
鹭江街道
思
明
区
海沧街道
思明区
厦港街道
鼓浪屿街道
鼓浪屿
鸡屿
滨海街道
土屿
鼠屿
槟榔屿
烟屿
金
九
龙
江
口
海门岛
厦门岛
小金门岛
厦
门
港
枕
洲
大涂洲
门
虎仔屿
复鼎屿
大担岛
二担岛
四担岛
三担岛
五担岛
县
狮球
下平礁
马鞍礁
乌礁
虎甲山
牛角山
白石坞
浮宫镇
澳口礁
破灶屿
小破灶屿
七洋礁
青屿
堵内水库
高山
东园镇
峨山
后港
白屿
五魁山
沉礁
龟礁
九节礁
浯垵
浯屿
青礁屿
土埋礁
乌屎礁
太武山
院前水库
溪东水库
下方苏山
港尾镇
寨仔山
南安水库
东海水库
燕尾角
白网礁
大寨
郊边水库
东兰溪水库
水磨坑水库
前线水库
岭兜岭
南坑水库
困牛山
鸟嘴尾角
麦穗礁
苦横礁
好命礁
陈苍岭
石过陂水库
隆教畲族乡
乌鼻头角
鸡屎礁
杨美水库
隆教湾
旗尾山
马坪镇
前亭镇
县
大屿脚礁
天马山
白塘湾
湖前湾
佛昙港
前亭港
江口湾
半洋礁
林进屿
屈原公
佛昙镇
小嵩岛
岱嵩岛
后蔡湾
东碇岛

龙海市城区图

平宁砖瓦厂
严溪头
平宁
榜山镇
保修厂
西头
港龙小区
榜山保健院
交警大队
侨村社区
龙良宾馆
龙海四中
漳镇公路
芦州
锦龙小区
龙海汽车站
人民西
解放南社区
芦滨路
兽医站
成兴酒店
平宁路
工商局
移动通信
紫
外经贸局
罗
119指挥中心
行政服务中心
锦
都边
威
人行龙海市支行
检察院
新厝
国税局
教育局
G15沈海
文美
地税局
高坑小学
紫云社区
图例
市政府驻地
镇、街道办事处
村委会
社区居委会
企事业单位
学校
医院
酒店
汽车站
高速公路
一级街道
二级街道
码头
绿地、公园
体育场
寺庙
审图号：闽S〔2017〕61号
注：本图资料截至2007年12月。
福建省制图院　编制

西良
穿岛公路
箭道埕码头
西良新街
南岸
西良码头
九
解放西社区
铜鞍码头
人渡
外岸
大码头
新店码头
人渡
轮渡码头
龙
锦江大桥
实验小学
五福禅寺
总工会
瑞景苑
解放北社区
市政府
关帝庙
锦江宾馆
第一医院
九二O社区
人民西社区
民宗局
内社
石码街道
市政协
新华社区
劳动和社会保障局
人民商场
科技局
海洋与渔业局
财政局
运辉花园
水利局
中山公园
广电局
石码中心小学
民政局
中行龙海支行
青少年宫
祖宫码头
人渡
龙海一中
解放东社区
石码中心小学分校
渔业社区
渔业小学
食品公司
登第
国土资源局
林业局
港口社区
计生局
登第小学
港口花园
渔业新村
竹篙码街
港岸
卫生局
人民法院
市中医院
佳鑫花园
东市场垃圾中转站
幼儿园
港
高坑别墅小区
石码公安分局
高坑
药监局
立业大厦
龙海七中
安居新村
市公交汽车站
市环保局
市电力公司
港口公园
桥口社区
公安局
英埭
交通局
齿轮厂
龙海大酒店
园林处
山后
司法局
政法委
电信局
林坑
教育印刷厂
至海澄镇
至海澄镇
漳镇公路
锦江道
解放路
人民路
港林路

市区全景

1998年龙海市区全景(市委报道组提供)

2006年龙海市主城区夜景(市委报道组提供)

1993 年 6 月 28 日，龙海市成立庆典大会（市委报道组提供）

2003 年 11 月 18 日，中国共产党龙海市第十次代表大会在石码召开（市委报道组提供）

2004 年 1 月 2 日，龙海市第十四届人民代表大会第一次会议在石码召开（市人大办提供）

2004 年 1 月 1 日，政协龙海市第十一届委员会第一次会议在石码召开（市政协办提供）

工商局办公大楼夜景（郭高翔摄）

广电大楼（郑亚裕摄）

钻石大酒店（市委报道组提供）

水晶花园小区（郭高翔摄）

改建后石码内河河段（市委报道组提供）

紫云公园爱心广场（朱仕琪摄）

2007 年改建后的紫崴路（市委报道组提供）

龙海高速公路出入口（市委报道组提供）

锦江大桥（朱仕琪摄）

西溪大桥（市交通局提供）

东园工业区（东园镇党政办提供）

后石电厂（市发改局提供）

漳州港（市委报道组提供）

绿宝集团生产车间（市委报道组提供）

福龙冷冻食品公司生产车间（市委报道组提供）

灿坤厂区生产车间（市委报道组提供）

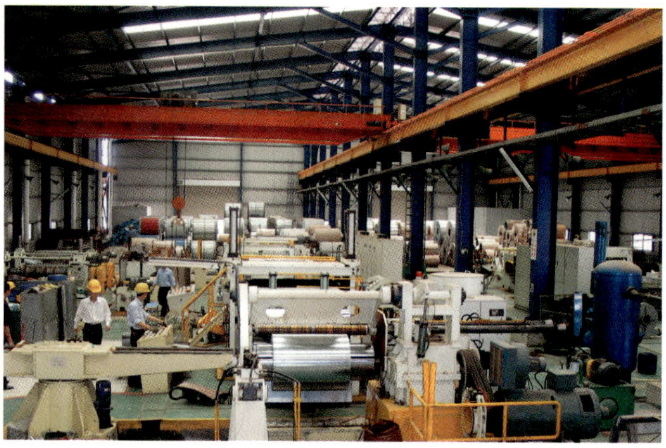

凯景钢铁车间（市委报道组提供）

紫山集团（紫山集团提供）

百花村花卉中心（漳州市花卉交易中心提供）

蔬菜生产基地（市农业局提供）

红树林商贸街区夜景（郭高翔摄）

龙海第一中学（龙海第一中学提供）

厦大漳州校区（市委报道组提供）

龙海第二中学（龙海第二中学提供）

龙海市第一医院（方通泉摄）

龙海市中医院（龙海市中医院提供）

东泗卫生院（东泗卫生院提供）

龙海市新体育场（林财民摄）

卓岐村敬老院(市新农村办提供)

花园式小区（市新农村办提供）

第四批全国文物保护单位——白礁慈济宫（市文体局提供）

第五批全国文物保护单位——江东桥（市文体局提供）

第六批全国文物保护单位——林氏义庄（市政协办提供）

第六批全国文物保护单位——天一总局（市委报道组提供）

省级文物保护单位——木棉亭（市方志委提供）

省级文物保护单位——镇海古卫城遗址（郑云摄）

海澄城隍庙（许明枝摄）

店仔尾码头（郑云摄）

豆巷古街（郑云摄）

国家地质公园——牛头山古火山口（市旅游局提供）

九龙江口红树林保护区（市旅游局提供）

晏海楼（市旅游局提供）

龙佳生态温泉山庄（市旅游局提供）

埭美古民居（郑亚裕摄）

石码中山亭（杨水英摄）

屿仔尾南炮台（市委报道组提供）

石美送王船（黄水木摄）

九湖林前伽蓝王巡社（韩克非摄）

罗锦河上赛龙舟（市委报道组提供）

隆教乡抢孤棚（陈惠玲摄）

舞龙（方通泉摄）

海澄城隍庙结彩楼（市文体局提供）

大鼓凉伞（方通泉摄）

2011 年 7 月 19 日，参加《龙海市志》评稿会人员合影（市方志委提供）

编纂机构及人员

一、《龙海市志（1993—2007）》编纂委员会

主　　　　任　郑隆松（市委书记）
常务副主任　何才成（市委副书记、市长）
副　主　任　陈爱棋（市委常委、办公室主任）
　　　　　　张志祥（副市长）
委　　　　员　邱旺山　王燕国　陈盛发　黄国辉　陈裕成　罗跃聪
　　　　　　杨文卿　骆晓斌　蔡艺斌　邱英才　陈志良　康建辉
　　　　　　甘燕堂　康清河　蔡毅勇　杜人江　陈永洲　林毅华
　　　　　　薛立强　丁庆雄　刘向东　高力嘉　黄俊斌　苏打铁
　　　　　　郭小辉　兰建辉　王跃宗　曾艺彬　曾思毅　朱国辉
　　　　　　陈朝阳　高春生　洪亚智　蔡亦全　林志强　许良辉
　　　　　　郭　斌　柯燕辉　胡墩峰　黄建容　高鑫池　杨　濛
　　　　　　沈　达　杨志斌　郭国兴　杨海珍

曾任主任　张祯锦
曾任常务副主任　杨溪峰　曾建成
曾任副主任　阮亚祥　李施军　林香娣

二、原龙海市地方志编纂委员会

（2007 年 5 月至 2018 年 12 月 · 按任职先后为序）

主　　　　任　许明枝　邱旺山
副　主　任　陈娜娟　陈春红　杨海珍
委　　　　员　王明燕　简少雄　卢艺容　柯少强　黄　斐

三、《龙海市志（1993—2007）》总编室

主　　编　许明枝（2007.5–2011.4）
　　　　　邱旺山（2011.4–2019.1）
副 主 编　陈娜娟　陈春红　杨海珍
总　　纂　张日庆
编　　辑　王明燕　卢艺容　林本谅　柯少强　高建国　黄　斐　简少雄
　　　　　蔡国瑞（按姓氏笔画为序）

四、《龙海市志（1993—2007）》审稿组

组　　长　郑隆松
副 组 长　李施军
成　　员　王燕国　陈裕成　邱旺山　洪能杰　丁庆雄　沈　达　郭国兴
　　　　　杨海珍　严继裕

五、原漳州市地方志编纂委员会《龙海市志（1993—2007）》审定验收组

成　　员　康元泰　蔡春枝　李云章　郑美华　蔡建明

序　一

龙海地处闽之东南隅，古称“海滨邹鲁”，物华天宝，人杰地灵。撤县建市至今，革故鼎新，百业兴旺，政通人和，气象万千。其为闽之侨乡，泛东西洋而去异国异地者成千上万；自是台胞祖地，五缘情深者一衣带水。

然志为一方之信史，人心文脉系于一书，必求完备翔实、述而不作，不因个人好恶而偏私，横排门类、竖写历史，记叙社会生活、民情风物之变迁种种，方称佳志。细思古来修志，无非资政、教化、存史，所谓“治天下者以史为鉴、治郡国者以志为鉴”，我谓盛世修志、博采约取，折射一方水土一方人，既须客观真实可信，且要服务发展大局，以史家之笔记录龙海十五年之腾飞巨变，实《龙海市志》所承担之重任也。

当是时，高质量发展态势已成，赶超跨越重任在肩，扬帆新时代、谋划新发展，诚是吾侪之历史课题。所幸本志所载十五年发展轨迹，详述改革发展主旋律、书写艰苦创业奋斗史，读之可以为鉴、思之受益良多，实已臻“修志问道、以启未来”之境。

编纂史志，青灯黄卷，何其劬劳？广大修志工作者甘坐冷板凳，十年磨一剑，不求藏于名山，但求利于当代，终集细流以成江海，精神可嘉。我由衷对殚精竭虑的修志者致以敬意问候！

是为序。

中共龙海市委书记 

2019 年 3 月

序　二

盛世修志，历史必然。承蒙龙海市地方志编纂委员会和各承编单位的编修人员广征博采，群策群力，数易其稿，以及各级领导支持，终使《龙海市志》付梓。这是龙海市政治、文化生活中的一大盛事。

修志旨在激励当代，启迪后世。《龙海市志》编纂期间，正值龙海坚持高质量发展落实赶超战略目标之际，全市上下坚持以习近平新时代中国特色社会主义思想为指导，主动融入闽西南协同发展区和厦漳泉同城化建设，经济社会保持平稳健康发展态势，先后荣获国家卫生城市、中国休闲食品名城、省级文明城市等荣誉称号；“一江滨两新区”“南太武南溪湾”两大重点片区建设快速推进，全市产业、民生、交通、生态环保和城乡建设各项事业齐头并进。《龙海市志》成书之际，适逢新中国成立70周年，全市人民将以史为鉴，继续秉持爱国爱乡、海纳百川、乐善好施、敢拼会赢的精神，奋力推进龙海再创业、振雄风、当龙头。

鉴古才知今，继往为开来。《龙海市志》广征博采，取精存真，翔实记述1993年龙海撤县建市至2007年的自然、经济、政治、文化、社会的历史与现状，突显龙海地方特色和改革开放新风貌，反映时代的伟大变革，充分展示龙海人民在中共龙海市委、市政府的领导下，团结拼搏、开拓进取的宏伟气概和辉煌业绩，是一部具既有地方特色，又有时代特征的科学性、资料性著述，具有深长久远的影响力和感召力。

编纂地方志是一项细致而艰辛的工作，广大修志人员足踏千里，书翻万卷，含辛茹苦，伏案耕耘，默默奉献，其精神令人欣佩。由衷地对辛勤耕耘的全体修志人员致以崇高的敬意和亲切的问候！

是为序。

龙海市人民政府市长 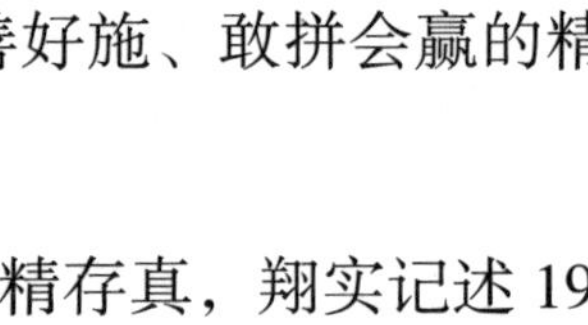

2019年3月

凡 例

一、《龙海市志》以马克思列宁主义、毛泽东思想、邓小平理论、“三个代表”重要思想、科学发展观、习近平新时代中国特色社会主义思想为指导，坚持辩证唯物主义和历史唯物主义的立场、观点和方法，客观、全面、系统地记述龙海市境域内的自然、政治、经济、文化、社会的发展与变化情况。

二、本志记述的区域为龙海市当时所辖行政区划地域范围，记述时间一般上限为1993年。由于本志是《龙海县志》续志(县志下限至1991年)，记述时间部分延伸至1992年，与前志衔接，个别事物适当上溯至事物的发端；下限至2007年12月31日。1996年9月，龙海市析步文、郭坑两镇归漳州市龙文区，1996年的数据不包括两镇。

三、本志记事采用述、记、志、传、图、表、录体裁，其中志为主体。设概述、大事记、专业分志、人物，辅以图、表、附录；坚持科学分类和社会分工的原则，横排门类，纵写史实，纵横结合，突出时代特色、地方特色、专业特色；按自然、经济、政治、文化、社会顺序排列；专业分志30卷，卷下设章、节、目、子目4个层次。

四、本志采用规范的记述性语体文，文字采用简化汉字，标点符号按国家标准执行。

五、本志历史纪年，中华民国以前朝代，采用年号纪年，用汉字数字书写，括注公元纪年；中华民国时期，采用年号纪年，用阿拉伯数字书写，每节首次记述时括注公元纪年；1949年10月1日后一律用公元纪年。志中“解放前、后”，系指龙溪县1949年9月20日、海澄县9月21日境域解放前、后；1949年10月1日前后称中华人民共和国成立前后。中华人民共和国在每一节第一次出现用全称，以后简称“新中国”。

六、本志采用第三人称表述。机构、文件、会议名称第一次出现用全称，再次出现用简称（如首次中国共产党龙海市委员会，再次简称中共龙海市委；首次龙海市计划生育委员会，再次简称市计生委，依此类推）。

七、本志数据来源于统计部门公布的数据，统计部门没有公布的统计资料，采用业务主管部门的统计数据；计量单位表示法和数字使用方法，按照国家标准执行。

八、本志人物分传、表，坚持“生不立传”的原则；人物传以生年先后排序。

九、本志资料来自单位志稿、档案，以及公开出版物、已解密的内部资料、族谱、经核实的口碑材料等，除个别需要用标注外，一般不注明出处；引文用括注。

目　录

概　述……1
大事记……5

卷一　政区　环境

第一章　政　区……33
　第一节　建置……33
　第二节　境域……33
　第三节　行政区划……34
第二章　自然环境……36
　第一节　地质　地貌……36
　第二节　气候　水文……37
　第三节　国土资源……41
　第四节　野生动植物……43
第三章　自然灾害……45
　第一节　气象灾害……45
　第二节　地震与其他地质灾害……48
第四章　环境保护……49
　第一节　机构……49
　第二节　环境质量……49
　第三节　环境监测……52
　第四节　污染源调查与治理……53
　第五节　环保监督管理……55
　第六节　环保执法检查……56
第五章　水土保持……57
　第一节　机构……57
　第二节　水土流失类型与治理……57
　第三节　水土保持监管……58

卷二　人　口

第一章　人口总量与分布……61
　第一节　人口总量……61
　第二节　人口分布……61
　第三节　人口变动……63
第二章　人口构成……65
　第一节　民族与姓氏构成……65
　第二节　性别与年龄构成……66
　第三节　家庭与婚姻构成……70
　第四节　文化与职业构成……72
第三章　计划生育……73
　第一节　机构与队伍……73
　第二节　宣传教育……73
　第三节　计划生育服务……74
　第四节　计划生育管理……76

卷三　国土资源管理

第一章　机　构……81
　第一节　土地与矿产资源管理机构……81
　第二节　海域管理机构……81
第二章　土地管理……82

第一节　土地利用规划和基础测绘……82
第二节　地籍地产管理……83
第三节　建设用地审批……86
第四节　土地使用管理……88
第五节　耕地保护与开发整理……90
第三章　矿产资源管理……92
第一节　矿产资源规划和利用……92
第二节　采矿权管理与规费征收……93
第三节　矿业秩序整顿和矿山治理……94
第四章　海域管理……95
第一节　海域状况与海洋功能区划……95
第二节　开发与利用……96
第三节　海洋环境保护……99

卷四　城乡建设

第一章　城乡建设规划……103
第一节　城市规划……103
第二节　乡镇与村庄规划……105
第二章　城市建设……107
第一节　房屋建设……107
第二节　市政基础设施建设……112
第三节　环境卫生……118
第三章　乡镇、村建设……120
第一节　集镇建设……120
第二节　村庄建设……122
第四章　建筑业与房地产业……124
第一节　建筑企业……124
第二节　房地产开发企业……126
第三节　房地产市场……127
第五章　管　理……129
第一节　机构……129
第二节　建筑市场管理……130
第三节　房地产市场管理……132
第四节　住房制度改革……133
第五节　建设监察与执法……135

卷五　经济综述

第一章　经济发展……139
第一节　发展概况……139
第二节　增长水平……142
第二章　经济结构……144
第一节　所有制结构……144
第二节　产业与投资结构……145
第三章　居民生活……146
第一节　城镇居民生活……146
第二节　农村居民生活……148

卷六　交　通

第一章　陆路交通设施……153
第一节　乡村道路……153
第二节　县道……153
第三节　省道……155
第四节　国道……156
第五节　高速公路……158
第六节　桥梁……159
第七节　铁路……160
第二章　水路交通设施……161
第一节　港口……161
第二节　航道……164
第三节　码头……166
第四节　渡口……169
第三章　陆路运输……169
第一节　运输工具……169
第二节　营运线路……170
第三节　营运业务……170
第四章　水路运输……171
第一节　运输工具……171
第二节　运输企业……171

第三节　营运业务……172
第五章　交通运输管理……173
第一节　机构……173
第二节　路政管理……174
第三节　航政管理……178
第四节　运输管理……179

卷七　邮政　电信

第一章　邮　政……183
第一节　机构与网点……183
第二节　邮政网路与设施……183
第三节　邮件寄递……184
第四节　报刊发行与集邮……186
第五节　汇兑与机要通信……187
第二章　电　信……188
第一节　机构与设施……188
第二节　固定电话　电报……190
第三节　移动通信……192
第四节　电信管理与服务……193
第三章　网际网络……196
第一节　网络建设……196
第二节　信息技术运用……197

卷八　水　利

第一章　水利工程设施……201
第一节　蓄水工程……201
第二节　引水工程……203
第三节　饮水工程……205
第四节　堤防工程……206
第五节　排涝工程……209
第六节　冬春水利工程……210
第七节　“六千”水利工程与小水电工程……211
第二章　防汛抗旱……212
第一节　非工程设施建设……212
第二节　组织防汛抗旱……213
第三节　防汛抗旱纪要……214
第三章　管　理……216
第一节　机构……216
第二节　水利工程管理……217
第三节　水资源管理……220
第四节　水利执法……222

卷九　农林牧业

第一章　生产条件……225
第一节　耕地与劳力……225
第二节　农业机械……226
第二章　综合开发与经营体制……227
第一节　农业综合开发……227
第二节　经营体制改革……230
第三章　农作物种植……231
第一节　粮食作物……231
第二节　蔬菜与食用菌……233
第三节　甘蔗与茶叶……234
第四章　花卉　果树……235
第一节　花卉……235
第二节　果树……238
第五章　农业技术……240
第一节　耕作技术……240
第二节　作物栽培技术与良种繁育技术……241
第三节　植物保护……242
第六章　林　业……243
第一节　林地与林权……243
第二节　造林与绿化……246
第三节　森林保护……249
第七章　畜牧业……253
第一节　畜禽饲养……253
第二节　疫情监测……254
第三节　生产基地建设……255
第八章　管　理……256

第一节　机构......256
第二节　农牧业管理......257
第三节　农机管理......258
第四节　林业管理......259

卷十　渔　业

第一章　生产条件......263
第一节　自然条件......263
第二节　渔区与渔业劳力......264
第三节　渔业机具......266
第四节　渔港与渔用码头......268
第二章　捕　捞......269
第一节　淡水捕捞......269
第二节　海洋捕捞......270
第三章　养　殖......271
第一节　海水养殖......271
第二节　淡水养殖......274
第三节　苗种选育......276
第四节　主要养殖基地......277
第四章　水产品总量与经销......278
第一节　水产品总量......278
第二节　水产品经销......280
第五章　管理与服务......282
第一节　机构......282
第二节　渔船与船员管理......283
第三节　惠渔政策与伏季休渔......283
第四节　渔政执法与安全生产监督......285

卷十一　工　业

第一章　所有制结构......289
第一节　国有企业......289
第二节　集体企业......290
第三节　外商投资企业......290
第四节　港澳台商投资企业......291
第五节　其他企业......291
第二章　主要工业行业......292
第一节　电力工业......292
第二节　农副食品加工与食品制造业......293
第三节　造纸与纸制品制造业......294
第四节　家具与交通设备制造业......295
第五节　化学原料及制品业......296
第六节　冶金和金属制品业......298
第七节　钟表与计时仪器、家电制造业......299
第八节　其他行业......300
第三章　工业开发区......302
第一节　角美工业综合开发区......302
第二节　东园工业区......304
第三节　九湖工业园区......305
第四章　工业总量与企业选介......305
第一节　工业总量......305
第二节　企业选介......306
第五章　管　理......308
第一节　管理机构......308
第二节　经济运行管理......308
第三节　科技进步管理......309
第四节　企业管理......310

卷十二　商业贸易　招商引资

第一章　经营体制改革......313
第一节　商业系统经营体制改革......313
第二节　供销合作社经营体制改革......313
第三节　粮食系统经营体制改革......314
第四节　物资系统经营体制改革......315
第二章　市场与贸易量......315
第一节　市场......315
第二节　国内贸易总量......317

第三章　商品经营……318
第一节　商业系统购销……318
第二节　供销社系统经营……319
第三节　粮食系统经营……322
第四节　物资系统经营……325
第五节　医药公司购销……326
第六节　专卖机构营销……328
第四章　服务业……329
第一节　住宿餐饮业……329
第二节　居民服务业……331
第五章　进出口贸易……331
第一节　出口贸易……331
第二节　进口贸易……333
第六章　招商引资……334
第一节　投资环境……334
第二节　招商活动……336
第三节　项目引进……338
第四节　投资结构……339
第五节　经营效益……342
第七章　经济技术合作……344
第一节　劳务输出……344
第二节　技术与设备引进……345
第八章　管　理……345
第一节　机构……345
第二节　屠宰定点管理……348
第三节　“餐桌污染”治理……349
第四节　粮油市场监督管理……349
第五节　烟草专卖管理……350
第六节　盐政缉查……351
第七节　海关监管……351
第八节　出入境检验检疫……353

卷十三　金　融

第一章　机　构……357
第一节　银行业机构……357
第二节　保险业机构……359
第三节　其他金融机构……360
第二章　银行业……361
第一节　货币……361
第二节　存款……362
第三节　贷款……363
第四节　结算……368
第五节　外汇……369
第六节　中间业务……370
第三章　保险业……372
第一节　险种和收入……372
第二节　理赔……374
第四章　证券和信托（拍卖）……376
第一节　证券业务……376
第二节　信托（拍卖）业务……377
第五章　金融监管……377
第一节　现金管理……377
第二节　金融市场管理……378
第三节　金融机构管理……382

卷十四　财政　税务

第一章　财税体制……385
第一节　财政体制……385
第二节　税收体制……386
第二章　财政收支……387
第一节　财政收入……387
第二节　财政支出……390
第三章　税　收……393
第一节　国税征收……393
第二节　地税征收……396
第四章　财税监管……398
第一节　管理机构……398
第二节　财政管理……399
第三节　税务管理……405
第四节　财税检查……406

卷十五　综合经济管理

第一章　计划管理……411
第一节　机构……411
第二节　计划编制与执行……411
第三节　固定资产投资管理……415
第四节　重点项目建设管理……416
第二章　统计管理……417
第一节　机构……417
第二节　常规统计……417
第三节　专项调查……419
第四节　统计服务与执法监督……421
第三章　物价管理……422
第一节　机构……422
第二节　物价水平……423
第三节　价格管理……424
第四节　收费许可与标准……427
第五节　物价监督……428
第四章　工商行政管理……430
第一节　机构……430
第二节　市场监督管理……431
第三节　个体私营经济管理……432
第四节　内资企业登记管理……433
第五节　外资企业登记管理……434
第六节　经济合同管理……435
第七节　商标广告管理……437
第八节　公平交易监督管理……441
第五章　质量技术监督……443
第一节　机构……443
第二节　质量监督管理……444
第三节　计量监督管理……446
第四节　标准化管理……447
第五节　特种设备监管……449
第六章　审计监督……450
第一节　机构……450
第二节　经济责任审计……451
第三节　行政事业单位审计……451
第四节　财政金融审计……452
第五节　综合审计……453
第六节　其他审计……453
第七章　安全生产监督管理……455
第一节　机构……455
第二节　安全监督执法……455
第三节　安全生产专项整治……456
第八章　食品药品监督管理……457
第一节　机构……457
第二节　食品安全监督……458
第三节　药品监督管理……459

卷十六　中国共产党龙海地方组织

第一章　组织机构……463
第一节　市委机构……463
第二节　纪检监察机构……466
第二章　重要会议与重大决策……467
第一节　党员代表大会……467
第二节　全体委员会议……469
第三节　重大决策纪要……470
第三章　纪律检查……472
第一节　党风廉政建设……472
第二节　查处违纪违法案件……473
第三节　执法监察……474
第四节　机关效能建设……475
第四章　组织建设……476
第一节　党员……476
第二节　基层党组织……478
第三节　党组织建设……479
第四节　干部队伍建设……480
第五章　宣传工作……482
第一节　精神文明建设……482
第二节　理论教育……484
第三节　对外、对港澳台宣传……485
第六章　统战工作……486
第一节　党外人士工作……486
第二节　团结联系民主党派……486

第三节　非公有制经济人士工作……487
第七章　政法工作……488
第一节　政法队伍建设……488
第二节　组织司法协调……488
第三节　执法监督……489
第四节　社会治安综合治理……489
第八章　农村工作……490
第一节　减轻农民负担……490
第二节　农村小康建设……491
第三节　新农村建设……491
第九章　其他党务工作……493
第一节　党校工作……493
第二节　保密工作……494
第三节　信访工作……495
第四节　老干部工作……496

卷十七　人大 政府 政协

第一章　地方人民代表大会……499
第一节　组织机构……499
第二节　人民代表大会……500
第三节　常委会会议……503
第四节　人大常委会主要工作……504
第二章　地方人民政府……508
第一节　组织机构……508
第二节　重要会议……511
第三节　施政纪要……513
第四节　综合服务……516
第三章　政协地方组织……519
第一节　组织机构……519
第二节　政协委员会会议……520
第三节　政协常务委员会会议……522
第四节　主要工作……524

卷十八　民主党派　社会团体

第一章　民主党派……529
第一节　民革漳州市委会龙海总支部委员会……529
第二节　民盟漳州市委会龙海总支部委员会……530
第三节　民进漳州市委会龙海总支部委员会……531
第四节　农工党漳州市委会龙海市总支部委员会……531
第五节　致公党龙海总支部委员会……532
第六节　台盟漳州市委会龙海支部委员会……533
第二章　职工 青年 妇女团体……534
第一节　龙海市总工会……534
第二节　共青团龙海市委员会……536
第三节　龙海市妇女联合会……538
第三章　工商业团体……542
第一节　龙海市工商业联合会（商会）……542
第二节　龙海市个体私营经济协会……543
第四章　归侨　台胞联谊会……544
第一节　龙海市归国华侨联合会……544
第二节　龙海市台湾同胞联谊会……546
第五章　科学 文化 卫生团体……546
第一节　龙海市科学技术协会……546
第二节　龙海市文学艺术界联合会……548
第三节　龙海市农村卫生协会……549
第四节　龙海市计划生育协会……550
第六章　公益性团体……551
第一节　龙海市慈善总会……551
第二节　龙海市红十字会……552
第三节　龙海市残疾人联合会……553
第四节　龙海市老龄工作委员会……555
第五节　龙海市关心下一代工作委员会……555
第六节　龙海市消费者权益保护委员会……556

卷十九　人事　劳动和社会保障

第一章　机　构……559
第一节　编制管理机构……559
第二节　干部管理机构……559
第三节　工人管理机构……559
第二章　编制管理……560
第一节　机构设置与改革……560
第二节　人员编制……561
第三节　事业单位登记管理……561
第三章　干部管理……562
第一节　干部队伍……562
第二节　干部录用……564
第三节　干部培训……565
第四节　任免与调配……566
第五节　考核与奖惩……567
第六节　人才交流……568
第七节　职称评聘……569
第八节　离退休干部管理……570
第四章　工人管理……571
第一节　工人队伍……571
第二节　劳动就业与再就业……572
第三节　职业培训与技能鉴定……576
第四节　劳务中介与派遣……577
第五节　劳动维权……577
第五章　工资　福利　社会保险……579
第一节　工资……579
第二节　福利……581
第三节　社会保险……582

卷二十　民　政

第一章　机　构……591
第一节　行政机构……591
第二节　事业单位……591
第二章　基层自治组织建设……592
第一节　村居换届选举……592
第二节　村居组织建设……593
第三章　支前拥军　优抚……594
第一节　支前拥军……594
第二节　优抚与烈士褒扬……595
第四章　安　置……596
第一节　复员退伍军人安置……596
第二节　移民安置……597
第五章　救　济……598
第一节　灾害救济……598
第二节　社会救济……599
第六章　扶　持……601
第一节　扶持老区……601
第二节　扶持少数民族……602
第七章　社会福利……603
第一节　福利机构……603
第二节　慈善事业……603
第三节　福利彩票与福利企业……604
第八章　其他民政事务……604
第一节　地名与勘界……604
第二节　婚姻与收养登记……606
第三节　殡葬管理……607
第四节　社会团体登记管理……608

卷二十一　法　治

第一章　公　安……611
第一节　机构……611
第二节　打击犯罪……612
第三节　治安行政管理……613
第四节　交通监管……618
第五节　消防管理……619

第六节 监所管理......620
第七节 森林公安......621
第八节 公安边防......622
第二章 检 察......623
第一节 机构......623
第二节 刑事检察......624
第三节 民事行政检察......626
第四节 预防和查办职务犯罪......627
第五节 监所检察工作......629
第六节 控告申诉工作......630
第三章 法 院......631
第一节 机构......631
第二节 刑事与民商事审判......632
第三节 行政审判与监督......633
第四节 立案信访与案件执行......634
第四章 司法行政......636
第一节 机构......636
第二节 法律宣传......636
第三节 公证......637
第四节 律师事务与法律服务......638
第五节 安置帮教与人民调解......641

卷二十二 军 事

第一章 地方武装 驻军......645
第一节 地方武装机构......645
第二节 驻军......645
第二章 兵 役......646
第一节 征兵工作......646
第二节 预备役......647
第三章 民 兵......647
第一节 组织管理......647
第二节 装备管理与民兵训练......648
第三节 民兵哨所......648
第四章 国 防......649
第一节 国防教育......649
第二节 国防动员......649
第五章 人民防空与交通战备......650
第一节 人民防空......650
第二节 交通战备工作......652
第六章 拥政爱民......653
第一节 抢险救灾......653
第二节 军民共建......653
第三节 支援地方建设......654

卷二十三 外事 侨务 与港澳台关系

第一章 外事 侨务......657
第一节 机构......657
第二节 外事活动......657
第三节 海外乡亲与社团......660
第四节 侨乡......662
第五节 华侨事务......663
第二章 与港澳关系......665
第一节 港澳同胞与社团......665
第二节 港澳事务......666
第三章 与台湾关系......668
第一节 机构......668
第二节 台胞台属与社团......668
第三节 经济文化往来......669
第四节 对台工作......674

卷二十四 科学技术

第一章 科技组织......677
第一节 科研机构......677
第二节 科技队伍......678
第二章 科技普及......679

第一节　科普宣传与示范……679
第二节　科技培训与青少年科技活动……681
第三节　科技咨询……683
第三章　科技研究与应用……684
第一节　科技研究……684
第二节　科技星火技术密集区……685
第三节　科技协作与交流……686
第四节　气象与地震技术应用……687
第四章　科技项目与成果……690
第一节　科技项目……690
第二节　科技成果……694
第五章　科技管理……696
第一节　管理机构……696
第二节　科技经费管理……697
第三节　科技项目与成果管理……698
第四节　人才与目标管理……699

卷二十五　教　育

第一章　学前教育……703
第一节　园所设置与标准园创建……703
第二节　教学与保育……704
第二章　小学教育……706
第一节　学校设置……706
第二节　教学……706
第三节　义务教育与特殊教育……708
第三章　中学教育……710
第一节　学校设置……710
第二节　教学……712
第三节　参加学科竞赛与大中专院校录取……713
第四章　成人教育……717
第一节　扫除文盲与岗位培训……717
第二节　职业教育与高等教育……718
第五章　教　师……721
第一节　队伍构成……721
第二节　教师培训……722
第三节　职称构成……723
第四节　教师待遇……724
第六章　管　理……725
第一节　管理机构……725
第二节　学校与教学管理……725
第三节　经费与设施管理……727
第四节　教育督导……730

卷二十六　文化　体育

第一章　机构与设施……733
第一节　机构……733
第二节　文化艺术团体……734
第三节　文化体育娱乐场所……734
第二章　文学艺术……737
第一节　文学……737
第二节　艺术……738
第三章　地方戏剧……741
第一节　剧目创作……741
第二节　戏剧表演……742
第三节　民间曲艺……744
第四章　群众文化……745
第一节　群众文化活动……745
第二节　文化展览和文艺培训……746
第五章　文物　图书……747
第一节　文物……747
第二节　图书……751
第六章　史志　档案……754
第一节　党史研究……754
第二节　地方志工作……755
第三节　档案管理……759
第七章　广播　电视　电影……760
第一节　广播……760
第二节　电视……761
第三节　电影……762
第八章　体　育……763

第一节 群众体育……763
第二节 学校体育……765
第三节 专业体育竞赛……766
第四节 体育人才培养……768
第九章 文化市场管理……769
第一节 管理制度……769
第二节 执法稽查……770

卷二十七 医疗 卫生

第一章 机构与队伍……773
第一节 机构……773
第二节 医疗卫生单位……773
第三节 医疗卫生队伍……775
第二章 医疗卫生设施与技术……777
第一节 医疗卫生设施……777
第二节 医疗技术……779
第三节 医疗救助……781
第三章 疾病防治……781
第一节 传染病防治……781
第二节 寄生虫病防治……783
第三节 地方病防治……784
第四节 计划免疫……784
第四章 卫生保健……785
第一节 妇女保健……785
第二节 儿童保健……787
第三节 老年人保健……788
第四节 健康教育……789
第五章 卫生监督……789
第一节 食品与饮用水卫生监督……789
第二节 公共场所与职业卫生监督……790
第三节 学校卫生监督……791
第六章 爱国卫生运动……792
第一节 创建卫生城市……792
第二节 改水改厕……792
第三节 媒介生物防制……793
第七章 管 理……794
第一节 医政管理……794
第二节 药政管理……796
第三节 血液管理……797

卷二十八 宗教 旅游

第一章 宗教界别……801
第一节 道教……801
第二节 佛教……803
第三节 基督教……805
第四节 天主教……806
第二章 宗教管理与服务……807
第一节 事务管理……807
第二节 宗教服务……808
第三章 旅游景观……809
第一节 自然景观……809
第二节 人文景观……810
第四章 旅游开发……815
第一节 景区开发……815
第二节 市场开发……816
第五章 旅游管理与服务……819
第一节 旅游管理……819
第二节 旅游服务……819

卷二十九 民俗 方言

第一章 民 俗……823
第一节 生活习俗……823
第二节 礼仪习俗……824
第三节 岁时节俗……825
第四节 民俗活动……826
第五节 特色风物与小吃……830

第二章　方　言 ……832
第一节　龙海方言特点 ……832
第二节　民谚 ……833
第三节　龙海方言的传播与变化 ……836

卷三十　乡镇场概况

第一章　乡 ……839
第一节　东泗乡 ……839
第二节　隆教畲族乡 ……841
第二章　镇 ……842
第一节　角美镇 ……842
第二节　程溪镇 ……845
第三节　九湖镇 ……847
第四节　颜厝镇 ……850
第五节　榜山镇 ……852
第六节　紫泥镇 ……854
第七节　石码镇 ……856
第八节　海澄镇 ……858
第九节　东园镇 ……860
第十节　白水镇 ……862
第十一节　浮宫镇 ……864
第十二节　港尾镇 ……866
第三章　农　场 ……869
第一节　双第华侨农场 ……869
第二节　程溪农场 ……870

人　物

人物传 ……875
人物录 ……880
人物表 ……883

索　引

要目索引 ……935
人物索引 ……963
表格索引 ……964

编后记 ……969
《龙海市志（1993—2007）》各分卷撰稿、编辑人员一览表 ……971

概 述

一

1993年5月12日，经国务院批准，龙海县撤县设市；市治在石码镇。1996年9月析步文镇（除梧浦、长洲2个行政村划归榜山镇管辖外）和郭坑镇置漳州市龙文区。2002年从港尾镇划石坑、白沙、大径、店地4个行政村隶属招商局漳州开发区。2007年，全市辖12个镇2个乡（含角美工业综合开发区）和6个农林场、238个行政村、35个社区（包括招商局漳州开发区所辖的5个社区），海陆总面积1622.4平方公里；总户数21.39万户，总人口79.63万人。

龙海市位于福建省东南部，九龙江入海口，地处北纬24° 11′—24° 36′，东经117° 29′—118° 14′；东与厦门市接壤，西和南靖县、平和县毗邻，南与漳浦县交界，北与漳州市芗城区、龙文区及长泰县相接，东南濒临台湾海峡。厦漳、漳诏、漳龙3条高速公路，国道324线、319线，以及省道官九线、漳东线、西港（漳云）线在境内纵横交错。

境内地势为北部、西部、南部三面环山，中部平原，东南部临海。北部丘陵地带属戴云山脉的余脉，西南部中低山丘陵地带属博平岭的支脉。境内有500米以上山峰40座，最高峰大尖山海拔953.6米。九龙江河系的北溪、西溪、南溪流经市域入海，境内长度108.9公里。内陆水域面积5246.67公顷，滩涂面积53.15公顷。在北溪、西溪汇流处三叉河至河口的江中，有大沙洲、浒茂、乌礁、玉枕、大涂等冲积海积洲。河口及沿海的海域上，有海门、浯屿等28个岛礁和71个海礁。大陆海岸线长123公里，河口湾南湾主要有打石坑、屿仔尾等港湾；海湾主要有隆教湾、白塘湾、湖前湾。

龙海市属南亚热带海洋性季风气候。1993—2007年的15年年平均气温21.8℃，年平均降雨量1649.9毫米。境内地表水、地下水资源丰富。矿藏有铁、锰、铜、钼等金属矿和石料、黏土、河沙、泥煤、水晶、钾长石等非金属矿。地表土壤分为水稻土、砖红壤性红壤、红壤、冲积土、风沙土、盐土6个大类。全市有针叶林、阔叶林、针阔混交林、竹林、灌丛和灌草丛、经济林果与农作物6个植被型组；野生植物有维管束植物184科694属1220种；全市绿化覆盖率31.4%。陆栖野生动物有兽类、鸟类等66科229种；水生动物鱼类119科435种，还有虾类、蟹类、贝类等多种水生动物及其他水生生物。境内的自然灾害主要是台风、暴雨洪涝、干旱、寒冻等天气灾害，以及地震、泥石流等地质灾害。

二

综合经济实力跃升 龙海市发挥区位、港口、对台、资源等优势，主动融入“海西”（海峡西岸）找定位，跳出龙海谋发展，制定实施一系列加快龙海发展的政策举措，促使龙海经济快速发展；经济综合实力不断提升，成为海峡西岸极具活力的发展地区之一，1995年，经济综合实力首次列入全省“十强”，连续13年保持福建省“十强”，多次获福建省经济发展“十佳”县（市）称号。2000年，县域经济基本竞争力首次列入全国“百强”，连续七届位居全国“百强”，连续两届被评为全国最具投资潜力中小城市“百强”。2007年，龙海获全国首届“公众心目中的中国和谐之城”称号。当年，全市完成生产总值216.25亿元（含辖区内的招商局漳州开发区，下同），比1993年增长4.68倍，年均增长13.2%；农林牧渔业总产值50.74

亿元，比1993年增长1.24倍；工业总产值433.99亿元，比1993年增长10.18倍，年均增长18.8%；全社会固定资产投资完成73.13亿元，比1993年增长17.41倍，15年期间累计投资总额达499.2亿元；财政一般预算收入27.88亿元，比1993年增长24.18倍，年均增长25.9%，其中地方级收入13.57亿元，比1993年增长11.23倍；各项银行存款余额116.98亿元；三次产业比重由1993年的35.4：36.5：28.1调整为2007年的13.7：55.2：31.1。

农村发展活力增强 围绕农业增效、农民增收的目标，充分发挥对台农业合作优势，加快发展现代农业，实现传统农业向现代农业加速转变，成为国家级与省级商品粮基地县、国家级外向型高优农业示范区和福建省唯一的国家级海峡西岸沿海地区可持续高效农业示范区；形成角美蔬菜精加工基地、海澄饲料生产基地和果蔬速冻加工基地、港尾食品罐头加工基地、颜厝干果品加工基地、紫泥水产品加工基地、九龙江沿岸水产品速冻加工基地、九湖花卉生产与运销企业基地。不断增加投入，逐步完善农村生产生活环境；抓好农村水泥公路硬化，实施省“六千”水利工程项目，完成集体林权制度改革等一批惠农活农的实事项目。全市共投入专项资金4.15亿元，建成农村水泥公路160条、总长450公里，完成江海堤建设加固210公里，实施河道清淤整治442公里。2007年，全市粮食总产量8.72万吨，蔬菜产量37.18万吨，水果产量9.16万吨，水产品产量32.12万吨，猪出栏31.65万头，禽出栏510.2万只。举办“第九届海峡两岸花卉博览会暨百花村花卉交易会”，开展“种名贵树木、创绿色家园”活动。全市完成造林总面积1740公顷、花卉种植面积1633.33公顷；国家级南美白对虾养殖标准化示范区项目和省级渔业科技入户示范工程分别通过农业部及省政府考核验收。编制南溪流域洪涝治理规划并对部分区域先行治理，完成病险水库除险加固4座、农民饮水工程27处、河道整治清淤89.4公里。实现行政村100%通水泥公路。全市新农村建设示范村新增5个，总数达到22个，涌现巧山村、卓岐村2个省级示范村和下士村、长福村、卓岐村、福河村、南书村5个漳州市级典型村。农村水电初级电气化县通过省政府考评验收。开展“家园清洁行动”和“海漂”垃圾治理，有4个乡镇建立垃圾中转站。落实惠农支农政策，发放国家对渔民的燃油补贴6100万元、能繁母猪补贴267万元。

工业经济作用凸显 龙海融入海峡西岸经济区建设，通过政策推动、外向拉动、民营支撑带动、项目牵动等策略，推动工业迅猛发展，实现由农业大县向工业强市转变，工业作用凸显。2007年，全市共有工业企业3400多家，年产值上亿元企业58家，有集团公司13家；兴办3个省级开发区和9个工业聚集区，引进后石电厂、灿坤电子、福欣特殊钢等一批大型工业企业，培育276家规模以上工业企业；形成食品、家电、电力、包装、材料制造、修造船及汽车制造六大支柱产业，成为闽东南极具发展潜力的重要工业基地。是年，全市实现工业增加值108.1亿元，占GDP比重50%，实现工业税收15.96亿元。全市新增规模工业企业61家，总数276家，产值387.56亿元，食品加工、食品制造、黑色金属加工、金属制品、电气器材、电力工业、通用设备等产业共实现产值296.37亿元，占全市规模工业总量76.5%。全市有紫山、富棱、海新、泰山、集友5个中国驰名商标；有康之味、国安、恒森、文鸿等19个福建省著名商标；有集友、金之榕、今冠等19个福建省名牌产品；有省级高新技术企业16家；通过ISO、HACCP体系认证91家。推进国有集体企业改革，完成蜜饯厂、花釉陶厂、地砖厂、酒厂、电机厂5家国有企业的改制。全市共新办或技改扩建投资500万元以上工业项目198个，项目总投资58.1亿元，完成投资37.7亿元。其中新投产项目95个，总投资13.7亿元，完成投资13.6亿元；在建项目103个，总投资44.4亿元，完成投资24.1亿元。这些项目中，投资上亿元的有灿坤二期、凯景钢铁、喜盈门家具、长春化工覆铜板、华荣纸业等12个项目。

招商引资成效显著 龙海充分发挥区位、资源、港口和侨台等综合优势，积极开展对外对台交流与合作，构筑全方位、多层次、宽领域的对外开放新格局。至2007年，全市累计引进外资企业814家，累计合同利用外资64.18亿美元，实际利用外资38亿美元，分别比1993年增加3.1倍、17.2倍和42.1倍。全市规模以上外资企业134家，产值307.68亿元，占全市规模企业产值的79.4%。外贸出口总额10.54亿美元，占漳州总量的三分之一，居全省县（市、区）第二位，比1993年增长22.42倍。全市累计批准台资项目326个，实际利用台资26.34亿美元，分别占漳州市和福建省总量的65.9%和25.8%，为福建省最重要的台商投资密集区之一；台商在龙海的投资涉及20多个行业，台湾岛内知名上市公司和大财团台塑集团、灿坤实业、统一马口铁、凯景钢铁、泰山企业、长春化工相继落户龙海。

城乡建设全面推进 15年间，全市累计投资26.7亿元，完成城市道路、供水、电力、人防、环卫、公园、绿化、污水处理、内河整治、夜景工程等项目182个，旧城改造、新区开发、行政办公楼房和专业批发市场等项目76个；建成锦龙小区、红树林小区、天翔、水晶花园等商住小区和工商、电信、邮政、移动、广电、建行、消防等一批具有标志性的城建项目，新增商住办公建筑面积103.9万平方米。至2007年，城市建成区面积由1993年的2.36平方公里扩大到14.82平方公里；城市人口由1993年的6.2万人增加到15.9万人；建成区绿地面积413公顷，获得省级“园林绿化达标城市”称号。城镇居民人均住房面积25.4平方米，比1993年净增15.7平方米；农村人均住房面积37.4平方米，比1993年净增18.4平方米。按照“跨江北拓、一江两岸、东扩西延、中心带动”的思路，启动“一江两岸”63平方公里开发策划和重点地区城市设计，以及角美、九湖、南太武滨海新城3个新区规划；完成龙海市近期建设规划等12项规划编制；完成“中心城商业网点布局规划”评审稿编制和经济适用房、廉租房小区修建性详细规划的初步方案。围绕扩大体量、完善功能、提升品位的要求，确定实施重点城建项目24个，总投资6.21亿元。锦江道东段一期驳岸工程已经完成，工农路改造工程、平宁路向南延伸工程、自来水管网改造、垃圾中转站、公共厕所、环卫设施配套、市区路面破损维修工程、主干道路灯、市区绿化改造、紫崴绿地建设、体育场、紫云公园山门、毅达国际幼儿园、污水处理厂、西浮路榜山段改扩建工程15个项目开工建设；芦州大道、锦江大道三期、锦江道东段二期、东部供水、文化中心大楼、体育馆、东市场路北段延伸工程、龙江大桥8个项目组织实施。全市共开发房地产项目33个、总建筑面积279.26万平方米，竣工、建筑面积36.83万平方米。龙海市被省政府授予“建筑之乡”称号。

开展创建国家卫生城市、园林城市、环保模范城市和省级文明城市工作先进市活动，促进市容市貌净化美化。实施市区净化工程，投资2350多万元，改建新建一批公厕、排水沟管；购置一批环卫设施，增配保洁人员，初步实现卫生保洁管理制度化、常态化。实施市区亮化工程，投资600多万元，完成35个单位和10个公园绿地的夜景工程建设；投入2300多万元，完成人民路、紫崴路、港林路等路段的路灯改造工程，市区路灯亮化率达到99%以上。实施市区绿化工程，投资600多万元，完成市区部分绿化带改造和紫云公园林相改造。坚持从改善农村生产生活条件入手，深入实施农村水利、道路、现代农业园区等农业基础设施建设，加强新农村建设规划引导，加大对农村社会事业的扶持力度，促进农村社会面貌发生变化，城乡一体化进程加快。全市投资4.15亿元，实现全市农村村村通水泥公路；新建农民饮水工程178处、受益人口32.16万人，饮用自来水普及率达83%，农业生产条件和农村人居环境得到显著改善，有22个新农村建设示范点，其中巧山、卓岐两个村被列为省级示范村，卓岐村还被评为“海峡西岸魅力乡村”。

基础设施日臻完善 15年间，全市累计完成基础设施投资近百亿元，实施境内国道、省道、县道和农村道路建设，以及锦江大桥、西溪大桥、北港大桥等桥梁的改造建设，配合支持厦漳、漳诏、漳龙高速公路建设，全市公路通车里程由1993年的780.98公里增加到2007年的1330.42公里，全面实现村村通水泥公路的目标，形成通达城乡、连接内外、便捷快速的交通网络。实施码头、电力、供水、通信等基础设施建设，使龙海的区位优势与环境优势更加突显。

1993年，龙海市国内平常出口计费函件55.21万件，给据函件2.27万件。2007年，国内平常出口计费函件144.27万件，比1993年增长26.65%；给据函件6.14万件，比1993年增长1.7倍，速递收入达407万元，收寄特快专递类业务11.5万件，开通省内次日递业务和闽粤、闽浙次日递业务。1993年，邮政业务收入727万元；分营之初的1998年为1488万元；2007年达到3838万元。电信方面，1993年年初，全县有固定电话用户2.45万户，2007年全市固定电话用户19.29万户。2000年11月21日，小灵通业务开通使用，2007年小灵通用户6.8万户。1994年，数字数据网业务开通；2007年宽带用户2.72万户。1993年年初移动电话用户152户，2007年移动电话用户50.8万户。

社会事业协调进步 通过国家科技部2005—2006年度科技进步考核。教育“两基”（基本普及9年制义务教育、基本扫除青壮年文盲）通过省政府组织的评估验收；巩固教育双高“普九”成果，高考年年取得显著成绩，“农村中小学现代远程教育工程”通过省级验收，被省政府授予“高水平高质量普及九年义务教育市”称号。文体中心建设加快推进，建设新的标准体育场馆，完成“中国民间文化艺术之乡”重新申报。全市共有文物保护单位118处，其中国家级4处、省级2处、龙海市级112处。全市文学作者共在省级以上刊物发表各类文学作品1000多件，出版小说集、散文随笔集、长篇报告文学、诗歌集50多册；出版发行社会主义时期第一部《龙海县志》。市广电大楼建成投入使用，数字电视整体转换工作启动。全面落实疾病防控措施，建成市疾控中心大楼，实施乡镇卫生院改造提升工程。人口计生工作继续保持全国计划生育优质服务先进市水平。严格耕地保护和土地用途管制，实现用地占补平衡。开展环保专项行动，打击违法排污行为，开征垃圾处理费和污水处理费；节能减排措施取得较好成效，主要污染物排放量控制在省政府下达指标范围内，海洋环境污染整治得到加强。

人民生活较大改善 全市社会政治安定稳定，人民生活水平日益提高。2007年，全市城镇居民人均可支配收入10603元，比1993年的2282元增长3.65倍，年均增长11.6%；农民人均纯收入5699元，比1993年的1451元增长2.93倍，年均增长10.3%；金融存贷款较快增长，全市各项存款余额116.98亿元，各项贷款余额68.18亿元。就业和社会保障体系不断健全完善。2007年，全市城镇新增就业人数7992人，促进下岗失业人员再就业2072人，实现农村劳动力转移就业9657人。推行农村新型合作医疗制度，全市参合农民60.4万人，参合率90.15%，在全省试点县（市）先进行列。建立城乡医疗救助制度，低保人员、五保户和重点优抚对象住院医疗费在享受新农合政策后可再获得民政部门的部分补偿。完善城乡居民最低生活保障制度，2007年全市享受农村低保的累计5339户、12027人（其中五保供养的1631人），覆盖率为2.06%；全市城镇居民享受低保1655户、4108人，覆盖率为2.9%。房地产发展势头较好，2007年商品房销售额16.61亿元。建立健全住房保障制度，对267户城镇低收入家庭住房困难户发放廉租房租金补贴32.38万元。做好群众安居工程，程溪镇叶仓、东天尾、和山3个异地迁建村总体规划安置774户，有435户迁入新居；双第华侨农场实施“侨居造福工程”，新建房屋391套。

平安建设卓有成效 强化综治责任制落实，深入开展“平安企业建设年”和平安医院、平安家庭、平安海域等活动，严厉打击干扰破坏项目建设、企业生产经营的各种违法犯罪行为；共摧毁10个涉企违法犯罪团伙、破获涉企案件254起。加大重点乡（镇）、村（居）社会治安整治力度，推进乡（镇）综治服务中心建设；投建启动城市电子监控系统，强化技防平台支撑，确保社会安定稳定。龙海市被中共福建省委、省政府授予“平安市”称号。加大安全生产专项整治力度，安全生产事故起数、死亡人数和受伤人数3项指标明显下降。加强产品质量和食品安全专项整治，成为全国60个首批国家级食品安全示范县（市）之一。

三

龙海市围绕加快发展，充分发挥综合优势，审时度势抓机遇，与时俱进谋发展，不断探索创新发展思路，适时制定并实施一系列切合实际的对策措施，持续推进龙海经济加快发展、提速增效。但是在经济社会发展中也存在不少困难和问题。主要有：思想不够解放，陈旧的观念还有待于突破；产业结构不尽合理，第三产业发展较为滞后，自主创新能力有待加强；规模工业增速不够快，影响到经济发展后劲的增强；城市化进程滞后于工业化，城市功能有待强化完善，城市品位有待进一步提升；农业基础设施还较为薄弱；社会保障体系尚需完善；安全生产、社会治安形势不容乐观；依法行政水平、机关办事效率有待提高等。对于这些问题，将有待不断采取切实有效的措施加以解决。

全市人民将在中共龙海市委、市政府的领导下，立足新的起点，迈开奋进的脚步；坚持邓小平理论和“三个代表”重要思想，认真贯彻和落实科学发展观，继续围绕“建设经济强市，构建和谐龙海”的发展主题，发挥龙海市的综合优势，深入实施“以港兴市、兴工富民”的发展战略；坚持解放思想，同心同德，与时俱进，锐意开拓，乘势而上，凝心聚力推进龙海经济社会又好又快发展，不断提高人民群众的生活水平，把龙海建设成为海峡西岸现代工贸港口城市。

大 事 记

1993 年

1月　浮宫镇浮宫村在全市率先按月向全村老人发放生活补贴。具体标准：60—64 岁每月 20 元、65—69 岁每月 25 元，70—74 岁每月 30 元，75—79 岁每月 40 元，80 岁以上每月 50 元；每半年发放一次。

2月9日　交通部与福建省人民政府联合批复漳州港 3.5 万吨级多用途码头可行性研究报告。

2月26日　全省沿海创“四大文明集镇”友谊竞赛总结会在角美镇召开，福州、厦门、漳州、泉州、莆田 5 个市的重点集镇党委书记（或者镇长），各市、部分县文明办负责人共 60 余人参加会议。

3月7日　中共中央政治局原常委宋平到角美镇视察“两高一优”万亩蔬菜连片种植基地和角美工业综合开发区。

3月10日　交通部副部长刘松金到港尾镇实地察看招商局中银漳州经济开发区施工工地，并就港区建设、水、电、路、通信设施配套和群众搬迁安置等问题提出意见。

3月18日　全国作协副主席冯牧、著名艺术家唐达成等一行，到角美工业综合开发区、招商局中银漳州经济开发区和港尾镇梅市新村等地考察。

3月21—23日　民政部区域规划司处长孙伟林到龙海县考察验收撤县建市的筹备情况。

3月27日　中共中央纪律检查委员会副书记侯宗宾、中纪委常委兼秘书长王光等一行 28 人，考察腾龙副食品发展公司等。

3月29日　龙海县政府批复同意关闭龙海县纸箔厂。

3月30日　省农业厅在福州市召集省农科院、稻麦所等有关单位的 9 名农业教授、研究员和高级农艺师对龙海县“20 万亩稻田吨谷优质高效规范化栽培”项目进行新技术鉴定。

4月1日　“先行工程”国道 319 线、324 线龙海段公路扩建工程启动。

4月5日　龙海县撤县建市筹备委员会成立。

4月13日　龙海县政府制定颁布《进一步扶持乡镇企业发展的若干规定（试行）》。

4月15日　龙海县委、县政府发出《关于表彰“十强三资企业”“十佳股份、私营企业”“十佳个体工商户”和百名“发展市场经济尖兵”的决定》。

4月28日　龙海县政府同意建立龙海人民广播电台，同时撤销龙海县人民广播站。

5月12日　民政部发文称：经国务院批准，同意撤销龙海县设立龙海市（县级），由省直辖，以原龙海县的行政区域为龙海市的行政区域，不增加机构和人员编制。

6月28日　中共漳州市委《关于龙海撤县建市有关问题的批复》同意原县级班子组成人员改任为市级领导班子组成人员。其中，桂其明改任中共龙海市委书记，郑道溪改任龙海市委副书记、龙海市市长，叶锦裕改任龙海市人大常委会主任，郭彩洪改任政协龙海市委员会主席，蔡炳智改任龙海市委副书记、龙海市纪律检查委员会书记。

6月28日　龙海撤县建市庆典大会在石码镇人民体育场举行。168 个海内外单位和个人为龙海建市发来贺电贺信。会上，新任市委书记桂其明致辞，新任市长郑道溪致答谢辞。会后，还举行市委、市人大、市政府、市政协、市纪委五套班子挂牌仪式；举行大型团体操表演和文艺踩街活动。

6月　社会主义时期龙海第一部地方志书——《龙海县志》由东方出版社出版发行。

7月5日　福建省教育委员会批复同意龙海师范学校恢复招生。校址定于榜山中学，办学规模不少于18个班（720人）。

7月8日　在漳州市召开的“中国第二届专利新技术新产品博览会”上，龙海市花釉陶总厂的白云陶瓷、市农药厂的杀灭菊酯原油、海澄永强有限公司的罗非鱼永强一号、紫泥明源水产加工厂的烤鱼片4种产品荣获博览会金奖。

7月8日　经厦门海关批准，漳州海关角美监管组成立，并开始办理海关业务。

7月26日　漳州市政府批复同意龙海市土地局第5期征用土地60.79公顷，划拨国有土地3.51公顷，合计64.3公顷，出让给招商局中银漳州经济开发区有限公司作为成片土地开发建设用地。使用期限从土地使用权出让获准之日起至2042年10月30日止，使用期间按规定缴纳土地使用费，使用期满该土地使用权及地面建筑物按有关规定办理。

7月28—29日　省长贾庆林，省委常委、秘书长黄文麟，副省长童万亨带领省直有关单位领导，先后考察角美工业综合开发区、招商局中银漳州经济开发区和漳州蓝田工业区，并参加龙海市嘉生食品有限公司开业典礼和漳州蓝田高科技园奠基仪式。

8月5日　中共福建省委、省人民政府授予龙海市“文明县城”称号；授予龙海市角美镇、紫泥镇“十好文明集镇”称号。

8月28日　省人民政府同意龙海市隆教乡享受沿海经济开发区重点工业优惠政策。

9月11日　省人民政府公布省级第一批文物保护单位，龙海市江东桥、云洞岩摩崖石刻、白礁慈济宫列入名录。

9月21日　市人大常委会决定接受郑道溪辞去龙海市政府市长请求，任命庄凉江为龙海市政府副市长、代理市长。

9月26日　省人民政府授予龙海市政府“乡镇企业工作先进单位”和“乡镇企业十强县（市）”称号；海澄镇埭新村被评为“乡镇企业十强村”；海新饲料公司、紫山食品饮料公司、角美建筑工程公司和闽南电控厂被评为“省乡镇企业百颗星企业”。

9月　海澄镇埭新村党支部升格为党总支部，下设8个党支部，为龙海市首家村级党总支部。

10月23日　台湾“龙法堂”住持李焜泰（法号释开丰）一行90人应邀出席市中医院脑病大楼（又名开丰大楼）奠基仪式。大楼由台湾省高雄县路竹乡“龙法堂”出资350万元人民币兴建。1995年5月1日举行落成典礼。

11月9日　中共龙海市角美工业综合开发区委员会成立，下设4个党支部。

11月10日　招商局漳州开发区的省重点工程3.5万吨泊位多用途码头开工建设。

12月21日　龙海市当年财政收入11076万元，成为漳州市第一个收入亿元县（市）。

12月22日　国道324线江东段第一座特大桥——漳州江东大桥竣工。大桥及接线工程全长4037.4米，其中特大桥1259米，投资3671.76万元。大桥于1991年12月1日动工兴建。

12月31日　中共漳州市委决定黄浦江任中共龙海市委书记。

1994年

1月9—12日　中共龙海市第八次代表大会在石码举行。出席大会的代表301名。大会选举产生市委委员29名，候补委员5名，市纪委委员15名；12日召开中共龙海市第八届委员会第一次全体会议。会议选举产生新一届中共龙海市委组成人员，黄浦江任市委书记；表决通过《关于加快基础设施建设的决定》。

1月13日　中共龙海市委召开常委扩大会议专题研究加快“先行工程”建设问题。1月31日，中共龙海市委、市政府制定《关于筹集“先行工程”建设资金的规定》；1995年5月29日，中共龙海市委、市政府发布《关于实行“先行工程”有偿集资办法的通知》。

1月20—24日　政协龙海市第九届第一次会议在石码召开，会议选举产生新一届市政协领导班子，康天厚当选为市政协主席。

1月21—25日　市第十二届人大第一次会议在石码召开，叶锦裕当选为市人大常委会主任，庄凉江当选为市长。

1月　龙海鞋业有限公司被外经贸部列入全国500家重点“三资”企业。

1月　龙海市角美糖厂以出售形式进行改制。

2月17日　全国政协副主席杨汝岱一行到龙海市视察。

2月18日　全国人大常委会原副委员长彭冲一行到招商局中银漳州经济开发区考察。

2月25日　漳州市政府同意在港尾镇后石村东侧山坡建设后石电厂。提供电厂厂区规划用地45公顷、贮灰场用地400公顷和电厂生活区、出线走廊及管廊用地。

3月10日　全国政协原副主席杨成武将军及夫人一行考察龙海一中红军楼。

3月15日　龙海市16个乡镇全部实现电话交换程控化、线路传输数字化。

3月23日　国道324线“漳州东大门”改造工程开工仪式在角美镇上房村举行。改建工程从西溪至角美路段，总长14.6公里，总投资8672万元。

3月24日　省道浮宫大桥收费站下放划归龙海市公路费征收管理所直接管理。

4月7日　全国人大常委会副委员长李锡铭一行视察角美工业综合开发区和九湖花卉市场。

4月22日　龙海市区管理委员会成立。

4月28日　市委书记黄浦江应邀前往新加坡参加龙溪会馆1994年年会，并开展招商活动。

4月　“连雅堂先生学术思想暨学术成就研讨会”在榜山镇马崎村连氏宗祠召开。来自海内外的50多名学者和教授参加研讨会。

5月17日　市政府批复同意建立蓝田村乡镇企业集中连片开发规划区。

5月　紫山食品饮料总公司生产的紫山牌矿泉水打入国际市场，成为福建省首家出口矿泉水的厂家。

6月16日　市政府制定《关于进一步扶持乡镇企业发展的若干规定》。

6月17日　福建省首家经交通部批准创办的中外合资交通船运企业——龙海市飞翼客运有限公司开业。

6月　角美镇党委书记黄双庆被建设部部长侯捷聘为部长村镇建设顾问。此次全国共聘任25名村镇建设顾问。

7月10日　石码锦江农贸市场旁一面粉厂发生火灾，直接经济损失500万元。

7月31日　浮宫镇海门陆岛交通码头举行竣工典礼，并投入使用。

7月　龙海市区有线电视系统试播成功，可转播、输送中央及地方台11套节目信号，并自办节目1套。

7月　国务院决定将龙海市列入全国500个粮食大县。全省共有4个县（市）被列入粮食大县。

7月　国家“高优高”农业综合开发区项目金定鸭开发基地在紫泥镇甘文农场设立。

8月6日　角美220千伏输变电站动工，占地3.73公顷，计划投资9000万元，为厦门嵩屿电厂配套工程之一，也是省电网中重要的大型枢纽变电站。

8月7日　市政府颁布《关于禁止在市区经营和燃放烟花爆竹的通告》，从即日起，市区内严禁燃放烟花爆竹。

8月26—31日　由香港汇利通国际有限公司赞助设立的“汇利通杯”全国少儿歌手邀请赛在龙海市举行。有10多个省近100名少儿歌手参加邀请赛，漳州市各县（市、区）也选出小歌手参加。

9月2日　市政府批复程溪镇下庄、程溪圩、浮山，步文镇蔡坂、梧桥、西坑、步文，九湖镇下庵、九湖，角美镇恒苍、埭头、锦宅12个乡镇企业集中连片开发规划区。

9月15日　中共龙海市委批转市总工会《关于在“三资”企业、乡镇企业、私营企业建立工会组织的意见》。

10月6日　全国个体劳动者协会经营指导服务工作经验交流会在龙海市召开，全国30多个省、市的60多名代表参加会议。

10月14日　市政府批复同意设立龙海市政府驻福州办事处。

10月20日　龙海市中医院“玉珠脑病研治中心”大楼举行奠基仪式。中心由台胞林弘出资120万元与龙海市中医院合作兴建。

11月1日　角美建筑工程公司举行晋升国家建筑二级施工企业庆典大会，该公司是漳州市建筑行业首家获得二级企业的乡镇企业。

11月3日　国家原主席杨尚昆到九湖镇百花村和九湖花卉市场参观。

12月11日　龙海市在石码锦江影剧院广场首次发行有奖募捐券，共出售200万元有奖募捐券。

12月22日　海澄镇埭新村成为漳州市第一个亿元村。该村当年工农业总产值达1.2亿元，人均纯收入1620元，村财收入115万元。

12月22日　全市第一个规范化股份制乡镇企业埭新村“海新实业有限公司”举行开业庆典仪式。

12月　港尾镇浯屿村成为全省农民人均纯收入最高的“首富村”，全年人均纯收入近8000元。

1995年

1月1—9日　中共中央原主席华国锋到漳州市视察，其间到九湖镇百花村参观。

1月　省政府主办“福建省第二届工业品博览会”评选揭晓。龙海造纸厂生产的“出口瓦楞原纸112克／平方米”获金奖；龙海神力助燃剂厂生产的“神力牌汽油、柴油助燃剂”、龙海虎甲山饮料有限公司生产的“龙谷矿泉水”、龙海粮食复制品厂生产的“骏马”牌即食蛋面均获银奖。

2月4日　龙海市九湖镇圆山发生特大森林火灾，驻漳某部官兵300人参加灭火。

2月5日　中共中央政治局常委、国务院总理李鹏到龙海视察，先后视察角美工业综合开发区和九湖镇万亩荔枝海、百花村等，并为百花村题词“百花争艳，万民常福”。

2月6日　中共中央政治局委员、国务委员、国家经济体制改革委员会主任李铁映视察角美工业综合开发区。

2月26—27日　全国村镇建设管理工作会议在龙海市举行；与会人员参观角美、步文、海澄、港尾等镇新村建设。

3月6日　全国人大常委会副委员长王汉斌视察招商局漳州开发区。

3月11日　福建统一实业马口铁项目签约仪式在漳州大酒店举行。

3月27日　中共中央政治局常委、全国人大常委会委员长乔石视察角美工业综合开发区。

4月18日　95’福建大型电视采访团莅临龙海采风；采访团由中央电视台及来自北京、河南、湖北、四川、福建等19家电视台和《人民日报》《福建日报》《福建经济报》等新闻单位70多名编辑、记者组成。

4月24日　龙海市“劳动模范协会”成立，为漳州市率先成立的县级协会，首批会员44人。

5月23日　漳州市政府授予角美、步文、海澄、榜山4个乡镇为乡镇企业“十强镇”；埭新村、后坂村、郭坑村、南苑村和平宁村为乡镇企业“十强村”；海新实业有限公司、紫山食品饮料总公司、闽南工贸集团公司、角美建筑工程公司为“十强乡镇企业”。

5月26日　角美镇被建设部列为“小城镇建设试点镇”。

5月　龙海市对台贸易码头在浮宫镇一比疆开工奠基。码头距台湾高雄市296千米，可停泊3000吨轮船，由龙海市龙发贸易公司投建，主要经营龙海与周边地区对台经贸货物疏导与交往。

5月　龙海市普贤码头投入营运。码头总投资1100万元，长117米，有2个500吨级杂货泊位，配有8台起吊机、1500平方米货仓、6000平方米堆场，年吞吐量15万吨。

5月 市政府颁发《龙海市地名管理规定》，并首次印制“龙海市政区图”3000张。

7月6日 中共龙海市委发出《关于建立“龙海市爱国主义教育基地”的通知》。决定把龙海一中“红军楼”“王占春纪念室”“李林事迹陈列室”“龙江精神陈列室”等10个场所（单位）列为“龙海市爱国主义教育基地”。

7月9日 中共中央政治局委员、中央书记处书记、国务院副总理吴邦国，国务委员、国务院秘书长罗干视察招商局漳州开发区、九湖荔枝海；省委书记贾庆林、省长陈明义陪同。

7月14日 13时22分，紫泥军垦农场营区突然下起“鱼雨”，周围遍布8—22厘米长的鲈鱼。据气象部门分析，该自然现象可能由龙卷风引起。

7月26日 中共龙海市委、市政府在厦门市召开东部经济发展战略研讨会。应邀学者和有关部门领导对龙海市实施东部经济发展战略提出许多宝贵的指导意见。

7月31日 第四号台风袭击龙海市，台风中心风力11级，受台风影响，全市受灾直接经济损失5817万元。

8月12日 福建统一粮川马口铁钢片厂奠基仪式在角美工业综合开发区举行。

8月29日 龙海市麟山游泳池投入使用，游泳池泳道长50米，投资70万元，系市区首个标准游泳池，由个人股份集资兴建。

9月5日 中共漳州市委常委、纪委书记王良才兼任中共龙海市委委员、常委、书记；免去黄浦江中共龙海市委书记、常委、委员职务。

9月8日 龙海市组团参加“9·8”厦门国际贸洽会，全市共签订项目30个，投资总额25097万美元，外资额23345万美元，名列漳州市各县（市、区）首位。

9月25日 中共漳州市委、市政府在龙海市召开厦漳高速公路建设动员大会。该工程于1994年3月开工，总长1024米。10月10日，厦漳高速公路漳州段在海澄镇内溪村碑头举行动工典礼仪式。此段高速公路总长度39.45公里，里程27.63公里，设计4车道全封闭、全立交，路基宽度26米，设计时速120公里；项目总投资15.2亿元，其中漳州路段10.46亿元。

10月6日 龙海一中被省教委确认为“福建省普通中学二级达标学校”。

11月1日 福建省海新集团有限公司在海澄镇埭新村成立。这是漳州市第一家乡镇企业规模化股份制企业。

11月13日 全国人大常委会副委员长倪志福到龙海市考察。先后考察角美工业综合开发区、九湖万亩荔枝海和联天食品制罐有限公司、义福（龙海）体育用品有限公司2家台资企业。

12月2日 龙海市中医院通过由国家中医院管理局组织的“全国示范中医院”评审，是全国百家示范中医院之一。

12月6日 中顾委原常委李德生到龙海市参观九湖花卉市场。

12月11—14日 全国人大常委会副委员长王丙乾到龙海市视察，先后视察角美工业综合开发区和九湖花卉市场。

12月19日 浮宫镇凫溪中学“美丞”综合教学楼举行开工仪式。综合楼由著名侨胞郭美丞的后裔郭盛才捐资50万元兴建。

12月19日 龙海市举行九龙江悬索大桥（锦江大桥）开工典礼。大桥于1998年7月25日合拢，1998年12月30日正式通车。桥总长465.6米，宽10米，主桥200米，为双塔双伸臂式悬索桥。

12月20日 全国政协副主席王兆国到角美工业综合开发区视察。

12月20—22日 中共龙海市委第八届第六次全体会议召开。会议通过《关于制定国民经济和社会发展“九五”计划和2010年远景目标的建议》《关于开展乡镇工业年活动的决议》和《关于开展基础设施建设年活动的决议》。

12月28日 中编办、国务院特区办发文确定角美工业综合开发区为全国行政管理体制和机构改革试点单位。全国试点单位共有22个。

12月　龙海市1995年地方级财政收入首次突破1亿元大关，达到15315万元，比上年增长44.97%。

是年，龙海市第一部乡镇志《港尾镇志》由黄山书社出版发行；第一部部门志《龙海市交通志》由科学文献出版社出版发行。

1996年

1月4日　颜厝镇洪塘、下宫两村发生群体械斗。械斗致使10多位村民受轻伤、重伤，一些民房被烧毁。漳州市、龙海市政法机关及时出警制止械斗，事态平息。

1月18日　龙海市国防动员委员会成立，由市委书记王良才担任第一主任，市长庄凉江担任主任。

2月1日　龙海市政府在北京召开龙海籍在京乡亲座谈会暨隆教湾项目引进洽谈会。

2月27日　全国人大常委会原副委员长彭冲考察招商局中银漳州经济开发区3.5万吨多用途码头和开发区居民安置区。

2月29日　省政府表彰1995年度农业生产先进单位和产粮多贡献大先进个人，龙海市人民政府被评为先进单位；紫泥、东园、海澄3个镇19人被评为先进个人。

3月1日　海澄镇埭新村苞埭社与锦埭社因迎神赛会引起村民群体纠纷事件，个别不明真相的村民起哄、闹事，造成出警警车被砸、警员被殴打；龙海市委、市政府果断采取措施，平息事态。

3月14日　龙海市成立龙海市乡镇企业工作领导小组，旨在加强对全市“乡镇工业年活动”的领导。

3月20日　市委、市政府成立“龙海市后石电力工程协调指挥部”。市委书记王良才任总指挥，市长庄凉江任副总指挥。

3月28日　石码镇二环城路（紫崴路）举行开工典礼，路段全长1.6公里、宽42米，于1997年5月竣工，总投资5700万元。

3月　龙海市获“1995年福建省十大产粮县”称号。

3月　市中医院被国家中医药管理局授予“示范中医院”和“二级甲等中医院”称号。

4月23日　省道郊柏线龙海九湖路段拓宽改建工程开工；九湖路段始于芗城区芝山镇南星村，止于九湖镇林下村与平和县交界处，全线总长9.5公里，路宽23米，为4车道水泥路面的二级公路。

4月28日　省长陈明义到龙海市考察福建统一粮川马口铁有限公司、联天食品制罐有限公司、亚细亚食品有限公司和东园镇农科所。

5月15日　龙海市召开“优秀少先队员——詹世忠”命名大会。詹世忠在读程溪下庄小学六年级，年仅13岁，在5月4日救起一位身高、体重超过自己的落水儿童后自己却英勇牺牲；1997年5月，民政部、省政府追授詹世忠为革命烈士。

6月18日　福建省首家船舶工业同业公会——龙海市船舶工业同业公会成立；首批36家企业会员，由吴国安任理事长。

6月19日　上午9时许，龙海大洋快艇公司从厦门至石码的165号快艇与月港快艇公司从石码至厦门的08号快艇在海澄镇上寮江面相向行驶时相碰，致使大洋165号快艇沉入水中，船上12名乘客全部落水，造成4人死亡。

6月20日　公安部挂牌督办大案——角美“1·01”杀人案成功告破。是年元旦上午，集美大学散打专业学生陈某某在角美镇因劝架被一伙外地流氓用刀杀害，1名案犯当场被抓获，其余5名潜逃；5月31日4名案犯迫于压力投案自首；6月20日主犯洪某某在南安被捕，全案告破。

6月20日　台湾台塑关系企业总经理、台湾著名企业家王永在一行到龙海市参观考察角美工业综合开发区和后石电厂厂址。

7月4日　应文化部邀请安排，龙海市芗剧团创作演出的芗剧现代戏《侨乡轶事》在北京中国儿童艺术剧院剧场首演成功。全国人大常委会原副委员长彭冲、全国政协常委胡平、文化部副部长潘震宙、全国台联会长张克辉、国家计委原副主任苏静及中央有关部门的领导到场观看演出，并亲切接见全体演职员。

7月11日　省委书记贾庆林到角美镇调查研究，听取角美镇的两个文明建设情况汇报，并到龙田村和福建统一粮川马口铁有限公司参观调研。

7月16日　龙海市自行研制建造的一对600匹马力、总吨位308吨的钢质对拖渔轮下水试产。渔轮由龙海市锦江船舶机械研究所设计，海澄玉枕船厂建造，总造价383万元，填补漳州市渔轮制造业的空白。

7月22日　位于港尾镇后石村的后石电厂破土动工，电厂规划总规模6×60万千瓦，由台塑美国公司投资兴建，总投资12.78亿美元。

7月　龙海市自来水公司翠林水厂投入使用。水厂始建于1993年6月，投资1.44亿元，解决石码、海澄2个镇群众自来水用水问题。

8月1日　受8号台风影响，九龙江口潮水位凌晨涨到8.97米，为龙海有记录以来最高潮位；石码、紫泥、海澄等9个沿江沿海乡镇发生大面积漫堤和35处决口。

8月18日　市区解放东路“寻梦酒楼”凌晨4点左右发生特大火灾，8人丧生。

8月25日　龙海市公安局刑警大队破获一起文物走私案，查获走私石制品三级文物13件，抓获犯罪嫌疑人3人。

8月　招商局中银漳州经济开发区漳州港区被交通部列为“首批对台直航口岸”之一。

9月2日　九湖镇木棉亭碑刻被省政府列为第四批省级文物保护单位，保护范围为木棉亭和碑刻四周延伸各30米区域。

9月3日　国务院副总理姜春云到龙海考察九湖荔枝海、万亩高优粮田示范区、东海冷冻食品有限公司，省领导陈明义、习近平陪同考察。

9月28日　石码商业城暨石码小商品市场举行开业典礼。

10月6日　市博物馆举行接受文物捐赠仪式。70岁高龄的哥伦比亚籍华人、原籍龙海市的康荣茂向龙海市捐赠2幅唐、清名画，以及古瓷、灵芝和各种化石、标本等10余件珍贵文物，支持龙海市新博物馆建设。

10月17日　福建省首例贩卖私盐犯罪案件在龙海市法院作出一审判决，案犯郭某贩卖私盐59.6吨，构成投机倒把罪，被判处有期徒刑1年6个月，并处罚金1500元。

10月29日　由台湾统一集团中国粮油进出口总公司、日本川崎株式会社合资兴建的福建统一粮川马口铁项目在角美工业开发区竣工，项目投资1.12亿美元。

11月　角美镇被建设部授予“村镇建设先进镇”称号，角美镇镇长林跃珍被授予“优秀乡镇长”称号。

12月12日　龙海市农村小康建设顺利通过省农村小康建设复查组验收。

12月13日　龙海市首次入列福建经济实力十强县（市），同时被评为经济发展十佳县（市）。

12月19日　中国民航总局局长陈光毅到龙海市考察漳州港3.5万吨级码头、南太武高尔夫球场、后石电厂建设工地。

12月21日　中共中央政治局委员、全国人大常委会副委员长田纪云到福建统一粮川马口铁有限公司视察。

12月25日　福建紫山集团有限公司成立，福建省委原书记项南为“紫山集团”题名。

12月　龙海市实现村村通电话。龙海市高海拔的程溪镇粗坑村、东马村为最后一批通上电话的村。

1997年

1月4日　省政府教育“两基”评估验收组对龙海市“两基”进行全面评估验收，经综合认定，各项指标均达国家和省规定的基本要求。

1月20日　省政府表彰1996年度农业生产、服务农业先进单位和产粮多、贡献大先进个人。龙海市政府被授予“经济作物生产先进单位和乡镇企业工作先进单位”称号，18人被授予“产粮多、贡献大先进个人”称号。

1月20日　角美镇白礁慈济宫被列入第四批全国文物保护单位。

2月21日　省长贺国强、副省长童万亨考察东园冬季农业开发现场和后石电厂建设工程。

2月24—28日　市第十二届人民代表大会第四次会议召开，会议补选康君福为龙海市人民政府市长。

3月7日　中共龙海市委、市政府发出《关于〈角美镇党政机构改革方案〉的批复》。

4月10日　龙海市市级党政机构改革方案获漳州市委、市政府批准，根据方案规定，市级党政工作部门由原来的69个减少到35个，另设部、委、办管理的副科级机构4个，正科级机构1个。

4月20日　全市乡镇党政机构改革工作全面展开。

4月28日　省政府授予港尾镇为全省“渔业十强镇”，港尾镇浯屿村为“渔业十强村”称号。

4月30日　新华社党组书记兼社长郭超人到龙海市考察九湖百花村、荔枝海和角美工业综合开发区。

5月5—6日　龙海市各乡镇突遭暴雨袭击，降雨量100—222毫米。

5月17日　全国人大常委会原副委员长彭冲到龙海市考察，在隆教火山口参观时题词：天下奇观，华夏一绝。

6月1日　交通部部长黄镇东考察招商局中银漳州经济开发区和高速公路建设情况。

6月22日　瓦努阿图籍“海昌”轮载3.2万吨古巴散装原糖靠上漳州港3.5万吨码头，为漳州港首次靠泊接卸万吨以上进口大宗货物。

6月29日　泰山企业（漳州）食品有限公司投产开业庆典在角美工业综合开发区举行。

8月16日　全省村务公开民主管理工作座谈会在龙海市举行，漳州市、龙海市、连江县等18个典型单位在会上交流经验；与会代表实地参观浮宫村、内楼村、鸿渐村、龙田村村务公开现场。

9月4—5日　市公安局在全市范围内组织开展以打盗抢、禁毒品、禁黑枪、查流窜、查隐患、查事故为主的集中统一行动；行动中全市共破获刑事案件11起、抓获犯罪嫌疑人5名，追捕在逃人员13名，查处治安案件14起，查获“三无”人员62名，发现整改治安隐患29处，查扣可疑摩托车39辆。

9月8日　龙海市组团参加在厦门举行的“9·8”贸洽会，共签约项目48个，总投资额2.1亿美元，签约项目数位居漳州市首位，外资总额占漳州市的四分之一。

9月19日　石码镇漆巷11号至13号之间通巷一间阁楼发生火灾，造成2人死亡、2人烧伤。

10月1日　龙海市在石码、海澄、榜山、颜厝、角美和紫泥6个镇率先实行殡葬改革，改革后全部实行火化制度，火化后骨灰全部寄存骨灰堂，杜绝土葬和火化后骨灰再次土葬。

10月15日　程溪镇遭遇历史上前所未有的龙卷风的袭击，其中浮山、上坪、人家3个村受灾最为严重；受袭击的村庄部分房屋受损，大量果树被毁，直接经济损失500多万元。

11月11日　龙海市专业技术人才协会成立，首批吸收260名专业技术人员为会员。

11月11日　由日本长崎县涞早市市长吉次邦夫和涞早市议会会长北浦定昭率领的涞早市友好代表团参观角美工业综合开发区区内统一马口铁、东海食品冷冻等企业。

11月12日　龙海市再次获得1997年度福建经济发展十佳县（市）、经济实力十强县（市）称号。

11月16日　中共中央政治局委员、全国人大常委会副委员长田纪云在中共福建省委书记陈明义陪同下视察后石电厂建设工程，并现场题词：“后石电厂——海峡明珠”。

11月21日　龙海市第一批入藏新兵启程进藏。

11月　市区锦江道西段道路、驳岸及排水工程竣工。工程于1996年3月动工兴建。

12月6日　国务院原副总理、全国政协原副主席谷牧考察九湖镇花卉市场。

12月20日　厦漳高速公路厦门林后至龙海市长洲路段建成通车。

12月20日　角美镇白礁村承租的中巴客车从白礁村开往平和三平寺，在平和县文峰至三平寺路段发生翻车，车上27名白礁村乘客全部遇难。

12月23日　龙海市通过福建省水利化县达标建设验收。

1998 年

1 月 13 日　龙海市首次发放城镇居民最低生活保障金。

1 月 13 日　中共龙海市委、市政府举行基础设施建设系列项目竣工剪彩活动。

1 月 26 日　省政府表彰农业工作先进单位和先进个人，授予龙海市政府“1997 年度水利水电建设先进单位”称号；龙海市有 15 人获“产粮多、贡献大先进个人”称号。

2 月　龙海市被国家教委公布为“全国第四批基本普及九年义务教育和基本扫除青壮年文盲县（市、区）”。

3 月 16 日　福建省人大常委会第八届第三十八次会议审议通过确定水仙花为福建省省花。

3 月 19 日　龙海市被省政府授予“普及九年义务教育，扫除青壮年文盲”先进市称号。

3 月 26—27 日　省委书记陈明义、省长贺国强到龙海联天食品制罐有限公司和统一粮川马口铁有限公司现场办公。

3 月　中央机构编制委员会办公室、国务院特区办公室批准角美工业综合开发区为全国开发区行政管理体制和机构改革试点单位。

4 月 9 日　龙海市在漳台经贸恳谈会签约外资居漳州首位。

4 月 27 日　隆教乡举行小澳新村落成典礼暨小澳、白坑村集体搬迁仪式。

4 月 28 日　中共福建省委、省政府授予龙海市委、市政府“全省农村脱贫致富奔小康”先进县（市、区）称号。

4 月　中共龙海市委、市政府重奖 14 户个私经济纳税大户，其中对纳税 100 万元以上的大户奖励 5 万元，对纳税 50 万元以上的大户奖励 2 万元，对纳税 20 万元以上的大户奖励 1 万元。

5 月 1 日　中共中央统战部副部长刘延东考察角美工业综合开发区。

5 月 19—20 日　省创建全国科技工作先进县（市）验收委员会受国家科委委托到龙海市考核“创建全国科技工作先进县（市）”，龙海市通过“创建全国科技工作先进县（市）”验收。

5 月 20 日　“海峡两岸经济发达地区（福建龙海市）持续高效农业示范区”获国家科学技术部立项，项目立项期限 5 年；龙海市还被国家科学技术部列为全国 15 个“持续高效农业技术研究示范”项目示范区之一。

6 月 2 日　东园镇发生一起重大沉船事故，27 人全部落水，造成 17 人死亡。事故发生后，漳州市及龙海市采取应急措施，并慰问遇难家属。

6 月 6 日　全国政协副主席王文元一行 38 人考察角美工业综合开发区统一马口铁和联天制罐等企业，并与联天职工代表座谈。

6 月 8 日　中德双方共同投资的普鲁士格·诺尔招商局机械工程有限公司在招商局漳州开发区建成投产。

6 月 20 日　中共福建省委授予龙海市“1996—1997 年度全省党建工作先进市”称号。

6 月 23 日　交通部部长黄镇东考察厦漳高速公路龙海长洲至碑头路段建设情况。

6 月 24 日　中纪委副书记曹庆泽到龙海市考察后石电厂、角美工业综合开发区和隆教乡白坑小澳村、角美镇鸿渐村新村建设现场，并就党风廉政建设和反腐败工作开展调研。

7 月 4 日　龙海市“龙江风格”纪念馆开馆，纪念馆设在榜山镇龙江中学校园内。

7 月 24 日　龙海市首次公开选拔副科级领导干部工作结束，有 5 人经考核选拔到领导岗位。

8 月 12 日　台湾木乔传播事业有限公司拍摄组一行 4 人，到榜山镇马崎村连氏祠堂、连氏始祖坟墓及马崎村全貌等景点，拍摄纪录片《日据时代台湾人在大陆的足迹》。

8 月 27 日　省首届“十佳青年农民”、浮宫镇农民企业家郑美海开发生产的杨梅汁饮料、杨梅酒通过国家轻工业总局组织的部级成果鉴定，填补福建省内同类项目空白。

8 月 28 日　龙海市土地管理局就角美镇玉江村村民郭某涉嫌违法占用基本农田保护区土地一案举行听证会。

8 月　中共海澄镇埭新村委员会和中共海澄镇豆巷村委员会两个村级党委会成立，为漳州市首批设立的村级党委会。

9 月 8 日　厦漳高速公路龙海路段坂头收费站（龙海站）零点开通。

9 月 16 日　中共龙海市委、市政府举行捐赠灾区湖北省监利县款物发运仪式，共发出捐赠现金 109 万元，货物价值 105.2 万元。

9 月 21 日　省计委发文同意取消危及红树林保护区的甘文尾围垦工程立项。

9 月 23 日　中共漳州市委常委吴志明兼任龙海市委常委、书记。

9 月　市区人民路、人民西路、人民东路道路及排水工程改造建设竣工。

10 月 7 日　前中国国民党副主席、中华台湾海峡两岸和平发展促进会会长林洋港回祖籍角美镇埔尾村谒祖。

10 月 12 日　泰国泰华妇女慈善会向市中医院捐赠救护车移交仪式在市中医院举行。

10 月 19 日　省委书记陈明义，省委常委、组织部部长陈营官到东园镇农科所和浮宫振发食品公司考察。

11 月 8 日　新疆维吾尔自治区区委书记王乐泉率自治区考察团到龙海市参观考察东园镇粮食生产示范片、海新集团、紫山集团等。

11 月 11 日　龙海市公安局户政科在角美公安分局集中为 1689 名户口在农村人在角美镇从事非农工作的群众办理小城镇常住人口。角美镇小城镇管理制度改革是省政府确定的 17 个试点单位之一。

11 月 13 日　九龙建设集团公司经建设部批准晋升为国家一级建筑施工企业。

11 月 15 日　美国纽约州议员欧代仕率美国纽约州中美经贸促进访问团到角美开发区考察。

11 月 18—20 日　福建省第二届闽台城隍历史文化学术研讨会在海澄镇召开，出席会议有厦门大学、福建师范大学及福州、厦门、泉州、漳州等地学者 50 多名。

11 月 24—27 日　中国共产党龙海市第九次代表大会召开。

11 月　市区港口桥改造建设工程竣工。

12 月 4 日　中国建设银行龙海支行综合大楼落成开业。大楼总投资 1400 万元，占地面积 0.11 公顷，建筑面积 6800 平方米。

12 月 8 日　省人大常委会主任袁启彤率全国人大福建代表团到龙海市考察后石电厂、招商局漳州开发区、德兴实业有限公司和锦江大桥。

12 月 17 日　最高人民法院常务副院长祝铭山到龙海市法院调研。

12 月 20 日　全国政协福建籍港澳委员一行到龙海市鸿渐村考察新农村建设情况。

12 月 27 日　漳诏高速公路龙海段举行开工仪式。

12 月 31 日　九龙江防洪堤二期加固扩建工程竣工。共完成土堤加高培厚 38.44 公里，堤后平台压载砌石护坡 18.49 公里，抛石护岸 2.53 公里，完成土石方 81.22 万立方米，完成投资 1544.34 万元。工程加固后防洪标准达 20—50 年一遇。

1999 年

1 月 7—11 日　政协龙海市第十届第一次会议在石码召开，会议选举产生新一届领导班子，周阿份当选为龙海市政协第十届委员会主席。

1 月 8—12 日　龙海市第十三届人民代表大会第一次会议在石码召开，张水湖当选为人大常委会主任；康君福当选为市长。

1 月 15 日　角美镇、海澄镇、榜山镇被省政府评为百强乡镇；市乡镇企业局被评为服务乡镇企业先进单位。

1月22—23日　农业部部长陈耀邦到东园农科所和东海冷冻厂调研。

2月3日　龙海市人民法院维护军人军属合法权益巡回法庭成立。

2月3—9日　龙海市路桥建设开发公司企业债券5000万元公开发行，债券期限3年，年利率5.796%，面额分为1000元和5000元两种。债券由龙海市电力公司提供不可撤销担保，由厦门国际信托投资公司主承销。

2月21日　国家旅游局局长何光伟到龙海市考察旅游业的发展情况。

2月22日　中共中央纪律检查委员会原副书记李正亭，在省委常委、纪委书记梁倚萍陪同下，到角美镇鸿渐村就新村建设开展调研。

2月24日　福建“千里江堤”工程漳州段建设在颜厝镇以北的九龙江堤段拉开帷幕，漳州市委书记李敏忠、市长李天森带领市五套班子、市直有关部门干部和龙海市党政领导共1000多人，与驻漳某师4000名官兵一道，参加九龙江下游颜厝段的清淤和防洪加固二期工程建设。

3月13日　龙海市直机关党委与市关工委联合召开结对扶助孤儿会议，对全市184名孤儿学生结对扶助，其中市直机关90个单位与100名孤儿学生实行结对，每年“六一”儿童节期间送给每名孤儿学生400元，扶助时间从其小学起到初中毕业。

3月15日　后石电厂10万吨级码头配套航道工程举行开工典礼，航道全长11.6海里，工程包括疏浚、炸礁、建锚地、设置导航标等辅助导航设备，计划总投资4154万元。

3月23日　中共龙海市委发出《关于开展机关干部挂钩、进驻企业和农村活动的通知》，召开机关干部进驻企业和农村动员大会。

4月9日　漳州市首个台商投资工业区——角美开发区挂牌运作。

4月13日　中共龙海市角美工业综合开发区工作委员会和龙海市角美工业综合开发区管理委员会成立，由原来的龙海市政府派出机构（科级建制），改为龙海市委、龙海市政府的派出机构，为副处级行政建制。

4月21日　中共龙海市委、市政府作出《关于表彰乡镇企业纳税大户的决定》，授予紫山集团有限公司、龙海中粮食品有限公司、龙海绿宝食品有限公司、海新集团有限公司等30家企业“乡镇企业纳税大户”称号。

5月21日　经省政府同意，在龙海市开展生态农业试点县（市）建设工作。

5月27日　漳州市司法局在九湖镇举行“部级文明法律服务所”授牌仪式。

5月　市区公园路、九二〇路道路及排水工程完成改造建设，总长410米，投资176万元。

6月5日　龙海市首期青年干部培训班举行结业典礼，参加青干班培训为来自市直机关和乡镇的青年干部。

6月6日　龙海市与湖北省监利县举行建立友好县（市）签字仪式。

6月19日　中共中央政治局常委、国家副主席胡锦涛，到角美工业综合开发区的台资企业福建统一粮川马口铁有限公司和角美镇鸿渐村文圃山庄考察。

6月28日　龙海市举行省电力工业局代管龙海电力公司交接仪式。

8月13日　中共福建省委副书记、代省长习近平到漳州重点台资企业现场办公和招商局漳州开发区检查指导工作。

8月25日　后石电厂1号机组点火试运行。

8月　龙海市政府主办、市地方志编纂委员会主编的龙海市第一部《龙海年鉴（1997—1998）》，由中华书局出版社出版发行，为漳州市县（市、区）级第一部综合性年鉴。

9月7日　角美工业综合开发区内的福建凯冠钢铁开发有限公司的热浸镀锌钢板生产线投产，填补福建省的一项产业空白。

9月8日　台资企业龙海鞋业有限公司仓库发生重大火灾事故，死亡2人，经济损失近200万元。

9月9日　全国人大常委会原副委员长原王汉斌一行5人，到龙海市参观后石电厂建设工地，对电厂规模、建设速度表示赞赏。

9月12日　内蒙古自治区党委书记、人大常委会主任刘明祖带领党政考察团一行到龙海市，就推动东西部合作，发挥两地互补优势，实现共同提高和发展等内容进行考察。

9月16日　角美镇被中央文明委授予“文明乡镇”称号，为中央文明委首次命名表彰的国家级精神文明创建先进单位。

9月18日　南京军区副参谋长、少将苏京到龙海检查民兵预备役工作。

9月21日　台湾东部发生里氏7.6级地震波及龙海市，受其影响全市发生多次震动，烈度达4度强，最长时间持续5分钟左右，全市范围内没有发生人员伤亡及房屋倒塌现象。

9月23日　龙海市“劳动模范荣誉室”开馆，集中展出龙海市自中华人民共和国成立以来仍健在并保持荣誉的177名漳州市级以上劳动模范的彩照和主要先进事迹。龙海市各条战线先后被评为漳州市级以上劳模254人，其中全国劳模6人、省级劳模79人、部级劳模10人、省“五一”奖章获得者44人、漳州市劳模38人。

10月9日　上午10时，14号台风在龙海境内港尾镇登陆，风力达12级，出现全市性、破坏性的灾害，全市受灾直接经济损失11.8亿元。

10月23—24日　龙海市镇海边防派出所连续破获2起跨省拐卖妇女大案，抓获犯罪嫌疑人8人，解救出被拐骗妇女4人。

11月3日　龙海市农村初级电气化建设通过省级验收。12月28日，省政府批复同意龙海市为农村水电初级电气化县。

11月6日　总政歌剧团到龙海市慰问演出，参加演出的有杨鸿基、程桂兰等国家一级演员。

11月　龙海市基本农田保护工作通过省级验收，全市基本农田保护区划定1034片，面积2.33万多公顷。

12月1日　中共福建省委副书记、代省长习近平到东园现代农业示范区调研。

12月4日　中国侨联主席、党组书记林兆枢率中国侨联有关部门负责人到龙海市调研。

12月21日　市乡镇企业贷款担保有限公司揭牌成立。

12月23日　省计委批复龙海市九龙江西溪大桥工程可行性研究报告，同意建设新的九龙江西溪大桥。

12月26日　龙海市创建无鼠先进城区通过省验收。

12月29日　招商局漳州开发区举行建区7周年庆典。

2000年

1月3日　由国有企业龙海齿轮厂、龙海电机厂资产重组合并的龙海市海盛机电有限公司成立。

1月8日　第二届海峡两岸花博会龙海百花园开园。百花园第一期总投资968万元，占地4.13公顷。展馆占地面积1878平方米，分为花卉精品展区和市外企业展销区。

1月18日　龙海市查获一起特大假币案。假币在一辆途经324国道九湖镇木棉路段的大巴客车上查获的，数额为45万元。

1月　龙佳观光农业园开园。由侨资企业龙佳石料有限公司创办，位于国道324线角美镇区北侧，占地总面积53.33公顷，是海峡两岸（漳州）农业合作试验区重点项目。

2月13日　中共福建省委书记陈明义、省长习近平到龙海市考察重点工程项目建设情况。

3月19日　榜山镇洋西村举行公推直选村党支部大会，这是龙海市首次举行的公推直选村级党支部大会。

3月　漳州港招银港区对台直航试点口岸启动，由新加坡籍“海银号”驳船装载两批毛角石从漳州港区启航分别运往台湾高雄港和巴里港。

3月　蒲姜岭垃圾无害化处理场一期工程建设竣工。

4月6日　厦门大学漳州校区建设项目在厦门大学建校79周年庆祝大会上签约。

4月13日　台湾高雄籍渔轮“顺富满”号在浯屿海面遇险获救，船上5名台湾渔民得救，渔轮脱险。

4月　市区港林路道路、桥梁及排水工程改造建设完成，总长500米，投资390万元。

5月1日　新加坡原总统黄金辉携带家属一行14人到海澄镇黎明村寻根谒祖，受到龙海市领导和乡亲热情接待。

6月1日　龙海市婚姻登记从即日起，实行靠近市区的石码、榜山、紫泥、颜厝、东园、东泗、双第农场及招商局中银漳州经济开发区等乡镇场（区）的申请结婚当事人，统一到龙海市妇幼保健所，由市计生局、卫生局和民政局联合办理；其余的7个乡镇、1个场、1个区分别在所在辖区的卫生院与计生服务站、民政办合署办公，统一受理申请结婚当事人的婚前保健和婚姻登记工作。

6月2日　九湖镇被国家林业局、中国花卉协会联合命名为“中国水仙花之乡”。

6月7日　角美镇村民状告龙海市人民政府滩涂养殖纠纷一案在厦门海事法庭公开审理，该案主要起因为市政府于1997年8月至1998年9月在甘文尾实施滩涂围垦工程引起的。

6月16日　龙海市在石码镇锦江道九龙江面上举行大型龙年龙舟赛会，全市有47艘龙舟、1200名运动员参加，有10多万人观看。

6月17—19日　龙海市受中低层低压潮和北方弱冷空气的影响，全市连续降雨达30多个小时，平均降雨量超过190毫米，部分地区超过300毫米，各乡镇出现不同程度涝灾。

6月30日　位于榜山镇芦州村的龙海市闽南家具批发市场开业，总投资750万元，首期工程建筑面积16200平方米，是龙海市第一个家具专业批发市场。

7月13日　龙海市多棱钢砂有限公司被省科技厅认定为福建省“高新技术企业”。

7月19日　闽龙渔2586号、2588号的龙海渔民成功解救在海上漂流3天3夜的2名台湾渔民。

7月26日　西溪桥闸因被鉴定为危桥，从即日零时起实行交通管制，有关部门采取措施，禁止一切机动车辆（两轮摩托车除外）通过。

9月14日　中共中央政治局委员、全国人大常委会副委员长田纪云考察南太武经贸协作区等。

11月10日　海峡两岸南太武经贸协作区工作领导小组办公室揭牌成立。

11月11日　省长习近平考察招商局漳州开发区和厦门大学漳州校区。

11月16日　国家经贸委主任盛华仁考察后石电厂，并对电厂在有关部门的大力协作下如期完成各项建设给予充分肯定。

11月17日　漳州滨海火山地质公园被评选为全国首批“国家地质公园”，地质公园包括龙海隆教牛头山古火山口和漳浦古火山地质公园。

11月18日　全国政协副主席、中央统战部部长王兆国到角美工业综合开发区的福贞集团公司、福建统一马口铁有限公司、福建凯冠钢铁有限公司、泰山企业食品有限公司参观考察。

11月29日　中共海新集团委员会举行成立大会，海新集团是龙海市第一家成立党委会的民营企业。

12月1日　台资企业亚细亚食品（龙海）有限公司通过HACCP质量体系国际认证，成为福建省首家获得HACCP体系国际认证的速冻蔬菜生产企业。

12月4日　龙海市政府发出《龙海市清理整顿农村合作基金会专项借款管理的实施办法》通知。

2001年

1月1日　龙海市基本医疗保险制度改革开始实施，改革主要内容是参保单位职工应按政策规定于本月底前参加医疗保险登记、缴纳医疗保险费，并于缴费的次月起享受医保待遇。

1月1日　龙海市第五次全国人口普查开始入户登记，普查主要数据（2000年12月底）：全市常住人口816313人，其中男性415936人，占总人口50.95%，女性400382人，性别比为103.88；全市人口平均预期寿命73.69岁，其中男性71.33岁、女性76.07岁。

1月3日　中共龙海市委、市政府联合下发《关于实行村级“零招待”制度的若干规定》，开始在全市240个行政村全面实行“零招待”制度，明确规定村级一律不准报支招待费用。

1月3日　由龙海市国安船业有限公司和中国船舶工业集团公司共同研制的首批30座位玻璃钢高速艇在厦门轮渡码头举行交付仪式，该项目研制成功，填补福建省船舶业的一项空白。

1月8日　第三届花博会龙海百花园花卉展销暨中国百花村首届花卉节举行开幕仪式。

1月18日　厦漳高速公路榜山坂头至海澄碑头路段举行通车仪式，厦漳高速公路全线通车营运。

1月29—30日　省委书记宋德福到龙海市调研，考察角美工业综合开发区、后石电厂、招商局漳州开发区等地。

1月　市政府首次出台退伍军人安置新规定，对城镇退役士兵持有《退伍安置登记书》和转业士官（服役满十年以上）的安置，实施“自谋职业经济补偿”的办法，一次性发放经济补偿金（含生活补助费），城镇退役士兵按其服役年限，年补偿金4000元；进藏兵一次性补偿金2万元；转业士官一次性补偿金2.5万元，补偿金全部由市财政负担。

2月1日　市区旧城改建项目解放北片区旧房拆迁工作实施。

2月14日　龙海市乡镇土地利用总体规划通过漳州市审批。

2月　位于紫泥镇浒茂岛城内村的紫泥供电所投入使用，总投资2500万元，辖有10千伏主干线3路，总长69.8公里。

3月2日　全省春耕春播现场会在龙海市召开。

3月8日　来自澳大利亚大学和墨尔本的一家权威环保组织的博士一行7人，进驻东园镇南边村一个月，对南边村的气候、土壤、水利设施进行抽样检测，开展环保村试验项目，促进生态农业的健康发展。

3月9日　龙海市对乡镇实行收支挂钩的财政管理体制，主要内容是收入上缴、支出下拨、超收分成、短收扣支，一年一定。

3月9日　龙海市召开严厉打击、取缔“六合彩”专项整治动员大会，市政府同时发布《关于严禁“六合彩”骗赌活动的通告》。

3月22日　省教育厅授予龙海市“实验教学普及市”称号。

3月30日　龙海市成立“市水产病害防治中心”，为全省县、市级的第一家该类型机构。

4月3日　双第华侨经济开发区举行成立庆典仪式。

4月6日　厦门大学漳州校区奠基典礼在港尾镇人径村举行，省政协主席陈明义、副主席何少川，以及厦门、漳州和龙海市领导出席典礼仪式。

4月8日　九龙岭垃圾处理场竣工。

4月11日　国务院批准招银漳州港区和后厂电厂港区对外国籍船舶开放。5月，国务院批准漳州港为福建沿海与金马直航的货运港之一。

4月20日　龙海市建立城市饮用水源保护区，范围自九龙江北溪江东桥（旧桥）至北溪闸坝及两岸岸上200米以内地面，保护面积2平方公里。

4月24日　龙海港尾中学通过省三级达标验收，这是继龙海一中、龙海二中之后龙海市第三所省三级达标中学。

5月6日　由318名运动员组成的龙海市体育代表团参加漳州市第九届体育运动会。

5月21日　全国人大常委会副委员长布赫就外向型农业、高新技术农业、农业产业化等方面问题到龙海市考察调研。

5月25日　市政府审定通过《龙海市城镇医疗机构分类管理改革实施方案》，确定龙海市城镇医疗机构分类管理改革方案：市第一医院、中医院为政府举办的非营利性医院；市第二医院为非政府举办的非营利性医院；石码卫生院改制为石码镇社区卫生服务中心；对市区个体诊所、卫生所和门诊部的分类管理进行改革。11月5日公布全市79所医疗机构为非盈利性质医疗机构。

5月28日　中共龙海市委制定《关于领导干部报告重大事项的规定》，要求副科级以上领导干部必须随时向组织汇报个人及家庭重大情况、活动，以进一步加强党风廉政建设。

6月6日　市政府公布政府行政审批制度改革方案，从2001年6月15日正式实施，市政府所属各部门原上报审批、核准、转报、备案项目416项；改革后，保留审批事项29项，核准事项98项，备案事项33项，转报事项46项，共取消或调整审批、核准事项71项，比原有事项减少35.9%。

6月9日　台湾云林县麦寮聚宝宫“保生大帝”大陆进香团一行366人，从台湾高雄港乘坐金门快轮直航厦门后到白礁慈济宫进香。

6月12日　中共中央政治局常委、全国政协主席李瑞环在省委书记宋德福、省政协主席陈明义及漳州市领导郑立中、郑道溪等陪同下，视察龙海市九湖荔枝海和紫山集团有限公司。

6月25日　江东桥被国务院列入第5批国家重点文物保护单位名录。

7月1日　在漳州强化训练的中国女排队员一行13人，在领队李金强、主教练陈忠和带领下参观九湖荔枝海、花卉长廊。

8月11日　西溪桥闸紧急抢护工程完工并关闸蓄水试运行，工程4月开工，完成投资138.9万元，初步扼制险情发展。

8月28日　以经营出口蘑菇为主的龙海市中外合资企业绿鲜食品(漳州)有限公司，针对美国制定的中国蘑菇出口倾销案提出申诉，经3次往返答辩和实地查证，当日美国商务部决定降低该公司蘑菇出口关税。此案的胜诉使该公司成为国内蘑菇输美税率最低的出口企业之一。

8月　市区一环（紫光路）、二环（紫崴路）连接线道路、桥梁及排水工程建设完成，总长310米，投资844万元。

9月6日　国务院侨办主任郭东坡到角美工业综合开发区考察侨资企业。

9月21日　在福建省第八次见义勇为先进分子表彰大会上，郑志强被授予“福建省见义勇为先进分子”称号。郑志强为浮宫镇丹宅村青年，2000年12月17日在厦门市勇斗歹徒英勇牺牲。2001年1月22日，由厦门市委副书记张昌平带领的春节慰问组一行，前往浮宫镇丹宅村看望和慰问郑志强亲属。

9月28日　市公安局、市工商局联合行动，查获一起特大非法传销案，捣毁分布于石码、榜山等地的32个传销窝点，涉案人员170多人。

10月1日　中共龙海市委、市政府在紫山集团举行全市经济建设项目剪彩揭牌现场会，市领导分批为分布在各乡镇的27个经济建设项目剪彩揭牌。

11月3日　以郑永传为团长的马来西亚中华大会堂总会郑和研究交流团一行到角美镇鸿渐村考察郑和庙。

12月18日　全国人大常委会原副委员长王汉斌莅临龙海市参观考察后石电厂。

12月18日　原产地九湖的龙海水仙花通过国家质检总局原产地标记认证评审。

12月31日　龙海市被农业部和外经贸部认定为全国园艺产品出口示范区。

2002年

1月8日　龙海市百花园花卉展销会暨中国百花村第二届花卉节开幕。

1月21日　龙海市召开三峡库区移民工作会议，确保完成接收安置三峡库区重庆市奉节县寂静乡的150名移民。

1月27日　农业部副部长范小建一行，到龙海市紫山集团、格林食品有限公司、东园现代农业示范区调研。

2月11日　龙海市土地管理局首宗国有土地使用权公开挂牌交易出让，龙海御泰房地产开发有限公司以1968万元获得位于石码镇工农路动力机厂一带2.01公顷的土地。2003年开工建设运辉花园，2005年10月竣工。

3月1日　国家质量监督检验检疫总局局长李长江、党组书记李传卿到紫山集团调研。

3月　龙海市浮宫镇水果开发中心开发的“浮宫牌”杨梅被省政府授予“福建省名牌产品”称号，填补全市创省名牌农产品的空白。

4月8日　龙海市农网“两改一同价”（农村电网改造、农电体制改革及同网同价）工作通过省级验收。

4月9日　九湖镇新塘村农民王永平在北京参加第六届“全国十大杰出青年农民”表彰大会，并受到国务院副总理温家宝接见。

4月28日　中共龙海市委、市政府在港尾镇召开抗旱救灾现场会，这场旱灾从上年10月1日至当年5月10日，只降雨113.3毫米，比历年同期偏少383毫米，旱情超过1962年大旱。

5月13日　龙海市土地收购储备管理委员会成立，负责协调各部门的关系，审定土地收购储备政策，监督检查土地收购、储备、出让运作；市土地收购储备中心也同时成立。

5月17日　全国党建研究会会长、中央组织部原部长张全景到龙海市调研。

5月18日　榜山镇洋西村与漳州市艺术馆、图书馆联合在漳州宾馆举办郑成功收复台湾340周年纪念活动，来自海内外的1300多名郑氏宗亲参加大会。

5月20—21日　农业部部长杜青林到龙海市就农业产业化及闽台农业合作等项目开展调研。

5月22日　灿坤集团投资项目签约，落户角美龙池开发区。7月22日，灿坤工业园举行开工仪式，总投资1.2亿美元；9月30日，首期26万平方米轻钢结构厂房开工；2003年4月10日，灿坤实业有限公司投产，是全国最大的小家电制造厂商，全国500强企业，全国第一家台商B股上市公司。

5月28日　龙海市行政服务中心揭牌启动。

5月　龙海市全面开展海域使用普查统计工作，普查海域使用面积1982.47公顷，其中渔业用海1668.95公顷、非渔业用海313.52公顷，涉及全市8个沿江沿海乡镇、11种用海类型。

6月11日　龙池开发区管委会举行揭牌仪式。

6月26—29日　2002年“龙佳杯”全国夏季游泳锦标赛在角美龙佳生态休闲山庄开赛。参加比赛的运动员有100多名，来自全国22个省市、自治区、直辖市，比赛为期3天。

7月10日　福建省农民游泳特定项目比赛在龙海举行，全省有9支代表队100多名运动员参加。

7月21日　由中国、澳大利亚、美国联合兴建的“中澳美东园南边生态村”，在龙海市东园南边村启动，这是福建省首个中外合作“环保村”项目。

8月18日　省长习近平到漳州龙池开发区察看灿坤工业园。

8月23日　重庆市奉节县147名三峡工程移民分别被安置在程溪农场、江东良种场、苍坂农场。

8月26日　福建紫山集团被中国罐头行业协会评为“2002年中国罐头行业十强”。

8月30日　由25名金门同胞组成的进香团由金门直航厦门抵达白水金仙岩观光旅游。这是龙海市接待的第一批由金门直航的台湾客人。

9月6日　中共中央政治局委员、国务院副总理钱其琛视察角美工业综合开发区，并与部分台商座谈。

9月15日　台湾佛教慈济慈善事业基金会在龙海市举行助学活动，为55名贫困生发放助学金，每生每年1000元。

9月20日　龙海市通过全国第一批100个“无公害农产品生产示范基地县（市）”验收。

10月20日　龙海市被科学技术部批准为国家星火技术密集区。

10月26—28日　在第三届漳州——龙岩山海协作对口帮扶联席会上，龙海市与长汀县、上杭县签订5个合作项目。

10月29日　港尾镇获“全国创建文明村镇工作先进镇”称号。

11月11日　2001—2002年度中国最大的外商投资企业500强（以销售收入计）排序结果揭晓，华阳电业公司位居第 275 位。

11 月 17—19 日　省爱卫会灭蟑考核组到龙海市检查市区灭蟑工作，经过检查考核，龙海市通过“灭蟑螂先进城区”达标考核。

11 月 24 日　由重庆市副市长陈光国带领的农业考察团到东园现代农业示范区、紫山集团、九湖花卉市场参观考察。

12 月 28 日　漳州港客运站投入使用，它标志招商局漳州开发区至厦门航线正式开通，乘坐快艇全程仅 15 分钟。

2003 年

1 月 1 日　龙海市区开通公交客运线路。由市公交公司先行开通的有市区 1 路、2 路 2 条公交线路，投资 80 万元。其中，市区 1 路公交车，从石码至金定，配置 4 部中巴车；市区 2 路公交车，从石码至海澄，配置 4 部中巴车。

1 月 2 日　国家审计署副审计长令狐安到龙海市调研。

1 月 8 日　第三届中国百花村花卉节在九湖镇百花村举行。

1 月 16 日　原市计生指导站土地使用权以 308 万元的价格被拍卖出让，比底价高出 190 万元，创下龙海市国有土地拍卖出让价格新纪录。

2 月 17—18 日　省长卢展工、副省长陈芸到龙池开发区、角美工业综合开发区、后石电厂等考察调研。

2 月 28 日　全国人大代表、榜山镇洋西村党支部书记郑霜高晋京参加全国第十届人民代表大会第一次会议。

4 月 1 日　龙池开发区被省政府确定为省级开发区，开发区内设灿坤、白礁、鸿渐、金山 4 个工业区。

4 月 1 日　龙海市西溪大桥工程建设指挥部成立；4 日，福建闽南（漳州）经济发展有限公司投资龙海西溪大桥项目签约仪式在龙海宾馆举行，项目合同由福建闽南经济发展有限公司、龙海市西溪大桥开发有限公司、龙海市财政局三方共同签订，合作内容包括西溪大桥建设、附属土地开发和沿线服务设施及许林头收费站经营等。6 月 28 日，举行大桥奠基仪式。

4 月 8 日　石码镇的印尼归侨邱振兴、陈瑞琴夫妇双双办理遗体捐献公证手续，表示去世后遗体将无偿捐献给漳州卫校用于医学教学和科研，这是福建省首对夫妇一起自愿捐献遗体事例。

5 月 28 日　漳州金龙客车有限公司投产，这是漳州市首家客车制造企业。公司位于龙海市角美凤山工业园，占地 200 公顷，总投资 40 亿元。

6 月 3—24 日　龙海市开展西溪“一条龙”灌区清淤清障专项活动。全市累计投入资金 1113.2 万元，投入劳力折款 205.5 万元，清除水葫芦 1456.5 万平方米，土方 45.46 万立方米，拆除违章构筑物 1184 处。

6 月 28—29 日　龙海市举行撤县建市十周年纪念大会。同时举办系列项目奠基剪彩仪式。漳州、龙海市领导分别为西溪大桥等 61 个基础设施、工业项目奠基或剪彩。

7 月 9 日　省政协主席陈明义一行到龙池开发区调研。

7 月　福建省最大的制油厂家福建金石制油有限公司二期项目动工投建，项目为大豆蛋白提炼生产线，属高新技术项目，计划总投资 1.5 亿元。

9 月 16 日　厦门大学漳州校区举行一期工程竣工典礼仪式，首批招收 5000 名本科生进驻新校区学习。

9 月 27 日　石码镇渔业居委会 2 艘渔船在海上作业时救起 2 名落水台湾飞行员，并将获救的 2 名飞行员交给赶到施救的台方直升机和快艇。

10 月　华阳电业公司进入 2002 年度“中国外商及港澳台投资纳税百强”排行榜，位居第 26 位。

11 月 7 日　市人大召开第 39 次常委会议，会议通过任命杨溪峰为龙海市人民政府副市长、代市长的决定。

11月9日　国家质量监督检验检疫总局局长李长江到角美工业综合开发区考察百佳实业有限公司。

11月15日　中国女排主教练陈忠和率领的中国女排在日本举行的第九届女排世界杯上获得冠军，重夺阔别17年的女排世界冠军，中共龙海市委、龙海市人民政府致电祝贺。11月28日，陈忠和回到家乡石码镇，中共龙海市委、市政府举行隆重欢迎仪式，并向陈忠和颁发10万元奖金。

11月18—20日　中国共产党龙海市第十次代表大会在石码镇召开，大会选举产生中国共产党龙海市第十届委员会委员、候补委员和中国共产党龙海市纪律检查委员会委员；20日，召开中国共产党龙海市第十届委员会第一次全体会议，选举产生中国共产党龙海市第十届委员会书记、副书记、常委。

11月26日　紫泥金定鸭国家级原产地标记注册通过国家质检总局原产地保护标记专家组现场评审。

11月28日　市国土资源局举行矿区采矿权公开拍卖仪式，这是龙海市首次对采矿权进行公开拍卖。

11月　第三届全国县域经济基本竞争力百强县评选揭晓，福建省有7个县（市）上榜，龙海市榜上有名，位居第83位。

12月15日　全国人大常委会原副委员长王汉斌到龙海市考察。

2004年

1月2—5日　政协龙海市第十一届委员会第一次会议在石码召开，会议选举柯莲英为政协主席。

1月3—6日　龙海市第十四届人民代表大会第一次会议在石码锦江影院召开，选举许跃国为第十四届人大常委会主任，杨溪峰为市人民政府市长。

1月8日　第四届中国·百花村花卉节暨"漳州市第二届水仙花雕刻艺术大奖赛"在九湖镇百花村举行。

1月13日　龙海两艘渔船参与"保钓"行动，晚上10时，作为中国民间"保钓"考察船的"闽龙渔F896"和"闽龙渔F847"从厦门出发，运送20名"保钓"人员前往中国领土钓鱼岛。

2月5日　泰国亚太经济贸易促进联合协会会长、华联国际投资集团有限公司总裁张颂猜一行应邀到龙海市投资考察。

2月20日　龙海籍的中国女排主教练陈忠和入选中央电视台"感动中国2003年十大年度人物"。

2月22日　龙海市启动九龙江河口湿地保护与恢复示范工程，聘请福建省林业调查规划院专家就九龙江河口湿地保护与恢复示范工程进行调查规划。

2月23日　龙海市成立国有资产投资经营有限公司和城市建设投资开发有限公司，实行董事会领导下的总经理负责制。

2月25日　中共中央政治局原委员、中央军委原副主席、原国务委员兼国防部部长迟浩田上将到龙海市考察。

3月13日　凌晨一点三十分，榜山镇北溪头村一纸制品加工场发生火灾，造成6人死亡，另有2人轻度烧伤。

3月18日　龙海市启动全市农村居民最低生活保障工作。

3月19日　龙海市城市总体规划经福建省政府批准实施。

3月26日　龙海市北港大桥开工典礼在角美镇玉江村举行，大桥南起紫泥镇安山村，北至角美镇玉江村，主桥长426米、宽11米，双向两车道，两岸连接线公路长3.14公里。

4月10日　上午11时30分，从漳州港启航的"鼓浪屿"号客轮抵达金门水头码头，这是漳州与金门50多年来首次实现海上客运直航。

4月17日　中共中央政治局委员、中央书记处书记、中央组织部部长贺国强到龙海市考察工作。

4月24日　龙海市公安局户政中心在灿坤电子公司为80名技术骨干现场办理户口和身份证，是漳州市首例为台资企业员工办理落户手续。

4月28日　漳（州）龙（岩）高速公路通车。漳龙高速公路是中国重点公路厦昆线的重要组成部分，全长 79.29 公里；漳龙高速起点在沈海高速公路漳州（龙海长洲）站。

5 月 18 日　龙海市九龙江河道采砂管理办公室举行揭牌仪式。

5 月 19 日　浮宫杨梅首次出口欧盟市场，首批 3 吨早熟杨梅经保鲜加工后，从上海口岸直接空运出口法国。

5 月 31 日　全国政协副主席罗豪才率全国政协视察团到招商局漳州开发区，就加快海峡经济区建设情况进行考察调研。

5 月　龙海一中被确认为“省一级达标中学”。

5 月　石码镇渔业社区居委会盲女黄明英以优异的成绩考上北京联合大学特殊教育学院钢琴调律专业，为龙海市首位盲女大学生。

6 月 3 日　台塑董事长王永庆考察后石电厂。

6 月 7 日　龙海市第十四届人大常委会审议通过“龙海慈善日”定于每年 6 月 9 日。6 月 9 日，龙海市召开慈善总会成立大会暨首届理事会第一次会议，共募集善款 1008 万元。

6 月 8 日　龙海市举行百个项目剪彩奠基仪式，共有 102 个基础设施、工业等项目参加此次剪彩奠基活动。

6 月 11 日　西溪桥闸除险加固工程通过省、漳州市专家组完工验收，摘除“四类”水闸的帽子。

6 月 18 日　中国国民党副主席、台“立法院长”王金平胞妹、瑞展科技（天津）有限公司董事长王梅女士率领公司总经理余守仁（系王梅之子）一行 6 人回龙海等地，先后考察漳州灿坤实业有限公司、后石电厂等台资企业。

7 月 1 日　龙海市中心血库即日起停止独立采血，改由漳州市中心血库统一采供血。

7 月 2 日　角美工业综合开发区和角美镇整合设立角美工业综合开发区，实行“一套班子、两块牌子”，开发区党委会、管委会为中共龙海市委、市政府派出机构。

7 月 8 日　龙海市举行启动计生“幸福工程——救助贫困母亲行动”仪式。

7 月 18 日　龙海电视台举行专题片《走近龙海》开拍仪式，是龙海电视台首次开设的电视专题栏目。

7 月 25 日　九湖镇木棉村韭菜垄的石料场值班室发生爆炸事件。爆炸造成 3 死 1 伤，事故是由石料场工作人员和火工仓库管理人员违规操作引起的。

7 月　龙海市在全市范围内开展水葫芦专项整治工作，全市累计投入资金 364 万元，投入劳力 16.9 万工日，清理水葫芦 612 万平方米，完成土方 1.8 万立方米；有 198 个村建立河道长效管理机制，以合同形式承包管理港道。

8 月 22 日　2004 年“龙佳杯”全国青少年射箭锦标赛在角美龙佳休闲山庄举行。来自全国 19 个省（市、自治区）21 支代表队的 119 名运动员参加比赛。

8 月 29 日　中共龙海市委、市政府致电国家排球管理中心，祝贺由龙海籍主教练陈忠和带领的中国女排夺得第 28 届奥运会女排冠军。

8 月　龙海市蝉联全国县域经济基本竞争力百强县（市），名列第 83 位。

9 月 1 日　龙海市的石油、烟草企业统一收编划归漳州市管理。

9 月 8 日　中共中央政治局委员、国务院副总理吴仪到后石电厂视察。

9 月 17 日　在雅典奥运会夺得女排冠军的中国女排主教练陈忠和回到石码镇，受到龙海市各界人士的热烈欢迎；市政府和紫山集团分别奖励、赠予陈忠和 10 万元和 50 万元。

9 月 25 日　龙海市入选由国家统计局组织评选的“2003 年中国综合发展百强县”。

10 月 11 日　龙海市私立民办中学—龙海一中分校（龙海市外国语学校）创办签约仪式在龙海一中举行。

10 月 15 日　中共中央政治局常委、全国政协主席贾庆林到后石电厂考察。

10 月 23 日　全国政协副主席周铁农率领全国政协无党派界常委、委员到龙海市考察土地开发整理工作。

10 月 26 日　中共龙海市委制定《关于选拔任用领导干部实行全委会票决制的实施办法》的通知，决定对乡、镇党政领导班子正职，市委、市政府工作部门和市直群团单位正职的拟任人选和推荐人选实行全委会票决制。

11月19日　市区造纸厂片区一期土地使用权在龙海市国有土地使用权出让挂牌交易，龙海市弘伟房地产开发管理有限公司以8680万元竞得。

11月24日　全国人大常委会副委员长、农工民主党中央主席蒋正华视察龙海市开发区建设情况。

11月27日　全国重点文物保护工程江东桥维修工程举行开工典礼，为福建省历史上最大的古文物修缮工程之一。

11月27—29日　全国人大常委会副委员长司马义·艾买提到龙海市视察。

12月3日　龙海富佳购物广场举行开业剪彩仪式。购物广场位于市区运辉花园，由广东富佳集团投资500万元经营，总营业面积5000多平方米，经营的商品有2万多种。

12月10日　龙海市成为福建省第三个国税年收入突破10亿元大关的县（市），至2004年12月10日入库国税税收10.04亿元。

12月16日　龙海市闽龙渔1127号渔船两位渔民在台湾海域作业时不慎受伤，被澎湖有关方面用救助艇送到马公医院就医。

12月20日　凌晨1时，石码镇打石街26号一幢3层砖木结构民宅发生火灾，造成一家4人死亡。

12月27日　市区紫光路“水晶花园”项目举行开工奠基仪式。

2005年

1月1日　龙海市第一次全国经济普查开始入户登记，普查单位数为31686个，其中法人（产业活动）单位3228个、个体经营户28458个，单位数量位居漳州市第一。

1月5日　福建省第5座500千伏变电站，漳州市最大的枢纽变电站——龙海市程溪500千伏变电站首期工程开工。

1月6日　福建新华集团有限公司龙海分公司挂牌成立。

1月7日　龙海市在锦江影剧院广场举行“伸援手献爱心、情牵海啸灾区”捐款赈灾活动，现场共募捐到救灾款8.05万元。

1月11日　龙海市举行获“全国科普示范市”和“首届福建省科普先进市”授牌仪式，省科协副主席陈震到龙海市参加授牌仪式。

1月16日　台湾慈善基金会助学金在市教育局举行助学金发放仪式，全市60名贫困学生得到资助。

1月　《龙海市建国五十五周年十件大事》评选活动揭晓，依次为：龙海撤县建市、龙溪县海澄县合并为龙海县、龙海解放、陈忠和率中国女排重夺世界冠军、龙江风格诞生、龙海蝉联福建“十强”、后石电厂开工建设、灿坤电子开工、龙海市被列为沿海开放县、厦门大学漳州校区奠基。

2月12日　中共中央政治局常委、国务院副总理黄菊到后石电厂视察。

2月22日　龙海市首届民间民俗文化节开幕。

2月25日　中共龙海市委、市政府表彰工业建设突出的先进单位，共有48个村（居）受到表彰，奖励资金86.7万元。

2月　龙海市第一家村级扶贫助学奖学奖教理事会——港尾镇格林村扶贫助学奖学奖教理事会成立，理事会是该村20多名外出干部、村两委和企业负责人共同发起成立，当天集资5万多元。

3月25日　龙海举行百个项目奠基剪彩仪式。共有奠基、剪彩项目124个，其中奠基项目92个、剪彩项目32个；项目总投资35亿元，全部建成投产后年可新增产值124亿元；项目类别为工业项目107个、城建和社会公益事业项目15个、旅游项目2个。

3月25日　闽南最大的民营造船企业福建胜海船业有限公司在紫泥镇开工建设。

3月　在全国小城镇综合发展指数测评中，角美镇和石码镇进入前1000名，其中角美镇居第479位，石码镇居第796位。

3月　位于颜厝镇的桥南农贸水果批发大市场试营业，市场首期投资1000万元，占地面积3万平方米，拥有摊位200多个；建成后日销量可达18万吨，是闽南地区主要水果集散中心之一。

4月7日　台湾工党主席郑昭明率“郑成功足迹之旅”到龙海市，先后参观江东桥、万松关、颜厝镇古县等地，并到东园镇东宝村宝里社谒祖。

4月13日　第十届全国运动会射箭预赛网上直播新闻发布会在龙佳山庄举行。

4月18日　中共漳州市委、市政府同意龙海市政府机构改革方案，其中政府设工作部门24个，设部门管理机构4个，设议事协调办事机构2个。

4月　龙海市举办“十大杰出青年企业家”评选活动，格林食品集团董事长苏庆忠、胜兴米业公司总经理郑加兴、国安船业公司副总经理吴加福等10位企业家被授予“十大杰出青年企业家”称号。

6月4日　浮宫杨梅首次出口法国、意大利，这是漳州水果继2003年蜜柚出口欧盟后，进军欧盟市场的第二次突破性进展，共出口4批6吨。

6月6日　台湾首批名优水果在浮宫镇龙发对台贸易专用码头上岸。

6月9日　龙海市开展首个“慈善日”活动。市领导和1000多名干部群众到紫云公园参加登山和植树活动；还举行现场慈善募捐活动，共募捐款项140万元。

6月10日　龙海市紫泥镇金定鸭、紫泥镇鲜鸭蛋、紫泥咸鸭蛋3种产品获得原产地标记注册证书。

6月13日　龙海市公安局在石码镇某小区捣毁一贩毒窝点，缴获毒品海洛因701克，这是中华人民共和国成立以来漳州市缴获海洛因数量最大的贩毒案件。

6月20日　龙海市警方成功捣毁一个专门以虚假中奖信息诈骗台湾民众的诈骗集团。共抓获涉案人员57人（其中台湾居民10人），缴获用于诈骗的手机113部，汽车4部和电脑等一批设备，初步查证涉案金额930多万台币，发案地点在龙池开发区金山花园内。

6月22日　龙海市在九龙江锦江段举办“电力杯”龙舟赛，参赛的有来自全市8个乡镇的39支龙舟队、1800多名参赛队员。

7月6日　龙海市发现一批1905年至1958年南音唱片，其中清光绪二十二年至宣统三年（1906—1911年）的8盘唱片尤为珍贵。

7月14日　海澄镇玉枕村举行自来水通水庆典仪式。

7月22日　龙海市老区建设促进会成立。

7月29日　龙海市第三次被中共福建省委、省军区命名为“福建省双拥模范城”。

7月　龙海市56艘渔船的150多名内海作业渔民停止海域作业全部上岸，此举是为保障厦门至金门航线航行安全而采取的重大举措。

8月2日　位于港尾镇沙坛村的中国鸿一企业制油厂落成投产。

8月13—14日　0510号热带风暴“珊瑚”带来大暴雨给龙海市造成严重灾害。全市13日降雨量83.4毫米，14日出现50年一遇的大暴雨，日降雨量243.8毫米，过程雨量327.2毫米。全市直接经济损失达45292.3万元，企业停产1509家，在建工程停建82个，转移人口3.2万人。

8月20日　漳州灿坤有限公司举行向灾区捐赠大米仪式。公司通过漳州市红十字会向龙海、云霄、东山、漳浦4个县（市）捐赠大米230吨，向南平市捐赠大米300吨。

8月24日　华艺钟表有限公司向龙海市受灾乡镇捐赠大米100吨。

9月1日　白礁村举行王跃全扶贫助学奖学金发放仪式，奖励和资助该村品学兼优或家庭贫困的学生，共有101名学生接受奖励和资助。

9月2日　2005年第13号台风“泰利”给全市带来大暴雨，过程降雨量130.5毫米，台风造成全市房屋倒塌1446间。

9月5日　龙海市举行“有爱就有希望”大型赈灾晚会，现场共为灾区捐款1213万元。

9月6日　厦漳跨海大桥筹建处在招商局漳州开发区成立；招商局华建交通经济发展中心、福建闽南（漳州）经济发展股份有限公司、厦门百城建设投资有限公司在筹建处成立仪式上签订投资协议书。2007年3月9日，厦漳大桥有限公司在招商局漳州开发区成立。

9月7日　中共中央政治局委员、国务院副总理曾培炎到后石电厂视察。

9月9日　新疆生产建设兵团副司令胡宗璋率团到角美工业综合开发区考察。

9月15日　海新集团举行2005年度扶贫助困基金颁发仪式，向380名贫困生颁发扶助资金20万元。

9月20日　多棱集团举行扶贫助学金颁发仪式，向100名贫困生颁发扶助资金10万元。

9月26日　东南亚郑和国际学术研讨会在龙海举行，研讨会由厦门、漳州两地侨联及相关部门共同组织，应邀出席活动的有日本、印尼、新加坡等国家及南京大学、厦门大学、集美大学的近百名华人社团代表和学者。

10月2日　23时40分，20005年第19号台风“龙王”在港尾镇登陆，给全市带来较大影响；3日最大风速17.6米/秒（8级），出现大暴雨，日降雨量185.2毫米，过程降雨量254.9毫米；全市受灾12个乡（镇）、场，受灾总人口23万人，直接经济损失7500万元。

10月27日　第二代居民身份证首发仪式在海澄派出所办证大厅举行。

10月29日　全国政协副主席张克辉率领全国政协委员视察组视察灿坤实业有限公司。

11月1日　龙海市被评为2005年度福建省县域“经济实力十强县（市）”和“经济发展十佳县（市）”，其中经济实力上升到第7位，经济发展排名第8位。

11月2日　海澄镇再现“结彩楼”民间民俗活动。“结彩楼”民俗在龙海一带已沉寂60年。

11月22日　最高人民法院常务副院长曹建明到龙海市调研并考察角美法庭。

11月25日　省委书记卢展工到龙海市调研。

11月26日　龙海市第一医院角美分院举行剪彩仪式。

11月26日　龙海市区九龙新城项目动工，位于石码镇锦江道和平宁路交叉口，由龙海市弘伟房地产开发管理有限公司负责开发，总用地面积4万平方米。

12月11—16日　应金门县金湖镇琼林保护庙管委会邀请，石码芗剧团一行40人到金门进行访问演出，演出7部芗剧古装戏；金门县县长李炷峰在金门号县文化局剧场观看《偷龙转凤》演出。

12月12日　龙海市第一医院麻醉科主治医生曾志忠赴博茨瓦纳开展援外医疗，是龙海市首位援外医疗医务人员，也是中国第11批援外医疗队员，援助期为3年。

12月31日　龙海市2005年国税收入12.43亿元，税收总额继晋江之后在福建省排名第二。

12月31日　华阳电业有限公司2005年交纳税收7.42亿元，位居2005年福建省国税收入纳税百强企业第4位。

2006年

1月1日　白水镇自来水厂竣工，从漳浦县赤兰溪、扬美水库和白水镇郊边水库引水，日供水量3万吨，解决白水镇村民饮水难问题。

1月4—8日　龙海市通过省政府“双高普九”评估验收组的评估验收。

2月10日　“龙海现代民间绘画作品展”在漳州市区中山公园举行，展出龙海市26位农民画家精心创作的近百幅民间绘画作品，其中有数十幅作品在国家级评奖中获奖。

2月18日　中国国民党原秘书长林丰正到榜山镇瑞竹岩、马崎村等地参观。

2月21日　中共龙海市委、市政府表彰奖励创名牌企业，对荣获福建省“著名商标”的福建省梦娇兰化学品有限公司、福建省成兴米业有限公司和荣获福建省“名牌产品”称号的福建省紫山食品集团有限公司等5家企业分别奖励10万元。

2月27日　福州龙海经济发展促进会在福州举行成立庆典仪式，应邀参加庆典仪式的400多位龙海籍在榕的干部和企业界乡亲，福州鼓浪（厦浪）食品有限公司总经理翁建东为首任会长。

3月28日　全国政协副主席阿不来提·阿不都热西提与全国政协委员陈耀邦、杨邦杰等到龙池开发区灿坤工业园视察。

4月5日　全国人大常委会副委员长、全国妇联主席顾秀莲到龙海市龙池开发区灿坤工业园、颜厝镇巧山村宣传文化中心和九湖镇漳州市花卉交易中心等地，就社会主义新农村建设进行视察调研。

4月6日　省长黄小晶到龙池开发区进行专题调研。

4月8日　颜厝镇路边村一座4层钢筋混凝土结构民房发生重大火灾，建筑面积1017平方米，内租住外来务工人员61户114名，火灾造成9人死亡、4人受伤。案件破获，火灾原因为人为纵火。

4月19日　中国国民党荣誉主席连战携家人到祖籍地马崎村祭祖，与乡亲在祠堂叙亲情、拉家常。国台办主任陈云林等陪同，中央电视台新闻频道进行现场直播。

4月28日　台湾词坛泰斗庄奴在龙海首次亮相媒体，为“海澄双糕润”产品代言，并到龙海二中讲学。

4月　龙海市耀达机动车辆综合性能检测站挂牌营业，是省交通厅车辆管理局批准设立的漳州市首家民营机动车辆检测机构。

5月10日　东园镇过田希望小学举行落成剪彩仪式，旅日侨胞陈文辉在先祖离开家乡300多年后，辗转找到祖籍地东园镇过田村，并捐款100万元兴建希望小学，78岁高龄的陈文辉回乡出席小学落成剪彩仪式。

5月17—18日　2006年第1号强台风“珍珠”影响龙海市，17日下午起出现大到暴雨，18日出现大暴雨，过程雨量277.7毫米，有9个乡（镇）、112个行政村（居）发生严重内涝，受灾总人口60万人，直接经济损失6.19亿元。

5月21日　中共中央政治局委员、国务院副总理、国家防汛抗旱总指挥部总指挥回良玉一行到程溪、海澄、东泗、东园等乡镇，察看受灾地区房屋倒塌的情况，到临时安置点看望慰问受灾群众，向受灾群众转达党中央、国务院的亲切问候。

5月24日　中共龙海市委、市政府召开防抗台风“珍珠”灾后生产自救重建家园动员大会，向全市发出“抗灾救灾、奉献爱心”募捐倡议书，当天捐款1180多万元。

6月2日　全国重点文物保护单位、中国古代十大名桥龙海江东桥因北溪洪水冲击发生坍塌事故，第一桥孔被冲断，6条古石桥板被冲入江中，桥体冲断10多米。事故发生后，市领导组织抢险。

6月24日　厦门市龙海商会在厦门亚洲海湾酒店国际会议厅举行成立庆典大会，在厦龙海籍乡亲500多人出席庆典仪式。

7月13日　龙海浮宫对台小额贸易监管点投入运营，漳州市市长何锦龙、厦门海关关长周卓为监管点揭牌。码头已建成可停靠6000吨级的码头泊位和1000吨以下的台轮专用码头。

7月14—15日　中共龙海市第十一次代表大会召开，会议选举产生新一届市委领导班子。

7月15—16日　2006年第4号热带风暴“碧利斯”影响龙海市，全市房屋倒塌1066间，其中居民住房340户884间，损坏房屋1145间，农作物受淹1.67万公顷，水毁工程192处，直接经济损失达3.9亿元；程溪镇和山村发生罕见山洪和泥石流共造成该村10人死亡、1人失踪、4人受伤。

7月21日　漳州及龙海市领导深入程溪镇官园村，看望慰问灾区群众。

7月25—28日　2006年第5号热带风暴“格美”影响龙海市，全市25日出现暴雨到大暴雨，日雨量75.2毫米；受灾10个乡镇，人口80660人，水利水毁工程126处，房屋倒塌32间，无人员伤亡；全市直接经济损失达1.06亿元。

7月26日　龙海市嘉荣食品有限公司同日本一企业就“去内脏河豚加工”发明专利打官司，嘉荣公司打赢这个发明专利官司。至此，国内所有河豚加工出口日本的企业，不用缴交每吨50美元的专利费。

7月　后石电厂获得“国家环境友好工程”奖项，全国有10个建设项目获奖，后石电厂是福建省唯一获奖的单位。

8月8日　农业部在厦门市召开龙海市港尾镇一级渔港工程可行性研究报告评审会。

8月16日　龙海市电力公司派出60多名抢修队员支援福鼎灾区抢修被超强台风破坏的电力设施。

8月26日　龙海市举行“2006年度欣龙扶困助学基金”颁发仪式，向28位被高等院校（本科二批以上）录取的特困生颁发扶困助学金15.9万元。

9月1日　程溪镇地质灾害村整体搬迁重建工程奠基，3个地质灾害村的3个安置点共征用土地8.67公顷，采用4户联建的形式，每户占地面积48平方米，总体规划设计安置774户2722人。

9月5日　角泰公路（浦角线）开工，项目路线总长22.55公里，总投资为9187万元，其中龙海市境内路线长度6.76公里，投资3433万元。

9月7日　沈海高速公路龙海往广东方向510公里处，2小时内连续发生2起3车追尾事故，导致5人当场死亡。

9月12日　市政府在程溪镇召开专题会议，研究程溪镇和山村、叶仑村和东马村东天尾自然村3个地质灾害村整体迁建安置点建设工作相关问题。

9月14日　九龙江北引灌区（龙海片）续建配套节水改造一期工程被水利部列入全国大型灌区节水改造项目，项目建成后可改善灌溉面积2846.67公顷，恢复灌溉面积1126.67公顷，工程总投资2890万元。中央基金首期拨款300万元。

9月30日　全市436户倒房受灾户搬进政府集中兴建的新居。此前全市已有356户重建户搬进新居，至此，全市受灾民房重建任务全部完成。

10月24日　龙海110千伏东园输变电一期工程举行启动送电仪式，变电工程线路总长16公里，总造价为2360万元。

10月29日　龙海市钻石大酒店举行试营业庆典仪式。

11月12日　总政歌舞团到龙海市驻军某部进行慰问演出。

11月15日　福建省首家基层工商所外商投资企业登记注册远程核准（角美工商所窗口）启动。

11月16日　龙海市西溪大桥举行竣工通车剪彩仪式。该桥是漳州市重点建设项目之一，全长2.82公里，工程总投资9729万元（其中获国家开发银行贷款5000万元）；桥南接省道漳云线许林头路段，横跨九龙江，桥北连接国道324线，是龙海西大门的重要通道和形象标志性建筑。

11月18日　第八届海峡两岸（福建漳州）花卉博览会分会场——百花村花卉交易会在九湖镇百花村举行，国务院副总理回良玉及省、漳州和龙海市领导出席。

11月18日　龙海市九湖镇花卉市场被商务部批准为“全国百家大型农产品批发市场”，是唯一的花卉批发市场。

11月18日　全国政协副主席张克辉到角美工业综合开发区视察。

11月30日　龙海市农村信用合作联社开业。

12月26日　龙海市在全省率先实施海上渔业安全生产预警调度平台开通，是龙海移动公司与龙海市海洋与渔业局联合创建的。

是年，龙海市获“2006年度全国最具投资潜力的中小城市百强”称号，名列第89位。

2007年

1月1日　龙海市开始实行新型农村合作医疗制度，全市参合农民有60.4万人，参合率90.15%，共筹集到位合作医疗基金3256万元。

1月9日　台盟中央主委林文谊到白礁慈济宫调研。

1月15日　龙海市举办首届“企业之歌”合唱比赛。

1月26日　中共龙海市委、市政府对2006年度发展工业经济成效突出的单位和企业进行奖励表彰，授予华阳电业有限公司“经济建设突出贡献奖”称号，授予27位纳税500万元以上的企业法人为“经济建设功臣”称号，表彰命名220家纳税50万元以上的企业为“纳税大户”。奖金总额472.2万元。

1月27日　隆教乡流会村明德小学举行教学楼落成典礼，教学楼占地7000平方米，建筑面积1048平方米，总投资220万元（其中华阳电业公司捐资82.1万元）。

1月31日　龙海市第十五届人民代表大会第一次会议召开，会议选举许跃国为市第十五届人大常委会主任，杨溪峰当选为市人民政府市长。

2月12日　海澄镇玉枕陆岛交通码头开工，建设规模为100吨客货泊位，设计年吞吐量400吨，客5万人次。

2月14日　程溪镇叶仑村、和山村灾害迁建点新居启用。

2月14日　龙海市开通城市报警与监控系统。

2月28日　石码镇企业家高龙山捐赠人民币100万元购置3部救护车，分别送给市第一医院、第二医院和市中医院。

2月　省人民政府命名龙海市为“建筑之乡”。

3月14日　双第华侨农场举行“侨居造福工程”开工仪式，规划建设391套侨居住房，解决农场归难侨居住困难问题。

3月26日　龙海市南溪河道防洪排涝综合整治领导小组成立，主要负责九龙江南溪下游涝区整治工作。

3月28日　铁道部总经济师黄民带领铁道部调研组对港尾疏港铁路支线项目进行调研。

4月1日　龙海市举行新型农村合作医疗管理中心揭牌暨医药费用补偿首发仪式。

4月9日　福建省龙海市供电公司举行成立揭牌仪式。

4月11日　中共中央政治局原常委、国务院原总理朱镕基和夫人劳安到龙海百花村考察。

4月12日　市政府授予多棱集团、灿坤实业、欣宇塑胶、华艺钟表、国安船业、坚实集团、统一马口铁、凯景钢铁、晓业玻璃钢船舶工业、旭利照明10家企业“龙海市自主创新示范企业”称号。

5月14日　龙海市政府批复同意对龙海四中、龙海七中进行资源整合，将龙海七中并入龙海四中，撤销龙海七中。

5月22日　龙海市政府公布龙海市第一批市级非物质文化遗产代表作项目名单共3项，其中民间信仰2项（角美白礁慈济宫吴真人诞辰祭典仪式、榜山镇洋西村山北民俗仪式拾福分），民间民俗1项（九湖镇林前伽蓝王巡社民俗）。

5月24日　龙海市慈善总会在龙海宾馆召开第二届会员代表大会，选举产生第二届慈善总会组成人员。

5月28日　角美开发区污水处理厂二期投入使用，工程总投资700万元，采用上海交通大学生命科学院的污水处理ICEAS工艺，日最高处理污水达到5000吨，并实现与技改后的角美开发区污水处理厂一期合并运转，日处理污水达到10000吨。

6月9日　位于紫光路的石码第二农贸市场启用，占地3000多平方米。

6月19日　农业部批准龙海市港尾一级渔港建设项目可行性报告，项目总投资5297万元（其中中央投资2000万元），地点港尾镇斗美村，由漳州南太武渔港开发有限公司建设。

6月20日　龙海市举行新型人力三轮车换发仪式，这是龙海市委、市政府为了提升城市品位、改善人居环境、创建文明卫生城市的一项重要举措。

6月24日　龙海市被中共福建省委、省政府命名为平安县（市区）。

6月　市区工农路道路、桥梁及管网工程改造建设工程开工，预算总投资为1300万元。

7月　龙海市供电有限公司被福建省企业评价中心、福建省企业评价协会评为“2007年福建工业电力供应业十强”，排名第7位，这是漳州市唯一进入十强的电力供应企业。

8月11日　第七届全国县域经济基本竞争力评价报告发布，龙海市以第83位的名次再次进入“全国县域经济基本竞争力百强县”行列。

8月15日　国家重点建设项目龙厦铁路龙海段开工建设。

9月9日　福建省最大的不锈钢生产项目、总投资额4.98亿美元的福建福欣特殊钢有限公司项目在龙池开发区举行开工奠基仪式。

9月21日　龙海市“圆梦校园”活动启动，活动由多棱集团、添鸿石料公司提供资助，帮助210名贫困中学生完成高中学业，其中多棱集团每年捐资10万元，资助贫困高中生200名，每人500元；添鸿石料公司每年捐资1.2万元，资助10名孤儿高中生，每人1200元。两家企业将连续3年提供资助，直至210名贫困生完成高中阶段学业。

9月22日　龙海市再次被评为2007年全国最具投资潜力中小城市百强，排名第62位，比上年的第89位前移27名。

9月　华阳电业有限公司后石电厂以纳税71252万元荣登2006年中国纳税500强企业榜，排名第255位。同时在2006年度中国外商及港澳台商投资企业纳税百强排行榜中位居第51位，为漳州市唯一进入榜单的企业。

10月1日　龙海市西浮路（榜山段）改建工程协调指挥部举行成立揭牌仪式，西浮路（榜山段）改建工程道路总里程5.87公里，起点许林头收费站，终点平宁渠化岛，工程总投资约1.3亿元。

10月19日　台湾新同盟代表团一行35人在中国国民党原中常委许立农带领下到马崎连氏宗祠参访，许立农书写“两岸同光”赠连氏宗祠惠存。

10月　龙海市位居2007年度福建县（市）“经济实力十强”第8位，连续13年入围“十强”。

10月　龙海市城市污水处理厂开工建设，污水处理厂位于海澄镇豆巷村，占地面积约6.27公顷，设计日处理能力7.5万吨。项目分两期建设，一期工程日处理污水能力为5万吨，总投资约1.1亿元。

11月9日　中共龙海市委常委会召开专题会议，研究龙海市第一医院和龙海一中新建方案：市第一医院新建选址位于市区紫崴路与平宁南路之间，按照三级甲等综合性医院的标准进行规划设计；龙海一中新建选址位于海澄山后片区二环路南侧、红滚庙东侧，总占地面积约13.33公顷。

11月15日　程溪内云水厂通水试运行，工程于2006年3月动工兴建，投资600万元，日供水能力3.5万吨，解决颜厝、九湖两镇人饮安全问题和工业生产用水。

11月24日　龙海市召开《龙海市锦江大堤（三期）工程可行性研究报告》咨询评估会，工程起于市区锦江道东段二期工程，止于浮宫镇霞威村，总长12.4公里。

11月　龙海市工商局获得外商投资企业登记管理资格授权，由国家工商行政管理总局审查批准，福建省仅漳州和福州两地部分县级工商局被授予外商投资企业核准登记权。

12月1日　市政府出台《龙海市城市污水处理费征收管理暂行规定》，从2008年1月起开征市区污水处理费。

12月29日　龙海市举行数字电视整体转换启动仪式，计划从2007年12月开始至2009年年底结束，分两个阶段进行。

12月30日　华阳电业有限公司后石电厂全年纳税6.93亿元，占龙海市当年财政收入的29.8%。

12月　海澄镇农民黄小明被国务院授予“全国种粮大户十大标兵”称号。

12月　龙海市现代工贸港口城市规划获省政府批准。规划内容包括：城市规划面积30平方公里，城市建成区域面积13.6平方公里，城市人口16.5万人，城市化水平达到35%，基本形成“三纵三横”的城市重点道路框架；构建招银、后石、石码3个大型码头，建成日供水8万吨的自来水厂和日处理量116吨的市区垃圾无害化处理场，城市建成区绿化覆盖率为30%。

12月　龙海市全面完成省交通厅通达行政村水泥路面建设任务。从2004年开始，共完成道路建设413.28公里，总投资2.06亿元；全市行政村硬化率达到100%。

卷一

政区环境

ZHENG QU HUAN JING

1993年5月12日，龙海经国务院批准撤县设市。1996年9月，析步文、郭坑两镇成立漳州市龙文区。2007年，龙海市辖12个镇（含角美工业综合开发区）2个乡，有238个村、35个社区（含招商局漳州开发区）、2765个村民小组、361个居民小组，还有6个农林场。

龙海地处福建省东南部，位于北纬24° 11′—24° 36′，东经117° 29′—118° 14′，东及东北毗邻厦门经济特区，北与漳州市芗城区、龙文区和长泰县接壤，东南濒临台湾海峡，西与南靖县、平和县相连，南与漳浦县交界。市境总面积1622.4平方公里，其中陆域1128平方公里，海域494.4平方公里；陆域东西最宽距离67.85公里，南北最长距离44.8公里。

境内北部、西部、南部三面环山，中部平原，东南部临海。北部丘陵地带属戴云山脉的余脉，西南部中低山丘陵地带属博平岭的支脉。境内有500米以上山峰40座，最高峰大尖山海拔953.6米。九龙江河系的北溪、西溪、南溪流经市域入海，境内总长度108.9公里，流域面积1138.3平方公里。沿江两岸平原多水田。2007年全市山地4820.6公顷，丘陵56882.5公顷，台地27627.3公顷，平原34469.7公顷。境内内陆水域河流总长1123公里；近海滩涂面积53.15平方公里。在北溪、西溪汇流处三叉河至河口的江中，有大沙洲、浒茂、乌礁、玉枕、大涂等冲积海积洲。河口及沿海的海域上，有海门、浯屿等28个岛屿和71个海礁；有290公里江海岸线，其中大陆海岸线长123公里。河口湾南湾（属厦门湾）有打石坑、屿仔尾港湾；海湾有卓岐湾、隆教湾、白塘湾、湖前湾。

市境属南亚热带海洋性季风气候。年平均气温为21.8℃，无霜期335天，降水量1649.9毫米。境内淡水和海水资源丰富；矿藏有铁、锰、铜、钼等金属矿和石料、黏土、河沙等非金属矿。野生植物有维管束植物184科694属1220种。陆栖野生动物有兽类、鸟类等66科229种；水生动物鱼类119科435种，还有虾类、蟹类、贝类等多种水生动物及其他水生生物。境内的自然灾害主要是台风、暴雨洪涝、干旱、寒冻等天气灾害，以及地震、泥石流等地质灾害。

1993—2007年，龙海市境内九龙江流域省控、漳州市控断面水质达标率100%；市区空气质量优良，市区全年一、二级空气质量天数比例100%，环境空气质量三项指标（可吸入颗粒物、二氧化硫、二氧化氮）优于国家环境空气质量的二级标准；区域环境噪声平均值和交通干线噪声基本保持稳定。全市共完成治理小流域16条，治理水土流失1430.3公顷。

第一章　政　区

第一节　建置

1991年3月10日，龙海县第十一届人大常委会第二次会议审议通过龙海县人民政府《关于要求龙海县改为龙海市（县级市）建制的请示报告》；4月30日，龙海县政府将请示报告和县人大常委会批复件，以及有关附件呈报漳州市人民政府，由漳州市政府转呈福建省人民政府。

1992年9月18日，福建省政府将《关于撤销龙海县建立龙海市的请示报告》送达民政部，由民政部呈报国务院审批。

1993年5月12日，民政部批复福建省政府：经国务院批准，同意撤销龙海县，设立龙海市（县级），由省直辖，委托漳州市代管，以原龙海县的行政区域为龙海市的行政区域，不增加机构和人员编制；5月28日，省政府批复漳州市政府，转发民政部的批复件；6月19日，漳州市政府批复龙海县政府，转发《福建省人民政府关于撤销龙海县设立龙海市的批复》件，按照国务院和省政府的要求，尽快完成龙海市的筹建工作；6月28日，龙海市举行建市授印授牌庆典仪式，龙海市人民政府成立。市政府所在地在原县城石码镇。

图1-1　2002年龙海市区全景（市委报道组提供）

第二节　境域

一、陆域

1993年5月，龙海设市前的县境陆域面积1238平方公里；5月12日，龙海县撤县设市时，境域不变。1996年5月，经国务院批准成立漳州市龙文区；9月，龙海市析步文、郭坑两镇面积110平方公里归漳州市龙文区，全市陆域面积1128平方公里。2007年，龙海市陆域面积不变。

龙海地处北纬24° 11′—24° 36′，东经117° 29′—118° 14′，东及东北毗邻厦门经济特区，东南濒临台湾海峡；西与南靖县、平和县接壤；南与漳浦县交界；北与漳州市芗城区、龙文区和长泰县相连。陆域东西最宽距离67.85公里；南北最长距离44.8公里。

二、海域

1993—2001年，龙海市没有测量与确定近海面积。境内海域北与厦门市交界，南与漳浦县交界，东北与金门县的海域交界。2002年10月30日，龙海市政府颁发《关于龙海市海域范围界定意见的批复》，明确江河口海域管理范围：外界址线，毗邻龙海市领海基线向外延伸12海里的平行线；侧界址线，龙海与厦门、龙海与漳浦的海域交界线；内界址线，为各沿海乡镇平均大潮高潮的水陆分界线，其中九龙江口海域由浮宫沿岸到浮宫大桥，经九龙江南岸的东园、海澄到石码锦江大桥；九龙江北岸从白礁至玉江桥，包括紫泥岛沿岸。

2003 年，龙海市—漳浦县海域行政界线（代码 350623—0681）划定完成。当年 9 月 17 日，漳州市、龙海市、漳浦县签署《漳浦县和龙海市海域行政区域界线》。界线总长 43.42 公里，起点位于漳浦县前亭镇崎沙村与龙海市隆教乡白塘村接壤处。

2005 年，完成厦门市—漳州市海域行政界线（代码 3502—3506）划定。2006 年 1 月 19 日在福州签订《福建省厦门市和漳州市海域行政区域界线协议书》。界线总长 21.52 公里，起点位于厦门市海沧区海沧镇青礁村与龙海市角美镇白礁村之间（海堤上的南止点），终点位于厦门湾 10 万吨级进港航道中轴线上，水深超过 14 米，距 1∶50000 地形图上厦门、龙海、金门 3 市县的交点仅 102 米，确定龙海市海域面积 494.4 平方公里。2007 年，龙海市海域面积不变。

第三节　行政区划

1992 年，经龙海县人大常委会审议通过，榜山、九湖、东园、紫泥改乡为镇。是年，港尾镇境内的招商局漳州经济技术开发区和角美镇境内的角美工业开发区先后设立。1993 年 5 月 12 日，龙海县撤县设市时，龙海行政区域辖石码、角美、程溪、郭坑、海澄、白水、浮宫、港尾、九湖、颜厝、步文、榜山、紫泥、东园 14 个镇和东泗、隆教 2 个乡，有 281 个村、22 个社区、3728 个村民小组（自然村）、491 个居民小组；还有双第华侨农场、程溪农场、苍坂农场、江东良种繁育场、林下林场、九龙岭林场 6 个县办农林场。行政区域包括招商局漳州经济技术开发区和角美工业开发区。

1996 年 9 月，析步文、郭坑两镇 38 个村（除梧浦、长洲两村外）、3 个社区归龙文区，全市行政区域辖 12 个镇 2 个乡，有 243 个村、19 个社区、2643 个村民小组、224 个居民小组和 6 个农林场；还有招商局漳州经济技术开发区和角美工业开发区。

1999 年 5 月，程溪镇洋奎村析为洋奎、奎坑 2 个行政村。1997 年，隆教乡设海星社区。2000 年 1 月，角美镇增设侨兴、团结 2 个社区；7 月，九湖镇设荔都社区。

2001 年，在角美镇境内设立龙池工业开发区。2002 年 4 月，港尾镇石坑、大径、店地、白沙 4 个行政村划给招商局漳州开发区管辖，行政区域及人口仍由龙海市统计；7 月，角美镇下士村改为霞屿村，并改制为社区；东园镇设立东园社区。同年 12 月，角美工业开发区与龙池工业开发区合并为角美工业综合开发区。

2003 年 8 月，石码镇原有 8 个居委会和渔业村整合为解放东、新华、九二〇、解放北、解放西、解放南、紫光、桥口、渔业、紫云、港口、侨村、人民西 13 个社区；11 月，角美镇与角美工业综合开发区实行镇区合一，行政区域不变。

2006 年，招商局漳州开发区的 4 个村改为社区，并增设凌波社区。

2007 年，龙海市辖 12 个镇（含角美工业综合开发区）2 个乡，有 238 个行政村、35 个社区（含招商局漳州开发区 5 个社区）、2765 个村民小组、361 个居民小组，还有 6 个农林场。

2007 年龙海市行政区划辖属表

表 1-1-1

乡、镇、场	村、社区（个）	政府驻地	村、社区名称
角美镇（开发区）	38	侨兴社区	东美、沙洲、坂美、课堂、吴宅、玉江、流传、恒仓、埔尾、杨厝、蔡店、沙坂、石美、南门、埭头、西边、东山、石厝、社头、田里、龙田、铺透、龙江、洪岱、福井、上房、锦宅、桥头、鸿渐、金山、白礁；解放、共和、团结、侨兴、东美、石美、霞屿

续表 1-1-1

乡、镇、场	村、社区（个）	政府驻地	村、社区名称
九湖镇	24	岭兜村	林前、木棉、恒春、马岭、蔡坂、埔美山、田墘、衍后、邹塘、长福、九湖、庵兜、蔡坑、岭兜、小梅溪、大梅溪、田中央、洋坪、琪塘、林下、新春、新塘、下庵；荔都
程溪镇	21	圩底社区	白云、下庄、内云、南坑、顶叶、下叶、后安、和山、叶仑、塔潭、东马、粗坑、东楼、上坪、浮山、人家、东头、官园、洋奎、奎坑；圩底
颜厝镇	20	后垅村	水头、长边、洪坂、洪塘、下宫、马洲、丹洲、田址、宅前、上洋、东珊、颜厝、路边、巧山、庵前、后垅、石牌、下半林、园中、上溪
榜山镇	19	平宁村	平宁、洋西、崇福、普边、岭口、福河、上苑、文苑、南苑、北溪头、雩林、园仔头、芦州、翠林、榜山、田边、柯坑、长洲、梧浦
紫泥镇	15	城内村	城内、溪霞、仁和、巽玉、金定、西良、锦田、南书、安山、溪洲、新洋、世甲、溪墘、紫泥、下楼
石码镇	17	解放南社区	蔬菜、高坑、内社、登第；解放东、新华、九二〇、解放北、解放西、解放南、紫光、桥口、渔业、紫云、港口、侨村、人民西
海澄镇	22	城内村	山后、豆巷、玉枕、屿上、黎明、溪北、罗坑、和平、下埭、合浦、内溪、珠浦、内楼、河福、上寮、仓头、前厝、崎沟、埭新；城内、溪头、大埕
东泗乡	14	碧浦村	碧浦、虎渡、太江、卓港、东泗、松浦、董浦、松岭、西岭、水浒、清泉、渐山、下浦、溪坂
东园镇	15	东园村	东园、南边、东宝、茶斜、埭尾、枫林、新林、过田、凤山、凤鸣、田厝、秋租、厚境、港边；东园
白水镇	16	白水村	白水、方田、崎岎、西凤、郊边、金鳌、下辽、楼埭、井园、山美、庄林、磁美、下田、山边、大霞；白水
浮宫镇	20	浮宫村	溪山、山塘、浮宫、港前、邱厝、霞郭、海山、海平、霞威、埔里、田头、霞圳、后宝、丹宅、美山、际都、八坑、霞兴、渔业；浮宫
港尾镇	16	梅市村	汤头、东坑、古城、省山、石埠、上午、梅市、城外、格林、沙坛、考后、卓岐、斗美、深沃、浯屿；梅市
隆教乡	11	红星村	白塘、新厝、红星、关头、镇海、白坑、流会、黄坑、新村、径内；海星
招商局漳州开发区	5	石坑社区	石坑、大径、店地、白沙、凌波

2007年龙海市属农林场区划表

表 1-1-2

农林场	场部驻地	工区、管理区、作业区、营区、园区、公司
双第农场	侨星	寨仔管理区、侨星管理区、洲仔管理区、天城管理区
程溪农场	林下	倒桥、高塘作业区，场部居委会
苍坂农场	角美苍坂	龙佳生态园区、龙毅公司
江东良种场	后井	后井作业区、郭洲作业区、红星作业区
林下林场	九湖林下	山尾、径口、四工区、横山、田坑、洛坑、凡钟工区
九龙岭林场	九龙岭	九龙岭工区、北径工区、古田工区、坎山工区

第二章　自然环境

第一节　地质　地貌

一、地质

（一）地层

龙海市境内地层区划属福建省东南沿海分区漳州地层小区，地层出露不全。侵入岩分布面积占全市面积近半。侵入岩燕山期晚期地层主要分布在东泗金交椅、隆教乡的鸡母山、金盘顶一带，角美镇的狮岩山、岩山、后座山，港尾镇的太武山、狮形山和程溪镇。

图 1-2　牛头山古火山口（市方志委提供）

（二）地质构造

规模较大为长乐—南澳深断裂带和厦门—南靖大断裂带在境内交汇，次级断裂带交错分布。形成境内北部、西部、南部三面环山，中部平原，东南部滨海的地形。其中处长乐—南澳深断裂带的镇海至白塘村牛头山古火山口属于新生代陆地间断性多次火山喷发而形成的产物。牛头山古火山口呈圆锥状，直径约数十米，中心凹槽深约 3 米，斜排着不计其数棱状小石柱，高 60—70 厘米，多为六角形，挨近斜立，陈列井然，纵横 1 公顷左右。

二、地貌

（一）内陆地貌

山地　境内主要山脉聚集于西南部。南部有玳瑁山，西南部有草尖山、毛顶山、大尖山、后倒山。中低山主要分布在境内西部的程溪镇，南部的白水镇与东泗乡交界的玳瑁山；低山分布在程溪、九湖、颜厝、榜山、东园、东泗及隆教乡。全市共有 500 米以上山峰 40 座，其中最高为程溪镇内大尖山，海拔 953.6 米。

丘陵　境内丘陵有高丘陵、低丘陵。北部丘陵为戴云山脉的余脉，沿市境蜿蜒而下，直通厦门的嵩屿。南部低丘陵系博平岭山脉的支脉。高丘陵海拔 200—400 米，分布在西溪南侧的九湖、颜厝、榜山、海澄，南溪两侧的东泗、白水、东园、浮宫以及角美、港尾、隆教。低丘陵海拔 200 米以下，在境内河谷两侧零星分布，坡度平缓。

台地　境内台地主要分布于海拔 50 米以下山前地带，有河流台地、海蚀台地和洪积台地。河流台地分布在西溪两岸的九湖、颜厝、角美镇；海蚀台地分布在西溪沿岸的角美、紫泥、榜山、海澄、浮宫镇；

图 1-3　浯屿岛（周先丽摄）

洪蚀台地分布在白水与东泗境内的玳帽山，以及程溪境内浮山的山地河谷和小溪流出口地带。

平原　分布在九龙江河口三角洲北溪、西溪和南溪两岸的角美、九湖、颜厝、榜山、石码、紫泥、海澄、浮宫、白水、东泗，地势平缓。

（二）海域地貌

海底地貌　龙海近海有水下浅滩、水下三角洲、潮汐通道与冲刷槽。水下浅滩分布于九龙江口外，海底宽阔平坦，水深 10—15 米，最深 25 米。水下三角洲分布于九龙江口区，呈不规则的指状向湾口方向伸展，水深 0—5 米。九龙江口潮汐通道一般水深 10 米左右，深者 20—30 米。海底沉积物主要为砂质、泥质，海底冲淤变化不大，较为稳定。

岸线　境内从与漳浦交界处的牛头山到九龙江河口的海门岛一带，沿海多为丘陵台地，海岸曲折。其中南炮台以南面向台湾海峡的海岸呈基岩岬角与砂质港湾相间，南炮台以西海岸因受河口湾沉积的影响，海岸呈基岩岬角与泥质港湾相间，岸线处于侵蚀—稳定状态。近岸海域岛礁零星分布，形成深水岸线和深水航道。海岸线多属基岩港湾海岸。拥有建港条件优越的深水港湾，风浪掩护条件较好的海岸线有：九龙江河口湾南岸（包括一比疆与海门岛之间岸段和打石坑以东至南炮台岸段）、厦门湾南侧湾口段（包括南炮台至塔角段和斗美以南至燕尾岸段）。1993 年，境域海岸线长 103.3 公里。2007 年，福建省再次组织对江海岸线进行修测，确定龙海市江海岸线总长 290 公里，其中大陆海岸线长 123 公里。

海湾　境内有厦门南湾、隆教湾（别名定台湾，位于镇海角西南）、白塘湾（东北以马头山为界与隆教湾相邻）、湖前湾（北以天马山为界与白塘湾相邻）、卓岐湾（位于港尾镇东北）。海湾滨海沙滩砂质优良，坡度适宜。

岛礁　近海有 28 个岛屿和 71 个海礁。其中，海岛 21 个，面积 5.6 平方公里；河口岛 7 个，面积 70.8 平方公里。大沙洲、浒茂洲、乌礁洲、玉枕洲、浯屿、海门岛 5 个岛屿有人居住；大涂洲、浯垵岛、白屿、破灶屿等海岛及半洋礁（又称撬礁）等 71 个海礁均无人居住。

第二节　气候　水文

一、气象要素

（一）气温与霜降日

1993—2007 年，年平均气温 21.2℃—22.6℃之间，15 年平均 21.8℃。1 月平均气温最低，在 12.1℃—15.1℃之间，平均 13.8℃；7 月最高，在 27.7℃—30.4℃之间，平均 29℃。极端最低气温 1.5℃，出现在 1999 年 12 月 23 日；极端最高气温 40.9℃，出现在 2003 年 7 月 26 日。≥ 35℃高温天气日数多年平均约 23 天，主要集中在 7—8 月（79%）。

15 年间平均有霜日数 2.4 天。平均初霜日期为 12 月 29 日，最早出现在 12 月 8 日，最迟出现在 1 月 28 日；平均终霜日期为 1 月 28 日，最早出现在 1 月 1 日，最迟出现在 3 月 6 日。平均初终间日数 30 天。

（二）降水与雷电

1993—2007 年，总降雨量在 1142.8—2187.1 毫米之间，15 年平均年降雨量 1649.9 毫米。降水主要集中在梅雨季（5—6 月）和夏季（7—9 月），约占全年降水量 71%，秋冬季降水骤减。月降水量以 8 月最多，6 月次多，11 月最少，1 月次少。最大日降水量 243.8 毫米，出现在 2005 年 8 月 14 日。

15年平均年雷暴日数42天。最多年份1997年，57天；最少年份1995年，27天。主要出现在夏季（7—9月，47%）和梅雨季（5—6月，34%），秋冬季较少发生。其中5—9月雷暴日数约占全年81%。月变化6月最多，8月次多，1月最少，12月次少。

1993—2007年龙海市月平均雨量情况表

表1-2-1　　单位：毫米

月份	1	2	3	4	5	6	7	8	9	10	11	12	年均
月平均	36.6	77.9	106.3	142.7	215.2	283.3	186.3	320.6	159.8	53.0	20.4	47.8	1649.9

（三）湿度

1993—2007年，全市受海洋性气候影响，空气水汽含量充足，气候湿润。15年年平均相对湿度76%。梅雨季的相对湿度最大，在75%—85%之间；冬季最小，在61%—85%之间。

1993—2007年龙海市逐月湿度情况表

表1-2-2　　单位：%

月份	1	2	3	4	5	6	7	8	9	10	11	12	年均
月平均	74	77	78	78	80	82	78	80	77	70	71	72	76
最小值	17	22	11	16	18	28	30	33	26	21	14	12	11

（四）日照

1993—2007年，平均年日照时数1965.8小时。最多年份2003年，实照时数2339.3小时；最少年份1997年，实照时数1697.8小时。月变化最少3月，最多7月份。

1993—2007年龙海市逐月日照时数情况表

表1-2-3　　单位：小时

月份	1	2	3	4	5	6	7	8	9	10	11	12	年均
月平均	143.8	115.1	113.0	127.6	144.9	162.6	238.1	199.2	188.6	198.9	171.1	162.9	1965.8

（五）蒸发

1993—2007年，平均蒸发量1419.6毫米。最多年份2003年，蒸发量1547.8毫米/小时；最少年份2000年，蒸发量1304.3毫米/小时。月变化最少2月，最多7月份。

1993—2007年龙海市逐月蒸发量情况表

表1-2-4　　单位：毫米

月份	1	2	3	4	5	6	7	8	9	10	11	12	年均
月平均	76.2	73.4	86.9	109.9	127.2	131.3	178.1	159.2	146.6	143.8	104.8	82.2	1419.6

（六）风

1993—2007年，年平均风速1.9米/秒。秋季最大，梅雨季最小；月分布为10月最大，6月最小。多年风向频率以东南偏东风（ESE）最多；月风向频率以东南偏东风（ESE）最多，西北偏西风（WNW）次之，再次为东风（E）。

1993—2007 年龙海市逐月平均风速情况表

表 1-2-5　　单位：米/秒

月份	1	2	3	4	5	6	7	8	9	10	11	12	年均
平均风速	1.9	1.9	1.9	1.9	1.8	1.6	1.9	2.0	2.1	2.2	2.1	1.9	1.9
最多风向	ESE	ESE	ESE	ESE	ESE	ESE	ESE	WNW	E	E	WNW	WNW	ESE

（七）气压

1993—2007 年，年平均气压在 1009.9—1014.0 百帕之间，15 年平均值为 1012.6 百帕。月平均气压 7—8 月最低，12—1 月最高；1—7 月逐月下降，7—12 月又逐月上升。极端最低气压 982.3 百帕，出现在 1994 年 7 月 11 日；极端最高气压 1033.9 百帕，出现在 1999 年 12 月 22 日。

二、陆地水

（一）水资源量

1993—2007 年，龙海市多年平均水资源总量（含地表水和地下水）138.04 亿立方米。其中，天然产水量 8.4 亿立方米；九龙江客水 125.36 亿立方米，可利用水量 12 亿立方米，可利用率 8.69%。全市人均拥有水资源量 1498 立方米，低于全国人均 2200 立方米，不到全省人均 3473 立方米的一半，属“水资源紧张区”。

1993—2007 年龙海市平均和不同频率地表水资源总量分布情况表

表 1-2-6　　单位：亿立方米

区别	乡镇场	水资源量				
		P（频率）=10%	P=50%	P=75%	P=90%	多年平均
I	港尾、隆教	1.2068	0.7182	0.5304	0.3898	0.7689
II	程溪	3.4814	2.2894	1.7937	1.4133	2.3865
III	九湖	1.0253	0.6702	0.5233	0.4107	0.6996
	颜厝	0.5656	0.3655	0.2821	0.2202	0.3823
	榜山、石码	0.597	0.3685	0.2752	0.2068	0.3887
	紫泥	0.6266	0.3845	0.2861	0.2141	0.4062
	角美	1.3782	0.8753	0.6687	0.5138	0.9184
	海澄	0.5484	0.3365	0.2504	0.1873	0.3355
	东泗	0.5391	0.3327	0.2485	0.1867	0.351
	白水	0.664	0.401	0.2946	0.2179	0.4249
	东园	0.3038	0.1844	0.136	0.1009	0.1952
	浮宫	0.5609	0.3387	0.2489	0.1840	0.3589
	林下林场	0.4179	0.2765	0.2175	0.1719	0.2878
	清泉林场	0.3003	0.1896	0.1442	0.1103	0.1992
	双第农场	0.3151	0.2013	0.1545	0.1192	0.211

注：I 区为东部沿海丘陵蓄、提灌溉区；II 区为西部山区引蓄灌溉区；III 区为中部平原丘陵堤防，引、蓄、提灌溉区

（二）地表水

河流 境内主要水系为九龙江河系，由北溪、西溪和南溪组成，区间流域面积775.3平方公里。北溪、西溪、南溪在境内多条支流，北溪的支流满尾溪流贯于角美镇；西溪的支流大梅溪、小梅溪、庵溪和程溪，流贯于九湖镇、颜厝镇和程溪镇境。还有海澄镇九九坑水流贯于双第农场至海澄镇境。港尾镇境内的汤溪短程独流入海。

水库 2007年，境内有水库87座，其中中型水库1座，库容1330万立方米，集雨面积14.2平方公里；小型水库86座，总库容5115立方米，总集雨面积120.8平方公里。

其他地表水 1993年，境内有湖泊5.69公顷、坑塘1897.63公顷、沟渠3941.81公顷，水工建筑水面33.19公顷。2007年，有沟渠3549.98公顷、坑塘2454.54公顷。

（三）地下水

境内地下水有松散岩类孔隙水、碎屑岩类孔隙水、基岩裂隙水三大类。松散岩类孔隙水富水程度高的分布于九龙江两侧；中等分布于颜厝、东泗、白水等地；贫乏的分布于平原、沿海边缘地带河谷、山间盆地；水质差的分布于角美、紫泥、海澄、东园、浮宫及沿海零星地带上。碎屑岩类孔隙水分布于港尾、隆教，富水在中等以下。基岩裂隙水分布于北部、南部及残丘上。

地下热水露头（温泉）有6处，分布在角美镇田里村、东泗乡东泗村和松岭村、港尾镇汤头村，还有2处在程溪、九湖镇。温泉水以中温60℃—80℃热水为主；流量均大于1立方米/秒；无色，透明，有嗅，有少量气体溢出。汤头、松岭2处温泉无味或微咸，其余4处温泉有咸至苦咸味。

三、海水

（一）潮汐

九龙江口海域潮汐属正规半日潮，潮汐形态数0.34。沿海潮汐受九龙江影响有所不同。九龙江石码段平均潮差2.66米，最大潮差4.53米，最高潮位3.66米，最低潮位–0.8米，平均涨潮历时3小时47分钟，平均落潮历时8小时38分钟，具有感潮河段的潮汐特点。镇海角海域，平均潮差3.38米，最大潮差5.86米，最高潮位6.83米，最低潮位0.73米，平均涨潮历时6小时18分钟，平均落潮历时6小时07分钟，涨落潮历时基本相近。

境域沿海屡遭台风暴潮影响，潮位变化大。九龙江口台风增减水幅度在1.5—2米之间，最大台风增水1.79米，最大台风减水1.3米。

（二）潮流

龙海海域潮流属半日潮流形态，其中河口与港湾区由于受地形影响具有明显的往复流特点。九龙江口受径流和地形影响，涨落潮流向基本为东西向，局部区域受海底地形影响明显，流向发生旋转，涨潮最大流速58—80厘米/秒，落潮最大流速94—120厘米/秒。海门岛附近海域落潮最大流速174厘米/秒（流向86度），鸡屿南面水域洪水期的最大落潮流速210厘米/秒。平均涨潮流历时6小时8分钟，平均落潮流历时6小时14分钟。隆教湾海流呈旋转流态势，流速远小于河口区；实测涨潮最大流速60厘米/秒，落潮最大流速63厘米/秒。后石港区涨潮流速92.6厘米/秒，落潮流速118厘米/秒，流向东南。

（三）波浪

1993—2007年，位于隆教乡海区流会波浪观测站的观测资料分析表明：常浪向为E向（东向），频率37%；次常浪向东南偏东向，频率19.7%；强浪向南东向，最大波高6.9米；次强浪向南向，最大波高5.8米。年平均波高1米，平均周期3.8秒，最大平均波高1.6米，出现在东北偏东向。海区的波浪有一定的季节性变化，涌浪出现频率大于风浪。

波浪能是境内沿海的主要海洋能，分布在隆教乡流会村，其能源理论波能功率54.87×104千瓦。

第三节　国土资源

一、土地资源

（一）耕地

1993年，全市耕地资源41534.72公顷。其中，灌溉水田30877.12公顷，占74.34%；望天田244.07公顷，占0.59%；旱地9468.27公顷，占22.8%；菜地266.13公顷，占0.64%；水浇地499.13公顷，占1.2%。

1996年，全市耕地28839.48公顷，占总土地面积21.75%。其中灌溉水田22670.42公顷，占耕地78.61%；望天田138.9公顷，占0.48%；水浇地308.17公顷，占1.07%；旱地5511.73公顷，占19.11%；菜地210.26公顷，占0.73%。

2007年，全市耕地24107.73公顷。其中，灌溉水田18684.16公顷，望天田98.67公顷，水浇地220.29公顷，旱地4910.53公顷，菜地194.08公顷。

（二）园地

1993年，全市园地18839.55公顷。其中，茶园1213.77公顷，占园地6.44%；果地17318.04公顷，占91.92%。

1996年，全市园地22346.84公顷，占土地总面积16.85%。其中，果园20906.68公顷，占园地面积93.56%；其他园地占6.44%。

2007年，全市园地23023.08公顷。其中，果园21590.91公顷，桑园1.02公顷，茶园952.18公顷，橡胶园287.21公顷，其他园地191.76公顷。

（三）林地

1993年，全市林地34359.21公顷，占土地总面积23.92%。其中，有林地24076.99公顷，占林地70.07%；疏林地1732.23公顷，占5.04%；灌木林地2168.07公顷，占6.31%；未成林地5916.22公顷，占17.22%。

1996年，全市林地34256.26公顷，占土地总面积25.83%。其中，有林地23119.08公顷，占林地67.49%；未成林地5950.31公顷，占17.37%；疏林地2463.03公顷，占7.19%；灌木林地2175.27公顷，占6.35%。

2007年，全市林地33091.05公顷。其中，有林地22207.55公顷，灌木林地2109.07公顷，疏林地2418.11公顷，未成林地5882.78公顷，迹地301.49公顷，苗圃地172.03公顷。

（四）城镇村及工矿用地

1996年开始进行用地情况统计，全市城镇村及工矿用地10116.54公顷，占土地总面积7.63%。其中，城镇面积1675.03公顷，占16.56%；村庄5750.83公顷，占56.85%；独立工矿用地2050.4公顷，占20.27%；盐田39.45公顷，占0.39%；特殊用地600.23公顷，占5.93%。

2007年，全市居民工矿用地14097.35公顷。其中，城市用地400.53公顷，建制镇用地352公顷，农村居民用地7687.28公顷，独立工矿用地5000.22公顷，盐田33.66公顷，特殊用地623.66公顷。

（五）交通用地

1996年，全市交通用地1502.57公顷，占土地总面积1.13%。其中，铁路用地15.84公顷，占1.05%；公路用地787.51公顷，占52.41%，农村道路用地698.84公顷，占46.51%；港口、码头用地0.38公顷。

2007年，全市交通用地1199.93公顷。其中，铁路用地155.11公顷，公路用地1044.44公顷，港口和码头用地0.38公顷，其他交通用地246.33公顷。

（六）未利用土地

1996年，全市未利用土地20426.47公顷，占土地总面积15.4%。其中，荒草地14019.74公顷，裸岩石砾地 6760.4 公顷，其他未利用地 246.33 公顷。2002 年，未利用土地减少至 19766.73 公顷。

2007 年，全市未利用土地 19296.31 公顷。其中，荒草地 12150.03 公顷，沼泽地 0.36 公顷，沙地 77.74 公顷，裸土地 74.51 公顷，裸岩石砾地 6987.96 公顷，其他未利用地 5.71 公顷。

二、水域资源

（一）内陆水域

1993 年，全市内陆水域 15858.05 公顷。其中，河流 3510.02 公顷，湖泊 5.69 公顷，水库水面 689.15 公顷，坑塘 1897.63 公顷，滩涂 5780.56 公顷，沟渠 3941.81 公顷，水工建筑水面 33.19 公顷。1996 年，九龙江西溪步文段、北溪郭坑段划归漳州市龙文区。

2007 年，全市内陆水域 14998.57 公顷。其中，滩涂 5218.28 公顷，沟渠 3549.98 公顷，河流 3069.44 公顷，坑塘 2454.54 公顷，水库 706.33 公顷。

（二）近海水域

1993 年，龙海近海海域有滩涂 53.15 平方公里，0–10 米等深线以内浅海水域 111.5 平方公里。2007 年，近海滩涂、浅海水域面积不变。

三、矿产资源

（一）矿种

1993—2007 年，龙海市矿产管理部门两次组织在境内勘探矿产资源。至 2007 年底查明，境内发现矿种 20 余种，矿床、矿（化）点 200 余处，可利用总储量达 50 亿吨，潜在经济价值 600 亿元以上。矿产资源以非金属矿为主，尤以砂、石、土最丰富。已发现矿种有地热、铁、铜、铅、锌、铝土矿、锡、钼、水晶、长石、玻璃用砂、脉石英、高岭土、砖瓦用黏土、耐火黏土、建筑用花岗岩、饰面用花岗岩、建筑用凝灰岩、泥炭、矿泉水等。

图 1-4 矿业生产（市国土局提供）

（二）矿数

能源矿产有地热 6 处，金属矿产有铁矿化点 5 处，铜矿化点 1 处，铅锌矿点 1 处，铝土矿化点 1 处，锡矿化点 1 处，钼矿化点 1 处；非金属矿产有水晶矿点 1 处，长石矿（化）点 9 处，高岭土矿点 8 处。饰面用花岗岩矿点 30 处，建筑用花岗岩（凝灰岩）矿点 59 处，泥炭矿点 4 处，玻璃用砂矿点 1 处，砖瓦用黏土矿点 21 处，耐火黏土矿点 2 处，脉石英矿点 1 处，矿泉水矿点 16 处。

（三）分布

铁矿分布于双第、东泗、海澄、角美等地的火山碎屑岩，勘查程度低，仅进行踏勘，具有一定找矿远景。铜矿分布于港尾的澳角群岩雅组地层。铝土矿分布于隆教的佛昙群（Nft）玄武岩地层。锡矿分布于隆教的中粗粒二长花岗岩破碎带。钼矿分布于双第的火山碎屑岩。

水晶分布在程溪的中粗粒晶洞碱长花岗岩，伟晶岩成因、规模不清，已开采数十吨后停采。长石分布在浮宫、隆教、角美等地的含斑细粒钾长花岗岩、晶洞钾长花岗岩中。高岭土分布在隆教、榜山、颜厝、九湖、角美、程溪等地的风化残积层和冲洪积层。饰面用花岗岩主要分布于角美、港尾、浮宫、隆教、白水等地的花岗岩、石英闪长岩、辉长岩、玄武岩；建筑用花岗岩（凝灰岩）遍布各乡镇，矿山主要集中在角美、榜山、浮宫、港尾、隆教等地。玻璃用砂分布于隆教沿海一带的第四系风积层中的细粒石英砂。砖瓦用黏土分布在角美、榜山、海澄、紫泥等地的第四系海积及残积层。耐火黏土分布于九湖一带的第四系海积层。脉石英分布于九湖、程溪、港尾一带的花岗岩。泥炭主要分布在程溪、九湖等一带的冲洪积层。

矿泉水分布范围较广，除北部区域外，均有分布；地热分布于角美、港尾、东泗、颜厝、九湖、程溪等地，温泉出露点 6 处。

第四节　野生动植物

一、陆生动植物

（一）陆生动物

动物种属　1993 年，龙海市对境内野生动物资源情况尚掌握不够全面。2006 年 12 月，福建省野生动物与湿地资源监测中心对龙海九龙江口红树林省级自然保护区进行综合科学考察。保护区范围内有鸟、兽和两栖爬行动物 211 种。其中，兽类 3 目 3 科 6 种，占全省兽类总种数 5.5%；爬行类 1 目 6 科 17 种，占全省爬行类总种数 14.8%；两栖类 1 目 5 科 8 种，占全省两栖类总种数 18.2%；鸟类 16 目 40 科 180 种（其中水鸟类 9 目 18 科 104 种），占全省鸟类总种数 32.7%。保护区鸟类中有众多双边国际协定保护的候鸟，其中“中日候鸟保护协定”96 种，“中澳候鸟保护协定”52 种，国家Ⅱ级保护 28 种；主要有赤颈鸊鷉、卷羽鹈鹕、褐鲣鸟、海鸬鹚、黄嘴白鹭、岩鹭、小天鹅、黑翅鸢、鸢、赤腹鹰、雀鹰、松雀鹰、大鵟、普通鵟、白尾鹞、白头鹞、鹗、游隼、燕隼、红隼、花田鸡、小杓鹬、小青脚鹬、褐翅鸦鹃、草鸮、雕鸮、斑头鸺鹠、短耳鸮等。

2007 年，全市常见野生动物有：兽类 12 科 16 种，鸟类 40 科 180 种（其中水鸟类 18 科 104 种），爬行类 9 科 21 种，两栖类 5 科 12 种。

兽类　价值较高的有石虎、山獐、山羊、豪猪、水獭、野猪。

鸟类　常见的有雉鸡、鹧鸪、斑鸠、黄腹角雉等，还有八哥、喜鹊、乌鸦、麻雀、燕子、野鸭、小天鹅、鸿雁、田鸡、杜鹃鸟、伯劳、鸳鸯、鹌鹑、猫头鹰、白鹭。

爬行类　蜥蜴类常见的有壁虎、四脚蛇。蛇类常见的有蟒蛇、竹叶青、金环蛇、银环蛇、眼镜蛇。其他爬行类常见有龟、鳖。

两栖类　常见的有青蛙、蟾蜍。

（二）陆生植物

植物种属　境内野生维管束植物有 184 科 694 属 1220 种。其中蕨类植物 24 科 39 属 61 种；裸子植物 9 科 21 属 35 种；被子植物 151 科 634

图 1-5　白鹭（市旅游局提供）

属 1124 种。国家级保护物种 12 种，省级重点保护物种 13 种。

药用植物　野生药材主要有黄栀子、射干、谷精、石斛、百部、天门冬、金钱草、九节茶、黄连、巴戟天和七叶胆。

花卉植物　野生品种有水仙花、白玉兰、黄玉兰、含笑、夜合花、茶花、梅花、蜡梅、三角梅、木槿、木芙蓉、扶桑、玫瑰、夜来香、桂花、杜鹃花、鸡冠花、菊花、凤仙花、一品红、千日红、万年青、七里香、昙花和兰花等。

2007 年龙海市野生植物保护级别和分布情况表

表 1-2-7

植物名称	保护级别	分布地点
沙椤	国家一级	程溪镇
苏铁蕨	国家二级	九龙岭林场、程溪镇林前村
刺桫椤	国家二级	程溪镇东马村、塔潭村
金毛狗	国家二级	九龙岭林场、双第农场、程溪洋奎顶林
福建柏	国家二级	林下林场
苏铁	国家二级	龙海市
樟树	国家二级	石码紫云、东园镇、程溪镇白云村、大田坑等地
格木	国家二级	林下林场
花榈木	国家二级	林下林场
紫檀	国家二级	林下林场
喜树	国家二级	龙海宾馆、海澄镇丹坑
海南石梓	国家二级	许林头、双第农场
观光木	国家二级	程溪镇粗坑村
江南油杉	省重点	颜厝镇白云岩
油杉	省重点	程溪镇、双第农场、九湖镇木棉村和程溪镇下庄村
红锥	省重点	程溪镇上坪村和洋奎村的下村和顶林社
黄樟	省重点	程溪、林下林场、程溪镇下庄村后倒
盖藤子	省重点	程溪镇洋奎村岩前社
密花豆	省重点	九龙岭林场大狮坑
扁担藤	省重点	榜山镇岭口村
刺果藤	省重点	九龙岭林场大狮坑、林下林场凡钟
木榄	省重点	浮宫镇霞郭村
老鼠勒	省重点	浮宫镇霞郭村、甘文农场
刨花楠	省重点	颜厝镇白云岩
厚壳桂	省重点	程溪镇下庄村后倒
白桂木	省重点	程溪镇洋奎村顶林社、颜厝镇白云岩

二、水生生物

（一）淡水动植物

淡水动物　主要属于鱼纲的青鱼、草鱼、鲢鱼、鲤鱼、鳗鱼、鲫鱼。软体动物有田螺、泥蚬、河蚌。

淡水植物　境内淡水水生维管束植物主要有漂浮植物、浮叶植物、沿水植物和挺水植物，以浮萍、芜萍、水浮莲、苦草和轻叶黑藻为主。红树林是境内经济价值较高的淡水植物，在沿江海滩涂呈矮灌状断续分布，以胎生的方式进行繁殖，主要有秋茄树、桐花树、木榄、海漆、老鼠簕和海榄雌等树种。

（二）海水生物

浮游动植物　九龙江口水域海洋浮游植物有127种，其中硅藻116种、甲藻10种、蓝藻1种。平均总细胞数7.79×107个/立方米。海水浮游植物主要有金藻、甲藻、裸藻、绿藻、蓝藻、硅藻和黄藻等200种以上，以硅藻、甲藻和蓝藻最多。经济藻类以紫菜、海带、石花菜和海萝、羊西菜较大宗。沿海野生海水鱼类263种，甲壳类动物60多种。游泳生物平均总生物量420.2千克，平均密度5723.5尾/网，平均生物量26.39千克/网·小时。常能捕获的鱼类有鳗鱼、马鲛鱼、鳓鱼、二长棘鲷、马面鲀、小带鱼、褐蓝子鱼、黄鳍鲷，头足类的台湾枪乌贼和章鱼等，甲壳类有长毛对虾、日本对虾、周氏新对虾、刀额新对虾、白虾、毛虾、三疣梭子蟹、锯缘青蟹。

潮下带底栖生物　底栖生物中经济价值较大的52种：结蚶、凸壳肌蛤、锯齿巴非蛤、四角蛤蜊、直线竹蛏、短竹蛏、棒锥螺、短蛸、中华管鞭虾、长毛对虾、黄色新对虾、刀额新对虾、长额仿对虾、细巧仿对虾、角仿对虾、鹰爪虾、须赤虾、巨指长臂虾、脊尾白虾、锯缘青蟹、远海梭子蟹、三疣梭子蟹、红星梭子蟹、日本蟳、斑纹蟳、口虾蛄、无刺口虾蛄、厦门文昌鱼、小眼虹、赤魟、日本燕魟、凤鲚、龙头鱼、白氏银汉鱼、多指马鲅、多鳞鱚、皮氏叫姑鱼、勒氏须鲟、鲬、白姑鱼、大头白姑鱼、大黄鱼、小黄鱼、棘头梅童鱼、银鲳、牙鲆、斑鲆、木叶鲽、日本须鳎、中华舌鳎、大鳞舌鳎和半滑舌鳎。

潮间带底栖生物　沿海潮间带生态类型多样，有岩相、砂相、泥砂相、泥相、红树林区。生物量分布特征是中潮区＞高潮区＞低潮区。生物量季节变化特征是秋季＞冬季＞夏季＞春季。红树林区生物种数有172种，其中多毛类41种、软体动物51种、甲壳动物57种、棘皮动物3种、其他动物20种。

第三章　自然灾害

第一节　气象灾害

一、台风

1993年，龙海受台风影响1个，强度较弱。1995—1998年，境内受台风影响较严重的5个。

1999年，影响境内台风7个。其中10月8—9日的9914号台风正面袭击龙海市，造成18人死亡，直接经济损失11.8亿元。2004—2006年，登陆龙海的台风4次，均造成严重灾情。1993—2007年，对龙海市有影响的台风48个，平均每年3.2个，集中发生在7—9月。

若干年份龙海市台风灾害情况表

表 1-3-1

年份	灾 情	损 失
1995	9504 号台风，7 月 31 日登陆广东澄海，全市日最大雨量为 88.7 毫米，过程雨量 152.6 毫米，局地超过 200 毫米。最大风速 16 米 / 秒，沿海风力超 10 级	死亡 2 人，农作物受灾面积 2333.3 公顷，损坏房屋 242 间，倒塌房屋 32 间，公路损失 5000 米，船只破损 51 艘，直接经济损失 5300 万元
1996	9607 号台风，7 月 27 日登陆晋江，全市日最大雨量为 196.0 毫米，过程雨量 277.9 毫米。9608 号台风，8 月 1 日登陆福清市，全市日最大雨量为 201.6 毫米，过程雨量 250.9 毫米，08 号台风登陆时正遇天文大潮，九龙江潮水位达历史最高值 8.97 米，超历史最高值 0.24 米，大于警戒线 0.9 米	死亡 1 人，农作物受灾面积 5666.7 公顷，公路损失 8000 米，海决口 24 处，农业经济损失 3436 万元，直接经济损失 18095 万元
1997	9710 号台风，8 月 2 日登陆香港，全市日最大雨量为 118.2 毫米，8 月 1-3 日总雨量 196.2 毫米，适逢农历六月二十九日，造成风暴潮	农作物受灾面积 786.7 公顷，损坏房屋 73 间，倒塌房屋 36 间，沉船 5 艘
1997	9714 号台风，8 月 29 日登陆福清，日最大雨量 166.9 毫米，过程雨量 215.9 毫米	转移安置 2000 人，玉枕洲尾水闸堤滑坡 35 米、港尾水库洪道受冲 15 米
1998	10 月 25-26 日，受 9810 号台风影响，全市出现暴雨、大暴雨，部分乡镇出现特大暴雨，日最大雨量 115.2 毫米，过程总雨量 259.7 毫米。最大风速 18 米 / 秒，沿海风力 10 级以上	农作物受灾面积 5026.7 公顷，农作物成灾面积 1666.7 公顷，农作物绝收面积 1666.7 公顷，损坏、倒塌房屋 910 间，公路损失 11500 米，冲毁桥闸 1 座，死亡牲畜 10000 头，农业经济损失 6290 万元，直接经济损失 11700 万元
1999	9910 号强热带风暴，9 月 16 日登陆珠江口，日最大雨量 109.5 毫米，过程雨量 202.4 毫米	农作物受灾面积 666.7 公顷，损坏房屋 47 间，倒塌房屋 47 间，公路损失 600 多米，冲毁 3 个公路涵洞，直接经济损失 1200 万元
1999	10 月 8-9 日，9914 号台风正面袭击龙海市，影响时间长且强度强，瞬间最大风速 35 米 / 秒（12 级），日最大雨量 168.2 毫米，过程雨量 168.9 毫米	死亡 18 人，失踪 3 人，农作物受灾面积 24433.3 公顷，农作物成灾面积 5466.7 公顷，农作物绝收面积 5466.7 公顷，损坏、倒塌房屋 25000 间，直接经济损失 118000 万元
2001	0104 号台风，7 月 6 日登陆海丰，全市日降水量 94.8 毫米，过程雨量 110.7 毫米，瞬间最大风速达 19 米 / 秒	农作物受灾面积 800 公顷，农作物成灾面积 20 公顷，农作物绝收面积 20 公顷，损坏房屋 25 间，倒塌房屋 22 间，其他损失 1000 万元，直接经济损失 3500 万元，果树损失大
2002	0212 号强热带风暴，8 月 5 日登陆广东陆丰，全市瞬间最大风速 25.0 米 / 秒，4-7 日连续暴雨，过程雨量 349.4 毫米	农作物受灾面积 2333.3 公顷，农作物成灾面积 933.3 公顷，损坏房屋 318 间，其它损失 3900 万元，农业经济损失 1200 万元，直接经济损失 5400 万元，养殖、水利道路损失
2004	0418 号台风“艾利”，8 月 25-26 日四次在福建省沿海登陆，其中 26 日 02 时 30 分第三次在港尾镇登陆，受其影响全市出现大风、大雨到暴雨天气，瞬间最大风速达 21 米 / 秒，8 级以上大风持续近 3 小时，过程雨量 152 毫米	损坏房屋 35 间，直接经济损失 3180 万元
2005	0510 号热带风暴“珊瑚”，8 月 13 日登陆广东澄海，全市大风持续近 6 小时，瞬间最大风速 29.6 米 / 秒，出现暴雨，日雨量 83.4 毫米，14 日出现大暴雨，日雨量 243.8 毫米，过程雨量 327.2 毫米。75% 乡镇发生洪涝	受灾 397800 人，被困 11200 人，转移安置 43000 人，农作物受灾面积 17400 公顷，农作物成灾面积 6013.3 公顷，农作物绝收面积 6013.3 公顷，损坏房屋 1358 间，倒塌房屋 1135 间，公路损失 2921.5 万元，电力损失 840 万元，市政损失 510 万元，农业经济损失 13176 万元，直接经济损失 45292.3 万元

续表 1-3-1

年份	灾　情	损　失
2005	0513 号台风“泰利”，9 月 1 日在莆田市再次登陆，全市出现暴雨，过程雨量 130.5 毫米	损坏房屋 1446 间，倒塌房屋 1446 间
2005	0519 号台风“龙王”，10 月 2 日在晋江、厦门和龙海多次登陆，全市 10 月 3 日最大风速 17.6 米 / 秒，出现大暴雨，日雨量 185.2 毫米，过程雨量 254.9 毫米	受灾 230000 人，损坏房屋 1044 间，倒塌房屋 461 间，农业经济损失 1265 万元，直接经济损失 7500 万元
2006	0601 号强台风“珍珠”，18 日在广东饶平到澄海登陆，龙海市出现大暴雨，日最大雨量 225 毫米，过程雨量达 277.7 毫米，18 日最大风速达 21.9 米 / 秒	受灾 450000 人，农作物受灾面积 210000 公顷，损坏房屋 506 间，倒塌房屋 137 间，农业经济损失 18102.6 万元，直接经济损失 39700 万元
2006	0604 号热带风暴“碧利斯”，7 月 14 日在霞浦再次登陆，龙海市 15 日出现暴雨，雨量 77.7 毫米，16 日出现大暴雨，日雨量 105.8 毫米，过程雨量 243.8 毫米，由于降水强度大，又适逢天文大潮，内河水位暴涨，9 个乡镇不同程度受淹	死亡 11 人，直接经济损失 3.9 亿元
2006	0605 号热带风暴“格美”，7 月 25 日在晋江围头再次登陆，登陆后沿厦门湾进入龙海，全市 25 日出现暴雨到大暴雨，日雨量达 75.2 毫米，最大风速 20.6 米 / 秒，过程雨量 145.2 毫米	受灾 80660 人，损坏、倒塌房屋 32 间，农业经济损失 3223 万元，直接经济损失 10600 万元

二、暴雨

1993—2007 年，暴雨日 69 天，年平均 6.9 天。其中 100 毫米以上的大暴雨 13 天，占 19%，发生在 5—10 月；雨季集中在 5—6 月。其中发生在 1997 年、2000 年、2007 年的大暴雨造成灾情严重。

若干年份龙海市暴雨灾害情况表

表 1-3-2

年份	灾情	损失
1997	5 月 5-7 日，全市普降大暴雨，总雨量 304 毫米，为历史同期罕见。洪水最高水位达 3 米，内涝严重	受灾 22000 人，死亡 2 人，被困 104000 人，农作物受灾面积 8774.7 公顷，损坏、倒塌房屋 53 间，水库冲毁 2 座、溪堤决口 32 处、水渠受损 2200 米
2000	6 月 18-19 日连降大暴雨、暴雨，雨量分别为 205.8 毫米和 62.3 毫米，造成洪涝灾害	农作物受灾面积 3400 公顷，损坏、倒塌房屋 32 间，公路损失 180 万元，其他损失 460 万元，农业经济损失 3450 万元，直接经济损失 4965 万元
2007	6 月上旬以来，受低涡切变和西南气流共同影响，7-9 日全市连续普降暴雨，并伴有强雷暴等灾害性天气。6 月上旬雨量达 330.2 毫米，是历史同期的 3.6 倍。全市有 9 个行政村受淹	受灾人口 1.2 万人，转移人口 6202 人，直接经济损失 1850 万元。其中，农作物受灾 3000 公顷，损失 800 万元；林业受灾 100 公顷，损失 110 万元；水产养殖 266.67 公顷，损失 320 万元；小型水利损失 300 万元；公路冲刷损失 200 万元

三、干旱

1993—2007 年，境内干旱发生频率以秋冬旱为多，夏旱次之，春旱又次之。其危害以夏旱为大，春旱次之，秋冬旱相对较小。在地域上，沿海地区最多、最严重。较严重的旱情有 3 次。其中发生在 2001 年 10 月至 2002 年 5 月秋、冬、春 3 季连续旱情最为严重，直接经济损失 2.75 亿元。

若干年份龙海市干旱灾害情况表

表 1-3-3

年份	灾情	损失
2002	2001 年 10 月至 2002 年 5 月 10 日一直持续少雨，总雨量 113.3 毫米，比常年偏少八成，出现历史罕见的秋冬春连旱的特大旱情	农作物受灾面积 33280 公顷，农作物成灾面积 25040 公顷，农作物绝收面积 666.7 公顷，直接经济损失 27500 万元
2003	2003 年下半年少雨干旱。9 月 22 日至 12 月 31 日雨量 21.4 毫米，偏少八成七	饮水困难 1.1 万人，农作物受灾面积 1.5 万公顷，农作物成灾面积 6000 公顷，农作物绝收面积 1800 公顷，直接经济损失 3811 万元，水力发电减少一半以上
2004	秋冬季出现连续少雨干旱天气，9 月 23 日至 12 月 31 日雨量 24.4 毫米，偏少八成多	饮水困难 0.7 万人，农作物受灾面积 1200 公顷，农作物成灾面积 500 公顷，农作物绝收面积 500 公顷，农业经济损失 1200 万元，直接经济损失 1200 万元

四、寒冻

（一）低温寒害

五月寒　5 月下旬至 6 月上旬出现日平均气温连续≥ 3 天≤ 20℃的降温过程。2006 年，境内出现 1 次。

寒露风　又称秋寒，全市有 23 度型和 21 度型两种。它是龙海市双季晚稻抽穗扬花期的主要气象灾害之一，对全市影响较大的是 23 度型。1993—2007 年，23 度型秋寒平均出现日期 10 月 19 日；最迟年份 1996 年 11 月 13 日，最早年份 1997 年 9 月 27 日。

（二）低温冻害

1993—2007 年的冬季，境内受强冷空气南下影响，极端低温低于作物的下限温度时，对冬季作物、花卉及牲畜等都有不同程度的冻害发生。

五、雷电

1993—2007 年，境内发生 2 次较大的雷电灾害，死亡 5 人。其中，2005 年 5 月 23 日的强雷电，九湖镇九湖村、颜厝镇路边村下庄自然村遭雷击 3 人，（2 人当场死亡，1 名妇女在送往医院途中死亡）；2006 年 6 月 5 日，九湖镇出现雷暴雨天气，2 名村民在田间劳作，被雷击中死亡。

第二节　地震与其他地质灾害

一、地震

1992 年 6 月 2 日凌晨，白水镇发生 4.1 级地震，境内普遍有强烈的震感。1994 年 9 月 16 日，漳州市东山县东南海域发生里氏 7.3 级地震。震中距龙海市区 220 公里，对境内造成一定程度的破坏。全市受伤 50 余人，重伤 8 人；房屋倒塌 44 间，严重损坏 259 间；直接经济损失 1645 万元。

1998 年，漳州市境内发生大于 1.0 级地震 11 次。其中，最大地震发生在当年 5 月 7 日和 9 月 24 日，震中在南靖县，震级 2.8 级，龙海西北部有微震感。

1999 年 9 月 21 日，台湾省南投地区发生里氏 7.6 级地震，震中距龙海市区 300 公里。龙海境内震感强烈，地震烈度达到 5 度，无房屋受损和人员伤亡。

2000 年 10 月 13 日，市境发生 3.1 级地震，震中在角美镇，境内部分地区有震感。

2002 年 8 月 12 日，漳州市长泰县发生 2.2 级地震，龙海市境内北部有微震感。

2006年12月26日，台湾恒春、屏东县发生6.7、7.0级地震，境内普遍有震感。

2007年，华安县新圩镇发生3.9级地震，龙海市境内北部地区有震感。

二、其他地质灾害

1995年8月3日，东泗乡碧浦村发生一起屋后崩塌地质灾害，造成2人死亡。2005年8月，程溪镇东天尾发生一起崩塌地质灾害，造成2人死亡。2006年4月，程溪镇塔潭村发生一起崩塌地质灾害，造成2人死亡；同年5月，程溪镇和山村发生一起泥石流地质灾害，冲毁民房136间，造成10人死亡，1人失踪，4人受伤，34户136人受灾。2007年无其他地质灾害。

第四章　环境保护

第一节　机构

1993年，龙海市环境保护局编制4名，实有4人；下辖环境保护监测站和排污收费监理所，事业编制分别为11名、4名。1997年6月，成立龙海市环境保护协会。同年7月机构改革，保留一级局机构，行政编制5名；8月，排污收费监理所更名为环境监理所，事业编制5名，环境保护监测站编制11名。

2001年3月，成立市环境科学研究所。2005年4月，市环境监理所更名为市环境监察大队，内设综合科。2007年10月，增设市环境宣传教育中心和市环境信息中心，增加事业编制4名。2007年，龙海市环保局，下辖市环境监察大队、市环境保护监测站、市环境宣传教育中心、市环境信息中心；行政编制6名，事业编制20名。

第二节　环境质量

一、水环境

1993年，龙海市境内的省控断面——北溪江东断面（北Ⅱ）水质达到国家地表水Ⅱ类标准，“西溪一条龙”洋西断面和丹坑断面达到地表水Ⅳ类农业用水标准；市控断面西溪、北溪干流的沙州断面、下楼断面及南溪桥闸断面水质均达到国家地表水Ⅲ类标准；城市内河受生产生活废水、垃圾的影响，水质较差，经常出现劣Ⅴ类水质。

1993—1996年，全市共取缔关闭18家“十五”小企业（即小造纸、小制革、小染料、土炼焦、土炼硫、土炼砷、土炼汞、土炼铅锌、土炼油、土选金、小农药、小电镀、土法生产石棉制品、土法生产放射性制品、小漂染企业）。

1999—2000年，实施《九龙江流域水污染与生态破坏综合整治方案》，全市累计投入6000多万元治理资金，建成污染治理设施158台（套），完成全市129家重点企业废水、废气治理，达标率100%，全市地表水保持良好状态。当年，龙海市对环境功能制定具体规划，划分水环境功能区和执行标准及类别。

2006年，九龙江北溪水质符合国家《地表水环境质量标准》Ⅲ类标准。2007年，龙海全部执行水环境功能区标准，饮用水均符合标准。

龙海市地表水环境功能区划情况表

表 1-4-1

水系	水域范围	主要功能	执行标准及类别
九龙江北　溪	江东旧桥至北引拦河闸坝，直线距离约 2950 米	集中式饮用水源	《地表水环境质量标准》表 1 的II类和表 2
	左干渠（北引）龙海段自江东旧桥头至角美镇范围内	饮用水源 工农业用水	《地表水环境质量标准》表 1 的III类
九龙江西　溪	程溪支流：流经程溪、九湖、颜厝镇后入西溪，全长 22 公里	农灌、排洪	《地表水环境质量标准》表 1 的IV类
九龙江三叉河	北溪、西溪桥闸下游至入海河口	一般渔业用水、 工农业用水	《地表水环境质量标准》表 1 的III类
九龙江南　溪	东泗境内至浮宫草埔头	一般渔业用水、 工农业用水	《地表水环境质量标准》表 1 的III类
九九湾	西溪桥闸上游右侧出口处至与南溪汇合处	工农业用水、 水利设施	《地表水环境质量标准》表 1 的IV类
近岸海域	隆教乡流会至与漳浦交界处	海滨度假自然保护区	《海水水质标准》表 1 的第一类
九龙江出海口近岸海域	角美白礁至隆教流会	海水养殖、盐业生产、 工农业用水	《海水水质标准》表 1 的第二类
九龙江出海口近岸海域	港尾田墘至屿仔尾	港口码头	《海水水质标准》表 1 的第二类、第三类
程溪镇湖后水库	集雨面积 14.2 平方公里，总库容 1330 万立方米	颜厝、九湖饮用水源 蓄水、发电、农灌	《地表水环境质量标准》表 1 的II类和表 2
榜山镇莲池水库	集雨面积 3.6 平方公里，总库容 178.75 万立方米	榜山饮用水源 农灌	《地表水环境质量标准》表 1 的II类和表 2
隆教乡前线水库	集雨面积 11 平方公里，总库容 738 万立方米	隆教饮用水源 农灌	《地表水环境质量标准》表 1 的II类
角美镇西山水库	集雨面积 7.75 平方公里，总库容 992.5 万立方米	农业用水	《地表水环境质量标准》表 1 的IV类
角美排涝港	全长 4.7 公里	工农业用水	《地表水环境质量标准》表 1 的IV类
白水镇郊边水库	集雨面积 3.5 平方公里，总库容 565.4 万立方米	农灌白水、浮宫饮用水源	《地表水环境质量标准》表 1 的II类
白水镇赤兰溪水库	集雨面积 17.5 平方公里，总库容 1100 万立方米	农灌白水、浮宫饮用水源	《地表水环境质量标准》表 1 的II类和表 2

二、大气环境

1993—2007 年，龙海空气质量指标范围为：TSP（总悬浮颗粒物）年均值 0.084–0.142 毫克 / 立方米，PM10（粒径小于 10 微米所有颗粒物的总质量浓度）年均值 0.063—0.087 毫克 / 立方米，二氧化硫年均值 0.010—0.036 毫克 / 立方米，氮氧化物 (2000 年改为二氧化氮) 年均值 0.010—0.025 毫克 / 立方米；二氧化硫、氮氧化物 (二氧化氮) 符合 GB3095—1996《环境空气质量标准》一级标准，TSP、PM10 优于 GB3095—1996《环境空气质量标准》二级标准，略超出一级标准。3 个项目指标总体呈下降趋势。空气颗粒物年均值下降较明显，最低 2006 年，年均值 0.063 毫克 / 立方米，比 1993 年 0.140 毫克 / 立方米，下降 0.077 毫克 / 立方米。15 年间，二氧化硫、氮氧化物 (二氧化氮) 平均值 0.020 毫克 / 立方米、二氧化硫 3 个项目年平均值 0.024 毫克 / 立方米。

三、声环境

（一）区域环境噪声

1993—1995 年，市区区域噪声等效声级年均值均 60.4 分贝。1996 年降为 58.5 分贝。2000 年 57.2 分贝，最低。2001—2007 年年均值在 55.6—56.5 分贝之间。1993—2007 年，市区域噪声等效声级指标范围年均值在 60.4—54.6 分贝之间。

（二）交通干线噪声

1993—2007 年，市区道路交通噪声监测干线总长度 22.4 公里，共监测 8 个路段，设 24 个监测点。15 年间，市区域噪声指标范围 4.5—66 等效声级分贝；最高是 1994 年，平均等效声级 76.9 分贝；最低是 2006 年，平均等效声级 68.8 分贝。1993 年、1994 年、1997 年超过 GB3096—2008《声环境质量标准》4 类区标准外，其余都符合 4 类区标准。

1993—2001 年，市区交通噪声逐年下降，由 74.5 等效声级分贝下降至 67.8 等效声级分贝。2002—2007 年，由 67.2 等效声级分贝下降至 66.2 等效声级分贝。

四、生态保护环境

1988 年，龙海建立红树林自然保护区。至 2007 年，全市建立 5 个重要生态功能保护区：九龙江北溪江东河道饮用水源保护区、龙海九龙江河口国家重点湿地、龙海红树林自然保护区、漳州滨海火山国家地质公园（龙海）风景名胜区、紫云森林公园；保护环境面积 6326.2 公顷。

龙海市重要生态功能保护区情况表

表 1-4-2

名　称	范　围	批复单位
九龙江北溪江东河道饮用水源保护区（一、二级保护区）	江东旧桥断面至下游的北引水域闸坝及两岸防洪堤（含防洪堤）以内陆域，两侧外延 200 米 160 公顷	省政府
龙海九龙江河口国家重点湿地	自角美、紫泥、海澄、东园至浮宫霞威的滩涂及近岸海域，面积 4360 公顷	国家环保局 龙海市政府
龙海红树林自然保护区	自紫泥、海澄至浮宫九龙江西溪沿岸，面积 420.2 公顷	省政府
漳州滨海火山国家地质公园（龙海）风景名胜区	东至白坑村西侧，南至海岸线，西至隆教乡与漳浦前亭镇分界线，北到面海一重山，面积 1136 公顷	龙海市政府
紫云森林公园	规划面积 250 公顷	龙海市政府

附：九龙江口红树林自然保护区

1988 年，紫泥镇甘文农场建立省级红树林自然保护区，以保护红树林资源、滨海盐沼、珍稀野生动物物种为主要保护对象。2006 年，经省政府批复同意，将保护区范围扩大，由九龙江口的甘文片、大涂洲片和浮宫片 3 个部分组成，总面积 420.2 公顷，是建区时 2.1 倍多。

2007 年，保护区内有红树林植物 5 科 7 属 10 种。优势树种奇特，秋茄是红树林优势树种之一，占保护区总面积的 90％。它是分布在北半球最北缘生长最好的红树林植物，也是最抗寒的种类之一，在全球红树林区系划分上占有重要的位置。其繁殖奇特具胎生特性，树型高大，高度可达 8 米多，是世界上罕见的红树林种。

第三节　环境监测

一、监测设备

1993年，市环境保护监测站有各种监测仪器设备16套。1994年，添置噪声振动器1台。1995年，添置分光光度计1台。1997年，添置酸度计1台及噪声统计分析仪1台。1998年，添置大气连续自动采样器等仪器10台。2001年，添置可见分光光度计等仪器47台。2002年，添置极谱仪等仪器10台；2003年，添置气相色谱1台。2004年，添置可见分光光度计1台。2006年，添置cod快速测定仪1台，建空气自动站1座（位于龙海市第一医院）。2007年，建空气自动站1座（位于海澄中学），添置噪声频谱分析仪1台。

1993—2007年，市环保局报废仪器6台（套），在用监测仪器设备87台（套），具备对水、气、声等诸环境因素50个项目的监测能力。

二、水环境质量监测

（一）省控断面地表水环境监测

1993—1999年，监测项目均符合GB3838—1988《地表水环境质量标准》Ⅲ类标准。2000—2002年，监测结果均符合GHZB1—1999《地表水环境质量标准》Ⅱ类水质标准。

1993—2002年，监测点位于九龙江北溪江东桥中泓、九龙江北溪沙洲汇合口，按丰、平、枯3期，每期采样两次，全年监测6次。监测项目包括水温、pH值、悬浮物、总硬度、溶解氧、高锰酸盐指数、5日生化需氧量、氨氮、非离子氨、亚硝酸盐氮、硝酸盐氮、石油类、挥发酚、砷、六价铬、总大肠菌群、总铅、汞、铜、锌、总镉。监测结果九龙江北溪江东桥中泓断面、九龙江北溪沙洲汇合口出总大肠菌群时出现超标。2003—2007年，监测点位于九龙江北溪江东桥中泓、内河九九湾洋西和丹坑中泓，逢单月份全年监测6次。2006年监测结果九龙江北溪江东桥断面除粪大肠菌群出现超标外，其余项目监测结果均符合《地表水环境质量标准》Ⅲ类标准；省控内河九九湾洋西、丹坑中泓断面除粪大肠菌群超标外，其余指标全部达到Ⅳ类标准。

（二）市区饮用水源环境监测

1993—1999年，监测点位于九龙江北溪江东马崎取水点，按丰、平、枯3期，每期采样两次，全年监测6次。监测项目包括水温、pH值、悬浮物、总硬度、溶解氧、高锰酸盐指数、5日生化需氧量、氨氮、非离子氨、亚硝酸盐氮、硝酸盐氮、石油类、挥发酚、砷、六价铬、总大肠菌群、总铅、汞、铜、锌、总镉、氟化物、浊度、细菌总数。监测结果总大肠菌群有时超标外，其余监测结果均符合GB3838—1988《地表水环境质量标准》Ⅱ类水质标准。

2000—2002年，监测点位、监测项目、次数与前7年相同。监测结果除粪大肠菌群有时超标外，其余项目监测结果均符合GHZB1—1999《地表水环境质量标准》Ⅱ类水质标准。2003—2007年，逢单月份全年监测6次。监测结果除粪大肠菌群有时超标，其余项目监测结果均符合《地表水环境质量标准》Ⅱ类水质标准。

（三）控断面水环境监测

1993—1999年，监测点位于九龙江南港下楼断面和城市内河九九湾丹坑断面，按丰、平、枯3期，每期采样2次，全年监测6次。监测项目包括pH值、溶解氧、高锰酸盐指数、5日生化需氧量、氨氮、非离子氨、石油类。监测结果九龙江南港下楼水质功能为渔业生产用水；九龙江南港下楼监测断面水质监测项目均符合GB3838—1988《地表水环境质量标准》Ⅲ类标准；九九湾丹坑监测断面水质功能为工农业生产用水，所监测项目均符合GB3838—1988《地表水环境质量标准》Ⅳ类水质标准。

2000—2002 年，监测点、监测次数、项目与前 7 年相同。监测结果为九龙江南港下楼和九龙江南溪监测断面水质功能为渔业生产用水；九龙江南港下楼和九龙江南溪监测断面水质监测项目结果均符合《地表水环境质量标准》Ⅲ类标准；九九湾丹坑监测断面水质功能为工农业生产用水，除氨氮有时超标外，其余项目均符合 GHZB1—1999《地表水环境质量标准》IV 类标准。

2003—2007 年，市控地表水监测断面分布于九龙江北溪沙洲断面、九龙江南港下楼断面、九龙江南溪断面 3 个监测断面，与省控断面实施同步监测，全年监测 6 次，3 个监测断面水质功能为渔业生产用水。监测结果均符合 GB3838—2002《地表水环境质量标准》III 类水质标准，水质达标率 100%。

（四）近岸海域水环境质量监测

2004 年，开始在九龙江口、东园工业区排污口、龙海桥市政工程排污口、后石华阳电厂排污口开展近岸海域海洋环境状况的监测工作。九龙江口湾被列入《福建省主要海湾水环境质量通报》《漳州市海洋环境状况公报》等通报海域水环境质量的海湾。2007 年，龙海市九龙江口湾的海洋环境监测、市政工程排污口的水环境监测改由福建省水产研究所、漳州市海洋环境监测中心等单位负责。

三、大气环境质量监测

1993—1998 年，市区空气质量监测项目包括空气总悬浮颗粒物、氮氧化物、二氧化硫，设海澄镇政府、市政协、自来水公司 3 个监控点和海澄水管所 1 个对照点；采用 5 日法，一年监测 4 季度（1 月、4 月、7 月、10 月），一季度监测 5 天，手工采样。

2000 年，氮氧化物监测改为二氧化氮。是年 7 月，开始进行市区空气质量周报，并报龙海电视台公开发布。1999—2001 年，市区监测点在市老人活动中心和龙海自来水厂，24 小时自动连续采样，一年监测 12 个月，每月监测 12 天。

2002 年 4—8 月，进行市区空气监测优化布点工作，市区布设海澄中学、龙海市第一医院 2 个点位和世甲 1 个对照点。同年，监测空气中总悬浮颗粒物改为粒径小于 10 微米的所有颗粒物的总质量浓度。

2006 年 4 月，在龙海市第一医院建成空气自动站；7 月，在市有线电视台发布空气质量日报。2006—2007 年，市区设立 3 个点位，采用自动监测。

四、城市噪声监测

1993—2001 年，石码人民路、工农路，海澄民主路等地段共设 15 个监测点。每年在 10 月和 11 月实施监测。区域噪声监测在城区内以 200 米 ×200 米网格大小划出等面积网格 138 个；交通噪声监测道路 6 条，监测点 15 个，道路总长 14 公里，平均路宽 22 米。

2002 年，监测点增加紫崴路、西浮路、锦江道等，设 24 个点，监测网格大小改为 350 米 ×350 米，总数 110 个。

2002—2007 年，市区区域噪声监测面积 14.82 平方公里，城区人口 16.82 万人；交通噪声监测主干道总数 8 条，道路总长 22.8 公里，平均路宽 31 米。

第四节　污染源调查与治理

一、污染源调查

1993—1994 年，完成全市辖内水污染大户 79 家水污染申报和 19 家放射源调查统计工作。对全市重点污染源进行跟踪监测，建立污染源档案。1997 年，对全市 1300 家乡镇企业进行污染源调查。其中，废水排放企业 219 家，年废水排放总量 210.8 万吨；固体废弃物排放的企业 129 家，年固体废物产生量 2.55 万吨，年综合利用量 1.92 万吨，处置 0.63 万吨。

2000 年，对规模化畜禽养殖场污染情况进行调查，查明 1999 年底生猪存栏数 200 头以上养殖场 34 户，共存栏 2.77 万头；鸭存栏数 1000 头以上养殖场 81 户，共存栏 27671 万头；鸡养殖万头以上养殖场 3 户，共存栏 10.4 万羽。全年畜禽粪便产生量 7.28 万吨，综合利用率 92.25%。

2007 年，对全市（含招商局漳州开发区）8046 家企业污染源进行普查，其中工业污染源 851 家、生活污染源 329 家、污染集中治理设施 8 家、农业污染源 6858 家。污染源普查得知全市化学需氧量（CODcr，下同）排放总量 6269.43 吨；万元工业增加值化学需氧量排放量为 5.38 公斤，在各类源的化学需氧量排放量中农业污染源占 46.25%，为最大；生活污染源占 29.42%，为第二；工业污染源占 23.89%，为第三；垃圾渗滤液占 0.44%；固废渗滤液占比几乎为零。在统计的 18 个行业 567 家企业中，漳州华阳电业有限公司后石电厂废水排放量占 96.75%，造纸及制品业占 1.81%，食品罐头业占 0.51%，其他 15 个行业仅占 0.93%。全市 3 座污水处理厂实际处理量 511.39 万吨。其中工业废水 302.49 万吨，排放量 511.39 万吨；废气排放量 724.85 亿立方米；二氧化硫排放量 7208.71 吨；万元工业增加值二氧化硫排放量 6.19 公斤；城镇居民生活废气排放量 18.01 亿立方米，二氧化硫排放量 667.11 吨。

二、污染源治理

1993 年，市环保局向 5 家企业提供治理专项贷款 35.8 万元；对具备豁免条件的市合成氨厂二氧化碳回收、市磷肥厂磷石膏气流烘干、市建材地砖厂的窑炉燃煤改燃油、龙海瓷厂彩釉废水处理、市蚊香厂锅炉除尘改造、市铸件厂冲天炉烟尘治理、步文镇果皮废渣堆放场 7 个治理项目进行验收豁免贷款本金 46.8 万元。

1995 年，审核发放环保补助资金贷款 34.7 万元，用于市农药厂锅炉烟尘治理、角美工业开发区污水处理厂建设，以及 7 个乡镇区域性环境综合治理工作。组织验收市自行车配件厂窑炉除尘和恒泰水泥有限公司粉尘治理项目，豁免贷款本金 23.5 万元，完成投资总额达 48.95 万元。

1998 年，完成 10 个污染源治理项目，除自行车配件厂停产外，其他 9 个项目基本完成，总投资 475 万元。1997—1998 年，完成污染源治理项目 3 个，总投资 94 万元。其中龙海鞋业公司 4 条生产线三苯废气治理项目，投资 60 万元；市第二医院治理医疗废水项目，投资 12 万元；市中医院治理医疗废水项目，投资 22 万元。

2002 年，对全市 43 家工业企业开展污染物治理情况调查。其中，废水排放企业 43 家，年废水排放量 2.48 万吨；固体废弃物排放企业 40 家，固体废弃物产生量 36 万吨，综合利用量 8 万吨；工业固体废弃物综合利用率 22%，工业固体废弃物处置量 28 万吨。在海域使用审批中，实行新建、扩建的海洋工程用海必须通过海洋环境影响评价，海洋环评通不过的用海申请不予上报、审批。

2004 年，完成 106 家污染企业排污治理情况核定工作；开展“清查放射源，让百姓放心”专项行动，按放射源行业分类，对辖区内的企、事业单位进行排查，申报登记和现场检查；对个别存在安全隐患的单位下达限期整改通知书，及时消除安全隐患。

2005 年，对全市 57 家工业企业开展污染物治理情况调查。其中，废水排放企业 50 家，年废水排放量 6.1 亿吨；固体废弃物排放企业 50 家，固体废物产生量 126 万吨；综合利用量 34 万吨，工业固废综合利用率 27%，工业固废处置量 92 万吨。

2006 年，对全市 48 家工业企业开展污染物治理情况调查。其中，废水排放企业 48 家，年废水排放量 54930 万吨；固体废弃物排放企业 50 家，固体废物产生量 100 万吨；综合利用量 81 万吨，工业固废综合利用率 81%，工业固废处置量 19 万吨。

2007 年，全市 3 座污水处理厂实际处理量 511.39 万吨。其中，水污染物化学需氧量削减率 62.92%，氨氮削减率 58.34%。358 家工业企业废气处理率 89.01%；二氧化硫削减率 93.09%。

第五节　环保监督管理

一、目标责任制

1993 年 7 月，龙海市市长环保目标责任制考核指标由 12 项增加至 20 项。是年，投资 238 万元完成市区人民东路的混凝土路面建设和港口桥建设；在石码中心区建设占地 2400 平方米的街心公园；开展龙海自来水一期工程投建工作。环保责任制考核指标完成率 94%，完成总分 979 分。

1994—1996 年，市长环保责任理念坚持经济建设、城市建设和环境建设同步规划、同步实施、同步发展，解决重点污染问题，提高全市环境质量水平。

1998 年，市政府成立城市环境综合整治办公室，具体负责市长环保目标责任制和城市环境综合整治工作。当年，3 个环境建设项目投资 420 万元。其中港口桥公园 35 万元，江滨公园 25 万元，紫云公园一期工程 360 万元，新增绿地面积 3 万平方米，实得分 20 分；污染源治理项目，实际完成投资 288.6 万元，得分 35 分；环境管理 8 项，得分 37 分；市长环保目标责任制计划分 100 分，得分 92 分。

1997—1998 年，投资 3 个环境建设项目 3864 万元。其中石码锦江道拓宽绿化工程，投资 1600 万元；市区二环城路建设工程，投资 2177 万元；石码中山公园改造绿化工程，投资 87 万元；3 个工程项目按期完成，得分 300 分；污染源治理项目按期完成，得分 300 分。在市长环保目标计划 1000 分指标中，实得分 994 分。

1999 年，市长环保目标责任制，除自然生态保护工作因红树林自然保护区未完成划界和土地确权工作扣 0.5 分外，其他各项工作基本完成，被漳州市政府评为二等奖。

2000—2003 年，城市环境质量基本保持稳定。2003 年 7 月，龙海市环境功能区达标工作通过省级验收，全市环境空气质量和地表水环境质量按功能分区提前达到规定的环境标准。

2004 年，调整市环境保护委员会成员，市政府多次召开专题会议，听取环保工作汇报，研究、制定环保工作和年度工作计划。同时，将环保工作落实情况纳入乡镇 2004 年度单项工作政绩评价 11 项考核内容中。

2005 年，实行环保工作“市长统一领导、部门分工负责、市环保部门同时监管”的管理体制，把环保工作摆上市委、市政府工作议事日程，做到项目建设、重大决策都要征求环保管理部门意见。通过召开全市环委会成员（扩大）会议，颁发环保目标责任到单位负责人。

2006 年开始，龙海市计划部门把环境保护和任务纳入国民经济和社会发展计划报告中，国土局、建设局、工商局等部门对未经环保审批的项目，不办理行政许可，形成各部门协力保护环境的良好氛围。

2007 年，全市基本完成市长环保目标责任制“五年计划”（2006—2010 年）各项任务，环境质量基本保持稳定。水环境状况总体良好，九龙江流域（龙海段）省控、漳州市控断面水质达标率达 100%；市区空气质量优良，市区全年一、二级大数比例达到 100%，环境空气质量三项指标（可吸入颗粒物、二氧化硫、二氧化氮）优于国家环境空气质量的二级标准；区域环境噪声平均值和交通干线噪声基本保持稳定。

二、建设项目审批与监督

1993 年，审批建设项目环境影响报告 227 件，其中内资企业 156 件。

1994 年，执行“先评价，后建设”原则。全年审批建设项目环境影响报告 329 件，其中外资 47 件。对全市 9 家水泥熟料加工企业进行“三同时”（即工程建设项目的环境保护设施，必须与主体工程同时设计、同时施工、同时投产使用）进行监督检查。

1995—1996 年，对 125 家企业监督检查，审批建设项目环境影响报告 295 件。

2002 年，成立龙海市建设项目环保审查委员会，推行重大建设项目集体审批制度。全年审批建设项目环境影响报告 110 件，建设项目竣工环保验收 11 件。

2005 年，实行环评、施工、竣工验收的全过程跟踪监督管理。当年，审批建设项目环境影响报告 316 件，审批建设项目竣工环保验收 21 件。申报项目总投资 50.1 亿元，项目环保投资总额 1 亿元，环境影响评价执行率 100%。

2006 年，全市申报项目总投资 53.1 亿元，项目环保投资总额 1.14 亿元，环境影响评价执行率 100%；审查审批建设项目环境影响报告 352 件，审批建设项目竣工环保验收 21 件。

2007 年，审批建设项目环境影响报告 247 件，审批建设项目竣工环保验收 49 件。

1993—2007 年，全市共审批建设项目环境影响报告文件 3225 件；通过建设项目竣工环保验收审批 237 件；投入资金 100 亿元用于建设废水、废气等环保处理设施。

三、排污费征收

1993 年，全市申报登记排污的企业 70 家，排污费征收 60 万元。1995 年，排污企业登记 125 家，排污费征收 107 万元。2000 年后，申报排污企业逐年增加。2007 年，全市申报排污企业 321 家，排污费征收 307 万元。1993—2007 年，全市征收排污费 2322 万元。

第六节　环保执法检查

1993 年，办理人大、政协关于环保议案提案 28 件，污染纠纷、信访 14 件，办案处理率 100%。

1994 年，解决污染纠纷和投诉 14 起，办理人大、政协有关环保议案、提案 6 起。

1996 年，对污染企业进行摸底、调查，确定关停 18 家污染企业。

1997—1999 年，对全市造纸、电镀等行业 28 家企业，检查治理企业环保设施运转情况，不能擅自停止运转；对 13 家逾期未完成治理任务的造纸行业依法查处，处罚金额 2.3 万元。

2000 年，先后对 22 家环保设施运行情况进行不定期检查，加强对重点污染企业排污口规范化管理。

2001 年，出动执法人员 150 多人次，组织 2 次环保大检查，对全市 85 家企业的 65 台（套）环保设施发出限期整改通知；查处环境违法案件 6 起，处罚金额 5 万元；关停 2 家纸浆厂和 1 个电镀点。加强对高考期间各种噪声源的管理。是年，开通“12369”环保投诉专线电话；处理领导转办的案件 8 件，办理人大议案、政协提案共 2 件，信访投诉 78 件，办结率 100%；受理“110”联动环保投诉案件 19 件。

2002 年，查处 1 个违反环境法的建设项目，责令停止建设，恢复原状。是年，加强对颜厝镇省道郊柏线两侧 16 家食品、造纸企业的锅炉烟尘排放情况检查监督和跟踪；处理领导转办案件 9 件，人大议案、政协提案共 5 件，信访投诉 80 件，办结率 100%；受理“110”联动环保投诉案件 25 件。

2003 年，在“非典型性肺炎”疫情期间，市环保局与市卫生局密切配合，加强对辖区内医疗废水、废物的监督管理，重点检查市级 3 家医院和石码镇卫生院的医疗废水和医疗废物处理、处置情况，加强对 3 家市级医院的防治“非典”专项监管力度，检查、监测频次提高到每半个月 1 次。从 2004 年 12 月开始，督促市级 3 家医院的医疗废物统一交由漳州市医疗废物处置中心处置，以切断病菌传播渠道，严防二次污染。对列入 2000 年考核的省、市、县（市）属企业重点工业污染源，以及新、扩、改排放污染物的企业，依法实行排污许可证制度。2003—2004 年，发放排污许可证 57 家。

2004 年，出动环境执法人员 123 人次，对全市 120 家重点排污企业进行现场突击检查，督促企业废水处理设施正常运转；并对治理设施运转不正常、污染物超标排放的企业依法立案查处，强制取缔 2 家土法炼油场和 1 家小电镀厂；对颜厝、榜山镇境内 71 家排放烟尘污染物企业限期进行污染防治设施整改。同时，组织企业负责人和锅炉操作人员进行环保、安全培训。是年，处理环境噪声污染投诉信访纠纷案件 154 件，人大、政协议案、提案 5 件。

2005—2006 年，市环保局开展乡镇集中式生活饮用水地表水源保护区的规划工作，加强九龙江北溪饮用水源保护和“北引左干渠”水环境保护；对辖区内 3 个工业园区在建设、管理过程中的环境保护行为进行全面清查。由市环保局牵头，联合其他部门，对位于颜厝镇宅前村、九湖镇林下村的 2 处非法小电镀加工场和榜山镇崇福村与双第华侨农场交界处的 3 个非法炼油加工点，程溪镇洋奎村 2 个非法炼油加工点和榜山镇长洲村非法废轮胎小炼油加工场依法强制取缔。出动环境执法人员 679 人次，检查企业 436 家、规模化生猪养殖户 99 家；立案查处违法案件 41 起，处罚金额 22.9 万元。同时，将江东桥附近企业新增加的烟囱，龙池开发区至江东公路两侧 200 米内，厦门至江东高速公路两侧 100 米内，以及石码、海澄至石码城区的公路两侧烟尘控制区纳入整治范围。两年共受理环保 110 投诉、上级转办件及群众来信来访件 227 件，办理人大、政协议案、提案 11 件，办结率 100%。

2006—2007 年，市环保局还联合市海洋监察机构开展海洋工程建设项目监督管理工作，检查各种用海项目 88 件，检查涉嫌违法用海案件 34 起，其中查处违法海洋倾废案件 6 起、违法填海案件 1 起、非法养殖用海案件 27 起，结案率 100%。对落实“三同时”制度不全面及未配备专职环保人员用海单位，由省环保局发出责令限期整改通知书 3 份。对全市 20 家造纸企业法人，要求与龙海市环保局签订废水治理稳定达标责任书，督促企业进行废水治理设施改造，配套建设生化处理设施。

第五章　水土保持

第一节　机构

1993 年 9 月，成立龙海市水土保持监督站，与市水土保持办公室合署办公，人员编制不变。是年，市水土保持办公室（含水土保持监督站）在编人员 3 人。下辖市水土保持站、人员 2 人，角美水土保持管理站、人员 2 人。2003 年 3 月，市水土保持办公室、市水土保持监督站，由市农办管理划归市水利局管理。

2007 年，市水土保持机构在编人员 7 人，其中市水土保持办公室（含水土保持监督站）3 人、市水土保持站 2 人、角美水土保持管理站 2 人。

第二节　水土流失类型与治理

一、水土流失类型

1993 年，龙海市对境内水土流失进行全面普查，全市水土流失总面积 18866 公顷，其中轻度流失 8692 公顷、中度流失 3948 公顷、强度流失 6226 公顷。2007 年，采用遥感普查，全市水土流失面积 11240 公顷，其中轻度流失 7687 公顷、中度流失 2890 公顷、强度流失 663 公顷。15 年间通过水土流失治理，水土流失面积减少 7626 公顷。水土流失从土地利用类型看，以山地水土流失为主；从土地侵蚀类型看，因水蚀作用而水土流失为主。

二、水土流失治理

1993—1996 年，龙海市根据水土流失现状和特点，按照先重后轻的原则，采用植物措施和工程措施相结合，发动群众投工投劳，开展水土流失综合治理工作。以程溪、九湖、榜山、浮宫、东泗5个乡镇11条小流域水土流失综合治理为主，共治理水土流失面积673.3公顷。1996年，龙海市“应用山边沟种植百喜草措施的示范与推广”和“菠萝斜的水土流失及其治理技术与效益研究”2个科研项目，被福建省水土保持委员会评为水土保持科技成果三等奖。

1997—2000年，引进外资发展水土保持事业，完成亚洲银行贷款项目2个，即程溪镇坡地综合治理项目和隆教乡、白水镇的海带养殖项目。程溪镇坡地综合治理项目完成水土流失治理207公顷，总投资321.4万元，其中利用亚洲银行贷款111.2万元、市财政配套30万元、项目单位自筹180.2万元。海带养殖项目由隆教乡、白水镇的7个海带养殖大户承担放养，共放养海带面积90公顷，总投资544.03万元，其中利用亚洲银行贷款159.26万元、市财政配套18万元、项目单位自筹366.77万元。

2001—2007年，以典型示范点为主，治理水土流失550公顷。其中，封山禁止乱砍滥伐，治理水土流失333公顷，造林30公顷，果园改造100公顷，种植麻竹34公顷，种草53公顷；完成土石方1.5万立方米，建蓄水池11个，总投资96万元。

1993—2007年，全市共完成治理小流域16条，治理水土流失1430.3公顷；完成土石方5.5万立方米，建蓄水池50个，总投资757.4万元。

第三节　水土保持监管

一、建设项目审批

1993—2000年，主要审批以开采矿产资源为主的生产建设项目；审批水土保持方案25个，年度审检135个。

2001—2004年，审批开采矿产资源和重点生产建设项目50个，年度审检158个。

2007年12月，开展建设项目水土保持监督执法专项行动。全市生产建设项目51个，其中国家及省级重点项目3个，扰动土地面积130公顷，产生的弃渣量43.67万立方米。对发现的问题，市水土保持监管部门向企业提出必要的整改措施，限期纠正。2005—2007年，加强对所有生产建设项目监管，共审批生产建设项目58个，审检215个。

二、补偿费征收

1993—1997年，全市依法征收水土保持补偿费15万元。1998—2003年，征收补偿费18万元。2004—2007年，征收补偿费51.49万元。1993—2007年，征收水土保持补偿费84.49万元。

三、建设项目治理与案件查处

（一）治理类型

1993—2000年，责成工矿类建设项目（采石场、机砖厂、取土场）20个，完成工程措施治理20处；交通、城建类治理项目4个，完成水工程及其治理项目4处。2001—2007年，责成工矿类建设项目45个，完成工程措施治理45处；交通、城建类治理项目8个，完成水工程治理项目8处。

（二）案件查处

1993—1997年，全市查处水土流失案件3起，处罚金额1.2万元；责成相关单位或个人治理水土流失项目15个，投入治理资金21万元。1998—2002年，查处水土流失案件5起，处罚金额2.5万元；责成业主治理水土流失项目24个，投入治理资金38万元。

2003—2007年，查处水土流失案件7起，处罚金额3.5万元；责成业主治理水土流失项目38个，投入治理资金76万元。

卷二 人口

REN KOU

1993—2007年，龙海市人口增长速度得到有效控制，人口自然增长率保持平稳。15年平均年增长率为7.47‰。随着经济和社会事业的发展，人口构成也有较大变化。非农业人口比例提高，占总人口数比例从1993年11.73%提高到2007年20.01%；人口文化程度提升，小学文化程度以上人口占总人口比例从1990年65.58%提高到2000年84.44%；从事第二产业和第三产业人数增加，2000年从事第二产业和第三产业人口比1990年增长24.2%；百姓寿命明显延长，2000年龙海人平均寿命73.69岁，比1990年68.90岁延长4.79岁。2007年，龙海市有213946户、796323人；全市人口平均密度705.96人/平方公里，其中市区人口密度20670.06人/平方公里，比1990年每平方公里增加2062人。

1990年第四次全国人口普查，境内有16个民族，其中汉族人口占总人口98.99%；畲族、回族、壮族等15个少数民族8151人。2000年第五次全国人口普查，境内增加维吾尔族、朝鲜族、黎族、土家族等12个少数民族，少数民族总数27个，11938人，占总人口数1.5%。2007年，境内有姓氏390个，其中单姓387个，复姓有欧阳、上官和王孙3个。

15年间，龙海人口计划生育工作落实“三为主”（以宣传教育为主、避孕为主、经常性工作为主），整体推进“三结合”（计划生育工作与发展农村商品经济相结合，与帮助农民勤劳致富奔小康相结合，与建设文明幸福家庭相结合），全面实施“三优”（优生、优育、优教）工程；围绕“六个好”目标（领导重视好、政策导向好、依法行政好、服务质量好、民主管理好、队伍作风好），全面推进综合改革。

在开展创建计划生育优质服务先进市活动中，龙海市多次获国家人口计生委、省政府表彰。1996年，龙海市跨入全省二类先进县（市）行列；2002年，被评为全省一类先进县（市）。1999—2004年，龙海市连续5年被国家人口计生委授予“全国计划生育优质服务先进市”称号；2005年，被福建省政府授予“计划生育优质服务先进市”称号。

第一章　人口总量与分布

第一节　人口总量

1993年，龙海市有206797户、844970人，比1991年201352户、830365人分别增加5445户、14605人。1995年比上年增加9858人。1996年9月，析步文、郭坑两镇26080户、109142人归新设立的漳州市龙文区。当年龙海市有187239户、762591人。1997年，全市188877户、765578人。1998—2000年人口增长数量年均在5000—6000人之间。2001年后人口增长幅度有所减缓。2002年4月，从港尾镇划出石坑、大径、店地、白沙4个村归招商局漳州开发区管辖，人口仍归龙海市统计。2003—2007年，人口平均年增加3469人，其中2007年比2006年人口增加7029人。2007年，全市总户数213946户，总人口796323人。

1993—2007年龙海市人口总量情况表

表2-1-1　　单位：户、人

年份	总户数	总人口	年份	总户数	总人口
1993	206797	844970	2001	198743	781230
1994	208805	852755	2002	201974	782485
1995	212588	862613	2003	204830	782648
1996	187239	762591	2004	207247	784228
1997	188877	765578	2005	209311	786731
1998	189521	769340	2006	211288	789294
1999	190815	773712	2007	213946	796323
2000	196041	779107			

第二节　人口分布

一、平均密度

龙海市人多地少，人口分布不平衡，较多集中在九龙江沿岸的平原及低丘地带。1993年，全市人口844970人，总面积1238平方公里，平均人口密度为682.53人/平方公里。其中石码镇62150人，人口密度为18607.78人/平方公里。2007年，全市有人口796323人，总面积为1128平方公里，平均人口密度为705.96人/平方公里，每平方公里比1993年增加23.43人，其中石码镇总人口69038人，人口密度为20670.06人/平方公里，比1993年增加2062.28人。每平方公里人口超过1000人的还有榜山、紫泥、海澄、东园4个镇。

若干年份龙海市乡镇场人口密度对比情况表

表 2-1-2　　单位：人、平方公里、人 / 平方公里

单位	1993			1997			2003			2007		
	人口	土地面积	人口密度	人口	土地面积	人口密度	人口	土地面积	人口密度	人口	土地面积	人口密度
合　计	844970	1238	682.53	765578	1128	678.70	782648	1128	693.84	796323	1128	705.96
角美镇	109422	144.80	755.68	113877	144.80	786.44	116264	144.80	802.93	119759	144.80	827.06
九湖镇	53629	86.50	619.99	55601	86.50	642.79	55778	86.50	644.83	56030	86.50	647.75
程溪镇	37318	158.16	235.95	37803	158.16	239.01	37650	158.16	238.05	37308	158.16	235.89
颜厝镇	47595	52.00	915.29	49189	52.00	945.94	50032	52.00	962.15	51288	52.00	986.31
榜山镇	60668	59.50	1019.63	74464	72.30	1029.93	76565	72.30	1058.99	76706	72.30	1060.94
紫泥镇	55200	43.30	1274.83	57940	43.30	1338.11	57845	43.30	1335.91	58131	43.30	1342.52
石码镇	62150	3.34	18607.78	65984	3.34	19755.69	68179	3.34	20412.87	69038	3.34	20670.06
海澄镇	71096	61.4	1157.92	74757	61.40	1217.54	75795	61.40	1234.45	76752	61.40	1250.03
东泗乡	22610	57.00	396.67	23457	57.00	411.53	23480	57.00	411.93	23302	57.00	408.81
东园镇	37773	35.40	1067.03	38972	35.40	1100.90	39127	35.40	1105.28	40285	35.40	1137.99
白水镇	44122	80.40	548.78	45492	80.40	565.82	45487	80.40	565.76	45695	80.40	568.35
浮宫镇	48491	71.00	682.97	51200	71.00	721.13	52495	71.00	739.37	54146	71.00	762.62
港尾镇	50228	96.60	519.96	52341	96.60	541.83	55125	96.60	570.65	58539	96.60	605.99
隆教乡	22521	75.90	296.72	23773	75.90	313.21	24028	75.90	316.57	24830	75.90	327.14
双第农场	4032	28.70	140.49	3947	28.70	137.53	3772	28.70	131.43	3593	28.70	125.19
程溪农场	1079	61.20	17.63	1095	61.20	17.89	1026	61.20	16.76	921	61.20	15.05
步文镇	97433	86.8	1122.5	—	—	—	—	—	—	—	—	—
郭坑镇	19603	36	544.53	—	—	—	—	—	—	—	—	—

注：表内港尾镇数据包括招商局漳州开发区，2003 年人口数 10150 人，土地面积 30 平方公里，人口密度 338.33 人 / 平方公里；2007 年人口数 11406 人，土地面积 30 平方公里，人口密度 380.2 人 / 平方公里

二、城乡人口密度

1993 年，全市农业人口 745851 人，占总人口数 88.27%；非农业人口 99119 人，占总人口数 11.73%。随着工业经济的发展，工业园区开发征用土地，农民转为居民，非农业人口逐渐增加。1996—2001 年，农业人口占总人口比重均在 86%—87% 之间；2002 年只占 78.95%；2003—2006 年，农业人口占总人口比重略有上升。2007 年，全市农业人口 637018 人，占总人口数 79.99%；非农业人口 159305 人，占总人口数 20.01%。

1993—2007 年龙海市农业人口和非农业人口构成情况表

表 2-1-3　　单位：人、%

年　份	总人口数	非农业人口		农业人口	
		人口数	占总人口数比例	人口数	占总人口数比例
1993	844970	99119	11.73	745851	88.27
1994	852755	100917	11.83	751838	88.17
1995	862613	102091	11.84	760522	88.16
1996	762591	97993	12.85	664598	87.15
1997	765578	99683	13.02	665895	86.98
1998	769340	101884	13.24	667456	86.76
1999	773712	105017	13.57	668695	86.43
2000	779107	107809	13.84	671298	86.16
2001	781230	104909	13.43	676321	86.57
2002	782485	164716	21.05	617769	78.95
2003	782648	144935	18.52	637713	81.48
2004	784228	144850	18.47	639378	81.53
2005	786731	139121	17.68	647610	82.32
2006	789294	138178	17.51	651116	82.49
2007	796323	159305	20.01	637018	79.99

第三节　人口变动

一、自然变动

1993 年，全市总人口 844970 人；出生 12177 人，出生率 14.41‰；死亡 4431 人，死亡率 5.24‰；人口自然增长率 9.17‰。1994 年，出生率下降 3.09 个千分点，1995 年再次上升，1997—2002 年，出生率在 9‰—15‰之间波动。2003 年，全市人口出生率 7.96‰，死亡率 3.65‰，为 15 年间最低。2004 年，人口出生率和死亡率均有回升。2005 年，人口出生率 20.31‰。

2007 年，全市总人口 796323 人，出生 9243 人，出生率 11.61‰；死亡 4079 人，死亡率 5.12‰；自然增长率 6.49‰；出生率、死亡率、自然增长率分别比 1993 年降低 2.88‰、0.15‰、2.73‰。

1993—2007 年，全市共出生 151569 人、死亡 62176 人，平均年出生 10218 人、死亡 4190 人，年均出生率 12.69‰、年均死亡率 5.22‰；15 年平均年自然增长率 7.47‰。

1993—2007 年龙海市人口自然变动情况表

表 2-1-4　　单位：人、‰

年份	出生人数	出生率	死亡人数	死亡率	自然增长人数	自然增长率
1993	12177	14.41	4431	5.24	7746	9.17

续表 2-1-4

年份	出生人数	出生率	死亡人数	死亡率	自然增长人数	自然增长率
1994	9657	11.32	4457	5.23	5200	6.09
1995	14782	17.14	4783	5.54	9999	11.60
1996	14370	18.84	4421	5.79	9949	13.05
1997	9035	11.80	4182	5.46	4853	6.34
1998	9061	11.78	4525	5.88	4536	5.90
1999	8845	11.43	4421	5.71	4424	5.72
2000	11450	14.70	4554	5.85	6896	8.85
2001	8603	11.01	4076	5.22	4527	5.79
2002	7134	9.12	3878	4.96	3256	4.16
2003	6226	7.96	2854	3.65	3372	4.31
2004	7395	9.43	4068	5.19	3327	4.24
2005	15979	20.31	4371	5.56	11608	14.75
2006	7612	9.64	3076	3.90	4536	5.74
2007	9243	11.61	4079	5.12	5164	6.49

二、人口迁徙

1993—2007年，龙海籍人到外地经商、务工、升学、参军、工作调动及婚姻关系迁居外地的人越来越多；外地人到龙海经商、务工、工作而迁居龙海的也较为频繁。1993年，龙海市人口迁入、迁出分别为7247人、6132人，净增1115人。1994—2006年，每年迁出人口均多于迁入人口。其中1996年析步文、郭坑两镇人口109142人归龙文区。当年，全市净减110868人。2007年，迁入人口首次多于迁出人口，净增1048人。

1993—2007年，全市迁入132432人，迁出262093人，人口净减129661人。

1993—2007年龙海市人口迁徙变动情况表

表 2-1-5　　单位：人

年 份	迁 入	迁 出	净增减	年 份	迁 入	迁 出	净增减
1993	7247	6132	1115	2001	2487	4793	-2306
1994	2872	3334	-462	2002	2872	4680	-1808
1995	4753	5193	-440	2003	5251	8315	-3064
1996	5895	116763	-110868	2004	6081	7901	-1820
1997	14457	16222	-1765	2005	11495	15802	-4307
1998	4798	5800	-1002	2006	47440	48477	-1037
1999	5170	6969	-1799	2007	8601	7553	1048
2000	3013	4159	-1146				

第二章　人口构成

第一节　民族与姓氏构成

一、民族构成

1990年第四次全国人口普查，龙海县总人口812033人，其中汉族803859人，占总人口数98.99%；畲族、回族、壮族、瑶族、侗族、苗族、高山族、蒙古族、土家族、满族、布依族、彝族、白族、藏族、仫佬族、京族15个少数民族8151人。1993年后，有其他少数民族和外国人迁入龙海。畲族主要集中在隆教乡的新厝村、白塘村、红星村和海澄镇屿上村一带，其他少数民族和外国人大多是因婚姻和工作等原因迁入龙海，分散于全市各乡镇场。2000年，第五次全国人口普查，增加维吾尔族、朝鲜族、黎族、土族、毛南族、仡佬族、锡伯族、怒族、裕固族、独龙族等12个民族，龙海有27个少数民族，少数民族11938人（其中畲族9583人，其他26个少数民族2312人，还有尚未识别的民族43人）。

图2-1　龙海畲族（隆教乡政府提供）

二、姓氏构成

1993年后，龙海市人口变动较大，姓氏也有变化。2006年，龙海市组织人员开展多次姓氏田野调查，建立比较完整的姓氏资料库。对照资料库及漳州市公安部门的户籍资料显示：全市有姓氏388个。其中单字姓385个，复姓欧阳、上官、王孙3个。人数最多为陈姓106042人；人口在10万—5万人有林姓78280人、黄姓61402人、郑姓52531人；人口在4万—2万人有郭姓37692人、蔡姓32131人、王姓29607人、许姓27485人、苏姓21731人、杨姓20970人；人口在1.99万—1万人有李姓、洪姓、曾姓、吴姓、江姓、高姓、张姓、周姓、刘姓、甘姓、方姓、康姓，占全市总人口20.18%；人口在0.99万—0.5万人有朱姓、谢姓、蓝姓、叶姓、欧阳（欧）姓、徐姓、庄姓、何姓、颜姓、姚姓，占全市总人口2.15%；

人口在0.49万—0.1万人有纪、邱、潘、卢、连、沈等27个姓，占总人口数14.76%；人口在0.099万—0.001万人有温、詹、唐、廖、尤、游等106个姓，占全市总人口1.96%；10人以下有薛、栾、蒲、史、贴、贝、成等223个姓，占全市总人口0.07%。2007年，增加冀、狄两姓，全市有390个姓氏。

2007年，龙海市姓氏名录（按人数多少排序）：陈、林、黄、郑、郭、蔡、王、许、苏、杨、李、洪、曾、吴、江、高、张、周、刘、甘、方、康、朱、谢、蓝(兰篮)、叶、欧阳(欧)、徐、庄、何、颜、姚、纪、邱(丘)、潘、卢、连、沈、余、钟、施、孙、柯、蒋、阮、钱、石、萧(肖)、胡、严、丁、魏、马、宋、梁、赵、董、翁、曹、温、詹(占)、唐、廖、尤、游、罗、赖、卓、戴(代)、冯、傅(付)、袁、吕、邹、白、汤、侯(候)、邹、程、毛、汪、芦、任、陆、韩、邓、熊、彭、范、莫、桂、简、童、殷、辛、岩、涂、杜、巫、薛、龚、雷、章、姜、倪、万、骆、俞、官、易、于、饶、黎、秦、韦、管、谭、金、田、夏、阙、贺、邝、柳、关、龙、伍、葛、鲍、佘、齐、段、包、应、沙、梅、盛、覃、岳、崔、凌、樊、向、孟、鲁、池、邢、艾、陶、安、乔、裴、锜、阎(闫)、花、贾、赛、晏、符、华、季、牛、强、湘、祝、薛、栾、蒲、史、帖、项、贝、成、孔、麦、农、修、尹、支、储、古、顾、谷、历、商、潭、文、夏（厦）、原、宰、常、费、耿、练、米、泮、庞、宣、鄢、瞿、卞、布、郝、厥、寇、栗、炉、穆、曲、冉、扬、喻、载、臧、粘、毕、查、昌、车、荷、乐、牟、聂、祁、屈、滕、危、武、左、谌、党、富、宫、昊、蹇、焦、娄、茅、闵、明、宁、庆、全、荣、尧、上官、伊、英、雍、玉、元、宗、博、藏、柴、迟、褚、丛、催、单、解、潘、房、干、辜、霍、景、莲、良、疗、路、满、蒙、年、念、浦、戚、区、桑、申、时、寿、舒、帅、佟、邬、毋、奚、冼、新、阳、虞、苑、植、诸、洒、阿、爱、薄、卜、才、岑、超、沉、晨、疗、初、楚、阀、凡、扶、赴、拱、贡、哈、海、猴、湖、户、扈、槐、鸡、吉、籍、计、角、揭、晋、井、具、瞿、卡、侃、枯、辣、来、郎、劳、冷、立、粱、楼、颅、洛、络、茆、苗、缪、那、嫩、尼、吽、皮、平、淇、勤、裘、尚、释、淑、水、司、素、腾、筒、土、王孙、闻、席、喜、咸、宵、轩、血、彦、蚁、弈、银、用、优、幼、芋、誉、征、仲、租、冀、狄。

第二节　性别与年龄构成

一、性别构成

1993年，龙海市总人口844970人，其中男性430300人、女性414670人，性别比例103.77∶100。

图2-2　快乐童年（曾少辉摄）

1994年后，男女性别比例逐年降低。2001年，性别比例101.64：100，趋于平衡。2002—2006年，男女性别比例有所提高，但波动不大。2007年，全市总人口796323，男性402233人，女性394090人，男性比女性多8143人，性别比102.07：100。

1993—2007年龙海市人口性别比例情况表

表2-2-1　　单位：人

年份	男	女	男女比例（女为100）	年份	男	女	男女比例（女为100）
1993	430300	414670	103.77：100	2001	393796	387434	101.64：100
1994	434169	418586	103.72：100	2002	395199	387286	102.04：100
1995	438739	423874	103.51：100	2003	395370	387278	102.09：100
1996	387281	375310	103.19：100	2004	396321	387907	102.17：100
1997	388638	376940	103.10：100	2005	397645	389086	102.20：100
1998	390350	378990	103.00：100	2006	399021	390273	102.24：100
1999	391735	381977	102.55：100	2007	402233	394090	102.07：100
2000	394187	384920	102.41：100				

二、年龄构成

（一）年龄比例

1990年第四次全国人口普查，龙海县0—14岁人口有235648人，占总人口29.02%；15—64岁人口有534374人，占总人口65.81%；65岁以上人口有42011人，占总人口5.17%。2000年第五次全国人口普查，龙海市0—14岁人口189542人，占总人口23.22%；15—64岁人口570375人，占总人口69.87%；65岁以上人口有56401人，占总人口6.91%。2001年后，65岁及以上人口逐年增加。至2007年，全市人口年龄结构呈现成年型逐渐向老年型转变。

（二）抚养系数

1990年，龙海县劳动年龄人口（男15—55岁，女15—50岁）465303人，占总人口的57.30%。2000年，龙海市劳动年龄人口502712人，占总人口数61.58%，比1990年提高4.28个百分点。社会抚养总系数1990年59.67%，2000年48.92%。少年抚养系数1990年50.64%，2000年37.7%。老年人口抚养系数1990年9.03%，2000年11.22%。

1990年、2000年龙海市人口年龄构成对比表

表2-2-2　　单位：岁、人、%

年龄段	1990年				2000年			
	合计	其中		各年龄段人口占总人口比例	合计	其中		各年龄段人口占总人口比例
		男	女			男	女	
合计	812033	413295	398738	100.00	816318	415936	400382	100
0—4	90861	48506	42355	11.19	41457	21868	19589	5.08
5—9	77918	40760	37158	9.60	62464	33211	29253	7.65

续表 2-2-2

年龄段	1990年				2000年			
	合计	其中		各年龄段人口占总人口比例	合计	其中		各年龄段人口占总人口比例
		男	女			男	女	
10—14	66869	34733	32136	8.23	85621	44223	41398	10.49
15—19	78689	40299	38390	9.69	72160	37257	34903	8.84
20—24	91921	46327	45594	11.32	61040	30424	30616	7.48
25—29	76469	38212	38257	9.42	77763	38887	38876	9.53
30—34	68869	35592	33277	8.48	88046	45061	42985	10.79
35—39	61108	31236	29872	7.53	71932	36712	35220	8.81
40—44	40933	20992	19941	5.04	59601	31166	28435	7.30
45—49	30996	16247	14749	3.82	53837	27945	25892	6.60
50—54	30509	16318	14191	3.76	35747	18333	17414	4.38
55—59	29484	14910	14574	3.63	26278	13617	12661	3.22
60—64	25396	12692	12704	3.13	23971	12599	11372	2.94
65—69	17331	7810	9521	2.13	21681	10406	11275	2.66
70—74	12032	4656	7376	1.48	17034	7936	9098	2.09
75—79	7879	2712	5167	0.97	10036	3995	6041	1.23
80—84	3328	977	2351	0.41	5024	1626	3398	0.62
85—89	1172	268	904	0.14	2048	548	1500	0.25
90—94	235	39	196	0.03	502	113	389	0.06
95以上	34	9	25	0.00	76	9	67	0.01

注：总人口数包括外来人口，不含外出人口

三、预期寿命

1990年第四次全国人口普查，龙海人口平均预期寿命68.9岁，其中男性68.3岁、女性71.3岁。2000年第五次全国人口普查，龙海人口平均预期寿命73.7岁，其中男性71.3岁、女性76.1岁。随着物质文化生活水平的提高、医疗技术的发展和生活环境的改善，百姓寿龄延长。2007年，65岁以上的老年人口42011人，占总人口5.17%。人口平均预期寿命比2000年有所提高。

四、百岁寿星

1993年，全市百岁以上老人2人，2007年19人。1993—2007年，全市有51位百岁老人，其中年龄最高107岁。

1993—2007 年龙海市百岁以上老人情况表

表 2-2-3

姓名	性别	民族	年龄	生卒年月	家庭地址
李小腰	女	汉	105	1889.4—1994	双第农场
郑水淀	女	汉	107	1889.10—1996	石码镇解西路
黄良生	男	汉	102	1894.11—1996	步文镇蔡坂村
孙　叶	女	汉	105	1895.3—2000	角美镇福井村
周天兴	男	汉	100	1895.6—1995	紫泥镇城内村
杨温柔	女	汉	101	1895.6—1996	石码镇工程师楼
江韭菜	女	汉	105	1895.8—2000	港尾镇店地村
陈日本	男	汉	100	1896.3—1996	港尾镇斗美村
郑碧莲	女	汉	105	1896.11—2001	九湖镇邹塘村
黄　香	女	汉	104	1897.10—2001	榜山镇榜山村
周　镯	女	汉	102	1897.12—1999	榜山镇上苑村
林土碳	女	汉	100	1899.3—1999	隆教乡镇海村
黄锦珠	女	汉	100	1899.5—1999	海澄镇溪头居委会
徐　砖	女	汉	100	1899.10—1999	角美镇角美村
郑　蜂	女	汉	102	1900.1—2002	榜山镇坂头村
徐　藏	女	汉	103	1900.8—2003	程溪镇东楼村
康　宝	女	汉	105	1900.10—2005	石码镇解西路
郭应菜	女	汉	104	1901.2—2005	九湖镇洋坪村
谢　市	女	汉	102	1901.5—2003	角美镇玉江村
蔡笑仔	女	汉	103	1902.10—2005	隆教乡关头村
郑柑仔	女	汉	100	1902.11—2002	海澄镇溪北村
郑墙蔑	女	汉	100	1903.1—2003	颜厝镇园中村
高　庆	女	汉	100	1903.5—2003	石码镇工农路 16 幢
郑　合	女	汉	100	1903.12—2003	东园镇新林村
王春花	女	汉	100	1904.3—2004	隆教乡红星村
陈仙炉	女	汉	101	1904.5—2005	浮宫镇丹宅村
陈语仔	女	汉	103	1904.5—2007	程溪镇人家村
沈　粉	女	汉	100	1904.5—2004	颜厝镇宅前村
蓝丁成	男	汉	103	1904.6—2007	隆教乡红星村
蔡珠边	女	汉	101	1904.7—2005	颜厝镇田址村
郭度鲍	女	汉	103	1904.10—2007	东园镇埭尾村

续表 2-2-3

姓名	性别	民族	年龄	生卒年月	家庭地址
林　合	女	汉	101	1904.11—2005	紫泥镇金定村
高　匏	女	汉	102	1905.6—	紫泥镇城内村
黄　肯	女	汉	102	1905.7—2007	九湖镇埔美山村
李玉园	女	汉	102	1905.7—	双第农场
陈　丕	男	汉	100	1905.8—2005	九湖镇田中央村
郑　顺	女	汉	101	1905.10—2006	东泗乡太江村
梁昆礼	男	汉	101	1906.1—	双第农场
郑　美	女	汉	101	1906.3—2007	颜厝镇颜厝村
郑　网	女	汉	101	1906.5—2007	九湖镇邹塘村
王江海	男	汉	100	1906.9—2006	角美镇白礁村
黄　约	女	汉	101	1906.10—	九湖镇田墘村
许　宝	女	汉	101	1906.10—	东园镇过田村
陈银行	女	汉	101	1906.11—	港尾镇沙坛村
郭翠贞	女	汉	101	1906.11—2007	双第农场
康应菜	女	汉	100	1907.1—2007	石码镇龙水苑
江絮柳	男	汉	100	1907.3—2007	港尾镇太武路
张红旗	男	汉	100	1907.8—	九湖镇蔡坂村
朱　针	女	汉	100	1907.8—2007	九湖镇埔美山村
黄　座	女	汉	100	1907.10—2007	港尾镇上午村
郭　珠	女	汉	100	1907.11—2007	浮宫镇海平村

注：按出生年月先后顺序排列；卒年不注月份，以去世年份表示

第三节　家庭与婚姻构成

一、家庭构成

1990 年第四次全国人口普查，龙海有家庭户 188729 户、集体户 762 户，其中二人户 14716 户、三人户 29227 户、四人户 64508 户、五人户 41488 户、六人户 16750 户，平均每户 4.29 人。20 世纪 90 年代后，龙海家庭结构主要以一代户、二代户、三代户为主，其中一代户居多。1993 年全市平均每户 4.09 人。进入 21 世纪后，随着社会经济的发展，人们的思想观念的变化，家庭结构发生调整，家庭规模逐渐缩小，一代户数量逐渐增加。2000 年第五次全国人口普查，全市有家庭户 214411 户、集体户 8004 户，其中二人户 27516 户、三人户 52071 户、四人户 68136 户、五人户 33200 人、六人户 12235 户，平均每户 3.67 人。2007 年，全市平均每户 3.72 人。

1990 年、2000 年龙海家庭户规模情况表

表 2-2-4　　单位：户、%

户　别	1990 年		2000 年	
	户数	占比	户数	占比
总户数	188729	100	214411	100
一人户	8229	4.36	15393	7.18
二人户	14716	7.80	27516	12.83
三人户	29227	15.49	52071	24.29
四人户	64508	34.18	68136	31.78
五人户	41488	21.98	33200	15.48
六人户	16750	8.88	12235	5.71
七人户	7294	3.86	3759	1.75
八人户	3380	1.79	1272	0.59
九人户	1608	0.85	474	0.22
十人以上户	1529	0.81	355	0.17

1990 年、2000 年龙海家庭户类别情况表

表 2-2-5　　单位：户、%

户　别	1990 年		2000 年	
	户数	占比	户数	占比
总户数	188729	100	214411	100
一代户	14565	7.72	37212	17.36
二代户	125087	66.28	131926	61.53
三代户	38874	20.60	43727	20.39
四代户	1671	0.88	1546	0.72
五代户	3	0		
其他类型户	8529	4.52		

二、婚姻构成

1990 年第四次全国人口普查，龙海县 15 岁及 15 岁以上人口 576385 人，男性 289296 人，女性 287089 人。其中，未婚 146219 人，占 25.37%，男性比女性多 25949 人；有配偶 389315 人，占 67.54%，男性比女性少 7909 人；丧偶 39252 人，占 6.81%，男性比女性少 22560 人；离婚 1599 人，占 0.28%，男性比女性多 909 人。2000 年第五次全国人口普查，抽取全市 15 岁及 15 岁以上人口 59613 人进行调查分析，男性 29865 人，女性 29748 人。其中，未婚 12805 人，占 21.48%，男性比女性多 2007 人；已婚 42786 人，占 71.77%，男性比女性多 4 人；离婚 230 人，占 0.39%，男性比女性多 98 人；丧偶 3792 人，占 6.36%，男性比女性少 1992 人。1993—2007 年龙海市人口的未婚率减少 3.89 个百分点，已婚率增加 4.23 个百分点，离婚率提高 1.11 个百分点。

第四节　文化与职业构成

一、文化构成

1990年第四次全国人口普查，龙海县6周岁以上人口703613人，小学文化程度以上人口532449人，占总人口数65.58%，占6周岁以上人口75.68%，其中大专以上学历3536人（本科940人）、中专6604人、高中36294人、初中126075人、小学359940人，分别占6周岁以上人口0.50%、0.94%、5.16%、17.92%、51.16%；文盲、半文盲人口171164人，占总人口数21.08%，占6周岁以上人口24.33%。1993年后，龙海各级政府和相关企事业单位在职工中进行文化补课和专业技术培训，在农村举办扫盲班开展扫盲运动和实行农业科普教育，文化知识和劳动技能得到提高。同时，九年义务教育得到普及和巩固，成人教育得到重视，受高中以上教育人数逐年增加。2000年第五次全国人口普查，全市6周岁以上人口763955人，小学文化程度以上的人口689292人，占总人口数84.44%，占6周岁以上人口90.23%，分别比1990年增加18.86个百分点和14.55个百分点，其中大专以上学历10247人（大学本科2047人、研究生44人）、中专17914人、高中47246人、初中252332人、小学361553人，分别占6周岁以上人口1.35%、2.34%、6.18%、33.03%、47.33%；文盲、半文盲人口74663人，占总人口数9.15%，占6周岁以上人口9.77%，分别比1990年降低11.93个百分点和14.56个百分点。

1990年、2000年龙海人口文化程度构成情况表

表2-2-6　　单位：人、%

文化程度	1990年				2000年			
	合计	其中		各文化程度人口占6周岁以上人口比例	合计	其中		各文化程度人口占6周岁以上人口比例
		男	女			男	女	
6周岁以上人口	703613	355386	348227	100	763955	388173	375782	100
研究生	0	0	0	0	44	37	7	0.01
大学本科	940	797	143	0.13	2047	1607	440	0.27
大学专科	2596	1971	625	0.37	8156	5497	2659	1.07
中　专	6604	4532	2072	0.94	17914	9282	8632	2.34
高　中	36294	24956	11338	5.16	47246	31587	15659	6.18
初　中	126075	89291	36784	17.92	252332	152636	99696	33.03
小　学	359940	191697	168243	51.16	361553	169943	191610	47.33
文盲、半文盲	171164	42142	129022	24.33	74663	17584	57079	9.77

二、职业构成

1990年第四次全国人口普查，龙海县15岁以上在业人口424474人，占总人口数52.27%。其中，从事农、林、牧、渔、水利业人口333437人，占在业人口数78.55%；从事工业人口37339人，占8.80%；从事商业、公共饮食业、物资供销和仓储业人口19501人，占4.59%；从事交通运输、邮电通信业人口9139人，占2.15%；从事教育、文化艺术和广播电视事业人口7071人，占1.67%；建筑业5898人，占1.39%；国家机关、政党机关和社会团体4764人；房地产、公用事业、居民服务和咨询服务业3571人；卫生、体育和社会福利事业2252人；金融保险业1097人；地质普查和勘探业258人；科学研究和综合技术服务事业128人；其他行业19人。不在业人口151911人。

2000年第五次全国人口普查，抽取15岁及15岁以上人口59613人进行调查分析，调查结果显示，龙海市在业人口42214人。其中，从事农、林、牧、渔业人口22944人，占在业人口54.35%；从事工业7462人，占17.68%；批发和零售贸易、餐饮业4580人，占10.85%；建筑业2096人，占4.97%；交通运输、仓储及邮电通信业1480人，占3.51%；教育、文化艺术及广播电影电视业1016人，占2.41%；社会服务业935人，占2.21%；国家机关、党政机关和社会团体647人；卫生、体育和社会福利业345人；采掘业233人；电力、燃气及水的生产和供应业177人；金融、保险业157人；地质勘查业、水利管理业52人；房地产业40人；科学研究和综合技术服务业15人；其他行业35人。不在业人口17399人。

2002年后，随着工业化和城市化的进程，农业人口逐步向第二、三产业转移，从事农业人口逐年减少。2007年，全市有单位的从业人员77143人，其中从事第二产业57290人、从事第三产业18527人；乡村实有从业人员359790人，其中从事农林牧渔业148045人、从事第二和第三产业211745人。

第三章　计划生育

第一节　机构与队伍

1993年7月30日，成立龙海市流动人口管理站，为龙海市计划生育委员会下属的全民股级事业单位，人员编制2名。当年，市计划生育委员会及乡镇计划生育办公室，有专职干部编制79名；全市配备计生管理员310人，其中人口超过3000人的行政村配备2人。

1997年6月，市计划生育委员会设立秘书科、政策法规科、统计财务科和宣传教育科，行政编制11名。2000年1月，成立市计划生育节育并发症鉴定小组；8月2日，增加乡镇计划生育专职干部地方事业编制28名，经费由财政核拨；9月，经公开考试，择优录用大中专毕业生37人。其中，乡镇计划生育专职干部28人，计生服务所9人。

2002年7月，龙海市计划生育委员会更名为龙海市计划生育局。2003年3月，市计生局设人事秘书科、计划财务科、政策法规科和宣传科技科，行政编制8名；4月，市计生领导小组下发《关于实行村级计生管理员人事制度改革的意见》，对村级计生管理员实行“县管、乡聘、村用”的管理机制。2006年12月，市流动人口管理站增加事业编制2名。2007年，市计生局实有员工15人，市计生服务站20人。

第二节　宣传教育

1993年10—11月，龙海市组织育龄群众开展人口与计划生育基础知识竞赛活动，全市10044人参赛。1997年“六一”节前夕，全市举办独生子女儿童书法绘画评比活动，共征集中小学生作品300多幅，评出一、二、三等奖和鼓励奖共30名。

1997年，龙海市利用镇村建立的人口学校对新婚青年进行计划生育教育，增强青年晚婚晚育观念。当年，各乡镇共举办新婚教育214期，700人参加培训。

1998 年 4 月，漳州市计划生育宣传工作会议在龙海市召开，并实地参观考察海澄镇镇区及上寮村计划生育宣传工作。是年，龙海市被省计生委评为“1997 年度计划生育宣传工作十佳单位”。

2001 年 10 月，市计生委举办全市计生系统干部职工《计划生育技术服务管理条例》培训班，市、镇 200 多名计生干部职工参加，加强计生干部的思想和技能教育。当年，龙海市被中宣部、国家计生委评为“全国婚育新风进万家活动先进市”。

2002 年 3 月 21 日，市委宣传部、文明办、计生委等 11 个部门联合发文《龙海市关于“十五”期间广泛深入开展婚育新风进万家活动的实施意见》，进行计划生育宣传教育；8 月，市计生局举办宣传《人口与计划生育法》书法比赛，征集书法作品 20 多幅，评出一等奖 1 幅、二等奖 2 幅、三等奖 2 幅。同时，举办“对 21 世纪的生育选择与责任”演讲比赛，全市 24 名选手参加，评出一等奖 1 名、二等奖 2 名、三等奖 3 名。

2001—2002 年，全市投入 30 多万元，统一制作 2700 个搪瓷计生固定宣传标语，悬挂在辖区主干道两侧。2003 年 10 月，龙海市在全国婚育新风进万家活动经验交流会上作题为《努力推进村级新型婚育文化建设》的介绍。2005 年 1 月，在市区、镇区集中开展“中国 13 亿人口日宣传活动”，全市共设置宣传栏和宣传标语 100 多个，提供咨询、义诊服务 2000 多人次，分发宣传单和宣传挂历 10000 多份；9 月，市计生局举行“关爱女孩行动暨‘阳光女孩’演讲比赛”；11 月，龙海市被中宣部、中央文明办、人口计生委等 10 个部门联合评为“2001—2005 年全国婚育新风进万家活动先进市”。

2006 年 4 月，市委宣传部、文明办、计生局等 12 个部门联合发布《龙海市 2006—2010 年继续深入开展婚育新风进万家活动的实施意见》，推动新型生育文化建设深入开展。2007 年 3 月，全市开展学习《中共中央国务院关于全面加强人口和计划生育工作统筹解决人口问题的决定》宣传活动。

1993—2007 年，全市发放计划生育宣传材料 312.9 万份。其中，市计划生育服务站发放 143 万份，乡镇场计划生育服务所发放 169.9 万份；在境内主要交通地段设置 100 幅计划生育彩喷宣传画和 5000 个计划生育搪瓷固定宣传标语。

第三节　计划生育服务

一、政策与措施

1993—1998 年，龙海市委、市政府先后制定《关于进一步加强计划生育利益导向和制约机制的若干意见》《关于全市开展计划生育“三结合”工作的决定》，把利益导向机制和少生快富奔小康有机结合起来，推进“三结合”（计划生育工作同发展农村经济相结合、同农民勤劳致富奔小康相结合、同建设文明幸福的家庭相结合）工作。对农村二女户和独生子女办证户予以“三免四减五优先”，即免除集体义务工、免收“三金”、免除先行工程集资，减免水利建设与教育集资和入学、入托学杂费，劳力就业、集体林果分配、资金贷款、物质供应、项目发包予以优先。

图 2-3　计生宣传教育（市计生局提供）

2000 年 12 月，市委、市政府下发《关于进一步加强计划生育“三结合”工作的意见》，加大对计生困难户的帮扶力度，推动全市“三结合”工作向广度、深度拓展。

2004 年 5 月，市政府下发《关于做好村（居）计生协会会长、计生女组长和计生管理员补贴发放的通知》，把村（居）计生协会会长、计生女组长和计生管理员的补贴纳入市财政转移支付。

2005 年 4 月，市政府下发《关于实施农村部分计划生育家庭奖励扶助制度的通知》，推行农村部分计划生育家庭奖励扶助制度，对农村只有一个子女或两个女孩的计划生育家庭夫妇年满 60 周岁以后，由财政安排专项资金，每人每月发给50元奖励扶助金；当年，全市首批确定奖励扶助对象679人。

2006年，建立计生困难户助学补助和流动人口便民维权制度；市计生局、财政局联合下发《关于落实农村独女户贡献奖制度的实施意见》，推行农村“独女户”贡献奖制度，对农村只生育一个女儿并贡献二孩生育指标的家庭，由财政安排专项资金，发给夫妻双方贡献奖每月每人30元，直至转入奖励扶助对象；市计生局、财政局、计生协会和中国人民银行龙海市支行、龙海市农村信用联社5个单位联合发出《关于扶持农村计划生育“二女”户及独生子女户发展生产贷款实行财政贴息的实施意见》，从2006年开始，对符合条件的农村已落实节育措施的“二女”户和独生子女户，由农村信用社提供数额3000元，期限1—2年的小额贴息贷款。

2007年10月，市政府下发《关于健全计划生育利益导向机制构建政策推动体系的通知》，在兑现法定奖励政策的基础上，建立和完善15项奖励帮扶制度。其中，计划生育家庭奖励扶助金发放标准由每人每月50元提高到100元；农村独女户家庭贡献奖励标准由夫妻双方每人每月30元提高到50元；建立农村双女户及独女户的女孩参加中考加分奖励制度，对农村双女结扎户和放弃二孩生育指标独女户的女孩参加中考，给予奖励5分。全市首批确定贡献奖520人；全市751名农村二女结扎户及独女户的女孩享受中考加分奖励。双第华侨农场制定计划生育优惠措施，对420户计划生育家庭每户给予新建住房补助2.1万元，改善计生户的居住环境。全市确定计划生育奖励扶持809人。

是年，全市建立新农村合作医疗“计生户”优惠补助制度，对农村独女领证户、二女结扎户，参加新农村合作医疗保险，所需的个人缴费（每人每年15元）由市财政给予补助。全市确定计划生育奖励扶持976人。

二、服务环境

1993年，龙海投入资金扩建、修建乡镇计生服务所、村计生服务室，改善工作环境。

至1998年，全市投入资金1052万元，新建、改建14个乡镇计生服务所，总建筑面积1.13万平方米。全市有251个村建立村计生服务室，占行政村总数的98%，村计生服务室达到“四个一”要求，即有一张妇检床、一盏立式灯、一个药具橱、一幅计生挂图。

1999—2000年，市、乡（镇）、村（居）三级共投入120多万元，为计生部门配齐46台奔腾三代的计算机及通信设备。

2003年，市计生大楼投入使用，总投资860万元，建筑总面积5860平方米。建成的市计划生育服务站达到省一级计划生育站标准。

2007年，全市有6个乡镇服务所达到省级优秀所标准，8个乡镇服务所基本达到合格所标准。

三、“三优”服务

1993—1995年，龙海以乡镇级人口学校和计生服务所（室）为阵地，开展“三优”服务（优生、优育、优教）。其间，对育龄群众开展5期（青春期、新婚期、孕产期、育儿期、更年期）教育。同时，进行计划生育政策、避孕节育技术和生殖保健等计划生育健康知识教育，为育龄妇女提供优生优育咨询。1996年，角美镇计生服务大楼设有优生优育咨询室、优生检测室。

1998年9月8日，龙海市政府下发《关于开展计生“三优”工作的通知》，推进优生、优育、优教工作。当年，在全市开展优生检测工作，落实育龄妇女孕前优生筛选1985例。

图2-4　功能齐全的基层服务所（市计生局提供）

1999 年 1 月，龙海市委、市政府，调整市“三优”工作领导小组；各乡镇相应成立“三优”工作领导小组，制订实施方案，建设“三优”示范点。

2000 年 7 月，龙海市政府下发《关于加强人口与计划生育工作，开展“五位一体”“三优工程”系统管理的通知》；市计划生育服务站把优生、优育、优教工作列为市站及乡镇计划生育服务所的主要服务工作内容。11 月，市计生服务站实施规范生殖保健优生检测工作；石码、角美、程溪、浮宫、白水、港尾、九湖 7 个“三优”服务点负责组织优生检测工作。是年，角美镇婚前教育率 100%、优生检测率 100%、人口学校普及率 100%、不育症治愈率 28.1%。

2005 年 1 月 25 日，龙海市计划生育领导小组下发《关于强化“三优”工作保障措施的意见》，在全市开展优生、优育、优教活动，增强育龄妇女的健康意识，提高出生人口素质。

2007 年 7 月，建立免费婚前医学检查和免费优生检测制度，提高优生优育水平。是年，由市计生局、卫生局、民政局合署办公，为群众提供婚检、结婚登记和优生检测一站式免费服务。全年落实育龄妇女孕前优生筛选 5590 例，优生咨询门诊 501 例，妇女病普查 4329 例。

1993—2007 年龙海市计划生育服务站计生服务情况表

表 2-3-1　　　　单位：例、人、份

年份	优生咨询门诊	不孕症普查	孕前优生筛查	妇女病普查	病残儿鉴定	查环人次	查孕人次	药具发放人数	培训人数	宣传资料发放份数
1993	165	176		3676	21	4786	798	2678	68	7000
1994	178	186		3212	25	6125	780	2312	70	7000
1995	186	121		3265	31	7132	678	2613	70	8000
1996	192	113		3872	32	7428	781	2874	70	8000
1997	267	192		3972	26	7536	926	2058	75	8000
1998	298	201	1985	3682	28	7637	1258	2158	78	10000
1999	286	203	2235	3652	29	7258	1372	2348	78	10000
2000	293	264		3822	30	7648	1567	2846	80	10000
2001	301	272		3633	33	7846	1678	2058	80	10000
2002	347	234	4865	4215	37	7439	1732	1946	80	12000
2003	402	258	4346	4312	35	7128	1862	1768	80	12000
2004	476	267	4204	4625	36	7236	1936	2298	80	12000
2005	486	212		4125	31	7348	1920	2522	80	12000
2006	490	238		4126	47	7812	1970	3914	80	12000
2007	501	246	5590	4329	24	7128	2010	4493	80	12000

第四节　计划生育管理

1993 年，龙海市执行《关于流动人口计划生育管理的规定》，加强和全面规范流动人口的计划生育管理，规定从当年 1 月 1 日起，实行生育审批制度。是年，发放独生子女证 12958 本。1994 年 8 月中旬，市计生委开始组织对全市的计生统计台账进行全面整顿。当年发放独生子女证 13838 本。1995 年，全市开展计划生育规范化管理工作，促进镇、村计划生育规范化管理上水平。

1998 年 9 月，中共龙海市委、市政府在东园镇召开计生“三为主”（宣传教育为主、避孕为主、经常性工作为主）现场会，把村级计生规范化管理推上一个新台阶。当年，全市村村实行目标管理责任制、生育计划证发放制度、环情孕情普查和责任人制度、财务管理制度、宣传教育制度、计划外生育个案报告制度、统计台账工作制度、工作例会制度、群众民主监督制度、计生协会活动制度。

2000 年 3 月，中共龙海市委、市政府下发《关于进一步加强部门齐抓共管、综合治理人口问题的暂行规定》，在全市范围内推行部门联动工作制度，实施人口综合治理；5 月 18 日，全省计划生育信访工作现场会在龙海召开；7 月，中共龙海市委、市政府召开计划生育工作浮宫镇现场会，参观学习浮宫镇、村两级微机管理台账和企业流动人口管理经验。

2001 年 8 月，中共龙海市委办公室、市政府办公室联合下发《关于推进计划生育民主管理，制定实施〈计划生育村规民约〉的通知》，推行计划生育村规民约管理，探索建立“县领导、乡负责、村自治、组为基础、户抓落实”的计生管理工作机制。截至 2002 年，全市制定实施《计划生育村规民约》的村（居）有 267 个，占全市村（居）总数 97.80%。

2002 年 3 月 19 日，石码镇抽调驻居（村）工作队、公安、城管、治安夜巡队和居（村）两委干部共 200 多人，以居（村）为单位，组成 13 个流动人口清查小组，对所辖区域酒家、发廊、出租房、建筑工地等公共场所的流入成年人员，展开拉网式大清查，逐一过滤登记，查验流动人口婚育证明和暂住证，督促婚育妇女落实节育措施。当天，共清查出流入人员 580 人，其中已婚育妇 48 人，审检《婚育证明》80 本，发出《流动人口婚育证明》催办单 500 份。

2003 年，龙海市登陆全国网站参与计生服务信息交流。

2004 年，参与全省“流动人口计划生育信息交换平台”运作，并在完成全市计生系统局域网建设的基础上，建立政务网，实现网上计划生育信息管理。

2005 年 3 月，龙海市计划生育领导小组下发《关于进一步明确部门计生工作职责的规定（试行）》，协调各成员单位结合各自工作实际和业务特点，制定落实有利于计划生育的政策措施，形成部门齐抓共管、综合治理人口问题的局面。

2006 年初，龙海市被国家人口计生委确定为全国人口计生信访工作规范化管理试点单位，被福建省

图 2–5　计生宣传（市计生局提供）

人口计生委确定为人口计生工作综合改革新机制建设试点县（市）；8—12 月，根据福建省、漳州市人口计生委《开展计划生育乱收费专项治理实施方案》，龙海计生系统开展计划生育乱收费专项治理。同年，龙海建立 6 项信访工作制度（领导接访日制度、信访工作季度例会制度、处理集体上访工作制度、信访事项督办制度、定期下乡服务制度、信访责任追究制度）；市委、市政府先后下发《关于建立人口和计划生育工作新机制的意见》《龙海市人口计生工作综合改革新机制建设试点工作方案》，提出到 2006 年 12 月，基本建立“依法管理、村（居）民自治、优质服务、政策推动、综合治理”的人口和计划生育工作新机制。龙海市人口计生领导小组下发《龙海市人口计生工作综合改革新机制建设实施细则》，对新机制建设具体内容、任务分解、方法步骤和部门具体职责、乡镇评估标准做出明确规定。

2007 年，龙海市制定《龙海市人口和计划生育行政执法责任制实施办法》《龙海市人口和计划生育行政执法公示实施办法》《龙海市人口和计划生育行政执法检查监督实施办法》《龙海市人口和计划生育行政执法过错责任追究实施办法》《龙海市人口和计划生育行政执法案卷评查实施办法》《龙海市人口和计划生育重大案件报告实施办法》6 项人口计生工作依法管理制度，全面规范行政执法，提高计划生育依法管理水平。同时，制定“处理重大、复杂、疑难信访事项的联席会议制度”和“信访事项听证制度”，开展信访工作的规范化管理。市计划生育领导小组下发《关于进一步明确各乡（镇）场、开发区和有关部门人口计生工作职责的规定》。是年，全市投入 30 万元，配备手提电脑、指纹采集仪、摄像设备 32 套，开始统一采集和识别“双查”（查环查孕）对象信息，防止查环查孕冒名顶替，提高“双查”工作质量；市计生局、公安局等有关部门联合执法，打击计划生育违法行为，查处 1 起非法施行摘取节育环案件，对 1 名村卫生所医生给予罚款 2 万元；查处多起提供计生假证明案件，对多名责任人移交公安机关给予治安拘留和罚款。

1993—2007 年，全市共审批发放独生子女证 54994 本。

卷三 国土资源管理

GUO TU ZI YUAN GUAN LI

1993年，龙海全面推进土地开发整理和使用制度改革，开展土地利用总体规划编制、土地登记、建设用地管理和耕地保护，并依法对违法使用土地进行整顿。2000年，龙海市首次进行国有土地使用权拍卖，拍卖石码镇港林别墅11宗面积0.25公顷。2003年，出台《龙海市土地收购储备管理暂行规定》《龙海市区土地“五统一”管理暂行规定》，全市土地收购、储备、招标、拍卖进入依法、有序、科学的管理轨道。

1993—2007年，全市办理土地使用证书248958宗，面积5344.41公顷，其中工业用地5189.42公顷；拍卖土地76宗303.79公顷，其中工业用地44宗198.5公顷；立案查处国土资源违法行为245件。保护农田耕地，基本农田保护区增至1064片23654.75公顷。

境内非金属矿产资源丰富。2002年，龙海市颁布《矿产资源开发利用和保护规划》；2007年，全市有矿山企业117家，年矿业总产值1.42亿元。为维护矿产资源的合理开采，龙海市开展矿业秩序整顿，进行生产小矿整治，开展两期治理“青山挂白”，治理面积29.17公顷。

全市海域面积494平方公里，海洋水产、滨海旅游、滨海矿产、海洋能源及港口资源丰富；海域开发利用程度较高，涉及渔业用海、工业用海、交通运输用海、旅游娱乐用海、海底工程用海、排污倾倒用海、造地工程用海、特殊用海等类型。2002年1月1日，龙海市贯彻《中华人民共和国海域使用管理法》，实施海洋功能区划、海域使用权许可、海域有偿使用等制度。2003年3月25日，龙海市政府批准隆教乡白塘村杨清湖的1公顷海水池塘养殖用海，为龙海市办理的首宗养殖用海海域使用权许可。2002—2007年，全市累计批准渔业养殖用海287宗950.75公顷。

第一章　机　构

第一节　土地与矿产资源管理机构

一、龙海市土地管理局

1993年，龙海市土地管理局内设人秘股、财会股、用地股、地籍股、监察股，下设土地管理监察队、土地测绘队、地产交易所、土地开发公司4个直属事业单位；编制48名，实有47人。全市16个乡镇均设立土地管理所，编制3名，编制归各乡镇。1997年5月，各乡镇土地管理所编制收归市土地管理局，编制64名。2002年7月，与市地质矿产局合并组建市国土资源局，不再保留市土地管理局和市地质矿产局；12月，各乡镇土地管理所与矿产资源管理所合并，设立14个国土资源所，编制109名。

二、龙海市地质矿产局

1993年，龙海市矿产资源管理办公室下设行政股、地矿股、监察股，编制12名。1997年6月18日，市矿产资源管理办公室更名为市地质矿产局，级别为副科级，由市计划委员会管理；8月，市地矿局编制11名，14个基层矿产资源管理所编制44名，为集体事业编制。2002年7月，与市土地管理局合并组建市国土资源局，在市国土资源局设立地质矿产管理科、地质环境科，履行地矿行政管理职能。

三、龙海市国土资源局

2002年7月，龙海市国土资源局成立。2003年，市国土资源局内设人事秘书科、执法监察科、土地规划利用科、耕地保护农地转征科、地籍测绘管理科、地质矿产管理科、地质环境科、监察室，编制20名；下设国土监察大队、土地收储中心、国土资源交易所、测绘管理站、档案室5个直属事业单位，编制26名。2005年6月，设立市国土资源局角美工业综合开发区分局，为市国土资源局派出机构。2007年，市国土资源局内设机构和下设国土所不变，直属事业单位增加信息中心、测绘队；编制165名，实有157人。

四、龙海市国土资源局角美工业综合开发区分局

2005年6月，龙海市国土资源局角美工业综合开发区分局设立，为正科级级别，编制6名。2007年，国土资源局角美分局内设综合股、地矿地环管理股、土地管理股；编制6名，实有6人。

第二节　海域管理机构

2002年1月1日，《中华人民共和国海域使用管理法》施行后，龙海境内海域管理职能临时由龙海市水产局承担。2003年7月，在原市水产局及市科委划出的海洋科技管理职能基础上组建龙海市海洋与渔业局，承担海洋与渔业行政主管部门的职能；内设资源环保和海域管理科，对沿海的海域使用及海洋环保实施管理，编制2名。2004年，成立龙海市海洋与渔业执法大队，对沿海海域内的违法违章行为进行监督查处；编制12名，实有5人。2005年，成立海洋开发领导小组，下设办公室，挂靠在市海洋与渔

业局，统一协调全市海洋综合开发、海洋规划、海洋环保等管理事项。2007 年，资源环保和海域管理科实有 2 人；海洋与渔业执法大队编制 12 名，实有 11 人。

第二章　土地管理

第一节　土地利用规划和基础测绘

一、土地利用规划

1991 年，龙海县被福建省土地管理局确定为县级土地利用总体规划试点。1993 年 10 月，《龙海市土地利用总体规划》（以下简称“规划”）通过省、漳州市论证验收，由龙海市政府公布实施。规划基期为 1990 年，目标期为 2000 年，内容包括规划用地面积、结构、各行业用地规划控制指标、各类土地利用结构、各类用地规划指标平衡调查、重点建设项目规划。

1997 年 10 月，龙海市在 1993 年编制的《规划》基础上，进行 1997—2010 年土地利用总体规划修编工作。2000 年 12 月，根据省政府印发《福建省人民政府关于龙海市土地利用总体规划的批复》，龙海市完成第二轮土地利用总体规划的修编工作，时限为 1997—2010 年。新《规划》完成《土地利用现状分析》《土地供需趋势预测》等 6 个专题研究。规划分析龙海市土地利用现状，了解土地利用的特点及存在的问题，对龙海市土地进行适宜性评价及土地资源利用潜力分析，预测龙海土地供给与需求，合理安排用地指标，进行空间用地布局，统筹安排各类用地；确定龙海市土地利用的具体目标，提出土地利用方针、土地利用结构调整和土地利用分区方案，落实土地开发整理以及交通、水利、城镇、工矿企业发展用地的统筹安排，处理好经济发展需要和耕地保护的关系，保证耕地总量的动态平衡。耕地保护目标：基期年耕地面积 28839.48 公顷，2010 年应为 29099.48 公顷；非农业建设用地控制目标：1997—2010 年，全市耕地减少量控制指标 1106.67 公顷，其中建设占用耕地控制指标 906.67 公顷；土地整理复垦和开发目标：应增加耕地 1366.67 公顷以上，其中整理复垦 766.67 公顷、开发 600 公顷；土地利用结构调整目标：稳定或适当增加耕地、林地和园地，严格控制非农建设用地，合理开发利用未利用地。

二、土地基础测绘

1993 年 2 月，在全市沿国道、省道布设Ⅱ级测距导线工作，10 月完成内业展点编图及检查验收。在平面控制测量方面，一级电磁波测距导线 5 条、含 84 个一级导线点，布设二级导线 58 条、含 609 个二级导线点；在高程控制测量方面，二级导线点均埋石、刻石并记录各项精度情况，同时进行展绘控制点与编图，将测区内的控制点展绘在 1：10000 地形图，并描绘在聚酯薄膜上。1999 年 5 月至 2000 年 5 月，组织开展城市 1：1000 地形图测量，测区北边线：九龙江南岸线；测区南边线：西起西溪桥，沿漳云公路至翠林，再沿厦漳高速公路至海澄黎明村，经儒山至碑头收费站，连至漳云公路海澄与东园交界处。共实施四等 GPS 测量 24 点；一级电磁波测距导线 414 点，计 148.6 公里；二级电磁波测距导线 108 点，计 24.4 公里；三等水准测量 87.59 公里；四等水准测量 201.25 公里，一级三角高程测量 68 点；1：1000 全数字化测图 4002.5 公顷，1：2000 数字化缩编图 4002.5 公顷，1：5000 数字化缩编图 4002.5 公顷。

2003—2004 年，实施港尾、浮宫和角美等乡镇大比例尺地形图测绘及验收，在港尾、浮宫布设北京坐标及黄海高程，控制面积 1000 公顷。2007 年，加强基础测绘设施管理，完成基础地形测绘面积 2000 公顷。

第二节　地籍地产管理

一、地籍管理

（一）土地使用权登记办证

1993 年，根据 1990 年和 1991 年龙海县政府制定的《关于开展单位自管房屋所有权、土地使用权登记实施细则》《国有土地使用权登记发证实施细则》《集体土地建设用地使用权登记发证暂行规定》文件，继续做好全市集体土地和国有土地的建设用地使用权登记发证工作。当年，办理土地使用证 19576 本，其中国有土地使用证 53 本、集体土地使用证 19523 本。1994—1998 年，全市累计办理土地使用证 204279 本，其中国有土地使用证 5320 本、集体土地使用证 198959 本。

1999 年，加强产权管理，全面开展土地登记工作，发证 1241 本，其中国有土地使用证 227 本、集体土地使用证 1014 本。2000 年，贯彻《福建省土地登记条例》，加强土地登记工作，组织开展土地证书年检工作，发证 2255 本，其中国有土地使用证 464 本、集体土地使用证 1791 本。2001—2002 年，发证 7101 本，其中国有土地使用证 2401 本、集体土地使用证 4700 本；全面落实房改房土地登记发证工作，办理 3618 本。

2003 年，发证 2906 本，其中国有土地使用证 1794 本、集体土地使用证 1112 本。2004 年，发证 2414 本，其中国有土地使用证 1021 本、集体土地使用证 1393 本。2005 年，发证 2229 本，其中国有土地使用证 925 本、集体土地使用证 1304 本。2006 年，发证 2212 本，其中国有土地使用证 809 本、集体土地使用证 1403 本。2007 年，发证 4745 本，其中国有土地使用证 2691 本、集体土地使用证 2054 本。

（二）农村集体土地所有权登记发证

2005 年，根据省政府《关于开展集体土地所有权登记发证工作的通知》，龙海市成立农村集体土地所有权登记发证工作领导小组，根据龙海市人民政府批转市国土局的《龙海市开展农村集体土地所有权登记发证工作实施方案》，以颜厝镇为试点，开展首轮农村集体土地所有权登记发证工作，发证 33 份。在颜厝镇试点工作取得经验的基础上，龙海市全面推行集体土地所有权登记发证，截至 2006 年 6 月，共登记发证 318 宗 95181.63 公顷，其中程溪镇 33 宗 19348.68 公顷、九湖镇 24 宗 8469.9 公顷、颜厝镇 35 宗 4562.84 公顷、榜山镇 22 宗 5211.18 公顷、石码镇 4 宗 208.89 公顷、角美镇 38 宗 12924.13 公顷、紫泥镇 33 宗 3889 公顷、海澄镇 21 宗 5688.89 公顷、东泗乡 11 宗 3982.08 公顷、东园镇 21 宗 3098.75 公顷、白水镇 17 宗 3602.97 公顷、浮宫镇 26 宗 6568.46 公顷、港尾镇 19 宗 10468.88 公顷、隆教乡 14 宗 7156.98 公顷。

二、地产管理

（一）土地分等定级和基准地价

1990 年 12 月至 1991 年 8 月，龙海县对石码镇建成区和近期规划区 368 公顷区域内的土地进行分等定级。石码镇土地定级分 5 个级别，以一级为中心，其他级别土地依次围绕一级土地向城镇边缘呈放射性逐渐递减分布，级别间有较明显差异。1993 年 6 月，福建省土地管理局完成全省各县（市）区土地分等工作，把全省分成四等地段，龙海市所辖土地在全省属于四等地段，并对各土地等级中城镇内的一级商业、二级住宅和三级工业用地进行基准地价测算。1994 年 3—7 月，第二次对海澄镇建成区和近期规划区 248 公顷的土地进行分等定级。海澄镇分 4 个土地级别，分布的总规律是一级地为中心，其他级别的土地依次环绕，向城镇边缘呈放射状逐渐递减。

1995 年 5 月，市土地局利用石码镇、海澄镇的土地定级和级差收益测算成果，采用级差收益法和结合土地交易资料，测标出龙海市国有土地使用权（生地）出让基准地价。

1995 年龙海市国有土地使用权（生地）出让基准地价表

表 3-2-1　　　　　　　　　　　　　　　　　　　　单位：元 / 平方米

石码镇	一环路、蔬菜村	罗锦－高坑	林坑、西头	文美	高坑－柯坑	—	—
	商　住　工	商　住　工	商　住　工	商　住　工	商　住　工	—	—
	750 525 225	675 450 195	600 375 165	600 375 165	525 330 150	—	—
角美镇	城南小区、小路洋	石厝－社头	龙田、田里（部分）	开发区、上房	上房－江东	东山－石美	锦宅－白礁
	商　住　工	商　住　工	商　住　工	商　住　工	商　住　工	商　住　工	商　住　工
	750 525 225	675 450 180	600 375 150	525 300 120	450 240 90	300 180 90	300 180 90
步文镇	南环、胜利东路	步文－蓝田	西坑－农药厂	梧浦－江东	长福－六石	六石－郭坑	—
	商　住　工	商　住　工	商　住　工	商　住　工	商　住　工	商　住　工	—
	750 525 225	600 450 18	525 375 150	450 300 135	525 375 150	525 300 120	—
榜山镇	芦州	平宁	严溪头	芦州－翠林	翠林－洋西	园仔头	—
	商　住　工	商　住　工	商　住　工	商　住　工	商　住　工	商　住　工	—
	750 525 225	675 450 180	525 375 150	450 300 150	450 240 90	375 225 105	—
海澄镇	山后－普贤	豆巷、屿上	内楼、河福	下尾街	苍头－埭新	—	—
	商　住　工	商　住　工	商　住　工	商　住　工	商　住　工	—	—
	750 375 150	675 420 150	600 375 150	495 270 120	300 180 90	—	—
港尾镇	梅市	石埠	岭口－车站	车站－上白沙	—	—	—
	商　住　工	商　住　工	商　住　工	商　住　工	—	—	—
	450 300 120	375 225 90	300 180 90	225 150 75	—	—	—
颜厝镇	南环路两侧	下庄－剑浦桥	剑浦桥－水头	—	—	—	—
	商　住　工	商　住　工	商　住　工	—	—	—	—
	525 375 120	375 225 90	300 180 75	—	—	—	—
九湖镇	集镇规划区	琪塘－木棉	新塘－林下	—	—	—	—
	商　住　工	商　住　工	商　住　工	—	—	—	—
	525 375 120	375 225 90	300 180 75	—	—	—	—
浮宫镇	集镇规划区	山塘－疏港公路	际都－美山	—	—	—	—
	商　住　工	商　住　工	商　住　工	—	—	—	—
	450 300 120	450 18 120	300 180 75	—	—	—	—
紫泥镇	集镇规划区	西良－南书	—	—	—	—	—
	商　住　工	商　住　工	—	—	—	—	—
	375 225 30	450 300 30	—	—	—	—	—
白水镇	集镇规划区	郭坑镇	集镇规划区	东园镇	厚境－浮宫大桥	—	—
	商　住　工		商　住　工		商　住　工	—	—
	375 225 90		375 225 90		300 180 90	—	—

注：商业用地指商业、服务业、金融业、商住综合楼、写字楼用地，住宅用地指一般住宅、公寓用地，工业用地指工业、仓储、交通用地

2001 年 10 月 12 日，对基准地价进行修订，市区和乡镇地价均有所提高。2005 年 6 月，龙海市对基准地价再次进行修订，实施《新一轮土地基准地价》，具体分为商业用地、住宅用地和工业用地基准地价，明确区域范围、地面地价、修正幅度等内容。

2005 年龙海市中心城区及乡镇场商业、住宅、工业用地基准地价情况表

表 3-2-2　　单位：元 / 平方米

乡镇场	商业用地					住宅用地					工业用地				
	一级	二级	三级	四级	五级	一级	二级	三级	四级	五级	一级	二级	三级	四级	五级
中心城区	2800	2000	1100	650	350	650	520	410	300	220	255	195	150	120	96
角美镇	975	675	525	375	—	525	420	300	180	—	210	150	120	96	—
海澄镇	350	250	—	—	—	250	170	130	—	—	126	102	72	—	—
榜山镇	525	300	—	—	—	350	220	150	—	—	120	84	—	—	—
浮宫镇	420	270	—	—	—	250	170	130	—	—	126	102	72	—	—
白水镇	350	250	—	—	—	200	145	120	—	—	108	90	66	—	—
港尾镇	420	270	—	—	—	250	170	130	—	—	126	102	72	—	—
颜厝镇	525	300	—	—	—	350	220	150	—	—	144	120	84	—	—
九湖镇	525	300	—	—	—	350	220	150	—	—	144	120	84	—	—
程溪镇	260	180	—	—	—	175	135	100	—	—	108	90	66	—	—
紫泥镇	350	250	—	—	—	200	145	120	—	—	102	72	—	—	—
东园镇	350	250	—	—	—	200	145	120	—	—	126	102	72	—	—
东泗乡	260	180	—	—	—	175	135	100	—	—	108	90	66	—	—
隆教乡	260	180	—	—	—	175	135	100	—	—	108	90	66	—	—
双第农场	260	180	120	—	—	175	135	100	—	—	108	90	66	—	—

2007 年，根据土地管理相关法律法规，为及时准确反映城镇土地市场中地价变化状况，优化土地资源配备，加强地价管理，引导土地市场健康发展，龙海市再次组织对基准地价进行修订，出台《龙海市 2007 年城镇土地基准地价》，从 2007 年 1 月 1 日起实行。

2007 年龙海市中心城区及乡镇场商业、住宅、工业用地基准地价情况表

表 3-2-3　　单位：元 / 平方米

乡镇场	商业用地					住宅用地					工业用地			
	一级	二级	三级	四级	五级	一级	二级	三级	四级	五级	一级	二级	三级	四级
中心城区	4019	2805	2000	1443	1018	1843	1396	1033	753	564	278	236	205	183
角美镇	3763	2310	1462	907	—	1661	1116	760	513	—	252	210	183	—
海澄镇	931	656	450	—	—	442	326	248	—	—	200	177	—	—
榜山镇	1394	859	552	—	—	706	471	331	—	—	206	179	—	—
浮宫镇	1180	769	501	—	—	558	394	290	—	—	200	177	—	—

续表 3-2-3

乡镇场	商业用地					住宅用地					工业用地			
	一级	二级	三级	四级	五级	一级	二级	三级	四级	五级	一级	二级	三级	四级
白水镇	931	656	450	—	—	442	326	248	—	—	193	177	—	—
港尾镇	1180	769	501	—	—	558	394	290	—	—	200	177	—	—
颜厝镇	1394	859	552	—	—	706	471	331	—	—	206	179	—	—
九湖镇	1394	859	552	—	—	706	471	331	—	—	206	179	—	—
程溪镇	725	462	305	—	—	365	267	201	—	—	193	177	—	—
紫泥镇	931	656	450	—	—	442	326	248	—	—	200	177	—	—
东园镇	931	656	450	—	—	442	326	248	—	—	200	177	—	—
东泗乡	725	462	305	—	—	365	267	201	—	—	193	177	—	—
隆教乡	725	462	305	—	—	365	267	201	—	—	193	177	—	—
双第农场	725	462	305	—	—	365	267	201	—	—	193	177	—	—

（二）土地使用权抵押登记

1993 年 6 月，经市政府批准，成立龙海市地产交易所，与房产交易所联合挂牌办公，对土地转让、抵押和房屋出售进行管理，全年办理划拨土地抵押 30 宗，收取抵押管理费 3 万元。1994 年，办理土地使用权抵押 101 宗，收取抵押管理费 15 万元。1995 年，办理 178 宗 850.33 公顷。

1996 年，全市办理土地使用权抵押登记 565 宗，抵押金额 24995 万元，抵押面积 211.72 公顷。1997 年，办理 848 宗 949.29 公顷，抵押金额 20420 万元。1998 年，办理 519 宗 86.34 公顷，抵押总地价 7213.6 万元。1999 年，办理 428 宗 61.5 公顷，抵押总地价 8471 万元。

2001—2002 年，全市办理土地使用权抵押登记 1754 宗。2003 年，办理 122 宗 243.07 公顷，融资 4.38 亿元。2004 年，办理土地使用权抵押 73 宗 313.51 公顷。2005 年，办理 128 宗 323.4 公顷。2006 年，办理 130 宗 319.6 公顷，融资 6.39 亿元。2007 年，办理 203 宗 539.27 公顷，融资 7.9 亿元。

第二节　建设用地审批

一、国有建设用地审批

1993 年，龙海市政府印发《深化土地使用制度改革，加强土地管理的若干规定》，规范用地管理。是年，审批建设用地 691.02 公顷。1994 年，龙海市重点抓好以道路为主要内容的基础设施建设，扩建拓宽改造省道、县道，做好用地规划和征地拆迁，保证重点工程如期动工。是年，审批建设用地 601.03 公顷。1995 年，做好国家重点工程厦漳高速公路（漳州段）龙海境内的用地征用和审批工作，完成角美镇田里村至海澄镇碑头总长 27.63 公里、横断面平距 50 米宽的地面物清点工作，核定各项补偿费 3600 多万元。是年审批建设用地 176.55 公顷。1996 年，审批建设用地 903.75 公顷。

1997 年 4 月 1 日，龙海市停止办理非农业建设项目占用耕地的审批。是年，审批建设用地 61 宗 242.54 公顷。同年 6 月 2 日，开展第二轮非农业建设用地清查工作，查清 1991 年 1 月 1 日至 1997 年 4 月 14 日各类非农业建设用地 27986 宗 2406 公顷（耕地 1836 公顷），其中批准用地 19251 宗 2037 公顷（耕地 1551 公顷）、未批用地 8735 宗 369 公顷（耕地 285 公顷）。清查后补办用地手续，办理项目用地 261 宗 121 公顷。1998 年，审批建设用地 120.19 公顷。2000 年，审批建设用地 24.53 公顷。2001 年，审批建设用地 26.71 公顷。2002 年，审批建设用地 230.87 公顷。

2003 年，龙海市出台《龙海市关于保障工业用地加快工业发展的若干意见》，规定凡工业项目用地优先列入土地利用年度计划，确保用地需求，符合产业导向的工业项目，可以不受用地指标的限制；对选址合理的工业项目，确需调整土地利用总体规划的，及时予以调整报批；工业项目用地可实行短期限、附条件出让，可采取出让、租赁、作价出资或入股的方式提供土地使用权等。是年，全市上报批次 28 个和 4 个单独选址项目用地，面积 577.56 公顷；办理供地项目 32 个，面积 190.63 公顷。2004 年，获批农用地转用和土地征收 12 个批次（含单个项目），总面积 235 公顷；办理供地 31 宗 31 公顷。

2005 年，全面落实建设项目供地审批电子备案与在线监控系统录入工作，做到“供一宗、录一宗”，办理供地 114 宗 355.27 公顷。是年，获批农用地转用和土地征收 39 个批次 240 宗 810.07 公顷。2006 年，获批农用地转用和土地征收 21 个批次 123 个项目，面积 624.93 公顷；办理供地 260 宗 728.33 公顷。2007 年，获批农用地转用和土地征收 26 个批次 107 个项目，面积 609.07 公顷；办理供地 88 宗 259.8 公顷。

二、集体建设用地审批

1993 年，龙海市政府印发《龙海市人民政府关于进一步扶持乡镇企业发展的若干规定》，规范乡镇对集体建设用地管理。是年，办理审批乡镇集体建设用地 65 宗 6.99 公顷。1994 年，办理乡镇集体建设用地 107 宗 17 公顷。1995 年，办理乡镇集体建设用地 107 宗 12.37 公顷。1996 年，办理乡镇集体建设用地 386 宗 99.84 公顷。1997 年，办理乡镇集体建设项目用地 224 宗 67 公顷。1998—2007 年，停止办理集体建设用地审批。

三、农村个人建房用地审批

1993 年，龙海市控制占用耕地规模，建设用地纳入计划管理，制订年度土地供应计划，对个人建设用地坚持张榜公布，发动群众监督。是年，批准个人建房用地 2140 宗 17.4 公顷。1994 年，在建设用地审核中，做到能使用非耕地的不用耕地，能用劣地的不用好地，能少用地的不多用地，全年批准个人建房用地 1633 宗 13.73 公顷。1995 年，批准个人建房用地 5055 宗 42.83 公顷。

1996 年，在审批非农业建设用地时，严把地类关、审理关、核对关，涉及基本农田的，严格执行使用许可、高额补偿和占补平衡制度，组织人员现场逐宗查验，确保非农业建设不占用耕地。是年批准个人建房用地 3948 宗 31.4 公顷。

1997 年，全市开展非农业用地大清查，冻结非农业建设占用耕地；组织开展第二次清理补办，补办个人建房用地 2029 宗 16.03 公顷。是年，办理个人建房用地 2162 宗 17.87 公顷。

1998 年，继续停止农村个人建房用地审批。2003 年，组织开展第三次清理补办，补办个人建房用地 1774 宗 17.17 公顷。

2006 年，对农村个人建房用地恢复审批，采用《福建省农村村民住宅用地与建设审批表》，申请建房的村民依表填写后经村委会、镇建设站、国土所、镇政府审核签章后，报市国土资源局、市人民政府审批。是年，批准个人建房用地 174 宗 1.68 公顷。2007 年，批准个人建房用地 454 宗 4.47 公顷，农村住宅小区用地 7 个批次 12 个小区，面积 30.2 公顷。

图 3-1　农村规划建房（紫泥镇政府提供）

1993—2007 年龙海市建设用地审批情况表

表 3-2-4　　单位：宗、公顷

年份	国家		集体		个人	
	宗数	面积	宗数	面积	宗数	面积
1993	—	691.02	65	6.99	2140	17.40
1994	—	601.03	107	17.00	1633	13.73
1995	—	176.55	107	12.37	5055	42.83
1996	—	903.75	386	99.84	3948	31.40
1997	61	242.54	224	67.00	2162	17.87
1998	—	120.19	0	0	0	0
1999	—	—	0	0	0	0
2000	—	24.53	0	0	0	0
2001	—	26.71	0	0	0	0
2002	—	230.87	0	0	0	0
2003	—	768.19	0	0	1774	17.17
2004	—	235.00	0	0	0	0
2005	240	810.07	0	0	0	0
2006	123	624.93	0	0	174	1.68
2007	107	609.07	0	0	454	4.47

第四节　土地使用管理

一、土地使用制度改革

1993 年，龙海市开展土地批租尝试。当年，全市土地出让金总收入 1.05 亿元。1994 年，扩大土地使用权出让范围，全市经营性用地，特别是商业、金融、娱乐、旅游、餐饮、房地产和成片开发建设用地，采取有偿出让方式。1995 年，根据省、漳州市土地使用制度改革工作会议精神，提出龙海市的具体贯彻意见，开展土地管理体制改革，主要是扩大土地使用权出让范围。

1996 年，规范地产市场工作，坚持政府垄断土地出让，规划区内实行统一规划、统一征地、统一开发、统一出让、统一管理；扩大土地有偿出让范围，采用招标拍卖形式出让国有土地使用权；规范管理土地交易，加强地产中介服务机构建设，健全市场体系，开展窗口式服务。1997 年，加快土地有偿供应单轨制进程。1998 年，逐步建立土地资源的市场配置机制，加强地价和土地流转管理，推进国有土地有偿使用步伐。1999 年，在全市进行土地使用权公开招标拍卖。

2001 年，对城市土地资产实行“政府规划、土地储备、计划供应、招标出让”的运作方式，对经营性房地产项目用地全部实行招标拍卖或挂牌出让方式供地。2002 年 12 月，龙海市建立土地收购储备制度和国土资源招标拍卖挂牌出让制度，成立以市长为主任、分管副市长为副主任，委员由政府办、国土局、财政局、建设局、计划局、物价局、监察局、环保局等部门组成的龙海市土地收购储备委员会和龙海市国土资源招标拍卖委员会，加强对国有土地使用权管理。

2003 年 3 月，制定《龙海市土地收购储备管理暂行规定》《龙海市区土地“五统一”管理暂行规定》，全市土地收购、储备、招标、拍卖进入依法、有序、科学的管理轨道。

二、土地收购储备和招拍挂

（一）土地收购储备

2003 年，实施土地收购储备工作，收购程溪镇下叶村商住项目用地 1 宗 0.28 公顷，成交金额 14.43 万元。2004 年，收储国有土地 8 宗 109 公顷。2005 年，收储国有土地 6 宗 19.47 公顷。2006 年，收储国有土地 14 宗 71.13 公顷。2007 年，收储国有土地 14 宗 35.6 公顷。

（二）土地招拍挂

2000 年 2 月 18 日，龙海市第一次实行国有土地使用权拍卖，拍卖石码镇港林别墅 11 宗 0.25 公顷，拍卖底价 270.28 万元，拍卖成交价款 307.48 万元。是年，拍卖土地 14 宗 0.32 公顷，拍卖底价 350.92 万元，成交价 388.22 万元。

2002 年 2 月 11 日，对旧城改造国有土地使用权公开挂牌出让，原市动力机厂一带旧城改造项目挂牌土地面积 2.01 公顷，挂牌底价 1958 万元，成交价款 1968 万元。是年，拍卖土地 3 宗 2.62 公顷，拍卖底价 2485.07 万元，成交价 2530.87 万元。

2003 年，拍卖土地 3 宗 41.36 公顷，底价 12994 万元，成交价 13354 万元。2004 年，拍卖土地 20 宗 118.05 公顷，底价 30317.3 万元，成交价 42830.4 万元。2005 年，土地拍卖 5 宗 49.06 公顷，底价 11778 万元，成交价 17950 万元。2006 年，拍卖土地 12 宗 52.62 公顷，底价 24680 万元，成交价 42710 万元。

2007 年，根据《国务院关于加强国有土地资产管理的通知》《招标拍卖挂牌出让国有建设用地使用权规定》《福建省国有土地使用权招标拍卖管理办法》《福建省工业用地招标拍卖挂牌出让实施办法》等文件精神，对工业、商业、旅游、娱乐和商品住宅等经营性用地，以及同一宗地有两个以上意向用地者采取招标拍卖挂牌出让。12 月，对 7 宗国有建设用地（工业用地）使用权实行公开挂牌出让，用地面积 19 公顷，其中出让面积 18 公顷，挂牌成交价 3190.6 万元，挂牌起始价 3140.6 万元。位于市区紫崴路北侧的 2007P06 商住用地以每公顷成交单价 7500 万元创历史最高单价。是年办理经营性土地招拍挂出让 11 宗 39.11 公顷，拍卖底价 21380 万元，成交金额 63530 万元。

三、土地执法监察

1993 年，制止查处各类土地违法行为 57 宗 2.23 公顷。1994 年，完善市、乡镇、村三级土地监察网络和土地监督责任制，建立群众举报制度，加强土地巡回监察，在国道 324 线上成立联防小队，对土地违章违法行为进行综合治理。1995 年，开展清理违法建设用地工作，对国道、省道线进行重点清理，补征地价款和各种税费。1996 年，由市人大、市政府牵头，市监察局、市土地管理局等单位联合组成检查组到各乡镇场，着重对基本农田保护情况、土地税费征收管理情况、镇村企业用地情况、开发区建设情况

图 3-2　土地拍卖（市国土局提供）

进行检查。1997—1998年，全市共查处违法占地223宗12.15公顷，其中立案查处33宗2.1公顷，及时制止违法占地117宗8.3公顷，督促违法占地责任人自行拆除还耕73宗1.75公顷。

1999—2000年，实行土地执法监察动态巡查责任制，把全市243个行政村划分成48个片区3个大组，实行村、片、组“三层”包干责任制，形成市、乡镇、村三级动态巡查网络，并建立相应的督查和考核指标体系。共查处违法占地259宗7.86公顷，其中立案2宗3.49公顷、拆除58宗1.13公顷、制止违法占地苗头199宗3.24公顷。

2001—2002年，聘请243名村级国土资源监察员，设立“96625”免费举报专线电话，落实执法监察动态巡查责任制，每季度组织一次全市范围内的动态巡查责任制大检查。依法制止查处违法占地532宗31公顷，其中立案39宗、拆除7宗，督促自行复耕10宗。对紫泥镇锦田村非法批地案严肃处理，市纪检监察部门依法给予锦田村党支部书记和副书记开除党内职务、镇土地所所长行政记大过处分。

2003年，查处各类国土资源违法行为339起，其中立案查处11起、拆除违建建筑物7宗0.16公顷，复耕3宗0.36公顷。2004年，开展土地占用、土地审批、耕地占补平衡、新增建设用地土地有偿用费征管、征地补偿安置、经营性土地“招、拍、挂”6个专项清理检查和整顿工作，并通过上级检查验收。是年，查处各类国土资源违法行为65宗，其中立案查处36宗，共处罚款49.3万元，没收非法所得8.7万元，申请法院强制执行4宗。

2005年，市政府聘请13名国土资源监察员，进一步加强国土资源监察。是年，查处各类国土资源违法行为183宗，其中立案查处15宗。2006年，聘请238名国土资源和规划建设环保协管员。是年，查处各类国土资源违法行为193宗，其中立案查处6宗，罚没款36万元；对角美镇铺透村王某某占用基本农田建机砖厂涉嫌破坏耕地案件，由司法机关给予判处有期徒刑二年、缓刑三年、罚金2万元的处罚。

2007年，组织开展土地执法百日行动和查处土地违法违规案件专项行动，查处各类违法违规问题53宗55.95公顷。是年，查处各类国土资源违法行为121宗，其中企业违法用地39宗35.44公顷、个人建房违法用地82宗1公顷；立案查处30宗，其中有5宗涉嫌犯罪移送公安机关侦查，罚没款193万元。

第五节　耕地保护与开发整理

一、基本农田保护

1994年9—12月，在全市范围内组织开展基本农田保护区的划定工作，划定基本农田保护区987片22608.95公顷。对划定的基本农田保护区严格执行《基本农田保护条例》，全面落实市、镇、村基本农田保护责任制，实施土地用途管制，对确需占用基本农田的，依法按程序逐级上报审批，并按“地类一致、质量相当、面积相等”的要求补充调整。1997年末，全市划定保护区998片22614.38公顷。

1998年，根据福建省《关于开展全省基本农田保护区核查工作意见的通知》和及漳州市人民政府《关于下达划定基本农田保护区面积的通知》下达的龙海市基本农田保护区面积22873.8公顷的要求，龙海市组织开展对1994年划定基本农田保护区后的第一次核查。截至1999年8月，完成对全市范围内1034片23478.58公顷基本农田保护区实地核查任务，保护率82.5%。

2001年8月至2002年12月，根据漳州市下达给龙海市新增保护区面积174.2公顷的要求，龙海市组织对基本农田保护区进行调整，共调整基本农田保护区130片，净面积1071.81公顷，增加54片，片数增至1088片，面积增至23654.67公顷。

2004年，龙海市继续与乡镇签订基本农田保护责任书16份，在显要位置更新设立保护牌27个，全市共划定基本农田保护区1059片23654.77公顷，保护率83.3%。2005年，对每一片保护区均落实保护标示、责任领导和责任人，同时对保护区进行局部调整，调整后片数为1064片23654.75公顷。2007年，基本农田保护范围面积无变化。

二、耕地开发整理

1993—1998 年，龙海市没有开展耕地开发整理工作。1999 年，龙海市开始开展耕地开发土地整理工作，把耕地开发整理作为确保耕地占补平衡、提高耕地质量的主要措施。2000 年，全市开展东园镇碑内洋土地整理示范区 I 期、隆教乡径内村、流会村 3 个新增耕地 20 公顷以上的耕地开发示范点的开发整理。其中，东园镇碑内洋土地整理示范区 I 期整理规模 481.33 公顷，总投资 613.17 万元，新增耕地 34.44 公顷，被列为国家级土地整理示范区。

图 3-3　东园碑内洋土地整理示范区（东园镇政府提供）

截至 2007 年，全市累计实施土地开发整理项目 16 个（已竣工并通过上级验收项目 11 个）。其中，土地整理项目 6 个 1476.01 公顷；土地开发项目 7 个 154.98 公顷；土地复垦项目 3 个 172.85 公顷。11 个通过上级竣工验收的土地整理和开发项目新增耕地 247.77 公顷。

2000—2007 年龙海市土地开发整理项目情况表

表 3-2-5　　单位：公顷、万元

项目名称	项目地点	项目类型	项目规模	项目投资	立项时间	新增耕地	建设情况	竣工时间
东园碑内洋土地整理（I 期）	东园镇	土地整理	481.33	613.17	2000	34.44	验收	2003
东园碑内洋土地整理（II 期）	东园镇	土地整理	305.99	679.54	2003	37.72	验收	2004
海澄镇罗坑村土地开发	海澄镇	土地开发	21.10	119.56	2001	22.90	验收	2002
颜厝镇丹洲村土地开发	颜厝镇	土地开发	20.97	125.20	2001	20.97	验收	2003
角美镇福井村土地开发	角美镇	土地开发	15.00	30.00	2001	13.40	验收	2003
程溪镇洋奎村土地开发	程溪镇	土地开发	20.00	113.30	2001	20.00	验收	2003
隆教乡新村村土地开发	隆教乡	土地开发	32.76	97.80	2001	32.76	验收	2002
隆教乡径内村土地开发	隆教乡	土地开发	24.78	86.20	2000	24.78	验收	2002
隆教乡流会村土地开发	隆教乡	土地开发	20.37	71.84	2000	20.37	验收	2002
榜山镇三苑洋土地整理	榜山镇	土地整理	158.92	537.36	2002	18.83	验收	2003
九湖镇土地整理	九湖镇	土地整理	338.22	1007.00	2004	36.85	在建	2005
角美镇沙洲村土地整理	角美镇沙洲村	土地整理	119.66	357.00	2007	13.65	在建	
榜山镇洋西村宝珠洲土地复垦	榜山镇洋西村	土地复垦	8.69	78.00	2005	7.28	在建	
颜厝镇鱼塘复垦	颜厝村丹洲村	土地复垦	1.60	7.15	2006	1.60	验收	2006

续表 3-2-5

项目名称	项目地点	项目类型	项目规模	项目投资	立项时间	新增耕地	建设情况	竣工时间
浮宫镇基本农田重点设施建设	浮宫镇后宝村	土地整理	34.30	51.20	2007	2.71	在建	
东泗乡基本农田重点设施建设	东泗乡董浦村	土地整理	37.59	56.10	2007	4.29	未招投标	
灾毁耕地复垦	海澄、颜厝等镇	土地复垦	162.56		2007	82.34	未批复预算	

第三章　矿产资源管理

第一节　矿产资源规划和利用

一、矿产资源规划

1999 年，为科学开发利用和有效保护矿产资源，龙海市对 1989 年编制的《矿产资源开发利用和保护规划》进行修订和完善，划定矿产资源禁采区、限采区和可采区。

2001 年 6 月，以中央人口、资源、环境工作会议精神为指导，全面贯彻在“保护中开发，在开发中保护”的总原则，根据省、市对矿产资源可采区、限采区、禁采区划定的要求，龙海市制定《龙海市矿产资源开发利用与保护规划 2001–2005 年》，把全市区域划定为可采区、限采区、禁采区。其中，限采区对象包括建筑用砂、建筑石料限采区，耕地内贮藏的矿产资源，开采后复垦条件好的，如紫泥、榜山、角美机砖黏土、红土限采区，镇区规划的一定范围内，电力设施保护范围内；禁采区在全市范围内建立 9 种，包括高速公路、国道、省道、铁路禁采区，主要河流、大桥、桥闸及防洪工程禁采区，建筑用砂禁采区，县级以上重点文物保护单位、自然保护区、风景名胜旅游禁采区，经济开发区禁采区，紫泥、浮宫、角美、港尾、海澄、榜山、东园、隆教、镇海至白塘海岸线防护林内、天然林区禁采区，基本农田保护区禁采区，地质灾害活动危险区禁采区，军事、通信、供水管道保护区禁采区；在境内除限采区、禁采区之外，均为可采区，龙海市在可采区内建立七大开采（加工）基地，有角美石材开采、加工基地，港尾斗美—隆教板材、石雕、石刻工艺加工基地，浮宫—比疆、角美西山建筑用石开采基地，钾钠长石开采、加工基地，高岭土开采基地，矿泉水开采基地，地热综合开采基地。规划自 2002 年实施，实施中坚持以保护和合理开发利用矿产资源为主线，促进矿产资源利用方式由粗放型向集约型转变，加强开发利用方案审查管理，对未达到设计要求的矿山企业限期整改，加大对非法采矿行为查处力度，关闭不符合办矿条件的矿山企业 7 0 多家，基本实现“三区”（可采区、限采区、禁采区）规划目标。

二、矿产资源利用

1993 年，龙海市境内非金属矿产资源开发形成以开采河沙、花岗岩、黏土三大支柱，全市有采矿企业 276 家，其中国营企业 1 家、集体企业 68 家、三资企业 1 家、个体企业 206 家。

1998 年，全市有采矿企业 496 家，开采矿种 10 种，其中国营企业 4 家、集体企业 150 家、三资企业 2 家、个体企业 340 家、从业人员 4150 人；年采矿量 644 万吨，年矿产品销售收入 7800 万元，年工业总产值1.5亿元。1999年起，针对矿产无序开采带来的破坏影响环境和综合利用水平不高等问题，多次组织矿业秩序治理整顿，关闭淘汰一批不符合条件的生产小矿，对保留的矿山进行整合优化。2007年，全市有各类矿山企业117家，采矿人员1640人，年采矿量1630万吨，年矿业总产值1.42亿元，年矿产品销售收入1.4亿元，开采矿种主要有饰面花岗岩、建筑花岗岩、钾钠长石矿、高岭土、砖瓦黏土、建筑用砂、矿泉水和地热等10余种。

1993—2007年龙海市矿产资源开发利用情况表

表3-3-1

年份	企　业（家）					从业人员（个）	采矿量（万吨）	收入（亿元）
	合计	国营企业	集体企业	三资企业	个体企业			
1993	276	1	68	1	206	2565	192	0.57
1994	298	1	73	2	222	2864	215	0.63
1995	316	2	89	2	224	2995	296	0.68
1996	368	2	99	2	265	3257	385	0.71
1997	417	3	119	2	293	3569	463	0.74
1998	496	4	150	2	340	4150	644	0.78
1999	376	4	68	2	302	3167	613	0.72
2000	337	4	28	2	303	3052	766	0.83
2001	304	4	28	2	270	2954	795	0.85
2002	279	4	28	2	245	2645	863	0.90
2003	277	4	28	2	243	2538	929	1.00
2004	243	4	28	2	209	2147	987	1.10
2005	196	4	24	1	167	1963	1156	1.20
2006	189	4	23	1	161	1873	1285	1.30
2007	117	4	23	1	89	1640	1630	1.40

第二节　采矿权管理与规费征收

一、采矿权管理

1993年，龙海市有办理采矿登记证和许可证企业均为276家。1994年，龙海市对采矿业实行持证开采，统一管理。是年，办理采矿许可证277份（277个矿区）和登记证277份。1995年，办理采矿许可证235份。1996年，办理采矿许可证287份。

1997年，办理采矿许可证125份。1998年，办理采矿许可证112份。1999年，龙海市针对全市矿山采矿权管理相对处于一种被动办证、先开采后补登记办证的状况，全面开展以确定矿区拐点坐标和引导规模化经营为主要内容的采矿许可证换证工作。至2000年，全市103份应换证对象全部换领新的采矿许可证，换证率100%，引导17个矿山组成6个新的矿山联合体重新申报办证，关闭不符合换证条件的矿山60家。2001年9月至2002年6月，清查采矿许可证189份，补办法定要件128件，吊销、注销采矿许可证 26 份。

2003 年，市辖区采矿权设置引入市场竞争机制，采矿权一律实行“招拍挂”公开出让，延续、扩界的采矿权实行协议方式出让，收取采矿权价款，并建立省级采矿权网络审查系统，在省政务信息网平台实现省、市、县三级采矿权网上审批。11 月 28 日，首次对 6 个新设采矿权公开挂牌出让，出让面积 29 公顷，成交价款 35.7 万元。是年，办理采矿许可证 72 份。2004 年，办理采矿许可证 73 份，其中续办 69 份、变更 1 份、易地安置 3 份，注销采矿许可证 8 份，办理矿产品经营许可证 28 份。2005 年 7 月，对程溪镇鸡笼山矿区等 11 宗采矿权进行公开挂牌出让，成交价款 110.7 万元。是年，办理采矿许可证 57 份，划定矿区范围 11 份。2006 年，办理采矿许可证 63 份，其中续办 53 份、变更登记 10 份，办理矿产品经营许可证 2 份。2007 年，全面推行采矿权网上审批，共办理采矿许可证 78 份，注销采矿许可证 1 份，停止办理矿产品经营许可证。

二、规费征收

（一）矿产资源补偿费征收

1994 年 2 月，取消按矿产品销售收入 2% 向矿山企业征收的管理费；4 月，根据国务院发布《矿产资源补偿费征收管理规定》，市地矿局对采矿权人征收矿产资源补偿费，征收矿产资源补偿费 46 万元。1995 年，征收矿产资源补偿费 87.5 万元。1996 年，征收 112.3 万元。1997 年，建立《矿山企业基本情况一览表》《矿产资源补偿费征收情况统计表》、矿山企业管理卡，加强矿产资源补偿费的征收。是年，征收 138 万元。1998 年征收 152 万元，1999 年征收 163 万元，2000 年征收 118 万元，2001 年征收 179 万元，2002 年征收 256 万元，2003 年征收 326 万元，2004 年征收 430 万元，2005 年征收 585 万元，2006 年征收 863 万元，2007 年征收 958 万元。

（二）采矿权价款和使用费

1999 年开始，根据财政部、国土资源部联合印发的《探矿权采矿权使用费和价款管理办法》，向采矿权人征收采矿权使用费和采矿权价款。采矿权使用费按矿区范围面积逐年缴费，每公顷每年 10 万元，采矿权价款以国务院地质矿产主管部门确定的评估价格为依据，一次或分期缴纳。征收的采矿权使用费和价款直接缴入财政部门开设的“探矿权采矿权使用费和价款财政专户”，由财政部门审核后专项使用。是年，征收采矿权价款和采矿权使用费 18.6 万元。2000 年征收 43.2 万元，2001 年征收 52.2 万元，2002 年征收 78.3 万元，2003 年征收 109 万元，2004 年征收 121.6 万元，2005 年征收 163 万元，2006 年征收 147 万元，2007 年征收 190 万元。

第三节　矿业秩序整顿和矿山治理

一、矿业秩序整顿

l995 年 12 月至 1996 年 6 月，龙海市对行政区域内的矿业进行检查整顿，采取自查自纠和重点检查相结合的方法进行。所有矿山企业、个体采矿者、矿产品经营单位及有关管理部门对照有关规定，进行自查自纠；组织重点检查，共查处无证采矿 9 起，罚没款 4.6 万元；纠正越界开采 6 起。

1997 年 2 月，为加强全市矿业开采秩序，龙海市成立以分管副市长为组长、各有关职能部门领导为成员的矿业秩序整顿和维护领导小组，开展整治工作；查处各类矿产资源违法案件 17 件，罚没款 6.2 万元，调处矿山纠纷 8 起，责令 13 家存在严重安全隐患的矿山停产整顿，关闭矿点 24 处。

1999 年，出台《龙海市实现矿业秩序根本好转工作方案》《龙海市矿产资源开发利用与保护规划》，确定一批重点整治对象和项目。至 2000 年，重点检查海澄镇黎明碎石场、九龙江河道采砂、程溪镇和九湖镇高岭土等矿区存在问题。两年共年检矿山企业 337 家，责令 6 家企业整改；发出制止违法行为通知书 71 份，行政处罚 12 起，现场处罚 10 起，罚款 1 万多元。

2001 年 9 月至 2002 年 6 月，清理采矿许可证和查处违法矿业行为，清查采矿许可证 189 份，补办法定要件 128 件；查处违法矿业行为 36 起，罚没款 8.9 万元，吊销、注销采矿许可证 26 份。

2004 年，开展整顿和规范资源开发秩序，取缔和查处一批无证采矿、滥采乱挖、破坏浪费矿产资源的违法行为。

2006 年 5 月，再次开展生产小矿整治，对 26 个达不到最小生产规模的矿山进行关闭整合，共关闭达不到最小生产规模矿山 5 个，其余 21 个整合成 6 个矿山；10 月，龙海矿业秩序整治工作通过省级验收。

2007 年，开展“整顿和规范矿产资源开采秩序活动”，查处无证采矿 49 起。

二、矿山治理

1998 年，对浮宫钾钠长石矿 7 个矿点、10 条矿洞进行安全生产大检查，查出照明线路、通风设备、安全通道等不符合采矿要求，并要求进行整改。全年责令 6 个矿点停产整顿。同年 6 月，为开发旅游资源，保护旅游环境，市地矿局印发《云洞岩至江东桥一带风景区禁止任何采矿活动的通知》，规定以国道 324 线西溪桥为起点至江东桥第一个山头为终点，在公路左侧即西北向，严禁任何采矿活动。

2001 年 5 月至 2002 年 6 月，龙海市组织开展辖区内生产小矿整治工作，对 35 个存在生产规模小、技术设备落后和安全生产条件差的矿山进行关闭淘汰、整合改造，通过整治，关闭淘汰矿山 4 个，建挡土墙治理 1 个，联合改造 30 个；建立完善海澄镇黎明碎石场等 5 个矿山生态治理和保护示范点。

2004 年 2 月，开展高速公路龙海路段两侧禁采区暨第一期“青山挂白”专项治理工作，以“先关后治”和长短效相结合为原则落实“青山挂白”治理各项工作，共投入治理资金 255 万元，治理“青山挂白”点 19 个，面积 22.77 公顷，行文废止 16 个应关闭矿山的采矿许可证，督促指导矿山业主做好闭坑、复垦、环保和安全隐患排除等工作；同时开展以取缔查处九龙江禁采区盗采河砂为主要内容的专项整治活动，充实健全九龙江河道采砂管理办公室，打击九龙江河道采砂违法行为。

2005 年 3 月至 2006 年 11 月，组织开展第二期“青山挂白”专项整治工作，对省道、国道、铁路、自然风景区和九龙江两侧的 8 个“青山挂白”点全面实施整治复绿工作，对其中 5 个关闭治理点采取工程措施和生物措施进行治理，如植树种草、种爬藤和坛口填土等，对 3 个治理性开采矿山及时督促和协助编制《矿山开发利用方案》《矿山生态复绿方案》，落实专项治理各项工作。第二期“青山挂白”专项整治工作投入治理资金 143 万元，植树 6.5 万株，治理裸露面积 6.4 公顷，占应治理面积 97%，通过省级检查验收。

2007 年，开展“非法矿山及地质灾害安全隐患排查治理百日督查专项行动”，全面落实矿山生态环境恢复治理保证金制度，督促 48 个矿山编制《矿山生态恢复治理方案》，征缴保证金 350 万元。

第四章　海域管理

第一节　海域状况与海洋功能区划

一、海域状况

2002 年 1 月 1 日，中华人民共和国海域使用管理法施行时，龙海市海域管理范围为毗邻本市陆地的平均大潮高潮时水陆分界痕迹线向海一侧的内水和领海，未明确九龙江入海口的海域界线以及龙海市与漳浦县、海沧区的县际海域行政界线。

2002 年 10 月 30 日，龙海市人民政府《关于龙海市海域范围界定意见的批复》明确江河口海域管理范围：外界址线，毗邻龙海市领海基线向外延伸 12 海里的平行线；侧界址线，龙海与厦门、龙海与漳浦的海域交界线；内界址线，为各沿海乡镇平均大潮高潮的水陆分界线，其中九龙江口海域由浮宫沿岸到浮宫大桥，经九龙江南岸的东园、海澄到锦江大桥，九龙江北岸从白礁至玉江桥，包括紫泥岛沿岸。

2003 年，完成龙海市—漳浦县海域行政界线划定。9 月 17 日，漳州市、龙海市、漳浦县签署《漳浦县和龙海市海域行政区域界线》，界线总长 43.42 公里，起点位于漳浦县前亭镇崎沙村与龙海市隆教乡白塘村接壤处。2005 年，完成厦门市—漳州市海域行政界线划定。2006 年 1 月 19 日，在福州市签订《福建省厦门市和漳州市海域行政区域界线协议书》，界线总长 21.52 公里，起点位于厦门市海沧区海沧镇青礁村与龙海市角美镇白礁村之间（海堤上的南止点），终点位于厦门湾 10 万吨级进港航道中轴线上，水深超过 14 米，距 1∶50000 地形图上厦门、龙海、金门三市县的交点仅 102 米。

2007 年，龙海市海岸线北起九龙江口北岸角美镇白礁村，南至与漳浦县交界的湖前湾。大陆海岸线长 123 公里，乡级以上海岛海岸线长度 60 公里。海域面积 49440 公顷，其中滩涂面积 5315 公顷，0—10 米等深线以内浅海面积 11150 公顷，适宜水产养殖的浅海、滩涂约 3640 公顷，分布在九龙江口湾、港尾至隆教沿线的海域。毗邻九龙江口和台湾海峡沿岸的陆域包括角美、紫泥、榜山、石码、海澄、东园、浮宫、港尾 8 个镇和隆教乡。海域范围为领海外部界限向陆地一侧至海岸线的海域，北起与厦门市交界线，南至与漳浦县的交界线，东北至与金门县的海域交界线。

二、海洋功能区划

2000 年，龙海市开始制定并实施《龙海市大比例尺海洋功能区划》。2003 年，以《龙海市大比例尺海洋功能区划》为依据，编制《龙海市浅海滩涂水产养殖规划》，对全市浅海滩涂水产养殖区域进行功能分区和细化。2005 年，龙海市人民政府批准实施，实施期限为 2005—2010 年。同年，厦门港口管理局组织编制《厦门港总体规划》，将龙海市辖区内的后石港区、石码港区、角美作业区纳入规划，规划内容包括港区布置、功能定位、配套设施、环保规划及规划实施等；龙海市也组织开展海洋功能区划修编，10 月形成《龙海市海洋功能区划修编（第三次征求意见稿）》。

2007 年 6 月，形成《龙海市海洋功能区划报告》《龙海市海洋功能区划（文本、登记表）》《龙海市海洋功能区划》图件、评审意见。修编后的《龙海市海洋功能区划》共划定各种类型海洋功能区 75 个，分属于 8 个一级类、19 个二级类，未划定海水资源利用区和海洋能利用区。其中，港口航运区 22 个，渔业资源利用和养护区 13 个，矿产资源利用区 1 个，旅游区 5 个，工程利用区 9 个，海洋保护区 2 个，特殊利用区 7 个，保留区 16 个。10 月，龙海市九龙江口湾海域列入漳州市重点海域使用规划的范围，加强海域使用的宏观管理和海洋资源的可持续利用。

第二节　开发与利用

一、渔业用海

（一）养殖用海

1993 年，养殖用海主要集中在九龙江口湾和港尾镇沿海。其中，九龙江口湾的水产养殖面积 2010 公顷，主要养殖方式为海水池塘养殖、底播养殖、浅海吊养；港尾镇沿海主要养殖方式为浅海吊养、滩涂底播养殖、海水网箱养殖，面积 1005 公顷。1994 年，港尾镇沿海由于招商局漳州开发区的建设征用海域，滩涂养殖减少 335 公顷。1995 年，隆教乡沿海开始进行吊蚵养殖。1997 年，隆教乡沿海大规模养殖吊蚵，2000 年开始养殖紫菜。

图 3-4　养殖用海登记会议（市海洋与渔业局提供）

2003 年 3 月 25 日，隆教乡白塘村杨清湖的 1 公顷海水池塘养殖用海经市政府批准，取得龙海市首宗养殖用海的海域使用权。2005 年，随着港口建设、临海工业的发展，非渔项目用海大量蚕食浅海、滩涂养殖，港尾海域养殖面积不断缩减。2007 年，九龙江口湾由于海床变迁、环境污染以及九龙江口红树林保护区范围扩大，浅海吊养、底播养殖逐年缩减，养殖面积剩约 670 公顷；港尾沿海养殖面积 201 公顷；隆教沿海的浅海吊养面积 335 公顷。

2002—2007 年，龙海市累计批准养殖用海 287 宗，确权养殖面积 950.75 公顷，其中海水池塘养殖 87.49 公顷、底播养殖 252.52 公顷、浅海吊养 602.61 公顷、海水网箱养殖 8.13 公顷；区域分布为浮宫镇 153.24 公顷、港尾镇 129.47 公顷、隆教乡 332.03 公顷、角美镇 332.88 公顷、紫泥镇 3.13 公顷。

（二）渔业基础设施用海

1993 年，龙海市经确认的渔业基础设施用海有石码渔业港区、海平渔港、斗美渔港，面积约 160 公顷。2000 年 5 月，海平渔港经福建省计划委员会批复三级渔港工程可行性研究报告，建设规模为防波堤 270 米、泊位 60 米、用海面积 30 公顷。2001 年 5 月，海平渔港完成防波堤主体工程建设。2002 年，在全国渔港普查中，龙海市有浯屿渔港、石码渔港、斗美渔港 3 个二级渔港，海平渔港、海山渔港、紫泥渔港、溪墘渔港、定台湾渔港 5 个三级渔港。2006 年 4 月，斗美渔港一期工程用海经福建省人民政府批准，批准用海面积 53 公顷（码头填海 12 公顷、港池用海 32 公顷、防波堤用海 9 公顷）。是年进行主体工程建设。2007 年 6 月，农业部批复《龙海市港尾一级渔港建设项目可行性研究报告》，斗美渔港由二级渔港升为一级渔港。

1993—2007 年，全市渔业基础设施用海约 220 公顷。

二、工业用海

（一）船舶工业用海

1993 年，船舶工业用海主要集中在紫泥镇乌礁岛南侧及海澄镇玉枕岛西侧沿岸，用于修造船，用海面积约 10 公顷。2004—2005 年，紫泥镇乌礁岛南侧的紫泥修造船区共批准船舶工业用海 20 宗 12 公顷，占用岸线约 1600 米；海澄镇玉枕岛西侧的玉枕修造船区共批准船舶工业用海 4 宗 6 公顷，占用岸线约 367 米。

图 3-5　船舶工业用海—紫泥船业（市委报道组提供）

2007 年 4 月，福建厦船重工长成造船有限公司船舶修造项目用海经福建省政府批准，用海位置为隆教乡白坑村附近海域，填海 10 公顷，船坞及保护带用海 3 公顷；9 月，漳州毅宏游艇避风坞工程项目用海经龙海市政府批准，用海位置为隆教乡白坑村东南侧海域，用海面积 30 公顷，其中防波堤用海 4 公顷、港池及保护带用海 25 公顷。

（二）电力工业用海

1996 年，后石电厂在港尾镇斗美村后

石东侧海域进行填海造地，填海面积约5公顷，其中燕屿、户礁2个无居民海岛因电厂填海而消失。2005年1月，漳州市政府批准华阳电业有限公司3宗海域使用申请，用海面积71公顷，其中后石电厂煤码头及港池用海65公顷，取水口用海4公顷，排水口用海2公顷。2006年3月，龙海市政府批准后石电厂三期扩建工程7号机组项目用海1公顷。2007年，后石电厂项目用海占用的岸线约1.3公里。

三、交通运输用海

（一）港口用海

石码港区　位于石码、海澄、东园、紫泥等镇沿海。2002年7月，龙海市人民政府批准位于石码港区内的龙海市海隆装卸码头发展公司关于港口用海的申请，面积1公顷。这是龙海市首宗港口用海申请，2005—2006年，普贤码头、陆岛交通码头、亿源码头等港口取得海域使用权，面积约8公顷。至2007年12月，石码港区确权的港口码头用海7宗，确权面积9公顷，占用港口岸线约1.1公里。

一比疆港区　位于浮宫镇霞威至港尾镇沙坛沿海，分布着龙发码头、兆龙多用途码头、黄河油码头等20多个中小码头、堆场。2004—2006年，龙海市对一比疆港口用海进行清理整顿，共确权港口用海37宗，确权用海面积约50公顷，占用港口岸线约3.6公里。

后石港区　位于港尾镇塔角至后石沿海，分布着海洋石化码头、中利石化码头、一鑫石化码头、四区的固体、液体等大型深水码头配套工程，以及万通、高阳、鑫强、四区仓储等大型仓储物流项目。2005—2007年，后石港区确权用海12宗（不包括后石电厂煤码头），确权用海面积365公顷，占用岸线约14.5公里。

海沧港区角美作业区　2007年，省政府批准用海面积66公顷，其中填海36公顷、港池用海30公顷，占用港口岸线0.51公里。

（二）锚地用海

根据2005年厦门港规划，南港锚地区位于九龙江口南港海域，面积44公顷；厦门港1号锚地区位于浯屿以南海域，面积320公顷；厦门港2号锚地区位于浯屿东南海域，面积2257公顷；厦门港3号锚地区位于青屿和南炮台的深水海域，面积599公顷；厦门港7号锚地区位于打石坑北部海域，面积321公顷（部分用海属厦门海域）；厦门港0号锚地区位于东碇岛东北部海域，面积1292公顷（部分用海属厦门海域）。

（三）航道用海

根据2005年厦门港规划，一比疆至石码航道区从田墘至锦江大桥航段，全长18.4公里，航道宽度80米，规划建设宽度90—150米。浯垵航道区从塔角至厦门港主航道，漳州港航道区从田墘至厦门港主航道，航道宽度200—250米；规划建设海沧支航道角美段，长约3.5公里。

（四）路桥用海

2006年5月，国家海洋局通过厦漳跨海大桥用海的预审，同意开展项目用海前期论证工作。厦漳跨海大桥起于厦门海沧区青礁村，在规划的厦门港23号泊位处跨海，经海门岛烟墩山东侧上岛后，在一比疆海平渡口处上岸，设计主线全长10.78公里，桥梁宽度33米，用海面积87公顷（包括保护带用海），占用天然岸线580米。

四、其他用海

（一）旅游娱乐用海

旅游娱乐用海资源主要分布于隆教乡和港尾镇内的隆教湾、白塘湾、湖前湾、大径海湾等。隆教乡白塘村牛头山古火山口面积约0.7公顷。1993—2007年，均有较小规模的滨海旅游开发，但基本未涉及经营性的用海。2007年，海门岛游艇码头项目用海经省政府批准，面积29公顷，占用海岛岸线1.3公里。

（二）海底工程用海

深沃—青屿海底管线区位于厦门湾口，长度2694米，用为通信电缆。浯垵海底管线区，于2002年3

图 3-6　甘文农场红树林保护区（林祖贤摄）

月龙海市政府批准漳州市电业局的“斗美—浯屿 10 千伏海底电缆线路工程”项目用海，批准用海面积 30 公顷，用途为海底电缆管道用海，长度 2214 米。厦门岛—浯屿海底管线区长度 1.23 公里，用于通信电缆。

（三）排污倾倒用海

1995 年 10 月，启用浯屿三类疏浚物临时倾倒区，在以下 4 点连线范围内：北纬 24° 20′、东经 118° 09′ 27″，北纬 24° 20′ 00″、东经 118° 09′ 57″，北纬 24° 19′ 52″、东经 118° 09′ 81″，北纬 24° 19′ 52″、东经 118° 09′ 50″，面积 240 公顷。2003 年 9 月，启用厦门港临时海洋倾倒区，以北纬 24° 11′ 42″、东经 118° 10′ 00″ 为中心，半径为 1.5 海里的圆形海域，面积 706.5 公顷。2006 年 6 月，启用厦门港扩建工程临时海洋倾倒区，以北纬 24° 11′ 52″、东经 118° 10′ 15″ 为中心，半径 2 公里的圆形海域，面积 1256 公顷。

（四）造地工程用海

2007 年，国务院批准招商局漳州开发区人工岛工程项目用海，位于港尾镇卓岐村北侧、大径村东侧海域，面积 252 公顷，其中填海造地用海 222 公顷。

（五）保护区用海

龙海县红树林保护区于 1988 年经福建省人民政府批准建立，总面积 200 公顷。2006 年 12 月 29 日，经省政府批复调整龙海九龙江口红树林省级自然保护区范围。调整后红树林省级自然保护区总面积 420.2 公顷，保护区用海范围由甘文片、大涂洲片、浮宫片组成，其中甘文片位于甘文农场东侧海堤外，海域面积 337.5 公顷；大涂洲片位于大涂洲东侧滩涂，海域面积 67.7 公顷；浮宫片位于浮宫镇霞郭村海堤外，海域面积 15 公顷。

第三节　海洋环境保护

一、海域使用监督检查

2002 年，龙海市制定《关于加强海域使用管理工作的通知》《关于做好海域使用金管理工作的通知》等文件，建立健全海洋功能区划、海域使用审批、确权发证登记、海域使用金征收及重大用海项目的预审等制度。当年，龙海市批准漳州市电业局的“斗美—浯屿10千伏海底电缆线路工程”项目用海为首宗海域使用权登记，颁发海域使用权证书，标志龙海市海域使用权制度和海域有偿使用制度正式实施。全年确权用海4宗40公顷，用途为海底电缆、港口码头等用海。

2003—2004年，海域管理重点为非渔业用海项目的确权发证，对海域法颁布实施前，因临海工业建设、开发需要而自然形成的填海用海项目进行清理整顿，对招商局漳州开发区、浮宫一比疆部分填海企业进行补办海域使用权登记，规范管理。2003年，确权用海66宗72.4公顷，其中渔业养殖用海63宗61.05公顷。2004年，确权用海52宗61.61公顷，其中渔业养殖用海8宗10.07公顷。

2005—2006年，重点为渔业养殖用海确权发证，在7个沿海乡镇设立海域管理站和村级海域协管员，形成村、镇、市三级海域管理网络；每个乡镇海管站配备2—3名工作人员，沿海各村配备1名协管员，进行海域使用管理。乡镇海管站具体受理养殖用海申请，并与村协管员一同开展海域管理法规、政策宣传，指导申请填报，协助测量指界、公示和调解用海纠纷。2005年，龙海市人民政府批准用海63宗155.52公顷，其中渔业养殖用海42宗114.16公顷。2006年，龙海市人民政府批准用海112宗499.43公顷，其中渔业养殖用海103宗488.55公顷。

2007年，注重引导、规范海洋开发活动，服务港口建设和临海工业发展，促进海洋资源的合理开发利用与海洋经济的健康发展。九龙江口湾至隆教湾沿线上规模的港口及临海工业项目有22个，沿线工程用海面积670多公顷。同时，进行养殖用海和水产养殖业源普查工作，普查、测量、登记养殖用海345宗，普查登记面积824公顷，其中已确权发证273本，确权面积819公顷。是年，龙海市人民政府批准用海75宗319.46公顷，其中养殖用海71宗277.92公顷。

二、海域环境监测与检查

2002年，龙海市开始落实海洋工程环境影响评价制度，在海域使用审批中，实行新建、扩建的海洋工程用海必须通过海洋环境影响评价。2004年，在九龙江口、东园工业区排污口、龙海桥市政排污口、后石华阳电厂排污口等开展近岸海域海洋环境状况的监测、监视工作。九龙江口湾列入《福建省主要海湾水环境质量通报》《漳州市海洋环境状况公报》等通报海域水环境质量的海湾。

2006年8月，制定《龙海市2006年海洋环境综合整治工作意见》，综合整治工作由市海洋开发管理领导小组统一领导，海洋与渔业、环保、海事、水利、公安边防、国土、港口等部门配合，对海洋（岸）工程建设项目、临港工业、船舶和有关作业活动等出现破坏环境违法情况，以及海洋倾废违法作业、非法捕捞活动、非法开采海砂、航道通航环境等进行综合整治，遏制新的海洋环境污染和海洋生态破坏，改善九龙江口湾通航环境。同时，为落实海洋工程建设项目的环境保护设施必须与主体工程同时设计、同时施工、同时投产使用的制度，开展海洋工程建设项目跟踪监测工作，检查各种用海项目88个，检查涉嫌违法用海行为34起，其中查处违法海洋倾废案件6起、违法填海1起、非法养殖用海27起。

2007年，开展全市海上渔船、海上养殖及涉海工程“海漂垃圾”的整治，印制《整治“海漂垃圾”倡议书》《垃圾倾倒 大海呻吟》宣传单，分发给沿海乡镇、重点渔业村（居）。投入资金9万元用于协助重点渔业村（居）开展“海漂垃圾”整治工作。同时，继续做好海洋工程建设项目的环境保护设施的跟踪检查，检查11个围（填）海项目，其中填海项目3个、围海养殖项目8个，对落实有关制度不全面及未配备专职环保人员用海单位，省海洋与渔业厅发出责令限期整改通知书3份。

卷四 城乡建设

CHENG XIANG JIAN SHE

1993—2007年，龙海市围绕建设现代港口城市总目标，加快城市建设步伐。2004年3月，《龙海城市总体规划（修编）》获省政府批准实施之后，先后完成《龙海市中心城区近期建设规划》等17项规划，为龙海市城市建设发展提供蓝图和依据。

15年间，城市规模不断扩大，中心城市建成区由1993年的2.36平方公里扩大到2007年的14.82平方公里；城市建设累计投入2.09亿元，完成平宁路、紫光路、紫崴路、锦江道西段、港林路等16条主次干道的新建改建，城市发展框架基本构成；城市道路由15.8公里增加到91公里，道路面积由19.8万平方米增加到108.8万平方米，人均拥有道路面积由3.13平方米增加到6.25平方米；城市供水系统投资1.75亿元，建成日供水8万吨的自来水工程，供水范围延伸到海澄、东园、紫泥、浮宫等乡镇和招商局漳州开发区；城市公共交通开辟8条市内交通运营专线；城市园林绿地面积由1993年的71万平方米，增加到2017年的413万平方米；人均公园绿地面积由1993年的6.5平方米，增加到2017年的14平方米；路灯由1993年的760盏增加到2007年的3000盏；城市燃气逐渐代替燃煤，液化石油气的供气总量，由1993年的1780吨增加到2007年的6935吨，使用燃气人口由1993年的4万人增加到2007年的15.98万人。龙海市先后出台《关于加强城市规划建设管理的决定》《关于加强村镇管理的暂行规定》《龙海市市区管理暂行规定》等城市规划建设的规定和办法。同时，充实城建管理执法队伍，使城市管理日趋规范化。

建筑业和房地产业快速发展。2007年，建筑企业资质不断提升，由1993年的3家三级企业、20家四级企业发展到1家特级企业、1家一级企业、10家二级企业、7家三级企业、4家四级企业，从业人员由1993年9000人发展到17814人。房地产开发企业由1993年19家发展到38家，房地产买卖面积由1993年的3.88万平方米增加到33.57万平方米，抵押面积由1993年的0.3万平方米增加到104.91万平方米。同时，进行住房制度改革。1993年，开始进行公有住房出售，办理房屋所有权证。1997年，实行住房公积金制度，并出台经济适用房和廉租住房管理规定。

注重推进小城镇建设和新农村建设，龙海城乡一体化进程不断加快；村镇基础设施投入加大，实现农村公路水泥化，农民新居楼房化；配套设施不断完善，镇容村貌有很大改观。角美、榜山、海澄、紫泥、港尾5个镇被漳州市列为重点（卫星）城镇；新农村建设示范村总数22个，涌现颜厝镇巧山村、港尾镇卓岐村2个省级示范村和角美镇下屿村、九湖镇长福村、港尾镇卓岐村、榜山镇福河村、紫泥镇南书村5个漳州市级典型村。

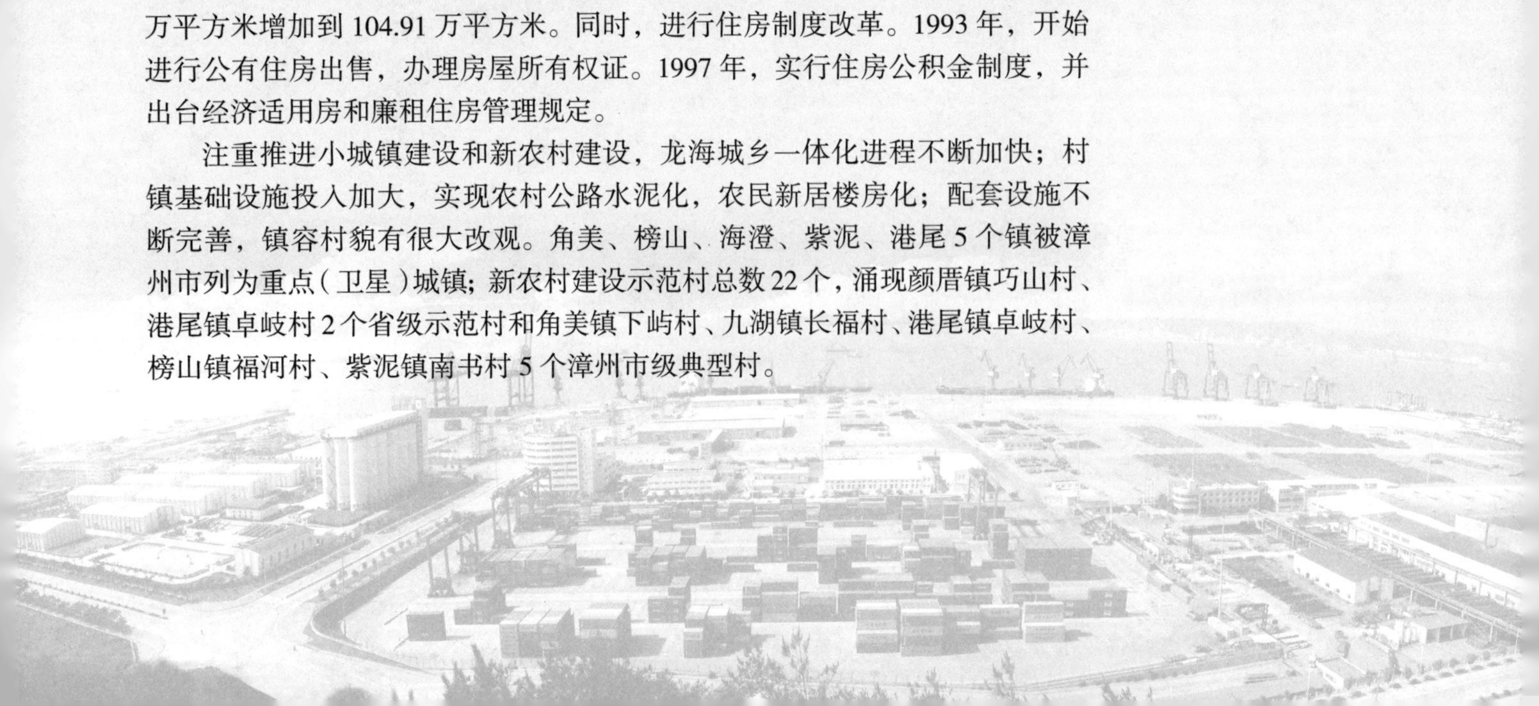

第一章　城乡建设规划

第一节　城市规划

一、城市总体规划

1994 年，龙海市委托上海市城市规划设计研究院编制龙海市城市总体规划和市域城镇体系规划，规划形成以石码、海澄、紫泥 3 镇组成的“品”字形基本城市格局，并结合市域范围内的角美工业区和港尾港口开发区，建设九龙江三角洲对外开放、多功能现代化港口城市。1995 年 5 月，福建省建委规划处在龙海市主持召开龙海市城市总体规划（修订）纲要评审会，提出龙海城市市域城镇发展战略应当在近中期加快城市化进程，实现城乡一体化的目标，要求把角美和港尾作为城市的有机组成部分，明确各自的职能分工。2003 年 6 月，福建省城乡规划设计研究院与上海市城市规划设计研究院合作完成编制《龙海市城市总体规划（修编）》。2004 年 3 月，省政府批准实施《龙海市城市总体规划（修编）（2003—2020 年）》。规划确定龙海城市性质为漳州市次中心城市，具有闽南亚热带花果之乡特色的现代化港口城市；年限近期至 2005 年，中期至 2010 年，远期至 2020 年；人口规模近期 21 万人，中期 23 万人，远期 30 万人；城市规划区控制面积 135.08 平方公里，范围南起紫云山山脊线、西浮路向南 100 米，北至九龙江中港，东起浮宫桥，西至西溪桥一带，包括石码、海澄、榜山、紫泥乌礁洲等。其中规划建成区面积 27 平方公里，范围西起榜山沈海高速，东至海澄镇下寮村，南至紫云公园—海澄二环路，北至九龙江中港。《龙海市城市总体规划（修编）》获准实施后，进行榜山片区、海澄片区、紫泥片区控制性详细规划编制，建设石码、海澄、榜山、紫泥等中心城。2005 年起，进行城市道路红线、给水、雨污水、消防、绿地系统、电信、环卫、公交、电力等专项规划的编制。

二、控制性详细规划

（一）海澄片区控制性详细规划

2003 年 6 月至 2006 年 10 月，规划委托厦门市城市规划设计研究院组织编制。规划区范围北至九龙江南港，南至紫云公园—海澄二环路，西至山后交通岛—山后村浒岸，东至海澄东路（海澄镇下寮村一带）；规划总面积约 7.47 平方公里，规划人口 8.4 万人。规划为集居住生活服务、公共服务设施、工业、航运为一体的综合片区。

图 4–1　紫云公园夜景（郭高翔摄）

（二）榜山片区控制性详细规划

2004 年 5 月至 2006 年 11 月，规划委托福建省城乡规划设计研究院组织编制。榜山片区位于龙海市中心城西北侧，规划区范围北至九龙江南港，南至福厦漳诏高速公路，西至洪厝路，东至平宁路；规划总面积约4.88平方公里，规划人口6.5万人。规划为以交通、商贸、教育科研、居住为主体，具有城市综合功能的新区。规划结构为“一心、一带、两区、两轴”：“一心”指芦州路西侧用地围合形成的中心区，“一带”指九龙江南港南岸生态景观带，“两区”指由西浮路分隔形成的南北两大街区，“两轴”指西浮路、芦州路人文景观轴。

（三）紫泥乌礁岛片区控制性详细规划

2004年7月至2006年9月，规划委托龙海市城乡规划建设设计院组织编制。紫泥乌礁岛片区位于龙海市中心城东北部，规划区范围西、北至九龙江中港，南至九龙江南港，东至紫泥大道，规划总面积约3.85平方公里，规划人口6万人。规划为高科技、行政、办公、商住、文娱综合功能的城市新区。同时规划开辟高科技园区，以及为高科技园区服务的居住区，旧城改造的动迁居住用地和度假别墅区，根据片区四周环水的自然优越条件开发旅游度假、娱乐休闲项目。

三、中心城区近期建设规划

2006年至2007年4月，规划委托漳州市城市规划设计院编制。规划期限2007—2010年，规范范围分为九龙江南港南岸和九龙江南港北岸，总规划面积约18.1平方公里。其中九龙江南港南岸东起海澄东路，西至榜山洪厝路，南至紫云公园，北至九龙江南港，总用地面积约16.2平方公里；九龙江南港北岸总用地面积1.9平方公里。发展方向先以向东（海澄山后片区）发展为主，兼顾向西（榜山）、向北（紫泥乌礁岛）发展。

四、专项规划

（一）龙海市道路红线规划

2005年6月，编制《龙海市道路红线规划》，2007年7月开始实施。规划范围包括石码、榜山、海澄、紫泥等镇的龙海市城市规划建成区，面积约27平方公里，规划道路总长度143.23公里，道路总面积4.6平方公里，路网密度5.3公里/平方公里，道路面积率17.04%；道路等级分为主干道、次干道、支路三级。

（二）城区给水专项规划

2005年9月，编制《龙海市城区给水专项规划》，规划实施年限为2006—2020年，规划设计范围和城市规划确定的城区范围一致，供水范围拓宽，包括榜山、石码、海澄、紫泥片区，以及白水镇、浮宫镇、东园镇、港尾镇、招商局漳州开发区、隆教旅游开发区。规划要求供给的生活饮用水质应达到建设部《城市供水水质标准》要求，供水管网采用优质管材，严格管理二次供水设施和自建建设。

（三）龙海市中心城区排水系统规划

2005年11月，根据《龙海城市总体规划（修编）》要求，进行专项规划修编设计，具体为城市雨水和污水排放体系、污水处理厂及相应工程设施。规划年限近中期2005—2010年，远期2010—2020年；分为排水体制确定、雨水系统规划、防洪排涝规划、污水系统规划、管线综合规划等。

（四）龙海市中心城区消防系统规划

2006年5月编制，2007年7月经龙海市政府审批，规划年限近中期2006—2010年，远期2011—2020年；规划区面积135.08平方公里。规划发展目标为近中期达到国家消防规划，远期实现消防队伍多功能发展，成为龙海市防火、灭火和紧急处理各种灾害事故、抢险救援的主要力量。

（五）龙海市中心城区绿地系统规划

2006年12月完成编制，范围为龙海市中心城区，规划用地面积约27平方公里，规划目标在2007年将龙海市建设成为福建省园林城市；远期实现布局合理、指标较先进、功能较完备、环境优越、特色显著、省内一流的生态园林城市。规划布局特点：以紫云公园为主体，以规划的中山公园、滨海公园、环紫泥岛公园为依托，以九龙江风光带为纽带，以景观路为骨架，以纵横分布的道路、溪流和外围环抱的绿色生态圈为网络，网络内的公园绿地、附属绿地、各种绿色空间合理布置，组成一个山、水、城、林融为一体，以点、带、片互相关联的城市绿地系统。

（六）龙海市城市公共交通专项规划

规划年限近期至 2007 年，远期至 2012 年；规划范围南起紫云山山脊线，二环路向南 100 米，北至九龙江中港，东起海澄东环路向东 800 米，西至西溪桥一带，包括石码、海澄、榜山、紫泥乌礁岛等，涉及石码镇、海澄镇、紫泥镇和榜山镇。规划面积约 27 平方公里。

（七）龙海市城市环境卫生专项规划

2006 年底编制，规划范围为城市总体规划确定的城区发展范围，包括榜山、石码、海澄、紫泥 4 个片区纳入管辖范围。规划年限：近期 2006—2010 年，中期 2011—2015 年，远期 2016—2020 年。规划总目标是龙海城区环卫设施与城市建设协调发展，利用新区建设与旧城改造时机，做好环卫设施建设配套，调整环卫设施布置，提高环卫设施标准，形成与国际接轨的环卫设施体系，实现城市垃圾收集密闭化，道路清扫机械化，垃圾粪便处理无害化，实现科学高效的环卫管理，成为环境优美、清洁、文明的社会主义现代化城区。

（八）龙海市中心城区住房建设规划

2007 年 1 月编制，7 月开始实施。规划用地面积约 18.1 平方公里，规划期限为 2007—2010 年。在规划期限内，凡在规划区范围内进行各项住房建设活动，应符合规划，与住房建设相关的政策、计划，应与规划协调；在规划期内，龙海市区各类住房套型建筑面积 90 平方米以上的住房面积所占比重，必须达到开发建设总面积的 70% 以上，其中保障性住房的建筑面积应占总面积的 10% 以上，单套面积控制在 90 平方米以内，廉租房占保障性住房比例 20% 左右，单套面积控制在 60 平方米以内。

（九）龙海市紫云公园总体规划

2006 年 10 月开始编制，规划指导思想是以《龙海市城市总体规划（修编）》为依据，利用公园自然资源和人文资源，逐步建成特色鲜明、生态效益显著的城市公园，定位为以自然景观为基础，山林野趣、寺庙人文景观为特色的市级综合性山地公园。规划范围北邻紫云路，东南分别与高坑村、山后村相接，西接漳诏高速公路；规划总面积 3.97 平方公里。规划近期目标重点开发花坞晨曦（综合服务区）、紫云春晓（文化娱乐区）、玉泉秀色（儿童活动区）和青松绿屿（观赏游览区）；完善各区的基础设施和配套服务设施建设，科学安排游览路线，适当增加游览项目。远期建设目标建设天风松涛（大寨奇石区）和腾龙观海（安静休息区），开辟林海揽翠（生态健身区）和平野锦绣（自然休闲区），为游客提供生态休闲、健身娱乐和体验观光的场所。2007 年 9 月，经龙海市政府批准实施。

第二节　乡镇与村庄规划

一、乡镇规划

（一）乡镇总体规划

1996 年、1997 年，分别完成角美镇、程溪镇的总体规划，其中程溪镇的总体规划获省建委三等奖。1999 年，港尾镇完成总体规划；海澄镇、隆教乡等乡镇聘请专家对镇区进行规划编制。2002 年，浮宫镇总体规划完成编制并报批。2003 年，程溪镇总体规划局部调整；海澄镇完成镇区建设总体规划。

（二）乡镇规划选介

角美镇　1996 年，完成角美镇总体规划编制，规划目标是将角美新镇区建设成为经济繁荣、文化发达、科技先进、信息灵通、设施齐全、生活便利、环境优美的现代化城镇，规划区总面积 40 平方公里。城镇性质为九龙江三角洲外向型工贸城镇。2000 年，对角美城镇总体规划调整，规划区范围内为角美镇行政辖区，土地总面积 163.7 平方公里，规划期限近期 2005—2010 年，远期 2011—2020 年，远景 2020 年以后。

人口规模近期为20万人，远期为37.5万人。总体规划将角美城镇发展定位为工贸为主、对接厦漳的重要城镇，规划充分利用角美镇区的生态环境和区位优势，统筹调整和优化用地格局，使角美镇成为适宜居住、就业和投资的特色鲜明的山水城镇。

程溪镇　1997年，完成程溪镇规划，规划区总面积为4.83平方公里，规划年限近期1997—2000年，中期2001—2010年，远期2011—2020年。人口规模近期4.13万人，中期5.28万人，远期6.39万人；城镇化水平近期42%，中期50%，远期62%。镇区性质拟定为以发展工贸及加工工业为主的休闲度假兼并的市郊型城镇。规划重点以林棉线为主轴，以程溪溪为次轴，镇区建设用地沿轴线滚动发展，形成"带状形"总体布局形态。2003年，对程溪镇总体规划局部调整，主要以程溪镇建设规划为依据，建设生态型小城镇为目标，强化镇区作为镇主要中心区并服务周边地区的功能。2003年7月，完成程溪工业区首期控制性详细规划，规划目标是将程溪工业区首期建设成以家具、电子、建材加工，以及农副产品加工等一、二类工业为主的生态型工业园区。

海澄镇　1999年，海澄镇被列为漳州市十大卫星城镇。是年，为加强镇区建设，聘请专家对镇区建设进行总体规划。2003年，完成海澄镇规划，规划区面积7.47平方公里，人口规模7.47万人，规划年限近期1999—2005年，中期2006—2010年，远期2011—2020年。规划目标：理顺片区交通，完善配套设施，提高土地利用效率和综合环境质量；规定各项建设用地的控制指标和其他规划管理要求，强化规划的控制功能，指导修建性详细规划编制与开发建设为城市规划管理提供技术支持；确定合理的开发强度，提高土地利用效率和综合环境质量；促进片区的农村城市化和乡镇企业的置换和改造；改善规划区投资环境，实施社会、环境、经济效益并举的目标，构建绿化系统，保护水体，增加公共绿地和道路绿化带，组织公共空间，改善本片区工作和生活环境。

港尾镇　1999年11月，完成港尾镇总体规划编制，将港尾镇城镇性质定义为以农业为基础，以港口为依托，以港口工业和外向型加工业为主导的滨海工贸城镇；镇域总用地面积为96.6平方公里，人口规模近期1.54万人，远期3.2万人。规划以港尾镇区为中心集镇，大径、斗美、格林、石埠为一般集镇、其他为中心村。镇区以中小型加工业为主导产业，集商贸、居住于一体的现代化工业城镇。

隆教乡　2003年10月，完成隆教旅游经济开发区总体规划编制，将隆教乡规划性质定义为以火山地质景观、滨海沙滩、古代卫城为特色，集观光、度假、科普等功能为一体的滨海旅游度假区；规划区用地面积35.2平方公里，人口主要由村镇人口、旅游人口、服务人口、置业人口、工业区人口组成；规划期限近期2003—2010年，远期2011—2020年。人口规模近期1.7万人，远期1.84万人。规划布局结构可归纳为"东生产西生活，大分散小集中，一个中心两条主线三个组团"，即开发区东侧规划为生产用地，西侧大范围用地主要功能是旅游及生活服务，开发区内重点开发建设牛头山旅游观光休闲、镇海旅游观光休闲、流会旅游观光休闲三个组团。

东泗乡　2003年12月，完成东泗乡综合区总体规划编制，将东泗乡规划性质定义为发展以养殖业、种植业为主的现代农业，结合开发休闲度假的生态综合区；规划总用地面积2.94平方公里，规划期限2003—2020年，规划结构为"一环两区"布局，形成一个以农业生态半包围生活区、休闲区的规划结构模式，按功能不同可分为现代农业生态区、休闲度假村和村庄生活区。

二、村庄规划

1993年，龙海市对全市村庄建设进行规划。截至1996年10月，全市147个中心村完成"三图一书"（现状图、规划图、基础设施图，说明书）的建设规划，并通过龙海市政府审核。由于村庄规划编制受条件限制，原村庄规划地形图测量不规范或规划成果不科学等，不能很好地指导全市村庄建设，对村庄规划进行调整，1997年起，对全市61个村庄的建设规划进行调整，其中港尾镇深沃村规划方案获得福建省建委三等奖。

1999—2000年，完成48个村庄建设规划调整。其中，隆教乡流会村兴古新村规划获得福建省建委三等奖，林下林场新村规划获漳州市建委三等奖。2003年起，为适应全市村镇建设发展需要，启动新一轮的村庄规划编制（修编）工作。

截至2007年，共有84个行政村完成村庄建设规划编制（修编）工作。是年，龙海市委托福建农林大学农村发展研究所编制《龙海市社会主义新农村建设发展规划（2006—2010）》，确定阶段性的目标任务和工作措施。

第二章　城市建设

第一节　房屋建设

一、基本情况

1993年，市区私人新建房屋建筑面积18926平方米，其中住宅16189平方米。商品房施工面积164512平方米，其中住宅156036平方米；竣工面积59135平方米，其中住宅50535平方米。机关公务和社会团体公务建筑房屋施工面积13567平方米，竣工面积5757平方米；科教文卫房屋施工面积56526平方米，竣工面积35176平方米；交通运输、仓储及邮电通信行业房屋施工面积3164平方米，竣工面积2200平方米；金融、保险业房屋施工面积4852平方米，竣工面积1452平方米；批发、零售贸易和餐饮业房屋施工面积10331平方米，竣工面积1550平方米。

1994年起，龙海市加大发展房地产，建设商品房、商业物流等建筑，以及建设党政机关及科教文卫等建筑和厂房建设。是年，市区私人建房竣工面积23615平方米；商品房竣工住宅面积56517平方米，市区公园路北侧商业城、东市场商住区、华龙商住楼等相继建成。1995年，市区私人建房竣工房屋建筑面积16253平方米，其中住宅14125平方米；全市商品房竣工房屋面积134951平方米，其中住宅121102平方米、办公楼3216平方米、商业营业房10633平方米。市区建成的商住区有西头小区和锦江道商住楼。1996年，全市住宅竣工房屋面积30000平方米。是年，建成成兴大酒店、商业城商住区等。1997年，全市商品房竣工房屋面积34448平方米，其中住宅29248平方米（别墅和高档公寓552平方米）、商业营业用房5200平方米。建成的建筑物有粤龙农副产品批发市场和紫鑫大厦。1998年，全市商品房竣工房屋面积33495平方米，其中住宅29560平方米、商业营业用房3435平方米、其他500平方米。是年，建成建行办公楼、电信办公楼、罗锦小区。1999年，全市竣工房屋面积117146平方米，其中住宅73168平方米（安居工程3210平方米）、办公楼13901平方米、商业营业用房26759平方米、其他3318平方米。是年，

图4-2　1998年石码一角（市委报道组提供）

建成半港小区、侨联商厦。

2000年，龙海市区建成闽南家具批发市场、益发小区、龙江花园等多个项目。是年，全市竣工房屋面积71619平方米，其中住宅55204平方米（安居工程18000平方米）、商业营业用房16215平方米、其他200平方米。2001年，市区建筑完工的有市交通局大楼、锦港花园、世纪阳光商城、华人商城、立业大厦等。是年，全市竣工房屋面积113194平方米，其中住宅92743平方米（其中经济适用房34277平方米）、办公楼9712平方米、商业营业用房10094平方米、其他645平方米。

2002年，市消防指挥中心、邮政局大楼、移动通信大楼、龙海一中科学楼、通华小区、佳鑫花园等相继建成。全市房屋竣工面积164171平方米，其中住宅120300平方米、商业营业用房43871平方米。2003年，市区新建成的建筑有市工商局综合大楼、港口花园、红树林花园小区等。全市房屋竣工面积433132平方米，其中住宅73390平方米、办公楼15000平方米、商业营业用房15322平方米、其他329420平方米。

2004年，龙海市城市总体规划经福建省人民政府批准实施，房屋建设随着城市道路新建、改建拓宽而增加。是年，全市房屋建筑竣工面积264905平方米，其中住宅171175平方米、商业营业用房23689平方米、其他用房70041平方米。2005年，市广电中心、宏业花园、成兴小区经贸大厦、运辉花园等相继建成。全市竣工房屋面积389441平方米，其中住宅267119平方米、办公楼36575平方米、商业用房49696平方米、其他6051平方米。

2006年，位于市区的市疾控中心、龙盛花园、锦湖阁小区等建筑相继建成。是年，全市房屋竣工面积351675平方米，其中住宅252063平方米、办公楼2068平方米、商业用房44429平方米、其他53115平方米。2007年，市区相继建成黎明苑、水晶花园等建筑，形成集行政办公、商贸金融、文化体育、休闲娱乐等建筑群一体的城市框架。全市竣工房屋面积483454平方米，其中住宅326503平方米、办公楼2991平方米、商业用房43371平方米、其他110589平方米。

二、主要公共建筑

（一）机关公务建筑

建行龙海支行综合楼　位于市区工农路，1993年开工建设，1998年12月投入使用。投资1400万元；占地面积1067平方米，楼高15层，建筑面积6800平方米，框架结构。

电信大楼　位于海澄镇山后村，1996年投建，1998年竣工，2000年9月投入使用。占地面积1400平方米，建筑面积10419.25平方米，建筑高度48.7米，楼高15层，框架结构。大楼装有电梯、中央空调和智能消防监控系统等配套设施。

图4-3　龙海市消防大队办公楼（市消防大队提供）

消防指挥中心　位于市区紫崴路北侧，1998年投建，2003年投入使用。投资351万元；占地面积6533平方米，建筑面积4776平方米，楼高8层。

邮政局大楼　位于市区紫崴路，1999年投建，2001年5月投入使用。投资1500万元；建筑面积7000平方米，框架结构，楼高9层。

交通局大楼　位于市区紫崴路南侧，2000年5月投建，2001年投入使用。投资700万元；占地面积3552平方米，建筑面积5000平方米，框架结构，楼高7层。

工商局综合大楼　位于市区紫光路，2001 年投建，2003 年底竣工。占地面积 5594 平方米，建筑面积 10000 平方米，框架结构，楼高 15 层。

移动通信大楼　位于市区平宁路，2001 年 1 月投建，2002 年 12 月投入使用。占地面积 4451 平方米，建筑面积 4696 平方米。楼高 8 层，配套营业厅、视频会议室、职工之家活动场所、传输机房和油机房等。

计生综合大楼　位于市区紫光路东段南侧，2002 年投建，2003 年投入使用。投资 860 万元；建筑面积 5860 平方米，框架结构，楼高 6 层。

广播电视中心　位于市区平宁路，2003 年投建，2005 年建成。占地面积 4860 平方米，建筑面积 6643 平方米，框架结构，楼高 6 层。

国税局办税中心大楼　位于市区紫光路北侧，2004 年投建，2007 年尚在建设中。占地面积 10534 平方米，建筑面积 9484 平方米，框架结构，楼高 15 层，总高度约 60 米。

交警大队行政办公楼　位于市区紫崴路，2005 年投建，2007 年底竣工。占地面积 15582 平方米，建筑面积 7511 平方米，框架结构，楼高 5 层。

质量技术监督局大楼　位于市区紫光路北侧，2007 年投入使用。投资 300 万元，建筑面积 1540 平方米，框架结构，楼高 5 层。

人民银行综合楼　位于市区紫崴路南侧，2006 年投建，2007 年竣工。投资 150 万元；建筑面积 1464 平方米，框架结构，楼高 5 层。

法院审判综合楼　位于市区紫崴路西南侧，2006 年开工投建，2007 年尚在建设中。占地面积 18674 平方米，建筑面积 15480 平方米，框架结构，楼高 6 层。

（二）科教文卫建筑

龙海一中科学楼　位于市区人民路北侧，2001 年投建，2002 年 11 月竣工。投资 780 万元；占地面积 1300 平方米，建筑面积 7800 平方米，框架结构，楼高 9 层。

龙海二中教学楼扩建项目　2003 年投建，投资 150 万元；占地面积 720 平方米，建筑面积 900 平方米，框架结构，楼高 4 层。

龙海市疾病预防控制中心　位于市区紫崴路南侧，2007 年投入使用。投资 700 万元；占地面积 5300 平方米，建筑面积 4100 平方米，框架结构，楼高 6 层。

教师进修学校　位于市区紫崴路南侧，2005 年投建，2007 年底竣工。占地面积 10900 平方米，建筑面积 13020 平方米，框架结构，楼高 12 层。

龙海一中分校　位于市区紫崴路南侧，2006 年投建，2007 年尚在建设。占地面积 27379 平方米，建筑面积 29699 平方米。

（三）商业物流建筑

人民市场商业城　位于市区公园路北侧，在原石码镇人民市场棚屋区范围建设，拆除建筑面积 3466.86 平方米，1996 年投入使用。建有 52 间商业店面，面积 1385.7 平方米。

钻石大酒店　位于海澄镇山后村西浮路北侧，2006 年 10 月开业。占地面积 20000 平方米；投资 9000 多万元。属四星级大酒店，配有娱乐、健身等设施。

成兴大酒店　位于市区人民西路南侧，1996 年建成，楼高 6 层，建筑面积 5821 平方米。

粤龙农副产品批发市场　位于芦州大道西侧，1997 年建成；商住用房面积 8272 平方米。

闽南家具批发市场　位于榜山镇芦州村，由龙海市粤龙房地产开发有限公司独资开发，规划面积 23753 平方米。首期工程于 1999 年 9 月投建，2000 年 6 月投入使用，建筑面积 16200 平方米，投资 750 万元，是龙海市第一个家具专业批发市场。

三、主要住宅建筑

（一）主要住宅小区

罗锦小区　由龙海市港龙房地产开发有限公司承建。位于市区紫光路，1993 年投建，1998 年完工，共有 17 幢，楼高均为 7 层，砖混结构，占地面积 62088.48 平方米，建筑面积 10 万平方米。

西头小区　由龙海市榜山商品房公司承建。位于市区平宁路，1994 年投建，1995 年建成。占地面积 4741.75 平方米，建筑面积 11400 平方米，共 5 幢，楼高 5—7 层，均为砖混结构。

益发小区　由龙海市益发房地产开发有限公司承建。位于市区人民东路，1994 年投建，2000 年建成，建有锦中楼、锦港楼、锦东楼 3 幢，楼高 7 层，占地面积 8613 平方米，建筑面积 16560 平方米。

半港小区　由龙海市城镇综合开发公司承建。位于石码镇高坑村半港社，1995 年投建，1999 年建成。共 2 幢，均为 7 层，共 48 套，占地面积 1631.73 平方米，总建筑面积 3210.53 平方米。

通华小区　由龙海市通华房地产开发有限公司承建。位于市区紫光路，1994 年投建，2002 年完工。占地面积 8358 平方米，建筑面积 21000 平方米，有 11 幢，楼高 7 层。

龙江花园　由龙海市榜山商品房公司承建。位于榜山镇平宁村，长途汽车站对面，1996 年投建，2000 年完工。共 5 幢，框架结构，占地面积 3880 平方米，建筑面积 19890 平方米。

紫鑫公寓　由龙海市紫鑫房地产开发有限公司承建。位于市区人民路南侧，1997 年完成建设，占地面积 1934 平方米，建筑面积 8572 平方米，共 2 幢，楼高均为 8 层。

港口桥住宅区　位于市区港口桥东侧，包括港口花园和顺风苑 2 个小区。其中，港口花园由龙海市农房开发建设公司承建，原为城市棚户区，1999 年 3 月立项征地拆迁，共拆迁 20 户，拆迁建筑面积 4448.95 平方米；2003 年 5 月港口花园竣工，建成 5 幢 110 套居住房，占地面积 6756 平方米，建筑面积 22100 平方米。顺风苑于 1997 年 2 月立项拆迁，拆迁住房 33 户，拆迁建筑面积 4242.64 平方米；开发土地面积 5123 平方米，建成 2 幢居住楼，建筑面积 11000 平方米，同时连带开发桥口西侧土地为公园，面积 4334 平方米。

锦龙小区　由龙海市住宅建设发展中心承建。位于榜山镇芦州村，为经济适用房，1999 年投建，分 6 期建设，共 36 幢，建筑面积 112600 平方米，小区内配套设施完善，设有幼儿园、篮球场、地下停车场，小区中心有 2 万平方米的绿地广场，绿化率 35%。截至 2007 年，完成 5 期建设，建设 25 幢，共 579 套，面积 73060.12 平方米；小区占地面积 84126 平方米，总建筑面积 86139.98 平方米。

瑞鑫花园　由龙海市紫鑫房地产开发有限公司承建。由原物资仓库改建，位于市区工农路登第桥旁，1999 年投建，2000 年完工。共 3 幢，楼高 6—8 层，占地面积 2471 平方米，建筑面积 10724 平方米。

锦港花园　由龙海市锦城建筑房地产开发经营部承建。位于市区桥口东市场一侧，1998 年投建，2001 年建成。共 3 幢，楼高 6—7 层，占地面积 1792.9 平方米，建筑面积 10028 平方米。

世纪阳光商城　由福建世纪阳光房地产开发有限公司龙海分公司承建。位于市区锦江农贸市场内，2001 年建成，1 幢 7 层，框架结构，占地面积 2449.25 平方米，建筑面积 10400 平方米。

华人商城　由龙海华洋置业有限公司承建。位于市区新田厝路口，邻近石码中心小学，建于 2000 年至 2001 年间，拆迁面积 4717 平方米，建成 2 幢，楼高 9 层，占地面积 2252.9 平方米，建筑面积 15752 平方米。

立业大厦　由龙海市立业房地产开发有限公司承建。位于市区人民东路公交客运站对面，临街十字路口，共 3 幢，均为 7 层框架结构，建于 2000 年至 2001 年间，占地面积 2566 平方米，建筑面积 10903 平方米。

后港路住宅区　包括江洋新苑、黎明苑、瑞景苑、后港路南路小区，共 15 幢，建筑面积 56513.27 平方米。其中，江洋新苑由龙海市江洋房地产开发有限公司承建，位于市区后港路前段，分 2 期建设完成，2000 年投建，2005 年竣工，占地面积 2090 平方米，建筑面积 26080 平方米，有 6 幢，楼高 7—8 层；黎明苑由石码镇蔬菜村村民集资，委托龙海市二建房地产开发建设有限公司承建，位于市区后港路一侧，建于 2003 年至 2007 年间，共 3 幢，楼高 5 层，占地面积 3574 平方米，建筑面积 9358 平方米；瑞景苑由龙海市城宝房地产开发有限公司承建，位于市区后港路中段，2001 年投建、竣工，共 3 幢，建筑面积 10158.06 平方米；后港路南路小区由龙海市鑫龙房地产开发建设有限公司承建，位于市区后港路前段，2001 年投建、竣工，共 3 幢，楼高均为 7 层，占地面积 1432.93 平方米，建筑面积 10917.21 平方米。

宏业花园　由龙海市宏业商品房开发有限公司承建。位于市区鸿团路（石码镇内社村）。2002年投建，2005年竣工，共3幢，楼高7—8层，占地面积3251.25平方米，建筑面积12117.18平方米。

图4-4　佳鑫花园（市委报道组提供）

红树林小区　由龙海市红树林房地产有限公司承建。位于解放北路与锦江道交会处，为龙海市旧城改造后建设项目，2000年12月，经省发展计划委批准立项对打石街一侧及解北片区进行旧城改造，拆迁627户，拆迁总建筑面积51307平方米。红树林小区于2001年至2003年完成建设，占地面积32900平方米，建筑面积80400平方米，由13幢7—9层建筑群组成，框架结构，为开放式商业小区，一楼为店面，建有地下停车库，有20个停车位。小区绿化率18%，内设有运动场地、广场、老人活动中心等。

佳鑫花园　由龙海市紫鑫房地产开发有限公司承建。位于紫光路一侧，2001年投建，2002年竣工；建有5幢住宅191套，占地面积8376平方米，建筑面积29584平方米。

成兴小区经贸大厦　由龙海市鑫龙房地产开发建设有限公司承建。位于紫光路与人民西路交叉路口，2001年至2005年完成建设，拆迁占地面积2480平方米，拆迁建筑面积1700平方米，拆迁户29户，新建3幢共107套，建筑面积10528平方米。

运辉花园　由龙海御泰房地产开发有限公司承建。位于市区工农路中段，由原动力机厂拆迁改造而成，2002年5月拆迁，拆迁住户44户，拆迁建筑面积19477.13平方米。2003年投建，2005年竣工；建有12幢商住房287套，其中9幢楼高6层、3幢楼高11层，配有电梯3座；占地面积22912平方米，建筑面积58000平方米。小区内配有公共绿地、花圃和沿街店面，设置有全天候区内多场所探头安防系统，实行全封闭小区管理。

龙盛花园　由龙海市粤龙房地产开发有限公司承建。位于榜山镇芦州村，2005年投建，2006年建成，共6幢，住宅楼总套数306套，占地面积19500平方米，建筑面积40950平方米。配套广场、运动场、停车场等，面积10000平方米，绿化率30%。

天翔花园　由漳州市天翔房地产开发有限公司承建。位于市区人民路龙海一中对面，2006年开始建设，2007年尚在建设，占地面积6235平方

图4-5　运辉花园（市委报道组提供）

米，建筑面积35789平方米，由1幢楼高22层高层建筑和2幢楼高18层建筑组成，共296套。

水晶花园　由漳州市芝山房地产开发有限公司承建。位于紫光路南北两侧，分3期开发，2005年4月投建，占地面积35417平方米，建筑面积85000平方米，2007年完成第一期工程建设，共12幢，建筑面积50478平方米。小区绿化率30%，有6幢住宅楼安装电梯，公共建筑面积400平方米，建有业主委员会办公场所、物业管理房、游泳池、停车场、广场等。

九龙新城　由龙海市弘伟房地产开发管理有限公司承建。位于平宁路东侧，锦江道以南，占地面积40000平方米，共32幢，分2期建设。2006—2007年，建设第一期项目，共15幢，楼高1—18层，其中低层14幢、中高层1幢，建筑面积75719.6平方米。小区内配套公共建筑5000平方米，建有停车场、幼儿园、物业管理房、游泳池、居委会办公用房等，绿化率36%。

三远小区　由龙海市三远房地产发展有限公司承建。位于海澄镇山后村，2007年底开工建设，第一期工程4幢，其中2幢楼高18层、2幢楼高25层，总套数794套。公共配套建筑面积747平方米，配套停车场、广场、物业管理用房、幼儿园等，小区绿化率41%。

（二）主要商住区（楼）

东市场商住区　由石码商品房公司承建。位于龙海桥附近，建于1993年至1994年间，占地面积5323.7平方米，建筑面积9800平方米，其中市场门面3200平方米、住宅6600平方米，是龙海市第一家集市场与住宅于一体的项目建设。

商业城商住区　由龙海市房地产开发公司承建。位于市区公园路北侧，1993年由旧菜市场改建而成，共拆迁旧房占地面积3466.86平方米。1996年竣工，建成4幢商住楼，建筑面积17869.43平方米，其中住宅169套、店面21间。

华龙商住楼　由龙海市华龙商品房开发公司承建。位于市区人民东路，1993年至1994年间建成，楼高8层，占地面积1775.5平方米，建筑面积8500平方米。

锦江道商住楼　由石码镇商品房公司承建。1994年至1995年间建成，共4幢，楼高均为8层，建筑面积17455平方米。

侨联商厦　由龙海市御泰房地产开发有限公司承建。位于市区公园路人民市场商业城东侧，拆迁建筑面积3866平方米。1997年开工建设，1999年建成，建成1幢楼高13层商住楼，占地面积2781.53平方米，建筑面积21037平方米。

锦湖阁小区　由龙海市通华房地产开发有限公司承建。位于市区紫光路北侧，2005年投建，2006年建成，共8幢，占地面积14543平方米，建筑面积24077平方米，是集农贸、商业、住宅于一体的小区。

第二节　市政基础设施建设

一、道路与桥梁建设

1993年，龙海市区道路总长15.8公里，有桥梁6座。是年，投资390万元新建平宁路、人民路港口桥、人民路山后桥、港林路港林桥、工农路登第桥、工农路罗锦桥。其中，平宁路总长1257米，宽17米。1994年，开展“先行工程”建设，龙海市成立“先行工程”指挥部，由市领导任主要领导，各部门抽调力量，进行公路及城市道路建设。3月，市区投建紫崴路（二环路），道路全长7.7公里（其中石码段3.2公里），宽50米，双向6车道，总投资约7300万元，道路等级为二级公路（1996年11月竣工），配套建设文美小桥、屿上小桥及桥涵2座。1995年，为了完善城市道路网络，新建紫光路（一环路），为市区东西向道路，西起市工商局大楼，东至公交车站，按照城市道路标准进行规划设计，配套建设雨水、供水、强电及弱电管网工程。全长1743米，总投资约950万元，道路宽20米。同年12月，锦江大桥开工建设。

1996 年，为完善城市第一环状道路的南环道路配套，新建锦江道西段工程，道路西起市造纸厂，东至锦江大桥，长 1569 米，宽 25 米，总投资 1700 万元，包括道路、雨水、强电、弱电、绿化等工程，因道路一侧临江，配套建设驳岸挡墙、涵闸等水利工程（1997 年 8 月投入使用）。锦江道西段道路的建成，使市区第一环城道路的北、西、南三侧基本畅通，改善市区的交通环境。同年 5 月，投资 62 万元，改造工农路中段（工农路始建于 1984 年，全长 1381 米，宽 13 米），北起人民商场，南至登第桥，长 286 米，宽 25 米，属城市主干道。1997 年，拓宽改建人民西路、人民路、人民东路，道路总长 1463 米，总投资 284 万元；铺设市区主要街道人行道两侧花砖，总投资 135 万元。1998 年，完成市区港口桥改造建设，总长 42 米，投资 150 万元；同年 12 月，锦江大桥竣工。

1999 年，拓宽建设公园路、九二〇路南段和港林路、后港路南段、紫光路东市场段，总投资 1800 万元。同年 6 月，建设紫光路与紫崴路连接线工程，南起紫崴路，西到紫光路市工商局大楼，全长 370 米，宽 50 米，配套建设 1 座桥梁，总投资 843 万元，首次实行雨污分流的排水系统，属城市主干道；同月对港林路进行拓宽改造（港林路南起司法局，北至港口花园，始建于 1988 年，全长 850 米，宽 5 米），投资 213 万元，改造后道路宽 18 米，属城市次干道。至 2000 年，市政道路总长 37.41 公里，面积 74.5 万平方米。2001—2002 年，投入 590 万元，拓宽改造市区解放北路、市政府大门口道路、半港小区道路、新田厝及天水宫道路、紫光路等，总面积 1.8 万平方米。

2006—2007 年，因城市建设的需要，对紫崴路主城区一段约 3.23 公里的路段实施改造，将原来的道路等级由二级公路提升为城市一级主干道，路面结构由水泥砼路面改为沥青砼路面，并按城市道路标准配套建设道路附属强电、弱电、供水、供气、雨污水等管网工程及交通组织设施、道路绿化设施等工程，共投资 3277 万元。同时，市区南部新建 20 号路，连接起紫云公园与紫崴路，为群众健身休闲娱乐的出行提供便利；市区西部，为发展紫云片区建设，新建平宁路南段；拓宽改造工农路，部分解决城市南北向道路偏窄的问题；在市区东部，为连接远景的厦漳跨海大桥，提升厦漳同城化水平，筹划建设锦江道东段项目，项目一期工程长 1.21 公里，宽 50 米，含道路、雨污水、强电、弱电、供水、供气、绿化景观等工程设施及驳岸挡墙、涵闸等水利工程。

2007 年，龙海市区新建的主次干道有平宁路、紫光路、紫崴路、锦江道西段、锦江道东段、平宁路中段、平宁路南段、后港路、20 号路、东市场路等；改造的主次干道有人民路、人民西路、人民东路、工农路、港林路等。城区道路总长 91 公里，比 1993 年的 15.8 公里增加 75.2 公里；道路面积 108.8 万平方米，比 1993 年的 19.8 万平方米增加 89 万平方米；城市桥梁共 24 座，比 1993 年增加 18 座。

图 4-6　市区人民东路（市委报道组提供）

1993—2007 年龙海市城市道路建设情况表

表 4-2-1　　　　单位：米、年

道路名称	起点	终点	长度	宽度	路面结构	建设性质	建设时间	竣工时间	备注
平宁路	造纸厂	紫崴路	1257	17	水泥砼	新建	1993	1994	部分宽 24 米
紫光路	工商局	公交车站	1743	20	水泥砼	新建	1995	1996	含小桥 1 座
榜山镇政府路	镇政府	西浮路	230	20	水泥砼	新建	1994	1995	—
紫崴路	芦州三角地	五口桥	7700	50	水泥砼	新建	1994	1996	—
					沥青砼	改造	2006	在建	
人民路、人民西路、人民东路	芦州三角地	山后环岛	1463	20	水泥砼	改造	1995	1995	—
							1998	1998	
锦江道西段	锦江大桥	造纸厂	1569	25	水泥砼	新建	1996	1997	含桥涵 1 座
公园路、九二〇路	街心公园	打石街	410	16	水泥砼	新建	1998	1999	—
平宁路中段（一二环连接线）	紫光路	紫崴路	310	50	水泥砼	新建	1999	2001	含罗锦桥
港林路	港口花园	司法局	850	18	水泥砼	改造	1999	2000	含港林桥
后港路南段	人民西路	蔡港	303	18	水泥砼	新建	1999	2000	—
市区 20 号路	紫云公园	紫崴路	420	24	水泥砼	新建	2006	2007	—
锦江道东段一期	锦江道中段	港岸	1210	50	沥青砼	新建	2006	在建	含小桥—1 座
东市场路	公交车站	龙海桥	340	25	水泥砼	新建	1998	1999	—
							2003	2003	
工农路	福利院	街心公园	1378	20	沥青砼	改造	2007	在建	含小桥 2 座
平宁路南段	紫崴路	新厝	500	50	水泥砼	新建	2007	在建	—

二、园林绿化

1993 年，市区有中山公园、街心公园及锦江道儿童乐园 3 个公园绿地，总面积 8000 平方米；市区道路绿化有人民路、工农路、锦江道三条市区主干道，栽植行道树，总长度约 3870 米。城市绿化覆盖率 18.15%，绿地率 13.68%。1996 年，开始规划建设紫云公园，占地面积 3.97 平方公里；6 月对街心公园进行改造提升，改造面积 2706 平方米，投入资金 35 万元。

1998 年，对锦江道绿化进行改造，投入资金 19 万元，种植有华盛顿棕、榕树、加拿利海枣等，改造面积 5500 平方米。1999 年后，园林绿化投入 1121 万元，建设城市主次干道绿化带、街头绿地，改造市区街心公园、芦州三角绿地、港口花园小区绿地，建设成兴绿地、紫崴绿地。其中，紫光路绿化带共投入资金 15 万元，绿化面积 5857 平方米，种植有假槟榔、马樱丹、黄金叶等；二环路山后至珠浦段绿化带建设面积 27060 平方米，投入资金 55 万元，种植海枣、华棕等树木；紫崴绿地一期位于龙海市紫崴路北侧江滨绿化带，西起港林路，东至山后安全岛，全长 560 米，总占地面积 21344 平方米，投入资金 428 万元；成兴绿地规模 15000 平方米，投入资金 32 万元；街心公园，改造规模 2706 平方米，投入资金 35 万元；绿化改造港口花园小区，投入资金 12 万元，面积 8000 平方米。

截至 2000 年，建成区园林面积 192.2 万平方米，公共绿地面积 27.92 万平方米，绿地率 14.41%。2002 年，绿化平宁路，投入资金 23 万元，长度 750 米，面积 12000 平方米，种植扶桑、海枣、假连翘等。2003 年，完成南台公园绿化，建设规模 2500 平方米，投入资金 120 万元。2005 年，建设紫崴路绿化带石码段，面积 13443 平方米，投入资金 55 万元，种植黄花槐、海桐球；绿化建设港口花园，面积 1800 平方米，投入资金 14 万元。2007 年，建成区绿化覆盖率 38.87%、绿地率 34.21%、绿化覆盖面积 576 万平方米，城市园林绿地面积 413 万平方米，公园绿地面积 242 万平方米，人均公园绿地面积 14 平方米。

附：紫云公园

位于龙海市区南部，规划占地面积 3.97 平方公里，以休闲、健身、观景、娱乐、度假为主要功能的综合性公园。1996 年开始建设，截至 2007 年，建成 12 公里的环山混凝土道路和 5 公里多的游览步行山道，建有灿坤景区、大寨景区、科教景区、观海景区、红滚景区、岳岭景区 6 个景区和爱心广场、西游憩园、生肖园、竹林响水、生态科技园、望江亭、镜潭、五猪下槽等 20 多个景点；建造公园景观林约 27 公顷，架设安装路灯 4 公里，完善配套水、电、公厕等基础设施；建有健身器材 4 套，健身走廊 3 条，铺设鹅卵石小道和路面约 1320 平方米，建有羽毛球场、门球场、柔力球场等 6 个运动场所。

1997—2007 年紫云公园景点建设捐献情况表

表 4-2-2　　单位：元

景点	建成年份	捐献金额	捐建者
光明阁	1997	194945.76	龙海市供电有限公司
紫云得路	1998	138973.39	龙海市工商行政管理局
紫鑫亭	2001	60000	紫鑫房地产开发公司郭芋斋
国土亭	2002	100000	福建省国土资源厅、龙海市国土资源局
生肖园	2003	300000	兔园—榜山镇洋西村郑霜高，牛园—生辉茶行李建顺，虎园—龙海市检察院，龙园—龙海市公安局，羊园—加拿大华侨刘秀蓉，猴园—漳州市闽星家具装饰有限公司董事长黄河根，狗园—龙海市人民法院，猪园—福建腾龙工业有限公司总经理黄河松
交通亭	2003	100000	龙海市交通局
天使亭（五猪下槽）	2003	49800	中国移动通信集团福建有限公司龙海分公司
灿坤阁	2004	600000	灿坤集团吴灿坤
瞭望台	2004	253966.23	漳州市林业局、龙海市林业局
海新园	2004	200000	福建省海新集团有限公司董事长蔡土木
生态科技园	2004	146905	龙海市科技局
骏马飞奔	2004	1198	金冠（龙海）塑料包装有限公司董事长傅丽芬
桃园	2005	120000	厦门裕成房地产开发有限公司董事长邱清裕
健身走廊	2005	100000	龙海市文体局、龙海市多棱锯条有限公司、东南石化有限公司、角美鸿源商品房地产开发有限公司、龙佳生态旅游度假公司
休闲坊	2005	45550	龙海市粤龙房地产开发有限公司董事长郭国护
休闲小木屋	2005	30000	福建省德鑫机械有限公司总经理张德亮
椰树亭	2005	23943.61	龙海市地税局

续表 4-2-2

景点	建成年份	捐献金额	捐建者
白雪姬园雕塑	2005	3000	金冠（龙海）塑料包装有限公司董事长傅丽芬
爱心广场	2006	280000	龙海市环境保护局
方圆亭	2007	120000	苍坂农场、漳州芗江宾馆
西游憩园	2007	110000	中国人民财产保险股份有限公司龙海市支公司
聚宝园	2007	100000	福建省腾龙工业公司、漳州闽星家具装饰有限公司
望江亭（计生场地工程、台阶改造工程）	2007	42686	东园镇人民政府
竹林响水（工程石制品）	2007	21412	龙海市海洋与渔业局、龙海市龙佳石料有限公司总经理林志毅、龙海市顺昌建材有限公司总经理陈同昌、龙海市东南土石方基础工程有限公司总经理郑荣东、龙海市捷兴石料有限公司总经理谢小红、龙海市一比疆添鸿石料有限公司总经理肖添益

三、供水

1993 年以前，龙海市原水厂取用于九龙江西溪水源，自来水日供水能力为高坑 1000 吨、海澄 2000 吨、罗锦 5000 吨，供水管道长 26.55 公里，自来水普及率 25%。同年 6 月，投资 1.43 亿元建设新龙海市自来水厂，位于榜山镇翠林村，水源取用九龙江北溪水源，取水口设在步文镇长洲村马崎社，解决石码、海澄、榜山、东园等地供水。是年，全市日供水 9000 吨。1995 年，市自来水公司与香港中闽有限公司合作，继续投资 1.3 亿元建设自来水厂，日供水能力 8 万吨。1996 年，投资约 1500 万元施工海澄至东园 DN700 供水管道，解决东园镇饮水问题。1997 年，投资 6000 多万元施工 DN900 供水管道，供水区域扩展到招商局漳州开发区。是年，全市日供水 20000 吨。1998 年，投资 300 多万元施工 DN500 锦江道供水管道，解决紫泥镇自来水供应问题。1999 年，投资 600 多万元建设供水管道，解决浮宫镇自来水饮水问题。

2000 年，龙海市自来水公司供水范围包括石码、紫泥、海澄、东园、浮宫和招商局漳州开发区，年供水总量 900 万吨，输水主干道长 65.89 公里，供水人口约 20 万人，城市供水普及率 98.8%。2001 年，投资近 150 万元施工 DN400 供水管道与榜山自来水管网连接，解决榜山镇自来水缺水问题。2002 年，投资约 600 万元，对市区部分旧管网进行改造，解决市区自来水水压不足问题。2004 年，投资 300 多万元对石码镇解东等 3 个片区管网进行改造。同年，投资 260 多万元，解决浯屿村、玉枕村 2 个海岛居民用水。

图 4-7　龙海市自来水厂（市自来水厂提供）

2007 年，投资 500 多万元对石码镇安居新村等 8 大片区进行管网改造。至 2007 年底，龙海市供水主干线长 71.58 公里，供水面积 16 平方公里，普及率 100%，日供水量 8 万吨。

四、排水排污

1993 年，龙海市的城市生活污水无害化处理尚未开展，排污管道以雨污合流的排水管道居多，雨污合流管道长 32.4 公里。1999 年，动工兴建的平宁路中段工程，首次对雨污水管道进行分流铺设，雨水管道采用就近排放的原则排入周边内河水系，污水管道有别于雨水管道单独埋设。2000 年，新改扩建的城市道路均实施雨污水分流制，分别建设城市雨水、污水管道。2001 年，完成紫光路、紫崴路排水工程建设，总长 310 米。2006 年，龙海市开始进行城市生活污水处理厂的筹建工作，组建以城投公司为母公司的污水处理公司，负责城市生活污水处理的建设和管理工作。2007 年，市城市污水处理厂区工程开工建设，项目采用 BOT 形式，通过招投标确定泉州圣泽环境工程有限公司为城市公共事业特许经营投资商，对城市生活污水无害化处理厂区工程进行投资建设及运营管理。是年，城市排水管道长 94 公里，其中雨污合流管道 88.3 公里、污水管道 5.7 公里，比 1993 年的 32.4 公里增加 61.6 公里。

五、供电

1993 年，市区用电由高坑变电站供电，为 35 千伏变电站，配电线路有石码Ⅰ、Ⅱ、Ⅲ回路和西溪Ⅰ线、西溪Ⅱ线、造纸线共 6 条线路。1994 年 8 月，建成榜山变电站，开始对市区供电，为 110 千伏。当年，暂以 35 千伏电压等级投入运行。1995 年，建设 110 千伏角海线路，线路全长 18.92 公里，由 220 千伏角美变—110 千伏海澄变组成。1997 年，拥有配变 1064 台，总容量 168850 千伏安。

1998 年 6 月，榜山变电站正式升压为 110 千伏等级，配有 10 千伏馈线 11 回，年底又增加自来水专线、田边线。是年，城区供电网格负荷转移，110 千伏榜山变电站成为龙海市配网的主要电源点，35 千伏高坑变电站作为开关站使用。

1999 年，结合龙海市启动农村电网改造工程，对市区变电站及输电线路进行改造，提高市区供电负荷，解决市区用电高峰电压不稳定情况。是年 8 月，改造西溪Ⅱ回，利用原有 35 千伏旧线路基础，增加福河线。2000 年，110 千伏紫泥变电站建成并正式投运，设有 10 千伏下楼线、西良线、金定线、紫东线共 4 回，同时对市区进行供电。

2005 年，建成 220 千伏龙海变及配套 110 千伏龙榜线、龙澄线启动送电，进一步完善城区用电问题。

附：夜景工程

1993 年，龙海市区路灯主要分布在人民路、公园路等主干道，有 760 盏。1997 年，配合旧城区拆迁改造工程，迁移线路 8 处，长度 10.5 公里，在新建公路配套架设路灯线路 5.98 公里，共立杆 217 支，安装高杆灯塔 1 座，增加路灯变压器 8 台 320 千伏安，铺设路灯电缆 12.76 公里，路灯建设初具规模，美化市容市貌。1998 年，投资 90 多万元为锦江大桥设计装置灯光。2000 年，投资 22 万元，在市区主要公共绿地及重点地段分别装 35 盏礼花灯，改观市容市貌。2001 年，建设西浮公路沿线、紫云公园、锦江道、锦江大桥及市区路灯 40 公里。

2007 年，投入夜景建设资金约 1000 万元，建成开放夜景工程项目 86 个，初步形成以南台公园—锦江影院为核心，以工农路、人民路为主轴，以商业街区为集群，以标志性建筑物为点缀的城市夜景体系。是年，城市主次干道的道路照明灯共 3000 盏，比 1993 年的 760 盏增加 2240 盏。

六、供气

（一）瓶装燃气

1992 年，市物资局和石油公司、燃料公司、旅游公司等国有企业参与龙海市液化石油气的经营，并成立相应石油气公司。1993 年，各石油气公司在乡镇设立销售点。1995 年 5 月，龟仔山、角美镇、海澄镇液化气储配站由个人投资成立，各储配站也设立分销点。1997 年，龙海市人民政府对全市的液化石油气的经营实行分级管理。是年，龟仔山石油气有限公司收购海澄永鸿燃气有限公司。

1998 年，九湖天成燃气有限公司成立；7 月，市建委对全市的液化石油气储配站进行资质审批。1999 年 1 月，颜厝煌达液化气站成立；9 月，漳州新城液化气有限公司成立，以承包控股形式参与龙海液化气市场经营。伴随着市场竞争的逐渐激烈及市场资源的整合，龙海市的液化石油气市场由龟仔山石油气有限公司负责经营，其他气站相继关停。

2004 年，新城公司解体转让，天成、煌达气站转由龟仔山石油气有限公司继续承包。2006 年底，漳州天城液化燃气有限公司林前储配站租给龟仔山石油气有限公司到期，天城公司收回储配站并进行整改，2007 年 2 月开始营业。2007 年，龙海市中心城区供气以瓶装液化石油气为主，全市总气化率为 95%，瓶装液化石油气气化率为 65%，年用气量为 17570 吨。

（二）管道燃气

2001 年 1 月，龙海市的管道燃气由厦门全俄天然气新技术开发有限公司注册成立的龙海市长安管道燃气有限公司经营，主要建有园丁苑瓶组站。2003 年，漳州市政府授予漳州安然燃气有限公司 LNG 项目特许经营权，龙海市石码镇、角美镇为其特许的经营范围。

2004 年，漳州安然燃气有限公司龙海分公司开始筹建，12 月收购龙海市长安管道燃气公司。是年，签约户数 329 户。2005 年 8 月，漳州安然燃气有限公司龙海分公司注册成立，正式与龙海市长安管道燃气公司进行交接。是年，市区园丁苑小区通气，建设运辉撬装站，供应运辉小区和宏业花园住户；签约 401 户，新安装 124 户，有 112 户使用，外供气量 5078 立方米。2006 年，撤除运辉撬装站；全年签约 1513 户，新安装 83 户，外供量 7390 立方米。

2007 年 9 月，漳州安然燃气有限公司龙海分公司注销，成立龙海安然燃气有限公司。当年从龙文区到龙海市的高压管建设进入规划许可、征地阶段，与漳云公路改造同时开工。同时，龙海安然燃气有限公司根据市区建设和旧区道路改造的进程，完成紫光路、人民东路、紫崴路的中压燃气管道埋设，工农路、平宁南路的中压燃气管道埋设尚在建设中，建设中压燃气管道约 7 公里；角美建龙池和公园 2 座 LNG 瓶组气化站，中压燃气管道约 15 公里，采用管道供应 70 户居民用气；榜山镇柯坑的 LNG 气化站（含高中压调压站）进入设计投建阶段。是年，市区新建龙盛撬装站，为龙盛花园小区和水晶一期小区供气；新签约 1745 户，新安装 279 户，有 131 户使用，外供量 9564 立方米。

七、公共交通

1993 年，开通市区至各乡镇、周边县的 12 条客运路线，分别到达漳浦佛昙和前亭、长泰县城，程溪镇、港尾镇区和斗美、隆教乡红星和白塘、角美镇新屿、郭坑镇区、白水镇区、双第农场场部；营运车辆 14 辆。2003 年 1 月，首次开通市区 2 条正规公交线路，即石码—海澄、石码—金定；运行车辆均为 4 辆中巴车。至 2007 年底，共开通 6 条公交线路，即石码—崇福、石码—北溪头、石码—巽玉、石码—东园、石码—西月岩、石码—溪坂；增加 16 部公交车。2003—2007 年，共投入资金 240 万元，购置 24 部公交车，初步形成便捷的城市公交服务系统。

第三节　环境卫生

一、环卫设施建设

1993 年，龙海市环卫处有机动车辆 10 部，其中垃圾运输车 7 部、装载机 1 台、洒水车 1 部、吸粪车 1 部；密闭保洁车 78 辆；市区配置 40 只垃圾桶、76 只果皮箱。垃圾由 1 辆共 28 节的“小火车”负责收集，运到人民东路125号的垃圾堆积场（有32间密闭垃圾发酵池，总容积1280立方米），应用密闭厌氧贮存发酵堆肥技术，对垃圾进行处理，并将发酵好的垃圾经过筛选由垃圾运输车运到农户果园，主要运到颜厝（古县）、九湖、程溪等乡镇。

1996年10月，角美转运站投入使用，位于角美霞兴小区，投资80万元，占地面积320平方米，建筑面积260平方米，有集装坑2个，转运能力30吨/个。1998年，市区环卫处有专业车辆26辆，生活垃圾和粪便的运输作业机械化、装卸机械化程度达70%。

1999年5月，建成桥口转运站，位于石码桥口，投资50万元，占地面积240平方米，建筑面积564平方米，有集装坑4个，转运能力60吨/个。

2000年1月，榜山转运站投入使用，位于平宁村，投资30万元，占地面积107平方米，建筑面积200平方米，有集装坑2个，转运能力30吨/个。是年3月，建成龙海市垃圾处理场1座并投入使用，位于榜山镇雩林村蒲姜岭，占地3.77万平方米，总投资约850万元，采用堆肥处理。2006年10月，位于角美镇福井村大坝坑的垃圾处理场建成并投入使用，占地4.9万平方米，总投资380万元，采用卫生填埋工艺，设计处理能力100吨/日。

2007年5月，海澄和后港转运站投入使用。其中，海澄转运站位于海澄民政路，占地面积240平方米，建筑面积564平方米，有集装坑3个，转运能力30吨/个；后港转运站位于石码后港路，投入53万元，占地面积373平方米，建筑面积175平方米，有集装坑2个，转运能力30吨/个。截至2007年底，全市有2个垃圾处理场和5座垃圾中转站。市环卫处配有机动车辆19部，其中垃圾运输车15部、装载机2台、洒水车1部、吸粪车1部；密闭保洁车132辆；市区配置56只垃圾桶、150只果皮箱。

二、垃圾清运保洁

1993年，市区保洁时间12小时，采用“两班”滚动作业，清扫主要以人力清扫为主，以清扫车、洒水车为辅。市区各主要干道有专人保洁，做到路面整洁，排污畅通，无污水外溢，保洁率90%，垃圾清运率100%。2000年，垃圾日清扫面积72万平方米，垃圾日清运量70吨。2001年，日清扫面积75万平方米，生活垃圾年处理量约4.3万吨，全部采取无害化处理。

2004年3月，为了加强市区环境卫生保洁力度，重点抓好市区道路清扫保洁，保洁作业时间从每日12小时增加到每日18小时，市区保洁作业地段配齐配强一线工人，分为“三班”滚动作业，采取分段责任到人，实行滚动式在地段交接班制度，对重点路段进行管理；实行主次干道每月冲洗1次，每天洒水2次，做到市区垃圾日扫日清；日清扫面积75万平方米，生活垃圾清运量约4.5万吨。是年，龙海市通过省级卫生城市验收。

2005—2007年，日清扫道路面积76万平方米，生活垃圾清运量4.8万吨、年处理量约4.4万吨。

三、公厕

1995年，建设人民东路和东贸市场公厕各1座，总面积79平方米。1998年，新建12座，分别位于中山公园、新行中巷、民主路车路头、解西城仔角、琵琶街灰窑、解西下庵、西湖路观音亭、大宫巷、新华王公巷、打索街大道公、民主路仁河、工农路英厝村，总面积736.38平方米，公厕水冲率87%；公厕实行专人管理，卫生合格率100%。1999年，改建2座，分别为新洲尾牛皮、西头石江，总面积64.4平方米。

2001年，改建3座，为登第、二四片内社、一三片内社，总面积145平方米。2002年，改建1座，位于紫云公园山下石埔头，面积40.2平方米。2004年，新建锦江农贸市场公厕1座。

2005年，改建李厝埕商业城内公厕，面积61平方米。2006年，改建2座，位于人民路中段和后港路，总面积164平方米。

2007年，改建5座，位于筒仔街46号、锦江道西侧、锦江道东侧、紫崴路加油站旁、锦龙小区东侧，总面积259.6平方米。1993—2007年，市区新建或改建公厕共29座，全部达到二类以上标准。

第三章　乡镇、村建设

第一节　集镇建设

一、基本情况

1993年，龙海市集镇建设按规划要求办理“一书两证”（建设项目选址意见书、建设用地规划许可证、建设工程规划许可证），依法对集镇建设提供服务。1995年，角美镇被国家建设部确定为小城镇建设示范点。1997—1998年，龙海市共投入小城镇建设资金3亿多元，新建集镇街道30多条，改建70多条，新建扩建农贸市场28个；举办9期668人参加的村镇建筑工匠从业资格培训。1999年，投入2亿元进行全市镇区建设。

2000年，投入2.1亿元完善集镇配套设施，角美、榜山、海澄、紫泥、港尾5个镇被漳州市委列为重点（卫星）城镇；角美镇龙池安置小区获省级村镇住宅优秀试点小区称号。2001—2002年，共投入6.5亿元建设集镇及道路配套设施建设。2007年，全市各乡镇集镇街道全部实现水泥路面化，集镇内小学、农贸市场、卫生院等配套设施齐全，角美、九湖、颜厝等乡镇开发房地产项目，百姓自建房屋楼房化普及。其中，角美镇投入1.03亿元，完成龙池金山公园等安置小区规划设计，建设角泰路、仁和西路、角江路等，实施福龙污水处理厂二期、龙池消防站、龙池垃圾处理场、镇区文埔路口至铁道段人行道改造项目，进行12个房地产项目的建设；九湖镇投资830万元进行琪瑭公办幼儿园新建、九湖卫生院和岭兜市场改建等；榜山镇完成龙盛花园商品房的开发、云都商品房开发，配合做好九龙新城、交警指挥中心、市法院大楼、市广电大楼、芦州大道拓展改建；石码镇投资3.04亿元，完成工农路改造工程、平宁路向南延伸工程、紫崴绿地建设、体育场、紫云公园山门、自来水10个片区管网改造建设、锦江影院装修工程、内河整治等，投入300多万元完善教育基础设施；白水镇完成旧街改造，改建镇卫生院、邮电大楼、镇政府办公大楼，镇区楼房建筑面积5万平方米，建成日供水量3万吨的白水自来水供水公司并投入使用；港尾镇投入900万元建设自来水工程，完成从招商局漳州开发区到南安水库的管道衔接，解决镇区用水难问题，投入200万元完成主干道从岭仔口到古城村道路两侧的亮化工程，投资200多万元完成3.5公里的汤溪治理。

二、集镇建设选介

（一）紫泥镇

1996年，建设浒茂公路，完成全长600米、宽50米的道路建设。同年结合集镇防洪堤建设，完成全长1400米、宽12米的江滨路建设，并在路的北侧兴建安山单面街建筑，用地面积12000平方米。2003年，拓宽改造绿洲街，主要街道由原来的8米拓宽为15米，道路全长400米，两侧铺设排水管道，并安装路灯及绿化，总投资100多万元。2007年，建设安城路水泥路，完成全长1350米、宽6米的道路建设；兴建北港至中港的水泥路，完成全长1660米、宽8米的道路；两条道路总投资300万元。投资200多万元新建卫生院门诊综合楼，建筑面积1200平方米。至2007年，全镇共新增绿地3000平方米，新建垃圾中转站1个、公厕1座，道路两侧安装路灯80盏，形成以绿洲街、浒茂公路、安城路、中港至北港路灯道路为骨架路网结构系统，覆盖政区面积2.2平方公里。

（二）角美镇

1993年，新建小路洋住宅区26000平方米，改造桥南小区30000平方米。1994年，新建荣昌小区

25000 平方米。1995 年，角美镇被建设部列为建设部小城镇建设试点镇；1996 年 11 月被建设部授予村镇建设先进镇称号。同年，改造商业城广场 21000 平方米。1999 年新建文圃商场 21000 平方米，2000 年新建城南小区 70000 平方米，2001 年改造润福商城 20000 平方米，2002 年新建和祥花园 22000 平方米，2003 年新建仁和公寓 33000 平方米。

2004 年，投入 120 多万元，聘请重庆规划设计院，重新编制 163 平方公里的空间发展概念规划、58 平方公里城镇总体规划。在总体规划指导下，先后编制 10 平方公里的中心区控规、2 平方公里文圃工业园控规、4.5 平方公里凤山工业园控规、1 平方公里内丁工业园控规、1.8 平方公里江东建材物流园控规、1 平方公里吴宅工业园控规、13.8 平方公里龙池工业园控规。经过集镇建设，角美镇基础设施更加完善，实现贯通"五路"，即角江路、仁和路、洪岱路、角泰路、中闽大道与角海路、国道形成角美城镇规划区的环城路，形成"十配套"项目，涉及人民广场、污水处理、垃圾处理、自来水、LNG 气化站、LED 夜景工程、园区路电水配套和文体设施等领域。

2006 年，新建欧兴小区 45000 平方米。2007 年，新建侨兴小区 15000 平方米，并有 4 个项目尚在施工建设中。其中，天祥世家占地 19900 平方米，建筑面积 6881.6 平方米；御家兰庭占地约 14000 平方米，建筑面积 30789 平方米；汇景祥居，建筑面积 25000 平方米；乡鹭温泉人家占地 197334 平方米，首期建筑面积 48000 平方米。

至 2007 年底，城镇建成区（含龙池）达 22 平方公里。

（三）程溪镇

1993 年，投资 15 万元建设镇区经联社至食品站水泥路。1996 年，新建镇区 2 条街道，即改革路和开放路，总长 400 米，并完善排水沟、路灯等配套设施。1997—1998 年，加大集镇建设的规划和扩建。其中，投资 100 万元扩建镇区改革路和开放路，扩建后路面宽均为 23 米，总长 800 米；投资 25 万元完善农贸市场配套设施；投资 23 万元扩建程溪中桥；投资 35 万元建成财政、科技大楼；投资 500 万元建设商贸大厦；兴建中心幼儿园教学楼和程溪中学教师套房。

1999—2000 年，投资 1230 万元建设商贸大厦供水工程、旧区改造、小商品贸易区、"四街二区"立面装修工程。2001—2002 年，投资 300 多万元建设镇区溪堤和溪滨休闲区，其中溪滨休闲区占地面积 1000 平方米；投资 22 万元装修镇卫生院门诊综合大楼和宿舍楼。2004 年，建设溪滨商住小区。2005 年，投资 1000 万元建设程溪中学科技楼，建筑面积 6000 多平方米。2006 年，完成程溪中学危房改造。

2007 年，程溪镇建成区面积 4 平方公里，集镇人口近 1 万人，区内有 1 所省级二级达标中学程溪中学、1 所漳州市示范学校军民小学、1 个集小商品、服装、食品经销于一体的农贸市场，建成溪滨休闲区和溪滨商住小区。

（四）白水镇

1993 年起，先后新建锦康路、市场东路、市场西路、市场北路、井园大街、白水 24 米大街等水泥路，总长 3.4 公里，旧街改造 1.2 公里；新建 2 幢 5 层高的商品楼"锦康苑 A/B 座"、镇计生大楼、景园大街及白水 24 米大街两侧楼房 200 座。2004 年，位于镇区的龙海市供电有限公司白水供电所建成并投入使用。2006 年，投资 2700 万元建成日供水量 3 万吨的白水自来水供水公司。至 2007 年镇区新建楼房建筑面积达 5 万平方米，旧房改造 5000 平方米。

（五）浮宫镇

1993—1994 年，开发华兴路，长 460 米、宽 24 米；沿街建筑占地面积 12000 平方米，建筑面积 40000 平方米；延伸小商品市场街，铺设水泥路，长 170 米、宽 20 米，新建 1 所标准公厕。1996 年，铺设下楼至霞圳段水泥路，长 1900 米、宽 8 米，投资 120 万元。1998 年，完成镇区电网整顿。1999—2000 年，加快城镇建设，投资 300 万元建设饮水工程，投资 78 万元进行镇区电网改造，投资 100 万元改建和续建公安分局、林业站、信用社办公场所，投资 48 万元绿化镇政府大院、浮宫村老人活动中心和镇区配套建设，投资 70 万元完成新圩路（长 400 米、宽 10 米）和镇前路流渡段（长 400 米、宽 8 米）

水泥路面铺设。2005 年，完成镇区镇前路、新圩路长 1500 米、宽 12 米的水泥路面及两侧排水沟的重建，投资 2000 万元。

（六）港尾镇

1999 年，镇区主要建设水泥路面 3 条出口街道（宽 18 米），配套完善道路两边排水沟，3 条出口街道分别为南太武路东侧出口街道，长 440 米，面积 4400 平方米，排水沟 1080 米（包括出水口）；南太武路西北侧出口街道，长 380 米，面积 3400 平方米，排水沟 400 米；鸿江路西侧出口街道，长 940 米，面积 8100 平方米，排水沟 1800 米。同时完成 3 条出口街道沿街商住楼的建设，新建个人商住楼 290 幢，改建个人商住楼 40 幢，总建筑面积 85000 平方米。2000 年，港尾卫生院投资 60 多万元建成一座住院大楼，建筑面积 1000 平方米。2001 年，为完善镇区民营工业园区的基础设施配套，投资 280 万元进行道路拓宽改造，铺设水泥路面长 980 米，面积 15000 平方米。

2006 年，规划兴建梅市仁安住宅小区，规划用地面积 46053 平方米，已建 15 幢，总建筑面积 49000 平方米，完成住宅小区内的水泥路面、排水沟、电力、电信、给水、绿化等项目的施工，入住率 70% 以上。至 2007 年，镇区建成区 2.8 平方公里，覆盖人口 2.2 万人。

（七）隆教乡

1995—1996 年，修造省道漳云线水泥路面，贯穿隆教乡全境，全长 17 公里、路面宽 8 米、路基宽 30 米，总投资 2800 万元。1997—1998 年，新建 5 条商贸街，共有店面 410 个；建设红星农贸市场；铺设白塘至古火山口水泥砼路面，全长 2.5 公里、宽 6 米，总投资 155 万元。2000 年，建设红星观海水泥路，长 1 公里；建设镇区饮用水工程，乡政府成立自来水公司进行管理，投资 156 万元在龙潭水库下游建拦水坝、滤水池，安装主管道 7 公里，并投资 10 万元铺设集镇引水主管道；完善邮电通信，投资 80 万元建成邮电大楼，安装 2000 门控电话模块。

2001—2003 年，流会村兴古新村至过山前自然村水泥砼路面全面铺设，全长 3.1 公里、路面宽 6 米，总投资 145 万元。2003—2004 年，实施古镇公路的路面硬化，全长 12 公里、路面宽 3.5 米，投资 360 万元。2006 年，铺设红星至下岭路段水泥砼路面，总长 2 公里、路面宽 3.5 米，总投资 60 万元。

第二节 村庄建设

1993 年，龙海市村庄建设由各乡镇（场）建设站负责。是年，办理建设项目选址意见书 86 份，用地面积 11 万平方米；建设工程规划许可证 18 份，建筑面积 8.4 万平方米。1994 年，办理建设项目选址意见书 60 份，用地面积 18 万平方米；建设工程规划许可证 78 份，建筑面积 26.8 万平方米。

1995 年，推选角美镇鸿渐村、榜山镇南苑村、紫泥镇紫泥村等 10 个重点村进行新村建设。其中，鸿渐新村规划用地面积 4.55 万平方米，总建筑面积 5.7 万平方米，安排住户 190 户；紫泥新村规划用地面积 1.75 万平方米，总建筑面积 2.1 万平方米，安排住户 70 户。是年，全市办理建设项目选址意见书 104 份，用地面积 14.3 万平方米；建设工程规划许可证 34 份，建筑面积 4.2 万平方米。

图 4-8 榜山镇农民新村（市委报道组提供）

1996 年开始，根据乡镇总体规划要求，农村自建房逐步由个人零星建设向农村居住小区集中。是年，全市办理建设项目选址意见书 511 份，用地面积 1000 万平方米；建设工程规划许可证 80 份，建筑面积 15.6 万平方米；投入建设资金1.2亿元开展新村建设，拆迁旧房659户，竣工558幢。1997年，因后石电厂建设需要，为了安置搬迁农户，隆教乡白坑村小澳社选地规划建设安置小区，占地面积8.4万平方米，建筑面积3万多平方米，共建30幢楼房，总投资1700多万元。是年，全市办理建设项目选址意见书116份，用地面积80万平方米；建设工程规划许可证33份，建筑面积6万平方米。

1998年，办理建设项目选址意见书150份，用地面积82万平方米；建设工程规划许可证46份，建筑面积12万平方米。紫泥镇南书村、白水镇下田村、港尾镇卓岐村、榜山镇南苑村等新村点开始建设。其中，南书新村规划用地面积3.63万平方米，总建筑面积4.7万平方米，安排住户200户；下田新村作为白水镇新村建设试点，投资274万元，拆旧房136座，建成新房37幢，建筑面积7400平方米；卓岐新村为漳州市实施新村建设试点村，分新区建设和旧区改建两个阶段，其中新区建设规划用地面积10万平方米，新建楼房125座，其中40座为农家新型别墅，入住121户。全市建成有鸿渐、上寮、南苑等13个新村建设示范点。其中，鸿渐村共建成69幢3层以上套房式新楼、29幢每幢建筑面积400平方米的单体式农民小康别墅区，建成一条长750米、宽21米的农民新街，配套园林绿化、通信设备、公厕等设施，获得福建省“家园杯新型村镇建设竞赛优胜村庄”和省“文明村”称号；榜山镇南苑村新村建设为漳州市和龙海市新村建设示范点之一，总规划面积1.6万平方米，建筑占地面积9888平方米，共有104幢，中心公园、绿地面积3400平方米，水、电、路、通信设备等配备到位，总投资逾1920万元；隆教乡安置小区（又称小澳新村）完成建设，130户600多人搬入居住。

1999年，港尾镇深沃新村被漳州市确认为实施新村建设的试点村，用地面积7.33万平方米，建筑总面积7.6万平方米，规划住户233户。榜山镇平宁新村开始建设，共投资2000多万元，规划面积3.2万平方米，共兴建别墅式农民新居113幢，建筑面积3.25万平方米，新村内建有4条水泥路，总长2.2公里，新村被漳州市委制作成漳州市新村建设宣传挂历，为漳州市新村建设的典范。当年全市办理建设项目选址意见书13份，用地面积9万平方米；建设工程规划许可证67份，建筑面积24万平方米；新确定的30个新村示范点投入7643万元，拆迁房屋12万平方米，建设新房面积13.8万平方米，配套绿地面积1.2万平方米。

2000年，有卓岐、巧山等45个新村被漳州市列入新村建设示范点。是年，全市办理建设项目选址意见书32份，用地面积44万平方米；建设工程规划许可证37份，建筑面积8万平方米。2001年，办理建设项目选址意见书44份，用地面积28万平方米；建设工程规划许可证39份，建筑面积11万平方米。

2002年，办理建设项目选址意见书54份，用地面积377万平方米；建设用地规划许可证4份，用地面积3.6万平方米；建设工程规划许可证23份，建筑面积52万平方米。2003年，角美潘厝安置小区开始建设，规划用地面积6.5万平方米，总建筑面积10万平方米，安排住户320户。是年，办理建设项目选址意见书240份，用地面积589万平方米；建设用地规划许可证23份，用地面积38万平方米；建设工程规划许可证80份，建筑面积26万平方米。

2004年，办理建设项目选址意见书52份，用地面积278万平方米；建设用地规划许可证30份，用地面积144万平方米；建设工程规划许可证39份，建筑面积62万平方米。2005年，办理建设项目选址意见书169份，用地面积686万平方米；建设用地规划许可证66份，用地面积176万平方米；建设工程规划许可证47份，建筑面积65万平方米。

2006年，重点做好程溪镇叶仓村、东天尾村、和山村、塔潭村，以及东泗乡溪坂村等地质灾害点及灾后重建点的规划建设工作。其中，程溪镇叶仓村、东天尾村、和山村3个地质灾害村的安置点共征用土地8.67万平方米，采用4户联建的形式，每户占地面积48平方米，总体规划设计安置774户2722人；东泗乡溪坂村受灾点重新规划，实行异地建设，规划建设10幢20户。是年，港尾镇卓岐新村被评为第九届省级文明村，并入选首届中国魅力乡村。当年办理建设项目选址意见书144份，用地面积670万平方米；建设用地规划许可证21份，用地面积96万平方米；建设工程规划许可证39份，建筑面积62万平方米。

2007年，办理建设项目选址意见书70份，用地面积555万平方米；建设用地规划许可证18份，用地面积56万平方米；建设工程规划许可证56份，建筑面积58万平方米。是年，隆教乡白坑村小澳住宅小区开始建设，规划住宅 104 幢，用地面积 3.38 万平方米，建筑总面积 33456 平方米。紫泥镇南书新村已有 80 户入住、总计建筑面积 9600 平方米，安山新村有 60 户入住、总计建筑面积 7200 平方米；角美鸿渐新村有 102 户入住、总计建筑面积 30000 平方米，潘厝安置小区有 280 户入住、总计建筑面积 8.5 万平方米；浮宫巷星新村完成长 260 米宽 8 米水泥路建设，排水沟 360 米，绿化面积 800 平方米，20 幢住宅建设，建筑面积 5400 平方米，总投资 250 万元；港尾镇深沃新村建成 83 户住宅楼房，总建筑面积 2.9 万平方米，新村内完成水泥路面铺设总长 1295 米，面积 7700 平方米，砌筑、埋设排水沟总长 860 米，新建公厕 2 座，新增绿地面积 730 平方米，安装照明路灯 20 盏。

1995—2007 年龙海市部分农民新村建设示范点情况表

表 4-3-1　　　　单位：平方米、户

新村名称	建设年份	用地面积	建筑面积	规划数
紫泥新村	1995	17500	21000	70
鸿渐新村	1995	45500	57000	190
南书新村	1998	36300	47000	200
卓岐新村	1998	100000		125
下田新村	1998	8500	7400	37
浮宫巷星新村	1998	4200	5400	20
安山新村	1999	71750	82500	330
深沃新村	1999	73260	76000	233
潘厝安置小区	2003	65000	100000	320
白坑小澳住宅小区	2007	33800	33456	104

第四章　建筑业与房地产业

第一节　建筑企业

一、基本情况

1993 年，龙海市有资质建筑企业共 23 家，其中三级资质建筑企业 3 家（龙海市第一建筑工程公司、龙海市第二建筑工程公司、角美镇建筑工程公司）、四级资质企业 20 家（步文镇建筑社、郭坑镇建筑社、程溪镇建筑社、九湖镇建筑社、颜厝镇建筑社、榜山镇建筑社、锦城建筑社、海澄第一建筑工程公司、海澄第二建筑工程公司、东园镇建筑社、东泗乡建筑社、白水镇建筑社、浮宫镇建筑社、港尾镇建筑社、内社村建筑社、登第村建筑社、高坑村建筑社、山后村建筑社、河福村建筑公司、月港建筑公司），从业人员约 1 万人；市集体建筑企业 2 家，乡镇建筑企业 21 家，其中乡办企业 15 家、村办企业 5 家、个体企业 1 家，从业人员约 9000 人。当年全市建筑业总产值约 1 亿元。1994 年，角美镇建筑工程公司晋升为国家建筑二级施工企业，成为漳州市建筑行业首家获得二级企业的乡镇企业。1997 年 9 月，海澄第二建筑工程公司晋升为国家三级建筑安装施工企业。1998 年，福建省九龙建设集团有限公司晋升为国家一级施工企业，为全省第一家。1999—2000 年，根据市场经济发展的需要，龙海市建筑企业率先进行大幅度的整合、兼并、改制，由 23 家小企业兼并组合成施工总承包企业 6 家并新增 2 家，即福建省九龙建设集团有限公司、龙海市第一建设有限公司、龙海市第三建设有限公司、龙海市第二建设有限公司、龙江建设有限公司、联谊建筑工程有限公司，新增坚实（福建）集团有限公司、龙海市建南混凝土有限公司；从业人员约 2 万人。

2001—2007 年，龙海市建筑企业迅速发展，从 8 家发展到 23 家。其中，施工总承包企业 13 家（特级 1 家、一级 1 家、二级 7 家、三级 4 家），专业及专业承包企业 6 家（二级 3 家、三级 3 家），建筑企业职工总数 17814 人，有工程技术和经济管理人员 2412 人（高级职称 86 人、中级职称 831 人，一级建造师 99 人、二级建造师 647 人），工程项目管理人员 1355 人。龙海市建筑企业在巩固省内福州、泉州、龙岩、漳州市等地建筑市场的基础上，开拓省外市场深入广东、四川、重庆、贵州等 10 多个省市承揽施工业务。是年，全市建筑业总产值 55 亿元。其中，省外产值 12 亿元，上缴市建筑业税约 2.2 亿元，实现利润约 1.5 亿元。福建省九龙建设集团、福建省泷澄建设集团均进入福建省建筑业总承包 20 强企业和福建省建筑业民营 20 强企业行列。2007 年 2 月 9 日，福建省人民政府授予龙海市“建筑之乡”称号，是全省八个拥有“建筑之乡”称号的县市之一。

1993—2007 年，全市累计建筑企业创部优（鲁班奖）工程 2 项、省优工程 6 项、市优工程 48 项、国家级文明工地 2 项、省级文明工地 17 项。其中，1996 年 5 月，由角美镇建筑工程公司建设的公司科技住宅工程获 1995 年度省级优质住宅工程称号；2004 年，由龙海市第一建设有限公司承建的漳州华元小区 18 号楼工程获建设部“鲁班奖”；2006 年度由福建省九龙建设集团承建的厦门东方时代广场工程获建设部“鲁班奖”。

二、主要企业介绍

（一）福建省泷澄建设集团有限公司

公司前身为海澄第二建筑工程公司。2004 年，更名为福建省泷澄建设集团有限公司，为大型民营施工总承包集团企业。2007 年集团注册资本总额 30699.5 万元，净资产近 43511.6 万元；拥有固定职工 6740 人；职称人员 968 人，其中中高级职称人员 436 人，拥有一级注册建造师 56 人、二级建造师 156 人；公司资质为房屋建筑工程施工总承包一级，市政公用工程施工总承包一级，钢结构、装修装饰、土石方、园林古建筑、地基与基础工程专业承包一级及机电设备总承包二级，城市绿化总承包二级，国家级保护文物修缮资质。集团旗下有福建泷澄房地产开发有限公司、福建泷澄集团设计院（建筑设计甲级）、福建省泷澄建工劳务有限公司(建筑劳务一级资质)、福建省泷澄风景园林有限公司(城市绿化二级资质)、龙海市泷澄物业管理有限公司（物业二级）、龙海市创景房屋拆迁有限公司等子公司及省内外 10 多家分公司。

(二)福建腾强建筑工程有限公司

2005 年初，成立龙海市腾强钢结构安装工程有限公司，6 月改名为福建腾强建筑工程有限公司，注册资金 2128 万元，具有钢结构工程承包三级资质。2006 年 5 月，经福建省建设厅批准为三级房屋建筑施工总承包和三级市政工程总承包。2007 年，企业注册资金 5128 万元，总资产 13425 万元，拥有各种机械设备，总功率 2690 千瓦。有工程技术人员 474 人，其中项目经理建造师 42 人、高级职称技术人员 5 人、中级职称 45 人、初级职称 182 人、技工 200 人。

（三）龙海市第一建设有限公司

1999 年 6 月，由龙海市 3 家市级施工骨干企业市第一、第二建筑工程公司、市水电装备安装公司通过合并重组，转换企业经营机制成立的有限责任公司，具有房屋建筑工程二级资质。公司设立股东会、董事会、监事会，形成企业新的组织机构，下设 8 个分公司，对各分公司的工程项目经理部实行矩阵式的管理模式。2007 年，公司注册资本 2072 万元，从业人员 485 人；有专业技术职称 302 人，其中高中级职称 99 人，有资质的二级建造师 69 人。公司施工过具有代表性的工程有：漳州华元小区 18 号楼、龙海华坤花园 5-14 号楼、南安医院病房门诊大楼、南安一中图书馆，后 2 个工程被评为泉州市优质工程。曾被评为福建省施工企业规模评价前百名企业、福建省质量管理优秀单位、福建省重合同守信用企业、福建省建筑业先进企业、厦门市经济适用房优秀项目建设先进施工单位等。

（四）福建省永凯建设工程有限公司

成立 1998 年 3 月，注册资金 10070 万元，位于龙海市，在南平、宁德、龙岩、长泰、漳浦和黑龙江设立分公司，主营业务包括市政公用工程、房屋建筑工程、土石方工程、装饰装修工程、建筑幕墙工程、钢结构工程、园林绿化工程、地基与基础工程等施工。2007 年，有职称的工程和经济管理人员 155 人，其中高级工程师 6 人、高级经济师 1 人、工程师 53 人、助理工程师 63 人、技术员 21 人、会计师 5 人、经济师 4 人、助理经济师 2 人。

（五）福建省永固基强夯工程有限公司

2003 年 5 月创办，注册资金 3260 万元。2005 年，通过市政公用工程、地基与基础工程、土石方工程、钢结构工程、机电设备安装工程三级资质审核。是年，承接的厦门环东海域造地 300 万平方米的地基强夯工程，是当时福建省最大的地基处理工程。2007 年，公司市政公用工程施工承包从三级资质晋升为二级资质。是年，有员工 300 余人，其中技术人员 133 人，建造师 20 人，施工员、质检员、安全员、造价员、机管员等各类管理骨干 100 余人，年施工能力从最初的 1000 万元发展到 3 亿余元。主要施工设备从最初的 3 台发展到 60 台。拥有国家住建部科技示范项目、福建省住建厅、厦门市建设与管理局推广技术，拥有 6 项专利、1 项工法的技术型施工企业。

第二节　房地产开发企业

一、基本情况

1993 年，龙海市共有 19 家房地产开发企业，其中中外合资企业 3 家、乡镇企业 9 家、房地产评估机构 1 家，房地产从业人员 300 人。1998 年，全市有房地产开发经营企业 27 家，其中外商独资企业 3 家、中外合作 4 家、全民所有制 5 家、集体所有制 10 家、个人独资 2 家、股份制企业 3 家，注册资金总额 14.5 亿元。2000 年，全市有房地产开发经营企业 25 家，其中外商独资企业 2 家、中外合作合资 4 家、全民所有制 3 家、集体所有制 4 家、股份制企业 8 家、建筑施工企业兼营性质的 4 家。2002 年，全市房地产开发经营企业总数不变，仍为 25 家，其中国有企业 4 家、集体所有制 2 家、股份合作制 1 家、国有独资有限责任制 8 家、私营经济制 4 家、港澳台商投资企业 3 家、外商投资企业 3 家。2004 年，全市房地产开发经营企业有 35 家，其中龙池开发区有 10 家。2006 年，全市房地产开发经营企业有 37 家，其中龙池开发区有 11 家。2007 年，全市房地产开发企业共有 38 家，其中具有三级房地产开发资质 4 家、暂定三级房地产开发资质 21 家、具有四级房地产开发资质 10 家、暂定四级房地产开发资质 3 家。

二、主要企业介绍

（一）龙海市城镇综合开发总公司

1986 年成立，注册资金 900 万元，是龙海市最早的房地产开发企业，具有三级开发资质，为建设局下属全民所有制企业，主营房地产开发及商品房销售，主要承建项目有石埔头住宅区、人民西路两侧住宅区、港口花园、半港小区等。

（二）龙海市房地产开发公司

1987 年 6 月成立，为建设局下属全民所有制企业，具有四级房地产开发资质，注册资金 200 万元，完成公园西路旧城改造、人民市场改建、英厝村解困房建设、庆兴楼、吉鸿楼、吉利楼、吉祥楼等项目建设。

（三）龙海市石码镇商品房公司

1989 年成立，具有四级房地产开发资质，为集体所有制经营企业，注册资金 203.72 万元，主要承建人民东路桥口新区住宅区、锦江道商住楼、东市场建设、美德楼院等。

（四）龙海市华轻商品房开发有限公司

1990 年成立，具有四级房地产开发资质，原为国有企业，2001 年 8 月转为内资股份制企业，注册资金 216 万元，完成华轻苑、华镜苑、锦港花园、顺辉楼、茗苑楼项目建设。

（五）龙海市港龙房地产开发有限公司

1990 年 3 月成立，由市城镇综合开发公司与香港港龙国际发展有限公司合资经营，注册资金 400 万美元，具有三级房地产开发资质，承建项目有罗锦小区、港龙新村。

（六）龙海市榜山商品房开发公司

1992 年 5 月成立，具有四级房地产开发资质，注册资金 280 万元，是集体所有制经营企业，主要承建西头小区、龙江花园、登龙苑、鸿团商住楼项目。

（七）龙海市农房开发建设公司

1992 年 8 月成立，为建设局下属全民所有制企业，具有四级房地产开发资质，注册资金 320 万元，主要完成顺风苑、港口花园、龙水苑等项目建设。

（八）龙海市通华房地产开发有限公司

1992 年 12 月成立，具有四级房地产开发资质，注册资金 870 万港元，完成通华小区项目建设，开发第二农贸市场——锦湖阁项目。

（九）龙海市益发房地产开发有限公司

1993 年 6 月成立，具有四级房地产开发资质，注册资金 840 万元，为台商独资企业。2000 年，完成益发小区项目建设。

（十）龙海市紫鑫房地产开发有限公司

1996 年成立龙海市紫泥商品房开发有限公司，后改为龙海市紫鑫房地产开发有限公司。具有三级房地产开发资质，注册资金 800 万元，是内资股份制企业，完成紫鑫公寓、紫鑫大厦、瑞鑫花园、佳鑫花园等项目建设。

（十一）龙海市粤龙房地产开发有限公司

1999 年 4 月成立，暂定为三级房地产开发资质，注册资金 1888 万元，是内资股份制企业，完成吉龙花园、龙盛花园项目建设。

（十二）龙海红树林房地产有限公司

2000 年 1 月成立，具有四级房地产开发资质，注册资金 300 万美元，完成解北片区旧城改造及红树林小区项目建设。

第三节　房地产市场

一、房地产开发

1993 年下半年开始，通过贯彻国务院关于加强和改善房地产宏观调控精神，龙海市房地产业开始进入商品化发展。截至 1995 年，全市房地产综合开发共完成投资总额 3.86 亿元，其中实际利用外资 1.3 亿元，完成商品房建设投资 3.1 亿元；竣工房屋建筑面积 29.66 万平方米，其中住宅建筑面积 25.45 万平方米；建设全市工程量最大的住宅建设项目——罗锦小区、全市第一家小商品集贸市场——人民市场商业城，建成全市第一家集住宅与市场为一体的工程项目——东市场。

1998 年，实行住房制度改革，推动房地产市场发展。1999 年，共办理交易监证 4915 件，交易监证面积 35.9 万平方米，交易成交金额 2.4 亿元。因个人住房贷款的发放及国家连续 7 次降息，消费模式的改变促进房地产业发展。1996—2000 年，共完成房地产开发投资 3.83 亿元，其中完成商品房建设投资 3.39 亿元，实际利用外资 1.23 亿元；市区完成房地产开发投资 3.26 亿元，其中商品房建设投资 2.89 亿元；全市开发房屋竣工面积 24.87 万平方米，其中住宅为 19.86 万平方米。

2001 年后，结合旧城改造，建设新房地产，房地产事业发展迅猛，通过对解放北路、后港路、紫光路、鸿团路等道路两侧建设，建设红树林花园、后港路南小区、世纪阳光商城、黎明苑、瑞景花园、吉利楼、佳鑫花园、计生委宿舍楼、运辉花园、宏业花园等房地产项目。2003—2004 年，全市完成房地产开发投资 8.57 亿元，其中龙池开发区完成投资 7.37 亿元；竣工建筑面积 56.61 万平方米，其中龙池开发区竣工 50.01 万平方米。

2005 年，国家整顿调控房地产市场，龙海市房地产商品房开发受其影响销售下滑，房地产市场交易量降至近十年最低点，交易 904 宗，交易面积 7.73 万平方米，交易金额 9500 万元。2006 年，市区房地产开发重心由中心城区向东西两侧扩展。运辉花园、第二农贸市场、水晶花园、天翔花园、九龙新城、龙盛花园等精品楼盘相继推出，交易面积和交易额分别是上年的近 3 倍和 4 倍。2005—2006 年，全市共完成房地产开发投资 8.73 亿元，竣工面积 48.62 万平方米。

2007 年，全市（含龙池开发区）38 家开发企业共完成房地产开发投资总额 13 亿元，竣工房屋建筑面积 36.83 万平方米，销售建筑面积 63.71 万平方米。

二、房地产交易和抵押

1993 年，房屋买卖 484 宗，交易面积 3.88 万平方米，成交金额 1684 万元；房地产抵押 39 宗，抵押面积 0.3 万平方米，抵押金额 159 万元。1994—1997 年，房屋买卖 1584 宗，交易面积 17.49 万平方米，成交金额 1.12 亿万元；房地产抵押 1479 宗，抵押面积 87.37 万平方米，抵押金额 6.92 亿元。新建商品房销售价格 1000—1200 元 / 平方米。1998—2001 年，房屋买卖成交量增长，房屋买卖共 12362 宗，交易面积 82.4 万平方米，成交金额 5.95 亿元；房地产抵押 3771 宗，抵押面积 225.7 万平方米，抵押金额 23.81 亿元。新建商品房销售价格为 1000—1300 元 / 平方米。

2002—2005 年，房屋买卖 4935 宗，交易面积 50.64 万平方米，成交金额 5.15 亿元；房地产抵押 4183 宗，抵押面积 174.07 万平方米，抵押金额 20.42 亿元。新建商品房售价 1600—1800 元 / 平方米。2006 年，房屋买卖 2579 宗，交易面积 22.29 万平方米，成交金额 3.44 亿元；房地产抵押 2252 宗，抵押面积 107.76 万平方米，抵押金额 15.72 亿元。当年，新商品房均价为 2800 元 / 平方米。2007 年，房屋买卖 4205 宗，交易面积 33.57 万平方米，交易成交金额 6.57 亿元；房地产抵押 3131 宗，抵押面积 104.91 万平方米，抵押金额 22.22 亿元。新商品房均价为 3837 元 / 平方米，年同比增长 71.91%。

1993—2007 年龙海市房地产交易、抵押情况表

表 4-4-1　　　　单位：宗、万平方米、万元

年 份	房屋买卖			房地产抵押		
	宗数	面积	成交金额	宗数	面积	抵押金额
1993	484	3.88	1684	39	0.3	159
1994	802	6.85	4395	72	0.37	259
1995	296	2.66	2162.7	77	12.7	14300
1996	379	2.97	1581.4	500	27.9	20884
1997	107	5.01	3102.3	830	46.4	33726
1998	3154	6.7	5925	800	38.8	32026

续表 4-4-1

年份	房屋买卖			房地产抵押		
	宗数	面积	成交金额	宗数	面积	抵押金额
1999	4915	35.9	24157	1126	74.6	89026
2000	2667	20.9	16400	908	59.3	63200
2001	1626	18.9	13000	937	53	53800
2002	1800	18	19000	810	50	50000
2003	1060	13.98	12775	888	56.4	68000
2004	1171	10.93	10199	1364	50.52	60700
2005	904	7.73	9500	1121	17.15	25500
2006	2759	22.29	34400	2252	107.76	157200
2007	4205	33.57	65700	3131	104.91	222200

第五章 管 理

第一节 机构

一、龙海市建设局

1993 年 6 月，撤销县建设局，改设龙海市城乡建设委员会，内设人秘科、规划科、建筑工程科、城市建设科、计划财务科；编制 12 名，实有 12 人。下设机构：市城镇管理监察中队（编制 13 名）、环境卫生管理处（编制 10 名）、建筑设计院（编制 28 名）、房地产管理处及村镇建设管理中心站（编制 7 名）、建设工程质量监督站（编制 21 名）、建筑工程造价管理站（编制 6 名）、园林管理处（编制 8 名）。1994 年 4 月，在城镇管理监察中队的基础上成立龙海市规划建设管理监察大队，实有 36 人；6 月，增设市政工程处，编制 10 名。1995 年 10 月，设立市建筑安全监督管理站，编制 3 名。1997 年 6 月，市城乡建设委员会改名市建设委员会；10 月，原挂靠于市体改委市住房制度改革委员会办公室改为挂靠市建设委员会，编制 5 名；市规划建设管理监察大队更名为市城建监察大队。1999 年 7 月，增设市住宅建设发展中心，编制 6 名。2003 年 3 月，市建设委员会更名为市建设局；4 月，市住房制度改革委员会办公室编制划为地方事业系列，隶属市建设局。2004 年 5 月，增设市燃气管理站，编制 3 名。2007 年，市建设局内设人事秘书科、城乡规划科、建筑工程科、城市建设科、村镇建设科、建筑安全与房地产业管理科；有行政编制 12 名。12 月，下设机构中的城建监察大队、环境卫生管理处、市政工程处划归市容管理处。

二、龙海市城建监察大队

1994 年 4 月，成立龙海市规划建设管理监察大队，由龙海市城乡建设委员会管理，实有 36 人。1997

年，更名为龙海市城建监察大队，为市建设委员会下属副科级事业单位，内设办公室、法制股、监察股；下设石码、榜山、海澄、角美、港尾城建监察中队，人员编制增加到120名，实有95人。2007年，归并市容管理处管理。

三、龙海市环境卫生管理处

2007年3月，龙海市环境卫生管理处升级为副科级单位，下设石码、海澄、榜山、白水、浮宫、港尾、程溪、九湖、角美9个环卫所；有人员430人，其中在编人员284人、临时工人146人；12月归并市容管理处管理。

四、龙海市市容管理处

2007年12月，原市建设局下属城建监察大队、环境卫生管理处、市政工程处与市财政局下属市场服务中心进行整合，组建成立龙海市市容管理处，为正科级事业单位，加挂市城建监察大队、市环境卫生管理处的牌子。市容管理处内设综合股、法规股、城建监察股、环境卫生管理股、市政工程股、市场管理股6个股室，下属机构有环境卫生管理处、城建监察大队、市政工程站、市场服务所；共有编制472名。

五、漳州市住房公积金管理中心龙海管理部

1997年7月1日，成立龙海市住房资金管理中心，由市建设委员会管理。2003年1月1日，住房公积金管理职能收归漳州市住房公积金管理中心管理，设置漳州市住房公积金管理中心龙海管理部（副科级）；编制5名，实有5人。

第二节　建筑市场管理

一、企业资质管理

1995年开始，龙海市城乡建设委员会负责全市建筑企业资质初审工作。2002年，初审龙海市第一建设有限公司申请房屋建筑工程二级、机电设备安装工程和管道工程三级资质，福建省龙江建设有限公司申请建筑防水工程、城市及道路照明工程、土石方工程3级资质，均获省住建厅核准。2004年，初审福建联谊建筑工程有限公司申请房屋建筑工程、市政公用工程、土石方工程三级资质，福建鑫泉建筑工程有限公司申请房屋建筑工程、钢结构工程、机电设备安装工程三级资质，泷澄建工劳务有限公司申请劳务分包一级资质，均获省住建厅核准。2005年，初审福建省永固基强夯工程有限公司申请市政公用工程、钢结构工程、地基与基础工程、土石方工程、机电设备安装工程三级资质，福建联谊建筑工程有限公司申请房屋建筑工程、土石方工程三级晋升二级资质，增项爆破与拆除工程3级资质，福建省华鼎钢结构工程有限公司申请钢结构工程三级资质，福建省漳州鑫盛钢结构工程有限公司申请钢结构工程三级资质，龙海市鑫泉建筑劳务有限公司申请劳务分包二级资质，漳州岩实爆破工程有限公司申请爆破与拆除工程、城市及道路照明工程、防腐保温工程三级资质，福建省泷澄建设集团有限公司申请房屋建筑工程二级晋升一级资质、增项机电安装工程和土石方工程三级资质，福建腾强建筑工程有限公司申请钢结构工程三级资质，福建省欣隆建设有限公司申请爆破与拆除工程三级资质，均获省住建厅核准。2006年，初审龙海市新艺建工有限公司申请劳务分包一级资质，福建腾强建筑工程有限公司申请房屋建筑工程、市政公用工程三级资质，龙海市龙伟金属门窗工程有限公司申请金属门窗工程三级资质均获省住建厅核准。

2007年，初审福建龙弘建筑工程有限公司申请房屋建筑工程三级资质，福建韬发建设工程有限公司申请房屋建筑工程二级资质，福建鑫泉建筑工程有限公司申请房屋建筑三级晋升二级资质，福建省永固

基强夯工程有限公司申请市政公用工程施工总承包三级晋升二级资质，均获住建部、省住建厅核准。

二、工程招标投标管理

1993年起，龙海市政府出台工程建设招投标管理办法，由市政府牵头，市建设局、财政局、审计局、发改局、监察局等相关部门组成工程建设招投标工作领导小组，负责全市房屋建筑和市政工程招投标日常管理工作。截至1995年，全市工程建设报备项目105个，对符合条件的70个项目进行公开招投标，节约资金3502万元；对80个建筑工程项目开展检查，发现并纠正招投标中违规行为68起，查出违纪违法金额56万元。1997年，开始实施建设工程造价在100万元以上或建筑面积2000平方米以上的工程招投标承包制。全市共有15个单位工程实行公开招投标，节约资金140万元。1998年，有214个项目公开招投标，节约资金1780万元。1999年，有18个单位工程实行公开招投标。

2000年，有11个单位工程实行公开招投标，应招标项目全部进行公开招投标。2001年，建设工程招投标方式由市发改局核准，市建委为建设行业监管部门，参与房屋建筑和市政工程招投标过程监管，接受招投标备案以及受理招投标过程投诉处理等工作。是年，全市工程建设报备项目98个，对符合条件的80个项目进行公开招投标，节约资金1254万元；对78个建筑工程项目开展检查，发现并纠正招投标中违规行为6起，查出违纪违法金额52万元。全年共有158个项目开展招投标，总造价17587万元，节约资金1470万元。2002年，有152个项目进行招投标。

2003年起，市建设局参与全市房屋建筑工程和市政公用工程设计、施工、监理招投标的监管工作。2004年，有15件招投标进入市场运作，有14件建设工程通过招投标确定施工单位，总建筑面积5.86万平方米，总造价6168万元。2005—2007年，全市共有368个建设项目进行报备，对符合条件的358个项目进行公开招投标，共节约资金1026万元。

三、工程质量监督管理

1993年，建立建设工程质量安全管理责任制，强化建筑市场监管力度。截至1996年，受理工程质量监督申报45个项目，监督面积37.5万平方米，工程总造价28300万元。1997年，开展全省建筑工程质量安全大检查活动，查处建筑业中的违法违纪事件。是年，共检查55个项目，面积43.6万平方米，工程造价32300万元。

2000年，扩大建设工程质量监督覆盖面，先后在东园华发纸城、厦大漳州分校、龙池工业园区设点进行监督。2001年11月，根据建设部的要求，由竣工验收核验制改为竣工验收备案制，改变只对工程项目实体监督检查为既对工程项目实体又对项目参建各方质量行为的监督检查。2004年，全市有141个单位工程接受质量监督，监督覆盖面达95%以上。

2005—2007年，受理工程质量监督申报204个项目，监督面积27.2万平方米，工程总造价25440万元，全市在建工程质量均为合格以上工程。

四、工程安全监督管理

1993年，市建筑安全监督由市城乡建设委员会负责监督。1995年10月，成立市建筑安全监督管理站，负责全市建设工程安全管理。是年，开展89次工程质量安全检查，自查工程项目38个。

1996—1998年，与所有施工企业签订安全生产责任状，建立安全管理体系，并举办5期建筑安全培训班，参加培训人数845人，发放证书482份。共检查工程项目68个，面积49.6万平方米，消除安全隐患539个；协助市劳动安全部门查处15起因违章违规造成的伤亡事故。1999年，开展岗位证书年检测试，组织企业负责人、项目经理参加安全生产法学习考试，提高安全意识和常识。是年，组织对34个竣工项目进行检查，面积15.3万平方米，发出安全整改通知书33份，对存在质量安全隐患的单位发出限期整改通知书。

2000—2006年，共检查竣工工程项目78个，建筑面积57.3万平方米，发出整改通知书327份，对违反基建程序的工程及时发出停建通知书，限期整改。2007 年，检查竣工工程项目 41 个，面积 16.5 万平方米，发出整改通知书 109 份。

第三节　房地产市场管理

一、直管公房管理

1993 年，龙海市直管公房分为公产房、代管房、信托房、经租房，由县房地产管理处管理。全市有公房总建筑面积 99425.08 平方米，其中住宅 70308.2 平方米。与业主签订《房屋租赁合同》，确立合法租赁关系，原有公房住宅租金标准维持不变，为每平方米 0.1 元，新投入使用的公房提高到 0.3 元（1991 年算起）。

1995 年 8 月起，开始对单位和个人租用直管公房作为非住宅用房的实行调高租金，从 1984 年规定的每平方米 0.6 元调整为每平方米 7 元（砖混结构一等）。1997 年 7 月起，在全市范围内对公房住宅租金实行改革，采取"小步快走"方式，分 3 年调整到位，由市政府制定，按房屋结构分土木、砖木、砖混、框架 4 类共 10 个档次：1996 年标准从 0.3 元至 0.66 元不等；1997 年从 0.65 元至 1.43 元不等，1998 年从 1.02 元至 2.31 元不等。此后未再调整。

2007 年，有直管公房总建筑面积 56914 平方米，总租赁户 1324 户，其中市区 1291 户，建筑面积 54054 平方米；海澄镇 16 户，建筑面积 1310 平方米；白水镇 17 户，建筑面积 1550 平方米。市区公房绝大部分分布在新华路、解放南路、解放东路等旧街，且多数为 3 层以下砖木结构，20 世纪 80 年代为安排知青返乡，在英厝村新建公房 252 套，建筑面积 6300 平方米；在罗锦村新建公房 70 套，建筑面积 2310 平方米。近年来旧城改造中，119 户公房被拆迁安置于通华小区、安居新村、半港小区、侨联大厦、红树林小区，总建筑面积约 5189.34 平方米。

二、产权产籍管理

1993—1997 年，实行旧版产权证，共登记办证 6268 件。1998 年，使用新版房地产权证。1999 年，建立更新房屋产权登记管理系统，健全房地产产权登记存档。同时开展村镇房屋权属登记发证工作，榜山镇南苑新村是全市第一个拿到产权证的农村，共登记办证 99 件，建筑面积 2.2 万平方米。2006 年，登记办理房屋产权证 4284 件。2007 年，登记办证办理 6229 件。

1993—2007 年龙海市房屋产权证登记情况表

表 4-5-1　　　　单位：件、万平方米

年份	登记件数	登记面积
1993	2023	49.98
1994	2090	65.29
1995	970	38.53
1996	622	11.05
1997	563	5.73
1998	2890	43.75
1999	4346	51.12
2000	3638	9.04

续表 4-5-1

年份	登记件数	登记面积
2001	2006	39.7
2002	3037	61.86
2003	2324	152.86
2004	2217	84.83
2005	3595	147.13
2006	4284	164.18
2007	6229	205.29

三、房产交易和中介市场管理

（一）房产交易管理

1993 年，龙海市房地产交易管理所负责办理房屋产权转让、赠与、抵押登记等手续，人员从房地产管理处调拨使用。1999 年，为方便群众办事，在商业城设立房地产交易办证大厅，进行一站式窗口服务，初步建立全市房屋交易与产权产籍管理信息系统、房地产市场走势动态预测。随着商品房开发及二手房交易迅速增多，房地产市场管理重点抓好商品房合同备案、商品房预售许可证审批、商品房预售款监管，依法对房地产企业及其开发的楼盘实施督促检查。

2005 年，开设龙海房地产网，建立房地产开发企业信息系统，对行业政策、预售公告、商品房合同备案、产权办证公告、二手房源进行网上动态更新公布。

（二）房地产中介市场管理

1993 年，龙海市房地产评估事务所是龙海市第一家专业房地产评估机构，专门从事房屋价格评估测算工作，从业人员实行职业资格执证工作，所出具的《房地产评估报告》是二手房屋买卖、抵押典当的重要依据。2000 年，房地产价格评估中介服务被推向市场化运作，龙海市评估事务所机构脱钩改制，机构撤销，人员分流。2005 年，在龙海市进行业务备案的外地企业 12 家。2007 年，有备案评估中介机构 9 家，其中本地公司 1 家、外地进驻 8 家；从事房屋经纪业务的机构有 17 家。

四、物业管理

1994 年，颁布《城市新建住宅小区管理办法》，龙海市新建住宅小区基本实行物业管理。是年有物业管理公司 3 家，即龙海市永邦物业有限公司（管理项目位于角美镇）、龙海市佳荣物业管理有限公司（管理项目是港口花园、顺风楼）、龙海市锦龙物业管理有限公司（管理项目是锦龙小区）。

2007 年，有物业管理企业 4 家，其中具备三级资质的企业 2 家，具备暂定三级资质的企业 2 家。

第四节　住房制度改革

一、公有住房出售

1992 年，成立龙海县城镇住房制度改革领导小组，开始住房制度改革政策研究，对全县公有住房进行摸底。1993 年，制定《龙海市出售公有住房暂行规定》，采取由点到面、由市到镇（乡）逐步推行的方法在全市进行住房制度改革。1997 年 7 月，市政府颁布《龙海市深化城镇住房制度改革实施方案》《龙

图 4-9　锦龙小区经济适用房（陈东辉摄）

海市城镇 1993 年出售公有住房与国务院〈决定〉衔接的实施规定》和《龙海市出售公有住房实施细则》。

截至 2007 年，全市公有住房出售累计办理评估、丈量、计算有 8948 套，面积 57.32 万平方米，约占全市公有住房 97%。其中，房地产直管公房 1093 套，面积 5.12 万平方米；市政府 391 套，面积 2.74 万平方米；解困房 167 套，面积 1.08 万平方米；单位自管公房 7096 套，面积 47.19 万平方米，龙文区所属企业自管公房部分产权 201 套，面积 1.2 万平方米。累计发放房屋所有产权证 8634 件，面积 53.6 万平方米。出售公有住房累计收入 6411.2 万元。其中，城市住房资金 1215.76 万元，垂直管理单位住房资金 2122.9 万元，本市行政单位住房资金 1071.3 万元，全额事业单位住房资金 332.2 万元，差额自收自支单位住房资金 477.4 万元，企业单位住房资金 1191.64 万元。

二、经济适用房

1998 年，龙海市政府颁布《龙海市城镇经济适用房住房建设管理办法》，以中低收入家庭且为住房困难户及旧城改造拆迁易地安置户为供应对象，开展经济适用住房建设。全市第一个经济适用住房工程——半港经济适用住房，于 1999 年建成，楼高 7 层，总建筑面积 3210.53 平方米，共 48 套。1999 年 7 月，成立住宅建设发展中心。同年开始建设锦龙小区经济适用房 5 期项目，共 579 套，建筑面积 73060.12 平方米。2000 年，经济适用住房可以上市交易，至 2001 年审批上市交易 440 套，建筑面积 27246 平方米，交易金额 1907 万元。2007 年，全市有经济适用房 699 套，面积 84043.53 平方米。

三、住宅资金管理

（一）住房公积金缴纳和贷款

1997 年 7 月 1 日，龙海住房公积金制度开始实施。当年，全市公积金缴纳率为 5%。1999 年，出台《龙海市个人住房组合贷款管理实施细则》；公积金缴纳率提高至 6%—10%。2000 年，公积金缴纳率提高至

8%—12%。2001 年，累计归集额 5458.3 万元；向 272 户缴存住房公积金的职工在购买各类自住住房发放公积金贷款 1405.5 万元。2003 年，龙海市住房公积金管理职能收归漳州市住房公积金管理中心管理。

2007 年，龙海市住房公积金缴存单位 385 个，职工数 16641 人。住房公积金归集总额累计 35145.03 万元，归集金额 22954.93 万元。职工购房、偿还贷款、离退休、调离本市等各类提取住房公积金累计 12190.1 万元。职工购、建自住房申请公积金贷款累计 1625 户，贷款金额累计 14969.9 万元。结清贷款累计 558 户，回收贷款本金累计 5853.53 万元。当年，职工个人公积金贷款 1067 户，贷款余额 9116.37 万元，资金贷款使用率 39.71%。

（二）住宅共用部位共用设施设备维修基金

2000 年，龙海市住宅共用部位共用设施设备维修基金开始提取。至 2007 年底实际累计归集住房维修基金 3201.5 万元；已支用、退款费用 52.55 万元。

第五节 建设监察与执法

一、城市环境整治

1993 年起，市城镇管理监察中队加强对市区规划建设及市容市貌违法违章行为进行整治和查处，重点整治和查处乱贴广告、违章户外装修、占道经营、乱悬挂、乱搭盖、乱挖、乱倒废弃土等行为，并建设市区人行道路，解决占道经营问题，改善市区脏乱差现象。1994 年，成立市规划建设管理监察大队，加强对市容环境卫生、城乡规划的查处，根据龙海市提出的“整顿管理城乡接合部”要求，加强市区环境整治，做到“垃圾归箱、摊点归市、商品归店、市场归位、广告归栏”。2001 年，集中力量对市区主干道两边违规搭建进行治理。2002 年，查处影响市容市貌环境卫生的违章行为 827 起，其中乱张贴广告 21 起、暂扣广告牌 143 个、商业广告宣传单 15 箱；拆除有碍市容观瞻的遮阳物 385 件、乱吊乱挂广告布条 720 条；清洗乱张贴广告 1120 处；制止乱倒土头垃圾 212 起；责令整改破坏园林绿化 20 起。

2003 年，加强城市“畅通工程”的实施和建设，加大对辖区内违章搭盖、占道经营、环境卫生等方面的执法力度，在城建监察石码中队添置一套“城市管理语言系统”，打击广告乱张贴行为。共查处影响市容市貌环境卫生的违章行为案件共 6000 多起，暂扣违章物品 3000 多件，清理乱张贴广告 3 万多张，纠正乱占道经营 5000 多人次，纠正乱停放车辆 7000 多车次，取缔路边停车场 2 处。2004 年，加强市容市貌、环境卫生、园林绿化等方面的管理力度，共出动执法人员 150 人次，分 4 次清洗市区乱张贴广告，数量达 5 万多张；纠正乱占道经营 6000 多人次；参加联合执法队伍，对市区各类违章现象进行清理整顿。共发出违章限期整改通知书 300 多份；与沿街店面签订“门前三包”（包卫生、包秩序、包绿化）责任书 2000 多份；纠正自行车乱停放 1 万多车次；取缔路边临时寄车场 3 处，协助园林管理处共查处乱盗伐树木 5 起。

2005 年，以创建省级“文明城市”和“卫生城市”为契机，以市区市容市貌管理中的难点、热点和焦点问题为抓手，不断加大执法力度，改善市区市容市貌。开展户外广告专项整治行动，对公园西路、锦江道、人民路等 8 条主干街道的不规范广告牌进行拆除，共拆除广告牌 159 件（处），5 次组织队员清洗市区乱张贴广告，清洗数量 2 万多张。同时，将市区人民路、人民东路、人民西路、工农路、公园路、公园西路、解北南路、锦江道等市区几条主干道的广告乱张贴、涂写的清洗管理推向社会化，实行公开招标管理。配合龙海市园林管理处对紫光路、紫崴路及芦州至海澄路段的绿化带进行专项治理，共清理整治绿化带 7000 多米，制止在绿化带上乱占、乱搭、乱堆放的现象 85 起。全年共处理各类违法（章）案件 14400 多起，暂扣违章物品 1203 件；纠正乱占道经营 11500 多人次；取缔路边临时寄车场 1 处。同时，参加联合执法行动，对市区各类违章现象进行清理整顿。共发出违章限期整改通知书 700 多份；与沿街店面签订“门前三包”责任书 1400 多份；暂扣违章机动车辆 300 多辆。全面启动“110”社会服务联动工作。“110”社会服务联动共接警 143 次，出警 143 次，出警率 100%。

2006年，加大对城区内流动摊点、占道经营现象的整治力度，印发《关于坚决取缔城区流动摊点、占道经营和规范夜市大排档的通知》，每星期集中整治2次至3次，查纠流动摊点占道经营百余次，规范东贸市场、内社市场、登第市场、解西市场、高坑市场5个临时市场。全年共处理各类违法（章）案件1700多起；纠正违章行为自行车摆放及违章行驶10000多人次；组织120名执法队员清洗市区小广告8000多张。同时，对违章搭盖行为进行专项整治，特别针对群众反映强烈地段进行重点整治。利用2周的时间，集中整治运辉花园小区、宏业花园小区的违章建筑物和构筑物，强制拆除违章搭盖53起，面积795平方米。

2007年，重点对违章建设、占道经营、乱贴广告、乱悬挂、乱倒弃土、“滴、洒、漏”等违章行为进行整治。城建监察大队与共建单位石码镇蔬菜村委会联合行动，清理辖区内卫生死角38处；清运杂物垃圾85车；清理杂草300多平方米；清挖小沟5条，长280米；拆除旧旱厕所5个，面积150平方米；资助蔬菜村创卫资金8000元。

二、城区建筑监察

1993年，对市区建设采取一系列管理措施，要求在建工程施工单位实行围栏作业，基建材料运输指定专门路线，并要求建设工程处负责道路清扫工作；对私有建房等建筑需堆放材料的要求进行申报，并限定时间、指定地点进行放置，对不申请或不按要求堆放基建材料，按照违章行为进行处理，对屡劝不改的进行强制清除。1995年，加强市区巡查制度，安排工作人员每天分片区进行巡查，查处影响城市规划的违章建筑。1997年，对工程运输车辆进行路线定点布控，防止车辆运输东西随处掉落，确保道路整洁有序。

2001年，查处违章建设104起，建筑面积18152平方米。其中，拆除严重影响城市规划8起，建筑面积223平方米；限期整改影响城市规划96起，建筑面积17929平方米。2002年，针对龙海市城区主、次干道建设不断加快的情况，为确保城市总体规划实施，突出开展违规搭建整治工作，查处违章建设108起，建筑面积33046.15平方米。其中，依法强制拆除严重影响城市规划16起，建筑面积310平方米；限期整改影响城市规划92起，建筑面积32736.15平方米。接到群众来信来访105起，行政调解基建纠纷45起。

2003年，查处违章建设85起，建筑面积21396平方米。其中，强制拆除影响城市规划2起，建筑面积2800平方米；限期整改影响城市规划83起，建筑面积18596平方米。2004年，查处违法（章）建设案件55起，建筑面积10765.15平方米。其中，严重影响城市规划6起，面积2864.62平方米；影响城市规划49起，面积7900.53平方米。拆除违法（章）建设35起，建筑面积3811.95平方米。依法定程序立案查处并相应作出行政处罚决定，申请强制执行19起，执行标的4880.28平方米。2005年，共查处违法（章）建设案件102起，建筑面积30931.88平方米；拆除违法（章）建筑28起，建筑面积2829.3平方米。

2006年，查处违法（章）建设案件158起，建筑面积41955.55平方米。其中，严重影响城市规划4起，建筑面积359平方米；影响城市规划154起，建筑面积41596.55平方米；公路整治强制拆除违法（章）建设案件285起，建筑面积32829平方米。依法定程序立案查处并相应作出行政处罚决定，申请强制执行21起，执行标的3009.93平方米。

2007年，市城建监察大队扩大管辖范围，接管海澄、榜山两个工作片区，加大对城乡接合部的管理力度。借鉴芗城区和其他城市的管理方式，将市区36条主次干道分为三个等级进行管理，一级路段为10条，二级路段为10条，三级路段为16条，抓准“主干道严禁，次干道严控，巷口管理规范”的工作定位，规范城市分区管理。共查处违法（章）建设案件212起，建筑面积21205平方米；拆除抢建185起，建筑面积18450平方米。

卷五 经济综述

JING JI ZONG SHU

1993年，龙海利用撤县建市和中银招商局漳州经济开发区建设的契机，加强国民经济宏观调控，加快发展社会主义市场经济，为经济发展战略奠定基础。全市生产总值21.32亿元，比上年增长21.7%；农业总产值13.07亿元，比上年增长9.9%；工业总产值31.25亿元，比上年增长54.4%；财政收入1.11亿元，比上年增长28.6%；实际利用外资8075万美元，增长2.8倍；实际出口总额9567万美元，增长1.06倍；城镇居民人均生活费收入2282元，农民人均纯收入1451元。虽然取得显著成绩，但同时也面临国民经济整体素质较低，国有企业效益不高；农村社会化服务体系不够健全，农业生产缺乏宏观指导；固定资产投资增速过快，重点项目建设资金缺口较大；物价总水平上涨幅度较大等问题和困难。

1993—2007年，历经5次国民经济计划发展时期，龙海面临机遇和挑战，不断深化改革、扩大开放、加强调控、优化结构、提高效益，坚持开放导向、依港兴市、工业立市、科技强市，加快基础设施建设和发展第三产业，促进全市经济协调发展。利用毗邻厦门经济特区和厦门港南岸的地理优势，融入海峡西岸经济圈，突出“海西建设、漳州先行、龙海率先”发展主线，围绕“建设经济强市、构建和谐龙海”发展主题，稳步推进经济持续发展。

2007年，全市生产总值216.25亿元，与1993年相比，年均增长13.2%；财政总收入27.88亿元，年均增长25.9%；全社会固定资产投资额73.13亿元，年均增长23.1%；农业总产值50.74亿元，年均增长5.9%；工业总产值433.99亿元，年均增长18.8%；社会消费品零售总额51.76亿元，年均增长16%；农民人均纯收入5699元，年均增长10.3%；城镇居民人均可支配收入10603元，年均增长11.6%。龙海市获“中国最具投资潜力中小城市百强”称号；县域综合经济实力自1996年至2007年连续12年进入全省经济实力“十强”县（市）行列；连续7届入选全国县域经济百强。

第一章　经济发展

第一节　发展概况

一、经济总量

（一）生产总值

1993年，全市生产总值21.32亿元。1994年，全市生产总值27.22亿元，提前6年实现比“六五”计划时期的1980年“翻两番”的战略目标。1995年，全市生产总值37.28亿元。

“九五”期间是龙海市经济发展最快、经济实力增量最大的时期，经济综合实力连续5年进入全省十强，经济效益连续2年进入全省十佳。1999年，全市生产总值66.9亿元，提前完成“比1980年翻三番”任务。2000年，全市生产总值74.62亿元。

“十五”期间龙海市经济持续快速健康发展，县域经济基本竞争力连续五届位居全国“百强”。2001年，生产总值82.90亿元，2005年生产总值173.55亿元。

2006年，全市生产总值198.91亿元。2007年，全市生产总值216.25亿元，比1993年增长4.68倍，年均增长13.2%。

（二）农业总产值

1993年，全市农业总产值13.07亿元。1994年，全市农业总产值17.79亿元。1995年，全市农业总产值23.79亿元。“八五”期间，龙海大力加强和发展农村经济，按照“决不放松粮食生产，积极发展多种经营”的方针，在保证粮食稳定增长的同时，增产其他农作物，以高优农业为标志的农业结构调整发生根本变化。“九五”期间，强化农业基础地位，发展持续农业，促进农业结构升级换代。1996年，全市农业总产值28.13亿元。2000年农业总产值32.43亿元，比1995年增长38.9%。

2001年，全市农业总产值34.27亿元。“十五”期间，坚持把农业放在优先发展的位置，加快培育具有地方特色的主导行业，扶持壮大一批农业龙头企业，农业形成产业化、标准化的格局。2005年农业总产值41.98亿元，比2000年增长20.8%。

2006年，全市农业总产值45.25亿元。“十一五”期间，龙海实行“工业反哺农业、城市支持农村”，建设以工促农、以城带乡的长效机制。2007年，全市农业总产值50.74亿元，比2005年增长6.5%，比1993年增长1.24倍，其间年均增长5.9%。

（三）工业总产值

1993年，龙海市工业总产值31.25亿元，比上年增加10.92亿元。1995年工业总产值46.64亿元，比1993年增长61.6%。1996年，全市工业总产值50.88亿元。2000年，全市工业总产值97.92亿元，比1995年增长76.8%。2001年，全市工业总产值112.23亿元。2005年，全市工业总产值311.07亿元，比2000年增长1.88倍。2007年，全市工业总产值433.99亿元，总量居漳州市首位，占漳州市1209.66亿元的35.88%；比2006年356.73亿元增长17.8%；比1993年增长10.18倍，其间年均增长18.8%。

（四）财政总收入

1993年，全市财政总收入1.11亿元。1995年，全市财政总收入2.06亿元，比1993年增长86.2%。2000年，全市财政总收入4.56亿元，比1995年增长1.21倍。2005年，全市财政总收入17.43亿元，比2000年增长2.82倍。2006年，全市财政总收入21.29亿元。2007年，全市财政总收入 27.88 亿元，比 2005 年增长 60%，比 1993 年增长 24.18 倍，其间年均增长 25.9%。

（五）全社会固定资产投资额

1993 年，全市全社会固定资产投资额 3.97 亿元。1995 年，全市全社会固定资产投资额 5.6 亿元，比 1993 年增长 41.1%。2000 年，全市全社会固定资产投资额 27.89 亿元，比 1995 年增加 3.98 倍。2005 年，全市全社会固定资产投资额 49.71 亿元，比 2000 年增长 78.2%。2006 年，全市全社会固定资产投资额 57.63 亿元。2007 年，全市全社会固定资产投资额 73.13 亿元，比 2005 年增长 47.1%，比 1993 年增长 17.4 倍，其间年均增长 23.1%。

（六）社会消费品零售总额

1993 年，全市社会消费品零售总额 6.51 亿元。1995 年，全市社会消费品零售总额 12.84 亿元，比 1993 年增长 97.2%。2000 年，全市社会消费品零售总额 25.97 亿元，比 1995 年增长 1.02 倍。2005 年，全市社会消费品零售总额 40.71 亿元，比 2000 年增长 56.7%。2006 年，全市社会消费品零售总额 45.63 亿元。2007 年，全市社会消费品零售总额 51.76 亿元，比 1993 年增长 6.95 倍，其间年均增长 16%。

1993—2007 年龙海市主要经济指标完成情况表

表 5-1-1　　　　单位：万元

年份	生产总值	农业总产值	工业总产值	财政总收入	全社会固定资产投资额	社会消费品零售总额
1993	213242	130691	312499	11076	39728	65118
1994	272160	177866	481430	15043	47821	86200
1995	372770	237963	466419	20628	56023	128364
1996	453019	281263	508816	28068	181575	157950
1997	487661	280142	536990	31608	267098	177554
1998	548842	300315	563762	33908	394061	206195
1999	669032	312675	771200	41008	323615	233247
2000	746199	324254	979200	45639	278884	259695
2001	828966	342727	1122300	47002	350695	283435
2002	907295	337077	1462700	70512	332086	305601
2003	1068248	358949	2050900	93569	446286	333410
2004	1384390	398714	2682903	126626	469420	368916
2005	1735485	419776	3110746	174251	497069	407142
2006	1989110	452509	3567307	212885	576272	456294
2007	2162471	507441	4339935	278840	731335	517572

注：表中数据均为当年价格的经济普查调整数

二、经济均量

（一）人均农业总产值

1993 年，龙海市人均农业总产值 1547 元。1995 年人均农业总产值 2759 元，2000 年人均农业总产值 4159 元，2005 年人均农业总产值 5336 元。2007 年，全市人均农业总产值 6372 元，比 1993 年增长（现价）

3.12 倍，年均增长（现价）10.6%。

（二）人均工业总产值

1993 年，龙海市人均工业总产值 3698 元。1995 年人均工业总产值 5407 元，2000 年人均工业总产值 12559 元，2005 年人均工业总产值 39542 元。2007 年，全市人均工业总产值 54501 元，比 1993 年增长（现价）13.74 倍，年均增长（现价）21.2%。

（三）人均财政总收入

1993 年，龙海市人均财政总收入 131 元。1995 年人均财政总收入 239 元，2000 年人均财政总收入 585 元，2005 年人均财政总收入 2215 元。2007 年，全市人均财政总收入 3502 元，比 1993 年增长 25.73 倍，年均增长 26.5%。

（四）人均全社会固定资产投资

1993 年，龙海市人均全社会固定资产投资 470 元。1995 年人均全社会固定资产投资 649 元，2000 年人均全社会固定资产投资 3577 元，2005 年人均全社会固定资产投资 6318 元。2007 年，人均全社会固定资产投资 9184 元，比 1993 年增长 18.54 倍，年均增长 23.7%。

（五）人均社会消费品总额

1993 年，龙海市人均社会消费品总额 771 元。1995 年人均社会消费品总额 1488 元，2000 年人均社会消费品总额 3331 元，2005 年人均社会消费品总额 5175 元。2007 年，人均社会消费品总额 6500 元，比 1993 年增长 7.43 倍，年均增长 16.4%。

（六）城镇居民人均可支配收入

1993 年，龙海市城镇居民人均可支配收入 2282 元，分别比全国人均 2577 元、全省人均 2923 元和漳州市人均 2524 元少 11.45%、21.93% 和 9.59%。1995 年，城镇居民人均可支配收入 3489 元；2000 年，城镇居民人均可支配收入 6475 元；2005 年，城镇居民人均可支配收入 7295 元；2007 年城镇居民人均可支配收入 10603 元，比 1993 年增长 3.65 倍，年均增长 11.6%。

（七）农民人均纯收入

1993 年，龙海市农民人均纯收入 1451 元；1995 年，农民人均纯收入 2394 元；2000 年，农民人均纯收入 3656 元；2005 年，农民人均纯收入 4693 元；2007 年，龙海市农民人均纯收入 5699 元，比 1993 年增长 2.93 倍，年均增长 10.3%。

1993—2007 年龙海市主要经济指标完成量人均值情况表

表 5-1-2　　单位：元

年份	农业总产值	工业总产值	财政总收入	全社会固定资产投资额	社会消费品零售总额	城镇居民人均可支配收入	农民人均纯收入
1993	1547	3698	131	470	771	2282	1451
1994	2086	5645	176	561	1011	2791	1890
1995	2759	5407	239	649	1488	3489	2394
1996	3227	5837	322	2083	1812	4275	2909
1997	3659	7014	413	3489	2319	4767	3256
1998	3904	7328	441	5122	2680	5353	3355
1999	4041	9968	530	4183	3015	5995	3506
2000	4159	12559	585	3577	3331	6475	3656
2001	4387	14366	602	4489	3628	6721	3849

续表 5-1-2

年份	农业总产值	工业总产值	财政总收入	全社会固定资产投资额	社会消费品零售总额	城镇居民人均可支配收入	农民人均纯收入
2002	4308	18693	901	4244	3905	6728	3921
2003	4587	26206	1196	5703	4260	7043	4150
2004	5084	34212	1615	5986	4704	7413	4365
2005	5336	39542	2215	6318	5175	7952	4693
2006	5733	45196	2697	7301	5781	9007	5058
2007	6372	54501	3502	9184	6500	10603	5699

注：以上人均数据均按当年户籍人口数测算

第二节　增长水平

一、增长速度

1993—1995 年是第八个五年计划时期的最后三年。1995 年，全市生产总值 37.28 亿元，3 年年均增长速度 19.72%；工业总产值 46.64 亿元，3 年年均增长 35.63%；对外开放取得新成效，3 年累计利用外资 2.71 亿美元；全社会固定资产投资 3 年累计 14.36 亿元；全社会消费品零售总额 12.84 亿元，3 年年均增长 34.45%；城镇居民人均可支配收入 3489 元，3 年年均增长 24.42%；农民人均纯收入 2394 元，3 年年均增长 26.06%。

1996—2000 年是第九个五年计划时期。全市克服亚洲金融危机、国内市场变化、台风等自然灾害影响，经济社会持续快速发展。2000 年，全市实现生产总值 74.62 亿元，年均增长 12.88%；财政总收入 4.56 亿元，年均增长 17.21%；农林牧渔总产值达 32.43 亿元，年均增长 6.79%；工业总产值 97.9 亿元，年均增长 12.07%；全社会固定资产投资 5 年累计 144.52 亿元，是“八五”期间的 8.82 倍；社会消费品零售总额 5 年累计 103.46 亿元，年均增长 15.13%；城镇居民人均可支配收入 6475 元，年均增长 13.16%；农民人均纯收入 3656 元，年均增长 8.84%。

2001—2005 年是第十个五年计划时期，经济持续快速健康发展。2005 年，全市生产总值 173.55 亿元，年均增长 11.63%；财政总收入 17.43 亿元，年均增长 30.73%；全社会固定资产 5 年累计完成投资 209.56 亿元，年均增长 12.25%；工业总产值 311.07 亿元，年均增长 23.59%；农业生产总值 41.98 亿元，年均增长 3.85%；城镇居民人均可支配收入 7952 元，年均增长 4.21%；农民人均纯收入 4693 元，年均增长 5.12%。

2006 年进入第十一个五年计划时期。2007 年，生产总值 216.25 亿元，年均增长 12.59%；财政总收入 27.88 亿元，年均增长 26.5%。全社会固定资产投资额 73.13 亿元，年均增长 21.3%；农业总产值 50.74 亿元，年均增长 3.2%；工业总产值 433.99 亿元，年均增长 16.49%；社会消费品零售总额 51.76 亿元，年均增长 12.75%；城镇居民人均可支配收入 10603 元，年均增长 15.63%；农民人均纯收入 5699 元，年均增长 10.2%。

1993—2007 年龙海市主要经济指标平均增长速度情况表

表 5-1-3　　单位：%

主要经济指标	"八五"时期 (1993—1995 年)	"九五"时期 (1996—2000 年)	"十五"时期 (2001—2005 年)	"十一五"时期 (2006—2007) 年
生产总值	19.72	12.88	11.63	12.59
农业总产值	11.36	6.79	3.85	3.20
工业总产值	35.63	12.07	23.59	16.49
财政总收入	33.79	17.21	30.73	26.50
全社会固定资产投资额	40.41	37.85	12.25	21.30
社会消费品零售总额	34.45	15.13	9.41	12.75
城镇居民人均可支配收入	24.42	13.16	4.21	15.63
农民人均纯收入	26.06	8.84	5.12	10.20

二、经济增长效率

1993—1997 年，龙海的经济增长效率显著提高，凭借毗邻漳州市区、厦门经济特区及丰富的港口资源优势，工业、物流运输业比较发达，第二、第三产业快速发展，第一、第二、第三产业平均增长率分别为 6%、23.7%、14.36%；贡献份额分别为 1.81%、7.26%、5.26%；贡献率分别为 13.05%、52.21%、37.86%；经济增长效率水平居漳州市第四名。1998—2007 年，第一、第二、第三产业平均增长率分别为 4.01%、15.81%、13.43%；贡献份额分别为 0.37%、3.97%、7.74%；贡献率分别为 3.04%、32.46%、63.23%；第三产业贡献率比 1997 年增加 25.37%；经济增长效率水平 0.9954%，跃居漳州市第一名。

至 2007 年改革开放 30 年，龙海的经济增长效率水平 0.9087%，仅次于漳州市区（含芗城区、龙文区），居漳州市各县（市、区）第二名。

若干时期龙海市在漳州市各县（区）的经济增长效率水平排名情况表

表 5-1-4　　单位：%

区域	1993—1997 年效率	排名	1998—2007 年效率	排名	1978—2007 效率	排名
市区（含芗城区、龙文区）	0.9869	1	0.9946	2	0.9881	1
龙海市	0.6526	4	0.9954	1	0.9887	2
云霄县	0.6166	8	0.7901	10	0.7552	10
漳浦县	0.6080	9	0.8752	6	0.8369	4
诏安县	0.6410	5	0.8444	9	0.8043	6
长泰县	0.5908	10	0.8508	7	0.7371	9
东山县	0.6641	2	0.9130	5	0.9889	7
南靖县	0.6279	7	0.9338	4	0.8355	5
平和县	0.6396	6	0.9888	3	0.8477	3
华安县	0.6545	3	0.8448	8	0.7734	8

第二章　经济结构

第一节　所有制结构

一、国有经济

改革开放以后，龙海的国有企业先后经历扩大企业的经营自主权，实行利润留成和两步利改税的改革。1993 年，龙海市国有工业企业总产值 2.85 亿元，占全市工业总产值 31.25 亿元的 9.12%。市属国有工业企业 25 个，主要分布在建材、机械、化学、食品、造纸等行业。经委系统预算内工业企业完成工业总产值 13631.3 万元，比上年下降 11.19%；亏损总额 238.6 万元，比上年增加亏损 77.6 万元。国有商业批发零售业销售总额 3.52 亿元，占全市 65.7%，国有商业企业由于市场竞争日益激烈，再加上公有经济机制不活，企业效益日益亏损。为盘活用好国有存量资产，解决管理简单粗放，产业结构不合理，龙海对国有企业实施改组改制，采取股份合作、联合兼并、租赁民营、停产整顿、拍卖出售、破产解散等机制。

2007 年，全市规模以上国有工业企业总产值 7.11 亿元，占全市规模以上工业总产值的 1.83%；国有商业限额以上批发零售业销售总额 7971.8 万元，占全市限额以上批发零售业销售总额 13.2 亿元的 6.04%。

二、集体经济

1993 年，继续在农村推行联产承包责任制，土地在保持集体所有性质不变的前提下，农户成为农村集体经济的经营单位。乡镇集体企业有乡办 256 个（占 2.6%），完成产值 9.03 亿元（占 34.6%）；村办 1353 个（占 13.9%），完成产值 5.08 亿元（占 19.5%）；合作 1609 个（占 16.6%），完成产值 5.55 亿元（占 21.3%）。1997 年，乡镇集体企业 1465 个（占 10.9%），完成产值 12.30 亿元，占 24.4%。同时，对集体企业实施改制。

至 2007 年，市属集体企业和乡镇村企业全部接受改制。是年，全市集体规模以上工业企业总产值 1.03 亿元，占全市规模以上工业总产值 0.27%。

三、私营、股份制经济

1993 年，全市私营、股份制工业企业总产值 0.25 亿元，占全部工业企业总产值 31.25 亿元的 0.8%。2007 年，全市私营、股份制规模工业企业总产值 71.68 亿元，占全市规模以上工业总产值的 18.5%；私营、股份制商业批发零售业销售总额 11.8 亿元，占全市批发零售业销售总额 89.42%。

图 5-1　龙海鞋业（龙海鞋业有限公司提供）

四、外商、港澳台经济

1993 年，全市有外商和港澳台投资工业总产值 8.27 亿元，占全市工业总产值 26.46%。2007 年，全市外商、港澳台投资规模以上工业企业总产值 307.74 亿元，比 1993 年增长 306.74%，占全市规模以上工业总产值的 79.4%。

第二节 产业与投资结构

一、产业结构

1993年，龙海市三次产业结构由1990年的45：25.3：29.7调整为35.4：36.5：28.1。1995年调整为34.9：36.6：28.5，基本保持粮食生产稳定，工业比重明显上升。轻重工业比重从1990年的70.3：29.7转变为1995年的79.5：20.5；非国有工业占全市工业总产值的比重从1990年67.2%提高到1995年95.9%。龙海市经过“八五”期间的调结构、促增长，产业结构出现新变化，按照“稳定第一产业、大兴第二产业、发展第三产业”的方针，优化产业结构，转变经济增长方式，提高经济运行素质，逐步建立高效、合理的产业体系。

1996—2000年的“九五”期间，针对全市支柱产业尚未形成、业化水平低等问题，在“九五”规划中提出，要优化产业结构，加快工业化进程，必须突出主攻工业，把发展工业摆在经济建设的首要位置，以规模效益明显的大工业，带动整个经济增长和产业机构的优化和升级。三次产业结构由1995年的34.9：36.6：28.5调整为2000年的25.5：46.3：28.2。农业基础地位进一步强化，持续发展；农业生产向现代化、产业化、城镇化转型升级，形成粮、菜、果、鱼、菇、牧、花、笋八大主导产业；对台农业合作成功引进台湾优良品种八大类127项，新技术31项，吸引台资3.6亿美元。高起点培育支柱产业，实施“扶高优、保重点、抓技改、走联合”的发展战略，加强产业向导，打破所有制界限，培育食品、电力、机械、包装材料四大支柱产业和建筑材料重点产业。工业内部结构发生深刻变化，轻重工业比重从1995年的79.5：20.5转变为2000年的75.8：24.2；非国有工业已占全部工业总产值99.2%。全市拥有产值上亿元企业7家，海新、紫山等4个企业集团跨入全国中型企业行列。重视发展第三产业，加强基础设施建设，发展咨询、保险、旅游等新兴产业，发展商业和生活服务业，规范金融业，正确引导房地产企业健康发展，重视农村第三产业发展，尤其是产前、产中、产后服务行业发展。

2001—2005年的“十五”期间，产业结构调整以“确立工业在国民经济的主导地位，农业的基础地位，大力发展服务业”为发展方向，经济结构明显优化。由2000年的25.5：46.3：28.2调整为2005年的14.1：58.3：27.6。农业产业化、现代化进程加快，农业绿色行动计划、标准化生产和农田片区综合治理三大工程取得显著成效；工业化进程加快，形成家电电子、食品、临港产业、电力能源四大产业集群，突出工业园区建设，全市规模工业有一半落户在工业园区，产值占全市工业产值的60%以上；服务业稳步发展，建成榜山家具、颜厝干果、九湖花卉、东园旧货等专业批发市场和一批连锁超市，旅游、房地产、金融、信息等发展较快，一些新兴服务业不断涌现。

2006—2007年的“十一五”期间，坚持结构优化的主线，推动“三业并举”，抓住国内外产业转移及建设“厦门湾制造业走廊”的战略机遇，优化产业结构，提升产业综合竞争力，形成以工业为主导，以基础产业为支撑，服务业全面发展的产业格局。三次产业结构由2005年的14.1：58.3：27.6调整为2007年的13.7：55.2：31.1。

1993—2007年龙海市三次产业结构情况表

表5-2-1 单位：万元、%

年份	生产总值	产业结构比重		
		第一产业	第二产业	第三产业
1993	213242	35.40	36.50	28.10
1994	272160	36.00	36.00	28.00

续表 5-2-1

年份	生产总值	产业结构比重		
		第一产业	第二产业	第三产业
1995	372770	34.90	36.60	28.50
1996	453019	36.20	35.10	28.70
1997	487661	33.50	37.50	29.00
1998	548842	32.20	38.10	29.70
1999	669032	27.50	44.40	28.10
2000	746199	25.50	46.30	28.20
2001	828966	24.30	47.50	28.30
2002	907295	21.90	49.70	28.50
2003	1068248	19.60	53.60	26.80
2004	1384390	16.60	59.70	23.70
2005	1735485	14.10	58.30	27.60
2006	1989110	13.40	58.20	28.40
2007	2162471	13.70	55.20	31.10

二、固定资产投资结构

1993 年，龙海市全社会固定资产投资额 3.97 亿元，比上年增加 1.95 亿元。随着工业化和城市化进程的推进，龙海市不断加大固定资产投资结构调整和优化力度。2003 年，全社会固定资产投资额 44.63 亿元，同比增长 34.4%。其中城镇以上固定资产投资额 41.12 亿元，占全社会固定资产投资额 92%。2004 年，全社会固定资产投资额 46.94 亿元，同比增长 5.2%。其中城镇以上固定资产投资额 42.89 亿元，同比增长 4.3%，占全社会固定资产投资额的 91%。2005 年，全社会固定资产投资额 49.71 亿元，同比增长 5.9%。其中城镇以上固定资产投资额 44.52 亿元，同比增长 3.8%，占全社会固定资产投资额 90%。2006 年，全社会固定资产投资额 57.63 亿元，同比增长 15.9%。其中城镇以上固定资产投资额 51.07 亿元，同比增长 14.7%，占全社会固定资产投资额 89%。2007 年，全社会固定资产投资额 73.13 亿元，同比增 26.9%。其中城镇以上固定资产投资额 64.61 亿元，同比增长 26.5%，占全社会固定资产投资额 88%。

第三章　居民生活

第一节　城镇居民生活

一、收入水平

1993 年，龙海市城镇居民可支配收入为 2282 元。撤县建市后，龙海经济得到迅速发展，城镇居民收入渠道增加，再加上干部、职工工资的不断提高，城镇居民收入成倍增长。1997年，城镇居民可支配收入4767元，比1993年增加2485元，5年翻一番；2003年达到7043元，10年增加近3倍。2007年，城镇居民可支配收入为10603元，15年间翻4番，比1993年增加3.64倍。其中，工资性收入1993年为1632元，1997年为2956元，2003年为5146元，2007年为6891元，15年增加3.2倍；经营性收入1993年为124元，1997年为1031元，2003年为858元，2007年为1476元，比1993年增加11倍。

城镇居民收入在快速增长的同时，收入构成也发生变化。2007年，作为城镇居民收入主体的工资占总收入的比例比1993年降低3.36%；经营性收入比1993年增加8.71%；转移性收入比1993年增加14.49%。

城市居民可支配收入除2000年外，其他年份仍然低于全国、全省、漳州市平均水平。

二、消费水平

（一）消费特征

1993年，全市消费水平2075.02元。随着城镇居民收入水平的大幅度提高，消费支出持续增长，消费水平显著提高。1997年4344.22元，2003年5460.24元，2007年7764.15元，比1993年增长2.74倍。

15年间，全市城镇居民消费结构逐渐向发展型和享受型消费转变，发展型和享受型的消费所占的比重不断增加，食品支出比重持续下降。城镇居民恩格尔系数由1993年的66.8%下降到2007年的45.47%，下降21.33个百分点。在城镇居民生活消费支出中，交通通信、文教娱乐、医疗保健等发展性和享受性消费的支出大幅度增加，所占比重稳步提高。随着汽车进入家庭，电脑和手机等电子产品的普及，交通和通信成为消费新亮点。同时，生活水平的提高使居民对居住的条件、环境更加关注，追求环保、舒适的家居生活。2007年，城镇居民人均交通和通信支出727.77元，比1993年24.91元增长28.22倍；人均教育文化娱乐服务支出为470.78元，比1993年77.6元增长了5.07倍；医疗服务支出由1993年的20.61元增加到2007年的341.1元，增长15.55倍；城镇居民人均居住支出789.97元，比1993年113.87元增长5.94倍。

（二）消费结构

衣　1993年，城镇居民的衣着消费支出280.89元，占消费支出13.54%。1997年，人均衣着消费支出478.19元，比1993年增加70.24%。2003年，城镇居民人均衣着消费支出384.96元，比1993年增加37.05%。2007年，城镇居民人均衣着支出642.44元，比1993年增加361.55元，增长1.29倍，而且成衣化趋势不断上升，普遍追求衣着美观大方和衣料质地高档、舒适。

食　1993年，城镇居民人均食品支出1386.11元，其中粮食198.82元，占食品支出4.34%；肉蛋水产品类518.18元，占37.38%；菜、水果类217.72元，占15.71%。1997年，人均食品支出2739.68元，比1993年多1353.57元。2003年，城镇居民人均食品支出2968.92元，比1993年增加1.14倍。2007年，城镇居民人均食品消费3529.99元，比1993年增加1.55倍。其中，城镇居民人均消费粮食373.14元，比1993年增加87%；肉蛋禽水产品类人均消费1579.43元，比1993年增加2.05倍；蔬菜、水果等绿色食品人均消费量也明显增加，各种方便食品、速冻食品应运而生，并且在外就餐日益增多。

住　1993年，城镇居民人均居住面积9.7平方米，人均居住支出113.87元，占消费支出5.49%。1998年，城镇居民人均居住支出231.96元，比1993年增加1.04倍。2003年，城镇居民人均居住支出535.08元，比1993年增加3.7倍。2007年，城镇居人均居住面积25.4平方米，比1993年增加15.7平方米；居住支出789.97元，比1993年增加676.1元，增长5.94倍。

用　20世纪90年代后，城镇居民家庭主要耐用消费品拥有量成倍增长，家用汽车、空调、电脑、移动电话等拥有量不断增加。1993年，城镇居民每百户拥有摩托车2辆、电冰箱58台、电视机104台、录放像机4台、钢琴2台、空调器2台。1997年，城镇居民每百户拥有汽车2辆、摩托车22辆、电冰箱96箱、电视机116台、影碟机6台、录放像机22台、空调10台、移动电话8部。2007年，城镇居民每百户拥有摩托车30辆、电冰箱96台、电视机142台、家用电脑48台、移动电话146台，电话已经普及，家用

图 5-2　红树林街景（市委报道组提供）

汽车随处可见；信息化进入普通家庭，全市每百户接入互联网移动电话有 2 部，接入有线电视网络的电视机每百户 96 台，接入互联网的计算机每百户 22 台。

娱　1993 年，城镇居民人均用于娱乐教育、文化服务等方面的消费支出 77.6 元，医疗保健支出 20.61 元，交通与通信支出 24.91 元。1998 年，城镇居民人均用于娱乐教育、文化服务方面的消费支出 395.66 元，实现 5 年增 5 倍。医疗保健支出 57.95 元，增加近 3 倍；交通与通信支出 152.05 元，增加 6 倍。2003 年，城镇居民人均用于教育文化娱乐服务 373.32 元，10 年增加近 5 倍。医疗保健支出 213 元，10 年增长 9.33 倍。交通与通信支出 508.56 元，10 年增加 19.42 倍。2007 年，城镇居民人均用于娱乐教育、文化服务的消费支出 470.78 元，15 年增长 5.07 倍。医疗保健支出 341.1 元，15 年增长 15.55 倍。交通与通信支出 727.77 元，15 年增长 28.22 倍。

三、储蓄存款

1993 年，龙海市城镇居民人均存入储蓄款 147.2 元，存入储金会款 41.11 元，储蓄借贷收入 231.29 元，储蓄借贷支出 226.77 元，期末手存现金 164.65 元。1997 年，城镇居民人均存入储蓄款 412.74 元，存入储金会款 60.64 元，储蓄借贷收入 377.71 元，储蓄借贷支出 564.84 元，期末手存现金 166.41 元。其中人均存入储蓄款比 1993 年增加 265.54 元，5 年增长 1.8 倍。2003 年，城镇居民人均存入储蓄款 807.24 元，储蓄借贷收入 175.32 元，储蓄借贷支出 994.32 元，期末手存现金 6858.6 元。2007 年，城镇居民人均存入储蓄款 5976.75 元，储蓄借贷收入 4411.58 元，储蓄借贷支出 6332.41 元，期末手存现金 1524.27 元。其中人均存入储蓄款比 1993 年增加 5829.55 元，增长 39.6 倍。

第二节　农村居民生活

一、收入水平

（一）总体水平

20 世纪 90 年代后，随着家庭联产承包责任制日益稳定，农村调整产业结构，发展多种经营，以及特产税和农业税的取消、龙海市人民政府实行鼓励发展各类种养殖业专项补贴等一系列支农政策的实施，农村居民收入逐年增加。1993 年，全市农村居民人均纯收入 1451 元，总收入 2224 元。1997 年，农村居民人均纯收入 3256 元，5 年增长 1.24 倍，总收入 4125 元。2003 年，农村居民人均纯收入 4150 元，总收入 5054 元。2007 年，农村居民人均纯收入 5699 元，比 1993 年基本实现翻两番；总收入 7688 元；农民纯收入总体水平高于全国、全省、漳州市平均水平。

（二）收入结构

农村居民的收入结构也不断发生变化。其中原先在农村居民总收入中占大部分的家庭经营收入比重有所下降，随着企业的发展、农村劳动力的转移，劳动者的报酬收入、转移性收入和财产性收入比重增加。

1993 年，劳动者的报酬收入为 428 元，1997 年为 1183 元，2003 年为 1878 元；2007 年为 2576 元，比 1993 年增长 5 倍，占当年总收入的比例由 1993 年 19.26%提高到 33.51%。1993 年，家庭经营收入为 170 元，1997 年为 2774 元，2003 年为 2609 元；2007 年为 4431 元，比 1993 年增加 3 倍，占当年总收入的比例由 1993 年 76.65%降低到 57.63%。1993 年，转移性收入为 74 元，1997 年为 137 元，2003 年为 390 元；2007 年为 445 元，占当年总收入的比例由 1993 年 3.34%提高到 5.79%。1993 年，财产性收入为 17 元，1997 年为 31 元，2003 年为 177 元；2007 年为 236 元，占当年总收入的比例由 1993 年 0.75%提高到 3.07%。

二、消费水平

（一）消费特征

1993 年，农村居民人均生活消费支出 1554.67 元。2003 年，农村居民人均生活消费支出 3274.11 元，其中食品消费支出 1628.86 元，占消费支出 49.74%；服务性消费支出 863.13 元，占消费支出 26.36%。2007 年，农村居民人均生活消费支出 4953.66 元，其中食品消费支出 2303.16 元，占生活消费支出 46.49%，比 2003 年在生活消费支出所占的比例降低 3.25%；用于文化和生活服务 1685.75 元，占生活消费支出 34.03%，比 2003 年在生活消费支出所占比例增加 7.67%。

15 年间，全市农村居民生活质量不断提高，消费方向从温饱型向营养型和多样型转变；居民吃穿的比重下降，用于文化、娱乐方面的支出上升；消费结构发生质的变化，由单一的注重消费数量转向注重消费质量，由满足物质生活需要转向满足精神生活需要，实现从基本温饱向比较宽裕的小康的重大跨越。恩格尔系数由 1998 年的 56.94%降到 2007 年 46.49%。

（二）消费结构

衣　1993 年，农村居民用于衣着消费现金支出 132.43 元；1997 年为 189.07 元，占当年生活消费现金支出 4.79%；2007 年为 272.8 元，占 5.67%，比 1993 年增加 2.06 倍。在穿衣款式、质地上，农村居民也日益注重，成衣化所占比例不断提高。

食　1993 年，农村居民人均粮食消费 285.32 千克；人均肉禽蛋水产品类消费 39.78 千克；农村居民的主要现金用于购买食品，在外饮食或用于食品服务费用很少。1997 年，农村居民人均粮食消费 203.82 千克；人均肉禽蛋水产品消费为 45.08 千克；购买食品消费现金支出 906.91 元，占当年食品消费支出 94.14%；食品消费服务性支出 56.43 元，占食品消费现金支出 5.86%。2003 年，农村居民人均粮食消费 152.12 千克；人均肉禽蛋水产品消费 57.24 千克。2007 年，农村居民人均粮食消费 158.28 千克，比 1993 年减少 127.04 千克；人均肉禽蛋水产品消费 56.41 千克，比 1993 年增加 16.63 千克；农村居民的主要现金用于购买食品 1974.12 元，占当年食品消费支出 86.77%，比 1993 年占食品消费现金支出的比例降低 7.37%；食品消费服务性支出 285.7 元，占食品消费支出 13.23%，比 1997 年占食品消费支出比例增加 7.37%。

住　1993 年，农村居民人均住房面积 18.4 平方米。1997 年，农村居民居住消费支出为 289.14 元，占消费支出 15.54%。2007 年，农村居民用于居住消费支出 870.67 元，占消费支出 18.10%，比 1997 年增加 2.01 倍；人均住房面积为 37.4 平方米，比 1993 年增加 19 平方米。同时，材料建造要求更高、质量更好，大部分为钢筋混凝土构造，楼层越建越高，二层至三层楼房随处可见；家具日益高档，电视、电冰箱、空调等电器随处可见；卫生条件不断完善，家居卫生间设施完善；83%农村居民饮用自来水。

用　1993 年，农村居民在用的方面开始注重质量和品牌，购买耐用商品趋向高档化。每 70 户拥有黑白电视机 47 台、彩色电视机 26 台、录像机 5 台、收录机 22 台、洗衣机 5 台、电冰箱 10 台、摩托车 7 台。1997 年，每 70 户农村居民拥有黑白电视机 32 台、彩色电视机 46 台、录像机 10 台、收录机 24 台、照相机 7 台、洗衣机 10 台、电冰箱 15 台、摩托车 33 台，较为高档的电器日益在农村增多。2003 年，电视机、摩托车、影碟机、固定电话等在农村居民住户基本普及，较为高档的电器和现代化信息等进入农村居民家中。当年，每百户拥有汽车 6 辆、拥有移动电话 81 部、电冰箱 56 台、录放像机 7 台、照相机 11 台、计算机 5 台。2007 年，随着农村居民收入的增加，家庭设备更加完善，现代化信息在农村也日益普及。每百户农村居民拥有彩色电视机 116 台、电冰箱 83 台、洗衣机 73 台、空调机 29 台、微波炉 43 台、热水器 63

图 5-3　紫泥农民新居（市方志委提供）

台、摩托车 87 台、用于生活用的汽车 1 辆、固定电话 94 部、移动电话 159 部、家用计算机 24 台、电视接入有线电视网的有 69 台、家用计算机接入互联网的有 13 台。

娱　1993 年，农村居民在享受消费方面不怎么重视。之后，随着生活水平的提高，娱乐消费比重不断增加。1997 年，农村居民用于文教娱乐用品及服务的现金支出 167.43 元，占农民居民生活消费现金支出 9%；医疗保健消费现金支出 50.05 元，占 2.69%；交通和通信消费现金支出 92.01 元，占 4.94%。2003 年，农村居民用于文化教育、娱乐用品及服务的现金支出 228.26 元，占生活消费现金支出 7.29%；医疗保健现金支出 73.44 元，占 2.35%；交通和通信现金支出 378.08 元，占 12.07%。2007 年，农村居民用于文化教育娱乐消费支出 404.39 元，占生活消费现金支出 8.16%；医疗保健现金支出 174.13 元，占 3.52%；交通和通信消费现金支出 527.90 元，占 10.66%。同时，全市推行新型农村合作医疗，进一步完善农村医疗保障体系，截至 2007 年，全市参加新农村合作医疗的农民 63.79 万人，参合率达 96%；4 万人次参合患者补偿医药费近 5000 万元。

三、储蓄存款

1993 年，农村居民人均储蓄借贷现金支出投资额为 63.38 元，期末手存现金 605.66 元，期末存款余额 135.01 元。1997 年，农村居民人均储蓄借贷现金支出投资额 116.63 元，期末手存现金 2322.46 元，期末存款余额 470.77 元，分别比 1993 年增加 83.94%、2.83 倍、2.49 倍。2003 年，农村居民人均储蓄借贷现金支出 359.66 元，期末存款余额 1089.25 元。2007 年，农村居民人均储蓄借贷现金支出 719.19 元，期末存款余额 2924.23 元。

若干年份全国、福建省、漳州市及龙海市城乡居民人均收入比较情况表

表 5-3-1　　单位：元

年份	全国		福建省		漳州市		龙海市	
	城市居民	农村居民	城市居民	农村居民	城市居民	农村居民	城市居民	农村居民
1997	5160	2090	6144	2786	5214	2980	4767	3256
2000	6280	2253	7432	3230	7059	3350	6475	3656
2002	7703	2476	9189	3539	8364	3761	6728	3921
2005	10493	3255	12321	4450	11241	4463	7952	4693
2006	11760	3587	13753	4835	12511	5075	9007	5058
2007	13789	4140	15505	5467	14153	5696	10603	5699

注：城市居民栏是人均可支配收入，农村居民栏是人均纯收入，两项均为绝对数；1997 年、2000 年可支配收入 = 实际收入 - 个人所得税 - 家庭副业生产支出 - 记账补贴；2000—2007 年可支配收入 = 家庭总收入 - 个人所得税 - 社会保障支出 - 记账补贴；2002 年后采用加权法计算

卷六 交通

JIAO TONG

1993年，龙海市公路总长780.98公里，其中国道53.73公里、省道86.14公里、县道79.55公里、乡村道路561.56公里；大中型公路桥梁24座。鹰厦铁路在境内长度43.06公里。九龙江航道在龙海进入厦门港，水运可达福州、宁波、上海、香港等地。龙海距厦门国际机场56公里，国际国内航班到达世界各地。全市拥有班车客运企业2家，道路运输班车客运从业人员58人，完成客运量148万人次，客运周转量6940万人/公里；水运客运周转量2130万人/公里。

1993年6月至1998年2月，龙海掀起建设公路先行工程热潮，进行境内国道324线、319线和省道，以及公路主干线“八路一桥一道”拓宽改建工程，建设总里程达183.85公里，总投资5.86亿元。2005年，龙海市3个港区共完成货物吞吐量1929.96万吨，集装箱13.43成标准箱，旅客吞吐量288.51万人次。2006年，全市实现农村道路硬化“村村通”目标。2004—2007年，农村公路建设资金投入1.74亿元，其中中央、省、漳州市及有关部门补助占24.71%，本级政府财政补助占12.95%，乡村自筹占62.34%。

2007年，全市公路通车里程1330.42公里，其中高速公路45.3公里、国道31.48公里、省道97.9公里、县道142.11公里、乡道461.62公里、村道552.01公里。公路网平均技术等级4级，密度每百平方公里115.8公里；永久性公路桥298座，其中大中型60座。全市拥有班车客运企业5家，道路运输班车客运从业人员120人，完成客运量860万人次，客运周转量30882万人/公里。全市有客船21艘、功率4292千瓦，817客位，从事石码至厦门、白水至厦门、漳州开发区至厦门和浮宫至厦门航线；有货船87艘、载重22976吨、功率24659千瓦，其中集装箱船1艘、载重998吨、功率552千瓦，从事本省沿海地区和港澳航线。

第一章　陆路交通设施

第一节　乡村道路

1993 年，全市乡村道路 561.56 公里。其中，乡镇道路 485.56 公里，水泥路面里程 2.29 公里；村道 76 公里，全部为泥结碎石及沙土路面。

1997 年，全市乡村道路有水泥路面 76.4 公里、沥青路面 140.5 公里、泥结碎石路面 32.03 公里、沙土路面 31.25 公里。1998 年，全市乡村道路有水泥路面 99.58 公里、沥青路面 115 公里、泥结碎石路面 27.95 公里、沙土路面 37.65 公里。

图 6-1　新建的村道（市方志委提供）

2003 年，建设乡村道路 32 个项目，其中乡道 44.7 公里、村道 32.3 公里。2004 年，建设乡村道路 51 个项目，其中乡道 36.9 公里、村道 38.2 公里。全市有乡道 63 条 489.22 公里，其中水泥路面 144.44 公里、沥青路面 50.7 公里、泥结碎石路面 75.23 公里、低级路 218.85 公里；村道 276 条 643.43 公里，其中水泥路面 119.27 公里、沥青路面 13.9 公里、碎石路面 61.06 公里、低级路 349.34 公里。

2005 年，报验 51 个乡村道路建设项目，规模 144.3 公里。其中乡道 30 条 104.3 公里、村道 21 条 40 公里。2006 年，报验 24 个乡村道路建设项目，规模 50 公里。其中乡道 11 条 23.7 公里、村道 13 条 26.3 公里。2007 年，建设乡村道路项目 24 个，规模 69.7 公里。其中乡道 11 条 51.4 公里、村道 13 条 18.3 公里。是年底，全市乡道 96 条 461.62 公里，村道 431 条 552.01 公里。

第二节　县道

一、浦角线（县道 503）

从角美镇福井村天成交接处起点，至角美镇上房三岔口终点，全长 6.76 公里，为 2 级公路。至 2007 年，浦角线完成水泥混凝土路面扩建 6.76 公里，路面宽度 15 米的有 6 公里、路面宽度 11 米的有 0.76 公里。

二、海官线（县道 510）

从漳云线起点，途经珠浦村、内溪村、合浦村、虎渡村、卓港村、东泗村、碧浦村、水浒村，终于西岭平林，全长 14.36 公里，建桥梁 3 座 158 米，为 3 级公路。至 2007 年，海官线完成水泥混凝土路面改造 14.36 公里，路面宽度 6—12 米。

三、港佛线（县道 511）

从港尾镇岭口村起点，途经汤头村、东坑村，至风柜兜岭，全长 4.87 公里，为 2 级公路。至 2007 年，港佛线完成水泥混凝土路面改造 3.5 公里、路面宽度 7 米，沥青路面 1.37 公里。

四、浮东线（县道 512）

从浮宫镇浮宫大桥起点，途经溪山村、方田村、崎岎村、西凤村、金鳌村、井园村、山美村、庄林村、磁美村、山边村、下辽村、松浦村、太江村，终于东泗乡虎渡村，全长 19.67 公里，建永久性桥梁 7 座 241.3 米，其中 2 级公路 16.86 公里、4 级公路 2.81 公里。至 2007 年，浮东线完成水泥混凝土路面改造 19.67 公里，路面宽度 7.5 米。

五、白佛线（县道 513）

从白水镇西凤村起点，途经郊边村，至关东岭，全长 6.68 公里。至 2007 年，白佛线完成水泥混凝土路面改造 4.94 公里，路面宽度 6 米；沙土路面 1.74 公里，路基宽度 7.5 米。

六、海榜线（县道 514）

从漳云线起点，途经黎明村、溪北村、罗坑村、和平村、五四村，终于榜山镇普边村路口，全长 20.58 公里，建永久性桥梁 4 座 118.38 米，为 3 级公路。至 2007 年，海榜线完成水泥混凝土路面改造 16.2 公里、路面宽度 7 米，泥结碎石路面 4.38 公里。

七、程长线（县道 515）

从与漳浦南浦交界处起点，途经程溪镇洋奎村，终于国道 324 线程溪镇东头村交叉口，全长 9.44 公里，建永久性桥梁 4 座 53 米，为 3 级公路。至 2007 年，程长线完成水泥混凝土路面改造 9.44 公里，路面宽度 6 米。

八、紫石线（县道 516）

从紫泥镇甘文南口起点，途经巽玉村、仁和村、新洋村、溪霞村、溪洲村、紫泥镇政府、城内村、西良村、南书村，终于石码镇锦江道，全长 14 公里，建永久性桥梁 4 座 843.14 米，为 3 级公路。至 2007 年，紫石线完成水泥混凝土路面改造 14 公里，路面宽度 6.5—12 米。

九、角海线（县道 517）

从角美镇镇区起点，途经社头村、锦宅村、鸿渐村、金山村，终于白礁村与厦门交界处，全长 8.82 公里，建永久性桥梁 2 座 20.3 米，为 2 级公路。至 2007 年，角海线完成水泥混凝土路面改造 8.82 公里，路面宽度 30 米。

十、角江线（县道 518）

从旧江东桥起点，途经坂美村、课堂村、东美村、玉江村、恒仓村、流传村、杨厝村、沙坂村、石美村、东山村，终于国道 324 线角美镇政府路口，全长 14.78 公里，建桥梁 5 座 83 米，为 3 级公路。至 2007 年，角江线完成水泥混凝土路面改造 13.63 公里，路面宽度 6—12 米；沥青路面 1.15 公里。

十一、白赤线（县道 519）

从白水镇金鳌村与漳浦交界处起点，至金鳌村，全长 2.96 公里，建永久性桥梁 1 座 50 米，为沙土路面。

十二、靖程线（县道 569）

从九湖镇与南靖县交界处起点，途经林下村、下庄村、顶叶村、下叶村、后安村、内云村、木棉村，终于国道 324 线程溪路口，全长 19.19 公里，建永久性桥梁 2 座 37 米，为 3 级公路。至 2007 年，靖程线完成水泥混凝土路面改造 19.19 公里，路面宽度 6—15 米。

第三节　省道

一、官九线龙海路段

从长泰枋洋草岭与安溪交界处至广东省饶平县交界处柏松关，桩号从 106K+182 至 125K+402，龙海路段起于九湖镇林下村，至程溪镇白云村出境，境内总长 19.22 公里，途经九湖镇林下村和程溪镇下庄村、白云村。

1996 年 4 月，芗城区南星村（虎珀岭）至龙海程溪与平和交界处风岭路段拓宽改造工程开工，路段长 8.7 公里，总投资 3103 万元，1999 年 12 月竣工。

2001 年 8 月 25 日，九湖镇林下村经程溪镇下庄村至虎山部队驻地路段改建工程开工，长 2.9 公里。原路段有路基宽 6.5—9 米，改建后路基宽 12 米，路面宽 11 米，总投资 631 万元。2002 年上半年工程竣工。

2003 年 12 月，九湖镇林下村至平和县寨口拓宽改造工程开工，林下至平和县文峰镇，风门岭长 10.9 公里，路基宽 12 米，水泥混凝土路面宽 9 米，桥涵与路基同宽。投资 4945.75 万元。2004 年 12 月完成主体建设，2005 年 11 月 15 日交工验收。

至 2007 年，官九线龙海路段全线完成水泥混凝土路面建设，为 2 级公路，其中行车道宽度 9 米的有 9.79 公里、行车道宽度 15 米的有 7.75 公里、行车道宽度 23 米的有 0.58 公里。

二、漳东线龙海路段

从浮宫镇拟建的厦漳跨海大桥连接处，经招商局漳州开发区、厦门大学漳州校区、港尾镇，至隆教乡白塘村出境，境内总长 35.08 公里。

1996 年 5 月，港尾镇格林村至隆教乡白塘村路段改造水泥混凝土路面和沥青路面，长 33.4 公里，路基宽 30 米，水泥混凝土路面宽 8—16 米、双车道及 4 车道。其中卓岐至深沃村洪厝 2.39 公里，路基宽 12 米，沥青路面宽 7 米。1997 年 8 月工程完工。1995—1999 年，浮宫镇后宅至港尾镇格林路段新建、改建 21.77 公里中的 10.26 公里为招商局漳州开发区成立后新建路段，划归招商局漳州开发区管理。

至 2007 年，漳东线龙海路段完成水泥混凝土路面改造 30.95 公里，为 2 级公路，其中路面宽度 16 米的有 2.77 公里、路面宽度 8 米的有 28.18 公里。

三、西港线龙海路段

从永安市西洋镇至龙海市港尾镇。龙海境内起于颜厝镇下庄村，终于港尾镇城外村；境内总长 43.6 公里，途经颜厝镇、榜山镇、石码镇、海澄镇、东园镇、浮宫镇、港尾镇。

1994 年 2 月，颜厝镇水头村（西溪桥闸南端）经石码镇、海澄镇至浮宫镇山塘村路段改造工程开工，拓宽改造长 25.6 公里。城区段榜山镇翠林村至海澄镇路段路基宽 37 米，其余路段 30 米。颜厝镇水头村至海澄 13.5 公里，主车道 16 米水泥混凝土路面，其余路段为灌入式沥青路面，主车道两侧各为 10 米和 6.5 米沥青路面。工程总投资 9800 万元，1995 年 11 月 20 日工程竣工。

1996 年 2 月，浮宫镇山塘村至港尾（港尾镇岔路口）路段拓宽改造工程开工；4 月 1 日，颜厝镇路边村下庄三角点经锦浦、长边至水头村（原县道漳水线）拓宽改造工程开工。浮宫至港尾全路段长

12.22公里，拓宽改造路基由6—7米改为30米，路面改造为16米水泥混凝土路面和两侧各7米沥青路面。工程总投资4965万元，其中龙海市财政集资筹措1965万元、向银行贷款3000万元；1997年2月6日工程竣工。颜厝镇路边村下庄至水头村全路段拓宽改造长11.5公里，起点距漳州大桥210米处（下庄），路基宽30米，行车道宽16米，两侧硬路肩各7米，路面采用水泥混凝土结构，工程预算4773.27万元，实际投资4253.5万元。1997年12月工程竣工。

至2007年，西港线龙海路段全线完成水泥混凝土路面改建，为2级公路，其中路面宽度24米的有3.22公里、路面宽度16米的有40.38公里。

第四节 国道

一、福昆线龙海路段

从327K+900桩号处入境，经九湖镇、程溪镇后，从342K+780桩号处进入漳浦县，境内长14.89公里；有桥梁5座，总长121.9米；涵洞23道，总长529米。1993年，为沥青贯入式路面，2车道，宽9米，为3级国道。

1992年3月，蓝田开发区至漳州市区（港桥）路段拓宽改造工程开工。拓宽路段全长5.01公里，按部颁平原微丘区2级公路技术标准设计，其中新建1.01公里，其余以原有公路为基础，往两侧平行拓宽，部分指标达到1级公路技术标准，同时具备城市道路的某些功能。路面宽30米，主车道16.5米，辅车道2条各5.25米，隔离带2条各1.5米。路面为水泥混凝土路面，以水泥碎石稳定层和干压碎石作基础，主车道路面厚度50厘米、辅车道厚度38厘米。大部分填方路段为沙基，总投资为2300万元。1993年3月中旬基本完工，5月交工验收。

1993年2月，西溪桥闸（东湖）至蓝田路段拓宽改造工程开工。拓宽改造路段全长3.01公里，以原有路基为基础，往两侧平行拓宽，路面宽30米，辅车道2条各5.25米，隔离带2条各1.5米，路面为水泥混凝土路面；新建及改建桥梁各1座，总长110米；总投资950万元。同年3月，角美镇至西溪桥闸（东湖）路段拓宽改造工程开工，拓宽路段全长17.43公里，不包括新建江东大桥及接线3.37公里，实际拓宽14.06公里；路基宽23米，水泥混凝土路面宽15米；工程总投资8672万元。10月5日西溪桥闸至蓝田路段基本完工；10月31日，角美镇至西溪桥闸主车道水泥混凝土路面全线贯通。

1994年10月1日，漳州至诏安分水关段龙海九湖镇琪塘村至漳浦县马口路段拓宽改造工程开工。由九湖镇琪塘村为起点，至木棉村计拓宽7.86公里，投资2609万元；从木棉村起，经九龙岭、东头村至漳浦县马口，计拓宽改造9.38公里，投资3090万元；1995年7月1日竣工。

1997年10月31日，漳州市区东环城路段拓宽改造工程开工，属于龙海市的有颜厝镇路边村下庄和九湖镇长福、琪塘、衍护村路段。改建工程设计标准为城市一级主干道，道路红线宽度60米，中央分隔带宽5米，机动车双向8车道各宽15.5米，两侧绿化带各宽3米，两侧人行道与非机动车道各宽4.5米。1999年9月25日通车。

至2007年，龙海境内路段已建成水泥混凝土路面双向8车道各宽15米，中央隔离带5米，两侧绿化带各宽3米，两侧人行道和非机动车各宽4.5米，为城市一级道路。

二、厦成线龙海路段

从293K+300桩号处入境，经角美镇、榜山镇后，从309K+800桩号处进入龙文区，境内长16.59公里，共有桥梁7座，总长1370.1米。涵洞27道，总长621米。1993年初为沥青贯入式路面，2车道，宽9米，为3级国道。

1994年5月1日，漳州港桥至步文镇六石路段开工，11月26日竣工。工程路段长1.72公里，由原路基12米、沥青路面7米拓宽改建为路基23米、路面15米4车道沥青混凝土路面的2级公路，总投资689万元。

1996年3月8日，步文镇至漳州港桥路段开工。路段东起步文镇与漳州市区胜利路延伸段的交叉路口，西至漳州市区港桥环岛，长7公里，路基宽40米，水泥混凝土路面宽25米。工程预算总投资362.27万元。同年9月15日工程竣工，12月18日经福建省公路管理局组织竣工验收。

至2007年，龙海境内路段改造成水泥混凝土路面，4车道，行车道宽15米，为2级公路。

附：先行工程

一、概况

1993年6月至1998年2月，龙海实施以境内国道324线、319线和省道，以及公路主干线“八路一桥一道”拓宽改建工程为主要内容的公路先行工程建设。建设总里程183.85公里（含新建13.48公里），其中国道线42.42公里、省道及市境主干道141.43公里，总投资58598万元。共完成砼路面243.67万平方米，沥青路面39.48万平方米，建中桥13座917米，小桥38座554米，涵洞746道16678米，完成土石方488万立方米，防护工程37.8万立方米。

二、决策与机构

（一）决策

根据福建省人民政府《关于实施“先行工程”，加快公路干线建设的决定》精神，中共龙海市委、市政府立即响应，并在全市迅速推开。在实施中，实行“一个重点项目、一个工作班子、一名市领导亲自抓”的项目领导负责制，市五套班子领导成员都分工抓一个工程项目。1995年12月，龙海市委八届六次全会通过《关于开展基础设施建设年活动的决议》，推进全市公路先行工程建设。

（二）机构

1993年11月，龙海市成立先行工程建设指挥部，由市委副书记蔡炳智任总指挥，指挥部下设办公室和工程质量管理组，从全市抽调工程技术人员、监理人员、办公室人员60多名。同时成立龙海市路桥建设开发公司，参与融资和工程建设。各乡镇相应成立先行工程建设指挥部。

三、征地拆迁

1993年6月，利用宣传车、有线电视、广播等开展形式多样的宣传，使公路先行工程建设得到全市干部特别是广大人民群众的理解和支持。涌现出如九湖镇田墘村村干部和全村30多名共产党员为支持国道拓宽改建带头砍掉自家荔枝树，以及年逾六旬的果农郑剪钟为支持公路建设砍掉300年树龄荔枝王的感人事例。还有不少农民拆掉自家崭新的楼房，为先行工程建设让路，保证全市前期征迁工作的顺利完成，为工程建设的开工提供保证。至1994年，全市公路先行工程建设共砍移各类果树65320棵，拆迁房屋320638平方米，征用土地448.13公顷，迁移电力、广播、通信电杆2122根。

四、资金来源

1995年12月，中共龙海市委、市政府出台《关于筹集“先行工程”建设资金的规定》，提出“上级拨款、财政投入、企事业单位投资、外商投建、干群捐献、土地投资、银行贷款”的筹款方针；采取的主要筹款渠道有：开征土地开发公路建设配套费、发动干部职工捐资、发动群众投工投劳、发动社会捐资、征收机动车辆新车入户增容费、发行公路建设债券，以及向银行贷款、向外资公司借款等。龙海市公路先行工程建设共筹集资金58598万元，其中上级拨款及补助12563万元（含长泰县174万元）、本市财政投入15422万元、乡镇自筹30613万元。

五、工程建设

1994—1995年，主要开展国道拓宽改建。在漳州市先行办统一指挥下（含工程设计、资金投入、工程监理），龙海市当业主负责工程施工组织协调，检查督促，所在路段乡镇负责路基建设、征地拆迁等工作，每公里40万元补助包干。完成总里程42.42公里6条路段拓宽改建或新建，投资13451万元，其中漳州市先行办投资11597万元、龙海市投资960万元、所在路段乡镇投资720万元、长泰县174万元。完成砼路面工程55.98万平方米，沥青路面4.79万平方米，中桥3座424.72米，小桥13座116米，涵洞114道1655米。

1996—1997年，龙海市开展“基础设施建设年”活动，实施省道和市主干道为主的公路拓宽改建及新建工程；采取市指挥部统一协调，所在路段乡镇当业主的方式进行，每公里补助40万元包干负责。两年完成总里程141.43公里的11个路段拓宽改建，投资45147万元。其中上级补助792万元、市直接投资9759万元、市拨付乡镇补助款4703万元、乡镇投资29893万元；完成砼路面工程187.1万平方米，沥青路面工程34.7万平方米，中桥10座489米，小桥25座437.8米，涵洞632道15023.8米。

第五节 高速公路

一、漳诏高速公路龙海路段

漳诏高速全线均属漳州市境，全长140.46公里，起点在龙海市海澄镇碑头，连接厦门至漳州段高速公路；终点在诏安县深桥镇后岭村，即福建省与广东省的交界处。高速公路在龙海境内有14.2公里，另建1条连接线，即东园镇至浮宫镇连接线5公里。设计行车速度主线为100公里/小时，隧道段为80公里/小时。漳诏高速公路从海澄镇碑头进入龙海市境内，至白水镇出境。

1998年11月从起点海澄镇碑头8公里软基试验段先期开工，2001年12月1日全线路面工程全面开工。2002年12月23日主线基本建成，12月29日全线通车，实际工期30个月。

东园连接线主要工程数量为：特大桥547米/1座，中小桥148米/4座，分离式立交桥358米/4座；土石方开挖29.9万立方米；填方36.4万立方米，软基处理4.23公里，涵洞389.5米/5道，通道30.9米/1道，边坡绿化4.42万平方米。

二、漳龙高速公路龙海路段

漳龙高速公路起于沈海高速公路主干线厦漳高速公路长洲互通，止于漳州、龙岩两市交界的石崆山，全长79.29公里，另建互通立交连接线9.97公里。漳龙高速在龙海市境内全长3.47公里。设计行车速度为100公里/小时，路基宽度26米，双向混合4车道，全立交、全防护。

1998年12月，起、终点试验段9.1公里动工建设；2001年2月控制性工程万松关至朝阳软基7.86公里开工；2003年7月，起点龙海长洲至龙文朝阳11.46公里建成试通车。

图6-2 龙海高速出入口（市交通局提供）

三、厦漳高速公路龙海路段

图 6-3　高速公路（市交通局提供）

厦漳高速公路是沈海高速公路干线的一段。1996 年 8 月 14 日厦漳高速公路开工。龙海段项目概算总金额 11.65 亿元，实际投资 9.97 亿元，资金来源为地方自筹资金、交通部适当补助。

厦漳高速从角美镇田里村进入龙海市境内，至海澄镇内溪村碑头结束，全长 27.63 公里。设计行车速度 120 公里 / 小时（隧道段为 80 公里 / 小时），路基宽度 26 米，中间隔离带 3 米，路肩宽 2×0.75 米，行车道为双向 4 车道，每个车道宽 3.75 米，加 2×2.5 米紧急停车道。全线采用全封闭、全立交控制出入。设置 2 处互通立交，分别为长洲互通（Y 形）、坂头（龙海站）互通（喇叭形）。1995 年 11 月，碑头段开工；1996 年 4 月 11 日厦门林后至龙海长洲段开工，1997 年 12 月 15 日完工；1998 年 1 月 8 日，林后至长洲段正式通车。1998 年 8 月长洲至坂头段完工，9 月 8 日坂头收费站（龙海站）正式开通。2000 年 8 月坂头至碑头段完工。2001 年 1 月 2 日，坂头至碑头路段工程项目通过验收。

第六节　桥梁

一、基本情况

1993—2007 年，龙海先后修建新建公路桥。至 2007 年，全市有永久性公路桥梁 298 座 9632.82 延米（其中特大桥 3 座 2152.54 延米，大桥 9 座 2496.6 延米，中桥 48 座 1916.78 延米，小桥 238 座 3066.9 延米）。其中国道 12 座 1492 延米（其中特大桥 1 座 1259 延米、中桥 2 座 107.8 延米、小桥 9 座 125.2 延米）；省道 24 座 1141.2 延米（其中大桥 1 座 545.5 延米、中桥 7 座 351.2 延米、小桥 16 座 244.5 延米）；县道 41 座 1616.22 延米（其中特大桥 1 座 467.54 延米、大桥 3 座 583 延米、中桥 8 座 235.78 延米、小桥 29 座 329.9 延米）；乡道 83 座 3330.4 延米（其中特大桥 1 座 426 延米、大桥 5 座 1368.1 延米、中桥 15 座 622 延米、小桥 62 座 914.3 延米）；村道 138 座 2053 延米（其中中桥 16 座 600 延米、小桥 122 座 1453 延米）。另有危桥 23 座 584.5 延米。

二、主要桥梁

（一）江东大桥

位于步文镇与角美镇之间。1991 年 12 月开工，1993 年 12 月 22 日竣工。大桥及连接线全长 4.04 公里，其中特大桥 1.26 公里，总投资 3671.76 万元。

（二）九龙江西溪大桥

1998 年 12 月 30 日，龙海市九龙江西溪大桥工程经福建省计划委员会立项。1999 年 12 月 23 日，经省计委批复项目工程的可行性研究报告。2000 年 8 月 21 日，经省交通厅批复项目初步设计。2003 年 12 月 20 日，工程开工建设，整个工程建设过程由 E1 标合同段（漳州市先行交通建设有限公司）和 E2 标合同段（中港第三航务工程局）中标承建。2006 年 12 月 26 日，经省交通质监站通知，通过交工验收并正

图 6-4　西溪大桥（市交通局提供）

图 6-5　锦江大桥（市委报道组提供）

式通车。

西溪大桥工程总投资 9729 万元，主线全长 2.82 公里，特大桥 1 座 637.1 米，大桥桥面净宽 25.5 米，中桥 2 座 110.15 米，分离式中桥 1 座 53 米，涵洞 7 道 140.81 米，通道 2 处 60.26 米，乡汽道改线 141 米。桥南接省道漳云线许林头路段，横跨九龙江，桥北接国道 324 线。配套工程主要建设收费站与数字硬盘监控及微机售票管理系统、大桥路灯、大桥通信管道、大桥周边景观、大桥交通标志标线、大桥交通信号灯 6 个配套工程项目。

（三）北港大桥

北港大桥位于紫泥镇安山村和角美镇玉江村之间。2003 年 1 月立项，2004 年 6 月开工，2007 年底基本完工。主桥长 286 米（14 跨），北侧引桥长 140 米（7 跨，每跨 20 米），桥面宽 11 米，净宽 9 米。全桥总长 426 米，总投资 2200 万元。

（四）锦江大桥

锦江大桥，又称九龙江悬索大桥，位于石码镇与紫泥镇之间。1994 年立项，1995 年开工，1998 年 10 月通车。桥梁总长 467.45 米，其中主跨 208 米，两侧各一跨 72 米，南侧引桥长（含沉井）75.45 米，北侧坝头（含沉井）40 米。桥面宽 10.5 米，净宽 8 米，总投资 3321.55 万元。

第七节　铁路

一、线路

鹰厦铁路龙海段全长 43.06 公里，1993 年底全线实现电气化，最高时速 60 公里 / 小时。龙厦铁路龙海段全长 15 公里，2007 年 11 月开工，总投资 9.3 亿元。

二、火车站

（一）郭坑火车站

位于郭坑镇，1956 年建立，办理旅客乘降，以及行李、包裹托运和整车、零担货物发送、到达。1996 年 9 月，龙海市析出郭坑镇属龙文区，郭坑火车站即属龙文区管辖。

（二）角美火车站

位于角美镇核心区，距厦门界 3 公里，建于 1956 年。角美火车站为货运站，隶属南昌铁路局漳州车务段管辖。站房规模占地 13.3 万平方米，总投资 2 亿元，总建筑面积 1.58 万平方米。其中站房建筑面积 5000 平方米，雨棚 1.08 万平方米，站房总高度约 21.3 米。

第二章　水路交通设施

第一节　港口

一、石码港区

（一）概况

港区位于九龙江下游西溪、南溪和南港两岸，港区上游自九龙江西溪和北溪合点的榜山镇福河村至下游海门岛东端港尾镇沙坛村田墘止，其中福河村至沙坛村田墘岸线长 25 公里，南溪白水至浮宫镇霞部村草埔头岸线长 8 公里。1990 年，石码港区港口装卸主要集中在石码镇的锦江道上。1995 年，随着石码镇的城市建设、锦江道扩建、锦江大桥建设，锦江道原驳岸码头被填埋入扩建后的锦江道下，水路进出龙海的物资逐渐转向普贤、海澄、一比疆等水陆交通方便的作业区，促进普贤、海澄、一比疆等作业区的发展。

2004 年修编《漳州市港口总体规划》，将石码港区定位为：为漳州市和龙海市工农业服务，并提供九龙江两岸互通和通往厦门水路客运服务。对港区内各个作业区定位为：普贤、海澄、紫泥作业区及石码、浮宫、白水作业点作为腹地各类物资集疏运和旅客运输、船舶修造服务的重点港口，一比疆作为沙石、矿建材料进出口运输和件杂货装卸为重点的作业区；角美作业区尚未开发，岸线预留主要配合角美开发区，海沧投资区临港工业的发展，重点发展集装箱运输为主体的外贸物资集散中心和物流发展的基础平台。

2007 年，石码港区建成生产性码头岸线总长 957.2 米，生产性泊位码头 22 个、仓库 6700 平方米、堆场 13790 平方米，装卸设备 24 台（件），年综合货物吞吐能力 84.5 万吨，旅客运送能力 74 万人次。完成港口货物吞吐量 334.63 万吨，旅客吞吐量 52.24 万人。

（二）作业区

普贤作业区　位于九龙江南岸的海澄镇豆巷村普贤自然村。陆路距石码镇 2.5 公里，水路距厦门 32 海里，距香港 305 海里，省道 208 线从作业区后方 1 公里处通过，属国家二类口岸。岸线自普贤至玉枕洲西端止计 2.1 公里，作业区规划岸线长 1.13 公里、10 个 1000 吨级泊位，规划吞吐能力 120 万吨 / 年。1991 年 6 月，省交通厅、省计委批准普贤码头兴建，并下达码头工程计划书，建设规模为 2 × 500 吨级码头及其相应配套设施：仓库 1450 平方米、综合楼 900 平方米，设计年吞吐量能力 15 万吨。资金来源：交通部安排 500 万元，省能源交通基金安排 350 万元，市、县自筹 150 万元。同年 8 月，交通厅批准由福建省交通规划设计院设计的普贤码头布局方案。2007 年，作业区完成港口货物吞吐量 43 万吨。截至 2007 年底，建有 500 吨级泊位 2 个和 1000 吨级泊位码头 1 座，码头岸线总长 235 米。

海澄作业区　位于普贤作业区下游 3 公里处的海澄镇港口。水域自玉枕洲西端至下寮村，全长 3.9 公里。陆路距石码镇 7 公里，水路距厦门 17 海里，距香港 303 海里，省道 208 线从作业区后方约 2 公里处通过。2003 年，建成 1000 吨级海隆码头；2004 年，先后建成海澄陆岛交通 500 吨级（结构受力 1000 吨级）码头和 1000 吨级亿源油品码头。根据 2004 年修编《漳州市港口总体规划》，海澄作业区规划岸线全长 1619 米，规划 500 吨级至 3000 吨级各类泊位 16 个，规划年吞吐能力 398 万吨。截至 2007 年底，作业区有 1000 吨级泊位码头 2 个、500 吨级泊位 1 个，500 吨级利用自然驳岸泊位 2 个，踏步式石砌客运码头 1 个。

紫泥作业区　位于乌礁岛南面，九龙江下游南港北岸，水域从西良村至下楼村，全长 3.6 公里。乌礁岛是龙海市修造船业基地，有修造船厂 20 余家，最大船坞 5000 吨级。紫泥作业区岸线规划总长 721 米，可形成中级泊位 7 个，总吞吐能力 90 万吨 / 年。建有 500 吨级陆岛交通码头 1 个，位于紫泥镇下楼村，为高桩梁板结构，码头平台长 64 米、宽 14 米，栈桥长 45 米、宽 8 米，陆域面积 2500 平方米。年设计吞吐能力为货 5 万吨、客 5 万人次，与海澄陆岛交通码头是岛陆对渡码头，其业主均为漳州港务有限公司。

一比疆作业区　位于九龙江入海口南岸浮宫镇与港尾镇交界处的海山渡口至沙坛村田墘，天然岸线长约 3.6 公里。作业区面对海门岛，东侧紧邻招银港区，背靠招银港区疏港公路。作业区陆路距浮宫镇 7 公里，距石码镇 30 公里，水路距厦门 10 海里。一比疆作业区规划岸线长 2377 米，可形成中级泊位 23 个，总吞吐能力 1170 万吨 / 年。截至 2007 年，一比疆作业区建有千吨级黄河燃料码头和三千吨级龙发对台贸易码头。

角美作业区　位于角美镇的龙池开发区南部，九龙江河口北岸，与厦门港海沧作业区相连。截至 2007 年底，处于自然状态，拟规划为集装箱发展区。

石码、浮宫、白水作业点　石码作业点位于石码镇沿江锦江道上，原石码作业点岸线长 4.6 公里，码头泊位 8 个。锦江道扩建及锦江大桥竣工后，仅存箭道埕货运码头、新建的石码港务客运码头和飞翼客运有限公司客运码头。浮宫作业点位于九龙江支流南溪下游出海口河段右岸浮宫镇，公路距石码镇 13 公里、距漳州市区 37 公里，水路距厦门 15 海里。白水作业点位于九龙江支流南溪下游离河口约 10 公里处的白水镇。

二、招银港区

（一）概况

港区位于九龙江出海口，厦门湾南岸，与厦门港处于同一个开放水域。水域西起田墘，东至塔角，岸线长 10 公里。港区北视海澄、嵩屿、厦门，东视金门大担、二担等岛屿，外有浯屿、赤屿、白屿等岛屿为屏障，天然水深 8—12 米，是建造深水港区理想区域。

1993 年 6 月 28 日，招银港区 3.5 万吨级多用途码头（3# 泊位）基槽挖泥工程开工，11 月 10 日码头水工主体工程开工。1994 年 11 月 30 日，码头主体工程竣工。1995 年 10 月 11 日，码头接靠第一艘 5000 吨级货轮“浙育”号，标志招银港区开始试运行。1997 年 1 月 1 日，漳州港招银港区正式开港。同年 6 月 24 日，接卸古巴第一艘 5 万吨级货轮，接卸 3.5 万吨古巴产原矿。1998 年 8 月，漳州港招银港区被交通部列为首批对台直航口岸。

2000 年，招商局漳州开发区成立港务公司。港务公司以盘活资产方式，招商引资将 3.5 万吨级泊位与香港招商国际合资成立漳州招商局码头公司。招商国际以 1.27 亿元港币投资招银港区后续泊位码头建设。2001 年 6 月，经国务院批准，招银港区辟为对金门、马祖、澎湖水路货运直航口岸。2002 年 1 月 1 日，漳州港招银港区对外籍船舶开放，成为国家一类口岸。同年 2 月 28 日，漳州港招银港区开通第一条国际集装箱班轮航线：漳州至韩国釜山、日本关东 / 关西、美国西海岸的集装箱班轮航班，由中海集团所属“布雷特”轮首航。

图 6-6　漳州港（市交通局提供）

2004 年，漳州港口布局将招银港区功能定位为：以发展集装箱、散杂货运输为主，兼顾海湾、海峡客运、滚装运输，参与渡口枢纽组合港功能分工，大、中、小泊位相结合，配套设施齐全、集疏运发达、临海工业开发、保税仓储、城市商贸等多功能的综合性港区。

2005 年，招银港区已建成生产性泊位 10 个，码头岸线总长 1632.55 米，仓库堆场 54 万平方米，配有 10 吨、16 吨、25 吨、40 吨门机，16 吨、25 吨轮胎吊，60 吨、80 吨、100 吨汽车电子地磅，以及各吨级叉车、牵引车、装载机等各类装卸机械和配套的各种装卸专具属具 130 余台（套），年综合通过能力 1750 万吨，140 万人次、24 万车次，其中集装箱通过能力 200 万标准箱。2007 年，完成货物吞吐量 631.27 万吨，其中集装箱 13.4 万标准箱，车辆 24.49 万车次。

（二）泊位、码头

3# 泊位　为招商局漳州开发区第一个码头，沉箱带卸荷板重力式结构，3.5 万吨级，码头平台长 263 米，前沿水深 -12.5 米，堆场面积 16 万平方米，码头规模为 1.6 万吨，年吞吐能力 30 万吨。码头工程于 1993 年 6 月 28 日开始基槽挖泥，水工主体工程于 1993 年 11 月 10 日开工，1994 年 11 月 30 日竣工，1995 年 1 月 25 日取得福建省交通基本建设工程质量监督站签发的质量等级核定意见书。

4#、5# 泊位　沉箱带卸荷板重力式结构，码头泊位长 340.96 米，2 个万吨级通用泊位（码头结构及前沿水深按靠泊 2.5 万吨级集装箱船舶要求），前沿水深 -13.2 米，陆域纵深 305 米，堆场面积 11 万平方米，年吞吐能力 95 万吨。工程总投资估算为 18938 万元。1999 年 7 月 18 日，中港第四航务工程局第二工程公司中标进场进行水工主体工程施工，2001 年 12 月完工。

1#、2# 泊位　大沉箱带卸荷板重力式结构，码头泊位长 546.08 米，3.5 万吨级集装箱泊位和多用途泊位各 1 个（水工结构按靠泊 10 万吨级集装箱船舶设计），前沿水深 -14 米，陆域纵深 527 米，堆场面积 27 万平方米，年吞吐能力为集装箱 25 万标箱，件杂货 50 万吨。泊位、堆场、机械装备总概算为 67232.8 万元。2004 年 3 月，由中港第一航务工程局第二工程公司进场施工，码头主体工程于 2005 年 10 月完工，水域港池疏竣工程于 2006 年 5 月竣工。

0# 泊位（诺尔港机厂码头）　位于招银港区 1# 泊位东侧，钢管桩高桩梁板结构，万吨级泊位 1 个，码头平台长 140 米，工作平台 50×50 米。码头工程于 1997 年 6 月 1 日开工，1998 年 10 月 31 日竣工。

海达车客渡滚装码头　突堤重力式、龙门吊桥结构，千吨级，码头平台长 60 米、宽 8 米，钢引桥长 36 米、宽 5.6 米。1994 年 12 月，招商局漳州开发区管委会同意建设漳州开发区至厦门东渡汽车轮渡项目立项，批准项目投资 5600 万元。码头工程于 1995 年 5 月 1 日开工。码头主体工程由基础、墙身结构、上部结构、引堤及护岸、附属设施 5 部分组成。工程于 1996 年 1 月 30 日竣工。1996 年 8 月投入使用。2007 年，海达车客渡滚装码头完成客运量 31.01 万人次，车运量 22.1 万车次。

长海客运码头　囤船 1#，钢质横骨架式结构，码头平台长 30 米、宽 6 米，钢引桥长 22 米、宽 2.2 米。囤船 2#，水泥横骨架式结构，码头平台长 35.4 米、宽 8.35 米，钢引桥长 25 米、宽 2.2 米。长海客运码头原系漳州市海达航运有限公司为开辟漳州开发区至厦门市区水上快速客船而兴建的趸船码头。2003 年 12 月，招商局漳州开发区与厦门轮船公司内河船队签订协议，将海达公司购置的 2 艘 72 座位“飞达 1 号”

图 6-7　招商局漳州开发区海港（市交通局提供）

"飞达 2 号"移交给内河船队经营。

14# 矿建码头 位于打石坑，高桩墩式结构，泊位主体长 120 米，由 2 个门架墩、2 个靠船墩及钢引桥组成。车行引桥长 160 米，由 5 米宽钢吊桥、调车平台和 8 米宽引桥组成，靠泊能力 7000 吨级。码头泊位是招商局漳州开发区为出口沙、石而建的一个专用泊位，2001 年 6 月开工，是年 12 月竣工，2002 年 2 月取得厦门市港口工程质量监督检测站核发水工工程质量鉴定书。

开发区客货码头 高桩梁板结构，码头平台长 150 米、宽 6 米，前沿水深 4.5 米，靠泊能力 1000 吨级，年设计通过能力为货 5 万吨、客 86 万人次。码头主体工程于 2002 年建成。

三、后石港区

（一）概况

后石港区功能定位为大型临海工业服务的深水工业港区，主要发展大宗散货码头。2005 年，后石港区建成后石电厂 10 万吨级煤码头和 5000 吨级综合码头各 1 个。码头岸线总长 770 米，堆场面积 12275 平方米，年综合通过能力 815 万吨。是年，后石港区完成货物吞吐量 822.66 万吨。

（二）作业区

后石作业区位于后石港区南段，从斗美南至燕尾头岸线长约 5 公里，规划岸线长 2135 米。后石作业区自东向西依次布置建后石电厂 10 万吨级煤码头和 5000 吨级综合码头；新规划岸线长 1425 米，可布置 5 万吨级、3 万吨级泊位各 1 个，5000 吨级泊位 4 个，可形成通过能力约 1615 万吨，规划陆域面积 50.4 万平方米。后石电厂 10 万吨级煤码头及 5000 吨综合码头，为华阳电业有限公司自有码头。2001 年 9 月 14 日，后石电厂 10 万吨级煤码头工程通过竣工验收并投入生产。2007 年，后石作业区完成港口货物吞吐量 785.36 万吨，其中外贸 117.06 万吨。

第二节 航道

一、内河航道

（一）概况

九龙江通海航道（南港）中福河至猫江屿全长 30.08 公里，分 5 个航段：福河至石码九龙江悬索大桥 5.1 公里为 5 级航道；九龙江悬索大桥至普贤码头 2.3 公里为 2 级航道；普贤码头至南溪口 8.73 公里为 6 级航道；南溪口至一比疆 4.95 公里为 3 级航道；一比疆至猫江屿 9 公里为 1 级航道。在九龙江南中港航道中，九龙江中北港航道交点至普贤码头 10.9 公里为 5 级航道。

（二）支航道

北溪航道 自华安与龙岩交界的小杞至龙海市福河，全长 126.07 公里。2003 年，航道普查定为 7 级航道，航道普查时分 8 个航段和 1 个支流航段。郭坑黄渡大桥至龙海市福河长 13.02 公里，水深 0.7 米，航道宽 23.3 米，最小弯曲半径为 200 米，属天然河流，通航保证率为 90%。

西溪航道 2003 年，西溪航道长 101.15 公里。西溪流至福河与北溪汇合后经石码、海澄至浮宫纳南溪水从猫江屿入海。西溪闸桥以上航道全线停航。西溪闸桥至福河航道长 4.38 公里，航道水深 2.3 米，航道宽 40 米，航道最小弯曲半径 400 米，为 5 级航道，属天然河流。最低通航保证率为 98%，300 吨级顶推驳船和 160 吨级海轮可抵西溪闸桥下。为漳州采砂船、运沙船活动最频繁的河段，每年有数千万立方米河沙经此船运至厦门、泉州等地。

南溪航道 2003 年，南溪航道全长 29 公里。南溪水系河流从平和流经程溪镇奎坑、洋奎、东头，在东头汇入人家水至漳浦马口、官浔，在官浔汇入长桥水经龙海市东泗、碧浦和白水镇抵浮宫草埔头入九龙江干流，由猫江屿入海。

官浔至南溪闸桥航道 长 10.2 公里，航道水深 0.5 米，航道宽度 7.2 米，最小弯曲半径为 50 米，属天然河流，为地方 3 级航道。南溪闸桥无通航设施，闸桥上游多为当地农村的农副业船就近从事农副业活动。南溪闸桥至浮宫草埔头航道长 18.8 公里，分为南溪闸桥至白水、白水至草埔头两个航段。南溪闸桥至白水航道长 8.5 公里，航道水深 0.9 米，航道宽 25 米，最小弯曲半径为 100 米，属天然河流。2003 年航道普查时定为地方 3 级航道。白水至草埔头航道长 10.3 公里，航道水深 1 米，航道宽 40 米，最小弯曲半径为 300 米，属天然河流，2003 年航道普查时定为地方 6 级航道。南溪闸桥至浮宫草埔头航道最低通航保证率为 98%，100 吨级货轮可乘潮至南陂闸桥下，并有白水航运公司小快艇从白水经浮宫出草埔头至厦门往返客运。

九龙江下游通海航道 均在龙海市境内，自福河至猫江屿河道长 30.08 公里。九龙江西溪和北溪在福河汇合后，分为中港、北港、南港 3 路入海。九龙江通海航道处于九龙江下游三角洲，其江面宽阔、水流平稳，江中有浒茂、乌礁、玉枕诸洲，中港、北港沙洲发达。中港夹于浒茂、乌礁之间，随流入海。北溪自郭洲头经石美、白礁入海。南港为九龙江主航道，自福河经石码、海澄，由猫江屿入海。石码港区的石码、海澄、普贤、一比疆作业区均处于南港南岸。

北港郭洲头至石美航道 航道长 12.13 公里，航道水深 0.5 米，航道宽 15 米，最小弯曲半径 500 米，属天然河流，为 7 级航道，通航保证率为 98%。石美至白礁航道长 6.53 公里，航道水深 0.7 米，航道水面宽广，最小弯曲半径 70 米，属天然河流，为地方 3 级航道，通航保证率 98%。白礁与厦门港海沧港区交界，其江面宽阔，海沧港区万吨级码头布局已临近白礁。

中、北港航道交点由沙头农场至普贤码头 航道长 10.9 公里，航道水深 1.5 米，航道宽 40 米，最小弯曲半径 1800 米，属天然河流，为 5 级航道，通航保证率为 98%。

南港福河（三叉河）至石码锦江大桥 航道长 5.1 公里，航道水深 3.4 米，航道宽 120 米，最小弯曲半径 500 米，属天然河流，为 6 级航道，通航保证率为 98%。

九龙江悬索桥至普贤 航道长 2.3 公里，航道水深 3.5 米，航道宽 120 米，最小弯曲半径 1000 米，属天然河流，为 6 级航道，通航保证率为 98%。

普贤至南溪口（草埔头） 航道长 8.73 公里，航道水深 1.1 米，航道宽 60 米，最小弯曲半径 1000 米，属天然河流，为 6 级航道，通航保证率为 98%。

南溪口至一比疆 航道长 4.95 公里，航道水深 2.4 米，航道宽 110 米，最小弯曲半径 1000 米，属天然河流，为 3 级航道，通航保证率为 98%。

一比疆至猫江屿 航道长 9 公里，航道水深 4.5 米，航道宽 300 米，最小弯曲半径 300 米，属天然河流，为 1 级航道，通航保证率为 98%。

二、沿海航道

（一）后石电厂支航道

起于厦门湾主航道 B 点，终于后石电厂码头北侧 I 点，全程 8.7 公里。中心轴线以 A、B、H、I 点连线。其中，AB 段 12.8 公里，为厦门湾进出港主航道口门段；BH 段 4.51 公里、HI 段 4.11 公里，均为后石电厂新开辟连接厦门湾进出港 10 万吨级连接后石电厂 10 万吨级煤码头的支航道。为连接厦门湾 10 万吨级主航道，后石电厂支航道在 AI 段间隔交叉设置标有漳电 1 # 至 10 # 灯浮以区别。在 AI 段设置 1 # 至 4 # 灯浮标示航道界限和线区。在 BH 段航道转向点 B 处设 6 # 灯浮标示界限及转向，在厦门湾主航道与后石电厂支航道交叉分支上部右侧配置 5 # 灯浮一座，以标示两条不同航道及航道分支。在 H 点转向处，配置 8 # 灯浮标示转向，以斗美前、后导标引导船舶在轴线上航行至 10 万吨级码头前沿调头区。

（二）招银港区支航道

招银港区支航道沿用厦门湾进出港 10 万吨级主航道自口门外东碇岛附近 A 点沿 B、C 连线直至 D 点后，往西方向直至招银港区，从 D 点至招银港区航道长约 3.7 公里，为天然航道，底标高为 -10.1 米、底宽 200 米，可满足 5 万吨级海轮通航。

第三节 码头

一、普贤一期 2×500 吨级泊位码头

高桩梁板结构，码头平台长 116 米、宽 17 米，引桥 2 座各长 19 米、宽 12 米，码头面高程 4.8 米（黄海），码头平面预留 1 个 25 吨固定吊机座。港区有 16 座仓库共计 1450 平方米，综合楼 880 平方米。配有 8 吨轮胎吊 3 台、3 吨平板车 8 台、5 吨平板车 1 台、3 吨叉车 2 台。码头主体工程于 1992 年 2 月开工，1994 年 10 月 19 日竣工验收。普贤一期 2×500 吨级码头竣工投产后，货物吞吐量符合设计要求。为适应港口生产，石码普贤码头分公司提出以经营权承包为标的，筹集二期建设资金。经报龙海市政府批准，海澄镇一村民以 600 万元承包普贤码头 7 年经营权中标（承包期由 2001 年 11 月至 2008 年 11 月），建设普贤二期码头资金得到落实。

二、普贤二期 1000 吨级码头

高桩梁板结构，码头平台长 119 米、宽 17 米，栈桥长 12 米、宽 11 米，引堤面积 128 平方米，形成陆域面积 9400 平方米，新增吞吐能力 20 万吨 / 年。码头配有 20 吨固定吊机 1 台、16 吨轮胎吊 2 台、8 吨轮胎吊 1 台、5 吨轮胎吊 2 台、3 吨轮胎吊 1 台，总投资为 1473.8 万元，其中水工造价为 42.76 万元。码头主体工程于 2002 年 4 月 25 日开工，同年 12 月 18 日完工。

三、海澄码头

1000 吨级、高桩梁板结构，码头平台长 119 米，宽 17 米。栈桥 2 座，栈桥中心间距 71 米，上游栈桥 49.52 米、宽 8 米；下游栈桥长 31 米、宽 8 米。堆场面积 2150 平方米。码头配备 8 吨轮胎吊 4 台、5 吨轮胎吊 1 台、3 吨轮胎吊 2 台，年设计吞吐能力 25 万吨。

四、海隆码头

2002 年，龙海市海澄装卸码头发展有限公司投资 1200 万元兴建海隆码头。2002 年 8 月 16 日码头主体工程开工，2003 年 4 月 22 日竣工交付使用。2007 年 9 月，海隆码头申请开展国轮外贸运输业务的经营权得到福建省口岸办的批准，正式开展国轮外贸运输业务。

五、海澄亿源千吨液体化工码头

位于海澄镇下寮村。码头为高桩梁板结构，码头平台长 45 米，宽 10 米；平台两侧设有 4×4 米系缆桩各 1 座，由 16.52×2 米联系桥连接。码头总长 86 米，栈桥长 43 米、宽 6.5 米，陆域面积 2.6 公顷，设有 1 万立方米石油化工液体仓储库及相应配套设施，年设计吞吐能力 26.4 万吨。码头由海澄镇民营企业龙海市亿源码头化工仓储有限公司投资 2600 万元兴建。工程于 2004 年 9 月 1 日开工，同年 12 月 1 日完工。

图 6-8 海澄亿源码头（市亿源化工仓储有限公司提供）

六、海澄 500 吨级陆岛交通码头

位于海澄镇下寮村。码头为高桩梁板结构，500 吨级兼靠 1000 吨级，码头平台长 64 米、宽 16 米，栈桥长 32 米、宽 8 米，陆域面积 2500 平方米，配有 8 吨轮胎吊 2 台及 15 吨、30 吨固定吊机各 1 台。年设计吞吐能力为货 10 万吨、客 15 万人次。2002 年 5 月，省交通厅批准兴建海澄、紫泥陆岛交通码头项目，其中海澄建设 500 吨级码头泊位 1 个（结构受力考虑 1000 吨级）；码头主体工程概算 700 万元，其中由交通部补助 350 万元、省交通基金 100 万元、其余由地方自筹。工程于 2003 年 3 月 1 日开工，2004 年 11 月 25 日竣工。主体工程实际投资 520 万元，其中交通部补助 350 万元，省交通基金补助 100 万元。

七、振龙码头

位于海澄镇下寮村西侧。码头为浆砌条石驳岸简易泊位，码头平台长 88 米，岸上设有 1.5 吨固定吊 2 台、2 吨轮胎吊 2 台、3 吨轮胎吊 2 台，靠泊能力为 500 吨级。1996 年，海澄镇村民租用原海澄水泥厂厂房为库房、堆场，利用厂房护岸加固定建成船舶简易装卸码头。

八、富华码头

位于海澄镇下寮村。码头为高桩梁板结构，码头平台长 58 米，岸上设有 8 吨轮胎吊 3 台及 2 台输送带，靠泊能力为 500 吨级。1992 年，海澄镇村民利用浆砌条石防洪堤坝修建成简易泊位。1998 年，业主又投资 40 万元，在防洪堤外打桩并浇灌水泥盖板重新修建成高桩梁板结构码头。

九、海澄客运码头

浆砌条石踏步结构，码头平台长 23 米、宽 2 米，栈桥 9.5 米、宽 3.9 米，靠泊能力 100 吨级。1963 年建成，原为石码至厦门客运船舶海澄停靠点。2007 年 1 月，因部分码头平台垮塌而停止客船靠泊。

十、玉枕洲对渡客运码头

位于海澄客运码头东侧 80 米处，建于 1972 年，时为斜坡式码头。1996 年，改造为浆砌条石双开踏步结构，码头平台长 25 米、宽 2.5 米，突堤长 12 米、宽 3.5 米，靠泊能力 50 吨级，为海澄镇区与玉枕洲对渡渡船客运码头。

十一、500 吨级陆岛交通码头

位于紫泥镇下楼村，为高桩梁板结构，500 吨级，码头平台长 64 米、宽 14 米，栈桥长 45 米、宽 8 米，陆域面积 2500 平方米。年设计吞吐能力为货 5 万吨、客 5 万人次，与海澄镇陆岛交通码头为岛陆对渡码头，其业主为漳州港务有限公司。

十二、黄河燃料码头

位于一比疆作业区东侧，高桩梁板结构，1000 吨级，码头平台长 75 米、宽 8 米，栈桥长 110 米、宽 8 米，前沿设计深 4.8 米，陆域面积 43500 平方米。码头于 1996 年 7 月开工，1997 年 10 月完工。码头主体工程造价 896.72 万元，1998 年 1 月竣工验收。黄河燃料码头是私人投资成立的漳州黄河船舶燃料码头供应有限公司出资兴建的油品装卸码头，并建有储油站等设施。码头后经拍卖，产权归漳州石油分公司。

十三、龙发对台贸易码头

位于一比疆西端，沉箱重力式结构，3000 吨级，码头平台长 129 米，堆场 5000 平方米，仓库 1000 平方米，配有 40 吨、10 吨门吊各 1 台，25 吨、16 吨轮胎吊各 1 台。龙发对台贸易码头原为省政府批准的台轮停

泊点旧码头。2001 年 12 月，龙海市政府决定在原址上改造为可停泊千吨级货轮的对台贸易码头。

2002 年 6 月，龙发对台贸易码头业主龙海市龙发贸易公司委托福建省港航勘察设计院对码头原址改造进行勘察、设计。2003 年 6 月，漳州市交通局原则上同意在现有陆域前沿线内修建码头。

2005 年 6 月，龙海市人民政府批准龙发贸易公司征用工矿用地 0.18 公顷和国有未利用地 0.62 公顷作为公司仓储及配套用地。

十四、石码港务客运码头

石码锦江道扩建，原石砌双开踏步客运码头被填入锦江道人行道下。石码客运站仅以一艘板木质驳船加活动钢木结构引桥连接而成的临时趸船，供旅客上、下船。1991 年 8 月，省港航管理局同意建设规模为 200 吨级钢筋混凝土浮码头一个及检票等设施，设计年吞吐能力为 60 万人次。总投资控制在 90 万元之内。1992 年 1 月，趸船于春运期间投入使用。

十五、飞翼客运码头

1992 年，码头由中外合资客运企业龙海市飞翼客运有限公司投资兴建。为钢筋混凝土浮码头（趸船），趸船长 32.2 米、宽 8.14 米，型深 2.75 米；钢引桥 2 座各长 20 米、宽 2 米；趸船由钢引桥固定在锦江道人行道上。趸船上设有候船室 104 平方米及售票房、工作人员办公场所。1994 年，龙海飞翼客运有限公司快艇投入营运后，为解决旅客上下船需要，投资 70 余万元从晋江购回沿海 200 吨级趸船，在其甲板加层，下层设候船室及售票房，上层空置，工程完工后经海事部门检验合格投入使用。

十六、箭道埕货运码头

高桩梁板结构，200 吨级，码头平台长 60 米、宽 9.26 米，仓库 200 平方米。码头于 1987 年改建，当时石码港作为国轮外贸货物装卸点，曾经为漳州市外贸物资进出口和繁荣石码港起着重大作用。1990 年，锦江道拓宽改造，码头 2500 平方米堆场被作为路基，货运量开始下滑。1995 年九龙江悬索桥（锦江大桥）开工后，进出港船舶受悬索桥净空高度限制，200 吨级以上海轮难以进入，此后只有零散货物在码头上作业。

十七、浮宫港务客运码头

高桩梁板结构，码头平台长 32 米、宽 3.95 米，栈桥长 12 米、宽 3.78 米，最大靠泊能力 100 吨级，1984 年建成。

十八、浮宫航运公司客运码头

浆砌条石踏步结构，码头平台长 10 米、宽 3.5 米，最大靠泊能力 100 吨级，1989 年建成。

十九、白水航运公司客运码头

高桩梁板结构，码头平台长 19.2 米、宽 3.5 米，最大靠泊能力 100 吨级，1990 年，由公司自筹资金 20 余万元建成。

二十、后石电厂 10 万吨级煤码头

钢管桩结构，10 万吨级（可同时兼靠 7.3 万吨煤船 2 艘），码头平台长 590 米，前沿水深 16 米，防波堤长 540 米。1997 年 4 月 28 日，码头开工建设，2000 年 12 月 28 日竣工。

二十一、后石电厂 5000 吨级综合码头

1997 年 4 月 28 日开工，1998 年 8 月 15 日竣工。码头是沉箱带卸荷板重力式结构，平台长 180 米、

宽 18.9 米，前沿水深 7.5 米。

二十二、海门陆岛码头

1994 年 7 月 31 日，海门陆岛码头工程由国家投资公司、省港航局和市、镇、村共同投资兴建，总投资 116 万元，建成泊位 100 吨级、年吞吐量 6.5 万人次的客货两用码头。

第四节　渡口

1993 年，全市有 34 处渡口，主要渡口有角美南门渡口、沙洲渡口、流传渡口，榜山长洲渡口、福河渡口、下浒渡口，紫泥金定渡口、下楼渡口，海澄玉枕渡口，颜厝马洲渡口，东园新林渡口、圳仔尾渡口、过田渡口、码头墟渡口，浮宫海山渡口、海平渡口，东泗下吴渡口、碧浦渡口，港尾浯屿渡口、斗美渡口，白水下田渡口、大霞渡口。至 2007 年，部分渡口废弃，全市有渡口 26 处。

图 6-9　卓港古渡遗迹（市交通局提供）

第三章　陆路运输

第一节　运输工具

一、客运工具

1993 年，全市拥有客运车辆 212 辆，总座位 3353 客位。其中大型客车 6 辆、144 客位，中型客车 60 辆、388 客位，小型客车 146 辆、2821 客位。2007 年，全市拥有客运车辆 200 辆、3084 客位。其中农村客车 8 辆、148 客位；出租汽车 49 辆、196 客位；旅游汽车 4 辆、135 客位；客运班车 139 辆、2605 客位（其中小型客车 6 辆、中型客车 128 辆、大型客车 5 辆）。另外，有人力三轮车 639 辆。

二、货运工具

1993 年，全市拥有民用汽车 1014 辆，其中普通载货汽车 984 辆、专用载货汽车 12 辆、其他专用汽车 18 辆；轮胎式拖拉机 4388 辆，其中手扶拖拉机 1294 辆；摩托车 13966 辆，其中两轮摩托车 10282 辆。2007 年，全市拥有货运车辆 4985 辆、9074 吨位。其中货运汽车 3859 辆、低速汽车 237 辆、其他机动车 889 辆。在货运汽车中，普通载货汽车 3546 辆（其中重型汽车 58 辆，中型汽车 437 辆，小型汽车 2823 辆），专用载货汽车 85 辆（其中集装箱车 20 辆，大件运输汽车 21 辆，冷藏保温汽车 20 辆，罐车 24 辆），牵引车 38 辆，挂车 38 辆。

第二节 营运线路

1993年，全市拥有客运线路16条，其中跨县区线路5条，分别为石码—官浔（农村客运）、石码—长泰、石码—佛昙（农村客运）、石码—平和、石码—南浦（农村客运）；市境内线路10条，分别为石码—白水、石码—港尾、石码—斗美、石码—红星、石码—白塘、石码—龙池、石码—嵩屿、石码—浮宫、石码—角美、角美—石塘。1996年，市境内线路增加角美—嵩屿；1997年增加石码—程溪；2001年增加江东—白礁；2003年增加石码—溪坂；2006年增加东泗董浦—白水九节桥。

2007年，全市拥有客运线路21条，其中跨县区线路5条，分别为石码—官浔（农村客运）、石码—长泰、石码—佛昙（农村客运）、石码—平和、石码—南浦（农村客运）；市境内线路15条，分别为石码—白水、石码—港尾、石码—斗美、石码—红星、石码—白塘、石码—龙池、石码—嵩屿、石码—浮宫、石码—角美、角美—石塘、角美—嵩屿、石码—程溪、江东—白礁、石码—溪坂、东泗董浦—白水九节桥。

第三节 营运业务

一、客运

（一）长运集团龙海汽车站

1995年成立，有管理人员16人、站务人员26人、车队职工93人，拥有客车39部，年客运数量180万人次，周转量64800万人/公里。2007年，拥有汽车16部，年客运数量62万人次，周转量26568万人/公里。

（二）龙海市公交公司

1993年，客运数量300万人次。2001年，公司进行机构改革，部分人员分流。2007年，公司拥有员工42人，汽车22部，开通线路6条，年客运数量150万人次。

（三）龙海市长龙运输有限公司

1995年成立，属国有企业合资股份公司（法人单位），有管理人员10人，拥有6座位五菱牌面的16部。1995—2007年，公司先后开辟白水、东泗至厦门、晋江、石狮及石码至龙岩5条跨地市客运班线。年客运数量41万人次、周转量10872.56万人/公里。2007年，公司拥有管理人员10人、客运车辆11部。

（四）龙海市交通服务有限公司

1998年成立，属国有企业与社会企业合资股份公司，社会私人车辆挂靠公司（法人单位）；有管理人员5人，经营出租车50部，挂靠经营客运车辆102部。2007年，由福建省漳州市长运集团有限公司与龙海市长龙运输有限公司再次合资重组，为独立法人公司。是年，公司有管理人员10人，拥有客运车辆64部，出租车49部；新开辟东泗溪坂至厦门1条跨地市客运班线。年客运数量192万人次，周转量49152万人/公里。

二、货运

1993年，全市拥有货运公司2家，分别为龙海市海澄汽车运输公司（车队）、龙海市搬运公司（车队），拥有各种货车2626辆，运载量7291.84吨，完成货运量576万吨，货运周转量16081万吨。2007年，全市拥有货运公司8家，分别为龙海市锦城冷藏运输有限公司、漳州市金雁物流有限公司、龙海市梧浦运输车队、龙海市顺安运输有限公司、龙海市颜厝捷运运输车队、龙海市颜厝运输站、龙海市角美客货运输服务公司和龙海市角美兴隆运输公司，拥有各种货车4619辆，运载量9550吨，完成货运量830万吨，货运周转量33330万吨/公里。

第四章　水路运输

第一节　运输工具

1993年，全市有客船10艘、功率938千瓦，1491客位；有货船71艘、载重6267吨、功率4953千瓦；另有渡口木质机动船82艘。2007年，全市有客船21艘、功率4292千瓦，817客位，从事石码至厦门、白水至厦门、招商局漳州开发区至厦门和浮宫至厦门航线；有货船87艘、载重22976吨、24659千瓦（其中集装箱船1艘，载重998吨，功率552千瓦），从事本省沿海地区和港澳航线。另外，渡口有钢质机动船20艘，木质机动船8艘。

第二节　运输企业

一、龙海市轮船公司

公司创建于1956年2月，是一家小型国有企业。2007年，有船舶2艘，职工近90人。其中持有各种适任证书船员40多人，管理人员7人。主要从事国内沿海、港澳航线，以及内河货物运输。

二、龙海市白水航运公司

1993年，龙海市白水航运公司退出水路货运市场，购置4艘常规客船经营白水至厦门水路客运。1999—2003年，逐步淘汰常规客船，更新5艘玻璃钢质小型快艇投入营运；自建客运专用码头1个。2007年，有员工33人；日均航班20航次，年客运量近30万人次。

三、龙海市飞翼快艇有限公司

1992年，香港中华运输公司与石码航运公司合资筹建龙海县飞翼客运有限公司，经营龙海至厦门水路航线。1994年5月17日开业，投入26客位玻璃钢质快艇6艘，19客位玻璃钢质快艇1艘，经营石码至厦门水路客运。2007年有6艘快艇，每天20班次。

图6-10　飞翼快艇（市飞翼快艇公司提供）

四、龙海市大洋快艇有限公司

1993年10月1日，龙海市龙大综合服务公司成立，购进12客位玻璃钢质快艇2艘，投入石码至厦门航线营运。1996年，更名为龙海市大洋快艇有限公司。2006年，大洋公司因企业规模小、成本上升、入不敷出而退出水路客运市场。

五、龙海市友联航运有限公司

2002 年 1 月，由 6 户个体经营业主以股份制成立。2007 年，有 2 艘客船、120 个座位；员工 12 人，从事龙海石码至厦门旅客运输。

六、漳州海达航运有限公司

1994 年 7 月成立，由招商局漳州开发区有限公司、厦门港务集团公司、哈尔滨北方船舶有限公司和招商局仓码运输（香港）有限公司 4 家公司共同投资的企业。注册资本 5000 万元，主要经营龙海至厦门车客渡船运输、招商局漳州开发区至厦门普通客船和高速客船运输。在厦门和招商局漳州开发区分别建有车客轮渡码头各 1 座，其中招商局漳州开发区建有 5 层钢混结构办公楼，建筑面积 2093 平方米，停车场 19490 平方米。1996 年 7 月，购置 2 艘车客轮渡船投入试运营；8 月 2 日，开通招商局漳州开发区至厦门东渡的车客轮渡。1998 年，新购置 1 艘车客轮渡船。2003 年 1 月，购置 2 艘客船“飞达 1 号”“飞达 2 号”投入运营；12 月 22 艘客船出租给厦门轮船公司内河船公司内河船队经营。2007 年，公司渡轮的运输量 24.65 万车次，运送旅客 33.87 万人次。

七、龙海市海润船舶管理有限公司

2004 年 7 月成立。2007 年有船舶 38 艘、总载重吨 21392 吨；员工 186 人，从事沿海货运业务。

八、龙海市海安船务有限公司

2005 年 3 月成立。2007 年，有船舶 23 艘，员工 84 人，从事龙海到厦门及晋江围头货物运输。

九、龙海市浮宫航运公司

2007 年，公司有人员 50 人，拥有船舶 4 艘 180 座位，其中 2 艘为常规客船，从事龙海浮宫至厦门旅客运输。

第三节 营运业务

一、客运

（一）渡口客运

1993 年，全市有渡口 34 处，拥有木质机动船 82 艘；全年客运量 92.48 万人、货运量 108 吨。2007 年，全市有渡口 26 处（其中海渡 4 处、内河渡 22 处），其中乡间渡口 24 处，拥有钢质机动船 20 艘、木质机动船 8 艘。

（二）轮船客运

1993 年，港尾镇境内屿仔尾渡口有厦门轮船公司内河船队经营屿仔尾渡口至厦门市区水上客运航班，每日 5 个航班，接转由漳浦、云霄等地客车的旅客往返厦门。同时，参与经营客运还有当地打石坑、屿仔尾村 30 余艘小木船。1994 年，漳州经济开发区因码头建设需要，回填屿仔尾渡口，将渡口迁至打石坑村外另建临时客运码头。打石坑小木帆船经营者组建漳州市金海湾航运有限公司，参与厦门轮船公司内河船队竞争。

1996 年 4 月，漳州市海达航运有限公司购置 2 艘车客渡船进行营运，分别为“海达元祥轮”“海达元和轮”，总吨位均为 1116 吨、载重吨 20 车 /200 客。1998 年 6 月，购置 1 艘车客轮渡船“海达元兴轮”投入营运，总吨位 1224 吨、载重吨 20 车 /200 客。

2002 年 3 月，厦门轮船公司内河船队出资收编金海湾航运有限公司，小木帆船停止营运。

（三）快艇客运

2002 年，有快艇 16 艘 489 座位。2005 年，有快艇 18 艘 607 座位。2006 年，有快艇 14 艘 426 座位。2007 年，有快艇 14 艘 422 座位。

二、货运

1993 年，全市货船 71 艘、净载重 6267 吨、4953 千瓦。2007 年，全市货船 87 艘、净载重 22976 吨、24659 千瓦，其中集装箱船 1 艘、载重 998 吨、552 千瓦；年货运量 38 万吨，货物周转量 3220 万 / 吨公里。

附：对台运输

1996 年，漳州港招银港区被交通部列为首批对台“三通”（通邮、通航、通商）试点港。同年 9 月 15 日，福州安泉船务有限公司“福翔”轮由招银港区承运 4000 吨建材至台湾麦寮港，成为近半世纪来第一艘从漳州港口起锚运货进入台湾的船舶。

2001 年，漳州港招银港区被国务院列为对金门、马祖、澎湖的货运直航港。2002 年 11 月 23 日，“中外运”福建集团公司“楚天”轮在招银港区 3 # 泊位承运 580 个标准箱前往台湾高雄港，厦门轮船公司“厦金驳 1 号”在招银港区 17 # 泊位（建材码头）承运 2000 吨建材前往金门。2003 年 7 月 31 日，漳州港招银港区又开辟海峡两岸及中国港澳地区的航线，由中海集团“布雷特”轮首航。2002 年被交通部批准的漳州轮船公司“文龙”轮、东山县航运公司“东益”轮分别于 2003 年 7 月、12 月投入招银港区至金门间的货物运输。

2004 年 4 月 10 日，厦门轮船公司“鼓浪屿”号客轮在招银港区长海客运站码头承载漳州市各界人士 30 余人前往金门参加漳州市名特产展销会，实现漳州对金门客运直航。2005 年 6 月 7 日，由台湾渔轮“锦龙 6 号”承运台湾名优水果首次在龙海浮宫对台码头登陆，运载的水果有杨桃、凤梨、香蕉等 13 个品种，共 774 箱、重 11 吨。

截至 2007 年年底，漳州市轮船公司和东山县航运公司各有 1 艘千吨级货轮常年参与漳州港招银港区与金门间的货物运输。

第五章　交通运输管理

第一节　机构

一、龙海市交通局

1993 年，市交通局设秘书科、人事股、财务股、工程技术股、生产安全股。2007 年，内设科室不变；编制 36 人，其中机关行政编制 7 人、事业编制 24 人。

二、市交通运输管理所

1993 年，市交通运输管理所隶属龙海市交通局，内设货运管理股、客运管理股、车船维修管理股、规费征收站、办公室、稽查队。2003 年 4 月，市交通运输管理所更名为市运输管理所。2004 年 6 月，内设综合股、道路运输管理股、车辆维修管理股、稽查队、规费征收站、水路运输管理股、海事监督股（船检股）。2007 年，运输所有员工 80 人。

三、漳州市公路局龙海分局

1993 年，龙海分局内设办公室、工程股、机材股、财务股和副科级单位龙海市路政所，下设 11 个公路站和 1 个车辆观测站；有员工 135 人。2007 年，龙海分局内设办公室、工程股、财务股、路政所和龙海市畅盛公路工程有限公司；下设 9 个公路站和田墘交通观测站；有员工 113 人。

四、龙海稽征所

1993 年 1 月 1 日，成立福建省公路稽征局龙海稽征所，为省属正科级事业单位，内设办公室、征费股、稽查股、财务股；编制 21 人，负责龙海县辖区的汽车公路规费征收管理工作。2007 年，内机构不变；有员工 16 人。

五、漳州海事局石码办事处

1993 年，成立漳州海上安全监督局港尾办事处，负责管辖九龙江海门岛以东、镇海角以北龙海市沿海水域。同年成立漳州海上安全监督局石码港务监督管理站，负责管辖九龙江下游水域。2001 年，水监体制改革，更名为中华人民共和国漳州港尾海事处，正科级，编制 8 人，正科和副科领导职数各 1 名。同年撤销石码港务监督管理站，成立漳州海事局执法支队和石码办事处，两个机构合署办公。2007 年，管理处人员编制 4 人；管辖水域不变。

第二节　路政管理

一、规费征收

（一）养路费征收

1993 年，养路费征收标准为：货车 140 元 / 吨、月，客车 160 元 / 吨、月，其他机动车 140 元 / 吨、月，挂车 98 元 / 吨、月，正三轮摩托车 140 元 / 吨、月，侧三轮摩托车 6 元 / 辆、月，二轮摩托车 3 元 / 辆、月，手扶拖拉机 40 元 / 辆、月。当年，公路养路费（汽车类）征收总额为 692 万元。1994 年，对各类机动车养路费征收标准进行调整，调整后的征收标准为：货车 180 元 / 吨、月，客车 200 元 / 吨、月，其他机动车 180 元 / 吨、月，挂车 120 元 / 吨、月，正三轮摩托车 170 元 / 吨、月，侧三轮摩托车 8 元 / 辆、月，二轮摩托车 4 元 / 辆、月，手扶拖拉机 50 元 / 辆、月。当年，公路养路费（汽车类）征收总额为 806 万元。1996 年，公路养路费（汽车类）征收总额突破 1000 万元，共征收 1053 万元。2005 年，公路养路费（汽车类）征收总额突破 2000 万元，共征收 2252 万元。2007 年，公路养路费（汽车类）征收总额为 3132 万元；征收外挂车公路规费达 128 万元。

图 6-11　西溪大桥收费站（市交通局提供）

（二）客运附加费（交通建设基金）征收

征收标准　1993 年 1 月至 1998 年 9 月按车辆核定座位 80 元 / 月座缴纳；1998 年 10 月至 2003 年 12 月社会车辆按车辆核定座位 120 元 / 月座缴纳；2004 年 1 月至 2007 年按 90 元 / 月座缴纳。

征收金额　1986 年 6 月 1 日开征，由公路客运企业或车主在发售客票时向旅客征收，再由车属单位按月向稽征部门缴纳。1993 年，客运附加费征收总额为 264 万元。1998 年，交通部将交通建设基金统一规范为客运附加费，征管原则与公路养路费征收管理规定一致，所征费额全额上交省交通厅专户管理。当年，客运附加费征收总额为 326 万元。2007 年，客运附加费征收总额为 207 万元。

（三）货运附加费（山区公路建设还贷基金）征收

征收标准　营业性货车按 40 元 / 月吨计征（挂车减半计征），非营业性货车按 20 元 / 月吨计征。

征收金额　1993 年 1 月 1 日开征，征收范围包括各种载货汽车、非营业性载客汽车、特种车、挂车等。当年，货运附加费征收总额为 172 万元。2000 年国家交通部将山区公路建设还贷基金统一规范为货运附加费，4 月起征收范围改为只向营业性货运车辆征收；货运附加费由车籍所在地稽征部门征管，征管原则与公路养路费征收管理规定一致，所征费额全额上解省交通厅专户管理。当年，货运附加费征收总额为 204 万元。2007 年，货运附加费征收总额为 464 万元。

1993—2007 年龙海市公路规费征收（汽车类）情况表

表 6-5-1　　单位：万元

年　份	公路养路费	客运附加费	货运附加费	“三费”合计
1993	692	264	172	1128
1994	806	284	180	1270
1995	972	276	179	1427
1996	1053	293	190	1536
1997	1116	299	198	1613
1998	1107	326	199	1632
1999	1122	433	207	1762
2000	1159	382	204	1745
2001	1231	300	215	1746
2002	1431	277	248	1956
2003	1835	221	306	2362
2004	1794	198	284	2276
2005	2252	199	353	2804
2006	2744	193	422	3359
2007	3132	207	464	3803

二、公路养护

（一）概况

1993 年，漳州市公路局龙海分局管养辖区内 251.42 公里的公路。2007 年管养 200.98 公里公路，其中国道 31.48 公里、省道 97.91 公里、县道 49.77 公里、乡道 21.83 公里、桥梁 47 座、涵洞 398 道，辖养公路干线好路率和年综合好路率常年都保持在 72.5%、66.5% 以上。

1993—2007年漳州市公路局龙海分局辖养公路统计表

表6-5-2　　　　单位：公里

年 份	辖养公路里程				
	合计	国道	省道	县道	乡道
1993	251.42	31.48	130.00	52.68	37.26
1994	249.61	31.48	129.64	50.37	38.12
1995	252.57	31.48	129.98	52.68	38.43
1996	252.07	31.48	129.98	52.68	37.93
1997	246.22	31.48	128.50	50.20	36.04
1998	235.81	31.48	119.87	51.22	33.24
1999	235.81	31.48	119.87	51.22	33.24
2000	231.71	31.48	118.35	49.64	32.24
2001	231.71	31.48	118.35	49.64	32.24
2002	219.13	31.48	108.16	49.64	29.85
2003	195.30	31.50	98.00	43.00	22.80
2004	201.99	31.48	98.04	49.64	22.83
2005	201.96	31.48	98.04	49.64	22.8
2006	201.86	31.48	97.91	49.64	22.83
2007	200.99	31.48	97.91	49.77	21.83

（二）制度改革

1993年，公路养护管理模式：分设道班，人、财、物、资金由分局集中管理、统一调配，各道班管养划定的公路里程。2000年，按照转变机制、事企分开、管养分离的原则，理清改革思路，转变管理方式，理顺管理职能，树立企业化经营理念，推动养护生产从行政管理向合同管理的转变。2001年，深化和完善小修承包责任制，试行公路养护内部招投标制，实行优化组合，双向选择。2002年，全面实行养护招投标制，突出效益工资考核。同时，组建公路养护工程公司，内部机构设置相应进行调整、改革，设置2股1室和1个路政所，下辖9个班站、1个施工队和1个交通观测站。精简分局机关工作人员，全面推行聘用制和岗位工资计薪制，建立和健全工作人员岗位目标责任制和绩效考核制。基层班站推行内部养护招投标，实行计件效益工资制度。全面推行养护生产股份合作制的改革，初步实现管养分离的改革目的。2004年，成立龙海市畅盛公路工程有限公司，除机关管理人员和路政所定编人员外，其余人员一律划归新组建的公司管理，基本实现管养分离的改革目标。至2007年，养护制度不变。

（三）小修养护

1993年，龙海公路分局小修养护支出155.14万元。2004年，养护管理工作以全面养护为中心、桥涵为重点，按照分局与龙海市畅盛公路工程有限公司签订《专养公路养护承包合同》实施。公司与各班站签订小修养护承包合同，将养护工作任务量化、细化，分配到基层各班站进行养护管理。具体权利与义务，以养护承包合同界定，小修养护执行情况依据《龙海养护公司内部招投标实施细则》进行监督、检查、考核与奖罚。当年，小修养护支出181.1万元，比计划成本节约19.49万元，节约率9.72%。2007年，小修养护支出331.44万元，比计划成本节约15.31万元。

1993—2007年漳州市公路局龙海分局小修养护经费收支统计表

表 6-5-3　　单位：元

年　份	小修养护经费计划成本	小修养护经费实际支出金额	节约数	节约率（%）
1993	1599386	1551406	47980	3.00
1994	4326751	4498323	-171572	-3.97
1995	2478605	2405417	73188	2.95
1996	2464740	2391198	73542	2.98
1997	2376277	2325741	50536	2.13
1998	1823772	1770013	53759	2.95
1999	1762221	1709708	52513	2.98
2000	1990181	1794095	196086	9.85
2001	1966968	1774992	191976	9.76
2002	1945645.6	1756567.6	189078	9.72
2003	1675000	1513530	161470	9.64
2004	2005900	1811000	194900	9.72
2005	2040700	1878300	162400	7.96
2006	3058000	2826000	232000	7.59
2007	3467500	3314400	153100	4.42

（四）专案工程

1993年，公路大中修费用支出87.58万元、道班建设和公路抢修工程支出43.33万元。1995年没有大中修和道班建设支出；工程抢修费用8.12万元；公路改建和绿化65.2万元。2007年，公路大中修专案工程总支出191.5万元。

1993-2007年漳州市公路局龙海分局大中修专案工程统计表

表 6-5-4　　单位：元

年份	公路中修支出金额	公路大修支出金额	道班房建设支出金额	公路抢修支出金额	公路改建支出金额	公路绿化支出金额
1993	197200	678610	291261	142009	—	—
1994	227831	400037	—	99735	775000	—
1995	—	—	—	81243	650000	2000
1996	560593	—	140076	240191	—	86886
1997	1853665	—	27213	867008	130000	—
1998	107395	—	—	304972	—	40220
1999	97082	—	—	157058	119172	23090
2000	—	—	329176	124472	2027609	38655
2001	—	—	13540	79490	60000	119500

续表 6-5-4

年份	公路中修支出金额	公路大修支出金额	道班房建设支出金额	公路抢修支出金额	公路改建支出金额	公路绿化支出金额
2002	—	—	450000	17760	134915	30000
2003	—	—	256000	—	1323986	35000
2004	—	—	336807	52354	738498	100000
2005	—	—	143848	68042	585090	432225
2006	—	80000	208340	415860	1495474	263164
2007	—	396991	19993	319134	805170	373750

第三节 航政管理

一、航道整治

（一）西溪桥闸复航整治

1970 年，由于西溪建闸、水土流失、航道失修等原因，实际通航河段只有西溪桥闸以下至石码，年货运量不足万吨，西溪水运名存实亡。1987 年 1 月，交通部决定在全国解决内河碍航闸坝复航问题。1988 年 1 月，漳州市人民政府《关于九龙江（漳州至石码段）复航工程计划任务书及可行性研究报告》报省计委立项。1989 年 3 月，省计委同意立项并下达工程计划任务书。1990 年 7 月，漳州市人民政府成立西溪复航工程领导小组和复航工程指挥部。1992 年 4 月，省计委、省建设厅联合下文，正式批准西溪桥闸开工改建。西溪桥闸共清理土方 17.42 万立方米，投入水泥 4400 吨、钢筋 204 吨、钢材 168 吨、松木 350 立方米、杉木 25 立方米，上下游处分别修建闸首，为船舶进出闸定。1994 年，因资金问题，闸室上下游 2 个闸门未能安装启用，致使西溪桥闸改造工程只完成 95%。

（二）厦门湾航道后石电厂支航道整治

后石电厂 10 万吨级航道从厦门湾 10 万吨级航道外口 A 点处起，即从东碇岛外水深约 20 米处开始，向西北方向穿过 30 米深槽区处折向西北偏西至电厂码头，全长 21.46 公里。整治前，万吨级货轮可以自由进出，但 10 万吨级货轮进出电厂码头要受到航道水深的限制。为确保后石电厂按时点火发电，漳州港口管理局于 1998 年 4 月向漳州市计委、省交通厅上报后石电厂乘潮通航 10 万吨级船舶公用航道的项目建议书；10 月，省建委、省计委联合下达同意后石电厂航道工程初步设计方案。

1999 年 3 月 15 日举行开工仪式，上海航道局 1 艘 2600 立方米航耙式挖泥船、2 艘 1000 立方米驳船和 1 套炸礁平台进场，正式对 10 万吨级航道进行施工建设。上海航道局按设计要求，对两段碍航浅滩和礁石分别进行开挖和炸礁，开挖和炸礁达 13.9 米和 14.2 米，挖槽底宽 250 米，边坡 1∶10，挖泥量达 124 万立方米、炸礁 3.88 万立方米。在航道上按照左标双号、右标单号，每间隔 1.4 海里左右交叉配布标示航道界线、线点和转向点。抛设灯浮 10 座，左右侧各 5 座，并在斗美南侧设导标一对。锚地设在镇海角东侧，离后石电厂码头约 8 公里，面积 3.5 平方公里，大部分水深达 30—35 米，东侧局部最小水深也达 27 米，满足系泊水深。10 万吨级船舶采用单锚系泊，单船单锚系泊面积以船舶总长为半径，回旋面积达 1.13 平方公里，满足 10 万吨级货轮锚泊。1999 年 8 月，后石电厂 10 万吨级航道建设工程完工，投入试运行；2000 年 6 月 20 日，省交通基本建设工程质量监督检测站签发水运工程质量鉴证书，同意交付使用。2002 年 8 月 14 日，省交通厅召开“漳州后石电厂 10 万吨级航道”验收会议，同意竣工验收并交付使用。2004 年 7 月 12 日，载重量 92067 吨的利比亚籍货轮“星辉 4 号”承载 88082 吨电煤，安全通过 10 万吨级航道进入后石电厂码头卸煤，这是后石电厂点火以来最大的煤船。

二、导航设施

（一）九龙江下游助航标志

图 6-12　航标（市委报道组提供）

九龙江下游（从石码作业区至招银港区）原九龙江南港、中港上设有9座灯桩和2处浮标，由于长年受到滥采河沙、洪水、台风袭击和人为盗窃等原因，使航标移位、受损。1992年，省航道局漳州航道处成立后，对南港、中港上的11处航标进行校正、修复，对被船撞坏的原2号灯桩改为浮标，以恢复其助航功能。2004年后，石码港区海澄作业区又兴建多座业主码头，为确保船舶进出港安全，漳州航道处在九龙江口增设1号、2号、3号3处浮标。

（二）后石电厂专用航道助航标志

1999年，漳州港务公司在建设10万吨级航道时，为确保10万吨级船舶从外海公用航道进入后石电厂10万吨级码头，委托省交通规划设计院在设计10万吨级航道时对助航标志进行布置，并由上海航道局施工抛设。后石电厂10万吨级航道起于东碇岛东北水深20米处的A点，终于10万吨级码头防波堤北侧的I点，全程分为第一段AB段、第二段BH段和第三段HI段。专用航道上设HF2.4灯浮10座，灯浮按照左标双号、右标单号，每间隔1.4海里左右交叉配布标示航道界线、线点和转向点。为确保船舶进入HI段后，航行在航道轴线上，利用斗美村海上两个岛礁建设一对导标，前导标高程为平均大潮面上1.98米，后导标高程为平均大潮面上11米，前后导标相距525米，导标灯光射程可达6海里。

第四节　运输管理

一、运输市场准入机制和年检审制度

（一）市场准入机制

1993年，新增汽车类由运管处审批，新增农用车及其他车辆由市运管所审批。社会专业运输企业更新车辆优先安排，对新增车辆吨位大、性能好的，优先安排；对边远山区新开辟线路的客车优先安排，有效遏制运力无序发展。着重引导、扶持舒适豪华客车（卧铺车）、集装箱车、大吨位车辆和城市出租汽车。对货船采取只批不控，但对不满500载重吨和非钢质船不予发展，客船采用以旧换新，一艘更新一艘，客位不得超旧。截至2007年，道路、水路市场秩序呈现出规范有序、均衡发展态势。

（二）年检审制度

1993年10月，参加年审换证的营运汽车、货车596辆，客车164辆，农用运输车1729辆，轮式拖拉机 268 辆，手扶拖拉机 1050 辆，三轮摩托车 38 辆。为方便运输业户办理年审换证手续，采取集中年审和巡回年审的办法，组织年审小组深入各交管站巡回年审轮式和手扶拖拉机。2007 年 3 月，龙海市运管所派出 1 名运管人员进驻龙海市耀达机动车综合性能检测站协助管理，履行现场指导、协调、监督及服务职能，从 4 月 10 日至 5 月 31 日，共检测营业性运输车辆 2214 辆；10 月，对全市营运车辆《道路运输证》进行一年一次的审验，共审验 1150 辆。

二、机动车维修和驾驶员培训行业管理

（一）机动车维修行业管理

1993 年，龙海市有机动车维修业约 80 家。1997 年，发展到 179 家。其间，由漳州市交通局、龙海市交通局及运输管理所组织维修从业人员进行技术等级培训，共举办 8 期培训班，培训维修技工 800 多人，实行持证上岗。是年 5 月，龙海市亨发汽车运输有限公司筹建一条 C 级机动车综合性能检测线，作为市农用运输车的年审检测站。同时，在龙海市运管所办理许可证的修造船厂有 46 家，主要分布于榜山、紫泥、石码、海澄、港尾等乡镇。1998 年，取消维修卡，把车辆二级维护工作归入营运证内，作为道路运输证的一部分，减少办证手续；9 月，市运管所组织培训一期汽车维修工程师，120 人拿到证书。1999 年 6 月，为提高客运车辆的技术状况，保证旅客运输安全，实行客运车辆日趟检制度。

2000 年，对维修企业重新按地方标准《机动车维修业开业条件》的规定进行核准，由市交通局、工商局联合成立工作领导小组进行考评，符合条件的汽车维修企业二类 27 家，三类 33 家。2005 年，龙海市建成一条 A 级机动车综合性能检测站，年检测车辆 7000 多辆。2006 年，实行机动车维修质量检验员重新按新技术和标准进行学习培训换证，符合资格的 33 位质量检验员提升为总检验员。同年，取消营运证内容的车辆二级维护内容，实行电脑报备，建立维修管理档案盒技术档案制度，建立车辆管理档案 4000 多辆，实行一车一档。

2007 年，实施机动车维修企业质量信誉考核工作，全市 34 家二类维修企业参加考核，被评为 AAA 级的 2 家、AA 级的 12 家、A 级的 18 家、B 级（即不合格企业）的 2 家。

（二）驾驶员培训行业管理

2005 年 9 月，机动车驾驶培训由道路运输管理机构实行资格管理，市运管所从原公安交警部门许可的 6 家教练所入手，开展资质、人员条件的全面整顿，保留 5 家、撤销 1 家，并新增培训机构 3 家。2006—2007 年，市运管所对所有培训机构的教练场地、教学设施设备及人员配备进行整治、规范。两年时间共新增训练场地 23000 平方米，总投资额 1450 万元，新增教练员 271 人，教练车 209 辆，年培训能力 7650 人。

三、水路运输管理

1993 年，对全市 13 个乡镇的水路运输船舶进行安全管理整顿，涉及 178 艘运输船、10 艘客船、61 艘渡口船。2007 年，对全市 19 个渡口、25 艘渡船安全技术状况、渡口所在镇村安全管理情况逐一进行检查，对福河、圳仔尾、金定、南门渡口 4 艘船况较差的渡船发出整改通知书；10 月，4 艘渡船全部更新改造投入使用。当年，全市渡口渡船安全管理专项整治工作通过省级验收。

卷七 邮政 电信

YOU ZHENG DIAN XIN

1993—2007年，龙海市邮政业务快速发展。其中，商业信函、特快专递增长尤为迅速，包裹、汇兑、报刊发行、机要通信、集邮业务量也呈逐年上升趋势。1993年，邮政业务收入为727万元。1998年为1488万元，2002年为2695万元，2005年为2933万元，2007年为3838万元。1998年9月，邮电分营后业务量年均增长率11%。邮政网络不断调整健全，分布日趋合理；邮政设施不断完善，起到支撑业务发展的作用。

1998年9月，成立龙海市电信局，主要从事电报、固定电话、信息网络、移动电话等业务。固定电话发展迅猛，2007年固定电话用户19.29万户，比1993年增长8.3倍；电报业务逐步被电信传真取代，至2006年5月，龙海电报业务宣告结束。

1999年，中国移动、中国联通先后在龙海设立分公司。至2007年底，全市移动公司用户32.8万户，联通公司用户18万户。

1993—1999年，计算机网络方面的运用尚不普及。2000年，龙海开通拨号上网业务；此后，信息化建设水平不断提升。2007年，全市互联网用户2.72万户；龙海城乡已经形成以光纤传输为主，以数字数据和卫星传输为辅的通信网络，提供话音、数据、视频图像等业务。

15年间，龙海邮电事业的快速发展，为龙海经济建设和社会各项事业不断发展提供勃勃生机。

第一章 邮 政

第一节 机构与网点

一、机构

1993 年，龙海市邮电局设 16 个支局、9 个邮电所。1998 年 9 月 28 日，龙海市邮电局分成龙海市邮政局、龙海市电信局。分营后，市邮政局设综合办公室和计划财务部生产经营部，信息技术中心和储汇分局；下辖 8 个班组、11 个支局；有员工 110 人，招聘工 70 人。

2002 年，龙海市邮政局设 3 个职能部室、8 个专业公司，下辖 9 个农村支局、13 个邮政储蓄所；有职工 323 人。

2003 年 10 月，实行农村邮政中心支局体制，9 个农村支局和 19 个网点整合成 4 个中心支局。

2007 年，龙海市邮政局内设 3 个科室、信息技术中心、储汇分局、报刊分局、速递公司、商函公司、对账单公司、集邮公司、信息业务分局、营业部 8 个专业公司；下辖 4 个农村中心支局、15 个邮政储蓄所；有职工 391 人。

二、网点

1993 年 6 月，龙海市邮电局所设邮电支局和邮电所，均开办邮政电信业务。1995 年 4 月，撤销榜山支局、石美邮政所。1996 年 9 月，郭坑、步文两支局划归漳州市芗城区邮电局管辖。1997 年，设立石码人民西路支局。1998 年 10 月，龙海市邮政局下辖网点更名为邮政支局和邮政所，设人民路、和平路、角美、九湖、古县、程溪、海澄、东泗、东园、白水、浮宫、港尾 12 个邮政支局和中银漳州经济开发区、人民西、城内、林下、倒桥、双第、白坑、浯屿、光明山、柿仔 10 个邮政所。

1999 年 6 月，白坑邮政所迁到后石，更名为后石邮政所。2001 年，撤销石码和平路支局。2002 年 3 月，设立龙池邮政支局；8 月，速递专业营业柜台从人民路支局剥离，迁到桥口顺风楼。2003 年 9 月，设立港尾大径邮政支局。2004 年 11 月，撤销东园支局；海澄支局的服务范围扩充到东园镇。2005 年 4 月，撤销东美邮政所，保留邮政储蓄服务功能。2006 年 6 月，速递公司营业网点迁到紫光路佳鑫花园。

2007 年，全市有邮政网点 23 个，其中电子化网点 17 个；自办网点有人民路、人民西、紫光路、城内、角美、龙池、九湖、古县、程溪、林下、倒桥、海澄、东泗、双第、白水、浮宫、港尾、后石、浯屿、大径、中银漳州经济开发区 21 个；委代办网点有光明山、柿仔 2 个。

第二节 邮政网路与设施

一、邮政网路

（一）邮路

省内邮路　1993 年，干线汽车邮路有漳州局组开的漳州—龙海汽车邮路，交接九湖、古县、程溪、林下、倒桥及石码等网点的进出口邮件；厦门邮区中心局组开的厦门—漳州汽车邮路，交接角美、东美、石美等网点的进出口邮件。

2001年，撤销漳州局组开的漳州—龙海汽车邮路，各网点进出口邮件交由厦门局组开的邮路。

2007年，龙海境内有3条厦门邮区中心局组开的干线汽车邮路：厦门—龙海—长泰车，交接石码本埠（含转运下半市各网点）、角美、古县、九湖、光明山、程溪、倒桥、柿仔、林下、龙池等网点的进出口邮件；厦门—诏安班车，交接九湖、石码本埠各网点出口邮件；厦门—漳州班车，交接角美、龙池网点出口邮件。

市内自办邮路　1993年，龙海邮电局组开的邮路有：至石码城区和平路、人民路和榜山、城内等支局（所）的城区转趟邮路，单程长度9公里；石码至海澄、东园、东泗、浮宫、白水、港尾、后石的自办邮路，单程长度125公里。2001年，城区转趟邮路取消城内的交接任务，改由投递摩托车带运。2007年，自办汽车邮路有：市内转趟一班、二班，平均日行程5公里，交接人民路、人民西、紫光路网点的出口邮件；石码—港尾，平均日行程131公里，交接海澄、东泗、白水、浮宫、港尾、后石、浯屿、大径、中银漳州经济开发区网点进出口邮件。

市内委办邮路　1993年委办邮路有：石码—双第汽车邮路，平均日行程44公里，交接双第网点进出口邮件；港尾—浯屿摩托车轮船邮路，平均日行程52公里，交接浯屿网点进出口邮件。2001年增加石码—城内摩托车邮路，平均日行程15公里，交接城内网点出口邮件；海澄—东泗摩托车邮路，平均日行程22公里，交接东泗网点进出口邮件。2007年委办邮路有：石码—双第汽车邮路，石码—城内摩托车邮路，海澄—东泗摩托车邮路，港尾—浯屿摩托车轮船邮路。

（二）投递线路

市区投递线路　1993年设置6条市区信报投递段；2000年4月设置11条市区信报投递段；2001年设置12条市区信报投递段。2005年1月，市区实行“信报分投”，共设置13条市区投递段。其中汽车报刊投递段1条，日均行程25公里，日投一次；报刊投递段7条，日均行程36公里，日投两次；信函投递段4条，日均行程42公里，日投两次；包裹直投到户三轮车投递邮路1条，日均行程30公里，日投一次。2006年1月，增加1个信函投递段。2007年，市区有投递邮路14条，负责市区报刊邮件投递工作及25个信箱的开箱取信工作。

农村投递线路　1993年设置38条投递段；1998年10月设40条投递段。2000年、2003年、2004年、2006年各增加1条投递段。至2006年有43条投递段。2007年1月有46条投递段，单程长度980公里，均为摩托车投递邮路；每周6班，负责全市行政村（居委会）的报刊邮件投递工作及242个信箱的开箱取信工作。

二、邮政设施

1993年，龙海市邮电局在市区人民路邮电楼办公。1999年3月2日，龙海邮政综合大楼动工兴建，2001年5月27日，竣工并投入使用。大楼地处市区二环路段，9层框架结构，占地面积3800平方米，总建筑高度32米，总建筑面积7000平方米；工程总投资1500万元。2007年，全市各邮政营业网点、储蓄网点营业面积2817平方米；境内有自办邮车2部，速递揽投车辆5部，报刊大户投递车辆1部；有邮政信箱267个，其中农村信箱242个、城市信箱25个。

第三节　邮件寄递

一、信函

（一）普通信函

国内函件　1993年，龙海市国内平常出口计费函件55.21万件，给据函件2.27万件。1998年邮电分营后，国内函件业务得到快速发展。2001年，国内平常出口计费函件113.91万件，给据函件5.44万件，分别比1993年增长106.32%和139.64%。2007年，国内平常出口计费函件144.27万件，比2001年增长26.65%；给据函件6.14万件，比1993年增长12.87%。

国际及港澳台函件 2001年，全年函件量仅为85件，业务收入仅为210元；2002年，升至2619件；2003年升至8329件，比上年增长218.02%；2004年又锐减至815件，比上一年度减少90.21%；2006年，共22425件，收入9.09万元；2007年又降至8021件。

（二）商业信函

1998年，开办商业信函业务，由最初的为企业庆典、商家开业、节日促销印制中邮专送广告、随报刊投送广告宣传单等新业务入手，商业信函业务量逐步增加。2001年，制作商业信函9.81万件，企业广告明信片15.2万枚，邮送广告23.4万份。2003年，组建商函公司、对账单公司，使邮政商业信函涵盖促销类信函、账单类信函、企业广告明信片、企业邮资封、中邮专送广告，业务快速发展。2004年，共制作促销类信函69.81万件、账单类信函197.7万件、企业广告明信片16.97万枚、邮送广告75.56万份。2007年，共制作促销类信函75.25万件，账单类信函61.8万件，企业广告明信片20.25万枚，邮送广告56.38万份。

1993—2007年，各类函件业务量累计487.8万件。其中，国内平常函件202.37万件，国内挂号函件7.48万件，港澳台平常函件0.31万件，国际平常函件0.29万件，港澳台给据函件0.02万件，国际平常函件0.05万件，无名址函件118.45万件，账单类信函134.83万件，邮资广告明信封片卡24万件。

二、快递

1993年，成立速递站，从业人员3人；是年承办特快专递业务7200件。1995年，成立班组级邮政速递公司，从业人员5人。2002年，速递公司上升为股级单位，从业人员11人，配备车辆1部，当年实现速递收入145万元。

2003年速递收入189万元，从业人员13人，是年末建立中银漳州经济开发区速递网点。

2004年速递收入297万元，人员16人，开通龙海—厦门自办邮路，做到所有国际邮件赶发厦门当日清关。设立售后服务专台主动向客户实时反馈国际件发运情况，并做到呼揽30分钟内服务到位、延长揽收服务时间至夜间23点。

2005年速递收入326万元，从业人员18人，开通全国52个主要城市次日递业务。

2006年速递收入343万元，从业人员20人，收寄特快10.71万件，其中国际0.54万件、国内10.17万件；当年龙海市邮政速递公司获省局“创优、争先、比贡献”先进团队称号。是年成立邮政速递角美分公司，从业人员6人，配备车辆1部，当年实现收入90万元。

2007年7月1日，实行速递一体化改革。当年邮政局速递公司从业人员30人，车辆6部；开通省内次日递业务、闽粤、闽浙次日递业务；全年收寄特快专递类业务11.5万件，其中国内异地特快专递信件7.52万件、物品2.64万件，国内同城特快专递信件0.67万件、物品0.07万件，国际特快专递信件0.27万件、物品0.33万件，代收货款0.34万件、款额311.26万元，邮政礼仪业务39件；全年速递收入407万元。

此外，圆通快递、顺丰快递、中通快递、申通快递等民营快递公司在龙海招聘业务员，收揽快递业务，并逐渐占据龙海快递业务市场。

三、包裹

1993年3月1日，恢复烟草及其制品包裹邮寄业务。1996年1月1日，恢复大件包裹“用户专用袋”业务；12月取消商品包裹、纸制品包裹及航空包裹业务种类。1998年12月，杜绝禁寄物品和超限物品通过邮政渠道传递，杜绝非法出版物通过邮政渠道流入社会，对音像制品和电子出版物严格凭证限量收寄。

2001年8月1日开办快递包裹业务。2003年4月1日，实行国际及港澳小包和包裹统一制作、使用包装箱。2004年1月1日起，邮寄的国际包裹启用新款报关单式；10月1日起，福建省统一启用标准的物品型邮件封装用品；11月1日，开办国际包裹保价业务。

2005年4月20日，提高出口香港包裹限重，上限20千克提高至40千克。2006年4月18日，开办“两门航线包裹”业务，出口通达范围为金门和台湾地区其他县（市）；11月，开办“军营包裹”业务，上门为退伍军人办理回乡行李包裹业务。2007年收寄包裹4.79万件，其中国内普通包裹2.02万件、国内快递包裹2.75万件、国际及港澳台包裹228件。

第四节　报刊发行与集邮

一、报刊发行

1993年，订销报纸累计份数777.92万份，订销杂志累计份数42.96万份。1996年，接办邮发报刊5623种（报纸1527种、杂志4096种），其中新邮发报刊343种（报纸90种、杂志253种）；恢复27种。1999年，发行报纸825.7万份、杂志28.5万份，流转额497.9万元。

2000年，发行报纸914.2万份、杂志29.6万份，流转额590.5万元。2001年，报纸785万份、杂志6.4万份，流转额484万元。

2002年，发行报纸611.1万份、杂志26.4万份，流转额465.5万元。2003年，报纸795.1万份、杂志30.3万份，流转额643.2万元。

2004年，发行报纸852.1万份、杂志30.6万份，流转额628.3万元。2005年，报纸846万份、杂志31.3万份，流转额648.7万元。

2006年，发行报纸865.8万份、杂志33.2万份，流转额667.4万元。

2007年，发行报纸841.6万份、杂志39.7万份，流转额747.8万元。

二、集邮

1993年6月28日，举办庆祝龙海撤县建市第八届邮展，丁启栋的《缅怀毛泽东》专题邮集获《93福建省集邮展览——毛泽东同志诞辰100周年》二等奖。

1994年8月，漳州市和龙海市邮电局分别在1993年中国邮政贺年（有奖）明信片获奖纪念片和1994年中国邮政贺年（有奖）明信片上加印“1994年8月28日零时起，电话网扩网升位”的通告宣传；12月龙海市邮协副会长郭维鹏在全国获奖的极限邮集《华厦艺术》，赴新加坡展出，成为漳州邮史上第一部出国展览的邮集。

1997年7月，龙海市举办庆祝香港回归祖国第九届集邮展览。1999年9月，举办纪念龙海解放50周年金卡集邮展览；12月，举办“千禧年”世纪交替纪念活动，现场交寄纪念封1.3万枚。

2000年6月，举办“龙海邮政开办100周年”集邮展览，周跃铭的《飞》获全省邮展镀银奖。

2002年1月，市邮政局推行专业化公司经营管理。是年市邮协推荐4部邮集参加全省千人千框精品邮展，其中《香蕉》《桥》获优胜奖。

2003年1月，市集邮协会老年分会成立并举办第一届老年集邮展览；2月，龙海第一版企业个性化邮票面世，龙海市城内米麸厂成为中国私营企业第一个上个性化邮票的单位；龙海市集邮协会设计制作首版“龙海风光”个性化邮票首日发行；6月，“龙海建市十周年集邮展览”暨“龙海水仙花”普资封首发式，市集邮协会启用“天一信局”等8枚首批风景日戳；9月28日，龙海市3部现代集邮类邮集作为漳州代表队参加全省邮展，郭维鹏的《自绘首日封》获一等奖、郭松明的《龙年有奖明信片》获三等奖；10月，举办市“单贴片”集邮展览。

2004 年 5 月，召开第五届邮协会员代表大会并进行换届选举，同时举办龙海集邮协会成立 20 周年集邮展览和限量发行“龙海水仙花”个性邮票，并给爱好者加盖纪念邮戳及 8 个风景日戳；9 月 9 日厦门大学漳州校区开学纪念戳启用；10 月《T147 水仙花极限明信片》参加在广州举办的第三届全国极限集邮展览，获银镀奖；举办市邮协老年分会第二次集邮展览。

2005 年 4 月，市国税局和市集邮协会联合主办“龙海市国税局税法宣传月集邮展览”；6 月“天一信局”个性化邮票首发；11 月为庆祝龙海一中建校 80 周年，邮协特制作 1 枚纪念戳。

图 7-1　岗位技能比武——点算报刊（市邮政局提供）

2007 年 1 月，启用龙海市第二批风景日戳（海澄文庙、蔡坂水花仙田、港尾南太武山、九湖木棉亭、紫泥红树林自然保护区、白云岩朱子祠）；8 月，全国邮政集邮业务系统上线正式运作。是年，全市集邮业务量 79.24 万枚，集邮品册数 1.02 万册。

第五节　汇兑与机要通信

一、汇兑

2001 年 7 月 1 日，龙海邮政电子汇兑系统开通。至 2002 年 10 月，建立连接国家局和 31 个省（区、市）局、2468 个市县局，以及一定数量基层网点的邮政电子汇兑系统，实现汇兑业务交易，资金清算及会计核算的电子化和网络化。2007 年，开发汇票 8.22 万张，金额 16877.61 万元。

二、机要通信

1993 年，机要通信业务开展量为 200 件。

1994 年 6 月，机要通信内部处理环节使用微机登单，在机要营业收寄的机要文件上粘贴机要条码，代替机要号码签。

1996 年 1 月 1 日，修订《机要通信业务处理规则》，资费标准不变，同时将普票通过机要通信“公免”传递改为“收费”传递；3 月，对符合寄递范围的单位核发“寄递证”“领取证”，作为交寄、收取、领取文件的凭证。是年取消机要航空业务，保留川藏航空邮路。

1997 年 4 月 1 日，对秘密、机密、绝密的高等考试、中等考试试卷批量交寄的，按机要文件资费的 70% 收费。

1999 年 3 月 9 日，机要文件限重规定，机要文件的限重为 2000 克，机要刊物的限重为 5000 克。

2002 年 9 月 2 日，龙海邮局进口机要邮件由厦门直接发来，出口邮件一律发往厦门经转，实现与普邮的同步整合。

2003 年 9 月 1 日，对确实不能使用“邮资机”处理的机要邮件，允许使用“机要邮资已付”专用戳，县（市）局收寄的机要邮件的纳费方式，仍采用粘贴邮票表示纳费。

2006 年 4 月 1 日，推广使用国家邮政局标准化规定的“机要专用封装用品”。

2007 年，全市收寄机要邮件 480 件。

第二章 电 信

第一节 机构与设施

一、机构

（一）福建省电信有限公司龙海市分公司

1993 年，龙海市邮电局的邮政与电信合营，内设电信股，专管电信业务。1998 年 9 月，龙海市邮电局分营，成立龙海市电信局，内设综合办公室、市场经营部、财务部；下设海澄、港尾、九湖、紫泥、榜山、角美 6 个中心支局；有职工 147 人。

1999 年，增设四方通信发展公司（第三产业公司）。1999 年 7 月，龙海市电信局析出龙海市移动公司，市电信局职工 126 人。2000 年 8 月，设立综合办公室、市场经营部、建设维护部和财务部；9 月，市电信局改制，成立福建省电信公司龙海市电信公司，办公地点从石码人民路 39 号电信综合大楼迁至山后电信综合楼。2002 年 4 月，设立招商局漳州开发区电信局和漳州龙池开发区电信局；5 月，成立漳州八达电信实业有限公司龙海分公司；7 月，四方通信发展有限公司注销。2003 年 7 月，撤销漳州八达电信实业有限公司龙海分公司，设立石码、角美、海澄、九湖、港尾、榜山、紫泥、中银、角开、龙池 10 个片区；8 月 28 日，福建省电信公司龙海市电信公司所有资产被注入上市公司；11 月 25 日，福建省电信有限公司龙海市分公司注册成立。2004 年，龙海市电信公司设立办公室、财务部、市场部、建设维护部。2005 年，设立综合管理部、区域维护工作站、客户营销服务部、财务部 4 个部室。

2007 年， 内设机构不变，有职工 121 人。

（二）中国移动通信集团福建有限公司龙海分公司

1999 年 7 月 28 日，福建移动通信有限责任公司龙海分公司从龙海市电信局剥离，10 月 21 日挂牌成立。市移动公司内设综合部、市场网络部，下设紫鑫营业厅；员工 35 人。2003 年 5 月增设“厦大动感地带品牌店”，并成立第一个营业部——角美营业部。2005 年，内设机构调整为综合办公室、销售服务室、客户服务室及网络支撑室。2006 年，增设服务管理组。是年，公司更名为“中国移动通信集团福建有限公司龙海分公司”。2003—2007 年，相继成立角美、中银、九湖、海澄、颜厝 5 个营业部；增设角美、中银、九湖、海澄、紫崴、龙池、颜厝营业厅。2007 年底，市移动公司内设综合办公室、市场部、集团大客户部、网络部；下设 5 个营业部、9 个移动自营厅；社会渠道网点近 400 家，农村信息服务站 144 个；有员工 156 人。

图 7-2 1999 年 10 月 21 日，移动公司龙海分公司成立（市移动公司提供）

（三）中国联通有限公司龙海市分公司

1999 年 3 月，漳州联通分公司在龙海设立客户服务中心。2003 年 5 月，龙海客户服务中心升格为中国联通有限公司龙海市分公司，内设市场部、集团客户部、客户服务部、综合部。2004 年 4 月，在角美开发区和厦门大学漳州校区设立营业厅。2007 年，市联通分公司有营业厅 3 家，下设角美、榜山、海澄、九湖、中银 5 个经营部；有核心代理商 4 家，特约经销商 56 家。

图 7–3 联通公司办公楼（市联通分公司提供）

二、设施

1993 年，龙海电信局市内电缆长度 41.2 皮长公里，市长途电话交换机总量 15360 门；农村电缆长度 1020 皮长公里，装有交换机的乡镇 13 个；电信设备长途交换机容量 2520 路端，光端机总数 5520 门。是年 10 月，在海澄首建蜂窝模拟移动电话基站，覆盖石码城关、东园镇、海澄镇和榜山镇、紫泥镇、角美镇部分地区。当年以 18 个信道和 2 个信令信道进入厦门市交换网。

1994 年，龙海电信电缆长度 5394 皮长公里，光缆长度 182.8 皮长公里；市内交换机总容量 15360 门，光端机总数 11520 路；在石码镇、角美开发区新建模拟移动电话基站，在港尾南太武山上建 L–900 移动电话直放站；6 月，引进芬兰诺基亚公司数字移动电话，并在海澄建全市第一个数字移动电话基站。

1995 年，电缆长度 1062 皮长公里，光缆长度 244 皮长公里；市内交换机总容量 25600 门，光端机总数 12120 路。

1996 年，电缆长度 1777 皮长公里，光缆长度 302 皮长公里；市内交换机总容量 25600 门，光端机总数 11520 路；12 月，石码移动电话基站开通，信道扩至 58 + 2 个。1995—1996 年，新建角美新局、浮宫、港尾、白水、九湖和程溪移动电话基站。

1997 年，电缆长度 2470 皮长公里，光缆长度 301.5 皮长公里；市内交换机总容量 25600 门，光端机总数 44760 路。

1998 年，龙海市电信局完成电信设备管线工程投资 1.4 亿元，竣工 43 个；扩容 23 个农村程控交换局点，扩容农话容量 29000 门。

1999 年，龙海市电信局固定资产投资 6857 万元，铺设电缆 1184 线对公里，通信管道 22.5 沟公里，扩容 9 个农村程控交换点，新建 2 个光环点，扩容新增电话容量 15.6 万门；10 月，市移动公司在龙海境内有石码、九湖等 10 个移动模拟基站，自建 SDH 传输光缆、BTS 传输电路租用电信的音频传输 2M，网络信号覆盖以高站、广覆盖为局限于某些特定区域。

2000 年，龙海市电信固定资产投资 1.92 亿元，新建农村模块点 45 座，新增程控交换机容量 8 万门，全市交换机容量 22 万门。是年龙海电信开始无线环路无绳电话的建设，首期工程投入 2500 万元，在石码、榜山、海澄镇区及沿线建设 640 个基站。市移动公司在全市基站总数 20 个、直放站 12 个、模拟基站 1 个。市联通公司在龙海新增基站 9 个。全市共有模拟移动电话基站 10 个，语音信道 320 个。

2001 年，龙海电信固定资产投资 0.66 亿元，建设农村模块机房 52 座，扩容城乡电话 6 万门；建设第二、三期小灵通网络，建设小灵通 RPC21 套，10 毫瓦基站 413 座，200 毫瓦基站 557 座，容量 17000 门；9 月，完成小灵通工程三期建设，小灵通网络基本覆盖全市各乡镇。龙海市最后一个模拟电话基站关闭。

2002 年，龙海电信完成立项工程投资 512.58 万元，扩容 11 个乡镇线路；完成小灵通第三期及第四期建设，网络覆盖 30 个行政村、龙池开发区、厦门大学漳州校区及木棉至九湖段公路；对城关 200 毫瓦网络进行 500 毫瓦改造，共新增 157 个 500 毫瓦基站，信号覆盖质量及信道利用率进一步提高，整个网络容量 51390 户，实装容量为 62%。

2003 年，龙海电信固定资产投资 4674.79 万元，立项投资建设工程 75 项。全年累计新增管道 94.45 孔公里，铺设光缆 103 皮长公里，铺设主干电缆 6038 线对公里、配线电缆 4700 线对公里；新增综合布线信息点 6634 个；增开 CSC、RPC 设备 21 套，新建 500 毫瓦基站近 400 座。是年，厦门大学漳州校区通信网正式开通。2001—2003 年，市联通公司建成并开通 GSM 基站 32 个，直放站 6 个，完成 MSC、BSC 和 RXCDR 扩容，CDMA 基站 17 个。

2004 年，龙海市电信公司固定资产投资 6919.23 万元，立项投资建设工程 48 项。全年累计新增管道 130.76 孔公里，铺设光缆 52.25 皮长公里，铺设电缆 28655 线对公里；安装小灵通 500 毫瓦基站 1170 个，200 毫瓦基站 239 个。

2005 年，龙海市电信管线工程立项 81 项，投资 1018.3 万元，程控设备扩容 12000 线；开通 CSC 设备 7 套、RPC 设备 4 套；安装 MCP 基站 44 座、500 毫瓦基站 223 座、200 毫瓦基站 112 座；新开通 11 个行政村的网络覆盖；优化龙池开发区新建小区、招商局漳州开发区、大径安置地等区域的信号覆盖。市移动公司传输杆路总长度 696 公里，其中架空杆路长度为 519.4 公里、管道杆路长度 176.6 公里。

2006 年，龙海市电信管线工程立项 85 项、完成 72 项，投资 899.11 万元；完成 6 个农村的信号覆盖，对小灵通信号盲区、弱区组织补点、优化。市移动公司架空杆路长度为 656.32 公里，管道杆路长度 195.55 公里，传输杆路总长度 851.87 公里；3 月完成程溪东马村基站建设，并实现全市所有行政村的网络覆盖；5 月，在颜厝上洋基站举行全市移动电话“村村通”工程的竣工剪彩仪式。

2007 年，龙海市电信管线工程立项 169 项，投资 2723 万元。市移动公司在全市建有移动基站 201 个、载频数 2465 个、信道总数 19720 个；传输杆路总长度 1032.53 公里，其中架空杆路长度 806.32 公里、管道杆路长度 226.21 公里。市联通公司针对偏远地区进行网络建设，全年新建并开通 GSM 基站 72 个，CDMA 基站 16 个，网络覆盖率 98%。

第二节　固定电话　电报

一、固定电话

1993 年年初，全县有固定电话用户 24463 户；9 月 26 日，电话号码由 5 位升至 6 位，同时并入漳州本地网。是年开通海澄、角美、步文、港尾、古县 5 个模块点；乡镇政府牵头集资 290 万元，架设电缆。全年农、市话装机容量 34680 门，是 1992 年农、市话总容量的 2 倍。当年，市话收入 489.06 万元，农话收入 471.89 万元，长话收入 1013.76 万元。

图 7-4　路灯型美化天线（市电信局提供）

1994 年 8 月 28 日零时，漳州电话网由 6 位升至 7 位，龙海原 6 位号码首位加“6”，长途区号统一使用“0596”。当年，农、市话净增计费用户 9002 户；1—11 月，全市农话收入 1047.99 万元，市话收入 923.73 万元；新发展长话公话点 543 户和长话用户 6986 户；全市有长话用户 15069 户，长话收入 1363.47 万元。

1995 年，发展用户 4210 户，恢复行政村通话 30 个；实行集体装机优惠初装费 10% 至 20% 和农村集体装机芯线费优惠 30% 的办法。当年，新增农、市话容量分别为 1.76 万门、5.43

万门；城乡电话放号 11005 户，净增农、市话用户 11005 户；市话收入 1774.21 万元，农话收入 1840.13 万元。

1996 年 1 月，出台住宅电话初装费分期付款措施。当年，发展城乡电话 12503 部，城乡公共电话 843 部。农话用户净增数超过市话用户净增数，农话主线普及率增长居全省第 8 位，获 1996 年度农村电话建设工作评比三等奖。

1997 年，发展城乡电话 1.46 万部，其中城乡公用电话 624 户；角美镇霞屿村成为全市第一个住户电话普及率超 100% 的“超级电话明星村”；农话主线普及率居全省第 17 位，获 1997 年度农村电话建设工作全省三等奖。

1998 年，创建漳州市第一个电话明星镇——颜厝镇和第一个电话万户镇——角美镇；9 月，在白水中学安装首部“校园电话”；在中银漳州经济开发区设立话费代办点。当年，发展城乡电话 15016 户，用户数 66470 户。其中城乡公用电话 703 户，用户总数 2951 户。

1999 年，全市行政村实现村村通程控电话； 8 月，本地电话网交换机容量增至 125640 门；10 月，省管局批准，C4 本地电话网内电话的基本月租费进行调整，当月全市城乡电话突破 10 万户大关；12 月 8 日，停止办理普通公话业务，推广 IC 卡业务。全年发展城乡电话 23089 户。

2000 年 4 月，开办 IP 电话业务，城乡电话净增 46624 户，电话用户累计 13.6 万户，电话户普及率 75.64%；主叫显示业务净增 27543 户。

2001 年 8 月，推行对用 IP17901、17909 拨打异地移动、联通用户或对电信大客户实行长话通话费优惠。当年，城乡电话净增 4.56 万户，主叫显示净增 7.07 万户，电话用户累计 19.3 万户。

2002 年，盘活 983 零次数用户，提高月租收入和单机收入；7 月，开展“公话经营管理年”活动，发展 IP 公话和 IP 超市。当年，城乡电话新装 1.62 万户；公话净增 601 户；主叫显示净增 3.98 万户；城乡电话用户 21.43 万户。

2003 年，推出卡式公话和有人值守公话等措施。当年固定电话净增 12547 部，用户总数 195965 户，公话收入全年累计 722.72 万元；来电显示净增 23871 户，用户数 165598 户，占城乡电话用户的 72.19%。

2004 年，对话务量下降较为严重的区域进行促销；开通固定电话“小秘书”业务。当年，固定电话净增 6259 部，城乡电话用户总数 202224 户；来电显示净增 7013 户，用户数 139300 万户，渗透率为 79.88%（不含 201 电话及公话）。

2005 年，开展固话签约活动，加大固话签约率考核。当年固定电话业务收入完成 10003.1 万元；固定电话净增 749 部，累计用户 202973 部。

2006 年，公话试行区域承包制，实行公话经理话务量承包考核和奖励。

2007 年末，全市固定电话用户 192909 户。

二、电报

1993 年，电报营业受理推广“立等可取”方式；开办鲜花、蛋糕电报业务。当年下半年，龙海至漳州的电传电路改由省局的自动转报系统。同时，利用传真机加快电报传输速度。1995 年，取消国际转账电报业务，暂停“莫尔斯”明码电报，改为人工话传；农村支局电报全部以传真代替话传。1996 年，电报直投区域，扩大到紫泥、榜山镇。1998 年，将逐级接转通报方式，改变为电报分组终端相互直接通报。1999 年 5 月，用户电报采取通过长途电路直接接入福州局的方式进行通信；10 月，停办国际及港澳台公众电报加急业务。2000 年 6 月 1 日起，停用龙海电信局至漳

图 7-5 台风灾害后抢修电缆（市电信局提供）

州分公司之间的短波无线电台，应急通信任务由局海事卫星 M 站联络沟通。2005 年 12 月，停办公众礼仪和鲜花礼仪电报。因电报业务量的急速锐减，2006 年 5 月 21 日不再对外受理公众电报业务，并取消电报挂号业务和夜间电报窗口营业。

第三节　移动通信

一、无线寻呼

1993 年年初，有无线寻呼用户 876 户。当年发展无线寻呼 3225 户，至年底 4101 户。

1994 年，无线寻呼全市联网同播发射。当年发展无线寻呼 6248 户，累计 10349 户。

1995 年 7 月，无线寻呼 1、5 频点全省联网业务实行，并停止受理异地人工寻呼服务项目；鼓励地方无线寻呼台用户带机入网，优惠改频改号费用，免收该年服务费；增设无线寻呼发射点和数字移动基站。当年发展寻呼用户 9022 户。

1996 年，无线寻呼实现全省漫游及寻呼自动化。当年发展无线寻呼 13005 部。1997 年增设无线寻呼发射点，开办移动电话与无线寻呼结合批量买断包销业务。当年发展无线寻呼 15700 部。

1998 年，发展无线寻呼 19186 户，用户数 50783 户；完成无线寻呼扩容，系统容量 20 万门。1999 年，无线寻呼并入中国联通漳州分公司，终止无线寻呼。

二、无线电话（小灵通）

2000 年 9 月，无线环路无绳电话（小灵通）首期基站工程投入建设；11 月 21 日正式开通使用，当月用户数超过 1 万户。

2001 年，小灵通达 11263 部。

2002 年 4—5 月，开办小灵通上网业务（通过“小灵猫”上网）；7 月开展大灵通（小灵通无线座机）营销活动；9 月开通小灵通“一机多号”业务，实现龙海、厦门、泉州等地小灵通联网使用。当年小灵通净增 2 万户，用户数 3.13 万户。

2003 年 4 月，小灵通实施星级服务，制定挽留中高端用户及 G 套餐用户优惠政策；8 月制定小灵通基站电费发放办法；11 月初推出集团购机政策，发展小灵通集团购机。当年小灵通净增 2158 部（装机 12161 部，拆机 10003 部），用户总数 3.34 万户。

2004 年，开通小灵通“小秘书”业务；2 月开通小灵通“灵通卡”业务，实现小灵通终端、码号分离；3 月开通“一号通”业务；4 月开通小灵通“全能通”业务。当年，小灵通净增 10402 部，用户总数 4.15 万户。

2005 年 1 月，小灵通“七彩铃音”业务开通；3 月发展小灵通代办网点和小灵通集团；同时开展小灵通“家家乐”签约活动。当年，全市小灵通业务收入 2866.19 万元，小灵通净增 18960 部，累计用户 63685 部。

2006 年，发展与厦门接壤的超级无绳业务。当年，小灵通（含超级无绳）累计收入 3723.02 万元。

2007 年，重点推介小灵通团圆卡、开心 30、欢喜 4 号等套餐，发展开心 30、欢喜 4 号等套餐用户 15747 部。当年小灵通（含超级无绳）用户 68031 户，收入 3037.04 万元。

三、模拟移动电话

1993 年 10 月，龙海邮电局在海澄首建蜂窝模拟移动电话基站。是年，以 18 个信道和两个信令信道进入厦门交换网，开办龙海市移动电话业务。1994 年，在石码镇、角美开发区新建模拟移动电话基站，在港尾南太武山上建 L—900 移动电话直放站。1995—1996 年，陆续新建角美新局、浮宫、港尾、白水、九湖和程溪移动电话基站。1996 年 12 月，石码移动电话基站，信道扩至 58 + 2 个。1998 年，全市有模拟移动电话基站10个，语音信道320个。2001年，最后一个模拟电话基站关闭，模拟移动电话结束使用。

四、数字移动电话

1993年，龙海有数字移动电话用户296户。

1994年，移动电话用户581户。1995年，移动电话用户1784户。1996年，移动电话用户4665户。1997年，移动通信用户10817户。1998年，移动通信用户17036户。1998年，移动通信用户21281户。

1999年，市移动公司用户45760户；联通客户服务中心开办GSM数字移动电话业务，用户864户。

2000年，市移动公司用户57887户；市联通公司用户3786户。

2001年11月，市移动公司开通“移动梦网”，用户可通过“移动梦网”享受到移动游戏、信息点播、掌上理财、旅行服务、移动办公等服务。

2002年5月，中国移动GPRS业务正式投入商用，为客户提供收发电子邮件、掌上聊天、JAVA下载应用、手机浏览WAP网站、连接携浏览各种互联网站等，计费方式按量计费。是年，市移动公司用户83000户。

2003年，市移动公司用户10.9万户，成为漳州市首个实现用户超10万户、收入超1亿元的县（市）公司。市联通公司移动业务用户突破6万户。

2004年，市移动公司用户14.7万户；市联通公司移动业务用户累计75000户。

2005年，全市移动电话用户26.6万户。其中市移动公司用户18.5万户；4月，开通“爱贝通平安卡”业务。

2006年，其中市移动公司移动通信用户26.1万户，市联通公司移动业务用户数突破12万户；11月，中小型企业信息化推广正式启动，并在角美镇进行试点；12月26日，龙海移动率先在全省实施“海上渔业安全生产预警调度系统”。

2007年，市移动公司移动用户32.8万户，市联通公司在网移动用户（G、C两网）突破18万户。

第四节　电信管理与服务

一、电信管理

1993年，龙海邮电局回拢程控资金近千万元；同时加强市话装移机、障碍查修和修复的时限考核；试行劳动组合和定员定额测算工作。是年，市邮电局被邮电部授予“全国邮电通信企业经济效益百强县（市）邮电局”称号，位居第87位。

1994年，成立设备维护中心，全市交换、传输、电源和空调集中维护；成立经警分队，加强车辆和通信生产的安全保卫。

1995年，推行全员合同制，实行电信部分业务计件承包，包括装移机、无线寻呼、移动通信、维护服务质量、欠费定额；实现电话障碍申告微机自动受理。当年11月，成立服务督察办公室，实行电信服务质量社会监督标准。是年，市邮电局被邮电部授予“全国邮电通信企业经济效益百强县（市）邮电局”称号，位居第44位。

1996年，实行岗位竞聘制度；以中心支局作为试点，对港尾、海澄、角美、九湖、人民西5个支局所属局所及网点进行设置划分；实行限时服务和服务承诺制度，向社会公布4项承诺服务。

1997年，与政府部门联合拆除擅自附挂在通信杆路的其他线路；与各部门（含支局）签订通信企业承包经营责任书，并进行考核。是年，市邮电局电信营业组被评为全省文明服务示范窗口。

1998年，对6个农村电信中心支局支局长实行岗位公开竞聘。同时，加强与公安、卫生、工商、建委、电力、团市委等系统单位“110”社会服务联动。是年，龙海电信局被福建省政府、漳州市政府授予“文明单位”称号，被省邮电管理局评为“1996—1998年度先进企业”。

1999 年，控制成本管理，节约各项费用 1835 万元；2 月成立“2000 年时钟过渡问题”工作领导小组；3 月成立欠费管理领导小组和话费争议仲裁领导小组，全年共追缴欠费 900.4 万元；制定服务质量及“180”投诉督办工作标准及大用户服务管理办法，设立电信服务质量评价中心并聘请社会各界人士任电信服务质量评价中心会员。

2000 年，在营业窗口加设接待台，接受用户的咨询、申告、投诉。

2001 年，推行以岗位定奖金的分配制度，对部室主任、客户服务经理和中心支局长、助理、负责人等岗位进行竞聘，实行各部室负责人挂钩支局制度；制定电信公司服务质量考核办法，对服务质量、用户满意率、大户客户流失率、重大服务质量问题等进行考核。

2002 年，以“6537180”为主控制点的服务质量监督体系，对外成立龙海电信服务质量监督中心，邀请社会各界人士为特邀监督员； 5 月成立财产清查工作小组，抓紧办理房产、土地两证工作；8 月成立竞争上岗领导小组，并做好薪酬机制改革和定岗定编的前期准备工作。是年，电信营业组被团省委和省电信公司联合授予“青年文明号”称号。

2003 年，对全局各个岗位定岗定编进行公示；在全市 17 个支局（片区）和 185 个社区服务、农村承包片区，推进话务量承包；6 月对建维部管理、生产管理及商业客户经理等岗位进行公开竞聘；成立大客户、商业客户、公众客户、社区 4 个营销服务渠道建设领导小组，对数据推广、公话、小灵通 3 大业务进行专业化管理；成立龙海市电信局上市收购联合工作组；7 月对客户经理及区域客户代表公开选竞聘；成立注资上市工作组，办理全局土地、房产两证工作。是年，龙海市电信公司被省政府授予“第八届文明单位”称号；被省总工会评为“模范职工之家”；电信营业厅被省妇联评为“巾帼文明示范岗”。

2004 年，实现营业报账电子化；7 月实行网上合同会签制度。是年，龙海市电信公司被省电信公司授予“经营工作最佳贡献奖”称号。

2005 年 3 月，成立资源清查盘活工作小组，对房屋、水电、物资及冗余材料进行清查并整合；4 月成立绩效考核领导小组，对大商客户经理实行评星制度，建立社区经理培训及考核制度。

2006 年 1 月，开通使用固资维修报批系统；实行全员营销积分制，对片区业务收入水平进行评估分档；完成劳务工合同续签工作。是年，龙海市电信公司被中共福建省委、省政府授予第九届“文明单位”称号；被省电信公司评为“主营业务收入、业务收入增幅双十佳县（市）分公司”。

2007 年，全市社区经理及农村统包人员、自办他营营业厅人员全部办理个体工商执照。龙海市电信公司被福建省电信有限公司评为“年度主营业务收入和增幅双十佳分公司”。

图 7-6　宽带安装维护培训（市电信局提供）

二、电信服务

1993 年，在全市开办磁卡电话业务，设置磁卡电话亭，为用户提供漳州电信“168”电话语音信息服务；推广应用营业窗口综合微机处理系统、催缴话费自动系统、电信营业多点收费处理系统和市话号码自动测量系统。报话电路全程全网 24 小时不间断，加强营业窗口夜间值班；下属移动公司推出“大哥大”品牌。全年完成电信业务收入 2663 万元。

1994 年，开办“170”话费查询业务和“117 自动报时业务；成立装移机组和电话维修部，调整充实“112”台和市线组人员，实行受理、调测、派修一条龙服务。

1995年，在城关电信营业厅窗口安装多媒体微机自动查询系统，全市设8个“170”话费自动查询服务点；开通“180”用户投诉电话，设立各支局间障碍受理联络电话；承诺做到国内长途话费查询立等即取，国际及港澳电话收取话费并提供清单；对装、移机超规定收取工料费进行清理。

1996年，提高营业操作微机化；拆除用户交换机并入公用电信网；实行界外月租费与住户普及率挂钩；下属移动公司推出“全球通”品牌。全年完成电信业务收入7938万元；在全省电信营业服务规范检查评比中获第2名。

1997年，制定乡镇各行政村线路建设费收取标准；将电信服务费全部纳入邮储代缴；7月对话费收费点实行“话费信用等级制”；建立公话计费管理系统，对公话实行集中计费管理。全年完成电信业务收入9531万元。

1998年，加强C3本地网114查号资料管理；4月调整电信资费滞纳金标准；5月对DDN数字数据电路和本地网营业区内月租费等调整降低。

1999年，推行程溪官园话费代收模式，与5个代办点签订话费协议。8月，下发电话装机界外建设费、选号费话费滞纳金标准和减免审批规定。8月27日，确定“6537180”为用户投诉电话。规范甲、乙种电话用户的界定，核定农、市话资费标准，与用户签订话机代维协议。市移动公司推出“八闽通”等品牌。全年完成电信业务收入9879万元；被省邮电管理局评为优秀经营管理二等奖，以纳税703万元被评为地方税“纳税大户”首位。

2000年，完成程溪部队等单位小交换拆点并网工作，并与数家单位达成拆点并网协议；3月下调公用电话管理费；12月，实施竞争客户预警制度。全年电信公司完成电信业务收入10700万元。

2001年，电话主线普及率从2000年的11.4%增至23.42%，企业测评用户满意率95%以上；电信公司完成电信业务收入11640万元，电话总量和完成率居漳州各县（市）局首位；4月1日起与多家单位签订代收话费的协议。市移动公司取消移动长途电话附加费和移动电话拨叫本地市郊、农村电话加收的每分钟0.1元通话费。

2002年，城乡电话主线普及率为23.77线/百人，电信公司完成各项业务收入13480万元，剔除话卡收入比增27.65%，业务收入增长率位居漳州市第一；4月推广开办电信IP超市及IP公话点；5月取消固定电话、小灵通选号费；8月取消话费交费时限。是年7月1日起，市移动公司话费结算周期将原计费月改自然月计费（即本月第一天至本月最后一天），月租和部分业务功能费按实际使用天数收取。

2003年，电信公司完成业务收入14680万元，全年上缴地方税收599.54万元。城乡电话用户总数19.6万户。市移动公司资费标准均以分钟为单位；“大哥大”月租费50元，主叫和被叫均为0.4元/分钟，不支持短消息；模拟移动电话时代入网费8000元，含机身费1万—2万元不等；数字移动电话时代入网费3400元；通过整合，移动公司把品牌梳理成“全球通”“动感地带”及“神州行”三大品牌。

2004年，电信公司完成业务收入15014万元，同比增长2.32%，上缴地方税收605.18万元；被省公司评为主营业务收入1亿元以上的“经营工作最佳贡献奖”；8月实施IP公话超市积分回馈办法。

2005年，电信公司完成业务收入15024万元，同比增长0.07%；开展固话、小灵通“家家乐”签约活动；投资36万元在市区各大要道，建设89个街道电信业务广告指示牌灯箱；5月对龙海境内326部“零话费”“低话费”的IC卡公话进行拆除。

2006年，电信公司完成业务收入15452万元，同比增长2.8%；漳州电信“号码百事通”业务在龙海落地；5月15日“福建电信小灵通用户超500万巡回演出”在龙海上演；对厦大漳州校区小灵通基站补点优化和公寓电话、IC卡电话检修清理。5月17日，龙海移动的“村村通”工程竣工，在漳州全区率先实现行政村级移动无线网络信号100%覆盖的目标；12月26日龙海移动率先在全省实施“海上渔业安全生产预警调度系统”。龙海联通公司开展网络盲区的网络建设，改善网络质量和网络覆盖率；同时开展VIP大客户专项维系活动和“好服务100+10”等活动，加大优惠力度和服务质量。

2007年，电信公司全业务收入15818.15万元；实行客户经理驻点服务管理制度。龙海移动网络载频数突破 2000 个，基站突破 200 个，为地方经济发展提供有效平台。龙海联通公司针对偏远地区进行网络建设，网络覆盖率 98% 以上。

第三章　网际网络

第一节　网络建设

1993 年，龙海电信设施完成石码至海澄、海澄至东泗 10 杆公里的中继杆路大修；铺设石码、东美、浮宫等乡镇 7 个路段电缆 31.3 皮长公里；保留载波长途电路 74 路，增开数字长途电路 210 路，龙海至漳州局间中继 600 路。

1994 年，铺设 13 处无线对地段电缆和架设特高频及安装环路载波机解决待装户 450 户。铺设市邮政局至人民西路线 2000 对出局电缆，对石码至西溪等 13 处无线对地段，投资 370 万元，布放电缆 91 皮长公里；在榜山、紫泥镇安装 1 + 3 环路载波机 18 套；在线路难于延伸的浯屿、沙洲村架设特高频 2 套。架设海澄无线寻呼铁塔，增设无线寻呼第二频点和港尾叉转台。完成海澄 28 信道移动通信基站和港尾南太武移动通信直放站建设。

1995 年，增设海澄数字通信基站 1 座；完成海澄移动基站 30 信道扩容和角美 30 信道移动基站增设。增装角美、浮宫、东泗、白水、港尾无线寻呼差转台 5 处；海澄寻呼发射台搬至城关。增设浮宫、白水等 6 处寻呼机销售点。在榜山、紫泥线路紧张地段开通 0 + 4 环路载波机 6 套。

1996 年，建成 7 个数字移动电话发射基站，新增无线寻呼发射点 3 处。增加龙海至漳州局间中继电路。

1997 年，新建、扩容移动基站 17 个（模拟 8 个、GSM9 个）；无线寻呼发射点 10 个。完成城关用户引入线整治 2575 对、农话 748 对。

1998 年，通过扩容升级及网络改造优化，本地电话网具备为用户提供智能、数据、窄带多媒体等新功能、新业务。SDH 传输设备已安装。11 月正式交付使用。无线寻呼新增浯屿、程溪两个 7 频点发射台。全市发射台总数 11 个，开通 10 个频点。新建数字移动基站 18 个，扩容 9 个。市区电话管线配线到户率 100%，农村电话管线配线到户率 81.5%。

1999 年 6 月 16 日，电信业务计算机综合管理系统（简称“九七”工程）在石码本埠投入试运行，并创下数据导入成功率 100%，跳线数据导入成功率 99.8%。对石码 MLS 局扩容及升版割接，完成 GSM 数字移动通信号码升级。

2000 年，“九七”工程延伸龙海各乡镇。做好罗坑、东泗、白水、浮宫、隆教、美山、庄林、程溪、九湖九个局 LS7.2 为 7.4 版的升版工作。建立电缆气压集中监控系统，电缆保气率提高到 98%以上。增建乡镇村级程控电话机房。

2001 年，完成传输设备 2 个 2.5Gb/s 传输环网等工程的安装调试工作，建设完善“九七”工程支撑网。

2002 年，完成乡镇 4 个 LS 局用户的割接工作，4 个 S1240 交换机退网停用。

2003 年 9 月，投资 2000 多万元的中国电信厦大漳州校区通信网正式开通，《人民邮电报》于 9 月 24 日专文报道。是年，安装大客户 PDH 传输设备 32 套；完成山后 S1240 设备的升版扩容、C&C08 及 F150 的扩容工程；完成 SDH 环三的改建扩容、环六的网络优化和厦大漳州校区环十三的建设。

2004 年，对全市 ADSL 节点、小灵通网络、传输网络进行优化调整，结余大量的中继光缆；对石码 4 个 ONU 点进行建环改造，对全市所有小灵通基站加装 UPS，改善网络质量。完成环 13 增加中银节点及环一中银节点搬迁。加快光纤及 LAN 设备扩容建设。完成五期无线环路务绳电话网络，加强高速公路、国道及新建工业园区的网络优化。

2005 年，对海澄、中银、角美的网络进行优化改造；完成石码、山后、中银各型号交换机的升版、扩容任务，为 SHLR 的开通奠定基础。

2006 年，固资维修报批系统和零星线路抢修电子工单系统投入使用，各片区线路抢修和管线延伸全部走内网电子工单系统。

2007 年，开通大客户、重要用户 2M 专线 76 条，完成邮政储蓄银行、信用社、建设银行、兴业银行、工商银行等金融单位的网络改造和双路由备份工作。

第二节　信息技术运用

1994 年，龙海电信数字数据网业务（DDN）开通。

1995 年 5 月，中国公用计算机交互网全国开通；10 月在公用数字数据网（DDN）上开通帧中继业务。是年，龙海发展数据用户 20 户。

1996 年，发展数据通信 20 户。

1997 年，开办窄综合业务数字网 (N—ISDN) 业务、虚拟专用网（VPN）业务。是年发展数据通信 69 户。

1998 年 9 月，位于石码镇紫鑫电脑网络城开张，数据业务推行计算机公司代理制；推出“163”限时账号卡；成立数据通信营销小组，利用电脑经销商发展业务。是年，数据通信用户净增 433 户（其中数据基本业务 105 户），用户数 604 户。

1999 年，数据业务在全市金融系统安装 DDN 或分组交换的情况下，推出“一线通”业务，仅政府机关就发展“一线通”业务 468 户；6 月，对数据通信资费进行优惠，包括分组交换业务、国内出租电路业务 (含 DDN、帧中继、ATM 等)，以及政府上网工程项目，“曙光工程”和与电信部门签订业务协议的网吧；取消对 2M 及 2M 以上速率数字电路的租用限制。是年，数据基本业务完成 108 户，数据增值业务 1050 户。

2000 年 1 月，“曙光家庭上网工程”正式对外受理业务；2 月开办 ADSL 拨号上网 (163、169 网）和 ADSL 专线上网（163、169 网）业务。7 月，与计算机经销商及网吧经营者签订代理、代销数据多媒体业务协议，包括“曙光业务”、电脑与“163”账号捆绑销售、包销“983”上网卡、ISDN 专线开网吧等；8 月，开通网上证券业务，逐步启动“企业上网工程”“政府上网工程”“家庭上网工程”“学校上网工程”四网工程。是年，数据基本业务净增 102 户，数据增值业务净增 11313 户，一线通业务净增 206 户，发展社会网吧 28 家。

2001 年 1 月，开通 8169 包月上网业务；2 月建设 ADSL 多媒体通信业务宽带网，建立北溪供水局、龙溪师范宽带小区等示范点，向网吧推广 ADSL 宽带业务。是年数据基本业务净增 55 户，数据增值业务净增 24929 户，一线通业务净增 74 户。

2002 年 5 月，开办家家 E 业务（主要在漳州本地网固定电话用户），试行宽带业务资费标准；7 月，开展“8163”暑期学生上网优惠活动，开通宽带天翼通业务（WLAN 天翼通）；9 月，开通“互联星空”业务和“家校直通车”业务；12 月，规范宽带接入业务处理流程，开展“超级邮箱”业务。临时对石码宽带设备进行扩容，建设港口花园、锦龙小区及龙海一中 3 个光纤 +LAN 宽带小区；在全市 9 个乡镇和 2 个开发区开通宽带业务，发展 ISDN 业务。是年，ADSL 净增 1034 户，设备实装率近 75%。

2003 年 4 月，推出“本地通”业务。是年新开通 ADSL 宽带接入点 44 个，新增端口 5000 个。宽带业务全年累计收入 456.81 万元，宽带业务净增 3664 户，累计 4766 户。

2004 年 8 月，配合公安部门打击宽带并机活动，做好“黑网吧”的整治工作；开通互联星空“星空影城”和“高考神舟”业务。是年扩容 46 个点计 3328 线，新建 36 个点计 14552 线，全市宽带总建设点 91 处，容量 2.8 万个端口；宽带用户总数 9205 户，宽带业务全年累计收入 919.86 万元。

2004 年 6 月，完成市政府大院内的综合布线及中心机房的建设，首期接入政务网的网点有 61 个，完成政务网各接入单位的光纤设计。

2005 年 6 月，在电信主营业厅设立宽带速率及应用体验区，开展“星空极速软件”“星空宽带”营销；“千家学校上网”工程、“家校直通车”平台、“校园灵通网”“教师家庭上网”团购优惠等推进教育信息化（中、小学）；创建“平安校园”，开通“阳光账号”工程；8 月，开展“百万家庭健康上网大行动”。宽带设备新增 20 个节点、扩容 44 个点，全年扩容 7960 线，宽带总容量 3.5 万线；宽带业务收入完成 1182.84 万元，宽带用户累计 13124 户；完成首批 51 家单位光缆建设；14 个乡镇政府、农场政务网开通 28 家。

2006 年 9 月，“家校通”开通；10 月，“家校通”学生办卡（亲情卡）入网，发展教师宽带 284 户，学校上网 19 家；推广商务领航接入平台；开通校园号码百事通平台。是年，新增宽带节点 12 个共 672 线，扩容宽带节点 25 个共 3248 线，新增厦大漳州校区 LAN 端口 4073 个，宽带业务收入 1654.44 万元。做好市政府总机的开通和动态更新，以及巧山村、卓歧村和石坑村 3 个示范村的信息化建设。

2007 年，完成农村信息化投资 1477.3 万元，新建光缆 14161 芯公里，DSLAM 宽带接入点 12 个；完成数字村、平安村、电话村 5 个；新建部分村级网站、电子阅览室、村级监控、平安农家（商家）；建立村级总机行政村，制作行政村级号簿等；投建城市报警监控系统、交警道路交通指挥监控系统、卫生系统监控、水利监控等视频监控项目 178 点；在 27 所中学、18 所小学开通光纤上网业务。是年，全市新增宽带容量 6192 线，宽带速率达标率上升至 97%。全年累计净增宽带 7936 户，年末达 27197 户，宽带业务收入 2532 万元；平安监控净增 355 户，新增全球眼 178 个监控点、平安通 92 个点。同时，与灿坤公司达成包括机房温度监控、光纤环网、可视会议系统、一卡通等业务的一揽子通信方案。

卷八 水利

SHUI LI

1993—2007年，龙海继续兴利除害，开源节流，防汛抗旱，修渠引水，筑坝拦洪，挡潮兑淡，进行规模化综合性水利工程建设，已经形成引、蓄、提、排兼备的水利网络，是福建省水利化程度较高的县（市）之一。

15年间，全市总投资6.18亿元，新增建水利工程274处，其中市、镇、村人饮工程208处，日供水量24.35万吨，受益人口65.87万人；小（二）型水库工程4座，库容量144.78万立方米；山塘12座，库容量77.98万立方米；管灌工程45处，灌溉面积233公顷；小水电站5座，装机1070千瓦，其中在建2座。其间，小（二）型水库工程除险加固与降级处理54座；渠道防渗47.5公里，海堤加固达标建设256.84公里，国营防洪堤加固扩建38.48公里，加固九龙江防洪堤34.7公里；治理涝区5处，面积2335公顷；启动九龙江防洪堤（锦江道）工程建设，实施一期（云都桥至英埭桥）河道整治，内河整治总长3185米。

2007年，全市拥有各类水利工程8701处。其中，蓄水工程67座，有中型水库1座、小（一）型水库7座、小（二）型水库59座，总库容量6069.77万立方米，灌溉面积6867.4公顷，形成以灌溉为主，结合调洪、发电、供水和水库养殖等综合利用的水利网；山塘工程108座，总库容量526.7万立方米，灌溉面积1393.76公顷，可供人饮8580人；大型拦河桥闸2座；667公顷以上灌区工程3处，有效灌溉面积2594.63公顷；北溪大型引水灌区工程，灌溉面积20143.4公顷；江海堤防总长227公里，保护面积30815.4公顷，受益人口51万人；排涝站3座，装机2550千瓦，电灌站1座，装机1075千瓦；水电站13座，22台数，总装机容量5205千瓦；市、镇自来水厂10家，村级人饮工程236处，日供水总量32.95万吨，受益人口74.92万人。

“六千”水利工程总投资5473.01万元，建设千万农民饮水工程108处，千座水库保安工程20座，千万方山地水利工程山地蓄水池161口，千万亩农田节水灌溉工程541.6公顷，千公里河道清水工程31.1公里，千万亩水土流失治理工程63.37公顷。冬春水利建设投资4.38亿元，投入劳力3057万工日；堤防维修加固225.72公里，水闸加固48座，水库整治处理共64座，小型水利维修加固396处，山塘加固整治72座，修复水毁工程221处；新开挖排洪港道6.6公里，新建改建排涝涵闸28座；旧港道截弯取直、拓宽加深48.72公里；清出淤泥35.7万立方米及水浮莲1933.6万平方米；治理水土流失面积1350公顷；新增有效灌溉面积108.1公顷，水毁恢复灌溉面积3068.2公顷，改善灌溉面积1.4万公顷，新增节水灌溉面积665.67公顷。

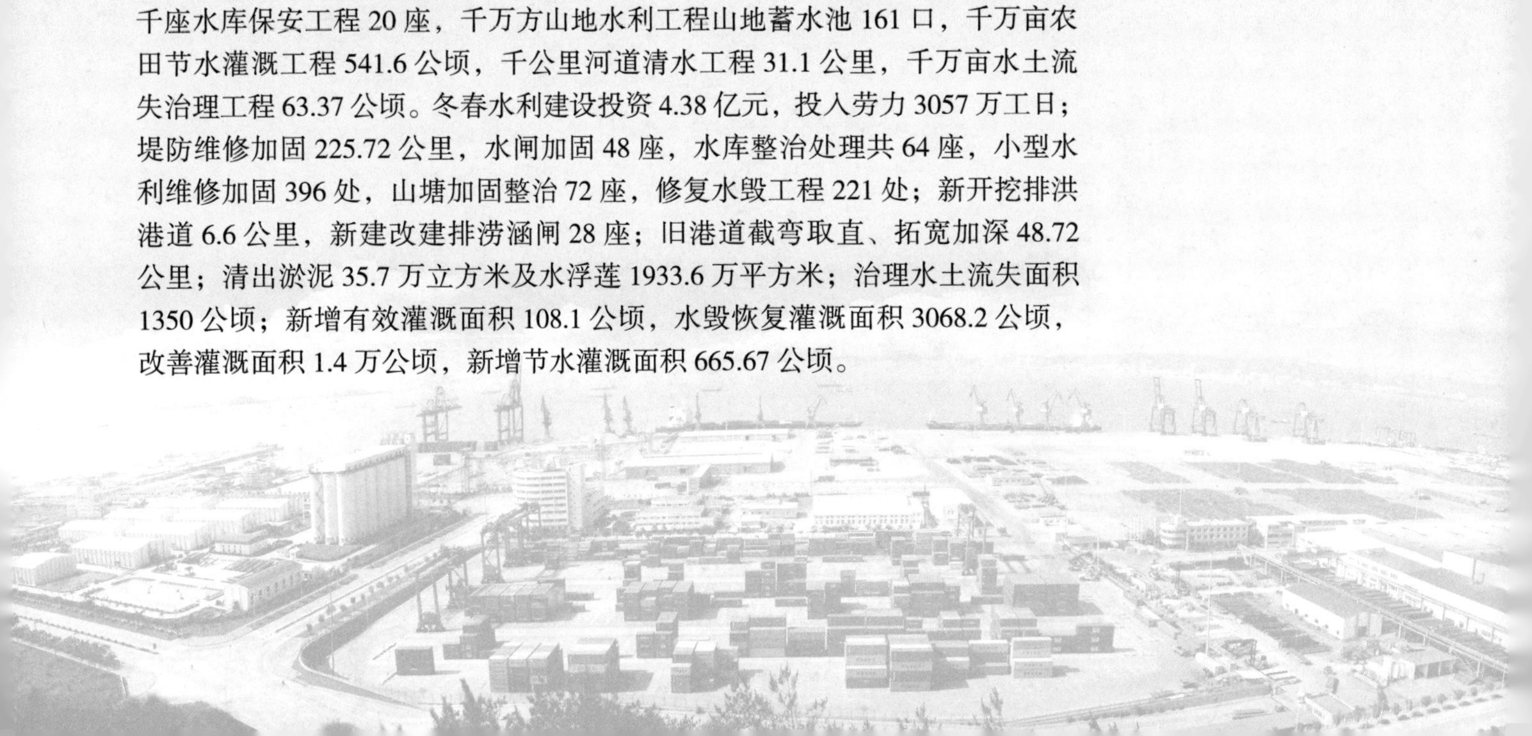

第一章　水利工程设施

第一节　蓄水工程

一、山塘

1993年，全市山塘工程99座，总库容473.52万立方米，总正常库容365.15万立方米。其中新建3座，即白坑、东岳、花坑，库容24.8万立方米，总正常库容19.63万立方米。

2007年，全市有山塘工程108座，总库容526.7万立方米，总正常库容405.39万立方米，灌溉面积1393.76公顷，可供人饮8580人。

1993—2007年，新建山塘工程12座，总库容77.98万立方米，总正常库容59.87万立方米。

1993—2007年龙海市新建山塘工程情况表

表8-1-1　　　　单位：公顷、万立方米

名称	建成年份	地点	集雨面积	总库容	正常库容
白　坑	1993	浮宫镇霞圳	40	8.05	6
东　岳	1993	隆教乡镇海	3	8.9	7.88
花　坑	1993	隆教乡红星	176	7.85	5.75
五爪坑	1994	东泗乡西岭	80	8	7
温　潭	1994	双第农场洲仔	—	3	2
虎　井	1995	隆教乡新村	30	8.18	7.14
后狼顶	1996	隆教乡新村	25	6.5	4
内　宅	1997	隆教乡白坑	20	8.5	6.5
老　坑	1998	隆教乡径内	45	6	3.5
翠眉内	1999	双第农场五四	—	1	0.6
水磨里	2003	九湖镇内寮	20	4	3
石　牌	2006	白水镇楼埭	120	8	6.5

二、水库

（一）基本情况

1993年，全市有中型水库1座、小（一）型水库8座、小（二）型水库75座；蓄水总量6460万立方米。其中小（一）型水库总库容量2871.45万立方米，有效灌溉面积2541.27公顷；小（二）型水库总库容量2248.6万立方米，有效灌溉面积3641.82公顷。

图 8-1 湖后水库（市水利局提供）

1994—1996 年，按照省水利厅“巩固一批、改造一批、降级一批、报废一批”的部署，将规模小或功能萎缩，除险加固技术不可行，经济上不合理的 8 座小（二）型水库，即石枋、西岩、虎仔林、东头、楠仔、塔仔坑、牛大垄、田尾水库，按有关规定降低等级（降为山塘）。1995 年，新建吃水坑水库。1996 年，步文划归龙文区管辖，区域内长山水库（小一型），小（二）型 6 座，即大石、岩坑、长里、撲船、大湖、小流吼水库及其他水利设施，按“属地管理”的原则归属龙文区管理。

1997 年，全市有中型水库 1 座，小（一）型水库 7 座，小（二）型水库 64 座。其中新建宝湖、过山前水库。

2002 年，招商局漳州开发区实行“区地合一”体制，港尾大径、店地、白沙、石坑 4 个行政村划归招商局漳州开发区管辖，在“区地合一”范围内的永安、院桥、院仔、黄村林、弯桥、胶走湖 6 座小（二）型水库，以及区域内的水利设施，按“属地管理”的原则归属开发区管理。

2007 年，全市有中型水库 1 座：湖后水库，库容 1330 万立方米；小（一）型水库 7 座：莲池水库、西山水库、水磨水库、大坑水库、郊边水库、前线水库、溪尾水库，库容 2870.67 万立方米；小（二）型水库 59 座，库容 1869.1 万立方米。全市水库总库容 6069.77 万立方米，正常库容 5146 万立方米，灌溉面积 6867.4 公顷。其中，新建彭水水库。

（二）新建水库

吃水坑水库　1995 年建，位于港尾镇上午村。集水面积 380 公顷，库容 44 万立方米，正常库容 34 万立方米。大坝为均质土坝，坝顶高程 110.65 米，坝高 21.15 米，坝顶长 123 米；溢洪道堰顶高程 106.5 米，堰顶宽 20 米；最大泄流量 68 立方米 / 秒，有效灌溉面积 100 公顷。

宝湖水库　1997 年建，位于隆教乡白坑村。集水面积 112 公顷，库容 24.28 万立方米，正常库容 19.13 万立方米；大坝为均质土坝，坝顶高程 96.75 米，坝高 22.3 米，坝顶长 109 米；溢洪道堰顶高程 93.75 米，堰顶宽 10 米，最大泄流量 32.2 立方米 / 秒，有效灌溉面积 26.68 公顷。

过山前水库　1997 年建，位于隆教乡流会村。集水面积 90 公顷，库容 21 万立方米，正常库容 17 万立方米；大坝为均质土坝，坝顶高程 17.5 米，坝高 17.5 米，坝顶长 180 米；溢洪道堰顶高程 15 米，堰顶宽 8 米，最大泄流量 16.1 立方米 / 秒，有效灌溉面积 66.7 公顷。

彭水水库　2007 年建，位于程溪镇塔潭村。集水面积 1520 公顷，库容 55.5 万立方米，正常库容 42.2

万立方米；大坝为均质土坝，坝顶高程 361.1 米，坝高 17.8 米，坝顶长 60.94 米；溢洪道堰顶高程 343.5 米，堰顶宽 40 米；最大泄流量 310 立方米 / 秒。

（三）除险加固

1993 年，新建湖后右干渠粮食专用工程；除险加固小（二）型水库 3 座、小（一）型水库 1 座、管灌工程 5 处，解决 1.24 万人饮水。

1995 年，水磨水库进行保坝加固，降低溢洪道 2.2 米和大坝坝坡导渗处理。该水库主坝长 180 米，坝顶宽 6 米，最大坝高 35.6 米，坝型为黏土心墙坝；溢洪道为开敞式宽顶堰，净宽 9 米；最大泄流量 69.5 立方米 / 秒，放水孔为分级卧管，输水涵洞采用砌石矩涵。水磨水库是重点小 （一）型水库，主要以灌溉为主结合养殖，灌溉面积 233.45 公顷。

1998 年，小（一）型溪尾水库再次加高扩建；扩建后总库容 227.2 万立方米，正常库容 200 立方米。

1999—2004 年，修复水利及水毁工程，其中小（二）型水库加固与降级处理共 51 座。

2007 年 3 月 1 日，溪尾水库采用降低溢洪道堰顶高程的设计方案，进行除险加固。水库主坝最大坝高为 25.2 米，坝长 159 米；副坝位于主坝右侧，为均质土坝，坝顶宽 4 米，长 189 米，最大坝高 15.2 米；溢洪道为开敞式，布置于大坝中间。主体工程于 8 月 31 日竣工。是年，水利水毁工程修复提高 114 处，其中水库大坝整治 62 座。

2007 年龙海市各乡镇小（二）型水库情况表

表 8-1-2

所在乡镇	水库名称
程溪镇	蔗顶水库、蔗冲水库、南坑水库、塔内水库、塔潭彭水水库、内云水库、白云山水库
九湖镇	内寮水库、茶湖水库、横垄水库、乌石步水库、刘仔坑水库、深水坑水库、刀湖水库
颜厝镇	峭坑水库、岭头水库、天马蹄水库
榜山镇	浮山水库
角美镇	云山水库、岩内水库、鬼仔坑水库、狮岩水库
东泗乡	五坑内水库
浮宫镇	溪东水库、帽内水库、院前水库、际都水库、牛围水库
白水镇	金鳌水库、胶借岭水库
港尾镇	小涵水库、南坑水库、水磨坑水库、吃水坑水库、蔡六坑水库、南安水库、横屿水库、埔尾水库、陂仔内水库、内庵水库、陈龙山水库、大掘内水库、侨跃水库、东海水库、坑内水库、仓仔水库
隆教乡	内虎水库、深坑水库、龙潭水库、过山前水库、宝湖水库、洪陈陂水库、万安水库、自力水库、石洞水库、彭林水库、塔仔坑水库、更生水库、湖溪水库

第二节　引水工程

一、北溪引水工程

1993 年，北溪引水工程引九龙江北溪的淡水入港、渠、浦、圳浇灌良田，形成角美江东引水（左干渠）；北溪桥闸成为灌区骨干工程之一。

1994 年 11 月至 1995 年 3 月，为确保水闸安全运行，投资 400 万元完成北港除险加固项目。

2000 年 5 月，经水利部审查通过，角美江东引水（左干渠）、紫泥引水（中干渠）、西溪一条龙引水（右干渠）3 个引水灌区列入全国大型灌区续建配套和节水改造范围，属九龙江北溪引水灌区（龙海片）续建配套节水改造工程。是年 8 月 18 日，九龙江北溪引水左干渠龙海段一期改造工程（沿途流经村庄田园，穿过集镇厂区，受到不同程度人为污染）动工建设，输水方式由明渠改为暗渠，采用箱涵输水管。

2002 年，北溪水闸除险加固工程由福建省发展和改革委员会批准立项，工程概算投资 1.27 亿元，列入中央预算内专项资金投资计划。是年 12 月，九龙江北溪引水左干渠龙海段一期改造工程箱涵试运行通水。

2003 年 11 月，北溪水闸除险加固工程动工建设，2004 年竣工。

2005 年 10 月，九龙江北溪引水左干渠龙海段一期改造工程，总投资 1.59 亿元，由福建省水利厅组织竣工验收。

2007 年 10 月 8 日，被列入全国大型灌区续建配套和节水改造范围的九龙江北溪引水灌区（龙海段）续建配套节水改造工程开工。北引灌区（龙海段）设计灌溉面积 20143.4 公顷，一期工程主要进行右干渠清淤防渗整治 10.58 公里，可改善灌溉面积 2914.79 公顷，恢复灌溉面积 1127.23 公顷。

二、西溪引水工程

1993 年，西溪引水工程已形成西溪水利一条龙引水（右干渠），属于自然引水为主的大型引水工程，西溪桥闸是 3 片灌区骨干工程之一。

1998 年，水闸先启孔上下游的内外坦各发现两个大冲坑，最大冲坑深约 10 米，受冲总面积 2.23 万平方米，为防止冲坑加深和扩大，采用底铺 300 克 / 平方米厚的土工膜，上加沙袋后再加乱块石压顶的方案进行加固。工程投资 178 万元。

2000 年，水闸河中后启孔上下游海漫受冲严重，危及到水闸护坦的安全。水利部门采用底铺 300 克 / 平方米厚的土工膜，上加沙袋后再用乱块石包砌的方案。2001 年 4 月加固，历时 4 个月完成，投资 135 万元。同年，经省水利厅组织专家进行评审，认定西溪水闸为 4 类闸，委托省院按降低标准使用的方案进行除险加固及续建配套设计。2003 年 2 月进行除险加固，完成土石方 14.3 万立方米、砼 4940 立方米、钢材 298 吨。2004 年 5 月完成引水工程，除险加固，投资 1105 万元；6 月 11 日，西溪桥闸除险加固工程通过省、漳州市专家组完工验收。

2005 年 3 月，续建配套工程动工， 2006 年 1 月完工，工程投资 550 万元。

图 8–2　西溪桥闸（市水利局提供）

第三节　饮水工程

一、市级饮水工程

1993 年，日供水量 5000 吨的龙海市自来水厂在罗锦建成，新铺设径宽 13.33 厘米以上自来水输入主管道，总长 7990 米；原日供水量 1000 吨的高坑自来水厂作为备用设施。同时铺设管道引榜山镇莲池水库水源，补充市自来水厂资源，日供水量 1000 吨。合计市自来水厂日供水量 7000 吨，解决市区和郊区 4 个村的生活用水。

1996 年 6 月，市自来水公司翠林水厂投产运行，日供水总量 4 万吨。

2007 年，市自来水厂日供水总量 8 万吨，供水范围涉及石码、紫泥、海澄、东园、浮宫 5 镇，受益人口 20 多万人。

二、镇级饮水工程

1993 年，东泗乡政府动工建设人饮工程。1994 年 5 月，东泗人饮工程投入运行，日供水量 15 吨，受益人口 120 人；7 月，隆教乡政府人饮工程投入运行，日供水量 12 吨，受益人口 100 人。

1995 年 8 月，颜厝镇利用粮专管灌工程变更为人饮工程投入运行，日供水量 2.45 万吨，受益人口 4.93 万人。

1996 年 7 月 20 日，溪尾水库使用权由龙海市水电局正式移交给华阳电业有限公司承接，转让使用期至华阳电业有限公司后石电厂经营期满（2019 年）终止。8 月，港尾镇自来水公司投产，日供水量 1 万吨，受益人口 0.57 万人。

1998 年 11 月，隆教乡自来水厂投产，日供水量 0.5 万吨，受益人口 0.41 万人。

1999 年 4 月，角美自来水厂利用九龙江北溪引水左干渠水投产运行，日供水量 3.75 万吨，受益人口 0.43 万人。

2002 年 2 月，港尾南安供水公司投产，日供水量 0.5 万吨，镇区受益人口 0.1 万人。

2005 年 1 月，白水自来水公司投产，是漳州最大的乡镇级自来水厂。水厂从漳浦县扬美水库和白水镇郊边水库引水，日供水量 3 万吨，解决白水镇 4.5 万人的饮水问题。

2006 年 3 月，利用湖后水库配套建设三级电站的发电尾水动工兴建程溪内云水厂，投资 1300 万元，日供水量 3.5 万吨，提供给颜厝、九湖、程溪镇 10 万人的饮水和部分工业生产用水。

截至 2007 年，镇级饮水工程 9 处，日供水总量 14.7 万吨，受益人口 20.96 万人。

三、村级饮水工程

1993 年，农村饮水供水保障不足，大部分农民均直接取用江河水、坑塘水、山泉水。全市有村级人饮工程 38 处，日供水总量 4.6 万吨，受益人口 9.05 万人。是年，新建白水镇大霞，浮宫镇田厝内及角美镇玉江、蔡店、石美、金山、石厝、东美 8 处村级饮水工程，日供水总量 0.21 万吨，受益人口 1.71 万人。

1994 年，新建隆教乡黄坑，白水镇下辽、方田，海澄镇黎明，紫泥镇溪州，程溪镇东楼及角美镇恒仓、南门 8 处村级饮水工程，日供水量 0.15 万吨，受益人口 1.23 万人。

1995 年，新建海澄镇上寮、山后、河福，程溪镇上坪、后安，港尾镇沙坛及九湖镇洋坪 7 处村级饮水工程，日供水量 0.21 万吨，受益人口 1.11 万人。1996 年，新建隆教乡镇海、新村，海澄镇珠浦、豆巷，程溪镇白云及浮宫镇山塘 6 处村饮水工程，日供水量 0.17 万吨，受益人口 1.51 万人。1997 年，新建隆教乡白坑、程溪镇白云、浮宫镇海平 3 处村饮水工程，日供水量 0.07 万吨，受益人口 0.48 万人。

1998 年，新建程溪镇官园、下庄、下叶、东头，海澄镇上寮及港尾镇考后 6 处村饮水工程，日供水量 0.21 万吨，受益人口 0.79 万人。1999 年，新建白水镇郊边，程溪镇南坑、洋奎、人家村，隆教乡流会，浮宫镇许厝埔、大社，海澄镇埭新及港尾镇省山 9 处村饮水工程，日供水量 0.7 万吨，受益人口 2.12 万人。

2000 年，新建程溪镇洋奎、内云、塔潭，九湖镇小梅溪，隆教乡红星、新厝及海澄镇前厝、珠浦、内溪、仓头 10 处村饮水工程，日供水量 0.36 万吨，受益人口 2.72 万人。2001 年，新建程溪镇浮山、顶叶，程溪农场，浮宫镇浮宫、邱厝、浮宫居委会、后宝、渔业，海澄镇内溪苏厝及双第农场五四 10 处村级饮水工程，日供水量 0.16 万吨，受益人口 0.97 万人。

2002 年，新建东泗乡东泗，浮宫镇霞郭、港前、田头、后宝岭兜、后宝丹溪、丹宅，东园镇茶斜，海澄镇合浦、和平、崎沟、黎明、罗坑及港尾镇古城、卓岐 15 处村级饮水工程，日供水量 0.48 万吨，受益人口 2.42 万人。2003 年，新建东泗乡董浦田中央，浮宫镇美山、霞圳、埔里，港尾镇城外、古城，海澄镇崎沟及九湖镇岭兜 8 处村级饮水工程，日供水量 0.07 万吨，受益人口 0.62 万人。

2004 年，新建程溪镇粗坑、和山、叶仑，九湖镇九湖、院后、新塘、新春，颜厝镇东山、下半林、园中，榜山镇梧浦，紫泥镇城内、溪霞，海澄镇屿上、和平、珠浦，东泗乡碧浦、庵前，隆教乡新村、红星、白塘、关头、镇海，双第农场五四及角美镇埭头 25 处村级饮水工程，日供水量 1.03 万吨，受益人口 3.53 万人。

2005 年，新建程溪镇人家村，九湖镇蔡坂、琪塘，石码镇高坑村，海澄镇内溪、溪北、崎沟，紫泥镇溪墘，东泗乡水浒、渐山，白水镇崎岎、下田、山美，浮宫镇八坑、海山、海平，港尾镇汤头、格林、城外，隆教乡黄坑、径内及角美镇白礁、金山、锦宅 24 处村级饮水工程，日供水量 0.84 万吨，受益人口 4.4 万人。

2006 年，新建程溪镇顶叶、东楼、上坪、东马、白云、官园，九湖镇恒春、蔡坑、埔美山、田墘、长福、大梅溪、小梅溪，颜厝镇长边、水头，榜山镇园仔头，紫泥镇南书，海澄镇下埭、合浦、河福、仓头、罗坑，东泗乡卓港，白水镇西凤，浮宫镇浮宫、霞威，港尾镇沙坛、考后，隆教乡流会及角美镇龙江、恒仓、铺透 32 处村级饮水工程，日供水量 1.1 万吨，受益人口 6.24 万人。

2007 年，新建程溪镇内云、粗坑新村、浮山、东头，九湖镇邹塘、衍后、庵兜，紫泥镇金定、世甲，海澄镇前厝，东园镇秋租，东泗乡松岭、西岭，白水镇井园、郊边，浮宫镇美山、丹宅、后宝、霞圳，港尾镇东坑及角美镇杨厝、上房、蔡店、鸿渐、福井、埔尾、沙坂 27 处村级饮水工程，日供水量 0.89 万吨，受益人口 4.11 万人。是年，全市村级人饮工程 236 处，日供水总量 11.25 万吨，受益人口 33.96 万人。

第四节 堤防工程

一、江堤

（一）江堤建设

1993 年，龙海九龙江防洪江堤 17 处，总长 95.45 公里。其中国营江堤 3 处，长 23.75 公里；乡村堤 14 处，长 71.7 公里（步文 5 处长 20.47 公里、郭坑 5 处长 8.43 公里、角美 2 处长 12.25 公里、东泗 2 处长 30.55 公里），保护面积 14174 公顷。城镇防洪堤涉及内河 18 条，总长 36.5 公里。长期以来内河未有全面整治，普遍存在河床淤积、排水不畅、污染严重等问题，影响居民生活环境，制约城乡发展。

1994—1995 年，侧重角美北溪防洪堤除险加固，完成土石方 28.1 万立方米，投资 1052 万元，可达 10 年一遇防洪标准。

1996—1997 年，九龙江防洪堤二期加固扩建工程动工建设。工程属三等工程，堤防级别为四级；九湖、颜厝、长洲堤段按 20 年一遇洪水设计标准；榜山堤段按 25 年一遇洪水设计标准；北溪角美段按 30 年一遇洪水设计标准；角美、榜山堤防堤基防渗工程按 50 年一遇洪水设计标准。

1998 年 12 月，九龙江防洪堤二期加固扩建工程竣工，完成土堤加高培厚 38.44 公里，堤后压载平台及砌石护坡 18.49 公里，穿村堤护坡 1 公里，抛石护岸 2.53 公里，回填池塘 4 处及水闸建筑物维修，累

图 8-3　堤防维护（市水利局提供）

计完成土石方81.22万立方米，其中石方3.86万立方米，工程投资1544.34万元；工程加固后达到20年至50年一遇防洪标准。2003年7月15日，工程经漳州市九龙江防洪堤二期加固扩建工程竣工验收委员会验收合格。

2006年8月18日，启动九龙江防洪堤（锦江道）工程建设，项目概算投资16481万元。工程起于锦江大桥上游201米处，止于锦江大桥下游1017米处，项目总长1218米。驳岸为二级堤防，设防标准为50年一遇；堤迎水侧为九龙江，堤背内水侧为江滨大道（防洪堤作为防汛抢险道路），堤顶高程6.7米，驳岸顶宽1.2米，迎水坡度1：0.2，背水坡度1：0.35；驳岸内侧修建集休闲、观光、旅游、交通功能为一体的城市综合性Ⅱ线主干道；道路按城市综合二级主干道、路宽50米进行规划设计。

2007年，江堤的防洪能力分别达到：西溪4700立方米/秒，20年一遇；北溪8700立方米/秒，30年一遇；共保护人口15.88万人，耕地5136公顷。是年10月，组织实施一期（云都桥至英埭桥）河道整治，投资2262万元，完成土石方29万立方米。其中石方2.98万立方米，砼1.32万立方米。市区内河整治长3185米，河道两岸衬砌长6370米，河道两岸铺设平台地面砖10125平方米，两岸安装栏杆5900米，种植绿化带6750平方米。境内有防洪江堤总长73.94公里，其中国营江堤33.04公里，乡村江堤40.9公里；附属水工建筑物水闸23座43孔，保护面积9672公顷，保护人口18.3万人。

（二）主要防洪堤

九湖西溪防洪堤　与南靖县堤段交接处的岱山至九湖南峰山堤段，全长3.8公里。2007年堤坝高程起点14.6米，终点12.7米；警戒水位（塔尾点）6.3米；度汛标准水位起点10.75米，终点10.15米。沿江配套建设溪洲水闸、塔尾水闸、下尾水闸、南峰山水闸（2座）共5座水闸、梅溪排涝站及高排一处；保护面积827公顷，保护人口0.74万人。

颜厝西溪防洪堤　自与芗城区堤段交接处的下庄至颜厝水头山，全长11.63公里。2007年堤顶高程起点11.2米，终点8.78米；警戒水位（小浦南点）5.3米，度汛标准水位起点9.25米，终点7.1米。沿堤配套建设下庙水闸、小浦南水闸、下洋水闸、马洲水闸、西张隔堤水闸5座水闸及马洲、路边2座排涝站；保护面积2441公顷，保护人口3万余人。

榜山防洪堤　自颜厝水头至石码镇新洲尾，全长10.12公里。2007年堤顶高程起点9.74米，终点6.43米；警戒水位（洋西点）3.8米，度汛标准水位起点7.3米，终点4.81米。沿堤配套建设水头隔堤水闸、洋西水闸、渡头水闸、北溪头水闸、东店水闸、下浒水闸、锦溪头水闸、岩溪头水闸8座水闸；抛筑护堤丁坝16条，保护面积2355公顷，保护人口0.93万人。

角美北溪防洪堤　自江东桥至玉江与海堤衔接，全长7.49公里。2007年堤顶高程起点10.5米，终点5.84米；警戒水位（江东点）5.3米，度汛标准水位起点7.53米，终点4.46米。沿堤配套建设沃头水闸、东美南门水闸；抛筑护堤丁坝5条，保护面积2068公顷，保护人口3万余人。

二、海堤

（一）海堤建设

1993年，境内海堤总长201.35公里，其中人工海堤168.35公里，天然岩岸线33公里。

1994年，加固紫泥、玉枕、大成、大土、海山、深沃海堤，至1996年10月达标完成，总长79.09公里，

图 8-4 海澄海堤东园堤段（市水利局提供）

完成土石方201.2万立方米，投资5329.7万元。1995年，海堤加固107处长106.54公里，国营防洪堤加固扩建5处38.48公里。

1998—2000年，二期加固水闸21座，加固角美、紫泥、东园、浮宫、隆教、白水6个乡镇的海堤23.12公里，完成土石方35.33万立方米，投资2123.08万元。

2007年，白水、东园、浮宫、紫泥、角美、卓岐等地海堤实施5期强化加固建设7公里工程。全市海堤总长186.24公里，其中人工海堤153.24公里，天然岩岸线33公里，是全省县（市）级海堤最长的县市。其中保护万亩片国营海堤4处，长128公里，保护667公顷片国营海堤有海澄、紫泥、角美、卓岐等海堤；保护千亩片海堤6处，长25.24公里。附属水工建筑物有：水闸74座123孔，涵洞171座171孔，旱闸79座，护岸丁坝573条。堤海保护面积2.11万公顷，涉及9个乡镇8个农场，114个行政村，人口32.7万人。保护面积66.7公顷以上至667公顷以下的海堤有玉枕海堤、大成海堤、大土海堤、海山海堤、深澳海堤、关头海堤。

（二）主要海堤

海澄海堤　是全省4大海堤工程之一，也是省防汛重点工程。海堤线总长54.87公里，其中左岸从南溪桥闸至石码镇高坑水闸，长31.59公里；右岸从南溪桥闸至浮宫镇霞威村，长23.28公里；左右两岸水闸21座35孔，涵洞55座55孔；堤顶高程一般在5.1—5.9米，堤顶宽度3米；边坡比一般外坡1∶1.8—1∶3，内坡1∶1.4—1∶1.6；外海堤段防浪墙高程在6—6.9米；外海、内港段防潮标准分别采用12级、11级风力设计。海澄海堤工程由海澄、东园、浮宫、白水、东泗5个堤段组成，保护海澄、东园、浮宫、白水、东泗5个乡镇，面积9632公顷，人口18.9万余人。

紫泥海堤　位于紫泥镇，是全省乡镇级海堤最长，由浒茂洲、乌礁洲海堤组成，总长56.6公里。堤岸上配套建设水涵闸94座105孔，保护人口5.8万人，面积4556公顷。1993—1996年按设计标准要求全部加固达标，完成投资1632.1万元。1998—2000年列入全省海堤水闸二期加固项目建设，完成投资505万元。2006年完成紫泥军垦农场海堤3期巩固提高建设1.26公里和西良尖、甘文、世甲等堤段的除险加固。2007年列入全省海堤巩固提高5期建设（巽玉段海堤）1.5公里项目。紫泥海堤建设达到抗御12级台风加大潮的度汛标准。

角美海堤　位于九龙江下游北港北岸，自玉江村至白礁村，堤线总长15.53公里。1996年底全部完成海堤加固达标建设。海堤外海段壶屿港闸以下堤顶高程10.2米（马肚底，下同），堤顶宽度3.5米，砌内肩石，加设1米高的防浪墙，墙宽0.5—0.6米；内港段堤顶高程10米，堤顶宽度3米，外坡比1∶2，采用条、块石护坡，内坡比1∶1.5，堤后砌条石平台，高1米；内海段、外海段分别达到抗御11—12级台风加历史最高潮位的防潮标准。海堤沿线配套建设水闸23座，保护沿海11个行政村，面积3468公顷，人口6万余人。

卓岐海堤　位于港尾镇卓岐村至大径村之间，长1公里。堤线全部石砌护坡，堤顶高程起点6.84米，终点6.98米，度汛标准20年一遇，建设配套水闸4座，保护面积1447公顷、人口1.68万人。

玉枕海堤　位于海澄镇玉枕村，全长9.51公里，是全省村级最长海堤。1996年10月完成加固达标，设计历史最高潮位4.4米高程，朝向东北，风浪爬高1—1.3米，安全超高0.4米，堤顶高程5.8米，堤顶宽2.5米；堤线上配套建设水闸8座，控制潮位站：五口闸。保护面积350公顷、人口0.44万人。

大成海堤　位于海澄镇大成农场，全长3.93公里。1996年10月完成加固达标，设计历史最高潮位4.4米高程，朝向东北，风浪爬高1—1.3米，安全超高0.4米，堤顶高程4.6—6米，堤顶宽2.5米，浆砌堤肩石，内坡植被草皮。保护面积133.4公顷、人口0.02万人。

大土海堤　位于海澄镇埭新村，全长3.05公里。1996年10月完成加固达标，设计历史最高潮位4.4米高程，朝向东北，风浪爬高1—1.3米，安全超高0.4米；堤顶高程5.4米，堤顶宽2.5米；风浪墙顶高程6.4米，防浪墙顶宽0.5米；浆砌堤肩石，内坡植被草皮。保护面积69.3公顷、人口0.01万人。

海山海堤　位于浮宫镇海山村，全长5公里。1996年10月，完成加固达标建设，设计历史最高潮位4.4米高程，朝向北，风浪爬高1.17—1.73米，安全超高0.4米；堤顶高程5.8—6.4米，堤顶宽2.5米；外坡型式单坡式，坡比1：1.5—1：2，内坡单坡比1：1.5；浆砌堤肩石，内坡植被草皮。保护面积434公顷、人口0.33万人。

深沃海堤　位于港尾镇深澳村，全长1公里。1995—1996年10月加固达标建设，设计历史最高潮位4.4米高程朝向西北，风浪爬高1.3米，安全超高0.4米。堤顶高程5.8米，堤顶宽2.5米；防浪墙顶高程6.6米，防浪墙顶宽0.5米；外坡型式单式坡，坡比1：2，内坡单坡比1：1，浆砌肩石，内坡植被草皮。保护面积100公顷、人口0.14万人。

关头海堤　位于隆教乡关头村，全长3.6公里。1993年已完成加固达标建设，设计历史最高潮位6.2米高程，朝向东南，风浪爬高1.86米，安全超高0.4米，堤顶高程5.9—6.2米，堤顶宽2.5米；外坡型式单坡式，坡比1：1.8—1：2，内坡单坡比1：1.5，浆砌堤肩石，内坡植被草皮。保护面积332公顷、人口0.57万人。

第五节　排涝工程

一、排涝站

1993年，全市有排涝站11个，西溪南岸排涝片有马洲、路边、梅溪3个排涝站；西溪北岸排涝片有东墩、漳滨、石井、下贯、漳溪、郭坑、扶摇、三角线8个排涝站。1996年，步文、郭坑划归龙文区管辖，区域内东墩、漳滨、石井、下贯、漳溪、郭坑、扶摇、三角线8个排涝站，以及其他水利设施，按“属地管理”的原则归属龙文区管理。2007年，龙海有西溪南岸排涝片的马洲、路边、梅溪3个排涝站。

二、排涝闸

1993年，全市有排涝闸334座。其中九湖镇12座、颜厝镇18座、西溪5座、榜山镇19座、石码镇4座、角美镇36座、紫泥镇98座、海澄海堤海澄段17座、玉枕海堤20座、大涂海堤4座、大成海堤12座、南溪2座、东泗乡25座、东园镇25座、浮宫海山海堤2座、浮宫海堤12座、白水镇12座、港尾镇2座、卓岐4座、隆教乡5座。

1994—1995年，新建排涝闸6座，有紫泥新北涵闸二、紫泥路北涵闸、南口涵闸、合咙口涵闸、新北涵闸一、港尾查某简围水闸。

1996年，新建排涝闸15座，有紫泥镇大沟涵闸、阿户涵闸、天乐边涵闸、柑仔园尾涵闸、东港尾涵闸、沙头港内涵闸一、沙头港内涵闸二、沙头港内涵闸三、龙喉机台涵闸一、北场涵闸、龙喉沙头涵闸、文轴涵闸一、文轴涵闸二、龙喉机台涵闸二、东园镇秋租农场排洪闸。

1998—2000年，新建排涝闸7座，有东园镇过田、埭尾、新林排洪闸、浮宫镇中溪、际都节制闸，紫泥镇外三孔水闸，海澄镇上寮虾池涵闸。

2002—2007年，新建排涝闸5座，有紫泥镇顶洲、沛芝水闸、角美镇流传、五四水闸、海澄镇尾围水闸。2007年，全市排涝闸367座。

三、排涝港道

1993年，改造旧港渠和新挖排涝港渠30条，总长179公里，排涝面积2384公顷。1997年，内涝治理完成港道违章拆迁150处3600平方米，港道清淤拓宽190公里，新挖港道45处98公里，增设改造人行桥闸12座。

1998年，港道配套4处长3.37公里，港道清淤清障80处。2003年，清淤整治港道总长196.3公里。2005年，港道水毁修复24处长1926米，完成港道清水工程5公里，拆除违章构筑物201处，清除土方125万立方米。2007年，完成港道清水工程3公里。

截至2007年，完成投资2689.2万元，改造九湖镇大小溪、九湖镇中干渠、颜厝镇路边与马洲排涝港道，4条排涝港道总长27.4公里。其中九湖镇大小溪，从程溪镇南坑村至颜厝镇边西社，总长7.8公里，集雨面积8700公顷，设计流量450立方米/秒；九湖镇中干渠，从林下莲花闸起，至塔尾水闸止，总长4.5公里，集雨面积1020公顷，设计流量93立方米/秒；颜厝镇路边排涝港道长8公里；马洲排涝港道长7.1公里。

第六节　冬春水利工程

1993年，投资1137.38万元，投入劳力122.95万工日，土石方74.22万立方米，堤防维修加固46处，长51.13公里，水闸加固2座，水库加固8座，小型水利维修加固138处。

1994年，投资3592.3万元，完成土石方266.2万立方米，投入劳力425.43万工日。海堤加高培厚78处53.15公里，砌石10.2公里；防洪堤加固、平台压载11处，长度5.2公里，护岸及堤身培厚21处7.7公里；内涝堤培修29处8.6公里，小（二）型水库保坝5座，除险加固2座；渠道砌石15处长11.5公里；大小渠道清淤300条长154公里，管灌19处，其他小型水利138处。

1995年，投资6867.7万元，完成土石方403.1万立方米，投入劳力471.2万工日。闸引工程88处，蓄水工程159处，粮食专用工程5处，农业开发工程14处，九龙江河道清淤清障，15个乡镇小型水利及水毁工程修复120处。

1996年，全市日上场高峰劳力8.5万人，日最高出动机械830台，工程项目动工875处，完成861处，完成工程量701万立方米，其中石方15.8万立方米；投资5928万元，其中市财政416万元，投入劳力705万工日；治理水土流失面积1350公顷，新增有效灌溉面积108.1公顷，水毁恢复灌溉面积3068.2公顷，改善灌溉面积9471.4公顷。

1997—1998年，冬春水利建设总工程量600万立方米；投资7000万元，投入劳动力600万工日；完成土石方600万立方米，拆除榜山地段违章建筑4500平方米；日出动劳力2万人，各种机械150台突击10天，清淤西溪“一条龙”92.3公里，清出淤泥35.7万立方米，水浮莲55.1万平方米；拆除渠道中障碍物793处。九湖、颜厝、角美3大堤段，完成旧港道截弯取直、拓宽加深22条，总长48.72公里，新开挖排洪港道4条，长度6.6公里；新建排涝涵闸12座，改建扩大16座，清除港道违章建筑物110处2086平方米。其间分别获全省冬春修水利建设二、三等奖。

2000年，投资203.2万元，投入劳力220.04万工日，完成土石方103万立方米。1999—2000年，投资4952.2万元，投入劳力345.6万工日，完成土石方282.9万立方米。

2001—2002年，投入劳力270.98万工日，完成土石方170.89万立方米，投资5442.2万元。加固堤防8.39公里、水涵闸34座，修复水毁工程107处，水库加固21座，降级处理18座，输水渠道清淤整治及防渗总长940公里，解决人饮困难3.86万人，新增节水灌溉面积265.47公顷，改善灌溉面积4575.62公顷。

2003 年 6 月，清淤清障西溪“一条龙”灌区，投资 1113.2 万元，投入劳力 74.26 万工日；清理水葫芦 1456.5 万平方米，完成土方 45.46 万立方米，清除障碍物 1184 处；涉及 204 个村都建立河道长效管理机制，年投入港道管理运行经费 72 万元。

2005—2006 年，河道清淤整治及水葫芦清理投资 1582.9 万元，投入劳力 26.26 万工日。累计机械 6294 台班，动工渠道 137 条；整治渠道 309.67 公里，拆除违章构筑物 201 处；清除土方 210.37 万立方米，清理水葫芦 109 万平方米。

2007 年，冬春水利建设投资 6218.9 万元，占计划的 172%；完成土石方 213 万立方米，占计划的 146%。其中完成水库小山塘加固 8 座，水闸加固 12 座；完成河道清淤清障长 95.1 公里，拆除违章构筑物 116 处，清理淤积土方 53.8 万立方米，清理水葫芦面积 313 万平方米；完成水库整治 64 座；完成堤防整治 161 公里；完成水利水毁工程修复提高 114 处；新增节水灌溉面积 400.2 公顷。

第七节　“六千”水利工程与小水电工程

一、“六千”水利工程

2004 年，龙海开始实施中共福建省委、省政府为民办实事的“六千”水利工程（千万农民饮水工程、千座水库保安工程、千公里河道清水工程、千万方山地水利工程、千万亩农田节水灌溉工程、千万亩水土流失治理工程）项目，投资 996.75 万元。其中投资 164.01 万元，建设千万农民饮水工程 25 处，受益人口 3.53 万人；投资 54.61 万元，建设千座水库保安工程 5 座；投资 778.13 万元，建设千里河道清水工程 20.3 公里。

2005 年，投资 967.41 万元，其中投资 433.32 万元，建设千万农民饮水工程 24 处，受益人口 4.4 万人；投资 90 万元，建设千座水库保安工程 7 座；投资 117.74 万元，建设千万方山地水利工程，山地蓄水池 80 口 3556 立方米；投资 326.35 万元，建设千公里河道清水工程 5 公里。

2006 年，投资 1708.46 万元，其中投资 862.05 万元，建设千万农民饮水工程 32 处，受益人口 6.24 万人；投资 57.52 万元，建设千座水库保安工程 4 座；投资 122.08 万元，建设千万亩农田节水灌溉工程 148.6 公顷；投资 178.71 万元，建设千万方山地水利工程，山地蓄水池 56 口 2800 立方米；投资 472.5 万元，建设千公里河道清水工程 2.8 公里；投资 15.6 万元，建设千万亩水土流失治理工程 63.37 公顷。

2007 年，投资 1800.39 万元，其中投资 369.28 万元，建设千万农民饮水工程 27 处，受益人口 4.11 万人；投资 53.01 万元，建设千座水库保安工程 4 座；投资 615.35 万元，建设千万亩农田节水灌溉工程 400.2 公顷；投资 116.45 万元，建设千万方山地水利工程，山地蓄水池 25 口 1200 立方米，受益面积 10 公顷；投资 646.3 万元，建设千公里河道清水工程 3 公里。

二、小水电工程

1993 年，全市有水电站 8 座，发电机 11 台数，总装机容量 4135 千瓦。其中湖后一级坝后电站由于效益低已暂停发电；湖后二级上坪电站装机容量 2×800 千瓦；湖后三级内云电站装机容量 2×800 千瓦；角美镇西山水库水电站（镇级）装机容量 1×200 千瓦；程溪镇下叶水电站（镇级）装机容量 2×125 千瓦；程溪镇官园水电站（村级）装机容量 1×160 千瓦；港尾镇古城水电站（村级）装机容量 1×125 千瓦；程溪镇禾山水电站（镇级）装机容量 2×100 千瓦。

2004 年 1 月，上坪水电站（村级）发电，装机容量 1×100 千瓦。2005 年 12 月，粗坑水电站（个私）发电，装机容量 2×125 千瓦。2007 年 9 月，塔潭水电站（个私）装机容量 1×160 千瓦。2007 年 12 月，程溪镇彭水梯级电站（个私）投建，装机容量 860 千瓦；程溪镇后卓水电站投建，装机容量 375 千瓦。截至 2007 年，龙海境内水电站 13 处，发电机 22 台数，总装机容量 5205 千瓦。其中，市属湖后水电站 5 台，装机容量 2650 千瓦。

第二章 防汛抗旱

第一节 非工程设施建设

一、“三化”达标建设

1993年，以“正规化、规范化、制度化”为目标的防汛办初级达标建设，相应的各项规章制度得以建立，基本建成四室一库（防汛办公室、防汛值班室、防办主任室、防汛指挥长休息室和防汛仓库），面积约100平方米；建立GMS卫星云图系统；配置日本原装发电机1部，自动测报系统设备1套，防汛专用车1部；建立无线通信网络并正常运行。

1996年，主要完成洪水风险图制作和水库工程在紧急状态下安全转移预案的制定；建立防汛信息网络终端站。

1997年7月22日，经省、市防汛办验收通过“三化”中级达标建设，成为全省第一个防汛“三化”建设成果验收达标的县级市。龙海成立市、乡镇、村三级防汛机构，建立和健全各级防汛指挥机构工作制度，设备基本实现现代化。

2001—2002年，完成防汛信息指挥中心扩建，补充配套重点水利工程单位传真机10部，加强通信信息网络建设规划并建设自动测报站10个，新安装15公里备用机组1套；改造汛情监测站，增储编织袋9万条。2002年，省防办确定龙海市为第三批县级现代化防汛指挥示范中心建设单位。是年，防汛调度控制中心新增100英寸的丹麦DNP投影系统，设有计算机控制台、音响、监控系统，并对PC服务器和网络机柜、交换机、路由器、光纤收发器等设备进行改造。

2003年，完成第三批县级现代化防汛指挥示范中心建设任务，建成卫星云图接收软件系统；录音电话软件系统；洪水预警报软件系统；风险图查询软件系统；洪涝灾害报表软件系统；雨情、水情、信息应用系统和投影系统设备等，实现防汛指挥中心局域网络互联、资源共享、防汛会商、指挥决策现代化；完善科技防汛，在基层乡（镇）建设2个雨量站、3个水位自动测站，并在防汛指挥中心建设中心站。

2007年，建立防汛指挥决策PDA子系统，编制全市防汛通讯录，完善防汛信息短信服务平台，为防汛抗旱提供及时、有效的防灾抗灾信息。完成市防汛指挥中心大楼建设。

二、指挥系统建设

（一）洪水预警报系统

1993年，配置自动测报系统设备1套，及无线通信网络。1996年，完成洪水风险图制作及防汛信息网络终端站建设。2001—2002年，建立先进的通讯网络，拥有TS—440机2台，KC—110先创145各1台，TC228H机9台，HX—260机11台。同时，建设自动测报站10个，并改造汛情监测站。2003年，添置洪水预警报系统接收设备1套。

2007年，完善防汛信息短信设施，新建19个自动化雨量站。

（二）视频会议系统

1993—2001年，尚未建立视频会议系统。2002年，防汛调度控制中心购置100英寸的丹麦DNP投影系统。2004年，添置投影系统设备及音控设备，完成机房及会商室网络连接，建成现代化防汛视频会议室。2007年，在全市4个主要水利工程设置“全球眼”视频监控系统。

（三）卫星云图接收系统

1993 年，建立 1 套 GMS 卫星云图系统。1996 年，安装调试市卫星云图接收系统。1999 年，购置 8 小时不间断电源 1 台，完善卫星云图系统运作。2001 年，更换卫星云图高分辨率显示器 1 台。2003 年，添置卫星云图接收机 1 套。2007 年，市防汛抗洪指挥部已配备比较完善的卫星云图接收系统。

（四）决策支持系统

2003 年，开始实施防汛指挥中心局域网络互联、资源共享，实现防汛会商、指挥决策现代化。2007 年 4 月，市防汛指挥中心安装“县级防汛指挥决策支持系统”，包含水情、雨情、风情、台风路径、卫星云图、气象雷达、工情和地理信息平台 8 个模块；涵盖各类防汛信息和水利工程的基本情况，可以在电子地图界面上直观表现预警报信息，为防台防洪部署、流域预报、水库调度等方面提供决策依据。

（五）无线电及卫星通信系统

1999 年，建设防汛无线电通信网络，改造卫星云图接收系统。2000 年，新增卫星电话 1 台。2006—2007 年，保留二级网通信设备，并对三级网通信设备进行回收。

（六）防汛办公设备

1993 年，根据省防办关于防汛示范中心建设任务的要求，建成四室一库，添置 3 台电脑和 1 台传真机。1997 年，新增 4 台电脑、2 台传真机、1 台打印机。2003 年，更新 7 台电脑、3 台传真机、1 台打印机等相关办公设备。2007 年，配置指挥中心的计算机网络及网络安全系统。

第二节　组织防汛抗旱

一、防汛抗旱责任制

1996 年，出台《龙海市各级防汛抗旱机构工作规章制度》，将防汛工作正规化、规范化和现代化，防汛工作实行各级人民政府首长负责制。市气象局、石码水文站、市邮电局、电力公司、计委、物资、商业、供销社、交通局、公安局、财政局、经委、建委、水电局、农业局、人事局、卫生局、民政局、广播电视局、地震办有关单位各负其责。1996—2007 年，每年汛前及时调整、充实市、镇二级防汛指挥机构领导成员，公布重要堤防、水库防汛责任人。

二、预案体系建设

1997 年，开始建立《水利工程分级编制防汛调度预案》《龙海市水库工作抗震减灾工作预案》《风、暴、洪、潮、易滑坡地带人员安全转移工作预案》《防漂船预案》；重新修订《龙海市防御台风（热带风暴）工作预案》《龙海市抗台风工作预案》《城市防洪工作预案》《龙海市区安全度汛超标准洪水预案》。

1998 年，制定水库工程紧急状态下安全转移下游群众预案。由漳州市水利设计院绘制完成《龙海市洪水风险图》。1997—1998 年，编制西、北、南三溪及城区洪水风险图。

图 8–5　防汛抢险演练（市水利局提供）

1999 年，重新修订《水库工程非常状态下安全转移下游群众预案》，完成城区防洪预案。

2000 年，完成石码潮位站警戒水位重新核定及编制出台龙海市防洪、防台风、抗旱三防预案。

截至 2007 年，各乡镇场和有关部门修订完善防台风、暴雨、洪涝应急预案，城区防洪预案，气象灾害应急预案，海洋与渔业防台风预案，突发地质灾害应急预案，防山洪灾害预案，危险区域人员转移预案，防洪抢险救灾应急预案，水库汛期防洪调度运用计划等各类预案。

三、物资储备

1993 年，将全套打桩设备、照明设备，5 艘汽船、142 只木船、40 架板车、50 辆自行车，组成水陆运输装备设施。1996 年，储备防汛编织袋 3 万条，救生衣 100 件，救生艇 2 艘，挂机 2 台，汽油发电机 1 部。1997 年，备有专用编织袋 3 万条及大量砂石料。投资 30 万元配套相关设施、器械，每年拨出 80 万元作为特大防汛经费。

1998 年，储备编织袋 7.48 万条，砂石 7800 立方米，碎石 1465 立方米，木材 375 支。1999 年，建立一、二级防汛物资储备，储备编织袋 5.8 万条，备有救生衣 100 件、救生艇 3 艘。2000 年，储备编织袋 16 万条，砂石 2400 立方米，救生衣 100 件，救生艇 3 艘。2002 年，储备编织袋 20 万条，砂石 2400 立方米，救生衣 100 件，救生艇 3 艘。

2003—2004 年，各乡镇储备土工布 4000 平方米，编织袋 26.8 万条，麻袋 1.73 万条，木桩 38 立方米，沙石 1.1 万立方米。防办储备编织袋 6 万条，救生艇 3 艘，救生衣 90 件。2005 年，储备编织袋 27.71 万条，木桩 18 立方米，砂石料 0.98 万立方米，土工布 4000 平方米，救生衣 160 件，救生艇 4 艘。2006 年，储备编织袋 23.24 万条，木桩 44.56 立方米，砂石料 1.23 万立方米，土工布 7520 平方米，救生衣 350 件，救生艇 25 艘。

2007 年，储备防汛编织袋 25.09 万条，土工布 1.42 万平方米，砂石料 8234 立方米，木材 26 立方米，救生衣 559 件，防汛救生艇 25 艘等。

四、组建抢险队伍

1993 年，各乡镇设立防汛抗旱机构组织及抢险队伍，组成防汛抗旱网络。1996 年，成立抗旱服务队 2 队，下设隆教乡和港尾镇 2 个支队，人员 14 人，配置抽水设备 12 套。1997 年，建立快速反应专业抢险队 19 支，巡逻队 191 支 3178 人，抢险队 202 支 1.16 万人，抗旱服务队 2 支。1998 年，全市建立巡逻队 194 支 2229 人，抢险队 222 队 1.31 万人。

2001 年，成立水利工程抢险队伍，下设 20 支抢险分队 3200 人。2004 年，组建防汛抢险队 227 支 1.38 万人，巡逻队 184 支 3500 人。2005 年，组建防汛抢险队 260 支 1.51 万人，巡逻队 232 支 2584 人。2006 年，成立“龙海市防汛救生应急大队”，下设 9 个中队共 57 人；组建防汛抢险队 198 支 1.23 万人，巡逻队 173 支 2403 人。

2007 年，组建防汛抢险队 265 支 1.07 万人，巡逻队 239 支 3227 人。

第三节　防汛抗旱纪要

1998 年 10 月 19 日，9810 号台风在菲律宾以东洋面形成，并沿福建沿海缓慢北移。10 月 25—26 日，龙海普降暴雨、大暴雨，总雨量 259.7 毫米，洪涝成灾；快速调运快艇 1 艘，救生衣 100 件，并启动救生艇到东泗乡救灾。

1999 年 10 月 9 日，9914 号台风正面袭击龙海，组织 28 名工程技术人员前往灾区，对 2 座大型桥闸（西溪、南溪）及海堤水毁工程抢修。在海澄镇 19 个行政村，日出上千人突击 10 天，抢修海堤决口共 537 米。2000 年，全市水毁地段基本修复，共完成土石方 48.6 万立方米，其中石方 10.6 万立方米，投资 2420.16 万元。

2000 年，全国性春旱预报，市防办在 1 月下发《2000 年备汛工作若干问题通知》；4 月 12 日召开防汛会议，并对 87 座水库进行分类制定汛限水位。共储备一、二线编织袋 15.7 万条，砂石 2400 万立方米，木料一、二线 72 立方米，土工布 8000 平方米，组织抗旱服务队 13 队 39 人。

2001 年 7 月 6 日，台风“尤特” 在广东海丰登陆；受台风外围影响，雨量超过 100 毫米，西溪、北溪出现洪峰。4 日、5 日，市长、副市长在市防办坐镇指挥，与相关部门召开会商，密切跟踪台风动态，及时通报最新台风信息，强化水库工程保安措施；2584 艘渔船全部进港避风，6725 口网箱 208 户 426 人全部上岸避风。

2001 年 10 月至 2002 年 3 月，全市降雨量 83 毫米，是 40 年一遇的特大旱情。抗旱投入劳力 2.2 万人，投资 1030 万元；打机井 104 口，投资 243.15 万元；解决受旱作物 1400 公顷，人饮 4.86 万人。

2002 年 2 月 11 日至 5 月 10 日，89 天降雨量 46.9 毫米，造成罕见的秋冬旱连春旱的连续特大干旱，比 1963 年大旱更加严重；投入抗旱资金 92 万元，投入抗旱机具 900 多台（套），延伸灌溉管道 5.3 公里，开挖浅水井 200 眼，有效缓解旱情。

2003 年，出现罕见的夏、秋、冬连旱天气，气象部门进行人工增雨作业，缓和旱情。

2005 年 8 月 13 日，台风“珊瑚” 在广东省澄海登陆，全市遭遇历史罕见的强降雨；市五套班子成员分赴第一线指导抗灾，气象、防汛部门密切关注台风动态，及时报告和发布台风信息；1519 艘渔船全部进港避风，4223 口渔排网箱 199 名人员安全撤离；组织 30 支 6500 多名精干人员组成巡查、抢险救援应急分队；调集抢险救援物资麻袋、编织袋 13 万条、沙碎石 620 立方米、木桩 5000 支、救生艇 4 艘。灾后筹集赈灾资金 4368 万元，集中重建和整村迁移并举，海澄镇和平村，程溪镇塔潭村、洋奎村洋尾溪自然村和东泗乡溪坂村 4 个灾后集中重建点，程溪镇叶仑、东马、和山 3 个异地迁建村。2006 年，水利水毁工程修复 1068 处，投资 9924 万元；完成土石方 119.2 万立方米；道路桥梁水毁工程修复水毁路基 111 公里、路面 6.85 万平方米；修复水毁桥梁 23 座 616 米，水毁涵洞 290 道 625 米；修复中断公路 6.07 公里。

2006 年 5 月 18 日，强台风“珍珠”在广东澄海与饶平之间沿海登陆。受其影响，全市平均雨量 312.4 毫米，南溪桥闸最高水位 5.9 米（黄零高程），超警戒水位 3.1 米；迅速启动防台风预案和镇、村两级防洪抢险救灾应急预案，在洪水到来时，及时组织 1.2 万件方便面、1.2 万件矿泉水，共计 3.6 万元的救灾物资送到海澄、东泗、程溪、颜厝、白水 5 个受灾严重的乡镇；1519 艘渔船全部进港避风，6131 口渔排网箱 222 名人员安全撤离；调集麻袋、编织袋 20 万条，木桩 44.56 立方米，沙石 1.22 万立方米，土工布 7520 平方米，救生艇 4 艘，救生衣 140 件；组织市直机关干部 220 多人到重灾区帮助疏散群众、抗灾抢险，同时组建 30 支、6500 多名精干人员组成巡查、抢险救援应急分队；调动武警官兵和驻军部队 100 名、冲锋舟 6 艘，紧急运送抢险物资 22 批次，解救受困群众 200 多人等。5 月 20 日，中共中央政治局委员、国务院副总理、国家防汛抗旱总指挥回良玉到海澄镇和平村实地察看 0601 号强台风灾情，检查指导救灾工作，对海澄镇和平村灾后自救、水利水毁工程修复工作予以充分肯定。

2006 年 7 月 14 日中午，强台风“碧利斯”在霞浦县登陆。龙海市普降暴雨，有 14 个乡镇降雨量超过 200 毫米；台风登陆前后，按照省、漳州市的部署要求，龙海市周密部署防抗工作，及时召回全市 1519 艘船只进港避风，6131 口网箱作业人员 222 人撤离上岸；对西溪、南溪 2 座大型桥闸和 64 座小（二）型以上水库，落实未洪先排措施，对大型灌区进行预排预泄。

2007 年 8 月 19 日凌晨，超强台风“圣帕”在泉州市惠安县崇武镇登陆。受台风影响，全市最大过程雨量（石码镇）158.8 毫米，日最大降雨量 80 毫米，平均过程雨量 43.02 毫米；龙海市启动防台风工作预案， 2830 艘船只进港避风，6131 口网箱作业人员 185 人撤离上岸；对西溪、南溪 2 座大型桥闸和全市 64 座小（二）型以上水库，落实未洪先排措施。

第三章 管 理

第一节 机构

一、市级机构

（一）龙海市水利局

1993 年，龙海市水利电力局内设人秘、财务、工程、水管站及防汛办 5 股室；编制 249 名（人员编制除电力公司及自收自支外包括下属层单位），其中行政编制 8 名。1997 年，局内设机构 8 个；下属基层单位 21 个，分布在 14 个乡镇，总人数 559 人，其中正式编制 227 名。6 月 11 日，龙海市水利电力局更名为龙海市水利水电局。2002 年，更名为龙海市水利局。

2007 年，市水利局内设 3 股室；行政编制 6 名，实有 7 人；下属事业单位 3 个，事业编制 71 名，实有 48 人（其中专业技术人员 39 人）。

（二）龙海市人民政府防汛抗旱指挥部办公室

1993—1995 年，龙海市防汛抗旱指挥部办公室，配备专职干部 2 名。1996 年，龙海市防汛抗旱指挥部办公室更名为龙海市人民政府防汛抗旱指挥部办公室，挂靠在市水电局。1997 年 6 月 18 日，市防汛抗旱指挥部办公室人员编制增加至 6 名，所增人员从水利水电局事业编制中内部调制。2006 年 11 月 13 日，重新核定市防汛抗旱指挥部办公室编制 7 名。2007 年，市防汛抗旱指挥部办公室实有 7 人。

（三）龙海市水政监察大队

1993 年，由专职和兼职监察人员组建水利执法队伍；水利电力局所属股、处、站（所）等基层单位由单位负责人兼职水政监察员。1997 年 1 月 31 日，水电局内部设立水政水资源股，龙海市水政水资源监理站改称龙海市水政监察大队。2006 年 11 月，市水政监察大队机构规格确定为股级，事业编制 16 名，属财政全额拨款事业单位。2007 年，水政执法人员 40 人，其中专职执法人员 12 人、兼职执法人员 28 人。

二、市属基层水利单位

1993 年，市水利电力局所属的派出机构有：按水系或灌区建立管理处 7 个；按乡镇设立的水利管理所 15 个；堤防派出所龙海执勤室 1 个。2003 年 3 月，乡镇水利电力管理站更名为水利管理站；5 月 7 日，撤销龙海市公安局九龙江堤防派出所。2004 年，下属水管单位分一类为纯公益性水管单位，定性为事业单位；另一类为准公益性水管单位，定性为经费自给的事业单位。2005 年 12 月，成立龙海市龙湖供水有限公司。

2007 年，龙海水利系统基层单位有行政人员 6 人、事业人员 282 人。下设西溪桥闸、南溪桥闸、卓岐海堤、海澄海堤、九龙江河道堤防、湖后水库水电、龙海市九龙江北溪引水灌区 7 个水利工程管理处及 13 个乡镇水利管理站。

三、省驻机构

（一）福建省九龙江北溪管理局

1996 年 6 月，福建省九龙江北溪引水工程管理处更名为福建省九龙江北溪供水局，机构升格为正处级。

1998 年 4 月成立福建省水政监察总队北溪引水工程直属支队，行驶对北引工程的水政执法。2006 年 2 月更名为福建省九龙江北溪管理局，是省水利厅直属水利工程管理事业单位。2007 年，建设工程综合自动化系统，由 11 个专业子系统组成。

（二）省围垦工程处

1993 年，福建省围垦工程处是福建省水利厅直属事业单位，内设办公室、人劳科、生产经营科、计划财务科、检修车间、第一、二船队、第一、二、三基础处理工程处；事业编制 250 名，实有 173 人。当年被评为福建省排名前十位的施工企业。1997 年，增设厦门分处。1998 年增设安全生产办公室、福州办事处、龙岩办事处、业务经营科；人员 146 人。

2002 年，通过 ISO9001:2000 版国际标准质量管理体系认证；2003 年被评为 AAA 级信用企业。2004 年，经省防汛抗旱指挥部、省水利厅批准成立的福建省防汛机动抢险队落户省围垦工程处，承担汛期抢险救护任务。2004 年，内设机构改为办公室、人力资源部、市场经营部、计划财务部、工程管理部、基础工程处、围垦疏浚处、输变电工程处、物业管理处。

2007 年，省围垦工程处有专业人才 115 人，其中高级工程师 9 人、高级经济师 1 人、工程师 42 人、经济师 5 人、会计师 2 人、持证项目经理或建造师 21 人；拥有水葫芦打捞和保洁、水上清淤、抛填等施工船舶 20 多艘，各种基础处理、防渗机械设备以及各种土石方施工机械设备 20（台）套。

第二节　水利工程管理

一、堤防工程管理

1993 年，龙海组织实施初级水利化县（市）建设，管理境内江堤和海堤的修筑工程，按防洪、防潮割分，北溪玉江以西为江堤，玉江以东为海堤；西溪福河以西为江堤，福河以东为海堤；南溪以南溪桥闸上游为江堤，桥闸下游为海堤。1995 年，完成初级水利化县（市）建设。1996 年 10 月，制定《龙海市海堤工程管理规章制度》。1997 年 12 月，龙海通过福建省水利化县（市）达标建设验收，完成初级水利化建设项目 162 处，工程量 362.8 万立方米，投入资金 9460.6 万元。2006 年，制定《龙海市堤防工程管理维护养护作业考核实施细则》。

截至 2007 年，九龙江堤防、海澄海堤等工程管理处属省、市、县（区）三级管理。各乡（镇）所设立的水利管理站为市水利局的派出机构，是乡镇人民政府水行政的职能部门，属县（市、区）、镇双重领导的工程管理单位；江海堤防管理由各江海堤防管理处和各辖区乡镇水利管理站共同完成。全市 161 公里国营江海堤防组建 11 支养护作业组、分段划定 56 位堤防管理责任作业人员，每年每公里落实管护经费 3000 元；每周进行 2 次堤防巡查；每年进行 2 次杂草清除、护坡整修，以及 3 次考评，并把年度总评成绩与绩效工资挂钩，做到任务到组，责任到人。

图 8-6　水库加固（市水利局提供）

二、水库工程管理

1993 年，对水库采取溢洪道扩建，大小坝加高培厚和防渗灌浆补强。1994—2007 年，实行统一领导、分级管理，跨乡镇工程由水利局派出机构管理，跨行政村工程由设在各乡镇的水利管理站管理，各行政村范围内小型工程由当地群众管理组织进行管理。制定水库工程安全管理的规章制度，实施水库注册登记、年检、安全鉴定；以市、乡（镇）政府行政首长负责制为核心，按照隶属关系，逐库落实政府责任人、水库主管部门责任人和水库管理单位责任人，明确各类责任人的具体责任。

截至 2007 年，全市小（二）型以上水库每年落实管护经费 4200 元，其中管理人员补助工资 1200 元，坝坡整治和杂草清除 3000 元；每年汛前、汛后、年末进行 3 次整治。按照福建省水利厅关于小型水利工程产权制度改革的要求，以承包、租赁及股份合作等方式，实行市场化运作，将 60% 的小型水库，采取承包租赁经营的办法，筹集工程管护资金专款用于水库工程更新改造、配套建设管理。

三、水闸与排涝工程管理

1993 年，对水闸与排涝工程进行查安全、定标准、查效益、定措施、查管理、定计划；对水闸工程采取防渗、防冲和防腐等措施。

1994—2000 年，桥闸工程管理主要依据水利部《水闸工程管理通则》，结合桥闸水利枢纽工程设施的安全状况和设备完好率及操作的可能性，以安全效益为中心制定桥闸设备运行、控制运用、安全操作等规程。同时还对上、下游水文、气象信息的掌握、蓄水期间水位调控要点、泄洪排放要求、工作程序，备用电源维修养护进行规定。1998 年经省水利厅审查批复纳入省千公里海堤、水闸二期加固项目工程建设，1999 年 2 月组织实施。至 2000 年 4 月完成桥闸上下游水下冲坑修复及部分设备维修，完成投资 524 万元，完成填砂 8.05 万立方米，铺土工布、复合土工膜 3.3 万平方米，抛袋装块石 1099 万立方米，修复下游先启孔护坦冲毁面积 1674 平方米及整修后启孔下游护坦，完成 20 吨螺杆启闭机改造安装 4 台套。

2001 年 4 月，再次实施西溪桥闸紧急抢护工程，投资 135 万元，完成抛袋沙包 1.2 万立方米，抛石压载 1.3 万立方米，铺土工布、复合土工膜 9600 平方米，水下砼 146 立方米。8 月基本完成抢护。

2002 年 2 月，经省、漳州市有关专家进行安全鉴定与评审，西溪桥闸定为四类水闸。除险加固设计由福建省水电设计院承担。该工程分为水下除险加固及续建配套项目两部分。其中水下除险加固列入省海堤三期加固国债项目，2003 年 1 月开始分二个枯水期施工，2004 年 5 月 10 日全面完成，投资 1105 万元，完成土石方 14.3 万立方米、砼 4940 立方米、钢材 298 吨；完成闸基防渗和下游消能防冲改造。6 月 11 日通过验收，水闸下闸蓄水。

2005 年 6 月，再实施西溪水闸除险加固续建配套项目，2006 年 1 月全面完工；共投资 550 万元，完成土石方 3470 立方米；更换配置 25 吨螺杆式启闭机 48 台套；完成机房和管理房维修加固，备用发电机组更新和供电线路改造，桥闸人行道维修及栏杆更新，排架维修加固等项目建设。

2007 年，西溪、南溪 2 座大型水闸，由龙海市西溪桥闸管理处和南溪桥闸管理处专人专职管理，经费由龙海市水利局负责调剂配套。重点中型水闸由当地水利管理站负责管理；一般中型水闸由村级负责管理；市水利局每年安排适当资金用于日常维修养护。小型水闸由村级负责管理，当地水利管理站负责供水和排涝调度，管护资金由镇、村投入。

四、河道管理

1993—1994 年，龙海清淤大小港渠道 300 条，长 154 公里。

1995—2000 年，全市大小港渠 551 条，总长 1123.2 公里。水面积 1334 公顷，灌溉面积 1.57 万公顷；解决农田灌溉用水和近 80 万居民生活用水。 1999 年 3 月、6 月和 2001 年 3 月组织 3 次大规模河道清淤清障。

2003 年 6 月、11 月和 2004 年 7 月，组织 3 次河道清淤水葫芦整治行动，累计投入资金 1113.2 万元，投入劳力 74.26 万工日，清淤土方 45.46 万立方米，清除障碍 1184 处，清理水葫芦 1456.5 万平方米。

2005 年 11 月，市人民政府印发《龙海市河道清淤堤防整治水库加固实施意见》，把河道清淤清障工作列入为民办好事、办实事的项目。市水利局派出技术人员到 15 个乡镇、场 204 个自然村逐条港道进行

图 8-7　水葫芦清理前（市水利局提供）

图 8-8　水葫芦清理后（市水利局提供）

勘测规划，对重点区域则委托福建省水利规划院、漳州市水利水电勘测设计研究院进行规划设计，确定近期（2005—2009 年）主要以榜山、石码、海澄、白水、角美镇的内河整治和南溪下游河道综合治理为实施重点。

2007 年 2 月 2 日，市第十五届人民代表大会第一次会议通过《关于南溪河道防洪排涝综合整治的决议》，成立龙海市南溪河道防洪排涝综合整治领导小组，计划投资 3052 万元，用 3 年时间分期实施整治工程，主要进行南溪桥闸下游河道清淤清障、河段拓宽、培修海堤以及南溪桥闸闸板、胸墙改造、启动机房重建。其间，市区内河道整治工程是政府实施的一项民心工程，是年 10 月 8 日分段开工，主要进行河道清淤清障、河岸护砌、沿岸景观及夜景建设。

截至 2007 年，全市累计投入资金 3778.9 万元，投入劳动力 29.95 万工日，运用机械 1.48 万台班；共整治渠、港道 206 条长 416.04 公里，清理淤积土方 300.9 万立方米，清除水葫芦面积 1860 万平方米，拆除河障 708 处。

五、引、供水工程管理

（一）引水工程管理

1993 年，引水工程管理主要采取乡镇管理和受益农户管理相结合的形式；桥闸枢纽工程和输水渠道基本能蓄水、行洪、过流、通航和输水的要求，年引出水量 3.8 亿立方米。2003 年，出台《龙海市农田水利设施管护办法（试行）》，新增组建 35 个农民用水户协会，制订协会章程和各项管理制度，落实管护主体。2004—2006 年，引水工程管理仍然按照《龙海市农田水利设施管护办法（试行）》，进行管理，其中新增组建农民用水户协会 52 个。2007 年，全市农民用水户协会 87 个。

（二）供水工程管理

1993 年，供水工程因规模小、数量少、分布广，主要采取受益农户自管形式，管理比较粗放；平均提供工业和生活用水 1200 万立方米。

2006 年，制定出台《龙海市村镇供水管理暂行规定》，依靠当地村委会或村民小组负责组建各种形式的农民供水协会或专职管理人员进行管理。

2007 年，供水工程仍然按照《龙海市村镇供水管理暂行规定》进行管理。其间，强化安全生产管理，确保厦漳平安供水。定期组织对水闸和渠道水工建筑物、机电设备等相关设施进行巡查、养护维修。

（三）重点供水工程

1993 年，北溪供水工程由省九龙江北溪供水局承接修复。1994 年，从测压管及动态探测得知，北港桥闸有底板脱空的现象，11 月份开始投入 400 万元对桥闸加固处理，1995 年 3 月完工。1995—1996 年，完成南北港桥闸 40 孔液压启闭机的更新改造工作。1997—1998 年，安装水情自动化报警系统，闸门运行

图 8-9　北溪引水工程（北溪供水局提供）

自动化系统试点；闸基测压管巡测系统调试，引进英国 ABB 公司电磁流量计，初步实现调控运行、工程观测、水量计量自动化。同时，投资 150 万元对枢纽水闸南、北港下游防冲消能设施冲刷进行加固处理。

1999—2002 年，投资 293 万元，对枢纽工程南、北港上游黏土铺盖冲刷处理。2000 年，投资 60 万元对枢纽工程进行安全鉴定；投资 12 万元对南港船闸及先启孔钢闸门进行喷锌防腐处理；投资 150 万元兴建防汛调度信息中心。是年 8 月 18 日，北溪左干渠龙海段改造正式开工，分两期，一期投资 1.44 亿元，改造长度 6 公里。11 月，开始对北溪引水工程 51 公里的左干渠改造，投资 1.57 亿元，一期工程，长 6 公里双孔钢筋混凝土箱涵主体工程。2002 年 11 月 4 日完工，供水能力由单一管供水 6 立方米 / 秒，恢复到左干渠供水 12 立方米 / 秒。

2003—2004 年，实施北溪水闸除险加固，完成土石方开挖 6.2 万立方米，砼 1.7 万立方米，薄壁砼防渗墙 3900 平方米，干浆砌条石 8400 立方米，抛填块石 1.17 万立方米，金属结构安装 155 吨。

2005 年 7 月 6 日，福建省九龙江北溪水闸枢纽南港除险加固工程，液压系统成套设备采购与安装工程通过阶段验收。

2007 年，供水量增长 16.2%，为厦漳经济发展提供可靠的水资源保障；完成南北港闸门液压设备改造、水闸上部结构改造、综合自动化系统、管理楼、会议室大屏幕投影拼接系统设备采购与集成等工程的建设。

第三节　水资源管理

一、取水管理

1993 年，执行《龙海市实行取水许可登记发证暂行办法》，对利用水工程或者机械提水设施直接从江河、湖泊和地下取水实施取水登记工作。对为家庭生活、家庭饲养畜禽饮用取水、为农业灌溉年取水量在 1 万立方米以下、用人力畜力或者其他简易方式取水的等少量取水的不需要申请取水许可证；对为农业抗旱应急必须取水的、为保障矿井等地下工程施工安全和生产安全应急必须取水的、为防御和消除对公共安全或者公共利益的危害而必须取水的免予申请取水许可证。

1994 年 11 月 1 日，龙海市发布取水许可登记发证的通知，取水许可制度从此开始。

1995 年，依照《取水许可制度实施办法》的规定，向取用地表水、地下水的单位和个人审批发放取水许可证 320 本，发证率 97%。

1997—1998 年，收取水资源费 11.39 万元，审批取水许可证 223（套）户。

1999—2000 年，审批取水许可证 190 本。

2001—2002 年，批准发放取水许可证 282 本，批准取水量 2.12 亿立方米。2002 年，龙海市水政监察大队对招商局漳州开发区供水工程、龙海市白水镇自来水工程、龙海市程溪彭水梯级水电站等一批新建、扩建工程的取水项目进行水资源论证和审查。

2003年，配合漳州市水利局完成《龙海市水资源综合规划》编制，重点是水资源调查评价、水资源和水环境承载能力分析、水资源优化配置。是年9月，完成《福建省水（环境）功能区划》中龙海部分的编写。

2005年10月，结合全市河道清淤清障工作，对西溪"一条龙"主干渠和市区主要港道排污口进行调查，并下发《关于加强西溪"一条龙"港道监督管理的通知》；12月提交《关于市区入河排污口的调查报告》。是年，审批取水许可证111套（户），新增非农业取水许可26户，换证2户。

2006年8月9日，龙海市人民政府出台《龙海市入河排污口监督管理实施意见》规定：凡在辖区内九龙江西溪、北溪、南溪等河道流域范围内，入河（港道、渠道、水库）排污口的设置、改建和扩大排污单位（个人）应进行退（排）水论证，由有管辖权的市水利局审核同意后，市环保局才对该项目的环境影响报告书进行审批。审批程序列入市行政服务中心行政许可程序。是年，审批发放取水许可证136户，新增非农业取水许可16户。

2007年，全市批准取水许可证1262套（户），批准取水许可量6868万立方米。

二、河砂管理

1993年，根据《关于人工采砂船只办证费标准的通知》规定：河道采砂管理收费按省核定市场销售价10%—20%计收。人工采砂小船、运输砂船5吨以下，每年每吨位收取管理费60元；专营或兼营的运输砂船5吨以上按装载量每立方米砂收取管理费0.5元；从事营业性质的单位、有关采砂户、部分人工采砂船、抽砂水泥船，按砂场销售价12%计收。

1994年4月18日，市政府出台《关于龙海境内九龙江河砂开采和经营管理规定》重新规定：凡在境内九龙江开采河砂的单位和个人，均必须依法向水政、地质矿产等主管部门提出申请，经审查批准领取河道采砂许可证后，采砂必须按照水政部门批准的时间、范围、数量和作业方式进行开采，并按规定缴纳管理费、矿产资源补偿费等税费。同时，确定市矿产资源开发公司为九龙江河砂经营的主管单位，凡大宗、外销的河砂由市矿产资源开发公司统一组织经营，水行政和矿产部门对矿产资源开发公司收取的管理费、矿产资源补偿费暂按规定的最低标准收取，即河砂管理费按10%计收，矿产资源补偿费按2%计收。

1998年9月，水利部门组织34名专业技术人员对九龙江龙海段河道可开采砂量进行普查。普查范围：北溪从北引桥闸以下至入海口处；西溪从西溪桥闸至入海口处，包括九龙江北港、中港、南港及榜山镇下浒村至平宁村严溪头社河段。经普查，九龙江西、北两溪的来砂量满足不了采砂量。为保障防洪安全，必须有计划开采、限采、禁采河砂。是年，收取河砂管理费31.81万元。

1999年4月20日，市水利水电局、市地质矿产局联合发出《关于九龙江下游龙海河段河砂开采量及开采范围划定的报告》，提出河道采砂准则和重要河段禁采要求。

2000年3月17日，市政府发出《关于境内九龙江部分河段禁止采砂的通告》。

2001—2002年，收取采砂管理费72.01万元。

2004年3月29日，市政府召开专题会议，对九龙江河砂采矿权出让、九龙江河道采砂管理工作进行研究，决定成立九龙江河道采砂协调领导小组，下设九龙江河道采砂管理办公室，履行九龙江河砂开采经营活动并进行监督管理；5月18日，龙海市九龙江河道采砂管理办公室设立。

2005年，征收河道采砂管理费37万元。

2006年3月6日至6月26日，市人民政府两次召开专题会议，就《龙海市贯彻〈福建省河道采砂管理办法〉实施方案》进行讨论研究。7月25日，市人民政府制定《龙海市贯彻〈福建省河道采砂管理办法〉实施方案》，全面确立统一规划、统一办理、统一发证、统一收费的"四统一"制度以及协作监管机制，明确河道采砂由市水行政主管部门统一管理的体制和机制。同时，成立龙海市采砂管理协调领导小组，下设龙海市采砂管理办公室，由市水利局、国土资源局、海洋与渔业局抽调人员组成。是年征收采砂管理费 212.8 万元。2007 年，依法征收河道采砂管理费 352.8 万元。

三、农业水费和水资源费征收

（一）农业水费征收

1993—1996 年，按每年每亩 10 公斤稻谷折算人民币 12 元，由乡镇水利管理部门组织征收；年征收农业水费约 206 万元。1997—1999 年，按每年每亩 10 公斤稻谷折算人民币 17 元，由乡镇水利管理部门组织征收；年均征收农业水费 316 万元。2000—2007 年，按每年每亩 10 公斤稻谷折算人民币 14 元，由乡镇水利管理部门委托乡镇人民政府代征，或者由村民委员会代征。年征收农业水费约 248 万元。

（二）水资源费征收

1996 年，依法开征第一笔水资源费，金额 5.77 万元。1997 年，征收水资源费 6.23 万元。1998 年，征收水资源费 6.14 万元。1999 年，征收水资源费 6.75 万元。2000 年，征收水资源费 7.22 万元。2001—2002 年，征收水资源费 15.8 万元。2005 年，征收水资源费 20.5 万元。2006 年，征收水资源费 22.5 万元。2007 年，征收水资源费 33 万元。

第四节　水利执法

1997 年，龙海市组建水政监察大队，开始对水事案件立案查处。1997—1998 年，共查处水事案件 10 起，拆除违章建筑面积 1.72 万平方米。

1999—2000 年，查处卸砂下河 50 船次，价值 2 万元；办理采砂许可证 54 本；查处违章搭盖建筑 30 处 1700 平方米，清理违章砂场 5 处 820 平方米；协助隆教乡关头港海堤加固清除树木 7000 棵，鱼虾池 1.33 公顷，造田 1 处 0.2 公顷。2000 年 6 月，龙海市水政监察大队通过省、市水政队伍能力建设验收。

2001—2002 年，查处无证采砂案件 1 起，实施水行政处罚；扣押采砂船启动设置 26 台、水泵 10 台、高压油泵 6 台、油嘴 14 副、吸砂管 10 条、蓄电池组 56 套；行政处罚 3 起，罚款 3700 元。其间依法拆除违章建筑及搭盖建筑物 42 处，临时搭盖 32 处，面积 3450 平方米，销毁渔具 550 多平方米，砍伐违章种植果树 3219 株。

2003 年，查处无证采砂案件 2 起，实施水行政处罚 2.8 万元。2004 年，查处无证采砂案件 8 起，实施水行政处罚 7.35 万元。2003—2004 年，开展九龙江非法采砂专项整治活动，查处 10 艘非法采砂船，给予 9 名非法采砂当事人行政处罚 9.85 万元。

2005 年，依法征收水资源费 20.5 万元；立案查处违法无证采砂 19 起，实施水行政处罚 3.5 万元，没收违法所得 0.2 万元；查处侵占毁坏水工程等案件 69 起，实施水行政处罚 8.22 万元；加大“青山挂白”治理力度，共种植巨尾桉 4 万多株，修建排水沟长 2.5 公里，砌挡土墙 1.5 公里，控制矿区的水土流失。

2006 年，依法审批采砂许可证 13 户，查处非法采砂案 45 起，实施河砂行政处罚 5.1 万元，普查登记入河排口 76 起，查处水事案件 128 起，实施行政处罚 12 万元。

2007 年，立案查处违法采砂案件 69 起，结案 69 起，实施水行政处罚 30.5 万元；查处侵占毁坏水工程等违法违规案件 55 起，其中立案 5 起，结案 5 起，实施水行政处罚 2.05 万元；办理水土保持方案审批手续 101 份，收取水土保持补偿费 16.66 万元。

截至 2007 年，龙海水行政执法机构设有执法专用码头 1 座；配备执法检查船 2 艘，执法专业车辆 2 部，快艇 1 艘，冲锋舟 2 艘等执法设备。

卷九 农林牧业

NONG LIN MU YE

1993—2007年，龙海先后被福建省政府确定为高优农业示范区，被国家计委列为扶持粮棉大县发展经济和高产优质高效示范区，成为国家级与省级商品粮基地县（市）、国家级外向型高优农业示范区和可持续高效农业示范区、海峡两岸（漳州）对台农业合作实验区。15年间，龙海致力于调整农村产业结构，实行农业综合开发，推进农业产业化进程，发展高优生态农业；开发开放使龙海传统农业迅速向现代化农业转变，成为福建省唯一的国家海峡西岸沿海地区持续高效农业示范区。

2007年，全市农林牧业总产值25.98亿元，比1993年的10.47亿元增加15.51亿元，增长1.48倍。在提高粮食综合生产力的前提下，农业内部结构逐步优化，由单一粮食结构向粮经多元结构转化。种植业与养殖业产值比由1993年54∶46调整为2007年的37∶63；粮经比例由1993年39∶61调整为2007年的15∶85。粮食生产实现科技化、品种优质化。全面推广农业新技术；建立和完善11个667公顷农业示范片（基地）；引进农业优良品种8大类、130个，良种覆盖率96%；推广杂交水稻和优质稻，推行豆—稻—豆、花—豆—稻、菜—稻—菜等耕作技术，试验示范稻田套养虾的新耕作模式；组织实施农业部“沃土工程”和丰收计划，示范推广13674公顷。是年，粮食总产量8.72万吨、总产值1.63亿元。

龙海已成为省内农机装备水平较高的县（市），全市农业机械总动力由1993年的235895千瓦增加到2007年的361551千瓦。

畜牧业在稳定生猪生产中，致力于提高瘦肉型猪比重，并加快发展草食动物饲养业。2007年，全市肉蛋奶总产量4.74万吨，比1993年增长9.72%；畜牧业产值7.51亿元，比1993年增加4.59亿元。

蔬菜、食用菌、花卉、水果生产，不断引进优质品种，朝规模化、产业化方向发展。全市建立10005公顷无公害蔬菜示范基地，成为农业部第一批全国无公害蔬菜生产示范基地县（市）之一。食用菌生产推广周年化、规模化、工厂化、标准化的栽培模式。2007年，九湖食用菌研究所取得无公害农产品（产地）双认证及生态农业生产基地认证。是年，全市蔬菜总产量37.18万吨、总产值10.67亿元，其中食用菌总产量6.92万吨、总产值3.36亿元；花卉种植面积1637.53公顷，花卉产值2.19亿元；水果总产量9.16万吨、总产值2.42亿元。

林果业快速发展，在鼓励群众开山种果的同时，建设沿国道、省道两侧坡地和西部丘陵山地的花卉水果基地、宜林山地速生丰产林基地。2007年，全市林业产业总产值0.52亿元，是1993年的4倍；以水果为主的经济林39086公顷；拥有示范基地林7337公顷，示范片42片，生态公益林20124公顷，占林业用地28.46%，其中国家级生态公益林1800公顷，省级重点生态公益林18324公顷；有林地70116公顷，比1993年增加18350公顷，林木总蓄积量99.7万立方米，森林覆盖率55.6%，林地绿化率94.23%。

第一章　生产条件

第一节　耕地与劳力

一、耕地

1993 年，龙海市耕地 28083 公顷。1996 年，划出耕地 3008.9 公顷归漳州市龙文区，当年全市耕地 23501 公顷。2007 年，全市耕地 16324 公顷。

1993—2007 年，国家基建用地减少 3533.97 公顷、乡村集体基建用地 1070.94 公顷、农民建房用地 265.53 公顷、退耕造林 25.61 公顷、退耕改牧 15.81 公顷、退耕改果 3168.72 公顷、退耕改渔 1959.31 公顷，灾害毁地 87.17 公顷。其间，增加耕地 723.43 公顷，其中新开荒 93.45 公顷、平整土地 95.85 公顷、退果还耕 532 公顷、退渔还耕 2.13 公顷。

二、劳力

1993 年，农村劳动力 39.53 万人，实有劳力 36.58 万人。1998 年，农村劳动力 34.07 万人，实有劳力 32.54 万人。随着土地经营权可以依法转包、转入、互换和入股，从事农业生产的劳动力 21.04 万人，占实有劳力 64.7%，农村劳动力明显锐减。

2007 年，农村劳动力 40.08 万人，实有劳力 35.98 万人，其中投入工业企业及第三产业的劳力占实有劳力 60%。

1993—2007 年龙海市耕地与劳力情况表

表 9-1-1　　　　单位：公顷、亩 / 人、万人

年份	耕地			人均耕地	劳动力
	总面积	水田	旱地		
1993	28083	22761	5322	0.57	39.53
1994	27828	22516	5312	0.56	39.48
1995	27631	22071	5560	0.54	39.43
1996	23501	19145	4356	0.54	39.76
1997	22722	18920	3802	0.53	34.07
1998	21727	17909	3818	0.50	34.07
1999	21680	17832	3848	0.50	33.51
2000	21374	17616	3758	0.48	34.45
2001	20164	16721	3443	0.45	35.22
2002	18801	15640	3161	0.45	36.06
2003	18273	15108	3165	0.44	37.17

续表 9-1-1

年份	耕地			人均耕地	劳动力
	总面积	水田	旱地		
2004	17763	14743	3020	0.42	37.45
2005	17250	14345	2905	0.41	37.88
2006	16717	13941	2776	0.39	38.49
2007	16324	13548	2776	0.39	40.08

第二节　农业机械

一、耕作、收获机具

1993 年，全市有耕作机械中轮式大、中型拖拉机 245 台，动力 9048 千瓦；小型拖拉机 4570 台，动力 40363 千瓦；大中型拖拉机配套农具包括旋耕机 8 部、机引犁 6 部；小型拖拉机配套农具包括旋耕机 2471 部、机引犁 121 部、机引耙机 86 部、小麦开沟机 53 部。联合收割机 10 台，动力 109 千瓦；刈晒机 26 台，机动脱粒机 3865 台。

1995 年，耕作机械中轮式大、中型拖拉机 92 台，动力 3392 千瓦；小型拖拉机 4806 台，动力 42435 千瓦；耕整机 97 部，动力 264 千瓦；机耕船 9 艘，动力 82 千瓦；大中型拖拉机配套农具：旋耕机 1 部、机引犁 1 部；小型拖拉机配套农具：旋耕机 2635 部、机引犁 97 部、机引耙机 62 部。联合收割机 10 台，动力 109 千瓦；刈晒机 45 台，机动脱粒机 4420 台。

2002 年，耕作机械中轮式大、中型拖拉机 6 台，动力 222 千瓦；小型拖拉机 3119 台，动力 29389 千瓦；小型拖拉机配套农具 1829 部，其中旋耕机 1804 部、机引犁 2 部、耕整机 14 部、机引耙 1 台、机耕船 8 艘。联合收割机 13 台，动力 158 千瓦；机动刈晒机 2 台，机动脱粒机 5560 台。

2007 年，耕作机械中轮式大、中型拖拉机 17 台，动力 693 千瓦；小型拖拉机 2147 台，动力 20361 千瓦；多功能拖拉机 1682 台，动力 35557 千瓦；大中型拖拉机配套农具 28 部；小型拖拉机配套农具：耕整机 134 部、旋耕机 1692 部、机引犁 1 部、机耕船 20 艘。大型自走式型联合收割机械 10 台，动力 328 千瓦；机动水稻插秧机 1 台，动力 2 千瓦；机动水稻浅栽机 2 台，动力 6 千瓦；专用水稻直播机 23 台，化肥深施器 1 台，机动脱粒机 4326 台，谷物烘干机 2 台。

图 9-1　用收割机收割水稻（市农机站提供）

二、植保、排灌机具

1993 年，全市有工农—36 型机动喷雾（粉）器 1002 部，动力 2204 千瓦；农用排灌动力机械 3387 台，动力 26612 千瓦；农用水泵 2880 台，喷灌机械 12 套。1995 年，机动喷雾（粉）器 1061 部，动力 2317 千瓦；农用排灌动力机械 3552 台，动力 27782 千瓦；农用水泵 3122 台，喷灌机械 12 套。2002 年，机动喷雾（粉）器 4064 部，动力

10673 千瓦；农用排灌动力机械 2927 台，动力 14910 千瓦；农用水泵 2927 台，喷灌机械 5 套。

2007 年，机动喷雾（粉）器 10213 部，动力 19463 千瓦；农用排灌动力机械 4154 台，动力 16892 千瓦，其中柴油机 2076 台，动力 9829 千瓦；电动机 1947 台，动力 6622 千瓦；农用水泵 4154 台，节水灌溉机械 10 套。

三、牧机具

1993 年，全市畜牧业机械动力 9742 千瓦，主要机械是饲料粉碎机 1036 部。1995 年，机械动力 10119 千瓦，饲料粉碎机 1035 部。2002 年，机械动力 2684 千瓦，饲料粉碎机 330 部。2007 年，饲料粉碎机 282 部，动力 2502 千瓦。

四、机械总动力

1993 年，龙海农业机械总动力 235895 千瓦。2007 年，总动力 361551 千瓦，其中柴油机动力 285010 千瓦、汽油机动力 15979 千瓦、电动机动力 60562 千瓦；机械收获面积 4680 公顷，比 1993 年的 354 公顷增加 4326 公顷；机械植保作业面积 5113 公顷，比 1993 年的 3205 公顷增加 1908 公顷。

第二章　综合开发与经营体制

第一节　农业综合开发

一、土地治理

1993 年，龙海实施国家农业综合开发土地治理项目，在港尾镇、隆教乡改造中低产田 1080.5 公顷；1994 年改造 793.7 公顷，投资 156.91 万元；1995 年改造 727.03 公顷，投资 123.61 万元。至 1995 年共改造 2061.23 公顷，总投资 563.4 万元。

1997 年，在角美、东园镇改造中低产田 847.1 公顷，总投资 428.7 万元。1998 年，在南溪小流域片改造中低产田 867.1 公顷，总投资 305.5 万元。1999 年，采用水改（工程改造）、肥改、土改、种改和推广新技术“四改一推广”措施，在浮宫、东园、紫泥镇，改造中低产田 1554.1 公顷，总投资 587 万元。2000 年，在浮宫、海澄、紫泥、白水、程溪镇改造中低产田 1814.2 公顷，总投资 747.3 万元。2001 年，在紫泥、颜厝、程溪镇改造中低产田 1120.6 公顷，总投资 924 万元。2002 年，在颜厝、海澄、紫泥、东园、榜山、程溪镇改造中低产田 1534.1 公顷，总投资 1024.6 万元。2003 年，在东泗乡和海澄、紫泥、东园、榜山、浮宫镇改造中低产田 1020.5 公顷，总投资 967.9 万元。2004 年，在隆教乡和海澄、九湖、紫泥镇改造中低产田 1380.7 公顷，总投资 751 万元。2005 年，在港尾、白水、角美、紫泥镇和江东良种场改造中低产田 1067.2 公顷，总投资 868 万元。2006 年，在港尾、东园、九湖镇和苍坂农场、双第农场改造中低产田 827.1 公顷，总投资 1168.8 万元。2007 年，在白水、海澄、紫泥镇改造中低产田 573.6 公顷，总投资 1018.1 万元。

1993—2007 年，全市中低产田的土地治理项目，共改造 15207.53 公顷，总投资 9354.3 万元。

二、商品粮基地建设

1993 年，龙海继续加快商品粮基地建设步伐，在连续 5 年保持亩产吨粮县（市）称号的基础上，形成以东园万亩高优水稻丰收田为主的多个连片粮食生产基地，承担商品粮基地建设项目。1995 年，龙海被列入“八五”期间国家商品粮基地县（市）和省商品粮基地县（市）。

1995—1996 年，国家商品粮基地投资 700 万元，其中国家投资 260 万元、省财政投入 200 万元、市财政配套资金 240 万元。项目实施后实现增产增收，受益面积 1107.22 公顷，年增收粮食 170.6 万公斤，年增加收入 33.89 万元；健全良种体系，良种繁育量 150 万公斤，良种覆盖率为 96%；完善农技设施，推广新技术面积 65366 公顷，培训农业技术人员 3150 人次；健全农机服务体系，年增机械深耕作业 320.16 公顷，年增机械收获作业 120.06 公顷，减少粮食损失 90 吨，节约劳动用工 3320 个工日，年机械抛秧作业面积 106.72 公顷，共创经济效益 44.18 万元，农业运输创直接效益 7.8 万元。其间，投入改善生产条件项目 20 个，新建管灌 19.47 公里，石砌渠道 17.72 公里，改造面积 980.49 公顷，其中吨粮田建设 707.02 公顷，咸渍田及排灌条件差而造成减产的中低产田 273.47 公顷；良种体系建设项目 5 个，维修良种仓库 1172 平方米，购置 1 辆种子推广车；商品粮基地专项建设项目 4 个，购置农技化验室仪器设备 80 件，建设农技推广办公楼 690 平方米；农机项目 2 个，配备稻麦两用收割机 5 台，东风 12 型手扶拖拉机 11 台，抛秧机 1 台和稻麦烘干机、联合收割机、插秧机等一批农机零配件；水利项目 7 个，投入土石方 6.3 万立方米，其中石方 0.32 万立方米，受益面积 1153.91 公顷。

1995—2007 年，省商品粮基地项目总投资 4243.9 万元。其中，中央财政投资 855 万元，省财政投资 1406.1 万元，漳州市财政投资 614.8 万元，龙海市财政配套 513.4 万元，乡村及农民自筹 854.6 万元（其中农民投工 11.37 万工日、折资 240 万元）。项目实施后，新增灌溉面积 696.35 公顷，完善灌溉面积 3132.9 公顷，新增除涝面积 995.2 公顷，改善除涝面积 2495.3 公顷，水资源利用提高 25% 以上。项目区的双季稻年亩产 1050 公斤，比项目实施前增加 90—150 公斤，比增 9.4%—16.7%；亩产值 1575 元，提高 225 元。其间，农田基础设施体系 23 个项目片建设，改造中低产田面积 7822.58 公顷；农业新技术推广应用有旱育秧、抛秧、壮秧、优质稻栽培、大田肥水调控、两薯脱毒、无公害生产、老树复壮、绿色食品栽培管理等，总面积 38.64 万公顷；举办 296 期各类培训班，受训 4.45 万人次；在农技服务体系建设中，建立育秧中心培训基地、早稻优质种子繁育场及水稻病虫观察圃 2 处，购置 MP—500 电子天平、土肥检测仪器原子吸收分光光度计、紫外分光光度计、DHS—25 酸度计、SHA—C 水溶恒温振荡器、85—1 型磁力搅拌器、DDS—307 电导及病虫测报灯 2 盏。

附：东园现代农业示范园区

1997 年，龙海在东园农科所及周边连片万亩农田建立粮食高产农业示范基地，辖区有 9 个村，总人口 2.24 万人，耕地总面积 840.42 公顷。是年 7 月，基地被福建省政府确定为全省 13 个现代农业示范园区之一。至 2007 年，先后引进绿兴、华进、振发、嘉生、亚细亚等 10 多家农业企业，带动 200 多户种养营销大户参与示范区开发建设，提升生产水平和管理水平，促进农业结构调整；累计投资 2000 多万元，建成田间机耕路 48 公里，田间排灌渠系 41.2 公里，机耕桥 21 座，涵洞 36 座，排洪闸 4 座，电动灌溉站 19 座，田间林网 22 公里，新增耕地面积 34.48 公顷，改善灌溉面积 566.95 公顷，排涝面积 800.4 公顷；引进黄秋葵、台湾珍珠芭乐、杨桃、释伽、木瓜、火龙果、台湾青枣等 50 个国内外优新品种；带动 10 多家农业企业，200 多户大户进入规模化生产，形成 800.4 公顷优质水稻生产基地、880.4 公顷蔬菜生产示范基地、40.02 公顷台湾优质水果生产基地。

三、农业产业化经营

1993 年，龙海有农产品加工企业 2398 家，总产值 5.82 亿元。1998 年，全市农产品加工企业增加到 2500 家，总产值 45 亿元。企业与农户签订生产合同（又称订单农业），实行企业、种植、运销一体化经营模式，在全国大中城市设经销网点 1238 个，经销队伍 2.4 万人，流通大户 100 多户，年运销农产品 35 万吨。

2003年，全市有农业产业化经营组织452个，其中龙头企业带动型129个、中介组织带动型23个、专业市场带动型9个。2004年，全市龙头企业固定资产总值25亿元，销售收入37亿元，利税总额3.5亿元。农业产业化经营组织带动种植业基地40020公顷，养殖业基地10672公顷；畜饲养量54万头，禽饲养量874万羽，带动农户12.7万户。农户每年从农业产业化经营得到收入1.1亿元。是年，全市有国家重点龙头企业1家，省级龙头企业3家，市、县级以上龙头企业43家，涉及农、林、牧等各个产业；已形成角美蔬菜精加工基地、海澄饲料生产基地和果蔬速冻加工基地、港尾食品罐头加工基地、颜厝干果品加工基地、紫泥水产品加工基地、九龙江沿岸水产品速冻加工基地、九湖花卉运销企业群。有20多家企业取得进出口自营经营权，19家企业通过ISO9000国际质量体系认证，13家企业取得HACCP体系认证，56家企业通过农业部全面质量管理达标验收，有2个产品获得省名牌产品（程宏开发有限公司申报的“程溪牌”台种菠萝和紫泥甘文农场“甘文牌”溪蝂红鳟），9家产品食品罐头获得出口Q代号，28家企业取得商检和卫生注册；有4家企业被确定为省、部级高新科技企业和科技示范基地。企业产品在全国有一定影响的，有“紫山（Q51）”牌芦笋罐头和酱菜、“泰山”牌仙草蜜等；龙头企业年出口创汇1亿多美元。

2007年，农业产业化经营组织594个，其中龙头企业带动型180个、中介组织带动型33个、专业市场带动型13个；龙头企业固定资产总值34.9亿元，销售收入52亿元，利税总额5.9亿元。农业产业化经营组织带动种植业基地55361公顷，养殖业基地14674公顷；畜饲养量75万头，禽类饲养量1212万羽；带动农户17.7万户，农户每年从农业产业化经营中得到收入1.5亿元。全年有8家企业12个项目参加推介会，应邀参会台商及本地企业22家，洽谈项目1个；7家企业与外商、经销商现场签约8个营销项目，合同交易额7000多万元。

四、对台农业合作

1993年，全市引进台资项目53项，协议投资2亿美元。1994年、1997年，龙海先后被国家定为外向型农业示范区、海峡两岸农业实验区重点县（市）。

1997年，市五套班子领导每人挂钩一个投资500万美元以上的对台农业合作项目。龙海对台农业合作从民间零散的引进转向党政齐抓、部门配合的局面。建立对台农业合作项目库，把对台农业合作项目作为对外招商的“重头戏”，利用一年一度的“9·8”中国（厦门）贸洽会，推出一批合作项目开展招商，使龙台农业合作从小额贸易向技术、市场、资金全方位引进扩展。同时，出台八项优惠政策，对闽台农业合作项目实行土地收费优惠、税费减免，吸引台资农业合作项目落户；对引进台湾优良品种、先进技术、资金的有功人员予以奖励。当年，全市农产品出口创汇1.25亿美元，占出口总值的46%，产生以农兴工、以台引外的效应，推动相关工业的引进。

1998年，全市引进台资农业企业、加工企业及相关企业83家，总投资3.72亿美元；累计引进台湾优良品种130个，新技术31项，推广面积36552公顷，经济效益21.5亿元。

1999—2000年，引进涉农项目25个（增资7个），合同外资额1.03亿美元。

2006年，全市产值上千万元的农业加工台资企业17家，产值4亿元；共引进台湾优良品种八大类160个，引进高效种养技术和栽培模式42项。

2007年，全市拥有涉农台资企业94家，其中国家级农业龙头企业2家、省级龙头企业6家、漳州市级龙头企业25家、县（市）龙头企业61家；建立蔬菜、食用菌、水果、花卉和麻竹5个创汇农业基地；累计引进12家果蔬速冻企业，共有20条流态速冻、膨化和低温真空干燥技术装备的先进生产线，年加工能力10万吨；引进先进的农产品加工设备260多台（套）；引进台资项目307个，合同总投资额38.9亿美元，实际利用台资25.6亿美元。涌现出东海、亚细亚、泰山、振发等30家年出口额500万美元以上的台资企业。

第二节　经营体制改革

一、土地承包责任制

1993 年，全市 13.47 万户农民承包耕地 27802.53 公顷。1997 年 12 月，第一轮生产承包责任制到期。1999 年 8 月，开展新一轮承包合同签订工作，签订承包合同的农户 140467 户，承包耕地 18105.05 公顷，分别占应签户数、耕地总数 96.57%、97.42%；鉴证承包合同 138640 份，占已签合同 98.7%。

2000 年，经补缺、补漏和对不规范承包合同的村组限期整改后，完成新一轮土地承包责任制合同签订工作。至 2007 年，全市 138602 户农民签订家庭承包经营责任制合同，承包经营的耕地 18063.6 公顷，其中归村（原生产大队）所有 3392.8 公顷，归组（原生产队）所有 13626.3 公顷，其他权属 1044.5 公顷；家庭承包合同 149215 份，颁发土地承包经营权证 146804 份，农户家庭承包土地流转合同份书 8780 份。

二、土地经营权转让

1998 年，龙海开始实行土地经营权转让，在东园镇现代农业示范区和紫山集团、海新集团、格林食品、嘉荣食品、振发食品、亚细亚食品等企业的农业生产基地，实施土地流转。

至 2007 年，全市土地流转面积 7030.18 公顷，占耕地总面积 40.8%，涉及 5.28 万户农户，占农户总数的 31.4%。其中农户自发流转面积 5300.76 公顷，占 75.4%；乡村集体组织流转面积 1729.42 公顷，占 24.6%。按流转期限划分：1 年以内面积 4499.05 公顷，1—5 年面积 1757.27 公顷，5—10 年面积 492.11 公顷，10 年以上面积 281.75 公顷。按流转形式划分有 3 种：转包面积 4638.72 公顷，涉及农户 30521 户；转让面积 1855.86 公顷，涉及农户 17268 户；出租面积 535.6 公顷，涉及农户 4957 户（出租 5 年以下面积 324.6 公顷，5—10 年面积 152.1 公顷，10—20 年面积 58.9 公顷）。

图 9–2　东园农业项目（东园镇政府提供）

附：土地适度规模经营

龙海土地适度规模经营始于 1984 年，由紫泥乡发起。1993 年，全市 14 个乡镇均进行规模经营，主要分布在紫泥、海澄、东园、港尾、白水、程溪、东泗、角美 8 个乡镇。土地承包面积在 0.67 公顷以上，承包期 1—10 年。

1998 年，全市种植业专业户 850 户，其中承包 0.67 公顷以上的粮、果、蔬专业户 736 户，承包总面积 1213.33 公顷，最多的承包 20 公顷；粮食承包期一般 2—3 年；果树种植承包期一般 5—10 年，最长的 15—20 年。承包期短的，以农、牧结合为主，粮菜、畜种养并举，综合利用；承包期长的，农、果、牧结合，综合开发。

2007 年，全市农户家庭承包土地流转总面积 2427.88 公顷，其中转包 1085.88 公顷，转让 131.07 公顷，互换 145.27 公顷，出租 306.49 公顷，其他形式流转 759.17 公顷。

第三章　农作物种植

第一节　粮食作物

一、品种

（一）水稻

1993 年，由常规矮秆品种变革为三系杂交水稻，有四优 1 号、2 号（即闽优 1 号、2 号），四优 30，四优红田谷，汕优桂 33，汕优红田谷，威优 2 号、3 号，威优红田谷特优 63、佳辐占、下优 551、5537、两优培九、丰两优 1 号、华优桂 99、新秀优 80。

1996 年，推广特优 70、福优多系 1 号优质米品种等代替咸优 64、满全 515、龙桂 4 号、籼 128 等；本地培育良种（市农科所选育的龙海 627、漳州市农科所配制常规稻推广佳禾早占，泰国优 201）等优质良种。1998 年，更新水稻新品种主要推广特优 77、特优多系 1 号优质米品种代替咸优 64、满全 515、龙桂 4 号、籼 128。

1999—2001 年，更新更换水稻新品种（组合）主要推广优质稻培两优 288、201。从省外引进新品种（组合）、特优 86、福两优 2186、福两优 2163、特优 898、粤香占、绿黄占。

2006—2007 年，推广两优培九、丰两优 1 号、T 优 5537、T 优 551、先农 16、佳辐占等优质、抗病、高产水稻新品种。其他生产示范（中试）品种有特优多系 1 号、福优多系 1 号、字优 04、佳禾早占、珍占 971、溪选早 1 号、培两优 288、新香优 80、南厦 060、福两优 63、福两优 2163、福两优 2186、特优 18、特优 128、南系 1 号、 T78 优 165、T78 优 07、优 I316、T 优 2155、全两优 4 号、全两优 5 号、岳优 202、佳早 1 号、先农 16、漳佳占、 福优 964、协优 3550、培两优 288、特优 70、特优 388、特优 82、特优 669、世纪 137、T 优 8063、T 优 8563、T 优 5286、T 优 6586、珍占 972、漳优 9104、8463、2484、两优多系 1 号、特优航 1 号和 2 号、D 奇宝优 1 号和 527 号、谷优 527、京福优 527、准两优 527、宜秀优 673、D 优 15、先优 95、特优 103。

（二）其他粮食作物

1993—2007 年，小麦的品种有福麦 7 号、抗锈 1 号、晋麦 2148、30452、红芒、红车蕾、福清和尚麦。甘薯的品种有新种花、大南佛、岩茹 5 号、胜利百号、禹北白。马铃薯的品种有紫花 851、克新系列（3 号、2 号）、中茹 3 号、东农 303、马铃薯 3 号、闽薯 1 号、张薯 7 号、农薯 305、徐薯 18。大豆的品种有菜用大豆、292、305、茶豆、毛豆 75—3、75—5、毛豆 2808、毛豆—9801（上沟青）、75、2808、上海青、矮生四季豆—台湾二号、蔓生四季豆—青兰湖、白兰湖、上海青、思源及奇珍 76、604 豌豆。

二、面积与产量

1993 年，全市粮食作物播种面积 52848 公顷，总产量 35.28 万吨，其中春粮 1.5 万吨，夏粮 16.5 万吨，秋粮 16.4 万吨，扩种杂粮 0.88 万吨。是年，实施高优粮食工程 13407 公顷，推广实施 1241 旱地粮油工程 1668 公顷。

1994 年，实施 13340 公顷吨谷田和旱粮工程，推广高产栽培技术及高优品种；播种面积 53107 公顷，总产量 35.37 万吨，分别比增 0.54%。

1995 年，全市粮食作物，播种面积 53394 公顷，总产量 35.75 万吨，比 1994 年增产 3800 吨，增长 1.07%。

实施2335公顷旱地粮油工程，113粮菜工程13340公顷；推广健身丰产栽培技术33350公顷；规范化育秧3335公顷；试验示范旱育秧133公顷；试种早枝豆、“夏闲田”播种中稻38公顷。

1996年，全市粮食作物播种面积54878公顷，总产量36.44万吨，比上年增加0.69万吨，增长1.85%。当年推广特优63为主的杂交稻13340公顷；推行薄膜育秧1868公顷，占春耕育秧面积93%；实施中低产田改造414公顷；扩种稻麦良种44362公顷，良种覆盖率达96.5%。

1997年，全市粮食作物播种面积49638公顷，总产量33.49万吨。1998年，全市粮食作物播种面积45967公顷，总产量31.12万吨。实施四大粮食工程：推广杂交水稻，年种植丰产性好的杂交稻8671公顷，水稻优质品率达96%；扩种粮食兼用型马铃薯，年冬种马铃薯面积2068公顷，折原粮总产1.58万吨，单产504公斤；在幼龄果园和旱地套种甘薯、玉米、高粱、大豆等4002公顷；在九湖镇的水仙花地和白水镇的双季豆（毛豆，四季豆），利用100多天夏闲田扩种一季中稻，面积355公顷，总产量2499吨，亩产470公斤。1999年10月9日，14号强台风正面袭击龙海，造成晚稻倒伏、破叶、折穗，严重影响开花授粉，致使晚稻大幅减产。当年，全市播种面积44794公顷，总产量25.36万吨，比上年减少5.76万吨，减产18.5%。2000年，粮价低迷，种粮效益低，全市粮食作物播种面积调减为25073公顷。

2004年8月21日，市政府发出《关于表彰2004年早季种粮大户的决定》，奖励种植早稻13.34公顷以上2户：紫泥镇南书村姚细目和榜山镇平宁村谢素叶，每户奖励2000元；种植早稻10—13.34公顷4户，每户奖励1500元；种植早稻6.67—10公顷19户，每户奖励1000元；种植早稻3.3—6.67公顷25户，每户奖励500元。2006年，推广超级稻3735.2公顷，建立核心示范片48.6公顷，晚季推广特优航1号、两优培九等超级稻2001公顷，无偿提供超级稻种2000多公斤，对晚季种植杂交稻的农户每公斤种子补贴3元。

2007年，全市粮食作物播种面积14452公顷，平均亩产402公斤，总产量8.72万吨，总产值1.63亿元，比上年播种面积减少2620公顷。

1993—2007年龙海市粮食作物生产情况表

表9-3-1　　单位：公顷、万吨、亿元

年份	播种面积	总产量	总产值（现行价）
1993	52848	35.28	2.56
1994	53107	35.37	4.17
1995	53394	35.75	4.95
1996	54878	36.44	5.47
1997	49638	33.49	4.75
1998	45967	31.12	4.68
1999	44794	25.36	3.74
2000	25073	17.6	2.55
2001	21954	15.2	1.42
2002	15913	10.24	0.88
2003	16041	10.46	1.14
2004	17016	11.25	1.82
2005	16127	10.48	1.58
2006	17072	10.74	1.70
2007	14452	8.72	1.63

第二节　蔬菜与食用菌

一、品种

（一）蔬菜

1993年，全市大面积种植的蔬菜品种有青菜、萝卜、萝卜短叶13号、胡萝卜、胡萝卜坂田316、白菜、苋菜、菠菜、花菜、空心菜（蕹菜）、芥菜、葱（麦葱、香葱）、蒜、辣椒、芦笋、苦瓜、黄瓜（刺瓜）、芝山长白、津杂1号、津研4号、津研7号、油菜、茼蒿、芥蓝菜（隔冥菜）、牛皮菜（厚末菜）、倭菜、芹菜、莴苣（笋菜）、蔓青（大头菜）、竹笋、茭白笋、芋、金薯、山尾薯、薇菜、蕨、韭菜、薤（荞头葱）、胡荽、姜、冬瓜、西瓜、南瓜（金瓜）、甜瓜、菜瓜（丝瓜）、土瓜（葛）、匏（葫芦匏、长柄匏）、茄、菜豆、扁豆、蚕豆、豌豆。

2001—2007年，引进蔬菜新品种40个。其中，番茄有小番茄圣女果、珍珠、杂有浙杂5号、尼加拉、曙光、美国太阳牌、佛手牌、荣光牌、苏抗3号，辣椒有湘研系列、椒系列、红峰、新奇；茄子有农友长茄704，花菜有华美、喜美，青花菜有优秀绿带子、绿冠、青绿、绿岭、绿秀，瓜类有洋香瓜、密王、新密王、早熟瓠瓜，萝卜有春夏秋、太阳牌、盖农牌、菜大根（四川大花），荷莲豆有台中11、601、604；甘蓝有京丰1号；菠菜有台湾新绿菠菜、日本菠菜“法连草”、香港黄清沙“急先锋”、西葫芦“特早秀”，以及花椰菜“塔花”，结球生菜、日本松菜、包心芥菜、潮州包心芥菜。

（二）食用菌

1993—1998年，全市种植蘑菇的品种有蘑菇8212、8213、8202、2796、3003和浙农1号，其次是草菇、毛木耳、金针菇、平菇、凤尾菇。

1999—2007年，引进新品种有蘑菇AS2796、AS3003，草菇238和茶树菇、香菇、平菇（鲍鱼菇）、真姬菇、蟹味菇、秀珍菇、杏鲍菇、白背毛木耳、珍稀菇。

二、面积与产量

1993年，全市蔬菜种植面积11538公顷，总产量18.47万吨；食用菌栽培总面积575万平方米，总产量4.6万吨。1994年，蔬菜面积12501公顷，总产量20.37万吨，比上年增产1.9万吨；食用菌栽培面积745万平方米，总产量5.96万吨。1995年，蔬菜、食用菌种植总面积和总产量比上年均略有下降。

2000年，蔬菜种植面积突破2万公顷。龙海建设10005公顷无公害蔬菜示范基地，成为农业部第一批全国无公害蔬菜生产示范基地县（市）。2002年，蔬菜无公害示范基地通过农业部验收。2004年，蔬菜种植面积24819公顷，产量47.54万吨、产值6.49亿元。食用菌生产以九湖食用菌研究所为依托，推广无公害栽培及珍稀菇工厂化作业。

2007年，蔬菜面积18726公顷，产量37.18万吨，产值10.67亿元；食用菌栽培面积601万平方米，总产量6.92万吨，总产值3.36亿元。

图9-3　蘑菇种植（市农业局提供）

1993—2007 年龙海市蔬菜与食用菌生产情况表

表 9-3-2

年份	蔬 菜			食 用 菌		
	面积（公顷）	产量（万吨）	产值（现价）（亿元）	面积（万平方米）	产量（万吨）	产值（现价）（亿元）
1993	11538	18.47	1.14	575	4.60	1.46
1994	12501	20.37	1.47	745	5.96	1.85
1995	10875	16.82	1.35	598	5.56	2.24
1996	12262	20.24	1.38	540	4.68	1.30
1997	10351	17.95	1.43	385	3.61	1.40
1998	11836	21.43	1.78	387	3.70	1.51
1999	13455	26.31	2.42	361	3.78	1.57
2000	20289	39.57	4.00	401	4.24	1.34
2001	18629	38.37	3.96	364	4.06	1.08
2002	20830	42.39	4.33	356	3.93	1.20
2003	21307	42.99	5.47	369	4.14	1.46
2004	24819	47.54	6.49	395	4.35	1.53
2005	22999	42.77	6.89	394	4.85	1.62
2006	22241	40.93	9.31	414	5.49	2.01
2007	18726	37.18	10.67	601	6.92	3.36

第三节　甘蔗与茶叶

一、品种

（一）甘蔗

1993 年，主要甘蔗栽培品种是糖蔗、果蔗两种，其中糖蔗品种以登科台 134 品种为主。1998—2007 年，推广甘蔗“8605”优良品种。

（二）茶叶

1993—1995 年，主要茶叶品种有红茶、绿茶、乌龙茶。1996—2007 年，以种植乌龙茶为主。

二、面积与产量

1993 年，由于种蔗效益低、运销售难等诸多因素影响，甘蔗生产出现连续滑坡；全市甘蔗种植面积 1326 公顷，总产量 10.21 万吨，比 1986 年种蔗最高峰面积 5336 公顷减少 4010 公顷。龙海原有茶叶面积不大，品质较差，档次又低，种植面积 604 公顷，产量 342 吨。1995 年，甘蔗种植面积 1240 公顷，其中新种面积 640 公顷，比上年增加 17 公顷，增长 1.38%；茶叶种植面积 428 公顷，比上年减少 55 公顷。1997 年，甘蔗种植面积 366 公顷，总产量 2.72 万吨，其中糖蔗面积 343 公顷、产量 2.55 万吨，果蔗面积 23 公顷、产量 0.17 万吨；茶叶种植面积 174 公顷，产量 134 吨。1999 年，甘蔗种植面积 353 公顷，总产量 2.09 万吨，比 1998 年面积增加 96 公顷，产量增加 0.24 万吨；茶叶种植面积 110 公顷，产量 142 吨。2003—2004 年，甘蔗面积稳定在 237—231 公顷，平均产量 1.59 万吨；2003 年茶叶面积 165 公顷，产量 155 吨。2004 年，茶叶由于近年市场需求潜力大，在市政府支持下，以白水镇中仑和金仙岩为中心发展 66.7 公顷新茶园。2005—2006 年，甘蔗种植面积分别为 222 公顷、200 公顷；茶叶面积分别为 159 公顷、167 公顷。

图 9-4　茶叶采摘（市农业局提供）

2007 年，甘蔗种植面积 204 公顷，总产量 0.93 万吨，比 1993 年减少 1122 公顷，产量减少 9.28 万吨；茶叶种植面积 152 公顷，全部种植乌龙茶，其中白水镇 97 公顷、双第农场 27 公顷、程溪镇 15 公顷、隆教乡 13 公顷。

1993—2007 年龙海市茶叶与甘蔗生产情况表

表 9-3-3　　单位：公顷、吨

年份		1993	1994	1995	1996	1997	1998	1999	2000	2001	2002	2003	2004	2005	2006	2007
茶叶	面积	604	483	428	239	174	135	110	100	113	102	165	147	159	167	152
	产量	342	204	160	154	134	123	142	136	166	139	155	168	148	150	155
甘蔗	面积	1326	1223	1240	375	366	257	353	247	165	244	237	231	222	200	204
	产量	102100	94400	91000	105000	27200	18500	20900	19000	12800	14200	15000	16700	16400	16900	9300

第四章　花卉　果树

第一节　花卉

一、种类与分布

1993 年后，主要引进鹤望兰、台湾蝴蝶兰、韩国大花惠兰、泰国吊兰、天堂鸟、泡仗花、垂叶榕、印度花叶榕、黄金榕、加拿大海藻、华盛顿棕、大王椰子、槟榔、仙人掌（球）等新品种。

2007 年，全市花卉有 369 种类 1162 品系 10688 品种，形成以榕树为主的树桩盆景和水仙花、绿化观赏苗木、虎皮兰和仙人球及多肉植物 5 大特色品牌花卉。水仙花主要分布在九湖、颜厝镇；仙人球及多肉植物分布在九湖、程溪、榜山、颜厝、东园、海澄镇；榕树盆景主要分布在石码、九湖、颜厝、紫泥、东园、角美、海澄镇；绿化观赏苗木主要分布在石码、九湖、颜厝、紫泥、东园、角美、海澄镇；虎皮兰主要分布在九湖、颜厝镇。

二、面积、产量、产值

1993 年，花卉种植面积 266.8 公顷，产值 940 万元。其中水仙花种植 173.4 公顷，产量 640 万粒，产值 400 万元；盆景种植 53.4 公顷，产量 40 万盆，产值 200 万元。

1995 年，花卉种植 306.8 公顷，比 1993 年增加 40 公顷，销售额 4140 万元，产值 1950 万元。1998 年，花卉种植 436.4 公顷，产值 4860 万元。其中水仙花 280.1 公顷，产量 1370 万粒，产值 2660 万元；盆景 100.7 公顷，产量 90 万盆，产值 1250 万元。2000 年，花卉种植 1496.1 公顷，销售额 2.51 亿元，产值 13200 万元，出口额 50 万元。其中水仙花 683.7 公顷，产量 3460 万粒，产值 4150 万元；盆景 274.8 公顷，产量 210 万盆，产值 3150 万元。2003 年，花卉种植 1340.7 公顷，比上年减少 173.4 公顷，销售额 2.03 亿元，产值 1.14 亿元，出口额 205 万元。其中，水仙花 556.3 公顷，产量 2890 万粒，产值 2820 万元；盆景面积 264.1 公顷，产量 200 万盆，产值 2640 万元。

2005 年，花卉种积 1407.4 公顷，销售额 2.7 亿元，产值 1.46 亿元，出口额 390 万元。其中，水仙花 510.9 公顷，产值 3657 万元；盆景 248.3 公顷，产量 216 万盆，产值 3900 万元。

2007 年，花卉种植 1749.3 公顷，销售额 4.01 亿元，产值 2.2 亿元，分别比 1993 年增长 10.3 倍、20.1 倍和 20 倍。其中水仙花种植 541.8 公顷，年产水仙花头 3393 万粒；仙人球及多肉植物 238.8 公顷，年产 1432.5 万株（粒）；榕树盆景 457.4 公顷，年产 397 万盆；绿化观赏苗木 370.6 公顷，年产 327.6 万株；虎皮兰 140.7 公顷，年产 3623 万株。

1993—2007 年龙海市花卉产业情况表

表 9-4-1

年份	种植面积（公顷）	销售额（万元）	产值（万元）	出口额（万元）	其中					
					水仙花			盆景		
					面积（公顷）	产量（万粒）	产值（万元）	面积（公顷）	产量（万盆）	产值（万元）
1993	266.8	2000	940	—	173.4	640	400	53.4	40	200
1994	283.5	2550	1200	—	206.8	930	630	53.4	40	240
1995	306.8	4140	1950	—	230.1	1180	850	54.0	40	260
1996	340.2	5610	2700	—	244.1	1240	1300	64.0	50	520
1997	396.9	6140	3600	—	266.8	1270	2160	81.4	75	800
1998	436.4	10300	4860	—	280.1	1370	2660	100.7	90	1250
1999	1320.7	16200	8600	—	582.3	3150	3860	242.1	180	2610
2000	1496.1	25050	13200	50	683.7	3460	4150	274.8	210	3150
2001	1718.2	28810	14230	120	804.9	4200	4520	299.2	235	3160
2002	1514.1	28900	15600	135	707.0	3840	4300	268.8	210	2820
2003	1340.7	20300	11400	205	556.3	2890	2820	264.1	200	2640
2004	1401.4	21900	13210	320	506.9	2500	3400	260.1	240	3150
2005	1407.4	27000	14630	390	510.9	2750	3657	248.3	216	3900
2006	1680.8	30600	16330	475	513.6	3080	4220	311.5	270	4650
2007	1749.3	40110	21950	625	541.8	3393	4504	457.4	397	6350

三、生产示范基地

1993 年，龙海的花卉生产基地主要集中在九湖镇，其中水仙花生产基地分布在九湖镇的蔡坂、洋坪、新塘、庵兜、田中央、大梅溪、小梅溪、蔡坑、九湖等村；百花村是兰花及其他名优花卉和盆景的生产基地。

2000 年 6 月，九湖镇被国家林业局、中国花卉协会命名为“中国水仙花之乡”；同月，百花村花卉市场被国家定为全国定点花卉市场。

2001 年 7 月，福建省林业厅、福建省花卉协会公布九湖镇水仙花示范基地、龙海市华兴榕树盆景园、漳州市百花村万兴园艺有限公司为第二批福建省花卉生产示范基地。

2002 年 9 月 20 日，龙海市林业局根据漳州市实施水仙花标准化项目要求，成立龙海市漳州水仙花国家级标准化示范区，启动实施第三批全国农业标准化示范区水仙花项目。

2003 年 7 月，漳州市百花村万兴园艺有限公司被漳州市人民政府授予农业产业化龙头企业称号；百花村宏盛花卉批发部被龙海市人民政府授予农业产业化龙头企业称号；11 月 10 日，龙海市林业局、龙海市花卉协会授予国香兰园为龙海市兰花示范基地。

2004 年 10 月，龙海市百花村宏盛花卉批发部（花卉生产基地）被福建省林业厅、福建省花卉协会公布命名为第三批福建省花卉示范基地。

2007 年，全市有 7 个区域 53 个花卉生产示范基地（其中省级示范基地 4 个，占全省被列为省级花卉生产示范基地总数 22.2%），花卉产业专业镇 1 个、专业村 25 个（其中漳州市级专业村 6 个）、示范园区（基地）6 个；有漳州市级花卉产业“十佳龙头企业”和“百家重点企业”14 家；183 家花店和 1000 多家花卉种植大户。

四、主要花事活动

1993 年，龙海市花卉协会、水仙花协会和盆景协会组织水仙花雕刻能手到北京、上海、香港等地举办水仙花雕刻表演活动。1997 年成立龙海兰花协会，开始与台湾花卉业者进行花事交流。

1999 年 1 月 18 日，漳州市政府举办海峡两岸（漳州）首届花卉博览会，博览会以龙海九湖镇至漳浦县城关的百里花卉走廊为依托，主展馆位于漳浦县马口的福建省漳州闽南花卉批发市场。龙海在九湖百花园的漳州花卉市场举办博览会分会场。

2000 年 1 月 8—12 日，龙海市政府主办，林业局、九湖镇、长福村承办，省、漳州、龙海市、百花村四级花卉协会协办，举办第二届海峡两岸（漳州）花卉博览会分会场。

2002 年 1 月 8—12 日，第二届中国百花村花卉节期间，由省、漳州、龙海、百花村四级花卉协会联合评选出 5 位水仙花雕刻师。

2003 年 1 月 8—12 日，举办第三届中国百花村花卉节，举办水仙花雕刻艺术展、仙人掌花卉展、榕树盆景优秀作品展、兰花精品展，以及花卉展销、促销活动。省、漳州、龙海、百花村四级花卉协会联合评选出 5 位水仙花雕刻师。

2004 年 1 月 8—12 日，第四届中国百花村花卉节暨漳州市第二届水仙花雕刻艺术大奖赛期间，新评选出 10 位水仙花雕刻师；11 月 28 日至 12 月 2 日，举办第六届海峡两岸（福建・漳州）花卉博览会暨百花村花卉节。

2005 年 11 月 28 日至 12 月 4 日，第七届海峡两岸（福建・漳州）花博会暨农业合作洽谈会分会场，在百花村百花园举办花卉交易会。

图 9–5　水仙花雕刻艺术（市委报道组提供）

2006 年 11 月 18—22 日，举办第八届海峡两岸（福建·漳州）花博会分会场百花村花卉交易会。时任中共中央政治局委员、国务院副总理回良玉在省委书记卢展工陪同下到会参观。

2007 年 11 月 18—22 日，在漳州市花卉交易中心（百花村百花园）举办第九届海峡两岸（福建·漳州）花卉博览会分会场百花村花卉交易会。时任福建省委书记卢展工、省长黄小晶和国家林业局副局长李育材到会参观。

第二节　果树

一、种类与分布

（一）种类

1993 年，境内有果树 23 科 194 个品种。2004 年，引进荔枝新品种有东莞无核、海南无核、红绣球等。至 2007 年，引进荔枝新品种还有下番枝（东刘 1 号）、妃子笑、绿荷包、蜜丁香、桂味、糯米糍，其他果树品种有新世纪番石榴、红心番石榴、珍珠芭乐、龙眼水南一号、水南二号、四季蜜龙眼、东宝 9 号、乌龙岭、杨梅东魁一号、丁岙梅、台湾南蓝一号甜枣、特优蜜杨桃、火龙果、黑珍珠莲雾、芒果（金煌、爱文）、甜杨桃、蟠桃、油桃、台湾甜脆桃、柠檬、凤梨、释迦、甜柿子、矮种木瓜、枇杷早钟 6 号。

2007 年，全市果树种类有 43 科 283 个品种（品系），主要名优水果有柑桔、荔枝、龙眼、香蕉、菠萝、柿、杨梅、芒果、杨桃等。

（二）分布

1993 年，境内荔枝主产区九湖、程溪、颜厝和港尾镇，除紫泥镇外各乡镇都有种植荔枝；柑橘主产区九湖、海澄和程溪镇，除石码镇外，各乡镇都有种植；香蕉主产区白水、紫泥和程溪镇，其他乡镇均有种植；龙眼遍布各乡镇；菠萝主产区程溪镇，个别乡镇有栽培；杨梅主产区浮宫、白水、港尾镇和东泗乡。

2007 年，全市果树种植总面积 13455 公顷，水果总产量 92789 吨。产量最高的九湖镇占 29.49%，其余产量依次所占比例为程溪镇 27.55%、角美镇 7.74%、白水镇 7.18%、浮宫镇 6%、农林场 5.23%、颜厝镇 5.05%、海澄镇 2.91%、紫泥镇 2.4%、港尾镇 2.34%、东园镇 1.64%、榜山镇 1.21%、东泗乡 0.67%、隆教乡 0.58%、石码镇 0.01%。

图 9-6　安海变软丝杨梅（市林业局提供）

二、面积、产量

1993 年，全市果树种植总面积 1.36 万公顷，总产量 5.25 万吨。其中柑橘 1902 公顷、21542 吨；荔枝 3655 公顷、4195 吨；龙眼 1446 公顷、2376 吨；香蕉 1050 公顷、13235 吨；菠萝 961 公顷、3268 吨；柿子 850 公顷、837 吨；柚 113 公顷、342 吨；桃、李 1590 公顷、2847 吨；杨梅 1067 公顷、2746 吨。

1994 年，果树种植总面积 1.34 万公顷，总产量 6.85 万吨。1995 年，果树种植 1.32 万公顷，其中可采摘面积 9004.5 公顷，总产量 7.54 万吨，比上年增产 6888 吨，增长 10.1%。

1996 年，水果种植总 1.35 万公顷，总产量 10.02 万吨。1997 年，水果种植 1.31 万公顷，总产量 10.21 万吨。

1998 年，全市已形成沿 324 国道两侧万亩荔枝、龙眼生产带；浮宫、白水、港尾靠山地区杂果带；沿九龙江两侧万亩香蕉带；果树种植总面积 1.41 万公顷，其中荔枝 3615 公顷、龙眼 1950 公顷、杂果 713 公顷、香蕉 662 公顷，总产量 10.35 万吨。

2003 年，东泗乡建立龙海市第二个杨梅基地。2005 年，全市果树种植总面积、总产量分别为 1.36 万公顷、10.69 万吨。其中杨梅面积增幅最大，比上年增加 249 公顷，产量增加 3375 吨；菠萝和蜜柚面积稳中有升，荔枝、龙眼、芦柑面积略有下降。

2007 年，果树种植总面积 1.35 万公顷，产量 9.16 万吨。其中杨梅 3268 公顷、1.29 万吨，比 1993 年增加 2201 公顷、1.01 万吨。全市种植面积 6.67 公顷以上的种植大户 368 户。

1993—2007 年龙海市果树种植情况表

表 9-4-2　　　　单位：公顷、吨

年份		1993	1994	1995	1996	1997	1998	1999	2000	2001	2002	2003	2004	2005	2006	2007
柑橘	面积	1902	1959	1984	2245	2585	2621	2592	2403	2195	2193	2226	2116	2036	753	701
	产量	21542	26675	34164	40332	52949	45285	39246	29247	29065	27925	32369	29104	26203	19190	9851
荔枝	面积	3655	3682	3595	3610	3478	3615	3035	3266	3163	2995	2911	3329	3320	3100	3022
	产量	4195	9568	11200	7648	11838	6643	14624	4964	11665	15853	14847	21305	19845	17133	10959
龙眼	面积	1446	1501	1593	1933	1978	1950	1732	1646	1514	1552	1557	1649	1670	1567	1698
	产量	2376	2812	2818	3867	4231	2059	3595	1294	2309	4491	6569	7240	8232	8159	7585
香蕉	面积	1050	979	794	560	580	662	851	847	705	620	680	709	902	995	847
	产量	13235	13833	9266	13611	11115	15094	11741	13822	17421	18440	19319	17886	17485	18824	24092
菠萝	面积	961	826	784	811	754	1154	1011	943	1149	1165	1206	1641	1707	2086	2074
	产量	3268	5446	9496	10471	6866	7200	7477	3004	5361	5039	6372	27303	11198	14680	14050
柿子	面积	850	835	799	831	416	363	312	238	255	184	115	105	78	52	19
	产量	837	710	557	1024	994	601	459	311	703	416	289	312	250	225	99
柚	面积	113	186	244	361	571	748	780	799	966	925	776	769	759	753	701
	产量	342	647	1129	7958	5272	7022	7546	8960	11018	10858	12829	10068	8805	8567	7409
桃、李	面积	1590	1494	1402	809	896	9844	601	562	696	426	388	350	283	304	307
	产量	2847	4046	2909	3090	2761	1917	2672	1906	3546	1815	2437	1980	2277	2689	3001
杨梅	面积	1067	1085	1111	1232	1366	1628	1478	1550	1603	1643	2169	2298	2547	2764	3268
	产量	2746	2789	2636	3047	3886	4534	6306	5330	6194	5807	7011	7828	11203	8423	12847
其他	面积	936	896	937	1141	475	713	262	345	207	237	289	245	243	1090	818
	产量	1085	2009	1248	9142	2219	13113	2458	2027	924	734	1220	1189	1439	2477	1681

三、产值

1993 年，全市水果产值 0.94 亿元，占经济作物产值 26.5%，居经济作物第三位。

1996 年，引进果树新品种，水果效益增加。当年产值 2.63 亿元，比 1995 年增加 0.5 亿元，增长 23%，平均亩产值 1445 元，占经济作物产值 49.5%，居经济作物第一位。

1998 年，全市水果产值 2.48 亿元，占经济作物产值 41.7%，居经济作物第一位。1999 年，受 14 号台风正面袭击和 12 月 21 日强冷空气霜冻之害，全市经济作物受损失严重，果树受损面积 1334 公顷，总产量比 1998 年下降 7.1%，产值 2.55 亿元，占经济作物产值 41%，居经济作物第一位。

2001—2002 年，果品价起落较大，且不同种类果品有不同差价。荔枝平均每公斤 2.7 元，是历史最低价；而杨梅平均每公斤 5 元，高价的 10 多元，是近年最高价。两年的水果产值分别为 2.2 亿元、1.65 亿元，分别占经济作物产值 30.4%、23%，居经济作物第二位。

2004 年，全市水果产值 2.12 亿元，比 2003 年增加 0.98 亿元，占经济作物产值 21%，居经济作物第二位。

2005—2006 年，全市水果产值分别为 2.35 亿元、2.45 亿元，分别占经济作物产值 23.9%、25%，居经济作物第三位。

2007 年，全市水果产值 2.48 亿元，比 2005 年、2006 年分别增加 0.13 亿元、0.03 亿元。

第五章　农业技术

第一节　耕作技术

一、配方施肥技术

1993 年，在榜山、海澄、东园、浮宫镇扩大水稻专用肥应用覆盖率，由原来覆盖率的 30%—40%，提高到 95% 以上。1994 年，港尾镇、隆教乡的中低田综合治理 1127.23 公顷，其中改土 680.33 公顷、旱片改良 446.9 公顷，改良后平均亩产量 440 公斤，比上年同片增产 54—61 公斤，每亩纯收入 310 元。

1995—1996 年，龙海承担省级商品粮基地县（市）任务，推广水稻专用肥 3395.7 公顷，施用水稻专用肥平均亩产量 529.3 公斤，比原习惯施肥的稻田每亩增产 3.8%，其中早季亩产量 542.5 公斤，增产率 3.2%。

1997—1999 年，承担福建省农业厅水稻长效碳铵试验示范项目，推广水稻专用配方施肥技术面积 3668.5 公顷，亩增产 20.8 公斤。

2000—2002 年，推广平衡施肥技术 50692 公顷，其中水稻 13340 公顷，果园 8004 公顷，毛豆、马铃薯 9338 公顷，各种蔬菜 20010 公顷，施用作物专用肥、复混肥 4 万吨。平衡施肥技术，推荐毛豆的平衡施肥量氮：磷：钾为 12：6：12，水稻为 12：4：6。

2005—2007 年，承担福建省测土配方施肥技术推广试点项目。2006 年 11 月 2740 个耕地土壤速效氮、磷钾有机质和酸碱度检测结束。2006 年 12 月至 2007 年 8 月，进行检测抽检 15% 土样，468 个样品，对全市土壤养分总体分析，速效氮养分含量为中低水平；有效磷养分含量属较高水平；速效钾养分含量为较低水平；有机质含量属中等水平；土壤呈偏酸。

二、新耕作模式

1993—1997 年，推广新农制，继续实施水仙花、豆—稻轮作技术，年推广豆稻豆、花豆稻耕作模式的面积 667 公顷，增产粮食 400 吨。1996 年利用水仙田发展中稻 250 公顷，利用枝豆田或四季豆田发展中稻 300 公顷，平均亩产量 575.6 公斤。1997 年，豆稻轮作一年三季，四季豆或枝豆两季亩产值 4200 元，纯收入 1840 元；中稻亩产值 980 元，纯收入 540 元，年产值 5180 元，纯收入 2380 元，比纯种豆田效益提高 134%。1999—2000 年，试验示范新的耕作模式：在东园镇建立 6.67 公顷稻田套养虾的新耕作模式，年每亩产稻谷 800 公斤，虾 40 公斤，创亩产值 3000 元以上。2003—2007 年，在紫泥镇、东园镇建立稻—豆—薯（菜）耕作模式的中心示范片 100.1 公顷。在双第农场、白水镇、程溪镇建立果—草—牧生态果园中心示范片 133.4 公顷。2007 年，全市推广豆科作物轮作模式的稻田 9671.5 公顷。

第二节　作物栽培技术与良种繁育技术

一、作物栽培技术

1993 年，确立稻田冬季综合开发高效栽培技术；冬种作物种植 32086 公顷，覆盖率 74.4%，产量 61130 吨，产值 79152 万元，增产率 32.5%，新增产值 20869 万元，新增纯效益 12681 万元。

1997 年，建立以种子繁育为主体的种子研究机构，对施肥、病虫害防治、反季节及无公害蔬菜栽培制定完整的栽培技术。

1998—2000 年，推广杂交稻，年种植丰产性的杂交稻 8671 公顷，水稻的优质品率 96%；推广杂交稻和优质稻，年推广杂交稻 10005 公顷、优质稻 4002 公顷；全市良种覆盖率 96%，提高稻田单位产量和优质品率。

2001—2002 年，推行低产果园改造，应用回缩修剪、高接换种等技术，回缩修剪的荔枝、龙眼 667 公顷，龙眼、荔枝、杨梅等果树高接换种 533.6 公顷。

2003—2004 年，杨梅主要推广疏果技术，疏果量 50%—70%；菠萝推广反季节栽培技术；荔枝推广疏花保果技术；龙眼推广防“冲稍”促抽纯花穗技术；芦柑推广回缩矮化复壮技术；蜜柚推广套袋技术。

2005 年，推广超级稻 3735.2 公顷，建立核心示范处 48.6 公顷。2006 年，推广龙眼高矮换种，品种有四季蜜龙眼、东宝 9 号；杨梅高接换种东岙梅。

2007 年，推广浮宫杨梅开发中心的高接丁岙杨梅品种，面积 3.34 公顷；在白水镇、双第农场推广番木瓜新品种马来西亚 10 号和青皮日升栽培技术，面积 100.05 公顷；在白水镇山美村推广黑钻石莲雾反季节栽培技术。

二、良种繁育技术

1993 年，全市杂交水稻种植面积 16341.5 公顷，良种覆盖率 97%。

1998 年，杂优种子供应量 17.72 万公斤，比 1997 年 14.33 万公斤，增加 3.39 万公斤；推广杂交水稻面积 15320.99 公顷，占水稻播种面积的 40.37%。更新水稻新品种（组合）的面积 6183.09 公顷，主要推广特优 77、特优多系 1 号优质米品种等代替咸优 64、满全 515、龙桂 4 号、籼 128 等。

1999—2000 年，引进甘薯新品种 13 个，脱毒苗种植面积 33350 公顷。1999—2001 年，更新更换水稻新品种（组合）的面积 9771.55

图 9–7　存栏生猪（紫泥镇种猪场提供）

公顷，主要推广特优多系1号、特优77、优质稻培两优288、201等。从省外引进新品种（组合）48个（早季23个、晚季25个），分别在东园、石美、紫泥农科所试种，造出特优70、特优86、福两优2186、福两优2163、特优898、粤香占、绿黄占等。

2002年，推广75、2808、上海青等毛豆品种，种植面积8270.8公顷；台湾二号、兰湖等四季豆品种2621.31公顷；奇珍76、604等豌豆品种3108.22公顷；紫花851等马铃薯品种1127.23公顷和西葫芦、莴苣等其他蔬菜品种2881.44公顷；推广优质蔬菜品种种植面积18009公顷，占全年蔬菜种植面积57.45%。

2003年，推广良种面积44895.77公顷，更新更换水稻、马铃薯、蔬菜等新品种14814.07公顷；推广种子包衣新技术23565.11公顷（其中水稻9104.55公顷，豆类、蔬菜14460.56公顷）。2004年，引进种毛豆75-3和75-5，西葫芦特早秀，花椰菜塔花，结球生菜、日本松菜6个蔬菜新品种；引进东莞无核、海南无核、红绣球等较名贵的荔枝品种和其他10多个水果良种。

2005年，推广良种面积43648.48公顷。2006年推广两优培九、丰两优一号、T优5537、T优551、先农16、佳辐占等优质、抗病、高产水稻新品种，种植面积2734.7公顷；马铃薯紫花851、甜糯鲜食玉米闽玉糯1号等旱地专用粮油作物2067.7公顷；毛豆75-3、75-5等新品种2668公顷。

2007年，承担南方稻区4个新品种和省农业厅种子总站16个水稻新品种的生产试验任务，同时承担国家冬种马铃薯3号、闽薯1号、张薯7号3个新品种百亩示范任务及福建省马铃薯新品种对比试验与生产试验任务。

第三节　植物保护

一、病虫害预测预报

1993年，龙海测报早晚两季水稻病虫害，于10月初大面积普查稻飞虱时发现38%面积需防治（有些漏治田亩虫量326万只，卵量300万粒）；10月10日召开紧急治虫现场会，防治六代稻飞虱，挽回粮食损失4000吨。

1994年，配合漳州市站对国外引进的枝豆、四季豆及外地引进的杂草疫情监测，同时继续承担省厅下达稻飞虱监测与综合治理，尤其是六代稻飞虱有大发生趋势监测，组织围歼稻飞虱，推广高效农药扑虱灵，挽回粮食损失6396吨，节省农药费和人工费216万元，增加收入1300万元。

1995年，开展美洲斑潜蝇普查，普查7个乡镇13个村158个村民小组，面积456.9公顷，发生为害面积占调查面积45.7%，为害9个科195个品种，为防治提供依据。同年，开展稻水象甲监测。

1996年，选定海澄镇埭新村和东园镇农科所两个监测点，对监测点周围稻田进行稻水象甲较系统的监测，未发现稻水象甲的发生与为害。

1997年，分别在海澄镇埭新村、东园镇农科所、角美镇石美村及东泗乡埭口农场各设置1盏22瓦黑光灯诱集害虫，建立点灯诱蛾与田间观察、结合大田检查，形成室内饲养与大田观察相结合，研究虫情与历史资料、外界条件综合分析相结合的一套比较完整的测报制度。

1999年，继续开展果蔬病虫预测预报，市农业植物保护部门与九湖镇农技站配合，对荔枝病虫进行测报，发病虫情报4期，此外，蔬菜病虫测报也开始运作，发病虫情报3期。

2001年，抓果蔬病虫测报，编发荔枝病虫情报4期。蔬菜病虫情报7期；其间向上级部门传递病虫信息，向测报总站发5份，省站22份。

2002年，普查15个乡镇、场157个行政村，粮、果、蔬三大类12种作物，普查面积346.84公顷，初步查明龙海市有全国检疫对象7种，省补充检疫对象4种，为监测、防除打下基础。

2003年，对“食心虫”在全市设置4个监测点观察成虫消长、农药诱杀试验，并推广性诱剂开展食心虫综合治理，应用面积 2301.15 公顷。

2004 年，在海澄镇埭新村和角美镇石美村增加 2 盏黑光灯。

2005—2006 年，在海澄镇埭新村、角美镇石美村、榜山镇上苑村、紫泥镇城内村安装 4 盏虫情智能测报灯。2005 年编发病虫情报 11 期，其中水稻 6 期、果蔬 4 期、综合 1 期、电视报道 7 次，广播稿 8 篇，并召开专题会，控制病虫为害，挽回各种损失 2.42 万吨。2006 年，发送病虫情和各种病虫信息 60 条，为防治决策提供依据。

2007 年，发布病虫情报 10 期，电视宣传 4 期；向全国农技推广中心，省、市植保站发送病虫信息 80 条，指导各乡（镇）场开展病虫害防治，挽回各种病虫为害作物损失 8702 吨。

二、植物检疫

1993 年，根据国务院《关于修改〈植物检疫条例〉的决定》，市植保站开展植物检疫，定期或不定期做好为害植物的病虫害调查监测及植物检疫；调运蔬菜和红麻籽等 40 批次 216.37 吨，柑桔、荔枝等果实 2089 批次 9963.38 吨。

1994 年，市农业部门在白水等地设点签证，签发种子 9 批次 101 吨，植物产品 1941 批次 11034 吨。1995 年，开展植检培训，举办 2 期 30 余人次；对水稻细条病等检疫性病虫产地检疫，调运检疫各类植物产品 1600 批次 1.58 万吨。1996 年，宣传普及检疫知识，举办二期 30 人次的植检法规培训班，完善调运检疫制度，调运检疫各类植物及其产品 2271 批次 1.08 万吨。

1999 年，各乡镇专职检疫员配合签发调运证书 2562 批次，调运各类果品 1.35 万吨。

2001 年，签发果品省间调运证书 4241 批次，调运各类果品 2.42 万吨，蔬菜（马铃薯为主）9974 批次，4.92 万吨。2002 年，对 6 个检疫签证点加强检查监督，签发果品省间调运证书 4262 批次，调运各类果品 2.56 万吨，蔬菜（马铃薯为主）2095 批次 1.26 万吨。

2003 年，签发果蔬产品省间调运 2573 批次、总量 2.02 万吨，花卉调运 1559 批次、181 万株。2004 年，制作公告牌公示农业植物检疫许可办事指南，办事人员姓名、照片及办理程序、收费标准、咨询和监督电话；公布派驻乡镇植物检疫办证地点、人员、电话，改变以往检疫签证没有固定窗口的局面。全年签发各类果蔬产品调运 2700 批次、总量 1.99 万吨，花卉调运 2600 批次、总量 300 万株。

2005 年，签发各类果蔬产品调运 3747 批次、总量 2.83 万吨，花卉调运 2350 批次、总量 345.24 万株。2006 年，果蔬、花卉产品省间调运检疫签证分别为 1807 批次和 1000 批次。

2007 年，果蔬、花卉产品省间调运检疫签证分别为 2098 批次、总量 1.66 万吨和 789 批次、总量 269.76 万株。

15 年间，全市为果蔬、花卉产品省间调运检疫发放签证 5.23 万批次。

第六章　林　业

第一节　林地与林权

一、林地

（一）集体林地

1993 年，全市林业用地 68536 公顷，其中集体林地 63853 公顷、国有林场林地 4683 公顷；森林蓄积为 920230 立方米，其中集体森林蓄积 650577 立方米、国有森林蓄积 269653 立方米；森林覆盖率

36.4%，林地绿化率 75.5%。

1996 年，全市林业用地 66583 公顷，其中集体林地 61858 公顷、国有林场林地 4725 公顷；森林蓄积 1029451 立方米，其中集体森林蓄积 712771 立方米，国有森林蓄积 316680 立方米；森林覆盖率 43.9%，林地绿化率 86.6%。

2007 年，全市林业用地 76124 公顷，其中集体和其他国有林地 71087 公顷、国有林场林地 5037 公顷；森林蓄积为 997027 立方米，其中集体和其他国有森林蓄积 578918 立方米、国有森林蓄积 418109 立方米。

（二）国有林场林地

九龙岭国有林场林地　1995 年，全场经营林地面积 2772.59 公顷。2007 年，全场有林地 2808.22 公顷。其中生态林 348.11 公顷，商品林 2227.11 公顷，经济林 233 公顷。活立木总蓄积量 236284 立方米，比 2000 年增加 10320 立方米。全场森林覆盖率 89.2%。

林下国有林场林地　1996 年，全场经营林地面积 2311.76 公顷，为混合型林场，以木材、水果为主营产品。2007 年，建立 6.67 公顷规范化的绿化苗基地，培育 60 多种绿化苗木；全场林业用地 2310.42 公顷，其中林地 2123.73 公顷（生态林 461.1 公顷，商品林 1317.59 公顷，经济林 345.04 公顷）；活立木总蓄积量 181825 立方米，比 1993 年增加 7 万立方米；全场森林覆盖率 78.3%。

1993—2007 年龙海市林业用地面积情况表

表 9-6-1　　单位：公顷、%

年份	林业用地面积			有林地面积			森林覆盖率	林地绿化率
	合计	集体和其他国有	国有林场	合计	集体和其他国有	国有林场		
1993	68536	63853	4683	51766	47736	4030	36.4	75.5
1994	68536	63853	4683	54006	49922	4084	37.9	78.8
1995	68536	63853	4683	56473	52345	4128	39.7	82.4
1996	66583	61858	4725	57660	53507	4153	43.9	86.6
1997	66587	61862	4725	58066	53847	4219	44.2	87.2
1998	76399	71330	5069	68504	64242	4262	54.35	89.66
1999	76411	71342	5069	68699	64435	4264	54.5	89.9
2000	76385	71348	5037	68391	64104	4287	54.3	89.53
2001	76253	71216	5037	67750	63545	4205	53.8	88.85
2002	76100	71063	5037	66976	62772	4204	53.14	88.9
2003	76113	71076	5037	68644	64381	4263	54.5	90.1
2004	76119	71082	5037	69381	65068	4313	55.1	91.15
2005	75893	70856	5037	69627	65326	4301	55.3	91.74
2006	75921	70884	5037	69835	65534	4301	55.4	91.98
2007	76124	71087	5037	70116	65832	4284	55.6	94.23

二、林权

（一）集体林权制度改革

2003年，龙海开展林权登记发换证和集体林权制度改革工作；拥有商品林66.7公顷以上的村为林改村，涉及11个乡镇127个村，实行林权登记换发证。

2007年，完成明晰产权面积38170公顷，占任务的97.44%。其中自留山经营面积395.2公顷，家庭承包面积10164.8公顷，“谁造谁有”林地23870.1公顷，村集体统一经营面积1052.5公顷，其他方式经营面积5708.7公顷。全市集体林应登记换发证面积60594.4公顷，其中商品林41191.3公顷、生态公益林19403.1公顷；已登记林地面积59163公顷，其中商品林41191公顷、生态公益林17972公顷， 分别占任务的97.64%、100%和92.62%。

2007年龙海市集体林权制度改革完成情况表

表9-6-2　　　　单位：%、公顷

乡镇	按村统计			按面积统计			已明晰产权面积按经营形式统计					村集体统一经营
	有改革任务村个数	完成任务个数	百分比	应明晰产权面积	已明晰产权面积	百分比	合计	自留山经营	家庭承包经营	谁造谁有	其他经营类型	
合计	127	127	100	41191	38170	97.44	25246	395	6599	13748	4504	655
程溪	21	21	100	16386	15960	97.40	1064	—	255	723	86	28
九湖	18	18	100	5564	5467	98.25	5467	—	3932	1239	296	98
颜厝	8	8	100	1633	1566	95.87	1566	—	466	711	389	68
角美	13	13	100	2966	2775	93.56	2775	—	76	2370	329	191
榜山	11	11	100	1588	1568	98.72	1568	—	—	800	768	20
海澄	5	5	100	1103	1075	97.46	1075	—	—	494	581	28
东泗	14	14	100	1933	1884	97.47	1884	—	—	1210	674	49
浮宫	9	9	100	3148	3080	97.84	3080	—	1132	1929	19	69
白水	11	11	100	3872	3789	97.86	3789	395	676	2324	394	83
港尾	10	10	100	2189	218	100	2190	—	45	1442	703	—
隆教	7	7	100	809	788	97.38	788	—	17	506	265	21

（二）山林纠纷调处

1993年，龙海山林争议纠纷案件2件，属县（市、区）际争议面积46公顷，调处46公顷。1997年，全市山林争议纠纷及历年遗留纠纷案件15件，争议面积1841公顷。其中，调解结案8起，占53.3%；撤诉4起，政府裁决3起。1998，全市山林争议纠纷案件5件，均属县（市、区）际纠纷，争议面积333公顷。1999—2006年，山林纠纷均属市内纠纷案件，纠纷面积逐年增加。

1993—2007年，全市调处山林纠纷82起，面积5949公顷。村际之间纠纷高峰期主要集中在村级党支部、村委会换届选举年份，县(市、区)际山林权属纠纷主要集中在行政勘界县界贯通前后。

1993—2007年龙海市山林权属争议调处情况表

表9-6-3　　单位：公顷

年份	合计		县（市）际		市内	
	起数	面积	起数	面积	起数	面积
合计	82	5949	16	795	66	5154
1993	2	46	2	46	0	0
1994	1	33	1	33	0	0
1995	2	45	2	45	0	0
1996	3	198	3	198	0	0
1997	15	1841	0	0	15	1841
1998	5	333	5	333	0	0
1999	4	146	2	133	2	13
2000	5	68	0	0	5	68
2001	5	65	0	0	5	65
2002	6	16	0	0	6	16
2003	7	139	0	0	7	139
2004	7	170	0	0	7	170
2005	8	477	0	0	8	477
2006	4	1181	0	0	4	1181
2007	8	1191	1	7	7	1184

第二节　造林与绿化

一、营林生产

1993年，全市造林更新面积914公顷。是年，林下林场从广西引进火力楠（木兰科），种植面积66.7公顷。1994年，全市造林更新面积增至1268公顷。1995年，全市造林更新面积减少至434公顷，比上年减少2倍。1996年，龙海引进尾叶桉扦插苗，种植面积466.9多公顷。1996—2002年，每年造林更新800—1000公顷之间。2001年，双第农场从福建林业科技试验中心和漳州林木组培中心引进优良无性系尾巨桉，试验种植33.35公顷。2002年，全市营林绿化种植333.5多公顷；引进优良相思树种马占相思、厚荚相思，推广种植166.75多公顷。2003年，造林更新突破1000公顷。2005年，全市造林更新2375公顷；林下林场在原有的珍贵树种引种园里对降香黄檀进行种子苗、扦插苗培育与栽培对比试验。2006年3月，林下林场引进优良枇杷——早钟六号。2007年，全市种植速生桉类、相思类8337.5公顷；示范引种降香黄檀、印度紫檀、香樟等珍贵树种，用于"四旁"植树和非规划林地造林，示范基地7337公顷，示范片42片；造林更新面积减至1740公顷。

1993—2007 年，全市完成造林更新面积 17456 公顷（其中用材林 7777 公顷、经济林 4489 公顷、防护林 3569 公顷、其他 1621 公顷），育苗 35.97 公顷、封山育林 42582 公顷、中成林抚育 26054 公顷、幼林抚育 48052 公顷、竹林垦复 15982 公顷、低产林改造 4616 公顷。

二、主要林种营造

（一）沿海防护林营造

1993—1996 年，贯彻执行《福建省沿海防护林条例》，坚持造管并举，完成达标的沿海基干林带断带造林 6.78 公里，海堤基干林带造林 47.7 公里，营造红树林 20.01 公顷、护路护岸林 35.02 公顷、试验示范林 14.01 公顷。

1997—2000 年，全市完成沿海防护林工程造林 577.97 公顷，全部通过省级达标验收。其中重点工程造林 290.81 公顷，沿海基干林带断带造林 76.37 公顷，海堤基干林带造林 21.21 公顷，营造红树林 72.04 公顷、护路护岸林 43.16 公顷、试验示范林 34.02 公顷，老林带更新 34.82 公顷，农田林网 5.54 公顷。

2001—2005 年，龙海承担沿海防护林体系中央国债项目建设任务，并承担省竹业二期工程，项目资金 747.6 万元；完成沿海防护林国债造林 2234.45 公顷，营造丰产和生态小径竹 366.85 公顷。

2007 年，全市沿海防护林工程完成造林 10471.9 公顷，境内海岸基干林带连接合拢。

（二）用材林营造

2001 年开始，龙海市提出速丰林建设优惠政策和鼓励发展速丰林的工作要求，推行桉类、相思类、小经竹等速生丰产优质树种，鼓励、引导民间资金投资营造速丰林。

2003 年，在双第农场建立速生丰产用材林科技推广示范基地，营造桉类、相思类速丰林示范林面积 118.13 公顷。截至 2007 年，全市共营造以桉类为主的速丰林 8337.5 公顷，拥有 66.7 公顷以上的家庭林场 25 个；全市采伐速丰林 286.81 公顷，出材 19350 立方米，产值 1200 万元，平均每公顷产值 41850 元。

（三）经济林营造

1993—1994 年，全市按照“谁种谁有”政策和“谁开发、谁投资、谁受益”的原则，开发山地造林种果，人工造林作业面积 3278.04 公顷，迹地更新面积 234.05 公顷。

2002 年，在九龙岭林场租地 21.14 公顷，引进优良的荔枝品种和竹类新品种 6000 多株，创办科技实验示范基地。截至 2007 年，全市经济林 39019.5 公顷，竹林 4669 公顷。

1993—2007 年龙海市营林面积情况表

表 9-6-4　　　　单位：公顷

年份	造林更新面积						育苗	封山育林	中成林抚育	幼林抚育	竹林垦复	低产林改造
	合计	用材林		经济林	防护林	其他						
		小计	其中速丰林									
合计	17456	7777	6370	4489	3569	1621	35.97	42582	26054	48052	15982	4616
1993	914	133	—	434	67	280	1.87	14167	307	2535	—	—
1994	1268	193	—	487	234	354	2.27	14140	5750	3215	—	—
1995	434	13	—	247	67	107	3.20	1788	27	7891	—	13
1996	940	153	—	460	127	200	1.27	667	1334	5643	—	—
1997	834	40	—	567	167	60	1.80	1434	807	2335	—	487

续表 9-6-4

年份	造林更新面积						育苗	封山育林	中成林抚育	幼林抚育	竹林垦复	低产林改造
	合计	用材林		经济林	防护林	其他						
		小计	其中速丰林									
1998	901	120	—	594	187	—	2.20	1781	707	2094	—	354
1999	800	66	—	627	107	—	2.34	1701	1134	2048	234	560
2000	854	100	—	640	114	—	3.33	1014	1227	2021	200	547
2001	694	133	93	287	267	7	2.67	1041	1054	2054	167	427
2002	994	420	87	—	574	—	3.00	1021	1781	2741	374	540
2003	1087	320	320	—	767	—	1.67	667	2335	3002	567	354
2004	1487	740	740	—	627	120	1.67	360	400	2468	387	314
2005	2375	2335	2335	7	33	—	2.00	1774	1774	3335	4689	440
2006	2134	1594	1501	140	20	380	3.34	360	3855	3335	4682	160
2007	1740	1414	1294	—	213	113	3.34	667	3562	3335	4682	420

二、城乡绿化

（一）全民义务植树

1993年，全市有39.6万人参加义务植树，植树138.6万株。1996年，义务植树造林205万株。1998年春，在市区紫云岩建立市直机关干部义务植树示范基地。基地总面积4.1平方公里，山地400.2公顷。2007年3月，紫云山被省绿化委认定为首批福建省义务植树示范基地。1993—2007年，全市有664.6万人次参加义务植树，实际完成工作日711.1万工日，植树2331.4万株。

（二）公共绿地

1996年开始，开展农村“四旁”绿化、道路绿化、农田林网建设，并向工业园区、厂区、学校、敬老院、寺庙等场地延伸，带动群众兴起“四旁”绿化、非规划林地造林、庭院绿化的建设热潮，推进城乡绿化建设。

2004—2007年，市区投入1600多万元先后建成紫葳绿地广场、南台公园、港口花园、江滨花园、成兴绿地等一批各具特色的城市公共绿地，改建中山公园、街心公园、配套旧城改建，绿化红树林一条街；城区绿化面积增至384公顷，绿地覆盖414公顷，绿化覆盖率31.4%；市区公共绿地124.86公顷，人均公共绿地7.57平方米。

2007年，新建4个上6.67公顷的珍贵树种示范基地。通过示范村、示范基地（点）的示范作用，带动全市完成非规划林地造林155.61公顷，种植名贵树种6万多株。境内通道总里程647.6公里，可绿化579.48公里，已绿化471.21公里，可绿化里程绿化率达81.3%。其中铁路12公里，高速公路42.7公里，已全部绿化；国道31.48公里，已绿化30.81公里；省道可绿化里程97.4公里，已绿化91公里；县乡道可绿化58公里，已绿化45.8公里；河渠堤防可绿化337.9公里，已绿化248.9公里。龙海绿色通道建设位居省、漳州市前列。

第三节 森林保护

一、森林防火

1993年，境内发生森林火灾4起，受灾森林面积56.6公顷，过火面积85.5公顷，烧毁林木650立方米。1994—2006年，投入资金400多万元，营造生物防火林带（含生土带）1773公里，面积2668公顷；建成三级森林消防队伍203支，森林消防队员6690人，护林防火专职管护人员235人；建立市乡两级扑火物资储备库15座，配齐备足防扑火物资；实行全年每天24小时领导带班的值班制度；建立集中巡山和野外用火巡逻督查制度，实行农事用火集中烧除、清明节集中扫墓，以及智障人员登记造册、落实监护人。同时，施行政府负全责的管理机制，及多层次进行森林防火宣传教育与实行生产性用火审批许可制度的预防机制，发生森林火灾的按规定进行处罚，其中经济处罚所罚的款项存入扑火专项基金专户统筹安排使用的长效机制。

2006年4月，成立扑救森林火灾专项基金，筹集30万元。2007年，开始每年为专业扑火队员投保人身保险。是年，龙海无发生森林火灾事故。

截至2007年，全市发生森林火灾63起，受灾森林面积743.26公顷，共烧毁幼树99.34万株，烧毁林木3734.8立方米。

1993—2007年龙海市发生森林火灾情况表

表9-6-5

年度	起数	过火面积（公顷）	受害面积（公顷）	烧毁林木	
				成林（立方米）	幼林（万株）
合计	63	1367.1	743.26	3734.8	99.34
1993	4	85.5	56.6	650	6.4
1994	19	308.8	234.5	242	36.8
1995	6	75.3	24.1	207	4.8
1996	4	167.1	167.1	492.3	27.2
1997	1	24.1	24.1	143.8	2.7
1998	6	80.9	32.5	61	3.4
1999	4	26.5	14.8	276.6	0.2
2000	4	88.5	15.1	203	1.1
2001	1	3.5	3.5	0	0.4
2002	6	239.1	133.9	1153	13.48
2003	1	22.5	0.86	0	0.11
2004	4	175.9	29.4	306.1	0.996
2005	3	69.4	6.8	0	1.75
2006	0	0	0	0	0
2007	0	0	0	0	0

二、森林病虫害防治

（一）病虫害监测

1993 年，程溪镇发生竹蝗灾害。

1997 年开始，在 12 个乡镇、2 个国有林场、1 个国营农场，实施马尾松、杉木、桉树、毛竹、木麻黄和国外松 6 个树种的松毛虫、杉白蚁、桉白蚁、竹蝗、毛竹枯梢病、木毒蛾和国外松褐斑病共 7 种主要森林病虫害监测工作，监测面积 61870.92 公顷，监测率 77.9%。1998 年，程溪镇、九龙岭林场等地发生小面积杉白蚁灾害。

1999 年 10 月至 2000 年 10 月，开展森林植物检疫对象普查，布设调查点 250 个，调查面积 22244.45 公顷，调查结果发现检疫对象湿地松褐斑病发生面积 18.14 公顷。其中轻度危害 8.07 公顷，中度危害 10.07 公顷，分布在国有林下林场田坑工区 3 个小班。

2005 年 1—10 月，开展林业有害生物普查，调查松突圆蚧标准地 60 块，调查面积 16.01 公顷；苗圃、花圃 186 个，调查面积 82.58 公顷；木材加工厂 26 个，贮木场 2 个，绿化带 4 公顷，调查结果发现外来有害生物松突圆蚧，以及林业有害植物狗尾草和无根藤，未构成严重危害。

2005—2007 年，在九湖、石码、海澄 3 个镇开展刺桐姬小蜂疫情调查，调查刺桐属林木 400 株，调查面积 0.6 公顷，未发现刺桐姬小蜂。

1993—2007 年，全市布设 435 个固定监测点，对马尾松毛虫等 7 种主要森林病虫害进行重点监测。

（二）病虫害防治

1993 年，程溪镇发生竹蝗灾害，通过施放 DDVP 插管烟剂，控制住灾情。1998 年，程溪镇、九龙岭林场等地发生小面积杉白蚁灾害，通过施放灭蚁灵，有效控制杉白蚁灾害。

1998—1999 年，港尾镇、双第农场、九龙岭林场等地大面积暴发马尾松毛虫灾害，通过施放白僵菌粉炮的方法，使马尾松毛虫灾情得到有效控制。

2002 年，林下林场发生小面积松针褐斑病，通过实施皆伐有效清除。2005 年 6 月，开展防治“加拿大一枝黄花”专项行动，没收花店插花 200 枝；查获东泗乡松浦村种植鲜切花 0.01 公顷，全部进行销毁处理。

2005—2007 年，港尾镇发生较大面积的松突圆蚧灾害，按不少于 10% 的规定实施皆伐除治，及时控制松突圆蚧灾害。

1993—2007 年主要森林病虫害发生、防治情况表

表 9-6-6　　单位：公顷、%

年份	发生情况		防治情况	
	发生面积	发生率	有效防治面积	防治率
合计	81241	—	62553	—
1993	5131	0.6	4959	96.6
1994	3038	0.4	2921	96.1
1995	1396	0.2	1358	97.2
1996	0	0	0	
1997	3683	0.5	3369	91.4
1998	13754	1.7	13757	100
1999	25578	2.4	25578	100

续表 9-6-6

年份	发生情况		防治情况	
	发生面积	发生率	有效防治面积	防治率
2000	0	0	0	
2001	1281	0.1	1281	100
2002	4136	0.4	4136	100
2003	2545	0.3	2545	100
2004	0	0	0	
2005	6677	0.7	683	10.2
2006	7302	0.7	1274	17.4
2007	6720	0.6	692	10.3

三、生态公益林保护

2000 年，全市开始实施九龙江“331”江河流域生态公益林工程建设，在九龙江支流的西溪、南溪、北溪和国道、省道、县道的一面坡，对采伐迹地、火烧迹地和部分返荒地实施人工点播造林，改善九龙江生态环境，防止水土流失和水源污染。

2001 年 4 月 9 日，市政府成立市林业分类经营领导小组，负责生态林区划界定组织指导工作。全市共区划界定省级重点生态公益林 20913.92 公顷，其中国家级公益林 11223.48 公顷。

截至 2007 年底，全市生态公益林 20124.32 公顷，占林业用地 28.46%，其中国家级生态公益林 1799.7 公顷、省级重点生态公益林 18324.62 公顷。

2007 年龙海市生态公益林面积情况表

表 9-6-7　　单位：公顷

单位	级别	合计	有林地	其他	无立木林地
龙海市	合计	20124	19104	444	575
	国家级	1800	1713	87	0
	省级	18324	17391	357	575
程溪镇	省级	3814	3674	59	81
九湖镇	省级	911	896	0	15
颜厝镇	省级	487	487	0	0
角美镇	合计	1657	1611	0	46
	国家级	29	29	0	0
	省级	1628	1582	0	46
紫泥镇	省级	2	2	0	0

续表 9-6-7

单位	级别	合计	有　林　地	其他	无立木林地
榜山镇	省级	900	730	58	112
石码镇	省级	60	60	0	0
海澄镇	合计	698	553	25	120
	国家级	47	47	0	0
	省级	652	506	26	120
东泗乡	省级	1689	1562	10	117
白水镇	省级	989	923	0	66
东园镇	合计	491	491	0	0
	国家级	16	16	0	0
	省级	475	475	0	0
浮宫镇	合计	826	826	0	0
	国家级	269	269	0	0
	省级	557	557	0	0
港尾镇	合计	3826	3741	85	0
	国家级	1033	948	85	0
	省级	2793	2793	0	0
隆教乡	合计	2260	2242	0	18
	国家级	259	259	0	0
	省级	2001	1983	0	18
林下林场	省级	461	366	95	0
九龙岭林场	合计	348	247	101	0
	国家级	15	13	2	0
	省级	333	233	100	0
双第农场	省级	502	491	11	0
红树林保护区	合计	265	265	0	0
	国家级	132	132	0	0
	省级	133	133	0	0

第七章　畜牧业

第一节　畜禽饲养

一、家畜

（一）猪

1993 年，全市生猪年末存栏量 34.95 万头，能繁育母猪 2.57 万头，年出栏商品猪 36.46 万头；年末存栏量角美镇 4.46 万头居第一，步文镇 4.42 万头居第二，海澄镇 3.21 万头居第三。1997 年，因生猪市场长时间不景气，市内生猪存栏量开始下降，年存栏 22.87 万头。

2000 年，市政府出台扶持措施，推进畜禽基地建设，生猪存栏量开始回升，涌现一批专业户和龙头企业。其中饲养万头生猪的猪场 3 家，千头生猪的猪场 18 家。

2007 年，中央出台惠农政策，全市共发放能繁育的母猪补贴 266.88 万元，生猪良种补贴 40 万元。全市年出栏 1000 头生猪以上的专业养猪场 93 家，其中年出栏 10000 头以上的有苗圃畜牧、白水华美、辉龙牧业、鹭美、大禾 5 家养猪场。年末生猪存栏量 25.38 万头；全年出栏 31.65 万头，出售猪苗 40 万头，存养能繁育母猪 3.04 万头；猪肉产量占肉蛋奶总产量的 80%。

（二）牛

1993 年，全市年末牛存栏量 3.13 万头，多为散养，用于农耕役 2.23 万头；出栏量 4425 头。1998—2007 年，黄牛饲养经育肥向肉用转化，主要集中在隆教、港尾、白水、程溪和角美等乡镇的山区。水牛的饲养以摩拉水牛和尼里水牛杂交的后代奶水牛为主。

2007 年，全市年末牛存栏量 6186 头，其中奶水牛 1988 头，年产鲜奶 3950 吨；出栏量 2582 头。

（三）羊

1993 年，全市年末羊存栏量 1622 只。2007 年，全市年末羊存栏量 4040 只；出栏 6718 只；产鲜奶 177 吨。主要的饲养品种是山羊和奶山羊。山羊主要分布在靠山区有牧草的地区；奶山羊的饲养多数在城镇周边，以出售鲜奶为主。

（四）兔

1993 年，全市年末兔存栏量 2.8 万只，主要分布在港尾、程溪、浮宫、东园镇和隆教乡。主要品种有本地肉兔、哈白兔和少量獭兔。2007 年，全市年末存栏量 3.1 万只；出栏量 9.83 万只。

二、家禽

（一）鸡

1993 年，全市年末鸡存栏量 189 万羽，出栏量 272 万羽。主要品种有海南褐、罗曼、永安麻鸡、和田鸡、土杂鸡等。肉鸡以永安麻鸡、田鸡和土杂鸡为主；蛋鸡以海南褐居多，每羽平均年产蛋 270 枚，个重 58 克，适宜加工孵化成鸡胚胎。

2007 年，全市年末鸡存栏量 39.42 万羽，出栏量 78.82 万羽，年产鸡蛋 1869 吨。全市有鸡胚胎孵化房 10 多家，主要集中在海澄、角美、榜山等乡镇，日产鸡胎 10 余万枚，60% 销往漳州市一带，境内日销 5 万枚左右。

图 9–8　金定鸭（市畜牧局提供）

（二）闽南火鸡

又名青铜火鸡，多为散养，1998 年开始出现规模养殖。2001—2004 年，全市存栏量维持 8200 羽左右，热销广东。2005 年，价格有所回落，存栏量降至 1800 羽。2007 年，全市存栏种火鸡 5500 羽。

（三）鸭

1993 年，全市年末存栏量 200 万羽，出栏量 376 万羽。2007 年，全市年末存栏量 218.26 万羽，出栏量 429.19 万羽，年产鸭蛋 9504 吨。主要品种有金定鸭、番鸭、半番鸭、山麻鸭等。

番鸭　1993 年，母鸭存栏 2 万羽，平均年产种蛋 130 枚 / 只，孵化率 70%；年出栏番鸭苗 182 万羽。2007 年，母鸭存栏 8 万羽，平均年产种蛋 150 枚 / 羽，孵化率 80%；年出产番鸭苗 960 万羽。鸭苗主要销往龙岩地区及广东、浙江、广西等省、自治区，大鸭主销厦门。

半番鸭（俗称骡鸭）　1993 年，半番鸭以番北金为主，属三元杂交半番鸭，10 周龄上市，个体重 2.5 公斤，肉料比为 3.5∶1。2007 年，白羽半番鸭占半番鸭市场 98%。

山麻鸭　1993 年，从龙岩等地引进山麻鸭。2007 年，境内存栏母鸭 150 万羽左右，产蛋 910 吨，主要集中在颜厝镇，是市内商品蛋的主要来源。

（四）鹅

品种以灰鹅、狮头鹅为主。1993 年，全市年末存栏量 3 万羽，出栏量 3 万羽。2007 年，全市年末存栏量 0.8 万羽。

（五）鸽

信鸽品种多为本地赛鸽与台鸽的杂交后代。常年存栏 1 万对左右，大多集中于石码镇。肉鸽品种多为美国王鸽和本地鸽的杂交后代，1993 年存栏 2.4 万对，2007 年存栏 1.6 万对；主要分布在浮宫、角美、紫泥、东泗等乡镇。

第二节　疫情监测

一、疫情

1993 年，开始推行所有动物疫病病种全面免疫政策，对猪瘟、猪丹毒、仔猪副伤寒、仔猪黄白痢、猪 O 型口蹄疫、牛（羊）O—I 型口蹄疫、犬狂犬病、犬瘟热、兔瘟、鸡新城疫、鸭瘟、禽霍乱、番鸭细小病毒病等疫病进行重点免疫。

2004 年，全球高致病性禽流感爆发。龙海成立重大动（植）物疫情防治指挥部，并制定《龙海市防控高致病性禽流感应急预案》。

2007 年下半年，高致病性猪蓝耳病发生，市内增加猪高致病性蓝耳病的免疫预防，并列为强制免疫对象。

2007 年年末，列入强制免疫的主要疫病有高致病性禽流感、猪 O 型口蹄疫、高致病性猪蓝耳病、牛（羊）O—I 型口蹄疫、猪瘟、鸡新城疫、犬狂犬病、猪乙型脑炎等。其中高致病性禽流感、猪 O 型口蹄疫、牛（羊）O—I 型口蹄疫、猪瘟、高致病性猪蓝耳病为国家免费强制免疫疫病。每年春秋两季由市政府统一部署，各乡镇组织防疫队进行强制免疫。

二、监测

1993—1999 年，疫情监测以定期采集畜禽血清送检为主。由各乡镇兽医站采集畜禽血清，再由县站集中送漳州市兽医站化验室进行血清学试验，主要对散养畜禽做布病、伪狂犬病和禽流感普查，及时掌握疫情。

2000 年，龙海被列为无规定动物疫病区建设县（市），市畜牧主管部门添置大量仪器设备，完善动物疫病实验室。

2001 年，农业部确定龙海市为国家疫情测报站定点县，在白水、海澄、角美 3 个乡镇 6 个村建立监测点，对 126 个饲养户（场）的猪、牛、羊、鸡、鸭、鹅等畜禽的 15 种主要动物疫病进行常年监测。2004 年，已具备对口蹄疫、禽流感、猪瘟、鸡新城疫、布病、猪伪狂犬、猪蓝耳病等 15 种动物疫病的血清学检测能力；动物疫病免疫抗体检测日趋成熟；肉品“瘦肉精”残留的检测水平有较大提升。

2005—2007 年，为强化市、乡（镇）、村疫情防控和报告网络建设，聘用 239 名村级动物防疫员和 261 名村级疫情报告员。

第三节　生产基地建设

一、城市副食品生产基地

1994 年，龙海市开始建立城市副食品生产基地，畜禽饲养开始向集约化、规模化的基地养殖发展。“九五”期间，形成白水镇庄林瘦肉型猪专业村、紫泥镇金定种鸭生产专业村、颜厝镇巧山蛋鸭生产专业村等畜禽生产基地。

2002 年，龙海市苗圃畜禽养殖场被定为国家生猪活体储备基地。养殖场占地 1.6 公顷，配套年产量万吨饲料厂，高峰期生猪存栏 1.6 万头。

2007 年，龙海市畜禽重点户、专业户、规模场 8000 余家。全市生猪专业化养殖年出栏量占总出栏 85%，家禽专业化养殖年出栏量占总出栏量 90%。龙海畜牧业基本实现规模化、专业化生产。是年，苗圃畜禽养殖场、白水华美养猪场、白水埔尾山养猪场、紫泥种猪场、荣晟农牧有限公司 5 个基地场被省经贸委定为城市生猪副食品直控基地。

二、无公害畜禽生产基地

2003 年 12 月，首批 6 家畜禽饲养企业通过福建省无公害畜禽产地认定和畜禽产品认证。其中腾龙副食品发展有限公司占地 33.35 公顷，存养海南蛋鸡 7 万羽，年产蛋 80 万公斤，配套年产量 5000 吨饲料厂 1 家、鱼池 6.67 公顷。2006 年，公司成功引进生物发酵技术处理鸡粪，注册生产“富立牌”有机肥料，年产 3000 吨，是市内首家实现循环经济发展模式的饲养企业。

图 9-9　紫泥种猪场（紫泥镇种猪场提供）

2007 年，龙海市有 149 个规模畜禽饲养场建设大、中型沼气池，总容积 2.5 万立方米；配套生化池 2.5 万立方米。全部开展“猪—沼—果（菜）”综合利用。同年 12 月，有 14 家畜禽养殖场通过省畜禽产地和畜禽产品双认证，其中颜厝双怡养殖场是全省首家通过无公害鸭肉、鸭蛋双认证的企业。

第八章　管　理

第一节　机构

一、龙海市农业局

1993 年，市农业局内设人秘科，下辖 11 个专业股站：农业技术推广中心、农业技术推广站、种子公司、植物保护站、土壤肥料站、经济作物站、农垦站、农业科学研究所、经营管理站、沼气改灶省柴技术推广站、畜牧兽医站；全局编制 44 名，实际在编 41 人。1997 年 7 月，沼气改灶站改为农业环保能源站。1999 年 7 月，成立减负办公室；12 月成立农业执法大队。2001 年 4 月，种子公司更名为种子管理站，农业区划办并入农业局。2002 年，经济作物站改建花果站、食用菌站。

2007 年，局本部设人秘科、农业法制科、项目与外经科、市场信息与综合科、科技与工业园区科、企业管理科 6 个职能科；下辖 16 个专业股站：农业技术推广站、土壤肥料站、植保植检站、经济作物管理站、农垦站、农业环保能源站、经营管理站、花果站、食用菌站、农科所、种子管理站、农业综合执法大队、农业区划办、减负办等。局本部编制 55 人，其中行政编制 9 名、事业编制 46 名（中级职称 13 人、高级职称 14 人）。下辖 14 个乡镇的经济作物管理站、农业技术推广站。

二、龙海市林业局

1993 年，龙海市林业局内设人秘财务科（外事外经科）、林政资源管理科、营林科（产业发展科），下辖林业公安股、林业科学技术推广中心、林业技术指导站、林业规划队、森林资源管理站、龙海市红树林自然保护区工作站 6 个直属单位，以及 16 个乡镇基层林业工作站。

2007 年，林业局内设人秘财务科（外事外经科）、林政资源管理科、营林科（产业发展科）；下辖森林公安分局、林业科学技术推广中心、林业技术指导站、种苗站、林业规划队、森林资源管理站、森林植物防治检疫站、野生动植物保护管理站、九龙江口红树林省级自然保护区管理处 9 个直属单位，以及 14 个乡镇基层林业工作站。局本部 34 人，其中专业技术人员 16 人；全市林业系统职工 76 人，其中专业技术人员 48 人。

三、龙海市畜牧兽医局

1993 年，市畜牧兽医站下辖 16 个乡镇畜牧兽医站。1998 年 3 月，成立市动物防疫监督所。2007 年 12 月，市畜牧兽医站更名为市畜牧兽医局，属市农业局管理的副科级机构。下设 3 个股级事业机构：动物卫生监督所、动物疫病预防控制中心、畜牧技术服务站；编制 17 名，其中技术干部 16 名。下辖 14 个乡镇畜牧兽医站，有专业技术人员 33 人。

四、龙海市农机站

1993 年，龙海农机站内设技术管理、技术推广、技术培训、农机监理和人秘股，人员 28 人。下辖农机监理站、农机技术学校和 16 个乡镇农机站。

2003 年，农机站并入市农业局，属农业局管辖的副科级单位。2007 年，市农机站内设推广管理股、农机化技术学校、农机监理站、人秘股、财务股，实有 23 人。乡镇农机站实有 25 人。

第二节　农牧业管理

一、农村财务监督

1993—1997 年，审计票据 17.2 万单，审计村财收入 11063 万元，村财支出 10216 万元。收回集体被借欠资金 260 万元，纠正错账 200 多笔。

1999 年，对全市 244 个行政村的管财领导、会计和出纳进行业务培训，分 3 个阶段 19 期，参训 700 多人次。

2000 年，开展农村合作基金会清产核资，全面澄清 160 家基金会的资产、负债及所有者权益；指导合作基金会办理债权债务移交手续及账目移交，使全市 160 家合作基金会按福建省政府要求于 2000 年 12 月底实现清盘关闭。

2001—2002 年，贯彻执行《福建省农村集体财务管理条例》，对全市 75 个重点村财务进行审计；对全市 244 个行政村管财领导、会计和出纳进行业务培训，举办培训班 19 期，培训 700 多人次。

2003—2004 年，配合村级组织换届选举，对任期村级干部经济责任进行审计，共收回白条抵库金额 63.4 万元，追回提留统筹欠款 132.5 万元；查处违纪报支摩托车燃料费 5320 元及超报电话费 9970 元。

2005—2007 年，对 12 个乡镇村干部及财会人员业务培训 610 人次，发放财会及土地承包政策等资料 1200 册资料。其间 2006 年对 29 个重点村实施审计，查出违规报销 16.87 万元，干部借款 4.50 万元，收入未入账 1.50 万元，给予全额收回。

二、农牧业执法监督

1993—1994 年，出动宣传车 23 车次，张贴宣传栏 28 期，处理违法案件 56 起，侧重打击销售假、劣农药和种子，以及不符合卫生标准动物食品。

1996 年，与有关部门配合办案 3 件，共处罚款 0.43 万元，押扣种子 324 公斤，处理病死猪 11 头，病猪肉 28 公斤，为农民挽回经济损失 2.5 万元。

1997—1998 年，依法检查监督农资、种子市场，查处坑农、害农案件。两年共处理销售假劣农药、种子和不符合卫生标准的动物食品的涉农违法案件 83 起；组织监督执法检查 552 人次，查处辖区内屠宰、运输、销售病死畜禽等违法经营者 254 人次。

2000 年，执法大队立案 26 件，处理 26 件；配合有关部门办案 6 件。全年共处罚 1.49 万元，没收假冒伪劣种子 656 公斤；处理病死猪 15 头、病猪肉 54 公斤；为农民挽回经济损失 3.1 万元。

2001—2002 年，农业执法 209 次，查处各类涉农案件 128 起；接受群众投诉 27 起，挽回经济损失 28.6 万元。

2003—2004 年，组织监督和执法检查 205 次、2142 人次，处理涉农违法人员 194 人次，无害化处理病死肉 1.8 万公斤、罚款 2.45 万元。

2007 年，开展农资产品质量抽查，治理整顿农资市场 14 个，检查经营单位 278 个次，为农民挽回经济损失 20 多万元；无害化处理病死畜禽及其产品 9760 公斤。

1997—2007 年，执法大队出动宣传车 267 车次；张贴宣传栏 32 期，举办 5 期农资经营人员业务培训班；发放宣传资料 25 万多份；接待来访群众 400 人次。共检查农资经营门市部（店）1161 次，出动执法人员 4858 人次，查处涉农违法案件 368 起；与有关部门配合办案 30 件，处罚款 11.49 万元；检查农资数量 2.7 吨，货值 7.4 万元；查处各类假冒伪劣农资产品 0.7 吨，涉案金额 1.6 万元；押扣劣种子 1312 斤，处理病死猪 15 头，收缴毒鼠强等违禁杀鼠剂 34.71 公斤，共为农民挽回经济损失 304.21 万元。

第三节　农机管理

一、农机推广与应用

1993 年，农业机械化推广工作主要以粮食生产为主，重点推广深耕型机耕和化肥深施等增产技术，推广机械收割和机械植保等新机具，提高农田作业的机械化水平。

1994 年，承担农业部“农牧渔业丰收计划水稻高产高效机械化生产技术”13340 公顷的课题，重点推广深耕型机耕、化肥深施两项增产技术和机械收割、机械植保等新机具。

1995—1996 年，承担“国家级商品粮基地建设资金”农机化项目建设，购置联合收割机 5 台、拖拉机配套旋耕机 8 台（套）、抛秧机 1 台等。

2000 年，农机推广工作由原来的水稻为主转向粮经作物兼顾，推广一批新型农机具；在粮食生产方面，引进推广插秧机、抛秧机、点播机、化肥深施器、机动喷雾器和联合收割机；在经济作物方面，引进推广大中型的起垄整畦机械、驱动圆盘犁、果园微耕机、马铃薯挖掘机、水果烘干机及茶叶生产加工的系列机械。

2001 年，承担农业部“节本增效工程示范区建设项目”，分别在角美、紫泥、浮宫镇建立水稻节本增效示范点，开展少量播种和化肥深施等试验示范。

2006—2007 年，全市发放农业机械购置补贴专项资金 102.68 万元，补贴购机户 317 户，农民实际投入资金 454.08 万元，购置先进适用新机具 336 台（套）。

二、培训与服务

1993 年，培训农业机械驾驶员 585 人，其中大中型拖拉机、手扶拖拉机、农用运输车三证驾驶员 566 人。1999—2005 年，主要培训手扶拖拉机和农用运输车驾驶员，共发放驾驶证 1720 份。2006 年、2007 年，全市发放农业机械驾驶证分别为 379 份、631 份。

1993—2007 年，全市累计培训拖拉机、农用运输车驾驶员 3555 名，其他各种类型农业机械化专业人才 1274 名，发放驾驶证 4829 份。

三、农机维修与安全监理

1993 年，市农机监理站依法对国家规定实行牌证管理的自走式农业机械和 3.75 千瓦以上的固定式农业机械实行牌证管理和安全监理，办理注册登记手续；并对其驾驶操作人员进行培训、考核、办证。对取得牌证的农业机械及其操作驾驶人员进行年检审，开展安全教育，实施安全检查。当年，全市有农业机械维修网点 334 个，农机部门考核维修人员 719 人。

1997—1998 年，办理拖拉机年检审 1787 台，办理驾驶员年审及换发证 529 人。1994—2006 年，农业机械网点从业人员保持在 500—900 人之间。

2007 年，全市农业机械维修网点 169 个，考核维修工 358 人，换发新版维修技术合格证 32 份。当年，创建平板式机动车自动检测仪，提高拖拉机的技术参数，确保行车安全；全年办理拖拉机年检审 1064 台，办理驾驶员驾驶证年审及换发证 501 人。

第四节　林业管理

一、林木流通管理

（一）林木限额采伐

1993 年，龙海市林木采伐限额 2.5 万立方米；办理林木采伐许可证 62 份，采伐量 1.25 万立方米，占限额的 50%。1997 年，发放采伐许可证 41 份，林木采伐量 2.17 万立方米，占采伐限额 86.84%。2001 年，采伐限额下降到 0.92 万立方米。福建省林业厅下达给龙海市“八五”“九五”期间年森林采伐限额为 2.5 万立方米，“十五”期间年森林采伐限额 0.92 万立方米，“十一五”期间年森林采伐限额 4.44 万立方米。2007 年，全市林木采伐限额 2.5 万立方米；办理林木采伐许可证 34 份，采伐量 2.24 万立方米，占限额 89.6%。

1993—2007 年，全市共办理林木采伐许可证 536 份，林木采伐量 15.98 万立方米。

（二）清理征占用林地

1993 年，全市清理征占林地 29 起、面积 10.03 公顷，征收森林植被恢复费 5.2 万元。1998 年 10 月，贯彻落实国务院《关于保护森林资源禁止毁林开垦和乱占林地》通知精神，龙海成立清理征占用林地工作领导小组和办公室；抽调 15 人组成 4 个工作组和 1 个督查组。全市清理 1994—1998 年的征占用林地 37 起、4306.7 公顷。同时，从 8 月 5 日起，冻结各项工程建设征占用林地一年。2006 年，清理征占林地 3 起、221.28 公顷，征收森林植被恢复费 1533.51 万元，平均每公顷征收 6.93 万元。2007 年，清理征占林地 12 起，面积 79.63 公顷，征收森林植被恢复费 550.18 万元。

1993—2007 年，全市共办理征占用林地 217 宗、1303.55 公顷，征收森林植被恢复费 3604.87 万元。其中办理碎石采矿临时征占用林地 116 宗、234.86 公顷，征收森林植被恢复费 157.66 万元；工程项目办理征占用林地 101 宗、1068.69 公顷，征收森林植被恢复费 3447.22 万元。

（三）发放木材运输证

1993 年，全市发放木材运输证 1983 份。1994 年，经省林业厅批准成立龙海市林业局木材运输办证室和驻程溪、角美 2 镇及林下林场 3 个木材运输办证点。截至 2007 年，新办、变更或换证的木材经营加工企业 93 家。

1993—2007 年，共核发木材运输证 48956 份。其中木材运输证 48354 份、运输 517531 立方米，毛竹运输证 602 份、运输 206161 根。

二、林业执法查处

1993 年，境内发生林业案件 247 起，查处 239 起。没收违法砍伐、运输、销售的木材 95.5 立方米和违法捕获、销售野生动物 1221 只；挽回经济损失 13.2 万元。

1994—1997 年，龙海加强森林法的宣传和行政执法力度，林业违法案件逐步减少。1998 年 6 月 28 日，组织林业执法人员 40 人，出动 7 部宣传车，在程溪、九湖、颜厝、角美、海澄、浮宫、港尾、石码等地，宣传 1998 年 4 月 29 日全国人大常委会通过新修定的《中华人民共和国森林法》。是年，全市发生林业案件 35 起，查处 28 起，没收木材 20.5 立方米和野生动物 220 只。

2002 年 1 月 4 日，九湖镇蔡坂村村民张某到本村坑尾山地劳动，因乱丢烟头引发火烧山，烧毁龙海市、南靖县 5 个村森林 75.7 公顷，烧死马尾松幼树 57280 株，经济损失 29640 元，肇事者被依法判刑 5 年；3 月 9 日，榜山镇榜山村村民周某在岭门山地土地庙旁，用打火机点燃山路边茅草，造成火灾，动用军民 1500 多人扑救，过火面积 92.5 公顷，烧毁马尾松蓄积量 389 立方米、幼树 42000 株，致集体财产损失 61450 元，肇事者被依法判刑 7 年。是年，查处林业违法案件 31 起，没收木材 147.3 立方米和野生动物 2012 只。2007 年，全市林业案件 42 起，查处 30 起，没收木材 58 立方米、野生动物 4821 只。

1993—2007年，全市共发生各类林业案件998起，查处846起，没收木材1289.4立方米，没收放生鸟类等各种野生动物20983只，为国家挽回经济损失120.65万元。

1993—2007年龙海市林业执法查处情况表

表9-8-1

年份	案件数（起）		其中查处案件数（起）								没收木材（立方米）	没收野生动物（只）	挽回经济损失（万元）
	发生	查处	盗伐	滥伐	非法运输木材	违法经营加工木材	违法使用林地		违反野生动物	其他			
							件数	面积（公顷）					
合计	998	846	42	45	638	56	34	2.94	11	20	1289.4	20983	120.65
1993	247	239	6	16	166	20	25	2	3	3	95.5	1221	13.2
1994	116	114	5	4	89	10	0	0	2	4	37.2	682	11.4
1995	36	23	1	2	20	0	0	0	0	0	20.6	424	0.81
1996	65	56	4	1	49	2	0	0	0	0	115.2	836	3.46
1997	58	52	3	2	45	0	0	0	0	2	89.3	651	5.36
1998	35	28	2	1	25	0	0	0	0	0	20.9	220	0.67
1999	47	39	1	2	36	0	0	0	0	0	90.0	523	28.4
2000	80	67	3	2	52	5	0	0	0	5	146.8	705	12.64
2001	63	51	4	1	46	0	0	0	0	0	140.4	359	5.7
2002	45	31	3	1	23	0	0	0	2	2	147.3	1860	21.14
2003	43	28	2	2	22	0	0	0	2	0	68.5	2012	3.01
2004	47	29	2	4	22	0	0	0	1	0	94.1	1189	2.35
2005	20	16	1	0	3	2	9	0.94	1	0	32.8	1670	1.6
2006	54	43	2	1	21	17	0	0	0	2	133.8	3810	8.23
2007	42	30	3	6	19	0	0	0	0	2	57.0	4821	2.68

卷十 渔业

YU YE

1993年，龙海加大渔业经济体制改革力度，同时推广牡蛎浅海棚架垂下式吊养、单性罗非鱼高产养殖。是年，全市机动渔船3725艘、总吨位31148吨，主机功率88387千瓦；水产品总产量8.35万吨，其中海水捕捞产量6.36万吨、淡水捕捞产量294吨、养殖产量1.96万吨；缢蛏亩产超5吨，名列全省第二；单性罗非鱼高产养殖技术推广，获省水产厅科技推广三等奖。

1995年，开展刀额新对虾低盐度水域养殖试验获得成功；罗氏沼虾人工繁殖及养成推广项目获省水产厅科技推广一等奖。是年，龙海远洋渔业起步，有2艘渔船赴密克罗尼西亚捕捞生产。

1997年后，贯彻国务院《关于进一步加快渔业发展的意见》，龙海做出“发展蓝色产业”的决策，促进渔业生产迅猛发展。继续深入开展水产技术研究，发展水产龙头企业，提高产业化水平。“太平洋牡蛎工厂化人工育苗”等多个技术项目获漳州市科技进步奖；南美白对虾养殖技术被列入省级农业标准化示范区建设项目，被国家标准化管理委员会确立为第五批（Ⅱ类）全国农业标准化示范区项目；有4家水产加工龙头企业获省级水产产业化龙头企业。

2007年，全市机动渔船2711艘，总吨位58756吨，比1993年增加27608吨。主机功率176481千瓦，比1993年增加88094千瓦；水产品加工产量7.6万吨，是1993年0.62万吨的12.3倍。水产品加工产值7.6亿元，是1993年0.48亿元的15.8倍。水产品总产量32.12万吨，是1993年3.8倍。渔业总产值21.82亿元，是1993年8.2倍。

第一章　生产条件

第一节　自然条件

一、渔业水域

（一）淡水水域

1993 年，全市可供养殖的淡水水域有水库、池塘、山塘、河沟、埭沟，总面积 2883 公顷，其中水库 478 公顷、池塘 444 公顷、山塘 580 公顷，河沟、埭沟 1381 公顷。是年，已养殖水域面积 2440 公顷，占可养殖面积 84.6%。

2007 年，淡水养殖水域主要有水库、埭沟、池塘、山塘和河沟，还有少量集约化水泥池和零散农田水域，总面积 4440 公顷。由于生产结构调整，部分水田、低洼田改养鱼虾池塘 2227 公顷、山塘 560 公顷，水库 305 公顷，河沟、埭沟 1266 公顷，其他零散农田水域淡水养殖面积 82 公顷。是年，已养殖的水域面积 3788 公顷，占可养殖面积 85.3%。

（二）浅海水域

1993 年，沿海 0—10 米等深线的浅海水域 1.12 万公顷，可利用的浅海水域 2001 公顷，占浅海水域 17.87%。其中港湾区 66.7 公顷，开阔区 1467.4 公顷，沿岸区 466.9 公顷。

2003 年 3 月 25 日，隆教乡白塘村杨清湖的 0.89 公顷海水池塘养殖用海经市政府批准，取得龙海市首宗养殖用海的海域使用权。

2006 年，随着港口建设、临海工业的发展，海水养殖业的生存和发展受到很大影响，浅海养殖面积呈缩减趋势，当年注销 133.4 公顷的养殖用海使用权。

2007 年，沿海 0—10 米等深线的浅海水域 6150 公顷，可利用的浅海水域 1700 公顷；批准养殖用海 358 宗，确权养殖 943.3 公顷，其中浮宫镇 145 公顷、港尾镇 122.7 公顷、隆教乡 330.6 公顷、角美镇 331.4 公顷、紫泥镇 13.6 公顷。

（三）近海水域

龙海渔业近海水域捕捞渔场包括沿岸渔场、闽南渔场、台湾浅滩渔场、外斜渔场、塭南坪渔场、塭北坪渔场、花猫粗渔场、浅西内斜渔场等渔场，位于台湾海峡中线以西海域，总面积 29470 平方公里。其中水深 10—40 米的沿岸渔场 7490 平方公里，水深 40—60 米的闽南渔场和台湾浅滩渔场 18080 平方公里，水深 60—100 米的外斜渔场 1800 平方公里，水深 100—200 米的塭南坪渔场等海区 2100 平方公里。

（四）滩涂

1993 年，有滩涂 5109.13 公顷，可利用的 2267.2 公顷，占滩涂总面积的 44.4%。可利用滩涂中泥底质面积 199.53 公顷，占 8.8%；泥沙底质面积 1519 公顷，占 67%；沙底质面积 548.67 公顷，占 24.2%。可利用滩涂用于养殖缢蛏、牡蛎、花蛤、泥蚶、紫菜和种植红树林。

2007 年，有滩涂 5109.13 公顷，可利用的 2000.2 公顷，占滩涂总面积 39.2%。

二、生物资源

（一）淡水渔业资源

龙海内陆溪水鱼类资源丰富，淡水鱼类由洄游鱼类和纯淡水鱼类两个生态群组成，具有捕捞价值和养殖种类近80种。1993年，九龙江纯淡水鱼类有93种，仅见于九龙江水系的有寡鳞银飘鱼、九龙江拟腹吸鳅、中华沙鳅和长棒花鱼。由于九龙江西溪、北溪多处建拦水坝，再加上过度捕捞等因素，常见的洄游性鱼类，如鳗鱼、鲟、香鱼等极少见。随着淡水养殖业的发展和养殖技术的提高，不断引进新品种。淡水虾蟹类有23种，其中虾类有日本沼虾、罗氏沼虾、海南沼虾、安氏白虾、细足米虾等；蟹类主要有中华绒螯蟹、泥蟹等溪蟹。

2007年，全市养殖外来品种50多种。在天然水域中常可捕捞到罗非鱼、革胡子鲶等外来品种鱼类。本地原生品种也相继开发人工养殖。渔业主管部门多次组织购进鲫鱼、毛蟹、鲤鱼等苗种在江河中放流增殖。

（二）海洋渔业资源

1993年，福建渔业资源调查记载，龙海沿海海水鱼类687种，有19目96科156属213种，属热带、亚热带性西太平洋暖水动物区系。

2007年，根据福建省渔业资源和区划调查，闽南、台湾浅滩渔场水产生物资源1000多种，已鉴定的800多种类；海洋渔业资源存量50万吨，可捕捞量20万吨。由于渔获量和捕捞量呈现双超的态势，政府实行“伏季休渔”的政策和措施，基本实现控制海洋捕捞产量零增长的目标。

第二节　渔区与渔业劳力

一、渔区分布

龙海渔区主要分布在港尾、隆教、紫泥、角美、石码、海澄、浮宫、榜山8个乡镇。2007年，全市主要渔业村有港尾镇的浯屿、斗美，浮宫镇渔业村，石码镇渔业社区；渔农兼业村有港尾镇深沃、卓岐、沙坛、考后村，隆教乡镇海、白坑、流传、关头、新厝和白塘村，角美镇石美、西边、南门、流传村，紫泥镇溪墘、巽玉、溪霞、锦田、世甲、下楼村，浮宫镇海平、海山村，海澄镇玉枕、上寮、埭新村，榜山镇园仔头村。

二、重点渔镇

港尾镇是龙海的重点渔镇，位于龙海市东南部，濒临台湾海峡，北与厦门隔港相望。渔业专业村有浯屿、斗美；渔农兼业村有深沃、卓岐、沙坛、考后。

1993年，港尾镇水产品总量4.7万吨，占全市水产品总量8.35万吨的56.3%，其中海水产品4.65万吨，占全市海水产品7.48万吨的62.2%。

1997年5月，港尾镇被省政府授予“渔业十强镇”称号。

2005年，全镇渔业户1560户，渔业人口7050人，渔业劳动力2000多人，水产养殖面积581.8公顷；有大围缯、虎网等捕捞作业渔船700多艘。水产品产量118960吨，占全市水产品产量的37.53%；渔业总产值66334万元，占全镇农林牧渔业总产值的83.4%。

2007年，港尾镇水产品产量118328吨、产值36545万元，居全市首位，占全市水产品总产量的36.84%，总产值的16.75 %。

三、重点渔村

（一）石码镇渔业社区

1993年，全村1061户、4277人，其中劳动力2137人；拥有机动渔船330艘、总马力29761匹，捕捞产量14336吨。1997年，对拖捕捞大黄鱼、带鱼、马鲛鱼等集群性鱼类资源日趋减少，对拖渔船也逐年减少，对拖作业渔船从1993年36对锐减到8对。

2005年，石码镇渔业社区以海洋捕捞业为主，兼海水养殖业。拥有渔船260艘（其中钢质船20艘），共41840吨位、18843马力。水产品总产量12206吨、产值4377万元。是年6月，厦门至金门航线清理，有9对张网（虎网）作业船停产转业。

2007年，全社区1254户、4456人，其中劳动力2100人；分布在龙海桥、港口、田里庵（西头仔）3个居住区；拥有渔船292艘，其中对拖作业船8对、单拖作业7艘、横杆拖虾作业119艘、流刺作业83艘；渔业产量2.3万吨，还拥有渔业公司、渔械加工厂、养殖场等企业，渔民工贸总产值7824万元，人均收入0.54万元。

（二）浯屿村

1993年，全村758户、3850人，其中劳动力1785人；拥有大小渔船222艘，总马力52550匹，其中外海捕捞渔船200艘；捕捞总产量23500吨，总收入7428万元，人均收入3700元。1996年，3艘700马力的钢质船投入捕捞生产。

1997年5月，浯屿村被福建省政府授予“渔业十强村”称号。

2007年，全村1064户、4393人，其中劳动力1760人，另有外来人口5060人；拥有350匹马力以上的钢质、玻璃钢质、木质渔船359艘，渔业辅助船60艘，摆渡小机动船50艘，总马力82550匹；9家船舶修造厂、5家水产制冰厂、8家机修厂、9家网板厂、8家渔网加工厂，水产养殖户60多户；全村渔业总产值3亿多元，人均年收入7164元，劳动力人均年收入2万元。

（三）斗美村

1993年，全村560户、2830人，其中劳动力1970人（从事渔业劳动力573人）；拥有大小机动渔船113艘、1343吨位、3334马力，其中拖网船19艘、1195.2吨位、2950马力，小机动和定置网渔船94艘、147.8吨位、747马力。

2005年，全村有嘉昌水产食品有限公司、德鑫水产有限公司、德盛水产食品有限公司、伟光冷冻厂4家企业；有对虾育苗场2家、渔网具加工厂5家；有海上水产品渔货收购、贩运的船只10多艘。全村工农业总产值1.3亿元，其中农业产值0.1亿元，渔业产值0.45亿元，工业产值0.79亿元。村民人均年纯收入0.4万元。

图10-1　海岛渔村——浯屿村（浯屿村委会提供）

2007年，全村632户、2700人，其中劳动力1836人（从事渔业劳动力802人），人口主要分布在西片、下尾、后石三个居住区。拥有外海捕捞拖网渔船53艘，其中钢壳渔船4艘；内海捕捞作业机动渔船85艘。渔船总装机动力1.3万马力，渔船上安装雷达、卫星导航仪、高频率无线电通信等设备。

四、渔业人口与劳力

1993年，全市渔业户6073户、渔业人口36381人，其中渔业劳动力25575人。

1996年，全市渔业户6296户、39749人，其中渔业劳动力27545人。此后，由于渔业机械化程度提高，渔业劳动力减少，部分劳力转向其他行业。1998年，渔业劳动力16900人。2006年，全市从事渔业的劳动力13158人。

2007年，全市渔业户5176户、21363人，其中渔业劳动力9314人（捕捞劳动力4891人、养殖劳动力4115人、其他劳动力308人）；还有兼业劳动力4015人。渔村中船上劳力采用雇工，仅浯屿和斗美村雇用本地和外省劳力4000余人。

第三节 渔业机具

一、机动渔船

1993年，全市机动渔船3725艘、总吨位31148吨，主机功率88387千瓦；其中捕捞渔船2512艘，总吨位29155吨，主机功率84831千瓦。海洋捕捞渔船中有灯光围网渔船2艘、对拖网渔船36对、单拖网渔船286艘。

1994年，浯屿村船东在江苏南通建造一艘钢质拖网渔船。

1995年，浯屿村渔民到江苏南通购置大吨位大马力双拖、单拖钢质渔船各2艘，用于外海捕捞。是年，全市机动渔船3946艘、总吨位38649吨，主机功率124223千瓦。

1998年，全市机动渔船3589艘，总吨位44191吨，主机功率158018千瓦。

2001年，全市机动渔船4067艘、总吨位83739吨，主机功率163931千瓦。

2003年，龙海渔民开始使用玻璃钢质船。同年，开始实行捕捞渔船报废转产，报废拆解捕捞渔船25艘。

2005年7月30日，龙海市张网渔船退出厦门—金门航线海域作业，转产转业56艘，厦门市拨给补偿款196万元。是年，捕捞生产结构优化，300多艘拖虾拖网渔船调整为刺网和笼捕作业。

2006年，浯屿村加快建造钢质渔船，全村有钢质拖网渔船和渔货收购船300多艘，其中一半在本村造船厂建造。是年，全市从事海上捕捞渔船1421艘，其中600马力以上渔船12艘，总吨位2019吨，主机功率4556千瓦；200—600马力渔船467艘，总吨位35851吨，主机功率111216千瓦；60—200马力渔船280艘，总吨位7113吨，主机功率22305千瓦；20—60马力渔船288艘，总吨位2252吨，主机功率7046千瓦；20马力以下渔船374艘，总吨位1429吨，主机功率2902千瓦。

2007年，全市机动渔船2711艘，总吨位58756吨，主机功率176481千瓦；捕捞渔船1430艘，总吨位48664吨，主机功率148025千瓦，其中钢质渔船291艘，总吨位30805吨，主机功率71651千瓦；玻璃钢质渔船5艘，总吨位362吨，主机功率793千瓦。捕捞渔船作业有拖网渔船587艘、围网渔船5艘、刺网渔船529艘、张网渔船48艘，钓业渔船6艘、杂渔具渔船255艘；养殖渔船1154艘，总吨位1854吨，主机功率6698千瓦；辅助渔船127艘，总吨位8238吨，主机功率21758千瓦，主要从事捕捞渔获物收购运输。

1993—2007 年龙海市机动渔船变化情况表

表 10-1-1　　单位：艘、吨、千瓦

年份	船只数				总吨位	主机功率
	总计	捕捞船	辅助船	养殖船		
1993	3725	2512	477	736	31148	88387
1994	3918	2773	454	691	37674	116395
1995	3946	2802	453	691	38649	124223
1996	4384	2861	793	730	48184	199598
1997	4134	2485	793	856	43594	155803
1998	3589	2135	237	1217	44191	158018
1999	4234	4136	98	—	40418	158020
2000	4055	3010	122	923	46443	170400
2001	4067	2584	122	1361	83739	163931
2002	3345	1826	122	1397	66036	175609
2003	2896	1610	122	1164	65851	169003
2004	2868	1583	127	1158	62152	204548
2005	2799	1519	126	1154	61634	206863
2006	2706	1421	126	1159	58463	175378
2007	2711	1430	127	1154	58756	176481

二、捕捞渔具

1993 年，海洋捕捞渔具有 12 类 26 型 23 式，按习惯分法，结合网具结构方式、作业形式和捕捞对象的差异，分为 66 种。主要有刺网类：漂流无下纲刺网散脚绫；围网类，双船有囊围网大围缯；拖网类：单船底层有翼单囊拖网单拖、四片式虾拖网；张网类：双锚船张网虎网；掩罩类：抛撒掩网掩罩手抛网；笼壶类：定置延绳倒须笼壶 6 种类和其他杂渔具。

1994 年，主要渔具有灯光围网、对拖网、单拖网，推广桁杆虾拖网及浯屿拖网渔船导流节能节油技术，引导从事拖虾、拖网等高耗油作业渔船调整改作，实施试验推广笼捕作业。

1997 年 11 月，石码渔业公司针对带鱼双拖网拖问题，有 4 张带鱼双拖网在上海通过水槽网模测试，提高网口高度，增加拖速，对双拖网具进行改革。

2007 年，主要实施对拖网、单拖网作业，应用单船底层有翼单囊拖网单拖、四片式虾拖网渔具。

三、渔机与仪器

（一）渔船主机

1993 年，全市渔船主机有南通柴油机厂造 NT6135 型，南通渔船柴油机厂造 8E150C—1 型、8E150C—A 型，潍坊柴油机厂造 616A—17 型、X6160ZC 型，及福建机器厂造 6170 型系列柴油机，功率在 150—350 马力之间。

1996年，石码渔业村船东开始从上海、江苏等地购入国有渔业公司渔轮，其主机有上海渔轮厂造6260型和无锡柴油机厂、宁波动力机械厂、广州柴油机厂造6300型，功率在400—600马力之间。

2005年，紫泥紫顺船舶制造厂承建1艘总长46米渔政执法船，主机2×1200马力（882千瓦），其主机采用淄博柴油机厂造LB6250ZLCZ—4型。

2007年，捕捞渔船作业更新钢质拖网渔船和钢质渔货收购船用的主机有南通海狮船舶机械公司造8E160型，潍坊柴油机厂、淄博柴油机厂造6170型及济南柴油机股份有限公司造6190型，其功率在400—620马力之间。

（二）捕捞机械

1993—1999年，紫泥镇溪墘村、紫泥村笼壶渔船安装石码渔业机械厂生产的起笼机械滚轮，安装在渔船中前部右舷侧舷墙面板上，由SI95柴油机通过16型离合器链条传动滚轮。其间，1993年，在流刺网渔船中使用流刺网起网机械，滚筒长1.0—1.2米，直径0.3—0.4米，滚筒两端之间为钢筋焊接的滚筒；拖网渔船捕捞机械仍使用传动立式绞纲机；1999年，浯屿木质拖网渔船捕捞机械改装石码渔业机械厂制造的卧式分列机械绞纲机和卧式串联机械绞纲机。

2000年后，浯屿村钢质拖网渔船安装的起网机械一般是立式绞纲机2-3台，分列式绞纲机1套（2台）。

2007年，拖网渔船起网机械使用的分列式绞纲机有两种，一种由石码渔业机械厂制造，另一种由石狮渔业机械厂生产的分列式液压绞纲机。

（三）养殖机械

1993年，养殖专业户置用搅泥泵、吸泥泵和水枪机械设备，用于清理渔塘；同时，使用叶轮式增氧机、水车式增氧机、喷气式。

2007年，水产养殖户增氧机械配备尖刀磨盘式青饲料切碎机、刀片旋转式青饲料打浆机、锤片式多用青饲料粉碎机机械以及多种增氧机械。

（四）导航与通信设备

1993年，开始使用日本古野牌FURUNO雷达、JRC雷达、ICOM雷达、ONWA雷达，可应用计算机技术，操作方便，测程达72海里。是年，开始装备卫星导航仪，有扶桑、光电、皇家等，以及配有单边带电台，配置日本COIT240型、ARGO300型对讲机。

1998年，渔船配备TS—480、FT—801渔业安全网对讲机。

2007年，渔船装用卫星电话机，其型号为ACESFR—190型及单边带电台，型号IC—700、IC—M700、IC—707、IC—718型等。469艘60马力以上渔船配置船载终端预警设备，其中联通网船载终端预警设备37台、移动网船载终端预警华强设备246台、华润186台；60马力以下渔船配置“一键通”手持预警手机203台。

第四节　渔港与渔用码头

一、渔港

1993年，农业部公布第三批经龙海市人民政府确认的渔港有石码渔港、海平渔港、斗美渔港，浯屿、石码、斗美、海平属自然港、避风坞。

1994—1998年，浯屿、石码、斗美、海平渔港因缺少渔需补给和渔货装卸功能，侧重做好编报渔港规划建设。

1999年1月，漳州上报第二批群众渔港建设规划，其中龙海市4个，投资金额2760万元；斗美渔港得到省计委和省水产局立项批准建设。

2000年6月，海平三级渔港开工建设。是年，浯屿、石码渔港列入漳州第一批群众渔港建设规划。

2001 年，浯屿、石码渔港列入省投资建设规划。是年 5 月，海平渔港完成防波堤主体工程建设。

2002 年，国家农业部组织全国性渔港普查，龙海有二级渔港 3 个，为浯屿渔港、石码渔港、斗美渔港；三级渔港 5 个，为海平渔港、海山渔港、紫泥渔港、溪墘渔港、定台湾渔港。

2004 年，新增榜山镇园仔头渔港为三级渔港。是年 6 月，省发改委、省海洋与渔业局联合公布全省第四批渔港建设项目规划，园仔头渔港列入其中；海平渔港准备验收。

图 10–2　港尾一级渔港评审（市海洋与渔业局提供）

2005 年 12 月，园仔头三级渔港开工建设一期工程。

2006 年，福建省人民政府批准，斗美渔港一期工程用海面积 52.8 公顷（码头填海 12 公顷，港池用海 32.2 公顷，防波堤用海 8.6 公顷），进行主体工程建设。4 月，漳州、龙海两级计划部门对园仔头三级渔港一期工程项目验收，完成渔用码头泊位 1 个、挡土墙 56 米、码头堆场 926 平方米，为总工程量的 56%，投资 60 万元。

2007 年 6 月，斗美渔港由二级渔港升级为一级渔港；8 月，园仔头渔港二期工程动工，12 月竣工。

二、渔用码头

1993 年，石码、海澄、浯屿渔用码头，长分别为 210 米、70 米和 167 米，可供油、水及渔需物资装卸。渔用码头均为条石、水泥结构，可供 250—500 吨渔船停靠。1999 年，斗美渔港建设渔用码头。2000 年，海平渔用码头获得省计委和省水产厅立项。

2001，海平渔用码头竣工验收。2006 年 4 月，园仔头渔港完成渔用码头泊位 1 个。

2007 年，园仔头渔港、斗美渔港和海平渔港，均规划建设配套渔用码头泊位与进港道路；列入省投资建设规划的浯屿、石码渔港，也配套建设渔用码头泊位与进港道路规划。

第二章　捕　捞

第一节　淡水捕捞

一、捕捞区域与种类

1993—2007 年，龙海淡水捕捞渔船多为木质小型渔船，长 2.4 丈（7.4 米），净吨位 1—2 吨，配 4 马力柴油船尾挂机。捕捞的区域在九龙江北溪、西溪、南溪的干流及支流的水域；使用渔具有定置网、手抛网、刺网、耙、钓等。捕捞者除临江的部分“连家船”渔民外，大多为亦渔亦农的兼业者。捕捞鱼类有青鱼、草鱼、鲈鱼、鳗鱼、胡子鲶鱼等；虾类有沙虾、沼虾、毛虾等；蟹类有中华绒螯蟹、扁蟹等；贝类有河蚌、河蚬、田螺等。

二、捕捞产量

1993年，淡水捕捞量188吨。1994—1995年，淡水捕捞量分别为700吨、742吨。

1996—1998年，在加大污染治理力度的同时，又大量放流增殖鱼、蟹类，随即江河捕捞量逐年递增，产量分别为1065吨、1357吨、1486吨。

2000年，由于自然灾害造成溃坝决堤，养殖池塘淹没，鱼虾被冲流入江河。是年，全市淡水捕捞量1675吨，仍保持增长态势。2001—2004年，江河捕捞量分别为2222吨、2815吨、3292吨、3326吨。

2005—2006年，由于东泗、海澄等乡镇遭受洪水袭击，养殖鱼虾被冲入江河，江河捕捞量增加，分别为5015吨、5152吨。2007年，江河捕捞量5005吨，其中河蚬捕捞专业村园仔头村河蚬捕捞产量2000吨。

第二节 海洋捕捞

一、沿岸捕捞区域与种类

龙海沿岸捕捞作业有张网、流刺网、笼捕、横杆拖虾、钓具。主要作业水域有南溪、西溪、北溪、九龙江口及厦门湾等水域。石码渔业的横杆拖虾、溪墘村的笼捕作业、海平村的流刺网、斗美村的定置网均在这些渔场作业。主要渔获物140多种，产量较高的有日本鳀鱼、饵长棘鲷、真鲷、带鱼、大黄鱼、刺鲳、鲱鲤、蓝点马鲛鱼、石斑鱼、鳓鱼、蓝圆鲹、金色小沙丁、脂眼鲱、哈氏仿对虾、长毛对虾、毛虾、中国枪乌贼、乌贼、梭子蟹等。

二、近海捕捞

1993年，近海捕捞产量4.73万吨，占水产总产量56.6%。渔获物种类有蓝圆鲹、金色小沙丁鱼、脂眼鲱、鲐鱼、竹荚鱼、大甲鲹、枪乌贼、对虾等，尤以中上层鱼类、头足类、虾类和珊瑚礁鱼类为优势品种。

1994年，近海捕捞产量8.8万吨，占水产总产量81%。

1996年6月，组织296艘300马力以上的渔船到彭佳屿渔场、粤东东沙渔场、南海的中沙、西沙群岛附近渔场进行探捕作业；彭佳屿渔场主捕马面鲀，捕捞量最多时单船日产量15—20吨。是年近海捕捞产量9.6万吨，占水产总产量79.8%。

1997年，以双船拖网作业为主。是年，近海捕捞产量10.42万吨，占水产总产量47.3%。

1999年，全国实行伏季休渔制度。是年，全市有对拖网渔船32对、单拖网渔船413艘进行海洋捕捞作业；近海捕捞产量6.78万吨，占水产总产量27.7%。

2000年，双船拖网主捕的带鱼、马鲛鱼等鱼类的资源不断减少，燃油成本也逐年升高，使作业船锐减。近海捕捞产量6.84万吨，占水产总产量26.3%。

2002年、2003年，对拖网渔船分别为28对、26对，单拖网渔船分别为435艘、420艘，近海捕捞产量分别为6.76万吨、6.68万吨。

2004—2006年，共报废拆解捕捞渔船25艘。其间2005年，捕捞生产结构进一步优化，300多艘拖虾、拖网渔船调整为刺网和笼捕作业。近海捕捞产量分别为6.62万吨、6.67万吨、6.69万吨。

2007年，双船拖网作业船仅存8对，产量0.8万吨；单船拖网作业主要有浯屿村，浯屿村的单船拖网船全部为钢质渔船；近海捕捞产量7.34万吨，比1993年增加2.61万吨，占水产总产量29.5%。

三、远洋捕捞

1993年5月14日，漳州市召开远洋渔业公司筹备会议，确定龙海海洋渔业发展远洋捕捞。1995年，

图 10-3　出海捕鱼（市海洋与渔业局提供）

龙海 2 艘渔船赴密克罗尼西亚生产，外海捕捞更新改造大吨位、大马力渔船。1998 年，成立溪明远洋渔业有限公司；12 月，溪明远洋渔业有限公司自行设计建造的金枪鱼延绳钓作业船福远渔 901、福远渔 902，从厦门海关报关，首航赴帕劳共和国海域从事金枪鱼延绳钓作业。2000 年，福远渔 901、福远渔 902 回港整修；5 月，连同新造的福远渔 903、福远渔 905，共 4 艘金枪鱼延绳钓作业船远航帕劳共和国开展远洋捕捞；从 2000 年 6 月至 2001 年 11 月，捕捞金枪鱼 301 吨，产值 248 万美元，毛利 33.3 万美元。2001 年，龙海组织 240 艘大吨位、大马力的拖网渔船参与开发台湾海峡南北两翼外海渔场。2003 年，捕捞作业结构调整，远洋捕捞量减少，加上专项审批与许可证手续繁琐等原因，远洋渔业公司歇业。2007 年，浯屿、斗美、石码等渔业专业村少数渔船到远海捕捞。

第三章　养　殖

第一节　海水养殖

一、面积、产量

1993 年，全市海水养殖主攻浅海开发利用，注重推行虾蟹混养模式，面积 212 公顷，品种以斑节对虾为主，其次有日本对虾、南美白对虾、长毛对虾、刀额新对虾、短钩对虾、锯缘青蟹、远洋梭子蟹等。

图 10-4　网箱养殖（市海洋与渔业局提供）

1997年，具有本区域特色的青蟹养殖基地形成规模。1998年，贻贝增加养殖面积3公顷，产量175吨。

1999年，贻贝增加养殖面积6公顷，产量373吨；文蛤海水养殖面积1公顷，产量80吨。2000年，花蛤养殖5.3公顷。2001年，推广创办陆上工厂化养鲍场。

2003年，石斑鱼养殖产量322吨、鲷鱼养殖产量527吨、美国红鱼养殖产量264吨、大黄鱼网箱养殖产量50吨。

2004年，石斑鱼养殖产量432吨、鲷鱼养殖产量310吨、美国红鱼养殖产量324吨、大黄鱼网箱养殖产量50吨。

2005年，海区吊鲍0.52公顷，产量1吨；青蟹养殖面积398.2公顷，产量2466吨；海贝养殖面积3490公顷，产量14.04万吨；泥蚶养殖面积3公顷，产量30吨；牡蛎养殖面积365.2公顷，产量1.06万吨；缢蛏养殖面积347.2公顷，产量5925吨。

2006年，全市斑节对虾养殖面积1367公顷，单产有所回升。

2007年，全市海水养殖竹帘紫菜200公顷。是年，海藻类养殖向外拓展。

二、养殖品种

（一）红蟳（锯缘青蟹）

1993年，溪墘红蟳养殖面积6.67公顷，总产量45吨，产值180万元。

2003年，溪墘红蟳无公害标准化生产示范基地获得农业部“无公害农产品”标志证书。溪墘红蟳系列产品混养面积166.75公顷，总产量1000吨，产值5000万元。

2004年6月，溪墘红蟳获得福建省名牌产品称号。溪墘红蟳系列产品混养面积166.75公顷，总产量1050吨，产值5250万元。

图10-5 江东鲈鱼（市方志委提供）

图10-6 收获缢蛏（市海洋与渔业局提供）

2006年，溪墘红蟳系列产品混养面积173.42公顷，总产量1100吨，产值5800万元。

2007年，溪墘红蟳系列产品混养面积186.76公顷，总产量1150吨，产值6900万元。

（二）鲈鱼

1993年，福建省水产研究所在大径海水鱼类试验场开展鲈鱼全人工试验获得成功。2000年，紫泥镇溪墘村有专业户利用淡水池塘养殖鲈鱼。2003年，颜厝水头、角美西边、紫泥溪墘淡水池塘养殖鲈鱼，产量128吨。2005年，鲈鱼养殖产量175吨。2007年，紫泥溪墘淡水池塘养殖鲈鱼面积5公顷，产量75吨。

（三）缢蛏

1993年，角美镇西边村缢蛏亩产超5吨，名列全省第二，也是以及蛏苗埕地主要分布点；紫泥、海澄等地开始利用虾池养蛏。

2003年，军垦四号港区利用0.67公顷虾池养殖缢蛏，种蛏滩面亩产2000公斤，每公斤平均80粒。

2004年，紫泥甘文农场推广虾池塘内混养缢蛏模式，混养面积16.69公顷，收获缢蛏130吨，亩产2100公斤。2005年，紫泥镇巽玉、金定村和甘文农场，以及海澄镇玉枕村缢蛏养殖面积

25.35公顷，收获缢蛏214吨，亩产2250公斤。

2006—2007年，年推广缢蛏池塘养殖面积74.7公顷，两年收获缢蛏2576吨。

（四）牡蛎

1993年，推广牡蛎浅海棚架垂下式吊养技术，养殖品种有褶牡蛎、近江牡蛎、长牡蛎。

1994年3月，隆教乡镇海村利用浮筏养殖牡蛎0.33公顷，养殖品种为近江牡蛎，亩产1.5吨。1996年5月，关头村养殖牡蛎面积0.67公顷，养殖品种为褶牡蛎，亩产1.8吨。1997年，关头村养殖面积增加到3.34公顷。

1998年3月，港尾镇深沃村在破灶屿海区利用浮筏养殖牡蛎16.68公顷，养殖品种为近江牡蛎、褶牡蛎，亩产1.5吨；6月，从莆田埭头后海管理区育苗场购买1公顷工厂化培育的三倍体太平洋牡蛎苗，分别在港尾镇破灶屿和隆教乡的隆教湾海区吊养试验；三倍体太平洋牡蛎与近江牡蛎、褶牡蛎对比，具有成长快、个体大、出肉率高的特点，亩产量2吨。是年，由港尾镇和隆教乡共同承担的“浅海养蛎”项目正式启动，项目规模160公顷，总投资933.61万元。

1999年，隆教乡关头、镇海、新厝村在隆教湾海区利用浮筏养殖牡蛎66.7公顷，养殖品种有近江牡蛎、褶牡蛎、太平洋牡蛎，亩产2吨；3月，市水产技术推广站与福建省水科所共同研究实验太平洋牡蛎二倍体、三倍体工厂化人工育苗技术，培育出太平洋牡蛎二倍体和三倍体养殖面积35.2公顷，分别养殖于港尾、隆教海区。

2000年4月，市水产局专业技术人员参加承担的“太平洋牡蛎工厂化人工育苗”科研项目获漳州市科技进步三等奖。2005年，牡蛎养殖面积3129公顷，产量13.43万吨。

2007年，港尾镇、隆教乡利用浮筏养殖牡蛎面积共1201公顷，产量4.05万吨。

（五）鲍鱼

1998年，龙海市通过闽台农业科技交流，得到东山县引进台湾九孔鲍品种及养殖技术的信息，开始筹划工厂化鲍鱼育苗场建设。

1999年，隆教乡白塘村在海边岸上建鲍鱼育苗场4场，水泥育苗池225口，育苗水体4725立方米，培育品种为杂色鲍，培育出2—4厘米鲍苗1500万粒；11月，隆教乡新厝村在靠海沙滩建鲍鱼养殖池1座、养殖池55口养殖成鲍，收获成鲍2.8吨，成鲍规格每斤15粒。2002年，白塘村鲍鱼育苗场7场，育苗池350口，培育水体7350立方米，培苗2625万粒。

2007年，隆教乡有鲍鱼育苗场8场，其中白塘村6场、镇海村1场、白坑村1场。

（六）龙须菜

2005—2006年，浯屿村采用浮筏在浅海养殖龙须菜0.67公顷，引进晋江苗种。其间，2005年8月开始夹苗养殖，2006年4月养殖结束，期间采收3—4次，每亩年可产湿菜2.5吨，湿菜售往鲍鱼养殖场，部分晒干后售往加工厂。

2007年，浯屿、斗美、镇海、关头养殖龙须菜33.4公顷，产量1100吨，亩产2.2吨。

（七）紫菜

1993年，在九龙江口各乡镇及港尾镇进行潮间带栽培法养殖紫菜，附苗器为维尾伦网帘，推广紫菜养殖与人工育苗技术，紫菜养殖面积332.6公顷。

1994年，紫菜养殖面积360公顷，产量621吨，亩产115公斤。

1995—1997年，近江陆源污染，九龙江口海域紫菜养殖出现烂苗，紫菜养殖面积减少，产量下降。

1998年，紫菜养殖面积477公顷，产量186吨，亩产26公斤，单位亩产极低。

2000年，紫菜养殖面积549公顷，产量526吨。是年，隆教乡关头村推行紫菜浅海筏式养殖试验，推广面积4公顷，产量15吨，亩产250公斤。

2003年，浅海筏式紫菜养殖面积33公顷，产量127.5吨，亩产255公斤。2005年，紫菜养殖面积153公顷，产量146吨。

2007年，推广浅海筏式紫菜养殖模式66公顷，其中关头村33公顷、流会村13公顷、白塘村20公顷，总产量252.5吨，亩产252.5公斤。

（八）斑节对虾

1993 年，斑节对虾以池塘养殖为主，养殖从高盐度转变到中低盐水域，由原来隆教乡和港尾、浮宫镇为主发展到以海澄、紫泥镇为主。

1995 年，海澄镇玉枕村利用本村低畦地新挖虾池 80 公顷，低盐度养殖斑节对虾，亩产 100 公斤。

1996 年，紫泥镇甘文农场和巽玉、金定村利用鱼塘、低畦地、香蕉园引入低盐度海水增加斑节对虾养殖 73 公顷，亩产 125 公斤。

1998 年，港尾镇白沙农场与省水产研究所承担的国家“九五”科技攻关项目，即“对虾暴发性流行病防治技术研究—斑节对虾病毒防治”，经现场抽样验收，单季亩产 200 公斤。

1999 年 7 月 21 日，省水产厅邀请有关专家对漳州市水产技术推广站和龙海市水产技术推广站的浓缩海水兑淡养殖海水虾类技术项目在东泗抽样验收，亩产斑节对虾 135 公斤；项目获 1998—1999 年度漳州市科技进步三等奖。

2005 年，卓岐垦区与浮宫垦区养殖 267 公顷。2006 年，全市斑节对虾养殖 1367 公顷，产量 3075.8 吨。2007 年，斑节对虾养殖 1454 公顷，产量 4034.9 吨。

附：海水网箱养鱼

1993 年，网箱养殖分布在港尾镇的深沃村、斗美村、浯屿村，主要品种有七星鲈、卵形鲳鲹、美国红鱼、兰子鱼、菊黄东方鲀、青石斑、点带石斑等 10 多种。网箱养鱼利用海水通透性，高密度养殖，网箱规格长、宽、高均为 3 米；主要投喂配合饲料和鲜冻海捕杂鱼；每年单口网箱产量 150—300 公斤。是年，全市有网箱 1146 口，产量 249 吨，单口年产量 217 公斤。

1994 年，全市有网箱 1860 口，产量 703 吨；1995 年，网箱数 3700 口，比 1994 年增加 1840 口，产量 997 吨；1997 年，网箱数 4000 口，产量 1021 吨；三年单口年平均产量 300.8 公斤。

1998 年，由港尾镇承担的“网箱养鱼”项目正式启动，项目规模 5 单元，折 1000 口，总投资 493.6 万元。项目按无冷库型标准建设。1999 年 10 月，由于受 14 号台风影响，有 5700 口网箱被破坏，损坏程度 90%，网箱内的成鱼大量死亡或逃逸；其中港尾镇斗美村损失 1200 箱。

2000 年，全市有网箱 7620 口，产量 2231 吨；2001 年，有网箱 8320 口，产量 2435 吨，单口年产量 292.5 公斤。

2005 年，全市有网箱 6645 口，产量 2679 吨；2006 年，有网箱 8500 口，产量 2762.5 吨，单口年产量 325 公斤。

2007 年，全市海水网箱养鱼 8250 口，比 1993 年增加 7104 口；产量 2805 吨，是 1993 年 11.3 倍；单口年产量 325 公斤，比 1993 年增加 108 公斤。

第二节 淡水养殖

一、面积与产量

1993 年，龙海市引进名优新特品种，扩大养殖面积，推广立体养殖及混养养殖模式，刀额新对虾养殖面积 250 公顷，罗氏沼虾养殖面积 11.8 公顷，台湾永强一号杂交单雄性罗非鱼苗制种基地面积 26.68 公顷。是年，全市池塘养殖面积 959.2 公顷，产量 7183 吨；港道、埭沟、河沟养殖面积 1122.5 公顷，产量 858 吨。

1996 年，全市淡水养殖面积 2878.6 公顷，产量 1.59 万吨。1999 年，“四大家鱼”传统品种养殖有减缓趋势。2000 年，全市淡水养殖面积 2752.4 公顷。

2001 年，淡水养殖结构有很大调整，南美白对虾兑淡发展较快，已形成名优新特品种示范片，有万亩南美白对虾兑淡养殖示范片和千亩甲鱼养殖示范片。2002 年，持续发展高优水产养殖业，南美白对虾兑淡养殖面积 1634 公顷。2004 年，全市淡水养殖面积 3736.9 公顷，产量 4.46 万吨。是年，在东园镇发展稻田养虾技术，在稻田一年套养 3 茬南美白对虾，每茬收获成虾 20 公斤至 30 公斤。

2004 年，港道、埭沟、河沟养殖面积 1119 公顷，产量 8687 吨，比 1993 年产量增加 7829 吨。

2005 年，南美白对虾养殖标准化被列入国家级农业标准化示范区，"龙海南美白对虾"获无公害产品认证。是年，全市池塘养殖面积 2254.1 公顷，比 1993 年增加 1294.9 公顷；产量 3.3 万吨，比 1993 年增加 2.58 万吨；港道埭沟、河沟养殖面积 1130 公顷，产量 1.08 万吨。

2007 年，罗氏沼虾养殖面积居全省第一，南美白对虾养殖被列入福建省首批渔业科技示范户工程项目的两个推广主导品种之一。全市淡水养殖面积 4419 公顷，其中池塘养殖面积 3327 公顷；产量 6.26 万吨，其中鱼类产量 3.67 万吨。

二、养殖品种

（一）刀额新对虾

1993 年，海澄镇玉枕村推行刀额新对虾人工育苗和池塘混养养殖试验，面积 250 公顷，亩产量 60 公斤。

1995—1997 年，市水产技术推广站与漳州市水产技术推广站开展刀额新对虾低盐度水域养成试验，主要试验区在白水镇大霞村、东园镇新林村及海澄镇玉枕村、紫泥镇甘文农场，以投喂配合饲料及鱼浆为主，推广面积 834 公顷，亩产 100 公斤。

1998 年 9 月，市水技站的"刀额新对虾工厂化育苗研究及低盐度水域养成技术推广"项目，获漳州市 1996—1997 年度科技进步二等奖及省科技进步三等奖。

2005 年，全市刀额新对虾养殖面积 834 公顷，产量 1685 吨。

（二）罗氏沼虾

1993 年，东泗、港尾、紫泥等乡镇利用淡水鱼塘和低畦地挖池塘养殖罗氏沼虾 11.8 公顷，每年养殖一季，养殖期从 5 月到 11 月，养殖成虾 20 吨，亩产 113 公斤。

1994 年，全市养殖罗氏沼虾 42 公顷，总产量 82 吨，亩产 129.5 公斤。

1995 年，全市养殖罗氏沼虾 117 公顷，总产量 263 吨，亩产 150 公斤。是年，罗氏沼虾人工繁殖及养成推广项目，获省水产厅 1995 年水产技术推广一等奖；东泗乡太江、卓港、东泗、碧浦、西岭等村试养罗氏沼虾 13.3 公顷，亩产 150 公斤，亩盈利 5000 多元。此后，海澄、东园、白水、紫泥、角美、浮宫、港尾和隆教等乡镇也陆续推广养殖。1997 年，养殖罗氏沼虾 133.4 公顷，总产量 440 吨，亩产 207.5 公斤。

1999 年，全市罗氏沼虾养殖面积增至 200.1 公顷。东泗乡太江、水浒、西岭等村采用搭盖温棚反季节养殖罗氏沼虾，经济效益增加。

2007 年，全市罗氏沼虾养殖面积居全省第一，养殖地域分布极广，包括九龙江口、南溪，南太武山上的黄坑村、新村村也有养殖。养殖面积 500 公顷，总产量 3000 吨，亩产 400 公斤。

（三）南美白对虾

1998 年，东泗乡引进南美白对虾，试养 0.67 公顷，亩产 100 公斤。

1999 年，东泗乡、浮宫镇淡水池塘中进行兑淡养殖 13.34 公顷，亩产 100 公斤。

2001 年，建立龙海万亩南美白对虾兑淡养殖场示范片。

2002 年，全市养殖面积 1634 公顷，亩产 485 公斤，年产值 3.5 亿元。同时，利用保温大棚越冬养殖，提高产量和经济效益。

2003 年 3 月，省海洋与渔业局将龙海市南美白对虾养殖列入 2003 年省级农业标准化示范区建设，示范面积 1067 公顷，示范乡镇有东泗乡，以及白水、海澄、东园、紫泥、浮宫、角美和榜山镇。

2004 年 11 月，龙海市南美白对虾养殖示范区项目通过验收，亩产 811 公斤，亩产值 21406 元；12 月，市南美白对虾养殖示范区被国家标准化管理委员会确立为第五批（Ⅱ类）全国农业标准化示范区项目。

2005—2007 年，项目示范面积 1334 公顷，示范乡镇 8 个。2007 年 12 月通过验收，亩产 695 公斤。

2007 年底，龙海南美白对虾养殖被列入福建省首批渔业科技示范户工程项目的两个推广主导品种之一，有南美白对虾养殖科技示范户 150 户，入户面积 194 公顷，科技入户效果明显，实现先进实用技术入户率和到位率达 96%，科技示范户南美白对虾亩产 719 公斤。

（四）罗非鱼

1993 年，市水产技术推广站与淡水养殖场合作，研究完成单性罗非鱼高产养殖技术推广，获省水产厅科技推广三等奖。罗非鱼养殖主要从品种改良和水库、山塘养殖发展，成鱼主要供应水产品加工厂制成鱼片。是年，台商蔡永强在海澄镇埭新村经过 3 年建设，基本建成台湾永强一号杂交单雄性罗非鱼苗制种基地，面积 26.68 公顷，年可产苗 1.5 亿尾，鱼苗利用基因技术培育，单性率 92% 以上。

1995 年，全市有 90 多家鱼种场，培育单雄性罗非鱼苗种 5 亿尾。1997 年，罗非鱼养殖产量 10013 吨，单雄性、奥尼杂交育种技术推广，罗非鱼养殖成为主导品种。1998 年，推广台湾永强一号杂交单雄性罗非鱼养殖面积 233.45 公顷，占淡水池塘养殖面积 23%，亩产 1 吨。是年，引进养殖奥尼罗非鱼面积 400.2 公顷，亩产 1.2 吨。

2004 年，罗非鱼产量 13121 吨。2005 年，引进养殖吉富罗非鱼面积 533.6 公顷，亩产 1.8 吨。

2007 年，九湖镇林下村从上海水产大学引进吉富罗非鱼父本与优质吉富罗非鱼母本杂交，培育“明月吉富”罗非鱼苗，年产量 1 亿尾。是年，罗非鱼养殖被列入福建省首批渔业科技入户示范工程项目的推广主导品种，科技示范户 50 多户，面积 211.17 公顷，亩产 1.59 吨，比示范前三年平均增加产量 51 吨。

（五）甲鱼

1993 年，角美、紫泥、榜山等乡镇实施规模化甲鱼苗种培育和饲养。

1998 年产量 95 吨，1999 年产量 135 吨，2000 年产量 689 吨，2001 年产量 1495 吨，2002 年产量 1445 吨，2003 年产量 1504 吨，2004 年产量 1448 吨，2005 年产量 1552 吨。

2006 年，全市养殖面积 66.7 公顷，产量 1445 吨，单产 1445 公斤。

2007 年，全市养殖面积 70.04 公顷，产量 1496 吨，单产 1425 公斤。甲鱼养殖主要分布在角美、榜山、紫泥、浮宫、海澄等镇。甲鱼苗来源包括自繁、外地购进。采用集约化养殖，养殖池塘配备简易煤加热装置，养殖期 18 个月。

第三节　苗种选育

一、苗种

1993 年，龙海市水产苗种主要有淡水的青、草、鲢、鳙四大家鱼和鲤鱼、鲫鱼、罗非鱼等传统养殖品种，以及牛蛙、甲鱼等水生动物；海水苗种主要有自然海区滩涂的缢蛏附苗、近岸及九龙江入海口水域捕捞的日本鳗鱼幼苗，以及海水养殖品种的真鲷、鲈鱼、黄鳍鲷、对虾苗和紫菜苗。是年，大径海水鱼类试验场成功实行鲈鱼全人工繁殖试验。淡水鱼苗产量 25500 万尾，鳗鱼苗捕捞产量 850 公斤，缢蛏苗 142 吨，对虾苗 2.68 亿尾。

1994 年，全市培育甲鱼苗 3 万只。1995 年，掀起培育罗非鱼苗种的热潮，扩大罗非鱼养殖面积。是年，港尾大径成功培育黑鲷、黄鳍鲷。

1997 年，全市南美白对虾育苗场 126 家，产量 91.2 亿尾。港尾镇大径、店地、卓岐村养殖户利用虾塘通过培水、泼洒牡蛎受精卵、豆浆、鱼浆，配合饲料将鲷鱼、鲈鱼开口鱼仔培育成 5 厘米以上鱼种。这比水泥池成本低、规模大，鱼种转入土池、网箱养殖时适应力强，10 月，首次在港尾镇后石村的龙海市虾类育苗室进行斜带髭鲷人工繁殖，共催产鱼花 1000 万尾，培育出鱼种 11000 尾。是年，培育甲鱼苗

40 万只。

1998 年 6 月，首次引进三倍体太平洋牡蛎 1 公顷，分别在破灶屿、隆教湾海区吊养试验。9 月，市虾类育苗室和永强水产开发有限公司分别从台湾购进美国红鱼卵进行孵化培育，共育鱼种 72.5 万尾。1999 年 3 月，在龙海市水产苗种场进行的太平洋牡蛎工厂化育苗获得成功，填补龙海市贝类工厂化育苗空白。是年，培育甲鱼苗 100 万只。

2000 年，随着南美白对虾的引进和面积不断扩大，南美白对虾育苗场迅速增加。是年，永强水产开发有限公司从台湾引进热带鱼种虱目鱼在公司的养殖场越冬，培育的越冬鱼苗供应福建、广东、海南等省。

2003—2004 年，东泗合强水产研究所引进凹头鲷苗 8 万尾；白水镇山边村引进中华乌塘鳢 100 万尾，方田村利用淡水土池养殖东方豚 4 公顷；角美镇西边村引进金鲳鱼利用低盐度土地试养 0.67 公顷。

2005 年，全市海水苗种场 12 家，其中育鱼类鱼苗 4250 万尾。

2007 年，全市培育鲈鱼苗 2 亿尾、鲷鱼苗 3000 万尾。

二、面积与产量

1993 年，全年淡水鱼苗产量 25500 万尾，鳗鱼苗捕捞产量 850.5 斤，缢蛏苗 142 吨，对虾苗 2.68 亿尾。培育甲鱼苗面积 1 公顷，产量 7 吨，单产 466.7 公斤。1994 年，全市培育甲鱼苗 3 万只。

1997 年，全市南美白对虾育苗场 126 家，产量 91.2 亿尾；培育甲鱼苗面积 7.1 公顷，产量 56 吨，单产 525.8 公斤；斜带髭鲷催产鱼花 1000 万尾，培育出鱼种 11000 尾。

1998 年，培育美国红鱼鱼种 72.5 万尾。1999 年，培育甲鱼苗面积 13.34 公顷，产量 135 吨，单产 674.7 公斤；培育出太平洋牡蛎苗 35.2 公顷亩，其中三倍体太平洋牡蛎苗 2 公顷。

2002 年，全市南美白对虾育苗场 106 家，年育苗 444 亿尾。2005 年，全市海水苗种场养殖面积 538 公顷。

2007 年，全市 12 个海水苗种场，育苗水体 8192 立方米，培育海水鱼苗 450 万尾，虾苗 912 亿尾。

第四节　主要养殖基地

一、紫泥镇甘文水产生态养殖基地

位于紫泥镇浒茂岛东北部。1993—2001 年，连续投资 2000 多万元，对养殖区内基础设施改造建设，改善水产养殖生产条件，并形成虾、蟹、鱼生态混养，鱼、虾、贝类混养，虾池冬季套养缢蛏技术等养殖模式。2002 年，基地农业产值 1.5 亿元，亩产值 1 万元，农民人均年纯收入 4710 元。2005 年，基地建成鱼、虾蟹、贝立体混养面积 667 公顷，莲藕与对虾生态混养面积 200.1 公顷，水禽与鱼虾综合混养面积 133.4 公顷。2007 年，生态养殖面积 133.4 公顷，以溪墘红蟳、黄鳍鲷、斑节对虾、草虾、鲈鱼、南美白对虾、美国红鱼、鲻鱼、缢蛏、牡蛎等名优水产品种为重点养殖；水产品总产量 3270 吨，产值 6279.9 万元。

二、龙海市恒盛水产专业合作社养殖基地

位于浮宫镇霞威村，2005 年 8 月创建，占地 81.44 公顷，养殖面积 74.77 公顷，大小养殖池塘 42 口。2005 年，生产无公害奥尼罗非鱼 1500 吨，年创产值 1021 万元。当年，被漳州市政府首批认定为专业合作组织。2006 年 10 月，获福建省海洋与渔业局颁发的无公害农产品产地认定资格，承担奥尼罗非鱼低盐度养殖实验、奥尼罗非鱼与南美白对虾养殖中试推广、龙海市养殖出口罗非鱼药残监控观察点、龙海市罗非鱼无公害养殖示范基地等项目。基地帮助农户提供产前、中、后服务，带动农户 36 户，养殖面积 120.06 公顷，增加农户收入 220 万元。2007 年 5 月，联合承担福建省专家服务团产学研项目不同品种罗非鱼高产高效养殖示范。

三、东泗合强水产养殖基地

位于东泗乡东泗村，1997 年 8 月创建，占地 15 公顷，养殖面积 10.01 公顷。其中淡水新产品养殖试验基地 4 公顷；地热海淡水新品种苗种培育池 12 口，面积 2.67 公顷；工厂化地热育苗室 1 座，面积 1000 平方米。公司总资产 500 万元、固定资产 200 万元；职工 20 人，其中专业技术人员 8 人、管理人员 12 人。是年，配合漳州市水技站等承担福建省政府 24 个农业产业化标准示范项目之一罗氏沼虾标准综合体示范项目。1999 年，承担水产厅下达的“浓缩海水兑淡养殖海水虾类技术”项目；承担福建省科技计划项目对虾淡化养殖技术开发及鲻鱼混养技术开发。2000 年 10 月，罗氏沼虾标准综合体示范项目通过省技术监督局、省水产厅验收。2001 年，承担对虾淡化养殖技术开发及鲻鱼混养技术开发项目，通过省科委阶段性验收。2004 年 9 月，获省质量技术监督局颁发的无公害农产品标志证书（无公害南美白对虾）。2007 年，获无公害农产品产地认定证书，认定养殖面积 16.98 公顷。

四、白水镇高优水产养殖基地

位于白水镇山边村，2001 年创办，占地 4.8 公顷，养殖面积 3.67 公顷；池塘 12 口，蓄水池 1 口，种苗标粗池 4 口，地下水井 2 口。2002—2004 年，年生产南美白对虾 47500 公斤、淡水鱼 13200 公斤，年产值 139.6 万元。基地先后承担白水镇南美白对虾兑淡养殖实验、白水镇南美白对虾省级标准化养殖示范、中华绒螯蟹养殖试验、中华乌塘鳢淡化养殖中试、南美白对虾与淡水鱼混养技术中试等多项科研中试。2005 年，基地投入 14 万元搭建越冬保温大棚，冬季每亩产量 400—600 公斤，每公斤成虾养殖成本 4 元，每亩纯利 8000—10000 元。同时，带动全镇 533.6 公顷鱼虾塘的综合养殖，年亩产 900 公斤、产值 25000 元。

五、龙海锯缘青蟹养殖基地

1993 年，紫泥甘文农场将海洋捕捞的青蟹养成肥膏蟹（红蟳）；龙海沿海养殖对虾池塘百分七八十套养青蟹。

2003 年 7 月 20 日，溪墘红蟳系列产品各项指标均达无公害农产品标准并获福建省中心检验所颁发的证书；在海峡两岸（福建漳州）海洋与渔业产品展销会上获最佳展销奖；12 月 25 日，获农业部产品质量安全中心颁发的无公害农产品认证证书。溪墘红蟳系列产品的生产基地以紫泥镇溪墘村（养殖面积 100 公顷）为中心，连接甘文农场、角美南门村，形成连片养殖基地。2005 年，青蟹养殖面积 398.2 公顷，产量 2466 吨。2007 年，改造 350 公顷青蟹养殖池塘，配套 50 公顷缢蛏养殖池塘，缢蛏池塘养殖利用青蟹池塘肥水来净化水质，达到环保循环高效用水，生产青蟹 2205 吨、缢蛏 318 吨。

第四章　水产品总量与经销

第一节　水产品总量

一、水产品总产量

1993 年，水产品总产量 8.35 万吨。其中，海水捕捞产量 7.48 万吨，占总产量 89.58%；淡水产品 0.87 万吨、占 10.42%。

1994 年，水产品总产量 10.87 万吨，其中海水捕捞产量 8.8 万吨，分别比 1993 年增产 2.52 万吨、1.32 万吨。

1997 年，水产品总产量 22.05 万吨，其中海水捕捞产量 10.42 万吨，占总产量 47.26%。海水捕捞产量在全省排名为第十名。

1999 年，水产品总产量 24.52 万吨。其中，海水捕捞产量 11.12 万吨，占总产量 45.37%；海水养殖产量 11.3 万吨，占 46.06%；淡水捕捞产量 0.14 吨，占 0.59%；淡水养殖产量 1.96 万吨，占 7.98%。

2001 年，水产品总产量 27.19 万吨，其中海水捕捞产量 11.31 万吨，占总产量 41.6%。海水捕捞产量在全省排保持第十名。

2004 年，水产品总产量 30.6 万吨。其中，海水产品产量 25.8 万吨，占总产量 84.31%；淡水产品产量 4.8 万吨，占 15.69%。

2005 年，水产品总产量 31.7 万吨，其中海水捕捞产量 11.48 万吨，占总产量 36.2%。海水捕捞产量仍在全省排第十名。

2007 年，水产品总产量 32.12 万吨，比 1993 年增产 23.77 万吨，其中海水捕捞产量 10.85 万吨、淡水捕捞产量 0.6 吨、海水养殖产量 14.05 万吨、淡水养殖产量 6.62 万吨。

二、水产品总产值

1993 年，全市渔业总产值 2.64 亿元，其中海水产品产值 2.12 亿元、淡水产品产值 0.52 亿元。

1994 年，全市渔业总产值 3.95 亿元，其中海水产品产值 3.26 亿元、淡水产品产值 0.69 亿元，分别比上年增加 1.31 亿元、1.14 亿元、0.17 亿元。

1997—2000 年，加大海、淡水养殖业发展，水产品总量逐年递增，渔业总产值分别为 10.33 亿元、10.69 亿元、11.51 亿元、12.67 亿元。

2003—2004 年，强制报废 20 多艘渔船，海水捕捞产量仍与 2001 年、2002 年持平，海、淡水养殖产量有明显增加，两年渔业总产值也持续提高。

2007 年，渔业总产值 21.82 亿元，是 1993 渔业总产值 7.2 倍。

1993—2007 年龙海市渔业总产量与总产值情况表

表 10-4-1　　单位：吨、万元

年　份	水产品总产量	海水产品		淡水产品		渔业总产值（现行价）
		海水捕捞	海水养殖	淡水捕捞	淡水养殖	
1993	83461	63573	11183	294	8411	26357
1994	108703	87953	9608	700	10442	39463
1995	118931	92931	12502	742	12756	67950
1996	120238	85287	18033	1065	15853	85693
1997	220519	104227	98495	1356	16441	103294
1998	238558	113007	106093	1486	17972	106931
1999	245237	111264	112966	1455	19552	115085
2000	260196	112000	124288	2810	21098	126690
2001	271904	113116	128228	2222	28338	138832
2002	286800	113105	133988	2815	36892	147042

续表 10-4-1

年 份	水产品总产量	海水产品		淡水产品		渔业总产值（现行价）
		海水捕捞	海水养殖	淡水捕捞	淡水养殖	
2003	295401	113921	137564	3292	40624	159623
2004	305917	114269	143692	3326	44630	173500
2005	316987	114761	153450	3356	45420	187290
2006	328668	121952	154709	5152	46875	200485
2007	321172	108505	140460	5959	66248	218236

第二节 水产品经销

一、水产品保鲜

（一）海上保鲜

1993 年，灯围、拖网渔船使用隔热舱与冷盘对渔获物实施海上保鲜，也有使用隔热舱加冰保鲜渔获物及应用冷却海水保鲜装置，渔船海上保鲜可提高渔获物价格 2 成至 1 倍。小机流钓船普遍使用简易保温箱。

2007 年，全市木质拖网、灯围、流刺、笼壶等中型机动渔船普遍设有隔热舱（部分先进木质灯围渔船设有冷却海水保鲜舱）；钢质拖网渔船普遍设有微冷冻舱；小型机动流钓、定置网等作业渔船普遍使用简易保温箱保鲜。

（二）陆上保鲜

1993 年，全市水产保鲜企业 53 家，冷藏量 0.62 万吨；水产保鲜企业以国有、集体企业为主。1996 年，冷冻厂（库）制冰能力 310 吨 / 日，冷藏能力 2186 吨 / 次。1997 年，冷冻厂（库）冷藏总量 18700 吨，其中龙海市水产公司年冷藏量 900 吨、龙海市水产冷冻厂年冷藏量 1200 吨。1998 年，冷冻厂（库）冻结能力 418 吨 / 日，冷冻厂（库）46 座，冷藏总量 2.66 万吨。2000 年，冷冻厂（库）制冰 20 万吨，创历年最高水平。2001 年，冷冻厂（库）增至 50 座，冷藏能力超 100 吨 / 次的有 15 座。2002 年，冷冻厂（库）冻结能力 450 吨 / 日，冷藏能力 9000 吨 / 次。2004 年，冷冻厂（库）冷藏量 7.41 万吨，制冰量 1.29 万吨。2007 年，全市水产保鲜企业有 62 家，冷藏量 7.6 万吨。

图 10-7 海澄冻库（市海洋与渔业局提供）

二、水产品加工

1993 年，龙海市水产加工企业引进先进设备和技术，由原粗加工、原料型、初级水产品向精加工、小包装、即食型食品、巴氏灭菌罐装蟹肉、速冻蟹肉等发展，提高水产品的附加值。

1994 年，全市水产加工企业 69 家，加工能力 67.5 吨 / 日，加工总产量 8800 吨、总产值 8800 万元。

1998 年，龙海市被漳州市确定为水产品加工重点开发区之一，并筛选出初具规模、有发展潜力的水产品加工企业作为重点联系户，从中培育出在全省具有影响的龙头企业。是年，全市水产加工企业 85 家，年加工能力 3.6 万吨，初步形成一个以冷库加工厂为主要依托的多样化水产品加工体系。

1999 年，龙海市水产加工企业 79 家，年加工能力 3.9 万吨。是年，渔业主管部门扶持龙海市嘉荣食品有限公司扩大规模上档次。2001 年，相继有格林、嘉昌、奥瑞、联成冷冻有限公司、新联达冷冻食品有限公司等规模企业动工兴建和改造扩建，严格按照 HACCP 体系和欧盟注册要求进行设计施工；有符合 GMP、SSOP 标准规范的加工车间和先进技术的加工设备及检验检测仪器。是年，龙海嘉荣食品有限公司被评为“福建省水产龙头企业”称号。2002 年，全市水产加工企业有 68 家，水产品加工能力 10.5 万吨 / 年，水产品加工产量 5.36 万吨、产值 3.53 亿元。

2004 年，龙海市嘉荣食品有限公司、龙海市嘉昌水产加工有限公司等一批龙头企业和骨干企业共投入 2 亿多元资金，按照国际规范和标准，扩建厂房，引进先进设备和技术，把水产加工企业“做强、做大、做优”。龙海嘉荣食品有限公司按照欧盟标准并参照 SA8000 社会责任标准设计建设的即食水产食品生产线和龙海嘉昌水产加工有限公司的罗非鱼加工生产线等一批扩建工程项目陆续竣工投产。是年，全市有水产加工企业 65 家，产值超过 500 万元的水产加工企业有 3 家，年水产加工产量 7.04 万吨，年水产加工产值 5.71 亿元。2005—2006 年，龙海市格林水产食品有限公司、嘉昌水产有限公司、奥瑞水产食品有限公司、嘉荣食品有限公司 4 家水产加工龙头企业获福建省省级水产产业化龙头企业称号。2007 年，龙海市水产品加工产量 7.6 万吨，比 1993 年的 0.62 万吨增加 12.3 倍；水产品加工产值 7.6 亿元，比 1993 年的 0.48 亿元增加 15.8 倍。

三、重点经营企业

（一）龙海市格林水产食品有限公司

地址在龙海市港尾镇，占地面积 3 公顷，2001 年 3 月创建；员工 700 多人；拥有 3 条 I Q F 速冻生产线、2 条急冻生产线及 3 条制罐生产线，配有 5 个冷库，库容 8000 吨，年水产品加工能力 1 万吨。主要加工生产巴氏灭菌蟹肉罐头、冻蟹肉、冻对虾、冻鱿鱼、飞鱼卵等冷冻系列产品；产品主要出口美国、日本、韩国、比利时等国家。公司建有自动化鱼片生产线，引进先进鱼片 CO 处理护色技术，建立淡水罗非鱼养殖和海水网箱养鱼基地 333.5 公顷。

（二）龙海市嘉荣食品有限公司

地址在龙海市港尾镇，占地 5.2 公顷，建筑面积 4086 平方米，1997 年 11 月创办；固定员工 1260 人，其中大专以上学历专业技术、管理人员 66 人；固定资产 4689 万元；拥有 50 吨 / 次速冻库，容量 6600 吨，年水产品加工生产能力上万吨。公司引进日本冷风干燥机、金属检测仪和韩国削肉机、片冰机、真空包装机、化验检测仪器等设备。三大系列产品远销日本、韩国和欧美。

（三）龙海市联成冷冻有限公司

地址在龙海市榜山镇平宁村工业区，1993 年创办，占地面积 6 公顷；固定员工 850 人，其中大专以上学历、专业技术及管理人员 30 人，中专学历 70 人；拥有 50 吨 / 次速冻库，低温冷藏库容量 3000 吨，年水产品加工能力上万吨。公司生产调味食品有两大系列 20 多个品种，主要产品有冻河豚、冻罗非鱼、冻马面鱼片、冻鳐鱼片、冻巴菲蛤肉、冻杂色蛤肉、珍珠马面鱼干及各类即食食品等。产品畅销日本、美国、韩国等国家。

（四）龙海市嘉昌水产有限公司

地址在龙海市港尾镇斗美村，1993 年创办，占地面积 6.52 公顷，厂房 1.99 万平方米，加工车间 7000 平方米。公司冷冻库容量 1200 吨，产品冻结能力 40 吨 / 次，拥有行业领先水平的平板冻结机、IQF 速冻生产线、巴氏杀菌罐头生产线，开发的蟹类罐头制品、速冻水产品、调理食品、虾类产品畅销美国、韩国、欧盟以及东南亚国家和地区，获国家农业部授予“全面质量管理达标单位”称号，获得 HACCP 认证。

图 10-8　龙海市奥瑞水产食品有限公司（市奥瑞水产食品有限公司提供）

（五）龙海市新联达冷冻食品有限公司

地址在龙海市榜山镇芦洲村，占地面积 1.4 公顷，加工车间面积 1850 平方米，冷冻库面积 1086 平方米，急冻库面积 200 平方米，急冻能力 3000 吨 / 日，年加工水产品能力上万吨。公司拥有 2 台平板机、金属控测仪、真空包装机、搅拌机、去皮机、蒸汽锅炉和发电机组等设备；还配有 8 艘捕捞渔船和 80 吨级的海上水产品收购冷冻船；主要产品有冻马面鱼片、冻沙梭鱼片、冻鳐鱼片、冻带鱼、冻河豚等，畅销日本、美国、韩国，获得 HACCP 认证。

（六）龙海奥瑞水产食品有限公司

地址在龙海市东园镇厚境村，占地面积 4 公顷，标准生产加工车间 6000 多平方米，总投资 2000 万元，年水产品生产加工能力 1 万多吨。公司主要产品有巴氏灭菌罐装蟹肉、速冻蟹肉、鱿鱼生鱼片、竹荚鱼生鱼片、冻罗非鱼、冻罗非鱼片以及其他风味水产品。产品主要销往美国、日本等国家，获得 HACCP 认证。

四、水产品销售

1993 年，全市水产品销售总量 0.62 万吨，产值 0.48 亿元。1994 年，水产品销售总量 0.87 万吨，产值 0.72 亿元。随着水产品市场开放，渔民转变经营机制，水产品市场供应量不断增加。1997 年，水产品销售总量 3.28 万吨，产值 1.81 亿元。1998 年，水产品销售总量 3.62 万吨，产值 1.79 亿元。1999 年 8 月，龙海市锦江水产批发市场动工兴建。是年，水产品销售总量 3.93 万吨，产值 1.93 亿元。2000 年，水产品销售总量 4.25 万吨，产值 2.34 亿元。2001—2006 年部分水产品销往美国、日本等国家。2007 年，全市水产品销售总量 7.6 万吨，产值 7.6 亿元。

第五章　管理与服务

第一节　机构

一、龙海市海洋与渔业局

1993 年，龙海市水产局内设 3 个职能股，人员编制 7 名、实有 7 人；下设渔政站，人员编制 4 名、实有 4 人。2002 年 8 月，龙海市水产局更名为龙海市海洋与渔业局，内设综合科、渔业产业科、资源环保与海域管理科，编制 8 名、实有 7 人。2004 年 12 月，渔政站并入市海洋与渔业执法大队 2007 年，龙海市海洋与渔业局内设职能科不变，编制 8 名、实有 8 人。

二、龙海市海洋与渔业执法大队

2004 年 12 月，组建龙海市海洋与渔业执法大队，渔政站并入执法大队，属股级事业单位，全额核拨；人员编制 12 名、实有 5 人。2006 年 8 月，确定龙海市海洋与渔业执法大队为局属副科级事业单位，全额核拨；编制 12 名、实有 9 人。2007 年，编制 12 名、实有 11 人。

第二节　渔船与船员管理

一、渔船检验管理

1993 年，全市登记发证的渔业船舶 1245 艘。2000 年，开始实行渔业船舶普查，共有机动渔船 4055 艘，总功率 17.04 亿千瓦，总吨位 4.64 万吨。其中从事海洋捕捞船只 2584 艘（包括三证不齐和“三无”船只），功率 15.18 亿千瓦，总吨位 4.24 万吨；从事养殖船只 899 艘，功率 5186 千瓦，总吨位 3889 吨。有录入普查登记的各类海洋渔业船舶 1421 艘。

2003 年，换发“三证合一”（即原海洋小型渔业船舶的“渔业船舶检验证书”“渔业船舶登记证书”“渔业捕捞许可证”简化合并），有 600 艘从事海洋捕捞小型渔业船舶领取新版证书，涉及 5 个沿海乡镇 15 个行政村，渔船作业类型包括张网、流刺、桁杆拖虾、笼捕、杂渔具等。

2005 年，渔业船舶管理机构登记发证的渔业船舶 1637 艘。

2007 年，渔业船舶管理机构登记发证的渔业船舶 1663 艘。

二、船员管理

1993 年，全市渔船主要从业人员须经上岗技能培训，做到持证和适任上岗。上岗技能培训注重解决渔船机器常见故障、维修维护，渔船海上航行注意事项及船员海上操作技能；渔业船舶职务船员考试发证 1068 人，推动渔业船舶船员考试发证走上正轨。

1995 年，龙海海洋与渔业部门联合海事、边防、航道、交通等涉海单位深入渔村一线，通过召开船老大座谈会、典型案例分析会、分发各类宣传资料等形式，深入开展商渔船防碰撞、敏感海域作业危险性、远离航道生产作业和锚泊、规范海上操作技能等安全警示教育活动。

2004 年，全市 1786 人考取职务船员证书，2976 人考取普通船员专业训练合格证书。

2005 年，全市持有职务船员证书 1803 人，其中持三等职务船员证书 306 人，持四等职务船员证书 958 人，持五等职务船员证书 539 人；有 3142 人持“四小证”。

2007 年，在全市自行尝试推行渔工责任保险制度，渔工参与投保人数 7160 人，收取保费 71.6 万元。当年持有职务船员证书 2986 人，其中持三等职务船员证书 341 人，持四等职务船员证书 1088 人，持五等职务船员证书 1557 人；有 3252 人持“四小证”。

第三节　惠渔政策与伏季休渔

一、惠渔政策

1999 年 9 月，上级拨给龙海市发展城市水产品基地扶持资金 19 万元。

2003 年，龙海市嘉荣食品有限公司、格林水产有限公司、奥瑞水产食品有限公司、联成水产冷冻有限公司 4 家水产加工与流通企业获得省级水产产业化龙头企业称号，每家各获得财政补贴 10 万元。

2003—2004 年，全市共核实上报报废渔船 112 艘，总功率 24392.6 千瓦。其中 2004 年度新增上报报废海洋捕捞渔船 72 艘、总功率 15346.2 千瓦，拆解报废渔船 19 艘、总功率 3258.8 千瓦，获省海洋与渔业局、省财政厅下达补助资金 118.24 万元。

2005 年，龙海市嘉荣食品有限公司、嘉昌水产有限公司、奥瑞水产食品有限公司、联成水产冷冻有限公司 4 家水产加工与流通企业获得省级水产产业化龙头企业称号，每家各获得财政补贴 10 万元。

2006 年，执行国家机动渔船燃油财政补贴政策，补贴资金 3347.44 万元，补贴对象涉及全市 10 个沿江沿海乡镇、45 个行政村、2788 艘机动渔船。执行标准，捕捞渔船每千瓦功率补贴 203.46 元（第一次每千瓦功率补贴 68.42 元，第二次每千瓦功率补贴 135.04 元）；养殖船和辅助船每千瓦功率补贴 81.36 元（第一次每千瓦功率补贴 27.34 元，第二次每千瓦功率补贴 54.02 元）。

2007 年，发放国家机动渔船燃油财政补贴资金 6171.83 万元，补贴对象涉及全市 10 个沿江沿海乡镇、45 个行政村、2882 艘机动渔船；捕捞渔船每千瓦功率补贴 347.14 元，养殖船和辅助船每千瓦功率补贴 138.86 元。是年，龙海市嘉荣食品有限公司、嘉昌水产有限公司、奥瑞水产食品有限公司 3 家水产加工与流通企业获得省级水产产业化龙头企业称号，每家各获得财政补贴 10 万元。

二、伏季休渔

1999 年，龙海开始实行伏季休渔。张网（锚张、桩张、船张、樯张网等）禁止作业时间为每年 5 月 1 日零时至 6 月 30 日 24 时；拖网（桁杆拖虾作业暂除外）、帆张网和大围缯禁止作业时间为每年 6 月 1 日零时至 7 月 31 日 24 时。全市应休渔船 905 艘，涉及 5 个乡镇、17 个行政村，6322 个渔业劳力、12374 人。

2001 年，伏季休渔禁止捕捞作业时间改为每年 6 月 1 日 12 时至 8 月 31 日 12 时。是年开始，每年 6 月 1 日 12 时至 8 月 31 日 12 时，灯光围网渔船禁止进入北纬 22 度 30 分至 23 度 30 分、东经 117 度至 120 度海域作业。

2003 年，桁杆拖虾禁止作业时间为每年 6 月 1 日 12 时至 7 月 1 日 12 时。

2004 年，每年 6 月 1 日 12 时至 8 月 1 日 12 时，所有灯光敷网作业渔船禁止进入北纬 22 度 30 分至 23 度 30 分、东经 117 度至 120 度海域作业。是年，规定休渔渔船的渔船证书集中管理。

2005 年 7 月 8 日，针对浯屿村部分休渔渔船群体性违规出海捕捞现象，传达漳州市政府办公室《切实加强伏季休渔中后期管理的紧急通知》，并召开浯屿村村两委会议，就伏季特许船等渔民关注的热点问题进行对话，制止和处理好浯屿村违规出海捕捞行为。

2006 年，东海区伏季休渔作业类型和休渔时间有调整，即北纬 26 度 30 分以北福建海域 6 月 16 日 12

图 10-9 伏季休渔（市海洋与渔业局提供）

时至8月16日12时，以及北纬26度30分以南的福建海域6月1日12时至8月1日12时，禁止所有桁杆拖虾作业，其休渔从原来1个月延长到2个月；拖网、定置网、灯光敷网等其他原有涉及伏季休渔的作业类型、时间、区域不变。

2007年，实施海洋伏季休渔新规定，6月16日12时至9月16日12时北纬26度30分以北福建海域，6月1日12时至8月1日12时北纬26度30分以南的福建海域，禁止拖网、帆张网作业；5月1日12时至7月16日12时，全省海域禁止桁杆拖虾作业。当年共有2374艘渔船（其中拖网371艘、张网225艘、桁杆虾拖船211艘、灯光敷网1艘），在既定的休渔时间返回船籍港休渔。

第四节　渔政执法与安全生产监督

一、渔政执法

1993年，全市换发由国家农业部统一印制的新捕捞许可证。

1994—1995年，市水产局渔政站承担监督检查渔业资源、水生野生动物保护等管理制度的实施，负责渔船登记及捕捞许可的认证、年审，以及征收资源费。1994年发放新捕捞许可证1174本，征收资源费111.65万元；1995年发放新捕捞许可证1248本，征收资源费118.69万元。

1996—2000年，依法受理审核、发放大中型渔船捕捞许可证705本，重新打印、贴附新版功率凭证小渔船捕捞许可证667本。2000年重点渔业村浯屿村首次100%完成年审和征收资源费。

2002年，落实海洋工程环境影响评价制度，在海域使用审批中，实行新建、扩建的海洋工程用海必须通过海洋环境影响评价，海洋环评通不过的用海申请不予上报、审批。

2003年，渔业行政主管部门组织工作组进村宣传，并在休渔期间查处违反休渔规定案件95起，罚款107万元。

2004年12月，龙海成立海洋与渔业执法大队，实行综合执法。

2005年3月21日，福建省、漳州市渔业执法部门在龙海市召开非法捕捞渔船强制拆解现场会，对拒不履行行政处罚决定给付的义务，并经市渔船检验部门认定应当予以提前报废的3艘非法捕捞渔船实施强制拆解。

2006—2007年，实施海洋工程建设项目跟踪监测，对海洋工程建设项目监督管理中，检查各种用海项目88个，检查涉嫌违法用海行为33起，其中查处违法海洋倾废案件6起、违法填海1起、非法养殖用海26起，结案率100%。2007年，检查11个围填海项目，其中填海项目3个、围海养殖项目8个，对未配备专职环保人员用海单位，省局发出责令限期整改通知书3份。

二、安全生产监督

1993年，开展监督检查渔业生产与生产安全，推广海洋中型渔业船舶配备先进的助航助仪（单边带电台、雷达、导航）设备，建立以浯屿、斗美、海平、石码4个渔业村级无线电岸台为依托的海上渔业安全生产指挥救助系统。

1998年6月，推进《福建省人民政府关于加强乡镇船舶安全管理的通知》《福建省人民政府关于加强乡村经营性客、货

图10-10　2006年12月26日，海上渔业安全生产预警调度演示
（市海洋与渔业局提供）

运输和农用船管理责任制的通知》两个文件落实，龙海组织全市渔船安全生产检查统一行动暨安全宣传活动。出动执法船艇20多艘次、60多人次，检查渔船740多艘，查处非法从事电鱼、违规作业渔船及渔船违章载客行为。

2001年，多次召开渔业安全生产专题会议。同时，组织港口检查23次，检查渔船285艘次，发出整改通知书198份、停航通知书16份。2002年6月，开展为期2个月的渔业安全生产专项整治活动，下发《龙海市水产局渔业安全生产专项整治工作方案》的通知。2003年4月，在沿海3个乡镇5个渔村开展指导、督促、检查专项整治工作，对突出问题和薄弱环节，提出整改的要求。

2004年10月，再次对全市渔业重要生产检查和落实《关于进一步加强渔船安全生产监督管理工作的紧急通知》，出动渔业执法船艇30多艘次、300多人次，检查渔船1482艘；落实村长与船长签订责任书1482份；补办年检超航期渔船101艘，发现有证无船9艘，“三无”（无船名船号、无船舶证书、无船籍港）渔船10艘；发出停航通知书476份，渔船整改通知书58份；责令配置补缺补漏对讲机15台、救生衣186件、救生圈65个、干粉灭火器124粒、各种烟火信号89粒（支）。

2007年，分别制定并实施《龙海市风暴潮灾害应急预案》《龙海市水生动物疫病防治应急预案》和《龙海市赤潮灾害应急预案》。开展渔业安全生产百日专项整治和重点安全隐患排查活动成效显著，全市印发渔业船舶船东（长）责任状10000份，《致全市渔民一封信》5000份；落实签订“三长”（镇长、村长、船长）责任状100%，检查大小机动渔船3700多艘次，及时发现和消除各类安全生产隐患37艘（次）；补齐补全配备救生衣近6000件、各类烟火信号700套，各类泡沫灭火机、干粉灭火器13000支（粒），检修救生筏600个。

卷十一 工业

GONG YE

1993年，龙海市提出“依港立市，兴工强市”发展战略，同时落实全民所有制企业改革，鼓励社会办企业，为工业发展奠定基础。全市有工业企业4854家，其中国有企业43家、集体企业122家、联营企业1家、股份企业1家、外商投资企业15家、港澳台企业40家、城镇联营企业11家、城镇个体企业198家、农村村办企业788家、农村联营企业1237家、农村个体企业2398家。主要行业为非金属矿采选业、食品加工业、食品制造业、木材加工业、家具制造业、造纸及纸制品业、塑料制品业、金属制品业、化学原料及化学制品制造业、非金属矿物制品业等。1994—1998年，提出“依港兴市，兴工富民”发展战略，并对国有企业实施改制改组，加快改革开放步伐。1999—2001年，着力将龙海发展成为漳州市重要的工业生产基地。2001年后，采取外向拉动，内联扩张，民营经济和工业园区域与乡镇互动的发展方针，加快工业化进程。2002年，提出“关于加快工业化进程的决定”。2005年，制定《实施发展工业企业经济的奖励规定》。2007年，深入实施“依港兴市、兴工富民”发展战略，融入海峡西岸经济区建设，通过政策推动、外向拉动、民营支撑带动、项目牵动等策略，实现由农业大县向工业强市转变。全市有工业企业3400多家，总产值433.99亿元，比1993年31.25亿元增长10.18倍；年产值上亿元企业58家、有集团公司13家；规模以上企业产值387.56亿元，年均增长18.8%。全市工业总产值居漳州市首位，占全部工业总产值1209.66亿元的35.88%。

1993—2007年，全市兴办3个省级工业开发园区和9个工业集聚区，引进后石电厂、灿坤电子、福欣特钢等大型工业企业，培育276家规模以上工业企业，其中内资企业141家（国有企业3家、集体企业5家、股份合作企业2家、联营企业1家、有限责任公司5家、私营企业125家）；港澳台商投资企业90家，其中合资经营企业36家、合作经营企业1家、独资经营企业53家；外商投资企业45家，其中中外合资经营企业13家、外资企业32家。形成食品、家电、电力、包装、材料制造、船舶与汽车制造六大支柱产业，成为闽东南重要工业基地；角美、九湖、港尾、东园和市区“五个经济圈”，实现整个区域经济互动发展；工业经济的崛起推进龙海工业从草根工业到新兴制造业基地的跨越。

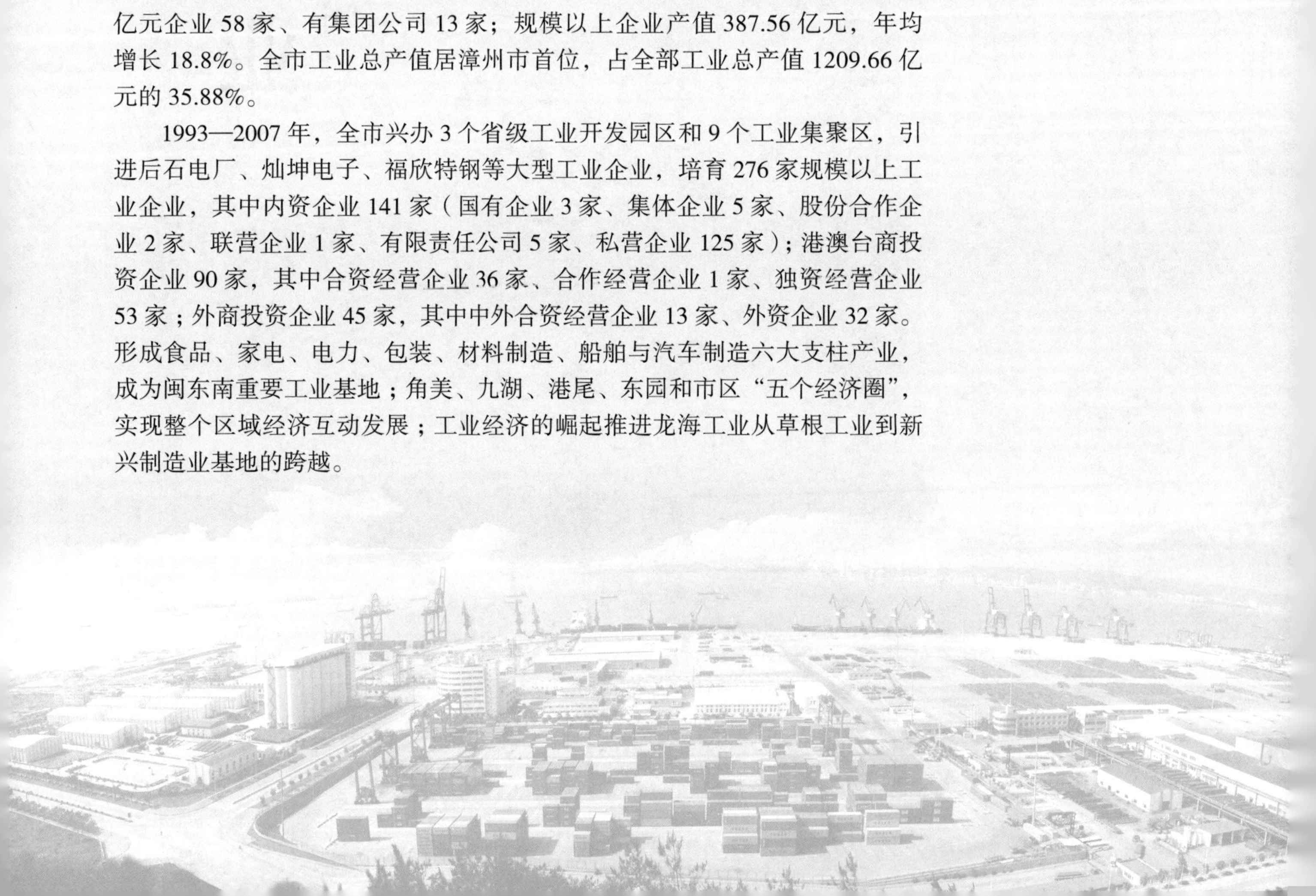

第一章　所有制结构

第一节　国有企业

1993 年，龙海市有国有工业企业 43 家，产值 2.85 亿元，主要分布在建材、化工、机械、食品、造纸等行业。其中中央企业 2 家、产值 0.08 亿元；地方企业 41 家、产值 2.77 亿元。是年，为了建立适合市场经济的经营体制，盘活用好国有存量资产，龙海市印刷厂、食品酱油厂经公开招标对外出租，实行国有民营体制；市味精厂因严重亏损 141.9 万元而停产；因甘蔗运供漳州糖厂而政策性停产 3 年的龙海糖厂、南溪糖厂、角美糖厂、港尾糖厂宣布关闭。

1994 年，龙海市人民政府批准市经委制定的国有工业企业内联嫁接、股份合作、联合兼并、租赁民营、协议承包、分级核算、技能工资、停产整顿、拍卖出售、破产解散 10 种转换经营机制形式，加大企业改革的力度；市角美糖厂对外出售，市蜜饯厂、味精厂、电机厂、农机修造厂、食品酱油厂、角美食品厂、白水食品厂先后关闭，市动力机厂兼并市铸造厂。

1996 年，市磷肥厂、农药厂、合成氨厂划归龙文区管辖。是年，龙海市政府成立“加快国有工业企业改革领导小组”，出台“关于进一步放开搞活国有小型企业的若干意见”，加快企业改革的步伐；10 月，龙海市首家国有工业企业——龙海市味精厂宣布破产。

1997 年 3 月，龙海造纸厂以固定资产作价 3000 万元，引进港商资金 1070 万元，合资组建龙海伟丰造纸有限公司，由港商承包经营；9 月，龙海市气体厂以国家股 175.81 万元（占 78.59%），职工股 47.89 万元（占 21.41%）比例合股，组建龙海市气体有限公司；采取固定资产租赁、流动资金自筹、风险抵押承包等办法，改革龙海市塑料厂、第二纸箔厂。

1998 年，龙海市酒厂、食品酱油厂、白水食品厂转入新一轮承包经营。截至 1998 年，经委系统 36 家国有企业改制公司制 1 家，引资嫁接、组建中外合资公司 1 家，联合兼并 1 家，租赁承包 16 家，拍卖出售 1 家，依法破产 1 家，实行厂长经理负责制 7 家，采取相应过渡的其他形式 8 家。

1999 年，龙海市齿轮厂与电机厂实行资产重组、联合开发的改制形式，组建龙海市海盛机电有限公司；4 月，龙海伟丰造纸有限公司在合资经营 2 年后，港商增资扩股，股权由原来的 26.5% 增至 77.5%，控股经营；10 月，龙海市木器厂为支持城镇公益事业，转让企业部分土地、建筑物产权。

截至 2000 年，经委系统 36 家国有企业改制为公司制 3 家，中外合资 1 家，联合兼并 1 家，租赁承包 23 家，拍卖出售 1 家，依法破产 1 家，采取相应过渡的其他形式和待机转制 6 家。

2001 年，市动力机厂配合石码旧城改造，实施“一次性安置职工、偿还债务、解散企业”的改制方案。

2003 年 11 月，市气体有限公司、市齿轮厂对外出售。

2004 年 9 月，港尾盐场 46.93 公顷土地由龙海市土地储备中心挂牌拍卖，企业解散；11 月，龙海造纸厂因石码旧城改造出让其龙海伟丰造纸有限公司全部股权，一次性安置职工，解散企业。2006 年 11 月，市蜜饯厂因石码锦江道东段改造，由龙海市国有资产投资经营有限公司出资收购，安置全部职工后解散。

2007 年，全市规模以上国有工业企业 3 家，产值 7.11 亿元。是年 8 月，龙海市酒厂出售；12 月，龙海市电机厂土地由龙海土地储备中心收储，解散企业。截至 2007 年底，经贸系统国有工业企业已改制 12 家，其中出售转让 3 家、收储解散 7 家、兼并 1 家、依法破产 1 家，共盘活土地 64.16 公顷，盘活国有资产 25068.92 万元（市蜜饯厂、电机厂未计入），投入改制资金 5878.19 万元，安置职工 2664 人；尚未完成改制的企业 10 家，职工 1220 人。

2007年龙海市经贸系统尚未改制国有工业企业情况表

表11-1-1　　单位：万元、人

企业名称	固定资产原值	固定资产净值	职工人数	停产关闭后状况
龙海瓷厂	2025	1661	317	出租
龙海糖厂	990	835	144	出租
南溪糖厂	308	243	33	出租
港尾糖厂	56	43	14	出租
食品酱油厂	494	456	193	出租
糖果饼干厂	156	100	237	出租
工艺美术陶瓷厂	1001	556	120	出租
农机修造厂	62	20	76	出租
白水食品厂	8	4	21	出租
角美食品厂	24	8	65	闭置

第二节　集体企业

1993年，龙海市集体工业企业122家，其中县属企业21家；产值2.79亿元。是年3月，龙海市纸箔厂宣布破产，企业关闭，职工下岗分流；4月，龙海县运动鞋厂全员安置，企业解散，安置标准每工龄年200元。

1996年9月，市钢铁制品总厂冷轧带钢分厂转让给河北邯郸钢铁总厂，钢铁制品总厂冷轧带钢分厂全员安置，企业解散，保留蒸发器分厂，安置标准每工龄年210元。第二塑料厂、竹藤制品厂两家企业因龙海市锦江道东扩工程需要，开始职工安置和厂房拆迁；10月31日，距离退休时间5年以上的职工，全部解除劳动关系，领取安置补偿金每工龄年550元和失业金2年；距离退休时间5年以内的职工，采取内部退养的方式领取医疗包干费5000元和每人每月生活费330元直至退休；退休职工领取医疗包干费5000元和丧葬补助费600元。

1998年，二轻系统19家工业企业处于停产或半停产状态的17家、破产1家、解体1家。

1999年，二轻系统19家工业企业转制17家，机械厂和五金文具厂已确定转制方案。

2007年，全市规模以上集体工业企业5家，产值1.03亿元。是年，第二塑料厂拆除三分之二厂房场地，竹藤制品厂剩余的三分之一厂房场地全部拆除。企业停产前部分职工自动辞职并领取辞职金，企业停产后部分职工自愿解除劳动关系并领取安置补偿金。

第三节　外商投资企业

1993年，全市外商投资企业15家，产值1.47亿元。其中，中外合资经营企业5家、产值0.5亿元，中外合作经营企业5家、产值0.6亿元，外商独资企业5家、产值0.37亿元。

1996年，全市外商投资企业29家，产值4.51亿元。其中，中外合资经营企业11家、产值2.7亿元，中外合作经营企业2家、产值0.16亿元，外商独资企业16家、产值1.65亿元。

1997年，全市外商投资企业41家，产值12.84亿元。其中，中外合资经营企业15家、产值10.4亿元，中外合作经营企业2家、产值0.07亿元，外商独资企业24家、产值2.37亿元。

2000年，全市规模以上外商投资企业13家，产值15.27亿元。其中，中外合资经营企业6家、产值2.03亿元，外商独资企业6家、产值12.95亿元。

2002年，全市规模以上外商投资企业18家，产值36.62亿元。其中，中外合资经营企业6家、产值1.71亿元，外商独资企业10家、产值34.34亿元，外商投资股份有限公司2家、产值0.57亿元。

2003年，全市规模以上外商投资企业23家，产值60.67亿元。其中，中外合资经营企业8家、产值5.12亿元，外商独资企业13家、产值55.17亿元，外商投资股份有限公司2家、产值0.37亿元。

2005年，全市规模以上外商投资企业31家，产值115.8亿元。其中，中外合资经营企业6家、产值9.86亿元，外商独资企业25家、产值105.94亿元。

2007年，全市规模以上外商投资企业45家，产值172.84亿元。其中，中外合资经营企业13家、产值48.86亿元，外商独资企业32家、产值123.98亿元。

第四节　港澳台商投资企业

1993年，全市有港澳台商投资企业40家，产值6.8亿元。其中，合资经营企业7家、产值1.19亿元，合作经营企业4家、产值0.13亿元，港澳台商独资企业29家、产值5.48亿元。

1997年，全市有港澳台商投资企业146家，产值26.56亿元。其中，与大陆合资经营企业20家、产值3.48亿元，合作经营企业8家、产值1.59亿元，港澳台商独资企业118家、产值21.49亿元。

1999年，全市规模以上港澳台商投资企业46家，产值24.39亿元。其中，合资经营企业13家、产值4.35亿元，合作经营企业2家、产值0.24亿元，港澳台商独资企业31家、产值19.8亿元。

2000年，全市规模以上港澳台商投资企业53家，产值28.31亿元。其中，合资经营企业17家、产值4.48亿元，合作经营企业1家、产值0.07亿元，港澳台商独资企业35家、产值23.76亿元。

2002年，全市规模以上港澳台商投资企业55家，产值29.4亿元。其中，合资经营企业22家、产值7.79亿元，合作经营企业1家、产值0.12亿元，港澳台商独资企业32家、产值21.49亿元。

2005年，全市规模以上港澳台商投资企业72家，产值111.4亿元。其中，合资经营企业28家、产值82.83亿元，合作经营企业1家、产值0.15亿元，港澳台商独资企业43家、产值28.42亿元。

2007年，全市规模以上港澳台商投资企业90家，产值134.9亿元。其中，合资经营企业36家、产值95.88亿元，合作经营企业1家、产值0.18亿元，港澳台商独资企业53家、产值38.84亿元。

第五节　其他企业

1993年，全市有联营企业1家、产值0.21亿元，股份制企业1家、产值359万元。

1994年，全市有私营企业1家、产值604万元，联营企业1家、产值0.11亿元，股份制企业1家、产值650万元。1996年，全市有私营企业1家，联营企业4家、产值121万元，股份制企业8家、产值1.13亿元。1998年，全市规模以上私营工业企业13家、产值2.87亿元，联营企业2家、产值0.28亿元，股份合作企业1家、产值1.2亿元，有限责任公司2家、产值0.7亿元。

2000年，全市规模以上私营工业企业16家、产值5.42亿元，联营企业1家、产值908万元，股份合作企业1家、产值0.13亿元，有限责任公司2家、产值0.26亿元。

2001年，全市规模以上私营工业企业26家、产值6.86亿元，联营企业1家、产值1064万元，股份合作企业1家、产值0.15亿元，有限责任公司2家、产值0.29亿元。

2004年，全市规模以上私营工业企业44家、产值27.97亿元，联营企业1家、产值2130万元，股份合作企业1家、产值0.2亿元，有限责任公司4家、产值0.69亿元。

2005年，全市规模以上私营工业企业64家、产值25.88亿元，联营企业1家、产值505万元，股份合作企业2家、产值1.16亿元，有限责任公司8家、产值7.05亿元。

2007年，全市规模以上私营工业企业125家、产值64.18亿元，联营企业1家、产值625万元，股份合作企业2家、产值1.8亿元，有限责任公司5家、产值5.64亿元。

附：乡镇工业企业

1993年，全市有乡镇工业企业4599家，其中乡办165家、村办788家、合作1248家、个体2398家；产值27.83亿元，其中乡办10.72亿元、村办5.22亿元、合作6.04亿元、个体5.85亿元。

1995年，全市有乡镇工业企业5447家，其中乡办199家、村办726家、联户1144家、个体3378家；产值71.53亿元，其中乡办23.57亿元、村办10.92亿元、联户15.47亿元、个体21.57亿元。

1996年，全市有乡镇工业企业6190家，其中乡办133家、村办704家、联户887家、个体4466家；产值106.89亿元。1997年，全市有乡镇工业企业5465家，其中集体652家、私有1208家、个体3605家；产值88.76亿元。1998年，全市有乡镇工业企业5776家，产值111.28亿元。1999年，全市乡镇工业企业产值135.8亿元。

2000年，全市乡镇工业企业产值150亿元。2002年，全市乡镇工业企业产值128亿元。形成食品罐头、果蔬速冻、水产品加工、饲料、竹木制品、粮食加工及复制品、造纸及纸制品、机械及金属制品、建材9大重点行业，涌现出中国罐头十强企业、全国饲料百强企业、全国方便面十五强企业等一大批上规模、上档次的骨干企业。2004年，全市乡镇工业企业产值122.7亿元。多棱钢业、格林食品产业、金冠塑料成立集团公司，锦江日用化学品、国安船业、胜兴粮油取得知名品牌。

2005年，全市乡镇工业企业产值102.7亿元。是年，市委、市政府制定出台《关于制订实施发展工业经济的奖励规定》。2006年，全市乡镇工业企业产值124.09亿元。

2007年，全市乡镇工业企业2742家，产值154亿元，主要分布在食品加工、机械电子、包装造纸、建材、竹木制品等行业。

第二章　主要工业行业

第一节　电力工业

图11-1　用电供应（市电力公司提供）

1993年，全市有村办水电站9家，产值98万元。1996年7月，台资企业——后石电厂（华阳电力）开工建设。1999年，后石电厂1号机组并网发电，发电量16.5亿千瓦时。2000年，后石电厂2号机组并网发电，2部机组共发电31.78亿千瓦时。2001年，后石电厂2部机组共发电44.36亿千瓦时、产值14.08亿元。2002年，后石电厂3号、4号机组并网发电，4部机组共发电79.51亿千瓦时、产值23.98亿元。2003年，后石电厂5号机组并网发电，5部机组共发电133.43亿千瓦时、产值41.15亿元。2004年，后石电厂6号机组并网发电，至此，后石电厂一、二期 6 部机组全部安装完成。是年，6 部机组共发电 178.56 亿千瓦时、产值 57 亿元。2005 年，后石电厂 6 部机组共发电 208.88 亿千瓦时、产值 67.25 亿元。2006 年，后石电厂 6 部机组共发电 179.19 亿千瓦时、产值 57.71 亿元。2007 年，后石电厂 6 部机组共发电 193.28 亿千瓦时、产值 65.75 亿元。

第二节　农副食品加工与食品制造业

一、农副食品加工

1993 年，全市食品加工企业加工大米 3801 吨，配合饲料 51748 吨，混合饲料 727 吨，食用植物油 31 吨，畜肉制品 723 吨，水产加工品 325 吨。

1996 年，全市食品加工企业 63 家、产值 6 亿元，其中加工大米 5940 吨，食用植物油 458 吨，水产加工品 15438 吨，速冻蔬菜 28816 吨，配合饲料 18.56 万吨，混合饲料 640 吨，蛋白质饲料 3866 吨。

1997 年，全市食品加工企业 70 家、产值 6.17 亿元，其中加工大米 15294 吨，食用植物油 844 吨，畜肉制品 851 吨，水产加工品 5560 吨，速冻蔬菜 28542 吨，配合饲料 22.67 万吨，混合饲料 8588 吨。

1999 年，全市规模以上食品加工企业 20 家、产值 5.62 亿元，其中生产配混合饲料 12.77 万吨。

2000 年，全市规模以上食品加工企业 28 家、产值 5.95 亿元，其中生产配混合饲料 12.61 万吨，水产加工品 1930 吨。

2001 年，全市规模以上农副食品加工企业 29 家、产值 6.89 亿元，其中谷物磨制企业 1 家、产值 0.01 亿元，饲料加工企业 6 家、产值 2.45 亿元，肉类加工企业 2 家、产值 0.03 亿元，水产品加工企业 4 家（其中水产品冷冻加工企业 3 家，水产饲料制造企业 1 家）、产值 0.99 亿元，其他食品加工企业 14 家、产值 4.36 亿元。

2002 年，全市规模以上农副食品加工企业 28 家、产值 14.62 亿元，其中谷物磨制企业 1 家、产值 0.01 亿元，饲料加工企业 5 家、产值 2.47 亿元，植物油加工企业 1 家、产值 5.72 亿元，屠宰及肉类加工企业 2 家、产值 0.03 亿元，水产品加工企业 5 家（其中水产品冷冻加工企业 4 家，水产饲料制造企业 1 家）、产值 1.8 亿元，其他食品加工企业 14 家、产值 4.59 亿元。

2003 年，全市规模以上农副食品加工企业 35 家、产值 22.93 亿元，其中谷物磨制企业 1 家、产值 0.01 亿元，饲料加工企业 4 家、产值 2.72 亿元，植物油加工企业 2 家、产值 13.69 亿元，屠宰及肉类加工企业 2 家、产值 0.13 亿元，水产品加工企业 8 家（其中水产品冷冻加工企业 7 家，水产饲料制造企业 1 家）、产值 2.46 亿元，蔬菜、水果和坚果加工企业 18 家、产值 3.92 亿元。

2005 年，全市规模以上农副食品加工企业 43 家、产值 37.67 亿元，其中谷物磨制企业 3 家、产值 0.28 亿元，饲料加工企业 5 家、产值 3.31 亿元，植物油加工企业 4 家、产值 22 亿元，屠宰及肉类加工企业 1 家、产值 0.25 亿元，水产品加工企业 10 家（其中水产品冷冻加工企业 7 家，水产饲料制造企业 3 家）、产值 6.39 亿元，蔬菜、水果和坚果加工企业 20 家、产值 5.45 亿元。

图 11-2　福龙公司生产线（福龙公司提供）

2007 年，全市规模以上农副食品加工企业 50 家、产值 48.94 亿元，其中谷物磨制企业 2 家、产值 0.61 亿元，饲料加工企业 5 家、产值 5.05 亿元，植物油加工企业

3家、产值22.8亿元，屠宰及肉类加工企业2家、产值1.1亿元，水产品加工企业12家（其中水产品冷冻加工企业9家，水产饲料制造企业3家）、产值8.91亿元，蔬菜、水果和坚果加工企业25家、产值10.04亿元；加工大米2.63万吨、精制食用植物油12.42万吨、配混合饲料35.56万吨。

二、食品制造

1993年，全市食品制造业制造糖果4吨、糕点263吨、罐头19564吨、味精202吨。

1996年，全市食品制造企业41家、产值7.12亿元。制造饼干6000吨、罐头11.04万吨，其中蔬菜罐头8.11万吨、水果罐头2.62万吨。

1997年，全市食品制造企业49家、产值6.53亿元，其中制造饼干9504吨、罐头11.26万吨。

1999年，全市规模以上食品制造企业14家、产值5.75亿元，其中生产方便主食品2249吨、罐头93415吨。

2000年，全市规模以上食品制造企业14家、产值5.46亿元，其中生产饼干1190吨、方便主食品4014吨、罐头75662吨。

2001年，全市规模以上食品制造业17家、产值5.74亿元、其中，糕点和糖果制造企业1家、产值0.11亿元，罐头制造企业14家、产值5.56亿元。

2002年，全市规模以上食品制造业17家、产值7.33亿元。其中糕点和糖果制造企业2家、产值0.29亿元，罐头制造企业13家、产值6.8亿元。

2003年，全市规模以上食品制造业19家、产值8.75亿元。其中，焙烤食品制造企业1家、产值0.28亿元，方便食品制造企业2家、产值0.4亿元，罐头制造企业14家、产值7.64亿元。

2005年，全市规模以上食品制造业23家、产值13.21亿元。其中，焙烤食品制造企业2家、产值0.42亿元，方便食品制造企业3家、产值1.39亿元，罐头制造企业17家、产值10.54亿元。

2007年，全市规模以上食品制造业28家、产值23.71亿元。其中，焙烤食品制造企业4家、产值2.47亿元，方便食品制造企业6家、产值1.87亿元，罐头制造企业17家、产值18.35亿元；生产饼干1.4万吨、方便面1.1万吨、罐头23.46万吨。

第三节　造纸与纸制品制造业

一、造纸

1993年，全市生产机制纸和机制纸板2.42万吨。其中，村办工业生产机制纸和机制纸板31家，产值0.27亿元。

1996年，全市生产机制纸1.38万吨、机制纸板3.69万吨、手工纸49吨。1997年，全市生产机制纸1.62万吨、机制纸板5.86万吨。1998年，全市规模以上造纸企业生产机制纸2.46万吨、机制纸板6.09万吨。1999年，全市规模以上造纸企业生产机制纸2.28万吨、机制纸板4.19万吨。2000年，全市规模以上造纸企业生产机制纸板5.75万吨。

2001年，全市规模以上造纸企业9家、产值2.18亿元。其中，机制纸及纸板制造企业8家、产量9.88万吨、产值2.1亿元，手工纸制造企业1家、产值0.08亿元。

2002年，全市规模以上造纸企业8家、产值2.08亿元。其中，机制纸及纸板制造企业7家、产量9.49万吨、产值1.97亿元，手工纸制造企业1家、产值0.11亿元。

2003年，全市规模以上造纸企业8家、产值2.65亿元。其中，机制纸及纸板制造企业7家、产量10.23万吨、产值2.54亿元，手工纸制造企业1家、产值0.11亿元。

2004年，全市规模以上造纸企业8家、产值3.64亿元。其中，机制纸及纸板制造企业7家、产量

12.89 万吨、产值 3.53 亿元，手工纸制造企业 1 家、产值 0.11 亿元。

2005 年，全市规模以上造纸企业 10 家、产值 4.67 亿元。其中，机制纸及纸板制造企业 9 家、产量 16.88 万吨、产值 4.6 亿元，手工纸制造企业 1 家、产值 0.07 亿元。

2006 年，全市规模以上造纸企业 12 家、产值 4.84 亿元。其中，机制纸及纸板制造企业 11 家、产量 21.01 万吨、产值 4.77 亿元，手工纸制造企业 1 家、产值 0.07 亿元。

2007 年，全市规模以上造纸企业 12 家、产值 8.02 亿元。其中，机制纸及纸板制造企业 11 家、产量 31.02 万吨、产值 7.93 亿元，手工纸制造企业 1 家、产值 0.09 亿元。

二、纸制品

1996 年，全市生产纸制品 0.55 万吨，全部为纸箱。1998 年，全市规模以上纸制品企业生产纸制品 1.82 万吨。1999 年，全市规模以上纸制品企业生产纸制品 2.48 万吨。2000 年，全市规模以上纸制品企业生产纸制品 2.69 万吨，产品全部为纸箱。

2001 年，全市规模以上纸制品制造企业 2 家、产量 2.57 万吨、产值 0.98 亿元，产品全部为纸箱。

2002 年，全市规模以上纸制品制造企业 2 家、产量 2.55 万吨、产值 0.85 亿元，产品全部为纸箱。

2003 年，全市规模以上纸制品制造企业 3 家、产量 4.48 万吨、产值 1.06 亿元，产品全部为纸箱。

2004 年，全市规模以上纸制品制造企业 3 家、产量 5.84 万吨、产值 1.7 亿元。

2005 年，全市规模以上纸制品制造企业 6 家、产量 9.42 万吨、产值 2.34 亿元，其中纸和纸板容器的制造企业 5 家、产值 2.23 亿元，其他纸制品制造企业 1 家、产值 0.11 亿元。

2006 年，全市规模以上纸制品制造企业 6 家、产量 11.84 万吨、产值 4.01 亿元，其中纸和纸板容器的制造企业 5 家、产值 3.88 亿元，其他纸制品制造企业 1 家、产值 0.13 亿元。

2007 年，全市规模以上纸制品制造企业 6 家、产量 13.49 万吨、产值 3.17 亿元，其中纸和纸板容器的制造企业 4 家、产值 2.93 亿元，其他纸制品制造企业 2 家、产值 0.24 亿元。生产机制纸和纸板 31.02 万吨、瓦楞纸箱 13.06 万吨。

第四节　家具与交通设备制造业

一、家具制造业

1993 年，全市有村办家具制造企业 5 家、产值 50 万元，生产家具 20.76 万件，其中木制家具 8.63 万件、竹木家具 12 万件。

1994 年，全市乡及乡以上家具制造企业 13 家、产值 1060.6 万元。其中，国有企业 1 家、产值 84 万元，集体企业 10 家、产值 857.6 万元，“三资”企业 2 家、产值 119 万元。

1996 年，全市生产家具 238.39 万件，其中木制家具 136 万件、竹制家具 0.93 万件、钢木家具 49.57 万件。1997 年，全市乡及乡以上家具制造企业 9 家、产值 216 万元。其中，国有企业 1 家，集体企业 8 家、产值 216 万元。

2001 年，全市规模以上家具制造企业 1 家、产量 90.13 万件、产值 0.14 亿元，全部为金属家具。2002 年，全市规模以上家具制造企业 1 家、产量 169.83 万件、产值 0.21 亿元，全部为金属家具。2003 年，全市规模以上家具制造企业 1 家、产量 253.14 万件、产值 0.28 亿元，全部为金属家具。

2004 年，全市规模以上家具制造企业 6 家、产量 422.99 万件、产值 1.98 亿元。其中，木质家具制造企业 2 家、产量 4.33 万件、产值 0.31 亿元，金属家具制造企业 3 家、产量 418.66 万件、产值 1.67 亿元。2005 年，全市规模以上家具制造企业 6 家、产量 362.34 万件、产值 2.23 亿元。其中，木质家具制造企业 2 家、产量 13.21 万件、产值 0.49 亿元，金属家具制造企业 4 家、产量 349.13 万件、产值 1.74 亿元。

图 11-3　国安造船厂（市委报道组提供）

2006 年，全市规模以上家具制造企业 9 家、产量 587.21 万件、产值 3.58 亿元。其中，木质家具制造企业 5 家、产量 67.59 万件、产值 1.04 亿元，金属家具制造企业 4 家、产量 519.62 万件、产值 2.54 亿元。

2007 年，全市规模以上家具制造企业 14 家、产量 683.75 万件、产值 6.5 亿元。其中，木质家具制造企业 7 家、产量 85.76 万件、产值 2.71 亿元，金属家具制造企业 7 家、产量 597.99 万件、产值 3.79 亿元。

二、交通运输设备制造业

1994 年，全市乡及乡以上交通运输设备制造企业 4 家、产值 455.6 万元，全部为独立核算集体企业。

1996 年，全市乡及乡以上交通运输设备制造业 9 家、1290.2 万元。其中，独立核算国有企业 2 家、产值 874.4 万元，独立核算集体企业 3 家、产值 30.8 万元，独立核算“三资”企业 2 家、产值 350 万元。1997 年，全市乡及乡以上交通运输设备制造企业 7 家、产值 1522.2 万元。1998 年，全市规模以上交通运输设备制造企业 2 家、产值 1121.5 万元。1999 年，全市规模以上交通运输设备制造企业 2 家、产值 871.1 万元。

2000 年，全市规模以上交通运输设备制造企业 2 家、产值 808.8 万元。2001 年，全市规模以上交通运输设备制造企业 3 家、产值 2111.5 万元。其中，船舶制造企业 2 家、产值 1257 万元，船舶修理企业 1 家、产值 854.5 万元。

2002 年，全市规模以上交通运输设备制造企业 3 家、产值 2383.7 万元。其中，船舶制造企业 2 家、产值 1168.7 万元，船舶修理企业 1 家、产值 1215 万元。

2003 年，全市规模以上交通运输设备制造企业 3 家、产值 2758.4 万元。其中，金属船舶制造企业 2 家、产值 1458.4 万元，船舶修理及拆船企业 1 家、产值 1.3 亿元。2004 年，全市规模以上交通运输设备制造企业 3 家、产值 3893.1 万元。其中，金属船舶制造企业 2 家、产值 1486.2 万元，船舶修理及拆船企业 1 家、产值 2406.9 万元。

2005 年，全市规模以上交通运输设备制造企业 3 家、产值 5025.5 万元。其中，金属船舶制造企业 1 家、产值 65.5 万元，船舶修理及拆船企业 2 家、产值 4960 万元。

2006 年，全市规模以上交通运输设备制造企业 8 家、产值 7.44 亿元。其中，汽车制造企业 3 家（汽车车身、挂车制造企业 1 家，汽车零部件及配件制造企业 2 家）、产值 5.65 亿元，船舶及浮动装置制造企业 5 家（金属船舶制造企业 2 家，船舶修理及拆船企业 3 家）、产值 1.79 亿元。

2007 年，全市规模以上交通运输设备制造企业 13 家、产值 15.01 亿元。其中，汽车制造企业 6 家（汽车车身、挂车制造企业 1 家，汽车零部件及配件制造企业 5 家）、产值 12.24 亿元，船舶及浮动装置制造企业 7 家（金属船舶制造企业 3 家，娱乐船和运动船的建造和修理企业 1 家，船舶修理及拆船企业 3 家）、产值 2.77 亿元。

第五节　化学原料及制品业

1993 年，全市乡及乡以上化学原料及化学制品制造业产值 1.02 亿元，村办化学原料及化学制品制造企业产值 430 万元；生产硫酸 39385 吨、合成氨 1649 吨、化学农药 263 吨、油漆 3485 吨。

1994 年，全市独立核算化学原料及化学制品制造企业 7 家、产值 0.91 亿元。其中，国有企业 3 家、产值 0.68 亿元，集体企业 2 家、产值 0.08 亿元，“三资”企业 1 家、产值 0.08 亿元。1995 年，全市乡及乡以上化学原料及化学制品制造企业产值 1.41 亿元。

1996 年，全市乡及乡以上化学原料及化学制品制造企业 16 家、产值 1.45 亿元。其中，国有企业 6 家、产值 1.2 亿元，集体企业 3 家、产值 0.04 亿元，“三资”企业 6 家、产值 0.14 亿元。生产硫酸 43524 吨、合成氨 13501 吨、农用氮肥 7240 吨、农用磷肥 10225 吨、化学农药 297 吨、农药粉剂 3019 吨、农药乳剂 571 吨、油漆 4415 吨。1997 年，全市乡及乡以上化学原料及化学制品制造企业 15 家、产值 0.56 亿元。其中，国有企业 4 家、产值 0.35 亿元，集体企业 3 家、产值 0.01 亿元，“三资”企业 8 家、产值 0.2 亿元。生产化学农药 17 吨、油漆 4843 吨。

1998 年，全市规模以上化学原料及化学制品制造企业 4 家、产值 0.49 亿元，生产化学农药 9 吨、油漆 4222 吨；化学纤维制造企业 1 家，产值 0.12 亿元。1999 年，全市规模以上化学原料及化学制品制造企业 4 家、产值 0.5 亿元，生产油漆 4781 吨；化学纤维制造企业 1 家，产值 0.14 亿元。

2000 年，全市规模以上化学原料及化学制品制造企业 6 家、产值 0.74 亿元，生产建筑涂料 33 吨、油漆 4646 吨。2001 年，全市规模以上化学原料及化学制品制造企业 6 家、产值 0.59 亿元。其中，基本化学原料制造企业 1 家、产值 0.05 亿元，化学农药制造企业 1 家、产值 0.06 亿元，有机化学产品制造企业 3 家、产值 0.4 亿元，日用化学产品制造企业 1 家、产值 0.08 亿元。生产建筑涂料 95 吨、油漆 4636 吨、合成洗涤剂 980 吨。

2002 年，全市规模以上化学原料及化学制品制造企业 7 家、产值 0.66 亿元。其中，基本化学原料制造企业 1 家、产值 0.05 亿元，化学农药制造企业 1 家、产值 0.05 亿元，有机化学产品制造企业 3 家、产值 0.4 亿元，日用化学产品制造企业 2 家、产值 0.16 亿元。生产建筑涂料 123 吨、油漆 4516 吨、合成洗涤剂 6737 吨。2003 年，全市规模以上化学原料及化学制品制造企业 6 家、产值 1.06 亿元。其中，涂料制造企业 4 家、产值 0.8 亿元，日用化学产品制造企业 2 家、产值 0.26 亿元。生产建筑涂料 162 吨、油漆 4996 吨、合成洗涤剂 1579 吨、肥皂 95 吨。

2004 年，全市规模以上化学原料及化学制品制造企业 6 家、产值 1.06 亿元。其中，涂料制造企业 4 家、产值 0.8 亿元，日用化学产品制造企业 2 家、产值 0.26 亿元。生产建筑涂料 198 吨、油漆 8248 吨、合成洗涤剂 2984 吨、肥皂 155.13 吨、牙膏（折 65 克标准支）164.92 万支。

2005 年，全市规模以上化学原料及化学制品制造企业 12 家、产值 2.97 亿元。其中，涂料制造企业 6 家、产值 1.52 亿元，日用化学产品制造企业 4 家、产值 1.02 亿元，农药制造企业 1 家、产值 0.13 亿元，合成材料制造企业 1 家、产值 0.3 亿元。生产涂料（油漆）11617 吨、建筑涂料 199 吨、合成洗涤剂 2814 吨、肥（香）皂 1661.3 吨、牙膏（折 65 克标准支）118 万支。

2006 年，全市规模以上化学原料及化学制品制造企业 12 家、产值 5.26 亿元。其中，涂料制造企业 5 家、产值 1.89 亿元，日用化学产品制造企业 4 家、产值 1.02 亿元，农药制造企业 1 家、产值 0.16 亿元，合成材料制造企业 2 家、产值 2.19 亿元。生产涂料（油漆）13648.96 吨、合成洗涤剂 3540 吨、肥（香）皂 3992.4 吨、牙膏（折 65 克标准支）205.2 万支。

2007 年，全市规模以上化学原料及化学制品制造企业 12 家、产值 8.81 亿元。其中，涂料制造企业 4 家、产值 2.4 亿元，日用化学产品制造企业 4 家、产值 2.48 亿元，农药制造企业 1 家、产值 0.15 亿元，合成材料制造企业 3 家、产值 3.78 亿元。

图 11-4　腾龙工业公司龙江牌油漆（程溪农场提供）

生产涂料（油漆）14714.87 吨、合成洗涤剂 14141 吨、肥（香）皂 8110 吨、牙膏（折 65 克标准支）151 万支。

第六节　冶金和金属制品业

一、冶金

1993 年，全市乡及乡以上黑色金属冶炼及压延加工企业产值 1705 万元；村办黑色金属冶炼及压延加工企业产值 20 万元，有色金属冶炼及压延加工企业产值 90 万元；生产钢材 1351 吨。

1994 年，全市乡及乡以上黑色金属冶炼及压延加工企业 2 家、产值 347.4 万元。其中，独立核算国有黑色金属冶炼及压延加工企业 1 家，集体黑色金属冶炼及压延加工企业 1 家。

1996 年，全市乡及乡以上黑色金属冶炼及压延加工企业 6 家、产值 4874.8 万元，有色金属冶炼及压延加工企业 1 家、产值 1.1 亿元。其中，独立核算集体黑色金属冶炼及压延加工企业 3 家，“三资”黑色金属冶炼及压延加工企业 3 家、有色金属冶炼及压延加工企业 1 家。生产成品钢材 14445 吨、铝材 4800 吨。

1997 年，全市乡及乡以上黑色金属冶炼及压延加工企业 6 家、产值 6975.9 万元，有色金属冶炼及压延加工企业 1 家、产值 4937.2 万元。其中，独立核算集体黑色金属冶炼及压延加工企业 3 家，“三资”黑色金属冶炼及压延加工企业 3 家、有色金属冶炼及压延加工企业 1 家。生产成品钢材 74182 吨，其中薄钢板 64428 吨、焊接钢管 6870 吨、钢带 2280 吨；铝材 2224 吨。

1998 年，全市规模以上黑色金属冶炼及压延加工企业 4 家、产值 6.34 亿元，有色金属冶炼及压延加工企业 1 家、产值 5060.4 万元。生产成品钢材 70321 吨，其中薄钢板 64413 吨、焊接钢管 5148 吨、钢带 650 吨；铝材 1835 吨。

1999 年，全市规模以上黑色金属冶炼及压延加工企业 4 家、产值 9.14 亿元，有色金属冶炼及压延加工企业 1 家、产值 3404.4 万元。生产成品钢材 14.51 万吨，其中薄钢板 13.14 万吨、焊接钢管 1.02 万吨、钢带 0.34 万吨；铝材 1563 吨。

2000 年，全市规模以上黑色金属冶炼及压延加工企业 3 家、产值 0.37 亿元，有色金属冶炼及压延加工企业 1 家、产值 0.17 亿元。生产成品钢材 20.8 万吨，其中薄钢板 19.62 万吨、焊接钢管 0.88 万吨、钢带 0.28 万吨；铝材 742 吨。

2001 年，全市规模以上黑色金属冶炼及压延加工企业 3 家、产值 0.53 亿元。生产成品钢材 16.15 万吨，其中薄钢板 14.41 万吨、焊接钢管 0.8 万吨、钢带 0.68 万吨；铝材 100 吨。

图 11-5　多棱集团生产车间（市委报道组提供）

2002 年，全市规模以上黑色金属冶炼及压延加工企业 3 家、产值 0.62 亿元。生产成品钢材 23.72 万吨，其中薄钢板 21.88 万吨、焊接钢管 0.74 万吨、钢带 1.01 万吨。

2003 年，全市规模以上黑色金属冶炼及压延加工企业 3 家、产值 0.9 亿元。生产成品钢材 27.25 万吨，其中薄钢板 25.11 万吨、焊接钢管 0.55 万吨、钢带 1.59 万吨。

2004 年，全市规模以上黑色金属冶炼及压延加工企业 7 家（其中炼铁

1 家、钢压延加工 6 家）、产值 19.84 亿元。生产成品钢材 28.99 万吨，其中冷轧薄板 2.95 万吨、冷轧窄钢带 1.5 万吨、镀层板带 14.82 万吨、涂层板（带）8.46 万吨。

2006 年，全市规模以上黑色金属冶炼及压延加工企业 7 家（其中炼铁 1 家、钢压延加工 6 家）、产值 37.84 亿元。生产成品钢材 45.68 万吨，其中中板 3.65 万吨、冷轧薄板 6.67 万吨、冷轧窄钢带 1.45 万吨、镀层板带 23.18 万吨、涂层板带 9.91 万吨。

2007 年，全市规模以上黑色金属冶炼及压延加工企业 9 家（其中炼铁 2 家、钢压延加工 7 家）、产值 46.99 亿元，有色金属冶炼及压延加工企业 3 家（其中常用有色金属冶炼企业 1 家、有色金属合金制造企业 1 家、有色金属压延加工企业 1 家）产值 2.79 亿元。生产成品钢材 60.05 万吨，其中中板 3.02 万吨、冷轧薄板 13.9 万吨、冷轧窄钢带 1.72 万吨、镀层板带 26.1 万吨、涂层板带 13.28 万吨、焊接钢管 1.54 万吨。

二、金属制品

1993 年，全市乡及乡以上金属制品企业产值 802 万元，村办金属制品企业产值 2027 万元。

1994 年，全市乡及乡以上金属制品企业 9 家、产值 8949.5 万元。其中，独立核算集体金属制品企业 5 家，“三资”金属制品企业 3 家。

1996 年，全市乡及乡以上金属制品企业 22 家、产值 2.65 亿元。其中，独立核算集体金属制品企业 7 家，“三资”金属制品企业 10 家。生产金属制包装物品 1706 吨，其中生产包装用听、罐 0.95 亿个。

1997 年，全市乡及乡以上金属制品企业 22 家、产值 10.44 亿元。其中，独立核算集体金属制品企业 7 家，“三资”金属制品企业 10 家。生产金属制包装物品 13966 吨，其中生产包装桶 2.16 万个，包装用听、罐、盒 2.48 亿个。

1998 年，全市规模以上金属制品企业 4 家、产值 2.42 亿元，生产金属制包装物品 9418 吨。

1999 年，全市规模以上金属制品企业 4 家、产值 2.26 亿元，生产金属制包装物品 13408 吨。

2000 年，全市规模以上金属制品企业 6 家、产值 14.17 亿元，生产金属制包装物品 18441 吨。

2001 年，全市规模以上金属制品企业 7 家，其中金属结构制造企业 1 家、金属包装物品制造企业 3 家、金属表面处理及热处理企业 3 家，产值 10.58 亿元。生产金属制包装物品 16865 吨。

2002 年，全市规模以上金属制品企业 7 家、产值 14.14 亿元，生产金属制包装物品 17466 吨。

2003 年，全市规模以上金属制品企业 11 家，其中金属结构制造企业 1 家、集装箱及金属包装物品制造企业 5 家、金属表面处理及热处理企业 3 家，产值 19.46 亿元。生产金属集装箱 104.69 万立方米、金属制包装物品 16289 吨、建筑用金属品 439 吨。

2004 年，全市规模以上金属制品企业 9 家，其中金属结构制造企业 1 家、集装箱及金属包装物品制造企业 5 家、金属表面处理及热处理企业 1 家，产值 13.83 亿元。生产金属集装箱 243.01 万立方米。

2006 年，全市规模以上金属制品企业 17 家，其中金属结构制造企业 2 家、集装箱及金属包装物品制造企业 6 家、金属表面处理及热处理企业 3 家、不锈钢及类似日用金属制品制造企业 2 家，产值 22.57 亿元，生产金属集装箱 235.75 万立方米。

2007 年，全市规模以上金属制品企业 21 家，其中金属结构制造企业 5 家、集装箱及金属包装物品制造企业 4 家、金属表面处理及热处理企业 5 家、不锈钢及类似日用金属制品制造企业 3 家，产值 32.83 亿元，生产金属集装箱 403.52 万立方米。

第七节　钟表与计时仪器、家电制造业

一、钟表与计时仪器

1993 年，成立华艺钟表公司，生产石英表、钟表配件等产品。1998 年，全市规模以上钟表与计时仪器制造企业1家、产值0.15亿元。1999年，全市规模以上钟表与计时仪器制造企业1家、产值0.81亿元。2000年，全市规模以上钟表与计时仪器制造企业2家、产值0.99亿元。2001年，全市规模以上钟表与计时仪器制造企业3家、产值1.08亿元。2002年，全市规模以上钟表与计时仪器制造企业3家、产值1.04亿元，生产钟608万只。2003年，全市规模以上钟表与计时仪器制造企业2家、产值1.3亿元，生产钟192.5万只、表49.3万只。2004年，全市规模以上钟表与计时仪器制造企业2家、产值1.74亿元，生产钟265.8万只、表0.85万只。2005年，全市规模以上钟表与计时仪器制造企业2家、产值1.51亿元，生产钟303.3万只。2006年，全市规模以上钟表与计时仪器制造企业3家、产值1.77亿元，生产钟323.42万只。

2007年，全市规模以上钟表与计时仪器制造企业2家、产值1.71亿元，生产钟154.35万只。

二、家电制造

2002年，漳州灿坤实业有限公司在龙海投建，主要生产煎烤器、电风扇、电熨斗、咖啡壶、LED产品等小家电。2003年3月，漳州灿坤实业有限公司投产。是年，生产家用电风扇268.8万台、家用电热烘烤器具764万个，产值16.16亿元。2004年，漳州灿坤实业有限公司生产家用电风扇147.5万台、微波炉276.4万台、家用电热烘烤器具3265万个，产值40.46亿元。2005年，漳州灿坤实业有限公司生产家用电风扇306.74万台、微波炉106万台、家用电热烘烤器具2204.36万个，产值49.95亿元。2006年，漳州灿坤实业有限公司生产家用电风扇382.2万台、微波炉254.55万台、家用电热烘烤器具2459.25万个，产值58.07亿元。2007年，漳州灿坤实业有限公司生产家用电风扇200.35万台、微波炉307.79万台、家用电热烘烤器具939.36万个，产值51.01亿元。

第八节 其他行业

一、木材加工及木、竹、藤、棕、草制品业

1993年，全市有村办木材加工及木、竹、藤、棕、草制品企业47家、产值3328万元。

1994年，全市乡及乡以上木材加工及木、竹、藤、棕、草制品企业8家、产值1959.5万元。其中，国有企业1家、产值36万元，集体企业5家、产值423.5万元，“三资”企业2家、产值1500万元。

1996年，全市乡及乡以上木材加工及木、竹、藤、棕、草制品企业15家、产值3024.3万元。其中，国有企业1家、产值8万元，集体企业7家、产值954.3万元，“三资”企业7家、产值2062万元。全市（包括村办）生产人造板13.36万立方米，其中纤维板12.88万立方米、刨花板0.48万立方米。

1998年，全市规模以上木材加工及木、竹、藤、棕、草制品企业3家、产值4412.2万元，生产人造板4276立方米。

2003年，全市规模以上木材加工及木、竹、藤、棕、草制品企业1家、产值684万元，生产人造板6166立方米，其中胶合板381立方米、刨花板5785立方米。

2005年，全市规模以上木材加工及木、竹、藤、棕、草制品企业2家、产值4646.3万元，生产人造板4.22万立方米，全为纤维板。

2007年，全市规模以上人造板制造企业3家、产值1.71亿元，木制品制造企业2家、产值0.18亿元，竹、藤、棕、草制品企业1家、产值0.06亿元。生产人造板18.33万立方米，其中纤维板13.71万立方米、刨花板4.62万立方米。

二、通用设备制造业

1993年，全市有村办通用设备制造企业7家、产值394万元，生产内燃机（柴油机）5674千瓦、泵1.17万台、中小农具49.42万件。

1996 年，全市乡及乡以上通用设备制造企业 10 家、产值 7388.8 万元。其中，国有企业 2 家、产值 1243.8 万元，集体企业 4 家、产值 295 万元，“三资”企业 2 家、产值 5850 万元。生产内燃机 1.33 万千瓦（4150 台）、交流电动机 1.34 万千瓦（2886 台）。

1998 年，全市规模以上通用设备制造企业 4 家、产值 6887 万元，生产气体压缩机 22533 台、齿轮 27 吨。2000 年，全市规模以上通用设备制造企业 4 家、产值 2.08 亿元，生产气体压缩机 28070 台、齿轮 448 吨。

2003 年，全市规模以上通用设备制造企业 3 家、产值 8.89 亿元。其中，起重运输设备制造企业 1 家、产值 8 亿元，阀门和旋塞制造企业 1 家、产值 0.13 亿元，风动和电动工具制造企业 1 家、产值 0.76 亿元。生产气体压缩机 32376 台、阀门 379 吨。

2005 年，全市规模以上通用设备制造企业 4 家、产值 12.12 亿元。其中，起重运输设备制造企业 1 家、产值 10.5 亿元，阀门和旋塞制造企业 2 家、产值 0.47 亿元，气体压缩机械制造企业 1 家、产值 1.15 亿元。生产气体压缩机 38976 台、阀门 553 吨。

2007 年，全市规模以上通用设备制造企业 8 家、产值 16.69 亿元。其中，金属加工机械制造企业 1 家、产值 0.63 亿元，起重运输设备制造企业 2 家、产值 13.38 亿元，气体压缩机械制造企业 1 家、产值 1.49 亿元，阀门和旋塞制造企业 2 家、产值 0.88 亿元，制冷、空调设备制造企业 1 家、产值 0.12 亿元，紧固件、弹簧制造企业 1 家、产值 0.19 亿元。生产气体压缩机 33724 台、制冷空调设备 951 台（套）、阀门 778 吨、铲土运输机械 314 台。

三、塑料制品业

1993 年，全市有村办塑料制品企业 18 家、产值 859 万元；生产塑料制品 739 吨。

1996 年，全市乡及乡以上塑料制品企业 13 家、产值 3713.9 万元。其中，国有企业 2 家、产值 409.8 万元，集体企业 7 家、产值 1004.1 万元，“三资”企业 3 家、产值 2300 万元。生产塑料薄膜 2714 吨、泡沫塑料 2208 吨、塑料包装箱及容器 1152 吨。

1998 年，全市规模以上塑料制品企业 3 家、产值 4024.3 万元，生产塑料薄膜 3655 吨、塑料丝及编织制品 359 吨、泡沫塑料 2757 吨、塑料包装箱及容器 1152 吨、日用塑料制品 200 吨。

2000 年，全市规模以上塑料制品企业 3 家、产值 6858.7 万元，生产塑料薄膜 4946 吨、塑料棒管材 1430 吨、塑料丝及编织制品 1174 吨、日用塑料制品 615 吨。

2003 年，全市规模以上塑料制品企业 5 家、产值 1.66 亿元，生产塑料棒管材 2292 吨、塑料丝及编织制品 1716 吨、日用塑料制品 14902 吨。

2005 年，全市规模以上塑料制品企业 9 家、产值 4.66 亿元，生产塑料制管子及其附件 9261 吨、泡沫塑料 1524.52 吨、日用塑料制品 27690.92 吨。

2007 年，全市规模以上塑料制品企业 18 家、产值 9.12 亿元。其中，塑料板、管、型材制造企业 3 家、产值 2.73 亿元，泡沫塑料制造企业 3 家、产值 0.48 亿元，塑料包装箱及容器制造企业 3 家、产值 0.23 亿元，塑料零件制造企业 1 家、0.06 亿元，日用塑料制造 8 家、产值 5.62 亿元。生产泡沫塑料 1837.77 吨、塑料包装箱及容器 1034.5 吨、日用塑料制品 36456.28 吨。

四、非金属矿物制品业

1993 年，全市有村办非金属矿物制品企业 239 家、产值 1.01 亿元；生产水泥 12650 吨、砖 2860 万块、石墨及碳素制品 1116 吨。

1996 年，全市乡及乡以上非金属矿物制品制造企业 31 家、产值 1.1 亿元。其中，国有企业 4 家、产值 0.21 亿元，集体企业 12 家、产值 0.15 亿元，“三资”企业 14 家、产值 0.75 亿元。全市（包括村办）生产水泥 7.68 万吨、砖 110146.1 万块、花岗石板材 35.22 万平方米、釉面砖 40 万平方米、墙地砖 102 万平方米、日用陶瓷 137.85 万件。

1998 年，全市规模以上非金属矿物制品企业 9 家、产值 1.94 亿元，生产水泥 0.22 万吨、砖（折标准砖）6374.5 万块、花岗石板材 12.62 万平方米、加气混凝土 40.31 万立方米、日用陶瓷 344 万件。

2000 年，全市规模以上非金属矿物制品企业 8 家、产值 0.9 亿元，生产砖（折标准砖）4204 万块、花岗石板材 20.78 万平方米、日用陶瓷 53 万件。

2003 年，全市规模以上非金属矿物制品企业 9 家、产值 3.22 亿元。其中，水泥制品制造企业 2 家、产值 1.73 亿元，砖瓦、石材及其他建筑材料制造企业 3 家、产值 0.28 亿元，陶瓷制品制造企业 2 家、产值 0.09 亿元，其他非金属矿物制品制造企业 2 家、产值 1.12 亿元。生产水泥预制构件 6.35 万立方米、砖（折标准砖）4389 万块、花岗石板材 13.14 万平方米、日用陶瓷 210.98 万件。

2007 年，全市规模以上非金属矿物制品企业 14 家、产值 9.31 亿元。其中，水泥制品制造企业 6 家、产值 7.94 亿元，黏土砖瓦及建筑砌块制造企业 3 家、产值 0.81 亿元，建筑用石加工企业 3 家、产值 0.25 亿元，玻璃及玻璃制品制造企业 1 家、产值 0.22 亿元，日用陶瓷制品制造企业 1 家、产值 0.09 亿元。生产商品混凝土 46.46 万立方米、水泥混凝土桩（水泥预制管桩）829.67 万米、天然花岗石建筑板材（花岗石板材）8.32 万平方米、日用陶瓷 230.8 万件。

五、皮革、羽毛（绒）制品业

1993 年，全市有村办皮革、羽毛（绒）制品企业 2 家、产值 825 万元。

1996 年，全市乡及乡以上皮革、羽毛（绒）制品企业 8 家、产值 3.96 亿元，全为“三资”企业。生产鞣制皮革（折合牛皮）4.04 万张、皮鞋 730.8 万双。

1998 年，全市规模以上皮革、羽毛（绒）制品企业 3 家、产值 2.96 亿元，生产皮鞋 642 万双。

2001 年，全市规模以上皮革、羽毛（绒）制品企业 4 家、产值 2.72 亿元。其中，制革企业 2 家、产值 0.28 亿元，皮革制品制造企业 2 家（其中皮鞋制造企业 1 家，皮包制造企业 1 家）、产值 2.44 亿元。生产皮鞋 943 万双、皮包（袋）97 万个。

2003 年，全市规模以上皮革、羽毛（绒）制品企业 5 家、产值 3.08 亿元。其中，皮革鞣制加工企业 3 家、产值 0.37 亿元，皮革制品制造企业 2 家（其中皮鞋制造企业 1 家，皮包、皮箱制造企业 1 家）、产值 2.71 亿元。生产轻革 114.41 万平方米、皮鞋 1071 万双、皮包（袋）149.7 万个。

2005 年，全市规模以上皮革、羽毛（绒）制品企业 9 家、产值 3.69 亿元。其中，皮革鞣制加工企业 4 家、产值 0.71 亿元，皮革制品制造企业 3 家（其中皮鞋制造企业 1 家，皮包、皮箱制造企业 1 家）、产值 2.51 亿元，羽毛（绒）加工企业 2 家、产值 0.47 亿元。生产轻革 147.32 万平方米，皮鞋 990 万双，天然皮革手提包（袋）、背包 89.74 万个。

2007 年，全市规模以上皮革、羽毛（绒）制品企业 9 家、产值 4.73 亿元。其中，皮革鞣制加工企业 3 家、产值 1.17 亿元，皮革制品制造企业 2 家（其中皮鞋制造企业 1 家，皮箱、包制造企业 1 家）、产值 2.01 亿元，羽毛（绒）加工企业 4 家、产值 1.55 亿元。生产轻革 253.15 万平方米，皮鞋 908 万双，天然皮革手提包（袋）、背包 74 万个。

第三章　工业开发区

第一节　角美工业综合开发区

1993 年，角美工业开发区持续深化“以工兴区”的发展战略，着力发挥优势，加大招商引资力度，促使新办企业逐年实现新突破。同时，园区建设纵深推进，创业热潮与日俱增，各类基础设施配套日趋完善。当年，全区发展工业企业371家，实现产值4.52亿元，其中规模以上工业企业10家，工业产值30109万元。

1997年，继续发挥区位、资源、侨乡三大优势，走多轮并转的路子，大力发展乡镇企业。全镇共兴办各类企业155家，其中引进“三资”企业项目9个，合同总投资额达1698万美元；乡镇企业总产值为43.16亿元，“三资”企业产值占全市三资企业产值56.4%，企业经贸的外向度比往年提高，全镇出口交货额达16亿元，仅上缴海关的税收达8000万元。

1998年，全区新办各类企业196家，其中工业企业68家，总投资额7000多万元，其中内联引进资金3800万元；乡镇企业3225家，产值50.68亿元，比1997年增长17.9%，上缴国家税收3018万元。全年新引进“三资”企业项目25项，合同总投资额1.27亿美元，实际进资4757.16万美元；累计引进“三资”企业148家，合同投资总额10.82亿美元，实际进资3.91亿美元，已投产的64家，总产值26.14亿元。

1999年，兴办各类企业90家，其中工业企业50家，总投资额5545万元（其中内联引进资金3826万元）；乡镇企业总产值56.09亿元，其中工业产值38.39亿元。2000年，新办各类企业66家，乡镇企业总产值63.13亿元，全镇完成工业产值42.54亿元，其中镇级20.34亿元，比上半年增长17.6%，工业在镇域经济总量中占到62.2%。2001年是全面推进工业化进程的第一年，全镇按照“以工兴镇”的战略，以非公有制经济为突破口，加快推进工业化步伐。是年，新办各类企业30家，其中工业企业18家，投资额分别为1.32亿元和1.25亿元；完成乡镇企业总产值44.9亿元。

2002年，随着台湾著名小家电生产厂商灿坤集团进驻龙池工业区，角美工业化进程步入全面提升的新阶段。角美镇紧紧抓住台湾钢铁、石化等产业向外转移的有利时机，以灿坤为龙头致力延伸产业链，引导产业集聚进园区，工业经济快速壮大。是年，新办各类企业30家，其中工业企业18家，投资额分别为1.32亿元和1.25亿元；完成乡镇企业总产值44.9亿元。2003年，全区完成工业总产值60.66亿元，总量分别占漳州市、龙海市工业产值的1/10和1/3；规模工业企业48家，产值51.16亿元，同比增长23.6%，占全区工业产值的84.3%，占龙海规模工业产值的40%。2004年，全区完成工业总产值99.84亿元；新增规模工业企业15家，达到63家，产值89.83亿元，同比增长75.6%，占全区工业产值的90%，占龙海市规模工业产值的41%；新办各类工业项目79个，新开工、续建或投产投资300万元以上工业项目43个，完成工业固定资产投产总额3.31亿元。至2004年年底已初步形成以灿坤为龙头的家电电子产业集群，以东海、泰山、同发、金之榕为龙头的食品产业集群，以统一马口铁、多棱为龙头的金属制品产业集群，以九龙、坚实、新三和为龙头的建筑建材产业集群。同时引导规模企业实施品牌战略，做强优势产业，争创名牌产品，已拥有灿坤、统一、多棱、庆威等一批著名品牌。2005年，全区实现工业产值118.83亿元，同比增长19%；净增规模工业企业12家，达到75家，实现规模工业产值113.7亿元，同比增长26.6%；完成工业税收3.4亿元，同比增长96.4%；百元工业产值含税率2.3%。灿坤、统一企业年纳税达1000元；多棱、坚实、福贞、九龙建设企业年纳税达500万元；38家企业年纳税达100万元。新开工投资500万元以上新办或技改扩建项目52个，新投产投资500万元以上工业企业39家，同比增长30%；完成工业固定资产投资总额13.62亿元。

图11-6　龙海市百个项目奠基开工剪彩暨龙池电子工业园奠基（市委报道组提供）

2006年，全区实现工业产值153.35亿元，同比增长29%；净增规模工业企业16家，达到91家，实现规模工业产值140亿元，同比增长

图 11-7　龙池工业区一角灿坤工业园区（市委报道组提供）

23%；完成工业税收4.76亿元，同比增长40%，百元工业产值含税率3.12%，企业年纳税达1000万元的5家，达500万元的13家，达100万元的38家；新开工投资500万元以上新办或技改扩建项目46个，新投产投资500万元以上工业企业数32个，完成工业固定资产投资总额14.2亿元。

2007年，全区拥有工业企业注册数1126家，实现工业产值181.09亿元，比上年增长18%；分别占漳州、龙海总量的1/6和近1/2；规模工业企业总数达107家，完成工业产值175.7亿元，约占龙海市总量的1/2，其中产值上亿元的企业31家，比上年增加9家，工业税收6.13亿元，占财政总收入8.44亿元的72.6%。当年新办或技改扩建投资500万元以上工业项目37个，总投资8.82亿元，新批外资项目31个，合同利用外资额1.94亿美元，实际利用外资8404.2万美元，同比增长47.8%，出口企业64家，实现出口创汇63.27亿元，占龙海全市出口总额83%。全社会固定资产投资完成22.5亿元，同比增长25.56%。引进福欣不锈钢、金龙客车、宏海电子、三钢矿微粉等投资上亿元项目15个，计划总投资97.6亿元。工业支撑能力显著增强，角美工业综合开发区在工业发展中坚持质效并举，不断提升工业发展水平，扶持引导企业扩量提质，走品牌发展之路。至2007年全区企业获得ISO9000质量体系认证20家；获得HACCP认证企业14家；获得ISO14000环境体系认证2家；获得中国驰名商标3个（多棱、集友、泰山）；获得省著名商标4个，漳州知名商标6个；获得中国名牌产品1个，省名牌产品2个，集友、恒森涂料获得国家免检产品。有6家企业被省评为高新技术企业，其中灿坤实业被评为“国家重点高新技术企业”。

第二节　东园工业区

东园工业区成立于1998年，总体规划面积6.8平方公里，首期开发2.9平方公里。陆续投入资金8000多万元，铺设自来水管道11公里，3.5万伏、11万伏供电网络已运营；完成道路配套建设6.6公里，排水、排污管道10公里，明渠2公里；成立企业服务中心、企业劳务招工服务中心，设立治安巡逻值勤点和保安大队。

1999—2000年，引进外资企业10家，其中中外合资3家、外资独资企业7家；完成合同外资额2897万美元，实际利用外资863万美元。2000年8月，东园工业区经漳州市人民政府确认为市级工业区；2001年7月被省乡镇企业局确定为省级重点工业园区。

2003—2004年，引进项目27个；合同利用外资4901.1万美元，实际利用外资1766.91万美元，其中投资6000万美元的“东龙特种玻璃”、1500万美元“宝崧电子”、500万美元的“宝晟塑料”、142万美元的“诠丰工业”落户园区。

2002—2004年连续3年被评为省级工业园区先进建设单位；2003—2004年连续获漳州市乡镇工业园区建设工作综合评比第一名。

至 2007 年年底，区内拥有各类企业 92 家，总投资 23 亿元。其中，内资企业 48 家；外资及港澳台资企业 44 家，其中台资企业 32 家。工业区所引进的行业有家具、食品、机械、造纸、彩印、包装、建材、电子等。其中规模工业企业数 19 家，投资额上亿元的重点企业有漳州西华工业有限公司（家具）、华发集团（造纸）、仂川工业有限公司（PVC 塑料制品）。是年，工业区实现工业总产值 11.5 亿元，完成工业税收 3410 万元，安置劳力 2 万多人。

第三节　九湖工业园区

1994 年以来，九湖镇在国道，省道沿线创办 2 个工业小区，共开发土地 0.1 平方公里，引进和创办三实电器、华佳电子等 23 家企业。1996 年，引进龙海市新春罐头食品厂、龙海市九湖林下食品厂等工业企业。1998 年，引进和创办精艺拉管、三实电器、天帮箱包、华佳电子等 23 家“三资”企业，初步形成电子器件、旅游工艺、五金建材、纸塑包装和食品罐头五大行业。1999 年，成立院后工业小区。2000 年，一方面开辟新工业区，一方面延伸旧工业区，全年新办工业企业 15 家。2002 年 11 月，漳州市人民政府确认龙海市九湖工业园区为市级工业园区。九湖工业园区总规划面积 6 平方公里。前期规划面积 2.1 平方公里，由蔡坑、院后、田墘、木棉、林前五个工业小区组成，形成“一区五园”的格局。是年，以工业园区建设为重点，促使新办企业向工业园区集中，企业投资向规模化转变。全年新办企业 11 家（其中规模企业 6 家），总投资 1 亿元的龙海市华艺钟表有限公司以及投资 450 万元的漳州杰成电子有限公司落户蔡坑片区。2003 年 3 月，园区被省乡镇企业局确定为“省级工业园区建设基地”。是年，围绕把九湖建成漳州市郊的生态型工业旅游强镇这一目标，以九湖工业园区建设为龙头和主载体，着力引导企业向工业园区聚集，形成规模、群集效应。全年园区开发利用土地 0.51 平方公里，拥有企业 27 家，其中上规模企业 15 家，投资总额 1.87 亿元；形成以石英钟电子类、家具制造类为主的两大产业区。

2005 年，全年投资 300 万元以上新办或技改扩建项目 12 家，投资总额 1.2 亿元；新投产 9 家，上千万元以上的项目 5 个，投资总额 1.8 亿元；全年完成工业产值 13 亿元，实现工业税收 3000 万元；工业区入驻企业 42 家，投资额超过 4.2 亿元。2006 年，福建厨师食品集团有限公司获“中国驰名商标”、华艺钟表获“福建省著名商标”；是年底，工业园区入驻企业 61 家，投资额超过 6.3 亿元。

2007 年，全区完成规模工业产值 9.85 亿元，工业固定资产投资 3.9 亿元；家具、食品加工等行业的投入成为主体，其中食品加工业投入 8000 万元、家具业投入 4000 万元，产业集聚效应逐步显现；全年投资 500 万元以上的项目达 12 个，投资总额 1.1 亿元；上千万元以上的项目 9 个，投资总额 3.1 亿元。是年，康之味食品获得“福建省著名商标”，厨师食品集团获得“福建省品牌农业重点企业”称号。

第四章　工业总量与企业选介

第一节　工业总量

一、工业总产值

1993 年，全市有工业企业 4854 家、总产值 31.25 亿元，其中乡及以上企业 222 家、城镇联营企业 11 家、城镇个体企业 198 家、农村村办企业 788 家、农村联营企业 1237 家、农村个体企业 2398 家。1996 年，全市工业总产值 50.88 亿元，其中国有企业产值 3.28 亿元、集体企业产值 3.88 亿元。2000 年，全市有工业企业 6275 家，总产值 97.92 亿元。2005 年，全市工业企业总产值 311.07 亿元。2007 年，全市工业企业 3400 多家；总产值 433.99 亿元，比 1993 年增长 10.18 倍。其中，国有企业产值 7.11 亿元，集体企业产值 1.03 亿元，股份合作企业 1.8 亿元，股份制企业 69.82 亿元，外商及港澳台商投资企业 307.74 亿元。

二、规模以上工业企业总产值

1998 年，全市有规模以上工业企业 117 家、总产值 32.9 亿元，其中内资企业 48 家（国有企业 23 家、集体企业 7 家、股份合作企业 1 家、联营企业 2 家、有限责任公司 2 家、私营企业 13 家），港澳台商投资企业 59 家（合资经营企业 14 家、合作经营企业 2 家、独资企业 43 家），外商投资企业 10 家（中外合资经营企业 4 家、外资企业 6 家）。2000 年，全市有规模以上工业企业 103 家、总产值 73.06 亿元，其中内资企业 37 家、港澳台商投资企业 53 家、外商投资企业 13 家。2003 年，全市有规模以上工业企业 137 家、总产值 168.41 亿元，其中内资企业 50 家、港澳台商投资企业 64 家、外商投资企业 23 家。2007 年，全市有规模以上工业企业 276 家、总产值 387.56 亿元，其中内资企业 141 家（国有企业 3 家、集体企业 5 家、股份合作企业 2 家、联营企业 1 家、有限责任公司 5 家、私营企业 125 家）、产值 79.82 亿元，港澳台商投资企业 90 家（合资经营企业 36 家、合作经营企业 1 家、独资企业 53 家）、产值 134.9 亿元，外商投资企业 45 家（中外合资经营企业 13 家、外资企业 32 家）、产值 172.84 亿元。

第二节 企业选介

一、福建省厨师食品集团有限公司

创建于 1986 年，2006 年于九湖工业园区征地 60 多公顷，建有符合国际生产的标准厂房及配套工程 23 万平方米，拥有福建省厨师食品集团有限公司、福建省美味食品有限公司、漳州市沃河畜牧有限公司、漳州市美味贸易有限公司、漳州市美味食用菌有限公司、福建省漳安担保有限公司等产业。主要产品有休闲肉制品系列、素食系列产品、米饭系列产品、食用菌系列罐头、果蔬罐头系列、肉食罐头系列、冷冻食品等。2007 年新开发宠物系列食品、土豆泥系列食品、面食系列食品及调理食品等。当年创产值 6706 万元。公司先后通过 ISO9001、HACCP、HALAL、美国 FDA（含 SID 注册）等国际认证，连续 10 年获得福建省农业银行 AAA 级信用企业、福建省农业产业化重点龙头企业；“厨师”牌肉制品获得福建省名牌产品。

图 11-8 福建省海新集团有限公司（市方志委提供）

二、福建省海新集团有限公司

1995 年组建集团公司，总部设在海澄镇埭新村。公司主营农牧、食品和投资三大产业，下辖 17 家全资子公司和 2 所科研中心，员工 4000 多人，集团总产值 25 亿元。海新集团已成为行业的典范，是全国“守合同重信用”单位、“中国饲料百强企业”，海新牌饲料先后荣获“福建省名牌产品”和“福建优秀龙头食品企业”称号，“海新”商标被评定为“中国驰名商标”。

三、福建绿宝食品集团有限公司

福建绿宝食品集团有限公司创办于 1995 年，总部位于龙海市颜厝镇。经过多年的滚动发展，成为一家农产品精深加工，将农产品“科研、培育、种植、加工、出口”结合为一体的综合型企业。公司坚持以高科技工厂化、规模农业产业化为先导，以绿色无公害果蔬、食品为纽带，以市场牵龙头、龙头带基地、基地连农户、集产加、农科研为一体的可持续发展生态型循环经济。公司先后获得“农业产业化国家重点龙头企业”“中国罐头出口十强企业”“全国食用菌产业化建设十强企业”等荣誉；是福建省院士专家工作站、福建省科技型企业、福建省企业工程技术研究中心、福建省知识产权优势企业。绿宝始终坚持“公司 + 基地 + 农户”“公司 + 合作社 + 基地 + 农户”的龙头企业带动模式，在全国各地成立分公司示范基地，带动农业产业化发展和农民增收。公司还与中国农科院、吉林农大、福建农林大学等国内外科研院校合作，进行功能食品及生物科技萃取研究，研发生产食用菌保健品。

图 11-9　绿宝生态工业园（绿宝集团提供）

四、福建紫山集团有限公司

创办于 1984 年 3 月，占地 20 多公顷，下辖漳州市紫山罐头厂、漳州市紫山矿泉水有限公司、漳州市紫山冷冻食品有限公司、漳州市紫山食品工业有限公司、曹县紫山信达罐头食品有限公司、山东紫山现代农业科技有限公司、永济紫山罐头有限公司、紫山丸善(龙海)果菜加工有限公司 8 个全资及控股子公司，总资产 3 亿多元，员工 4000 多名，是农业产业化国家重点龙头企业，名列中国罐头工业十强，已建成一条较为完整的食品加工产业链，产品涵盖罐头、冷冻食品、酱菜产品、矿泉水、果蔬饮料(浓缩液)等类。2007 年创产值 31010 万元，纳税 1521 万元。出口代号“Q51”已在部分国家注册为商标，产品主要出口欧美、日本、东南亚、中东、非洲、澳大利亚等世界 40 多个国家和地区。注册商标“紫山牌”被认定为中国驰名商标。1996 年率先在全国罐头行业通过 ISO9002 认证，1998 年美国 FDA 组织对国内 18 家对美出口的罐头企业进行考核，获得最高分。2003 年集团公司为全国第一家一次性通过欧洲市场的 BRC（全球食品技术标准）和 IFS（国际食品标准）双认证，还先后通过 ISO9001：2000 认证、HACCP 认证及“哈拉”认证等。紫山牌矿泉水是全省同行业唯一获得国家免检产品；紫山（Q51）牌芦笋罐头和酱菜产品被评为福建名牌产品。Q51 蘑菇罐头在日本市场占有率高达 60%；芦笋罐头年产量位居全国首位。

五、福建梦娇兰日用化学品有限公司

1995 年创建，专业生产儿童护肤、洗涤系列产品及杀虫系列产品，完善的管理制度、完备的设备设施、完整的经营体系及高素质的人才队伍构成公司的四大基石。公司致力于新技术、新产品的开发推广，始终倡导“消费者服务、品牌服务”的思想原则，坚持“真心关爱、细心呵护”的经营理念；按照 ISO9001：2000 的质量标准和 GMPC 国际化妆品良好操作规范认证来规范生产管理过程中的每一环节，建立一套从原料进厂、工序流程、质量控制、产品销售、售后服务直至产品追溯的规范化管理控制体系，以确保“小浣熊”系列产品对广大消费者的质量承诺。

六、福建华艺集团有限公司

创立于1993年，位于九湖工业园区，占地23.24公顷的华艺工业园，十万级无尘厂房3000平方米，厂房75000平方米，具有模具制作、注塑成型、零件冲压、电镀、热处理、特种电机制作、IC框架引线制造等生产能力。有国内外先进的精良制造设备和高精密的检测仪器1000多台套，有5000多名职工。拥有龙海市华艺钟表有限公司、龙海中惠钟表有限公司、漳州华惠电子有限公司、福建高挚房地产开发有限公司、焦作市华东地区磁件有限公司、杭州安特五金有限公司、美国北卡罗来纳州华艺（美国）宠物饲养设备有限公司。华艺钟表有限公司是钟表机芯专业生产厂，规格达100种。产品有石英钟标准机芯、闹机机芯、摇摆机芯、扫秒机芯、跳日盘和多规格的手表机芯，华艺牌产品远销30多个国家和地区。2007年创产值15436万元，纳税848万元。公司拥有400多台高精密、纵切自动机床（宁波）及配套机械设备，分别可以加工直径7毫米、长度50毫米以下的各种高精密度轴、管、针及电器、电子元件、接插件等。集团公司旗下企业通过ISO9001：2000质量体系认证，产品获UL、ROHS、CE和三C认证。

第五章　管　理

第一节　管理机构

一、龙海市经济贸易局

1993年，龙海市工业局、二轻局是国有与集体企业的主管部门，归属市经济委员会管辖。1994年5月，龙海市工业局与龙海市经委合署办公。1997年4月撤销龙海市工业局。1998年，龙海市经委系统企业73家，职工8277人。其中国有工业企业36家、职工5327人；市属集体企业37家、职工2950人。

2002年，撤销龙海市经济委员会和龙海市财贸办公室，组建龙海市经济贸易局。当年市经贸局内设主管工业的科室，管辖直属企业52家，其中国有企业32家、集体企业20家，职工总数6379人。

二、龙海市乡镇企业局

1993年，市乡镇企业局内设人秘股、计财股、生产股及企业管理股，编制12名，实有12人。2002年7月，中共龙海市委、市政府《关于市镇党政机构改革的实施意见》明确规定，乡镇企业局并入农业局，属副科级单位，对外挂牌，工作相对独立；设置3个科室，有10人。

三、工业办

为加快实施“工业立市”发展战略，大力发展工业经济，推进工业化进程，龙海市于2002年组建龙海市发展工业办公室，作为市发展工业领导小组的办事机构。

第二节　经济运行管理

1993年，龙海市经委系统预算内工业企业完成工业总产值13631.3万元，比上年下降11.19%，亏损总额238.6万元，比上年增加亏损77.6万元，亏损户7户，比上年增加5户。对工业企业普遍存在的经营不善、亏损增加等问题，龙海市政府成立国有工贸企业协调领导小组，加强对企业的协调、指导与服务，将《条例》规定的14项权利全部归还企业，不再直接干预企业的生产经营。市磷肥厂、农药厂、合成氨厂、造纸厂、瓷厂、美术工艺陶瓷厂实行全员风险承包制。市造纸厂部分采取“三资”企业的管理模式管理企业，市气体厂改造为股份制企业，市酒厂、齿轮厂、蜜饯厂实行内部切块承包，电机厂实行内部风险承包，市动力机厂兼并停产的市铸造厂，市印刷厂、食品酱油厂、白水食品厂等微利或亏损的小型企业实行出租承包，亏损大户市味精厂及时关闭，直至依法破产。

至1998年，龙海市工业系统国有工业企业22家，其中兼并1家，停产关闭14家。随着国有工业企业转换经营机制和调整结构步伐的加快，形成国有工业企业比重下降，多种经济成分并存的格局。当年，龙海市经委系统年产值（不变价）8698.1万元，比上年下降22.66%，占全市工业总产值的比重由0.11%下降为0.07%。全系统国有工业企业36家，职工5327人，停产半停产企业30家，富余人员和下岗职工4217人。对结构调整中出现的下岗人员，在劳动、总工会和工商部门的支持下，实施下岗人员的再就业及特困职工的解困工程，举办各类再就业转岗培训班8期672人，办理下岗证1052人。通过转岗培训、就业介绍、自谋职业，优先优惠办理营业执照等多渠道安置分流，共有3100多人实现再就业，占下岗人数73.5%，为279名特困职工发放定补救济费，稳定富余人员和下岗职工队伍。

2003—2007年，龙海市经贸局对市造纸厂、盐场、气体厂、齿轮厂、蜜饯厂、酒厂、电机厂、印刷厂进行改制，在改制过程中，优化资源配置，盘活资产，保护优势产业、品牌，扫除大量国企历史遗留问题。

第三节 科技进步管理

1993年，龙海市经委拟定《龙海市工业第一批百种新产品、新技术开发规划》，重点抓好一批效益高、见效快的新产品开发。市合成氨厂的“两水”闭路循环，农药厂的供电系统改造，造纸厂的机组改建，动力机厂的16吨冲床试制等项目相继启动。在第二届中国专利新技术、新产品博览会上，龙海市工艺美术陶瓷厂生产的白云陶瓷和农药厂生产的氟蚜螨荣获金奖；龙海酒厂“天后”牌白酒和“晏海楼”白米酒分别获国际名酒香港博览会金、银奖。

1994年，龙海合成氨厂投资60多万元，开发固体二氧化碳（干冰）新产品，实现当年投产当年受益。市动力机厂依靠自己少量资金改造车间，利用外地设备开发16吨冲床批量投产。

1995年，龙海瓷厂采用新工艺、新技术，改造球磨机，以瓷质球取代天然球蛋石，将石质球改为刚玉球衬，提高球磨效率77%，增加企业经济效益。但是，由于“利改税”以后，技改贷款取消税前还贷，小型企业税后留利少，增提折旧不到位，技改投资积极性受到影响，有些技改项目由于缺乏资金而废止。

2002年9月29日，中共龙海市委召开第九届第九次全体（扩大）会议，通过《中共龙海市委关于加快工业化进程的决定》，对加快龙海工业化进程作出战略部署。市委号召全市广大干部群众要以加快工业发展为第一要务，抓住全省实施“三条战略”通道的有利时机，全党抓工业，全市兴工业，形成全社会发展工业的氛围。

2003年，龙海市经贸局协调有关部门制定《龙海市工业发展规划（2000—2010）》，培植工业经济新增长点，争取省经贸委、财政厅技改贷款贴息130万元，扶持重点企业。有8个企业进行9项改造，累计完成技改投资3.36亿元，新增产值26.8亿元，新增税利2.14亿元。当年规模工业实现产值138.97亿元，增长56.8%，总量与增长量保持漳州市第一位。

2004—2007年，争取技改贷款贴息695万元，扶持企业进行14项技术改造。

第四节　企业管理

一、国有集体企业管理

1993 年，龙海市经委贯彻产品质量法，对 29 家企业 47 种产品 60 项质量指标逐月考核，产品质量稳定提高率、考核合格率分别达到 81% 和 96.6%。龙海造纸厂推行质量计件工资制，实行质量否决权，瓦楞原纸合格率达 99.6%，出口产品合格率 96.7%，超过省定考核指标 90% 的标准。1994 年，龙海合成氨厂抓成本核算基础管理，跟踪考核，降低消耗，在全省小氨企业经济效益居全省第二位。1996 年，龙海市经委强化产品质量管理，使工业产品市场监督抽查合格率达 85.1%，比漳州市平均水平提高 9.77 个百分点。在企业改制过程中，强化安全生产工作，明确承包者的安全职责，加强生产第一线的检查督促，杜绝重大事故的发生。

2002 年，龙海市经贸局针对企业正常运作与停产、半停产的不同情况，做好企业分类管理，对停产、半停产的企业加强国有资产管理，防止资产流失。同时制订《企业留守机构设置和资产管理规范意见》。

至 2007 年精简留守人员 79 人，每年减少支出 37.92 万元，清收欠款 110 多万元。对市电机厂、瓷厂、龙海糖厂、农机修造厂等国有企业进行领导干部离任审计，对改制企业安置资金进行专项审计，配合金融部门对国有工业企业历史遗留贷款进行核销，处置市瓷厂、花釉陶总厂、蜜饯厂、食品酱油厂、造纸厂等 16 家企业历史遗留的银行贷款本息 9476.13 万元。

二、乡镇工业企业管理

1993 年，加强对乡镇工业企业的管理，逐步摆脱家族式、家长式的粗放落后管理模式。全市乡镇工业企业产权制度、国际化水平、产业聚集程度等方面都有明显的进步，大部分企业实行公司制。

1997 年，开展“乡镇工业年”活动，把乡镇工业企业产值、新办工业企业、工业小区建设等 8 大指标实行百分制考核，并用责任状形式层层分解，全力抓好乡镇工业企业发展。组织两期近 200 人参加的乡镇企业法培训班；两期 170 人次参加的会计、工程、经济 3 个系列专业技术人员继续教育培训。

1999—2000 年，中共龙海市委、市政府出台《关于大力推进乡镇企业改革、发展和提高的决定》《龙海市涉及企业税收、收费一览表》《关于努力为乡镇企业的发展制造一个良好法制环境的意见》《关于乡镇、村集体企业产权制度改革的若干指导意见》《关于进一步扶持乡镇企业工业区建设规定的通知》等政策性文件，扶持乡镇工业企业的发展。2000 年后，新办企业 80% 以上落户工业园区内；个体私营工业发展创造的增加值占全部乡镇企业增加值的比率达到 66.4%。

2002 年，全市有 23 家乡镇工业企业通过 ISO9000 国际质量体系认证；3 家企业获全国乡镇企业创名牌重点企业；49 家企业通过农业部全面质量管理达标企业；14 家企业、27 个项目获得 HACCP 认证；26 家企业获得出口食品厂（库）卫生注册；5 家企业跨入省级高新技术企业行列。

2005—2006 年，中共龙海市委、市政府制定出台《关于制订实施发展工业经济的奖励规定》，对项目建设、企业创立品牌等给予一定的奖励。中共龙海市委、市政府于 2005 年、2006 年，分别拨款 303.8 万元、472.2 万元，对成效突出的单位进行表彰，全市共有 54 家乡镇企业获得表彰。

2007 年，新规划的紫泥船舶产业聚集区等 8 个产业聚集区入驻工业企业 400 多家。组织工业企业产品参加全国春秋两季糖酒交易会、“6・18”项目成果交易会、中国（厦门）食品国际交易博览会等，增强企业开拓市场意识。

卷十二

商业贸易　招商引资

SHANG YE MAO YI ZHAO SHANG YIN ZI

1993—2007年，龙海商业、供销、粮油、物资系统不断深化流通体制改革，以减员增效和“关、停、并、转”劣势企业为中心，稳步推进商品贸易改革，加强企业管理，盘活国有资产，开展购销业务。随着各种经济成分进入市场竞争，商品流通格局朝多元化转型，国有集体商业网点由个人承包、租赁经营，实行全社会流通，购销多元化、多渠道的经营方式。龙海市政府引导国有商贸企业把握市场的主导权，发挥市场调控作用，确保市场供应，平抑市场价格。同时，制定优惠政策，鼓励和支持个体私营商业企业发展，为促进市场繁荣和稳定、平抑物价、活跃城乡市场发挥作用。外经贸系统按照中共龙海市委、市政府的一系列战略决策与部署，贯彻落实中央、省、漳州市新出台的提高出口退税率、财政贴息、出口奖励金及税收优惠、信贷优惠等扶持外贸出口优惠政策，发挥独特的区位优势、对台优势和资源优势，抓住中国加入世贸组织及与东盟、秘鲁、哥斯达黎加等国达成的自贸协定和海峡两岸签定ECFA协议等机遇，突出招商引资在全市经济发展中的关键性作用。

2007年，全市有农贸综合市场、专业市场、小商品市场、超市大卖场等各类消费品市场62个，形成一个由农副产品集贸市场、超市、小商品市场、专业市场和商业街成网的多层次、多形式、多功能的市场格局。随着城乡经济体制改革，个体、私营商业批发和零售企业迅速发展，经营网点遍布乡镇场；外商、中国港澳台商企业也在龙海设立批发贸易营销点；全市国内贸易批发零售业、住宿餐饮业及服务业门店约1.5万个。

全社会消费品零售总额51.76亿元，比1993年增长6.95倍。至2007年，龙海市共批准引进外资企业814家，形成家电电子产业集群、食品产业集群、临港产业集群、电力能源产业集群和金属制品产业集群五大产业集群，累计合同外资额64.18亿美元，实际到资额38亿美元，比1993年累计数分别增长3.1倍、17.2倍、42.1倍；涉外税收13.5亿元，占全市财政收入的58.4%。全市规模以上外资企业134家，产值307.68亿元，占全市规模企业产值的79.4%。全市进出口贸易额分别为6.17亿美元、10.54亿美元，分别比1993年增长2.09倍、12.18倍。

第一章　经营体制改革

第一节　商业系统经营体制改革

1993 年，龙海商业系统国有商业企业实行经营权和所有权分离，推行“国有民营”承包管理，企业资产所有权归国有企业所有，承包者享有经营自主权。在市五交化公司“九二O商场”先行实施“国有民营”经营承包试点后，商业系统 28 个小型、微利、亏损的商店、门市部实行“国有民营”改革。市食品公司所属海澄种猪场实行个人租赁经营，其余 59 个食品站(点)实行上缴“三费”（租赁费、管理费、统筹费）的租赁承包管理。

1994 年，继续对其余固定资产较大、库存商品较多、经营效益相对较好的批发零售企业和基层食品站逐步推行“国有民营”改革。1997 年，商业企业实行股份合作制的经营改革，对企业实行身份置换、职工减员、分流（辞职或买断工龄），采取个人租赁、自筹资金、风险抵押、依法纳税、自负盈亏、定额上缴“三费”办法。截至 1997 年年底，龙海市百货公司、纺织品公司、五交化公司完成新一轮的承包工作。

1999—2000 年，国有集体商业企业实行个人租赁、股份合作、对外招租的门市、商办厂，采取原库存商品一次性转化为资金及收回资本金等办法。市副食品公司、市五交化公司、市商业冷冻厂等 6 个单位实现改制企业的资本零投入，市拍卖行完成所属 5 个经营承包门市转轮工作，市医药、蔬菜公司完成部分经营网点的延续、转轮承包工作。

2003 年初，龙海市国有企业改革领导小组下发《关于解决企业改革深层次问题的具体处理意见》，制订改制具体方案，商业系统企业实施企业改制工作。2004 年 11 月，市肉制品厂及下属集体厂以出售形式，成功实行企业改制。改制后，原龙海肉制品名牌商标“石马牌”得以延续。2005 年 5 月，市商业冷冻厂国有资产整体出售。

2006—2007 年，通过银行核销市百货、纺织品、医药 3 家商贸企业历年积欠银行贷款 314 万元的资产抵押。截至 2007 年年底，商业系统国有集体企业的门店全部由个人承租经营。

第二节　供销合作社经营体制改革

1993 年，国家农业生产资料供应政策从“专营”改为“经营”，市农资公司从“计划调拨型”转为“市场经营型”。市供销社与农资公司签订经理任期目标责任制合同书，实行“核定指标、分级奖赔”责任制，行政人员从 30 人减至 11 人；基层供销社各供肥、供药点的承包经营责任制从“联销计酬”改为“全奖全赔、利润大包干”。同时，生活资料供应实行“总体设计、市社审核、公开招标、人员优化组合、上岗预缴风险金、中标者依法签订合同”的承包制度。同年，在批发部和大商场推行一套“租赁式”承包经营，仅在海澄供销社就一次性收回商品资金 65.4 万元，占应收回额 95.44%，承包基数从原来的 17.5 万元提高到 34 万元，增加近 1 倍。

1995 年，市供销社农资经营恢复“联销计酬”经营责任制；生活资料供应改为“租赁制”，实行“两个提供”(营业执照、营业场所)“三个一”（一个原则：招标公开；一个制度：利费预缴，短的 3 个月、长的 3 年；一个措施：收回商品资金）。当年，有 11 个企业进入转轮承包并取得较好效益。角美供销社中标基数比出标基数多 80 多万元；日杂公司出标基数 8 万多元，中标 12 万元，中标者将 3 年利费 37 万多元在中标当天一次性缴清。

2003 年，市供销社利用现代流通网络成立供销农资有限公司，既有法人股（市供销社、土产公司和角美、海澄、浮宫、程溪 4 个基层供销社参股），又有职工个人股，第一次在供销社系统企业中实现产权多元化。

2007 年，市供销社农业生产资料供应采用“联产计酬”经营责任制，生活资料供应经营体制一直坚持“租赁制”经营形式。

第三节　粮食系统经营体制改革

1993 年年初，龙海实行粮油价格改革：取消指令性定购，放开收购价格，采用合同定购；放开粮油销售价格，取消城镇居民粮油定量供应，但户粮管理办法不变。当年，建立市级专项粮食储备、收购保护价制度和粮食风险调节基金制度；全市粮食风险基金规模核定 400 万元（其中省财政拨补 138 万元，地方财政 262 万元）。当年，按照市粮食局提出的“三放、三改、三转变”（放活企业经营自主权、劳动人事管理权、劳动报酬分配权；改革财务体制、分配制度、用工制度；转变企业经营机制、经营策略、机关职能）改革方案，全市粮食企业改革以推进经营机制转换为重点，推行多种形式的经营管理责任制。

1994 年，全市粮食企业实行费用定额补贴，企业自负盈亏，利润分档次上缴，歉收自补，超额多留的效益目标管理责任制。市粮食局规定对“超额多留”部分实行基层企业领导班子综合效益考核特别奖，对歉收额给予相应罚款 5%，并兑现奖罚。1994—1995 年，角美、榜山、紫泥、海澄等粮站年均创利超百万元。

1995 年 12 月 8 日，市粮食局出台《粮食部门深化改革实行两条线运行实施方案》，并相继对粮食商业企业推行“四分开一完善”（政企分开、中央与地方责任分开、储备与经营分开、新旧财务挂账分开、完善粮食价格机制）改革。

1998 年 5 月 31 日，全市粮食系统重点推行国务院“三大政策、一项改革”（按保护价敞开收购农民余粮、定购粮顺价销售、收购资金封闭运行政策，深化企业内部改革）。是年，全市国有收储企业没有再出现新增财务挂账，还减亏 128.45 万元，占 1998 年度亏损挂账额的 9.9%。至 1998 年年底，全市相继成立 14 个粮油经营部，原 14 家粮站统一更名为粮食收储有限公司，初步实行政策性业务与附营业务相分离。

1999—2000 年，结合开展粮改情况执法监察工作，继续完善“三大政策、一项改革”，重点实行减员增效内部改革。市粮食局出台人员分流措施：对离法定退休年龄 5 年以内的老职工允许内部退养，享受 100% 原工资和在职人员福利 50% 的待遇；鼓励职工承包、租赁企业店面或自谋职业；鼓励职工与企业解除劳动关系，一次性发给经济补偿金（商业企业按 10 年工龄 1 万元为基数，每超 1 年工龄补偿 500 元计发）。2000 年，粮食系统 159 名职工与企业解除劳动关系。

2001 年，实行以“三放开”为主要内容的粮食购销市场化改革。石码粮食购销企业对所属 7 家粮店实行以店养人、招标承包的“三自一包”改革，解决 50 多名职工就业。

2004 年 5 月 26 日，国务院发布《粮食流通管理条例》。同年，国务院、省政府《关于进一步深化粮食流通体制改革的意见》出台，市粮食局管理职能开始实行“三大转变”（在管理对象上，由过去主要管理国有粮食企业转变为管理全社会粮食流通；在管理内容上，由主要管理企业的经营活动转变为管理市场主体的准入和维护正常市场秩序；在管理手段上，由过去单纯行政管理转变为依法管理）。

2005 年 6 月，对市粮食储备和军粮供应企业实行政企分开，采取公开招聘员工、全员身份置换措施。全系统 126 名职工竞聘，38 人被录用；粮食储备和军粮供应业务、人事管理、财产彻底从市粮食局及相关购销企业中分离出来，实现垂直管理、独立运营。

2006年，榜山粮食购销有限公司实行国有民营改革，采取定承包期限、定收入、定支出的“三定”方式，实现企业产权与经营权相分离。同年，角美粮食购销有限公司实施粮库整体出让、职工一次性安置“双置换”改革：11名老职工办理内退，58名员工解除劳动关系，31名退休人员发给一次性丧葬困难补助和医疗保险包干，22名职工遗属一次性发给抚恤金。角美粮站库区、角美粮油厂两个企业办公场所、职工住户限期搬迁，促成角美粮站库区2.13公顷熟地上市竞拍成功，成交额1亿多元。

2007年，颜厝、东泗两个粮食购销企业的人、财、物分别并入程溪、东园粮食购销有限公司。截至2007年年底，全市粮食局系统经营全部实行“费用定额补贴，企业自负盈亏，利润分档次上缴，歉收自补，超额多留”的责任制。

第四节　物资系统经营体制改革

1993年，市物资局下属企业取消计划指标，下属单位化工材料站、建筑材料站、液化气站、机电设备站、金属回收站、金属材料站、生产资料服务公司转变计划购销经营体制，参与市场竞争，采取“以销定购”的经营方式。1995年，部分企业不适应市场竞争，先后注销或停业，物资局对于原来经营的场地与企业实行承包、租赁责任制等经营方式。

1997年4月，市物资局改为市物资总公司，实行事业单位企业化管理机制。机构改革后，市物资总公司对下属企业继续巩固和完善承包和租赁责任制经营方式，盘活企业固定资产。

2007年，市物资总公司下属企业仍然实行“自主经营、自负盈亏”经营责任制。根据国家相关法规，民爆器材如炸药、雷管、导火线等由市物资公司专项经营管理。

第二章　市场与贸易量

第一节　市场

一、市场设置

1993年，境内有各类消费品市场42个（不含步文、郭坑两镇的步文港桥农贸市场、步文西边市场、步文解放村市场、郭坑圩市场、郭坑铁路新村市场、郭坑火车站水果市场）：石码人民市场、新华市场、龙海桥市场、解放西市场、解放东市场、石码锦江农贸市场、石码石埔头市场、石码小商品市场，角美农贸市场、角美小商品市场、东美市场、石美市场、鸿渐市场、吴宅市场、锦宅市场、石厝市场、玉江市场、白礁市场，白水圩农贸市场、白水小商品市场，浮宫圩农贸市场、浮宫美山许坂农贸市场，榜山北溪头市场、榜山粮食批发市场、榜山雩林废品专业市场，港尾圩农贸市场、港尾小商品市场，东园农贸市场、东园厚境综合市场，海澄西门市场、月港农贸市场、海澄小商品市场、海澄杉木市场，九湖林下市场、九湖花卉市场、九湖梅溪水果市场，颜厝古县市场、半林圩市场、下厝果蔬综合市场，程溪农贸市场、双第农场市场、东泗碧浦市场。市场有摊位14413个，其中固定摊位3096个、临时摊位11317个。

1994年，拆除石码人民市场，在原址兴建商业城；角美镇龙池村建水果批发市场，石厝村建新港市场，石美村建菜篮子市场；浮宫镇霞圳村建石龟头市场；紫泥金定村建金定市场；海澄镇建竹木市场；港尾镇建汤头农副商品综合市场。

图 12-1　岛内价超市（市经贸局提供）

1995年，新建、扩建角美文圃农贸市场、角美石厝市场、隆教农贸市场、紫泥金定鸭市场。1996年，新建、扩建市场9个。同年6月18日，石码商业城投入使用，原位于友谊路的小商品市场搬入经营。商业城一、二层为小商品市场，建筑面积3160平方米，总投资1400多万元，配套自动踏步电梯、自动报警喷淋消防系统、电视监控、微机管理及广播宣传等设施。市场内可容纳经营户264户，从业人员700多人；经营服装、鞋类、棉布、化妆品4大类1000多种商品，年营业额1亿多元。

1999年，市侨联商厦竣工投入使用，一楼为商业店面，二楼一部分作为超市大卖场。当年，石码桥口新市场也建成投入使用，场内设水产品、肉、家禽、蔬菜、干果、农副产品交易区，容纳202个摊位、店面。

2000年6月30日，位于榜山镇的闽南家具批发市场竣工并投入使用。

2001年7月，商业城二楼店面被吉马超市承租。原在商业城经营的部分个体工商户开始搬迁至通华小区商铺经营。至8月25日，商业城搬迁的经营户全部在通华小区营业。通华小区内第一、二、三条街形成新的石码小商品市场。

2002年8月，南台公园人防工程由“欣然超市”承租。

2003年，在原动力机厂旧址改建运辉花园，大厦一楼为商业店铺。2004年，位于东市场的吉马超市投入使用；岛内价超市进驻锦江农贸市场东侧商住楼一层。

2007年，全市有农贸综合市场、专业市场、小商品市场、超市大卖场等各类消费品市场62个，形成一个由农副产品集贸市场、超市、小商品市场、专业市场和商业街成网的多层次、多形式、多功能的市场格局。

二、营销网点

1993年，龙海境内有商店、门市部等贸易营销网点8753个。其中，属市商业局、粮食局、物资局、供销合作社、烟草公司、医药公司等系统的国营、集体商店、门市部网点1890个，有证的个体私营网点6863个。

1994年，国有商业企业实行“国有民营”改革，商店、门市部由职工或者个体户承包、承租，营业网点部分被改造，有的商场分成数个营业门市。当年，属商业局系统的网点1189个，属供销社系统的营业网点364个，属粮食局系统的营业网点42个，物资局系统网点11个，烟草局（烟草公司）营业网点4个，属医药公司的营业网点4个。

随着城乡经济体制改革，个体、私营商业批发和零售企业迅速发展，经营网点遍布各乡镇（场）；外商、港澳台商企业也在龙海设立批发贸易营销点；国有、集体商业企业在市场占有率逐年下降。1996年，全市批发零售贸易网点10913个，餐饮贸易网点1101个。其中，国有企业批发零售网点219个、集体企业批发零售网点806个；国有餐饮网点9个、集体餐饮网点45个。属原商业局系统11家国有企业商业零售部35个，批发部8个；14家集体企业有7家企业在石码市区设48个零售门市部，其中百货商店9个、糖酒副食品商店21个、糖酒副食品综合商店1个、石码饮服商店2个、石码饮服第二商店3个、石码饮服第三商店 11 个、石码五交化第二商店 1 个。供销社系统营业门市部 312 个，其中生活资料网点 162 个、农业生产资料网点 148 个。粮食局系统营销网点 14 个。物资局系统的营销门店 6 个。烟草公司营销点 4 个。医药公司营销网点 4 个。个体私营企业批发零售营销网点 9877 个，外商企业、港澳台企业及其他企业的批发贸易网点 11 个；餐饮贸易网点 1047 个。

2001 年，原解放北路片区旧城改造，片区商业街属国有、集体商业企业的糖酒副食品公司圆圈门市部、百货公司圆圈门市部、五金交化公司民主路五金批发部与和平路化工门市部、纺织品公司圆圈综合商场、医药公司西药品批发部 6 个营业网点被拆迁，异地安置后，营业面积萎缩。原商业局的国有企业门店全部由个体户承租经营。供销社系统实行综合改革，广告公司、罐头原料公司等企业因业务竞争激烈相继退出市场，营销网点相应减少。粮食局系统的石码粮食购销企业 7 个营业部由个人承包，增加门店。全市国有粮食营销网点 16 个，物资局系统所属营销网点 3 个，烟草局（烟草公司）营业网点 5 个。

2003 年，市农资公司和福建农资集团公司厦门分公司联合，在海澄创办第一家农资商品超市，经营农业生产资料的销售、配送。市供销社组建“茂源堂”医药连锁有限公司，改造基层供销社原医药批发部和医药商店，在角美镇区和漳州市胜利东路设中心销售点和药品器械配送中心；在石码镇、海澄镇、九湖镇、浮宫镇、港尾镇等地设连锁店 10 多个。

2004 年，龙海基层供销社加大对旧网点改造，扩大经营网点。浮宫供销社改建新圩农资经营部；程溪供销社改造镇百货大楼；角美供销社将镇区宿舍楼改建成商业大楼。当年，龙海市政府和工商管理部门贯彻国务院《关于扶持下岗人员再就业的通知》精神，一些下岗工人转入商业贸易业，个体私营贸易零售网点增加。

2007 年，全市国内贸易及服务业门店 1.5 万个。原商业系统所属 11 家国有企业中有 8 家在石码市区设零售门市部 61 个，其中百货公司 7 个、纺织品公司 6 个、五交化公司 1 个、糖酒副食品公司 7 个、食品公司 5 个、饮服公司 16 个、蔬菜公司 13 个、拍卖行 6 个。14 家集体企业有 6 家在石码市区设 22 个零售门市部，其中百货商店 4 个、糖酒副食品综合商店 1 个、石码饮服商店 2 个、石码饮服第二商店 3 个、石码饮服第三商店 11 个、石码五交化第二商店 1 个。供销社系统 28 个成员单位的经销中心、农村专业合作社有 11 个销售点，庄稼医院门店 18 个，村级综合服务站或超市、便民店 24 个，农产品信息服务中心服务点 20 个。粮食局系统有 14 个中心销售点。市医药公司在市区设零售门市部 1 个，药品、中成药、中药材批发部配送网点覆盖全市 14 个乡镇及农场、开发区的各医疗机构及药店。市烟草局（烟草公司）有 1 个经销转送站、4 个专营点。全市有 1.3 万个个体户私营企业，营销门店 1.4 万个，从业人员近 6 万人；经营蔬菜、水果、茶叶、花卉等农副土特产品，农药、化肥等生产资料，粮油及其复制品、禽畜、蛋品等食品，糖、盐、烟、酒等副食品，百货、纺织品、五金交化、电子等日用工业品，汽油、煤炭等能源工业品的批发与零售业，以及住宿、餐饮、美容美发、洗染、照相等服务业。

第二节　国内贸易总量

1993 年，龙海社会消费品零售总额 65118 万元，比 1992 年增长 23.3%。1994 年，随着城市经济体制改革的深入，老百姓购买力增长。当年全社会消费品零售总额 86200 万元。1995 年，全社会社会消费品零售总额突破 10 亿元，达 128364 万元，比上年增长 48.9%。1998 年，全社会社会消费品零售总额 206195 万元，比上年增长 16.1%，比 1993 年增长 2.17 倍。

1999 年后，全市社会消费品零售总额仍逐年增长。其中，2002 年突破 30 亿元，2005 年突破 40 亿元。2006 年，全社会消费品零售总额 46.74 亿元。2007 年，全社会消费品零售总额 51.76 亿元比上年增长 13.4%。

1993—2007年龙海市国内贸易社会消费品零售总额情况表

表12-2-1　　单位：万元、%

年 份	总 额	比上年增长	年 份	总 额	比上年增长
1993	65118	23.3	2001	283435	9.1
1994	86200	32.4	2002	305601	7.8
1995	128364	48.9	2003	333410	9.1
1996	157950	23.1	2004	368916	10.6
1997	177554	12.4	2005	407142	10.4
1998	206195	16.1	2006	456294	12.1
1999	233247	13.1	2007	517572	13.4
2000	259695	11.3	—	—	—

注：2003年以前各个年度的社会消费品零售总额均按2004年度经济普查口径调整，以此为准

第三章　商品经营

第一节　商业系统购销

一、商品购销

1993年，国有贸易企业购进总额35478.3万元，销售总额35244.2万元。属商业局系统企业商品购销总额12086万元，集体贸易企业购进总额16480.7万元。全市批发零售贸易业销售总额53560.2万元。其中，国有贸易企业销售总额35244.2万元，集体贸易企业销售总额18316万元。

1994年，长江中下游遭受严重水灾，在猪源紧缺、外调困难的情况下，龙海市食品公司组织调入生猪14191头供应市场，占市场销售总数26%。蔬菜公司在秋淡季节，组织菜农蔬菜直接上市，限价销售14000公斤，市场占有率30%，平抑价格，平均下降20%—30%。同年，商业系统商品购销总额12138万元，税利总额198.86万元，比增26.37%。

1995年，商业系统商品购销总额1.24亿元，利润12万元；1996年，商品购销总额1.36亿元，利润13万元；1997年，商品购销总额2.49亿元，税利总额266万元；1998年，商品购销总额2.62亿元，税利总额281万元；1999年，商品购销总额2.58亿元，税利总额360.96万元；2000年，税利总额359.19万元。

1995—2001年“三节”（春节、中秋、国庆）期间，国营商业企业组织品种繁多、质优价廉的货源，丰富节日市场供应。其中，对民生最为关注的猪肉、蔬菜等农副产品供应，市民每公斤猪肉2元、蔬菜0.7元、蛋品1元的价格倒挂政策实行优惠供应。

2001—2007年，随着各种经济成分进入市场竞争，商品流通格局朝多元化转型，国有集体商业网点由个人承包、租赁经营，实行全社会流通，购销多元化、多渠道的经营方式。国营商业企业为确保市场

供应，平抑市场价格，稳定民心，把握市场的主导权及调控作用，工作重点转向抓“菜篮子”基地建设。

二、“菜篮子”经营

1993—1995年，关系老百姓日常生活的食品、副食品需求，逐步纳入龙海市政府的“菜篮子”基地建设议事日程。1996年3月，成立龙海市副食品基地领导小组并设办公室。1997年，生猪养殖基地推广瘦肉型商品猪，引进“杜洛克”“长白”“大约克”3个品种种猪800头，良好母猪存栏3000头，占母猪总数65%。蔬菜基地聘请2名高级农艺师指导菜农推广科学种植技术，建立连片薄膜遮阳网覆盖的大棚栽培试验田2个6.67公顷，引进选育、推广新品种15种。同时，调整“菜篮子”产品结构，发展耗粮少的畜禽养殖，建立2个万羽养鹅场，饲养广东狮头鹅1.5万羽。

至1998年末，全市建立蔬菜基地村6个，其中2个连片33.34公顷蔬菜基地列入省控基地。基地面积166.67公顷，种植品种35个，年产量1200万公斤，占石码市区市场供应量61%。建生猪基地13个，其中4个场养殖上万头，2个场列入省控基地。生猪饲养量6.9万头，年上市5.6万头，其中销售石码2.1万头，占石码市区供应量43%。水产养殖基地2个，养殖面积52公顷，水产品上市80万公斤。蛋鸡养殖基地2个，列入省控基地，蛋鸡存栏5万羽，年产蛋110万公斤。

1999年，生猪生产基地饲养生猪8.62万头，上市供应6.82万头，年末存栏1.8万头；蔬菜生产基地生产1380万公斤，上市1240万公斤；蛋鸡5.5万羽，蛋品86万公斤；养鹅1.9万羽，上市0.14万羽；水产养殖45.33公顷，水产品上市60万公斤。

2000年，生猪饲养10.3万头，上市供应8.4万头，年末存栏1.9万头，分别比增19.5%、23.2%、5.6%；蔬菜生产1620万公斤，上市1340万公斤，分别比增17.4%、8%；蛋鸡6万羽，蛋品90万公斤，分别比增9%、4.7%；养鹅2.15万羽，上市1.6万羽；水产养殖45.33公顷，水产品上市60万公斤。同年，市财政安排配套资金83万元，用于确保基地面积、品种、存栏、上市量、上市时间“五落实”。

2003—2004年，有5家生猪生产基地取得无公害农产品认证证书，3家生猪基地列入省级城市副食品基地。

2005—2007年，全市共有6家生猪基地取得无公害农产品认证证书，年提供无公害生猪上市6.3万头。龙海市苗圃畜牧有限公司等5家生猪基地（场）列入省级城市副食品基地。

第二节　供销社系统经营

一、农业生产资料供应

1993年，市供销社农业生产资料供应从“专营”改为“经营”，从“计划调拨”改为“自主经营”，基层供销社在加强农资经营业务的同时，增设供肥、供药点50多个。龙海农资公司和基层社农资经营部采取“减少环节、直接从口岸、工厂调入”进货方式，供应门点采取“上门服务”等经营手段，送肥、送药、送薄膜到田间、到果园、到农舍，从而在品种、质量、价格、货源、服务上与全市1000多个无证农资经营户展开竞争。当年，龙海供销社主要化肥品种尿素、过钙、钾肥、复合肥销售完成年度计划的136%、263%、300%、343%。

1994年，国务院、省人民政府相继出台《关于改革化肥等农业生产资料流通体制的通知》，提出做好农资商品总需求与总供给平衡、建立各级农资商品调控与储备制度，对冬储化肥实行贴息。农资经营体系实行“一主两辅”渠道，即供销社主渠道、农业“三站”（植保站、土肥站、农技站）和工厂自销辅渠道，其他任何单位和个人一律不得经营化肥、农药、农膜。龙海市成立有计委、物委、农委、经委、财委、工商、质监等部门参加的农资流通体制改革领导协调小组和办公室，对经营主体实施许可证制度。市政府在1995年1月13日发出《关于农资流通体制改革的通告》，供销社门点全面扭转承包做法，实行“统一计划、统一调运、统一进货、统一价格”的新农资流通体制。市政府当年开展农资市场整顿，先后出动27车次、214人次，检查121个门点，没收26吨、收购86.2吨、就地销毁6.65吨假化肥并处违法、违价经营罚款6954元。

1995年，供销社兑现国家“粮奖挂钩肥”6800多吨，促进农民种粮积极性。实施农资流通体制改革后，供销社农资销售额增长迅速，从1994年的3039万元增长为6900万元。

1995—2007年，龙海供销社在主营期间，抓化肥冬储，每年都超额20%完成漳州市政府下达冬储优质肥6000标吨、碳铵5500标吨、磷肥5500标吨的任务；抓服务工作，全市200多个供肥点(含18家庄稼医院)年为农民社员开展服务达30000单、到田间果园出诊3000多次、出各种宣传板报1000多期、发放各种科技宣传材料50000多份，还开展科技讲座。同时，配合工商、质监、物价部门开展农资市场打假、查处违价等市场整顿活动。

1993—2007年龙海市供销系统农业生产资料购销统计表

表12-3-1　　单位：万元、吨、架

年　份	农业生产资料销售额	化学肥料		农　药		农　膜		农药械	
		总购进	总销售	总购进	总销售	总购进	总销售	总购进	总销售
1993	2978	65100	64214	590	581	90	81	2434	2566
1994	3039	89200	88390	510	499	250	252	2403	2199
1995	6900	78300	77200	500	485	130	120	2500	2620
1996	8477	90560	90325	752	764	69	86	2925	2904
1997	8966	88773	89530	661	684	25	28	1823	1765
1998	10545	89655	88750	1310	1291	36	22	1155	1423
1999	12628	103105	104233	1502	1502	41	45	1599	1320
2000	12125	96500	94493	1500	1520	70	67	1800	1850
2001	7213	81263	75483	963	935	104	107	1840	2115
2002	8190	75640	76888	981	877	149	98	594	607
2003	8466	66391	65990	609	661	61	60	1625	1399
2004	8594	70234	67964	769	746	93	89	1760	1754
2005	10836	57997	62519	667	637	61	58	482	536
2006	10889	64441	63518	533	542	18	18	76	76
2007	11727	69958	69642	1343	1398	177	172	365	363

二、生活资料供应

1993年，龙海农村生活资料市场完全放开。1994年，市土产公司开拓农用车经销项目，角美供销社经销深圳景田太空水，果品公司经销香港福利通蒸馏水。1993—1997年是供销社经营困难时期，年销售额未超过2000万元。

1998—2002年为适应时期，生活资料供应年销售额虽最高的未超过4000万元，但最低未低于2000

万元。2002 年，供销社抓住省药品“经营与管理分离”的时机，由角美供销社牵头并投资入股，其内部职工参股，联合海澄、九湖、浮宫、港尾等基层供销社的医药批发部和医药商店，组建龙海市茂源堂医药连锁有限责任公司，公司年经营额在 1000 万元以上。

2003—2007 年为恢复期，5 年间销售额年年递增，且翻一番。2007 年，全市供销社系统生活资料销售额 11697 万元，是 1993 年 4.85 倍。

1993—2007 年龙海市供销系统生活资料供应情况表

表 12-3-2　　单位：万元

年　份	1993	1994	1995	1996	1997	1998	1999	2000
生活资料销售额	1934	1355	1950	1932	1835	2241	3386	3237
年　份	2001	2002	2003	2004	2005	2006	2007	
生活资料销售额	3138	3972	5079	5631	7925	8790	11697	

三、农副产品收购

1993 年，龙海蘑菇种植面积 575 万平方米，比 1992 年 628 万平方米减少 53 万平方米。是年，市罐头原料公司和基层供销社设立 28 个农副产品收购点，全年收购额 3955 万元；冬菇收购 3250 吨，茶叶收购 172 吨。

1994 年，市供销社农副产品收购从计划时期“以经营为主服务为辅”转入“以服务为主经营为辅”，罐头原料公司和基层供销社为当季龙海蘑菇生产创历史“三高”(种植面积 745 万平方米，产量 5 万吨，农户收入 3 亿多元)提供服务，产前调进 400 吨优质石膏，组织蘑菇草基母种 3398 瓶，指导全市 108 个制种场生产 135920 瓶原种，供应 1000 多个栽培场生产 420 万瓶栽培种，可供 800 万平方米面积种植。全市第一次实现菌种省定的优质、高产、杂交化。

1995 年，市罐头原料公司组织 50 万支原种玻璃瓶、25 万公斤原麦供应农户。当年，龙海蘑菇种植面积 700 多万平方米。1996 年，市罐头原料公司及时捕捉蘑菇市场将滞销信息，发出《致全市菇农一封信》，使全市种植面积下降为 400 万平方米，避免菇农不必要损失。

1999 年冬，市政府把当年冬季和 2000 年春季蘑菇生产作为龙海大灾后恢复农业生产“短、平、快”的项目。市罐头原料公司先后编写《灾后恢复蘑菇生产意见》等科技宣传材料，在龙海电视台《科普天地》进行 2 期专门讲座，还下乡举办 4 场咨询服务，在角美镇召开蘑菇“制种、栽培、加工”大户座谈会，深入 700 多户家庭现场解决蘑菇生产中问题，还组织 20 多人参加省食用菌协会举办有美国，以及中国香港教授专家授课的讲座。当年蘑菇种植面积 555 万平方米，产量 4.2 万吨，供销社收购 90 吨；农民实际收入 1.5 亿元。

2001 年，市罐头原料公司从福州调进 780 瓶省定一级蘑菇母种分配龙海制种场。同年，企业进行综合改革，市罐头原料公司撤销，从省调蘑菇母种任务由角美镇蘑菇协会(角美供销社主办)承担。全年农副产品收购额 1474 万元。

2003 年 8 月，成立龙海市农产品流通协会，有会员 147 个(人)，其中单位会员 55 个、个人会员 92 人。至 2007 年，协会多次组织会员参加北京、厦门、漳州等地特色农产品会展，编印《龙海农产品信息网刊》。同时，搭建龙海农产品信息服务平台，建成 12 个信息站、16 个信息点，其中角美供销社农产品信息站被定为“福建省第二批农产品信息示范站点”。龙海农产品流通信息网还链接福建农产品流通信息网、漳州农产品流通信息网(即阳光创业网)、龙海市政务信息网，在网上宣传龙海农产品、宣传协会会员，同时免费为会员刊登商品广告，让龙海农产品畅游国际互联网。2007 年，全市农副产品收购额 5793 万元，蘑菇收购 3942 吨，茶叶收购 176 吨。

1993—2007 年龙海市供销系统农副产品收购情况表

表 12-3-3　　单位：万元

年　份	1993	1994	1995	1996	1997	1998	1999	2000
农副产品收购额	3955	3157	1250	1013	1310	1360	1357	1400
年　份	2001	2002	2003	2004	2005	2006	2007	
农副产品收购额	1474	1844	1893	2015	2722	3055	5793	

四、废旧物资收购

1993 年起，基层供销社基本放弃废旧物资收购，其业务由市日杂废旧物资回收公司承担，全市废旧物资收购量逐渐萎缩。1996 年，供销社的废旧物资收购额仅有 18 万元，是 1993 年的 16.07%。2003 年，供销社企业内部深化改革，允许“联合办社”，加上废旧物资收购市场法治进一步加强，供销社废旧物资收购量大幅度增加。是年，全市供销社收购额 748 万元，2004 年激增至 2355 万元，是 1993 年的 21 倍。2007 年，供销社系统废旧物资收购额 248 万元，废旧钢铁收购量 1659 吨。

1993—2007 年龙海市供销系统废旧物资收购情况表

表 12-3-4　　单位：吨、万元

年　份	1993	1994	1995	1996	1997	1998	1999	2000
废旧物资收购额	112	75	60	18	97	101	88	33
废钢铁收购量	617	204	150	0	26	0	0	101
年　份	2001	2002	2003	2004	2005	2006	2007	
废旧物资收购额	39	22	748	2355	770	407	248	
废钢铁收购量	131	15	27	1630	488	770	1659	

第三节　粮食系统经营

一、粮食购销

（一）粮食征购

1993 年，国家取消粮食定购改为合同定购，实行“保量放价”，随行就市定价收购；对定购粮食包括农业税交实物，将化肥、柴油平议差价折现金 3.75 元 /50 公斤，实行价外加价。当年，漳州市下达龙海市全年收购任务 5300 万公斤，分解至 16 个乡镇和程溪、苍坂农场。其中，粮食收购任务超 500 万公斤的乡镇有角美、海澄、紫泥、东园。

1994 年，合同定购改为国家定购。全市早籼谷按国标中等质量（下同）53 元 150 公斤收购，等级差 1 元。仍实行价外加价。当年还按 300 元 1100 公斤收购价，完成花生果 120 万公斤的收购任务。

1995 年，国家定购粮（不含公粮）实行价外补贴和粮肥挂钩奖售政策。当年，龙海市定购粮价外补贴 15 元 150 公斤、奖售标准化肥 150 公斤。1996—1997 年，定购粮收购价调为 75 元 150 公斤，比 1995 年提高 15 元，价外补贴改为 10 元，仍保留粮肥挂钩奖售政策，使定购价居历年最高价位，并高于市场价，出现现粮入库超计划收购。

1998—1999 年，龙海市国家定购任务改为按早晚谷比例 6∶4 征购，相应调低收购价，以缓解连续 5 年早籼谷入库积压，难以顺价销售矛盾，并旨在以价格等政策导向，刺激加速粮食品种结构的调整。

2000—2001 年，粮食出现供大于求，实行调减定购任务和早籼谷退出保护价收购政策，粮食收购以征收农业税为主。

2002—2003 年，取消粮食定购，粮食收购采用征收实物为主与折征代金方法征收农业税，代金按每 53 元 50 公斤作价。

2004—2007 年，取消农业税征收，粮食收购改为订单收购，每年订单收购任务为 600 万公斤，分解到海澄、浮宫、东园、紫泥等乡镇。收购价按不低于省定（中等）早籼谷 70 元 150 公斤标准，随行就市定价，并相应给予 4 元直接补贴和 1 元良种补贴。

（二）粮油销售

军粮供应　1993 年至 2005 年上半年，军粮供应业务由市粮食局委托相关粮站负责代理。其间，食用油、黄豆、马料于 1997 年 1 月起退出军供价供应，改为按市价供应，仅保留每年元旦、春节、八一建军节的食用油节日定量优惠供应。军粮供应品种从 2001 年 5 月起由标一改供特等晚籼米、特制一等面粉。

2005 年下半年至 2007 年，市军粮供应站实行政企分开、垂直管理改革，直辖程溪、九湖、角美、石码、浯屿、港尾、隆教（后并入港尾点）军供点，军粮筹措实行“统一定价、定点加工、专用包装、统一调运、统一结算”。其间的 2005 年 8 月起，还采取惠兵让利措施，改供晚籼杂优大米，并坚持每月三旬将米、面、油义务配送至各连队伙房，尽力改善部队官兵的生活质量，并做到按政策保质保量供应。2007 年起，试供粳米。

居民定量供应　1993 年初，因市场粮价接近甚至低于平价供应的价格，居民定量供应滞销。当年 4 月起，取消城镇居民粮油定量供应。

1994—1996 年，为平抑粮价，国有粮店按省定价格对居民实行定点挂牌定量供应。1993—2001 年间每年的元旦、春节期间，还组织优质米、面、油、复制品投放市场，实行优惠价供应。

定购（含订单）粮销售　1993 年，龙海市粮食局根据粮权负责制的原则，对历年收购的定购粮，指定销售范围以保障市级专项储备、军供、市外调拨。至 1996 年，每年调往芗城、东山早籼谷共 1500 万公斤。1993—2007 年，定购粮食销售，由市粮食局下达供需总量平衡计划进行管理。

（三）议购议销

1993 年，龙海市全面放开粮食经营。是年，全市国有粮食企业共采购粮食及饲料原料 33577.34 万公斤，其中粮站购进粮食 20665.6 万公斤，销售 19181.1 万公斤，实现议价利润 729.48 万元。

1993—1996 年，全市国有粮食企业不断巩固和发展省外粮食产销合作，4 年间共议购粮食 79563.5 万公斤，议销 74150 万公斤。

1997 年以后，由于粮食市场由卖方市场变为买方市场，产销区市场差价缩小，加上国有收储企业收购资金封闭运作，省外产区贸易伙伴推行先到款后发货的做法，以及主销区潮汕、泉州等地粮商自行到省外产粮区采调粮食等因素，致使全市国有粮食企业议购议销经营量逐年萎缩。

2007 年，市粮食局组织国有粮企及个私粮企参加七省粮食产销协作洽谈会、省内产销区粮食协作洽谈会，除兴粮贸易部、榜山镇粮站等个别国有粮企继续开展议价经营之外，“引粮入漳”的任务主要由社会粮行米市承担。

1993—2007 年龙海市粮食收购情况表

表 12-3-5　　　　单位：万公斤、元 /50 公斤、元

年 份	国家定购任务	其 中	国标中等早籼谷收购价	等级差	价外补贴	粮肥奖售
		农业税				
1993	5300	1712	35	1	—	价外加价 3.75 元
1994	5300	1712	53	1	—	价外加价 3.75 元
1995	5500	1648.47	53	1	15	12.5 元
1996	5427	1683.23	75	按 3%	10	12.5 元
1997	5136	1455	75	2	10	12.5 元
1998	5040	1440.02	61.75	2	10	12.5 元
1999	4350	1445.96	53.	2	10	12.5 元
2000	2722	1429.9	40	2	8	尿素 6.25 公斤
2001	2722	1427	48	2	—	—
2002	1411. 4	1411.4	—	2	—	—
2003	1376. 1	1376.1	—	2	—	—
2004	600	—	78	2	直补 4 元 良补 1 元	—
2005	600	—	—	2	直补 4 元 良补 1 元	—
2006	600	—	—	2	直补 4 元 良补 1 元	—
2007	600	—	—	2	直补 4 元 良补 1 元	—
合计	46684.5	16741.08	—	—	—	—

二、粮食仓储

（一）仓储设施

1993 年，龙海国有粮食商业企业有粮仓 293 座，折稻谷总仓容量 8847.1 万公斤。仓容量最大的前 3 家企业依序是海澄粮站、角美粮站、福河粮库。当年，海澄粮食中转站开始筹建。

1995 年，九湖粮站综合楼、海澄月港 4 号仓库、角美上房粮油中转站相继投建。1996 年，全市所有仓库重新进行命名、编号，规范仓房管理。1997 年，榜山粮站粮油综合楼投建。

1998 年 11 月，中央储备粮漳州直属库始建，库区占地面积 10.87 公顷，一、二期工程共建平房仓 8 座、立筒仓 18 个，总仓容量 12500 万公斤。配备全套粮食清理、计量、提升输送设施，以及环流熏蒸系统、粮情检测系统、计算机网络系统。2000 年 9 月，直属库主体工程投入使用，正式上收中国储备粮管理总公司。

2005 年 6 月，市储备粮管理有限公司直辖南边、洪礁、方田、溪山、长边 5 个库点。拥有仓房 33 座，总仓容量 1324.2 万公斤。

至 2007 年年底，因归还乡镇部分小仓房、拍卖角美粮库、石码大宫粮库等因素，全市国有粮食企业尚存粮仓 203 座，折小麦总库容量 9126 万公斤。

（二）粮油存储

1993 年年初，龙海市国有粮食商业企业存粮 3065.91 万公斤，存储粮量最大的前 3 家企业依序是角美粮站、海澄粮站、福河粮库。按品种分类：稻谷 2945.88 万公斤、小麦 119.85 万公斤、生油 0.18 万公斤。按性质分类：专项储备粮库存 1008.5 万公斤，其中“506”现粮稻谷 100 万公斤、生油 0.18 万公斤；“甲”字粮现粮稻谷 208.5 万公斤（“506”和“甲”字粮于 2002 年退出承储）；漳州市储现粮稻谷 100 万公斤（2003 年退出承储）；龙海市储备稻谷 600 万公斤；商品粮（稻谷）库存 498.72 万公斤，议价稻谷库存 1438.67 万公斤，议价小麦库存 119.85 万公斤。

2000 年年底，全市政策性收购的周转粮库存 1937.2 万公斤。2001 年起，全市新增省级储备任务 900 万公斤（其中稻谷 560 万公斤、小麦 340 万公斤，2004 年退出承储）。

2003 年 7 月，龙海首次对 560 万公斤轮换粮向社会公开拍卖，5 家企业中标，竞标成交额 500 万元。

2004 年，龙海市级新增 300 万公斤稻谷、40 万公斤大米应急储备任务，市级储备稻谷规模 1050 万公斤、应急大米储备 40 万公斤。承储专项储备粮仍委托当地国有粮食企业代管。

2005 年 6 月起，市级储备粮由市储备粮管理有限公司垂直管理。当年，承揽中储粮福州分公司 2500 万公斤粮食代储业务。

2007 年，储备粮由市粮食储备库、海澄粮食购销有限公司承储（2006 年 2 企业均获国家粮食局颁发的《中储粮代储资格》认定）。

（三）粮食保管

1993 年起，龙海坚持实行粮站主任月会查，市粮食局坚持季查和春秋两季清仓查库大检查制度，坚持按规定做好储备粮轮换和库存品质定期检测工作，坚持抓好专储粮“一符三专四落实”（账实相符、专仓存储、专人保管、专账记载、数量落实、质量落实、品种落实、地点落实）管理。

1995 年 4 月全国范围、1998 年全省范围和 2001 年 4 月全国范围的清仓查库检查，龙海市所有仓库的存储粮数量都达到账账相符、账实相符，粮食质量等级都符合国家标准。在科保方面，继续推广、运用薄膜压盖粮面、大渠深沟、机械通风、春防潮、夏隔热、秋治虫、冬冷冻等技术措施，提高粮食品质宜存率。

2006 年，市储备粮管理有限公司在南边粮库安装“地上笼”。2006—2007 年，储备粮点全面实行吊顶隔热、电子测温、通风筒等科技装备，推行机械通风、低剂量环流熏蒸新技术，80% 的存粮量年熏蒸 1 次。

第四节　物资系统经营

一、物资采购

1993 年，龙海市物资局的废金属回收、液化气、化工、建筑材料、金属材料、机电等业务打破各专业公司经营。废金属回收站从 1993 年至 2007 年购进废钢铁 6177 吨，总值 864 万元。化工材料站从 1993 年至 1995 年 11 月（1997 年 12 月注销）购进总值 716 万元，其中塑料 202 吨。建筑材料站从 1993 年至 1994 年 11 月（1997 年 12 月注销）购进总值 419 万元，其中水泥购进 9459 吨。金属材料站从 1993 年至 1996 年 10 月（1996 年 11 月停业）购进钢材 3075 吨，总值 1193 万元。机电设备站从 1993 年至 2001 年 4 月（2001 年 5 月停业）购进各类物资总值 1728 万元。液化气站从 1993 年至 1998 年 12 月（1999 年 1 月液化气站主体停业）购进液化气、炉具、热水器等总值 1662 万元。1996 年，民爆器材由生产资料服务公司经营，至 2007 年购进民爆物资总值 5749 万元。

二、物资供应

1993 年，龙海市物资总公司供应的材料有建材、机电、金属、废金属、化工、液化气、民用爆破器材等。其中，民用爆破器材原由物资公司专控，1996 年改由市物资公司下属企业生产资料服务公司经营。在市场经济体制下，部分产品经营出现亏损状况。

1996 年 11 月、1997 年 12 月、1999 年 1 月、2001 年 5 月，市物资公司的金属材料、化工材料、建筑材料、液化气、机电设备先后停止经营。建筑材料供应总值 444 万元，其中水泥 9464 吨、玻璃 106 重量箱、油毛毡销售 1903 卷；供应纯碱、硫酸、冰醋酸、塑料、轮胎等各种化工产品总值 794 万元，其中塑料 202 吨；销售金属材料 3181 吨，总值 1241 万元；供应液化气、炉具、热水器等，总值 1763 万元；供应电动机、汽车等机电产品总值 1869 万元，其中供应电动机 430 台 /2461 千瓦，汽车 121 辆；销售废钢铁 6677 吨，总值 1010 万元。

1996—2007 年，供应各种民用爆破器材总值 6796 万元。

第五节　医药公司购销

一、药品、医疗器械采购

1993 年，龙海市医药公司所属西药、中成药、中药材分部按需自主采购，派员出席全国药材、药品会议，洽谈业务；直接与厂家见面，实行产销挂钩。医疗器械从福州、厦门、漳州等有资质的批发站采购，主要品类：三类注射穿刺器械、二类手术器械、普通诊疗器械、中医器械、口腔科设备及器具，体外循环及血液处理设备、口腔科材料、医用卫生材料及敷料、医用缝合材料及黏合剂、医用高分子材料及制品。是年，市医药公司药品购进总额 2490 万元，其中西药品 2048 万元、中成药 379 万元、中药材 63 万元。1994—2000 年，龙海市药品购进总额逐年增加。2000 年，全市药品购进总额 7429 万元。2003 年后，药品购进总额逐年减少，2007 年仅为 864 万元。

1993—2007 年，市医药公司购进医疗器械 1320 万元。

1993—2007 年龙海市医药公司药品购进统计表

表 12-3-6　　单位：万元

年 份	西药品	中成药	中药材	总购进
1993	2048	379	63	2490
1994	1837	199	156	2192
1995	2450	2142	252	4844
1996	2874	1365	172	4411
1997	3078	1292	132	4502
1998	3698	1522	175	5395
1999	3990	1617	135	5742
2000	6066	1295	68	7429
2001	4451	1599	124	6174
2002	1998	2813	130	4941

续表 12-3-6

年份	西药品	中成药	中药材	总购进
2003	1623	4399	125	6147
2004	1164	1415	120	2699
2005	953	401	111	1465
2006	751	190	96	1037
2007	613	162	89	864

二、药品、医疗器械销售

1993 年，龙海市医药公司药品销售总额 1551 万元。其中，西药销售 629 万元，中成药 726 万元，中药材 196 万元。1994—2000 年，药品销售逐年增加，2000 年销售总额 7372 万元，是 1993 年的 4.75 倍。2000 年后，药品销售逐年减少。2003 年初夏，发生“非典型肺炎”疫情，市医药公司抓好专项防治药品储备应急工作，紧急购进防治“非典”药品 157 万元。当年药品销售总额增加到 6518 万元。此后，由于市场竞争，医药公司药品销售总额逐年下降，2007 年销售总额仅为 982 万元。

1993—2007，市医药公司的医疗器械销售总额 1368 万元。

1993—2007 年龙海市医药公司药品销售统计表

表 12-3-7　　单位：万元

年 份	西药品	中成药	中药材	总销售
1993	629	726	196	1551
1994	1852	204	175	2231
1995	2153	2281	238	4672
1996	2619	1545	204	4368
1997	3223	1404	151	4778
1998	3965	1710	102	5777
1999	4572	1672	157	6401
2000	5877	1367	128	7372
2001	5555	1561	143	7259
2002	1864	3062	152	5078
2003	1949	4404	165	6518
2004	1471	1892	162	3525
2005	1055	501	143	1699
2006	856	239	109	1204
2007	714	149	119	982

第六节　专卖机构营销

一、烟草专卖

1993年，龙海烟草专卖网络覆盖城乡，全年烟草销售12078箱，销售额3672.1万元，利税总额361.28万元。1994—1999年，全市烟草销售量上升，1999年销售额突破亿元。2002年，实行卷烟经营大配送，从“以自我为中心”转向“以客户为中心”，改变坐销观念，分为24条访销路线、17条送货路线，2000年10月23日，全省沿海地区卷烟网点工作现场会在招商局漳州开发区华南店召开实行“专销一体、分散访销、集约配送、三线互控、优化流程、考评到位”的运作模式。当年，烟草销售量25718箱，销售额20175.5万元，税利总额2974万元。

图12-2　卷烟网建工作现场会（市烟草公司提供）

图12-3　烟草贸易（市烟草公司提供）

2003年，全市实施卷烟零售明码标价，卷烟价格管理延伸至零售终端。市烟草公司先后为特困零售客户送温暖活动18次；召开零售客户代表座谈会56场，有3000多人参加；安排3场慰问零售客户大型文艺晚会；年初为零售客户送挂历贺新年；组织160多户零售客户参观龙岩、厦门卷烟厂；向零售客户无偿提供全省统一制作的卷烟展示柜428个，拼装展示架1500多个。2003—2007年，全市烟草销售量、销售总额、利税总额总体呈增长态势，2007年销售总额比2003年翻一番，是1993年的15.42倍。

1993—2007年漳州市烟草公司龙海分公司卷烟销售情况表

表12-3-8　　单位：箱、万元

年 份	销售数量	销售金额	利 润	利税总额
1993	12078	3672.1	310.68	361.28
1994	11262	4907.5	421.02	693.49
1995	10491	3737.6	60	127.53
1996	13461	7350	529	764
1997	13202	7824.4	420	690
1998	13372	8154.5	533	677
1999	14815	10410.8	612	898
2000	19388	14704.4	818	1275
2001	18779	14747.7	821	1323

续表 12-3-8

年 份	销售数量	销售金额	利 润	利税总额
2002	25718	20175.5	1812	2974
2003	28642	26653	2516	3090
2004	30873	32905	3354	4116
2005	32642	41319	5133	6295
2006	35036	48949.5	6518	8055
2007	37055	56606.8	8933	10816

二、食盐专卖

1993 年，漳州市盐业公司石码分公司专营龙海盐场生产的食盐 1852 吨。1996 年 5 月，国务院发布《食盐专营办法》，食盐加碘专营工作进入一个新阶段。1997 年，成立龙海市盐业支公司，承担龙海市及龙文区的食用盐、食品加工用盐、工业用盐的分配、调拨、储备、批发业务。当年，漳州市人民政府将碘盐配给制确定为民办实事的项目之一，龙海市成为漳州地区碘盐配给制试点，加强食盐专营工作。全年销售盐产品 6234 吨，其中加碘盐 1804 吨、各类加工用盐 4430 吨。1998 年，销售食用盐 14929 吨，比上年增加 1.39 倍，其中加碘盐 2789 吨、各类加工盐 12140 吨。

1999 年，龙海市盐业支公司加强食盐专卖法宣传力度，强化碘盐供应手段，在每个乡镇至少设 1 个供应点，在各行政村均设经销店，方便群众购买。

2002 年，龙海盐场停产，境内食盐由其它产盐地区调剂供应。

2003 年“5·15”防治碘缺乏病日，龙海市盐业支公司到乡镇的学校、商店、农贸市场、居民家庭检查和宣传碘缺乏病的相关知识，同时利用有线电视台、《闽南日报》等媒体加强碘盐知识宣传。是年，全市食用盐供应 9273 吨。2004 年，全市食用盐供应 12665 吨。2005 年、2006 年、2007 年，食盐供应分别为 21789 吨、29956 吨、25492 吨。

第四章　服务业

第一节　住宿餐饮业

一、住宿业

1993 年，龙海有旅馆、饭店、宾馆 23 家，其中较具规模的有龙海旅行社、龙海宾馆、华侨宾馆、知青大楼、锦江饭店、龙海旅社。这些宾馆酒店均附设餐厅、会议室，以及配备彩电、空调电话等。部分乡镇场招待所也提供住宿服务。

1994 年，在海澄镇山后村建设龙海大酒店。1996 年，大楼封顶并完成外装修，因后续资金不足，无

图 12-4　华侨大厦（市委报道组提供）

法进行内装修。1997—1998 年，成兴米业、龙佳生态园相继新建酒店，提供餐饮和住宿服务。

2005 年，龙海引进香港亿城集团，在龙海大酒店原址基础上投资改建龙海钻石大酒店。酒店占地面积 2 公顷，总投资 9000 多万元，按四星级酒店标准建造装修；楼高 10 层，有客房 95 间（套），标间面积 25 平方米。2006 年 10 月 29 日，酒店正式对外营业，由钻石大酒店管理有限公司统一经营管理。酒店设有中央冷暖空调、24 小时热水供应、电梯、卫星电视转播、光纤快速上网、保安监控系统、自动烟感喷淋系统、私人保险箱、现代迷你酒吧，实行先进的酒店管理。

2006 年，在新建的龙海市教育进修学校大楼设立龙海福门大酒店。酒店为三星级，有标准房、行政房、商务套房、家居套房、总统套房共 73 间。

2007 年，全市有星级酒店 6 家（含漳州开发区），其他宾馆、饭店数十家；有标准客房 400 多间。是年，全市住宿业总收入 8029 万元（当年价）。

二、饮食业

1993 年，龙海有饮食服务业 730 家，经营网点 1099 个，从业人员 2961 人。其中，国有网点 9 个，从业人员 35 人；集体网点 36 个，从业人员 73 人；港澳台经营网点 4 个，从业人员 28 人；有证个体饮食摊点 1036 个，从业人员 2782 人。国有饮食业有一级厨师 1 人、二级厨师 2 人。较具规模的餐馆有金登大酒店、锦江饭店、石豁饭店等。宾馆、酒店大都附设餐厅。龙海宾馆可供上千人就餐；华侨宾馆、锦江饭店、龙海旅社均可供数百人餐饮。

1994—1997 年，先后有海味大酒店、新美味酒店、成兴酒店开业。1998 年 7 月 3 日，龙海市烹饪协会成立，全市有饮食服务公司、成兴酒店、锦江大饭店、海味大酒店、金登大酒楼等 17 家为会员单位。会员单位中有一级厨师 6 人、高级厨师 1 人。当年，全市餐饮业总收入 1.17 亿元，首次突破亿元。

1999—2000 年，石码市区酒店纷纷增资扩股，扩大规模，改造装修，向中、高档次酒楼及特色美食方向发展。各主要会员单位增加资金投入 800 多万元，改建扩建包厢 125 间（套）。其间，1999 年 5 月和 2000 年 3 月，龙海市烹饪协会两次组织厨师职称等级考评，评出一级厨师 9 人、二级厨师 6 人、三级厨师 5 人。2000 年 9 月，中国烹饪协会在宁夏银川市举办第二届“中华名小吃”认定活动，石码常满五香店的五香产品以其“选料精细、加工精湛、风味独特、香酥兼备”取得五项指标综合得分 96 分，位居同类品种第一名，获“中华名小吃”认定证书和牌匾，成为漳州市唯一被国家级协会认定的名小吃。

2002 年 6 月 21 日，龙海海味大酒店、石码常满五香店、江东闽江鲈鱼馆被中共福建省委宣传部、省经济贸易委员会评为福建省餐饮业“放心店”。2003 年，市烹饪协会推荐具有龙海地方特色小吃参与中国烹饪协会组织的“中华名小吃”评定活动，石码常满食品有限公司的“五香拌卤面”“叉烧肉菊花酥”，石码常常满烧腊板饭店的“熏蹄”，石码新美味酒店的“闽南米烧粿”“蚵仔煎”，江东鲈鱼馆的“江东鲈鱼粥”“江东鲈鱼卷”个品种榜上有 8 名。是年，全市餐饮业总收入 3.67 亿元。2004 年，全市餐饮业总收入 4.1 亿元，其中限额以下餐饮业总收入 3.94 亿元。2005 年、2006 年，餐饮业总收入分别为 4.36 亿元、4.81 亿元。

2007 年，餐饮业总收入（含设餐厅的酒店、饭店、宾馆）6.03 亿元，其中限额以上企业总收入 5340 万元、限额以下企业总收入 5.5 亿元；全市酒店行业有 18 名烹饪厨师通过高级中式烹调师考评。

第二节　居民服务业

一、理发业

1993 年，全市有理发店 256 家，从业人员 401 人。其中，属商业局系统饮食服务公司的理发店 42 家，从业人员 124 人。1994 年，石码镇区先后有多家美容美发店开业，其中市饮食服务公司的“绿斗美发美容城”营业面积 500 平方米，是当时漳州市同行较大规模美容美发店；个体私营企业“海鹰美容美发店”较有名气。

1996 年 10 月 22 日，龙海市美发美容协会成立，团体和个人会员 100 多个。1998 年 11 月和 1999 年 7 月，角美、石码分别成立分会。受市公安部门委托，美发美容协会协助办理特种行业许可证 400 份，并把非会员的发廊（店）纳入管理范围，培训学员 200 人。至 2000 年底，全市美发美容业有美发技师 6 人，美容技师 1 人；高级美发师 15 人，高级美容师 3 人；中级美发师 67 人，中级美容师 10 人；初级美发师 19 人，初级美容师 1 人。

2007 年，龙海市美发美容协会中有高级美发技师 3 人、美发技师 8 人、美容技师 8 人，高级考评员 3 人、普通考评员 6 人。

二、照相业

1993 年，全市有照相馆 31 家，从业人员 66 人。其中，属市饮食服务公司的照相馆有人民、锦江、九龙 3 家，从业人员 29 人。石码市区个体经营的有新世纪照相馆。1997 年，集体商业的照相馆全部由个人承包经营；承包后，有的继续经营照相业，有的转到其他行业。人民、锦江、九龙 3 个照相馆停业。

2000 年后，各个照相馆提高服务质量，追求时尚、潮流，开展婚纱照、个人艺术照等业务。2007 年，全市照相馆 20 多家，全部为个体私营；市区有新世纪照相馆、红珊瑚照相馆、好牵手婚纱照相馆等。

三、其他服务业

1993 年，全市有维修、刻印、缝纫、洗染等服务业 94 家，从业人员 142 人。随着电脑、彩色电视机、数码相机、复印机、扫描仪、手机等电子设备进入百姓家，电子维修个私企业发展很快。同时，由于电脑的打印复印等图文制作技术和服装业技术进步，刻印和缝纫行业营业受到影响，有的关闭有的改行。

2007 年，全市有维修、洗染、图文等其他服务业 100 多家，从业人员 300 多人。

第五章　进出口贸易

第一节　出口贸易

一、出口贸易量

1993 年，全市货物实际出口总值 9567 万美元。其中，“三资”企业货物出口总值 8013.84 万美元，市对外贸易公司货物出口总值 47.69 万美元。全市实现出口贸易额 0.8 亿美元。

1994 年，“三资”企业货物实际出口总值 12716.63 万美元，市对外贸易公司货物实际出口总值 141.77 万美元。1995 年，“三资”企业货物实际出口总值 19402.89 万美元，外贸自营货物实际出口总值 77.46 万美元。1996 年，“三资”企业货物实际出口总值 20300 万美元，外贸自营货物实际出口总值 5.04 万美元。1997 年，龙海市货物实际出口总值 2.66 亿美元。其中，外贸自营货物实际出口总值 33.86 万美元。1998 年，龙海市帮助企业向上争取出口配额许可证，以及华东交易会和德国、日本博览会展销摊位的指标，扩大出口贸易渠道。当年龙海市货物实际出口总值 2.8 亿美元。

1999 年，落实提高出口退税率、财政贴息、出口奖励金及税收优惠、信贷优惠等扶持外贸出口优惠政策。在巩固亚洲市场同时，拓展欧美、非洲、中东、独联体国际市场，拓宽产品外销渠道。受金融危机影响，是年龙海市货物实际出口总值 1.26 亿美元，比上年减少 55%。

2001 年，货物实际出口总值比上年增长 9.15%。2002 年，出口企业货物实际出口总值 2.31 亿美元，比上年增长 38.32%。

2004 年，国家放开对外贸易经营权后，龙海市做到出口退税新账基本不欠。实施《中小企业开拓国际市场资金管理办法》，为企业境外展销、市场考察、宣传广告等提供资金支持。发动民营企业登记进出口经营权。当年，全市出口经营权的企业总数达到 128 家，货物实际出口总值 9.89 亿美元，比上年增长 1.03 倍。其中，货物出口上千万美元的企业有 9 家，货物出口 500 万—1000 万美元的企业有 7 家，出口实现比前年翻一番的企业有 22 家；机电产品出口企业有 11 家，产品出口值 5.16 亿美元，占全部出口总值 52.17%；有 20 家民营企业取得自营进出口经营权，民营企业产品出口值 3913 万美元，比上年增长 59.78%。全市机电产品出口值 5.16 亿美元，占全部外资企业出口总值 53.83%。

2005 年，龙海市克服国家出口退税率调低（平均调低 2 个百分点）、人民币升值（对美元升值 2 个百分点）和国外反倾销等不利因素，新登记自营进出口权民营企业 26 家，拥有进出口权的民营企业计 56 家，出口贸易额 5286 万美元。全市花货物实际出口总值 11.4 亿美元。2006 年，龙海市一些企业虽然受到“农药残留”和“绿色壁垒”，以及国家新的出口退税政策因素影响，但全市货物出口总值 12.67 亿美元，占漳州市的三分之一强。

2007 年，全市货物实际出口总值 13.79 亿美元，比 1993 年增长 13.41 倍，居全省各县（市、区）第二位。

二、出口商品

1993 年，龙海出口商品以粮油等轻工产品和土特产、畜产品为主，占比例较大的为豆皮和美术瓷等。

1999—2004 年，龙海优化出口商品结构；利用国家对高新技术产品出口的财税和金融扶持政策，促进出口商品结构调整，扩大高新技术产品认定工作；结合产业结构调整，鼓励外商投资企业兴办高新技术产业项目，提高出口商品质量、技术含量及出口附加值；实施品牌战略，开展科技兴贸，培植外资企业拳头产品。其间通过鼓励支持外资和民营企业创优质名牌产品，促成“嘉荣”“联成”“格林”“亚细亚”等企业获得 HACCP 质量体系国际认证。

2005—2007 年，机电产品成为龙海大宗出口商品，其次是加工食品。其中，机电产品出口占全部出口贸易的 67.7%；加工食品出口占 15.3%，其他各类产品出口占 17%。

三、出口生产企业

1993—2007 年，龙海出口商品主要来自 150 多家具有进出口经营权的“三资”和民营企业。这些企业主要分布于各个开发园区。至 2007 年，全市拥有角美、龙池 2 个省级开发区和东园、九湖 2 个拟保留的工业园区和程溪、榜山、双第、海澄、紫泥、白水、浮宫、港尾等镇办工业集中小区，吸引工业企业 500 多家落户龙海。其中，出口型企业上百家，灿坤企业年出口额近 6 亿美元；凯景钢铁、统一马口铁、福贞集团、多棱钢锯等金属制品企业年出口额也都在 1000 万美元以上；金冠塑料包装企业年出口额约 3000 万美元。此外，亚细亚、东海冷冻、嘉荣食品、格林集团等多家食品年出口额也近千万美元。龙海市速冻毛豆、蘑菇罐头、马蹄罐头、芦笋罐头等产品出口在国际市场占有重要位置。紫山集团年加工出口罐头近万吨；华艺集团石英钟表机芯产量占全球的五分之一；多棱集团钢砂销量占中国的98%。

四、出口国家与地区

1993—2002年，龙海出口商品主要输入日本、美国、东南亚等国家和地区。

2003年后，龙海市主要出口目的地有日本、欧美等国家，占到全部出口额的90%以上；非洲、拉丁美洲、中东等新兴市场的份额也逐步增加。2007年，龙海出口商品输入日本、欧洲、澳洲、美洲、东南亚台等国家和地区。

第二节　进口贸易

一、进口贸易量

1993年，龙海市对外贸易公司、龙发贸易公司经营不善，进出口贸易主要是外资企业、民营进出口企业开展来料加工。这些来料加工的企业带动龙海市进口贸易的发展，年进口量约2亿美元。龙海市企业进口渠道主要依托厦门东渡港、漳州招银港区和后石港区。

2005年，龙海市进口贸易额6.35亿美元。2006年，全市进口贸易额7.78亿美元。

2007年，全市进口贸易额6.17亿美元，比1993年增长2.09倍，年均递增8.38%。

二、进口商品

1993年，龙海主要进口一些当地加工企业的来料加工原材料。其中，龙海鞋业进口所需的制鞋材料，在龙海加工成品后，再出口到美国市场。

2007年，龙海市进口商品主要有塑胶成型机、粉碎机、冲床、升降机、打包机、发电机、制冷机、风选机、水泵、电动吊车、金属探测器、干燥箱、预拌混凝土搅拌机、蘑菇罐头真空工艺设备、编织机、冷冻压缩机、冷凝器、真空泵、风造机、色泽选别机等机械产品，尼龙针织布、纯棉布、涤纶布、化纤织物、雨伞布、人造革、塑料薄膜、塑料米、电子表散件、电子玩具散件、电子计算机散件、电阻电容散件、钢材、铁线、拉链、化工原料、染料、服装辅料、包装配件等原辅材料，工具车、旅行车、小货车、小轿车等交通工具，

图12-5　集装箱货柜（市委报道组提供）

电话机交换设备、电脑、复印机、彩色电视机、录像机、摄影机、微波炉、电冰箱、空调、电梯、建筑装潢材料等。

1993—2007 年龙海市货物实际出口总值情况表

表 12-5-1　　　　单位：亿美元

年 份	总 值	年 份	总 值	年 份	总 值	年 份	总 值	年 份	总 值
1993	0.96	1996	1.93	1999	1.26	2002	2.31	2005	11.14
1994	1.38	1997	2.66	2000	1.53	2003	4.88	2006	12.67
1995	1.55	1998	2.80	2001	1.67	2004	9.89	2007	13.79

第六章　招商引资

第一节　投资环境

一、优惠政策

1993—1994 年，龙海制定鼓励引进外资优惠政策，并规范收费项目。1995 年，对重点产业实行政策倾斜，凡属基础设施、高优农业、高新技术和国有企业嫁接外资的项目，用地给予特殊处理，税费予以优惠；对重点项目实行个案特批，尽量让利。其中，对投资 1 亿美元的统一马口铁项目，其土地出让即采取个案优惠处理，吸引大型项目在龙海落户，并很快进资投建。是年，在原有 90 个收费项目中，保留收费项目 19 个，取消收费项目 2 个，停止收费项目 17 个，先停后理项目 6 个，降低收费标准项目 9 个。同时，对有关部门自行出台的收费项目责令立即停止或取消。其中，责令市建委停止征收新型材料费，责令乡镇经联社停止征收企业管理费。

1996 年，取消收费项目 18 个，降低收费标准项目 51 个，基本杜绝乱收费现象。1997 年，实施开明让利政策成为招商引资的前提条件，龙海市把它作为软环境建设的“突破口”，对外资企业统一收费项目，列入允许收费项目 96 项，比省、漳州市规定项目还少 46 项，低于省、市标准有 6 项。同时，推出服务承诺制度，提高工作效率。

1998 年，落实省、漳州市有关降低、缓征部分收费项目的优惠措施，做到上级规定缓收、不收的坚决；降低标准的一律按低标准征收，省、漳州市规定收费标准超过龙海的，仍按龙海的标准征收；继续对外商投资企业实行个案特办、特事特办、大胆让利。对龙海经济发展影响较大的项目，减免其部分收费；一些收费还采取地方部分收费先征后退措施。

1999 年，贯彻落实中央、省、市新出台的提高出口退税率、财政贴息、出口奖励金及税收优惠、信贷优惠等扶持外贸出口企业优惠政策，重新修订《关于鼓励引进扩大对外开发的若干奖励规定》，对牵线搭桥引进外资项目者实行重奖。

2000 年，贯彻落实《福建省关于促进利用外资进一步发展若干规定》《福建省涉及外商投资企业税外收费项目目录》《福建省口岸查验部门改进服务，优化通关环境的具体措施汇编》等文件规定，龙海加快企业通关速度，并对收费项目和收费标准进行对照调减，杜绝部门乱收费现象回潮。

2003—2004 年，实施《中小企业开拓国际市场资金管理办法》，为企业境外展销、市场考察、宣传广告，提供资金支持。同时，推动民营企业开展对外贸易，发动民营企业登记进出口经营权。

2007 年，龙海市继续落实“同等优先、适当放宽”的对台经贸政策，在重大项目审批上争取国家有关部门支持，帮助与协调企业面临困难和问题。

二、服务措施

1993 年，接待来自日本、美国、新加坡、菲律宾、马来西亚、印度尼西亚、玻利维亚、澳大利亚等国家客商。涉外部门通力协作，采取简化审批程序、提前到位、服务到家等措施，服务外商投资项目。当年共批准“三资”企业用地 29 宗、面积 635.09 公顷。工商管理部门简化程序，允许企业在申请立项的同时申请名称登记；新建项目一律只提交预约用地协议书，不再实地核实，82% 的新批项目当天完成初审；金融部门筹措资金扶持“三资”企业的生产，全年累计向“三资”企业发放贷款 6000 万元，年底贷款余额近 5000 万元。漳州市海关部门成立角美开发区进出口货物监管组，方便龙海市进出口货物验放监管工作；协助企业向上级申请减免关税手续，其中为电信企业进口 2.5 万门程控电话交换机等设备，减免征收关税 50.3 万元；深入生产企业加班验放货物，其中为“亚细亚”和“东海”两家企业加班验放货物 150 人次，加班 180 小时。执法部门采取标本兼治的方法整治“三资”企业治安环境，在“三资”企业普遍建立保安部，共配备保安人员 124 名；整治社会治安，为企业保驾护航。全年破获涉及“三资”企业的刑事案件 6 起、治安案件 26 起，依法逮捕犯罪嫌疑人 3 人，收审 1 人，治安处罚 44 人，遣送 1 人。

1994 年，印发《严厉打击破坏外资企业基建、生产经营秩序的通告》，增强外商的投资信心。抓好治安案件投诉的受理工作，全年接受外商投资企业投诉的案件 42 起。其中，刑事案件 10 起，侦破、处理 9 起；治安案件 32 起，查处 32 起；对 68 名肇事者分别给予逮捕、拘留、罚款等处理。加大资金扶持力度，全市 5 家专业银行向“三资”企业发放贷款 2.79 亿元，年底贷款余额 1.47 亿元。

1995 年，发挥龙海市外商投资工作委员会在利用外资工作中的作用，对外资项目审批实行联审制度，提高工作效率。全年受理外资企业投诉的案件 51 起。其中，刑事案件 32 起，全部侦破、处理；治安案件 19 起，查处 18 起；对肇事者分别逮捕 11 人，拘留 17 人，罚款 32 人，警告 2 人，遣送 1 人。

1996 年，海关部门、中国银行龙海支行多次与市外经委联席召开会议讨论研究，实施进料加工实行银行保证金台账制度。商检部门对统一马口铁进口设备进行现场办公。对进口设备多的企业，商检部门实行特事特办、个案处理，允许企业的设备边进口、边拆箱、边安装，一次性报检。海关部门配合漳州、龙海两级市外经委企业办理手续并上报省外经委备案，使“金田”“都兴”两家企业在年底前顺利报批进口免税手续。开展社会治安综合治理，加大防范措施和打击力度，在外资企业开展“创安达标”活动，惩治破坏“三资”企业正常生产经营的犯罪分子。全年发生刑事案件 6 起、治安案件 18 起，分别比上年减少 68.42%、43.75%。重视外商投诉的受理工作，全年受理外商投诉案件 96 起（征地投诉 29 起，劳资纠纷 1 起，企业股东矛盾 7 起，治安、刑事案件 24 起，纠正乱收费 8 起，其他案件 27 起），办结率 90.63%。

1997 年 4 月，外商投资收费中心正式运作，对外资企业的税外收费实行统一收费项目、统一收费标准，即方便外商缴费，又规范执收单位收费。

1998 年，龙海市财政拨出专项资金 1000 万元作为扶持“三资”企业周转金，以缓解企业资金紧缺状况。同时，协调办好企业土地使用证、房产证和所有权证，解决企业抵押贷款所需的手续问题。帮助企业向上争取出口配额许可证及广交会、华东交易会和德国、日本等博览会展销摊位指标，扩大出口渠道。1999 年，加大对出口企业的扶持力度，简化出口环节管理手续，加快出口商品通关速度，及时帮助解决出口企业生产经营中遇到的困难和问题。

2001 年，实施《中小企业开拓国际市场资金管理办法》，为企业境外展销、市场考察、宣传广告等提供资金支持；在全市开展“人人都是软环境”大讨论，组织开展“千家企业评机关”活动，提高办事效率和服务质量；完善项目联审制度，对报批项目的办证、办理执照采取集中审批的办法，实行一个窗口受理、一条龙服务、一站式办结、一次性收费等制度。再次修订、补充完善对外商、基层服务承诺制度并进行公告，为项目报批提供优质高效服务。对流动资金周转困难、影响企业正常经营的金之榕食品有限公司给予600万元贷款额度，首期100万元贷款及时到位，帮企业渡过难关。

2002年，在行政服务中心推行项目落户手续无偿代办报批制，提高办事效率，简化办事程序；创立一年一度的政银企联席会议制度，引导金融机构加大项目信贷投入，确保企业提速；出台相应的措施条例给予用地、用工保障。

2004年，各乡镇、工业园区实行外资项目代办制度，委派专人为外商代办手续，并实行服务承诺制度；各级、各部门为企业解决用地、货物通关、出口退税等问题，解决角美开发区咏基公司地问题、英群公司设备进口问题、同发公司伤亡事故纠纷问题、仂川理顺进口设备免税问题等40多件。加大社会治安综合治理力度，对重点企业实行社会治安联防警备制度，维护企业的正常生产秩序。

2006年，为绿宝、金冠两家企业争取国际反倾销补贴31万元，为仂川工业、亚细亚、海新等11家企业争取中小企业开拓国际市场资金补助30万元，协助一批优秀的企业成功进入国际连锁零售商供应链，进入跨国采购的交易平台。6月，龙海市外经贸局协助龙发贸易公司向海关部门提出台轮直接前往浯屿养殖户渔排的申请，漳州海关同意，开辟大陆农产品输台的“黄金通道”。

2007年，承接厦门、泉州，以及长三角、珠三角等地区的产业转移，鼓励龙海在外经商、创办实业的经济能人回乡创业，吸纳更多的产业、资本、技术和项目，拓展经济协作的空间，提升产业对接的层次，实现内外联动、互利共赢；组织重点、骨干民营企业与国外关联度较高的公司进行对接，开展全方位合作；同外商保持经常性的接触，随时沟通，掌握其最新信息，获取项目引进的先机；关注国内外大企业沟通，建立友谊和信任，掌握他们的投资计划和投资意向，确保龙海能在第一时间进入他们的视野；加强同欧美、新加坡等国家的沟通交流。加大后招商工作力度，及时帮助现有企业解决生产经营中遇到的困难和问题，增强外商在龙海增资扩建、滚动发展的信心，吸引带动一批新项目落户龙海。对正在洽谈的项目做好项目的前期工作，提供项目用地、规划、环保、税收等投资背景资料，拟定优惠政策和让利幅度，为客商考察论证项目提供服务；对签约项目实行定领导、定时间、定责任，采取人盯项目的办法，做好项目跟踪和征地、报批等全程服务，一跟到底。对重点投资项目建立“一个项目、一名领导、一套班子、一条龙服务”的运作机制，切实兑现“只要项目定了干，一切手续我来办”的承诺，确保投资者99%的精力用在生产经营上，1%的精力用在与政府沟通协调上。同时，搭建龙海市劳动力中心市场和36个职业介绍所等平台，举办大型用工招聘会，帮助企业解决用工难题；帮助外来工解决子女就学难问题，为外来工免除后顾之忧；全力为企业发展创造宽松有序的外部环境，加强外商投诉中心建设，发挥其协调和监督作用，落实各项服务承诺制度，解决投诉和外资企业在生产经营中存在的问题，坚决打击侵害外商权益的不法行为，维护投资者的合法权益，做到有诺必践、违诺必纠，让外商在龙海投资安心、舒心。

第二节　招商活动

1993年，龙海以撤县建市为契机，扩大对外宣传，拓展对外招商渠道，编印《龙海投资指南》《项目库》《龙海风物》《旅游画册》，以及龙海建市宣传材料，并分别在海外一些报刊刊登专版宣传龙海材料；参加省、漳州市组织的各项经贸活动和赴港赴新加坡招商活动，先后组织由市领导带队的8个招商组外出招商；组团参加“9·8”福建投资贸易洽谈会，签约外资项目78个。

1994年，参加新加坡、中国香港大型招商活动及海外龙海、漳州籍社团庆典活动，招商引资取得明显成效，其中新加坡外商在龙海的投资企业由上年的4家增至16家。

1995年，龙海市在纪念地改市十周年期间开展招商活动，与外商签约外资项目5个，总投资3088万美元，外资额2858万美元；组团参加“9·8”投资贸易洽谈会，签约外资项目30个，总投资2.5亿美元，外资额 2.33 亿美元。是年，在招商活动中签约上 500 万美元项目 13 个，其中上亿美元项目 2 个、上千万美元项目 5 个。

1996 年，先后在《东南经贸时报》《中国三资企业》《中国外资》等报刊刊登龙海专版与画册，重新编印《龙海投资指南》。龙海市及乡镇领导分别组团到美国、印尼、新加坡、中国台湾、中国香港等国家和地区进行招商活动，当年除中国港台外，又有新加坡、菲律宾、印尼、日本、美国等国家的客商到龙海投资；组团参加"9・8"投资贸易洽谈会，与外商签约项目 32 个，总投资 1.09 亿美元，外资额 1.02 亿美元。

图 12-6　2007 年在"9・8"投洽会上签约（市委报道组提供）

1997 年，市镇两级领导分别组团赴欧美、东南亚和中国香港招商，吸引美国、加拿大、日本、新加坡、泰国、巴哈马、阿根廷等国家和地区的外商到龙海市投资，突破招商引资以中国港台为主的局限。

1998 年，投入 30 多万元刊印投资介绍龙海市材料，拍摄《走进龙海》电视系列专题片，对龙海地理、交通、资源、政策、产业等方面优势和历年招商引资成就进行全方位推介，在海内外新闻媒体开辟专版宣传报道栏目，增强龙海市的知名度和吸引力。各乡（镇）场、开发区也都组织编写推介材料、招商手册等，通过传播媒体进行广泛宣传，吸引客商投资兴业。当年与美国、加拿大和东南亚地区签约的投资项目 12 个（含 2 个增资项目），外资额 3191.36 万美元。其中，美国、加拿大的项目 4 个，外资额 1266 万美元。组团参加"4・9"恳谈会、"9・8"投洽会，共签约外资项目 74 个。

1999 年，建立"龙海外经贸之窗"网址，开展网上招商活动，上网推介招商项目 10 多个。2000 年，利用广东、江苏、浙江、厦门等地的外资企业向外转移契机，龙海市组织专门招商小组到广东、江苏等地招商引资。

2001 年，组团参加"9・8"投洽会，签约 500 万美元以上外资项目 9 个，上千万美元外资项目 4 个，总投资额 1.52 亿美元。2002 年，承接以生产小家电为主的大项目灿坤电器到龙海市落户，总投资 1.2 亿美元，外资额 4000 万美元；组团参加"4・9"恳谈会，签约项目 45 个，外资额 2.09 亿美元；在"9・8"投洽会招商活动中签约项目 37 个，外资额 1.41 亿美元。

2004 年，龙海分别派驻招商小组到厦门、泉州，有针对性地开展招商活动。两个招商组共组织开展 30 多批次客商到龙海市实地考察，有 10 多个项目及时跟踪。组团参加"11・18"花博会，签约项目 18 个，外资注册资本 3325 万美元。

2003—2004 年，组团参加漳州"4・9"恳谈会，共签约项目 59 个，其中上千万美元项目 11 个，总投资额 3.91 亿美元，合同外资额 3.41 亿美元；组团参加"9・8"投洽会，共签约项目 78 个，其中上千美元项目 19 个，总投资额 7.76 亿美元，合同外资额 4.81 亿美元。组团参加"11・18"花博会，共签约项目 18 个，外资注册资本 3325 万美元。

2007 年，分别组团参加漳州"4・9"恳谈会、"9・8"厦门国际投洽会、"11・18"海峡两岸（漳州）花博会，分别签约外资项目 21 个（注册外资 11793 万美元，合同外资额 28992 万美元）、28 个（注册外资 4.9 亿美元，合同外资额 11.1 亿美元）、11 个（注册外资 3913 万美元，总投资 8980 万美元，利用外资 8150 万美元）。

第三节　项目引进

1993 年，龙海新签外资项目 104 个，外资合同额 19159 万美元，实际利用外资额 8065 万美元。

1994 年抓住“9·8”投洽会和角美开发区开展奠基 3 周年庆典的有利时机，共签约项目 78 个，总投资额 3.3 亿美元，外资额 2.7 亿美元。其中，投资上 2000 万美元项目有“金三角电脑”“永昌纺织”“华发纸业”3 个。

1995 年，引进外资额 1 亿美元的福建统一粮川马口铁有限公司和投资额 2.1 亿美元的宝富钢铁有限公司两家大项目。

1996 年，龙海引进上 1000 万美元项目 5 个，转报省批项目 2 个，合计合同投资额 134377 万美元，其中投资 12.78 亿美元的后石电厂项目填补龙海市特大型外资项目的空白。

1997 年，引进台资项目 34 个，合同台资额 6995 万美元。1998 年引进投资项目 50 个，总投资 1.81 亿美元。其中，投资项目上千万美元的项目 5 个，投资额 1.02 亿美元。1997—1998 年，角美开发区引进外资有较大突破，共引进新项目 37 个，合同外资额 1.38 亿美元。

1999 年，引导外商投资兴办涉农企业，至 2000 年共引进涉农项目 25 个（含增资项目 7 个），合同外资额 1.03 亿美元。是年，为 7 家乡镇企业、民营个私企业牵线搭桥，成功嫁接外资，总投资额 1990.77 万美元（外资额 697 万美元），其中紫山集团与香港合作的冷冻食品项目总投资额 483.28 万美元（外资额 120.82 万美元）。同时，利用台湾一些企业外移的时机，引进台资兴办电子、精密机械、新兴材料、食品加工等高科技产业项目；首次引进韩国、巴拿马、科克群岛等外商投资项目。全年签约外资项目 35 个，外资合同额 16155 万美元，实际利用外资额 10016 万美元。

2001 年，引进投资项目上千万美元的项目 2 个，总投资 2405 万美元，其中“嘉隆昌”投资额 1200 万美元、“全通”投资额 1205 万美元。2002 年引进投资项目上千万美元的项目 2 个，外资总额 6861 万美元，其中“灿坤电子”外资额 4000 万美元、“辉豪油脂”外资额 2861 万美元。

2003 年，引进投资上千万美元的新项目有：总投资 2999 万美元的仂川工业有限公司、总投资 2000 万美元杰米莱建材有限公司、总投资 2500 万美元喜迎门家具有限公司和总投资 2100 万美元的长春化工有限公司。

2004 年，有“华西家具”“仂川工业”等 17 个项目经老客户介绍到龙海签约，总投资额超过 5000 万美元。龙池开发区引进 11 个外资项目进驻，总投资 1996 万美元。

2005—2006 年，龙海有“天龙达电子”“汤佳实业”“百创电子”“百汇轻纺”和“明升置业”等投资额上 2000 万美元项目报批。

2007 年，台资项目保华光电项目开工，总投资 8250 万美元，首期投资 2999 万美元，注册资本 2500 万美元，用地 9 公顷，从事纯度达到 99.99% 的光伏太阳电池多晶硅原料之研发与制造，将成为中国第一个纯度在 7 个 9 以上，世界第八家生产高纯度多晶硅的企业，从而填补国内空白。同时，统一马口铁项目又增资 6000 万美元扩大生产线，做大做强企业；台塑企业在投建华阳电厂获得成功的基础上，又与福建三钢合作投资 4.99 亿美元兴建“福欣不锈钢”项目；联天公司经过多次增资，由起初投资的 300 万美元，增加到 1.1 亿美元，并由龙海发展到江、浙等地，成为一家集团公司；龙海鞋业有限公司从建厂到 2007 年 9 次增资，投资额增加 10 倍；福建凯景钢铁开发有限公司正在申报再增资 5.8 亿美元，投资钢铁加工业，公司从 1996 年投资 3000 多万美元生产镀锌钢板以来的第三次增资。

至 2007 年，龙海市累计引进台资项目 326 个，合同利用台资近 39.63 亿美元，实际利用台资 26.34 亿美元，实际利用台资额分别占漳州市总量的三分之二、全省的五分之一、全国的二十三分之一。

若干年份龙海市新签协议外资额与实际利用外资额统计表

表 12-6-1　　　　单位：个、万美元

年份	新签协议数	协议外资额	实际利用外资	年份	新签协议数	协议外资额	实际利用外资	年份	新签协议数	协议外资额	实际利用外资
1993	104	19159	8065	1998	65	117324	35300	2003	40	15021	9411
1995	64	65645	10017	1999	57	19743	5143	2004	46	22830	10200
1996	32	136856	13511	2000	58	16155	10016	2006	49	46870	15500
1997	80	16472	—	2002	29	19808	10006	2007	19	23456	8004

第四节　投资结构

一、投资方式

1993 年，全市合资企业实际投资 2547 万美元，占实际投资总额 31.65%；合作企业实际投资 524 万美元，占实际投资总额 6.51%；独资企业实际投资 4976 万美元，占实际投资总额 61.84%。

1998 年，合资企业实际投资 1448 万美元，占实际投资总额 27.70%；合作企业实际投资 1288 万美元，占实际投资总额 24.64%；独资企业实际投资 2491 万美元，占实际投资总额 47.66%。

2004 年，合资企业实际投资 4914 万美元，占实际投资总额 10.17%；独资企业实际投资 43394 万美元，占实际投资总额 89.83%。

2007 年，合资企业实际投资 17984 万美元，占实际投资总额 67.11%；独资企业实际投资 8813 万美元，占实际投资总额 32.89%。

若干年份龙海市“三资”企业投资方式构成情况表

表 12-6-2　　　　单位：家、万美元、%

年份	中外、港澳台商合资企业			中外、港澳台商合作企业			外商、港澳台商独资企业		
	企业数	实际投资	投资占比	企业数	实际投资	投资占比	企业数	实际投资	投资占比
1993	—	2547	31.58	—	542	6.72	—	4976	61.70
1996	29	782	23.27	10	27	0.80	90	2552	75.93
1997	36	2925	47.10	10	18	0.29	102	3267	52.61
1998	—	1448	27.70	—	1288	24.64	—	2491	47.66
1999	38	1801	72.65	11	—	—	110	678	27.35
2000	39	4104	14.33	6	—	—	109	24534	85.67
2001	41	5942	18.21	2	—	—	108	66690	81.79
2002	47	1580	27.33	1	—	—	113	4202	72.67
2004	47	4914	10.17	1	—	—	120	43394	89.83
2006	69	3967	38.79	2	—	—	183	6259	61.21
2007	76	17984	67.11	1	—	—	186	8813	32.83

二、投资行业构成

1993 年，龙海在引进外资创办第三产业项目有新的突破，特别是创办基础设施建设和服务业等项目有明显增加。全市共创办第三产业企业 8 家，总投资 8910.09 万美元，外资额 7934.24 万美元。到龙海市投资企业涉及的行业包括成片土地开发、基础设施建设、钢铁制品、机械模具、建材五金、轻工纺织、仓储运输、汽车修配、电脑电子、医药化工、文化娱乐、酒楼舞厅、食品加工、房地产开发等 40 个行业。

1995 年，龙海市农林牧渔业当年实际投资额 15.4 万美元，占当年实际投资总额 0.50%；制造业当年实际投资额 3013 万美元，占当年实际投资总额 98.66%；文化艺术业当年实际投资额 21.3 万美元，占当年实际投资总额 0.70%；其他行业当年实际投资额 4.3 万美元，占当年实际投资总额 0.14%。

1996 年，龙海市农林牧渔业当年实际投资额 31.8 万美元，占当年实际投资总额 0.95%；制造业当年实际投资额 2977.9 万美元，占当年实际投资总额 88.62%；房地产业当年实际投资额 32 万美元，占当年实际投资总额 0.95%；其他行业当年实际投资额 318.6 万美元，占当年实际投资总额 9.48%。

1997 年，龙海市农林牧渔业当年实际投资额 5 万美元，占当年实际投资总额 0.08%；非金属采选业当年实际投资额 18.3 万美元，占当年实际投资总额 0.30%；制造业当年实际投资额 4540.2 万美元，占当年实际投资总额 73.11%；房地产业当年实际投资额 1646.3 万美元，占当年实际投资总额 26.51%。1998 年，农林牧渔业当年实际投资额 242.1 万美元，占当年实际投资总额 4.63%；制造业当年实际投资额 4163 万美元，占当年实际投资总额 79.64%；房地产业当年实际投资额 767.6 万美元，占当年实际投资总额 14.68%；其他行业当年实际投资额 318.6 万美元，占当年实际投资总额 1.05%。

1999 年，龙海市农林牧渔业当年实际投资额 133.4 万美元，占当年实际投资总额 5.38%；制造业当年实际投资额 1274.6 万美元，占当年实际投资总额 51.41%；房地产业当年实际投资额 1059.1 万美元，占当年实际投资总额 42.72%；其他行业当年实际投资额 12.1 万美元，占当年实际投资总额 0.49%。2000 年，农林牧渔业当年实际投资额 11.7 万美元，占当年实际投资总额 0.04%；制造业当年实际投资额 619.2 万美元，占当年实际投资总额 2.16%；房地产业当年实际投资额 1026.3 万美元，占当年实际投资总额 3.59%；水的生产和供应业当年实际投资额 24082.1 万美元，占当年实际投资总额 84.09%；仓储及邮电通信业当年实际投资额 2899.2 万美元，占当年实际投资总额 10.12%。

2002 年，制造业当年实际投资额 2864.3 万美元，占当年实际投资总额 8.23%；房地产业当年实际投资额 250.2 万美元，占当年实际投资总额 0.77%；电力、煤及水的生产和供应业当年实际投资额 24141.9 万美元，占当年实际投资总额 73.98%；仓储运输及邮电通信业当年实际投资额 5555.6 万美元，占当年实际投资总额 17.02%。

2003 年，龙海市制造业实际投资额 3304.5 万美元，占当年实际投资总额 57.15%；房地产业实际投资额 132.8 万美元，占当年实际投资总额 2.30%；电力、煤及水的生产和供应业实际投资额 2335.8 万美元，占当年实际投资总额 40.39%；交通运输、仓储及邮电通信业实际投资额 9.3 万美元，占当年实际投资总额 0.16%。

2004 年，农林牧渔业实际投资额 1.7 万美元，占当年实际投资总额 0.004%；制造业实际投资额 6883.2 万美元，占当年实际投资总额 14.25%；房地产业实际投资额 1995.9 万美元，占当年实际投资总额 4.13%；电力、煤及水的生产和供应业实际投资额 39377.8 万美元，占当年实际投资总额 81.52%；文化、体育和娱乐业实际投资额 49.1 万美元，占当年实际投资总额 0.10%。

2005 年，龙海市农林牧渔业实际投资额 200 万美元，占当年实际投资总额 0.61%；制造业实际投资额 7369.8 万美元，占当年实际投资总额 22.43%；房地产业实际投资额 197.7 万美元，占当年实际投资总额 0.60%；电力、煤及水的生产和供应业实际投资额 23333.3 万美元，占当年实际投资总额 71.03%；交通运输、仓储及邮电通信业实际投资额 1736.9 万美元，占当年实际投资总额 5.29%；文化、体育和娱乐业实际投资额 12.9 万美元，占当年实际投资总额 0.04%。

2006 年，龙海市农林牧渔业实际投资额 121.9 万美元，占当年实际投资总额 1.19%；制造业实际投资额 8552.8 万美元，占当年实际投资总额 83.65%；房地产业实际投资额 233.2 万美元，占当年实际投资总额 2.28%；交通运输、仓储及邮电通信业实际投资额 1293.5 万美元，占当年实际投资总额 12.65%；文化、体育和娱乐业实际投资额 23.8 万美元，占当年实际投资总额 0.23%。

2007 年，龙海市农林牧渔业实际投资额 110.4 万美元，占当年实际投资总额 0.41%；制造业实际投资额 25068 万美元，占当年实际投资总额 93.55%；房地产业实际投资额 433.6 万美元，占当年实际投资总额 1.62%；电力、煤及水的生产和供应业实际投资额 1185 万美元，占当年实际投资总额 4.42%。

三、资金构成

1993 年，到龙海市投资的外资企业拓展到泰国、新加坡、菲律宾以及南美的玻利维亚的国家。

1998 年，外方港澳台实际投资总额 4436.9 万美元。其中，亚洲地区为 3356.8 万美元，占实际投资总额 75.66%；欧洲为 913.6 万美元，占实际投资总额 20.59%；北美为 6.5 万美元，占实际投资总额 0.15%；大洋洲为 160 万美元，占实际投资总额 3.60%。

1999 年，到龙海投资的有菲律宾、日本等国家。其中，菲律宾 2 家企业实际投资额 3 万美元、日本 9 家企业实际投资额 20 万美元，分别占外方实际投资总额 0.23%、1.50%。到龙海市投资的地区有中国香港、台湾。其中，香港 67 家企业实际投资额 1032 万美元、台湾 63 家企业实际投资额 279 万美元，分别占实际投资总额 77.36%、20.91%。2000 年，外方与港澳台实际投资总额 26685 万美元，主要来自港台和地区。其中，台资 24345 万美元、港资 2243 万美元，分别占实际投资总额 91.23%、8.41%。

2001 年，外方与港台实际投资总额 3095 万美元。其中，亚洲为 1382 万美元，占实际投资总额 44.65%；欧洲 1623 万美元，占实际投资总额 52.44%；北美 39 万美元，占实际投资总额 1.26%；大洋洲 51 万美元，占实际投资总额 1.65%。2002 年，外方与港台实际投资总额 29522.2 万美元。其中，亚洲 5062.8 万美元（台资 330 万美元、港资 3927.9 万美元），欧洲 105 万美元，北美 24141.9 万美元，非洲 212.5 万美元。

2003 年，外方与港台实际投资总额 5400 万美元。其中，亚洲为 2534 万美元，占实际投资总额 46.93%；北美 2341 万美元，占实际投资总额 43.35%；大洋洲 63 万美元，占实际投资总额 1.17%；拉丁美洲 462 万美元，占实际投资总额 8.55%。

2004 年，到龙海市投资的有马来西亚、菲律宾、日本、美国、澳大利亚等国家。其中，马来西亚 1 家企业实际投资额 3 万美元、菲律宾 4 家企业实际投资额 100 万美元、日本 5 家企业实际投资额 14 万美元、美国 9 家企业实际投资额 39406 万美元、澳大利亚 1 家企业实际投资额 40 万美元、其他国家 11 家企业实际投资额 710 万美元，分别占实际投资总额 0.01%、0.22%、0.03%、86.%、0.09%、1.55%。到龙海市投资的香港地区 66 家企业实际投资额 2636 万美元、台湾地区 60 家企业实际投资额 2915 万美元，分别占实际投资总额 5.75%、6.36%。2005 年，外方港台实际投资总额 31715 万美元。其中，亚洲为 4480 万美元，占实际投资总额 14.13%；北美 23345 万美元，占实际投资总额 73.61%；大洋洲 330 万美元，占实际投资总额 1.04%；拉丁美洲 3560 万美元，占实际投资总额 11.22%。2006 年，外方与港台实际投资总额 7208 万美元。其中，亚洲为 3186 万美元，占实际投资总额 44.20%；欧洲 2883 万美元，占实际投资总额 40.00%；北美 603 万美元，占实际投资总额 8.37%；大洋洲 284 万美元，占实际投资总额 3.94%；非洲国家 26 万美元，占实际投资总额 0.36%；拉丁美洲 226 万美元，占实际投资总额 3.13%。

2007 年，到龙海投资的有马来西亚、菲律宾、新加坡、韩国、日本、英国、加拿大、美国等国家。其中，马来西亚 2 家企业实际投资额 13 万美元、菲律宾 4 家企业实际投资额 1400 万美元、新加坡 9 家企业实际投资额 277 万美元、韩国 2 家企业实际投资额 10 万美元、日本 11 家企业实际投资额 18 万美元、英国 1 家企业实际投资额 99 万美元、美国 9 家企业实际投资额 1197 万美元、其他国家 27 家企业实际投资额 2677 万美元，分别占外方实际投资总额 0.13%、13.66%、2.7%、0.1%、0.18%、0.97%、11.69%、26、12%。到龙海市投资的香港地区 95 家企业实际投资额 1832 万美元、台湾地区 93 家企业实际投资额 2724 万美元，分别占外方实际投资总额 17.88%、26.57%。

四、主要投资企业

（一）华阳电业有限公司

位于港尾镇后石，1996 年 5 月批准，1999 年 10 月投产，总投资 27.7 亿美元，注册资本 6.93 亿美元。2007 年，企业纳税 6.93 亿元，占全市当年财政收入 29.8%。公司是漳州关区首家被海关总署评为进出口“红名单”的企业，被评为全国履行社会责任贡献突出的投资企业。

（二）漳州灿坤实业有限公司

位于角美龙池开发区，规划占地 160 万平方米，其中建筑面积 70 万平方米。2003 年投产，是全国 500 强企业，全国第一家台商 B 股上市公司，中国家电出口排名第六位。企业产品 95% 外销 100 多个国家。2007 年出口 5.95 亿美元。

（三）统一马口铁公司

位于角美工业综合开发区，1995 年 3 月批准，1996 年 10 月投产，总投资 19000 万美元，注册资本 6800 万美元。2007 年，企业出口 103 万美元，纳税 5295 万美元。

（四）泰山企业（漳州）食品有限公司

位于角美工业综合开发区，1997 年 1 月 3 日核准登记注册，投资总额 2000 万美元，1997 年 6 月 29 日投产。主要产品为八宝粥系列、珍珠系列、椰果系列、牛奶花生、阿拉毕卡咖啡。企业在福建、广东、广西、四川、云南、湖南、湖北建立经销点。2007 年，企业纳税 1004 万元。

（五）长春化工（漳州）有限公司

位于角美龙池开发区，2003 年成立，2005 年 11 月投产，投资总额 5260 万美元。公司主要从事酚醛模塑胶和工程塑料的生产加工和销售。2007 年，企业纳税 523 万美元。

（六）福建省华发包装集团

位于东园镇，成立于 1994 年 11 月，从事造纸、纸板纸箱及彩印一体化生产，具有一定规模的纸包装企业。下辖福建华发包装有限公司和厦门华源发纸业投资有限公司两家控股子公司，销售网络覆盖全省。公司多次被跨国大公司评为“全球最佳供应商”“优秀供应商”和“最值得信赖协力厂商”。子公司厦门华源发曾被评为“福建省百佳重点包装装潢印刷企业”“中国包装印业 100 强企业”。

（七）中国鸿一企业有限公司

位于港尾镇，项目总投资 2500 万美元，占地 34.67 公顷。2003 年由香港中升（海外）实业有限公司投资设立，以生产食用大豆油、饲用豆粕为主导产品。制油厂拥有国内最先进浸出制油成套设备，生产过程实现电脑自动化控制，建有设施先进齐全的产品化验中心。制油厂年生产大豆油 10 万吨，饲用豆粕 40 万吨，年产值近 15 亿元，年缴纳上千万元税收，安置劳力数百人。

第五节　经营效益

一、增加税利与收入

1993 年，龙海外商与港澳台商投资企业总产值 10.26 亿元，其中工业总产值 9.4 亿元，出口创汇 0.96 亿元。1995 年，全市外商投资企业总产值 14.41 亿元，销售总额 12.49 亿元，交纳税费 0.19 亿元，年末资产总值 20.05 亿元，外汇收入 9128 万美元。

1997 年，全市“三资”企业总产值 32.83 亿元，销售总额 29.07 亿元，缴纳税收 ,0.59 亿元。涌现一批骨干企业和出口纳税大户。其中，出口 100 万美元的企业 39 家，500 万美元的 10 家，3000 万美元的 1 家；缴纳税收 50 万元的 17 家，200 万元的 5 家（最多的 1200 万元）。

2000 年，全市“三资”企业总产值 42.71 亿元，销售总额 44.39 亿元，缴纳税费 2.89 亿元，年末资产总值 180.44 亿元，外汇收入 10829 万美元。

2004 年，全市“三资”企业总产值 190.76 亿元，出口创汇 25.87 亿元，上缴税收 9.57 亿元。2005 年，外资规模企业产值 227.19 亿元，占全市的 85.3%；上缴税收 10.94 亿元，占全市的 70.13%。2006 年，外资企业规模产值 256.36 亿元，占全市规模产值的 81.7%；外资企业上缴税收 11.28 亿元，占财政收入的 62.51%。

2007 年，全市有 35 家企业实现增资扩产，总投资额 3.7 亿美元，注册外资额 1 亿美元，其中增资投资额上千万美元的有灿坤电子、凯景钢铁、新福达底盘、统一马口铁、昌龙汽车、恒美光电子科技 6 个项目。全国外商投资企业协会评选出优秀外商投资企业和履行社会责任突出贡献外商投资企业，漳州市有 5 家外资企业榜上有名，其中有 4 家位于龙海市境内：漳州灿坤实业有限公司、诺尔起重设备（中国）有限公司被评为优秀外商投资企业，华阳电业有限公司、漳州中集集装箱有限公司被评为履行社会责任贡献突出外商投资企业。全年龙海市“三资”企业总产值 305.82 亿元，销售总额 299.18 亿元，缴纳税费 18.47 亿元，年末资产总值 390.6 亿元，外汇收入 23.55 亿美元。

2003—2007 年龙海市年出口额上千万美元的企业情况表

表 12-6-3　　　　单位：万美元

年份	企业名称	出口额	年份	企业名称	出口额
2003	漳州灿坤实业有限公司	19153	2005	龙海东海冷冻食品有限公司	1285
2003	龙海鞋业有限公司	2871	2005	龙海华艺钟表有限公司	1016
2003	龙海华艺钟表有限公司	1104	2006	漳州灿坤实业有限公司	71078
2004	漳州灿坤实业有限公司	48705	2006	福建凯景钢铁开发有限公司	3865
2004	龙海鞋业有限公司	2592	2006	龙海金冠塑料包装有限公司	2919
2004	龙海金冠塑料包装有限公司	1654	2006	龙海多棱锯条有限公司	2594
2004	福建进发实业有限公司	1594	2006	龙海鞋业有限公司	2431
2004	龙海华艺钟表有限公司	1359	2006	紫山集团公司	1636
2004	龙海多棱锯条有限公司	1347	2006	龙海东海冷冻食品有限公司	1065
2004	福建凯景钢铁开发有限公司	1159	2006	亚细亚食品（龙海）有限公司	1050
2004	紫山集团公司	1096	2007	漳州灿坤实业有限公司	59469
2004	龙海东海冷冻食品有限公司	1076	2007	福建凯景钢铁开发有限公司	6346
2005	漳州灿坤实业有限公司	55752	2007	龙海金冠塑料包装有限公司	3410
2005	龙海鞋业有限公司	2708	2007	龙海多棱锯条有限公司	3193
2005	龙海金冠塑料包装有限公司	2337	2007	龙海东海冷冻食品有限公司	1692
2005	龙海多棱锯条有限公司	2022	2007	长春化工（漳州）有限公司	1633
2005	紫山集团公司	1993	2007	漳州金之榕食品工业有限公司	1117
2005	福建凯景钢铁开发有限公司	1452	2007	漳州市龙海闽辉工贸有限公司	1010

若干年份龙海市“三资”企业生产经营效益情况表

表 12-6-4　　　　单位：万元、万美元

年份	总产值	销售总额	出口销售	缴纳税费	外汇收入	外汇支出	年末资产总值
1995	144147	124916	—	1904	9128	8514	200463
1996	178115	155600	12786	2469	10274	9894	288839
1997	328324	290703	15633	5854	10864	10570	487944
1998	343458	254074	15663	13195	10987	7928	604860
1999	313554	285554	16219	17533	9817	10420	615614
2000	427088	443868	17338	28906	10829	11698	1804438
2002	681723	687382	25257	41664	54349	79564	1830418
2003	1127641	1158544	48124	72481	49321	38792	2512602
2004	1907598	1912617	95853	95663	258745	242721	3031525
2005	2301401	2313128	119979	120291	154766	183953	3247826
2006	2611101	2560910	122605	112824	133305	125725	3442811
2007	3058171	2991845	151247	184697	235471	214614	3906040

注：总产值为现价；出口销售、外汇收支的计量单位为万美元

二、解决就业

1993 年，龙海市“三资”企业安排劳动就业 1.88 万人，比上年增长 62.63%。1994 年安排劳动就业 2.2 万人；1995 年安排劳动就业 2.55 万人。1996 年安排劳动就业 2.79 万人。1997 年安排劳动就业 2.2 万人。1998 年安排劳动就业 2.3 万人。2000 年安排劳动就业 2.6 万人。2004 年，全市正常生产经营“三资”企业近 200 家，安排劳动就业近 6.8 万人。

图 12-7　灿坤生产线（市委报道组提供）

第七章　经济技术合作

第一节　劳务输出

1993 年初，龙海市共派出劳务人员 68 人。至年底，实际在外人数 69 人，其中在外渔船员 35 人、赴中国香港、澳门劳务人员 7 人；赴新加坡建筑技工 1 人、孟加拉制帽工人 1 名，还有其他国家 26 人，为国家创汇 16.3 万美元。

1994 年，龙海市主动争取并获得民间劳务输出经营权，分别成立龙海市对外劳务合作公司、漳州国

际经济技术合作公司龙海分公司，当年共派出劳务人员 122 人（其中角美镇通过龙海市对外劳务合作公司输出 82 名劳务人员）。至年底实际在外人数 172 人（其中远洋轮渔船员 129 人，赴新加坡、孟加拉等国家与中国香港地区陆上劳务人员 43 人），为国家创汇 34.36 万美元。1995 年，共派出劳务人员 98 人，至年底实际在外人数 156 人。其中，渔船员 48 人，赴新加坡、以色列、孟加拉等国家与中国香港地区的陆上劳务人员 108 人。

1997 年，龙海市进行机构改革，市外经贸委设立国外经济合作科，实施对外劳工合作管理与服务。市对外劳务公司巩固渔民工业务，开拓新加坡、以色列劳工市场，加强劳工资料的管理。同时，加强与其他国家和地区的接触，了解并掌握世界劳务市场的信息，从而使龙海市对外经济技术合作保持稳定和发展。至年底龙海市在外劳工 98 人，分别为新加坡 48 人、以色列 17 人，在外渔工 33 人。

1998 年，市对外劳务合作公司新签外派劳工合同 2 份。至年底龙海市在外劳动工 148 人，分别为新加坡 48 人、以色列 52 人、在外渔工 48 人。2000 年，龙海更新经营思想，拓展劳务输出渠道，与厦门、福州等地的专业公司合作，派遣建筑工 15 人到国外，其中新加坡 8 人、以色列 7 人。

第二节　技术与设备引进

1993 年起，龙海市外资企业分别向美国、日本和欧洲等发达国家引进技术和设备，同时带来先进的管理技术，利用龙海人力和大陆物质资源进行组合。主要引进农业加工设备与技术。农业加工业发展使龙海经济发展逐步由农业经济转向工业经济。

1996 年，亚细亚（龙海）食品有限公司开始推广基地化种植低农残管理技术。1997 年，龙海市抓住老项目进口设备免税期延长至年底契机，动员、帮助一些老企业多进口设备，扩大经营规模。当年进口设备值 1045 万美元。1998 年，引进生态农业和动物养殖、河砂开采和运输、西式调味品、模具生产、保龄球和通信电缆等项目的设备与技术。1999 年 5 月，亚细亚（龙海）食品有限公司率先在漳州引进具有国际先进检测能力的美国 HP—4890D 气相色谱农残检测分析仪，用于水质土壤检测、农残检测和微生物检测等，确保原料的质量安全关。

2007 年，在台湾新竹高科技产业园工作多年的台商刘荣隆把技术带到龙海，投资创办企业，主要从事纯度高达 99.9999% 的光伏太阳电池多晶硅原料研发与制造，成为生产高纯度多晶硅的高科技企业。亚细亚(龙海)食品有限公司拥有种植基地 1 万多亩，聘请日本药检所所长到公司检查指导农药残留检测情况。全市农业加工业共引进高效种养技术和栽培模式 42 项，推广面积千万多公顷，发展订单农业 1.34 公顷，建成无公害农产品基地 2 万公顷；80 多家台资农字号企业引进先进的农产品加工设备 260 多台（套）。

第八章　管　理

第一节　机构

一、龙海市经济贸易局

1993 年，龙海市商业局归属于龙海市财贸委员会。1997 年，撤销市商业局和市财贸委员会，成立龙海市人民政府财贸办公室。市财办内设分管商业贸易的贸易管理科，下属商业企业有百货公司、纺织品公司、五交化公司、食品公司、糖酒副食品公司，蔬菜副食品公司、饮食服务公司、医药公司、信托拍卖行、商业冷冻厂、肉制品厂 11 家国有企业和 14 家集体企业。

2002 年 2 月，龙海市经济委员会更名为龙海市经济贸易局，市财办并入市经济贸易局。市经贸局内设分管商业贸易的商品市场科、贸易管理科。

2007 年，市经贸局内设分管商业贸易的商品市场科、贸易管理科。下辖商业企业 25 家，其中国有企业 11 家、集体企业 14 家，职工 1489 人。

二、龙海市供销社

1993 年，龙海市供销社系统法人单位 25 个。其中，市供销社联合社本部机关 1 个、专业公司 9 个、基层供销合作社 15 个。

1995 年前，供销社联合社是市政府正科级行政单位，经费与工资由收取基层企业管理费解决。1996 年 12 月，根据中共中央、国务院“按照政社分开的原则，各级供销合作社退出政府行政机构序列”的精神，中共龙海市委、市政府将供销社体制改革列入议程，决定市供销社联合社为地方事业编制，定编 36 人，经费实行定额拨补，即按工资 80% 财政给予拨补，从 1997 年 1 月 1 日执行。

2007 年 3 月 26 日，中共龙海市委、市政府核定市供销社为市政府直属正科级事业单位，定编 26 人，社本部机关设立 5 个科室，经费列事业费开支，由市财政核拨。全市供销社法人单位 28 个。

三、龙海市粮食局

1993 年，龙海市粮食局内设 5 个行政股和 4 个事业股室。1997 年 6 月，内设机构精简为 6 个股。下辖 19 个粮油商业企业。

1998 年 11 月，14 个粮站统一更名为粮食收储公司，并相应成立 14 个粮食经营部，实行一套班子，两块牌子。同年，福河粮库更名为市粮食储备库，为龙海市粮食局直属粮库。

1999 年 7 月，14 个粮食收储公司统一更名为粮食购销有限公司。2000 年 4 月，市军粮供应站成立，由市粮食局市场股兼管。2002 年 4 月，市储备粮管理有限公司成立，由市粮食局储运股兼管。

2003 年 3 月 5 日，政府机关实行机构改革，市粮食局由正科级改为副科级，由发展计划局管理。内设机构精简为 5 个股室；行政编制 10 名，事业编制 6 名。

2007 年 5 月，因行业布局重组，颜厝、东泗 2 家粮食购销有限公司被撤销。是年，市粮食局内设秘书、人事、财会、市场、储运、监督检查股，人员编制不变。下辖程溪粮站、九湖粮站、角美粮站、紫泥粮站、石码粮站、海澄粮站、东园粮站、浮宫粮站、白水粮站、榜山粮站、港尾粮站、隆教粮站、市粮食储备库、龙海市兴粮贸易部、龙海市粮油贸易公司 15 家粮油商业企业。

四、龙海市物资总公司

1993 年，龙海市物资局内设人秘股、财务股、业务股、仓储股，下属企业有化工材料站、液化石油气供应站、建筑材料站、机电设备站、金属材料站、金属回收站、生产资料服务公司。1997 年 4 月 10 日，市物资局转制为物资总公司，为企业化管理的科级事业单位，归市经委管理，内设财务科和业务科。2000 年，内设机构只设综合科，下属企业有机电设备站、液化气站。2007 年，市物资总公司事业编制员工 46 名，企业编制 2 名，集体编制职工 17 名。

五、龙海市医药公司

1993 年，龙海市医药公司内设经理室、党支部书记室、财计股、人秘股、行业质量管理股、中药批发部、中成药批发部、西药批发部；下辖医药零售总店、医药综合经营部、新特药经营部和颜厝、角美、海澄、港尾、步文 5 个经营部；职工总数 108 人。

2000 年 12 月，颜厝、角美、港尾、海澄经营部关闭。

2003 年，公司进行机构调整改革，设总经理室、党支部书记室、财务部、办公室、质管部、药品部、中成药部、中药材部、药品配送部。

2007 年，公司内设机构不变；下辖医药零售总店、新特药经营部；职工总数 91 人。

六、龙海市烟草专卖局（烟草公司）

1993 年，龙海市烟草专卖局（烟草公司）设人秘股、业务股、财计股、专卖管理股。2004 年，烟草商业企业取消县级公司法人资格，龙海市烟草专卖局（烟草公司）改称为漳州市烟草公司龙海营销部。2006 年 10 月，成立内部专卖管理监督办公室。

2007 年，漳州市烟草公司龙海营销部改称漳州市烟草公司龙海分公司，属漳州市烟草专卖局（漳州市烟草公司）的分支机构；职工 111 人，其中正式工 44 人、外聘工 67 人。下设综合办公室、客户服务中心、专卖办（稽查大队）3 个部门和 1 个物流转送站，分设石码、角美、浮宫、九湖 4 个专管所和 4 个客户经理工作站、2 个稽查中队。

七、龙海市盐务局（龙海市支公司）

1993 年，漳州市盐业公司石码分公司内设盐政、运销、财务、仓库开票 4 个科室，有正式员工 11 人。1997 年 3 月，成立龙海市盐业支公司和龙海市盐政缉查中队，两个牌子一套班子。

2002 年初，成立龙海市盐务局（福建省盐务总公司漳州分公司龙海市支公司），并成立盐政执法大队，担任辖区内食盐专营和盐业市场行政执法工作。市盐务局（支公司）与盐政执法大队实行岗位制，既是业务员，也是执法人员。当年，龙海市盐务局有人员 8 人。2007 年，龙海市盐务局机构与人员不变。

八、龙海市对外贸易与经济合作局

1993 年，龙海市外经贸委改为外经贸局。2007 年，龙海市外经贸局内设人秘科、对外贸易科、外资科、国外经济合作科、机电商品进出口科 5 个职能科，下设龙海市国际贸易促进委员会 1 个事业单位。

九、漳州海关驻石码办事处

1985 年，设立东山海关驻石码工作组。1986 年 5 月 14 日，经海关总署批准设置厦门海关驻石码办事处，为科级机构。1990 年 9 月 1 日，厦门海关驻石码办事处更名为漳州海关驻石码办事处，隶属漳州海关，办公地点设在龙海市石码镇锦江道 136 号。1998 年，石码办事处有工作人员 17 人。2001 年 3 月 25 日，第一批 28 名武警官兵到漳州海关驻石码办事处报到，协助海关在码头巡防监管和货物查验。2002 年后，由于工作需要，28 名武警官兵派往漳州港的招银海关监管科。2004 年，石码办事处有工作人员 8 人，其中主任 1 人、干部 5 人、职工 2 人。2007 年，漳州海关驻石码办事处有工作人员 8 人。

十、漳州海关查验科

1993 年 7 月 8 日，在龙海角美工业开发区设立漳州海关驻石码办事处角美监管组。1995 年 3 月 15 日，角美海关监管组升格为漳州海关角美监管科（正科级），龙海角美镇海关业务划归角美监管科管理，有工作人员 10 人。

1999 年，漳州海关业务一科改称漳州海关货征科（正科级）。2001 年 2 月 13 日，厦门海关进行新一轮的机构改革，将漳州海关货征科与角美监管科合并为漳州海关查验科。2007 年，漳州海关查验科有工作人员 10 人。

十一、漳州出入境检验检疫局龙海办事处

1991 年 6 月，经国家动植物检疫局批准，设立中华人民共和国厦门动植物检疫局龙海办事处副处级。1993 年 3 月，改名为中华人民共和国厦门动植物检疫局龙海办事处开始办理检疫业务，负责龙海、长泰、

南靖、平和、华安、芗城等县区及龙岩地区内进出境动植物、动植物产品的生产、加工、储运、熏蒸处理企业的考核注册及报验、收费、动物检疫、植物检疫、运输工具检疫、检疫签证等。1995 年，厦门动植物检疫局龙海办事处改称龙海动植物检疫局。1998 年，龙海检疫局有职工 10 人，其中高级农艺师 1 人、中级专业技术人员 5 人、初级专业技术人员 3 人。1999 年 11 月，设立漳州出入境检验检疫局龙海办事处，龙海动植物检疫局并入办事处。2001 年成立漳州出入境检验检疫局漳州港办事处，龙海市有关业务归该办事处办理。龙海办事处随之撤出。

十二、龙海市对外贸易公司

1984 年，获得外经贸部批准，享有自营进出口经营权，是龙海市唯一有进出口经营权的国有外贸企业，对外具有独立法人地位。经福建省对外经济贸易委员会批复，同意龙海市对外贸易公司经营出口业务。公司主要经营粮油食品、土畜产品、轻工工艺品、纺织品、五金矿产品；承办各种产品进出口业务，代理生产企业和供货单位的进出口业务；承接“三来一补”业务和举办合资合作企业。20 世纪 90 年代初，龙海市外贸公司由内部招标承包经营。1996 年，龙海市决定由内部招标承包进一步转向社会公开招标承包，由具有市场开拓能力、善于经营管理的能人应聘招标承包，9 月起，龙海市外贸公司由龙佳石料有限公司董事长林良美承包经营。

十三、龙发贸易公司

系经营对台小额贸易企业。公司以对台贸易为主。为搞好多种经营，扩大经营范围，公司还创办建材厂，申办停靠点 500 米海岸线使用权，设立台贸码头管理站。1997 年，对台小额贸易额 64.81 万美元。1998 年，由于资金短缺，经营范围有限，码头设施不完善等原因，当年对台小额贸易额仅 10.35 万美元。此后公司基本处于停业状态。此后先后投入资金累计 4600 万元，至 2006 年已拥有码头泊位 4 个，全长 180 米，低潮水深 8 米，配备 40 吨门吊机、25 吨轮胎吊机，以及叉车、地磅、平板车、货车等 40 台。建有海关监管仓库 2100 平方米、水泥地面露天堆场 10000 平方米，以及海关、商检、边防等联检单位的办公场所 1000 平方米，为龙海市发展成为台湾物品进入内地的集散地和中转站创建坚实的平台，被厦门海关列为对台贸易示范点。

第二节　屠宰定点管理

1993—1996 年，龙海生猪屠宰场由私人分散管理。1997 年初，龙海市政府投资 150 万元，在榜山镇平宁村征地 0.41 公顷，建立集生猪批发、屠宰、肉品批发综合功能的半机械化屠宰场。4 月 15 日，公布实施《关于石码市区实行生猪定点屠宰的通告》，实行“定点屠宰、集中检疫、统交税费、有证销售”管理办法。当年，取缔 156 个无证私宰场（点），受理举报电话 126 起，上缴罚没款 3.6 万元，遏制病死猪肉、注水肉上市，制止乱屠滥宰，保证群众吃上“放心肉”。全年共屠宰生猪 2.41 万头，上缴税收 44.65 万元。

1998 年，石码市区定点屠宰走上规范化、法制化，并逐步在全市建立集中屠宰场（点）21 个。当年，全市共宰杀生猪 6.85 万头，检疫销毁病猪 45 头，上缴税收 185 万元。

1999 年，进一步强化屠宰场（点）的清理整顿，建立健全管理制度，严格定点屠宰、检疫检验、肉品销售程序，加强部门协调，形成统管力量，成立生猪定点屠宰管理综合执法队，维护肉食品市场有序经营局面。全市 14 个乡镇中推行定点屠宰管理的有 12 个，建立定点屠宰点 32 个，全部为国有食品场（点）调控。猪肉食品个体经营者 1523 人。当年，生猪定点屠宰 8.98 万头，同比增长 31%；上缴税收 187.74 万元，同比增长 1.5%；查处违章经营 648 例，上缴罚没款 14.5 万元。

2000 年，生猪定点屠宰 10.66 万头，同比增长 18.7%；上缴税收 245.09 万元，同比增长 30.55%；查处违章经营 375 例，上缴罚没款 8.6 万元。

2001—2002 年，加大对非法屠宰病死猪肉行为的整治力度，共查处非法屠宰案件 316 起，捣毁窝点 54 处，查获病死猪肉 3886 公斤，移送公安机关处理 2 人。

2003 年，全市生猪定点屠宰 3.27 万头，上缴税费 108 万元；定点屠宰率 96.1%，高于省定标准 1.1 个百分点。全市各乡镇共查获违章案件 49 起、私宰窝点 21 个；查处私宰白肉 4072 公斤，上缴罚没款 4.06 万元。石码市区查处私宰窝点 13 起、市场违法行为 18 起，没收肉品 2076 公斤，上缴罚没款 1.67 万元，移送公安机关拘留 1 人。对集中待宰生猪，抽取 26 份尿样进行“瘦肉精”检测，检出率为零。

2004 年，投入 40 万元进行市区屠宰场的达标建设，通过漳州市经贸委验收，并经省屠宰办抽查合格。2005 年，投入 40 万元对市区定点屠宰场没有达标的项目进行整改，使生猪、牛、羊定点屠宰率达到 85% 的目标，通过福建省、漳州市的验收。

2006 年，为加强农村肉品安全管理，实行农村屠工持证上岗的管理制度。组织农村屠工培训，经考试合格予以资格认证，发给资格证书。石码镇、紫泥镇 168 人及海澄镇 108 人完成培训，获得资格证书。

2007 年，全市执法检查 335 次，出动人员 2688 人次，查处案件 6 起，查获非法贩卖、非法私宰肉 902.5 公斤，处罚 6 人，罚款 8.61 万元。市区生猪、牛定点屠宰率分别达到 100% 和 94.8%。

第三节 “餐桌污染”治理

1993—2000 年，龙海重视老百姓日常生活的肉制品和蔬菜等“餐桌”食品的安全，不定期组织市场有关管理部门检查农贸市场的食品卫生。2001 年 4 月开始，对畜牧业产品、种植业产品、水产品、饮用水、加工食品和餐饮业的污染现象开展专项治理；以肉、菜、水产品、饮用水、大米、调味品为重点，进行“餐桌污染”专项整顿。当年，查获涉及“餐桌污染”违法案件 112 起、伪劣食品 44800 公斤。同时，与 8 个生猪、蔬菜基地（场）签订禁用“瘦肉精”和生产无公害蔬菜承诺书；在市蔬菜公司建立上市蔬菜残留农药检测点；对生猪饲养进行“瘦肉精”检测，从源头和销售环节上杜绝和消除餐桌污染。

2004 年，龙海有关部门开展食品执法检查 1278 次，出动执法人员 7085 人次；检查食品生产、经营企业 1357 家，取缔无证经营 53 家；查处涉及“餐桌污染”违法案件 132 起，立案 29 起；查处“污染”食品 7.58 吨，总案值 64 万元；罚没金额 22 万元。商业贸易主管部门在抓紧城市副食品基地建设同时，推广普及无公害生产技术。当年，有 5 家生猪基地获无公害农产品证书，3 家取得省城市副食品基地资格。

2005—2007 年，市政府主管贸易单位继续协调各个部门开展食品安全的专项整治，在餐饮业、食品加工业开展“食品放心示范店”活动，营造放心消费环境；重点抓好肉品、蔬菜、水产品等主要副食品的检测，防止农药残留食品流入市场。

第四节 粮油市场监督管理

1993 年，龙海粮食主管部门及时抓好粮油市场价格行情、供需态势的数据采集、定点监测和粮情分析，按月发布《龙海粮情》简报，为粮食企业提供市场信息决策参考。当市场粮价发生异常波动时，及时向当地政府提供预警预报信息通报。同时，对国有粮食企业政策性用粮、陈化粮销售处理、储备粮管理、粮食销售质量进行专项检查；配合工商、公安等部门抓好粮食收购市场及粮油产品质量监督；杜绝收人情粮、“打白条”、压等压价等不良倾向。

1998—1999 年，依据《粮食收购条例》，市粮食、工商、公安等部门联合组成粮食稽查队，查处擅自收购粮食个案 41 起，由工商部门收购或没收粮食近 15 万公斤。同时，对全市粮食经营批发户进行资质审核，做好“粮食批发资格证”发放。

2001 年，龙海市粮食局组织推荐粮油企业参与评创“放心粮油”“放心粮油企业”活动。龙海重点粮食企业漳州市成兴米业有限公司生产的“成兴”牌大米被评为国家级“放心粮油”，成兴米业有限公司生产的“成兴”牌大米、胜兴米业有限公司生产的“胜兴”牌大米、龙海市益升米业贸易有限公司生产的“正益升”牌大米、龙海市军粮供应站的特等晚籼米、龙海市角美霞盛粮油加工厂生产的“锦锦兔”牌大米、漳州市凯升粮油工贸有限公司“常香伴”牌一级花生油先后被评为省级“放心粮油”。

2003 年，龙海市政府批准粮食安全预警应急预案，确定漳州市级骨干加工企业 2 家（胜兴、成兴米业有限公司），龙海市级骨干加工企业 3 家（角美霞盛、益升、南兴米厂）、龙海市级骨干粮店 3 家（石码谷香、桥口、聚贤自选商场），在出现粮食不安全时承担应急保障城镇粮食供应任务。

2004 年，由审核发放“粮食批发资格证”改为审核发放“粮食收购资格证”；经核准，龙海市胜兴米业、南兴米厂、石码粮油加工厂、富源面粉厂被指定为漳州市级军粮定点加工企业。当年，市场督查内容增加对全社会粮食企业的库存量、粮食质量、原粮卫生、产品出库质量检验制度的督查，并督促指导社会粮食企业建立统计台账，依法行使统计调查、统计报表和统计监督职权。

2006 年，龙海率先在漳州市挂牌成立县（市）级粮食局监督检查股，重点开展粮食质量安全和食品卫生专项整治行动，对纳入社会统计调查范畴的 21 家非国有粮企实施统计督查，粮食市场管理督查工作进入行政执法、依法管粮、规范秩序的轨道。

2004—2007 年，全市核发“粮食收购资格证”50 家，其中非国有粮食企业 26 家。

第五节　烟草专卖管理

1993 年，龙海境内查处烟草走私案件 71 起，处罚没款 50.5 万元；1994 年，查处案件 46 起，处罚没款 196.8 万元；1995，年查处案件 195 起，处罚没款 269.5 万元；1997 年，查处案件 201 起，处罚没款 330 万元；1998 年，查处案件 215 起，处罚没款 109.89 万元；1999 年，查处案件 218 起，处罚没款 77.5 万元；2000 年，查处案件 186 起，处罚没款 15.6 万元；2001 年，查处案件 201 起，处罚没款 22.78 万元。

2003 年 6 月起，龙海市烟草销售由户籍化管理提升为诚信等级管理，根据贡献价值、诚信价值、客户价值、发展价值的分项积分，将客户分为 1—5 星级，实现客户档案信息化管理。全年共查处案件 293 起，查扣卷烟 877 件，处罚没款 114.56 万元，拍卖款上缴龙海市财政 34.2 万元。查处制假、运输和销售假冒卷烟案件 115 起，查扣假冒卷烟 577 件，捣毁手工制假窝点 4 个，当场抓获制假人员 14 名，端掉卷烟存放仓库 5 个，查扣滤嘴棒 42.15 万支、水松纸 31 盘、假冒卷烟商标标识 81.36 万张、丝束 1 粒（345 公斤）、烟丝 1.5 吨，处罚款 50.4 万元。其中，1 起运输假冒卷烟 51.7 件，总案值 37 万元，并将涉案人员移交公安机关处理。

2004 年 8 月，根据合理布局原则，提高农村办证面，全市新办证 553 户，总办证 2757 户。全年共查处案件 320 起，其中查获重大制售假烟案件 10 起，捣毁制假窝点 11 个，查获制假烟机 7 台套，假烟 1199 件及一大批制假原辅材料。

2005—2006 年，全市查处涉烟案件 311 起（其中重大案件 18 起，一般案件 139 起，简易案件 154 起），捣毁机械制假窝点 13 个，手工制假烟窝点 1 个、制丝生产线窝点 1 个，贮藏假烟窝点 3 个，贮藏烟丝窝点 3 个，查获制假烟机 11 台套、嘴棒成型机 2 台套、包装机 1 台套及大量制假原辅材料。

2007 年，查处涉烟案件 167 起（其中非法渠道购进卷烟案件 103 起，无证运输卷烟案件 11 起，无证经营卷烟案件 3 起，涉假烟案件 39 起，走私烟案件 11 起。属重大案件 8 起，一般案件 79 起，简易案件 80 起）。查处各类卷烟计 449.24 件，其中处理结案的有非法渠道卷烟数量 43.86 件，无证运输卷烟数量 19.26 件，假冒卷烟数量 353.94 件，走私烟数量 2.48 件，移交工商局处理卷烟 3.13 件，移送公安机关立案侦查 24.72 件，处罚没款总额 7.36 万元；联合漳州市局稽查、龙海公安部门捣破机械制假窝点 3 个，手工制假窝点 2 个，假烟仓库 1 个，查获 JY14-22 型卷接机 5 台套，查获一大批非法生产卷烟及制假原辅材料，其中，1 月 9 日在港尾镇省山村门扇后山上查获 YJ14–22 卷接机 2 台套和大量制假原辅材料，案值 117 万元。

第六节　盐政缉查

1997 年，龙海成立盐政缉查中队，开始对盐业市场进行查处。当年，没收走私盐 1000 吨，罚款 25 万元；扣押查封运载走私盐车 40 辆、火车 3 节车厢 180 吨位、船只 8 艘。

1998 年，全市共没收走私盐 1656 吨，罚款 30 万元；扣押查封运载走私盐车 40 辆、火车 4 节车厢 240 吨位、船只 11 艘。同时，配合市公检法部门查处全省首例被追究刑事责任的郭某走私盐案件。当年，龙海盐政缉查中队被评为省盐政先进集体。

1999—2000 年，全市共查处涉盐案件 190 起，其中 4 起移交司法机关处理；查扣运载走私盐车 64 辆、船只 8 艘；没收非碘盐 1015 吨、假冒伪劣碘盐 30 吨，罚款 40 万元。

2002 年，成立盐政执法大队，加强盐业市场日常检查和打击私盐贩子。2003—2004 年，全市查处涉盐案件 276 起，有 6 人被移交司法机关判处罚金或有期徒刑；查获各种走私盐运输车 34 辆、船只 8 艘；没收走私盐 660 吨，罚款 30.4 万元。

2005 年，查处食盐走私案件 66 起，查获走私盐 133.79 吨，没收各类违法盐产品 223.76 吨，罚款及没收变价金额 6.17 万元。

2007 年，查处违法违章案件 98 起，查获走私盐 224.07 吨，没收各类违法盐产品 198.87 吨，罚款及没收变价金额 8.22 万元。2006—2007 年，全市缉查食盐走私案件 187 起，查获走私盐 313.89 吨，没收各类违法盐产品 285.87 吨，罚款及没收变价金额 12.41 万元。

第七节　海关监管

一、进出境运输工具监管

1991 年前，海关对航行港澳小型船舶的监管，进境统一到广东大铲岛海关等进出境海关监管站办理船舶进口手续。1993 年，漳州海关驻石码办事处监管进出口集装箱 1935 标箱、进出口货柜车 330 车次。1996 年 1 月 1 日起，根据国务院批准的《深圳口岸管理体制改革试点方案》，撤销大铲岛海关监管站，对小型船舶试行“直进直出”方式，石码港航行港澳小型船舶进出境改在漳州海关驻石码办事处申报。由于减少海关监管站办理手续环节，方便船舶进出，缩短航行时间，提高效益。1997 年，漳州海关驻石码办事处监管进出境船舶 58 航次、进口集装箱 1124 个标箱、出口集装箱 2483 个标箱、进出口货柜车 479 车次。

1998 年 10 月 19 日，海关总署颁布《中华人民共和国海关关于来往香港、澳门小型船舶及所载货物、物品监管规定》和《中华人民共和国海关关于来往香港、澳门小型船舶登记备案管理办法》，并于 11 月 1 日起组织实施。海关深圳的大铲岛、大三门岛，珠海桂山岛、湾仔设立海关监管点，来往于香港、澳门与珠江口以东广东、福建的小型船舶需向大三门岛海关监管站办理海关关封和舱单确认手续。自此，进出漳州关区的航行港澳小型船舶进境时，须到大三门岛海关交验进口舱单并制作关封，按海关指定航线随船送至漳州海关，办理船舶进境（港）申报，并在海关监管下上下人员和搬卸货物；出境时，在启运港石码办事处或招银监管科办理出境申报手续并制作关封，按海关指定航线随船送至大三门岛海关监管站交验和确认出口舱单后，才能驶入港澳地区。当年，漳州海关驻石码办事处监管进出境船舶 421 航次、货运量 25、3 万吨。其中，漳州港中银漳州开发区码头国际航行船舶 145 航次、货运量 21.3 万吨，航行港澳小型船舶 276 航次、货运量 4 万吨；进口集装箱 2000 个标箱、出口集装箱 3674 个标箱、进出口货柜车 458 车次。

2001 年，监管进境船舶 288 航次，出境船舶 274 航次。

2002 年，漳州海关驻石码办事处监管进境船舶 142 航次、出境船舶 138 航次。2004 年 2 月 6 日，海关总署重新颁布《中华人民共和国海关关于来往香港、澳门小型船舶及所载货物、物品监管办法》，对来往港澳小型船舶及所载货物、物品监管及船舶备案的规定与之前基本相同，但增加对电子舱单的输入和确认等规定。当年监管进境船舶 66 航次、出境船舶 65 航次、进出口集装箱 1676 标箱。2005 年监管进境船舶 53 航次，出境船舶 57 航次、进出境集装箱 1372 标箱、进出境货柜车 177 车次。

2007 年，监管进境船舶 108 航次、出境船舶 110 航次、进口集装箱 7 个标箱、出口集装箱 1042 个标箱、进口货柜车 6 车次、出口货柜车 44 车次。

二、进出口货物监管

1993 年，漳州海关驻石码办事处主要对龙海区域内“三资”企业的加工贸易监管（含实际进出口货物监管，并办理企业的验厂、核发手册、中期监管、手册核销等有关海关业务），外贸进出口货物实际监管，航行港澳小型船舶、对台小额贸易船舶及所载货物的实际监管等。监管的实际进出口货物主要是“三资”企业的保税进口原辅材料及其加工的出口产品，外贸企业进出口产品；具体种类主要有加工贸易出口服装、鞋类、雨伞、工艺品、玩具等货物；进口货物为生产上述产品所需的原辅材料；一般贸易出口主要为国营和地方外贸公司出口的当地农副产品和土特产，进口主要为废纸等。

1997 年，漳州海关驻石码办事处查验进口货物货运量 8.7 万吨、货值 7000 万美元，出口货物货运量 8 万吨、货值 8000 万美元。1997—1998 年，大型台资企业华阳电业有限公司处于建设阶段，两年中有近 4 亿美元的建厂材料、机器设备进口。漳州海关驻石码办事处为此采取随到随办、移仓特办、集中报关等许多优惠措施，使其进境货物及时验放。地方国营龙海造纸厂嫁接外资、转变经营机制，海关给予特别优惠，对进口废纸采取边验放、边纳税做法，保证货物不滞港。

1999 年 9 月后，海关 H883 和 2000 系统相继开发，电子舱单开始在船舶监管中得到应用，海关对船舶监管作业得到优化。

2002 年，查验进口货物货运量 6.19 万吨、货值 2849 万美元，出口货物货运量 15.69 万吨、货值 4426 万美元。2005 年，查验进口货物运输量 1573 吨、货值 210.7 万美元，出口货物货运量 20618 吨、货值 2144.6 万美元。

2007 年，漳州海关驻石码办事处共查验进口货物货运量 1064 吨、货值 61.8 万美元，出口货物货运量 11189 吨、货值 1455.7 万美元。

三、进出口报关单办理

1993 年，漳州海关驻石码办事处审核进出口报关单 2794 份。1997 年，漳州海关驻石码办事处以海关总署和厦门海关分别开展的“海关管理年”和“基础建设年”为契机，实行三项制度（即服务承诺、否定报备、科长带班制度），审核进口报关单 952 份、出口报关单 2345 份。2001 年，办理查验和放行进出口报关单 2249 份，货运量 702214 吨，货值 20130 万美元；征收增值税 65.2 万元。2002 年，审核进口报关单 428 份、出口报关单 1590 份货运量 156857 吨，货值 4426 万美元；征收关税增值税 285 万元。

2005 年，审核进口报关单 55 份、出口报关单 959 份，审核出口转关申报单 926 份，核销进口转关申报单 45 份，签发进口付汇报关单 46 份。

2007 年，推行“多点报关、口岸验收”通关模式，切实提高区域物流通关效率，全年审核进口报关单 21 份、出口报关单 643 份，审核出口转关申报单 564 份，核销进口转关申报单 14 份，签发进口付汇报关单 17 份。

若干年份漳州海关驻石码办事处对运输工具和货物监管及报关单办理情况表

表 12-8-1

年 份	进出口报关单（份）	货运量（吨）	货 值（万美元）	进出境集装箱（标箱）	进出境货柜车（车次）	出入境船舶（航次）	转关申报单（张）
1993	2794	41852	—	1935	330	—	—
1997	3297	167000	150000	3607	479	58	—
1998	3482	294000	42500	5674	458	421	—
2001	2249	702214	20130	—	—	562	—
2002	2018	218713	7275	—	—	280	1494
2003	1714	37890	2909	1650	—	207	1257
2004	1335	28195	2571	1676	—	131	1180
2005	1014	22254	2354	1373	177	107	926
2006	998	19752	2596	1782	172	107	920
2007	634	12253	1518	1049	50	218	564

四、查缉走私活动

1998 年 6 月 12 日，漳州海关驻石码办事处关员在漳州鹏威实业有限公司申报进口 5 个集装箱的原木、三合板等货物中，查获夹藏进口旧小轿车 12 辆。2000 年 6 月，龙海某台资企业以自用名义申请免税进口 9 台挖掘机，后未办结海关手续倒卖给他人被查获，货值 474.8 万元，有关违法人员受到法律追究。2004 年 8 月 22 日，漳州海关驻石码办事处关员查获龙海某公司假冒“长城牌”商标出口罐案。

第八节 出入境检验检疫

一、入境检验检疫

1993 年 3 月起，厦门动植物检疫局龙海办事处对进境动物检疫主要是进口的羊毛条、奶制品、冻鸡翅、饲料机等，以及从厦门口岸进境在厦门局报检后转关到龙海验货的进境机器的木质包装材料。是年，检疫进境货物 11 批次。

1994 年，检疫进境动物及动物产品 1142 批次 180268.74 吨；进境植物及其产品 918 批次 12510 吨；进境旅客检疫 347741 人次，检疫应检物品 2099 批；邮检 45 批；检疫某装箱 12072 批 55717 标箱；检疫进境飞机 2250 航次；检疫木质包装箱 191 批。

1995 年，检疫动植物产品 258 批次 5402 吨，船舶 8 船次。1996 年 9 月，漳州港启用后，船舶检疫任务骤增。

1997 年 5 月，开展集装箱检疫业务。当年，共检疫进境船舶 42 艘次、进境集装箱 201 标箱；检验检疫进境动植物及其产品共 831 批次，总重量 5.8 万吨。其中，检验检疫动物及其产品 119 批次、2349 吨，植物及其产品 264 批次、4.8 万吨，包装物 413 批次、1205 吨，其他 35 批次、6348.51 吨。1998 年，龙海检疫局检疫进境船舶 164 航次、进境集装箱 1446 标箱；4 次截获带有禁止进境的异尖线虫、双钩异翅长蠹、大家白蚁等危险性病虫害的物品。

1997—1998 年，龙海检疫局共检验检疫进境动植物及其产品 2014 批次，总重量 8.29 万吨。其中，检验检疫动物及其产品 216 批次、4566.36 吨，植物及其产品 560 批次、52092.29 吨，包装物 1130 批次、9023 吨。

2000 年是检验检疫系统的“管理服务年”，漳州出入境检疫检验局龙海办事处根据省局领导提出的“抓管理、保质量、促服务”的口号，狠抓内部管理，引入 IS09000 质量体系标准，促使管理制度化、规范化、科学化，从而提高工作效率，保证工作质量。以企业满意为标准，以“提高效率、减少环节、方便进出、搞好服务”为核心，认真履行把关职责，不断增强服务意识。当年 5 月底，2 批台湾宜兰鸭种蛋运抵龙海市紫泥镇新洋村隔离检疫场进行孵化，龙海办事处检疫人员严格检疫；从台湾进口杨桃和橙，经现场查验，发现 3200 千克的杨桃大面积霉烂，龙海办事处检疫人员依法对其进行销毁处理。是年，检验检疫入境货物 819 批次，货值 1.42 亿美元。

2001 年，龙海市境内进出口商品检验检疫全部改由漳州港出入境检验检疫办事处办理。

二、出境检验检疫

1993 年 3 月起，厦门动植物检疫局龙海办事处对出境的动物检疫主要是供应香港的活猪、水产品、肉制品等，植物的检疫主要是出口的速冻蔬菜、柑桔、香蕉、荔枝、新鲜蔬菜、干燥果蔬、盐水蘑菇、水仙花球茎、中药材、木制品等。植物检疫业务量占总检疫业务量 90% 以上。是年，检疫出境货物 118 批次。

1994 年，检疫出境动物及其产品 332 批次 1990.04 吨；出境植物及其产品 2921 批次 40032 吨。

1995 年，检疫出境动植物及其产品 1114 批次 20473 吨。

1996 年，检疫出境动植物产品 1400 批次 24619 吨。

1997 年，龙海检疫局共检验检疫出境动植物及其产品 2079 批次，总重量 34055.05 吨。其中，检验检疫动物及其产品 82 批次 1036.09 吨，植物及其产品 1997 批次 33018.96 吨。

1998 年，为使漳州德州（龙海）发展有限公司水果能大量进入国际市场，龙海检疫局在该厂设立办事处，具体负责检疫技术和现场监管。6 月 25 日，在动植物检疫机关人员的协助下，由漳州德州（龙海）发展有限公司经营、经中日双方植物检疫人员检疫合格的 3000 千克鲜荔枝从厦门机场空运日本，进入日本市场。这是中国内地大批量鲜荔枝首次出口日本。截至 8 月初，漳州德州（龙海）发展有限公司有 23 批次 151.42 吨检疫合格的鲜荔枝运抵日本。

1997—1998 年，龙海检疫局共检验检疫出境动植物及其产品 5383 批次，总重量 10.03 万吨。其中，检验检疫动物及其产品 167 批次 1966 吨，植物及其产品 5216 批次 9.83 万吨。

2000 年，漳州出入境检疫检验局龙海办事处进一步简化报检流程，缩短制证周期。在提前预约的情况下，对辖区内出境鲜活产品及部分船期紧的货物采取特事特办、急事急办的做法。实行无节假日工作制，提供 24 小时全天候服务，检验检疫人员随叫随到、随到随检。当年 5 月 24 日至 7 月 22 日，漳州出入境检验检疫局龙海办事处与日本检疫人员合作，为漳州德兴发展有限公司的 118 批、1027.19 吨的货物出口做好检疫监管工作。是年，龙海检疫局共检验检疫出境货物 4971 批次货值 9771 万美元。

卷十三 金融

JIN RONG

1993年，龙海市境内有中国人民银行和4家国有商业银行、1家地方商业银行，以及2家其他银行业机构、1家国有保险机构。1995年，证券业机构设立。1997年，政策性银行设立；贸易信托公司转制为拍卖行。2002年起，太平洋财产保险和人寿保险、平安财产保险和人寿保险等多家民营保险机构相继在龙海设立网点。2003年12月，中国银行业监督管理委员会漳州监管分局在龙海设立监管组，2004年改为办事处。

1996—2006年，各金融机构先后进行体制改革。中国人民保险公司龙海支公司分设中国人民财产保险有限公司龙海市支公司和中国人寿保险有限公司龙海市支公司；工商银行、建设银行、中国银行改为国有控股商业银行。全市有银行和保险、证券等各类金融机构20多家，形成以人民银行为领导，国有控股商业银行为主体，多种金融机构并存与分工协作的现代化金融体系。市人行和市银监办加强金融监管，通过实施稳健货币政策、防范和化解金融风险，加大有效信贷投入，抑制不良贷款，支持地方经济发展，开展现场检查，加强反洗钱工作，促进金融市场稳定健康发展。

2007年，全市金融机构各项存款余额116.98亿元，贷款余额68.18亿元，分别比1993年存款余额9.43亿元和贷款余额7.37亿元增加11.41倍和8.25倍。面对市场流动资金频率加快，各银行机构加大吸储力度，拓展代发工资、代收学费、代收保险、代理基金等中间业务。同时，加大电子化建设力度，健全网络银行服务体系，银行业有68台自助提款机，其中市工行13台、市农行10台、市中行24台、市建行12台、市兴业银行9台。

1993年，中国人民保险公司龙海市支公司发展保险业务，经营财险和寿险共有60多种，保费收入3450.03万元，其中财险保费收入1800.03万元、寿险保费收入1650万元；理赔支出444.94万元，其中财险理赔314.94万元、寿险理赔130万元。1996年，财产保险和人寿保险机构分设，市人保财险公司保费收入1739.61万元，理赔1212.76万元；中国人寿龙海支公司保费收入2630万元，理赔745万元。2007年，市人保财险公司保费收入3557万元，理赔1409.86万元，分别比1996年增加104%和16%；中国人寿龙海支公司保费收入9738万元，理赔611万元，分别比1996年增加270%和减少18%。

1997—2007年，拍卖行累计拍卖物值7789.53万元。

第一章　机　构

第一节　银行业机构

一、监管机构

（一）中国人民银行龙海市支行

1993年，市人行内设办公室、人事股、计划股、外管股、金管股、稽核股、会计股、发行股、保卫股；员工55人。1999年，人事股与办公室合并为人秘股，计划股更名为信贷调统股，会计股与发行股合并为营业部，外管股、金管股、稽核股调整为金监股。2002年，外管股恢复设立，营业部分拆为营业室与货币金银股。2004年，撤销金监股，增设纪检监察内审室。2007年，市人行内设人秘股、信贷调统股、外管股、纪检监察内审室、营业室、货币金银股、保卫股；员工46人。

（二）中国银行业监督管理委员会漳州银监分局龙海监管办事处

2003年12月29日，成立中国银行业监督管理委员会漳州监管分局龙海监管组。2004年4月28日，银监龙海监管组改为办事处，正科级单位，编制4名。主要履行对辖区银行业金融机构流动性、重大信用、操作等风险及重大突发事件、违法违规行为报告责任；对机构设立、变更、终止以及业务许可事项、董事和高级管理人员任职资格等进行初步审查；非现场监管；对辖内银行业金融机构开展核查；对辖区银行业金融机构进行现场检查；配合地方公安局对辖区银行业金融机构安全保卫工作进行指导检查等事项，重点监管对象为龙海市农村信用合作联社和邮政储汇分局。2007年，机构与编制不变。

二、国有与国有控股商业银行

（一）中国工商银行股份有限公司龙海支行

1993年，市工行内设办公室、人事科、保卫科、监察室、储蓄科、信贷科、技改科、计划科、信息科、会计科、出纳科、稽核科；下设海澄、角美、锦山、林下、东美、郭坑6个分理处，解放东、公园西、福寿街、解放西、紫云、民主路、九二〇、月港、角美9个储蓄所；员工238人。1996年，郭坑分理处划归工行龙文支行。2000年、2002年，对内设机构进行调整。2002年后，先后撤销月港、福寿街、东美、九二〇、紫云、解放西、锦山、林下等网点，增设龙池、厦大漳州校区网点。2005年，进行改制，更名为中国工商银行股份有限公司龙海支行。2007年，市工行内设办公室、个人业务部、结算部、对公存款部、信贷业务部、营业科；下设角美、龙池、九湖3个二级支行，城东（由公园西储蓄所搬迁并升格）、海澄、厦大漳州校区3个分理处，解放东、商业城2个储蓄所；员工146人。

图13-1　市工商银行营业大楼（市工商银行提供）

（二）中国农业银行龙海市支行

1993年，市农行内设办公室、人事科、会计科、信贷科、保卫出纳科、计划科、资金组织科、监督稽核科；下设33个网点，其中1个营业部、16个营业所、16个储蓄所；员工311人。1995—1997年，先后撤销程溪、新塘、平宁、龙海桥、农贸储蓄所、东泗营业所，郭坑、步文营业所划归农行龙文支行；新设浯屿、石美储蓄所。1998年，营业所更名为分理处；东园营业所并入浮宫分理处。2001年，撤销公园南、西门储蓄所，新设厦门大学漳州校区分理处。2002年，撤销环城、新洲、渡口储蓄所和紫泥分理处，新设招商局漳州开发区分理处。2003—2004年，先后撤销古县、商业城、九二〇、工农路、石美储蓄所，内设机构调整为综合科、业务管理部、保卫科、资产风险经营部、客户部、计划财务部，管辖分支机构16个；员工190人。2005年，撤销浯屿储蓄所、双第分理处、厦门大学漳州校区分理处。2007年，市农行内设综合部、业务管理部、客户部、资产风险经营部、会计结算部、国际业务部；下设1个营业部，石码、港口桥2个储蓄所，石码、海澄、浮宫、港尾、白水、程溪、九湖、颜厝、角美、榜山、招商局漳州开发区11个分理处；员工172人。

（三）中国银行股份有限公司龙海支行

1993年，市中行内设人秘股、财会出纳股、信贷计划股、存汇股、保卫股；下设1个营业部和海澄、港尾、解南、中山公园、角美、角美侨兴6个储蓄所，员工63人。2000年，内设行长办公室、人事科、财会科、业务科、保卫科，员工96人。2004年，中行改制，更名为中国银行股份有限公司龙海支行。2007年，市中行内设综合管理部、公司业务部、个人金融部、营业部；下设1个营业部和中山公园、海澄、港尾、招商局漳州开发区、厦大漳州分校、角美、侨兴、角美开发区、龙池开发区9个分理处；员工116人。

（四）中国建设银行股份有限公司龙海支行

1993年，市建行内设人秘科、会计科、业务科；下设1个营业部，海澄、港尾、角美3个分理处，友谊路、时钟头、人民西、圆圈、海澄、角美6个储蓄所和郭坑办事处；员工113人。1994—1995年，新设港口储蓄所、步文分理处。1996年，新设招商局漳州开发区分理处和锦江储蓄所；步文分理处划归龙文支行，友谊路储蓄所改为支行专柜；内设机构调整为4个科室；员工132人。1997年，海澄储蓄所搬迁改为角美开发区分理处。1998年，新设后石办事处。2000年，时钟头储蓄所改为人民路储蓄所，角美储蓄所并入角美分理处。2003年，撤销人民路和港口储蓄所、角美开发区分理处、郭坑和后石办事处。2004年，角美分理处隶属漳州市分行管辖。同年建行改制，更名为中国建设银行股份有限公司龙海支行。2005年，港尾分理处并入招商局漳州开发区分理处，并升格为支行，隶属漳州市分行。2006年，角美分理处升格为建行角美支行，下设龙池分理处；员工25人。2007年，市建行内设办公室、营业部、客户部、个金部、保卫科；锦江储蓄所撤销，下设支行储蓄专柜、海澄分理处、人民西储蓄所和圆圈储蓄所；员工79人。建行角美支行有员工23人。

三、地方商业银行与政策性银行

（一）兴业银行龙海支行

1993年，兴业银行龙海支行内设营业厅、办公室、财会科、计划资金科、国业科、信贷科，下辖1个分支机构；员工31人。1994年，成立角美分理处和友谊路储蓄所。1998年，友谊路储蓄所搬迁并更名为人民路储蓄所。2002年撤销人民路储蓄所，新设招商局漳州开发区分理处；角美分理处升格为兴业银行角美支行，有员工14人。2004年，内设机构调整为营业部、综合科、出纳科、业务拓展科、信贷业务科；员工25人。2007年，兴业银行龙海支行业务拓展科独立设置为兴业银行漳州分行企业金融八部（直属漳州管理），员工8人。兴业银行龙海支行内设营业部、零售业务科，下辖招商局漳州开发区分理处；员工26人。兴业银行角美支行分设兴业银行漳州分行企业金融九部（直属漳州管理），员工7人；角美支行内设营业部、零售业务科，员工17人。

（二）中国农业发展银行龙海支行

1997年，中国农业发展银行龙海支行成立，内设综合科、业务科、财会科；员工18人。2001年，内设机构调整为信贷部、会计出纳部、办公室；员工 13 人。2007 年，市农发行内设办公室、会计部、客户部、保卫科；员工 16 人。

四、其他银行业机构

（一）龙海市农村信用合作联社

图 13-2 龙海市农村信用合作联社（市农信社提供）

1993 年，龙海市辖内设有市农信社联合社 1 个、1 个营业部，步文、郭坑、九湖、角美等 16 个信用社，古县、西坑、扶摇等 32 个分社，铁路、角美街等 6 个储蓄所，员工总共有 312 人，归市农行管理。1996 年 8 月，市农信社联合社与市农行脱离行政隶属关系。1998 年，步文、郭坑 2 个信用社和西坑、扶摇等 8 个分社归并入漳州城区农村信用联社。1998 年，撤销晏坑、斗美、塔墰 3 个分社。1999 年，撤销岭兜、上房、石坑等 6 个分社和海澄街储蓄所。2000 年，锦江、龙江、月港 3 个城市信用社归并入市农信社联合社，并更名为农村信用社。2001 年，撤销半林、厚境、珠浦等 12 个分社和程溪圩储蓄所。2002 年，撤销梅市、颜厝前、浯屿 3 个分社和浮宫街、角美街 2 个储蓄所，设立仁和分社。2003 年，撤销西门分社、公园西储蓄所，月港信用社降格为分社。2004 年，榜山、锦江、龙江、月港 4 个信用社降格为分社。2005 年，增设浯屿、大桥、龙池、海门、虎渡 5 个分社，撤销九宝、碧溪 2 个分社。2006 年，撤销虎渡、渔业 2 个分社。同年，全市 14 个具有独立法人资格的信用社与市农信社联合社实行统一法人改革，合并新设龙海市农村信用合作联社，龙海市农村信用合作社联合社同时撤销。2007 年，市农村信用合作联社内设办公室、人事科、财务科、业务科、风险管理科、稽核科、监察保卫科，设 30 个营业网点，分别为 1 个营业部、13 个信用社、16 个分社，员工 357 人。

（二）龙海市邮政局储汇分局

1993 年，龙海市邮电局新增角美邮政储蓄专柜，全市有 7 个邮电所办理邮政储蓄业务；员工 84 人。1994 年，新增九二〇储蓄专柜。1995 年，市邮电局内设储汇股，开展邮储代理缴交电话费、代发工资等业务。1996 年，新增解西、古县、林下储蓄专柜。1997 年，新增港尾、东美邮政储蓄专柜，全市邮政储蓄网点有 13 个；员工 110 人。1998 年新设储汇中心。2000 年成立邮政储汇分局。2007 年，市邮政储汇分局设人民路、人民西、九二〇、解西、海澄、白水、浮宫、港尾、大径、古县、九湖、林下、东美、角美、龙池 15 个邮政储蓄专柜；员工 137 人。

第二节 保险业机构

一、国有与国有控股保险公司

（一）中国人民保险公司龙海市支公司

1993 年，中国人民保险公司龙海市支公司内设 8 个股室，下设 16 个代理处，经营人寿、财产保险业务。1996 年 5 月，中国人民保险公司龙海市支公司撤销，分设中国人民财产保险有限公司龙海市支公司和中国人寿保险有限公司龙海市支公司。

（二）中国人民财产保险股份有限公司龙海市支公司

1996 年 5 月，中国人民财产保险有限公司龙海市支公司成立。1999 年 6 月，更名为中国人民保险公司龙海市支公司，内设业务一科、业务二科、综合科、计财科、纪检监察室；下设 7 个代理处；员工

20人，代理员40多人。2002年，内设机构调整为综合计财部、客户服务部、拓展部；下辖石码、角美、港尾、九湖、营销部5个业务部；员工48人。2003年7月，更名为中国人民财产保险股份有限公司龙海市支公司。2004年，增设查勘中心。2006年12月，设立中国人民财产保险股份有限公司角美开发区支公司。2007年，市人保财险公司内设综合计财部、客户服务部、查勘中心、石码营业一部、石码营业二部；下辖浮宫、九湖、海澄、港尾营业部；员工56人。

（三）中国人寿保险股份有限公司龙海市支公司

1996年5月，中国人寿保险有限公司龙海市支公司成立，内设综合科、业务科、财务科、客户服务科；9月增设营销部；管理人员23人。1999年4月，更名为中国人寿保险公司龙海市支公司。2003年9月，更名为中国人寿保险股份有限公司龙海市支公司，内设办公室、客户服务部、个险销售部、中介管理部、团险业务部，管理人员35人；在市公司本部及石码、颜厝、紫泥、浮宫、榜山、东园、白水、角美镇设立营销服务部。2007年，中国人寿龙海市支公司内设综合部、客户服务部、个险销售部、团险销售部、银行保险部；下辖8个营销服务部；管理人员44人、营销员237人。

二、民营股份制保险公司

（一）中国平安人寿保险股份有限公司龙海营销服务部

2002年8月成立，管理人员4人，营销人员266人。2007年，管理人员2人，营销人员430人。

（二）中国太平洋人寿保险股份有限公司龙海营销服务部

2002年8月成立，位于龙海市南台公园附属大楼301号。2007年，内设营销培训部、团体业务部、渠道业务部、续期综合部和营运部，管理人员3人，业务经理13人，续收专员2人，保险代理40人。

（三）中国平安财产保险股份有限公司龙海支公司

2002年11月成立，原称中国平安财产保险股份有限公司龙海营销服务部，管理人员1人，营销人员2人。2005年9月1日，更名为中国平安财产保险股份有限公司龙海支公司。2007年，设综合管理部、直销团队，管理人员3人，营销人员6人。

（四）中国太平洋财产保险股份有限公司龙海支公司

2002年成立，管理人员3人，营销人员4人。2004年，增设角美工业综合开发区出单点；营销人员10人。2005年，增设招商局漳州开发区出单点；营销人员12人。

第三节 其他金融机构

一、证券业机构

（一）东兴证券股份有限公司漳州新华北路营业部龙海服务部

1995年，闽发证券有限责任公司漳州新华北路证券营业部在龙海设立服务部，员工4人，为非独立核算的分支机构。服务部位于石码镇工农路市二轻局二楼；1997年迁址至石码镇公园路13号侨联商厦4层。2007年，更名为东兴证券股份有限公司漳州新华北路营业部龙海服务部；员工4人。

（二）广发华福证券有限责任公司龙海服务部

2006年5月，广发华福证券有限责任公司漳州营业部委派1名区域经理驻点龙海，发展银证通客户。2007年4月在龙海设立服务部，位于石码镇工农路58号；员工3人。

二、信托（拍卖）业机构

1993年，龙海市贸易信托公司内设人事股、业务股、财务股；员工15人。1997年，公司进行经营体制改革，更名为龙海拍卖行。2007年，龙海拍卖行有员工27人。

第二章　银行业

第一节　货币

一、货币发行

（一）纸币与金属币

1993 年，市场上流通第三、四套人民币及 1980 年、1991 年的金属币，主币有 6 种券别和 16 个版别，辅币有 3 种券别和 12 个版别 。

1999 年 10 月 1 日，在全市发行第五套人民币 100 元券。

2000 年 1 月 1 日至 6 月 30 日，收兑第三套人民币 10 元、5 元、2 元、1 元、5 角、2 角、1 角券，并于 7 月 1 日（后延期到当年 12 月 31 日）停止流通，到 2000 年年底停止兑换；同时停止流通包括 1980 年版金属币 1 角、2 角、5 角、1 元。2000 年 10 月 16 日至 2002 年 11 月 18 日陆续发行 1999 年版的第五套人民币 50 元、20 元、10 元、5 元和金属币 1 角、5 角、1 元。

2003 年，第四套人民币 100 元、10 元券在发行库内实行只收不付；7 月 1 日起，第二套人民币 5 分、2 分、1 分券实行只收不付。2004 年 7 月 1 日起，第四套人民币 50 元、5 元券实行只收不付。

2005 年 8 月 31 日，发行 2005 年版第五套人民币 100 元、50 元、20 元、10 元、5 元券，以及流通金属币 1 角。

2006 年 10 月 1 日至 2007 年 3 月 31 日，收兑第二套人民币 5 分、2 分、1 分券。2007 年 4 月 1 日，第二套人民币纸分币在市场上停止流通。

（二）流通纪念币、钞

1993 年，发行宋庆龄诞辰 100 周年、珍稀野生动物（大熊猫）、毛泽东诞辰 100 周年、“希望工程”实施 5 周年纪念币 4 套 4 枚。1999 年 9 月 20 日，发行“庆祝中华人民共和国成立 50 周年”纪念钞 1 套 1 张，面额 50 元。2000 年 11 月 28 日，发行迎接新世纪纪念钞 1 套 1 张，面额 100 元。2007 年，发行贺岁猪、奥运普制币 2 组 2 套 4 枚。1993—2007 年，在全市发行的普通和特种流通纪念金属币共有 53 套 59 枚，其中生肖贺岁类 5 套 5 枚、民族大团结类 3 套 5 枚、中国台湾风光类 5 套 5 枚、珍稀野生动物类 10 套 10 枚、世界和平类 4 套 4 枚、体育风采类 2 套 6 枚、民族魂类 7 套 7 枚、世界文化遗产类 10 套 10 枚、振兴中华类 7 套 7 枚。

二、银行卡

（一）牡丹卡

1993 年，市工行发行牡丹灵通卡 2610 张，具有用于个人结算、代理业务、投资理财等功能。随后陆续推出牡丹卡新品种，如专用卡、借记卡等。1995 年，开始发行牡丹信用卡 1753 张。至 2007 年，牡丹灵通卡累计发卡 116100 张，牡丹信用卡累计发卡 29692 张。

（二）金穗卡

1993 年，市农行发行金穗信用卡，为准贷记卡，发行 5000 张。1998 年 5 月，发行金穗万事顺卡。1999 年，发行金穗借记卡 23000 张。2003 年，发行金穗理财卡，具有现金存取、转账结算、代理业务、购物消费、自助贷款等功能，发行 4652 张；金穗借记卡停用。2004 年，发行金穗贷记卡，发行 2357 张。

截至2007年年底，发行的卡种有金穗信用卡、金穗理财卡、金穗贷记卡3种，其中金穗信用卡存量213张、金穗理财卡存量116793张、金穗贷记卡存量23175张。

（三）长城卡

1993年，市中行发行长城信用卡。1996年，长城卡推出万事达个人普通卡、个人金卡、单位普通卡等新品种。1998年，市中行开办长城电子借记卡，发行297张。2001年，发行长城生肖卡200张。截至2007年年底，共发行长城电子借记卡和长城生肖卡75491张。

（四）龙卡

1993年，市建行在职工中发行龙卡（万事达卡）。1994年，发行维萨信用卡。1995年，发行信用卡全省联名卡。1997年，加入总行网络，发行21161张。2001年，新发行准贷记卡、金卡、贷记卡。当年新发卡16375张。2004年，部分不动户卡被省建行统一批量销卡。截至2007年年底，累计发卡94258张。

（五）兴业卡

1997年12月，市兴业银行发行兴业顺通卡1120张。2002年，发行开办银联标识兴业卡。2005年，推出“自然人生”家庭理财卡。1998—2007年，共发行兴业卡26962张。

（六）绿卡

1997年，龙海市开始发行中国人民邮政储蓄绿卡。1998年，发行邮储绿卡30526张，并实现全国联网。

（七）“福万通”借记卡

2007年，市农信社发行“福万通”借记卡6611张。

三、残损币的回收、上缴

1993年，全市银行业机构回收的残损人民币逐张复点后缴入市人行发行库，发行库复点后上缴漳州市人行发行库销毁。当年回收、上缴均为4091万元。1994年，回收3200万元。1995年，残损币回收最少，为2925.6万元。1996年回收残损币最多，为13亿元。1997年、1998年，分别回收2.9亿元、1.65亿元。1999年残损币回收回落，为8300万元。2000年、2001年、2002年，回收残损币分别为1.8亿元、2.9亿元、4.5亿元。1993—2002年，共回收残损币28.6亿元、清点28.13亿元、上缴7.93亿元。2002年9月至2007年，市人行不再办理残损币回收、上缴；各家银行回收后直接上缴漳州市直属管理行。

第二节　存款

一、企业存款

1993年，全市银行业机构的企业存款余额19869万元。1994年，企业存款34326.4万元，比上年增长72.76%。1994—1996年，企业投资扩张活动减缓，企业存款增长较快，年均增长率44.99%。1998年，企业存款59147万元，比1997年减少3699.7万元，出现负增长。1997—2000年，受亚洲金融风暴影响，企业经营困难，企业存款徘徊在6000万元左右。2001年，龙海市采取和落实“项目带动、环境推动”和加大招商引资力度等措施，引进和建成一大批重点项目并投产，企业存款快速增长。当年，企业存款82723万元，比上年增长32.18%。2003年，企业存款123074万元，

图13-3　市工行商业城储蓄所客户办理业务（市工商银行提供）

比上年增长 47.93%。2007 年末，全市企业存款 315266 万元，比 1993 年增加 14.87 倍。其中，活期存款 252212.8 万元，占企业存款总额 80%；定期存款 63053.2 万元，占企业存款总额 20%。

二、财政性存款

1993 年，全市财政性存款 748.5 万元。1994 年，出现负增长，比上年减少 224.8 万元。1995—1997 年，存款大幅度降落，从 622.8 万元降至 135.5 万元。1998 年，财政性存款 799 万元。1999 年，财政性存款 2164 万元，比上年增长 171%。2000—2002 年，年均存款量 659 万元。2003 年，财政性存款 3474 万元，比上年增长 474%。2004 年，财政性存款 1180 万元。2005 年，财政性存款 3524 万元。2007 年，全市财政性存款 7383 万元，比 1993 年增加 8.86 倍。

三、机关团体存款

1993 年，全市机关团体存款 2877.2 万元。1994 年为 3345.6 万元，1995 年为 3682.4 万元，1996—1998 年，存款均均低于 3000 万元，出现负增长。1999 年为 4649 万元，比上年增长 72.12%。2000 年、2001 年，存款分别为 5267 万元、4639 万元。2002 年后，机关团体存款逐年增长。2007 年，全市机关团体存款 57492 万元。

四、城乡居民储蓄存款

1993 年，全市城乡居民储蓄存款 60440.6 万元，其中活期储蓄存款 10537.1 万元、定期储蓄存款 49903.5 万元。1996 年，储蓄存款 131003.1 万元，增长幅度较大。1994—1999 年，城乡居民收入增加，各行加大吸存力度，存款逐年增加。市中行推行电话预约存款、上门收款、代收税费；市建行实行奖金与任务完成相挂钩，加强储蓄所的揽储力度；市农信社开展“农家发”有奖储蓄，储蓄存款年平均增长 25.24%。2000 年，受连续 7 次下调利率的影响，存款仅增长 7.53%，增长最少。2001—2007 年，全市宏观经济持续向好，企业景气度提升，居民收入稳步提高，各行采取措施拓展存款市场，提高吸储能力，储蓄存款平稳增长，每年增加额在 30000 万元以上。2007 年，全市城乡储蓄存款 693050 万元，比 1993 年增加 10.47 倍。其中，活期储蓄存款 288308.8 万元，占 41.6%，比 1993 年增加 26.36 倍，年均增长率 26.7%；定期储蓄存款 404741.2 万元，占 58.4%，比 1993 年增加 7.11 倍，年均增长率 19%。

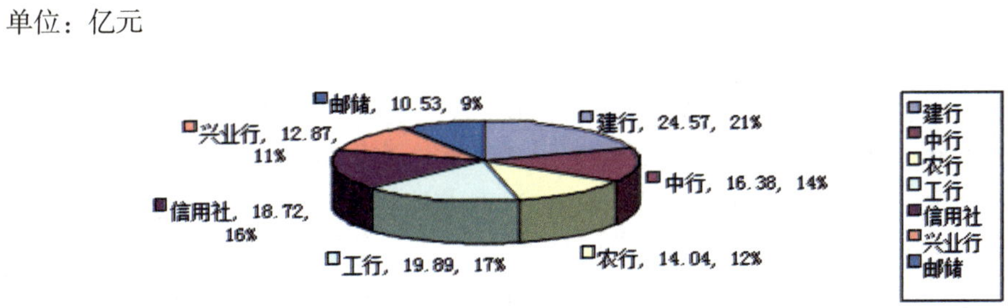

图 13-4　2007 年末龙海市银行业各项存款占比情况图（市人民银行提供）

第三节　贷款

一、工业贷款

1993 年，全市银行业机构工业贷款余额 16644 万元。其中市工行支持国有工业企业贷款余额 13427

万元。1994—1996 年，工业贷款重点投向基础设施、农业加工等上规模的基础产业。三年工业贷款逐年增长，其中市建行增贷 4341 万元、市兴业行增贷 1162 万元、市中行增贷 760 万元、市农行增贷 480 万元。1997 年，工业贷款余额 20357.1 万元，比上年减少 4265.6 万元。2000 年，工业贷款余额 18583 万元，比上年减少 2810 万元。1997—2001 年，全市工业贷款回落，部分年份出现负增长。2002 年，发放科技开发、技改、流动资金贷款相配套服务，重点支持食品罐头、果蔬速冻、水产品加工、饲料加工、木制品加工、粮食及复制品加工、造纸及纸制品、机械金属制品、建材等行业。当年贷款余额 38232 万元，比上年增加 16159 万元，其中市农行增贷 7812 万元、市建行增贷 5390 万元。

2003 年，市银行业机构重点支持 162 家上规模工业企业的生产流动资金需求，贷款余额 50786 万元。其中市兴业行增贷 8357 万元、市农行增贷 3289 万元。2005 年，落实“推进海峡两岸经济区建设实施意见”，支持 200 多家规模工业企业的资金需求，贷款余额 52300 万元。2006 年，工业贷款余额 105718 万元，比上年增长 102.14%。2007 年，全市工业贷款余额 137206 万元，比 1993 年净增 120562 万元，增加 6.24 倍。

二、商业贷款

1993 年，全市银行业机构商业贷款余额 16284 万元，其中供销合作贷款 4090 万元、粮食贷款 3573 万元、国营商业贷款 933 万元、外贸贷款 545 万元。1994—1996 年，新增商业企业流动资金 4587 万元。1996 年，商业贷款余额 21230.1 万元，其中粮食贷款 7596 万元。1997 年，为增加粮食储备，市农发行发放粮食贷款 8056 万元。

1998—2001 年，人民银行取消对国有商业银行贷款增量的限额控制，加大信贷投入，重点支持农业、农村经济发展，集中资金培育企业上规模。四年间商业贷款余额逐年减少，从 1998 年的 19730 万元降到 2001 年的 14787 万元。2002—2004 年，全市商业贷款余额年均为 15500 万元。2005—2006 年，市农行新增工贸一体化企业流动资金 13866 万元，促使 2006 年末商业贷款余额高达 26728 万元。2007 年，商业贷款余额 17003 万元，回落到较正常水平。

三、建筑业贷款

1993 年，全市银行业机构建筑业贷款余额 1806.8 万元。1997 年，建筑业贷款比上年增长 182.37%。1998 年，贷款 9143 万元，比上年增长 60%。2000—2006 年，贷款余额起起落落，在 3500 万元至 6500 万元之间徘徊。2007 年，全市建筑业贷款余额 9352 万元。

四、农业贷款

1993 年，全市银行业机构农业贷款余额 8138.5 万元，其中市农行放贷 7650 万元（包括农村信用社），占比 94%。1994—1996 年，市农行信贷投向主要支持“二优一高”农业和农业“星火计划”项目实施，支持农业春耕冬种粮食生产和以水仙花、荔枝、柑桔为重点的花果生产，支持蛋、鸭和商品猪生产等。1996 年，农业贷款余额 12885 万元。

1997—1999 年，农业贷款除支持春耕冬种粮食生产外，注重转向食用菌基地、水果基地、水产基地、畜牧基地、花卉基地和农业基础建设的骨干企业流动资金需求，农业贷款呈现稳步上升势头。1999 年，农业贷款余额 37855 万元，比 1996 年增加 24970 万元。其中市农信社新增贷款 22198 万元、市农行新增贷款 2772 万元。2000 年，全市农业贷款余额 44225 万元。其中市农信社发放春耕生产贷款 2351 万元，发放受 14 号台风和霜冻影响的救灾恢复生产贷款 2500 万元。

2001—2003 年，加大支农力度，市农信社新增农贷 12591 万元，市农行新增农贷 1613 万元。2003 年，全市农业贷款余额 59503 万元，比 2000 年增加 15278 万元，增长 34.55%。2004 年，市农信社发放农户小额信用贷款 4032 户、余额 6359 万元。2007 年，农业贷款余额 95962 万元，比 1993 年增加 87823.5 万元，增加 10.79 倍。

五、乡镇企业贷款

1993 年，全市银行业机构乡镇企业贷款余额 8940 万元。其中，市农行贷款余额 4889 万元，市农村信用社贷款余额 4051 万元。1994—1995 年，全市乡镇企业增贷 3865 万元，其中市农信社增贷 2975 万元，占 77%。1996 年，全市乡镇企业贷款 14520 万元。1997 年，全市乡镇企业贷款余额 14007.2 万元。1998—2002 年，乡镇企业从高速发展进入调整提高阶段，金融机构强调以效益为中心，对经营好的骨干企业继续给予资金支持，乡镇企业贷款回落，年均余额 9164.6 万元。2003 年，市政府开始举办企业贷款项目推介会，重点支持农副产品加工企业。是年，乡镇企业贷款余额 16950 万元。2004 年，乡镇企业贷款余额 24500 万元。2005 年，乡镇企业贷款余额回落到 11421 万元。2006 年、2007 年，全市乡镇企业贷款余额分别为 3494 万元、4291 万元。

六、“三资”企业贷款

1993 年，全市银行业机构“三资”企业贷款余额 4897.2 万元。1994—2001 年，“三资”企业贷款逐年增长，从 7599.1 万元增加到 34499 万元。2002—2005 年，受统计口径调整影响出现降升交替。2002 年、2004 年分别下降 18.1% 和 23.22%；2003 年、2005 年，分别比上年上升 43.27% 和 97.44%；2005 年，增至 61367 万元，为 15 年间最高位。2007 年，“三资”企业贷款余额降至 48172 万元。

七、基本建设贷款与技术改造贷款

1993 年，全市银行业机构基本建设贷款（简称“基建贷款”）与技术改造贷款（简称“技改贷款”，含其他中长期固定资产贷款，下同）余额 5298 万元。其中，市工行投入基建贷款 1000 万元、技改贷款 3580 万元；市建行投入市区人民路改造工程贷款 220 万元。

1994—1996 年，全市新增基建贷款 4339 万元，新增技改贷款 1786 万元。其中，市工行发放路桥公司、土地开发公司、经济开发公司用以拓宽境内道路贷款 868 万元，发放西浮公路拓宽贷款 200 万元、后石电厂配套工程 800 万元、锦江道拓宽改造 1260 万元；市建行发放自来水工程贷款 1300 万元，后续发放自来水和锦江大桥工程贷款 2600 万元，发放港龙房地产开发贷款 2000 万元。

1997—2002 年，全市基建、技改贷款余额年均约 1 亿元，重点支持自来水工程、电力工程、公路工程和房地产开发。2003 年，全市基建与技改贷款余额 22136 万元，其中市工行发放电力工程贷款 12000 万元。

2004—2007 年，市工行新增招商码头公司、电力公司、房地产开发公司等基建贷款 13267 万元；市中行新增龙池开发区、角美开发区、招商局漳州开发区的基建贷款 59000 万元；市建行新增欣龙包装、海洋石化、城建开发、龙海市第一中学和 3 个开发区的基建贷款 29150 万元；市兴业银行新增 3 个开发区的基建贷款 6000 万元；市农行新增房地产开发等基建贷款 2064 万元。2007 年，全市基建与技改贷款余额 119234 万元。

八、消费贷款

1997 年 8 月，市建行发放第一笔消费贷款——个人住房贷款，年末全市住房贷款余额 410 万元。1998 年，各商业银行先后开办个人住房贷款业务。

1999 年，全市金融机构全面推出个人消费贷款业务，主要品种有住房贷款、助学贷款等，年末全市消费贷款余额 7631 万元，其中长期贷款 6410 万元、短期贷款 1221 万元。2000 年，全市消费贷款余额 8838 万元。其中，市农行发放教育助学贷款 168 笔 85 万元，市建行发放个人住房贷款 100 笔 879 万元。2001 年，全市消费贷款余额 8777 万元，其中市建行发放汽车消费贷款 8 笔 170 万元。当年长期消费贷款净增 194 万元，短期消费贷款净减 255 万元。2002 年，全市消费贷款余额 10688 万元，当年净增 1911 万元。2003 年，消费贷款净增 2267 万元。2004 年，全市消费贷款余额 16710 万元，其中长期消费贷款 16055 万元，包括住房贷款 14722 万元、住房装修贷款 308 万元、汽车消费贷款 951 万元、教育助学贷款 21 万元等。

2005—2007 年，市银行业机构加大消费贷款的营销力度，新增消费贷款 110278 万元。其中，长期住房贷款净增 87171 万元，短期住房贷款净增 3416 万元，住房装修贷款净增 476 万元，汽车消费贷款净减 514 万元，教育助学贷款净增 108 万元。2007 年末，全市消费贷款余额 127027 万元。其中，长期消费贷款 109088 万元，包括住房贷款 101893 万元、住房装修贷款 784 万元、汽车消费贷款 437 万元、教育助学贷款 129 万元、大件耐用消费品贷款 1270 万元等；短期消费贷款余额 17939 万元，包括住房贷款 3416 万元。

九、其他类贷款

（一）再贷款

1993—1998 年，市人行运用再贷政策，引导行社信贷资金投向，同时解决辖内银行业金融机构信贷资金短缺问题，累计发放再贷款 19.8 亿元。1999—2005 年，市人行实施支农再贷款，累计向全市农村信用社发放支农再贷款 3.32 亿元。2005 年末，市人行再贷款余额 0.48 亿元。2006 年 5 月，市农村信用社还清再贷款。2007 年，没有发放再贷款。

（二）专项贷款

1993—1995 年，市人行共发放专项贷款 3980 万元，主要用于老、少、边、穷地区发展经济贷款和地方经济开发贷款。1996 年，市人行不再办理新的专项贷款业务。1997 年 6 月，市人行将专项贷款 18 笔 2471.83 万元划转市农行接收，1998 年转为市农行管理。1998—2007 年，市农行共收回龙海市自来水公司 1 户 68 万元，其余仍未收回。

单位：亿元

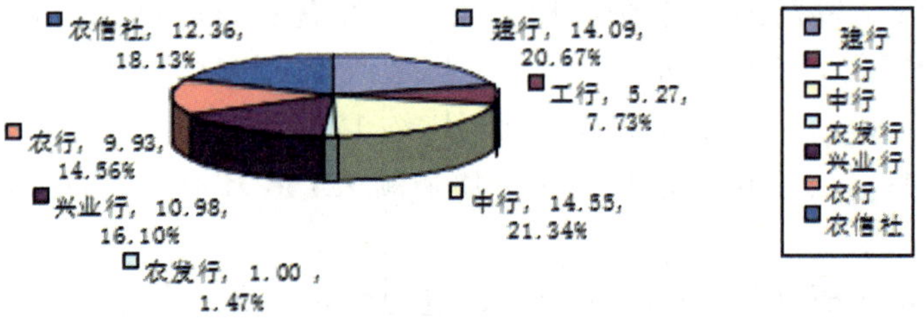

图 13-5 2007 年末龙海市银行业贷款余额占比情况图（市人民银行提供）

1993—2007 年龙海市银行业人民币各项存贷款余额情况表

表 13-2-1　　单位：万元

项目＼余额＼年份	1993	1994	1995	1996	1997	1998	1999
一、各项存款	94275.2	120894.5	151037.1	202380.9	235003.1	269683	310783
1. 企业存款	19869	34326.4	42931.2	58036	62846.7	59147	61099
2. 财政性存款	748.5	523.7	622.8	254.4	135.5	799	2164
3. 机关团体存款	2877.2	3345.6	3682.4	2660.3	2151.4	2701	4649
4. 城乡居民储蓄存款	60440.6	75559.7	95079.2	131003.1	160063	199071	231341
（1）活期存款	10537.1	16284.1	24754.5	33950.4	37982.8	43323	58720
（2）定期存款	49903.5	59275.6	70324.7	97052.7	122080.2	155748	172621

续表 13-2-1

项目＼余额＼年份	1993	1994	1995	1996	1997	1998	1999
5. 农业存款	6476.9	4354.1	5072.1	5044.4	6021.6	3852	5007
6. 其他存款	3863	2785	3649.4	5382.7	3784.9	4113	6523
二、各项贷款	73707	91614.7	111026.9	132516.3	141577.9	152339	166367
1. 短期贷款	65364.7	81305	96748.3	113503.4	120634.2	132474	143169
（1）工业贷款	16644	20054.8	23617.3	24622.7	20357.1	23489	21393
（2）商业贷款	16284	13572.6	18247.4	21230.1	20648.8	19730	19409
（3）建筑业贷款	1806.8	1986	1598	2025	5718	9143	4470
（4）农业贷款	8138.5	11553.6	11162.9	12885	26282.5	32619	37855
（5）乡镇企业贷款	8940	11299.8	12805.5	14520	14007.2	8580	8709
（6）“三资”企业贷款	4897.2	7599.1	9790.4	15298.4	17830	21260	24070
（7）个体及私营企业贷款	—	2396.3	5110.2	6658	5499.6	6938	6709
（8）其他短期贷款	8654.2	12842.8	14416.6	16264.2	10291	10715	20554
2. 中长期贷款	7239.6	9831.7	11178.9	14875.8	15462.5	15697	15514
（1）基本建设贷款	—	—	—	—	—	4086	4321
（2）技术改造贷款	—	—	—	—	—	6632	6327
（3）其他中长期贷款	—	—	—	—	—	4979	4866
3. 其他贷款	1102.7	478	3099.7	4137.1	5481.2	4168	7684

续表 13-2-1

项目＼余额＼年份	2000	2001	2002	2003	2004	2005	2006	2007
一、各项存款	350770.9	390917	453634	553790	684423	788911	959014	1169783
1. 企业存款	62585	82723	83198	123074	163208	166223	226051	315266
2. 财政性存款	675	697	605	3474	1180	3524	2846	7383
3. 机关团体存款	5267	4639	9463	11552	17041	29393	44014	57492
4. 城乡居民储蓄存款	248759	280601	332361	384813	459074	540889	621486	693050
（1）活期存款	73961	89833	109328	132676	165995	197946	231800	288308.8
（2）定期存款	174798	190768	223033	252137	293079	342943	389686	404741.2
5. 农业存款	12536	10573	12433	12800	8051	12344	24875	39044
6. 其他存款	20948.9	11684	15574	18077	35869	36538	39742	57548
二、各项贷款	170160	187198	222828	278475	334830	351312	504840	681789
1. 短期贷款	146239	160572	185662	208896	221401	253345	313516	394221
（1）工业贷款	18583	22073	38232	50786	50251	52300	105718	137206
（2）商业贷款	16156	14787	15505	15493	15582	17375	26728	17003

续表 13-2-1

项目＼余额＼年份	2000	2001	2002	2003	2004	2005	2006	2007
（3）建筑业贷款	4067	3837	6661	5430	3628	5232	5587	9352
（4）农业贷款	44225	48737	52960	59503	68750	75278	79358	95962
（5）乡镇企业贷款	9247	8665	10622	16950	24500	11421	3494	4291
（6）“三资”企业贷款	28152	34499	28256	40483	31081	61367	52287	48172
（7）个体及私营企业贷款	3514	3474	12295	319	619	851	3605	1315
（8）其他短期贷款	22295	24500	21131	19932	26990	29521	36739	80920
2. 中长期贷款	13518	20611	25258	42555	69979	90205	157179	274387
（1）基本建设贷款	3591	2981	6203	19968	35809	42008	53290	117734
（2）技术改造贷款	5431	4831	368	2168	4898	3298	2100	1500
（3）其他中长期贷款	4496	12799	18687	20419	29272	44899	101789	155153
3. 其他贷款	10403	6015	11908	27024	43450	7762	34145	13181

第四节　结算

1993 年，龙海市执行专业银行系统内大额汇划款项通过人民银行转汇，扩大转账结算，减少现金使用。当年通过市人行票据交换的银行有 9 家。同年 7 月 1 日起，邮政汇兑资金改由市人行办理，解决邮政汇款兑付难的问题。1994 年，在煤炭、电力、化工和铁路行业开办商业汇票结算。当年全市办理金融机构往来 9857 笔、联行往来 18201 笔、同城票据交换 46869 笔，金额 30.3 亿元。1996 年，启用《中央银行会计核算系统》，10 月 1 日脱离人工操作。市建行实现电子汇划全国联网，资金汇兑 24 小时内到账；其他金融机构和邮政储蓄陆续开办全省、全国储蓄通存通兑业务。各商业银行实现对公存款同城存取，开通电话银行、网上银行。1997 年，全市办理金融机构往来 14986 笔、联行往来 84749 笔、同城票据交换 49835 笔，金额 34.93 亿元。

1998 年，全市金融机构疏通结算渠道，同城票据交换数据及电子汇划数据达到实时到账。1999 年，各商业银行拓展票据承兑贴现业务。2000 年，市人行开通电子联行业务“天地对接”系统，每笔异地汇款只需数秒钟就可到达解付地。市工行开通综合业务系统处理对公及个人业务，实现全部主营业务全国联网。市农行开通银证转账业务、实时汇兑业务系统。市中行首家开通外币全国电子汇兑业务。市建行开发龙卡、银证通、速汇通、缴费通等 30 多个金融电子化产品。市兴业银行开通网上银行（在线兴业）系统。市农信社实现储蓄和对公业务电子化。市邮政储蓄开通邮政、汇兑系统两网互通工程。当年，全市办理同城票据交换 77600 笔，金额 59.94 亿元。

2005 年，市人行“大额支付系统”和“小额支付系统”正式运行。2006 年，全市办理票据交换 149734 笔，金额 74.4 亿元。2007 年，辖区银行业金融机构共办理现金结算业务 244821 笔，金额 431.9 亿元。其中银行汇票 87 笔，金额 0.96 亿元；银行承兑汇票 1851 笔，金额 19.99 亿元；商业承兑汇票 289 笔，金额 1.49 亿元；转账支票 101690 笔，金额 191.86 亿元；汇兑 133757 笔，金额 205.14 亿元；委托收款 4791 笔，金额 12.25 亿元；小额支付系统定期借记业务 2262 笔，金额 2069.3 万元；定期贷记业务 94 笔，金额 6.44 万元。

第五节 外汇

一、出口收汇核销

1993年，龙海出口收汇发单2274份，收单2179份，核销1843笔，金额5073.73万美元。1994年后，全市出口收汇核销逐年增长，1994年为5429.31万美元，1999年为9831万美元，年均增长额为1100.42万美元。2000年，出口收汇核销首次超1亿美元，为11743万美元。2001年8月1日，龙海市启用“口岸电子执法系统”，规范出口收汇核销工作，加快出口企业的收汇速度，防止出口逃汇；2003年10月，规范“出口收汇核报系统”的核销数据传送及退税数据使用。2007年，龙海市出口收汇发单18251份，核销17722份，金额64803万美元，核销率99.84%。

二、结售汇

1996年7月1日，龙海市经营外汇业务的银行实施结汇、售汇及付汇管理规定，市人行于1996年底在辖区内结束外汇调剂工作，实现人民币经常项目可兑换。资本项目开放程度有限，资本项目还没有完全可兑换。1997年，全市结汇6476万美元、售汇714万美元。1999年，中国人民银行和国家外汇局取消对外汇指定银行县级和县级以下支行办理资本项目外汇业务的资格，通过市人行批准，市中行恢复办理资本项目外汇业务；当年全市结汇7099万美元、售汇1469万美元。2004年，国家外汇局规定外商投资企业资本金结汇金额超过20万美元，企业须提供书面支付命令，20万美元以下（含20万美元）提供用途明细单，全市进一步规范办理程序；当年结汇30733万美元。2005年，龙海市扩大对客户远期结售汇业务和开办人民币与外币掉期业务；当年结汇44989万美元。

2007年末，全市结汇54414万美元。其中，经常项目结汇42500万美元（货物贸易40258万美元、服务贸易539万美元、收益和经常转移1703万美元）；资本项目结汇11535万美元（直接投资9937万美元、其他1598万美元）。全市售汇13140万美元。其中，经常项目售汇12419万美元（货物贸易10745万美元、服务贸易745万美元、收益和经常转移929万美元），资本项目售汇721万美元（直接投资90万美元、国内外汇贷款92万美元、其他539万美元）。

1997—2007年龙海市结售汇情况表

表13-2-2　　单位：万美元

项目＼年份	1997	1998	1999	2000	2001	2002	2003	2004	2005	2006	2007
结　汇	6476	6154	7099	9555	12715	167610	20423	30733	44989	48320	54414
其中：资本金结汇	1113	818	209	1351	2588	3813	3047	4026	8441	9665	9937
售　汇	714	2743	1469	2683	3920	9927	14180	16735	8448	5631	13140

三、外汇存贷款业务

（一）外汇存款

1993年，龙海市外汇存款457.69万美元。1994—1997年，全市外汇存款逐年增长，1997年末，外汇存款余额1354万美元。1998年，外汇存款有所下滑，存款余额1338万美元。1999年，外汇存款余额1702万美元。2000年，外汇存款增长幅度较大，存款余额3076万美元，比上年增长80.73%。2001

年，外汇存款余额 2518 万美元。2002 年，外汇存款余额 3134 万美元。2003—2005 年，外汇存款余额又回落到 2300 万美元至 2800 万美元之间。2006 年，外汇存款余额 4091 万美元。2007 年，全市外汇存款余额 3337 万美元。其中，单位活期存款 1099 万美元（中资企业存款 51 万美元、外商投资企业存款 954 万美元），单位定期存款 1325 万美元（中资企业存款 200 万美元），储蓄存款 885 万美元（定期存款 517 万美元）。

（二）外汇贷款

1993 年，龙海市外汇贷款 88 万美元。1994—1999 年，全市外汇贷款逐年增长，至 1999 年，外汇贷款余额 1308 万美元。2000—2001 年，外汇贷款均出现负增长，分别减少 392 万美元和 197 万美元。2002 年，外汇贷款余额 1049 万美元。2003 年，外汇贷款余额 7607 万美元，比上年增加 6558 万美元。2004 年，外汇贷款余额减少到 2265 万美元。2005 年、2006 年，外汇贷款余额分别为 1855 万美元、1686 万美元。2007 年，全市外汇贷款余额 5720 万美元。其中，外商投资企业短期贷款 3967 万美元，外商投资企业中长期贷款 470 万美元。

1993—2007 年龙海市外汇存贷款余额情况表

表 13-2-3　　单位：万美元

项目＼年份	1993	1994	1995	1996	1997	1998	1999	2000	2001	2002	2003	2004	2005	2006	2007
存款	457.69	595.68	984.73	1083	1354	1338	1702	3076	2518	3134	2383	2760	2434	4091	3337
贷款	88	470	771.8	962	958	1174	1308	916	719	1049	7607	2265	1855	1686	5720

第六节　中间业务

一、代发工资

1993 年，市工行、兴业行开办代发工资业务。当年，市工行代发工资总额 4470.24 万元。1994 年，市工行为 564 个单位代发工资 4716.1 万元，1995 年代发工资 6651 万元。1997 年，市农行、中行、建行先后开办代发工资业务，均实行免费服务。2000 年，市工行为 321 个单位代发工资 11448 万元。2000 年、2001 年，市建行分别为 60 个单位和 55 个单位代发工资；市农信社为 3400 个单位代发工资 6096 万元。2007 年，市工行代发工资 11000 万元；市中行代发工资 65986.73 万元；市建行代发工资 482.5 万元；市农行代发工资 12000 万元。

二、代收业务

（一）代收水电费

1996 年，市建行开办代收 14284 户水费业务。1997 年，市工行、农行开办代收电费业务。1998 年，市工行代收电费 14460 万元，市农行代收电费 3300 万元。1999 年，市工行为 32000 个用户代收电费 15600 万元。2001 年，市农信社浮宫分社每月代收 1000 多户水费 110 万元、电费 60 万元。2002—2006 年，市工行代收电费 180000 万元。2007 年，市工行和市农行代收电费均为 15000 万元，市建行代收水费 203.74 万元。

（二）代收电话费

1999 年，市农行开办“联通”“八闽通”电话费代收业务；市工行开办代收“八闽通”电话费业务。2000 年，市农行增加代收电信固定电话费和移动通信公司电话费业务，市农信社开办代收电信局和移动通信公司电话费 8432 笔 87.39 万元、手机话费 432 笔 9.44 万元；市建行开办代收 12366 部电话费。2001 年，市兴业行开办代收电话费业务。2002 年、2003 年，市建行分别代收 6800 部和 2755 部电话费。2007 年，邮政储蓄专柜开始代收电话费。

（三）代收学杂费

1997 年，市工行开办代收学杂费 1000 万元。1998—2004 年，市工行每年代收学杂费均在 3000 万元以上。2004 年，市中行开办代收厦大嘉庚学院学杂费 1000 万元。2005 年，市工行代收厦大漳州校区学杂费 8400 万元。2007 年，市中行代收学杂费 2 亿元。

（四）代收行政处罚费

1995 年，市工行、农行、中行、建行、兴业行先后开办代收行政处罚费，其中市工行代收行政处罚费 106.1 万元。1997—1998 年，市工行代收行政处罚费 103.68 万元。2000 年，市农信社石码桥口分社代收行政处罚费 21446 笔 85.37 万元。2007 年，市金融机构代收行政处罚费 868.53 万元。

（五）代收税款

1993 年，全市银行机构代收税款 1501 万元。2005 年，市建行办理税库横向联网签约 100 余户，月代扣税 6000 余万元。2006 年，全市通过银行机构税库横向联网市地税局缴税的申报户数 1150 户，成功划缴 24913 笔，划缴税款 18780 万元，占税库行横向联网系统运行以来各项收入 70%。2007 年，完成代收税款 24075 笔 7888 万元。

三、代理业务

（一）代理保险业务

1996 年，龙海市各银行陆续开展代理保险业务。当年，市工行代理寿险保费收入 70 万元。1997—1998 年，市农行先后与中国人寿龙海市支公司、市人保财险公司签订代理协议，代理保费收入 190 万元。1999 年，市建行开办代理保险业务。

2001 年，市邮政储蓄专柜代理平安、人寿、太平洋险种保费收入。2002—2004 年，市工行代理国寿鸿泰两全保险保费收入 719.95 万元。2007 年，市建行代理保费收入 33.3 万元、市工行代理寿险保费收入 463.8 万元、市农行代理寿险保费收入 643.7 万元；市中行代理多家保险业务，保费收入 71 万元；市农信社代理安贷宝保险保费收入 165.65 万元。

（二）代理基金业务

2001 年，龙海市各银行陆续开展代理基金业务，其中市农行开始代理 4 只基金，发行金额 50 万元。2002 年，市中行开始代理易方达、嘉实等基金，发行金额 702 万元；市工行代理基金发行 400 万元；市建行代理基金发行 29602 万元。

2003—2004 年，市工行代理 6 只基金，分别发行金额 794 万元和 970 万元；市建行代理基金分别发行金额 437 万元和 570 万元。

2007 年，市农行代理 93 只基金，发行金额 4104.45 万元；市建行代理 120 只基金，发行金额 13000 万元；市工行代理 6 只基金，发行金额 17000 万元，占漳州工行系统发行总额 12%；市中行代理 156 只基金，发行金额 45739 万元，占漳州市中行系统发行总额 22%。

（三）代理发行国债

1993 年，龙海市国债发行由境内各商业银行承购包销为主。1994 年，龙海市发行凭证式国债，对象以城乡居民和各类投资者为主，全市发行国库券 2079.7 万元，并兑付国债本息 309.37 万元。1997 年，全市发行国库券 4070 万元，兑付 80 万元。

1998 年，全市发行国库券 1023 万元，兑付 46 万元。1999 年，停止发行实物券国库。当年发行凭证式国债 216 万元。2000—2001 年，共发行国债 1234 万元。

2002—2007 年，共发行国债 4269 万元。15 年间，市商业银行共代理发行国债 15869 万元，累计兑付国债本息约 525 万元。

2001—2007 年龙海市银行业金融机构中间业务收入情况表

表 13-2-4　　　　单位：万元

年份	工行	农行	中行	建行	兴业行	农信社
2001	23	55.6	—	100.44	5.29	—
2002	60.5	73.25	322.12	201.17	7.53	—
2003	90	82.61	335.23	230	60.59	—
2004	251	277	448.38	363	103.73	—
2005	310.6	328.67	644.65	283	53.32	—
2006	409.7	533.46	729.8	318	79.73	—
2007	741.1	685.87	1412.67	619.82	275.76	74.92

第三章　保险业

第一节　险种和收入

一、险种

（一）财产保险

1993 年，市人民保险公司以企业财产保险为主要业务，包括企财险、家财险、工程险、货运险、责任险、农业险、涉外险、机动车辆保险 8 大类 50 多个险种，其中机动车辆保险承保面达 100%。针对“三资”企业数量扩大，消费者保障需求增强，新增雇主责任险、建工险附加第三者责任险等业务。

1996 年，市人保财险公司开办企业财产险、家庭财产险、钞票险、车险（汽车险、拖拉机险、摩托车险）、船舶险、渔船险、货运险、农业险、种植险、水稻险、出口远洋险、进口险、涉外非水险等险种。1997 年起，增办责任保险、信用保险、建筑工程险。2002 年，市人保财险公司开展汽车消费贷款保证保险、医疗责任保险；平安财险龙海营销服务部开办财产险、车险、意健险（人身意外伤害险和健康险的综合简称）3 大类；太平洋财险龙海支公司开办机动车辆险、企业财产险、意外伤害险、船舶家庭财产险等险种。2003—2005 年，市人保财险公司对原有经营险种进行调整，经营险种有机动车辆险、企事业财产险、家庭财产险、责任险、信用险、人身意外伤害险、货运险、农业险、工程险 9 大类。

图 13-6　市人保财险业务办理（人保财险公司提供）

2007 年，市人保财险公司增办农村住房险、渔船渔工责任险等政策性保险项目。共有 63 种险种。平安财险龙海支公司经营 200 种险种。太平洋财险龙海支公司主要经营 20 种险种。

（二）人寿（身）保险

1993 年，市人民保险公司开办简易人身保险、子女教育婚嫁金保险、少儿两全保险、个人养老金保险、学生平安保险、团体人身保险、老人平安保险等 14 种险种。1994 年，开办福寿安康保险。1995 年，开办农民养老保险。

1996 年 9 月，中国人寿龙海市支公司除继续经营原市人民保险公司的寿险外，还引入寿险营销模式，新开办 88 鸿利、99 鸿福、66 鸿运 A 型、66 鸿运 B 型、重大疾病定期保险、重大疾病终身保险、鸿寿养老金、少儿教育金 8 种个人寿险营销险种，停办老人平安保险业务。1997 年 11 月，原旧版长期人寿保险一律停办，停办险种的保险责任、续期缴费业务依然由中国人寿承担，直至保险期满；12 月开办 97 版长期寿险 88 鸿利终身保险、99 鸿福终身保险、66 鸿运 A 型保险、66 鸿运 B 型保险、重大疾病定期保险、重大疾病终身保险、鸿寿养老金保险等 13 种新险种。1998 年 9 月，原 97 版长期人寿保险险种一律停办，10 月开办 66 鸿运（A 型）、88 鸿利终身保险、99 鸿福终身保险、重大疾病终身保险、66 鸿运（B 型）、鸿寿养老金 6 种 98 版长期人寿险种。1999 年 6 月，原 98 版长期人寿保险险种停办，7 月起公司一改以往的储型险种，推出保障型险种，有安居定期险、附加期险（A 型），附加定期保险（B 型）、康宁终身保险、康宁定期保险、祥瑞还本终身保险等 12 种；10 月起重新开办国寿学生、幼儿平安保险等 27 种短期性人身险险种。2000 年，开办国寿 99 鸿福两全保险、国寿团体年金、国寿关爱女性疾病 3 种长期险险种。2001 年，开办国寿鸿福相伴两全保险（分红型）、国寿鸿寿年金险。

2002 年，中国人寿龙海市支公司开办国寿鸿泰两全保险。平安人寿龙海营销部开办分红险、万能险、少儿险、养老险、医疗险、保障险等险种。太平洋人寿龙海营销部开办人寿保险、年金保险、健康保险、意外伤害保险等险种。

2003 年，中国人寿龙海市支公司开办 4 种分红型保险。同年开展旧版业务转退保工作，把原来保障低、交费繁琐的简易人身保险，经与被保险人协商同意后转化为保障较高的医疗保险或其他分红保险；2004 年，中国人寿龙海市支公司开办国寿金鑫两全保险、机动车驾乘人员意外伤害保险；2005 年，开办国寿鸿两全保险、国寿鸿鑫两全保险、国寿鸿宇两全保险、国寿永泰团体年金保险 4 种分红型险种；2006 年，开办国寿美满人生年金保险、国寿美满一生年金保险 2 种分红型险种。

2007 年，中国人寿龙海市支公司共经营人寿保险、年金保险、健康保险、意外伤害保险等 70 多种险种，其中当年新开办有国寿新简易人身两全保险等 5 种险种。平安人寿龙海营销部经营 41 种险种。太平洋人寿龙海营销部经营 13 种险种。

二、收入

（一）财产保险

1993 年，市人民保险公司保费收入 1800.03 万元。1994—1995 年，对已承保的个私企业进行安全检查，要求安全设施不符合规定、事故隐患大并未进行整改的企业退保，共退保 30 多家个私企业；对机动车辆采取成数、限额、验车承保，对高保额的车辆进行重点跟踪，对易失窃的摩托车、微型工具车不承保失窃险，对赔付率较高的用车单位进行效益考核。两年财产保险保费收入分别为 1728.65 万元、1284.65 万元。1997 年起，规定全市市直机关车辆统一向市人保财险公司投保，全年各险种保费收入为 1530 万元，获得保险保障的财产总额 23.8 亿元。1998 年，获得保险保障的财产总额 26.4 亿元，保费收入 1854 万元。1999 年、2000 年，获得保险保障的财产总额分别为 22.5 亿元和 17.5 亿元，保费收入分别为 1614 万元、1726 万元。

2002 年，市人保财险公司各项保费收入 1804 万元。其中，通过银保合作收取汽车消费贷款保证保险保费 5 万元、机动车险保费 35 万元，医疗责任保险保费 20 万元；参与交警部门进行的摩托车下乡年检，收取摩托车保险保费 10 万元。同年，太平洋财险龙海支公司保费收入 85 万元。2003—2005 年，市人保财险公司保费收入逐年递增，年均增长 639.33 万元。太平洋财险龙海支公司保费收入分别为 98 万元、

145 万元、181 万元。2006 年，市人保财险公司保费收入 2455 万元、太平洋财险龙海支公司保费收入 202 万元。

2007 年，市人保财险公司保费收入 3557 万元，同比增长 44.8%。人保财险招商局开发区支公司收入 1143 万元。太平洋财险龙海支公司保费收入 305 万元。平安财险龙海支公司保费收入 750 万元。

（二）人寿（身）保险

1993 年，市人民保险公司寿险保费收入 1650 万元，其中简易人身保险保费收入 1057 万元、个人养老金保险保费收入 63 万元、子女教育婚嫁金保险保费收入 25 万元。1994 年，保费收入 1690 万元，其中简易人身保险保费收入 914 万元、个人养老金保险保费收入 31 万元、子女教育婚嫁金保险保费收入 42 万元。1995 年，保费收入 1815 万元，其中简易人身保险保费收入 881 万元、个人养老金保险保费收入 21 万元、子女教育婚嫁金保险保费收入 59 万元、福寿安康保险保费收入 38 万元。

1996 年，中国人寿龙海市支公司保费收入 2630 万元，全年有 605 人次新投保营销险种，其中新单保费收入 72 万元。1997 年，保费收入 2927 万元，有 1830 人次投保营销险种，其中新单保费收入 230 万元。1998 年，保费收入 3427 万元。当年开始为在校学生办理学生幼儿团体平安保险，共有 108738 名学生幼儿投保，保费收入 217 万元；有 2430 人次新投保营销险种，其中新单保费 322 万元。1999 年，保费收入 2941 万元，有 2857 人次新投保营销险种，其中新单保费 428 万元。2000 年，保费收入 3452 万元，有 6479 人次新投保营销险种，其中新单保费 957 万元。当年为 124464 名在校学生办理学生幼儿团体平安保险，收取保费 211 万元。2001 年，保费收入 3535 万元，有 6794 人次投保营销险种。当年为 43510 名在校学生办理学生幼儿团体平安保险，收取保费 104 万元。2002 年，中国人寿龙海市支公司保费收入 4099 万元，有 3463 人次新投保营销险种；有 10070 名在校学生投保学生幼儿团体平安保险，收取保费 52 万元。是年，平安人寿龙海营销部办理保险 5855 件，保费收入 799.3 万元。2003 年，中国人寿龙海市支公司保费收入 5798 万元，同年办理旧保转保 6009 件，转保保费 569 万元。2004 年，中国人寿龙海市支公司保费收入 7094 万元，其中个险期交新单 1024 万元为漳州市国寿系统第一个期交保费突破千万元的公司。2005 年，中国人寿龙海市支公司保费收入 7115 万元。2006 年、2007 年，中国人寿龙海市支公司保费收入分别为 8175 万元、9738 万元。

2002—2007 年，中国人寿龙海市支公司与龙海辖区 46 个银行（包括邮储）储蓄网点签订保险代理协议，代理保费收入 5654 万元。

2003—2006 年，平安人寿龙海营销部共办理保险 18641 件，保费收入 3497.6 万元；2007 年，办理保险 4501 件，保费收入 1269.3 万元。

第二节　理赔

一、财产保险

1993 年，市人民保险公司支付各类财产赔款 314.94 万元。1994 年、1995 年，市人民保险公司分别支付赔款 1377.09 万元、670.5 万元。

1996 年，市人保财险公司支付赔款 1212.76 万元。1997 年 5 月，龙海市遭遇暴雨洪涝和第 10 号台风袭击，受损严重，共支付赔款 1075 万元。1998 年 5 月，成立保险咨询服务中心，开通全省统一服务专线“96555”，加入龙海市“110”社会联动服务，24 小时接受保险咨询及出险报案。是年支付赔款 889 万元。1999 年 10 月，第 14 号台风正面袭击龙海，市人保财险公司接报案 239 起，支付赔款 1500 万元。2005 年，受第 10 号台风“珊瑚”影响，市人保财险公司共支付赔款 200 万元，全年支付各类理赔 1325.82 万元。2006 年，受第 1 号台风“珍珠”和第 4 号台风“碧利斯”影响，市人保财险公司共支付受灾赔款 200 多万元。全年支付赔款 1413.31 万元。

2007年，市人保财险公司推行理赔无忧、车险快捷服务，是年支付赔款1409.86万元。太平洋财险龙海支公司简单赔付率在当年保费收入的52%至55%之间。

1996—2007年中国人民财产保险龙海市支公司业务情况表

表13-3-1　　单位：万元

年份	保费收入	赔付金额	年份	保费收入	赔付金额
1996	1739.61	1212.76	2002	1804.00	886.49
1997	1530.00	1075.00	2003	1850.00	883.65
1998	1854.00	889.00	2004	3110.00	1011.80
1999	1614.00	1973.00	2005	3722.00	1325.82
2000	1726.00	540.00	2006	2455.00	1413.31
2001	1700.00	695.87	2007	3557.00	1409.86

二、人寿（身）保险

1993年，市人民保险公司办理1656件理赔案，支付赔款130万元；1994年、1995年分别办理1741件134万元、2211件219万元。

1996年起，中国人寿龙海市支公司按照"重合同、守信用"和"主动、迅速、合理、准确"的给（赔）付原则开展理赔、给付工作，及时进行查勘定损，做到大案7天赔付，小案当天了结。当年办理理赔案件2513件，支付赔款745万元，赔款数额为历年来最多。1997—2001年，共办理12766件，支付赔款1815万元。2002年，中国人寿龙海市支公司办理1802件，支付赔款394万元；平安人寿龙海营销部办理102件，支付赔款31.34万元。

2003—2006年，中国人寿龙海市支公司共办理5149件，支付赔款1880万元；平安人寿龙海营销部共办理理赔424件，支付赔款175.82万元，其间2005年办理165件、支付赔款73.34万元，2006年办理253件、支付赔款97.82万元。

2007年，中国人寿龙海市支公司办理1647件，支付赔款611万元；平安人寿龙海营销部办理361件、支付赔款169.58万元。

图13-7　中国人寿现场理赔会（人寿龙海公司提供）

1996—2007年中国人寿保险龙海市支公司业务情况表

表13-3-2　　单位：万元、件

年份	保费收入				赔付	
	收入总额	其中			件数	金额
		普通寿险	年金寿险	意外伤害险		
1996	2630	1781	140	672	2513	745
1997	2927	1980	168	391	2634	522

续表 13-3-2

年份	保费收入				赔付	
	收入总额	其中			件数	金额
		普通寿险	年金寿险	意外伤害险		
1998	3427	2726	245	456	2667	444
1999	2941	2083	448	410	2482	449
2000	3452	2375	551	526	2534	178
2001	3535	2321	913	301	2449	222
2002	4099	3547	246	306	1802	394
2003	5798	5214	269	315	1815	413
2004	7094	6185	618	291	1661	509
2005	7115	6166	739	210	1673	469
2006	8175	6666	1279	230	1616	489
2007	9738	7053	2442	243	1647	611

第四章　证券和信托（拍卖）

第一节　证券业务

一、东兴证券业务

1995 年起，东兴证券股份有限公司龙海市营业部主要业务为证券经纪，包括证券代理买卖、代理还本付息、分红派息、证券代保管、鉴证、代理登记开户、证券投资咨询及中国证监会批准的其他业务等，委托方式有柜台委托、磁卡委托、电话委托、自助委托等。1995—1997 年，开办客户有 2302 户。1998—1999 年，开办客户 1091 户。2000 年，股票市场形势较好，龙海市投资户大量增加，开办客户有 2093 户。2001 年，开通网上证券交易，方便客户交易；6 月开展代办股份转让业务，全年有 1169 户客户开户。2002—2006 年，股票市场出现低迷情况，龙海开户数量大量减少，5 年开户数为 628 户。2007 年，股票市场回升，开户数迅速增加，为 2685 户。

二、华福证券业务

2006 年，广发华福证券有限责任公司漳州延安北路证券营业部龙海服务部为方便股民进行股票交易，完善设备，设立 60 个中小客户交易终端、大客户贵宾区 30 个电脑终端，与市中行、邮储、农行等配合开拓渠道营销工作。2007 年 12 月，推出“掌乐”手机炒股服务，以无线网络平台，向客户免费提供包括行情、交易、资讯等方面的服务。当年全市开户数 2500 多户，客户资产 1.1 亿元，实现利润 274 万元。

第二节　信托（拍卖）业务

1993—1996 年，龙海市贸易信托公司由计划经济向市场经济转型，由于信托业务难以开展，以出租店面维持企业生存。1997 年 9 月，龙海市召开会议专题研究依法规范拍卖市场，确定龙海市贸易信托公司整体转制为龙海市拍卖行。市拍卖行作为全市唯一合法的公物拍卖企业，拥有公物的拍卖权，以解决拍卖市场没有统一规范，行政执法部门查处的走私、罚没物品、冲抵税款、罚金物品存在未公开拍卖，分散处理的问题。1997—1998 年，市拍卖行举办拍卖会 20 场次，公开拍卖香烟、摩托车、字画、工艺品、汽车、轮船、机器设备、房产等，成交总额 830 万元。1999—2007 年，市拍卖行累计拍卖近 100 宗，成交总额 6959.53 万元。

第五章　金融监管

第一节　现金管理

1993 年，市人行执行“适度从紧的货币政策”，对在银行和其他金融机构开立账户的机关、团体、部队、企业、事业单位实行现金管理，一个单位只能在一家银行开立现金结算户，办理支取和缴存现金。开户银行对开户单位实行现金日常管理。市人行加强开户管理和监督检查，每年两次对开户银行、单位进行现金管理检查。当年，全市净回笼现金 4456.6 万元。

1994 年，龙海市加快经济发展步伐，消费基金过快增长，现金使用量迅速增加，全市净投放现金 25608.3 万元。当年，市人行对 193 家开户单位和 17 家金融机构进行两次检查，要求对存在的问题进行整改。1995 年，检查 24 家金融机构和 54 家开户单位现金管理执行情况，制定实施严控消费基金增长意见，统一金融机构现金管理规定，全市现金投放快速增长势头得到控制。当年，全市净投放现金 9077.8 万元，同比下降 64.55%。

1996—1997 年，由于全市基础设施建设和开发区建设投入力度加大，现金使用量增速明显加快，后石电厂等大项目使用现金近 4 亿元；全市净投放现金分别为 20082.3 万元和 23010.7 万元，同比增长 121.22% 和 14.58%。1997 年，开展 4 次现金管理检查，查出违规金额 796 万元，课以 2.95 万元罚款。

1998 年，市人行加强对信贷总量和现金投放量的监控管理，严格执行工资基金管理，严控大额现金支付，对企事业单位实行大额现金支付审批制度；当年全市净投放现金 18083 万元，同比下降 21.42%。

1999 年起，市人行重新核定开户银行、单位库存现金限额，组织超限额库存现金归行，建立规范、统一的大额现金报备制度和各行大额现金审批制度；至 2001 年共办理审批基本、临时、专用账户提现 1352 户。因招商局漳州开发区和角美开发区建设快速发展，贷款猛增，1999 年、2000 年、2001 年，全市净投放现金分别为 24220 万元、28326.51 万元、26526.28 万元。

2002 年，市人行完善大额提现的管理审批和备案制度，全市净投放现金 4778 万元，同比下降 81.99%。2003 年后，各家银行完善大额现金审批制度，现金管理工作基本实现制度化、规范化，现金净投放转为净回笼。2007 年，市人行净回笼现金 321 万元。

1993—2007 年龙海市金融机构现金收支及投放回笼情况表

表 13-5-1　　单位：万元

年 份	现金总收入	现金总支出	当年	
			现金投差（+）	现金回笼（-）
1993	407199.60	402743.00	—	4456.60
1994	601048.60	626656.90	25608.30	—
1995	820858.00	829935.80	9077.80	—
1996	881957.40	901039.70	19082.30	—
1997	984764.50	1005775.20	21010.70	—
1998	1337291.00	1355374.00	18083.00	—
1999	1499640.00	1523860.00	24220.00	—
2000	1620266.82	1648593.33	28326.51	—
2001	1783026.72	1809553.00	26526.28	—
2002	2288015.00	2292793.00	4778.00	—
2003	2848867.00	2847435.00	—	1432.00
2004	3549974.00	3549527.00	—	447.00
2005	3584161.93	3583728.75	—	433.18
2006	4203277.00	4203087.00	—	190.00
2007	4655966.00	4656287.00	—	321.00

第二节　金融市场管理

一、查处假币

1993 年，全市收缴假币 381915 元，其中破获贩卖假币案件 3 起，缴获假币面额 318750 元。1994 年收缴 101145 元。1995 年收缴 21840 元。1996 年，破获贩卖假币案件 1 起，缴获假币面额 75930 元；全年收缴假币 92550 元。1997—1998 年，共收缴假币 55620 元。1999 年版第五套人民币发行后，社会上贩卖假币活动比较频繁，在每年 5 月组织全市金融机构开展“反假”宣传活动，增强社会公众防假、识假、反假意识；举办收缴假币业务人员上岗资格培训。全年收缴 190000 元。2000 年，全市破获贩卖假币案件 9 起，缴获假币 1631150 元；全年收缴假币 1675712 元。2001 年、2002 年分别收缴 153600 元、180600 元。2003—2006 年，全市收缴假币分别为 81195 元、77665 元、42225 元、62770 元。2007 年，全市银行柜台共收缴假币 96530 元。1993—2007 年，全市累计收缴假币 3213367 元。

二、金银加工业管理

1993 年，全市有 2 家金银饰品销售点，市人行年度检查金银饰品销售点时，查获走私黄金 1701 克、白银 8950 克、银圆 18 枚、假银圆 2496 枚。1994 年，全市接受申请金银加工个体户 7 家，已办理临时经营金银业务许可证 3 家，取缔 2 家无证经营商店。1995—1997 年，市人行对全市个体金银加工户从业人员进行业务培训和金银管理法规考核，经市人行审批，给予办理“个体经营代客加工金银许可证”。1997年，全市有5家个体金银加工户办理许可证。1999年，市人行协同公安局、检察院、法院、工商局等部门开展检查，共扣留走私物品8条金项链、5条银项链、1条银手链。2000年，全市共有18家个体金银加工户办理许可证。2001年11月1日，取消黄金制品零售业务许可证管理制度，实行核准制。个体工商户代客维修以旧换新业务无须核准，直接由工商行政管理机关按有关规定办理营业执照。

三、规范金融秩序

（一）利率监管

1993年，市人行加强对储蓄存款中的公款私存、违规开办有奖储蓄业务，以及以支付手续费变相提高利率等行为的监管，查处10家银行提高委托信托存款利率而多付利息18149.84元。1996年，开展30次利率检查，查处违规吸储、高付手续费的金额610.9万元，责令停止违规行为课以5万元罚款。1997年，查处2家金融机构揽储搞搭配奖品的行为，没收奖品价值2905元。2003年，健全利率水平监测和信息通报制度，加强利率风险管理。2004年后，仅进行利率相关监测分析，不再履行日常检查活动职能。

（二）账户监管

1995年，市人行将企事业单位的存款账户分为基本、一般、临时和专用4种，在各银行开立账户实行开户许可证制度。当年，清理单位结算账户2873户，裁定确认基本结算账户908户、专用结算户131户、一般结算账户29户、临时结算账户3户，建立账户管理数据库。1997年，开展账户管理检查，查出无证户101户，课以4.4万元罚款。受理结算举报3次，查处结算违规10笔，处以5863.28元罚款。1998年，调查清理3家城市信用社账户办证情况，规范完善其账户管理；开展对石码地区金融机构账户检查，处理久悬户、无证户及修改变更账户名称、账号等情况，健全全市账户管理数据库。

2005年4月18日，市人行的人民币银行结算账户管理系统正式运行。当年清理核实单位结算账户4332户。2006年，撤销单位结算账户495户。2007年末，全市有结算账户1624510户，其中单位结算户6353户、个人结算户1618157户。

（三）外汇监管

1997年，市人行开展外汇检查，对不办理审批手续而擅自为企业开立外汇账户的金融机构，处以罚款3.1万元。1999年，打击外汇黑市，没收非法所得计人民币9000元，并通过地方电视台进行宣传报道。2007年，在现场延伸检查中，查清辖区某公司资本金结汇后发生一笔人民币流向证券公司的事实，及时将案情上报并得到处理。

（四）清理整顿农村合作基金会

1993年5月3日，龙海县成立农村合作基金会联合会。1995年，全市有农村合作基金会154家，其中市级1家、镇级11家、村级142家，累计发放借款4亿元人民币。由于基金会经营管理不到位，不能按时偿还群众到期股单，扰乱金融秩序的弊端日益显现。1996年，市人行对农村合作基金会进行3次调查，发现农村合作基金会存在违规面向社会办理存贷款金融业务，存在以股金变相吸存、以资金互助变相贷款等8个问题。1997年，龙海市成立清理整顿领导小组，制定清理整顿工作方案。1998年，龙海市召开清理处置农村合作基金会动员大会，组成由近2000名市、镇、村级干部参与的19个工作组，对全市130家农村合作基金会（总筹资金额44665万元、发放借款总额45785万元）进行清理整顿。1999年12月12日，农村合作基金会全面实行“两停一缓”（停止吸收存款、停止发放贷款、暂缓支付各项存款）。截至2000年底，全市基金会共起诉逾期借款478起、标的3561万元，执结221件、标的1337万元；查封财产1000余万元；人事自动离职处理2人，实行停职停薪追讨欠款126人，移送司法机关依法立案查处6起10人；共清收基金会各种欠款21230万元，占清理整顿前筹资总额47.5%。同时，市财政向中央借出专款，兑付群众个人存款23220万元，占应兑付总额99%。2001年2月，全市农村合作基金会实现整体清盘关闭。各乡镇组建13个清欠专业队118名队员继续清收欠款偿还中央专项借款。截至2007年底，全市清偿入库3224.43万元。

（五）企业债券管理

1993 年，市人行对未经批准擅自集资的 29 家企业进行检查，集资额 1236 万元；通过宣传金融政策、法规，3 家企业清还集资款，6 家企业提出补办审批手续，13 家企业申请发行企业内部短期融资券。批准海新实业有限公司向社会发行 150 万元企业短期融资券，至年底共批准 37 家企业发行内部债券，融资 768.9 万元。1994 年，根据国务院取消企业内部集资的决定，调查清理 1993 年辖区内未经批准、擅自搞内部集资的 9 家企业，集资额 561 万元。1999 年，市人行协助龙海市路桥公司发行 5000 万元企业债券。2000 年后，全市没有再发行企业债券。

四、防范和化解金融风险

（一）金融债权管理

1996 年，龙海市成立信贷资产保全领导小组，协调全市各金融机构共同做好信贷资产保全工作。1998 年，针对市造纸厂悬空市工行贷款本息 3150 万元，龙海市指定有关部门落实这项债务工作。当年敦促依法收贷执行案 98 件，收回资金 1427.3 万元。1999 年，市人行开展“清非百日行”活动，累计清收不良贷款 5486 万元，通报逃废债企业 65 家，逃废金额 6874 万元。2000 年，与市法院联手开展金融执行月活动，收回欠款 609.8 万元，查封 5 家贷款担保单位厂房、机器设备、店面等财产（评估价值 1004.7 万元），督促 4 家借款人制订本金 156 万元还款计划。

2001 年，制定龙海市落实维护金融债务七项制度，组织对重点逃废行、社信贷资金债务企业和个人的清理；将 139 户的“黑名单”录入银行信贷登记咨询系统，并采取行、社联合制裁措施；9 月开展依法清收大会战，确定清收企业和个人名单 150 户，金额分别为 2249.82 万元和 60 万美元。2002 年，通报逃废债企业和个人“黑名单”106 户，金额 24635 万元，并录入银行信贷登记咨询系统。当年，依法对赖账企业和个人起诉 45 起，收回贷款本息 221 万元。2003 年，与市法院配合，开展为期 2 个月依法收贷专项执行活动，集中清理金融部门胜诉未结执行案件，申报专项执行案件 36 个，标的金额 1635 万元。2004—2007 年，未执行相关债权清理活动。

（二）贷款证管理

1994 年，龙海市贯彻省实施的贷款证管理制度。1995 年 4 月，龙海市对企业推行贷款证管理制度。当年全市共发放贷款证申请表 1112 份，办理贷款证 999 户。1998 年，市人行开展贷款证年审换证工作，年审 600 户，对不按时办理年审的企业贷款证予以吊销；同年开展贷款证检查，对违反贷款证管理规定的 355 万元放贷，课以 5 万元罚款。2000 年，龙海市实施银行信贷登记咨询系统推广应用工作；当年实现与漳州市系统联网，全年配卡量 835 张，各金融机构入库信贷数据占同期信贷总量 90% 以上。2002 年，银行信贷登记系统与全国联网，龙海市进一步完善银行信贷登记咨询系统，借助开发“公告栏”和“企业大事记”等功能，通报逃废企业和个人“黑名单”，并采取联合制裁，发挥其在防范和规避信贷风险中的作用。2007 年，全市累计发卡 3628 张，其中有效卡 619 张。

图 13-8　市农行开展反洗钱宣传活动（市农业银行提供）

（三）反洗钱监管

2003 年，市人行开始履行反洗钱监管职能，举办金融机构从业人员反洗钱知识培训，建立反洗钱内控制度，明确报告办法和程序。2004 年，建立辖区金融机构反洗钱工作联动机制，在银行、信用社、保险机构开展反洗钱工作专项自查和抽查，对反洗钱工作存在问题提出整改意见。2005 年，核查辖区异常大额现金收取，举办反洗钱知识竞赛。2006 年，对金融机构报告的 4 笔可疑资金交易开展跟踪调查，对市建行等反洗钱工作现场检查，举办“打击洗钱犯罪，稳定社会经济”为主题的宣传活动。2007 年，市人行举办 1 场反洗钱法专题讲座，编发 4 期《龙海市反洗钱工作简报》。

（四）金融安全监测与预警

1999 年，市人行开始创建金融安全区，制定《龙海市创建金融安全区实施方案》，对行、社的资产状况进行动态监测，防范系统性风险。2000 年，把监管工作重点放在中小金融机构防范化解风险上，加强协调与敦促行、社落实风险防范和化险措施。尤其对信用社的资金头寸进行日监控，对其经营情况月考核，按季度通报。2001 年，建立辖区金融安全区创建联络制度，实行向市农信社派驻金融监管小组，开展“大干 50 天，打好清收攻坚战”活动，压缩不良贷款 808.8 万元，不良贷款率下降 4.92%。2002 年，市人行制定农村信用联社化险工作指导意见。当年，全市农村信用社不良贷款率下降 5.05%。2003 年，加强风险监测和预警工作，对不良贷款比例超警戒线的行、社，约见其主要领导，研究化解不良资产的对策意见。当年，全市人民币不良贷款率下降 6.25%，外币不良贷款率下降 24.18%。

2004 年，漳州银监分局龙海监管办事处采取“监管点面结合、引导与提示组合”的方式，践行银监会“管风险、管内控、管法人”监管理念，化解银行业风险，辖区国有商业银行、股份制商业银行不良贷款率下降 2%。2005 年，龙海出台《龙海辖区银行业金融机构营业网点内控建设、操作风险管理自我评价内部指引》《龙海辖区银行业金融机构营业网点安全防范自我评价内部指引》，规范辖区行、社内控建设，提高辖区银行业防控风险水平；组织银行业干部进行预防职务犯罪法制教育，加强警示教育；检查农信社清产核资、央行票据申请等工作，通过对农信社清产核资验收工作，农信社资产评级从 B 一级晋升为 A 一级；完成对邮储机构检查工作，就检查情况发出 3 份整改通知书，提出 26 条整改意见。是年，辖区农村信用社不良贷款率下降 6.85%。

2006—2007 年，各银行进行专柜视频监控设备数码化和安全防范设施改造工作，辖区银行网点全部实现“四化”（防范防弹玻璃化、报警联网网络化、运钞车标准部颁化、安保视频监控化），加强安全防范。其间，龙海邮储分局防范 2 起诈骗案，抓获 1 名犯罪嫌疑人；市农信社堵截 1 起虚假存款诈骗案件和 1 起持假币冒存案件。做好农信社专项中央银行票据发行试点工作，获准发行央行专项票据 2424.8 万元，用于置换不良资产，并完成农信社风险评价。两年，辖区内大型商业银行不良贷款率分别下降 2.06% 和 2.72%，农村信用社不良贷款率分别下降 1.53% 和 7.87%。

五、金融稽核与现场检查

1993 年，市人行开展 7 场缴存款专项稽核，追缴存款准备金 23.8 万元，追回财政性存款 93.5 万元；开展专项稽核，查处违规拆借资金 425 万元，超范围计付存款利息 2317.38 元，动用存款准备金 40 万元搞虚增存款等问题。1994 年，开展 16 场次现场检查，追回漏交存款准备金 134 万元，查出违规金额 1186 万元，课以 1.65 万元罚款，提出改进工作意见建议 43 条；开展综合大检查，查处超业务范围吸收存款 282.5 万元，对 4 家银行违反结算纪律规定作出罚款处理；对 3 家银行逾期贷款率在 26% 以上及 1 家城市信用社贷款质量较低问题提出督促改进意见。1995 年，开展 9 场现场稽查，查出金融机构违规金额 6428 万元，课以 0.8 万元罚款，提出工作改进意见 22 条。1996 年，开展 7 场稽核检查，查出违规金额 4639 万元，责令限期纠正，课以 0.56 万元罚款。1997 年，开展 10 场稽核，查出违规金额 1342.4 万元，课以 1.6 万元罚款，提出整改意见 49 条。1998 年，开展全市各商业银行、信用社信贷资产质量和信贷管理情况自查，抽查出不合规定的贷款余额 3795 万元，占检查贷款金额 1.86%，摸清行、社信贷资产质量状况，为辖区防范和控制金融风险提供可靠的基础资料数据。

2004 年，漳州银监分局龙海监管办事处配合省银监局完成 1 项抽查，配合漳州银监分局完成 21 项检查，自行开展 32 项检查。2005 年，配合漳州银监分局开展 6 场现场检查，与市人行对农信社的清产核资、央行票据申请跟踪检查工作，并对 24 个农信社代办站进行抽查。2006 年，配合市公安局进行营业网点安全保卫检查和抽查，分别检查 78 个营业网点和抽查 43 个营业网点。2007 年，先后配合省银行业安全大检查小组和漳州银行业金融机构安全大检查第一检查小组对辖区银行业营业网点安全保卫抽查，分别抽查8个和30个营业网点；配合市公安局对辖区（不包括招商局漳州开发区）银行业金融机构安全防范评估工作，完成85个营业网点的安全评估，合格率100%。

第三节　金融机构管理

一、机构市场准入监管

1993年，市人行对金融机构网点设置和调整申请及时审核上报。1998年，各商业银行按照经济、合理、精简、高效的原则进一步调整撤并营业网点，市人行加强对金融机构退出市场的审核管理，并对撤并搬迁工作进行全程监督。2003年12月，市人行监管职能剥离，由漳州银监分局龙海监管组负责对辖区银行业机构的监管，履行对全市银行业机构设立、变更、终止及业务许可事项进行初步审查工作；当年撤销信用代办站21个，批准同意变更营业地址的机构3个，终止营业的机构6个。2005—2007年，全市撤销信用代办站141个；批准同意变更营业地址的机构29个，其中大型商业银行20个、股份制商业银行1个、农信社5个、邮储机构3个；新设立营业机构7个，其中农信社5个、邮储机构2个；终止营业的机构有17个，其中商业银行10个、农信社7个；机构升格12个。其间，2006年市农信社完成统一法人机构改革。2007年，全市有1家政策性银行（农业发展银行）、6家大型商业银行（即1家工商银行、1家农业银行、1家中国银行、3家建设银行）、2家股份制商业银行（均为兴业银行）、1家邮政储蓄机构、1家农村信用社，有89个营业网点。

二、高管人员市场准入监管

1993年，市人行增加对金融机构主要负责人任职资格的审查内容。1996年，对34位科级以下金融机构负责人的变更进行任职资格审核，并办理变更手续。1997年，进行农村信用社和城市信用社负责人任职前审查和任职期间的考核工作。1998年，建立高级管理人员任前谈话、考试及任期考核等制度。2000年，开展对金融机构高级管理人员的民主测评工作。2002年，对37位金融机构高级管理人员任职资格进行审核，建立完善金融机构和高级管理人员档案。

2003年12月，漳州银监分局龙海监管组对辖区银行业金融机构的高管拟任人员任职资格进行初审，完成对农信社高级管理人员一次任职行为考核。2004年，初审农信社3名高管、核准3名高管、备案7名任职资格。2005年，实施《龙海市农村信用社高管人员年度任职行为量化考试暂行办法》，加强对农信社高管人员的履职行为监管。当年，对全市11名高级管理人员进行任职审核。2006年，根据实施的农信社高管人员年度任职行为量化考评办法，在漳州率先组织完成29位农信社高管人员2005年度履职行为量化考评，其中11人评为“符合”，12人为“基本符合”，6人为“警诫”。当年，完成17名农信社高管人员任职资格的初审。

图13-9　2005年农信社高管人员任职资格考评（市银监办提供）

2007年，正式实施《龙海市农村信用社高管人员年度履职行为量化考评办法》，漳州银监分局龙海监管办事处完成对农信社1名理事长、2名正副主任及14名基层社主任2006年度履职情况的考核。当年，组织对2名大型商业银行高管、1名农信社高管人员任职资格初审。

卷十四 财政 税务

CAI ZHENG SHUI WU

1993年，龙海市实行“划分收支、核定基数、定额缴补、增收多留、分类包干、自求平衡”的财政管理体制；对乡镇实行“定收定支、收支包干、定额上缴（补助）、逐年递增、超收（节支）全留、超支不补、一定三年”财政体制。1994年，实行新的分税制，为增加财政收入，龙海市注重发展税源，配合企业主管部门进行国有企业改制，加大扶持非公有制经济，实施“工业立市”战略，注重发展高新技术产业。同时为调动乡镇积极性，乡镇财政由原先的体制改为“划分税种、核定收支、超收分成、短收扣支、一定一年”，并适时进行调整；招商局漳州开发区除上缴中央部分和返还给纳税企业的部分税收外，全部自留，支持开发区发展。1995—2002年，又进行多次调整。2003年进行农业税改革，2005年全面取消农业税。随后，中央和省对税收政策不断进行调整。为扶持县级经济发展，省财政加大对县转移支付力度。同时，随着工业经济的快速发展，龙海市财政收入不断增加。2007年，财政预算内收入10.64亿元，比1993年的1.11亿元增加8.59倍。1993—2007年，财政预算内收入55.69亿元。

财政部门自身不断改革，加强财务管理，规范资金拨付方式，实行“收支两条线”，设立会计核算中心管理，以及财政纪检监督等，强化财政管理和监督；合理用财，逐年加大公共财政支出占总财政支出比重，以支农、科技、教育、卫生等方面支出为重点，保障惠及民生利益政策的落实。2007年，财政支出11.81亿元，比1993年的0.73亿元增加约15倍。1993—2007年，财政预算内支出54.37亿元。

1993年，龙海实施以“利改税”为中心的税制，税收收入8679万元。1994年，进行税收体制改革，实行中央与地方“分税制”。原市税务局分别组建市国家税务局和市地方税务局；建立以增值税为主的流转税制。分税制实施后，税务部门积极培植税源，按照政策对企业实施减免税等优惠政策，同时不断规范税收征管办法，完善电子化管理，依法征税。2007年，龙海市税收收入18.69亿元，其中国税征收12.78亿元、地税征收5.91亿元，比1993年增加约20倍。

第一章　财税体制

第一节　财政体制

一、县（市）级财政管理体制

（一）财政收支

1993年，龙海市实行“划分收支、核定基数、定额缴补、增收多留、分类包干、自求平衡”的财政管理体制。1994年1月，开始实行分税制财政管理体制，消费税和资源税归中央，增值税75%归中央、25%归地方，其他各项工商税、农业“四税”、企业收入等归地方。当年省政府出台城市“133”（增值税10%、营业税30%、所得税30%）上解政策。2002年，所得税调整为中央和地方5：5分成；省政府取消“133”上解规定，以2001年上缴数为固定基数，核定龙海市固定上缴基数5056万元；漳州市把后石电厂、福建统一马口铁厂和龙池开发区的税收收入划归龙海市管征，实行地方级税收两级财政各50%共享。2003年，所得税调整为中央和地方6：4分成。同年开展农村税费改革，停征除原木和烟叶以外的农业特产税、屠宰税。2004年，石油、烟草企业收入归漳州市征收；国家实行“出口退税”改革，以2003年为基年，增加量的25%部分由地方负担。2005年，全面免征农业税。

图 14-1　龙海市国税重点税源企业召开座谈会（市国税局提供）

（二）转移支付

2000年，福建省根据对县的政策调整，为解决各地经济发展的财力问题，加大转移支付力度。2002年，城市低保、农村低保等惠农惠民各项政策补助，省级补助80%、县级配套20%。2003年后，取消农业税和特产税，省财政给予补助。2005年，省政府出台对县（市）以粮食税收增长、粮食产量、消减赤字为依据的奖励政策，税收增长最高可奖励1000万元，并且从第二年开始，按奖励额的30%进基数。当年，龙海市因税收增长获省政府奖励1000万元，并且每年进基数奖励300万元。2006年7月起，公务员和事业单位工作人员调资增支部分，100%由中央补助，对龙海市每年补助5294万元。2007年，福建省对龙海的转移支付补助24689万元。

二、乡镇场与开发区财政管理体制

（一）乡镇场财政体制

1993年，龙海市对乡镇实行“定收定支、收支包干、定额上缴（补助）、逐年递增、超收（节支）全留、超支不补、一定三年”财政体制。1994年，进一步明确乡镇财政权责利，改为 “划分税种、核定收支、超收分成、短收扣支、一定一年”的财政体制。1995年，把“一定一年”改为“一定三年”。1998年，实行“划分收支范围、核定收支基数、逐年固定递增、超收比例分成、短收全额自负、一定三年不变”的财政管理体制，市财政把风险大的税种从乡镇收入基数中调减，提高乡镇超收分成比例，让出2000多万元帮助乡镇提高教师代课金、医药费和增人增资的支出定额标准。

2002年，龙海市对乡镇实行“定收定支、收入上缴、支出下拨、超收分成、短收扣支、一定一年”的财政管理体制。超额完成收入基数部分，市与乡镇分成，其中东泗乡、隆教乡超收全留，其余12个镇实行市与镇2 ∶ 8分成；没有完成收入基数，差额部分从当年经费扣减；特产税单列考核，超收部分市与乡镇2 ∶ 8分成。2003年，实行“划分收支范围、核定收支基数、增量分成、一定一年”的财政管理体制。以上年为基数，年地方级留成增量税收实行市与乡镇5 ∶ 5分成；隆教乡工商税收增量、东泗乡农业税和工商税收全额返还。同时，因农村税费改革的实施，对于乡镇财政实行转移支付补助。2004年，龙海市制定2004—2006年乡镇财政体制，在上年体制上新增“短收扣支”办法，对双第农场农业税收和地方工商税收全额返还；对角美工业综合开发区实行“核定收支、固定上缴、增量留用、一定三年”财政管理办法，以1997年上缴市本级财政分成269万元和2001年上缴省级支出基数745万元的合计数1014万元作为固定上缴基数，超基数部分全额留用，其他乡镇政策不变。

2005年，龙海市开展转变乡镇财政职能试点工作，推行“村财委托镇代理”“乡镇财税联席会议”“招投标管理”等制度。2007年，制定2007—2009年乡镇财政体制。角美工业综合开发区（角美镇）实行以2006年为基年，一定三年，地方级工商税收增量部分全额返还；其他乡镇场实行以2006年为基年，一定三年，环比增长；市与乡镇6 ∶ 4分成（除石码镇采取市与乡镇8 ∶ 2分成外），对隆教乡、东泗乡、双第农场的优惠政策不变；市与九湖工业园区、东园工业园区的经营性土地出让金实行2 ∶ 8分成。

（二）开发区财政体制

漳州开发区的财政体制　1992年，福建省人民政府颁发《招商局中银漳州经济开发区管理条例》，规定1992—1999年管委会所收税款，除应上缴中央部分和返还给纳税企业的部分外，全部自留；2000年开始，所收税款50%留给开发区(2019年以后年份30%留给开发区)。2000年，福建省政府将漳州开发区财政全留政策延续到2006年；2007年再次延续至2011年。

龙池开发区的财政体制　2002年10月，漳州龙池开发区实行贷款期内“划定区域、自收自支、滚动发展”的财政体制，征收的各项税金、非税收入、各项基金等地方留成收入全额留用，用于归还贷款。待贷款还清后，漳州市与龙海市实行5 ∶ 5分成。2003—2007年，税收由龙海市税务部门征管，地方税收及各项非税收入、政府性基金收入，在贷款期限内设立专户，封闭管理，用于还本付息。

第二节　税收体制

一、工商税制改革

1993年，龙海市继续沿用1991年国家以“利改税”为中心的对税制改革后的体制，税制体系由35种税组成，分为流转税类、所得税类、资源税类、特定目的税类、财产和行为税类、农业税类、涉外税类7个类别，税费征收由市税务局统一完成。1994年，国家实行分税制改革，改变原来的地方财政包干体制，实行分税制财政管理体制，建立中央税收体系和地方税收体系，并相应成立国税局与地税局，根据税制改革征收税费。同时对原有的税种进行分设、调整，统一内资企业所得税，开征统一的个人所得税，废止个人收入调节税和城乡个体工商户所得税，实行内外统一的增值税、消费税，改革营业税，取消工商统一税，开征土地增值税。新税制实施后，国家税务局征收7种税，地方税务局征收12种税和4种费金。1997年，国税和地税征管范围进行微调整外，税制基本稳定。国税、地税系统的机构设置、人员编制、干部管理、经费和税收业务实行垂直管理体制。2007年，市国税局征收税种不变，地税局征收11种税和5种费金。

二、农村税费改革

2003年，龙海市成立农村税费改革领导小组，开展改革试点工作，制定《清理整顿涉农收费切实减轻农民负担的实施意见》《农村税费改革转移支付办法》《在农村税费改革中积极推进农村义务教育均衡发展的意见》《村集体财务管理暂行规定》《一事一议筹资投劳管理办法》，并组织实施。通过改革，当年全市农村税费1022.7万元，比税改前减少11985.3万元；农民人均税费负担15.11元，比税改前减少177.09元，减负率92.14%。由于农村税费改革，镇村收入减少，为确保乡镇机构、村级组织正常运转和农村义务教育经费的需要，福建省拨付3018万元予以补助。

2004年，龙海市免征耕地种植水稻农业税，免征394万元。核实清退2003年度已收取的乡统筹、村提留费。当年获得农村税改转移支付省财政补助5056万元，全市实际拨付5474.82万元。2005年，全面取消其他粮食作物农业税，农民从事农作物生产不再交纳任何税费，再减轻农民负担800万元，全市共免征农业税、特产税和取消乡统筹、村提留费累计7700万元。同时，扩大乡镇财政转变职能试点工作，加强镇村两级的资金和集体资产的监督。当年农村税费改革转移支付5342万元。

2006年，实行专户直拨封闭管理方式，足额拨付税改转移支付补助资金7732万元。同年在龙海市管辖的4家国有农场开展农村税费改革，以农工愿意接受的方式把全年已收取的类似乡镇5项统筹的收费退还给农工，并争取转移支付补助78万元。全市上级专项税改转移支付资金5405万元。2007年，深化国有农场税费改革，对国有农场免除类似“乡镇五项统筹”予以补助，预算安排193万元对企业性质的国有农场予以农村“六大员”补助。全市税改转移支付资金补助16889万元。

第二章　财政收支

第一节　财政收入

一、预算内收入

（一）工商税收

1993年，龙海工商税收7300万元，主要增收集贸和个体户营业税470万元、涉外税收318万元、食品罐头工业增值税340万元及纸、陶瓷、建材等增值税128万元。1994年，注重寻找和培植增加财政收入的增长点和增收点，通过预算拨款、财政周转金和让利等形式支持企业，增强企业发展后劲，重点支持骨干企业加快技改步伐，提高经济效益，特别是支持发展技术点高、竞争能力强的乡镇企业，增加企业所得税收入。但因推行分税制财政体制，增值税、营业税均比上年减少，全年地方级工商税收5204万元，比上年减少2096万元。1995年，收入7170万元，主要增收先行工程、外来建安及非在管建安、个人建房及个人所得税等。1996年，收入8791万元。1997年，因企业及个人所得税增收，收入继续增长，为10261万元。1998年，收入12476万元，比上年增收2215万元，主要增收后石电厂建安税1174万元、税收清欠1431万元等；其他税收减少，其中企业所得税受金融危机影响大幅度减少，比上年减少收入724万元。1999年，因增收城市房地产税、海沧铁路角美段建安税、个体税收、企业所得税等，税收完成13304万元。

2000年，收入14745万元，比上年增加1441万元。2001年，收入15805万元，主要增收增值税673万元、个人所得税666万元。2002年起，因华阳电厂税收移交龙海市征管，以及国税局争取免抵调库指标调增、地税部门调整“双定户”的税收总额及改变核定征收户的核定方式，改为“定率”征收，工商税收逐年增长，且增长幅度较大。当年收入20831万元。2003年，龙海市“工业立市”战略的推动，工业经济迅速发展，企业所得税迅猛增长，以及开展税务稽查和清理欠税工作，加强房产税、个人所得税的专项检查，做好重点税源的跟踪工作，在餐饮服务业推行有奖定额发票，工商各税增长较快。当年收入27548万元，共增收6717万元。2004年，实行财税联席会议制度，推行税收收入预计考核制度，落实所得税征缴自查纠错与全面铺开重点稽查相结合的办法，打击偷逃税款行为。完成收入32849万元，比上年增收5301万元。2005年，加强对全市重点税源变化情况监控、预测分析和税收跟踪，强化房产税、土地使用税、资源税的征管；实现收入51729万元，比上年增收18880万元，为15年增长最多。2007年，收入77955万元，完成预算99.43%，增长31.33%，未完成预算的主要原因是华阳电业公司工商税收比预算减少2813万元。

（二）农业税收

1993年，龙海农业税收包括农业税、特产税、耕占税、契税，共收入1379万元。1994年，因农业税中的公粮提价、特产税中荔枝增收及加强商品房契税的管征，农业税收2569万元，比上年增加1190万元。1995年，收入3145万元，增收576万元，其中水果特产税增收166万元、耕占税增收308万元。1996年，因农业税中计税价格提高及海淡水养殖特产税增收，农业税收3802万元。1997年，农业税价格调低及耕占税中先行工程欠款，比上年减少207万元。1998年，因水果、蘑菇、水产品增收，农业税收比上年略有增长，为3814万元。1999年，强台风正面袭击龙海，造成农业减产减收，完成税收3792万元。2000年，因受1999年台风及霜冻影响，农业税收下降幅度较大，比上年减收1120万元，为2672万元。2002年，完成3694万元，比上年增收1022万元，主要是农税部门加强房屋交易市场管理，增收契税166万元；加大对龙池开发区大型项目的跟踪和历年尾欠的清收力度，耕占税增收647万元。2003年，开始农村税费改革，停征除烟叶及原木收购环节特产税外的其他农业特产税，农业税收减少，全年收入1769万元。2004年，落实耕地种水稻免征农业税394万元，加大对契税直征和耕地占用税管征，农业税收为2435万元。2005年，全面免征农业税，只征收耕占税和契税，其中契税采取直征方式，堵塞漏洞，增加收入，共完成收入1505万元。2006年，耕地占用税和契税合计2728万元；2007年为4036万元。

（三）企业收入

1993年，龙海企业收入308万元，其中国有资产经营收益330万元、企业计划亏损补贴负22万元。1994年，收入54万元，其中国有资产经营收益237万元、企业计划亏损补贴负183万元。1995—1996年，筹措生产周转金和专项拨款支持国有企业生产，同时对小型困难企业，因厂制宜地实行“三改”措施，促进转制摆脱困难；对扭亏无望的其他小型国有企业坚决采取“关、停、并、转”方式，减少国有资产流失，企业收入稳定，分别为956万元和835万元。1997年，收入460万元，其中国有资产经营收益480万元，企业计划亏损补贴负20万元。1998年，收入1498万元，其中国有资产经营收益1509万元，企业计划亏损补贴负11万元。1999—2001年，收入分别为2165万元、1564万元、1012万元；不再有企业计划亏损补贴。2002—2003年，没有企业收入。2004—2006年，企业收入分别为1000万元、920万元、8973万元。2007年，收入10270万元，其中国有资本经营收入9920万元、国有资源（资产）有偿使用收入350万元。

（四）其他收入

1993年，龙海市财政其他收入包括罚没及行政性收费、专项收入、列收列支等，当年收入为2089万元。1994年，其他收入2737万元，主要增加国有土地有偿转让收入。1995年，其他收入4044万元，比上年增收1307万元，其中增收罚没款140万元、城建配套费200万元、河沙专营100万元、土地收入317万元、计生收入138万元以及预算外384万元。1996年，其他收入8292万元，比上年增收4248万元，主要增收电力建设基金987万元、养路费681万元、农村教育附加500万元、国有土地出让1359万元、土地局配套费规划费等440万元等。1997年，收入5747万元。1998年，收入8424万元。1999年，收入增长幅度较大，为13453万元，增收5029万元，其中通行费纳入预算管理入库2317万元、土地收入373万元、清理行政事业单位预算外资金1200万元、政法部门增收720万元。

2000 年，收入 14111 万元，比上年增收 658 万元，主要增收收视费、人防费、运管费、政法部门罚没款。2001 年，收入为 12117 万元，减收 1994 万元，主要减少打击“六合彩”和公路整治违章行为的罚款。2002—2005 年，其他收入分别为 3680 万元、4189 万元、6065 万元、7500 万元。2006 年，罚没及行政性收费增加，收入 11466 万元。2007 年，收入 14102 万元。

1993—2007 年龙海市财政预算内收入完成情况表

表 14-2-1　　单位：万元

项 目	1993	1994	1995	1996	1997	1998	1999	2000	2001	2002	2003	2004	2005	2006	2007
预算内收入	11076	10564	15315	21720	20063	26212	32714	33092	31559	28205	33506	42349	61654	82523	106363
1. 工商税收	7300	5204	7170	8791	10261	12476	13304	14745	15805	20831	27548	32849	51729	59356	77955
增值税	2248	1450	1763	2108	2244	2641	2763	3295	3968	11606	15471	13357	25688	29141	33627
营业税	2674	1865	2297	3129	2773	4629	4934	4861	4579	4568	5226	7575	9620	12008	18345
企业所得税	160	472	595	403	1149	425	1157	2064	1943	951	3032	6897	8887	8335	11335
个人所得税	156	456	1538	2116	2687	3370	3202	3091	3757	1878	1662	2024	2632	3367	4504
城建税	208	309	343	313	319	319	353	396	395	443	484	615	999	1198	1688
其他工商税	1854	652	634	722	1089	1092	895	1038	1163	1385	1673	2381	3903	5307	8456
2. 农业税收	1379	2569	3145	3802	3595	3814	3792	2672	2625	3694	1769	2435	1505	2728	4036
农业税	602	1208	1214	1731	1244	1087	1009	853	573	889	615	735	—	—	—
特产税	604	837	1169	1470	1871	2313	1962	1369	1434	1374	14	2	—	—	—
耕占税	138	223	531	350	262	244	261	91	244	891	618	796	424	828	1000
契税	35	301	231	251	218	170	560	359	374	540	522	902	1081	1900	3036
3. 企业收入	308	54	956	835	460	1498	2165	1564	1012	—	—	1000	920	8973	10270
国有资产(资本)经营收益	330	237	976	855	480	1509	2165	1564	1012	—	—	1000	920	8973	10270
企业计划亏损补贴	-22	-183	-20	-20	-20	-11	—	—	—	—	—	—	—	—	—
4. 罚没及行政性收费	1239	1173	1242	1089	961	1221	1035	1543	1453	3285	3877	5468	6325	9484	12361
5. 其他收入	850	1564	2802	7203	4786	7203	12418	12568	10664	395	312	597	1175	1982	1741
其中：专项收入	128	147	214	222	236	306	305	317	319	385	298	585	768	1638	1705

注：1996 年属龙文区收入 3798 万元

二、上级补助收入

1993 年，龙海市财政的上级补助收入 1716 万元。1994 年，税制改革后，上级补助采取税收返还补助和其他补助，当年上级补助 1658 万元。1995—1999 年，上级补助共 10273 万元。2000 年，省财政厅对龙海市实行转移支付性补助，全年补助 2811 万元。2001 年，上级补助收入为 3768 万元。2002 年，上级补助收入负 3136 万元。2003 年，开展农村税费改革，省财政加大补助。是年，上级补助 12603 万元。2004—2006 年，上级共补助 60953 万元。2007 年，上级补助收入 38868 万元。

三、预算外收入

1993 年，龙海市财政预算外收入 5297 万元。1994—1995 年，预算外收入分别为 7080 万元、10043 万元，增长幅度小。1996年，乡镇自筹、统筹收入纳入预算外收入。当年收入24288万元，增收14245万元。1997—1999年，预算外收入出现负增长，3年收入分别为19526万元、16141万元、7791万元。2000年，收入比上年回升，为17873万元。2003—2005年，因部分项目收入纳入预算收入，以及取消一部分收费项目，预算外收入逐年减少，从7963万元减少到2526万元。2006年、2007年分别为3007万元、3071万元。

1993—2007年龙海市上级补助收入和预算外收入情况表

表14-2-2　　　　单位：万元

年 份	上级补助收入	预算外收入	年 份	上级补助收入	预算外收入
1993	1716	5297	2001	3768	11356
1994	1658	7080	2002	-3136	14452
1995	896	10043	2003	12603	7963
1996	2111	24288	2004	21620	3408
1997	2317	19526	2005	16907	2526
1998	1915	16141	2006	22426	3007
1999	3034	7791	2007	38868	3071
2000	2811	17873			

第二节　财政支出

一、预算内支出

（一）经济建设支出

1993年，龙海市经济建设支出844万元，其中城市维护费167万元，主要用于龙海县改市中的城镇基础设施支出；另外企业挖改资金120万元、支持农业生产557万元。1994年，继续投入120万元，重点扶持骨干企业搞好挖改工作，加快发展。当年，经济建设共支出933万元，其中支持农业生产656万元。1995年，支出1321万元，主要修建市区紫光路、紫崴路及龙浦路，完善市区保洁设备，其中城市维护费支出1059万元，比上年增加902万元。1996年，支出4244万元，比上年增支2923万元。其中基本建设支出1955万元，主要增加建设龙海宾馆、漳州驻京办购房、后石电厂配套工程；企业挖改资金350万元，增加电力建设150万元；支农支出556万元，用于建设海堤达标工程和海澄玉枕引水工程。

图14-2　水闸加固（市水利局提供）

1997—1999年，经济建设支出在11118万元左右，注重对企业挖改资金、科技兴农及桥闸等水利工程加固的投入。2000年，支出4334万元。其中，增加农业投入258万元，用于农业综合开发配套建设和低产果园改造；城市维护费增支618万元，主要增加重点工程利息支出和市政工程建设。2001 年，城市维护费及农业综合开发投入减少，当年经济建设支出 2913 万元，比上年减少 1421 万元。2002 年，支出 2562 万元。其中，农业支出 1484 万元，用于水库除险加固、中低产田改造、乡村供水工程建设，其他方面支出均比上年减少。2003 年，支出 5260 万元，比上年增加 2698 万元。其中，企业挖改资金 216 万元；农业支出 2203 万元，增加水库除险加固、乡村供水工程、农业综合开发、沿海防护林等项目的投入；城市维护费 2841 万元。2004 年，支出 4842 万元，继续保障对农业生产扶持，扶持角美、海澄、榜山、东园、浮宫、九湖 6 个乡镇工业园区建设。2005—2006 年，加大农业投入，重点用于改善农村基础设施和生态环境，支持农业产业化项目，帮助农民抗击台风等自然灾害及禽流感疫情，加强危险水库、水闸的除险加固和设施建设，建设“六千”水利工程，农业支出 7101 万元；两年经济建设共支出 30674 万元，其中城市建设支出 23323 万元。

图 14-3　花园式校园（程溪中学提供）

2007 年，经济建设支出 44624 万元。其中，基本建设支出 12472 万元，支持传统产业、优势产业和路桥、港口及城市基础设施建设；支出 5977 万元用于调动乡镇发展工业积极性；支出 472 万元，表彰经济建设功臣、纳税大户及工业项目建设突出的乡镇（场）、开发区及村（居）；支出 4841 万元支持农林水和气象事业发展；支出 1230 万元用于土地整治、农田发展和“六千”水利工程建设，改善农业基础设施。

（二）科教文卫事业费支出

1993—1996 年，龙海市科教文卫事业费支出 19610 万元，主要用于教育基础设施建设和设备添置，卫生设施建设和修缮、卫生系统人员经费的差额补助和公费医疗的保障支出。同时，不断加大科学、文化、体育、广播、电视等投入，保证各项工作正常开展。1997 年，支出 7566 万元，主要增加文教事业费支出 69 万元、增加公费医疗 163 万元及医院经费 50 万元。1998—2000 年，科教文卫事业费支出逐年增加，从 8679 万元增加到 8948 万元，主要增加教育设施维护、教师增资、卫生系统人员差额补助、公费医疗补助及计生经费等。2001 年，支出突破 1 亿元，为 10524 万元，主要增加教育事业费的支出，重点用于提高教师工资标准及对教育设施的投入。2004 年，科教文卫事业费支出提高到 13583 万元。2005 年，支出 18917 万元，比上年增加 5334 万元，重点用于加强基层防疫站的规范化、基层卫生院产房标准化建设、中小学危房改造和校舍新建。2006 年，支出 23513 万元，比上年增长 24.3%。其中，教育事业投入 18998 万元，为 15 年支持力度最大一年，用于对农村义务教育阶段贫困家庭学生“免杂费、免书本费、逐步补助寄宿生生活费”的支出，以及学校危房改造；支付计划生育事业费 1321 万元；支付科技三项费用和科普宣传经费 890 万元，推进科学成果引进和转化。

2007 年，科教文卫事业投入 29440 万元。重点支持改善科技创新条件和服务，以及技术研发；支持农村义务教育和农村中小学危房改造支出；医疗卫生投入 4076 万元，重点支持公共卫生、乡镇卫生院改造等。

（三）行政事业管理支出

1993 年，龙海市行政事业费支出 1788 万元，主要用于财政供养人员经费支出和政策性支出。随着财政供养人员的增加及工资福利制度的调整，及公务费的增支、设备购置，行政事业支出逐年增长。1997 年，增加到 4561 万元。1998 年，实行“零基预算”，加强行政事业支出管理，规范财政资金供给范围，完善会议费、旅差费、公务车辆经费及电话费支出范围标准及管理办法。当年行政事业费比上年减少，为 4216 万元。1999—2002 年，共支出 21245 万元，每年支出在 5200 万元左右，增加部分主要用于财政供养人员调资及完善办公设备。2003 年后，继续加强行政事业费管理，压缩事业费支出。但随着干部职工收入分配制度逐步完善，行政事业费支出逐年增长，当年支出 7315 万元。2004 年，实行税改后，因乡镇机关干部工资纳入国库统一支付，行政事业支出增加至 9903 万元。

2005 年，因恢复干部职工地方性补贴，支出增长幅度较大，全年支出 13547 万元，比上年增加 3644 万元。2006 年，支出 15594 万元，增加部分主要用于兑现干部职工工资改革调资部分和继续落实地方性补贴。2007 年，全市行政事业费支出 26548 万元。

（四）抚恤与社会福利救济保障补助支出

1993—1997 年，龙海市抚恤与社会福利救济保障补助共支出 1550 万元，主要用于民政优抚对象的抚恤、农村及其他社会救灾、自然灾害生活救济及城乡居民最低生活保障费等。1998 年，支出 2449 万元，主要增加行政事业单位离退休费保障支出，并建立农村最低生活保障制度，对家庭人均收入低于最低生活保障的农村贫困户给予补助。此后龙海市不断增加社会保障支出，提高社会保障标准，抚恤与社会福利救济保障补助支出逐年增加。2007 年，支出 12699 万元，主要是提高抚恤、农村最低生活保障、新型农村合作医疗财政补助等标准，以及国有企业下岗职工再就业补助。

（五）其他支出

1993 年，龙海市财政其他支出 1586 万元，其中政策性补贴支出 329 万元、专项支出 128 万元、其他 1129 万元。1994 年，支出 927 万元，比上年减少。1995 年，支出 3579 万元。1997 年，支出 7253 万元。2002 年，支出 750 万元，为 15 年最少。2006 年，支出 11381 万元。2007 年，支出 4828 万元。

1993—2007 年龙海市财政预算内支出决算情况表

表 14-2-3　　　　单位：万元

年份	支出						上解支出	净结余	年终滚存结余
	合计	经济建设	科教文卫	抚恤救济社会保障	行政事业费用	其他支出			
1993	7335	844	2927	190	1788	1586	3731	92	823
1994	9457	933	4514	273	2810	927	1748	101	481
1995	14454	1321	5382	306	3866	3579	2740	118	524
1996	20320	4244	6787	364	3948	4977	3098	126	908
1997	23400	3603	7566	417	4561	7253	3464	132	1062
1998	23403	3524	8679	2449	4216	4535	4551	138	1162
1999	29688	3991	8738	3297	5126	8536	4612	323	1909
2000	28796	4334	8948	3536	5590	6388	5096	329	3224
2001	26629	2913	10524	3841	5327	4024	5724	799	3386
2002	23783	2562	10839	4430	5202	750	9677	-3125	-959
2003	34039	5260	11462	4914	7315	5088	12956	-3008	2435
2004	44318	4842	13583	6489	9903	9501	20115	-3236	2087
2005	55969	7135	18917	8086	13547	8284	20475	-3049	4054
2006	83972	23539	23513	9945	15594	11381	18667	-2786	6214
2007	118139	44624	29440	12699	26548	4828	17303	-2500	15847
合计	543702	113669	171819	61236	115341	81637	—	—	—

二、预算外支出

1993年，龙海市预算外支出4498万元，比上年增加1455万元，主要用于新建6所中学380万元、工商部门市场扩建支出256万元、续建第一医院门诊110万元等。1994年，预算外支出5505万元，主要增加投资乡镇一级财政修缮费539万元、城建部门城市维护及设备购置234万元、修建校舍添置教学设备348万元、续建第一医院门诊楼190万元。1995年，预算外支出7756万元，主要为行政事业性支出，其中行政事业经费1488万元、交通部门路桥宿舍楼投资216万元、工商管理部门市场建设等301万元、购置费和矿管费256万元。1996年，预算外支出22989万元，比上年增支15233万元，其中基本建设386万元、交通部门先行工程及收费站经费1109万元、卫生部门大型修购基金及医疗1224万元、其他部门电力及事业行政经费5484万元。1997—1999年，预算外支出逐年减少，分别为17693万元、15573万元、7835万元。2000—2002年，预算外支出有所增长，分别为14194万元、11288万元、13174万元，主要是行政事业费、城市维护支出。2003—2007年，预算外支出大幅度减少，累计支出17568万元。

第三章 税 收

第一节 国税征收

一、税种税率

（一）基本情况

1993年，龙海市继续沿用1991年国家以“利改税”为中心的对税制改革后的体制，主要税种由7大类35种税组成：流转税类，包括产品税、增值税、营业税和关税4种；所得税类，包括国营企业所得税、国营企业调节税、集体企业所得税、私营企业所得税、城乡个体工商业户所得税和个体收入调节税6种；资源税类，包括资源税、盐税和城镇土地使用税3种；特定目的税类，包括奖金税、国营企业工资调节税、城市维护建设税、耕地占用税、固定资产投资方向调节税、烧油特别税和特别消费税7种；财产和行为税类，包括房产税、车船使用税、印花税、契税、屠宰税、筵席税、集市交易税和牲畜交易税8种；农业税类，包括农业税（含农林特产税）和牧业税2种；涉外税类，包括外商投资企业和外国企业所得税、个人所得税、工商统一税、城市房产税和车船使用牌照税5种。1994年，市国税局主要征收增值税、消费税、直接对台贸易调节税、营业税、铁道和各银行总行、保险总公司集中缴纳的企业所得税、教育费附加、国家能源交通重点建设基金、国家预算调节基金等。2004年，停征营业税。2007年，负责征收的税种有增值税、消费税、企业所得税、外商投资企业和外国企业所得税、储蓄存款利息所得个人所得税、出口免抵退税、车辆购置税。

（二）增值税

1994—2007年，龙海市增值税主要征收项目为罐头、糖、纸、陶瓷、食品、钢材、建材、酒、化工、商业批发、商业零售等12个项目，一般纳税人适用税率为17%、13%，小规模纳税人按工业6%和商业4%的税率征收。

（三）消费税

1994—2007年，主要对烟、酒、化妆品、护肤护发品、贵重首饰、鞭炮和焰火、汽油、柴油、汽车

图 14-4　申报个人所得税（市地税局提供）

轮胎、摩托车、小汽车 11 类产品征税，税率为烟类 30%—45%、酒及酒精类 5%—25%、化妆品 30%、护肤护发品 30%、贵重首饰 10%、鞭炮和焰火 15%、汽车轮胎和摩托车 10%、小汽车 3%—8%。采取从量定额的消费品有黄酒（每吨 240 元）、啤酒（每吨 220 元）、汽油（每升 0.2 元）、柴油（每升 0.1 元）。

（四）营业税

1994 年，开征营业税，主要征收铁道、各银行总行、保险总公司集中缴纳的营业税；税率为 3%—8% 不等。1997 年 7 月 1 日，金融业营业税税率提高到 8%，增加的 3% 部分由国税部门负责征收。2001 年，金融保险营业税税率每年下调一个百分点，2003 年下调到 5%。2004 年停征。

（五）所得税

企业所得税　1994 年税制改革后新设税种，统一适用于内资企业，基本税率 33%，对于部分行业营利较小的小型企业实行 27% 和 18% 两档税率。2002 年，新增的企业由国税局负责征收。2007 年不变。

外商投资企业和外国企业所得税　1994 年，征收内容继续沿用 1991 年实施的税制，主要征收境内的外商投资企业和外国企业的生产、经营所得和其他所得，税率 30%。对于投资的重点和产业政策，实施限定地区和产业项目降低税率征税，按 15% 税率征收企业所得税。

个人所得税　1994 年，开始征收外籍人员个人所得税。1999 年 11 月，对储户储蓄存款利息所得按 20% 的税率复征，2007 年 8 月减为 5%。

（六）车辆购置税

2001 年设立，征收对象为在中国境内购置规定的车辆的单位或个人，税率 10%，由交通部门代征。2005 年，由国税部门征收。

二、国税收入

1993 年，全市税收收入 8679 万元，比上年增长 31.82%。其中，工商税收 7140 万元，农业税收 1379 万元，企业所得税 160 万元。

1994 年，龙海市国税总收入 9258 万元，其中增值税 5773 万元、营业税 1610 万元、企业所得税 375 万元。

1995 年，龙海市国税总收入 8366.3 万元，比上年减少 891.7 万元，其中营业税收入 184 万元，比上年减少 1426 万元。

1996 年，龙海市国税总收入 9750 万元，其中增值税 8476 万元，占总收入的 86.93%。

1997 年，因增收金融所得税及增值税的增长，税费总收入 10034.2 万元，其中增值税 9030 万元、金融营业税 300 万元、涉外所得税 160 万元，营业税减少到 0.2 万元。

1998—2001 年，龙海市国税收入逐年增加，从 11912.3 万元增加到 18353 万元。2002 年，对华阳电业征税由漳州市划归龙海市，税费总收入增长较大，为 49504 万元，比上年增长 1.7 倍，其中增值税 46482 万元，占总收入的 93.9%。

2003 年，龙海市国税收入突破 5 亿元，为 70476 万元。其中，增值税 61928 万元，比上年增加 15446 万元；涉外所得税 5951 万元，比上年增加 4988 万元。2004 年，涉外所得税为 13823 万元，是上年的 2.32 倍。当年，税费总收入 100872 万元，超过 10 亿元。2005 年后，税费收入仍逐年增长。

2007 年，龙海市国税税费总收入 127799 万元，比 1994 年增长 12.81 倍，其中增值税 95433 万元、涉外所得税 14599 万元、企业所得税 2726 万元、个人所得税 1935 万元。

1994—2007 年龙海市国税收入情况表

表 14-3-1

单位：万元

项 目	1994	1995	1996	1997	1998	1999	2000	2001	2002	2003	2004	2005	2006	2007
合 计	9258	8366.3	9750	10034.2	11912.3	12765	16189	18353	49504	70476	100872	106347	114523	127799
(一)税收收入	8737	8105.3	9589	9680.2	11502	12429	15923	18300	49458	70436	100835	106290	114481	127755
增值税	5773	7085	8476	9030	10636	11090	13222	15911	46482	61928	83564	81533	90812	95433
消费税	29	25	24	21	18	16	28	42	101	82	13	13	9	3
营业税	1610	184	144	0.2	—	—	—	—	—	—	—	—	—	—
金融营业税	—	—	—	300	384	410	402	236	110	22	—	—	—	—
涉外所得税	81	110	71	160	355	720	1339	771	971	5951	13823	12553	10281	14599
企业所得税（集体金融）	375	101	76	56	109	190	316	344	782	1402	2171	671	1582	2726
个人所得税	272	475	643	6		3	616	996	1012	1051	1264	1328	1725	1935
城建税	226	45	29	—	—	—	—	—	—	—	—	—	—	—
车辆购置税	—	—	—	—	—	—	—	—	—	—	—	935	616	654
滞纳金罚款	10	0.2	58	105	—	—	—	—	—	—	—	—	—	—
车船税	51	4	—	—	—	—	—	—	—	—	—	—	—	—
房产税	126	24	16	—	—	—	—	—	—	—	—	—	—	—
屠宰税	26	4			—	—	—	—	—	—	—	—	—	—
资源税	16				—	—	—	—	—	—	—	—	—	—
土地使用税	32	0.1	52	2	—	—	—	—	—	—	—	—	—	—
印花税	63	48			—	—	—	—	—	—	—	—	—	—
固调税	47				—	—	—	—	—	—	—	—	—	—
免抵调库	—	—	—	—	—	—	—	—	—	—	—	9257	9456	12405
(二)其他收入	521	261	161	354	410.3	336	266	53	46	40	37	57	42	44
国有企业所得税	171	65	93	206	141	—	—	—	—	—	—	—	—	—
国家能源交通重点建设基金	204	91	13	—	—	—	—	—	—	—	—	—	—	—
国家预算调节基金	146	105	11	—	—	—	—	—	—	—	—	—	—	—
教育费附加	—	—	44	26	0.3	—	—	—	—	—	—	—	—	—
基础设施费	—	—	—	122	269	336	266	5	—	—	—	—	—	—
税务行政性收费	—	—	—	—	—	—	—	34	29	32	28	55	31	15
税务其他罚没收入	—	—	—	—	—	—	—	14	17	8	9	2	11	29

第二节　地税征收

一、税种税率

（一）基本情况

1994 年，龙海市地税全面实行新税制，统一内资企业所得税，开征统一的个人所得税，废止个人收入调节税和城乡个体工商户所得税，改革营业税，主要以第三产业为课税对象，商品批发零售改征增值税，开征土地增值税，并征收基本养老保险费、失业保险费、教育费附加费、基础设施建设附加费、社会事业发展费、工补农资、残疾人就业保障金等费（金）。

1997 年，市地税局开征文化事业建设费和预算外资金调节费，费率分别为 3% 和 20%。1999 年，预算外资金调节费停征。2002 年，开征地方教育费附加，地方教育费附加随同营业税、消费税、增值税征收，征收率为 1%。2003 年，停征屠宰税。2005 年，根据龙海市政府制定的《龙海市江海堤防工程维护管理费计收、使用和管理暂行办法》，市地税局开始征收江海堤防工程维护管理费。

2007 年，市地税局主要负责征收的税费包括营业税、个人所得税、企业所得税、房产税（城市房地产税）、城镇土地使用税、土地增值税、车船使用税（车船使用牌照税）、城市维护建设税、印花税、资源税、地方税的滞补罚收入、按地方营业税附征的教育费附加以及地方政府委托代征的地方教育费附加、文化事业建设费、基本养老保险费、失业保险费、残疾人就业保障金等。

（二）营业税

1994 年，市地税局征收的营业税按行业特点设置 9 个税目、3 档税率。交通运输业、建筑业、邮电通信业、文化体育业税率 3%，金融保险业、服务业、转让无形资产、销售不动产税率 5%，娱乐业为 5%—20% 弹性税率。

2003 年，市区按期纳税起征点提高到月营业额 1500 元，乡（镇）以下（含乡、镇）提高到月营业额 1000 元；房屋租赁不分区域提高到月营业额 1000 元；按次纳税的起征点每次（日）营业额 100 元。2005 年，营业税起征点提高为按期纳税月营业额 5000 元，按次纳税每次（日）100 元。

（三）所得税

1994 年，龙海市企业所得税把原有国营企业所得税、集体企业所得税和私营企业所得税统一为企业所得税，税率 33%，并实行两档优惠性税率：对年应纳税所得额在 3 万元以下的企业，暂减按 18% 的税率征收；年应纳税所得额在 3 万—10 万元的企业，暂减按 27% 的税率征收。个人所得税于 1994 年开征，工资、薪金所得个人所得税实行九级超额累进税率；个体工商户的生产、经营所得和企事业单位承包经营、承租经营所得，实行五级超额累进税率；劳务报酬所得，稿酬所得，特许权使用费所得，利息、股息、红利所得，财产租赁所得，财产转让所得，偶然所得均适用 20% 的比例税率，但具体计算个人所得税时，扣除费用标准不同。

（四）城镇土地使用税

1993—2007 年，龙海市城镇土地使用税以国有土地为征收对象，征收范围是城市、县城、建制镇、工矿区。按不同的地段不同的标准依法计征，市区分 4 等按每平方米 2—12 元征收，建制镇按每平方米 2—5 元征收。纳税义务人为转让国有土地使用权、地上建筑物及其附着物（简称房地产）并取得收入的单位和个人，征税范围为有偿转让国有土地使用权、地上建筑物及其附着物，实行四级超率累进税率为：30%、40%、50%、60%。

（五）房产税（城市房地产税）

1993—2007 年，龙海市对营业或出租的房产征收房产税，以房产原值一次扣除 25% 后的余值计算缴纳的，税率为 1.2%；以房产租金收入计算的，税率为 12%。

（六）基本养老保险费

1993—2000年，市劳动部门负责征收基本养老保险费。2001年，由地税部门征收，征收对象为龙海市行政区域内的国有企业、城镇集体企业、外商投资企业、城镇私营企业和其他城镇企业及其职工、城镇个体工商户、实行企业化管理的事业单位及其职工，以及移交地方统筹的中央属行业及其职工。其中，缴费单位按全部应参保职工月工资总额的19%缴纳，个人缴费费率为6%；城镇个体工商户和灵活就业人员按25%缴纳。2002—2003年，个人缴费费率为7%；2004年为8%。2005年，经工商部门依法设立和登记注册的各类企业、城镇个体工商户纳入企业职工基本养老保险覆盖范围。2006年，城镇个体工商户和灵活就业人员按20%缴纳。2017年不变。

（七）失业保险费

1993—1997年，市劳动局负责征收失业保险费。1997年10月，待业保险改称失业保险。2001年，改由市地税局征收。征缴范围是龙海市行政区域内的国有企业（中央属企业）、城镇集体企业、外商投资企业、城镇私营企业和其他城镇企业及其职工，事业单位及其职工，社会团体及其专职人员，民办非企业单位及其职工，有雇工的城镇个体工商户及其雇工。从2006年9月1日起，依法成立的各类企业、事业单位、社会团体、民办非企业单位、有雇工的个体工商户及与之建立劳动合同关系的劳动者均应参加失业保险。缴费费率为缴费单位以全部应参保职工月工资总额为计费依据，费率为2%；缴费个人以月工资总额为计费依据，费率为1%。

二、地税收入

1994年，市地税局的税收收入以营业税、所得税、房产税为主，征收方式包括查账征收、定期定率征收、定期定应税所得率征收、定期定额定率征收。当年税费总收入3896万元，其中税收收入3592万元、费金收入304万元。

1995—2000年，税费收入逐年增加，从5860万元增加到12045万元。2002年，因营业税和企业所得税、土地增值税减少，税费总收入出现负增长，为15898万元。2003年起，税费总收入年年增加，且增长幅度较大。2005年，加大对龙海市工业园和开发区内重点工程项目的征税，特别是对龙池开发区的税源征管，促进全市税收收入增加，当年税费总收入为33174万元。

2007年，税费总收入59111万元，比1994年增加14.17倍，其中营业税20183万元、企业所得税5052万元、个人所得税11262万元、基本养老保险费9015万元。

1994—2007年龙海市地税收入情况表

表14-3-2　　单位：万元

年份		1994	1995	1996	1997	1998	1999	2000	2001	2002	2003	2004	2005	2006	2007
总收入		3896	5860	7369	9191	10953	11463	12045	15969	15898	18726	25286	33174	43146	59111
（一）税收收入		3592	4854	6394	8113	10178	10685	10853	11685	11568	13540	18910	25478	33186	47269
其中	营业税	—	—	—	—	—	—	5584	5197	5172	5897	8722	10816	13334	20183
	企业所得税	—	—	—	—	—	—	726	1172	815	1329	2133	3180	4929	5052
	个人所得税	—	—	—	—	—	—	3091	3757	3755	4155	5060	6579	8417	11262
	土地增值税	—	—	—	—	—	—	736	150	116	109	265	519	798	2677
	房产税	—	—	—	—	—	—	512	544	646	756	867	1447	1491	1748
	城镇土地使用税	—	—	—	—	—	—	41	41	43	44	76	247	641	1509
	其他	—	—	—	—	—	—	163	824	1024	1250	1787	2690	3576	4838

续表 14-3-2

年份		1994	1995	1996	1997	1998	1999	2000	2001	2002	2003	2004	2005	2006	2007
(二)费金收入		304	1006	975	1078	775	778	1192	4284	4330	5186	6376	7696	9960	11842
其中	基本养老保险费	—	—	—	—	—	—	—	3027	3254	3826	4775	5782	7600	9015
	失业保险费	—	—	—	—	—	—	—	273	351	459	485	501	542	665
	其他	304	1006	975	1078	775	778	1192	984	725	901	1116	1413	1818	2162

第四章　财税监管

第一节　管理机构

一、财政机构

1993 年，龙海市财政局内设人秘、预算、会计管理、工交企业财务、综合计划、商贸企业财务、外经企业财务、行政事业财务、农业财务、农税股；市资金管理所、资产评估所、国债服务部挂靠市财政局。1996 年，龙海市预算外资金管理领导小组成立，下设预算外资金管理中心和住房资金管理中心，挂靠市财政局。1997 年 4 月，市财政局加挂国有资产管理局牌子，下设资产评估事务所、外资企业收费中心、国有资产经营中心、国债服务部、会计师事务所、预算外资金管理中心；挂靠市财政局的单位有市政府控制社会集团购买力办公室、税收财务物价大检查办公室；6 月增设基本建设股。1999 年，会计师事务所与市财政局脱钩，成为市场中介服务机构(独立法人单位)。2003 年 3 月，撤销市国有资产管理局。市财政局内设人秘、预算、国库、行政政法、教科文、经济建设、农业、社会保障、外经、企业、综合、外债、农税、会计（挂“会计委派科”牌子）、统计评价、监督检查科（室）；挂靠市财政局的单位有市政府控制社会集团购买力办公室和政府采购委员会办公室、国有资产管理委员会办公室；下属事业单位有市政府采购中心、国有资产经营中心。2007 年，内设机构和挂靠单位不变；编制 43 名，实有 54 人。

二、税务机构

（一）龙海市税务局

1993 年，龙海市税务局内设办公室、计会股、监察股、人事教育股、税政股、征管股、检察室、稽查队，下设石码、角美、海澄 3 个分局，涉外、步文、九湖、程溪、浮宫、港尾 6 个所；实有员工 159 人。1994 年 9 月，撤销市税务局，分设龙海市国家税务局和地方税务局。

（二）龙海市国家税务局

1994年9月，龙海市国家税务局成立，内设办公室、人事教育股、监察室、计划财务股、税收政策管理股、征收管理股、检察室(派驻机构)7个股级科室；下设稽查、石码、海澄、角美4个副科级分局及涉外、步文、九湖、程溪、浮宫、港尾6个股级税务所，增设紫泥、榜山、颜厝、郭坑、白水5个驻征站；实有157人。1995 年，撤销 5 个驻征站，增设紫泥、榜山、颜厝、郭坑、白水、东园、角美工业综合开发区 7 个税务所。1996 年，步文、郭坑税务所划归龙文区国税局。

1997 年 6 月，成立税务代理中介机构龙海市税务师事务所；8 月内设股室改称科，升格为副科级，撤销税收政策管理和征收管理 2 个股，设立税政征管科、计算机信息中心（事业单位）；撤销程溪、紫泥、颜厝、白水、东园、角美工业综合开发区税务所，设立浮宫、港尾、榜山、九湖税务分局，涉外税务所更名为外税分局；12 月稽查分局更名为稽查局。2001 年，税政征管科分设为税政科和征管法规科，人事教育科和监察室合并为人事监察科；撤销石码、榜山、外税 3 个分局，海澄、角美、浮宫、港尾、九湖 5 个分局更名为管理分局；市区机构按“征、管、查”三分离原则，增设 2 个直属行政机构征收局、管理局。2003 年 8 月，计划财务科更名为财务科，征收局更名为市国税局计划征收局；管理局更名为石码分局，5 个管理分局更名为分局。

2004 年 4 月，计划征收局改设为内设职能机构，更名为计划征收科；人事监察科分设为人事教育科和监察室。同年，龙海市税务师事务所与龙海市国税局脱钩。2005 年 7 月，市国税局内设机构、直属机构、事业单位调整为正股级，税政科更名为综合业务科、征管法规科更名为征收管理科，增设办税服务厅，撤销海澄分局；石码、角美、浮宫、港尾、九湖 5 个分局更名为税务分局。2006 年，增设财务科。

2007 年，龙海国税局内设办公室、人事教育科、监察室、综合业务科、征收管理科、财务科、计划征收科、办税服务厅；直属行政机构有稽查局，事业单位有信息中心；派出机构有石码、角美、浮宫、港尾、九湖 5 个税务分局。实有 127 人。

（三）龙海市地方税务局

1994 年 9 月，龙海市地方税务局成立，内设办公室、计划财务股、监察室、人事教育股、税政股、稽征分局；下设 14 个派出机构，其中石码、角美、海澄 3 个分局为副科级；榜山、浮宫、港尾、白水、东园、九湖、颜厝、程溪、紫泥、东泗、角美工业综合开发区 11 个所为股级。全局有编制 108 名，实有 106 人。1995 年 7 月，稽征分局分设为征收管理股和稽查分局，其中稽查分局为副科级。1996 年 7 月，设对外税务所。1997 年 11 月，对外税务所升格为副科级；撤销九湖所和颜厝所，增设九湖分局；12 月内设股室改称为科室。1998 年 2 月，稽查分局实行一级稽查，设立稽查一所、稽查二所、稽查三所、稽查四所；4 月榜山所升格为榜山分局。1999 年 2 月，稽查分局改称稽查局，5 月增设信息技术科，10 月稽查分局撤销所的设置恢复股的设置。2001 年 9 月，市地税局内设机构改为办公室、人事教育科、计划财务科、税政（社保）科、信息技术科、征管法规科、监察室，对外税务所更名为外税分局（级别仍为副科级）；下设派出机构 10 个，其中石码、角美、海澄、九湖、榜山、浮宫、港尾、程溪、角美工业综合开发区 9 个分局为副科级，紫泥所为正股级。2007 年 2 月，市地税局增设规费征收管理科，其他不变。全局有编制 131 名，实有 131 人。

第二节　财政管理

一、财政资金管理

（一）预算管理

1993 年，龙海市对预算单位的经费实行“大包干”管理办法，按人员编制、按核定的经费标准编制支出预算年初下达，每月核销，年终决算。行政事业单位人员工资由市财政拨给单位自行发放。1994 年，龙海市规定需要追加预算的由预算单位报送申请报告，由市财政局审核、市政府领导批准后给予追加。2000 年，改革预算编制，按部门预算的要求，细化预算编制内容，结合综合预算管理，推进零基预算；改革工资支付方式，在各乡镇财政所设立教师工资专户用于发放教师工资，市直行政事业单位人员工资仍由市国库统一发放。2001 年，根据税源变化情况，下调乡镇工商税收和特产税任务，提高乡镇超收分成比例。2002 年，年初支出预算实行预算内外统筹安排，公用经费打破传统基数，细化编制具体项目。2006 年，龙海市细化财政收支预算编制，公用经费不再采用“基数 + 固定比例增长”的预算方法，细化编制到具体项目；实施政府收支分类科目改革，做好2006年财政收支分类科目向2007年政府收支分类科目的过渡转换工作。

2007年，龙海市深化预算改革，及时拨付预算资金，杜绝无预算或超预算拨款；在乡镇财政管理体制上，根据乡镇间税收收入的差异，调整倾斜优惠政策，制定2007—2009年乡镇财政体制。

1993—2007年，每年的财政预算执行情况和当年的财政预算草案，都由市财政局局长受市政府委托，向年初召开的市人民代表大会作工作报告，提请全市人民代表审议。每上半年的财政预、决算都向市人大常委会全体会议报告，提请审议。

（二）预算外资金管理

1993年，龙海市完善行政事业单位预算外资金在银行的专户储存工作，实行“收支两条线”管理，有62个单位纳入专户储存；制定《乡镇预算外资金管理办法》，把预算外资金管理向乡镇一级延伸。开展治理乱收费工作，检查102个单位，查出违规收费项目58个，违规违纪金额294.6万元。1994年，龙海市清理市直单位的银行账户，实行一个单位3户管理，即一个预算拨款户、一个收入专户、一个支出专户，有68个单位在银行专户储存。1996年，市财政在银行开设统一专户，用于预算外资金收入和支出管理；单位的预算外收入必须上缴同级财政专户，支出由同级财政统筹安排。1997年，纳入财政专户管理单位73个，金额7364.1万元；1998年新增2个单位。1999年，全面清理整顿行政事业单位银行账户，取消118个账户，共缴入户（库）1112.8万元；纠正18个单位未将收费缴入财政专户的行为，追缴300多万元；查纠乱收费单位14个，追缴83万元；处分15名涉及乱收费、私设小金库干部，收缴86万元。

2000年，市直单位行政事业性收费实行“票款分离”。2001年，全市清理银行账户56户。2002年，保留150个部门479个银行账户，取消80个；市行政服务中心的收费实行“票款分离”，共有196个项目3600万元的收费实行财政专户统管。2004年，强化“收支两条线”管理，规范收费项目和票据领用，建立银行账户档案；清理整顿241个行政事业性收费项目，保留176个，取消47个，转中介服务收费18个。2005年，实施财政票据电子化管理，有47家单位安装，开具电子票据3.3万份，收取1100万元。2006年，开展“电子开票、自动核销、全程跟踪、源头控制”的财政票据电子化改革。

2007年，龙海市停止使用手工票据，全面实施财政票据电子化，安装县级财政票据电子化管理终端系统1个，安装票据电子化管理软件的用票单位225家。

二、财务管理

（一）行政事业财务管理

1993年，龙海市完善经费包干办法，市直机关实行信件集中交换制度，大型活动开支实行专户、专账、专人管理，每学年核定中小学教职工编制，实行“一年一定”。1995年，年初重新核定公务费包干标准，对数额较大的专项支出实行跟踪检查；小汽车维修试行定点维修。1996年，公务费管理采取分类制定可操作的包干标准，一次性打足预算；对专项追加经费，由财政局业务股提出具体意见，再报财政办公会审定。1997年，开展清理公款配备通讯、交通工具，清理手机318部、住宅电话247部、传呼机613部、摩托车98辆，金额136万元。1998年1月起，实行“零基预算”，针对财政供养人员过多、支出刚性增长较快等状况，执行《关于党政机关厉行节约制止奢侈浪费行为若干规定》，规范财政资金供给范围，完善会议、旅差、公务车辆、电话等费用开支标准及管理办法，共节约35万元；清理移动电话440部、住宅电话248部，并规定行政事业单位的车辆保险由市财政统一办理。1999年，会议费实行分类管理、分级审批和专户专账；市直机关电话费采用磁卡管理，全年节支45万元，报纸杂志订阅控制定额，节约38万元。

2001年，因可支配财力十分紧张，龙海市公用经费调减30%，法定支出调减66%；建立工资发放行政首长负责制，教师工资由乡镇发放改为市国库统一拨付。2002年，压缩60%业务费，市直机关行政事业单位财政供养人员纳入国库统一支付。2003年，配合机构改革，清理编外人员和“吃空饷”人员，业务费继续压缩60%，节支2739万元。2005—2006年，公用经费每年继续压缩60%。

2007年，龙海市注重提高公共财政服务质量，公共安全支出8691万元，增长37.99%；当年秋季学期开始，免除农村义务教育阶段学生课本费，退还已收取课本费507万元；建立农村义务教育经费保障机制，改革专项资金支付管理办法，设立省级专项资金特设专户，省级以上专项资金由特设专户直接拨付学校使用。

（二）企业财务管理

国营企业财务管理　1993年，龙海市开始对全市33家企业采取出售、破产、承包、租赁、改制参股等形式进行改革，执行破产关闭、出售的企业资金全额缴入国有资产专户，用于分流安置职工和解决遗留问题。1994年，建立粮食风险基金。

1995年，为规范国有企业改制中的财务管理，清查登记企业固定资产、流动资产、无形资产、长期投资等，核对查实资产损失及债权债务。1996年，对上年末资产负债率在70%以上且符合产业政策国有工业企业加以扶持，全市共增加国家资本金350万元。

1998年，清理、解决国有粮食企业在1992年4月至1998年5月发生的财务挂账和不合理占用农业发展银行的粮油贷款，全市粮食财务挂账金额2815万元。1999年，对企业实行年度会计报表注册会计师审计制度。

2001年，财政对专项储备粮利息、费用补贴和主管局经费给予补贴，其他费用不再补贴。

2007年，龙海市规定地方项目的贴息、补助资金在一个月内拨付到项目单位。2004—2007年，共向上级财政争取资金931万元，支持企业改革与发展。

外经企业财务管理　1993年9月，为规范外经企业财务制度，龙海市举办外经企业财务人员培训班，学习《企业财务通则》《企业会计准则》。1995年，对香港鑫海实业有限公司进行财务检查。1996年7月31日，实行外商投资企业财政登记管理，要求外商独资企业办理或换发“外商投资企业财政登记证”。清理外贸公司财务，由龙佳石料有限公司接手经营外贸公司。

1997—1999年，新发“外商投资企业财政登记证”23本，收集汇总外资企业会计报表388家，对龙发贸易公司、香港鑫海实业有限公司财务进行检查和整顿清理。

2000—2002年，龙海市新发“外商投资企业财政登记证”17本，汇总外资企业会计报表459家；组织对外商投资企业实行年检。

2003年，加强财务会计报表的收集、审核和汇总编报工作，已收集会计报表有161家企业，报表汇编面比上年增加25%。为加快全市小额对台贸易发展，向漳州市借90万元周转金用于对台码头建设。

2004年，收集会计报表169家企业。2005年，收集会计报表176家企业，落实2003年度机电产品奖励到位资金155.06万元，受益企业20家。

2006年，做好外商投资企业网上联合年检工作，全市299家企业参加网上联合年检，财政部门审核通过288家；收集会计报表248家企业，名列漳州市第一名。

2007年，全市325家企业参加网上联合年检，财政部门审核通过323家。

（三）农业财务管理

1993年，龙海市制定《财政支农周转金使用管理办法》，完善支农周转金管理，规定每年从支农周转金中拿出80万元，扶持骨干企业、创汇基地；建立支农资金项目和农口职能部门联合审查上报制度，筹措618万元，重点支持农业基础设施、吨粮田、农业综合开发和科技兴农项目。

1995年，把农业作为培植财源的基本出发点，投入526万元扶持26个高优项目；争取粮食大县1000万元的贴息贷款及融资1500万元，支持粮

图14-5　检查财务账目（林财民摄）

食生产；投入420多万元，用于蔬菜和生猪的基地建设。

1996年，投入1918万元用于农业生产，支持商品粮基地、海堤达标、农业开发等项目建设；发放170万元支持12个菜篮子基地建设，稳定市场物价。

1997年，落实《福建省水利建设基金筹集和使用管理实施细则》《福建省水资源费征收与使用管理规定》，加快水利建设步伐，提高江河防洪抗旱能力。

1998年，加大扶持农业力度，年初支出预算的安排，及时足额拨付到位；支出1488万元，主要用于农林水气等部门事业费支出、江海堤防建设、科技兴农项目、沿海防护林建设、商品粮基地建设、农田水利建设、农业综合开发、菜篮子工程等；争取上级农业专项补助1056万元用于水利工程和农业综合开发。

2000年，投入140万元用于农业综合开发项目；争取国债专项资金840万元，用于水利基础设施建设。

2001年，拨付农口资金2093万元，重点支持国家级农业综合开发土地治理和农业产业化龙头企业扩大再生产，扶持东园镇现代农业示范区建设和南美白对虾产业化生产等。制定《龙海市农业综合开发资金报账实施细则》，规范管理农业综合开发资金；对粮食费用的补贴除专项储备粮利息、费用补贴和主管局经费外，其他不再补贴。

2002—2007年，投入19577万元，用于改善农业基础设施和农业生态环境，加强“六千”水利工作建设，实施农业综合开发和标准农田建设，支持良种工程建设和农业科技的示范与推广。

（四）经济建设财务管理

1993—1996年，经济建设财务管理职能由市财政局农业财务股、行政事业财务股、预算股承担。1997年6月，设立专门股室，负责全市基本建设资金的管理，开设工程建设资金专户，根据工程进展时序拨款。

1998年，城市建设、交通运输、环境保护等资金实行财政投资评审制度。1999年，审核城建部门送审的3个项目，审核造价285.42万元。

2000年，国债转贷资金840万元，通过基建专户拨付基建资金1216万元，支出晚稻收购价外补贴129万元，拨付粮食风险基金185万元。审核2个城建项目，审核造价988.36万元，核减178万元。

2001年，拨付238万元用于粮食专项储备，新增粮食财务挂账贴息和晚谷等量对冲补贴；通过基建专户拨付基建资金246万元；审核4个城建项目，审核造价1165.2万元，核减率15.89%。

2002—2003年，上级通过基建专户补助基建资金262万元；对城建部门送审的9个项目进行审核，审核造价672.46万元。

图14-6　新建的程溪镇山区水泥村道（市交通局提供）

2004年，筹集550万元，进行农村道路水泥硬化工程建设。2006年，改变财政部门单纯算账、拨款的工作方式，参与工程的管理。加强基本建设项目档案管理，对所管理的项目工程，从项目的立项批复，到项目竣工结算的审批，都进行详细的档案、台账管理，当年审核项目10个，核减42101元。提前做好粮食订单收购工作，把按每收购50公斤稻谷应付给售粮农民4元的直接补贴和1元的良种补贴一次性拨付给粮食部门。建立台账，做好石油价格补贴发放工作，共发放3907.67万元。

2007年，市财政局审核城建部门上报的36个项目，核减78.56万元；发放油价补贴5031.9万元。同年，市级配套投入574万元进行农村道路建设。

三、国有资产管理

1993年，龙海资产评估事务所评估国有资产36项，重估价值2162万元，资产增值1223万元；转让角美糖厂厂房建筑物所有权和场地使用权，转让金额425万元。

1994年，龙海市国有资产经营中心，评估项目31项，资产重估实际价值7532万元，资产增值3263万元。1995年，开展企业清产核资，核定157家企业单位资产78496万元，负债46265万元。转换经济效益处于低谷的国有企业经营机制，从资金、政策上帮助企业扭亏增盈，注入技改、生产周转金和专项拨款348万元，实现工业税利1902万元；对小型困难企业实行“三改”(改制、改组、改造)，对扭亏无望的小型国有企业进行“关、停、并、转”。当年公开拍卖龙海糖厂4个车间闲置设备，拍卖180多万元。

1996年，从产权登记入手，清产核资国有企业156家，资产10.43亿元，负债6.55亿元，净资产3.8亿元；行政事业单位160家，资产6.56亿元，负债1.73亿元，净资产4.83亿元。办理国有资产评估立项37个，确认评估结果17个，核准资产报废项目6个。

1997年，完成151家国有企业、135家行政事业单位和27家建设单位国有资产的年报汇总；办理评估立项32个，确认评估结果24个，评估价值6243万元；清产核资58家（含集体企业），总资产50809万元。

1998年，办理产权变动评估立项27个，确认评估结果19个，批准资产延续抵押贷款项目18个，核准资产报废项目9个。

2001年，变现2家企业的闲置资产156万元，用于职工安置。2002年，完成6项价值10万元以上的国有产权交易，评估价值1406.61万元，成交价1697.23万元。

2003年，公开拍卖7家国有企业的厂房及设备，成交价193.9万元；4家整体改制企业完成产权交易，714万元上缴财政专户。

2004年，制订《龙海市企业国有资产监督管理的实施意见》，规定企业国有资产处置的程序、权限和收入管理，当年拍卖企业旧机器设备3宗，成交价21.8万元；制订《龙海市行政事业单位国有资产管理暂行规定》，明确资产处置权限，价值在10万元（含10万元）以上报市国有资产管理领导小组审批，价值在10万元以下报市财政局批准。当年审批调拨小汽车2部，价值26万元；审批旧设备报废原值9.5万元；审批公开拍卖旧小汽车2部，成交价9万元。

2005年，审批出售市商业冷冻厂，转让金额181.48万元，公开拍卖旧住房、旧机器设备及库存物，成交价56.82万元。2006年，以协议转让方式审批整体出售龙海市印刷厂，转让金额284.91万元；公开拍卖企业旧机器设备及库存物资，成交价36.97万元；公开拍卖旧住房3套，成交价29.44万元。

2007年，完成市电力公司股份制改革的资产核实工作。以协议转让方式审批转让市酒厂资产，转让价383万元；审批报废行政事业单位占用的资产（危房）51.83万元。加强对国有企业产权转让收入的支出项目的监督管理，减少支出15万元。全市国有企业43家，国有资产42936万元；行政事业单位209家，资产100156万元。

四、会计管理

1993年，龙海市会计从业资格实行考试制度，符合国家教育行政主管部门认可中专以上（含中专）会计类专业学历的，自毕业之日起2年内（含2年）可直接申请取得。

1996年，市财政局做好财务人员业务培训和持证上岗工作，举办会计培训班20期1022人，办理会计证450本。1997年，举办培训班20期，参训人员2000人次。1998年，组织持证会计人员会计电算化培训。2004 年，开展单位内部会计控制制度大检查，组织会计人员继续教育、会计电算化和从业资格培训。

2007 年，市财政局做好会计职称报名考试服务工作。全市会计人员 2310 人，其中高级会计师 3 人、中级技术 107 人、初级技术（助理会计师）547 人。

1993—2007 年，全市共换发会计证新证 1860 本、新办证 347 人。

五、政府债务管理

1997 年，市财政局外债科负责政府向银行贷款的借、用、还的管理和监督等工作。当年争取市工行、市建行、漳州信托公司贷款 12110 万元，省、漳州市周转金 4995 万元，用于支持经济建设。1999 年，对国债转贷、世亚行转贷资金实行专户专账管理，根据配套资金到位和工程进度分期分批拨付资金。当年向世行贷款 85.86 万美元，扶持水产项目。

2001 年，龙海市向中央财政借款 2.4 亿元，用于基金会偿还群众的筹资款。2002 年，向世行贷款 10.32 万美元，用于结核病项目。2003 年，向上争取贷款 1 亿元，建设西溪大桥。2004 年，向银行贷款 13270 万元、漳州发展公司贷款 1000 万元、世行贷款 250 万美元，用于基础设施建设、经济建设和各项事业发展。2005 年，龙海市争取国家开发银行授信贷款 6.2 亿元，重点支持城市基础设施建设。2006 年，筹措资金 3319 万元落实政府性债务还本付息。向亚行贷款 80 万美元扶持市自来水工程建设。

2007 年，龙海市向国家开发银行信贷资金 4.8 亿元，用于城市建设投资开发和国有资产投资经营，核销债务 4200 万元，其中市建行 2050 万元、市工行 2150 万元。落实世行、亚行贷款及国债、中央专项借款等政府性债务还本付息 4461 万元。

六、政府采购管理

1993—1998 年，龙海市委托漳州市政府采购。1999 年 4 月，龙海市政府成立采购办公室，推行政府采购制度，主要委托漳州市政府采购中心采购，汽车、电脑等大宗商品采购采取政府集中采购公开招标方式。全年采购 286 万元，节支 43 万元，节约率 15%。2000 年，市政府采购的大宗商品通过公开招标采购，节支 50 万元。当年，参与卫生部门组织第一批 20 多种药品和医疗器械公开招标活动。

2001 年，采购预算总额 136 万元，审批额 117 万元，节支率 16%。2002 年，采购范围扩大到教学仪器设备、课本书籍、电视台专用设备、软件信息系统等，全年采购 110.25 万元，节支率 7.8%。

2003 年，市政府成立采购中心，设立“政府采购专户”， 独立承办汽车采购，实现政府采购管理监督与具体操作相分离。全年采购 21 宗 269.29 万元，节支 9.99 万元。2004 年，采购项目 133 宗 723.33 万元，节支 50.22 万元。2005 年，采购 202 宗，预算 1588.32 万元，节支 152.66 万元。

图 14–7　加强税源精细化管理（市国税局提供）

2006 年，把教育系统政府采购项目纳入采购范围，实施公开招标采购，招标结果在市政府采购网和政务公开栏公告，接受社会监督。全年采购 251 宗 1697.2 万元，节支 148.14 万元。

2007 年，市政府采购坚持“管采分离”，规范操作程序，采购 310 宗 2348.75 万元，节支 194.9 万元。

第三节 税务管理

一、国税管理

（一）税务登记

1994 年，市国税局开展税务登记开业、停歇业、验换证、注销等业务。1995 年，进行税务登记证年审验证工作，共查验税务登记证 7990 本。2002 年，建立以街道门牌号为顺序的户管清册，方便税管员及时掌握纳税人税务登记情况。2006 年 8 月，市国税局、地税局联合换发税务登记证，规定以缴纳增值税为主的纳税人由国税局受理，缴纳营业税为主的纳税人由地税局受理，纳税人只需向一方税务机关提出办理税务登记申请。当年联合换发税务登记证 5476 本。2007 年，有 550 户纳税人新办理税务登记证。

至 2007 年底，在管纳税人 3534 户（不含龙池开发区管户），其中企业户 1334 户、个体户 2200 户。

（二）纳税申报

1994 年，市国税局实行上门申报。1995 年，在石码分局设立纳税申报大厅、推行“银税一体化”的试点工作。1996 年，“银税一体化”在全市推广。2002 年 7 月 1 日，在全市推行个体双定户邮储划缴办法。当年纳入划缴户数 18193 户次，入库税款 400.34 万元。2003 年 1 月 1 日，在全市推行小规模企业电话语音报税及税款缴纳。当年 419 户企业纳入。2005 年，市国税局完善电子缴费系统，推进税库行横向联网。2007 年 8 月，市国税局在企业户中推行网上申报纳税方式，在各办税服务厅安装ＰＯＳ机，方便窗口开票纳税人缴税。截至 2007 年，全市有 2428 户纳税人实行银行（邮储）划缴。

（三）发票管理

1994 年，市国税局负责管理的发票主要为增值税专用发票和增值税普通发票，均由省国家税务局确定统一式样，并由省国家税务局指定的企业印制；全省国税发票监制章由省国税局统一刻制并下发；专用发票安全保管，实行专人负责、专库存放、领用存登记等制度。1998 年，启用定额发票，在加油站、加工修理修配、机动车辆配件、造船、建材等行业试行，开展旧额发票的清理和超定额补税工作。1999 年，对粮食、印刷、机动车、事业单位、以农产品为一般单位的纳税人进行重点检查，检查普通发票 280 户，处罚 53 户 24.99 万元，补税 24.37 万元；检查专用发票 296 户，罚款 17 户 85.4 万元，补税 137.69 万元。

2001 年，市国税局加快“金税工程”建设，对全市 355 户增值税一般纳税人档案实行一户一表，分户归档，通过认证系统采集抵扣联发票 1382 户次、发票总份数 15580 份，通过报税系统采集存根联发票 1303 户次、发票总份数 19008 份。2003 年，增值税一般纳税人必须通过增值税防伪税控系统开具专用发票，全国统一废止手写版专用发票。2004 年 11 月，增值税一般纳税人取得的增值税专用发票抵扣联，采用电子信息方式通过互联网报送税务机关认证。2007 年起，龙海市推行公路、内河货物运输业发票税控系统。

（四）减免税管理

1997 年，市国税局在部分企业实行“先征后退”办法。至 1998 年，办理企业退税 281 户次、税款 1987 万元。1999—2000 年，办理外商投资企业超税负返还 402 万元、出口退税 1083 万元，缓解企业资金周转困难。2001 年，为鼓励企业出口创汇，减少资金占用，全面实行“免抵退税”政策。是年，市国税局办理出口退税 65 户次 3699.81 万元，出口货物多交增值税退税 71 户次 675.8 万元，民政福利企业增值税“先征后返”的退税 31 户次 437.96 万元。

2002 年，审批上报“免、抵、退”税收 1834.56 万元，办理免抵调库 1350 万元、出口货物多交增值税退税 2890 万元、民政福利企业退税 508.22 万元。2003 年，办理减、免、退税 3000 万元，其中饲料产品生产企业 32 户、免征税款 1262 万元，民政福利企业 17 户、退税款 954 万元；审核免抵退税 891 户次、退税额 5767 万元，办理免抵调库 2870 万元。

2004 年，市国税局办理出口退税 5098 万元、免抵调库 3462 万元。2005 年，办理出口退税 6241 万元、免抵调库5335万元，先征后退、减免退税及汇算清缴结算退税1947万元。2006年，新上报外商投资企业享受国产设备抵免所得税6户次，抵免所得税314.53万元，办理出口退税6262万元、免抵调库4179万元，先征后退、减免退税及汇算清缴结算退税5089万元。

2007年，全市有出口型企业84户，办理出口退税6447万元、免抵调库5416万元，先征后退、减免退税、汇算清缴结算退税、误收退税4538万元。

二、地税管理

（一）税务登记

1994年，市地税局开展税务登记开业、停歇业、验换证、注销等业务。1999年、2002年，先后换发税务登记证。2006年8月，开始实行国、地税联合办理税务登记证，税务登记分为单位纳税人、个体纳税人、临时纳税人。当年共管户的换证完成率100%。2007年12月，市地税局负责全市8336户管征户（其中自管户1580户、共管户6756户；企业4037户、个体4299户；实行税库行联网1188户、邮储划缴2995户、网上申报2023户）的地方税费征收管理工作。

（二）纳税申报

1994—2001年，市地税局主要采取直接上门申报方式申报。2002年4月，开始在个体双定户中推行邮储划缴税款方式，实现税收双定户足不出户缴税，至年底邮储户已划缴有30245户780.75万元。2006年，实行税库行联网操作，由市地税局向银行提交申报数据，由银行办理应征税款划缴事宜，有1186户企业纳入电子缴税系统，划缴24913笔18780万元。

2007年8月，市地税局开始在企业户中推行网上申报纳税方式，实现企业户网上纳税申报、网上表格下载、网上表格报送及纳税情况综合查询的功能，还在各办税服务厅安装ＰＯＳ机，方便窗口开票纳税人缴税。截至2007年12月底，全市有1806户实行“网上申报”，累计缴税9958万元。

（三）发票管理

1997年9月，市地税局启用服务业定额发票。2002年，启用福建省地税征管信息系统发票管理模块，发票印制、领购、缴销等环节实现信息化管理。2003年5月，陆续在餐饮业、娱乐业、住宿业中推行使用服务业有奖定额发票。2005年8月，推广应用建筑业税收信息管理系统，发放建筑安装业新版发票。

1994—2007年，市地税局管理的发票种类有交通运输、建筑安装、金融保险、邮电通信、文化体育、娱乐、服务、转让无形资产、销售不动产、行政事业性收费等；管理上采取严格的缴销制度，加强发票登记账簿、窗口代开票管理，规范发票使用范围及工本费收费标准等。

（四）减免税管理

1994年，市地税局成立减免税审核审批委员会，负责各税种减免审核、审批工作。1999年，市地税局减免税审核审批委员会为受9914号台风影响的受灾企业减免税100多万元；其他减免106人次，减免税41.9万元。2000年，为20户企业减免税56万元；其他减免35人次，减免税15万元。2001—2004年，办理386户次减免税1394.65万元。2005—2006年，为522户办理减免税998.5万元；为营业税和增值税未达起征点的900多户个体户减收税款65万元。

1994—2007年，市地税局共减免税2671.05万元。

第四节　财税检查

一、财政检查

1993年，龙海市清理拍卖典当行；重点检查72个行政企事业单位财务，查出违纪金额244.1万元，入库12.83万元；加强先行工程集资管理和支出管理，设立专户并及时公布进度，全年集资890万元，主要用于先行工程 770 万元，用于收费站 31 万元；健全房改资金财务管理，对房改资金进行清理、记账，共清理 2190.47 万元，其中房管部门旧公房出售 191.87 万元、单位公房出售 113.13 万元、出售公房预交款 1883.89 万元。

1995 年，龙海市重点治理中小学乱收费、对农民的乱收费和乱摊派、公路“三乱”和税外收费工作；专项治理宴请执行公务人员和用公款支付营业性歌舞厅、夜总会等娱乐活动；清理乡镇财务，自查违纪金额 76.3 万元；重点检查 7 个乡镇 55 个基层所（站），查出违纪金额 273.37 万元，已上缴 138.5 万元。开展财务大检查，查出违纪金额 192 万元。1996 年，市财政局加强特产税管征，强化票证规范化管理，实行税单开列到户，税额落实到人，全市特产税入库 1470.04 万元；强化土地款管理，向用地单位清讨征地欠款 2109 万元。

1997 年，针对财税分配秩序存在的问题，龙海市严厉查处越权减免税、企业欠税、偷税骗税及截留财政收入等行为，查出违纪金额 1017 万元；成立涉外收费中心集中管理。全年收到应缴税费 132 万元。1999 年，市财政局开展行风整顿工作，举办行风整顿、党员廉政建设等培训班，签订《行风整顿和效能建设责任状》。加强基建财务审核，对财政性投融资项目全过程跟踪监督，开展工程概预决算审查，共审核 23 个项目 2170 万元，节省资金 175 万元。

2000 年，龙海市开展行政事业性收费执收执罚票据检查、教师工资兑现情况督查、财政专项资金检查；强化基建审核，全年节支 178 万元。2001 年，集中力量开展契税征管和会计法执行情况大检查，实现契税入库 374.1 万元，完成计划的 118.2%；检查 450 个有会计单位执行会计法情况，查出不合格原始凭证 1307 张，不合法原始凭证累计金额 12.1 万元，无证上岗会计人员 185 人，会计机构负责人不具备任职资格 45 人。

2002 年，龙海市财政实施会计委派制度，对农业综合开发项目的实施委派会计人员负责会计核算。2004 年，清理登记用公款为个人购买商业保险 46.4 万元；清理购买未经国务院批准的着装单位 13 个，收回制式服装 658 套、制式标志 559 套；清理党政领导干部拖欠公款 146.2 万元，追回欠款 46.1 万元。

2005 年，龙海市开展制止开具虚假发票公款报销行为专项工作，重点检查 7 个单位。2006 年，检查会计信息质量和会计师事务所执业质量，对市医药公司和美佳人造板木业有限公司进行会计信息质量检查，对查出的违规问题责令纠正并处罚；针对台风“珍珠”“碧利斯”的各类救灾款项的筹集、拨付和使用情况，检查市直相关部门和受灾较严重的 6 个乡镇。

2007 年，龙海市开展全市范围内的救灾资金使用审核督查工作，通过国家审计署调查组的检查；开展重点单位的会计信息工作检查，确保财政资金使用的安全性。

二、税务稽查

（一）国家税收稽查

1994 年，市国税局实行选案、检查、审理、执行 4 个环节分离，对一般性案件实行集体审理定案，对重大案件的处理一律由重大案件审理委员会集体研究决定。加大对发票违法犯罪和骗取出口退税等违法犯罪行为的打击，强化日常稽查和专项检查。1997 年，重点审查增值税进销项，共检查各类企业、个体工商户 1901 户次，查补税款 386 万元。

1998 年，市国税局开展漏征漏管专项清查，以及对摩托车汽车配件经销商、电力、烟草等行业检查，共清理整顿 961 户，查出漏征漏管户 696 户，查补税款 754 万元；检查内、外资企业 154 户，查实税款 541 万元。1999—2000 年，共查补、罚款并加收滞纳金 1800 万元。

2001 年，市国税局对电力、电信、石油、金融保险等企业所得税进行专项检查，检查 35 户，查补所得税 41.8 万元、罚款 49.72 万元；查处 3 起专案，检查涉案企业 21 户次、专用发票 63 份，涉案金额 1194.55 万元，共查补税款、罚款 152.57 万元。

2002 年，市国税局对集贸市场、加油站、增值税、进出口税收、消费税和涉外税收进行专项检查，检查 140 户，查补税款、滞纳金和罚款共 176.6 万元；审理重大税务案件 8 起，补税、罚款、没收非法所

图 14-8　普法宣传（市地税局提供）

得共 61.67 万元。2003 年，共查补税款、罚款及滞纳金 229 万元，申请人民法院强制执行 3 户，向公安部门移送 2 件，判刑 4 人、逮捕 1 人。

2005 年，市国税局组织对 2004 年度外商投资企业和外国企业所得税案头稽核，核增应纳所得税 4266 万元，应补所得税 808 万元；对低于峰值的企业开展案头稽核 356 户次、到户开展纳税评估 85 户次，补缴增值税 45.8 万元。

2006 年，开展税收专项检查，查补税款、罚款及滞纳金 596.91 万元，依法采取税收保全措施 1 户，以拍卖所得抵缴税款 50 多万元。2007 年，查处案件 63 件，查补税款 274 万元。

（二）地方税收稽查

1997 年下半年，市地税局逐步实行分类稽查管理办法，对全市企业根据其财务管理水平、以往的纳税申报与稽查结果记录等综合情况划分为 A、B、C 三类，分类进行稽查。当年重点开展 457 户汇算检查，补税、费、滞纳金 293 万元。1998 年，重点开展 364 户汇算检查，补税、费、滞纳金 50 万元。两年共查处各类违章案件 1793 起，查补税费 1607 万元。

1999 年，市地税局稽查 507 户，查补税费、滞纳金、罚款 928 万元。2000 年，稽查 244 户，查补税费、滞纳金、罚款 751 万元。

2001—2002 年，市地税局开展建安房地产、个人所得税、民政福利企业、金融保险业、农村电网改造及高速公路资源税等专项检查，共补税费 585 万元；清理欠税 289 万元。

2003 年，税务检查 102 户，查补税费 331.55 万元，滞纳金 17.29 万元，罚款 54.47 万元。2004 年，组织税收检查 97 户，查补税费及滞纳金、罚款 485 万元。

2005—2006 年，有 1826 户次企业汇算清缴，查补税费 3279 万元，其中开展专项检查 118 户，补罚税费 819 万元。2007 年，检查 50 户，补罚税费 1123.15 万元。

2002—2007 年，市地税局开展检查并强化举报案件管理，受理检举案件 55 件，立案查处 55 件，案件查处率 100%。

卷十五 综合经济管理

ZONG HE JING JI GUAN LI

1993—1995年，龙海继续贯彻执行“八五”计划。1996—2007年，先后编制“九五”“十五”“十一五”国民经济和社会发展规划纲要。其中，“九五”计划执行期间，因政区变化，对内容进行调整。同时，每年组织制定实施年度计划，做好重点项目和固定资产的投资管理工作，加强经济形势的跟踪、分析与监测，为领导决策提供有效信息，对促进全市经济和社会发展起重要的推动作用。

1993—2007年，统计部门做好综合、核算、农业、工业、商业贸易、固定资产投资、对外经济、劳动工资等常规统计工作，先后完成全国第三产业、农业、工业、人口、经济、基本单位和全省税源普查工作，以及人口抽样、城市住户、农村住户等调查工作，及时汇总数据，做好报表填报。每年组织对企事业单位进行监督检查，规范统计工作，对虚报、瞒报统计资料的单位依法进行处罚；组织撰写专题统计分析和调查报告，及时反映和分析全市经济运行新特点、新问题，为领导决策提供服务。

1993年，物价管理继续加强流通领域整顿工作，做好收费管理和价格监督，停止457项收费项目。1994—1995年，针对物价水平急剧上升状况，加强对市场价格调控，并通过加强“菜篮子”“米袋子”工程建设缓解物价。1996—2007年，物价管理工作通过不断整顿流通领域价格秩序，加强清费治乱，制定和实施各项调控措施，开展价格鉴证和价格评估工作，龙海市价格总水平升幅处于低位运行。

1993年，审计部门开展财政金融、经济责任、行政事业、固定资产投资、国外贷援款项目审计等。1993—2007年，依法审计766个单位，查出违规金额32750万元，上缴金额1815万元，追缴预算外资金2340万元，归还原渠道资金386万元，追回挤占挪用资金870万元。通过审计挽回国家损失，整顿财务制度，发挥审计在国民经济运行中的监督作用。

1993年，工商行政管理工作加大服务改革开放和经济建设力度，推进市场建设，完善市场设施。2007年，全市有市场50个，形成多层次、多功能的市场格局，并积极开展创建“文明规范市场”和“无销售假冒伪劣商品和计量信得过市场”活动，规范市场管理，加强市场公平交易监督管理，保护消费者合法权益。加强企业登记、经济合同与商标广告管理，支持企业创品牌，推进企业发展。

1993—1997年，龙海市配合省、地市“八闽质量行”，组织对水泥、化肥、酒类、食品等产品监督抽样，加强企业标准化建设和质量管理，鼓励企业申请国际商品条形码，组织《质量管理体系和质量保证》系列标准培训，推动企业开展质量管理和质量体系认证。“消灭无标生产”试点县（市）通过省级验收。2000年，农业标准化工作启动实施。截至2007年，共有208家企业获得工业食品生产许可证267张，有19家获福建省名牌产品称号，有4家获国家免检产品证书，有102家企业成为全国条码系统成员。

1993—2007年，龙海市安全生产监督管理工作遵循“安全第一、预防为主”的方针，形成并完善县（市）、乡（镇）、村三级管理网络，制定和落实一系列安全生产措施，加强安全生产监督管理工作。每年召开全市安全生产工作会议，研究制定企业安全生产和事故预防工作措施，建立安全生产工作责任制，量化分解到各企业及其主管部门，层层抓落实，举办安全生产资格培训班，实施安全许可制度，并加强监督，开展专项检查，避免事故发生。

1993年，全市食品、药品监督由市防疫站、经贸局等负责，通过办理食品卫生许可证和药品经营许可证，建立日常稽查与专项大检查相结合的工作机制，加强对食品和药品监督管理。1995年，市卫生局被卫生部评为全国卫生系统执行药品管理法先进集体。2002年开始，实行食品卫生监督量化分级管理制度，推动食品生产加工企业通过HACCP认证及申报QS工作，同时规范零售药品分类管理，创建规范药房，促进药品经营企业申报GSP认证。2003年，龙海医药公司通过国家GSP认证。15年间，全市没有出现因监管不力而发生的食品药品安全重大事故。

第一章　计划管理

第一节　机构

1993 年，龙海市计划委员会编制 16 名。1997 年 4 月，市计委重新进行“三定”，设人秘科、综合规划科、投资科、农业经济科、外经科、财金市场科 6 个科室和电子计算机站（事业单位）；编制 24 名。2002 年 7 月，市计委更名为市发展计划局。2003 年 3 月，市发展计划局内设机构调整为人秘、综合规划、投资、农村经济、工业外经、财金市场、招标投标管理 7 个科室；编制 13 名。市重点项目办公室、国防动员委员会经济动员办公室、信息化管理办公室挂靠在市发展计划局。 2005 年，市发展计划局更名为市发展和改革局。2007 年，市发改局机构、人员不变。

第二节　计划编制与执行

一、中长期计划编制与执行

（一）第八个五年计划（1991—1995 年）

1991 年，龙海县制定《国民经济和社会发展十年规划及第八个五年计划》，提出在十年内国民生产总值年递增 11.3%；国民收入年递增 11%；工农业总产值年递增 15.5%；社会商品零售总额年递增 15%；全社会固定资产投资规模年递增 19.9%，其中“八五”期间计划总投资 14.4 亿元；实际利用外资年递增 30%。

1991—1995 年，执行第八个五年计划。龙海市贯彻“抓住机遇、深化改革、扩大开放、促进发展、保持稳定”的方针，发挥优势，加快发展步伐。“按照决不放松粮食生产，积极发展多种经营”的方针，大力发展农业；以提高经济效益为中心，充分发展支农化学、造纸及纸制品、食品加工业、金属制造品加工、机械制造工业、建材工业、矿产业、石油化工和电子新工业等基础工业；从消费品流通、生活服务、生产资料流通、保险、社会信息和咨询、旅游六大方面入手，重视第三产业的发展。至 1995 年，全市生产总值 37 .28 亿元，实现“八五”计划提出的“到 1994 年实现生产总值翻两番（1980—1994 年）”的战略目标，比 1990 年增长 1.27 倍，年均增长 17.8%。三次产业结构比例由 1990 年的 45.0∶25.3∶29.7 调整为 1995 年的 34.9∶36.6∶28.5。农业总产值 23.8 亿元，年均增长 9.4%，5 年间全市粮食总产量 35.5 万吨，1994 年获“农业部稻田‘吨谷’优质高效规范化栽培丰收”一等奖，被国家计委列为扶持粮棉大县发展经济和高产优质高效农业示范区。工业生产快速增长，转换企业经营机制，拓展产品市场，工业总产值 46.64 亿元，比 1990 年增长 4.5 倍，年均增长 40.7%，轻重工业的比重从 1990 年的 70.3∶29.7 转变为 1995 年的 79.5∶20.5，非国有工业占全市工业总产值比

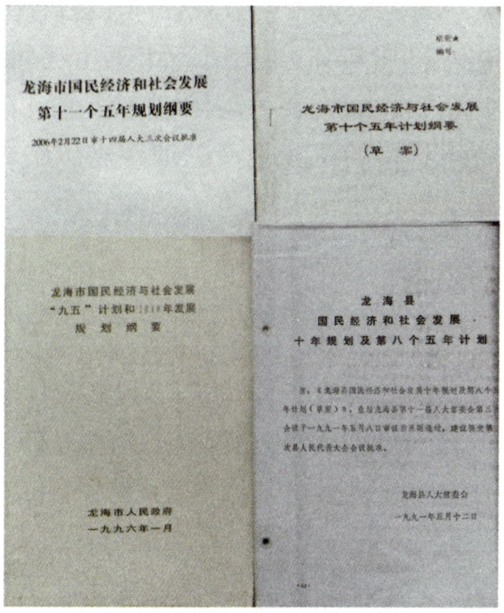

图 15–1　龙海市国民经济和社会发展五年规划文本（市发改局提供）

重从1990年的67.2%提高到1995年的95.9%。5年累计利用外资3.01亿美元；实际出口总值1.55亿美元，比1990年的0.12亿美元增长11.92倍，年均增长66.8%。财政总收入2.06亿元，年均增长23.7%；固定资产投资总额5年累计18.87亿元。社会消费品零售总额12.84亿元，年均增长19.1%。城镇居民人均可支配收入3489元，年均增长24.4%；农民人均纯收入2394元，年均增长22.1%。

（二）第九个五年计划（1996—2000年）

1996年2月，市第十二届人民代表大会第三次会议审议通过《龙海市国民经济与社会发展“九五”计划和2010年发展规划纲要》。实施“对接特区、依港兴市、兴工富民、突出三点、开发三线、建设三区”的区域经济发展战略和布局，形成“龙海市区、港尾湾区域、角美经济区域”三个重点区域地、禽畜牧养殖基地、花卉生产基地六大高优农业基地；培植支柱工业，发展食品、建材、机械、包装材料、化工和能源工业，逐步形成拥有规模效益的支柱工业群体。至2000年，全市生产总值（按1990年不变价计算）100亿元，年平均增长25.7%；人均生产总值10989元，人民生活提前步入小康水平；预算内财政收入9亿元；实际出口总值7亿美元；实际利用外资“九五”期间累计9亿美元，年均增长20%；全社会固定资产投资“九五”期间累计77亿元；城镇居民人均可支配收入7800元；农民人均纯收入4800元。

因步文、郭坑划归龙文区管辖，为了便于统一口径和检查计划执行情况，将“九五”计划部分指标涉及龙文区的因素剔除，以及结合龙海市受“9914”号强台风和霜冻灾害等因素的影响，多数指标未能达到“九五”计划预期目标，对《龙海市国民经济与社会发展“九五”计划和2010年发展规划纲要》进行调整；2000年6月28日在市第十三届人民代表大会常务委员会第十二次会议审议通过。调整后全市生产总值改为70亿元，人均生产总值为9000元，工业总产值150亿元，农业总产值19亿元，乡镇企业总产值225亿元，预算内财政收入4.5亿元，城镇居民人均可支配收入6700元，农民人均纯收入3600元。

1996—2000年，执行第九个五年计划。至2000年，全市生产总值74.62亿元，年均增长12.9%；三次产业结构比例由1995年的34.9∶36.6∶28.5调整为2000年的25.5∶46.3∶28.2；财政总收入4.56亿元，年均增长17.2%，经济综合实力连续5年进入全省“十强”县（市）行列，经济效益连续2年进入全省十佳；农业总产值32.43亿元，年均增长6.8%，形成粮、菜、果、鱼、菇、牧、花、笋八大主导产业；工业总产值97.92亿元，年均增长12.1%，初步形成食品、电力、机械、包装材料四大支柱产业和建筑材料重点产业群体，非国有工业产值占全市工业总产值的99.2%，成为国民经济发展的主要推动力；对外开放中5年累计实际利用外资13.28亿美元;全社会固定资产投资5年累计投资144.52亿元,比“八五”期间增长6.66倍；城镇居民人均可支配收入6475元，年均增长13.2%；农民人均纯收入3656元，年均增长8.8%；全社会消费品零售总额5年累计103.46亿元，比“八五”期间增长1.7倍。

（三）第十个五年计划（2001—2005年）

2001年4月20日，市第十三届人民代表大会第三次会议审议通过《龙海市国民经济与社会发展第十个五年计划纲要》。围绕加快建设漳州次中心城市的目标，着力建成漳州和全省对外开放的重要窗口、漳州重要的工业生产基地、进出中转地、新兴的教育产业、科研成果转化、人才培训基地、现代生态农业发展的示范基地五大功能；重点实施工业强市，外向带动，对接特区，城市化推动，以工兴市、以港兴市五大战略；加快工业化进程，优先发展食品、电力、包装工业；加强农业基础地位，重点培育水产、禽畜牧两大支柱产业，发展水果、蔬菜、花卉、食用菌四个特色产业；大力发展旅游、房地产、金融保险、社区服务、信息咨询等服务业。至2005年全市生产总值5年年均增长12%；人均生产总值21000元；预算内财政收入年均递增12%；社会固定资产投资年均递增10%以上；第一、二、三次产业结构比例调整为13∶54∶33；规模工业占全市工业的比重提高到35%；全市城镇化水平达到35%；市区绿化率达到32%。城镇居民人均可支配收入和农民人均纯收入年均增长6%左右，城镇登记失业率控制在4%以内。5年实际利用外资累计4亿美元，外贸出口年均递增10%以上。

2001—2005年，执行第十个五年计划。至2005年，全市生产总值173.55亿元，年均增长11.6%；财政总收入17.43亿元，年均增长30.8%；工业总产值311.07亿元，年均增长23.6%；其中规模工业产值267.7亿元，年均增长28.4%；农业总产值41.98亿元，年均增长3.8%；城镇居民人均可支配收入7952元，年均增长 4.2%；农民人均纯收入 4693 元，年均增长 5.1%；出口总值 11.14 亿美元，年均增长 48.7%，实际利用外资 6.5 亿美元；全社会固定资产投资 5 年累计完成 209.56 亿元，年均增长 12.3%；三次产业结构比例由 2000 年的 25.5 ：46.3：28.2 调整为 2005 的 14.1 ：58.3 ：27.6；全市饮用自来水普及率 90%。县域经济综合实力自 1996 年来连续十年进入全省经济实力“十强”县（市）行列，县域经济基本竞争力连续五届位居全国“百强”。

（四）第十一个五年规划（2006—2010 年）

2006 年 2 月，市第十四届人民代表大会第三次会议审议通过《龙海市国民经济和社会发展第十一个五年规划纲要》。深入实施“融入一湾、做强两翼、对接三区、构建四条经济带、形成五个经济组团”的区域发展策略，强化产业的集聚功能、对台的窗口功能、中转的枢纽功能、现代农业的示范功能。推进产业结构优化升级，重点提升和发展电力、食品、家电电子和包装四大主导产业，大力发展机械、建材和修造船三大优势产业；提升服务业发展水平，大力发展旅游、房地产等消费性服务业，发展通信服务、信息服务等基础性服务业；加大对“三农”支持力度，建设水产品、食用菌、畜禽饲料加工、果蔬生产加工、林产品加工、花卉种植销售六大农业产业链；加快建设现代工贸港口城市，提高对外开放水平。至 2010 年，全市生产总值超过 270 亿元，年均增长 11%，人均地区生产总值超过 31000 元；三次产业结构比例调整为 10 ：64 ：26；城镇化率 45%。财政总收入超过 34.5 亿元，其中地方级财政收入超过 12.5 亿元。固定资产投资 5 年累计 200 亿元，社会消费品零售总额年均增长 9%，居民消费价格指数控制在 103% 以下。实际利用外资 5 年累计 6 亿美元，出口总值累计实现 50 亿美元。城镇居民人均可支配收入年均增长 7%，农民人均纯收入年均增长 6%。

2006—2007 年，是执行“十五”规划的前两年。至 2007 年，全市生产总值 216.25 亿元，2 年年均增长 12.6%；三次产业结构比例优化为 13.7 ：55.2 ：31.1；工业总产值 433.99 亿元，年均增长 16.5%，其中规模工业总产值 387.56 亿元，年均增长 17.8%；农业总产值 50.74 亿元，年均增长 3.2%；财政总收入 27.88 亿元，年均增长 26.5%；全社会消费品零售总额 51.76 亿元，年均增长 12.8%；城镇居民人均可支配收入 10603 元，年均增长 15.6%；农民人均纯收入 5699 元，年均增长 10.2%；出口总值 13.79 亿美元，年均增长 11.3%；社会固定资产投资 2 年累计 130.76 亿元，实际利用外资 2 年累计 2.08 亿美元。

二、年度计划

1993 年，龙海市制定《关于龙海市 1993 年国民经济和社会发展计划执行情况与 1994 年国民经济和社会发展计划（草案）的报告》，提交龙海市第十二届人民代表大会第一次会议通过。是年，国民经济步入快速增长阶段，实现生产总值 21.32 亿元，工业总产值 31.25 亿元，增长 54.4%；农业总产值 13.07 亿元，增长 9.9%；财政总收入 1.11 亿元，首超亿元，增长 28.6%。对外开放取得突破性进展，有“三资”企业 229 家，实际利用外资 0.8 亿美元，增长 280.5%，实际出口总值 0.96 亿美元，增长 106.3%。社会消费品零售总额 6.51 亿元，增长 23.3%，城镇居民人均可支配收入 2282 元，增长 26.0%；农民人均纯收入 1451 元，增长 21.4%。

1994 年，是龙海市国民经济迈向第三个翻番的第一年，龙海市坚持“开放导向、依港兴市、基础超前、科技领先”的方针，制定年度经济和社会发展计划，提出实现生产总值计划比增 23.4%；农业总产值同比增长 7.6%；工业总产值同比增长 34.9%；财政收入同比增长 17.4%；实际利用外资同比增长 50%；实际出口总值同比增长 46.3%；社会商品零售总额同比增长 15.6%；城镇居民人均可支配收入同比增长 19.6%；农民人均纯收入同比增长 20%。是年，龙海市实现生产总值 27.22 亿元，农业总产值 17.79 亿元，工业总产值 48.14 亿元，财政总收入 1.5 亿元，实际利用外资 0.9 亿美元，实际出口总值 1.38 亿美元，社会消费品零售总额 8.62 亿元，城镇居民人均可支配收入 2791 元，农民人均纯收入 1890 元。

1995 年，龙海市围绕“对接特区港区，开发东部经济，抓住后发优势，拓展新兴领域，发展高优农业，振兴二、三产业，全面实施依港兴市战略”，重点发展乡镇企业和三资企业，抓好基础建设，整个国民经济运行态势良好，经济总量平衡关系进一步改善。全市生产总值比 1994 年增长 37%，完成计划的

102.2%。

1996年，是"九五"计划开局之年，龙海市制定年度经济和社会发展计划，提出全市生产总值计划比增35.1%，工业总产值比增67.2%，农业总产值比增11.3%，财政总收入比增35.7%。全市贯彻"依港兴市、兴工富民"的经济发展战略，经济保持快速增长势头，超额完成年度目标。是年，全市生产总值完成45.3亿元，同比增长21.5%；农业总产值28.13亿元，同比增长18.2%；工业总产值50.88亿元，同比增长9.1%；出口总值1.93亿美元，同比增长24.5%，实际利用外资1.65亿美元；财政总收入2.81亿元，同比增长36.1%。综合经济实力明显增强，入选1996年福建省经济实力十强县和经济发展十佳县（市）行列。

1997年，龙海市提出全市生产总值计划比增35.8%，工农业总产值同比增长43%，财政收入同比增长23.6%。是年，全市推进二次创业，国民经济保持良好发展势头，全市生产总值完成48.77亿元，总量与增幅均位居漳州市第一；工农业总产值81.71亿元；出口总值2.66亿美元，同比增长37.8%，实际利用外资2.1亿美元；财政总收入3.16亿元，同比增长12.5%。

1998年，龙海市计划安排全市生产总值比增27%，工农业总产值比增31.6%，财政收入比增20.3%，城镇居民人均可支配收入5570元，农民人均纯收入3920元。是年，全市生产总值完成54.88亿元，同比增长12.5%；工农业总产值86.41亿元，同比增长5.8%；出口总值2.8亿美元，同比增长5.3%，实际利用外资3.53亿美元；财政总收入3.39亿元；城镇居民可支配收入5353元，农民人均纯收入3355元。

1999年，受9914号强台风的影响，全市国民经济发展形势较差，本着实事求是的原则，对当年度经济发展计划进行调整：国内生产总值调整为64.9亿元，同比增长率调整为13.2%；财政收入调整为4.2亿元。是年，面对国内市场低迷及遭受严重自然灾害的影响，龙海市通过扩大内需，加大结构调整，扩大对外开放，促进国民经济稳步增长。全市生产总值完成66.9亿元，同比增长21.9%；工农业总产值完成108.39亿元；出口总值1.26亿美元，实际利用外资4.63亿美元；财政总收入完成4.1亿元；城镇居民可支配收入5995元，农民人均纯收入3506元。

2000—2003年，龙海市以发展非公有制经济为突破口，加大市场建设、城市建设和产业基地建设，突出抓项目、促发展、增后劲，培育新的经济增长点，经济运行势态良好。2000年，计划安排全市生产总值同比增长13%，工农业总产值同比增长13.5%，财政收入4.65亿元，城镇居民可支配收入6745元，农民人均纯收入3645元。实际完成分别为74.62亿元、130.35亿元、4.56亿元、6475元、3656元。2001年，计划安排国内生产总值同比增长12%，财政收入完成4.4亿元，城镇居民可支配收入7090元，农民人均纯收入3820元。是年，实现全市生产总值82.9亿元，同比增长11.1%；农业总产值34.27亿元，同比增长5.7%；工业总产值112.23亿元，同比增长14.6%；财政总收入4.7亿元，同比增长3%；出口总值1.67亿美元，同比增长9.6%，实际利用外资1.44亿美元；城镇居民可支配收入6721元，农民人均纯收入3849元。2002年，计划安排国内生产总值同比增长11%，财政收入6.37亿元，全社会固定资产投资37.2亿元，城镇居民可支配收入7282元，农民人均纯收入4003元。是年，实现生产总值90.73亿元，农业总产值33.71亿元，工业总产值146.27亿元，全社会固定资产总投资33.21亿元，出口总值2.31亿美元，实际利用外资1.47亿美元，财政收入7.05亿元，城镇居民人均可支配收入6728元，农民人均纯收入3921元。2003年，计划安排生产总值同比增长11%，财政收入计划完成7.6亿元，全社会固定资产投资计划完成33.5亿元，城镇居民可支配收入计划7044元，农民人均纯收入计划4120元。是年，实际完成生产总值106.82亿元，同比增长17.7%；农业总产值35.89亿元，同比增长6.5%；工业总产值205.09亿元，同比增长40.2%；全社会固定资产投资44.63亿元，同比增长34.4%；出口总值4.88亿美元，同比增长111.3%，实际利用外资1.88亿美元；城镇居民可支配收入7043元，农民人均纯收入4150元。

2004—2006年，龙海市加大项目建设力度，提高城乡居民收入水平，经济社会保持持续、平稳、协调发展的良好态势。2004年，计划安排全市生产总值同比增长16%，财政收入同比增长20.7%，全社会固定资产投资计划完成40.2亿元，城镇居民可支配收入7315元，农村居民纯收入4285元。是年，全市生产总值完成138.44亿元，财政总收入完成12.66亿元，全社会固定资产投资完成46.94亿元，出口总值

9.89 亿美元，实际利用外资 1.09 亿美元；城镇居民可支配收入 7413 元，农民人均纯收入 4365 元。2005 年，计划安排全市生产总值同比增长 11%，财政收入同比增长 25%，全社会固定资产投资计划完成 47 亿元，城镇居民可支配收入 7860 元，农村居民纯收入 4585 元。是年，实现全市生产总值 173.55 亿元，农业总产值 41.98 亿元，工业总产值 311.07 亿元，财政总收入 17.43 亿元，全社会固定资产投资 49.71 亿元，出口总值 11.14 亿美元，实际利用外资 0.65 亿美元，城镇居民可支配收 7952 元，农民人均纯收入 4693 元。2006 年，计划安排全市生产总值同比增长 11.5%，财政收入同比增长 22%，全社会固定资产投资同比增长 6%，城镇居民可支配收入 8470 元，农村居民纯收入 5050 元。是年，实现生产总值 198.91 亿元，农业总产值 45.25 亿元，工业总产值 356.73 亿元，出口总值 12.67 亿美元，实际利用外资 0.97 亿美元；财政总收入 21.29 亿元，同比增长 22.1%；城镇居民可支配收入 9007 元，同比增长 13.3%；农民人均纯收入 5058 元，同比增长 7.8%。

2007 年，围绕“建设经济强市，构建和谐龙海”的发展主题，实施“依港立市、工业强市、商贸活市、科教兴市”的发展战略，经济社会发展势头好，超额完成年度计划。实现全市生产总值 216.25 亿元，完成年度计划的 104.9%；工业总产值完成 433.99 亿元，完成计划的 104.8%；农林牧渔业总产值完成 50.74 亿元，完成计划的 109.5%；全社会固定资产投资完成 73.13 亿元，完成计划的 109.5%；财政总收入完成 27.88 亿元，完成计划的 101.9%；社会消费品零售总额完成 51.76 亿元，完成计划的 102.6%；城镇居民人均可支配收入完成 10603 元，完成计划的 106.1%；农民人均纯收入 5699 元，完成计划的 104.8%。出口总值 13.79 亿美元，同比增长 8.5%；实际利用外资 1.11 亿美元，同比增长 14.1%。

第三节　固定资产投资管理

1993—1995 年（八五期间），龙海多渠道筹集资金，实行适当的投资倾斜政策，加强交通运输、邮电通信、电力设施和给水工程及城乡建设。3 年累计完成固定资产投资 14.36 亿元，先后建成浮宫大桥、中港大桥、普贤 2×500 吨泊位码头和国道 324 线角美至西溪路拓宽改造等一批重点骨干项目；完成国道 324 线九湖琪塘至程溪东头、省道西溪大桥至浮宫路段拓宽改造工程。突出电网建设，完成扩建 5 座容量 3.24 万千伏安和新建 2 座装机容量 31.5 兆伏安变电站。邮电通信实现扩网和升位，电话装机容量达 4 万多门，日供水 8 万吨自来水工程通原水。

1996—2000 年（九五期间），龙海市固定资产投资以“加强基础设施建设、突破经济增长‘瓶颈’制约”为方针，筹措建设资金，突出重点、集中力量建设一批交通、能源、通信、水利等基础设施骨干工程。五年累计完成固定资产投资 144.52 亿元，比“八五”期间增长 6.66 倍，其中用于路、桥、码头、供水、供电、通信、环保等基础设施建设近 100 亿元。加快高速公路建设步伐，厦漳高速公路角美、榜山及漳诏高速公路、坂头至海澄碑头路段建成通车，锦江大桥竣工投入使用。电力建设有 3.5 万伏变电站 6 座、11 万伏变电站 4 座和 22 万伏变电站 1 座，后石电厂一号、二号机组建成并投产。

2001—2005 年（十五期间），龙海市重视项目的开发、转化和前期工作，推进和完善项目公开征集制度、项目筛选储备办法和项目推介制度，建立相应领域的项目储备库。五年累计完成全社会固定资产投资 209.56 亿元，年均增长 12.3%。建成后石电厂 10 万吨级专用煤码头和 5000 吨级综合码头，推进海澄、浮宫、港尾码头群的开发建设，港口年吞吐能力 100 万吨；厦漳、漳诏、漳龙高速公路贯穿全境，新建 440 公里农村水泥路，基本实现村村通；开工建设西溪大桥和北港大桥；后石电厂一二期工程投产，建成龙池和港尾 11 万伏输变电工程。城市建设总体规划获得省政府批准并付诸实施，加快旧城改造和新区开发，市区建成区面积 14.2 平方公里，扩大近 1 平方公里，完善城市绿化、环卫、公园等设施建设。

2006 年，龙海市社会固定资产投资完成 57.63 亿元。工业、房地产成为投资重点。工业区开发与工业项目完成投资 36.6 亿元，占 65.2%，同比增长 11.5%；房地产开发完成投资 8 亿元，占 14.3%，同比增长

36.8%。7个计划竣工项目，即胜海船业、坚实管桩、欣龙包装、常青树建材、福龙冷冻食品、龙海西溪大桥如期竣工投产；金海鹰食品尚在建设。11个续建项目，其中后石电厂第七台机组、灿坤家电产业基地、喜盈门家具、厨师食品、丹夫食品、龙海外国语学校、水晶花园等项目完成或超额完成年度投资计划；学术交流中心、国税办税中心、西华家具尚在建设中，长春化工二期工程进入前期工作阶段。当年12个计划新开工项目，其中华荣纸业、金龙客车、怡晋运动器材、毅宏大丰游艇、骏逸厨具、诚南工贸、海洋石化储运码头、锦江道东段防洪防潮工程、角泰公路、市人民法院审判综合楼、天翔花园房地产等项目都开工建设；九龙新城房地产项目在办理相关开工手续。

2007年，龙海市社会固定资产投资完成73.13亿元。其中，城镇以上固定资产投资64.6亿元，同比增长26.5%，增幅比上年提高11.8个百分点。198个新办或技改扩建投资500万元以上工业项目中，新投产项目95个，完成投资13.6亿元；在建项目103个，完成投资24.1亿元。新上项目中投资上亿元的有灿坤二期、厨师食品、喜盈门家具、长春化工覆铜箔酚醛纸层压板、凯景涂镀层板材等12个项目；福欣特殊钢、金龙客车、海洋石化储运码头、龙池金帝码头、港尾国家一级渔港和厦深铁路、龙厦铁路等一批重大项目均已开工；锦江大道、西浮路榜山段改造工程、芦州大道“三条道路”和厦漳跨海大桥、厦漳高速公路拓宽新线、龙江大桥及港尾铁路支线进行前期准备工作。推进城市建设速度，按照“跨江北拓、一江两岸、东扩西延、中心带动”的思路，启动“一江两岸”63平方公里开发策划和重点地区城市设计，以及角美、九湖、南太武滨海新城3个新区规划和龙海市近期建设规划等十二项规划编制。做好24个城建项目，其中锦江道东段一期工程驳岸工程已经完成，工农路改造工程、体育场、污水处理厂等15个项目开工建设。

第四节　重点项目建设管理

1995年，龙海市从重点支柱产业、基础设施、第三产业、社会事业等方面建立重点项目库，从领导职责、工作机制、信息跟踪反馈机制对项目实行跟踪管理，通过实施“定业主单位、定计划目标、定责任部门、定责任人、定分管领导”的管理方法，促进重点项目建设。确定重点项目9个，完成投资1.7亿元。

1996年，龙海市重点项目19个。其中，在建项目15个，预备项目4个，完成自来水一期工程、榜山110千伏变电工程、漳云线海澄至浮宫水泥路面、角嵩公路4个项目建设。全年完成投资2.86亿元。

1997年，根据国家产业政策要求，龙海市重新筛选、完善龙海市“九五”重点项目库，共有48个项目，总投资140.6亿元。同时筛选1997年、1998年重点建设项目，明确各个项目任务，召开重点项目前期工作会议，将任务分解落实到各单位。是年安排重点项目23个，完成项目有程溪麻竹基地、漳云公路浮宫段、漳水公路、角嵩公路、郊柏公路九湖段、林棉公路、市区外环城路和锦江道西段拓宽改建工程。全年完成投资4.17亿元。

1998年，后石电厂1号、2号机组进入安装阶段；完成建设项目有电信大楼、锦江大桥、九龙江防洪堤加固二期工程、龙海大酒店、南溪公路白水段。

1999年，龙海市重点项目38个，计划新开工项目20个，已开工建设的项目有市邮政大楼、“园丁苑”二期工程、老年公寓、经济适用房、市区垃圾无害化处理场、程控电话扩容工程、港尾11万伏输变电工程、东园现代农业示范区、角美现代农业示范区、紫云公园、市区一、二环道路连接线、后港路道路工程、农村电网改造、工商大楼、交通大楼15个项目。全年完成投资24.32亿元。

2000年，龙海市重点项目29个。其中，海堤水闸除险加固二期工程、东园现代农业示范区、港尾11万伏输变电工程、紫崴绿地、海新水产饲料城、花卉批发市场、交通大楼、工商大楼、邮政大楼9个项目竣工；续建角美现代农业示范区、东园农业开发、农村电网改造、经济适用房二期工程，新开工建设斗美二级渔港、南台公园及人防工程、广电大楼、格林冷冻干燥食品生产线、普贤码头二期工程、锦江水产批发市场、国税大楼、财税征管中心、角江路拓宽改造工程。

2001—2004年，龙海市重点项目共81个，列入漳州市级重点项目16个，省级重点项目5个。重要项目有后石电厂、统一马口铁、锦龙小区经济适用房、灿坤家电、凯景钢铁、长春化工等。四年累计完成投资109.88亿元。

2005年，龙海市重点项目25个，其中列入漳州市级重点项目16个、省级重点项目3个。启动建设的项目有统一马口铁、海新食品、华艺钟表、胜海船业、蒙发利垫制品、鸿一企业、龙池山庄房地产、龙佳旅游山庄、麦特新型建材、金海鹰食品、伟丰纸业、喜盈门家具等。全年完成投资32.12亿元。

2006年，龙海市确定重点项目30个，其中列入漳州市级重点项目21个、省级重点项目6个。主要建设项目有后石电厂第七台机组、灿坤家电产业基地、长春化工、喜盈门家具、厨师食品、毅宏大丰游艇、海洋石化储运码头、华荣纸业、金龙客车、怡晋运动器材、胜海船业、凯景钢铁二期工程、欣龙包装、西溪大桥、 海新天地食品、西华家具、骏逸厨具、中南标准通用厂房、锦江道东段防洪防潮工程、角泰公路、龙海外国语学校。全年完成投资32.6亿元。

2007年，龙海市被列入漳州市级重点项目有26个、省级重点项目有9个。主要建设项目有丹夫食品、骏逸厨具、长春化工覆铜箔酚醛纸层压板、毅宏大丰游艇、坚实管桩三期、九龙新城房地产等。全年完成投资34.3亿元。

第二章　统计管理

第一节　机构

1993年，龙海市统计局内设综合股、工贸股、农业股；编制14名，实有12人。下设2个副科级事业单位，即龙海市城市社会经济调查队、龙海市农村社会经济调查队，事业编制各6名，实有10人。全市16个乡镇场、市直各部门、企事业单位配备专兼职统计人员。1997年，市统计局编制9名，实有11人；10月，设立市数据处理中心，为股级事业单位，编制4名。同月成立市统计师事务所，没有定编。1998年12月，重新核定市城市社会经济调查队为副科级事业单位，事业编制8名，其中省管事业编制6名，地方事业编制2名；核定市农村社会经济调查队为副科级事业单位，事业编制4名。2003年3月，市统计局内设机构由股改科。2004年11月，设立市统计局普查中心，为股级事业单位，编制4名。2006年5月，恢复设立乡镇、场统计工作站，挂靠在乡镇场党政办公室；统计站的专兼职统计人员49人。2007年，市统计局和下属4个事业单位的总编制数29名，实有24人。

第二节　常规统计

一、综合统计

1993—2007年，龙海市综合统计每月收集本部门各专业及有关经济部门的指标数据，进行综合整理和综合统计分析；及时编辑印发月度、季度、年度综合性统计数据和统计分析资料，为市党政领导、市直相关部门及社会各界提供统计服务。

二、核算统计

1993—2004年，龙海市核算统计人员按照国家制订的新国民经济核算体系的方法制度，用生产法、分配法和支出法三种统计核算方法，对辖区每一年度的国民经济进行核算。国民经济核算的核心内容，是核算辖区内第一、二、三产业中各个行业的增加值，并由此得出地区生产总值（GDP）指标数据。除年度核算之外，还按统计制度的要求，根据每年各季度各行业相关指标数据，测算当季度行业增加值、季度地区生产总值指标。

2005—2007年，国家对国民经济核算实行“下算一级”的管控措施，龙海市GDP指标均由漳州市统计局统一核算并反馈公布，龙海市核算统计人员侧重负责收集和提供各相关行业的核算基础资料。

三、农业统计

1993年，龙海市农村经济统计基本沿用“以村起报、逐级汇总”的方法，辅以抽样调查、典型调查和重点调查。农业统计报表分为季度报表和年度报表。在农业统计的“农、林、牧、渔”四业中，农业（种植业）、畜牧业由市统计局负责统计，林业、渔业分别由市林业局、水产局负责统计并报送市统计局。农业机械由市农机管理站负责统计。最后，市统计局负责计算全市农林牧渔业总产值、增加值等指标数据，以季度、年度分别统计。

1993—2005年，农林牧渔业总产值均分为按当年价格计算和按不变价格计算两组数据，按当年价格计算的数据用于体现总量，按不变价格计算的数据用于计算增长速度，实行的是1990年不变价格（各个不同时期的不变价数据不能直接比较，可通过交替年份的数据计算出换算系数）。2006—2007年，实行运用农产品价格指数（简称“缩减指数”）计算农业总产值增长速度。

四、工业统计

1993年，龙海市工业统计乡及乡以上工业，内容包括工业总产值、工业增加值、主要产品产量、出口交货值、企业用电量及经济效益指标，报表分为定期报表（月报）和年度报表。1999年，规模以上工业（指全部国有工业企业和年产品销售收入在500万元及以上的非国有工业企业）实行全面调查统计，并实行超级汇总；规模以下工业实行抽样调查统计。其中规模以上工业统计还增加能源统计，主要采取全面调查、层层上报的方法汇集资料。2001年，增加企业景气调查。2006年起增加工业品出厂价格调查。

1993—2005年，龙海市工业总产值统计数据，分为按当年价格计算和按不变价格计算两组数据，即按当年价格计算的数据用于体现总量，按不变价格计算的数据用于计算增长速度，实行的是1990年不变价格（各个不同时期的不变价数据不能直接比较，可通过交替年份的数据计算出换算系数）。2006—2007年，实行运用工业品出厂价格指数（简称“缩减指数”）计算工业总产值增长速度。

五、商业贸易统计

1993年，龙海市商业贸易统计主要统计商品购、销、存及社会商品零售额，对全民、集体等单位采用全面报表、层层上报的方法汇集资料，对个体商业采用抽样调查资料推算。1998年，贸易统计分为限额以上企业（批发贸易企业年业务收入2000万元及以上、零售贸易企业年业务收入500万元及以上、餐饮业年业务收入200万元及以上、住宿业中的星级宾馆和饭店）和限额以下采用抽样调查统计。

2004年，实行在地统计，执行国家批发零售业、住宿餐饮业统计报表制度，基层统计报表有年报表11种、定期报表7种。2007年，龙海市成品油纳入商业贸易统计，执行批发零售统计报表制度，其中年报表2种、定期报表2种。

六、固定资产投资统计

1993—2007年，龙海市固定资产投资统计资料由漳州市统计局下发统一的固定资产投资统计表式，由建设单位或施工单位填报，然后由市统计局进行汇总。统计内容包括项目投资和房地产开发统计，其中项目投资分为建筑工程、安装工程、设备购置及其他等基本建设，按城镇以上固定资产投资和农村固定资产投资划分。

七、对外经济统计

1993 年，龙海市对外经济统计报表有对外经济贸易综合指标、主要商品出口收购情况、主要商品出口情况、接待过夜境外旅游人数情况报表。统计内容有旅游服务、外商投资企业生产经营情况、“三来一补”情况、出口商品收购总值、出口产品总值、劳务出口情况、出口创汇情况、外商投资签约数、引进外资成交额、实际利用外资额、来料加工实收缴费等数据。1998—2007 年，报表内容进行调整，包括接待过夜旅游人数、接待过夜外国旅游者、外经贸主要统计指标、外商投资企业生产经营状况（按投资、行业、国别分 3 种）等报表。

八、劳动工资统计

1993 年，龙海市劳动工资统计按国民经济行业分为 24 组，报表分为年报和季报两种。主要指标有职工人数与工资、职工增减变动情况、职工分类、工资总额构成等，职工范围包括固定职工、合同制职工、临时职工、计划外用工等，工资统计内容包括计时工资、计件工资、各种奖金、各种津贴、加班加点工资及其他。2004 年，报表增加单位从业人员变动情况和上季度末从业人员等指标。2006—2007 年，增加使用农村劳动力的年平均人数等指标。

第三节　专项调查

一、普查

（一）第一次全国第三产业普查

1993 年 8 月 25 日，龙海市政府成立龙海市第三产业普查协调小组，普查年度为 1991 年和 1992 年，内容包括反映第三产业发展规模的指标、生产（经营）活动成果的指标、实物资产情况的指标、重点行业业务活动的指标等；10—12 月，对普查单位和抽样单位进行调查登记。1994 年 1—6 月，完成普查数据的录入、汇总及上报工作。

（二）第三次全国工业普查

1995 年 6 月开始普查，主要调查 1990 年以来的工业经济情况，查清全市工业经济规模和现状，工业的所有制结构、行业结构、产品结构、经济技术结构等，普查的标准时点为 1995 年 12 月 31 日零时，时期资料为 1995 年度。普查结果：全市独立核算（下同）工业企业 4837 个，其中国有经济 67 个、集体经济 1155 个、私营 335 个、个体 3117 个、联营 3 个、股份制 3 个、外商及港澳台经济 157 个；从业人员 82405 人。按 1990 年不变价计算工业产值 472459.7 万元，按当年价（新规定）计算工业总产值 672287.2 万元。

（三）全国基本单位普查

第一次全国基本单位普查　1996 年开展普查工作，普查的标准时间点为 1996 年 12 月 31 日零时，普查对象为所有的法人单位及法人单位所附属的产业活动单位，内容主要有单位的经济类型、所属行业、从业人员、企业规模、营业状态等各类单位的基本属性和主要标识。普查结果：全市法人单位 2372 个，其中单产业法人 1975 个、多产业法人 397 个；产业活动单位 4045 个，其中多产业所属产业活动单位 2070 个。

第二次全国基本单位普查　2001 年，龙海市开展普查工作，普查的标准时点为 2001 年 12 月 31 日零时，普查对象为市境内的法人单位及其所属的产业活动单位，内容包括各类单位的基本标识、主要属性、

图 15-2　农业普查宣传（市统计局提供）

基本状态和主要总量指标。普查结果：全市法人单位 2439 个，其中单产业法人 1937 个、多产业法人 502 人；产业活动单位 3440 个，其中多产业所属产业活动单位 1503 个。

（四）全国农业普查

第一次全国农业普查　1996 年，龙海市成立第一次全国农业普查领导小组，全市各乡（镇）场及主要涉农部门共设立 22 个普查机构，抽调人员 90 名进行普查工作，普查的标准时点是 1996 年 12 月 31 日零时，时期资料为 1996 年度。1997 年 1 月 1 日，开始入户登记，随后对数据进行抽查核实、补缺补漏、审核编码、数据编码等环节，1998 年完成。普查涉及全市 16 个乡镇、6 个国有农林场、281 个村（居）、3382 个村民小组。普查结果：全市纳入登记的农业生产经营单位个数 11.58 万个。农村住户数 15.02 万户，人口 64.13 万人，其中男性 32.56 万人、女性 31.57 万人；从业人员 38.57 万人，其中从事农业人数 23.55 万人、从事非农业人数 15.02 万人。

第二次全国农业普查　龙海市第二次全国农业普查的标准时点是 2006 年 12 月 31 日零时，时期资料为 2006 年度，内容包括农业生产条件、农业土地利用、农村固定资产投资、农民生活质量等情况，涉及全市 14 个乡镇、6 个国有农林场、239 个村（居）、2831 个村民小组。2007 年 1 月 1 日开始入户普查登记，随后对数据进行抽查核实、补缺补漏、审核编码、数据编码等环节。普查结果：2006 年，全市纳入登记的农村住户 16.49 万户，人口 66.8 万人；参加登记的农业生产经营单位 692 户，从业人员 6294 人，实现农产品销售收入 44686 万元；农业生产经营户 10.11 万户，从业人员 39.17 万人，其中一产从业人员 16.32 万人、二产从业人员 10.36 万人、三产从业人员 12.49 万人。

（五）第一次全省税源普查

1998 年 3—11 月，龙海市开展第一次全省税源普查，普查的标准时间点为 1997 年 12 月 31 日，对象为 1996—1997 年全市进行营利性活动、承担纳税义务的独立核算企事业单位。龙海市列入普查的企事业单位共 1301 个，其中增值税一般纳税人 402 个、非增值税一般纳税人 899 个，以及因关、停、转等原因未能调查的企事业单位 98 个。普查结果：列入普查的单位 1996 年实交税额 10523.53 万元，1997 年实交税额 13664.83 万元；普查的纳税单位数、实交税额与税务部门提供的同口径数据基本吻合，两年税收增长符合全市经济发展态势。

（六）第五次全国人口普查

1999 年 7 月开始普查，普查标准时点是 2000 年 11 月 1 日零时。2000 年 10 月完成业务培训和清查摸底，11 月入户登记。2000 年底，做好抽查核实、补缺补漏和手工汇总等工作。普查结果：全市常住人口 81.63 万人；家庭户 214411 户，家庭户人口 783200 人，平均家庭户规模 3.65 人；男性 415936 人，女性 400382 人，性别比 103.88；人口平均预期寿命 73.69 岁，其中男性 71.33 岁、女性 76.07 岁；居住在城镇的人口 278654 人，占总人口的 34.1%；居住在乡村的人口 537664 人，占总人口的 65.9%。

（七）第一次全国经济普查

普查的标准时点是 2004 年 12 月 31 日零时，时期资料为 2004 年度，对象是在龙海市境内从事第二产业和第三产业的全部法人单位、产业活动单位和个体工商户，内容包括单位标志、从业人员、财务收支、资产状况，企业的主要生产经营活动和生产能力，主要原材料和能源消耗及科技开发的投入状况，以及个体工商户的基本情况等。2005 年 1 月 1 日开始普查，通过抽查核实、补缺补漏、审核编码、数据录入等环节，2006 年 12 月完成。普查结果：2004 年全市法人及产业活动单位 3140 个，个体经营户 29734 户。全市地区生产总值 138.44 亿元，增长 17.9%。其中，第一产业增加值 23.03 亿元，增长 3.5%；第二产业增加值82.66亿元，增长26.9%；第三产业增加值32.75亿元，增长11.3%。三次产业结构比为16.6：59.7：23.7。

二、抽样调查

（一）人口抽样调查

1993年开始，龙海市每年都进行人口变动情况抽样调查，调查的项目主要有总户数、总人口、出生、死亡等。2002年，增加群众安全感项目调查。2005年，开展全国1%人口抽样调查工作，10—11月开展。全市共抽到13个乡镇、37个调查小区，调查户数2551户、总人口8173人。调查结果：2005年全市人口出生率11‰，性别比1：1，平均初婚年龄男25岁、女23岁，60岁及以上总人口比重12%。2007年，增加农民工情况调查。

（二）城市住户调查

1993年开始，以城市居民家庭为调查对象，以家庭收支为主要内容，调查户在石码镇抽选，先抽出300户样品单位，又在300户内确定50户调查户。调查户每3年轮换一次。调查的主要指标有：城市居民收入与支出状况，主要消费品的拥有量，住房情况等。2007年，全市城镇居民人均可支配收入为10603元，比1993年增加8321元，年均增长11.6%；城镇居民人均消费支出为7764元，比1993年增加5689元，年均增长9.9%。

（三）农村住户调查

1993年，龙海市农村住户调查以农户家庭为调查对象，以农村住户家庭收支为主要内容，调查方法先从16个乡（镇）中抽取定点乡（镇），然后再抽出1—2个行政村，每个行政村抽10户农户为调查户，全市共抽取70户农户作为标本，每5年轮换一次。1999年10月，全省农村抽样调查网点实行样本轮换，龙海采用多阶段随机起点、对称等距的抽样方法，抽选港尾镇古城村、东园镇厚境村、海澄镇仓头村、白水镇井园村、紫泥镇城内村、角美镇田里村、榜山镇柯坑村为调查村，每个行政村抽10户农户为调查户。2004年10月，农村抽查网点进行轮换，抽选石码镇登第村、海澄镇仓头村和罗坑村、紫泥镇城内村、榜山镇平宁村和柯坑村、东泗乡虎渡村。2007年，农民人均纯收入5699元，比1993年增加4248元，年均增长10.3%；农民人均生活消费支出4954元，比1993年增加3399元，年均增长8.6%。

（四）其他调查

1993—2007年，龙海市还开展社会治安情况、环境保护满意率、对乡镇政府绩效评估公众评议问卷调查，城市物价调查、市场占有调查、农经调查、水产品调查、工业品出厂价格调查、服务业调查、基本单位名录库维护更新调查、企业景气调查、非公企业人才资源调查、妇女儿童监测、商品交易市场专项调查、劳动力就业调查，农民人均纯收入监测、扶贫和农村小康监测。

第四节　统计服务与执法监督

一、统计服务

（一）编印统计资料

1993年，市统计局继续编辑出版一年一册《龙海统计年鉴》，定期发表《龙海市国民经济和社会发展统计公报》，编印《龙海统计工作》，对全市统计资料进行汇集，为各级党政领导决策提供依据，为企业申报名牌产品提供统计服务，并作为向社会公众服务的主要窗口；编印《龙海市数字一览》，及时向各级党政领导和社会各界提供动态经济信息。2003年，开始编印《龙海市月度经济指标完成情况》，通报主要指标完成情况，提供给市委、市政府及有关部门参考。2004年，开始编印《龙海统计信息》，为市委、市政府提供大量统计信息，为党政机关、社会团体及各界人士查询资料提供便利。

1993—2007年，市统计局编辑出版15个年份的《龙海统计年鉴》，发布15个年度的《龙海市国民经济和社会发展统计公报》；共编印《龙海市数字一览》108期、《龙海市经济指标完成情况》48期、《龙海统计信息》36期、《龙海统计工作》300期。

（二）统计分析与研究

1993年，市统计局组织人员撰写专题统计分析和调查报告，及时反映和分析全市经济运行新特点、新问题，并提出一些有针对性的意见和建议，为领导决策提供服务。1997—1998年，有5篇分析资料分别获国家级和省级奖，并被市级以上刊物录用；向报纸杂志、电视台和广播电台提供信息80条，被录用60条；向社会各界提供咨询服务300多人次。

2003—2004年，市统计局利用拥有统计资料的优势，发动各专业统计人员开展统计分析，共撰写统计论文和统计分析80多篇，其中19篇论文参加漳州市统计学会开展的论文评比，论文《希望的田野—工业开发园区》《龙海经济缘何能率先崛起》《龙海市产业结构调整与经济增长问题浅析》获得三等奖。2007年，针对全市经济建设中的热点、难点问题，深入基层统计单位进行实地调查研究，撰写统计分析文章，为全市经济稳定健康发展进言献策。当年共撰写论文和统计分析45篇。

1993—2007年，累计在市级以上刊物刊登80余篇论文，其中45篇获奖，并有15篇分析信息被县级以上领导批示。

二、统计执法监督

1993年，市统计局组织对32个企、事业单位进行统计监督检查，检查的项目包括贯彻统计法律法规情况、统计基础工作、统计人员持证上岗情况、国家统计报表制度执行情况等，对6个有违法行为的单位，发送责令改正通知书。1995—1996年，检查企事业单位61个，检查出10个单位违法，并责令改正。1997年，开展统计执法大检查，5月27日，在各乡镇、各主管部门及基层单位开展自查、互查；9月，省统计法规检查组对角美镇、海澄镇部分三资企业、镇办企业进行重点抽查，共查出5个单位有统计违法行为，其中立案查处4件、内部通报1件。1999—2000年，立案查处7起统计违法案件，做出经济处罚4.5万元。

2001—2002年，市统计局组织对100多家企、事业单位进行统计监督检查，共立案查处12起，做出经济处罚3.9万元。2004年，检查企事业单位69个，对6个有违法行为的单位，给予发送责令改正通知书；对3个违法行为较为严重的单位，依法立案查处，给予作出警告处理。

2005—2006年，市统计局检查企事业单位120个，对12个有违法行为的单位，给予发送责令改正通知书；对8个违法行为较严重的单位，依法立案查处，并作出行政处罚决定。2007年，检查企事业单位61个，对5个有虚报、瞒报统计资料违法行为的单位，给予发送责令改正通知书；对3个违法行为较严重的单位，依法立案查处，并给予行政处罚，罚款金额4500元。

第三章　物价管理

第一节　机构

1993年，龙海市物价委员会为正科级，有编制6名，实有6人。下辖事业单位市物价检查所、农产品成本调查队，各有编制9名和2名。1997年4月，龙海市物价委员会更名为市物价局，为副科级，下辖机构不变。1999年4月，漳州市价格事务所龙海分所（1992年成立）更名为市价格事务所。2001年1月，市物价检查所更名为物价局检查分局，价格事务所更名为价格认证中心。2007 年，市物价局内设综合股、收费管理股，下辖市物价局检查分局、市农产品成本调查队、市价格认证中心；编制 17 名。

第二节 物价水平

1993 年，国家取消粮油、棉等合同定购制度，全面放开农产品购销价格，对粮食实行“保量放价”。当年，龙海市消费品价格指数上升 17%，其中粮食价格因受粮食减产、收购量和库存量减少影响，价格指数上升 27.6%；另外，食品类价格指数上升 115.1%、衣着类上升 8.3%、家庭设备用品及维修类上涨 8.2%。1994 年，龙海市物价水平急剧上升，商品零售物价总指数上升 26.7%。为稳定物价，龙海对价格进行调控，对部分居民基本生活必需品和服务价格实行监审制度，对彩电、冰箱等日用消费品及糖、液化气等品种实行最高限价和费率控制；对市区石码主副食品实行最高限价，落实“菜篮子”“米袋子”工程建设，建立生猪、蔬菜基地等。1995 年，龙海市将与居民生活必需品和服务价格相关十大类 50 种商品和收费列入监审对象，通过价格调控，从 3 月起食品价格稳中有降，上半年食品类价格指数比年初回降 8% 左右。当年，全市商品零售物价总指数比上年上升 14.5%。

1996 年，龙海市价格总水平升幅处在低位运行状态，商品零售物价总指数比上年上升 2.7%，升幅在年初省政府确定控制在 9% 左右的目标以内。食品类价格指数比上年上升 2.7%。1997 年，龙海市继续控制物价上涨，物价总水平呈现相继走低的趋势，商品零售物价指数上涨 3.3%，居民消费价格指数上涨 4%。上半年蔬菜价格指数上升 7.9%，通过整顿规范市场，加强对农业生产资料价格管理和监督检查，7 月后便止涨转跌，全年平均农业生产资料价格比上年下降 0.5%，化肥、农药及农药器械价格平均下降 4%。1998 年，龙海市零售物价指数和居民消费价格指数分别下降 2.1% 和 1.4%，低于控价目标 5.1 百分点和 6.4 个百分点，市场价格呈走低态势，商品零售物价总水平逐月递降 0.1%。大力发展“菜篮子”生产基地建设，增加市场有效供给，市直属蔬菜基地 6 个、生猪基地场 11 个、水产品养殖场 2 个、蛋鸭蛋鸡场 2 个。

1999 年，龙海市市场物价平稳运行，商品零售物价指数下降 3.8%，居民消费价格指数上涨 0.7%，分别比预期目标低 5.8 个百分点和 3.3 个百分点。12 月，龙海市印发《关于加强龙海市副食品价格调节基金征收管理工作的通知》，规定从 2000 年起原由市地税局负责的副食品价格基金征收工作改为市物价局负责。2000 年，龙海市商品零售物价指数和居民消费价格分别下降 1.1% 和上涨 1.6%。加强副食品价格调节基金的征收、管理工作，当年开始对全市 12 个乡镇、1 个开发区的 850 户餐饮业、美容美发业、娱乐业、外来建筑、装潢企业直接征收，共征收副食品价格调节基金 20 万元。2001 年，全市商品零售物价指数下降 1.4%，居民消费价格指数下降 1.3%。全市共征收价格调节基金 15 万元，主要用于“菜篮子”工程基地建设。

2002 年，龙海市市场物价持续走低，商品零售物价指数和居民消费价格分别下降 1.5% 和 1.2%。完善龙海市价格信息网络建设，全市基本实现城乡用电同网同价，推行涉企涉农收费公示制度。当年度服务项目价格指数下降 0.4 个百分点。2003 年，龙海市居民消费价格指数上涨 1.6%，消费品价格指数上涨 2.3%；非食品价格指数上涨 0.6%，服务价格指数下降 0.6%。2004 年，龙海市市场价格总水平出现回升。居民消费价格总指数为 103.5%，全年居民消费价格指数呈正弦波动曲线，3 月、5 月最高均上升 4.1%，价格指数稳定在涨幅 3.5% 左右。

2005 年，龙海市居民消费价格指数上涨 1.3%，比当年的控价目标低 2.7 个百分点。加强和改进农资价格管理办法，保持粮食价格和化肥价格的基本稳定。2006 年，龙海市市场物价持续走低，居民消费品价格指数下降 0.6%。2007 年，龙海市居民消费价格总指数为 104.3%，出现回升，上涨 4.9%，但仍比全国低 2.6 个百分点，比全省低 0.5 个百分点。其中食品类价格上涨幅度较大，为 109.7%，比上年上涨 7.7%，特别是 5 月份开始，猪肉、蛋品、食用油价格大幅上涨。

第三节　价格管理

一、农产品和农业生产资料价格管理

（一）粮食收购价格

1993 年，龙海市放开食用植物油购销价格和有调控的放开粮食销售价格。1997 年 3 月，龙海市对国家定购以外粮食，实行保护价敞开收购，其中每 50 公斤中等早籼谷不低于 65 元、中等晚籼谷不低于 70 元。1998 年，定购籼谷继续保留价外补贴，龙海按基准价采取下调 5% 制定，每 50 公斤定购价格，早籼谷为 61.75 元，晚籼谷为 66.5 元。1998 年，龙海定购粮收购中早稻 62 元（50 公斤，下同）、晚稻 67 元。同时，实行价外补贴政策，每 50 公斤定购粮补贴 10 元。1999 年，龙海市调减定购价，早稻 53 元、晚稻 58 元。2000 年，龙海市早稻退出定购范围，中晚稻继续实行定购，中稻 56 元、晚稻 58 元，同时取消定购粮价外补贴政策。2001 年，龙海市取消定购任务，放开粮食收购价格，不再制定定购价和保护价。2004 年，龙海储备订单晚籼稻（三等）最低收购价格为 72 元。2006 年，早籼稻最低收购价为 70 元、中晚籼稻最低收购价为 72 元。

（二）农业生产资料价格

1993 年 5 月，龙海市统配化肥由送货制改为提货制，其中尿素调拨价每吨 585 元。1994 年 4 月，龙海市国产尿素出厂价提高为每吨 1000 元，允许在 15% 幅度内浮动。1995 年，碳铵（氮 17.1%）、过钙（含磷 12%）最高限价为每吨 550—570 元和 490—550 元；3 月，漳州市物委会核定龙海市销售的三明尿素最高零售价格每吨 1780 元、进口尿素零售最高限价每吨 2170 元。1996 年 3 月，核定统配三明尿素每吨 1835 元、议价尿素每吨 2367 元、进口尿素每吨 2380 元、进口复合肥每吨 2284 元、进口氯化钾每吨 1471 元，农用薄膜价格聚乙烯中膜每吨 9720 元、聚乙烯地膜每吨 9830 元；4 月，核定地产 25% 混配化肥每吨 1192 元，11 月每吨进口化肥价格下降 250 元。1997 年 3 月，核定合成氨出厂价每吨 491 元、零售价每吨 581 元，过钙每吨 464 元、零售价每吨 561 元，最高零售统配三明尿素每吨 1828 元、议价尿素每吨 2101 元、进口议价尿素每吨 2112 元、进口复合肥每吨 2270 元、进口氯化钾每吨 1350 元，7 月份统配尿素降为每吨 1763 元。1998 年 3 月，统配尿素降为每吨 1393 元。1999 年，化肥生产流通由计划经济向市场经济转变，化肥价格随行就市。2001 年 11 月，三明尿素零售价格每吨 1200 元，2002 年 7 月上涨至每吨 1550—1600 元，8 月回落。2004 年，批发环节实行现行限制批发环节和差率管理办法，其中三明尿素零售平均价格每吨 1750 元。2005 年 5 月，实行同城限制一道批发，缩小化肥批发环节进销差率水平，由进销差率不超过 3% 调整为不超过 2%，化肥零售环节不超过 4% 核定价格。2007 年 11 月，尿素龙海站台交货价每吨为 2080 元，碳铵出厂价每吨 580 元，过钙（厦门）出厂价每吨 560 元，进口复合肥调拨价每吨 3600 元，进口钾肥口岸报价人民币每吨 3000 元，国产复合肥出厂价每吨 2750 元，“六国”牌磷酸二胺出厂价每吨 3420 元。

二、工业品价格管理

（一）石油价格

1993 年，龙海市计划内平价油和高价油标准品市场批发价分别为 70 号汽油每吨 845 元和 1665 元、0 号柴油每吨 705 元和 1512 元、灯用煤油每吨 735 元和 1545 元。1994 年 5 月，成品油实行计划内外并轨并一律实行国家定价。其中，70 号汽油批发价每吨 2845 元、零售价每吨 2980 元；0 号柴油批发价每吨 1512 元、零售价每吨 1709 元；灯用煤油批发价每吨 2475 元，零售价每吨 2590 元。1995 年成品油价格不变。1996 年，70 号汽油每吨批发价 2845 元、零售价每吨 2980 元，0 号柴油批发价每吨 2640 元、零售价每吨 2983 元，灯用煤油批发价每吨 2460 元、零售价每吨 2575 元。1997 年成品油价格不变。1998 年 6 月，汽油、柴油零售价格改为国家指导价，由国家发展计划委员会制定公布中准价格，石化集团公司可在中准价格上下 5% 的幅度内制定具体零售价格，70 号汽油批发价每吨 2845 元、零售价每吨 2980 元，0 号柴油批发价每吨 2780 元、零售价每吨 2915 元，灯用煤油批发价每吨 2750 元、零售价每吨 2875 元。

1999 年 11 月，龙海成品油价格划归二类区价格，90 号和 0 号中等零售价格每吨分别为 2985 元和 2560 元。2000 年 5 月，省物价局规范成品油价格的作价办法，成品油经营过程中汽、柴油吨与升换算关系，汽油每吨折 1350 升，柴油每吨折 1180 升。从当月起成品油零售价每月变化一次，龙海 90 号汽油最低价 5 月份每吨 3755 元，最高价 8 月份每吨 4225 元；0 号柴油最低价 5 月份每吨 3120 元，最高价 10 月份每吨 4180 元；12 月份柴油价格每吨 3730 元、汽油价格每吨 3965 元。2001 年，成品油价格频繁变动 11 次，12 月份 90 号汽油每吨 3030 元，0 号柴油价格每吨 2680 元。2002 年，经过 4 次调整，10 月 90 号汽油价格每吨 3630 元，0 号柴油价格每吨 3270 元。2003 年，经过 3 次调整，12 月 90 号汽油价格每吨 3820 元，0 号柴油价格每吨 3360 元。两大石油集团在零售中准价基础上允许浮动范围由 5% 提高到 8%。2004 年，经过 3 次调整，90 号汽油价格每吨 4360 元，0 号柴油价格每吨 3860 元。2005 年，90 号高标准汽油价格每吨 4660 元，0 号柴油价格每吨 4010 元。2006 年，龙海成品油价格划归一类区价格，5 月 90 号高标准汽油价格每吨 5710 元，0 号柴油价格每吨 5020 元。2007 年，经过 2 次调整，11 月 90 号高标准汽油价格调整为每吨 5990 元，0 号柴油价格调整为每吨 5520 元。

（二）电力价格

1993 年 11 月，龙海市不满 1 千伏居民用电电价为每千瓦时 0.22 元、非居民用电每千瓦时 0.247 元，大工业用电每千瓦时 0.083—0.088 元，农业生产用电每千瓦时 0.103—0.106 元。1994 年 1 月，将电网电价分为老价电、中价电、新价电和代购代销电。其中，中价电电价每千瓦时 0.217 元（非工业、普通工业每千瓦时 0.235 元，直供大工业每千瓦时 0.212 元），代购代销电价每千瓦时 0.15—0.25 元，新价电每千瓦时 0.365 元。1997 年 3 月，贯彻实施省电网的电价改革，龙海对用户销售电价取消老、中、新价三轨并存的电价制度，大工业、非普工业原老、中价电价格水平往新价电靠拢；实行价费合并，将电价附加费融入电价。是年 5 月，全市居民生活用电由每千瓦时 0.317 元调整为 0.367 元；9 月，整顿农村电价，清查、纠正不合理的加价和摊派；12 月全市农村照明用电最高限价每千瓦时 1.1 元。1998 年 10 月，全市农村生活用电核定为每千瓦时 1 元。

1999 年 1 月，龙海市取消省电力建设附加费、燃料附加费、龙海电网建设费，全市各类用电平均每千瓦时下降 0.029 元；3 月，湖后水电站、程溪下叶水电站销售电价调整为每千瓦时 0.28 元。2001 年 2 月，龙海市调整用电价格，居民生活用电不满 1 千伏由原每千瓦时 0.367 元调整为每千瓦时 0.439 元，非居民用电由原每千瓦时 0.352 元调整为每千瓦时 0.485 元，非、普工业用电由原每千瓦时 0.643 元降为每千瓦时 0.6 元，大工业用电由原每千瓦时 0.625 元降为每千瓦时 0.535 元；8 月，核定农村低压动力用户用电每千瓦时 0.85 元。2002 年 10 月，龙海市核定银泉水电供水有限公司水电站上网销售电价（含税）每千瓦时 0.3 元。

2003 年 1 月，龙海市实行城乡用电同网同价，每千瓦时综合销售电价水平 0.563 元；8 月，批复华阳电业有限公司龙海生活区用电价格，居民生活用电每千瓦时 0.539 元、非居民生活用电每千瓦时 0.595 元；10 月，程溪镇小水电站上网电价核定每千瓦时 0.28 元。2004 年 1 月起，除居民生活、农业生产、化肥生产用电外，其他各类销售电价每千瓦时提高 1 分；12 月，龙海市综合销售电价水平调整为每千瓦时 0.5795 元，大工业用电比原价下降 1.5 分。2005 年 5 月，湖后小水电站上网电价（含税）调整为每千瓦时 0.3 元。此外，大工业生产用电每千瓦时提高 1.5 分，其他各类销售电价每千瓦时提高 2 分。2006 年 3 月，停止补征 2003 年度中央库区建设基金，即在销售电价中每千瓦时加价 0.002 元；8 月大工业用电价格电压等级 1 千伏至 10 千伏每千瓦时从原来的 0.555 元提高到 0.563 元，35 千伏至 110 千伏每千瓦时从原来的 0.54 元提高到 0.548 元。全市城乡中小学校教学用电价格统一按电网居民生活电价执行，由每千瓦时 0.66 元降低为 0.539 元。2007 年 1 月，对供电营业区内的高能耗行业试行差别电价政策界限范围中的淘汰类企业，每千瓦时加价 0.15 元。

（三）液化气价格

1993年12月，龙海市核定液化石油气零售价格每公斤3.07元(平价)。1995年，零售供气价为每公斤最高3.85元、最低每公斤2.33元。1996年10月，规范进口液化石油气价格的管理，批发价格按照“高进高出、低来低去、控制利润率、年年算总账”的原则制定。1997年3月，民用液化石油气零售最高限价每公斤由4.37元调为4元，容量15公斤钢瓶装（净重不少于14.5公斤，下同）液化气每瓶价格不超60元。2001年11月，规定YSP—15型钢瓶装液化气零售中准价每瓶52元，上下浮动7%；2002年3月，下调每瓶41元。2004年10月，规定市区及乡镇所在地，YSP—15型钢瓶装液化气批发价每瓶73元，零售价每瓶79元；2005年10月，零售价控制在每瓶87元以内（含运送费2元）。2006年1月，受国际原油价格大幅攀升影响，瓶装液化气涨到每瓶120元，规定市区最高零售限价（含送气费）每瓶115元，2006年3月份后逐步恢复每瓶75—85元。2007年10月，价格上涨到每瓶90—110元（净重不少于13.5公斤）。

居民用户管道燃气建设配套费管理。2004年10月，批复龙海市鸿源石油制品有限公司龙池开发区管道燃气建设配套费收费标准，居民用户每户2800元，带电梯高层建筑每户3000元。2005年11月，每户收费标准统一调整为2800元。2006年10月，核定漳州安然燃气有限公司龙海分公司、角美分公司的管道燃气建设配套费收费标准，居民用户每户2600元，带电梯高层建筑每户2800元。

（四）自来水价格

1993年，石码镇、海澄镇用水由自来水公司供应，其中居民生活用水每吨0.25元，工业、营业用水每吨0.33元。1994年2月，居民生活用水每吨0.32元，工业、营业用水每吨0.41元；3月，榜山镇自来水公司供水的居民生活用水每吨0.25元改为每吨0.302元，工业、营业用水由每吨0.50元改为每吨0.55元。1996年8月，角美自来水公司供应的居民生活用水及工业、营业用水每吨分别为1.1元和1.5元。1997年5月，龙海市新建自来水厂后，居民用水每吨1元、工业用水每吨1.2元、营业用水每吨1.4元。1998年5月，新颁布的价格法规定自来水价格变动要召开听证会。2000年12月，龙海市首次召开价格听证会，核定2001年4月1日起，居民生活用水价格每吨1.4元、机关企事业单位用水价格每吨1.6元、商业性用水价格每吨2元。同时，提高角美、东园、浮宫、紫泥等乡镇供水价格，居民生活用水最高为浮宫镇、紫泥镇每吨3元，最低为角美镇每吨1.2元。2004年6月，核定龙池水务有限公司自来水价格，居民生活用水、工业用水、经营服务用水每吨分别为1.6元、1.7元、2.2元。2007年5月、8月，核定颜厝、白水镇自来水公司价格，其中居民生活用水每吨分别为1.5元和1.6元。

（五）食盐价格

1995年6月，龙海市食用盐每500克为0.43元，普通细白盐、优质细白盐、精制盐分别加价0.02元、0.05元和0.1元，小包装食盐包装差价500克装的在0.1元以内。1996年，食盐零售价每500克提高0.01元。加碘日晒细盐、加碘精盐在普通加碘食盐基础上每500克分别加价0.04元和0.1元；市区以外的食盐零售价格在城区价格基础上，每500克差价不超过0.05元。1997年4月，碘盐由提货制为送货制，加碘日晒细盐小包装统一零售价格每500克为0.68元。2001年12月，龙海市实行全省统一价，复合袋加碘日晒盐（外包装为纸箱）零售价格每500克为0.9元。

三、交通运输价格管理

（一）公路汽车运价

1993年，龙海市汽车旅客运输基本运价每人每公里0.048元。1996年2月，龙海汽车旅客运价调整为每人每公里0.077元，并作为最高限价。1998年1月，龙海市增加豪华客车运价。其中，大型豪华客车每人每公里一级0.17元、二级0.20元、三级0.22元、四级0.24元；中型豪华客车每人每公里一级0.15元、二级0.18元。同年10月，在原开征的公路客运交通建设基金，统一规范为公路客运附加费，征收标准每人每公里0.02元调整为0.03元。2004年5月，汽车旅客运输价格实行政府指导价，允许平时按基价上浮，幅度不超过10%，春运按基价上浮不超过30%。2005年，春运加价上浮不超过20%。2006年5月，为合理解决燃油价格上涨等因素增加的运营成本，汽车旅客运输基本运价从每人每公里 0.077 元调整为 0.081 元。2007 年 11 月，龙海市公路客运价格（不含农村客运和城市公交客运价格）在现行票价基础上每人每公里加收燃油附加费 0.01 元。

（二）公交汽车票价

2003 年 1 月，龙海市开通公交线路，核定第 1 路车（石码大码路头至紫泥金定村）全程票价每人次 2 元，第 2 路车（海澄农贸市场至锦龙小区）全程票价每人次 1.5 元。2006 年 7 月，龙海市第 1 路车票价调整为 2.5 元，第 2 路车（海澄农贸市场延伸至文苑村路口）全程票价调整为 2.5 元，其中石码、海澄镇区内为每人次 1 元。新核定第 3 路车票价，第一条线路（榜山南苑村锦溪至锦江影剧院）、第二条线路（榜山翠林村园头至锦江影剧院）、第三条线路（榜山坂头村至锦江影剧院）、第四条线路（榜山田边村南山至锦江影剧院）票价每人次核定为 1.5 元，第五条线路（龙海师范至锦江影剧院）票价每人次核定为 1 元；公交月票核定第 1 路车成人月票 75 元、学生月票 50 元，第 2 路车成人月票 75 元、学生月票 60 元，第 3 路车成人月票 65 元、学生月票 50 元。

第四节　收费许可与标准

一、收费许可

1993 年，龙海市对办理“收费许可证”的行政事业性单位的收费标准进行审验，其中合格单位有 256 家、基本合格 3 家，停止收费项目 475 项。1994—1996 年，龙海市为 278 家行政事业单位发放“收费许可证”，并开展年审，制止超范围、超标准收费，取消 2 个收费项目，降低 19 项收费标准，停止收费 17 项。1997 年，规定“收费许可证”每年进行审验和 3 年换证。1998—1999 年，依法对 46 个主管部门 290 个执收单位开展审验，其中合格 285 个、基本合格 5 个，审验收费收入 9575 万元，收费支出 9559 万元。1999—2000 年，换发新的“收费许可证”，取消不合理收费项目 105 项，降低收费标准 12 项；向全市国有企业和民营企业免费发放“向企业收费登记卡”241 份。2002—2003 年，龙海市年审 46 个部门 259 个执收单位，其中合格 252 个、基本合格 7 个，对乡镇政府、市计生局等 8 个部门涉农收费公示项目及标准进行变更。2004 年，年审 252 个执收单位，其中合格 244 个、基本合格 8 个；换发“收费许可证”252 份。2005 年，龙海市完成 31 个部门 286 家执收单位年审，其中合格 279 个、基本合格 7 个，取消收费项目 6 项，换发“收费许可证”286 份。2006 年，龙海市完成 28 个部门 248 家执收单位年审，其中合格 245 个、基本合格 3 个。2007 年，龙海市完成 236 家执收单位年审，其中合格 234 家、建议整改 2 家；新核发许可证 8 家，注销许可证 1 家；落实国家明令取消的行政审批收费项目 2 个，涉及金额 48.2 万元，降低收费标准项目 3 个。

二、收费标准

（一）医疗服务收费

1993 年，龙海市级初诊挂号费每次 0.3 元，复诊挂号费每次 0.2 元；床位分为甲、乙、丙等级，收费分别为每床日 3 元、2.5 元、2 元。1994 年 8 月，龙海市普通床甲、乙、丙等级收费调整为每床日 5 元、4.5 元、3.5 元；设干部病床，双人房每床 8 元，单人床 12 元。法定节假日及下班时间门诊，按急诊挂号费收费，县市级医院每人次 1 元。2000 年 8 月，调整部分医疗收费标准。龙海市级初诊挂号费每次 1 元，急诊挂号费每次 1.5 元，主任医师门诊每次 3.5 元、副主任医师每次 2.5 元，普通病床床位费：甲、乙、丙等级分别为每床日 8 元、7 元、6 元；干部病床，双人房每床 15 元，单人床 25 元。2003 年 7 月，规定医疗机构实行价格公示，要求市直医疗机构公示 500 种以上临床用药价格、乡镇卫生院公示常用药 200—300 种价格、村卫生所（室）和个体诊所公示常用药品不少于 80 种价格。2005 年 7 月，龙海市级普通门诊诊查费住院医师每次1.5元、主治医师每次2元，副主任医师每次4元、主任医师每次6元。急诊诊查费在不同级别医师普通门诊诊费的基础上加收1元。住院诊查费：市级医院双人间每床日18元，三人间每床日10元，四人以上间每床日9元。2006—2007年无变化。

（二）教育收费

幼儿园简托收费标准（元／月·生）　1993年至1999年6月，龙海市幼儿园收费公办市直每生每月27元、乡镇办每生每月32元、村办每生每月20元、个体每生每月24元。1999年7月至2000年6月，调整为华侨幼儿园每生每月41元、其他幼儿园每生每月37元、学校附设班每生每月32元、村街道办每生每月20元，个体每生每月24元。2007年1月，改为漳州市优质园每生每月140元、龙海市优质园每生每月105元。

中小学收费标准（元／学期·生）　1993年秋季起龙海市重点学校，小学杂费1—3年级14元、4—6年级15元、初中杂费20元、高中阶段90元；普通学校，小学杂费1—3年级13元、4—6年级14元、初中杂费16元、高中阶段75元；职业高中85元、职业中专100元。1995年秋季起龙海市职业高中和职业中专实行按年收费，每生每学年分别为600元和1300元。1999年秋季起龙海市普通高中试行缴费上学，龙海一中、二中每学期每生600元，农村高中250元。2002年秋季起小学杂费为农村45—65元、城市65—85元；初中杂费农村65—95元、城市95—125元；高中学费农村250元、城市600元。2004年秋季起龙海市实行一费制管理，其中农村小学80元、初中120元；城市小学120元、初中160元。2007年秋季开始，龙海市取消全市城乡义务教育阶段杂费。

借读费收费标准（元／年·生）　1999年秋季起，龙海市学生借读费收费标准为每生每学年小学500元、初中1000元、高中1600元。2000—2007年没变化。

（三）其他收费

有线电视收费　1993年3月，龙海市有线电视每个终端用户一次性收取有线电视建设费250元，每月每个终端收视费2元、维护费3元。1999年，调整为每户15元。2001年5月，龙海市有线电视建设费城乡实行统一标准，每户280元，室内材料按实际收取。2005年7月，龙海市停止收取有线电视联网建设费。2007年3月，龙海市有线数字电视基本收视维护费，市区用户每月18元，农村用户每月15元。

污水、垃圾处理费　2006年3月，龙海市开征污水处理费，收费标准统一按自来水用水量每吨0.8元计征。2007年5月，龙海市召开城市垃圾处理费听证会；10月经漳州市物价局批准开始征收，每月每户8元（小区每户7元）、单位按每人每月3元计征。

殡葬服务收费　2004年12月，龙海市殡仪馆新建一次性骨灰寄存20年的收费标准，普通型、豪华型、豪华龙凤型每座分别为600元、800元、1300元。

第五节　物价监督

一、物价检查

1993年，龙海市重点开展春运价格、交警系统收费、农资价格、邮电收费、涉农行政事业性收费检查，制止乱涨价、乱收费。1994年，针对物价过度上涨等问题，4月、10月开展物价大检查，共检查210个单位，重点抽查80个单位。查出各类价格违法行为和案件29件，非法所得6.5万元，收缴入库3.7万元。1995—1996年，整顿价格秩序，严厉打击哄抬、欺行霸市及其他牟取暴利行为。重点抓以农业生产资料为主的农资市场大检查；打击汽车客运票价、公用电话点乱涨价、乱收费现象；查处中小学擅自立项乱收费。共查处价格违法案件17起，非法所得13.6万元，退还用户4.4万元，上缴财政3.5万元。1997年，龙海市开展成品油价格、农资价格、建设项目收费、铁路客货运价和延伸服务收费、城乡公用电话收费、农村电价等专项价格检查。

图 15-3　开展物价检查（市物价局提供）

1998 年，龙海市每年一度的全国性财务、税收、物价大检查改为常规检查。清理整顿教育、公话、医疗卫生、药品价格和交通、渡口、劳动就业、土地评估等乱收费，共查处价格违法案件 129 起、违纪金额 115.63 万元，实行经济制裁 127.59 万元。其中，退还用户 55.7 万元，没收违法所得 55.14 万元、上缴财政 7.75 万元；办理群众举报价格违纪信访电话和领导批件 100 余件（次）。1999—2000 年，开展电力价格、涉农收费、农业生产资料价格、市区停车场收费检查，以及无“收费许可证”乱收费等违法行为，抓好“米袋子”“火炉子”“菜篮子”的价格检查，以及人民群众关心的医疗收费、药品价格、教育收费、水电、液化气、客运价格、移动通信手机入网费的专项等公用事业价格与收费检查，分别查处价格违法案件 169 件、37 件，非法所得 171.01 万元、30.66 万元，退还用户 122.11 万元、14.16 万元，没收非法所得 45.65 万元、16.5 万元，罚款 14.71 万元、3.45 万元。2001—2002 年，主要开展教育收费、农网改造收费、医疗收费、药品价格、公路收费站点收费及中介机构服务收费等专项检查和重要商品价格检查，查处农村中小学校、农网改造中等存在的乱收费行为，分别查处价格违法案件 42 件、10 件，非法所得 143.88 万元、31.64 万元，退还用户 51.44 万元、23.35 万元，没收非法所得 92.44 万元、8.29 万元，罚款 3.44 万元、3.3 万元。

2003—2004 年，龙海市价格监督检查的重点是制止不正当价格竞争行为、规范市场秩序。从重从快查处价格违法案件，参与开展“百城万店无假货”的创建活动，树立以“红树林”为首批示范街，构建价格诚信建设体系，规范经营商贩明码标价行为，开展对医疗收费、药品价格、教育收费、公交运输、电力价格和收费等专题检查，分别查处价格违法案件总件数 22 件、35 件，查处价格违法 93.36 万元、47.27 万元；实行经济制裁 93.84 万元、47.41 万元，其中退还用户 11.8 万元、4.7 万元，没收非法所得 81.56 万元、42.57 万元，罚款 0.48 万元、0.14 万元。完善价格举报制度建设，参与“110”社会联动服务，两年分别接受价格举报和咨询 105 起和 98 起，办结率、回复率均超过 95%，退还消费者 1.51 万元和 3.82 万元。

2005 年，龙海市检查化肥、农药、农业用水用电、林业、计生、民政等涉农价格和收费，专项检查土地管理、教育、医疗、药品、电力、通信资费、交通和气象等价格和收费，以及国家公布取消、免收或降低收费标准执行情况。查处价格违法案件 18 件、违法金额 27.32 万元，没收违法所得 24.59 万元，退还消费者 2.73 万元，罚款 0.57 万元，实行经济制裁 27.89 万元，缴交财政 25.16 万元。2006 年，查处价格违法案件数 17 件，结案 11 件，查处违法金额 41.93 万元，没收违法所得 27.87 万元，退还消费者 2.5 万元，罚款 0.88 万元，实行经济制裁 31.22 万元，缴交财政 28.75 万元。

2007 年，龙海市开展自来水、农资价格，以及涉农、延伸服务收费专项检查、教育收费和医疗药品价费专项整治工作，对 73 家单位价格执行情况进行检查，立案查处价格违法案件 16 件，结案 16 件，查处违法金额 31.6 万元；实行经济制裁 36.6 万元，其中退还用户 19.7 万元，没收非法所得 11.9 万元，罚款 5 万元；上缴财政金额 16.9 万元。受理交通运输、房地产、医疗服务、电信、停车场、物业、教育收费和自来水价格举报投诉共 165 件，退还消费者 4.2 万元，立案 8 件，罚款 1.75 万元，案结率 100%。

二、物价监测

1993—1996 年，龙海市物价监测仅限于调查了解市区农贸市场粮油等主副食品价格行情，为服务本地政府价格决策提供参考依据。1997 年，每月向漳州市物价局报送市区主要市场主副食品零售价格。

1998 年 7 月至 1999 年 12 月，每旬通过全省联网向省价格信息中心报送龙海市早晚稻定购价、最低保护价、议购价、集市价、粮食部门原粮销售价。1999 年，龙海市因受 14 号强台风破坏，为稳定市场物价，规定凡灾后恢复生产和重建家园所必需的生产、生活物资，特别是建材、农业生产资料等重要商品，要求明码标价，制止不法商贩趁灾乱涨价，并在灾后一个月内每日对 41 种主副食品价格监测和跟踪。2000 年 1 月，龙海创办《物价信息》刊物，每月定期向市委、市政府反映龙海物价工作动态、各时期中心工作完成情况、市场行情信息；7 月，向福建省价格信息中心报送龙海市 45 种农副产品零售价格、16 种农资价格和荔枝、菠萝、香蕉、甘蔗等土特产品价格。开展农副产品市场购销价格专项调查，加强物价形势分析预警。

2003 年 5 月 20 日至 7 月 16 日每周二、四（7 月 16 日后每十日），市物价局代表福建省农村县市监测点向国家发展与改革委员会和省物价局直接报送龙海市防治“非典”相关商品价格监测材料共 50 期。2004 年 5 月起，龙海市设定 2 个固定的农资价格监测点，报送 16 种化肥价格；10 月起每日向省价格监测中心报送晚稻购销价格；每月向省价格监测中心报送龙海市 45 种涉农价格和收费标准。2005 年 3—5 月，市物价局代表福建省农村县市监测点向国家发展与改革委员会和省物价局直接报送防治高致病性禽流感商品价格监测材料 20 期；5 月起，设定海澄、浮宫镇为农资价格监测点，报送 18 种化肥价格；每日向省价格监测中心报送晚稻购销价格。

2006 年 5—9 月，龙海市在遭受台风袭击严重的东泗乡、程溪镇设立建材价格监测点，监测建材价格变化。同时，贯彻落实国家制定的重要消费品价格、能源价格等四项新的监测报告制度，疏导城市公交、旅客运输、成品油、石油液化气等领域的价格矛盾，化解燃油价格上涨对运输企业的影响。2007 年，龙海市出台城市生活垃圾处理费征收等，构建价格监测网络，实施《福建省价格监测点管理办法》，准确把握重要商品和服务价格走势。

第四章　工商行政管理

第一节　机构

1993 年，龙海市工商行政管理局下辖 14 个管理所（队）。其中，石码、角美、海澄由工商行政管理所改名为工商分局，步文、程溪、九湖、郭坑、颜厝、榜山、紫泥、浮宫、白水、港尾改为工商所，角美缉私检查站改为市经检缉私队。1996 年，步文和郭坑工商所划归龙文区。1997 年 2 月，龙海市经检缉私队更名为龙海市检查大队；10 月市工商局内设机构调整为人秘股、纪检监察室、公平交易股、企业注册管理股、外商投资企业注册管理股、市场监督管理股、个体私营经济监督管理股、商标广告监督管理股、经济合同管理股、财务装备股。同年，设立锦江工商所。1999 年 6 月，管理体制改革，市工商局实行省垂直管理体制，内设人秘股、财装股、个私股、企管股、外资股、合同股、公平交易股、市管股、商广股、纪监室，下辖机构不变，挂靠单位有市消费者委员会、个体劳动者协会、私营企业协会 3 个社会团体。

2001 年 4 月，锦江、港尾、浮宫、九湖工商所改为分局，撤销紫泥、榜山、白水、颜厝 4 个工商所。2002 年 2 月，市场服务中心划归市财政局管理；5 月市工商局内设机构调整为办公室、法制股、行政执法股、注册管理股、人事教育股(含纪检监察室)，保留检查大队，与“12315”消费者投诉服务台合署办公。2004 年 4 月，成立市工商局纪检组；7 月撤销分局设置，成立海澄、石码、角美、九湖、浮宫、程溪、锦江、港尾 8 个工商所；11 月增设信息技术管理股。2005 年 11 月，市工商局“12315”投诉台与检查大队分离，成立“12315”消费者申诉举报服务台，与消委会合署办公；12 月增设财务装备股。2006 年 8 月，增设龙池工商所。2007 年 3 月，行政执法股分设为公平交易消费者权益保护股和市场合同监督管理股、商标广告监督管理股；8 月增设外商投资企业注册登记股。

第二节 市场监督管理

1993 年，龙海市实行商品交易市场登记制度，加强市场监督管理。全年查处市场违章案件 579 起，罚款 1.3 万元；办理车辆交易验证 1971 辆，收取验证费 4.25 万元；参与文化市场大检查，扣缴淫秽录音带 235 盒、录像带 1153 盒、小说杂志和挂本挂历 412 本，查处无证经营歌舞厅 1 处，责令停业整顿录像出租店 1 处。1994—1995 年，全市继续开展创建“文明规范市场”和“无销售假冒伪劣商品和计量信得过市场”等活动，推进市场巡查制度，及时解决消费纠纷。1996 年，以反对不正当竞争及保护生产、消费者合法权益为重点，着重做好市场办管脱钩、农资市场整治等工作。共查处各类市场违法违章案件 666 起，罚款 3.84 万元；整治农资市场，取缔无证经营户 58 户，查扣非法经营的化肥 227 吨、假化肥 73 吨、冒牌农药 900 公斤、假种子 126 公斤。1997 年，检查整顿成品油、盐、文化、计量、农资、建材和生猪点屠宰等市场，共检查经营户 1360 户，查处违章 83 户，取缔无照经营农资 22 户。

1998 年，龙海市贯彻《粮食收购条例》，对粮食交易市场进行清理整顿，打击私商向粮食生产者收购粮食，无合法调拨凭据或税务发票运输粮食的违法行为。检查粮食经营、加工企业 126 户，查处违法收购案件 50 宗，扣留非法收购粮食 112 吨，案值 15 万元。开展“扫黄打非”行动，取缔非法经营点 25 处，没收录像带 15000 盒、盗版 VCD5140 盒和录音带 3700 盒。1999 年，继续加强对粮食收购行为的管理规范，打击私商、粮贩违法向农民收购粮食，共检查 80 户，取缔非法经营企业 13 户，查处非法收购粮食 3 件，其中角美分局查获 1 起非法贩运案件，查扣粮食 60 吨。2000 年，加强对各类市场监管，查处非法变相传销，摧毁 4 处传销窝点，处以罚款 1.5 万元，疏散外地参与人员 158 人；监管汽车、摩托车交易市场、旅游市场，清理旅游代办点 4 家，查封旧摩托车 245 辆，罚款 4000 元，同时举办经纪人培训班 1 期 41 人；打击私商粮贩非法收购粮食，共检查企业、码头、车站 151 处，取缔非法经营企业 3 户，查处非法粮食收购案件 2 起，罚款 3000 元。

2001—2002 年，龙海市开展肉食品检查，共查扣病死猪肉及肉制品 3607 公斤、有毒河豚 33 公斤、假酒 6178 瓶、假劣饮料 1300 瓶。强化旅游市场管理和整治，全市旅游景点 8 处，办理旅游业务 13 家，被省旅游部门批准经营 2 家，取消旅游中介经纪人资格证 7 人。2002 年，开展成品油市场专项整治，取缔无照加油站点 64 户，责令停业整顿 32 户，吊销营业执照 36 户，立案查处 48 起，罚款 7 万元；加强网吧和学校周边生产经营的整治工作，查处非法经营网吧 27 处，其他无照经营案件 136 起，补办经营执照 112 户。

图 15-4 工商部门开展农村食品市场检查（市工商局提供）

2003—2004 年，全市开展共建规范市场活动，与 8 家超市和农贸市场建立共建规范市场活动，与 15 家农贸市场签订市场安全责任协议。继续抓好餐桌、肉食品、旅游、粮食等市场的整治和规范，其中在开展“餐桌整治”过程中，共查扣被污染水产品和蔬菜 197 公斤，饮料和酒 7478 瓶。2005 年，龙海市对全市集贸市场的主办单位和市场内 2939 户经营主体的经营情况、证照状况进行全面清理，并增加硬件投入，优化服务设施，提高文明市场创建水平。

2007 年，全市开展农村食品市场、“红盾护农”、房地产交易、自行车被盗、电动自行车问题、茶叶市场、副食品市场监管、流通领域食品安全等专项整治。食品安全整治中，在城关市场、超市建立进货索证索票制度，在乡镇、街道、社区 848 户食杂店建立进货台账制度，全年共查处违法食品案件 96 起，案值 102.7 万元，罚没款 34.86 万元，捣毁违法生产、经营窝点 8 处，查扣一批劣质食品物资 6325 公斤、价值 4.7 万元。其中，在猪肉市场监管中，出动执法人员 1426 人次、车辆 294 车次，检查市场 1179 个次，取缔无照经营猪肉摊点 3 户，私宰窝点 4 处，查处病死猪肉案件 7 起，查扣病死猪肉和不合格猪肉 1005 公斤、案值 2.63 万元，罚款 6.45 万元。另外，查处农资案件 20 件，案值 20.01 万元，罚没款 6.99 万元；合同案件 26 件，违法金额 3.57 万元，罚没款 1.65 万元。

第三节　个体私营经济管理

一、注册登记

1993 年，龙海市在个私企业注册登记上实行放宽从业对象、登记条件、经营范围和经营方式，简化审批环节和办照手续政策，鼓励个私企业发展。在原有行业的基础上，发展文化娱乐、公关礼仪、建筑材料、广告装潢、房地产开发等行业。当年，新发展个私户 2983 户；个私经济的工业总产值 18799 万元，商品零售额 23578 万元，占社会商品零售总额的 33.17%；个体户和私营企业户的平均注册资金分别为 8933 元和 58.09 万元。产品出口美国、日本、加拿大、泰国等 10 多个国家，有 5 家私营企业与外商合资、合作，投资额 363.78 万美元，注册资本 318.44 万美元。1997 年，制定 10 条优惠政策，鼓励下岗职工再就业。当年新核准登记的个体私营企业 1034 户、从业人员 3755 人、注册资金 1.99 亿元。全市累计注册登记的个体工商户和私营企业有 15889 户，从业人员 52145 人，注册资金 91982 万元。

1998 年，龙海市制定《关于加快发展个体私营经济若干优惠政策》，放宽登记制度，发展个私经济。新核准登记的个体私营企业 1658 户、从业人员 5223 人、注册资金 2.17 亿元。1999 年，新核准登记个体私营企业 1818 户，从业人员 6379 人，注册资金 1.77 亿元，其中私营企业 82 户、从业人员 1219 人、注册资金 9815 万元。2000 年，新核准登记 1617 户，从业人员 4718 人，注册资金 1.46 亿元。全市累计有个体私营企业 7922 户，从业人员 28305 人，注册资金 7.37 亿元。

2001—2002 年，新发展 1552 户，从业人员 5961 人，注册资金 30830 万元。2003 年，降低个私企业进入市场的门槛，由基层分局（所）核发个体工商户营业执照，突破资金、行业、区域和所有制的限制，开展公平竞争。当年，新办个体工商户、私营企业 1231 户，从业人员 4989 人，注册资金 24909 万元，分别比上年增长 26.5%、11% 和 15.3%。办理个私企业注销登记 1030 户。

2004 年，龙海市对下岗职工再就业实行无偿优先办理登记证，为 210 户下岗就业人员办理个体工商户营业执照，免去登记费、管理费等规费 13.17 万元。全年新办个私企业 1838 户，从业人员 7554 人，注册资金 73532 万元。全市累计有个私企业 10255 户，从业人员 33061 人，注册资金 187889 万元。2005 年，实行一个窗口对外，将登记注册职能与执行行政许可审批业务整合为一。新办个体工商户和私营企业共 1456 户，从业人员 8387 人，注册资金 98254 万元。其中私营企业 286 户，从业人员 5408 人，注册资金 94655 万元。办理个私企业注销登记 1808 户。

2007 年，全市新办个体工商户私营企业 4575 户、从业人员 13108 人，注册资金 186292 万元。其中私营企业 345 户，从业人员 5476 人，注册资金 175154 万元。办理个私企业变更登记 1705 户，注册登记 1549 户，办理各类企业名称登记 252 户。全市累计个私企业 13320 户，从业人员 51529 人。其中，私营企业 1648 户，从业人员 24470 人，注册资金 588655 万元；累计集团公司 14 家；办理港澳台个体工商户 7 户。

二、监督检查

1993 年，龙海市个私经济监督管理工作从以查处超越经营范围、经营方式为主，转向加强年检验照、变更登记、注销登记、清理无照经营、开展法制和职业道德教育等。共处理无照经营 128 户，责令停业整顿 12 户，罚款 1.73 万元，补收管理费 10.15 万元。

1994 年，龙海市以公司法和公司登记管理条例为依据，做好自然人投资申办有限责任公司的登记管理，把好审核登记关，做好一年一度的年检验证。全年共处罚无证经营 746 户，罚款 10.4 万元，补缴管理费 8.7 万元。1998 年，对无照经营采取取缔与疏导相结合的办法，实行综合治理，共清理、取缔无照经营 494 户，补办营业执照 424 户，罚款 1.35 万元；注销 3935 户。

1999 年，市工商局严格审查和监管从事粮油批发、成品油、农资经营、粮食经营、交通运输业、旅游业等个私企业的经营资格和经营行为，制定饮食业、美容美发业、修理业、零售商业等经营规范标准，开展“文明经营街”“文明经营示范户”创建活动，有 1.3 万户参加创建活动，认定文明经营示范户 1200 户。对个体私营电子游戏机房、美容美发业、歌舞厅、电子维修业、印刷业以及城镇和公路沿线私人经营的旅馆、饭店等进行整治，查处 1 家糕饼厂未经核准擅自营业并假冒他人商标及企业名称的案件。

2000 年，全市清理无照经营 196 户，补办营业执照 147 户，取缔 45 户；查处违法违章经营户 218 户，罚款 58.2 万元。2002 年，建立片（区）责任制，实行片（区）办检。全市私营企业应检 504 户，实验照 406 户；个体工商户应验照 7997 户，实验照 7201 户，停歇业 561 户。督促办理注销登记 73 户，吊销 42 户，补提交前置审批手续 329 户。2003 年，开展无照经营、液化气市场、农药经营企业、烟花爆竹易燃易爆品、加油站（点）等专项整治。出动人员 1025 人次、车辆 128 台次，检查相关生产经营单位 1582 户，立案查处无照经营 370 户，罚没款 40.3 万元，限期补办营业执照 123 户，补提交前置审批手续、专项许可证 124 户，取缔无照经营 23 户，责令变更经营范围 49 户，注销 33 户。

2007 年，龙海市完善查处无证经营工作机制领导小组，落实查处无证无照经营抄告制度。全市出动执法人员 1350 人次，车辆 305 辆次，立案查处取缔无照经营 239 起，案值 31705 万元，罚没款 9106 万元，督促各类市场主体补提交有关行政许可手续 1218 件，补办企业、个体工商户营业执照 2215 户，追缴保本管理费 5405 万元。录入并查巡食用分类监管系统各类企业及个体工商户 11301 户，确定年检免审企业 100 户，发出前置审批手续到期补办通知 576 户。做好年检、验（换）照工作，应验照个体工商户 8412 户，实际通过验照贴花的个体工商户 6809 户，吊销 1100 户。

第四节　内资企业登记管理

一、注册登记

1993 年，龙海市简化登记注册手续，除金融、外贸、医药、建筑、出版等企业及企业集团公司、股份有限公司，须提交有关批准文件外，其他企业可由主办单位直接向工商部门申请登记注册，逐步取消不必要的生产经营许可证和前置条件。当年，由主办单位直接向工商管理部门申请开业、变更登记的有 996 户，占开业、变更登记总数的 89.5%。放宽企业经营范围、经营方式，简化审批手续，由委托验资改为到企业核资，新登记注册的内资企业 577 户。

1995 年，龙海市注册登记的内资企业 4805 户，从业人员 74724 人，注册资金 91075 万元。1997 年，新核准注册 156 户，其中有限责任公司 41 户、国有企业 17 户、集体企业 92 户、联营企业 2 户、股份制企业 2 户、股份制合作企业 2 户。1994—1998 年，累计新办内资企业 569 户，其中国有企业 86 户、集体企业 469 户、股份合作制企业 7 户、集团公司 5 户、其他改制形式 2 户。

1999 年，全市新核准登记 116 户，注册资金 7755 万元。2000 年，新核准注册内资企业 88 户，注册资金 2877 万元。累计有内资企业 2088 户，其中国有企业 431 户、集体企业 1415 户、联营企业 37 户、有限责任公司 161 户、股份合作企业 17 户，注册资金 9.48 亿元。2002 年，市工商局推出简化办照程序和手续，对新办企业，优先核发营业执照，不限制发展速度、投资主体、发展规模，放宽从业人员条件等措施，方便企业登记。全年新核准注册内资企业 76 户，注册资金 21814 万元，办理变更登记 187 户，办理注销登记 125 户。

2007 年，全市新登记内资企业 68 户，注册资金 27271 万元，分别比上年同期增长 62% 和 357%；变更登记 208 户，注销登记 131 户。全市累计内资（国有、集体）企业 1378 户，注册资金 225934 万元。

二、监督检查

1993 年，市工商局对全市 1635 户企业实施年检，占应检户数的 97.26%，责成 95 户擅自改变主要登记事项的企业办理变更登记，对 6 户逾期不年检企业进行罚款。开展企业检查回访工作，回访 424 户企业，纠正 161 户企业擅自更改主要登记事项的行为。配合审计事务所对石码镇、榜山镇、步文镇 13 户新办乡镇企业进行回访核算，指导建立企业管理制度和财务制度。1994 年，有 1885 户内资企业实施年检，占应检户数的 97.36%。督促 72 家企业办理变更登记，查处违章违法户 8 家，罚款 1000 元。通过回访，清理长期歇业企业 159 户，补办注销登记。

2002 年，继续实行片（区）责任制，全市应检内资企业 1977 户，实检 1888 户，年检率 95.5%，其中实地调查年检 1038 户。查处“三无”企业 3 户，注册资金不到位 7 户，连续 6 个月以上未经营的 66 户，擅自改变登记事项、超范围经营的 5 户，补交各种前置审批手续 178 户，责令变更登记 76 户；对逾期参检企业 12 户处以罚款计 1.65 万元。实地检查有限公司 50 户，责令限期整改 11 户。

2006 年，全市应年检验照的内资企业 1497 户（其中有限公司 142 户、分公司 123 户、企业法人 568 户、营业登记 664 户），已年检验照企业 1145 户（其中有限公司 122 户、分公司 81 户、企业法人 469 户、营业登记 473 户），注销 72 户，未年检验照的 280 户，年检率 76.49%。2007 年，全市内资企业年检率 98.6%。

第五节　外资企业登记管理

一、注册登记

1993 年 6 月，福建省颁发《关于试行外商投资企业登记制的规定》，简化审批程序。当年，龙海市新登记 81 户外资企业。1994 年，做好初审核转上报工作，初审核 93 户企业的开业、变更、注销登记。开展宣传引导工作，支持大中型“三资”企业冠用省名、市名，增资扩大经营范围，其中“东亚”“永裕”等 19 户企业接受回访宣传之后，及时申办增资、扩大经营范围的变更登记，共增加投资额 2154.8 万美元，增加注册资金 1963.03 万美元。

1997 年，全市外资企业 292 户，其中中外合资企业 54 户、中外合作企业 21 户、外商独资企业 217 户；投资总额 21.27 亿美元、注册资金 8.22 亿美元。1998 年，将办照程序、收费项目标准、注册大厅服务规范等公开上墙，增加透明度。全市有外资企业 324 户，其中独资企业 244 户、合资企业 59 户、合作企业 21 户；投资总额 224569.39 万美元，注册资金 88606.63 万美元，外方认缴出资额为 82341.26 万美元。当年，新登记的外资企业 42 户，投资总额 10954.07 万美元，注册资金 5846.45 万美元，外方认缴出资额 5703.76 万美元。1999 年，新核准外资企业 32 户，注册资金 5322.28 万美元。2000 年，投资者范围扩大到巴拿马、科克群岛等国家和地区，成立首家外资企业集团“漳州鸿伟木业集团有限公司”。当年，有外资企业 295 户，注册资金 8.77 亿美元。

2001年，龙海市注重招商引资质量，克服“划地为圈、有名无实”现象，新核准登记企业28户，其中独资企业22户、合资企业6户；投资总额4135.1万美元，注册资金2438.61万美元，其中外方认缴出资额2243.6万美元。变更登记33户，其中增资3户，增资额71.2万美元，注册资金35.26万美元；办理分支机构6户，名称初审核转46户；吊销企业26户。全市外资企业298户，其中独资企业227户、合资企业57户、合作企业14户；投资总额243720.06万美元，注册资金94367.11万美元，其中外方认缴出资额86406.18万美元。2002年，有外资企业297户，注册资金12.85亿美元。

2003年，龙海市新核准登记外资企业22户。2004年，新核准登记外资企业37户，办理变更登记60户。全市有外资企业333户，其中中外合资经营64户、中外合作经营12户、外资独资经营257户，注册资金13.19亿美元。

2007年，龙海市注册服务窗口把多项服务延伸到企业，服务时间延长到8小时外，市工商局获得国家工商局外资企业登记管理授权，成为全省首批被授权的6个县（市）级工商局之一。当年，全市核转上报新设立外资企业18户，其中独资经营企业13户、合资经营企业5户，投资总额56736.78万美元、注册资金24229.67万美元，外商认缴出资额13562.59万美元。办理变更登记112户，其中增资12户，增加投资总额20335.57万美元，注册资金10758.9万美元，外方认缴出资额5806.59万美元。全市有外资企业379户，其中中外合资经营82户、中外合作经营3户、外商独资经营294户；投资总额518979.53万美元，注册资金182341.56万美元，外商认缴出资额163472.91万美元。

二、监督检查

1993年1月18日至3月20日，县工商局对全县外资企业分期分批进行1992年度的年检。监督4户企业交足资本75万美元，17户企业办理验资手续，4户企业提交限期出资报告；对110户已到缴资期限而未缴足资金的企业，进行逐户澄清造册，有77户企业办理验资手续。8月和10月，调查清理27户中止履约和未进资的企业，其中呈报漳州市工商行政管理局批准注销4户。1997年，市工商局依法对外资企业登记管理，对不具备合法经营资格条件的企业，依法做出不予受理或限期补办完整手续的告知。全市应检企业参检率为92.13%。

2000年，龙海市落实《董事会成员签字字迹存鉴》《企业场地勘查记录》规章制度，抓好出资履约率和清理“无资金、无场地、无机构”的企业。当年，应检企业年检率90.13%；企业累计出资率81.87%；清理“三无”企业42户。2002年，参检企业235户，其中A标企业32户、B标企业32户、不予通过年检企业31户、上报吊销企业22户，年检中督促补交前置审批手续的企业59户。年检中发出催缴通知书54份，有32户企业办理验资手续，验资额1250万美元。有83户企业参加现场年检，61户企业当即领到营业执照，77户办理“数字安全证书”。全市外资企业“经济户口”经过整理，重新装订各类企业档案18500多份，补齐有关材料5870份。

2006年，全市应检外资企业347户，未检33户，年检率90.2%，其中网上年检率90%。2007年，市工商局主动提请和动态巡查，实施对外资企业市场准入、经营行为和退出行为的长效监管。共发出《催缴出资通知书》35份、《限期整改通知书》7份、《提前置审批许可证通知书》15份、《办理注销登记通知书》11份。

第六节　经济合同管理

一、鉴证

1993年，市工商局制定合同申请登记制度，对群众集资办企业、建安企业合同进行指导、审查、鉴证，共鉴证9类15种合同2037份，金额15768.22万元，其中建安合同143份，总造价7443.45万元。

当年，评选出1991—1992年度“重合同守信用”单位48户。1994年，共鉴证9类15种合同1973份，金额8793.52万元。1995年，鉴证涉及8类14种合同，新拓宽“股份、集资协议、建设工程设计和资产抵押借贷合同”，鉴证合同1067份，金额25928.16万元。7月开始试行企业动产抵押贷款登记工作，参与金融市场的监督管理，登记37笔，抵押物总值1835.15万元，共登记贷款金额638万元。

1996年，市工商局加强对建设工程承包、集资和大宗农副产品购销合同的管理和鉴证，向货物运输、财产保险、供用电、加工承揽等合同拓宽。全年鉴证合同1103份，金额16484万元。有18户企业被漳州市政府命名为“重合同守信用”单位。1997年，鉴证7类合同824份，金额2.33亿元；办理企业动产抵押物登记228份，抵押物总值2.48亿元，登记贷款1.66亿元。有79户单位被命名为漳州、龙海两级“重合同守信用”单位。1998年，鉴证8类合同1090份，金额22.33亿元。办理动产抵押物登记248份，抵押物总值3.57亿元，登记贷款1.57亿元。评选出漳州市、龙海市两级“重合同守信用”单位93户。

1999年，市工商局做好建设市场合同鉴证，指导企业使用建设工程、装饰工程施工合同示范文本。九湖、角美镇工商管理分局拓展贷款合同、旅游合同鉴证。全年鉴证各类经济合同1411份，合同金额37234万元，鉴证合同履约率100%。办理抵押物登记226笔，抵押物总值49430万元，登记贷款18831万元。有5户企业被评为1997—1998年度福建省“重合同守信用”单位。

2000年，市工商局扩大粮食购销、种子生产预约、室内装饰市场合同鉴证。鉴证合同1462份，合同金额39752万元；受理商品房购销合同备案590份，其中鉴证41份、总建筑面积6.8万平方米；鉴证委托拍卖合同14场，审查拍卖物品总值320万元。在福建省腾龙工业有限公司等20户企业实行合同台账报备制度，涉及化工、饲料、建筑施工等13个行业。实施“合同解忧”工程，为10户解忧单位争取抵押贷款3584万元。全年办理抵押物登记169笔，抵押物总值48431万元，登记贷款18744万元。评选“重合同守信用”企业69户。

2001年，市工商局鉴证合同1603份，金额1458.2万元。协助企业办理解忧业务28项，使企业获得流动资金935万元。为65户办理抵押物登记134笔，抵押物总值43246万元，帮助企业获得贷款资金18775万元。有8户企业被评为1999—2000年度福建省“重合同守信用”单位。2002年，鉴证合同1603份，金额41069万元。办理动产抵押物登记122笔，抵押物总值48333.02万元，登记贷款16260.5万元。2003年，合同备案2844份，金额11.8亿元。办理动产抵押物登记89笔，抵押物总值79094.09万元，登记贷款28879.8万元。2004年后，无合同备案。当年，办理动产抵押物登记84笔，抵押物总值76025.1万元，登记贷款31261.09万元。

2005年，市工商局办理动产抵押物登记80笔，抵押物总值10.13亿元，登记贷款2.92亿元。有12户企业被评为2003—2004年度福建省“守合同重信用”单位。2006年，办理动产抵押物登记127笔，抵押物总值12.76亿元，登记贷款7.34亿元。有9户企业被评为2005—2006年度福建省“守合同重信用”单位。

2007年，市工商局简化手续，提速办理动产抵押物登记。全年为77户企业办理抵押物登记，保值10.53亿元，为企业融资6.15亿元，盘活企业48户。培育上报AA级企业30户，筛选100户为年检免审企业；评选“龙海市首届消费者诚信企业”82户；评选出“守信用重合同”单位73户，其中省级9户、漳州市级51户。

二、调解与仲裁

1993年9月，市工商局被国家工商局和省工商局确定为全国合同仲裁工作试点单位。全市挂钩114户企业开展共抓落实、共管合同、共促效益提高试点，确定15户企业为常年法律咨询服务点。全年调解仲裁合同纠纷322起，争议金额28.73万元；协助5户企业追回合同欠款54.6万元。

1994年，调解仲裁合同纠纷29起，争议金额17.38万元。1995年，办结合同纠纷案件56起，解决争议金额27.95万元；协助企业追回被拖欠款18.94万元；使企业避免经济损失124.5万元。抓紧审查久拖未决或疑难案件，8月底办结各类遗留的经济合同纠纷案。1996—2000年，调解仲裁合同纠纷217起，争议金额356.42万元。2001—2002年，调解合同争议37起。

2003年，市工商局加强对合同纠纷的行政调解职能，监督合同当事人履行合同，为当事人挽回或避免经济损失62.5万元；调解合同争议31件，争议金额51.45万元，挽回经济损失52.7万元。2004年，行政调解合同争议24件，争议金额54.65万元，挽回经济损失54.65万元。2005年，行政调解合同争议17件，争议金额18万元，挽回企业经济损失10万元。2006年，行政调解合同争议11件，争议金额37.03万元，挽回经济损失37.03万元。2007年无合同争议。

三、监督检查

1993年，市工商局检查国有、集体乡镇企业及私营企业200多户单位经济合同的签订、履行情况。检查各类合同176份，审议合同金额4913万元，发现并制止履行无效合同3份。举办培训班、讲座14期，轮训企业合同专管员1016人，印发宣传资料1200份，接待来访503人次。帮助1200多户企业建立经济合同管理制度，配备合同管理人员3474人，推行合同文本6300份(册)。

1994年，市工商局以鉴证合同和确认无效合同为重点，强化监督管理。监督检查合同217份，审议合同金额6903.28万元；举办培训班3期，讲座11场，轮训企业合同管理人员906人次；接待咨询560人次。1995—1999年，共监督检查合同873份，审议合同金额12873.45万元；举办培训班8期，讲座16场，轮训企业合同管理人员2479人次，接待咨询3427人次。

2000年，市工商局以打击利用合同进行违法行为为主线，加强合同监管，打击合同欺诈行为。监督检查合同175份，合同金额39752万元；查处合同欺诈23起，违法案值1.94万元，罚款3.27万元；监督拍卖行拍卖14场，拍卖物品总值320万元。角美工商分局当年查处合同欺诈案件4起。2001—2004年，共查处合同欺诈案件68起，违法案值13.42万元，罚款7.42万元；监督拍卖行拍卖42场，拍卖物品总值678万元。

2005年，市工商局推进“订单农业”合同工作，开展涉农合同帮扶活动。九湖、港尾、角美、浮宫、海澄5个工商所建立“公司＋基地＋农户＋科技”的运作机制的挂钩联系点，建立现代企业制度，实施品牌兴业战略，加强合同管理。全市引导23户龙头企业与8200多户农户签订农业订单合同，涉及种植面积1.3万公顷，订单金额10亿元；查处利用合同进行违法行为10起；调解涉农纠纷16起，为农民挽回经济损失826万元。2006年，查处合同欺诈11起，违法案值0.85万元，罚款0.67万元；监督拍卖行拍卖11场，拍卖物品总值132万元。

2007年，市工商局对《商品房买卖合同》中房地产公司自行制定的格式条款，实行备案审查。督促检查21家房地产开发企业、5家中介服务机构、6家物业管理企业开展自查自纠；发放《责令改正通知书》3份，指导房地产开发企业、中介服务机构、物业管理企业自查自纠合同13份；纠正不平等条款4条，通过媒体披露、点评不平等格式条款2条，已整改3条；立案查处2件，罚没款1600元。

第七节　商标广告管理

一、商标管理

（一）商标注册

1993年，市工商局实行商标注册登记行政管理与代理机构分离转轨衔接工作，注册商标申请由核转制改为商标当事人自行申请或委托商标代理组织申请制。当年，印发商标申请应知事项、商标收费项目标准和申请程序示意图等材料3000多份；接待咨询服务137人次。1994年，办理商标注册申请19件，注册人名义、地址变更申请88件，续展注册申请4件；组织认刊《注册商标大全》37件。

1997年，企业申请注册商标26件，其中商品商标25件、服务商标1件；验证有效注册商标205件。

1998 年，企业新申请注册商标 38 件，其中商品商标 37 件、服务商标 1 件；有效注册商标共 215 件；有 4 个商标被认定为漳州市知名商标，“紫山”商标被认定为福建省著名商标。1999 年，新申请注册商标 34 件，续展注册申请 2 件，变更申请 5 件，转让申请 1 件，许可使用申请 5 件；累计全市有效注册商标 231 件。2000 年，有效注册商标 263 件。龙海市永得利面粉食品有限公司的“庆威”牌 (方便面)、龙海市多棱钢业集团有限公司的“富棱”牌 (钢砂、锯条) 获漳州市知名商标。

2001 年，全市企业新申请商标 36 件，有效注册商标 299 件。2002 年，新申请注册商标 31 件，有效注册商标 330 件；有漳州市知名商标 12 件，福建省著名商标 5 件。2003 年，新申请商标 120 件，有效注册商标 562 件。“海新”“腾龙”2 个商标被复核认定为福建省著名商标；“常常满”“金冠”2 个商标被认定为漳州市知名商标。

2004 年，龙海市新申请注册商标 201 件，有效注册商标 796 件。“庆威”“富棱”2 个商标被复核认定为福建省著名商标；“胜兴”“锦江”“国安”3 个商标被认定为漳州市知名商标。2005 年，开展企业应用商标策略创品牌的宣传活动；引导农字号企业注册商标 5 件。新增注册商标申请 156 件，有效注册商标 848 件。2006 年，司法认定驰名商标有“紫山”“富棱”。

2007 年，龙海市成立品牌协会，举办商标品牌讲座和经验交流会；开展品牌兴农工程，协调、指导浮宫杨梅开发有限公司申报“浮宫杨梅”注册商标；协助、指导“漳州水仙花”注册商标申报中国驰名商标；引导、扶持、培育绿宝集团有限公司“绿鲜”牌争创行政认定驰名商标。是年，司法认定驰名商标有“海新”“集友”“泰山”。全市共有知名商标 30 件、著名商标 19 件、司法认定驰名商标 5 件。有效注册商标 1050 件。

1998—2007 年龙海市被认定福建省著名商标名表

表 15-4-1

首次认定时间	申请单位	商标	使用商品
1998	福建紫山集团有限公司	紫山	罐头、酱菜、矿泉水
1999	福建省腾龙工业有限公司	第 208609 号图形	油漆
1999	福建海新集团有限公司	海新	饲料
2000	福建多棱钢业集团有限公司	富棱	钢砂、锯条
2000	福建永得利食品有限公司	庆威	方便面
2004	福建胜兴米业有限公司	胜兴	米
2004	福建省梦娇兰日用化学品有限公司	小浣熊	化妆品、洗发液
2005	漳州市闽京果蔬有限公司	八卦芦	新鲜水果和蔬菜
2005	福建绿宝食品集团有限公司	绿鲜	水果罐头、蔬菜罐头
2005	龙海市常常满烧腊饭店	常常满	饭店、餐厅、餐馆
2005	福建省锦江日用化工有限公司	锦江	蚊香
2005	金冠（龙海）塑料包装有限公司	今冠	包装用塑料膜、包装用纸袋、塑料袋
2005	雅佳福（福建）食品有限公司	雅佳福	糖果、糕点、果冻、
2005	福建华艺钟表集团有限公司	图形	钟表指针、钟表盘、电子钟表
2006	福建康之味食品工业有限公司	康之味	果汁饮料、茶饮料
2006	福建国安船业有限公司	国安及图	船、汽艇、独木舟

续表 15-4-1

首次认定时间	申 请 单 位	商 标	使用商品
2006	福建恒森化工有限公司	恒森 HENSEN 及图	涂料（油漆）、油漆、水溶性乳胶漆
2006	龙海市文鸿食品有限公司	文鸿及图	酱菜、水果罐头、蔬菜罐头
2007	福建珠山复合肥有限公司	珠山 zhushan 及图	混合肥料、肥料、农业肥料
2007	龙海市美佳人造板木业有限公司	美佳 meijia 及图	胶合板、贴面板、三合板
2007	福建格林食品产业集团有限公司	格林氏 GREENS	速冻菜、鱼制食品、贝壳类动物（非活）、冷冻水果
2007	龙海市东海冷冻食品有限公司	第 3043312 号图形	加工过的花生、速冻菜、冷冻水果
2007	福建省九龙建设集团有限公司	九龙及图	建筑、室内装潢修理、电气设备的安装和修理
2007	福建福贞金属包装有限公司	第 989145 号图形	马口铁罐
2007	龙海协祥电池有限公司	MS 满祥及图	电池
2007	欣宇科技（福建）有限公司	sinyu 及图	电镀、镀铬、定做材料装配（代他人）

2000—2007 年龙海市被认定漳州市知名商标名表

表 15-4-2

首次认定时间	申 请 单 位	商 标	使用商品
2000	龙海市永得利面粉食品有限公司	庆威	方便面
2000	龙海市多棱钢砂有限公司	富棱	钢砂、锯条
2001	漳州市长力食品有限公司	长力	矿泉水
2001	漳州市闽京果蔬有限公司	八卦芦	水果罐头
2001	龙海市粮食复制品厂	骏马	米、面制品
2002	福建紫山集团有限公司	紫山	罐头、矿泉水
2002	漳州市海新饲料有限公司	海新	饲料、浓缩料
2002	福建省腾龙工业有限公司	龙江	油漆
2002	（林竹顺）龙海市肉制品厂	石马	猪肉松
2002	龙海市妙雅卫生用品有限公司	妙雅	卫生巾、卫生用纸
2002	漳州市梦娇兰日用化学品有限公司	胖小鸭	化妆品
2003	龙海市常常满烧腊饭店	常常满	饭店、餐厅、餐馆
2003	金冠（龙海）塑料包装有限公司	今冠	包装用品
2004	福建省锦江日用化工有限公司	锦江	蚊香
2004	福建国安船业有限公司	国安	玻璃钢、门、窗、建筑材料
2004	福建胜兴米业有限公司	胜兴	米、面粉、谷类制品

续表 15-4-2

首次认定时间	申请单位	商标	使用商品
2005	福建省梦娇兰日用化学品有限公司	小浣熊	化妆品
2005	漳州市瑞龙化工有限公司	瑞龙	化学漆
2005	龙海市文鸿食品有限公司	文鸿	罐头
2005	漳州市丰味食品科技开发有限公司	1534496 图形	腌制蔬菜、酱菜、蔬菜罐头
2005	漳州市富强卫生用品有限公司	伴月及图	卫生巾
2006	龙海市珍桂食品有限公司	图形	猪肉食品、鱼肉干、腌腊肉
2006	龙海市金鑫食品有限公司	细华	猪肉食品
2006	福建绿宝食品集团有限公司	绿鲜	食品罐头
2006	龙海市佳辉调味食品厂	佳辉及图	沙茶酱（调味品）、番茄酱、蒜蓉酱
2007	龙海市漳龙食品有限公司	源发	鱼皮花生、糖果、饼干
2007	福建珠山复合肥有限公司	珠山	混合肥料、肥料、农业肥料
2007	漳州市龙海集友塑料有限公司	福泰集友	非金属：阀、电缆球阀、水管等
2007	龙海市嘉荣食品有限公司	海得	鱼制食品、加工过的鱼和虾

（二）监督管理

1993 年，市工商局面向社会、面向企业宣传商标法规，增强全社会的商标意识和法制观念。全年查处商标侵权案件 5 起、侵犯企业名称案件 1 起，查扣收缴销毁商标标识 5.1 万张、纸箱 2970 件、纸盒 1600 公斤、印版 2 套 12 块，罚款 1700 元。加强印刷业管理，全市有印刷企业 74 家，其中经漳州市工商局核准登记的指定印制商标单位 15 家，开展 2 次印刷业大检查，帮助企业建立健全承印商标制度。

1997 年，市工商局收缴侵权商标标识 12.15 万张，对 30 家印制商标单位年检换证，撤销 11 家企业印制商标资格；查处无印刷商标单位证书非法印制“八卦芦柑”商标的纸箱厂。5 月组织印制企业人员 39 人进行业务培训，并参加全省“商标印制业务管理人员资格证书”考试。1998 年，收缴侵权商标标识 16 万张。1994—1999 年，查处商标侵权案件 79 起，案值 17.49 万元。

2000—2006 年，市工商局以保护商标专用权为核心，加大查处商标侵权假冒案力度，共查处商标侵权假冒案件 458 起，罚款 116.6 万元。立案查处非法印制商标标识 104 起，收缴印版 148 件，罚款 34.09 万元。

2007 年，全市查处商标侵权案件 61 起，案值 66 万元，罚没款 35 万元。其中，查处酒类侵权案件 16 起，罚款 4.2 万元；查处香烟侵权案件 17 起，罚款 14 万元；其他食品类侵权假冒商标案 15 件，罚款 12 万元。建立企业维权网络 3 家，对驰名、著名、知名商标企业的商标、企业字号、产品包装装潢等进行保护。引导规模企业进行商标防伪注册，扩大注册类别，漳州市龙海集友塑料有限公司注册的“福泰集友牌”商标，注册防御性商标 54 件。开展保护奥林匹克标志专有权行动，查处 1 起奥林匹克标志侵权行为，没收其标识，罚款 300 元。

二、广告管理

1993 年，市工商局对广告业实行支持、鼓励、发展的政策，简化办照程序，适当放宽条件，新发展 2 家广告公司，全市累计核准 4 家广告公司。加强对获奖广告、临时性广告、一次性广告的审查把关，预防或减少虚假广告的发生，抓好福厦漳文明路段路边店和户外广告的整治工作，清除乱贴广告938张、不规范路牌11块，设置2个户外广告专栏32平方米。1994年，龙海市新增广告公司4家；全市有广告经营公司7家，广告营业额72.9万元；组织名优企业认刊《广告经营名录》4件。1997年，收缴非法印刷品广告11.3万张，在全市设置17块公共广告栏，总面积165平方米。1993—1997年，对医疗广告、烟草广告进行清理整顿，查处“红桃k”“三株口服液”“鸿茅药酒”“鹿龟酒”4个违法广告活动窝点，在有线电视台予以曝光，并出台《禁止市区乱张贴、乱悬挂、乱涂画的通告》。

1998年，市工商局收缴各类违法印刷品广告9.94万张。1999年，查处违法散发药品、保健品、印刷品广告案件42起，罚款金额780万元，销毁违法印刷品广告5万多份，拆除布条广告200多幅。

2000年，市工商局开展对药品、保健品印刷广告专项整治，查处广告违法案件50起，罚款5.55万元。角美镇、榜山镇捣毁“汇仁肾宝”“红桃K”“巨能钙”3个广告分发站，查获非法印刷品广告16万多份。对违法广告主分别处以1万元和1.5万元罚款。对319线、324线国道龙海段沿线广告、招牌进行清理整顿，拆除不规范店堂招牌320块、布条广告60幅、广告旗40支。对车身广告、演出广告、展销会广告、信息广告进行登记审查，办理车身广告登记3份、文艺演出广告登记6份、店堂广告登记10份。2001—2002年，查处各类非法印刷品广告16万份，拆除非法及不规范广告牌、布条465块（幅）。

2003年，市工商局查处违法广告案件23起，罚没款5.3万元，查获各类非法印刷品广告1420份，拆除非法设置的户外广告、布条广告120多幅。2004年，查处违法广告案件18起，罚没款2.67万元，查获各类非法印刷品广告596份，拆除非法设置的布条广告40多幅。2005年，查处广告案件61起，罚没款2.91万元，查获各类非法印刷品广告596份（本），清除乱张贴广告156张，清除乱涂广告58处，拆除非法设置的布条广告40多幅。

2006年，市工商局查处违法广告案件59起，罚没款4.93万元。收缴（含销毁）各类非法印刷品广告3230份（本），拆除非法设置的布条广告86多幅、广告牌匾231块，督促经营者更换破损的广告牌128块。2007年，开展整治虚假违法广告专项行动，加强对个体门诊部、药店、超市、保健食品店监管，共查处违法药品广告400份、保健食品广告500份；查处违法广告案件42起，罚款7.78万元，其中违法药品医疗广告16起，罚款5.5万元。

第八节　公平交易监督管理

一、打击走私贩私

1993年，市工商局共查处走私贩私案件193起，上缴罚没款526.22万元。查处主要物资有进口香烟60915条、国产香烟69820条、进口摩托车53辆、涤纶丝29.08吨、录像机631台、彩电13台、布料3035米等。1994—1995年，开展打击走私贩私联合行动，加强对运输环节和流通领域的监控，重点打击走私进口香烟、摩托车等违法活动，共查处走私贩私案件737起，上缴罚没款1082万元，查获的物品主要有进口香烟76719条、国产香烟102100条、进口摩托车218辆等。

1996—1999年，市工商局共查处走私贩私案件62起，其中40万元以上大案23起。查获1起漳州最大的走私香烟案，案值400多万元；查扣进口、国产香烟796600多条，进口录像机720台、照相机628台、音响136台、摩托车68辆、空调机54台、彩电68台等一批物资，上缴罚没款3359万元。2000年，共查获走私贩私案件16起，总案值184万元，上缴罚没款35.43万元，查获的进口物资有内里布33.3万码、手机8部、挖掘机5台、牛皮33吨、烘干机1台和VCD影碟机455台等。

2007年，市工商局向经营者宣传国家法律法规，营造不销售走私物品的良好舆论氛围，对重点区域加强巡查，加强情报网络建设，掌握走私贩私新特点。

二、查处制假售假违法行为

1993年，市工商局重点查处制售药品、食品、饮料、烟、酒、家用电器、日用品和电动玩具等假冒伪劣商品，查处制售假冒伪劣商品案件59起，总案值1269.4万元。其中1万元以上案件41起，捣毁制假窝点21处，查处的主要假冒伪劣商品有冒牌卷烟174700条、假商标纸46.48万张（套）、假冒名牌酒包装盒3.46万个、假过滤嘴棒143箱、假烟丝560公斤、假冒“杏花牌”肥皂575箱、假化肥21.5吨、假茅台酒商标纸60公斤、假啤酒2784瓶、假红白酒1378瓶、卷烟机1台等。组织1次销假踩街游行和3次销毁假冒伪劣商品活动，销毁冒牌卷烟、劣质饮料、卷烟机等7大类24种假冒伪劣商品和造假工具，总价值310万元。

1994年，市工商局开展9次突击检查和305次大检查，出动1375人次，检查经营户704户；查处制售假冒伪劣商品案件223起，案值8344.8万元；捣毁制假窝点27处，查扣的物资主要有各类冒牌卷烟149235件、假商标纸51.2万张（套）、假冒牌酒5972瓶、假化肥25吨、假肥皂127箱、假水泥5吨等。

2000年，市工商局与企业协作建立打假保名优网络。全年共开展检查960次，出动4058人次，检查经营单位4529家，查处制假售假案件291起，捣毁制假窝点103处，总案值571万元，上缴罚没款143万元，将2名制假冒卷烟犯罪嫌疑人移送公安机关处理。查扣制假机械7台（套）、假冒卷烟12374条、假烟叶（丝）36.6吨、假酒5244瓶、假冒酱油61件、冒牌茶叶8065盒、过期食品1750公斤、冒牌肥皂3000条、过期变质农药228公斤、冒牌农药3661公斤、冒牌化肥575公斤、冒牌钢筋22吨、假邮票1965枚，以及假冒商标标识79.6万张（套）等。

图15-5　工商部门组织红盾维权进校园活动（市工商局提供）

2007年，市工商局检查大队查处1起涉嫌销售假冒卷烟案，查扣涉嫌侵权“牡丹”“飞马”牌商标的卷烟250条（200支/条、软盒包装）、150条（200支/条，软盒包装），处罚款5万元。开展整治和规范市场经济秩序，共查处制售假冒伪劣商品案120件，案值135.58万元，罚没款72.67万元，查获主要冒牌物资有香烟391.1条、烟丝120公斤、酒1331瓶、酒包装袋3.4万只、茶叶包装袋50个、奶糖1430公斤、酸梅10包、汽车坐垫20套、手机6部、JZQ500型减速机2台等，销毁各类假冒伪劣产品总值30多万元，捣毁制假窝点6处。

三、反不正当竞争

1994年，在纪念“3·15”活动中，市工商局举办反不正当竞争法和消费者权益保护法咨询活动，向群众分发“两法”小册子1万多本。1997—1998年，查处不正当竞争案件23件，案值45万元，罚没款6.3万元。1999年，以查处烟、酒、茶叶等假冒商品为重点，共立案查处不正当竞争案件35起，案值12万元，罚款3万元。8月，下发《关于开展公用企业限制竞争行为专项整治实施方案》，对群众反映强烈的供水、电信、电力、医院等多家公用企业，限定用户、消费者只能购买和使用其附带提供的相关商品，不得购买和使用其他经营者提供的符合技术标准要求的同类商品的限制竞争等不正当竞争行为，开展专项整治活动。2001—2002年，查处不正当竞争案件86起，罚款49.34万元。2003—2004年，查处不正当竞争案件 94 起，案值 120 万元，罚没款 52 万元。2005 年，查处不正当竞争案件 34 起，罚没款 12.6 万元。

2006 年，市工商局查处不正当竞争案件 39 起，案值 358 万元，罚没款 30.59 万元；查处盗版案件 7 起，没收盗版 VCD 碟 701 片，罚款 1.33 万元。2007 年，查处不正当竞争案件 29 起，案值 22.07 万元，罚没款 15.22 万元，其中 1 万元以上案件 12 起。开展打击传销行为专项行动，立案查明郭某某等人传销“中国炙”系列产品，取缔非法传销活动。

四、消费者权益保护

1996 年 12 月，为保护消费者权益，市工商局设立“96315”消费者投诉服务台，开通“96315”专线电话，正式接受消费者投诉。1997 年，共受理消费者投诉 308 起，挽回经济损失 181.87 万元，其中涉农 20 起。1998 年，在 14 个乡镇成立基层消费者分会，105 个消费者监督站。全年受理消费者投诉 604 起，挽回经济损失 235 万元。1999 年 3 月，全国消费者申诉举报服务专用电话统一更名为“12315”，方便消费者申诉举报。当年，共开展 301 次对商品和服务的社会监督检查活动，受理消费者投诉 296 起，挽回经济损失 37.54 万元。

2000 年，市工商局“12315”服务平台受理投诉举报案件 780 起，为消费者挽回经济损失 168 万元，上缴罚没款 102 万元，协助基层查处大要案 36 起。2001—2002 年，强化对商品和服务的社会监督检查，共开展监督检查活动 2348 场次，出动人员 7226 人次，查获一批假冒伪劣商品，维护消费者权益。2003—2004 年，开展“12315”维权进商场、进社区、进村镇活动，推广消费者维权活动，共受理消费者投诉案件 647 起，挽回经济损失 60.5 万元，为受害消费者提供法律援助 15 次。2005 年年底，“96315”消费者投诉服务台更改为“龙海市工商行政管理局 12315 消费者申诉举报服务台”。至 2006 年，共受理消费者申诉 509 件，挽回经济损失 86.75 万元。

2007 年，在全市范围内设立“12315”消费维权服务站 16 个、点 349 个〔居委会（社区）30 个、行政村 239 个、商场 24 个、超市 6 个、集贸市场 6 个、其他经营网点 36 个、旅游景点 1 个、学校 7 个〕。

1996—2007 年，消费者投诉服务台共受理消费者申诉 4406 件，调解成功 4367 件，为消费者挽回经济损失 2515 万元；接到举报 2328 件，立案查处侵害消费者权益案件 2259 件，案值 9821 万元；接受消费者咨询 10 多万人次。

第五章　质量技术监督

第一节　机构

1993 年，龙海市标准计量所为股级事业单位，隶属市经委领导，编制 12 名。1997 年 4 月，成立龙海市技术监督局，副科级，内设办公室、质量监督科、标准计量科，行政编制 6 名；下设市标准计量所、市技术监督稽查队，编制分别为 12 名和 3 名。2000 年 2 月，市技术监督局实行省以下垂直管理；6 月市技术监督局更名为市质量技术监督局，行政编制 8 名、实有 5 人，事业编制 15 名、实有 14 人。2001 年，市质监局规格提升为正科级，有行政编制 14 名、事业编制 15 名。2007 年，市质监局内设办公室、监督稽查股、特种设备安全监察股、质量综合管

图 15-6　龙海市质量技术监督局大楼（市质监局提供）

理股 4 个股室，编制 14 名，实有 13 人；下设事业单位市标准计量所，编制 12 名，实有 10 人。

第二节　质量监督管理

一、质量执法监督

1993—1997 年，配合省、漳州市“八闽质量行”，市标准计量所与工商、烟草、卫生、公安等部门联合开展执法打假活动，组织对水泥、化肥、酒类、食品等产品监督抽样，共抽查 1742 批次，合格 1615 批次，平均合格率为 92.7%。1998 年 3 月，实施“打假活动月”；11 月开展龙海市“百日”打假联合行动，共出动执法 33 次，查获假冒伪劣商品总案值 12.5 万元，制假烟机械 13 套及其原辅材料总案值 390 多万元。

2000 年 10 月，市质监局开展“查大案、端窝点、整市场”工作，立案 21 起，查获假冒伪劣商品总案值 13.32 万元。全年共捣毁制假烟窝点 4 个，烟丝、成品烟 186 件，查获制假机械 1 套（台）；行政执法办理案件 109 起，其中立案查处 48 起，总案值 286 万元，罚没款 24.18 万元。

2001 年，市质监局以卷烟、食品、药品、农资、建材、化妆品、拼装车 7 类商品为重点，对制售假冒伪劣商品进行市场监督检查，共组织检查近 1300 次，出动人数 4000 多人次，检查生产经销企业 1015 家，捣毁制售假窝点 149 个，受理举报、投诉案件 120 多起；查获制售假案件 700 多起，总案值近 1500 万元。其中开展打击制售假冒卷烟行动 17 次，查处卷烟销售企业 213 家，地下仓库 2 个，非法运输卷烟 2 起，查获小型机械 35 台、大型机械 4 台套，捣毁 46 个制假窝点及一批制假原材料，总案值 600 多万元；抓获涉假人员 19 人，其中刑拘转逮捕 5 人、收审 4 人、党政纪处分 3 人。

2002 年，市质监局组织对化肥、燃油、食用油、饲料、钢筋、眼镜、电池等重点行业，以及与消费者身体健康、安全关系密切的产品开展市场摸底和检查，实施产品质量公告、新闻与舆论曝光，查处一批销售假冒食品、油漆案件，查封地条钢生产企业 8 家、土炼油厂 3 家。

2003 年，全市初步建立产品质量公告、新闻与舆论曝光、严格整改、依法处罚，以及质量监督案件反馈等制度，加强质量监督。全年检查生产企业 271 家，办理案件 104 起，立案查处 74 起，行政执法总案值近 100 万元，捣毁制假窝点 25 个，罚没款 50.3 万元，其中查处涉案金额万元以上案件 12 起；监督抽检产（商）品 331 批次，接受质量投诉 17 起，为消费者挽回经济损失 49.7 万元。打假办、工商局、公安局、烟草局、重点乡镇政府联合开展拉网式清查，全年出动 4 次，查处小型假烟案件 8 起、查处国家明令淘汰产品案件 9 起。

2004 年，市质监局开展建材市场专项整治，共查处地条钢生产企业和窝点 10 家，没收销毁地条钢约 11 吨，对地条钢生产企业和窝点采取断电措施，彻底根除地条钢非法生产现象。开展龙海市食品安全专项整治工作，重点对列入食品市场准入目录的老 5 类、新 10 类食品，以及肉制品、奶制品、酒类、调味品、儿童食品等涉及面广的行业进行监督检查，共查处案件 31 起。同时，针对社会群众反映强烈的热点问题，如“禽流感”“毒奶粉”等，共出动执法人员 24 人次，查处市场和经销企业 15 家，立案 1 起。全年检查生产企业 277 家，办理案件 97 起，立案查处 77 起、现场处罚 20 起，捣毁制假窝点 25 个，罚没款 42.82 万元。

2005 年，对全市钢筋销售企业进行检查，抽检 25 家，查获地条钢 200 多吨。组织开展“打假下乡”活动，春耕期间向农民群众宣传农资打假的法律、法规，辨别名优农资产品真伪方法等，出动执法人员 145 人次，检查农资经营企业 57 家次，抽检化肥产品 67 批次，立案查处 1 家企业并封存劣质化肥 11 吨。继续开展打击制售假冒卷烟违法活动，打掉制假卷烟窝点 9 个，查获 2 台套烟机及大量造假卷烟原辅材料，查获 1 起销售假冒卷烟标识案件，移送司法机关处理。全年检查生产企业 317 家，办理案件 77 起，涉案金额 100 多万元，结案率 100%，捣毁制假窝点 11 个，无发生行政复议或诉讼。

2006 年，市政府成立市食品安全专项整治工作领导小组，与乡镇政府签订食品安全工作责任状，开展食品安全专项整治工作，共检查食品企业 145 家，检查经销单位 300 余家，抽样检查 121 批次，查处生产不合格食品案件 16 起，查处无证生产食品案件 7 起、无证销售食品 9 起。围绕农资、建材、假冒卷烟等重点产品，共查处违法案件 122 起，涉案标值 300 多万元，罚没款 50 万元；摧毁 14 个制假烟窝点，捣毁 2 个土炼油窝点。

2007 年，市质监局组织开展全国产品质量食品安全专项整治行动，首次推行乡镇安全协管员制度，聘请32个乡镇安全协管员，加强对食品安全监管。全年出动执法人员455人次，检查生产经营单位348家(点)，查处各类违法案件 14 起，督促整改企业 103 家，取缔违法生产经营窝点 4 家（点），督促 9 家食品生产企业申报生产许可，15 家食品生产小作坊申请保留并递交质量安全承诺书，规范企业的生产经营秩序。

二、质量体系培训与管理

1993 年，龙海市继续开展质量管理培训，协助有关企业举办学习班；组织人员参加全国质量监督管理函授学习班。组织企业开展质量管理小组活动，召开成果发布会。1995 年，全市实施 GB/T19000《质量管理和质量保证》系列标准，推动企业建立质量体系和开展质量认证工作。1998 年起，实施规范化的质量管理，加大质量体系认证管理力度，1 家企业通过 ISO9000 质量体系认证。

2000 年，龙海市引导企业参与“百城万店无假货”“放心工程”等活动，争创“质量放心店”，有 3 家商业企业通过“放心工程示范单位”考核；有 4 家企业通过 ISO9002 质量体系认证。2001 年，举办各类培训班 6 期，受训人员 293 人，其中组织 7 家企业 14 人参加 ISO9000 培训并取得“内审员”资格，有 4 家企业通过 ISO 认证，2 家企业 2 种产品被列入 2001 年福建省名牌产品计划。当年紫山矿泉水获国家免检产品称号。

2002 年，全市有 7 家企业参加 ISO9000:2000 质量管理体系内部审核并取得“内审员”资格，通过 ISO9000 质量体系认证。浮宫镇水果开发中心的“浮宫杨梅”等获福建省名牌产品。2003 年，完成 4 家工、农业产品申报省级名牌产品、16 家企业产品质量检验必备条件考核、4 家企业开展质量认证、123 家规模工业企业质量状况普查建档等工作。同时，做好企业生产许可证的办理工作，共受理申办“食品生产许可证”的企业 36 家 42 种产品，其中已取证 31 家 36 项。

2004 年，开展“百城万店无假货”示范街、示范店活动，市质监局联合宣传部、经贸局、工商局、物价局等部门对市区商贸企业进行考核、评审，从 49 个单位中评选出 9 家“购物放心店（商场）”挂牌经营，命名 1 条示范街。当年，受理辖区内申办“食品生产许可证”的企业 45 家 62 个申证单元。其中，已取证 11 家 12 个单元，已通过现场审查的 18 家 27 个单元；年审已获 QS 证书的生产企业 36 家。协助做好大米、面粉生产企业委托检验工作，检验 23 家；帮助酱油、食醋、植物油以及新十类生产企业建立实验室 37 家。

2005 年，市质监局建立企业法人食品质量安全第一责任人、食品添加剂使用备案管理、质量信息通报、重点监管企业质量档案等 12 项食品安全监管制度，实现老五类无证生产企业取缔率 100%，白酒、婴幼儿配方奶粉无证生产企业取缔率 100%。做好 194 家规模工业企业质量状况普查建档和动态管理工作。受理申办“食品生产许可证”的企业 38 家 53 个申证单元，其中 24 家已取证、14 家通过 QS 现场考核，完成 15 家 QS 年审，规范 QS 标志使用。当年海新集团配合饲料获国家免检产品称号。

图 15-7　安全生产宣传活动（市质监局提供）

2006 年，市质监局做好食品企业建档工作，基本完成小作坊建档分类，清理出食品小企业小作坊 400 多家。同时与 315 家食品生产加工企业签订《食品质量安全承诺书》，建立食品生产企业质量档案。完成年审工作 85 家，巡查取证企业 138 家。

2007 年，龙海市组建食品安全 110 办公室，开展食品小作坊产品质量专项调研，印发《龙海市食品生产加工小作坊示范村工作意见》《食品生产加工小作坊示范村考核细则》，把小作坊示范村建设纳入乡镇政府考核目标，确定白水镇楼棣村和海澄镇内楼村两个试点。先后指导、扶持60多家小企业小作坊扩大生产规模并取得生产许可。全市共有208家企业获得工业食品生产许可证267张，有19家获福建省名牌产品称号，有4家获国家免检产品称号。

1999—2007年龙海市获福建省名牌产品汇总表

表15-5-1

获证时间	产品名称	申请企业名称
1999	“海新”牌配合饲料	漳州市海新饲料有限公司
2000	“龙江”牌油漆	福建省腾龙工业公司
2001	“富棱”牌带横槽锯条	龙海市多棱锯条有限公司
2002	“庆威”牌方便面	龙海市永得利面粉食品有限公司
2002	浮宫杨梅	龙海市浮宫镇水果开发中心
2003	甘文牌溪墘红蟳	龙海市紫泥镇甘文农场
2003	程溪牌台种菠萝	龙海市程宏开发公司
2004	泰山牌仙草蜜	泰山（漳州）食品有限公司
2004	紫山（Q5）牌芦笋罐头	福建紫山集团有限公司
2004	今冠牌塑料包装袋	金冠（龙海）塑料包装有限公司
2005	“图形商标”石英钟表机芯	福建华艺钟表集团有限公司
2006	“海新”饼干	福建省海新食品有限公司
2006	“PUMA”空压机	龙海力霸通用机械有限公司
2006	“海新”水产配合饲料	福建省海新集团有限公司
2006	“恒森”涂料（油漆）	福建恒森化工有限公司
2007	金之榕牌果蔬罐头	漳州金之榕食品工业有限公司
2007	紫山、Q51牌果蔬罐头	福建紫山集团有限公司
2007	“海新”牌配合饲料	漳州市海新饲料有限公司
2007	集友牌、福泰牌塑料管材管件	漳州市龙海集友塑料有限公司

第三节　计量监督管理

一、计量管理

1993年，市计量所完善计量器具的总台账、分类账，对地磅、天平、血压计、压力表计量标准器的数据管理和档案资料进行整理和充实。1997年，市质监局强制检定计量器具10957台（件），检定农村电能表6000只；全市有1家乡镇企业通过计量达标验收，3家乡镇医疗卫生单位通过计量达标考核，24家计量行（站）通过计量合格认证。1998年，结合农村电网改造，加强对农村电表的管理和检定，检定农村电能表6000只。全年强制检定计量器具2500台（件），其中有23家称重计量行（站）通过计量合格认证；3家乡镇企业计量通过达标验收。1999年，启动“1112强检工程”，备案强制计量单位有1039户，强制检定计量标准器1项319台（件）。全年强制检定工作计量器具10项29种26812台（件），受检率100%。

2000年，市质监局首次对电力公司的电能表检定和市自来水公司水表检定2个项目授予强制检定权。做好“1112强检工程”的跟踪考核工作，强检工作计量器具受检率91%；2家企业通过计量达标考核。全年强制检定计量器具19623台(件)，安装税控机110台。2001年，强制检定眼镜店使用验光计量器具9台、检定标准镜片1262片。市标准计量所实验室通过漳州市质量技术监督局考核验收。2003年，强检计量器具13417台（件)，强检率95.6%。

2004年，市质监局对辖区内重点集贸市场和所有的加油站在用的地中衡、天平、砝码、加油机等计量器具实施强制检定。结合QS认证工作，指导食品企业开展计量体系确认工作，建立完善计量体系。全年共检定计量器具13545台(件)，其中强检计量器具13360台(件)。计量所法定计量检定机构考核完成整改并上报省局计量处，市标准计量所实验室通过福建省质量技术监督局考核验收。2005年，开展医疗卫生计量器具的普查登记工作，完成市级5家医院的计量器具摸底、登记造册及60多家私人药品经销点在用计量器具的备案。当年，强检计量器具13390台（件），其中水、电表11373件。

2006年，市质监局强化法制计量工作执行力度，强检备案加油机、地中衡、眼镜、乡镇卫生院的医疗器具。全年共检定企业963家2041台(件)计量器具，其中加油机346台/枪、地中衡121台、天平289台，以及台案秤、电子秤、压力表等器具1285台，加油机、地中衡强检率100%。2007年，有备案强检计量器具2485台（件），其中压力表共备案、检定1600只。全年共开展各类计量器具检定4336台（件），实现计量业务收入101万元。

二、计量违法行为查处

1993—1996年，市计量所加强对与群众生活息息相关的地磅、液化气、加油机等计量问题的整治和查处。1998年，要求市区内商店和主要农贸市场的固定摊点开始禁止使用杆秤，禁止使用杆秤率达90%，在公众交易中的流动摊点逐步淘汰杆秤。1997—1998年，通过计量强制检定，共办理计量违法案件171起，立案查处95起，移交司法机关2起，行政执法总案值558万元。

1999—2000年，市质监局针对政府关注、群众反映的热点问题，加强对单相电能表、燃油加油机、地中衡、台案秤、电子计价秤、压力表等计量器具的强制检定及违法行为的查处，加大对商品定量包装检查的行政执法力度。2001—2002年，进行电能表、水表、衡器、加油机4种重点计量器具的违法查处，以及对装配眼镜和定量包装商品的市场监督，严厉打击短斤少两、以次充好、以劣充优的违法行为。跟踪检查眼镜经营店和医院10家，完成查处案件的520吨柴油测试任务。2004年，开展集贸市场和加油站计量专项整治行动，共开展24次计量专项执法检查，查处一批违法案件。

2005年，市质监局组织对全市加油站展开大范围的执法活动，共出动人员195人次，检查清理加油站48家、加油机197台、加油枪300余枪，对加油站所售柴、汽油监督抽检92批次，查处以次充好油品案件7起；对37家农资经营点开展计量执法检查，共强检计量器具31台件，责令停用1家1台。2006年，共抽查27个加油站85台在用加油机和瓶装液化气18批次，查处3起违法行为。2007年，开展集贸市场、加油机、民用水表、电表、液化气表的整治工作，规范10家集贸市场14台公平秤、766台台案秤计量行为。

第四节　标准化管理

一、工业标准化

1993—1996年，龙海市多次举办GB/T19000培训班，组织企业人员参加培训，指导企业制定产品标准，开展食品标签《公共信息标志用图形符号》检查，提高企业标准化生产。1997年7月，龙海市被省局列入“消灭无标生产”试点县（市）。当年采用国际标准的产品3种，受理产品标准备案48项，颁发食品标签许可102项。

1998年9月，龙海市“消灭无标生产”试点工作通过省技术监督局验收。全市工业生产企业共703家，产品1159种，其中执行合法标准的产品1127种，产品标准覆盖率97.24%。对新企业和新产品实施动态管理，及时督促企业办理标准注册登记。1997—1998年，共制定企业产品标准34家101种，为企业受理标准备案46家64种产品，完成企业产品采用国际标准10家12项，工业产品标准注册登记308家419种产品。

1999年，为企业受理标准备案30家，企业产品采用国际标准5家5项，工业产品标准登记注册58家140种产品。2000年，为企业受理标准备案21家，企业完成企业产品采用国际标准2家2项，工业产品标准注册登记30家50项，食品标签审查32家120张，饲料标签29家532张（覆盖率100%）。2001年，为企业受理标准备案40家80项；标准复审修订共办理10家15项产品；完成企业产品采用国际标准3家3项，工业产品标准注册登记20家40项，食品标签审查32家120张，饲料标签29家532张（覆盖率100%）。组织30多家企业申报定量包装商品“C”合格标志认证。

2002年，市质监局加强标准化知识的普及和宣传工作，举办1期标准化人员上岗资格培训，参加人员50人。当年，龙海市长力矿泉水有限公司等3家企业3项产品申报采用国际标准；办理饲料标签10家100张，食品标签80家160张；受理企业标准备案30家60项。定期复审修订标准10家20项；引导企业制定企业标准20家40项。做好工业产品执行标准注册登记工作，办理标准注册登记80家240项产品。2003年，制定食品标签认可68项，标准注册登记53家102项，采用国际标准3家3项。是年，“消灭无标生产”工作通过省级复查验收。

2004年，市质监局共完成采用国际标准申报3项、采标标志3项，制定标准21家52项，另转报漳州市质监局5家20项，标准备案18家68项，注册登记55家98项，食品标签认可116项。2005年，举办食品标签新国家标准及食品添加剂使用卫生标准培训班，参加企业102家。对2002年以来食品生产企业产品标准进行全面清理，取消不符合强制性和市场准入要求的标准23份，取消超过有效期标准23份；对32家停产、倒闭、转产的企业标准也予以撤销；受理企业自愿办理的食品标签认可196项，标准注册登记52家110项；食品生产企业标准清理(2002年1月至2005年11月)前备案数231项，清理后备案数170项，取消备案61项；受理企业委托编写企业标准13家50项，受理企业标准备案20家77项，完成2家企业产品申报采用国际标准标志。

2006年，2家企业2项产品完成申报采标工作，实施标准检查企业及商家300多家，查处55家，辖区检查率达到12%；注册登记企业数84家165项，受理企业标准咨询达200家300项，指导13家企业编写企业产品标准，受理企业标准备案33家115项，受理企业自愿办理的食品标签认可134项。2007年，举办3期新标准培训班和1期标准人员上岗培训班，要求企业及时调整工艺，收集整理新旧标准信息，及时清理废弃标准。全年来共办理标准备案数45家85项，制定企业标准36家78项，食品标签认可276项。

二、农业标准化

2000年，龙海农业标准化工作启动实施，通过摸底、推荐、报送工作，确定并完成“九湖兰竹荔枝”“九湖水仙花鳞茎花头”“程溪台种菠萝”“浮宫杨梅”申报品牌农产品工作。同时制定产品标准和技术规范。2001年，浮宫杨梅、九湖荔枝列入漳州市农业产业化综合标准化项目，指导ZHL/T01—2001“浮宫杨梅栽培技术规范”和Q/LFG01—2001“浮宫杨梅”企业产品标准的制定，并申报福建省名牌农产品；推荐原产地域保护产品1家。

2002年，浮宫水果开发中心申报的浮宫杨梅获得2001年度福建省名牌农产品称号。当年，市质监局指导龙海市紫山集团申报“香菜心罐头”2002年度福建省名牌农产品。加强农林水产品安全质量管理，治理“餐桌污染”，促进无公害农产品产业健康发展，龙海市格林冷冻食品有限公司申报“无公害速冻毛豆”“无公害速冻荷兰豆”“无公害速冻刀豆”“无公害鲜毛豆”和浮宫水果开发中心申报“浮宫杨梅”

获福建省无公害农产品标志使用权。

2003 年，龙海农业标准化工作在农业、畜牧水产业全面展开。东泗乡合强水产研究所南美白对虾、程溪程宏开发公司台种菠萝和紫泥甘文农场溪墘红鲟、锯缘青蟹等产品获省无公害农产品标志使用权，南美白对虾养殖区通过省级标准化示范区验收。其中，紫泥甘文农场“甘文牌”溪墘红鲟、程溪程宏开发公司的台种菠萝获福建省名牌农产品称号。当年，共制定农产品标准 2 家 2 项。

2004 年，1 家企业 1 项农产品获无公害农产品标志使用权。2005 年，紫泥甘文农场溪墘红鲟农业产业化综合标准化通过市级验收。2006 年，紫泥金定鸭农业标准化示范区通过漳州市质监局验收，并做好紫泥金定鸭地理标志产品保护申报准备工作。2007 年，浮宫水果开发中心的浮宫杨梅和九湖食用菌研究所的试点项目通过国家良好农业规范（GAP）认证工作；南美白对虾通过国家级农业标准化示范项目验收。

三、推广使用条形码

1993 年，龙海市开始推广使用商品条形码。1994—1996 年，全市有 69 家企业申请使用条形码。1997—1998 年，有 46 家企业使用 104 种商品条形码。

2000 年，龙海市申报国际商品条形码企业 20 家，比增 30%，累计达 70 家。2001 年，全市办理使用条形码的企业 20 家，处罚 1 家企业使用假条形码。2002 年，有 14 家企业申报采用国际商品条形码；全市共有 110 家企业办理国际商品条形码；定期跟踪不按期参加续展的使用条形码企业，处罚 2 家未按期参加续展并继续使用的企业。2003 年，办理使用条形码企业 8 家。

2004 年，1 家企业办理使用条形码。2005 年，办理使用条形码企业 34 家、年续展企业 48 家。2006 年，12 家企业申办国际商品条形码。2007 年，新办使用条形码企业 21 家，续展企业 81 家。

1993—2007 年，全市共有 286 家企业先后申请使用商品条形码。

四、办理代码标识

1993 年，在全市实施组织机构代码工作，代码采取手工赋码。1994 年，龙海市实施统一代码标识制度第一个阶段工作基本结束，完成采集数据、办证、发证等基础性工作。1997 年，统一代码标识制度实施工作走上规范化管理轨道，共办理 2633 家党政机关、企事业单位和社会团体代码证书。1998 年，全市发证率 95%，建立代码数据库 1 个。1999 年，办理代码 669 家，复审 78 家。2000 年，办理代码 650 家、复审 501 家。2001 年，发放 IC 智能卡 762 家。

2003 年，全市新办理、换证 868 家，办理 IC 卡 851 家，年审 1397 家次。2004 年，新办证 481 家、换证 743 家、年审 1257 家。2005 年，新办证 582 家，办理 IC 卡 1270 家，换证完成 762 家，年审 1382 家；办证与年审全部超额完成年度任务。2006 年，代码办证 1327 家，IC 卡办理 1050 家，年审 1771 家。2007 年，代码办证 1487 家，年审 1902 家。

第五节　特种设备监管

1993 年，龙海市特种设备安全监察职能由市劳动局安全办公室负责执行，对锅炉等特种设备进行检验，年检率 100%。1997—1998 年，加强特种作业人员培训，共举办电工、焊工、制冷、锅炉、厂内机动车辆等培训班 18 期，考核取证 638 人。1999 年，全市新装、移装锅炉 14 台，检验在用锅炉 158 台、压力容器 105 台，检验在用起重机械 116 台。

2000 年 7 月，龙海市锅炉、压力容器等特种设备安全监察职能由市劳动局划归市质量技术监督局。当年开展锅炉和升降机专项整治工作，查处非法安装锅炉 4 台，查封自制升降机（货梯）4 台；开展液化石油气经销市场及燃油成品油经营站点的整顿工作，对全市 161 家经销点进行重新选址、验收，抽查部分液化石油气经营站点，查处违法经营者 5 家；对 131 只超期未检钢瓶进行封存、强制送检。全市共检查、检测使用锅炉等特种设备的单位205家393台，发出监察意见书154份666条。

2001年，市质监局强化锅炉、压力容器安全监察，共检查锅炉使用单位162家，登记锅炉175台，压力容器（固定式）416台，客货电梯27部，自动扶梯3部，起重机械87台，叉车46辆，厂内机动车辆33部。查处7个企业单位的7台自制锅炉，其中就地割除解体销毁2台自制蒸汽锅炉，责令5台自制热水锅炉立即停止使用。开展液化石油气经销市场整顿，出动车辆23辆次，人员56人次，检查31家充装站和经营点，查扣76瓶超期未检的液化石油气钢瓶，并强制送检；对违法行为的2家经营点和充装站处罚0.26万元。突出重点监察起重机械设备（含电梯），出动车辆25辆次，人员61人次，检查使用单位33家，发出监察意见书36份，提出整改意见278条；检测电梯、起重机械（升降机等）57台，对违法行为的5家使用单位处罚2.8万元。强化教育和管理特殊行业、企业特种作业人员的培训、考核、发（换）证工作，举办6期培训班，243人参训。

2002年，龙海市基本完成锅容管特在用设备普查工作，在用设备检验检测率由普查前的98%上升到99.8%，合格率由96%提高到98%。2003年，市质监局检查在用设备353家523台，发出监察意见书56份230条，已整改企业55家，整改率98.5%。取缔无安全注册登记的液化气经销户19家，封存液化气瓶937瓶，强制送检超期未检气瓶和监督送检气瓶近14000瓶，无发生重大安全事故。

2004年，市质监局推进全市气瓶和压力管道普查整治工作，检查充装、经销单位80多家次，发出监察意见书19份，发出封存通知书18份，封存液化气瓶366瓶，强制送检1263瓶，取缔未办理安全注册的经销户20家，处罚18家，罚款1.73万元（含违法使用溶解乙炔气瓶案件3起）。是年，成立以市质监局为主，安监局、市锅检所参与的龙海市压力管道专项普查工作领导小组，开展普查整治14个乡镇，涉及单位129个，下发文件4份，印发宣传材料300多份、张贴标语16幅，专题广播电视5次，召开压力管道普查整治会议3次，工作信息和宣传报道16条。特种设备安全监察工作共出动人员207人次，检查在用设备企业112家，查出事故隐患38处，发出责令整改和监察意见书25份，整改率90.3%。在原验收时录入71040瓶的基础上，新增录入液化石油气瓶39467瓶，增长55.56%；液化石油气瓶录入110507瓶、溶解乙炔瓶录入2550瓶，送检气瓶14260瓶。

2005年，市质监局联合市安监局、工商局、消防大队等部门继续开展特种设备安全专项整治活动，成立龙海市开展特种设备安全专项整治工作领导小组，制定《龙海市开展特种设备安全专项整治工作方案》，对全市特种设备进行全面排查，重点整治自制特种设备，无证使用的特种设备、无特种设备操作证上岗作业的人员，充装超过检验有效期或检验不合格的气瓶和非自有气瓶。全年共计监察（检查）企业63家次、发出安全监察指令书51份，提出整改意见69条；查处13家逾期未改正的特种设备使用单位；石油液化气瓶累计送检气瓶18132瓶，封存液化气瓶69瓶，对5家违法行为的企业予以罚款；锅炉检验内部154台、外部124台、压力容器检验258台。

2006年，市质监局做到特种设备安全责任制跟踪到位，监察企业100家次，检验检测率100%。2007年，特种设备安全运行，市质监局监察企业125家次，发出安全监察指令书100份，督促企业进行整改102家，消除安全隐患26处。特种设备办证率、检验检测率和人员持证率均达到79%。

第六章　审计监督

第一节　机构

1993年，龙海市审计局内设人秘股、综合股、财经股、行政股、经贸股、基建股，编制26名，实有 26 人。挂靠于市审计局的单位有市审计师事务所。同时，全市有 8 个部门设有内部审计机构。1999 年，市审计师事务所与市审计局脱钩，进行清产核资，并于 2000 年 1 月改制为龙海信达有限责任会计师事务所（为合伙制有限责任公司）。2003 年 3 月，市审计局内设机构调整为人秘科、政策法规科、财政金融审计科、行政事业审计科、经贸外经审计科、固定资产投资审计科、经济责任审计科。2007 年，市审计局编制 17 名，实有 17 人。同时，市劳动与社会保障局、教育局、卫生局、第一医院 4 个单位设有内部审计机构，内部审计人员 9 人。

第二节　经济责任审计

1999 年，龙海市开始实施经济责任审计。截至 2000 年，市审计局共审计 25 个单位，查出违规金额 1524 万元，移送纪检监察机关立案查处 4 起，追回赃款 32 万元，有 8 名领导干部受党纪政纪处分。其间，2000 年在乡镇领导干部任期经济责任审计中，查出某某镇政府原领导班子部分成员以支付投资赞助款名义，转移国家资金，集体私分公款 29 万元的严重违法违纪事实，并移送纪检监察机关立案查处，8 名科级干部受到党纪、政纪处分。

2001—2002 年，市审计局完成经济责任审计项目 38 个，审计经济责任人 54 人，查出违规金额 1472 万元。有关部门利用审计结果提拔重用 5 人，平调 14 人。通过经济责任审计，为党政领导干部的选拔任用提供准确的量化依据，也增强领导干部依法理财、勤政廉政的意识。2003—2004 年，完成对 41 个行政机关、3 个国有企业的 51 名负有经济责任的领导干部的经济责任审计。查出违规金额 1722 万元，管理不规范金额 3985 万元。有关部门利用审计结果提拔重用 7 人，平调 25 人。

2005—2006 年，市审计局完成经济责任审计项目 28 个，审计经济责任人 41 人，查出违规金额 4438 万元、管理不规范金额 841 万元。有关部门利用审计结果提拔重用 3 人、平调 27 人、撤职 1 人。2007 年，以财政财务收支真实性、国家经济政策执行情况、重大决策程序和执行情况及个人廉洁自律问题四个方面为审计重点，完成 4 个市直单位及 12 个乡镇共 24 名主要领导任期经济责任审计。

第三节　行政事业单位审计

1993—1995 年，市审计局对 199 个行政事业单位开展审计，主要开展财政财务收支审计，查出违规金额 524.75 万元，处理应上缴财政金额 299.32 万元，促进被审计单位规范财务管理、完善内部控制制度。

1996—2000 年，市审计局对 120 个行政事业单位进行审计，查出违规金额 3273 万元，处理应上缴财政金额 230 万元，追缴预算外资金 210 万元，追回被侵占挪用资金 1947 万元。规范会计核算，有效地制止各种乱收费及收支不入账等违法违纪行为。2001—2002 年，审计行政事业单位 48 个，查出违规金额 1709 万元，处理应上缴财政金额 58 万元，追缴预算外资金 673 万元，追回被侵占挪用资金 638 万元。

图 15-8　审计组在被审单位审计（市审计局提供）

2003—2004 年，龙海市选择一些领导关注、人民群众反映强烈并带有普遍性问题的 11 个行政事业单位，开展专项审计。查出违规行为金额626万元，管理不规范金额41万元。2005—2006年，审计行政事业单位19个，查出违规金额4745万元，处理应上缴财政金额37万元，追缴预算外资金3055万元。2007年，未开展行政事业单位审计。

第四节　财政金融审计

一、财政预算执行审计

1995年，根据中央颁布的《中华人民共和国审计法》《中央预算执行情况审计监督暂行办法》，龙海市开始开展财政预算执行情况审计，主要审计调查财政、税务、金库及财政预算执行部门、单位、项目43个，在审计财政预算中，主要突出农业科教文卫、预算外收支等项目的审计。

1996—2000年，龙海市完成96个预算执行审计项目，查出违规金额5257万元，以及预算执行中存在预算编制较为粗放，违规批复预算，预算收支不实，挤占挪用专项资金，预算外收入部分没有实行“收支两条线”管理，政府负债沉重，财政周转金使用不佳、逾期严重、回收困难等问题。

2001—2002年，完成19个预算执行审计项目。查出预算执行中存在违规办理预算拨款，挤占挪用专项资金，预算收支不实，违反“收支两条线”，偷税漏税，违规收费、违规使用专项资金及资金沉淀等问题，并依法进行处理处罚。

2003—2004年，龙海市对30个审计项目进行预算执行审计，查出预算执行中存在着预算编制“粗、散、慢”、项目预算透明度不高、预算执行刚性不足、违规办理预算拨款、预算收支不实、预算项目款和专项资金未及时足额拨付，以及大量预算外资金流离于“收支两条线”管理之外等问题，依法对有关单位进行严肃处理处罚，并提出具体的改进意见和建议。同时加强对被审计单位的事后监督工作，及时跟踪、检查被审计单位审计意见和审计决定的实际采纳、执行和整改情况，及时纠正审计决定、审计意见落实中的问题，维护财政预算的严肃性，促进提高财政资金的使用效益。

2005—2006年，龙海市完成33个预算执行审计项目。反映预算执行中存在的违规办理预算拨款、挤占挪用专项资金、预算收支不实、违反“收支两条线”、偷税漏税、违规收费、违规使用专项资金及资金沉淀等问题，并依法进行处理处罚。

2007年，龙海市主要审计市财政局执行市级预算情况、市地方税务局税收征管情况和10个市直（部门）单位预算执行和财政收支情况，并对社保资金、教育资金、救灾资金等专项资金归集、使用、管理情况进行专项审计和审计调查，对市公安局、交警大队、市妇联等单位财政资金的使用情况进行延伸审计。

二、金融审计

1997年，龙海市开始金融审计。

1997—1998年，市审计局受上级有关部门委托，对市中行、财产保险公司、中国人寿保险公司、农行、建行进行审计，重点审计银行信贷资金的规模、投向和使用情况，金融机构亏损、减利、潜亏和消费基金增比情况。通过审计，发现银行信贷中企业擅自改变信贷资金用途，存在贷新还旧，贷款企业自有资金比例偏低情况，引起各级政府的重视。同时，对违控购置轿车、摩托车、通信工具等问题，进行相应审计处罚。

2006年，市审计局对龙海市农村信用合作联社等3个县级金融机构进行审计，审计查出违规经营资金118万元、账外资产26万元、少计少缴税费1万元、管理不规范资金46万元；审计会计信息质量情况，查出所有者权益虚增19万元、损益虚增200万元、虚减74万元。提出建议15条，促进被审计金融机构完善规章制度。2007年，未开展金融审计。

第五节　综合审计

一、固定资产投资审计

1993—1995 年，龙海市未开展固定资产投资审计。1996—2000 年，全市开展 44 个基建项目审计，查出违规金额 1981 万元，核减工程造价 104 万元，处理上缴财政金额 73 万元。同时开展建设项目自筹基建资金审计 289 个，验证金额 150287 万元；建设项目开工前审计 69 个。

2001—2002 年，全市开展 2 个固定资产投资项目审计，审计项目投资金额 12882 万元。查出挪用侵占建设资金 10 万元，虚结工程款 45 万元，招、投标违规金额 48 万元，超计划超标准超规模金额 41 万元。2005—2006 年，开展 2 个固定资产投资项目审计，审计项目投资金额 20833 万元。查出超计划超标准超规模金额 539 万元、少计少缴税金 14 万元。2007 年，未开展固定资产投资审计。

二、国有（控股）企业审计

1996—2000 年，市审计局对 42 个国有企业的资产、负债和损益进行核实，查处 3 家企业私设“小金库”的行为。2001—2002 年，完成 10 个企业审计项目，重点审查国有企业资产负债损益的真实性、经营决策的正确性和执行国家财经法纪的情况，对企业在会计信息质量、内部管理和外部环境等方面存在的问题进行揭露，同时落实国有资产保值增值情况。

2003—2004 年，市审计局配合国有企业改制，对 10 家中小企业进行审计。审计查出违规金额 39 万元，管理不规范金额 1439 万元，查处应上缴财政金额 19 万元。审计发现中小企业存在着部分企业亏损严重，自有资金严重不足，资产负债率高，有的改制企业已濒临破产；体制遗留问题多，企业负担沉重，职工生活困难，有的已无力缴纳个人基本养老保险和失业保险费；生产设备闲置，固定资产管理不严；国家税收大量流失；会计资料不实，资产、负债、所有者权益均存在虚增虚减现象等问题，并提出相关的解决意见和建议，为企业改制提供依据。

2005—2006 年，市审计局完成 3 个企业审计项目，重点审查国有企业资产负债损益的真实性、经营决策的正确性和执行国家财经法纪的情况。

2007 年，市审计局完成 1 个企业审计项目，查出违规金额 57 万元，处理应上缴财政金额 41 万元。

第六节　其他审计

一、专项审计调查

1994 年，在“农资行业”审计与调查中，针对龙海市农资市场普遍存在的销售、库存、经济效益三下降和农资市场经管混乱、管理失控等问题，市审计局及时向市政府呈报《农资经营几项问题亟待解决》的呈阅件，提出“加大力度整顿农资市场，加强价格管理，严惩制售假冒伪劣商品，取缔无证经营”和“恢复农资储备制度，保障农业生产需要”等建议。2001—2002 年，开展 2 项审计调查项目，对 6 个相关单位进行审计调查，调查内容涉及政府外债和耕地开发专项资金。通过审计，提交 4 篇专项审计调查报告，反映各个项目存在的问题和困难，并提出切合实际的改进意见和建议，为政府部门的宏观决策提供客观的依据，保证国家资金的安全和专项资金的专款专用。

2003—2004 年，市审计局开展城市居民最低生活保障资金专项审计调查、环保专项资金管理和使用情况审计调查、土地整理项目耕地开发专项资金审计调查，对 3 个相关单位进行审计调查。2005—2007 年，没有开展专项审计调查。

二、国外贷援款项目审计

1996—2000 年，市审计局每年均对国外贷援款项目——亚行贷款和世行贷款进行审计，发现项目资金未拨付到位 66 万元、配套资金不落实 54 万元、违规贷款 294 万元。2001—2002 年，审计世行贷款的沿海资源可持续开发项目和亚行贷款的水土保持与乡村发展项目，审计发现项目资金拨付不到位 11 万元、虚报工作量（外资）254 万元。通过审计，提交 4 份专项审计报告，揭露项目中存在的问题，并积极督促项目单位严格遵守项目协议，规范会计核算和财务管理，防范化解政府偿债风险。2003—2004 年，对世行贷款的沿海资源可持续开发项目和亚行贷款的水土保持与乡村发展项目进行审计，并提交专项审计报告。

2005—2006 年，市审计局开展世行贷款结核病控制、沿海资源可持续发展、世行贷款西溪大桥建设等项目的审计工作，提交 5 份专项审计报告，重点检查这些项目外援贷款资金和国内建设资金的到位和使用情况，项目设备采购、使用、提款报账等情况。

2007 年，市审计局配合省审计厅完成亚行贷款水土保持与乡村发展二期、世行贷款西溪大桥建设两个项目的审计工作；开展世行贷款结核病控制项目的审计工作，重点检查这些项目外援贷款资金和国内建设资金的到位和使用情况，项目设备采购、使用、提款报账等情况。

1993—2007 年龙海市审计情况表

表 15-6-1　　单位：个、万元

年份	单位数量	查出违规金额	上缴金额
1993	59	107.75	44
1994	72	230	123.56
1995	68	187	131.76
1996	63	570	172.64
1997	50	379.22	159.74
1998	48	1973.12	121.74
1999	64	3628	34
2000	46	5620	80
2001	40	3202	78
2002	58	2032	84
2003	55	1541	59
2004	41	1836	99
2005	40	5026	83
2006	40	4505	206.4
2007	32	1913	339
合计	776	32750.09	1815.84

第七章　安全生产监督管理

第一节　机构

1993 年，龙海市安全生产委员会办公室挂靠在市劳动局。2002 年 7 月，设立龙海市安全生产监督局，为副科级，负责监管全市安全生产，设综合股、安监股，编制 6 名，实有 2 人。同年，市安办挂靠在市安全生产监督局，市安办主任由市安监局局长兼任。2004 年 12 月，市安监局下设龙海市安全生产监察大队，编制 4 名。2007 年 5 月，市安全生产监察大队改名为市安全生产执法大队；11 月市安监局更名为龙海市安全生产监督管理局，为正科级；编制 14 名，实有 12 人。

第二节　安全监督执法

1993 年，龙海市企业安全生产遵循“安全第一、预防为主”的方针，落实“企业负责、行业管理、国家监察、群众监督”的体制，形成县（市）、乡（镇）、村三级管理网络，加强对全市企业安全生产的管理。召开全市安全生产工作会议，研究制订企业安全生产和事故预防工作措施，以及企业安全生产工作责任制，量化分解到各企业及其主管部门，层层抓落实。

1997—1998 年，市安办到 371 家企业和 435 个矿场开展安全监察，发出监察通知书 461 份，提出整改意见 1382 条。对 7 家不符合安全生产条件的矿山企业进行停产整顿，对 23 家企业处罚 6 万元。1999—2000 年，对 482 家企业 、矿场开展安全监察，发出监察意见书 401 份，提出整改意见 2143 条，对 16 家违法企业经济处罚 3.55 万元，对 69 起工伤事故进行查处，对 37 名工伤人员进行工伤认定。

2003 年，市政府每季度召开一次全市防范重特大安全事故工作会，并形成会议纪要；建立乡镇一级安委会办公室，配置办公室、人员和设备，完善基层安全监管工作，市安监局逐步实施对矿山企业、危险化学品生产经营单位的安全生产、经营许可审批。每年元旦、春节、五一、国庆等重大节日前，结合省、漳州市政府的节前安全督查，市安监局开展安全生产大检查，抓事故隐患整改，促进安全生产责任落实到位。每年 6 月组织开展全国“安全生产月”活动。

2004 年，市政府制定《龙海市人民政府领导安全生产责任制》，并向 16 个乡镇(场)、开发区和 29 个市直有关部门、单位下发《安全生产目标管理责任书》，明确各考核单位年度安全生产工作要求和控制指标，半年进行督查，年终进行考核评比；各乡镇（场）、开发区也制定班子成员安全生产责任制，作为干部政绩考核的重要内容。全年共召开 20 多次全市性安全生产工作的会议，安全生产监管逐步规范化。

2005 年，龙海市开展全市安全隐患大排查，制定“安全生产六项基本制度”“安全生产八项基本台账”下发给各乡镇（场）、开发区，规范基层安全生产台账。抓好非煤矿山企业安全生产许可证申办和审核工作，共办理 63 家。2006 年 5 月，市政府组织安委会 16 个成员单位挂钩督查 16 个乡镇(场)、开发区，为期一个月，重点检查落实安全生产责任制、整治安全隐患情况等；8 月在颜厝镇路边村召开出租房、“三合一”企业排查整治现场会。

2007 年，龙海市开展重点行业和领域安全隐患排查治理专项行动。7 月，在港尾镇召开现场会对隐患排查治理工作再动员、再部署。国庆节前市政府组织 6 个督查组对各乡镇进行安全大检查，确保整治成效。

第三节　安全生产专项整治

1993—1998年，龙海市开展安全生产薄弱环节的专项治理，重点抓好渔业、建筑、交通、公共文化娱乐场所及液化气市场的专项整治。经过整治，浯屿岛的渔业捕捞作业人员伤亡和经济损失都有下降。其间1997—1998年，加强特种作业人员的培训，共举办电工、焊工、制冷、锅炉、厂内机动车辆等培训班18期，考核取证638人。

1999年，龙海市组织对石油、液化气、消防安全、船舶车辆、建筑企业、城镇危房进行专项治理。当年，全市发生各类事故437起、死亡107人、重伤383人，经济损失781.22万元。2000年，全市发生各类事故413起、死亡110人、重伤422人，经济损失397万元。2001—2002年，开展道路交通、危险化学品、水上交通、渔业生产、公共聚集场所、烟花爆竹、建筑工程施工、锅炉及压力容器、学校安全管理专项整治。两年共发生各类事故1270起，死亡207人，受伤1316人，经济损失282万元，无发生死亡3人以上重特大安全事故。

2003年，市安监局重点开展危险化学品、矿山、道路水上交通、渔业生产、烟花爆竹、公共聚集场所和“三合一”（集生产车间、货物仓库、员工办公住宿为一体）厂房、矿山企业安全等方面专项整治。向矿山企业发放《安全生产法》和《安全生产违法行为行政处罚办法》1000本、《安全生产法》硬塑料挂图200张，共发出整改指令书80份，行政处罚29起，治安拘留1人，关闭14家，停产整顿8家；危险化学品安全专项整治着重抓好企业负责人和安全管理员的安全培训教育。当年，全市共发生各类事故541起，死亡102人，受伤634人，经济损失328万元。其中，8月海澄镇黎明旗官山碎石场发生死亡3人重大事故。

2004年，龙海市道路交通安全整治以实施“畅通工程”、创建“平安大道”为主线，狠抓交通秩序整顿和交通事故预防工作，投入70多万元对2处省级、市级事故点进行整治，改造部分危险路段。矿山安全整治，对94家有证矿山企业进行安全评估，开展“青山挂白”专项治理，关闭35家采石场。学校和个私幼儿园安全整治，重点抓好学校校舍、学生交通与饮食安全整治，共检查408家幼儿园并建立安全台账，关闭一批用砖木结构、石板楼板的民房作教室的幼儿园。当年，共发生各类事故537起，死亡145人，受伤349人，经济损失593万元。其中，3月13日，榜山镇北溪头村一家纸箔加工场发生火灾事故，造成6人死亡，事后龙海市组织开展为期一个月的“三合一”厂房、易燃易爆单位、简易搭盖场所的整改；12月20日，石码镇一家民宅发生火灾，造成3人死亡，事后市政府组织对城区消防安全隐患的再次排查整治。

2005年，龙海市成立预防道路交通事故领导小组，加大道路交通整治。建立以市委宣传部、市公安交警大队等19个成员单位组成的龙海市道路交通安全工作联席会议制度，每季度召开一次联席会议。5月18日，漳州市集中整治摩托车交通违法行为专项行动现场会在龙海市召开。10月27日，市公安交警大队组织集中销毁1695辆“两无”（无牌无证）及报废机动车，是龙海有史以来销毁机动车规模最大、数量最多的一次行动。水上交通安全整治，加大渡船更新改造步伐，全市24个渡口31艘渡船中更新钢质船12艘、停止渡运4艘，更新南门等4个渡口渡船，渡口渡工全部换发小型船舶机员证和特殊培训合格证。渔业生产安全整治，开展冬春季渔业安全生产大检查、渔排海上养殖专项清理活动。在港尾镇浯屿村、海澄镇海平村、紫泥镇溪墘村、石码镇渔业社区四个重点渔业村（居）试投放渔船船载终端23台，安装预警调度系统光缆终端盒。民爆物品和烟花爆竹专项整治，发文对全市涉爆单位安全管理做出规范，规定9月30日以后现有使用的民爆器材储存仓库全部关闭，新的储存仓库按有关规定完成建库，市辖区内所有矿山将不再直接爆破作业，统一由爆破服务公司负责。全市共登记注册爆破公司11家，建成配套民爆储存仓库8家。矿山专项整治，下发《关于矿山安全生产工作的通知》，对矿山企业办理安全生产许可证、开采生产和爆破作业作出明确要求，每家矿山企业至少经过3次以上的现场监督检查。通过检查，采矿设施配备到位，采面矿石装卸由人工板车改为机械化，爆破作业由各矿山单干改为由爆破服务公司专业爆破作业，消除事故隐患。危险化学品专项整治，重点抓好生产经营单位安全生产评价、重大危险源登记工作和危险化学品运输管理，全市6家危险化学品生产单位均取得安全生产许可证，审批经营单位危险化学品经营许可证127家，并下发《龙海市危险化学品重特大事故应急救援预案》。

2006年，市交通局、海洋与渔业局进行水上交通专项整治，开展通航环境整治和低质量船舶专项治理，加强对内河流域船舶、渡口渡船安全整治，加强对渔船和渔民的安全管理。消防安全整治，抓好出租房、“三合一”厂房、人员密集场所，以及易燃易爆单位、耐火等级低的密集建筑区的电气电路、疏散通道、消防设施安全隐患整改。国土、市安监部门开展矿山安全整治，严格矿山企业采矿证、安全生产许可证申办审批，对已取证的单位进行“回头看”督查，及时消除安全隐患；86家矿山企业取得矿山安全生产许可证，1家碎石场被依法关闭。市安监局、交通局、公安局进行危险化学品专项整治，抓好危险化学品隐患整治和“三违”（违规作业、违章指挥、违反劳动纪律）查处，抓好液化石油气、液氯、液氨、剧毒溶剂等生产、经营、存储、使用、运输的安全整治。生产和经营单位许可证新办50家。市建设局开展建筑施工安全整治，加强城乡接合部违法违规建设现象的执法力度，遏制违法违规建设。市质监局进行特种设备专项整治，抓好气瓶、压力管道、压力容器、锅炉、危化品罐车、起重机械、大型娱乐设施等特种设备的安全整治，取缔土制特种设备。市教育局加强学校安全整治，对学生消防、道路交通、旅游、游泳等进行安全专项教育，抓好学校周边环境、校舍建筑质量、学生交通、旅游与饮食的安全整治，加强对民办幼儿园管理，强制关闭土木结构、临时搭盖的办班场所。

2007年，龙海市对道路交通事故多发点、段进行重点检查和整治，投资40万元完成7处危险路段整改，改造和增加县乡公路及县乡公路与国道平交路口警示标志。制定《龙海市校车整治工作方案》，加强对校车通行的安全管理。抓好矿山企业汛期安全、隐患排查治理等，共发出整改指令书50份，查出安全隐患130条，停产整顿6家，作出行政处罚20次。市国土局、公安局联合对无证采矿较多的隆教乡、角美开发区进行专项整治，取缔20个非法采矿点，销毁无证采矿设备236台。渔业生产安全整治，排查渔业船舶安全适航状况，全市492艘60马力以上渔船安装船载终端设备，占应配备渔船54.2%。消防安全整治，重点排查“三合一”厂房、出租房、人员密集场所、烟花爆竹生产经营储存单位，共摸底排查168家，整治“三合一”场所33家。民爆器材和烟花爆竹安全整治，共破获涉枪涉爆案件8起，治安处罚15人，对全市115家涉爆单位进行再检查，发现安全隐患16处，查处违反爆炸物品管理规定案件6起。对烟花爆竹的安全监管工作，成立由市公安局牵头的烟花爆竹安全管理领导小组，设立烟花爆竹安全管理办公室，开展烟花爆竹零售经营点的审批和发证工作。

第八章　食品药品监督管理

第一节　机构

1993年，食品卫生监督工作由市卫生防疫站、妇幼保健所、卫生局医政科、卫生协会分工负责。1995年10月30日，《中华人民共和国食品卫生法》正式颁布实施，辖区食品卫生监督职责改由市卫生局负责，市卫生局委托防疫站继续执行食品卫生监督工作。2001年11月29日，龙海市药品监督管理局成立，为辖区内主管药品监督的行政执法机构，承担原卫生和经贸部门的药品监督、检验、行业管理等相关职能，实行省以下垂直管理；内设综合股、市场股、稽查股，编制14名。2002年3月11日，龙海市人民政府和漳州市药品监督管理局签订有关药品监督机构、职能、人员、人事档案和资产交接议定书，龙海市药政移交市药品监督管理局管理。

2006年，市卫生监督所成立，市疾控中心撤销食品卫生股，食品卫生监督职能划归监督所负责，食品卫生监测继续由疾控中心检验机构承担；9月，市药监局更名为市食品药品监督管理局，增加履行对食品、药品的综合监督、协调和对重大事故查处职能。2007年，市食品药品管理局内设机构和编制不变，实有13人。

第二节　食品安全监督

1993年，龙海市食品卫生监督任务分别由市卫生防疫站、妇幼保健所、卫生局医政科、卫生协会分工负责。其中卫生防疫站食品股承担食品生产经营单位的卫生许可和经常性卫生监督，卫生股承担公共场所卫生、职业卫生、饮用水卫生、学校卫生、放射卫生工作的经常性卫生监督和卫生许可，防疫股承担传染病防治监督工作；母婴保健技术卫生监督工作由市卫生局医政科和妇幼保健所妇保股、儿保股分工负责；医疗机构监督由卫生局医政科和卫协会分工负责。除“五一”“十一”“元旦”“春节”等节前检查，1996年7—9月，进行夏秋季食品卫生大检查。

1997年，全市食品行业1934家，从业人员10952人，体检率98.59%，发现“五病”（肺结核、痢疾、伤寒、病毒性肝炎、皮肤病）患者427人。组织7次节前检查，共检查322家，停业整顿13家，对石码夜市餐饮摊进行整顿，责令60家无证经营摊点补办手续；急性肠道传染流行期间，组织6次检查，查验中小学、幼儿园食堂18家及校外餐饮店13家。

1998年，全市食品行业2089家，从业人员10443人，体检率99.1%，发现“五病”患者256人，责令调离岗位；进行以“创卫”“初保”为中心对市区冷饮、冷冻市场专项整治检查，并对学校及其周边食品卫生大检查；全年共销毁各类伪劣变质食品2942公斤、儿童饮料300箱、罐头289箱、色素水12公斤，禁售海产品219公斤，刨冰630公斤，没收刨冰工具216件；抽检各类食品537份，合格率99.99%；餐具监测859份，合格率77.1%。

1999年，龙海市对违禁水产品进行拉网式大检查，对1000多家食品生产经营单位开展检查，没收河豚制品480公斤、河豚半成品2710公斤、新鲜河豚400公斤、小包装河豚制品257包，以及变质奶粉600公斤。是年，食品行业从业人员10566人，体检10460人，体检率98.99%；检查各类食品618份，合格率90.48%；检查餐具572份，合格率78.3%。

2000年，全市食品行业2131家，从业人员9489人，体检9328人，体检率98.3%，检出“五病”患者199人，调离率100%；检查各类食品509份、餐具534份，合格率分别为88.23%和75.33%；开展巡回检查8次，出动执法人员328人次，检查1798家，销毁伪劣食品1566公斤，给予行政处罚27家，停业整顿4家，经济处罚27家，罚款9170元。举办培训班2期，培训1670人；新办卫生许可证403家，换证1188家，签证669家，完成应换发证的97.96%。

2001年，龙海市开始以治理“餐桌污染”、建设“食品放心工程”专题，进行追缴广西玉林误售氰化钠的行动。市卫生局坚持疏与堵相结合、防范与打击相结合的方针，在全市食品行业范围内开展“食品卫生放心店”创建活动，树立企业正面形象，让企业执行有标准、管理有规范，群众消费有保障。当年，有6家食品经营单位被评为“食品卫生放心店”，有效推动“食品放心工程”建设，维护消费者合法权益，保障人民群众饮食安全卫生。全年共出动卫生监督执法人员438人次，巡回检查157次；开展冷冻水产品和禽畜产品、有毒有害水产品、学校食品卫生安全等专项治理6次，检查1005家次，检验各类食品和餐具1300份，合格率分别为89.13%和79.76%，销毁伪劣食品和海产品5789公斤，行政处罚21家，停业整顿7家，经济处罚5家。新办卫生许可证297家，换证622家，签证1004家。

2002年，组织巡回检查21次，出动执法人员891人次，检查食品生产经营单位1129家，查处不合格产品1972公斤，行政处罚21家，停业整顿5家，罚款3260元；检查各类食品504份、餐具502份，合格率分别为 89.77%和 79.68%。新办卫生许可证 269 家，换证 502 家，签证 497 家。

2003 年，市卫生局共审核食品生产经营单位 1644 家，其中换证 857 家、办证 376 家、签证 411 家；组织 11 次节前检查和“餐桌污染”专项监督检查，出动人员 356 人次、车辆 103 辆次，其中停业整顿 9 家、吊销许可证 1 家、取缔饮食摊点 11 家；检测各类食品 677 份、餐具 228 份，合格率分别为 91.1%和 77.2%。同时，以防抗非典型肺炎为中心进行“春季食品卫生安全保障”检查大行动；开展学校食堂、周边饮食摊点及集体供餐单位的专项整治，共检查 159 家，责令整改 9 家，没收销毁伪劣变质食品 180 公斤；加强农贸市场食品卫生监督，检测蔬菜农药残留 30 份、海产品甲醛污染 26 份、副食品和调味品等 225 份；制定《龙海肉制品加工厂食品质量安全控制体系》，规范肉制品卫生管理，肉制品合格率 96.9%。

2004 年，市卫生局审核食品生产经营单位 1821 家，其中办证 543 家、换证 544 家、签证 734 家，从业人员体检率 96.8%。开展 12 次节前检查和“餐桌污染”治理，出动人员 313 人次、车辆 103 辆次，检查个体户 939 家次，处罚 35 家，共处罚金 2.53 万元；检测食品 622 份、餐具 260 份，合格率分别为 91.6%和 80.78%；开展学校食堂、周边饮食摊点及集体供餐单位的专项整治，加强对农贸市场的食品卫生管理与监督监测，检查蔬菜农药残留、桶装水等 268 份；进行奶粉市场专项检查。是年 ，市卫生局实施“量化分级，强化规范管理”试点，对直饮水厂量化分级，评出“龙谷、紫山、长力”三家为 A 级管理单位，报省审核认定。

2005 年 3 月 24 日，市卫生局、市教育局联合发出《关于加强学校传染病常见病防治和学校食堂食品卫生监督量化分级管理的通知》，在全市中小学校、托幼机构食堂推行食品卫生监督量化分级管理制度。运用危险性评估原则，对学校食堂进行风险分级和信誉度分级，实行分类监管制度，确保学校食品卫生安全。

2006 年，组建市食品药品监督管理局，建立食品安全责任制，实行纵向分级落实和横向分片定责，定期组织对乡镇和部门的食品安全工作进行检查，重点开展农村和城乡接合部食品生产小作坊小加工点、猪肉检疫、索证索票制度建设等专项整治。为确保仪器管理落实到位，初步形成食品安全监管责任网和食品安全群众监督网。全市 16 个乡镇场、开发区建立消费者权益保护分会，267 个行政村（居）100% 设立消费者投诉站和“12315”申诉举报联络站。突出放心店工程建设，实行政府推动、部门联动、企业主动、市场运作的机制，鼓励城市连锁超市向农村延伸发展农家店、农村配送中心。

2007 年，市食药监局联合市卫生局、质监局、工商局等部门，开展创建国家食品安全示范县和餐饮业专项整治工作。制定《关于食品生产加工领域安全专项整治工作方案》《龙海市餐饮业卫生专项整治工作方案》《关于创建国家食品安全示范县工作实施方案》，对应创卫、食品安全专项整治和创建国家食品安全示范县 3 项中心工作；市区、各乡镇所在地的餐饮消费行业和集体食堂作为整治工作的重点，按照分片、分类、分阶段推进的方法，将全市卫生监督执法分为 4 大片区，实行包干负责制，开展食品卫生监督。6 月，龙海市被国家食品药品监管局列为福建省首批 2 个创建国家食品安全示范县之一。

第三节　药品监督管理

1993 年，龙海市检查药品经营单位和零售药店 836 家次，查出不合格药品 360 件，依法立案查处 47 起，涉及冒充正品价值 2.1 万元，罚款 3.2 万元。当年，市药检所采用药品快检办法及开展药品质量咨询等，共发现冒充片仔癀、扬山牌洋参丸、珠珀惊风散、红霉素片、TMP 片、维生素 C 片等假药品 40 多种。

1994 年，龙海市组织药品管理法宣传活动，举办伪劣药品展览，全市医疗卫生单位及个体诊所数百人到场参观。11 月，市人大、市政府组织卫生、医药、工商、公安、技术监督、新闻等有关单位开展医药市场整顿，对全市 17 个乡镇场 903 家医药卫生单位及零售药店的药品质量进行检查，覆盖率 80.3%，抽检 261 件，不合格率 68%，查办 85 起，立案 38 起，万元以上大案 2 起，罚没款 5.5 万元。1995 年，市卫生局被卫生部评为全国卫生系统执行药品管理法先进集体，有 1 名工作人员被评为全国卫生系统执行药品管理法先进工作者。

1996 年，全市清理整顿无证经营药品的药店 2 家、5 个隶属市医药公司的乡镇药品经营部、6 个基层供销社医药批发部。1998 年，对少数非法经营药品的食杂店进行清理。药检所对全市各药品经营使用单位进行一次全面药品质量检查，部分重点单位反复检查，共检查 900 家（次），抽验 700 多件，发现假冒中药材 23 种，生产假冒西药甲硝唑片、红霉素片、土霉素片等 14 个厂家、40 多个批号，对出售这些假药的海澄、九湖两个医药批发部立案处理。

2000 年，结合全国打假活动，市卫生局、公安局联合执法，捣毁 1 起涉嫌制造假冒北京同仁堂药品窝点。2001 年，建立日常稽查与专项大检查相结合的工作机制。在专项大检查时，对区域内的药店和卫生所进行全方位拉网式检查。在稽查工作中，把城乡接合部和农村医疗机构、村卫生所室、个体诊所、牙科诊所和兽药店作为检查的重点单位；以过期失效药品，非法渠道购进药品、医疗器械，不按规定使用、毁形、消毒、处理和记录的一次性医疗器械，无证经营药品，兽药店经营药品等为检查的重点内容，全面开展监督检查。2001 年底，全市有药品经营企业 62 家，其中药品批发企业 1 家。

2002 年，龙海市药品实行处方药与非处方药分类管理。8 月，龙海在市区石码及乡（镇）药品零售企业开展试点工作；对使用麻醉、一类精神药品的医疗机构进行重新审核登记，17 家符合要求的医疗机构办理购用印鉴卡。规定以后每年开展 2 次特殊药品专项检查，进一步规范特殊药品经营、使用行为。同时开展农村药品大检查，检查卫生室、诊所、药店 320 家（次），没收过期的失效药品（含针剂）400 多种，非法进口药品 78 盒，过期一次性注射器 90 支，非法进口一次性注射器 8 支，当场行政处罚 67 起，立案查处 15 家，罚没款 4.2 万元，打击、取缔无证经营使用药品单位 10 家。同时，在市药监局会议室设置一个约 80 平方米的伪劣药品和正品药材标本展示柜，展示 130 多种伪劣药品、240 多种正品中药材标本。

2003 年 4 月，龙海市下发《关于加强防治“非典”药品管理的通知》，要求市内各经营、使用单位，必须保证防治“非典”药 (械) 的质量，不得哄抬药价，做好防治“非典”药 (械) 的储备和供应；组织 398 人次，出动车辆 97 车次，检查从药 (械) 单位 692 家次。加强全市零售药店分类管理的规范指导和检查，截至 12 月底，全市药店达到分类管理要求；龙海医药公司通过国家 GSP 认证。是年，开展药品批发业务企业直接配送模式，配备药品配送车辆，建立药品配送报告制度、信息沟通制度；龙海市整顿和规范医疗药品市场秩序领导小组下发《龙海市整顿和规范医疗药品市场秩序工作方案》，对医药市场整顿工作提出具体要求，明确具体步骤。针对农村医药市场管理存在的问题，制定《关于加强医疗和药品管理工作的若干规定》，指导农村医药市场整治工作。出动医疗药品监督执法人员 200 多人次，到全市各乡镇检查医疗机构、药店 400 余家，查处违规违法经营药品（医疗器械）20 起，暂控药品价值约 3 万元，药品案件罚款 9.51 万元。抽检药品 845 件，合格率 72.3%。组织销毁近两年来查获的假冒伪劣药品，按正品货值约 10 万元。协助公安局破获 1 起假借癌症病人非法购买麻醉药品案。2004 年，龙海市率先在漳州市把“规范药房”的创建活动作为规范医疗机构药械使用管理的一种有效载体，制定规范医疗机构药品管理标准。2003—2004 年，共出动 990 人次，检查药品（医疗器械）经营使用单位 1050 家次，取缔无证经营 391 家，查获不合格药品 400 多种，查办涉药案件 138 件。

2005 年 10 月，重点对通过 GSP 认证的医药公司和城区通过 GSP 认证的药店的“回访”跟踪检查，对检查情况实行记录在案管理，监督覆盖面 100%。其间，2003—2005 年，聘请 8 名药品监督员和 68 名医药骨干为乡镇药品监管协管员和信息员；建立全市各医疗机构、连锁药店、零售药店数据库，内容包括单位基本情况、从业人员健康、继续教育、行政执法检查等九项内容的数据库。全市形成以药品监管网专兼职队伍相结合，上下联动、全市统一、群防群治的监管网模式，提高农村药品质量和监管效率。2005—2006 年，共出动药品执法人员 2141 人次，检查药品经营、使用单位 1210 家次，完成药品快检 250 批，药品抽验 253 批，检出不合格药品 21 批，查处案件 182 起，取缔无证经营使用药品单位 32 家，罚没款 42.5 万元。

2007 年，药品配送到乡镇率达 100%，配送进村率达 95%；全市有 69 家零售药店通过 GSP 认证。

卷十六

中国共产党龙海地方组织

ZHONG GUO GONG CHAN DANG LONG HAI DI FANG ZU ZHI

1993—2007年，中国共产党龙海市委员会历经五届代表大会，选举产生党员代表1233人次，其中妇女、青年代表、专业技术人员代表人数与比例逐届增加。在中共龙海市委领导下，龙海市实施各项重大决策。1993年，龙海市委制定《领导干部廉政自律十条规定》，切实加强党风廉政工作，促进改革开放和经济建设快速、健康发展。1994年，龙海市委制定《关于加快基础设施建设的决议》，部署港口型城市建设规划。2002年、2007年，龙海市委先后制定关于加快工业化进程决定和依港立市战略的若干意见。15年间，龙海市坚持改革开放，以经济建设为中心，围绕港口型现代化经济强市和全面建设小康社会的奋斗目标，充分发挥漳州港区、厦门南湾的区位优势，进一步融入海峡西岸经济圈，加快经济和社会各项事业建设，使龙海发展成为东南沿海经济强市，县域综合经济实力连续12年进入全省经济实力“十强”县（市）行列，连续7届入选全国县域经济百强。

其间，在全市范围内开展争创福建省农村基层组织建设先进县市活动，升级达标和创建高标准、规范化党支部活动，开展“三个代表”重要思想活动及保持共产党员先进性教育活动，重点开展机关党建、农村党建、企业党建等组织建设活动，加强班子建设和干部管理，健全使用、选拔和监督机制，推进党风廉政建设，建立和健全教育监督惩治预防体系。

2007年，全市有34个基层党委会、67个党总支、684个党支部，有28768个党员；涌现三星级及以上农村基层党组织220个，其中五星级28个；拥有全国文明村镇1个，全国创建文明村镇工作先进村镇1个；省第九届各类文明单位23个，漳州市第九届各类文明单位53个，龙海市第十二届各类文明单位387个。

第一章　组织机构

第一节　市委机构

一、领导机构

1993—2007 年，中共龙海市委员会历 5 届。1993 年 6 月 28 日，中共龙海市委员会挂牌成立，原中共龙海县委员会常委会组成人员均改任相应的领导职务，原级别不变，任期不变。第七届中共龙海市委员会期间任书记 2 人、副书记 5 人、常委 7 人。第八届中共龙海市委员会期间任书记 3 人、副书记 8 人、常委 11 人。第九届中共龙海市委员会期间任书记 1 人、副书记 7 人、常委 13 人。第十届中共龙海市委员会期间任书记 1 人、副书记 6 人、常委 8 人。第十一届中共龙海市委员会期间任书记 2 人、副书记 6 人、常委 8 人。

1993—2007 年龙海市委历任书记、副书记、常委名表

表 16-1-1

届别	职务	姓名	籍贯	任职时间
第七届	书记	桂其明	龙海隆教	1993.6—1993.12
		黄浦江	福建平和	1993.12—1994.1
	副书记	郑道溪	龙海榜山	1993.6—1993.9
		庄凉江	龙海榜山	1993.6—1994.1
		蔡清溪	福建华安	1993.6—1994.1
		蔡炳智	龙海海澄	1993.6—1994.1
		林亚才	龙海浮宫	1993.11—1994.1
	常委	蔡德根	龙海石码	1993.6—1994.1
		倪合福	河南林县	1993.6—1994.1
		林荣赞	龙海浮宫	1993.6—1994.1
		张亚清	龙海石码	1993.6—1994.1
		周阿份	龙海榜山	1993.11—1994.1
		柯莲英（女）	中国台湾	1993.11—1994.1
		江国荣	龙海港尾	1993.11—1994.1
第八届	书记	黄浦江	福建平和	1994.1—1995.9
		王良才	福建惠安	1995.9—1998.9
		吴志明	福建南靖	1998.9—1998.11

续表 16-1-1

届别	职务	姓名	籍贯	任职时间
第八届	副书记	庄凉江	龙海榜山	1994.1—1996.4
		蔡清溪	福建华安	1994.1—1995.7
		林亚才	龙海浮宫	1994.1—1996.8
		张凯民（挂职）	福建福州	1994.1—1996.12
		张水湖	龙海海澄	1995.7—1998.11
		康君福	福建诏安	1996.4—1998.11
		杨荣忠	福建漳浦	1997.8—1998.9
		黄春曙	福建晋江	1998.7—1998.11
	常委	周阿份	龙海榜山	1994.1—1998.11
		蔡德根	龙海石码	1994.1—1995.6
		林荣赞	龙海浮宫	1994.1—1998.9
		柯莲英（女）	中国台湾	1994.1—1998.11
		江国荣	龙海港尾	1994.1—1998.11
		胡　钦	福建诏安	1994.7—1998.11
		杨荣忠	福建漳浦	1995.6—1997.8
		林晓峰	福建诏安	1995.6—1996.10
		黄春曙	福建晋江	1996.10—1998.7
		郭进福	龙海浮宫	1997.7—1998.11
		吴幼麟（挂职）	福建福州	1998.6—1998.11
第九届	书记	吴志明	福建南靖	1998.11—2003.11
	副书记	康君福	福建诏安	1998.11—2003.11
		张水湖	龙海海澄	1998.11—2002.2
		黄春曙	福建晋江	1998.11—2001.9
		陈照瑜（挂职）	福建福清	2002.1—2003.11
		杨溪峰	福建平和	2002.1—2003.11
		沈建平	福建诏安	2002.2—2003.11
		郭进福	龙海浮宫	2002.2—2003.11
	常委	柯莲英（女）	中国台湾	1998.11—2003.11
		江国荣	龙海港尾	1998.11—1999.9
		胡　钦	福建诏安	1998.11—2002.2
		杨溪峰	福建平和	1998.11—2001.8
		郭进福	龙海浮宫	1998.11—2002.2

续表 16-1-1

届别	职务	姓名	籍贯	任职时间
第九届	常　委	林小煌	福建漳浦	1998.11—2002.2
		李明清	福建东山	1998.11—2003.11
		吴幼麟（挂职）	福建福州	1998.11—2001.4
		林亚标	龙海海澄	1999.3—2003.11
		洪文安	福建漳浦	1999.3—2003.11
		张翼腾	福建云霄	2001.10—2003.11
		宋龙驱	龙海海澄	2002.2—2003.11
		廖文彬	福建芗城	2002.2—2003.11
第十届	书　记	吴志明	福建南靖	2003.11—2006.7
	副书记	杨溪峰	福建平和	2003.11—2006.7
		陈照瑜（挂职）	福建福清	2003.11—2004.9
		沈建平	福建诏安	2003.11—2006.7
		郭进福	龙海浮宫	2003.11—2006.7
		沈应生	福建诏安	2003.11—2006.7
		宋龙驱	龙海海澄	2004.9—2006.7
	常　委	林亚标	龙海海澄	2003.11—2006.7
		洪文安	福建漳浦	2003.11—2005.7
		宋龙驱	龙海海澄	2003.11—2004.9
		汪莉莉（女）	安徽	2003.11—2006.7
		陈跃得	龙海石码	2003.11—2006.7
		洪泰强	福建漳浦	2003.11—2006.7
		郭福泉	龙海浮宫	2004.9—2006.7
		施建文	福建平潭	2005.7—2006.7
第十一届	书　记	吴志明	福建南靖	2006.7—2007.1
		许荣勇	福建云霄	2007.1—
	副书记	杨溪峰	福建平和	2006.7—
		郭进福	龙海浮宫	2006.7—2007.7
		沈应生	福建诏安	2006.7—
		宋龙驱	龙海海澄	2006.7—
		陈东升	福建华安	2007.8—
		郭华生（挂职）	福建晋江	2007.10—
	常　委	林亚标	龙海海澄	2006.7—

续表 16-1-1

届别	职务	姓名	籍贯	任职时间
第十一届	常委	汪莉莉（女）	安徽	2006.7—2007.7
		陈跃得	龙海石码	2006.7—
		洪泰强	福建漳浦	2006.7—
		郭福泉	龙海浮宫	2006.7—2006.12
		叶明东	福建东山	2006.7—
		罗　雄	福建寿宁	2007.8—
		高伟强	福建云霄	2006.12—

二、工作机构

1993 年，中共龙海市委工作机构有市委办公室、党建工作办公室、政策研究室、机要局、政法委员会机关、社会治安综合治理委员会办公室、统一战线工作部、台湾工作部、宣传部、精神文明建设办公室、组织部、老干局、党史研究室。

1997 年机构改革，中共龙海市委工作机构有市纪律检查委员会机关、市委办公室、组织部、宣传部、统一战线工作部、政法委员会、台湾工作办公室、市直机关工作委员会。市委老干局由组织部管理，保留正科级。组建市委农村工作领导小组办公室。

2002 年机构改革，中共龙海市委工作机构有纪律检查委员会机关、市委办公室、组织部、宣传部、统一战线工作部、政法委员会、台湾工作办公室、机构编制委员会办公室、市直机关工作委员会。市委老干局由组织部管理，仍为正科级；精神文明建设办公室加挂市精神文明建设指导委员会办公室牌子，由宣传部管理，仍为正科级；市委信访局与市政府信访局以市委办公室为主管理，为副科级。保留市委农村工作领导小组办公室。

2007 年，工作机构没有变化。

第二节　纪检监察机构

一、领导机构

中共龙海市纪律检查委员会每届任期内，召开第一次全体会议选举产生市纪委书记、副书记、常委，组成纪律检查委员会领导班子。第七届纪检书记蔡炳智。

1994 年 1 月 10 日，第八届中共龙海市纪律检查委员会第一次会议选举产生常委 7 名，选举蔡清溪为书记，邱来生、黄允利为副书记。

1998 年 11 月 27 日，第九届中共龙海市纪律检查委员会第一次会议选举产生常委 7 名，选举杨溪峰为书记，邱来生、黄允利为副书记。

2003 年 11 月 20 日，第十届中共龙海市纪律检查委员会第一次会议选举产生常委 9 名，选举沈应生为书记，曾剑平、高少山、周艺敏为副书记。1993 年至 2003 年 12 月，黄允利兼任市监察局局长。

2006 年 7 月 15 日，第十一届中共龙海市纪律检查委员会第一次会议选举产生常委 9 名，选举沈应生为书记，高少山、黄启城、林素卿为副书记。2003 年 12 月至 2006 年 8 月，曾剑平兼任市监察局局长。2007 年 3 月，高少山兼任市监察局局长。

二、工作机构

1993年4月，中共龙海县纪律检查委员会与龙海县监察局合署办公。是年，内设办公室、纪检监察一室、纪检监察二室、案件审理室、信访室、执法监察室、宣传教育室、党风廉政建设室。

1996年，成立市公安局纪律检查委员会。1999年，成立市直机关纪律检查工作委员会；在市人民法院派驻纪检组。2002年，在市检察院、教育局、国土资源局、财政局、建设局、交通局、民政局、卫生局、计生局、经贸局、劳动局、农业局、水利局、林业局14个单位派驻纪检组、监察室。2002年，机构改革，机关效能办公室、效能投诉中心挂靠在市纪委、市监察局。2003年，市纪委增设纠风室，挂靠在市监察局。2004年，成立民营企业投诉中心。

2007年，在市政府办、环保局、司法局、海洋与渔业局和文体局5个单位派驻纪检组；中共龙海市纪委和市监察局内设机构不变。

第二章　重要会议与重大决策

第一节　党员代表大会

一、代表选举

1993年11月至1994年1月，市第八次党代会期间，全市有44个选区，实际选出党员代表301人。

1998年10—11月选举产生第九次党代会代表。全市有30个选区，11月25日前，差额选举产生代表300人。

2003年10—11月，进行第十次党代会代表选举。全市31个选举单位，差额选举产生代表317人。

2006年4—7月，进行第十一次党代会代表选举。经中共漳州市委批准，这次党代会代表名额320名，实际分配名额315名，留有机动名额5名。全市30个选举单位，差额选举产生代表315人。

二、代表构成

（一）身份构成

1994年1月9—12日，第八届党员代表大会共有党员代表301人，其中领导干部183人，占60.8%；各条战线先进、模范代表55人，占18.3%；各类专业技术人员59人，占19.6%。

1998年11月24—27日，第九届党员代表大会代表中，领导干部184人，占61.3%；先进模范人物55人，占18.3%；专业技术人员61人，占20.3%。之后两届代表大会，领导干部代表人数、比例调减，专业技术人员和先进、模范人物代表人数和比例增加。

（二）性别构成

第八届党员代表大会妇女代表28人，占9.3%。之后三届代表中，妇女代表人数和比例增加，第十届妇女代表56人，占17.7%；第十一届妇女代表49人，占15.55%。

（三）年龄构成

第八届党员代表大会45岁以下代表156人，占51.8%。此后，45岁以下党员代表人数和比例有所增加，其中第十届代表大会178人，占56%；第十一届党员代表大会，45岁以下人数163人，占51.7%。

（四）文化构成

第八届至第十一届党员代表大会的党员代表，大专及以上学历人数和比例逐届增加，第八届 53 人，占 17.6%；第九届 122 人，占 40.6%，第十届 176 人，占 55.5%；第十一届 181 人，占 57.5%。

第八届至第十一届中共龙海市党员代表构成情况表

表 16-2-1　　　　单位：人、%

	总数	身份构成								其中								文化程度			
		各级干部		各类专业技术人员		各条战线先模人物		武警内卫、边防、消防		年龄在45岁以下的代表		妇女代表		少数民族代表		侨、港澳台籍代表		大专及以上		中专、高中文化	
		人数	比例	人数	比例	人数	比例	人数	比例	人数	比例	人数	比例	人数	比例	人数	比例	人数	比例	人数	比例
第八次	301	183	60.8	59	19.6	55	18.3	4	1.3	156	51.8	28	9.3	6	2	4	1.32	53	17.6	187	62.1
第九次	300	184	61.3	61	20.3	55	18.3	4	1.3	165	55	45	15	9	3	3	1	122	40.7	111	37
第十次	317	190	59.9	63	19.9	60	18.9	4	1.3	178	56	56	17.7	7	2.2	5	1.6	176	55.5	86	27.1
第十一次	315	185	58.7	65	20.6	60	19.1	5	1.6	163	51.7	49	15.6	7	2.2	3	0.9	181	57.5	79	25.1

三、历届代表会议

（一）中国共产党龙海市第八次代表大会

1994 年 1 月 9—12 日，中国共产党龙海市第八次代表大会在石码镇召开。出席大会代表 301 名。大会审议并通过黄浦江代表中共龙海市第七届委员会所作的题为《加快改革、加快发展，为建设现代化港口城市而奋斗》的工作报告。大会选举产生第八届市委委员 29 名、候补委员 5 名，市纪委委员 15 名。

（二）中国共产党龙海市第九次代表大会

1998 年 11 月 24—27 日，中国共产党龙海市第九次代表大会在石码镇召开。出席大会代表 300 名，列席人员 72 名。大会审议并通过吴志明代表第八届市委所作的题为《开创新局面，迈向新世纪，为建设现代化的港口城市而奋斗》的工作报告。大会选举产生第九届市委委员 29 名、候补委员 5 名，市纪委委员 15 名。

（三）中国共产党龙海市第十次代表大会

2003 年 11 月 18—20 日，中国共产党龙海市第十次代表大会在石码镇召开。出席大会代表 317 名。大会审议并通过吴志明代表第九届市委所作的题为《实践“三个代表”重要思想，加快全面建设小康社会，实现现代化建设新跨越》的工作报告。大会选举产生第十届市委委员 32 名、候补委员 6 名，市纪委委员 19 名。

图 16-1　2003 年 11 月 18 日中国共产党龙海市第十次代表大会在石码镇召开（市委报道组提供）

（四）中国共产党龙海市第十一次代表大会

2006 年 7 月 14—15 日，中国共产党龙海市第十一次代表大会在石码镇召开。出席大会代表 315 名。大会审议并通过吴志明代表第十届市委所作《全面实施

“十一五”规划，加快新农村建设进程，努力构建海峡西岸富有活力的现代化工贸港口城市》的工作报告。大会选举产生第十一届市委委员33名、候补委员6名，市纪委委员19名，并选举出席漳州市第九次党代会的代表。

第二节　全体委员会议

一、中共龙海市第八届委员会全体会议

第一次全体会议于1994年1月12日召开，会议选举产生第八届中共龙海市委组成人员，黄浦江任市委书记，庄凉江、蔡清溪、林亚才、张凯民为市委副书记，周阿份、蔡德根、林荣赞、柯莲英、江国荣为市委常委。会议通过市纪委第一次全体会议选举结果，同意蔡清溪任市纪委书记，邱来生、黄允利任纪委副书记。会议通过《关于加快基础设施建设的决议》。中共龙海市第八届委员会共召开13次全体委员（扩大）会议，其中第六次会议审议通过《关于制定国民经济和社会发展“九五”计划和2010年远景目标的建议》《关于开展乡镇工业年活动的决议》《关于开展基础设施建设年活动的决议》。第七次全体（扩大）会议审议并原则通过《加强党的建设五年（1996—2000年）规划》，讨论《关于争创全省党建工作先进市的意见》。第十三次全体（扩大）会议审议并通过《关于依法治市的决定》《市委八届十三次全体会议决议》。第十四次全体（扩大）会议通过《关于召开中国共产党龙海市第九次代表大会的决议》。

二、中共龙海市第九届委员会全体会议

第一次全体会议于1998年11月27日召开，选举吴志明为中共龙海市委书记，康君福、张水湖、黄春曙为副书记，柯莲英、江国荣、胡钦、杨溪峰、郭进福、林小煌、李明清为常委。批准市纪委一次会议选出的领导机构，杨溪峰任市纪委书记，邱来生、黄允利任副书记。听取吴志明所作的《贯彻十五届三中全会精神，率先基本实现农业现代化》的报告，审议通过《关于认真贯彻落实党的十五届三中全会精神，进一步加强农业和农村工作的决定》。中共龙海市第九届委员会共召开13次全体委员（扩大）会议，其中第二次全体（扩大）会议审议通过《中共龙海市委、龙海市人民政府关于加快实施科教兴市战略的决定》《关于贯彻落实党的十五届四中全会精神，加快国有企业改革和发展的决定》。第八次全体会议投票确定出席中共福建省代表大会候选人初步人选4名：吴志明、张亚雄、陈海石、郭雨声。第九次全体（扩大）会议作出《关于加快工业化进程的决定》和《中共龙海市委第九届第九次全体会议决议》。第十次全体（扩大）会议通过《关于学习贯彻党的十六大精神的决议》。

三、中共龙海市第十届委员会全体会议

第一次全体会议于2003年11月20日召开，吴志明任第十届市委书记，杨溪峰、陈照瑜（挂职）、沈建平、郭进福、沈应生任副书记，林亚标、洪文安、宋龙驱、汪莉莉、陈跃得、洪泰强为常委。通过中共龙海市纪律检查委员会第一次全体会议选举结果的报告，市纪委正、副书记4名，纪委常委9名。审议通过《关于加强市委领导班子思想作风建设的意见》。中共龙海市第十届委员会共召开7次全体委员会议，其中第二次全体（扩大）会议通过《关于贯彻落实漳州市委八届九次全会精神的决议》。第三次全体（扩大）会议原则同意《关于贯彻落实省委、漳州市委全会精神，积极推进海峡西岸经济区建设的实施意见》，通过《中共龙海市委十届三次全体会议决议》《中共龙海市委全体委员集体廉政承诺》。第四次全体（扩大）会议原则通过《关于加强党的执政能力建设的实施意见》，通过《中共龙海市委十届四次全体会议决议》。第五次全体会议通过《关于制定龙海市国民经济和社会发展第十一个五年规划的建议》。第六次全体会议通过《关于召开中共龙海市第十一次代表大会的决议》。

决定中共龙海市第十一次代表大会于 2006 年 6 月下旬在石码召开。

四、中共龙海市第十一届委员会全体会议

第一次全体会议于 2006 年 7 月 15 日召开，会议选举吴志明为第十一届市委书记，杨溪峰、郭进福、沈应生、宋龙驱为副书记，林亚标、汪莉莉、陈跃得、洪泰强、郭福泉、叶明东为常委。通过中共龙海市纪律检查委员会第一次全体会议选举结果的报告，选举产生纪委正、副书记 4 名，纪委常委 9 名。截至 2007 年 12 月，中共龙海市第十一届委员会共召开 4 次全体委员会议，其中第三次全体会议通过《中共龙海市委员会全体会议工作规则（试行）》《十一届三次全会关于实施依港立市战略的决议》；票决康文将、林茂成、许伟宏、林卫东、纪志鹏、张碧兰分别任九湖镇、紫泥镇、东泗乡、白水镇、浮宫镇、隆教乡党委书记。第四次全体会议听取许荣勇代表市委常委会所作的工作报告，并对学习贯彻党的十七大精神作出部署；通过《十一届四次全体会议关于学习贯彻党的十七大精神的决议》。

第三节　重大决策纪要

1993 年 2 月 28 日，中共龙海县委发出《中共龙海县委 1993 年党建工作意见》，指出新时期党的建设，要紧紧围绕经济建设这个中心，大力加强党的各方面建设，努力提高各级党组织的战斗力，为尽快把龙海县建成“达小康、上百亿”县级市作坚强的组织保证。当年 5 月 28 日，县委制定《关于“粮食工程”建设的若干意见》，提出 1993 年全县“粮食工程”建设的任务和目标；6 月 28 日，中共龙海市委员会等五套班子正式挂牌办公并启用新印章；9 月 11 日，龙海市委制定《1993—1996 年村级组织建设规划》，以建设适应社会主义市场经济发展需要的农村工作新格局；10 月 20 日，龙海市委制定《关于副处级以上领导干部廉洁自律的十条规定》，以切实加强党风廉政工作，促进龙海改革开放和经济建设快速、健康发展。

1994 年 1 月 12 日，中共龙海市委第八届第一次会议通过《关于加快基础设施建设的决议》。决议指出，新一届市委处在加快改革、加快发展关键时刻，肩负着加快现代化港口城市建设的重要使命。面对龙海市基础设施建设滞后的状况，必须全党动员，全民动员，大抓基础设施建设，加速全市经济的振兴和社会的进步。当年 7 月 28 日，龙海市委制定《关于加强市委常委会思想作风建设的若干意见》，从理论学习、健全民主集中制、联系群众、加强党风廉政建设等方面作出规定。

1996 年 7 月 13 日，中共龙海市委第八届第七次全体（扩大）会议通过《关于进一步加强党的建设的决议》。决议号召全市各级党组织和广大党员干部要进一步认清形势，明确目标，同心同德，扎实工作，把龙海市党建工作的各项任务落到实处，努力为“二次创业”和建设现代化港口城市提供坚强可靠的政治保证。

1997 年 6 月 15 日，中共龙海市委制定《关于在全市农村推行村务公开承诺制的意见》。承诺制的重点是“两公开（即党务、政务公开）意见十五条”。

1998 年 8 月 24 日，中共龙海市委第八届第十三次全会通过《关于依法治市的决定》。《决定》由指导思想、基本目标、主要任务和加强组织领导 4 部分组成。

1999 年 1 月 11 日，中共龙海市委、市政府作出《关于对领导干部实行廉政勤政约谈制度的决定》。就约谈的目的、内容、方式、原则、要求做出具体规定；4 月 27 日，龙海市委、市政府作出《关于大力推进乡镇企业改革、发展和提高的决定》，强调乡镇企业是国民经济的重要支柱，是推动农村经济发展的主体力量，要进一步提高乡镇企业的整体素质，促进乡镇企业发展再上新台阶。

当年 12 月 21 日，中共龙海市委第九届第二次全体（扩大）会议，通过《中共龙海市委、龙海市人民政府关于加快实施科教兴市战略的决定》。会议还通过《关于贯彻落实党的十五届四中全会精神，加快国有企业改革和发展的决定》，明确提出全市国企改革的目标是：到 2000 年，国有企业全面放开；到

2001年，初步建立社会保障体系和企业发展的服务体系，初步形成新的经济管理体制；到2002年，国企改革全面达标；到2005年，初步建立比较合理的国有经济布局，基本完成国有存量资产重组，于2010年之前建立比较完善的现代企业管理制度。

2000年11月21日，中共龙海市委第九届第三次全体（扩大）会议，研究讨论龙海市国民经济和社会发展第十个五年计划的若干宏观性、战略性、政策性的重大问题，制定《龙海市国民经济和社会发展第十个五年计划的建议（草案）》。会议还通过《关于从严治党、切实抓好党的建设若干问题的决定》。

2001年1月5日，中共龙海市委发出《关于开展农村"三个代表"重要思想学习教育活动的实施意见》。决定在全市农村党员中间开展"三个代表"重要思想学习教育活动。

2002年9月29日，中共龙海市委第九届第九次全体（扩大）会议，通过《关于加快工业化进程的决定》；11月29日，中共龙海市委第九届第十次全体（扩大）会议，部署加快全面建设小康社会的措施。全会提出龙海市小康社会的奋斗目标是：力争全市国内生产总值到2014年比全省提前3年、比全国提前6年实现比2000年翻两番，基本实现工业化和城镇化，建成更加完善的社会主义市场经济体制和更具活力、更加开放的经济体系，人民过上更加富足的生活；社会主义民主法制更加完善，依法治市全面落实，社会秩序良好；形成比较完善的现代国民教育体系、科技和文化创新体系、全面健身和医疗卫生体系，全市人民的思想道德素质、科学文化素质和健康素质明显提高；可持续发展能力显著增强，推动整个社会走上生产发展、生活富裕、生态良好的文明发展道路。

2003年11月20日，中共龙海市委第十届第一次全会通过《关于加强市委领导班子思想作风建设的意见》。经市委同意，市依法治市领导小组制定《关于2004—2008年依法治市五年规划》，进一步推进依法治市工作，力促龙海市改革开放和现代化建设更快更好发展。

2004年6月30日，中共龙海市委、市政府提出《关于建设"平安龙海"的实施意见》，决定从2004年起到2008年底，在全市开展建设"平安龙海"活动。为确保活动顺利进行，设立角美工业综合开发区，龙海市委按照"区镇合一、隶属不变，扩大权限、自求发展"的原则，将角美工业综合开发区和角美镇进行整合，设立角美工业（综合）开发区，从"领导体制与机制设置、财政管理体制、国土资源利用与城市规划以及其他相关事项"4方面提出实施意见；7月2日，角美工业综合开发区和角美镇正式挂牌设立角美工业综合开发区。

2004年8月23日，中共龙海市委制定实施《关于深入开展农村党的建设"三级联创"活动的贯彻意见》，提出龙海市争创农村基层组织建设先进市的目标要求；11月3日，龙海市委、市政府制定《关于创新农村工作机制的实施意见》，加快农村全面建设小康社会步伐；12月16日制定实施《关于加快林业跨越式发展的决定》。

2004年12月29日，中共龙海市委第十届第四次全会，审议通过《关于加强党的执政能力建设的实施意见》，并于当年12月31日正式发文实施。

2005年2月1日，中共龙海市委发出《关于开展保持共产党员先进性教育活动的实施意见》；2月24日从奖励范围、奖励条件、奖励标准、奖励对象和执行时间5方面制定实施《发展工业经济的奖励规定》，明

图16-2　龙海撤县建市十周年纪念大会（市委报道组提供）

确从2005年1月1日起执行；3月7日，中共龙海市委制订下发《关于在基层党组织中开展“构筑‘四创工程’、推进‘三级联创’”活动的实施意见》。

2006年3月16日，中共龙海市委、市政府制定下发《贯彻落实〈中共漳州市委、漳州市人民政府关于鼓励台商投资与扶持台资企业发展的若干意见〉的实施意见》，明确各项措施的责任主体负责抓好贯彻落实；5月29日，中共龙海市委、市政府批转市依法治市领导小组《关于龙海市第五个五年法制宣传教育规划》，同意从2006年开始，在全市范围内继续开展为期5年的法制宣传教育和依法治市工作；7月11日，中共龙海市委、市政府制定下发《龙海市推进社会主义新农村建设实施方案》；8月30日印发《龙海市社会主义精神文明建设“十一五”规划》；11月26日，中共龙海市委、市政府转发《市委宣传部、文明办、市绿化委、林业局、团市委、市妇联关于实施〈龙海市2006—2020年创绿色家园建富裕新村行动规划〉的意见》。

2007年7月13日，中共龙海市委、市政府制定出台《龙海市实施依港立市战略的若干意见》，确定龙海市依靠漳州港区、地处厦门南湾的优势，进一步融入海峡西岸经济圈，发展成为东南沿海经济强市的战略目标。

第三章　纪律检查

第一节　党风廉政建设

一、加强党内监督

1993年，制定《中共龙海市委关于副处级以上领导干部廉洁自律的十条规定》，规范副处级以上领导干部带头廉洁自律。1999年，出台《关于对领导干部实行廉政约谈制度的决定》，通过约谈、“打招呼”，对领导干部执行廉洁自律有关规定进行监督和提醒。2000年，建立《领导干部廉政档案管理办法》和科级干部重大事项报告、礼品登记等配套制度，探索责任制专项考核办法，年终进行全面责任制考评。2001年，实行领导干部报告重大事项制度，进一步加强对全市领导干部执行和落实廉洁自律规定的监督和管理。2002年，制定下发《关于市委领导成员严格遵守〈廉政准则〉做廉洁从政的表率的规定》《关于科级领导干部报告个人重大事项的规定》等制度，加强对各级领导干部廉洁自律约束；建立并执行《关于科级领导干部实行廉政勤政约谈制度的规定》《下一级党委向市纪委常委会汇报落实党风廉政建设责任制的规定》等制度，强化对领导班子、领导干部廉洁从政监督制约。2005年，建立市纪委委员询问与质询制度，就党风廉政建设工作履行情况、反腐败三项工作落实情况提出询问与质询；建立廉政档案，全市162名正科级领导干部及副科级单位正职领导全部建立廉政档案。2007年，推行乡镇领导述职述廉制度，重点抓好乡镇党政一把手述廉、评廉、议廉、考廉工作，加强对乡镇主要领导监督。

二、加强农村基层党风廉政建设

1993年，以维护群众利益为重点，注意研究、探索基层党风廉政建设新路子。1995年，全面清理乡镇财务工作，制定严格控制村级伙食招待费和交通、通信工具配置开支等若干问题规定，健全村级财务监督机制；推广角美、紫泥等乡镇建立党风廉政监督员制度，强化村级财务监管。1996年，指导村集体建立健全村财管理制度，落实民主理财约束机制，巩固村集体经济发展。

1997年，在全市243个行政村全面推开“村务公开、民主管理”制度。2000年，实行村级“零招待”制度。2001年，实行乡镇场、市直机关接待“四不”（不上烟酒、不到营业性场所就餐、不超标准接待、不赠送土特产）规定，制定《龙海市村级干部廉洁自律“十不准” 规定》（不准违反规定用公款配置交通通信工具和超标报销通信话费；不准非法占地建房或不按规定交纳建房用地费；不准利用职便低价、低产承包土地、果林、池塘、滩涂和参与村办企业、工程的承包或入股，侵害集体利益；不准用公款操办婚丧喜庆事宜和大操大办、借机敛财；不准用公款支付应由个人负担的水费、电费和其他费用；不准违反村级“零招待”的规定，搞公务接待、请客送礼或变相吃喝；不准借出差、参观、考察等名义用公款旅游；不准借用公款逾期不还或进行营利性活动和其他非法活动；不准在计划生育、建房用地等工作中袒亲护友、徇私舞弊，牟取非法利益；不准以个人名义存储公款或截留、坐支经手收取的各种集体款项）。2002年，针对公务接待中不正之风，修订乡镇、机关单位公务接待“四不”规定和村级“零招待”制度等。2003年，在紫泥镇试点建立“村级财务管理中心”和“招投标监督服务中心”，得到省、漳州市肯定和推广。2006年，建立推广乡镇农村“三个中心”（集体会计委托代理中心、招投标监督服务中心、农村合同审核服务中心），加强对农村集体资金、资产、资源管理；推行乡镇政务听证、村务听证制度，强化民主监督。

2007年，全市14个乡镇全部建立“三个中心”。

第二节 查处违纪违法案件

一、健全纪检监察制度

1993年，建立工作部门联席会制度，市纪委、监察局、检察院、审计局实行每月一次联席会制度，互通情况，协同办案，形成整体合力。1995年，加强收费和基金管理，实行收支两条线及罚缴分离制度，抑制乱收费现象。1996年，研究制定100万元以上的建设工程项目实行公开招投标制度。1998年，建立健全效能监察机制，开展重点建设工程专项监察，参与社会治安综合治理、清理整顿农村合作基金会、清理政法机关所办企业等工作，对农业局等10个单位开展行政效能监察，促进政府机关提高行政效能。

2001年，进一步健全执法执纪机关联席会议制度和案件相互移送制度。2002年，试行部门预算、推行国库统一支付等制度；落实建设工程招投标、经营性土地出让、政府采购、国有产权出让进入市场四项制度。2003年，推进干部人事制度改革，完善选人用人机制，建立干部监督信息员制度，石码镇建立股级干部署名推荐责任追究制，实行用人失察失误责任追究。2004年，建立案件线索信息库，通过对接信接访、初核、办案3个阶段信息线索的分析开发，拓展案源线索；建立政府采购中心，加强对政府采购的全程监督。制定出台《龙海市行政事业单位国有资产管理暂行规定》，配套出台相关《处理办法》，加强对国有资产的监管，防范国有资产流失。2005年，建立乡镇自办案件责任制，规定自办案件存在空白的乡镇党委书记须在全市纪检监察工作会议上作检查，说明原因；实行重点信访问题挂牌督办制度，对排查出来的重点信访问题进行挂牌督办；建立效能、纠风、执法、查案“四位一体”工作机制，加强大系统管理，实行全系统办案。2007年，深化财政管理体制改革，全面推行票据电子化管理。

二、受理与查办案件

1993年，全市纪检监察机关共受理群众举报839件，立案73件，结案49件，处分党员44人，涉案违纪金额414932元。1994年，全市纪检监察机关共受理群众举报424件，立案70件，办结76件（含1993年遗留案件），处分党员干部74人。1995年，重点查处建筑市场、计生等领域和部门的案件，全市纪检监察机关共受理举报412件，立案75件，结案79件（含1994年遗留案件），撤案1件，党政纪处分 77 人，免于党政纪处分 4 人。1996 年，全市纪检监察机关共受理群众信访、举报 459 件（次），新立案 87 件，涉案违纪金额 193.1 万元，结案 91 件，销案 1 件，党政纪处分 94 人。围绕龙海市委提出的计生工作要进入全国先进行列目标，纪检监察机关积极协助党委、政府抓好计生工作，共对违反计生政策负有领导责任或相关责任的 36 名党员干部给予纪律处分，促进计生工作开展。

1997 年，重点查处农村金融组织系统违纪、农村党员干部、“三机关一部门”违纪案件，全市纪检监察机关共受理信访举报 527 件，立案 81 件，其中经济大案 12 件、要案 2 件，涉案违纪金额 160.17 万元，结案 81 件。1998 年，全市纪检监察机关共立案 82 件，其中大要案 22 件，给予纪律处分 71 人，挽回经济损失近百万元。1999 年，全市纪检监察机关共受理信访举报 339 件，新立案 82 件，违纪金额 610.44 万元，结案 78 件，给予党纪处分 71 人、政纪处分 9 人，其中双重处分 5 人，免予党纪处分 3 人。

2000 年，全市纪检监察机关共受理信访举报 338 件，新立案 88 件，涉案违纪金额 1119.48 万元，结案 90 件（上年度遗留 4 件），给予党纪处分 83 人、政纪处分 2 人，免于党纪处分 2 人。2001 年，全市纪检监察机关共受理群众信访举报件 270 件，立案 88 件，其中经济大案 32 件、要案 7 件，涉案违纪金额 635.65 万元，给予党政纪处分 88 人。2002 年，全市纪检监察机关共受理群众信访举报 143 件（次），立案 88 件，其中经济大案 15 件、要案 2 件，违纪金额 265.61 万元，给予党政纪处分 76 人。2003 年，重点加强对市直机关案源排查，集中精力突破大案、窝案，严肃抗“非典”工作纪律。全市纪检监察机关共受理群众来信来访来电举报 177 件（次），立案查处违纪案件 70 件，其中经济大案 18 件；查处角美中心卫生院 1 名护士长在抗“非典型肺炎”中临阵退缩案件。

2004 年，抓住创建“平安龙海”活动有利时机，营造严打态势，集中力量突破大案要案。全市纪检监察机关共受理群众来信来访来电举报 136 件（次），立案 70 件，其中经济大案 8 件、要案 13 件，违纪金额 214.65 万元，给予党政纪处分 70 人。

2005 年，全市纪检监察机关共受理群众信访举报 202 件（次），新立案 70 件，其中经济案件 32 件、要案 2 件，违纪金额 70.88 万元，给予党政纪处分 69 人，免予党纪处分 1 人。

2006 年，重点查办以权谋私、侵害群众利益案件以及干扰破坏经济发展环境案件，加大查办重点领域商业贿赂案件的力度。全市共受理信访举报 169 件，新立案 68 件，其中经济大案 13 件、要案 5 件，给予党政纪处分 68 人。

2007 年，全市纪检监察机关共受理来信来访来电举报 212 件（次），新立案 70 件，其中要案 8 件、经济大案 17 件，结案 70 件，给予党政纪处分 63 人，免予党纪处分 4 人，组织处理 2 人，不予政纪处分 1 人。

第三节　执法监察

1993 年，龙海纪检监察工作加强对党的路线方针政策执行情况的监督检查，确保龙海市委、市政府各项重大决策部署落实到位。当年，组织开展农业专项经费和周转金使用情况、民政救灾款发放使用情况、夏季农副产品收购和资金到位情况等专项监督检查，追回被挪用支农周转金 2 万元，协助讨回向农民“打白条”的蘑菇款 620 万元；开展各类开发区清理、金融系统治理和自办机构清理，以及偷、抗、漏税清理。

1994 年，组织对市政府出台一系列鼓励、扶持、发展乡镇企业、个私企业和“三资”企业的政策性文件落实情况督查，服务经济发展；参与先行工程监督，确保工程顺利施工；开展药品管理法、统计法等执法检查，督促有关部门纠正 17 家无证违规经营药品行为。

1995 年，组织对 1994 年度农业专项资金使用情况、中小学招生、“先行工程”等专项资金使用情况开展监察，对会计法执行情况、统计法贯彻情况、粮食行业价格、计划生育费管理、土地法执行情况开展专项检查，开展改善外商投资环境专项监察，取消、停止、降低收费 14 项。1996 年，围绕“两个年活动”，开展先行工程集资款、建筑市场、大中专会考和招生等专项监察，促进有关部门依法依规办事。1997 年，开展减轻农民负担、建设工程项目、行政机关办事效率、招生、减轻国有企业负担和重大责任事故6个项目的执法监察。1998年，建立健全效能监察机制，开展重点建设工程专项监察，参与社会治安综合治理、清理整顿农村合作基金会、清理政法机关所办企业等工作，对市农业局等10个单位开展行政效能监察，促进政府机关提高行政效能。

2000年，重点组织对国债资金、社会保障资金和救济救灾款物的管理使用情况进行专项监察，确保专款专用。2001—2002年，针对群众反映强烈的热点、难点问题，协调配合有关部门开展国债资金管理使用、重大责任事故、国有土地使用权转让、改善企业治安环境等10项专项执法监察，共查出违法违纪金额119.87万元，收缴违纪金额5.6万元，退还金额4.9万元，给予党纪处分7人，建议组织部门取消预备党员资格1人，效能问责26人。

2003—2004年，开展国债资金管理使用、安全生产重大责任事故专项监察、纠正并退还违法违纪金额151万元，追缴违法违纪金额11.8万元，立案查处23人；清理兑付历年来拖欠群众土地补偿款1327万元，为农民工追讨工资358.56万元。

2006年，加强软环境建设督查，督促各级各部门特别是具有行政审批权、行政执法权的部门落实“重在提请，主动服务”要求；开展治理商业贿赂专项工作，共自查自纠“红包”款项和教材、药品器械回扣款项等255.94万元，立案查处违法违纪案件14件。

2007年，全市共立案查处24起违法排污行为，罚款21.3万元；立案查处土地“以租代征”11件，“未批先用”12宗。

第四节　机关效能建设

一、改进工作作风

1993—1996年，龙海市政府颁布《龙海市改进行政机关作风和提高办事效率的暂行规定》，并在市监察局设立“龙海市行政机关办事效率投诉中心”，促进机关办事效率提高。1999年，设立市效能投诉督查中心，在市直机关和乡镇全面实行效能建设，先后推广九湖镇转变作风服务群众、东园镇服务现代农业、浮宫镇依托网络载体延伸效能建设和港尾镇抓好绩效考评等做法，转变机关工作作风，提高工作效率和服务质量。该项做法得到省、漳州市的充分肯定。

2000年，推进乡镇机关效能建设，推广乡镇便民服务中心，在石码、角美、九湖、港尾、白水、紫泥、浮宫7个乡镇设立服务中心，集民政、计生、婚姻登记、文化、土地等办证办事窗口为一体，为群众办证和咨询提供一条龙服务，方便群众办事。完善以市民投诉督察中心为龙头的效能建设监督网络，健全乡镇投诉分中心建设，做到人员、场所、经费、工作条件四落实。会同市文明办开展以创“五好六无”（即制度建设好、公示公开好、优质服务好、依法办事好、工作实绩好，无障碍服务、无“四难”现象、无吃拿卡要、无违规岗位、无“三乱”问题、无群众投诉）为主要内容的“政令保畅通，满意在科室”竞赛活动。全市共有市直机关30个重点科室参与竞赛，推动机关效能建设工作深入开展。

2002年，全面推行乡镇干部住镇制度，解决乡镇干部“走读”问题。制定《关于对损害经济发展软环境行为的处理规定（暂行）》，为全市改善经济建设软环境提供政策保证。2003年，开通“968615”效能投诉热线电话，畅通群众投诉渠道。分别在紫泥镇、港尾镇试点建立乡镇行政办公中心和企业代办服务中心，将全镇各个站所（办）等职能部门整合一起，集中办公，实行“一站式”办公、“一条龙”服务。2004年，坚持以市行政服务中心为依托，继续拓展服务领域，东园镇建立劳务行政服务中心，加强市、镇两级服务联动，逐步形成完善服务网络。

2005—2007年，抓好市效能投诉中心规范化建设，将效能办、投诉中心、纪委信访室整合在一起，建立效能投诉综合大厅，打造更直接、更便捷倾听群众诉求的“窗口”。

二、政务审批改革

2000 年，组织对 1980—1999 年期间，龙海市委、市政府制定的文件进行清理。累计清理规范性文件 418 件，其中废止过时文件 257 件，修改文件 17 件，保留文件 144 件。

2001 年，继续开展落实清规和审批审核工作情况的专项执法监察，全市共清理 1980—1999 年规范性文件 291 件，保留 53 件，废止 238 件；共取消或调整审批、核准事项 71 项，比原有事项减少 35.9%。

2002 年 5 月，建立行政服务中心，首期进驻服务中心 28 个部门和单位；289 个审批服务项目，实行一个中心对外、一个窗口受理、一条龙服务、一站式办结、一次性收费的办事服务机制，做到审批服务内容、办事程序、办事依据、申办资料、办理时限、收费标准“六公开”，实现行政审批过程透明高效。

2003 年，全市 40 个部门和单位对各类审批、核准、备案事项共 767 项进行整改，取消法律依据不充分的事项、取消应由市场调节的事项、取消依法应由企业或个人自主决定的事项 424 项，减幅达到 55.28%。

2005—2007 年，强化便民便企服务，为投资规模千万元以上项目构建一条审批“绿色通道”，实行项目联合踏勘“并联式”办理，简化办事流程，优化招商引资服务环境。

三、推行政务、办事公开

2000 年，开始推行乡镇政务、村务、厂务、校务、院（医院）务“五公开”，加强民主管理，加大社会监督力度。2001 年，推广角美镇创新政务公开形式、港尾镇依靠群众监督增强公开实效的做法，全面推行乡镇政务公开工作，在 16 个乡（镇）场建立 32 个村务公开监督联系点；市委、市政府及市直机关 19 个重点单位的公开工作形成制度化、规范化。

2002 年，全面推行乡镇政务听证制度，制定《龙海市乡镇政务听证暂行办法》，引导群众参与决策，推动决策民主化、科学化，中央领导人尉健行来漳视察时听取该项工作专题汇报，并把这一做法列入中纪委十六大报告内容；省纪委书记梁绮萍对龙海市全面推行乡镇政务听证的做法作重要批示，给予充分肯定；漳州市在全市推广龙海市的做法。

2005 年，深化办事公开工作，继续推行听证制度、重大事项票决制制度，增强公开工作的针对性和时效性。全市 16 个乡（镇）场、243 个行政村、287 所中小学、25 家医院、68 家国有集体企业及部分非公企业均推行办事公开制度，落实群众的知情权、决策权和监督权。

2006—2007 年，完善政务网络建设，推进电子政务建设，确定各乡（镇）场、开发区、市直机关政府系列各工作部门，以及涉及公共安全、社会保障、公共服务等事业单位为政务信息网上公开重点单位。

第四章　组织建设

第一节　党员

一、基本情况

1993 年，龙海市有中共党员 21052 人。其中，农村党员 12401 人，占 58.9%；女党员 1910 人，占 9.1%；少数民族党员 178 人，占 0.8%；台湾省籍党员 22 人；离退休职工党员 1311 人，占 6.2%；35 岁以下党员

4094 人，占 19.4%；61 岁以上党员 3555 人，占 16.9%；大专及以上党员 1136 人，占 5.4%；高中（含中专）党员 4219 人，占 20%。

1996 年，全市有党员 20990 人，女党员 2329 人，大专及以上党员 1547 人，高中（含中专）4860 人。

2000 年，全市有党员 24510 人，女党员 3377 人，大专及以上党员 2794 人，高中（含中专）6556 人。

2007 年，全市党员总数 28768 人。其中，农村党员 15849 人，占 55.1%；女党员 4789 人，占 16.7%；少数民族党员 340 人，占 1.2%；台湾省籍党员 30 人，在岗职工 7958 人，占 27.7%；离退休职工党员 3660 人，占 12.8%；35 岁以下党员 6900 人，占 24%；60 岁及以上党员 7522 人，占 26.1%；大专及以上党员 4898 人，占 17%；高中（含中专）党员 8110 人，占 28.2%。

二、发展党员

1993 年，全市新发展党员 318 人。

1994—1996 年，发展党员数量逐年增加。1996 年，发展党员总数 1174 人。

2000 年，发展党员 472 人。

2001 年，龙海组织部门制定和推行规范化管理制度，在发展党员上做到“七个抓”（即抓源头、抓入口、抓监管、抓程序、抓核查、抓责任、抓培训），当年否决 12 名违反上述管理制度发展的对象。

2002 年，在全市推行入党积极分子民主推荐和民主测评、公示，发展对象民主测评、预审、党委派员列席会议、责任追究 6 项发展党员工作规范化管理制度。

2007 年，龙海市委出台《关于进一步做好农村发展党员工作的意见（试行）》，要求做好农村发展党员工作，推进农村基层组织建设。同年，龙海市被列入全省农村发展党员工作联系点；全市建立 3 个示范镇、43 个示范村和 5 个示范企业；全年新发展党员 632 人，全市党员总数 28768 人。

1993—2007 年龙海市党员情况表

表 16-4-1　　单位：人

年份	党员人数			学历构成	
	合计	女党员	新发展党员	大专及以上	高中（含中专）
1993	21052	1910	318	1136	4219
1994	21297	1963	347	1136	4219
1995	22169	2101	880	1416	4771
1996	20990	2329	1174	1547	4860
1997	22131	2776	1347	1861	5480
1998	23194	2999	1440	2339	6010
1999	24076	3263	1031	2571	6377
2000	24510	3377	472	2794	6556
2001	25116	3567	717	3015	6847
2002	25531	3708	648	3365	7316
2003	25928	3845	458	3538	7590
2004	26465	4002	606	3852	7761
2005	27184	4184	699	4173	8034

续表 16-4-1

年份	党员人数			学历构成	
	合计	女党员	新发展党员	大专及以上	高中（含中专）
2006	27840	4421	611	4898	8110
2007	28768	4789	632	4898	8110

第二节　基层党组织

一、机关党组织

1997 年 6 月，龙海市直机关机构改革后，设置 12 个机关党委、17 个机关党总支、7 个企业党总支、96 个机关党支部、157 个企事业党支部。

2000 年，龙海市直机关党工委下辖 12 个机关党委、1 个党委、13 个机关党总支、10 个企业党总支、109 个机关党支部、159 个企事业党支部。

2002 年，配合市级机构改革的实施，根据《中国共产党章程》《中国共产党党和国家机关基层组织工作条例》和龙海市委关于贯彻中央《条例》的《实施办法》规定，结合实际情况，将市直机关党组织的设置、职责和人员配备进行调整、完善，科学合理对原有的市直机关（包括市直机关管理的企、事业单位）258 个党支部、12 个党总支的隶属关系进行重新调整，使之分别隶属市委办、组织部、宣传部、统战部、政法委、农办、政府办、计划局、经贸局、建设局、行政服务中心 11 个机关党委和公安局党委，部分单位只设立党(总)支部，直属于市直党工委。对于撤销或合并的机构，其党组织关系随同归并或转移。全市直属机关设置 12 个系统机关党委、30 个党总支、299 个党支部。

2003—2004 年，龙海市直机关设置 12 个党委、34 个党总支、295 个党支部。

2007 年，共审批换届选举党（总）支部 45 个，批准新设置党总支部 2 个，党支部 6 个，更名党支部 5 个，撤销合并党支部 4 个。

二、农村党组织

1993 年，全市有 18 个乡（镇）场党委会（角美、九湖、程溪、颜厝、步文、郭坑、榜山、紫泥、石码、海澄、东泗、东园、白水、浮宫、港尾、隆教、双第农场、程溪农场）；有 2 个村级党总支，279 个村级党支部。

2003 年 11 月，原角美的一个建制镇和两个省级开发区（龙池开发区、角美开发区）整合为角美工业综合开发区（角美镇），实行区镇合一，“一套班子、两块牌子”，称角美工业综合开发区（镇）党委。

2007 年，全市有 16 个乡（镇）场党委会（角美、九湖、程溪、颜厝、榜山、紫泥、石码、海澄、东泗、东园、白水、浮宫、港尾、隆教、双第农场、程溪农场）；有 5 个村级党委会（颜厝镇巧山村，海澄镇埭新村、豆巷村、罗坑村，港尾镇卓岐村），6 个村级党总支（九湖镇蔡坑村，颜厝镇路边村、田址村，海澄镇内溪村、玉枕村，白水镇楼埭村），227 个村级党支部。

三、企业党组织

1993 年，全市非公有制经济组织党组织 15 个。1994 年，新建党组织 10 个。全市共有非公有制经济组织党组织 25 个。

1995 年、1996 年，分别新建党组织 17 个、7 个。1997—1998 年，新建党总支部 1 个、党支部 26 个。

1999—2000 年，新建党委 1 个、党支部 12 个。全市共有非公有制经济组织党组织 89 个，其中党委 2 个、总支 14 个、支部 73 个。

2001—2002 年，新建党支部 1 个。全市共有非公有制经济组织党组织 90 个，其中党委 2 个、总支 14 个、支部 74 个。

2003 年、2004 年，分别新建党组织 12 个、14 个。

2005—2006 年，新建党组织 31 个。其中紫山集团党支部升格为党委，下辖 5 个新成立的党支部；新建村企联合党组织 4 个，通过下派党员，帮助 11 家企业成立党组织。

2007 年，新建党组织 58 个。至年底，全市有非公企业党支部 160 个。

第三节　党组织建设

一、机关党组织建设

1993 年，龙海市委党工委选择有代表性的 16 个基层党组织作为市直机关党建联系点，制定工作制度，每两年调整充实一次。

2002 年，在市直机关中确定 13 个“党员先锋模范岗”，成为转变机关作风的表率和机关干部学习的楷模。

1993—2007 年，龙海市委党工委、市直机关党委和市委组织部联合考核发展副股级以上干部党员 60 名，党工委直属党组织党员 80 名；举办入党积极分子培训班 25 期共 1000 人。

2000—2007 年，每两年举行一次表彰大会，对市直机关先进基层党组织、优秀共产党员、优秀党务工作者进行表彰。每年 12 月份，分别对各机关党委所属党组织工作进行全面检查，肯定成绩，找出差距，提出对策，提高机关党建水平。

二、农村党组织建设

1993 年开始，每两年开展一次评选先进基层党组织、优秀共产党员、优秀党务工作者和农村优秀党支部书记活动。采取基层党组织推荐，上级党（工）委考核的办法，自下而上逐级评选。

1997 年 1 月，在全市农村党支部中开展争创“五星级”党支部活动（以农村党组织“五好”要求为标准，评定相应的“星级”党支部）。1999 年 6 月 30 日，龙海市委首次授予村“五星级党支部”称号 17 个、“四星级党支部”称号 77 个、“三星级党支部”称号 112 个。2000 年，完善争创“五星级”党支部活动，并拍摄《五星辉映党旗红》电视专题片，全面报道争创“五星级”党支部活动的做法和经验。

2001 年 2—12 月，全市 16 个乡（镇）场、267 个村（居）委会、467 个基层所站、市直 12 个机关党委会和金融系统党委、6858 名党员骨干分 3 批参加农村“三个代表”重要思想学习教育活动。

图 16-3　首批确定的 13 个“党员先锋模范岗”（市委组织部提供）

2002 年，由乡镇领导班子成员及驻村干部和全体党员、村民代表对村干部进行民主测评；考核和测评结果与村干部经济报酬、使用和评先评优挂钩，并实行末位淘汰。2002 年 9 月至 2003 年 6 月，分 4 阶段实施村级组织建设“一五五”（一个目标、五项制度、提高五心）工程，提高全市村级组织的整体素质和工作水平。

2004年，开展农村党组织建设“三级联创”活动。在全市开展以争创全省农村基层组织先进县（市）、“五个好”（领导班子好、党员队伍好、工作机制好、促进发展好、群众反映好）乡镇党委和“五个好”村党组织为主要内容的“三级联创”活动。是年6月，选派第一批党员干部61名驻村任职；推荐角美、石码、颜厝、紫泥、浮宫5个乡镇和18个村党组织作为漳州市争创“五好”乡镇党委、“五好”村党组织活动的联系点。

2005年下半年至2007年，建立三级核心网络，龙海市委在农村建立党支部核心网区—党小组工作网站—党员责任网点3个层次的网络体系。

2007年，提出以“四创工程”（创先争优、创造特色、创新载体、创设机制）推进“三级联创”活动的工作思路。

截至2007年，全市238个行政村，共评出“三星级”以上党支部220个，其中“五星级”党支部28个。

三、企业党组织建设

1993年，龙海市委组织部门加强企业党组织建设。1997年，在国有企业开展“一个支部一个堡垒，一个党务工作者一根标杆，一个党员一面旗帜”和“学南纺（南纺股份有限公司）、学龙轴（龙轴股份有限公司）、学龙电（龙海电力公司）、创四好（一个好班子，一个好机制，一套好制度，一支好队伍）”的活动，推行厂务公开民主管理制度，加强下岗党员管理，培育市电力公司、自来水公司、医药公司和造纸厂等一批党建工作典型点。

1998年2月，通过省国有企业领导班子考核建设工作质量检查验收组的检查验收；5月，在全市国有企业推行厂务公开民主管理工作。1999年，开展“五套班子领导联百家企业、百名科级领导挂企业、百名干部驻企业”的“三百”活动，并每年开展一次“非公企业党建工作月”活动。中共中央组织部的《组工信息》载文介绍龙海市开展“非公党建工作月”的做法。

2000年，在市食品公司党支部进行“两推一选”党支部领导班子的试点工作。当年7月，在国有企业党员中开展“我为企业改革发展献一策”活动。全市企业党员提出合理化建议327条，其中党建工作方面建议有40条，企业改制方面建议49条。

2004年9月，在全市实施“50100计划”（即到2006年底，从业人员在50人以上的企业都要有党员，从业人员在100人以上的企业都要有党组织，凡是具备单独建立党组织条件的企业要全部建立党组织）。

2005年，采取一村（社区）一企、一村多企或一企多村的做法，要求各村均要与辖区内企业结对共建，由村党组织帮助已建党组织的企业完善各项党建工作制度，健全组织建设。

2007年，通过在东园工业园区试行建立党员服务中心的做法，使工业园区党建工作取得新突破。至年底，共向非公企业推荐党员员工11人，帮助建立7家非公企业党组织，覆盖9家非公企业。并在中组部《组工通讯》、省委《八闽快讯》、省组《组工信息》等进行交流。

第四节　干部队伍建设

一、干部人事制度

1993年，全市科级以上干部平均年龄45岁，大专以上学历占33%，中高级以上技术职称占7.2%。1995年2月，龙海市委贯彻落实中共中央《党政领导干部选拔任用工作暂行条例》，首次对5名拟提拔领导干部实行一年见习期。1997年3月，市、乡镇两级的机构改革同步进行，实施国家公务员制度和党的机关工作人员参照管理工作制度。机构改革“三定”（定职位、定职责、定人员）出台后，龙海市委把住职位分类、人员过渡和人员分流3个重点，开展多种形式的人员竞聘（争）上岗。

1998年1月起，在全市机关、事业单位实行增人计划卡管理，每年编制增人计划，并实行毕业生分配公开考试制度。当年，首次面向全市公开选拔市建委、市文化局、市供销社、市粮食局、团市委副科级领导干部。1999年，制定《关于科级领导干部选拔任用工作的暂行规定》，结合乡镇换届考察，在全市开始试行考察预告制度。同年，实行科级干部任前公示制，对拟提拔的副科级干部分别在政务公开栏、市电视台进行公示，接受干部群众监督。同时，实施清理清退机关事业单位临时、自聘人员973人，其中临时工508人、自聘人员364人、借用及其他人员101人。

2004年5月，制定《关于科级干部选拔任用工作规定》，规范科级干部选拔任用原则、条件、程序，建立免职、辞职、降职制度；6月，全市科级干部任免实行市委常委会票决制。同年，龙海市委制定《加强和改进干部宏观管理的意见》，明确干部管理权限，规范干部任免决策形式及任免前的考核制度。

2007年，龙海市首次以中共龙海市委全委会票决方式确定12名乡镇书记、镇长以及市直机关正职人选。全市科级以上干部平均年龄42岁，大专以上学历占82.3%，中高级以上技术职称达到12.5%。

二、后备干部培养

1993年，龙海市委重视后备干部培养工作，建立一支数量充分的科、股级后备干部队伍，并实行流动管理。1997年，龙海市委制定《培养选拔跨世纪年轻干部工作规划》，提出后备干部培养目标和具体工作措施。确定从1997年起，先后接收65名选调生，其中有11人提拔为科级领导干部。1998年，市委建立后备干部谈话制度，要求各部门、各单位要高度重视后备干部建设队伍的培训。1999年，在东园农科所成立龙海市年轻干部理论培训和实践锻炼基地，同年3月举办第一期青年干部理论培训和实践锻炼班。截至2007年，共举办9期青干班，306名青年干部参加培训锻炼。

三、干部管理

1993年，龙海市开展干部审查工作，把重点由审查历史问题转向审查干部现实问题。1994年，建立干部培训登记卡制度，对全市处、科级干部学习培训情况进行建卡、建档造册登记。1995年，先后出台《乡镇科技工作目标责任制考核办法》和干部专项问题函询制度。1996年，推荐14名35岁左右、具有中级职称的专业技术人才到乡镇担任科技副镇长。

1997年，推荐6名拔尖人才、4名优秀青年科技人才担任科技副镇长；推荐3名拔尖人才、6名优秀青年科技人才担任科局长；优先选拔任用10名优秀人才走上科级干部领导岗位；推荐20多名优秀人才担任各级党代会和人民代表大会的代表，并在人大、政协兼职。是年，制定《调整干部管理权限、加强干部宏观管理的意见》；科级以上干部信息基本实现微机化管理。1998年，全市11000多名干部信息实现微机化管理。

1999年，中共龙海市纪委、组织部、监察局、审计局联合印发《乡镇领导干部任期经济责任审计实施办法（试行）》，对领导干部进行离任审计。2000年，出台《引进高层次人才的若干意见》《加强科技人才队伍建设实施意见》，建立专业技术人才业绩呈报制度，定期跟踪考察管理，提出人才培养工作具体措施。

2003年，建立领导干部谈话诫勉制度，把干部谈话诫勉与组织函询有机结合起来。改干审联络制度为干部监督信息员制度，把组织监督与社会监督有机结合起来。

2004年，龙海市被省委组织部推荐为中组部干部监督信息联系点；2006年，被确定为中组部干部监督工作联系点。

2006年10月17日，龙海市委成立实施公务员法工作领导机构和工作班子，负责全市实施公务员法的统筹规划和组织协调工作。市委组织部、市人事局负责开展公务员登记工作。12月，全市基本完成党群系列公务员首批登记，完成登记19个市直机关和14个乡镇787人，暂缓登记20人，不登记12人，考核后补登记2人；办理8个人民团体参照公务员法管理人员登记，登记31人，考核后补登记1人。

2007年，按照《福建省事业单位参照公务员法管理工作实施意见》对市委党校、党史研究室、市档案局3个事业单位申请参照管理进行初审。

第五章　宣传工作

第一节　精神文明建设

一、公民思想道德教育

1993年，在全市开展“重塑龙海精神，增强文明市民意识”教育活动；组织编写《增强市民意识，建设新型城市》，印发《文明市民公约》；在各乡镇场开展创评文明星户活动和“在单位当好员工，在学校当好学生，在家当好成员，在社会当好公民”的“四好”活动。

1994年，在全市开展破除农历七月“普度”陋习，倡导改“普度”日为爱国卫生日、科普日、奉献日。同时，结合禁止在市区经营燃放烟花爆竹和加强市区殡葬管理宣传。1995年，龙海市委发出《贯彻实施〈爱国主义教育实施纲要〉的实施计划》，开展宣传国旗法，在锦江影剧院广场建造1座标准的国旗台，实行每天升国旗制度；建立爱国主义教育基地，确定红军楼、李林纪念室、龙江风格纪念室、角美开发区等10个馆室为市级爱国主义教育基地，由龙海市委行文命名、挂牌；组织编写爱国主义教材，开展爱国主义教育活动。

1997年，开展诚实守信教育，弘扬龙江风格和龙海精神，提高广大干部群众思想道德素质。1998年，中国长江流域发生特大洪灾，中共龙海市委办、市委宣传部联合发出“学习抗洪精神，弘扬龙江风格”倡议书，在全市开展支援灾区献爱心宣传活动。全市共向灾区捐物捐款价值560万元，并与长江流域灾区的湖北省监利县结为兄弟县市，对口帮扶，捐款200多万元，在监利县建设一个“龙海村”。

2001—2002年，以学习贯彻实施《公民道德建设实施纲要》为主线，开展“在单位当好员工，在家庭当好成员，在社会当好公民，在学校当好学生”活动；组织“学公民道德纲要，做有道德的人”报告团在全市巡回报告。

2004年9月，漳州市创建“百城万店无假货”活动示范街、示范店命名表彰大会和经验交流会在龙海市召开。各乡镇场共创评农村“十星文明户”1.5万户；石码市区创评“五好文明家庭”1191户、“文明楼院”48个。2005年，开展各项文明创建工作，推进乡风文明，全市共创评信用村36个、金融信用企业69家、园林式企业22家、信用户15582户、“五好文明家庭”1191户、“文明楼院”48个、文明侨户248户。

2006年，龙海市精神文明建设委员会出台《关于在全市各级各类文明单位中开展社会主义荣辱观教育的通知》，着重抓全市73个漳州市级以上文明单位带动社会各阶层广泛深入开展社会主义荣辱观教育。各乡镇场、单位、学校、企业也建立社会主义荣辱观教育宣传栏，并举办主题演讲比赛。市文明办在街心公园路段更新3个文明城市公益广告，在平宁路新建3个大型社会主义荣辱观教育公益广告牌；浮宫镇举办社会主义荣辱观主题演讲比赛；市地税局以“局荣我荣，局辱我辱”为主题，结合开展创建文明机关、税收中心工作、税务职业道德建设、树立敬业爱岗典型等活动，把社会主义荣辱观教育融入日常工作中；市科技局、文化局、卫生局、司法局、移动通信公司等相关文明单位开展“六进农家”活动，践行社会主义荣辱观。市文明办、科协联手组织“科技光碟书籍进农家”活动，共发放科技实用书籍2500册、实用技术VCD光碟800盘。

2007年，在抗击“0701”台风期间，发动全市51个文明单位企业捐资捐物248.19万元，企业、个人捐款1312万元，帮助受灾群众重建家园。

二、文明单位创建

1993年，龙海市有市税务局、磷肥厂、工商局、粮食局等6个省级文明单位，有市纪委、公安分局、味精厂等14个漳州市级文明单位，有市老年活动中心、工行龙海支行等110个龙海市级文明单位。1995年，龙海市新命名一批县级文明单位，包括市人民检察院、统战部、监察局、青少年宫、造纸厂等13个单位。1997年，中共龙海市委、市政府命名市委办公室等167个单位为龙海市第七届文明单位，69人被评为龙海市第七届精神文明建设工作者。1998年2月，龙海市有8个单位被省委、省政府评为福建省第六届文明单位，分别为市国税局、地税局、工商行政管理局、邮电局、工行龙海支行、人行龙海支行、第一医院、电力公司；4月，有28个单位被漳州市委、市政府评为市级文明单位。1999年，龙海市开展第八届文明单位表彰，共有188个单位被授予龙海市第八届文明单位称号。2000年，全市有15名漳州市第二届文明市民（标兵）。龙海市通过组织实施《龙海市“九五”期间社会主义精神文明建设规划》，扎实开展群众性精神文明活动，涌现一批先进单位，2001年，中共龙海市委、市政府对先进单位进行表彰，授予233个单位龙海市第九届文明单位称号 。2002年，开展“千家企业评机关”活动，提高机关作风。2003年，全市有11个单位被评为福建省第八届文明单位，有4人被评为省第八届精神文明建设先进工作者；有17个单位被漳州市委、市政府评为漳州市第八届文明单位，有8人被评为漳州市第八届精神文明建设先进工作者。2005年，龙海市制定《龙海市精神文明建设工作要点》，颁发实施《龙海市精神文明建设“十一五”规划》，召开全市精神文明建设工作会议，落实《龙海市各级领导班子精神文明建设工作目标、工作机制及其考评试行原则》，强化精神文明单位动态管理机制和精神文明建设奖罚激励机制。2006年，全市有福建省第九届文明单位10个。

三、文明村镇创建

1993年，龙海以推进乡风文明为主题，以创建文明和谐示范村为载体，以城乡环境卫生整治为重点，提高文明村镇创建水平，推进社会主义新农村建设。

1997年，在全市开展评选“十星文明户活动”（“十星”即勤劳致富星、爱国奉献星、遵纪守法星、计划生育星、卫生整治星、教育达标星、科技示范星、移风易俗星、家庭和睦星、邻里友爱星），在全市范围建立43个示范点，共评出各类星级文明户1.3万户。1999年9月，角美镇建成首批全国级文明村镇。

2000年，加快旧村改造新村建设步伐，全市有3个省级精品文明新村、6个漳州市文明新村示范点，4个乡镇被评为省第七届文明乡镇，3个村被评为省第七届文明村。此外，完善农村文化阵地建设，建设一条西起榜山镇翠林村宣传文化中心，东至港尾镇卓岐村宣教中心，涵盖5个乡镇的“东部宣传文化走廊”。全市共有镇村两级宣教中心20个，村文化室196个，文明村民学校250所。

2001年起，按照《福建省乡镇工作纲要》的要求，以全面建设小康社会为目标，以提高农民素质和建立新型生活方式为重点，推进文明村镇创建。2002年10月，港尾镇被评为“全国创建文明村镇工作先进单位”。

2007年，龙海市拥有全国文明村镇1个、全国创建文明村镇工作先进村镇1个，省文明村镇7个，漳州市文明村镇10个，创建新农村示范村19个，“家园清洁行动”重点村15个。

四、文明行业、文明窗口创建

1993年，开展以“情暖龙海，满意服务”为主题的“创文明行业、建满意窗口”竞赛活动。1997年，创建4个省级窗口单位、27个漳州市窗口示范单位。1998年，龙海市先后于3月和8月组织市区15个部门20个单位，联合建立“110”社会服务联动机制，为群众紧急求助提供服务，有8个乡镇及角美开发区启动“110”社会服务联动，率先在全省把社会服务联动引入乡镇基层。

2000年，深化“创文明行业、建满意窗口”竞赛活动，涌现73个三级窗口示范单位，其中省级12个、漳州市级40个。市区“110”社会服务联动单位达到24个；市中医院创办“120”流动医院，科协在全市农村科技“110”联动网；龙海市公安局巡警大队、工商局“12315”被评为漳州市“110”社会服务联动先进单位；巡警大队被评为省“110”社会服务联动先进集体；有4个单位和7名个人受到中共漳州市委、市政府表彰。

2007年，坚持服务中心、服务大局、服务群众的创建工作原则，深化“创文明行业、建满意窗口”竞赛活动。通过对角美工商所、中医院“120”流动医院、市公安巡警大队、石码供电所、地税办税服务中心等优质服务单位的推介，提升各行业优质规范服务水平；指导、推荐、参评漳州市首届行业“星级示范窗口”。全市共推荐28个窗口单位参评漳州市首届行业“星级示范窗口”。当年，市区“110”联动网络，共出警22728次，处警22038次，办结率达96%。

五、文明城市创建

1993年，龙海市以创建文明、繁荣、富庶的现代化港口城市为目标，着手开展文明城市创建活动。1998年，在全省“1996—1997年度文明城市竞赛”活动中，龙海被评为二级达标城市；1999年，被评为省级“灭鼠先进城区”。

2000年，在漳州市“1999—2000年度文明城市（县城、城区）竞赛”活动中，龙海市被评为精神文明创建工作先进城市。2001年，以创建省级文明城市为目标，市文明委出台《市各部门创文明城市主要职责》《省文明城市考评体系任务分解》，把各项任务分解落实到基层，健全工商、文体、交通、交警、卫生防疫、城建监察6支市区管理队伍，强化市区环境卫生、交通秩序、集贸市场、建筑工地、娱乐场所和社会治安的6项管理。

2002年，龙海市被评为省级“灭蟑先进城区”。2004年，石码市区各社区普遍建立科技活动室、法律学校、“110”联动服务站和1支20多人的文体活动队；全市创建“六进社区”规范化建设示范点4个、漳州市级“示范社区”3个、省级“示范社区”1个。2005年，龙海市被授予“省级卫生城市”称号。

2007年，中共龙海市委、市政府作出创建国家卫生城市的重要决策，成立以市委书记为组长的创卫领导小组，下设办公室和11个由市分管领导任组长的专项工作小组；制定出台为期3年的《市创建国家卫生城市工作规划》和《开展市容环境卫生专项整治的通告》等一系列文件。当年，龙海市被省爱卫办复查再次确认为“灭鼠先进城区”和“灭蟑先进城区”。

第二节　理论教育

1993年，在全市开展加强社会主义市场经济体制条件下宣传思想工作的系列调研活动。同时，成立国有企业转换经营机制调研课题组和非国有企业宣传思想工作调查课题组，对35个企业进行调研，撰写61篇调研文章。其中，《确立中心意识，服务经济建设》在全国刊物《宣传半月刊》上发表；有2篇参加省、漳州市研讨会；7篇发表在省及漳州市理论刊物上。是年2月，举行纪念“龙江风格”诞生30周年“龙江精神在当今”大型理论研讨会，共收到论文25篇。

图16-4　组织村级干部理论学习（市委宣传部提供）

1995年，在全市党员中开展建设有中国特色社会主义理论和党章学习，基层党员集中到乡（镇）场、党校或系统党校进行办班培训，并做到“九个有”，即有党委专题研究行文、有参加学习培训通知、有党委领导动员报告、有学习材料、有考勤、有课程安排表、有学习心得、有测试、有小结。

1998 年 5 月，举行纪念“真理标准讨论 20 周年座谈会”；12 月召开全市纪念党的十一届三中全会理论研讨会，其间有 24 篇论文入选，6 人在会上作论文交流。

2001 年开始，全市分 3 批开展“三个代表”重要思想理论学习教育活动。2003 年，全市举办学习“三个代表”重要思想的各类培训班、研讨班 66 期，参加人数 2120 人次；召开座谈会 456 次；举办处级领导干部宣讲会 36 次，科级干部宣讲会 125 次；开设专题专栏 426 个；撰写体会、论文 690 篇。

2005 年，推出以“创建和谐社会，营造书香家庭”为主题的“龙海市首届家庭藏书评选活动”，评出“十佳”藏书家庭和 8 户优秀藏书家庭。2006 年，开展理论学习“十个一”活动，即读一本好书、订一种报刊、写一篇论文、作一次学习报告、提一条合理化建议、抓一个先进典型、解一个难题、参加一次培训、培养一种兴趣、讲一口标准普通话。成效作为考核提拔干部的参考依据之一。

2007 年，先后组织龙海市委中心组成员集中学习科学发展观、漳州市“依港立市”发展战略、物权法、《干部任用条例》《江泽民文选》、胡锦涛总书记在中央党校省级领导干部进修班上重要讲话精神等一系列党的理论和战略思想。在市委中心组成员的带动下，全市举办科级干部理论培训 2 期，参加学习 68 人，股级干部理论培训 2 期，96 人参加培训；全市各单位专题学习物权法、《干部任用条例》3 期，2000 多人次；完成漳州市社科联下达的 2007 年度《社会主义新农村建设调研报告》社科研究课题项目。

第三节　对外、对港澳台宣传

一、创办《龙海乡讯》

1991 年 11 月创办《龙海乡讯》报，8 开 4 版，1993 年 6 月扩版为 4 开 4 版，1994 年 6 月改为彩版。每年出版 6 期，并直接寄往海外龙海籍华侨社团，每年对外输出 9000 份，其中 1997—1998 年共出版 9 期彩报。1999 年“9·8”招商期间，组织“9·8”招商专版《龙海乡讯》专号，印制《市情简介》《投资项目库》《投资指南》等宣传品 16 种 12 万份。

2000 年，《龙海乡讯》报把龙海市和重点乡镇的建设成果和发展思路宣传到海外。2001 年 7 月，《龙海乡讯》网站开通；9 月《龙海乡讯》报停印。截至 2001 年 9 月共刊发 54 期、总发行量 30.7 万份，共向外输出 10.4 万份。输出范围从马新泰等东南亚及美国、加拿大、东欧等 10 多个国家和港澳台地区。

2001—2002 年，《龙海乡讯》互联网网站设有包括龙海市历史、自然、人文、旅游、风光、海内外交流等内容共 18 类、100 多个网页、200 多幅图片、30 多万字，在互联网搜索网站雅虎、搜狐、新浪、中国人成功登录。

2003—2004 年，“龙海乡讯”互联网网站有近 200 个网页，100 多万字，上网总信息量 15M。此外，还组织包括龙海古迹拾掇、龙海建市十周年、龙海之子——陈忠和、龙海名小吃等专辑上网。2005 年 1 月，对《龙海乡讯》网站全面改版，对原来拥有 400 多个静态网页的网站从界面格调、组织结构进行重新设计编排，组合成数据库管理模式。

2006—2007 年，对《龙海乡讯》网站进行再改造，增设“龙海政务要讯”和“时讯存览”栏目，在日常的网站管理和更新的同时，特别推出 6 个重点专题：中国现代民间绘画之乡——龙海市、中国国民党荣誉主席连战回龙海市马崎社寻根谒祖；第三届中国网络媒体采访团访问龙海市、龙海市与台湾——历史人物、“9·8”投洽会、百花村花卉交易会。

二、文化交流

1993 年，制作文化宣传画册、画页和电影、录像两大宣传品系列 20 多种，包括有《龙海文物》《龙海撤县设市纪念册》《龙海潮》《太武情思》。1994 年，在香港《商报》组织龙海专版，在《福建画报》组织专页；同厦门电视台、中央电视台第四套节目组联合拍摄反映龙海市经济建设和风情风俗的对外录像片《九湖荔枝》《冲出九龙江》。1995年，制作《今日龙海》画册，以及《建设中的新型港口城市——龙海市》和《闽南圣地云洞岩》等录像片。1998年8月，市委宣传部接待台湾木乔传播事业有限公司一行4人到龙海榜山马崎村拍摄电视片《日据时期台湾人在大陆足迹》之《连雅堂》专集，在马崎村拍摄连雅堂祖地“连氏祠堂”“连氏祖坟”和“马崎村俯瞰”等镜头。1997—1998年，制作《角美之光》画册、《紫山十年》画册；制作电视片《今日龙海》6集、《龙海投资环境》2集、《外经贸成果》6集，以及《拐杖写人生》《开发区的风采》《双手犁出致富路》《一路春潮一路歌》；制作《龙海投资指南》《龙海投资企业项目库》《东海蓬莱》《隆教旅游景点巡礼》等宣传册；接待海外同胞和港澳台胞9000多人，其中组团来访71团、3367人次，组织经贸考察团34个；组织文化交流团体12个往海外开展文化交流。

1999—2000年，制作大型画册《龙海新世纪》和《古火山奇观》VCD；拍摄制作《一路春潮一路歌》《龙海赋》《新世纪龙海花卉》《龙佳生态农业观光园》《潮起龙江五十年》等VCD；制作《龙海旅游》画页。2000年，利用白礁慈济宫开展对台文化交流，全年接待台湾同胞1784人，其中台胞寻根进香团24团740人。

2001—2002年，利用历史文化资源，制作《龙海现代民间绘画》《龙海书法》《龙海榕树盆景》《福建省名镇——石码》等16种画册。2003—2004年，制作《龙海建市十周年画册》《龙海建市十周年纪念册》《中国龙海》《花香龙海》VCD。

2005—2006年，编写《龙海旅游风光》《龙海文艺人才录》；拍摄制作《寻根揽胜在龙海》《闽南名镇——九湖》等VCD；先后组织龙海市石码芗剧团和小百花芗剧团赴金门演出。

2007年7月，成立“龙海与台湾历史文化研究会”；利用台湾廖琼枝歌仔戏团到龙海市白礁慈济宫谒祖献演，举办“龙海与台湾歌仔戏历史渊源交流会”，共同切磋歌仔戏的表演艺术。当年，制作《龙海简介》《龙海招商项目库》《走近龙海》VCD发送海内外。

第六章　统战工作

第一节　党外人士工作

1993年后，龙海市委历届委员会重视党外代表人士（含各民主党派）的培养、选拔和使用工作。通过建立高、中级职称党外干部花名册，非中共人士的人大代表、政协委员花名册，副处、科级党外干部花名册，部分股级党外干部花名册，拟任政府部门领导党外干部推荐名单等工作，储备一批优秀党外干部。1994—2007年，党外代表人士任市第十二届至第十五届人大常务委员会副主任3人，当选常务委员36人（次），当选人大代表101人（次）；任第九届至第十二届市政协副主席4人，当选政协常委91人（次），安排党外政协委员456人（次）；任市人民政府副市长4人。2007年，党外干部担任现职副处级干部3人、科级干部19人。

第二节　团结联系民主党派

一、与民主党派协商

1993年，中共龙海市委历届委员会领导任职期间，市委主要领导邀请市各民主党派负责人、无党派代表人士举行协商通气会，通报工作情况，征求意见和建议。1995年，龙海市委实行市委常委与党外代表人士联系交友制度，坚持和完善中国共产党领导的多党合作和政治协商制度。10名常委每人联系交友3—5名党外代表人士。1998年开始，中共龙海市历次代表大会，都邀请民主党派负责人列席，听取意见和建议；市委主要领导不定期邀请民主党派负责人和无党派代表人士举行民主协商会、座谈会，通气交流情况，传达重要文件，沟通思想，征求意见。2007年，11名市委领导联系交友党外代表人士52人，其中民主党派负责人19人、工商联负责人11人。交友双方彼此经常联系，互通情况，听取意见，广纳群言，广求善策，共同为龙海经济发展、社会稳定作贡献。

二、支持民主党派议政、参政

1994年1月，在龙海市人大、政协换届中，中共龙海市委统战部推荐19名（其中女性3名）民主党派成员为龙海市第九届政协委员。其中，1名为政协副主席（女性）、8名为政协常委，1名女性民主党派成员当选龙海市人大常委。1996年，5名民主党派成员被推荐为漳州市政协第九届委员，3名民主党派成员（其中女性1名）当选漳州市第十二届人大代表。1999年，在政协龙海市第十届委员会委员中，有18名民主党派委员（其中女性3名），8名民主党派成员为政协常委；7名民主党派成员当选为龙海市第十三届人大代表，1名民主党派成员当选市人大常委会副主任，2名当选人大常委（其中女性1名）。

2001年，组织各民主党派配合市政协对市区环保现状治理、“餐桌污染”和土地整理3个问题开展调研视察活动，并写出调研报告。2002年，各民主党派选好参政议政载体，找准切入点，主动做好《减轻学生过重负担后如何提高质量》《面对入世挑战，如何加大农业科技投入》《大力发展我市旅游业》的调研活动，为发展龙海经济提出建议；台盟主委、漳州市人大代表欧阳文的《关于加强居民小区行政和物业管理的建议》获漳州市人大优秀提案奖。是年，8名民主党派成员（其中女性1名）被推荐为漳州市第十届政协委员，3名民主党派成员（其中女性1名）当选漳州市第十三届人大代表。

2003年，组织民主党派开展《统一战线为发展服务的基本模式和有效途径》和《加强新的社会阶层统战工作研究》两个课题调研活动。2004年1月，在政协龙海市第十一届委员会委员中，民主党派成员17名。其中，女委员4名；8名民主党派成员为政协常委，1名民主党派成员当选龙海市第十四届人大常委会副主任，2名当选人大常委（其中女性1名）。2006年，组织民主党派开展《如何建设社会主义新农村》课题调研活动。

2007年，在政协龙海市第十二届委员会委员中，有24名民主党派成员。其中，女委员5名；9名民主党派成员为政协常委（其中女性1名），1名当选龙海市第十五届人大常委会副主任，2名当选人大常委。

第三节　非公有制经济人士工作

1993年4月，龙海市制定鼓励发展个私股份制企业的决定，同时评选表彰“十佳股份制企业”“十佳个体工商户”“十强三资企业”和“百名发展市场经济尖兵”。1996年，市委统战部、市工商局联合开展评选“双十佳民营企业”活动，表彰“十佳（家）民营企业”“十佳（位）民营企业家”，营造发展非公经济氛围。

1998年，龙海市召开全市加快发展个体私营经济工作会，重奖14户个私经济纳税大户，表彰10个“个私经济光彩之星”和10个服务个私经济先进单位。2003年8月，向50位商会理事寄发《中共漳州市委、市政府关于进一步加快民营经济发展的若干意见》，让民营企业及时了解、用好、用足优惠政策。

1994—2003年，先后选派5批15名非公有制经济人士参加中央社会主义学院、中央党校、全国非公有制经济管理与务实高级培训班、省社会主义学院、市委党校培训；推荐6批26人次参加北京“迎接新世纪中国企业决胜2000年”等各类研讨会。

2006—2007年，在市行政服务中心设立商会服务处，免费为商会企业办证提供服务。

第七章　政法工作

第一节　政法队伍建设

1993年，在全市政法系统广泛开展岗位练兵活动。1994年，开展“学先进、找差距、抓整顿”活动；10月，组织开展为期半个月党风法纪教育活动。1996年3月，龙海市委、市政府在全市三级扩干会上表彰“1995年度综治先进单位”20个；在全市政法系统开展“学先进、建三德（社会公德、职业道德、家庭美德）、树新风”活动。同年，市委组织部、市委政法委联合对公安局、检察院中层领导干部及部分后备干部进行考核，共调整公安局中层领导干部71人；检察院中层干部9人，提拔11人，重新配备检察室主任9人。

1997年，以“严格执法、热情服务”和创建漳州“110”式先进典型为主线，推进政法队伍建设。1998年，扎实开展教育整顿工作，查究干警违反工作禁令97人次。1999年，政法系统共有41名表现突出的干部被选拔充实到中层以上领导岗位，有70个单位和165名干警受到上级表彰嘉奖。

2002年，龙海政法系统调整充实1名政法委副书记，2名副检察长和法院正副院长、司法局正副局长各3名，调配领导职务23名，非领导职务56人；14个乡镇均配齐配强专抓综治的副书记和专职干部。2006年，组织政法系统干警开展“规范执法行为、促进执法公正”和社会主义法治理念教育活动。

2007年，为全市1551名政法干警、乡镇综治委正副主任、综治专干及治安联防队购买团体意外伤害医疗保险。

第二节　组织司法协调

1993年7月17日，中共龙海市综治委、中共龙海市委政法委员会在龙海宾馆召开全市社会治安重点治理经验交流会。

1996年4月16日—10月31日，市政法委开展为期半年的严打斗争，抓获各类违法犯罪嫌疑人735名，追逃373名，侦破各类刑事案件591起，其中大案268起，摧毁犯罪团伙54个241名；缴获枪支166支，管制刀具230件，海洛因80克，赃款赃物259.54万元，劳动教养53名。其间，市政法委召开8次协调会，帮助消化疑难案件37件；召开8场宣判逮捕和劳教大会，宣判25件40人，宣布逮捕26件30人，劳教20人，从宽处理10人，配合漳州中院对20名死刑犯执行死刑。

1997年，市政法委召开13次政法工作会议，8次案件协调会，帮助消化疑难案件12起。抽调33人，组成以市委副书记为组长的11个协调小组，开展实地调查和调解，妥善解决11起山林纠纷。

2003年，市政法委共召开重要事项协调会11场（次）。实施以点布防、以线建防、以网强防，推进防范体系社会化、网络化建设。2004年，牵头组织开展重点整治和平安建设等专项督查活动11次，召开重要事项协调会议14场（次）。

2005年，市政法委牵头组织开展重点整治和平安建设活动等专项督查42次，召开重要事项、热难点案件协调会议15场（次）。协调有关部门及时转移因地质灾害而受到威胁的市看守所内在押人员。2007年，召开各类工作协调会9次。

第三节　执法监督

1993 年，查清群众举报干警违法违纪案件 9 起，加强执法监督工作。1994 年，组织干警学习贯彻中政委关于政法部门严肃执法，严格执法“十不准”（一不准执法犯法、贪赃枉法，二不准乱收费、乱罚款、乱摊派，三不准利用职权搞创收，四不准违反规定经办“三产”，五不准搞第二职业，六不准有案互相推诿不办，七不准以罚代刑，八不准搞地方保护主义，九不准越权办案，十不准擅自设立和撤销机构）规定。1995 年，实行每月 6 日政法委委员例会制度。1998 年，办理龙海市委、市政府领导批示督办群众反映的治安稳定问题 665 件，其中市委书记、市长批办 377 件。1999 年，办理漳州、龙海两级领导批示件 96 件。2005 年 10 月，开展涉法涉诉大接访活动，上级交办的案件办结率达 100%。

2007 年，全市政府系统建立涉法涉诉案件“五个一”（一个时限办结、一个方案处理、一名副处级领导专抓、一套人马主抓、一个部门专管）的包案处理制度。

第四节　社会治安综合治理

一、防控体系建设

1993 年，龙海市共建立健全各种治安联防队、护村队 199 支 1425 人，执勤点、治安岗、报警点 33 个。当年，共调处各类民间矛盾纠纷 2983 件，调解成功率 90.5%；帮教违法人员 850 人，转变率 60% 以上；疏导、处理各种群众性械斗闹事苗头 35 起。

1994 年，全市共组建乡镇治安联防队 16 支 134 人，村级治安联防队 143 支 1101 人。巡逻队员抓获各类违法犯罪人员 989 名，协助公安机关破获案件 392 起，制止各类违法犯罪苗头 1348 起。

1997 年，全市开展创建安全文明片区（小区）活动，全市共建成安全文明小区（片区）103 个，治安岗 32 个，有 27.5% 的城镇和 26.5% 的农村达到安全文明片区的标准。石码、角美建立流动人口暂住村，实行计生、劳务、治安一条龙管理。1998 年，加大安全文明片区创建活动力度，完成 84 个安全文明小区的创建任务。全市共建立安全文明片区 186 个，其中农村创建安全文明片区 170 个，覆盖面达 61.8%；城镇创建 16 个，覆盖面达 58.5%；有 3 个片区被确定为全省创建安全文明片区示范点，有 5 个片区被确定为漳州市示范点。健全完善“110”社会联动机制，接报警救助 5883 人次，出警 24289 人次。

2002 年，全市共创建安全文明小区 254 个，其中城镇 33 个、农村 221 个，人口覆盖率达 87%；新上报漳州市级安全小区 7 个。全市共组建各类群防群治队伍 204 支 1653 人，促使安全文明小区在城区覆盖率达 100%，在农村覆盖率达 85%。

2007 年，采用电信投资、政府承租的模式，在全市投入近千万元建成以 163 个电子监控探头为触角，以“110”主控中心和 3 个分控中心为平台的城市电子监控系统，提升全市技防水平。通过监控系统抓获违法犯罪人员 12 名，为侦破案件提供有价值线索 67 条，处理交通事故 66 起，扑灭火灾 19 起。

二、基层治安组织建设

1993 年，全市有乡镇场综治办 16 个，配备综治办干部 16 人、村居治安主任 280 人、调委会主任 280 人。1994 年，结合村级换届选举，加强基层治保组织建设。全市共调整充实治保会 91 个、治保主任 91 名、治保委员 417 名。

1998 年，全市“两会”达到规范化建设标准的有 238 个，基本达标的有 42 个。2002 年，共召开综治骨干培训会 9 场、与会人员 1430 人次，座谈会 21 场 670 人次，组织各种学习培训班 18 期次、412 人次。

2005年，16个乡镇场、开发区均配齐专抓综治副书记并担任综治办主任，配备14名乡镇综治办专干队伍。是年，举办综治干部培训班2期36人（次），农村治调组织人员培训14期526人（次）。2006年，全市选好配强平安中心户长2662名，选聘综治协管员238名。

2007年，建立14个乡镇综治服务中心，配备工作人员125名；办公场所面积560多平方米；村级综治服务站面积2850平方米。是年，举办综治干部培训班3期96人（次），培训农村治调组织人员、平安中心户长和综治协管员15期2929人（次）。

三、落实责任制

1993年，组织开展石码地区社会治安重点整治活动。1994年，对9个单位实行综治“一票否决”，同时筹措资金15万元，建立见义勇为基金。1996年，市综治办一票否决先进个人7人，先进单位3个，先进基层党组织6个，优秀党支部书记5人；市见义勇为基金发放40万元，首次表彰见义勇为先进个人13名。

1998年，全市共审查各类评选先进单位，对土地局、交警大队和石码镇高坑村3个单位实行综治一票否决。2004年，审查上报参评先进单位，对3个存在突出问题单位予以“一票否决”；对综治措施不力的20个单位作出限期整改的决定。2005年，建立乡镇党政主要领导、分管领导和市综治委成员单位主要领导及综治委委员抓平安建设和综治工作的实绩档案，制定并落实党委组织部门在考核党政主要领导和分管领导工作实绩、晋职晋级时，“须征求社会治安综合治理领导机构的意见”等办法。是年，“一票否决”11个单位和3名个人的评优评先资格；综治被动限期整改的单位20个。

2007年，开展争创社会治安综合治理五项“十佳”和乡镇综治服务中心示范单位、综治示范村活动，下达综治委成员单位挂钩乡镇场抓综治和平安建设工作制度，强化责任约束。

第八章　农村工作

第一节　减轻农民负担

1993年初，龙海市成立以分管农村工作的市委副书记为组长、市政府分管农业的副市长为副组长的市减轻农民负担工作领导小组，并从市公安局、监察局、物委、计生局、农委、农业局等部门抽调8人组成办公室。

1993—1995年，市政府先后出台《切实减轻农民负担若干意见》《农民承担费用和劳务管理规定》《农村用电最高限价的实施意见》《制止乱收费项目的通知》及《取消涉及农民负担的收费项目通知》等文件。同时清理与废止涉及农户负担的各类文件162份，停止10大类不合理收费和集资项目。其间，组织18个审计小组，对全市81个村、4个乡镇进行年度农民负担专项审计。审计表明：1994年农民负担占农民人均纯收入的3.4%，比1993年下降0.5个百分点，按国务院规定的5%，下降1.6个百分点。减轻农民负担1896万元，人均减负25.2元。1995年，配合反腐办，对土地、交通、教育、民政、邮电等16个市直单位和12个乡镇重点清理，经清理审核，继续取消涉农文件26份，减轻农民负担802.27万元。

1996年，市委、市政府与各乡镇党委一把手签订“减轻农民负担工作目标管理责任书”；印制《减轻农民负担政策法规问答》手册。此后，各乡镇每年两次自查自纠，增强领导干部做好减负工作责任心。1999年11月，市减轻农民负担工作领导小组办公室转为常设机构，挂靠市农业局，核定编制4人。至2002年，全市126人参加漳州市减负工作培训班；769人次参加市、镇培训班。全市244个村、16个乡镇场均设置涉农收费公示栏。2001—2002年，全市人均减免提留费23元，减免面额达21.9%。全市减免税费负担1300万元以上。每年发放减负监督卡4.8万份，占农户数100%，收取“两费”全部使用省统一发票。两年来，禁止收取“以资代劳费”。在教育收费方面，推行“一费制”，每年每生减收200元，全市每年减少农民教育负担近1000万元。2002年，农民每度电费减少负担0.24元，户均年减轻负担80元以上，全市农民年减轻负担1080万元。

2004年，取消向农民征收乡统筹费和村提留费，每年农民减轻负担6700多万元。全面落实税改政策，停征农业特产税、屠宰税、减免部分农业税，共减轻农民负担2810万元。全市落实税费改革政策性农民负担可直接减轻9510万元，农民人均负担税费从196.3元降到15.1元。是年2月，全市税改转移资金3078万元全部返还农户，并清退2003年的“提留统筹费”3096万元，督促全市240个村清退特产税907万元，至年底，完成全额“清退两费”的任务。同年10月，市财政局把种水稻农田的农业税369万元下拨到13个乡镇退还给农户。

2005年，全面取消面向农民征收农业税。2006年，农村义务教育取消学杂费。两年全市减轻农民负担8788.9万元，农民享有国家改革成果带来的收益28000万元。2005—2006年，开展村干部补贴和村组招待费专项治理活动，精简干部720人，减少经费开支14.4万元，推行村财务镇托管办法，减少村级财务支出720万元。落实村级报刊“限制额”，村级公费订阅报刊逐年减少。

2007年，市农民负担督管工作出现三个转变：从监督涉农收费到监督涉农优惠政策落实转变，通过落实各项惠农政策，向农村、农民提供财政支出11246万元；农民从向政府缴纳税费人均197元到人均享受政府补贴137元转变；从查办违规收费案件到制度监管、提供政策咨询服务转变。是年，查处涉农收费、乱罚款和集资摊派，减轻农民负担760万元；落实农村减免学杂费和助学措施，减轻农民负担1900万元。

第二节　农村小康建设

1992年，龙海开始按照国家统计局提出的人均国内生产总值、恩格尔系数、城市人均可支配收入、农民人均纯收入等16项指标进行科学监测，并围绕大力发展经济，增加农民收入，壮大集体经济，夯实物质基础，坚持增粮增收保供给，脱贫致富奔小康的方针，进行山海综合开发，发展种植业、养殖业和高优农业；发展个体经济和乡镇企业，拓宽脱贫致富的门路。全市实行各级干部挂钩扶持责任制，选派工作队到农村协助小康建设。1995年，全市实现基本小康的目标，小康综合指标为95.7分；1996年，小康综合指标为99.8分，经上级验收合格，比全省提前3年从温饱步入小康门槛，实现现代化建设“三步走”发展战略的前两步。

1998年，龙海市被定为全省农村宽裕型小康建设十个试点县市之一，中共龙海市委第九届第十次全体会议提出全市宽裕型小康建设的奋斗目标是“比漳州市提前1年、比全省提前3年、比全国提前6年实现国内生产总值比2000年翻两番”。全市以海澄镇为试点乡镇，以上坪、路边、南苑、鸿渐、龙田、东山、南书、上寮、内楼、卓港、厚境、浮宫、卓岐、白水、白坑、高坑、田中央17个村为试点村，组织实施农村宽裕型小康建设。1998—2004年，全市宽裕型小康建设综合得分分别为41.4、44.39、56.08、57.13、60、64.7和73分。2006年，全市宽裕型小康建设转为新农村建设。

第三节　新农村建设

2006年1月，龙海进入社会主义新农村建设的筹备阶段。同年7月，出台《龙海市推进社会主义新农村建设实施方案》，按照“生产发展、生活宽裕、乡风文明、村容整洁、管理民主”的要求，确定港尾镇卓岐村、颜厝镇巧山村、程溪镇塔潭村、九湖镇长福村、角美镇鸿渐村、榜山镇长洲村、榜山镇福河村、石码镇高坑村、紫泥镇南书村、海澄镇上寮村、东园镇厚境村、东泗乡卓港村、白水镇大霞村、浮宫镇田头村、隆教乡白坑村、双第农场侨星管区、程溪农场高塘作业区 17 个为新农村建设示范村，明确示范村要在发展农村经济、增加农民收入、健全社会保障、优化人居环境和加快农村社会事业和民主制度建设等方面做出示范。同时，确定程溪镇东头村、程溪镇内云村、九湖镇木棉村、九湖镇下庵村、角美镇龙田村、角美镇桥头村、角美镇锦宅村、颜厝镇水头村、颜厝镇路边村、榜山镇南苑村、石码镇蔬菜村、石码镇内社村、紫泥镇紫泥村、紫泥镇安山村、海澄镇河福村、海澄镇屿上村、东园镇田厝村、东园镇东园村、东泗乡西岭村、白水镇崎岎村、白水镇金鳌村、浮宫镇邱厝村、浮宫镇海平村、港尾镇深沃村、港尾镇汤头村、隆教乡新厝村、双第农场寨仔管区、双第农场洲仔管区 28 个为新农村建设整治村。明确整治村的农户要以建沼气带动改圈、改厕、改厨，村内要以道路硬化先行，促进楼房整齐化、饮水安全化、空地绿化和水沟清洁化，村外要以路通为主，推动电通、水畅通、电讯通，实现垃圾处理集中化和无害化。另外，把 198 个村列入家园清洁行动村，明确“家园清洁行动”村要着手开展以垃圾清理为主要内容的“家园清洁行动”，治理农村“脏、乱、差”，解决农村垃圾的堆放设施、运输、无害化处理、队伍建设和经费筹措等突出问题，探索建立农村保洁机制的办法，改善农村生产生活环境。

港尾镇卓岐村、颜厝镇巧山村同时又是省级、漳州市级示范村。卓岐村在新农村建设中投入资金 2695 万元修建幼儿园、中小学校、老人活动中心、福利院、医疗室、宣教中心、农贸市场、自来水厂、绿地、公路、公厕等公共设施；建立一支卫生保洁专业队伍，聘用专职保洁员 3 人；配置 3 部垃圾处理专用车，设立垃圾堆放点 50 个，保持全村卫生的整洁有序，入选 2006 年度“海峡西岸魅力乡村”，名列第三。巧山村在新农村建设中投资 1600 万元完成旧村改造工程，建成 1.6 公里长的“古县新徽”，219 户、2.86 万平方米的商住楼；配套建设宣教文化中心、农民休闲公园和幼儿园等公共设施；筹资 135 万元建设 1 幢占地面积 400 平方米的老年活动中心，并完善绿地等基础设施和公共设施的配套建设；培育出“十星文明户”240 户、“五好文明家庭户”130 户、“平安家庭户”599 户，成为福建省、漳州市和龙海市“美德在农家”活动点和农村妇女文化活动示范点，并在全省“美德在农家”经验交流会上作典型介绍，得到前去视察的全国人大常委会副委员长、全国妇联主席顾秀莲的充分肯定。

2007 年 3 月起，龙海市委托福建农林大学农村发展研究所编制《龙海市社会主义新农村建设发展规划（2006—2010）》，确定阶段性的目标任务和工作措施；4 月，新农村建设示范村在原来确定的 17 个的基础上再增加程溪镇和山村、程溪镇东马村、程溪镇叶仑村、海澄镇河福村、港尾镇深沃村，总数达到 22 个；8 月，角美镇下士村、九湖镇长福村、港尾镇卓岐村、榜山镇福河村、紫泥镇南书村被确定为漳州市五类典型村；10 月，出台《龙海市社会主义新农村示范村建设优惠政策暂行规定》，在政府财政支持、政府受益返还、减免有关收费、允许筹资建设、放宽住宅用地、鼓励退房还耕、鼓励旧房改造、可变更土地使用证 8 个方面作出具体规定。

至 2007 年底，全市社会主义新农村建设初具规模：22 个示范村初步形成侨台促动型、工业拉动型、近郊发展型、旧村落改造型、开发区带动型、新村建设配套型 6 种模式，以此形成“抓点示范、连点成线、以线扩面、逐步推开”的工作格局。全市共投入资金 600 多万元，架设路灯 90.71 公里，铺设排水排污管道 184.25 公里、自来水管道 314.05 公里，新增绿地 18 万平方米，新增楼房、立面装修 20 万平方米，完成非规划林地造林 361.33 公顷。全市共投入专项资金 1350 万元，配置清洁车辆 161 辆，增设垃圾处理点 289 处、垃圾箱 2827 个，拆除危旧房 46.5 万平方米、临时搭盖 6.67 万平方米、禽畜舍 11300 平方米和旱厕 376 个，发动 14727 人次参加，出动车辆 6017 次，清除卫生死角 4941 处，清理污水沟 26.07 万米，清理垃圾 3.18 万吨。

第九章　其他党务工作

第一节　党校工作

一、专题党课

1993 年举办党课 40 场，共培训学员 5780 人；1994 年举办短期班 4 班，共培训学员 450 人；1995 年举办短期班 4 期，共培训学员 536 人；1996 年举办短期班 20 期，共培训学员 1100 人；1997 年举办学习十五大短期培训班，共培训学员 60 人；1999 年举办“三讲”教育 5 期，参加人员 500 人；2006 年举办自考班 2 期，共培训学员 341 人。

二、干部培训

（一）青年干部培训

培训 35 岁以下青年干部骨干，每期 1—3 个月。1993 年举办青干班首期全脱产共培训学员 53 人；1994 年举办青干班 19 期，共培训学员 4162 人；1995 年举办青干班 12 期，共培训学员 763 人；1997 年举办青干班 1 期，共培训学员 60 人；2001 年举办青干班 2 期，共培训学员 66 人；2004 年举办青干班 1 期，共培训学员 33 人。

（二）市直机关、乡镇党员干部轮训

每期 1—3 个月。1996 年举办科级班 4 期，共培训学员 490 人；1997 年举办科级班 4 期，共培训学员 635 人；1999 年举办科级班 10 期，共培训学员 550 人次；2000 年举办科级班 2 期，共培训学员 200 人次；2003 年举办科级班 2 期，共培训学员 114 人；2004 年举办科级班 1 期，共培训学员 57 人；举办股级班 2 期，共培训学员 75 人；2005 年举办科级班 1 期，共培训学员 43 人；举办股级班 2 期，共培训学员 88 人；2006 年举办科级班 2 期，共培训学员 96 人；2007 年举办科级班 2 期，共培训学员 111 人。

（三）村支书、村长培训

1995 年举办村干班 2 期，共培训 250 人；1997 年举办村干班 4 期，共培训 400 人；1998 年举办村干班 4 期，共培训 283 人。

三、函授教育

（一）承办中央党校函授大专班（学制 3 年）

1994 年入学 41 人，毕业 40 人；1995 年入学 35 人，毕业 35 人；1996 年入学 76 人，毕业 68 人；1997 年入学 107 人，毕业 99 人；1998 年入学 100 人，毕业 98 人；1999 年入学 78 人，毕业 75 人。

（二）承办福建省委党校函授行政管理专业大专班（学制 3 年）

2000 年入学 153 人，毕业 141 人；2001 年入学 83 人，毕业 73 人；2002 年入学 80 人，毕业 73 人；2003 年入学 65 人，毕业 62 人；2004 年入学 51 人，毕业 39 人；2005 年入学 44 人，毕业 34 人；2006 年，入学 38 人，毕业 34 人。

（三）承办福建省委党校经济管理专业函授大专班（学制 3 年）

2006 年入学 42 人，毕业 30 人；2007 年入学 101 人，毕业 92 人。

（四）承办中央党校函授法律专业本科班（学制 2.5 年）

2003 年入学 90 人，毕业 84 人；2004 年入学 70 人，毕业 70 人；2005 年入学 57 人，毕业 53 人；2006 年入学 37 人，毕业 32 人。

（五）承办福建省委党校函授法律专业本科班（学制 2.5 年）

2003 年入学 32 人，毕业 29 人。

（六）承办中央党校函授经济管理专业本科班（学制 2.5 年）

2007 年入学 24 人。

四、其他培训

（一）新党员和入党积极分子培训

2000 年开始，市委党校配合市委组织部门举办新党员和入党积极分子培训班，主要是党的“三基”知识教育培训，每期一星期至半个月。当年举办党的“三基”知识培训班 6 期，共培训学员 500 人。2001 年举办 3 期，培训学员 382 人；2002 年举办 2 期，培训学员 330 人；2003 年举办 4 期，培训学员 470 人；2004 年举办 4 期，培训学员 616 人；2005 年举办 4 期，培训学员 700 人；2006 年举办 4 期，培训学员 653 人；2007 年举办 4 期，培训学员 681 人。

（二）专业法规培训

1993 年协助市档案局培训村文书档案员 2 期 265 人；1996 年协助市司法局举办农村调解主任“法制”学习班 4 期共 250 人；协助市公安局举办“特种行业”培训班 2 期 200 人；1997 年配合市委组织部实施村干部“红绿卡”工程，开办“村务管理”大专班 6 班 250 人次和优秀企业家培训班 1 期 51 人。

第二节　保密工作

一、宣传培训

1993 年，龙海市国家保密局利用撤县建市时机，开展纪念保密法颁布 5 周年活动。全年共举办保密宣传栏 40 多版次，播放保密教育录像 50 多场次，组织保密工作座谈研讨 20 多场次。2001 年组织市五套班子相关领导参加观看全国“警钟长鸣——窃密泄密案例展”。2003 年起，利用市委办公室主办的《龙海通讯》刊物平台，共刊发保密知识、保密案例 50 多期。1993—2007 年，全市购买复印保密电教片 20 多片，宣传图片 50 多套，出宣传栏 400 多版次，宣传标语 300 多条，组织各类保密学习培训 30 多次，累计参加人数超过 3000 人次。

二、制度建设

1993—2007 年，市保密委和市国家保密局共下发各类文件 200 多份，有《关于调整市保密委成员的通知》《关于加强保密工作管理的通知》《关于加强密件规范化管理的通知》《关于转发〈禁止邮寄或非法携运国家秘密文件、资料、物品出境的规定〉的通知》《关于开展确定保密要害部门、部位工作的通知》《关于开展涉密计算机及其网络调查摸底和界定工作的通知》《龙海市国家保密局工作管理制度》《中共龙海市委保密委员会工作规则》《领导干部十条保密守则》《文件资料保密管理规定》《计算机信息系统保密管理规定》等。

三、检查督促

1993 年起，市保密局依法履职，定期或不定期对市直机关、乡镇场等保密重点单位和保密重点部位进行工作检查，重点检查保密知识宣传教育、保密制度制定落实、纸质密级文件资料印制、保管、销毁等工作。2000年，检查重点转移到计算机及网络系统的安全保密及移动存储介质保密管理等。

2007年，龙海市接受省保密检查组就“内部计算机及其网络安全维护情况”专项检查，重点检查全市保密制度的执行、密级文件的管理、计算机信息系统管理等方面情况。

1993—2007年，市保密局每年参与高考、中考试卷保密管理工作；全市无发生失、泄密事件。

第三节　信访工作

一、完善机制

1993年，龙海市委、市政府信访局主要以市委办公室管理为主。1997年，成立由11个部门主要领导为成员的信访工作领导小组。1999年，组成成员调整为13个部门的主要领导。2003年，把全市分为4个片区，由4名市委副书记任片长，对重大信访问题的处理按分管、挂钩分解。2004年，建立龙海市信访联席会议制度，设立办公室和8个专项工作小组，在信访工作领导小组领导下工作。2007年，龙海市信访联席会议下设办公室及10个专项工作小组、30个成员单位。

二、日常信访工作

1993年，龙海市信访受理件数为769件，信访内容主要集中在农民负担问题上。1997年，为宣传《信访条例》印发1500本小册子，并在龙海有线电视开展两轮8次的宣传解说。2001年，信访件数326件，数量连续第8年下降。2003年，信访案件284件，同比下降35.7%，为1993—2007年数量最少、同比下降幅度最大的一年。对信访案中环境污染、停电停水、拖欠农民工工资等涉及群众日常生活的问题，从快处理。2007年，受理信访案件606件，为信访受理件数量第三年上升且上升幅度较大的年份，同比上升32.3%。

1993—2007年龙海市来信来访办理情况表

表16-9-1　　单位：件、%

年度	受理件数	办结率	年度	受理件数	办结率	年度	受理件数	办结率
1993	769	95.1	1998	592	96.8	2003	284	97.0
1994	866	95.3	1999	580	96.8	2004	313	98.1
1995	730	95.8	2000	555	97.1	2005	426	97.2
1996	702	96.0	2001	326	96.5	2006	458	96.5
1997	683	96.1	2002	442	96.8	2007	606	96.8

三、领导接访

1993年，实施领导接访制度。1997年，开始实行市、乡镇领导联合接访日活动。1998年，市领导接访日活动举办12期，参加领导12人，接访338批次、1005人，其中集体访40批次、676人。与1997年相比，接访的人数增加320人，集体访的批次增加20批、人数增加347人。

2001—2002年，龙海市委、市政府主要领导接待上访群众263批544人次。其中，集体访24批、257人次，重点信访152件、办结率100%。市长康君福召开征用土地后及倒闭企业遗留问题的协调会，协调可能出现的越级上访问题。2005—2007年，龙海市委、市政府领导批阅群众信访件3120件，直接处理的信访问题有 72 件次。

1997—2007 年，共举办 180 期领导接访日，接待来访群众 5876 批 21965 人次，办结率 98%；为群众办好事、实事 1685 件。

第四节　老干部工作

一、基本情况

1993 年，龙海市办理离休老干部有 227 人，1998 年划归龙文区管理的 11 人，1999 年划归垂直管理的 6 人。截至 2007 年底，市委老干部局管理离休干部尚有 87 人，其中抗日战争时期参加革命工作 17 人，解放战争时期参加革命工作 60 人；享受地厅级待遇 1 人，县处级 3 人，享受县处级待遇 35 人，科级以下待遇 48 人；行政单位 34 人，事业单位 19 人，企业单位 34 人。此外，尚有军休干部 2 人（地厅级 1 人，县处级 1 人），外地安置在龙海市的离休干部 5 人。

全市经组织批准享受“5·12”（1950 年 5 月 12 日前参加革命工作）适当照顾生活待遇退休干部 93 人。至 2007 年底，尚有 71 人，其中行政单位 22 人、事业单位 28 人、企业单位 21 人。

二、待遇

1993 年，根据离休干部高龄、居住地分散和体弱多病的特点，把全市离休干部按居住地区域划分建立 9 个老干部学习小组，其中石码片区和干休所片老干部学习小组每月组织学习一次，其他分布在各乡镇的老干部学习小组每季度组织学习一次。同时，对企业离休干部“两费”实行统筹起步，经过几年的实践和摸索，于 1999 年制订《关于建立离休干部离休费、医药费保障机制的暂行规定》。

2000 年，离休干部“两费”全部实现集中管理、统筹解决。行政、事业单位（含经费自给的事业单位）离休干部离休费和按规定发放的有关补贴全部纳入财政预算，由市财政按规定标准将离休人员有关补贴委托机关保险机构与离休金一并及时发放；医药费报销，由财政按核定标准纳入预算，并按规定拨付市委老干部局代办。企业离休干部的离休费和有关补贴以及医药费报销，仍按原资金开支渠道实行统筹发放和统筹报支。离休干部因病需住本地医院治疗的，由市级医院凭老干部局开具的证明给予办理入院手续，其治疗费用待出院后由市财政局拔款结算。

2002 年，中共龙海市委、市政府制定建立老干部专项工作座谈会制度。以老干部关心的社会热点、难点问题，每年两次邀请财政、组织人事、社会治安综治、精神文明、城镇建设与管理、教育等工作部门向老干部通报专项工作，并征求意见和建议。同时，市委、市政府决定研究对离休干部患有绝症、重症、危症者给予一次性补助，绝症者每人每年补助 4000 元，重症者每人每年 3000 元，危症者每人每年 2000 元，资金由财政部门负责解决。

2006 年春节前，中共龙海市委专门召开会议，对老干部慰问金等标准相应进行调整，让离退休老干部共享社会经济发展成果。地厅级离退休老干部慰问金由原来每人 800 元调整为 1200 元；县处级离退休老干部慰问金由原来每人 400 元调整为 800 元；一般离休老干部慰问金由原来每人 300 元调整为 500 元；给 70 岁以上老干部祝寿每人 120 元，无工作遗属每人 1000 元（慰问 500 元，补助 500 元），有工作遗属每人 500 元，特困补助每人 400 元，一般困难补助每人 200 元。

截至 2007 年，中共龙海市委、市政府坚持每年就近就地组织老干部参观考察社会经济发展成果；坚持在春节、老年节等重大节日走访慰问老干部；坚持重要会议和重要活动邀请老干部参加，重大事项事先征求老干部意见或向老干部通气；定期组织老干部进行健康体检等。

卷十七 人大 政府 政协

REN DA ZHENG FU ZHENG XIE

1993—2007年，龙海市共举行第十二届至第十五届4次市人大代表选举，召开15次全体代表大会；人大代表依法行使民主权利，听取、审议并表决通过市政府和市法院、检察院（简称“一府两院”）等工作报告。代表在市人民代表大会期间，共提出议案原案325件；经议案审查委员会审查，确定9件为议案，其他316件转为建议；大会共收到代表建议1190件。市人大常委会共召开113次常委会议，听取、审议“一府两院”及部门工作报告285项，审议、通过龙海撤县建市等决议决定78项；组织视察48次，开展42部法律法规执法检查；依法任免国家机关工作人员327人次，其中处级干部28人。市人大常委会工作机构由1993年的6个，增加到2007年的9个；各乡镇设立人大主席团。

龙海市历经第十一届至第十五届5届人民政府，共召开24次市政府全体会议。龙海市人民政府依靠全市人民，经济建设和社会事业发展取得显著成绩。国内生产总值由1993年的21.32亿元，增加到2007年的216.25亿元，增长4.68倍；财政收入由1993年的1.11亿元，增加到2007年的27.88亿元，增长24.8倍；15年累计固定资产投资499.20亿元。1996年，首次跻身福建省“经济实力十强”“经济发展十佳”县（市）；2001年，综合经济实力、地方财政收入首次跃居全国百强县（市），位列第94位；2006年，全市投资潜力首次跻身全国中小城市“百强”，位居第89位。财政对科教文卫事业的支出由1993年的2927万元增长到2007年的29440万元，其中教育拨款由1993年的2303万元增加到2007年的20196万元；社会保障体系不断完善，2007年财政对社会保障和就业的支出达12699万元。政府自身建设不断完善，工作机构经过1997年及2002年两轮的改革后，趋向合理；2002年完成行政服务中心建设，提升行政效率，方便人民群众；在信访工作、法制建设、政务督查等方面也取得长足进步。

中国人民政治协商会议龙海市委员会，历经第八届至第十二届5个届次，共召开政协委员会议15次，政协常务委员会议61次，通报会、座谈会200多次；组织委员开展视察、调研活动130次，形成视察调查报告和呈阅件115份；受理提案919件，立案办理720件，参与地方重大事务协商决策，履行政治协商、民主监督、参政议政的职能；开展台港澳侨“三胞”联络活动；征集整理出版《龙海文史资料》5辑、文史专辑7本208万字，发行17450册；征集史料305篇77.5万字。

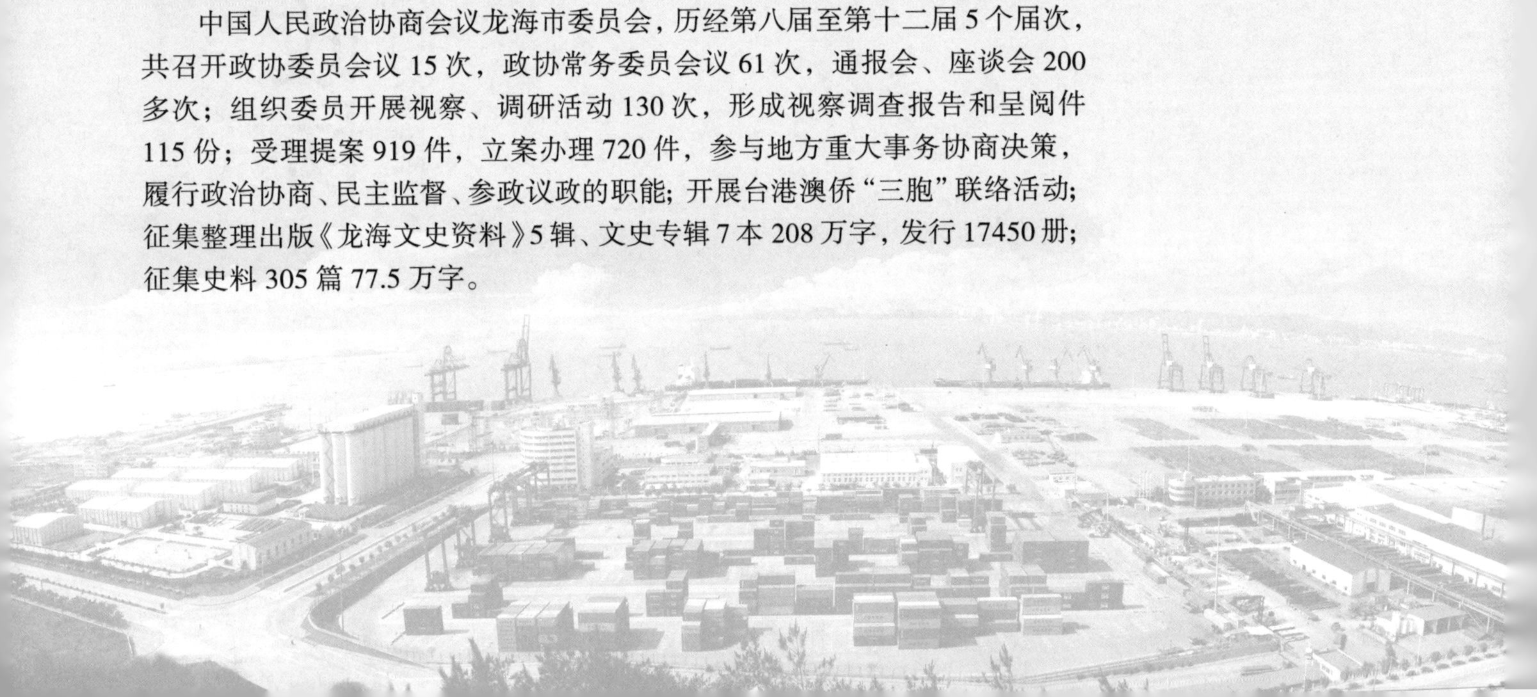

第一章　地方人民代表大会

第一节　组织机构

一、人大常委会

1993年至1994年1月龙海第十一届人大常委会期间，叶锦裕为常委会主任，副主任4名、委员25名。第十二届人大常委会选举叶锦裕为常委会主任，副主任5名、委员14名。第十三届人大常委会选举张水湖为常委会主任，副主任5名、委员16名。第十四届人大常委会选举许跃国为常委会主任，副主任4名、委员18名。第十五届人大常委会选举许跃国为常委会主任，副主任4名、委员20名。

1993—2007年龙海市人大常委会主任、副主任名表

表17-1-1

届别	职务	姓名	籍贯	任职时间
第十一届	主任	叶锦裕	龙海海澄	1991.1—1994.1
	副主任	方亚秀（女）	龙海石码	1991.1—1994.1
		康奋基	龙海紫泥	1991.1—1994.1
		童天池	福建厦门	1991.1—1994.1
		蔡丽卿（女）	福建芗城	1991.1—1994.1
第十二届	主任	叶锦裕	龙海海澄	1994.1—1999.1
	副主任	方亚秀（女）	龙海石码	1994.1—1999.1
		吴芬芳	福建莆田	1994.1—1997.2
		林再生	龙海紫泥	1994.1—1999.1
		蒋东海	龙海海澄	1994.1—1999.1
		吴启山	龙海紫泥	1997.2—1999.1
第十三届	主任	张水湖	龙海海澄	1999.1—2004.1
	副主任	方亚秀（女）	龙海石码	1999.1—2002.6
		吴启山	龙海紫泥	1999.1—2004.1
		林荣赞	龙海浮宫	1999.1—2004.1
		张海岸	龙海紫泥	1999.1—2004.1
		朱东亮	福建芗城	1999.1—2004.1
第十四届	主任	许跃国	龙海角美	2004.1—2007.1

续表 17-1-1

届别	职务	姓名	籍贯	任职时间
第十四届	副主任	吴启山	龙海紫泥	2004.1—2007.1
		朱东亮	福建芗城	2004.1—2007.1
		江国荣	龙海港尾	2004.1—2007.1
		陈海石	龙海白水	2004.1—2007.1
第十五届	主任	许跃国	龙海角美	2007.1—
	副主任	吴启山	龙海紫泥	2007.1—
		朱东亮	福建芗城	2007.1—
		江国荣	龙海港尾	2007.1—
		陈海石	龙海白水	2007.1—

二、常委会工作机构

1993 年，龙海市（县）第十一届人大常委会工作机构设办公室、法制工作委员会、农村工作委员会、财政经济工作委员会、教育科技文化卫生工作委员会、华侨工作委员会。1994 年，华侨工作委员会更名为华侨台胞民族宗教工作委员会。1998 年，增设人事代表工作委员会。2005 年，法制工作委员会更名为内务司法委员会。2006 年，新设立城乡建设环境资源保护委员会、信访办公室。2007 年，第十五届人大常委会工作机构有办公室、人事代表工作委员会、内务司法委员会、农村经济委员会、财政经济委员会、城乡建设环境资源保护委员会、教育科技文化卫生委员会、华侨台胞民族宗教委员会、信访办公室。

三、乡镇人大组织

1993 年，全市有乡镇人大主席团 16 个，举行乡镇人大代表选举，代表由选民直接选举产生，共选举乡镇人大代表 1006 名，任期 3 年。主席团任期与代表相同，由人大主席团常务主席主持乡镇人大工作，并配备 1 至 2 名人大秘书。

1996 年，实有乡镇人大主席团 14 个。1996 年、1999 年、2002 年、2006 年举行 4 次乡镇人大代表选举，分别选出乡镇人大代表 1016 名、1028 名、1018 名、1007 名。除 2006 年这一届任期为 5 年外，其余各届任期为 3 年。2007 年，全市乡镇人大主席团没有变动。

第二节　人民代表大会

一、人大代表

（一）代表选举

市第十二届人民代表　1993年10—12月，开展选举工作。选民登记数495610人，参选选民数485697人，选举市第十二届人民代表 421 名；任期内有 8 名代表涉嫌犯罪，被暂停执行代表职务。1998 年，实有代表 413 名。

市第十三届人民代表　1998年10—12月，开展选举工作。选民登记数528919人，参选选民数522083人，选举市第十三届人民代表 266 名。2000 年，接受辞去代表职务 9 名，依法补选代表 18 名。2001 年，接受辞去代表职务5名。2002年，接受辞去代表职务4名，补选代表13名。2003年，实有代表279名。

市第十四届人民代表　2003年10—12月，开展选举工作。选民登记数570445人，参选选民数545984人，选举市第十四届人民代表268名。2004年，接受辞去或自然终止代表职务4名，补选代表6名。2005年，接受辞去代表职务1名。2006年，实有代表269名。

市第十五届人民代表　2006年10—12月，开展选举工作。选民登记数604400人，参选选民数574100人，选举市第十五届人民代表271名，其间调离龙海辞去代表职务3名，补选代表2名。2007年，实有代表270名。

图 17-1　人大代表选举（市委报道组提供）

（二）代表构成

政治构成　第十二届人民代表大会选举代表421名，其中中共党员代表265名，占63%，非党员代表156人，占37%。第十五届代表大会代表271名，其中中共党员代表169名，占63.4%，非党员代表102名，占36.7%。

职业构成　工人代表占代表总数的比例前后变化较大，第十二届为11名、占2.6%，第十五届为50名、占18.5%；农民代表占代表总数的比例最大，第十二届为279名、占66.3%，第十五届为140名、占51.7%。各职业在代表总数中的占比历届均有所变化。

学历构成　第十二届代表大会拥有大专以上学历的代表46名，占10.9%。以后逐年增加，第十五届代表大会有大专以上学历的代表94名，占34.7%，是第十二届的2倍多。

龙海市第十二届至第十五届人民代表构成情况表

表 17-1-2　　单位：人、%

届别	代表数	性别				政治面貌				民族				职业							学历			
		男性		女性		中共党员		非中共党员		汉族		少数民族		工人	农民	军人	知识分子	干部	归侨侨眷	其他	大专以上		中专中学及以下	
		人数	比例	人数	比例	人数	比例	人数	比例	人数	比例	人数	比例	人数	人数	人数	人数	人数	人数	人数	人数	比例	人数	比例
第十二	421	318	75.5	103	24.5	265	63.0	156	37	414	98.3	7	1.7	11	279	6	11	96	7	11	46	10.9	375	89.1
第十三	266	204	76.7	62	23.3	170	63.9	96	36.1	260	97.7	6	2.3	8	186	5	12	45	5	5	33	12.4	233	87.6
第十四	268	210	78.4	58	21.6	176	65.7	92	34.3	262	97.8	6	2.2	21	101	2	16	80	2	1	75	28	193	72.0
第十五	271	214	79	57	21	169	62.4	102	37.6	267	98.5	4	1.5	50	140	1	15	60	4	1	94	34.7	177	65.3

注：本表以每届第一次人民代表大会代表数统计

二、代表大会

（一）县第十一届人民代表大会第三次会议

1993年2月24—27日，举行第三次会议，出席代表401名。大会听取、审议并分别作出通过《政府工作报告》《上一年国民经济、社会发展计划执行情况和本年度计划草案的报告》《上一年财政预算执行情况和本年度预算草案的报告》《人大常委会工作报告》《法院工作报告》《检察院工作报告》6份报告及决议，批准县政府本年度国民经济社会发展计划和财政预算。

（二）市第十二届人民代表大会

1994年1月20—25日，举行第一次会议，出席代表421名。大会听取、审议并分别作出通过《政府工作报告》等6份报告及决议。大会选举叶锦裕为市第十二届人大常委会主任，方亚秀（女）、吴芬芳、林再生、蒋东海4名副主任和14名委员，共19人组成第十二届人大常委会；选举庄凉江为市长，周阿份、苏延河、林小煌、郑古发、蔡良国、王燕惠（女）6名副市长；选举张海岸为市人民法院院长，苏天元为市人民检察院检察长。

1995年2月9—13日，举行第二次会议，出席代表421名。1996年1月29日—2月2日，举行第三次会议，出席代表421名，大会审查、批准《市国民经济与社会发展“九五”计划和2010年远景目标纲要》，选举魏经伟为市人民检察院检察长，选举61名漳州市第十二届人大代表。1997年2月24—28日，举行第四次会议，出席代表368名，补选康君福为市长、吴启山为市人大常委会副主任、黄景辉为市人民法院院长。1998年2月23—26日，举行第五次会议，出席代表365名。

（三）市第十三届人民代表大会

1999年1月9—12日，举行第一次会议，出席代表266名。大会听取、审议并分别作出通过《政府工作报告》等6份报告及决议。大会选举张水湖为市第十三届人大常委会主任，林荣赞、方亚秀（女）、吴启山、张海岸、朱东亮5名副主任和16名委员，共22人组成第十三届人大常委会；选举康君福为市长，林小煌、陈琪、赵静（女）、宋龙驱、郭福泉5名副市长；选举黄景辉为市人民法院院长，魏经伟为市人民检察院检察长。

2000年3月7—9日，举行第二次会议，出席代表274名。2001年4月17—20日，举行第三次会议，出席代表270名，听取、审议并通过《龙海市国民经济和社会发展第十个五年计划纲要（草案）》，选举56名漳州市第十三届人民代表大会代表。2002年2月27日—3月2日，举行第四次会议，出席代表268名。2003年2月18—22日举行第五次会议，出席代表274名，选举黄亚敏为市人民法院院长。

（四）市第十四届人民代表大会

2004年1月2—6日，举行第一次会议，出席代表268名。大会听取、审议并分别作出通过《政府工作报告》等6份报告及决议。大会选举许跃国为市第十四届人大常委会主任，吴启山、朱东亮、江国荣、陈海石4名副主任和18名委员，共23人组成市第十四届人大常委会；选举杨溪峰为市长，宋龙驱、赵静（女）、郭福泉、陈华、江志强、张文通6名副市长；选举黄亚敏为市人民法院院长，钟跃峰为市人民检察院检察长。

图17-2　龙海市十五届人大一次会议（人大常委会办公室提供）

2005年2月26日—3月1日，举行第二次会议，出席代表270名，通过《关于西溪桥闸除险加固续建配套工程建设的决议》。2006年2月21—23日，举行第三次会议，出席代表 267 名，批准《龙海市国民经济和社会发展第十一个五年规划纲要》。

（五）市第十五届人民代表大会

2007 年 1 月 30 日—2 月 2 日，举行第一次会议，出席代表 271 名。大会听取、审议并分别作出通过《政府工作报告》等 6 份报告及决议。大会选举许跃国为市第十五届人民代表大会常委会主任，吴启山、朱东亮、江国荣、陈海石 4 名副主任和 20 名委员，共 25 人组成第十五届人大常委会；选举杨溪峰为市长，林亚标、郭丽月（女）、张文通、洪文安、郑文全、苏森荣、郑朝昌、蔡建忠 8 名副市长；选举陈剑星为市人民法院院长，钟跃峰为市人民检察院检察长；选举 55 名漳州市第十四届人民代表大会代表。

第三节　常委会会议

一、第十一届人大常委会

1993 年是第十一届人大常委会最后一年，共举行 6 次会议，听取、审议 6 个单位的工作情况及关于撤县建市、发展乡镇企业等 13 份工作报告。

二、第十二届人大常委会

1994 年，举行 6 次会议，听取、审议关于城市总体规划修订及市政建设、自来水一期工程建设等 8 份报告。1995 年，举行 6 次会议，听取、审议关于搞活 4 个市场（资金、土地、商品贸易、人才科技）和推动乡镇企业创百亿元活动、市经济发展战略和城市规划管理等 6 份报告。1996 年，举行 7 次会议，听取、审议关于上年度财政预算执行和其他财政收支的审计、上半年财政预算执行及全年收支预计等 7 份报告。1997 年，举行 9 次会议，听取、审议关于初级卫生保健工作、创建全国科技先进市工作等 4 份报告，组织评议 4 个单位的工作。1998 年，举行 6 次会议，听取、审议关于农业产销衔接、培育支柱产业和加快多种经济成分发展等 6 份报告。1994—1998 年，第十二届人大常委会共举行 34 次会议。

三、第十三届人大常委会

1999 年，举行 10 次会议，听取、审议关于推进农业产业化进程、财政年度审计等 7 份报告。2000 年，举行 6 次会议，听取、审议关于国民经济和社会发展计划执行情况、财政预决算及审计情况报告等 6 份报告。2001 年，举行 8 次会议，听取、审议关于国民经济与社会发展计划执行情况、贯彻实施统计法情况等 8 份报告。2002 年，举行 9 次会议，听取、审议关于整顿规划市场经济秩序情况、水产养殖发展情况 5 份报告。2003 年，举行 9 次会议，听取、审议关于国民经济与社会发展计划执行情况、森林法实施情况等 9 份报告。1999—2003 年，第十三届人大常委会共举行 42 次会议。

四、第十四届人大常委会

2004 年，举行 8 次会议，听取、审议市政府上半年工作报告、关于传染病防治法实施情况等 11 份报告。2005 年，举行 6 次会议，听取、审议财政决算及预算执行情况及审计报告、农业技术推广法实施情况报告等 8 份报告。2006 年，举行 8 次会议，听取、审议禽畜疫病防控、民政等 7 份报告。2004—2006 年，第十四届人大常委会共举行 22 次会议。

五、第十五届人大常委会

2007 年，是第十五届人大常委会首年，全年举行 9 次会议，听取、审议市法院和市检察院的专项工作报告、城市建设工作情况报告等 10 份报告。

第四节　人大常委会主要工作

一、议案与建议办理情况

（一）第十一届人民代表大会

第三次会议议案件数为26件，其中表决立案2件、转建议书24件，建议书合计86件。会后，由市人大常委会与市政府联合召开代表议案、建议交办会，交付各承办单位办理并以书面直接答复代表。对符合政策又能办到的建议，在规定期内办理完毕；对所提建议暂时无法解决的，分期办理；对所提建议因条件限制，确实难以解决的，作出说明，答复率100%。

（二）第十二届人民代表大会

议案件数为135件，其中表决立案5件、转建议书130件，建议书合计526件。

（三）第十三届人民代表大会

议案件数为99件，其中表决立案0件、转建议书99件，建议书合计461件。

（四）第十四届人民代表大会

议案件数为64件，其中表决立案1件、转建议书63件，建议书合计310件。

（五）第十五届人民代表大会

第一次会议议案件数为21件，其中表决立案1件、转建议书20件，建议书合计125件。

1993—2007年，代表在市人民代表大会其间共提出议案原案345件，经议案审查委员会审查，确定9件为议案，其他336件转为建议；大会共收到代表建议1508件。

龙海市人大第十一届第三次至第十五届第一次会议议案与建议办理情况表

表17-1-3　　单位：件、%

届别	次	议案			建议书					
		原案件数	表决立案	转建议书	件数	合计	答复率	其中		
								解决件数	纳入计划规划	解释说明
第十一届	三	26	2	24	62	86	100	—	—	—
第十二届	一	33	4	29	89	118	100	—	—	—
	二	33	1	32	68	100	100	42	—	—
	三	17	0	17	77	94	100	47	—	—
	四	30	0	30	94	124	100	58	—	—
	五	22	0	22	68	90	100	36	—	—
第十三届	一	25	0	25	96	121	100	36	54	31
	二	18	0	18	86	104	100	35	43	26
	三	18	0	18	70	88	100	28	35	25
	四	18	0	18	43	61	100	12	19	30
	五	20	0	20	67	87	100	35	20	32

续表 17—1—3

届别	次	议案			建议书					
		原案件数	表决立案	转建议书	件数	合计	答复率	其中		
								解决件数	纳入计划规划	解释说明
第十四届	一	25	0	25	101	126	100	31	64	31
	二	21	1	20	84	104	100	20	25	59
	三	18	0	18	62	80	100	29	44	7
第十五届	一	21	1	20	105	125	100	44	60	21

二、重大事项审议决定

（一）第十一届人大常委会审议决定

1993 年，龙海市第十一届人大常委会第六次会议审议、通过：龙海撤县设市有关问题，市检察院在九湖、紫泥、东园、港尾镇设立检察室事项，市政府关于自来水工程贷款担保问题报告，关于自来水工程短期融资券担保问题报告。

（二）第十二届人大常委会审议决定

1994 年，第十二届人大常委会审议、通过《关于加强市场经济法律法规的宣传与实施，坚决维护市场经济秩序的决议》。1995 年，审议、通过市政府关于搞活 4 个市场（商品贸易、金融、土地、人才科技）的决定，关于“二五”普法规划的报告，关于开展“三五”普法的决议。1996 年，审议、通过《龙海市城市总体规划（修订稿）》、市政府关于教育“两基”工作的自查报告。1997 年，审议、通过撤销东泗、浮宫、紫泥、东园、隆教、九湖等乡镇人大会议做出的有关集资的决议条款，并督促其政府停止一切不符合中央规定的集资行为；审查、批准市政府《关于龙海市科学技术发展“九五”计划和 2010 年规划纲要的议案》。1998 年，审议、通过关于在全市司法机关和行政执法部门全面推行执法责任制和执法过错责任追究制的决议，关于依法治市的决议，市检察院《关于撤销九湖等七个乡（镇）检察室和林下林场检察室的报告》。

（三）第十三届人大常委会审议决定

1999 年，第十三届人大常委会审议、通过市政府关于 1999 年国民经济和社会发展计划及财政收支预算调整方案的议案。2000 年，授予龙海市公安局交警大队、漳州市公安局高速公路交警大队为“人民满意的交警大队”称号；审查、批准市政府“九五”计划调整的议案；审议、通过《龙海市农业现代化建设发展规划》。2001 年，审议、通过关于开展“四五”普法决议、市政府关于调整 2001 年财政预案方案的议案。2002 年，审议、通过市政府关于调整 2002 年财政收支预算的议案、龙池开发区设立镇级财政及镇级金库的决定。2003 年，审议、通过《关于同意龙海城市总体规划（修订）方案调整意见的决议》，市政府《关于由福建闽南（漳州）经济发展股份有限公司投资建设西溪大桥的议案》。

（四）第十四届人大常委会审议决定

2004 年，第十四届人大常委会审议、通过以每年 6 月 9 日作为龙海慈善日。2005 年，审议、通过市政府《关于龙海市总体规划路网布局调整方案》《关于龙海市 2005 年国民经济与社会发展计划调整的议案》；同意市政府向国家开发银行申请授信贷款 6.2 亿元，用于改善城市公共设施建设。2006 年，审议、通过市政府关于“五五”普法的决议，市法院关于撤销浮宫人民法庭和石码人民法庭更名为龙江人民法庭的决定。

（五）第十五届人大常委会审议决定

2007 年，第十五届人大常委会审议、通过授予龙海市公安局消防大队为“人民满意消防大队”称号的决定。

三、人事任免

（一）第十一届人大常委会

1993 年，第十一届人大常委会共任免 21 人次，其间任命庄凉江为市政府副市长、代市长。

（二）第十二届人大常委会

1994 年，第十二届人大常委会共任免 78 人次，其间任命卢孚、黄英恩为市政府副市长（挂职）。1995 年，共任免 19 人次。1996 年，共任免 32 人次，其间任命陈仕雄为市政府副市长，任命康君福为市政府副市长、代市长。1997 年，共任免 39 人次。1998 年，共任免 15 人次，其间任命文效敏为市政府副市长（挂职）。

（三）第十三届人大常委会

1999 年，第十三届人大常委会共任免 70 人次。2000 年，共任免 22 人次。2001 年，共任免 11 人次，接受陈仕雄、黄双庆 2 名副市长因工作变动而辞职。2002 年，共任免 25 人次，接受方亚秀因退休辞去市人大常委会副主任职务，任命陈华为市政府副市长，接受林小煌辞去市政府副市长职务；任命黄亚敏为市法院代院长，免去黄景辉院长职务。2003 年，共任免 21 人次，任命杨溪峰为市政府副市长、代市长，接受康君福辞去市政府市长职务，任命钟跃峰为市检察院代检察长，接受魏经伟辞去市检察院检察长职务。

（四）第十四届人大常委会

2004 年，第十四届人大常委会共任免 51 人次，任命人民陪审员 26 名，任命谭仁谋为市政府副市长（交流），接受宋龙驱、赵静、谭仁谋辞去市政府副市长的职务，任命田东为市政府副市长（交流）。2005 年，共任免 12 人次，任命人民陪审员 25 名，任命洪文安为副市长。2006 年，共任免 26 人次，任命陈剑星为法院代院长。

（五）第十五届人大常委会

2007 年，第十五届人大常委会共任免 69 人次，任命马建华、阮亚祥为市政府副市长，接受朱东亮辞去市人大常委会副主任职务。

四、视察调研与监督检查

（一）视察调研

1993 年，第十一届人大常委会视察调研“三所”（看守所、行政拘留所、拘役所）关押情况、海澄及步文实施《义务教育法》和全市 6 所新建初中校建设进展等情况。

1994 年，第十二届人大常委会视察调研市政建设和自来水一期工程建设情况。1995 年，视察调研“三所”、市场物价、水利设施和港尾大径高尔夫球场建设与隆教湾开发规划等情况。“二五”普法工作检查以及公安干警违纪办案和久拖不决案件的跟踪检查。1996 年，视察调研教育“两基”达标情况，促进各乡镇增加投入 4435 万元，通过省、漳州市的验收；视察市先行工程建设、海堤达标建设和水毁工程修复情况。1997 年，视察调研华阳火电厂和乡（镇）工业小区建设情况。1998 年，视察调研 8 个镇创建文明路以及市政府为民办实事项目和改善投资环境的情况。

1999 年，第十三届人大常委会视察调研冬春水利建设、冬季农业生产、重点窗口文明建设、市区建设管理等情况。2000 年，视察调研实行每月 20 日为代表走访日公示制，视察专业市场、个私经济、创建卫生城市等情况。2001 年，召开乡（镇）政务公开监督工作研讨会；视察调研新办工业企业和生态农业、石码市区反盗抢工作、农村电网改造、九湖人大“树标杆展风采活动”等情况。2002 年，视察调研旅游业发展情况、重点项目建设情况、农业龙头企业建设情况、城市化进程等工作。2003 年，组织视察调研工业园区建设、城市化发展情况。

2004 年，第十四届人大常委会视察调研海域管理、西溪桥闸除险加固工程、重点项目建设、集体林权制度改革情况。2005 年，视察调研重点项目建设、“六千”水利工程建设、西溪大桥建设和九龙江河道采砂管理工作。2006 年，视察调研西溪大桥、西溪桥闸配套工程和龙池、角美两个开发区的项目建设情况、新农村建设示范点。

2007 年，第十五届人大常委会视察调研市拘留所安全管教、南溪河道白水段综合整治、石码锦江道一期工程建设、新型农村合作医疗制度实施、重点工业项目建设和部分城市建设项目情况。

（二）监督检查

1993 年，第十一届人大开展未成年人保护法、妇女权益保障法、环境保护法、残疾人保障法和《福建省老龄人保护条例》监督检查。

1994 年，第十二届人大开展农业法执法检查；1995 年开展劳动法、工会法、保密法、破产法、科技进步法、药品管理法、环境保护法、城市规划法、《福建省城市建设条例》的执法检查；1996 年开展法官法、检察官法、人民警察法执法检查；1997 年开展消费者权益保障法和《全国人大常委会关于惩治生产、销售伪劣商品犯罪的决定》执法检查；1998 年开展公路法监督检查。

1999 年，第十三届人大开展产品质量法监督检查；2000 年无执法检查；2001 年开展环境保护法、义务教育法、食品安全法监督检查；2002 年开展《计划生育技术服务管理条例》监督检查；2003 年开展公路法监督检查。

2004 年，第十四届人大开展或与上级人大联合开展工会法、消费者权益保护法、物价法、环境保护法、女职工保护条例等“九法一例”的监督检查；2005 年开展行政许可法、道路交通安全法、环境保护法的监督检查；2006 年开展消费者权益保护法、互联网上网服务营业场所管理条例的执法检查。

2007 年，第十五届人大开展检察官法、矿山安全生产法、环境保护法、税收征收管理法的监督检查；举办监督法法制专题讲座，开展对 10 起涉法涉诉案件的执法情况进行监督检查。

五、信访工作

1993 年，第十一届人大常委会接待来访 435 人次；受理来信 325 件，转“一府两院”进行办理，办复率 77.5%。

1994—1998 年，第十二届人大常委会接待来访 344 人次，受理来信 2082 件，转“一府两院”进行办理，办复率 77.4%。

1999—2003 年，第十三届人大常委会接待来访 1734 人次，受理来信 1942 件，转“一府两院”进行办理，办复率 81.3%。

2005 年，第十四届人大常委会接到石码镇渔业村为解放厦门而牺牲渔民的子女提出给予优抚和补助的要求，经研究决定将 27 名烈士的 38 名子女列入社保范围。

2007 年，第十五届人大常委会调查市机关社保中心违规征缴机关事业单位退休养老金的做法，并要求相关部门限时整改。

2004—2007 年，第十四届人大常委会和第十五届人大常委会其间接待来访 1225 人次，受理来信 1226 件，办复率 94.4%。

第二章　地方人民政府

第一节　组织机构

一、领导机构

1993 年，撤县建市之前的第十一届龙海县人民政府由郑道溪担任县长，有副县长 8 名；撤县建市后，由郑道溪担任市长、后由庄凉江担任代市长，副市长增至 13 名。第十二届龙海市人民政府先后由庄凉江、康君福担任市长，有 12 名副市长。第十三届龙海市人民政府由康君福担任市长，后由杨溪峰担任代市长，先后有 9 名副市长。第十四届龙海市人民政府由杨溪峰担任市长，先后有 10 名副市长。2007 年，第十五届龙海市人民政府由杨溪峰担任市长，先后有 10 名副市长。

1993—2007 年，历任市长共 4 人，副市长（含挂职）共 34 人。市人民政府由市长、副市长和各成员单位主任、局长组成。

1991—2007 年龙海市（县）人民政府历任市（县）长、副市（县）长名表

表 17-2-1

届　别	职务	姓 名	籍 贯	任职时间
第十一届	县　长	郑道溪	龙海榜山	1991. 1—1993. 6
	副县长	乔振良	福建福州	1991. 1—1993. 6
		许魁伟	龙海东园	1991. 1—1993. 6
		宋兆培	龙海海澄	1991. 1—1993. 6
		林亚才	龙海浮宫	1991. 1—1993. 6
		周阿份	龙海榜山	1991. 1—1993. 6
		郑古发	龙海榜山	1991. 1—1993. 6
		张凯民	福建福州	1992. 12—1993. 6
		卢　孚	福建福清	1992. 12—1993. 6
第十一届	市　长	郑道溪	龙海榜山	1993. 6—1993. 9
	代市长	庄凉江	龙海榜山	1993. 9—1994. 1
	副市长	乔振良	福建福州	1993. 6—1994. 1
		许魁伟	龙海东园	1993. 6—1994. 1
		宋兆培	龙海海澄	1993. 6—1994. 1
		林亚才	龙海浮宫	1993. 6—1994. 1
		周阿份	龙海榜山	1993. 6—1994. 1

续表 17-2-1

届　别	职务	姓 名	籍 贯	任职时间
第十一届	副市长	郑古发	龙海榜山	1993.6—1994.1
		张凯民	福建福州	1993.6—1994.1
		卢　孚	福建福清	1993.6—1994.1
		刘金根	福建周宁	1993.6—1995.1
		林小煌	福建漳浦	1993.11—1994.1
		蔡良国	福建福州	1993.11—1994.1
		王燕惠（女）	龙海角美	1993.11—1994.1
		王耀泉	龙海海澄	1993.11—1994.3
第十二届	市　长	庄凉江	龙海榜山	1994.1—1996.4
	代市长	康君福	福建诏安	1996.4—1997.2
	市　长	康君福	福建诏安	1997.2—1998.12
	副市长	周阿份	龙海榜山	1994.1—1999.1
		郑古发	龙海榜山	1994.1—1999.1
		林小煌	福建漳浦	1993.11—1999.1
		王燕惠（女）	龙海角美	1993.11—1998.12
		苏延河	龙海海澄	1994.1—1995.10
		蔡良国	福建福州	1994.1—1996.6
		卢　孚	福建福清	1994.1—1997.11
		黄英恩	福建尤溪	1994.3—1996.3
		陈仕雄	福建漳州	1996.5—1998.12
		许跃国	龙海角美	1996.9—1999.1
		陈　琪	福建福清	1998.6—1999.1
		赵　静（女）	云南建水	1998.10—1999.1
第十三届	市　长	康君福	福建诏安	1999.1—2003.11
	代市长	杨溪峰	福建平和	2003.11—2004.1
	副市长	林小煌	福建漳浦	1999.1—2002.3
		许跃国	龙海角美	1999.1—2004.1
		陈　琪	福建福清	1999.1—2000.5
		赵　静（女）	云南建水	1999.1—2004.1
		宋龙驱	龙海海澄	1999.1—2004.1
		郭福泉	龙海浮宫	1999.1—2004.1
		江国荣	龙海港尾	1999.9—2004.1
		魏跃平	福建漳浦	1999.9—2002.2
		陈　华	福建闽侯	2002.1—2004.1

续表 17-2-1

届　别	职务	姓 名	籍 贯	任职时间
第十四届	市长	杨溪峰	福建平和	2004.1—2007.1
	副市长	宋龙驱	龙海海澄	2004.1—2004.9
		郭福泉	龙海浮宫	2004.1—2006.7
		林亚标	龙海海澄	2006.7—2007.1
		赵　静（女）	云南建水	2004.1—2004.10
		陈　华	福建闽侯	2004.1—2007.1
		江志强	龙海港尾	2004.1—2007.1
		张文通	龙海浮宫	2004.1—2006.7
		洪文安	福建漳浦	2005.10—2007.1
		谭仁谋	广西环江	2004.4—2004.9
		田　东	山东	2005.1—2007.1
第十五届	市长	杨溪峰	福建平和	2007.1—
	副市长	林亚标	龙海海澄	2007.1—
		郭丽月（女）	福建长泰	2007.1—
		张文通	龙海浮宫	2007.1—
		洪文安	福建漳浦	2007.1—
		阮亚祥	龙海东园	2007.8—
		郑文全	龙海榜山	2007.1—
		苏森荣	龙海港尾	2007.1—
		郑朝昌	龙海石码	2007.1—
		蔡建忠	龙海榜山	2007.1—
		马建华	福建长乐	2007.4—

注：乔振良、张凯民、卢孚、黄英恩、谭仁谋、田东、马建华为挂职

二、工作机构

（一）市直工作部门

1993年，龙海市政府机构设置工作部门29个：市政府办公室、侨务办公室、打击办公室、计划委员会、经济委员会、教育委员会、科学技术委员会、公安局、民政局、老龄委、司法局、财政局、人事局、劳动局、土地管理局、地质矿产局（副科）、建设委员会、交通局、水利水电局、林业局、农业局、乡镇企业局、水产局、对外经济贸易委员会、卫生局、计划生育委员会、审计局、统计局、环境保护局。设置部门管理机构4个：粮食局、物价局（副科）、文化局、安全生产办公室（股级）。设置议事协调办事机构2个：国防动员委员会人民防空办公室、支前办。市直属事业单位5个：旅游局、广播电视局、地方志编纂委员会、档案局、地震办公室。

1994年，设置派出机构1个：龙海市人民政府驻福州办事处。

1997年，龙海市机构改革后，市政府保留机构24个，更名机构6个，新建机构2个。

2002年7月，新一轮机构改革出台，市政府机构设置工作部门24个：市政府办公室、发展计划局、经济贸易局、教育局、科学技术局、民族与宗教事务局、公安局、监察局（不计个数）、民政局、司法局、财政局、人事局、国土资源局、建设局、交通局、水利局、林业局、农业局、海洋与渔业局、对外贸易经济合作局、审计局、计划生育局、审计局、统计局、环境保护局。设置部门管理机构4个：粮食局、物价局、文化体育局、安全生产监督局。设置议事协调机构2个：国防动员委员会人民防空办公室、支前双拥工作领导小组办公室。设置派出机构2个：市政府驻福州办事处，市政府驻后石电厂协调办。市直属事业单位5个：旅游局、广播电视局、地方志编纂委员会、档案局、地震办公室。全市有省、地（市）垂直管理的科级单位21个。行政事业单位：国税局、地税局、工商局、药监局、质监局、烟草局、气象局、邮政局、人行龙海市支行、银监办。金融企业单位：工行龙海市支行、农行龙海市支行、建行龙海市支行、中行龙海市支行、兴业银行龙海市支行、农村信用联社、人民财产保险公司龙海分公司、人寿保险公司龙海分公司。通信企业单位：电信局、移动通信龙海分公司、联通分公司龙海支公司。

2007年，机构没有变化。

（二）乡镇人民政府

1993年，全市设置14个镇政府和2个乡政府。1996年9月，划出步文、郭坑2个镇政府归龙文区管辖。2007年，全市有12个镇政府和2个乡政府。

1995年、1998年、2001年、2004年和2007年，乡镇人民政府先后换届选举。正、副乡镇长由当届乡镇人民代表大会选举产生，任期与乡镇人大代表任期相同。乡镇人民政府每届3年，自2007年开始，改为每届5年。

第二节　重要会议

一、龙海市人民政府全体会议

（一）第十一届人民政府全体会议

1993年是第十一届政府任期最后一年。市政府共召开2次全体会议。会议主要贯彻落实上级会议精神，研究部署加强政府自身建设、做好反腐败工作，部署确保完成“双过半”和全年工作目标任务的工作措施落实。

（二）第十二届人民政府全体会议

第十二届政府共召开7次全体会议。会议主要贯彻落实上级会议精神，研究部署加强政府自身建设、做好反腐倡廉工作，部署确保完成“双过半”和全年工作目标任务的工作措施落实。

（三）第十三届人民政府全体会议

第十三届政府共召开8次全体会议。会议主要研究部署加强政府自身建设、落实政府工作目标任务的措施以及强化政府廉政建设工作，学习贯彻上级有关会议精神。

（四）第十四届人民政府全体会议

第十四届政府共召开5次全体会议。会议主要贯彻落实上级会议精神，研究部署加强政府自身建设、落实政府工作目标任务的措施，颁布《龙海市人民政府工作规则》《龙海市人民政府关于加强政府自身建设的通知》，部署全市绩效评估、农业普查等工作。

（五）第十五届人民政府全体会议

第十五届人民政府于2007年共召开2次全体会议。会议主要研究部署加强政府自身建设、落实政府工作目标任务的措施；布置2007政府廉政建设工作，颁发宗教、环保、水葫芦清理整治、渔业安全生产、森林防火等责任书，总结部署绩效评估和市志编纂工作。

二、龙海市人民政府常务会议

（一）第十一、十二届人民政府常务会议

第十一、十二届人民政府常务会议参加对象为市长、副市长、市长助理、市政府办公室主任，需有三分之二以上的人员到会方可召开会议，视情况需要可增加参会对象。

（二）第十三届人民政府常务会议

第十三届人民政府召开常务会议28次，涉及的主要内容有：技监局体制改革、教育强市、工业走廊建设、乡企集体企业改制、住房制度改革、二级市场开发、城镇职工医改、国有企业改革、扶持企业发展、现代化农业发展、政府行政审核事项改革、广电大楼工程分期建设、基准地价评估、城镇医疗机构分类管理改革、西溪桥闸险情处理及修复、矿产资源开发利用与保护规划、生产小矿关闭淘汰联合改造、龙海市海域范围界定、城乡用电同价方案、水土保持生态环境建设十年规划、西溪大桥建设融资问题、集体土地征迁安置方案。

（三）第十四届人民政府常务会议

第十四届人民政府召开常务会议13次，涉及的主要内容有：国有资产管理、政务网建设、九龙江口湿地保护与恢复、环保规划调整、液化天然气管道建设、组建城市建设开发投资公司、高中阶段教育发展规划、龙海一中分校申办、市城投公司和国投公司经营管理、新一轮基准地价修订更新、龙海市防空袭预案、城市总体规划道路路网调整、《龙海市国民经济和社会发展第十一个五年规划纲要》、穿岛公路和九龙江大桥建设项目相关问题。

（四）第十五届人民政府常务会议

第十五届人民政府于2007年召开常务会议7次，涉及的主要内容有：电力股改、锦江道东段片区旧城改造拆迁补偿、石码镇小学施教区划分、市直党政群机关公务员退出养老保险、财政管理体制、经济适用住房管理、新型农村合作医疗、健全计划生育利益导向机制。

三、龙海市人民政府专题办公会议

（一）第十一届人民政府专题会议

1993年，照例举行专题办公会。

（二）第十二届人民政府专题会议

1995年，市政府召开专题办公会议34次，涉及的主要内容有：海澄镇市政建设、筹建榜山镇芦洲农副产品综合批发市场、小制革行业污染治理、石码一环城路内社路段建设、海淡水捕捞水产品特产税征收、财政问题和邮电通讯大楼选址、海关石码办事处报验中心征地等。

1996年，市政府工作制度改革，并规定根据情况召开市政府专题会议。会议由市长或副市长按照分工召开并主持，召集有关部门研究、协调市人民政府工作中的一些专门问题，处理具体业务工作。全年，召开23次专题会议，主要解决人民市场一、二楼建设小商品市场、市供销合作社体制改革、消防大队转让土地及建筑物、开发隆教湾旅游业、市第二医院门诊综合楼危房处理及续建病房大楼、筹建新门诊大楼等问题。1997年，召开27次专题会议，主要解决锦江道货运装卸码头搬迁、城镇住房制度改革、政府为民办实事项目建设、加快隆教乡继续实行税费优惠政策等有关问题。1998年，召开22次专题会议，主要解决石码港口旧区首期拆迁改建等城建项目相关问题、角美工业综合开发区深化改革和加快发展、后石电力工程建设、经济适用房住宅小区规划等有关问题。

（三）第十三届人民政府专题会议

1999年，市政府召开41次专题会议，主要解决角美工业综合开发区的土地，建立一级金库，统一、泰山、凯冠三个公司用地等问题以及城建项目总体安排、旧区改造等有关问题。2000年，召开43次专题会议，主要解决推进城建项目工作、清理整顿农村合作基金会、住房制度改革、第三届海峡两岸（福建·漳州）花卉博览会龙海百花园花卉展销暨百花村花卉节筹备等有关工作。2001年，召开41次专题会议，就

紫光路“佳鑫花园”旧城改造规划方案、海澄镇雕西北侧小区规划方案、月港储运码头选址规划方案、市区解北片区旧城拆迁、石码小商品市场改造、动力机厂一带旧城改造等城建项目建设相关问题做出决定。2002 年，召开 45 次专题会议，主要解决市动力机厂一带旧城改造修建性详细规划方案、“吉马物流配送中心”项目建设、龙海市城乡用电同价方案等有关问题及协调部分经济建设项目有关问题。2003 年，召开 46 次专题会议，主要解决下放角美开发区部分行政管理权限、龙海城市总体规划方案调整、造纸厂片区改造分期实施用地红线划定、电力公司高坑变电站内宿舍楼改建、新西溪大桥及引道两侧规划控制、紫光路吉利楼至种子公司宿舍楼路段规划设计建设方案等部分城建项目建设等有关问题。共召开 216 次专题会议。

（四）第十四届人民政府专题会议

2004 年，市政府召开 68 次专题会议，主要解决后石电厂三期征地工作、防范重大安全事故工作、青山挂白整治工作、造纸厂片区旧城改造等有关问题。2005 年，召开 83 次专题会议，主要解决国有企业改制与职工安置工作、文体中心与一中分校建设、经济开发区建设、西溪桥闸除险加固及续建配套建设、盘活龙海大酒店资产等有关工作。2006 年，召开 84 次专题会议，主要解决市区安置房建设、连战祖籍地建设、灾后重建、医疗保险统筹等有关工作。共召开 235 次专题会议。

（五）第十五届人民政府专题会议

2007 年，市政府召开 86 次专题会议，主要解决新型农村合作医疗工作、紫云园建设管理工作、污水处理厂建设、南太武滨海新城建设等有关工作。

第三节　施政纪要

一、第十一届人民政府（1991.1—1994.1）

（一）经济建设

1993 年，第十一届龙海人民政府利用撤县建市和中银招商局漳州经济开发区建设的契机，贯彻执行中共龙海市委关于“依港立市，兴工强市”的发展战略，进一步落实《企业法》与《全民所有制企业转换经营机制条例》，鼓励社会办企业；加强国民经济宏观调控，加快发展社会主义市场经济，为经济发展战略奠定基础。

是年，全市国内生产总值为 21.32 亿元、同比增长 21.7%；工业总产值 31.25 亿元、同比增长 54.4%；乡镇企业总产值 35.07 亿元，成为全省乡镇企业“十强县市”之一；农林牧渔业总产值 13.07 亿元、同比增长 9.9%，获得农业部稻田“吨谷”优质高效规范化栽培丰收一等奖；第三产业增加值 5.99 亿元，同比增长 27.9%；三次产业结构比例 36.7 : 37.1 : 26.2；财政总收入 1.11 亿元，同比增长 28.6%。

（二）社会事业

第十一届市政府实施“教育为本、科技兴市”发展规划；推进星火计划、火炬计划、科技攻关计划，龙海科技进步因素在国民经济中所占比重由 1990 年的 30% 提升到 1993 年的 38.2%。同时，采取主要由政府投资办学，管理多渠道、多途径集资办学，加快“达标”建设速度；加强对文化市场和娱乐场所的管理，打击丑恶现象，弘扬优秀文化；深化卫生体制改革，健全保健合作制度；开展爱国卫生和卫生城市、文明城市创建活动。

二、第十二届人民政府（1994.1—1999.1）

（一）经济建设

1994—1998 年，第十二届市政府为盘活用好国有存量资产，解决管理简单粗放，产业结构不合理，推行产权制度改革，明晰企业产权；对国有企业实施改组改制，采取股份合作、联合兼并、租赁民营、停产整顿、拍卖出售、破产解散等机制。发挥毗邻厦门特区的优势，调整外向型经济发展思路，开展对台农业合作，加快基础设施建设；提出“依港兴市，兴工富民”发展战略，实施“农业稳市”“工业立市”“开放强市”“科教兴市”；开展“乡镇工业年”“基础设施建设年”活动。以提高经济效益为中心，扩大开放，培育新经济增长点，实施产业化经营，充分发展支农化学、造纸及纸制品、食品加工业、金属制造品加工、机械制造工业、建材工业、矿产业、石油化工和电子新工业等基础工业；从消费品流通、生活服务、生产资料流通、保险、社会信息和咨询、旅游 6 个方面入手，重视第三产业的发展；形成“龙海市区、港尾湾区域、角美经济区域”3 个重点区域地、禽畜牧养殖基地、花卉生产基地 6 大高优农业基地；培植支柱工业，发展食品、建材、机械、包装材料、化工和能源工业，逐步形成拥有规模效益的支柱工业群体。

1998 年，全市国内生产总值 54.88 亿元，5 年间年递增 28.3%；工业总产值 56.38 亿元、年递增 15.9%；乡镇企业总产值 216 亿元、年递增 52.6%；新办工业企业列入龙海市年终乡镇企业责任状考核的项目之一；农林牧渔业总产值 30.03 亿元、年递增 9.4%；第三产业增加值为 16.3 亿元、年递增 28.4%；三次产业结构比例 32.3 ：38.1 ：29.6；财政总收入 3.39 亿元、年递增 25.1%；5 年间，累计引进“三资”企业项目 215 个，年均引进项目 43 个，其中上亿美元项目 3 个。是年，龙海市被农业部评为“全国乡镇企业先进县（市）”。

（二）社会事业

第十二届市政府继续在全市开展文明城市、文明村镇、文明片区三大创建活动。是年，石码小商品市场 4 度蝉联“全国文明集贸市场”称号；角美镇被评为全国小城镇建设示范镇；程溪镇获全国拥军优属先进单位；紫山集团获“全国文明乡镇企业”称号。

推进依法治市，加强民主法制建设。全市共创建安全文明小区 186 个；城乡群众普法教育面 95%，龙海市被评为“落实省综治一五规划合格市”。

加强科教文卫工作，教育两基通过验收，被省人民政府评为“教育两基工作先进市”；科技进步因素对经济的贡献率由 1993 年的 37% 上升到 1998 年的 53%，龙海获“全国科技工作先进市”称号；群众性文体活动广泛开展，角美镇被评为全国体育先进集体；卫生事业不断发展，龙海获得“全省初级保健基本达标市”称号。

三、第十三届人民政府（1999.1—2004.1）

（一）经济建设

1999 年，龙海市第十三届人民政府采取改组、联合兼并、租赁承包、股份合作、出售转让等形式，推进国有小型企业改制；以调高、调优、调外原则，优化农业产业结构；引导、扶持、服务非公有制经济发展，提出搭建 4 个台：提高企业知名度的台、开拓产品销售市场的台、引进新技术新项目的台、培训人才及引进人才的台。1999—2000 年，克服台风、霜冻、特大干旱 3 大自然灾害的袭击和“非典”疫情的影响，以及中国加入世贸组织后的机遇和挑战所带来的困难和压力，围绕加快建设漳州次中心城市的目标，着力将龙海建成漳州和全省对外开放的重要窗口、漳州重要的工业生产基地、进出中转地、新兴的教育产业、科研成果转化、人才培训基地、现代生态农业发展的示范基地；重点实施工业强市，外向带动，对接特区，城市化推动，以工兴市、以港兴市 5 大战略。2001—2003 年，采取外向拉动、内联扩张、民营经济“三向”齐动和工业园区与乡镇互动发展方针；突出工业经济、项目建设、外资引进、民营经济 4 个重点，加快工业化、农业现代化和城市化 3 个进程；优先发展食品、电力、包装工业；加强农业基础地位，重点培育水产、禽畜牧两大支柱产业，发展水果、蔬菜、花卉、食用菌 4 个特色产业。

2003 年，全市地区生产总值 106.82 亿元，5 年间年递增 12.3%；工业总产值 205.09 亿元，年递增 21.9%；规模工业企业 137 家，产值 168.41 亿元，年递增 28.5%；全市有 3 个省级开发区、3 个省级工业区、19 个工业聚集园区；“三资”规模工业产值占全市总量五分之四，缴纳各种税收占全市财政收入五分之三；5 年间，引进“三资”企业项目 193 个，合同外资 23.57 亿美元和实际到资 10.5 亿美元；出口总值累计 9.87 亿美元，年递增 6.7%；农林牧渔业总产值 35.89 亿元，年递增 4.9%，对台农业合作优势充分发挥，建成

5个省级、漳州市级农业示范区，4个生态农业园区，2个省级有机食品基地和1个国家级花卉标准示范区。

（二）社会事业

1999年，第十三届市政府继续开展“两基”验收工作。2001年，以“三化建设”（工业化、农业产业化、城镇化）作为科技工作目标，组织参评科技部1999—2000年度科学技术考核；制订《龙海市城镇医疗机构分类管理改革实施方案》，推动城区医疗机构营利与非营利性质划分。2002年，对12个计划生育后进村实施后进转化目标；推动星火密集区建设由片区向全市范围发展。2003年，教育工作以实施“双高普九”为重点，并鼓励各种形式的社会力量办学；打造“三型”（学习型、创新型、管理型）队伍开展文化工作，推进全市文化事业发展；开展“非典”抗击工作，成立机构、制订预案、开展宣传，在紫泥镇举行一场公共卫生突发事件应急处理演练。5年间，全市共有3个省级精品文明村，37个省级、98个漳州市级文明单位和一批文明户，创建安全文明小区251个。科技工作进入“全国科技进步工作先进市”行列被确定国家级星火技术密集区；教育工作被省政府授予“普及九年义务教育，扫除青壮年文盲”先进市；计生工作连续4年获全省一类先进市，被评为“全国婚育新风进万家活动”先进单位；卫生工作被评为“全国自来水普及先进市”；双拥工作连续两次获全省“双拥模范城”称号，军民共建工作被评为全省“军民共建‘扫挂钩’先进单位”；文体工作获“全省体育三十佳县（市）”称号。

四、第十四届人民政府（2004.1—2007.1）

（一）经济建设

2004年，市政府为规范工业项目用地税费结算办法，出台《关于进一步规范工业项目用地税费结算的通知》。2005年，出台《关于制订实施发展工业经济的奖励规定》，对项目建设、企业创立品牌等给予一定奖励，2005年、2006年分别拨款303.8万元和472.2万元给予奖励。2004—2006年，第十四届市人民政府深入实施“融入一湾、做强两翼、对接三区、构建四条经济带、形成五个经济组团”的区域发展策略，强化产业的集聚功能、对台的窗口功能、中转的枢纽功能、现代农业的示范功能。推进产业结构优化升级，重点提升和发展电力、食品、家电电子和包装4大主导产业，大力发展机械、建材和修造船3大优势产业。提升服务业发展水平，大力发展旅游、房地产等消费性服务业，发展通信服务、信息服务等基础性服务业；加大对“三农”支持力度，建设水产品、食用菌、畜禽饲料加工、果蔬生产加工、林产品加工、花卉种植销售6大农业产业链；加快建设现代工贸港口城市，提高对外开放水平。

2006年，全市国内生产总值175.52亿元，3年间年递增11%；综合经济实力第十二年保持全省“十强”，县域经济基本竞争力第6年进入全国百强，角美镇、石码镇被评为全国“千强镇”；工业总产值356.73亿元，年递增18.9%；规模工业企业数达229家，规模工业产值达313.71亿元、年均增长22.2%。3年间，全市工业增加值98.45亿元，占生产总值比重56.2%。

（二）社会事业

第十四届市政府制定科技立项计划，开展科技项目引进，促进科技成果转化，强化科技市场运作，发展科技中介服务；发展文化事业与文化产业；提升“双高普九”质量和水平；出台《关于加强乡镇卫生院建设的实施意见》，指导卫生院建设工作。全市有省第九届文明单位23个，漳州市第五届文明单位53个；获得省级双拥模范城3连冠，通过省级畅通工程C类三等达标考核验收；角美镇、港尾镇分别获得全国文明镇、全国文明村镇创建工作先进村镇；双第华侨农场被评为全国绿化模范单位。

五、第十五届人民政府（2007.1—）

（一）经济建设

2007年，第十五届市政府出台《关于实施依港立市战略的若干意见》，围绕“建设经济强市，构建和谐龙海”的发展主题，实施“依港立市、工业强市、商贸活市、科教兴市”的发展战略，充分发挥区位优势，参与海峡西岸经济区建设，统筹协调抓落实，有力推进经济快速发展。

是年，全市国内生产总值209.84亿元、同比增长14.2%；县域经济基本竞争力连续七届保持全国

图 17-3　龙池全景（龙池开发区提供）

“百强”、位居第 83 名；再次被评为“全国最具投资潜力中小城市百强”、位居第 62 名；经济综合实力连续 13 年保持全省“十强”，位次继续保持第 8 名。工业总产值 433.94 亿元、同比增长 17.8%；全市规模以上工业产值 387.56 亿元、同比增长 19%，新增规模工业企业 61 家、总数达到 275 家；实现工业增加值 116.56 亿元、占地区生产总值比重 55.5%；全市共新办或技改扩建投资 500 万元以上工业项目 198 个，项目总投资 58.1 亿元，完成投资 37.7 亿元；农林牧渔业总产值 50.74 亿元、同比增长 2.2%（现价增长 13.5%）；全市第三产业实现增加值 50.86 亿元，同比增长 23.5%；财政一般预算收入 23.1 亿元，同比增长 23.2%。

（二）社会事业

第十五届市政府调整延续 27 年之久的市区小学施教区，兑现落实全市教职工住房公积金待遇；实施乡镇卫生院改造提升工程；规范耕地保护和土地用途管制，实现用地占补平衡；开展环保专项行动，打击违法排污行为，相继开征垃圾处理费和污水处理费；加强节能减排措施，控制主要污染物排放量。同时，开展“平安企业建设年”和平安医院、平安家庭、平安海域等活动，打击干扰破坏项目建设、企业生产经营的各种违法犯罪行为；投建启动城市电子监控系统，强化技防平台支撑；加大安全生产专项整治力度；加强产品质量和食品安全专项整治。

2007 年，龙海成为福建省唯一入选首届公众心目中的“中国和谐之城”，全国 60 个首批国家级食品安全示范县（市）之一。

第四节　综合服务

一、行政服务

1993—2001 年，龙海行政审批和服务项目依托各职能部门在本单位办理。2002 年 5 月，设立龙海市行政服务中心，进驻中心的市直部门有 28 个。其中委托部门 6 个，负责行政审批及服务项目 289 项。服务中心设机关党委会，下设 4 个党支部。是年，审批和服务项目收件数 18773 件，其中即办件 5450，占总数 29%；办结率 90.01%。2003 年，收件数 49702 件，是 2002 年的 2.65 倍；即办件占比和办结率较之 2002 年有所提升。2004—2007 年，收件数逐年增长，办结率较为稳定。2007 年，服务中心设有部门窗口服务处 19 个，委托窗口 1 个，负责办理行政审批及服务项目 249 项；收件数为 111955 件，是 2002 年的 5.96 倍。

图 17-4　行政服务（市行政服务中心提供）

2002—2007 年，各服务处共受理审批、服务项目 377045 件，其中承诺件 239349 件、即办件 137696 件，办结 374488 件，办结率 99.32%；工业建设项目联合现场踏勘 90 场次，办理 629 个建设项目手续。

2002—2007 年龙海市行政服务中心受理与办结项目情况表

表 17-2-2　　　　单位：件、%

年度	收件数	其中		已办结	办结率
		即办件	承诺件		
2002	18773	5450	13323	16897	90.01
2003	49702	20690	29012	49065	98.72
2004	40256	19070	21186	39646	98.48
2005	66277	20143	46134	63965	96.51
2006	90082	31948	58134	88497	98.24
2007	111955	40395	71560	109398	97.72

二、法制工作

（一）政府法制监督

1993 年，由市政府办公室法制科承担政府法制工作。1999 年，市政府法制办组织全市行政执法单位符合条件的人员参加全省行政执法资格考试，对考试合格者报请省政府法制办核发福建省行政执法证件，此后 8 年间每 2 年一次组织人员参加全省行政执法资格考试。2000 年 4 月，经龙海市委机构编制委员会批准，法制科更名为市政府法制办公室；同年，市政府组织对 1980—1999 年市政府（含市政府办）290 件规范性文件进行一次全面清理。对与国家政策、法律、法规相抵触或已不适应社会和经济发展需要的文件予以废止。经过清理，共废止市政府（含市政府办）制定的规范性文件 240 件，保留 50 件，文件内容涉及工商、计生、税务、建设等 30 多个部门。2003 年 3 月，龙海市印发《龙海市人民政府办公室职能设置内设机构和人员编制规定》，“三定方案”规定市政府法制办公室为市政府办的挂靠单位，负责市政府法制行政工作。2005 年 12 月，市政府公布具有行政处罚权单位 53 个，其中行政机关 32 个、法律法规授权组织 17 个、受委托组织 4 个；公布具有行政许可权单位 49 个，其中行政机关 25 个、法律法规授权组织 16 个、垂直管理单位 8 个。2006 年，市政府对 2000 年清理后保留的 50 份 1980—1999 年市政府规范性文件进行再清理；对 2000—2005 年市政府规范性文件进行清理，未发现限制非公有制经济发展的文件。

（二）法制宣传培训

1999 年，市政府邀请省政府法制局专家为政府全体成员、各行政执法单位正副职领导、乡镇长等作行政复议法专题法律讲座。2000 年，市政府邀请厦门大学法学教授为市政府领导班子成员、各乡镇场党政主要领导、各行政执法单位的正副职领导开设有关社会主义市场经济体制基本知识、依法行政法律法规等内容的专题讲座。2004 年，龙海邀请厦门市法制局专家对全市行政机关领导干部作行政许可法专题讲座，并在全市行政执法人员中，开展社会主义法制建设基本知识、宪法、国家赔偿法、行政处罚法、行政许可法、行政诉讼法、行政复议法，建设法制政府基本知识等学习教育活动。2007 年，组织全市 56 个执法单位 1533 名行政执法人员开展“建设法制政府”基本知识学习。

（三）办理行政复议案件

2000 年，根据 1999 年 10 月实施的行政复议法，市政府开始办理行政复议案件，立案审理 28 件。其中，维持被申请人原具体行政行为 17 件，撤销被申请人原具体行政行为 4 件，申请人撤回申请 7 件。当年度为行政复议法实施后的第一个完整年份，案件数量较多。2002 年，行政复议案数量呈现阶段性减少。2003—2006 年，行政复议案件数量呈平稳态势。2007 年，立案审理 17 件，审结 17 件，没有做出撤销原行政行为的决定。

2000—2007 年龙海市办理行政复议案件情况表

表 17-2-3　　单位：件

年度	立案数	审结数	维持原行政行为	撤销原行政行为	申请人撤回申请
2000	28	28	17	4	7
2001	15	15	10	2	3
2002	4	4	1	0	3
2003	9	9	6	1	2
2004	10	10	7	0	3
2005	11	11	7	1	3
2006	10	10	5	4	1
2007	17	17	10	0	7

三、督查工作

（一）政务督查

1993 年，龙海市人民政府经济督查科，主要负责经济类政务督查；1997 年，更名为龙海市人民政府督查室。2001—2002 年，督查室共完成 65 项市政府重要会议决定事项督查并以政府办文件下发通报 23 期。2003—2004 年，共完成 210 项市政府重要工作部署及重要会议决定事项落实督查并以政府办文件下发通报 56 期，督查事项办理数量较多。2005 年，市政府开始推进政府绩效管理，制定实施方案和评查制度，并对相应问题限期整改。2005—2006 年，督查室共完成 75 项市政府重要会议决定事项并以政府办文件下发通报 25 期。2007 年，督查室完成 45 项市政府会议决定事项督查，并下发通报 22 期，通过媒体等形式，组织为民办实事项目征集筛选。

（二）人大代表建议、政协提案办理

1999 年，市政府各部门办理人大建议 104 件；政协提案 37 件，一般建议 23 件。采取与市人大、市政协协作的方式，督促办理相关提案，办理或部分办理的 21.8%、纳入规划的 53.2%，因故无法办理并出示说明的 25%。2000 年，办理人大建议 121 件，政协提案 51 件。2001 年，办理人大建议 61 件，政协提案 53 件。2002 年，办理人大建议 67 件，政协提案 60 件。2003 年，办理人大建议 83 件，政协提案 98 件。2004 年，办理人大建议 104 件，政协提案 115 件，涉及 53 个承办单位，代表、委员满意率 92%。2005 年，办理人大建议 67 件，政协提案 73 件。2006 年，办理人大建议 70 件，政协提案 83 件。2007 年，市政府各部门办理人大建议 125 件，政协提案 58 件，办理满意率分别为 98.4% 与 96.5%。

（三）领导批示件办理

1998 年、1999 年，市政府的上级转批件与本级批示件数量均较少，均为 8 件与 124 件，办结率 100%。2000 年，上级转批件为 12 件、本级批示件为 196 件、办结率 97%。2001 年，上级转批件为 23 件、本级批示件为 130 件、办结率 96%。2002 年，上级转批件为 47 件、本级批示件为 200 件、总体办结率 99%。

2003 年，上级转批件为 57 件、本级批示件为 306 件、办结率 100%；同时开始利用“市长信箱”网络平台，会同政府办相关科室做好群众邮件的日常收集、整理、报送和反馈工作。2004 年，上级转批件为 53 件、本级批示件为 334 件、办结率 98%。同年，市领导要求批示件办理一般以 15 天为时限，但在紧急突发

事件，则需尽快办结，以提升批示件办理效率。2005 年，上级转批件为 65 件、本级批示件为 98 件、办结率 100%，本级批示件比上年下降 70.7%。2006 年，上级转批件为 70 件、本级批示件为 104 件、办结率 100%。2007 年，上级转批件为 23 件、本级批示件为 104 件、办结率 100%，上级转批件为 2006 年数量的 32.86%。

第三章　政协地方组织

第一节　组织机构

一、常务委员会组成

1993 年第八届政协选举郭彩洪为主席、副主席 4 名、常委 31 名。1994—1999 年第九届政协选举康天厚为主席、副主席 5 名、常委 30 名。1999—2004 年第十届政协选举周阿份为主席、副主席 4 名、常委 30 名（其中 4 名由第二次全体委员会议选出）。2004—2006 年第十一届政协选举柯莲英（女）为主席、副主席 4 名、常委 32 名。2007 年第十二届政协选举柯莲英（女）为主席、副主席 4 名、常委 32 名。1993—2007 年，龙海市政协历经第八届至第十二届共 5 届常委会。

1991—2007 年龙海市政协委员会历任主席、副主席名表

表 17-3-1

届别	职务	姓名	籍贯	任职期间
第八届	主席	郭彩洪	龙海浮宫	1991. 1—1994. 1
	副主席	柯莲英（女）	台湾屏东	1991. 1—1994. 1
		郭国耀	龙海角美	1991. 1—1994. 1
		吴芬芳	福建莆田	1991. 1—1994. 1
		蒋登英（女）	广西玉林	1991. 1—1994. 1
第九届	主席	康天厚	龙海紫泥	1994. 1—1999. 1
	副主席	宋兆培	龙海海澄	1994. 1—1999. 1
		蔡丽卿（女）	福建芗城	1994. 1—1999. 1
		郭国耀	龙海角美	1994. 1—1999. 1
		蒋登英（女）	广西玉林	1994. 1—1999. 1
		洪长水	龙海颜厝	1994. 1—1999. 1
第十届	主席	周阿份	龙海榜山	1999. 1—2004. 1
	副主席	宋兆培	龙海海澄	1999. 1—2004. 1
		蔡丽卿（女）	福建芗城	1999. 1—2004. 1
		洪长水	龙海颜厝	1999. 1—2004. 1
		陈和兴	龙海九湖	1999. 1—2004. 1

续表 17-3-1

届 别	职务	姓 名	籍 贯	任职期间
第十一届	主席	柯莲英（女）	台湾屏东	2004.1—2007.1
	副主席	蔡丽卿（女）	福建芗城	2004.1—2007.1
		洪长水	龙海颜厝	2004.1—2007.1
		陈和兴	龙海九湖	2004.1—2007.1
		林跃珍	龙海海澄	2004.1—2007.1
第十二届	主席	柯莲英（女）	台湾屏东	2007.1—
	副主席	陈和兴	龙海九湖	2007.1—
		林跃珍	龙海海澄	2007.1—
		方锦芳	龙海东泗	2007.1—
		高德平	福建芗城	2007.1—

注：历届政协主席均为专职，副主席中柯莲英、宋兆培、陈和兴、林跃珍、方锦芳为专职

二、工作机构

1993 年，市政协第八届工作机构设置学习委员会、提案委员会、经济科技委员会、文教卫体委员会、三胞联谊委员会、社会法制委员会、文史资料委员会和 15 个乡镇委员联络组；办事机构设政协办公室、委组联络办公室、三胞联谊委员会办公室三个科级单位，配备专职干部 11 人、职工 2 人。1995 年，增设颜厝镇委员联络组。1996 年 9 月，步文、郭坑两个镇委员联络组划归龙文区。1999 年，委组联络办公室更名专委会第一办公室，撤销三胞联谊委员会办公室，设立专委会第二办公室。2004 年，增设双第程农委员联络组。

2007 年，市政协工作机构和办事机构合并，设政协办公室、提案与文史委员会、法制与社会事业委员会、经济与科技委员会、台港澳侨联络委员会 5 个正科级单位，15 个乡镇、场委员联络组；专职干部 19 人，勤务员 3 人。

三、联谊团体

1993 年，龙海市政协之友联谊会有会员 93 人，由政协副主席兼任会长。2007 年，政协之友联谊会有会员 102 人。

第二节　政协委员会会议

一、政协委员

（一）委员产生

1993 年，龙海市政协第八届委员会实有委员 183 名。

1994 年，市政协第九届委员会推选委员 191 名；1995 年，增补委员 5 名，1 名委员严重违纪，被撤销委员资格；1996 年，增补委员 9 名，1 名委员涉嫌犯罪，被撤销委员资格；1997 年，增补委员 14 名；1998 年，实有委员 217 名。

1999 年，市政协第十届委员会推选委员 171 名，增补委员 17 名，1 名委员涉嫌犯罪，被撤销委员资格；2001 年，增补 7 名；2002 年，增补委员 11 名；2003 年，接受辞去委员职务 9 人，增补委员 10 名；2003 年实有委员 206 名。

2004 年，市政协第十一届委员会推选委员 183 名；2005 年，增补委员 10 名；2006 年，1 名委员涉嫌犯罪，被取消委员资格，实有委员 192 名。

2007 年，市政协第十二届委员会实有委员 191 名。

（二）委员构成

1993 年，龙海市第八届政协委员会参加单位 18 个，是 5 个届次中参加单位最多的一届；非中共人士委员 118 名，占委员总数 65.6%，是 5 个届次最多的一届。

1994—1999 年，市第九届政协委员会期间，参加单位供销合作联社、二轻集体联社合并设立经济界，取消荣军烈属界，增设港澳同胞界，实际参加单位 17 个；妇女委员 46 名，占委员总数 23.2%，是 5 个届次女委员最多的一届。

1999—2004 年，市第十届政协委员会期间，参加单位港澳同胞界并入市侨联，台胞台属界更改为市台联；参加单位 16 个，委员 171 名；委员平均年龄 40.3 岁，是 5 个届次委员平均年龄最轻的一届委员会。

2004—2006 年，市第十一届政协委员会期间，参加单位 16 个，委员 183 名。

2007 年，市第十二届政协委员会期间，参加单位 16 个，委员 191 名。其中，具有大学、大专学历委员 110 名，占委员总数 57.6%，是 5 个届次比例最高的一届。

龙海市政协第八届至第十二届委员会参加单位、委员人数情况表

表 17-3-2　　　　单位：个

届别	单位数	委员总数	中共龙海市委	团市委	市总工会	市妇联	市工商联	市侨联	港澳同胞	农业界
第八届	18	180	13	5	9	7	8	16	—	11
第九届	17	198	13	5	9	7	8	18	9	11
第十届	16	171	13	5	8	7	10	8	—	10
第十一届	16	183	16	4	9	7	13	9	—	10
第十二届	16	191	16	4	9	7	14	9	—	10

注：本表以每届首次委员会议实际委员数统计。第八届参加单位供销合作联社委员 3 名、二轻集体联社委员 3 名，合并填入经济界；军、烈属委员 5 名，统计在特邀人士之中

龙海市政协第八届至第十二届委员构成情况表

表 17-3-3　　　　单位：个、%

届别	委员数	性别				政治面貌				平均年龄
		男性		女性		中共党员		非中共人士		
		人数	百分比	人数	百分比	人数	百分比	人数	百分比	
第八届	180	141	78.3	39	21.7	62	34.4	118	65.6	46.7
第九届	198	152	76.8	46	23.2	69	34.8	129	65.2	46.2
第十届	171	136	79.5	35	20.5	68	39.8	103	60.2	40.3
第十一届	183	145	79.3	38	20.7	74	40.0	109	60.0	41.5
第十二届	191	160	83.8	31	16.2	76	39.8	115	60.2	43

二、政协委员会会议

（一）县第八届政协委员会第三次会议

1993年2月24—26日，举行龙海县政协第八届第三次会议，出席委员146名。会议听取、审议通过《政协常务委员会工作报告》《政协提案工作报告》；列席县第十一届人民代表大会第三次会议；表彰1992年度政协系统6个先进集体、3件好提案、5件好建议、28名热心政协工作积极分子。

（二）市第九届政协委员会会议

1994年1月19—24日，举行市政协第九届第一次会议，出席委员178名。会议听取、审议通过《第八届政协常务委员会工作报告》《第八届政协提案工作报告》；列席市人大第十二届第一次大会；选举产生主席康天厚和副主席5名、常务委员30名，共36名组成第九届常务委员会。

1995年2月9—12日、1996年1月29日—2月1日、1997年2月25—28日、1998年2月23—25日分别举行龙海市政协第九届第二、第三、第四、第五次会议，均听取、审议并通过《政协常委会工作报告》《提案工作报告》；分别列席市人大第十二届第二次、第三次、第四次、第五次大会。其间第三次会议还表彰1994—1995年度政协系统3个先进单位、6件好建议、6件好提案、40位热心政协工作积极分子。

（三）市第十届政协委员会会议

1999年1月8—11日，举行市政协第十届第一次会议，出席委员165名。会议听取、审议并通过《第九届政协常务委员会工作报告》《第九届政协提案工作报告》；列席市人大第十三届第一次大会；选举产生主席周阿份和副主席4名，常务委员30名，共35名组成第十届常务委员会；表彰1996—1998年度11件好建议、18件好提案、25名热心政协工作积极分子。

第二、第三、第四、第五次委员会会议分别于2000年3月6—8日、2001年4月16—19日、2002年2月27日—3月1日、2003年2月16—19日举行。会议均听取审议通过《政协常务委员会工作报告》《政协提案工作报告》；分别列席市人大第十三届第二次、第三次、第四次、第五次大会；第三次会议还增选4名常务委员。

（四）市第十一届政协委员会会议

2004年1月2—5日，举行市政协第十一届第一次会议，出席委员180名。会议听取、审议并通过《第十届政协常务委员会工作报告》《第十届政协提案工作报告》；列席市人大第十四届第一次大会；选举产生主席柯莲英（女）和副主席4名、常务委员32名，共37名组成第十一届常务委员会。

第二、第三次委员会会议分别于2005年2月26—28日、2006年2月21—23日举行。会议均听取审议通过《政协常务委员会工作报告》《政协提案工作报告》；分别列席市人大第十四届第二次、第三次大会。

（五）市第十二届政协委员会第一次会议

2007年1月30日—2月1日，举行市政协第十二届第一次会议，出席委员181名。龙海市委书记到会讲话，要求加强党的领导，努力为政协开展工作创造良好条件。会议听取审议通过《第十一届政协常务委员会工作报告》《第十一届政协提案工作报告》；列席市人大第十五届第一次大会；选举产生主席柯莲英和副主席4名、常务委员32名，共37名组成第十二届常务委员会。

第三节　政协常务委员会会议

一、第八届政协常务委员会会议

1993年，龙海市政协第八届常务委员会举行5次会议，听取撤县建市工作情况通报，协商决定第九届委员会参加单位17个、委员名额207名和198名委员。

二、第九届政协常务委员会会议

1994 年，市政协第九届常务委员会举行 4 次会议，决定第九届工作机构设置 7 个委、15 个委员联络组及其负责人任命，就重点工程建设、加快乡镇、个私、“三资”企业发展、全市经济运行等进行专题协商，参政议政。

1995 年，举行 3 次会议，听取传达全省县市政协工作座谈会精神，决定增设颜厝镇委员联络组，增补 5 名委员、撤销 1 名委员资格。

1996 年，举行 3 次会议，听取讨论中共龙海市委第八届第八次会议精神，通过市政协《关于政治协商、民主监督、参政议政的实施办法》《关于委员参加本会活动的基本要求》，决定增补 9 名委员，撤销 1 名委员资格。

1997 年，举行 4 次会议，听取检查省、市加强和改善政协工作一系列文件贯彻落实情况的汇报，市公路局、紫泥镇等 7 个单位对政协视察调研报告提出意见建议的落实情况的反馈，决定增补 14 名委员。1998 年，举行 4 次会议，协商讨论政府工作报告（讨论稿）、听取全市经济运行情况报告，协商决定第十届委员会参加单位 16 个、委员名额 185 名和 171 名委员。市第九届政协常务委员会共举行 18 次会议。

三、第十届政协常务委员会会议

1999 年，市政协第十届常务委员会举行 4 次会议，决定第十届工作机构设置及负责人任命，协商讨论市政府工作报告、听取抑制人身伤害案件、市区旧城改造规划报告，决定增补 17 名委员，撤销 1 名委员资格。

2000 年，举行 4 次会议，通过市政协《关于特邀监督员工作暂行规定》，就市政府工作、“十五”规划编制、台资企业发展、党风廉政建设工作进行专题协商，提出意见建议。2001 年，举行 4 次会议，协商讨论市区解北片区旧城改造、市“十五”期间精神文明建设规划（征求意见稿）、重点项目建设、财政工作，决定增补 7 名委员。2002 年，举行 4 次会议，考察榜山民营企业、甘文农业综合开发示范区，就发展民营企业、开发生态农业进行专题协商，决定增补 11 名委员。

2003 年，举行 4 次会议，协商讨论市政府工作报告（讨论稿）、抗击“非典”工作、财税工作，考察台资企业灿坤工业园区；第十八次常委会同意 9 名因工作调动辞去委员职务，决定增补 10 名委员；第二十次常委会协商决定第十一届委员会参加单位 16 个、委员名额 185 名和 183 名委员。市第十届政协常务委员会（暨参政议政会）举行 20 次会议。

四、第十一届政协常务委员会会议

2004 年，市政协第十一届常务委员会举行 4 次会议，协商决定工作机构设置及其负责人任命，讨论《政府工作报告（征求意见稿）》。就全市经济运行、市政建设、市区规划进行参政议政。2005 年，举行 6 次会议，就政府工作报告、工业发展、编制“十一五”规划、党风廉政建设等议题；听取通报、现场视察、专题协商、提出建议。

2006 年，举行 4 次会议，传达贯彻省委《关于进一步加强党领导的多党合作和政治协商制度建设的实施意见》；参观交流乡镇委员联络组规范化建设活动经验，就整合全市小学教育资源等进行专题协商；协商决定第十二届委员会参加单位 16 个、委员名额 192 名和 191 名委员。市第十一届政协常务委员会（暨参政议政会）举行 14 次会议。

五、第十二届政协常务委员会会议

2007 年，市政协第十二届常务委员会举行 4 次会议，决定政协工作机构和办事机构整合，设置“一办四委”，并任命各办委负责人；协商讨论《政府工作报告》，就市区城建重点项目建设、经济运行情况进行专题议政。

第四节　主要工作

一、协商监督、参政议政

（一）第八届政协

1993 年，市第八届政协举行 1 次委员会议、5 次常委会、1 次参政议政会、18 次座谈会和情况通报会。听取龙海撤县设市等情况通报；在市政府城建规划参政议政会上，提出今后建设立项审批应严格按“规划”执行；专题讨论和论证城镇吃水难问题，提出多渠道集资等办法投建自来水工程，得到中共龙海市委、市政府采纳；主席康天厚受委托到法国考察谈判，引进法国日处理 8 万吨净水的自来水设备，建成自来水厂。

（二）第九届政协

市第九届政协举行5次全体委员会、18次常委会、70次参政议政会、专委会、座谈会。就加快乡镇、个私、“三资”企业发展、重点项目建设、抓严打保稳定、城区下水道治理、三轮车管理条例、土地法修改草案、加快卫生改革和发展、党政干部廉洁自律、市委第八届第八次全会主要文件（征求意见稿）和推进政协制度化、规范化建设等问题，进行政治协商。市委采纳委员提出加快“三业”发展，开展“打蛇斗霸”、净化环境等意见，把其列为专项治理工作进行部署。

1994 年，市委、市政府领导到政协举行双向情况通报会。1995 年，市委制定《关于进一步加强和改善人民政协工作的若干意见》、市政府制定《关于加强政府与政协联系的决定》，把政治协商、民主监督纳入决策程序。5 年间，委员就国有企业改制、城区下水道治理、计生工作、再就业工程、发展乡镇工业小区、市区建设规划等议题，在 11 次参政议政会上提出意见和建议。城区下水道严重堵塞治理问题，纳入 1996 年市政建设项目。

（三）第十届政协

市第十届政协召开 5 次全体委员会、20 次常委会议暨参政议政会、53 次各种座谈会，分别就每年的市政府工作报告征求意见稿和龙海市经济形势、反腐倡廉、农业工作、教育事业、台资企业的发展、社会治安等问题，进行专题协商、参政议政。其间的 2000 年，就龙海制定“十五”规划，在科教、重点项目选择、体制改革等方面提出 39 条建议，为完善规划提供参考。2001 年，提出加强九龙江水污染治理的建议，省长习近平、省委副书记梁绮萍分别作出批示，使治理工作进入决策程序。本届还收集、整理并向各级反映社情民意信息 200 多条。选派特邀监督员 39 人，参与对执法部门的民主监督。

（四）第十一届政协

市第十一届政协召开 3 次全体委员会、14 次常委会暨参政议政会，36 次各种座谈会，就做好企业和农村工作，完成“十五”规划、编制并实施“十一五”规划等工作目标和环境污染治理、社区卫生服务体系、市区规划建设、高中就学难、小学教育资源整合、民商事案件执行难等问题，进行专题协商，议政建言。3 年间，共推荐 36 名委员担任 26 个党政机关、司法部门的党风监督员、行风评议员、特邀监察员。

（五）第十二届政协

2007 年，市第十二届政协召开 1 次全会、4 次常委会暨参政议政会，分别邀请政府通报市区城建重点项目建设和经济运行情况，并提出建议；各专委会坚持对口联系制度，参与部门重大会议和活动；担任党风监督员、行风评议员、特邀监察员等的委员履行民主监督职能。

二、视察调研

（一）第八届政协

1993 年，市第八届政协视察招商局中银漳州经济开发区和角美工业综合开发区。会同县人大常委会视察《义务教育法》实施情况。进行流通领域专业大户、农民负担情况、财贸企业滑坡现状等项调查研究，提交3份调查报告。建议对个私企业进行宣传、表彰，得到市委、市政府的重视和采纳。

（二）第九届政协

市第九届政协组织委员视察22次、调查考察29次，形成考察报告20件，呈阅件1件，调查报告27件。就粮食生产、创汇农业、菜篮子工程、先行工程、乡镇企业、市政建设、外资利用、科技事业、教育事业、医疗改革、国企改革、下岗职工再就业、社会保障制度、社会治安等问题提出意见和建议，得到市委、市政府及有关部门采纳。

（三）第十届政协

市第十届政协组织委员开展41次专题调研考察活动，共形成专题调研报告、呈阅件27件，视察报告11件；对新村建设与两路一区整治、教育改革、台资企业发展、农业发展和加入WTO的对策、环境保护、土地开发与整理、餐桌污染、经济适用房建设和经营、加快城市化建设、医疗保险、旅游发展提出意见和建议。1999年，受市政府委托，就建设花果、水产、粮食、家具专业批发市场进行考察调研，论证4个专业市场建设规模、投资、选址、前景及配套政策、措施，为政府决策提供有益参考。

（四）第十一届政协

市第十一届政协组织委员围绕农村路网、西溪大桥、工业园区发展等重点项目建设，侨联基层组织网络建设，加强与在闽台商联系、民营企业的国民待遇等专题和灾后重建、道路交通、市区排污系统、文物保护等问题开展27次调研和视察，形成18件视察、调研报告。其中关于市区近期规划建设视察报告，引起市政府重视，召开专门会议研究，安排规划设计专项资金；协助全国、省、漳州市政协17个课题调研组，就发展工业与环境保护、壮大主导产业及其产业集群、少数民族地区民营经济发展，对台经贸、文化、农业合作，厦门港一体化、新农村建设、连战祖籍地等课题进行调研。

（五）第十二届政协

2007年，市第十二届政协就龙海春季农业生产、海域使用管理、工业园区建设、市区教育布局和资源现状、外资企业发展状况、新农村建设、弘扬闽台民俗文化、非物质文化遗产保护等8个专题进行调研、视察，形成8份调研、视察报告。其中《关于我市工业园区建设情况的视察报告》提出三方面建议，市委书记批示有关部门办理；关于《市区教育布局和资源状况的调查报告》，建议重新划分市区基础教育施教区域，得到采纳。

三、提案办理

（一）第八届委员会第三次会议提案

1993年，第八届第三次会议收到委员提案66件、立案43件，主办单位全部按时办复，提案被采纳实施占60%，部分或逐步采纳实施的占30%。关于督促三资企业照章履行劳动合同、缴纳社会保险金的建议得到有关部门采纳。

（二）第九届委员会提案

第九届政协收到委员提案296件、立案216件、办复率100%，有24件提案被市政协评为好提案。其中，关于《修建晏海楼，保护有价值文物》提案得到海澄镇政府重视，拨款修复；《关于解决石码地区饮水问题》《移风易俗，改革殡葬制度》《民营船舶工业应重视》《狠抓车匪路霸、确保一方平安》《整顿村级合作基金会、清退欠款》等提案，被市委、市政府采纳并实施。

（三）第十届委员会提案

第十届政协收到委员提案321件、立案251件、提案办复率100%。其中，《利用外商投资企业的优势、改善我市工业结构》《建议市政府制定我市乡镇企业质量振兴的扶持政策》《采取措施、有效预防青少年犯罪》《加强重视、促进我市职业教育发展》《净化游戏机市场》等提案得到重视和采纳。

（四）第十一届委员会提案

第十一届政协收到委员提案168件、立案152件、办复率100%，委员对办理结果满意或基本满意的达96%。其中，《关于拨款帮助铺设程溪塔潭利民路和顶叶村道路建设》的重点提案，由主席和市分管领导亲临现场考察协调，在短期内修建交付使用；《关于加快程溪镇有线电视联网进程》《建设“平安龙海”应关注农村危房中存在的安全隐患》等提案引起市委、市政府重视，得到落实。

（五）第十二届委员会第一次会议提案

第十二届第一次会议共收到提案68件、立案58件，办复率100%，委员表示满意或基本满意的占96.5%。《关于开展对南溪河道清淤清障》《关于加大力量有效整治市区无牌照客运三轮车》等4件提案市委书记作出批阅，组织办理；就南溪河道清淤清障问题，市委、市政府成立南溪河道防洪排涝综合整治领导小组，计划筹资1200万元，用3年时间治理，2007年安排资金300万元，启动南溪河道防洪排涝综合整治工程；根据提案建议，市政府把双第华侨农场“侨居造福工程”列入市政府为民办实事项目。

卷十八

民主党派 社会团体

MIN ZHU DANG PAI SHE HUI TUAN TI

1993—2007年，龙海市有中国国民党革命委员会（简称“民革”）漳州市委员会龙海总支部委员会、中国民主同盟（简称“民盟”）漳州市委员会龙海总支部委员会、中国农工民主党（简称“农工党”）漳州市委员会龙海市总支部委员会、中国民主促进会（简称“民进”）龙海总支部委员会、中国致公党（简称“致公党”）漳州市委员会龙海总支部委员会、台湾民主自治同盟（简称“台盟”）龙海支部委员会6个民主党派。至2007年，民主党派在龙海设立5个总支部、24个支部，成员360人。

1993年，全市有社会团体84个。2007年，依法登记注册社会团体83个，其中市属社会团体有工会组织、共青团、妇女联合会3个，科教文卫团体4个，侨台社团2个，工商业社团2个，公益性社团6个。

各民主党派和社会团体紧密围绕中共龙海市委和市政府的重大决策开展活动，同时发挥各自的优势和专长，提供咨询和技术服务，并参政议政，为龙海市的经济发展和社会事业出谋划策，做出应有的贡献。

第一章 民主党派

第一节 民革漳州市委会龙海总支部委员会

一、组织机构

1993 年，民革龙海总支增设文教、卫生、机关事业、海澄 4 个支部；有党员 71 人；主任委员林陈力。1997 年，撤销卫生支部，增设一中、四中综合支部。2000 年，撤销文教支部，增设退休支部。2004 年 12 月，改选卢丽琴为总支主任委员。2007 年，设一中、四中、机关一、机关二、海澄、退休职工 6 个支部；有党员 90 人。

二、主要活动

（一）参政议政、民主监督

1994 年，民革龙海总支撰写的《关于移风易俗、改革殡葬制度》提案，被主管部门给予“意见中肯，具有较强现实性和重要指导作用”的评价。

1997 年，民革龙海总支成员中的人大代表、政协委员撰写议案、提案 8 件。

1998 年，民革龙海总支成员中有漳州市人大代表 1 人、政协委员 1 人，龙海市人大常委 1 人、龙海市政协常委 1 人和委员 2 人，龙海市法院特邀监督员 2 人，中共龙海市委党风廉政监督员 1 人，龙海市交通局特邀监督员 1 人。

2000 年，民革龙海总支撰写的《建议定期发布龙海市区空气质量监测报告》提案得到承办单位重视和采纳。2005 年，民革龙海总支撰写的《未成年人思想道德建设问题与对策》调研报告，被评为优秀提案。

2007 年，民革龙海总支撰写的《关于举办“白礁慈济宫保生大帝文化节”的建议》被中共龙海市委、市政府采纳。

1993—2007 年，民革龙海总支成员先后有 2 人当选为漳州市人大代表，2 人当选为龙海市人大代表、人大常委，3 人为漳州市政协委员，10 人为龙海市政协委员，其中 5 人被选为龙海市政协常委。

（二）海外联谊

1993—1996 年，民革龙海总支成员多次联络港澳台胞，为他们牵线搭桥，参与家乡建设和公益活动。

1997—1998 年，民革龙海总支争取港澳台胞为家乡公益事业捐资近 300 万元；引进台资 120 万元。

2007 年 3 月，民革龙海总支促成台胞陈虹夫妇回乡谒祖；10 月，总支主委卢丽琴参与接待台湾新同盟会许历农会长率领的中南部会员大陆参访团，增进两岸交流。

（三）服务社会

1993 年，发动总支成员集资创办龙海市中山印刷厂，安置待业人员 30 多人。同时，继续办好龙海中山补习学校。

2003 年，总支成员李晓鸣主动报名赴宁夏支教，获省、市民革组织嘉奖；总支成员林跃鹏结合本职工作，发明荣获国家级奖励的“多功能三角函数公式扑克牌”；总支与 4 名家庭困难学生结对帮扶，扶助他们直至完成小学学业。2005 年，民革龙海总支被民革省委评为“经济发展、社会服务”先进单位。

第二节　民盟漳州市委会龙海总支部委员会

一、组织机构

1993年，民盟龙海总支有盟员47名，下设一中、二中、中学联合、社会联合4个支部，总支主委蔡建中。1997年2月改选叶国光为总支主委。2007年，有盟员93名，下设民盟一中、二中、高职、四中、七中、社会联合6个支部。

二、主要活动

（一）参政议政，民主监督

1994年，龙海总支的《发展龙海职教，整顿龙海职高》提案受教育局的重视和采纳，被市政协评为好提案。1997年，龙海总支召开“素质教育讨论会”，鼓励盟员撰写论文。1998年，进行“合理调整学校布局，加强薄弱学校建设”“少数民族地区教育现状”的专题调研，并就此与市教委举行对口协商，提出意见和建议，为建设龙海教育强市出力。同时，参与统战部、隆教畲族乡政府完成中央民委有关少数民族课题的调研。其间，盟员王建安的“关于提高城市园林绿化水平三点建议”“关于港口—罗锦港道清淤治理的几点建议”，盟员蔡建中的“加强用电管理，减轻农民负担”，盟员蓝松峰的“优化课堂教学，推进素质教育”等提案，均受到承办单位的肯定和采纳。

2000年，盟员叶国光的“切实解决少数民族地区学校的实际困难”受到市教委的重视。2001年，龙海总支重视收集社情民意，通过撰写建议提案，建言献策；配合民盟省委到东园镇就“土地合理使用”“海峡西岸高科技农业”专题考察调研，为政府决策提供科学依据。2003年，盟员周渊源的“龙海体育馆建设应纳入政府为民办实事项目”得到市政府采纳并付诸实施。

1993—2007年，龙海民盟成员先后有1人当选漳州人大代表、3人当选龙海市人大代表（其中龙海人大常委2人）；4人为漳州政协委员、11人为龙海市政协委员（其中龙海政协常委5人）。代表和委员履行参政党职责，参加“两会”和中共龙海市委、市政府、统战部等召开的各种座谈会、参政议政会、对口联系会，组织或参与“两会”视察、调研活动。每届应邀为党风廉政、法院、检察、交通、土地、审计、烟草、公路稽查和教育等单位监督员、督导员的盟员，积极参加活动，履行民主监督职责，促进社风、行风好转。

（二）爱岗敬业，发挥专长

1993—2007年，盟员蓝松峰撰写的《提高教育质量，培养拔尖人才》《提倡质疑问题》论文分别获省中学教育研究论文一等奖或发表于《中学语文教学》；盟员蓝木成与人合作撰写的《中学数学精要》《逆推理数列不等式（上下册）》两册载入《中国数学教学名人辞典》《中国当代教育名人辞典》；盟员郑扬海（笔名海迪）加入省作家协会，其《冷水坑人家》《那是一幢米色高楼》等作品被拍成电视剧；盟员叶彩铭《浅谈培养学生的听说能力》获全国优秀论文，她指导的3名学生在全国英语能力竞赛中获一等奖；盟员陈金龙获全国美术教师教学基本功比赛一等奖；盟员林文寿获推行国家锻炼标准施行办法全国先进工作者。

（三）面向社会，多做贡献

1997—1998年，民盟成员两次响应民盟市委号召，献书500册、捐款1650元，资助平和县国强白叶小学建立“希望书库”。民盟龙海总支于1997年、1998年两次被民盟福建省委评为“先进基层组织”。1998年，龙海总支盟员为长江洪灾捐救灾款3000元。

1999年，得知龙海职中教师患尿毒症，龙海盟员捐款8200元。2004年，盟员捐款1000元资助程溪中学2名贫困生就学。

第三节　民进漳州市委会龙海总支部委员会

一、组织机构

1993 年，民进龙海总支部有会员 24 人。1994 年 4 月，民进漳州市委会龙海总支部委员会成立，王振民为总支主委；下设 4 个支部。1997 年 8 月有会员 42 人，下设一中、教育一、教育二、卫生、经科 5 个支部；黄燕燕任总支主委。2007 年，民进龙海总支有会员 69 人，下设一中、教育、综合 3 个支部；总支主委黄燕燕。

二、主要活动

（一）参政议政，民主监督

1995 年，民进会员黄瑞金等撰写的《修建晏海楼》、王振民撰写的《发展龙海职业教育》、吴文潞撰写的《加强青少年思想道德教育》提案分别被龙海市政协评选为好提案。1996 年，民进会员黄瑞金撰写的《加快紫云公园建设》提案得到政府有关部门采纳。2003 年，民进会员王振民向漳州市政协提出《加强专委会与各县（区）委员联系》建议，被漳州市政协采纳，并出台《加强专委会与各县区委员联系和参与调研活动方案》。2006 年，民进会员黄燕燕撰写的《建议出台中小学优秀生保护政策》，以及陈忠杰撰写的《关于农村人口老龄化问题的建议》、王秋霖撰写的《关于提高教育经费标准》、洪井松撰写的《设立水仙花原产地耕地保护区》等提案都受到有关部门的重视。2007 年，民进龙海总支撰写的《建议创建龙海电视台“名师讲坛”栏目》提案受到有关部门的重视。

1993—2007 年，龙海民进会员先后有 2 人被选为省、市人大代表，10 人担任漳州市（3 人）、龙海市政协委员（其中常委 3 人）；履职期间，民进会员主动了解社情，反映民意，撰写提案、建议，认真履行参政党的参政议政和民主监督职能。

（二）服务社会

1993 年 9 月，民进龙海总支主办的漳州树人文化技术学校龙海分校成立。 1994 年 11 月，民进龙海总支被民进省委会评为先进总支部。2003 年，龙海市筹备成立市慈善总会，民进龙海总支号召会员踊跃捐款。1993—2007 年，漳州树人文化技术学校龙海分校与龙海一中联办两届厦门高校财会班，与漳州大学联办计算机财会班。

第四节　农工党漳州市委会龙海市总支部委员会

一、组织机构

1993 年，农工党龙海总支有党员 34 人，下设市第一医院、中医院、石码卫生院、科技、文教 5 个支部。1997 年 6 月改选吴永任总支主委。2006 年，总支换届，吴永连任总支主委。2007 年，龙海总支有党员 64 人；设有市第一医院、第二医院、中医院、妇幼保健所、科技、教育 6 个支部。

二、主要活动

（一）政治教育

1999 年，农工党龙海总支及各支部分别集会，强烈谴责北约集团轰炸中国驻南使馆；支持和拥护中央取缔邪教“法轮功”的决定；批判李登辉“两国论”，维护中央和平统一、一国两制方针。2007 年，龙海总支贯彻农工党中央部署，开展政治交接学习教育活动，以政治交接为主线加强组织建设，增强党员坚持走中国特色政治发展道路的信心和决心。

（二）参政议政

1994年，会员吴文路撰写的《加强青少年思想道德教育》提案，被市政协评为好提案。是年，农工党龙海总支与龙海市卫生局建立对口联系单位，定期听取卫生局工作通报，为搞好医卫工作建言献策。1999年，吴永撰写的《加快事业单位人才市场建设》提案，得到市委组织部、宣传部、市人事局、市卫生局采纳，并联合出台《龙海市卫生事业人事改革暂行规定》；吴莹如撰写的《加强实施"母婴保健法"的执法力度》提案，促进完善婚前保健工作，被市政协评为优秀提案。

1993—2007年，龙海总支成员中被选举为漳州市人大代表1名，受聘为漳州市政协委员3名，龙海市政协委员12名（其中副主席1名、常委4名）。15年间，龙海总支成员通过担任人大代表、政协委员，向市人大、政协会议提交议案、提案，参加中共龙海市委、市政府召开的协商会、通报会和座谈会，为党政领导决策科学化、民主化提出不少建设性建议；应邀担任市检察院特约监督员和市法院、财政局、审计局等单位监督员（每届4—6人）的党员都能以高度的责任感和使命感，坚持实事求是思想路线，做好参政议政、民主监督工作。

（三）服务社会

1998年，会员纪水明的《老龄荔枝稳产高产栽培技术研究》获福建省人民政府科技进步奖三等奖，许永义的《用辩证唯物主义指导初中物理教学》获全国物理教学论文二等奖。2000年，纪水明的《新农作制豆稻豆优质高效栽培模式》获农业部丰收三等奖。2004年，龙海总支被农工党中央评为"全国社会服务工作先进集体"；会员郑闽林被农工党中央评为"抗非典"优秀党员。2006年，龙海市总支组织会员到浮宫镇义诊两次；会员吴若蕾的《植物生长调节剂云大—120应用技术研究与推广》获农业部丰收三等奖。

1993—2007年，龙海总支先后组织会员到程溪、隆教、浮宫等地开展下乡义诊16次，受诊群众2000多人次，分发科技资料近千份；总支成员先后在各级刊物发表论文近百篇，4人获省部级科技成果奖。

第五节　致公党龙海总支部委员会

一、组织机构

1993年，致公党龙海总支部有党员20人；支部主委欧阳绵伯。1996年10月，致公党龙海总支改选赵文权为支部主委。2002年10月，成立致公党漳州市委员会龙海总支部委员会，赵文权为总支主委。2007年，致公党龙海总支有党员37人；下设第一、第二2个支部。

二、主要活动

（一）参政议政

1994年，龙海总支成员赵文权提出的建议《确实加强我市农业技术队伍建设》得到龙海市组织人事部门的采纳。2002年，赵文权在漳州市政协十届一次会上提交的《政府应加强农业灾害性天气预报的准确性》，得到漳州气象局的采纳。2005年，总支成员为宣传龙海旅游项目，编导紫云山风光VCD专题片和主题歌《紫云新韵》被镌刻在紫云公园内文化走廊石碑上。是年，龙海总支的《关于重视保护芗剧艺术文化的建议》获2005年度龙海市优秀人大代表建议。2006年，《沼气公厕是完善新农村建设卫生设施的一项措施》提案，得到时任漳州市市长何锦龙的批示："结合农村'三改'推广，请市农办关注此事，抓几个点，出成效，逐步推开"；提案《关于双第华侨农场领导体制改革的几点建议》引起上级重视办理，被漳州市列为重点提案受到表彰；完成撰写《关于调动龙海籍海外乡亲热爱祖国、支持家乡建设积极性的调查报告》《关于加快发展外经贸工作的对策探讨》《关于加快发展龙海市旅游业对策建议》《进一步加强少数民族工作的调查报告》等，为各级党委、政府科学决策提供依据。

1993—2007年，致公党龙海总支有6人分别被选为历届福建省、漳州市、龙海市三级人大代表；8人应邀为漳州市、龙海市历届政协委员；7人被中共龙海市委、市政府、纪委、法院、检察院、文明办、劳动局、旅游局等部门聘为监督员。15年间，龙海总支组织党员深入开展调查研究，围绕改革、发展、稳定、难点问题，积极建言献策，共向省、漳州、龙海“两会”提交议案、提案100多条，引起各级政府的重视。

（二）海外联谊

1993—2007年，先后有60多人次到印尼、美国、马来西亚、泰国等国家和中国港澳台地区探亲访友，宣传中国政府“一国两制”方针政策，反对台湾独立的坚定立场，介绍祖国、家乡经济、社会发展成就。

（三）服务社会

1993年，龙海总支成员赵文权获国家计委、农业部“全国省柴节煤工作先进工作者”称号。1995年，龙海支部被致公党中央授予“社会主义两个文明建设服务先进集体”称号。1998年，赵文权组织实施的《冬季稻田综合开发》项目获1998年农业部全国农牧渔业丰收奖三等奖。1999年，龙海支部被致公党福建省委、省工商联联合评为“社会主义两个文明建设服务先进集体”；被致公党福建省委授予“基层组织工作优秀支部”称号。2003年，赵文权被致公党福建省委评为先进个人。2002—2005年，龙海总支组织党员为龙海和四川灾区捐款赠物值7000多元。2006年，康志星出版25万字个人专著《人大心笔》。

第六节　台盟漳州市委会龙海支部委员会

一、组织机构

1993年，台盟龙海支部有盟员13人；支部主委许文达。1997年，改选欧阳文任支部主委。2006年11月，改选许燕章任支部主委。2007年，台盟龙海支部有盟员14人，分布于文教、卫生、机关、工业、交通等各条战线。

二、主要活动

（一）参政议政

1994年，台盟龙海支部主委许文达撰写的《健全龙海台联机构》和《改善民主党派办公条件》提案，得到中共龙海市委、市政府重视和采纳。市政府选调1名台籍副镇长到市台联担任专职会长，加强台联机构建设。1999年，盟员欧阳文撰写的论文《栽就梧桐树，难引金凤凰—招商局开发区至今无台商投资的调查》，获得漳州市人大和副省长曹德淦的赞赏和好评；欧阳文撰写的《关于加强小区行政和物业管理的建议》，获漳州市第十三届人大优秀建议奖。2007年，盟员许燕章撰写的《关于适当提高住房公积金比率》的提案，被市政府采纳。

1993—2007年，台盟龙海支部有2人当选为漳州市人大代表，8人受聘为漳州市（3人）、龙海市政协委员（历届主委都当选为常委）。15年间，台盟龙海支部在每年人大、政协会上建言献策，提出建议和提案40多件，均获各级政府部门的采纳。

（二）联络台胞

1999年，台盟龙海支部与海澄台资企业永大饲料厂建立联系户。2004年，参与接待旅日台胞陈文辉一行回东园镇过田村寻根谒祖活动。2006年，台盟龙海支部配合市台联为台湾统一企业集团董事长高清愿在招商局漳州开发区白沙社寻到祖籍地。是年，台盟龙海支部协助台资企业龙海创意工艺品有限公司在厦门招工36名。2007年，帮助台资企业融资45万元。1997—2007年，参与接待台胞1022人次。

（三）服务社会

1997年，许文达被省台盟、省民主党派工商联联合评为“为两个文明建设服务先进个人”。1998年5月，台盟龙海支部到海澄镇和平村进行义诊扶贫，捐赠衣物583件，赠送小学书籍100多册。1999年，台盟支部成员欧阳文被省台盟、省民主党派工商联评为“为两个文明建设服务先进个人”。2006年，龙海遭受“珍珠”“碧利斯”台风袭击，台盟龙海支部组织盟员捐款、捐物，并到灾区慰问。

第二章　职工 青年 妇女团体

第一节　龙海市总工会

一、组织机构

1993年，市总工会内设办公室、生产生活部、组织宣教女工部3个股级单位；下设事业单位有职工学校、工人文化宫、工人休养所；全市有基层工会组织332个，会员31703人，职工之家225家。1995年，挂靠单位有龙海市劳模协会。2007年，市总工会内设机构、下设事业单位、挂靠单位不变。全市有基层工会组织1095个，会员107933人，职工之家189家（其中省级13家、漳州市级35家、龙海市级141家）。

二、代表大会

1993年11月26—27日，召开市工会第十三次代表大会，出席代表200人。会议审议并通过第十二届委员会工作报告、财务工作报告、经费审查委员会工作报告，选举产生市总工会第十三届委员会委员21人，常委9人；钟德根当选主席，蒋纯正、江素娟当选副主席。

1998年11月19—20日，召开市工会第十四次代表大会，出席代表200人。会议审议并通过第十三届委员会工作报告、财务工作报告、经费审查委员会工作报告；选举产生市总工会第十四届委员会委员20人，常委8人；吴启山当选主席，黄元章、江素娟、郑龙和当选副主席。

2003年12月22—24日，召开市工会第十五次代表大会，出席代表194人。会议审议并通过第十四届委员会工作报告、经费审查委员会工作报告和财务工作报告；选举产生市总工会第十五届委员会委员20人，常委9人；陈跃得当选主席，黄元章、高琼珊、郑龙和当选副主席。选举产生经费审查委员会。

三、主要活动

（一）维护职工权益

1995年12月，龙海市动力机厂成为第一家签订集体合同的试点企业。1997年3月，市总工会“下岗职工再就业服务中心”在漳州市率先挂牌成立。再就业服务中心为下岗职工牵线搭桥，免费为下岗职工提供就业信息和劳动法律法规咨询服务，开设钟点工服务项目，拓展社区服务领域。2002年，全市15个乡镇（场）、开发区都签订区域性集体合同，集体合同覆盖率达100%。全市企业职工签订劳动合同97263份，企业签订平等协商集体合同250家。2003年6月，率先在漳州市挂牌成立“困难职工帮扶中心”。2007年，在“金秋扶困助学”中，资助32名特困职工子女上大学，金额8.06万元。

1993—2007年，接待咨询25318人次，介绍再就业4875人次，提供家政服务9475次；办理涉及职工工伤、医疗赔偿、工资福利、劳资纠纷等来信来访 1605 件；参与协调劳动争议 82 起；参与伤亡事故调查、伤亡家属抚恤补偿仲裁和调解 152 起；配合有关部门安全生产检查 78 次，查重点企业 121 家，查安全隐患 364 件，整改 222 件；全市有 1720 家（次）企业参加全省“安康杯”竞赛活动，共筹措资金 228.5 万元，慰问特困工会干部和职工 22192 人。

（二）职工教育

1993 年，市总工会在全市职工基层工会开展读书活动和鼓励自学成才。2000 年，与省职工大学联合创办“法律、财会”大专班，参加学习职工 140 多名。2001 年，与厦门职工大学联合创办“特区会计学”大专班，参加学习职工 124 名；与湖南大学联合创办远程教育“法学”“会计学”本、专科班，参加学习职工 158 名。2004 年，组织各基层工会开展“创争”活动百题知识竞赛，参加职工 2000 多人，获得全国“创争”知识竞赛优秀组织奖。2005 年，与武汉大学联合创办远程教育“法学”“会计学”本、专科班，参加学习职工 100 多名。2007 年，与福建农林大学联合创办“会计学”本科班，参加学习职工 64 名；会计从业人员年度继续教育培训 10000 人次，会计从业资格培训 550 人，工会岗位培训 755 人；6 月，在“海峡两岸职工创新成果展览会”上角美振兴机械有限公司的“木工双轴卧式钻床”获金奖。

1993—2007 年，全市参加读书自学活动职工 32100 人次；有 2 名职工获“福建省职工自学成才者”和“第九届福建省职工自学成才奖”。职工提出合理化建议 16348 条，创经济效益 5125 万元；技术革新 39 项，技术攻关 41 项，推广新技术 46 项，技术创新 78 项，创造先进操作法 21 项，累计创经济效益 6416 万元。参加岗位技术练兵 16732 人，其中有 1612 人通过职工技术鉴定取证、有 1810 人通过计算机技能鉴定取证。举办市级技术比武 29 场，选拔树立经济技术创新能手 167 人。

（三）工会组建与规范化建设

1993 年，在福建通利工艺实业有限公司成立龙海第一家外资企业工会。1996 年，成立龙海市非公企业工会组建工作领导小组，开展非公有制企业工会组建工作。2001 年，全市非公有制企业工会有 4 家被评为省模范职工之家，8 家被评为漳州市先进职工之家，38 家被评为龙海市合格职工之家。2006 年，市总工会和市委组织部联合对全市 16 个乡镇（场）及开发区进行 2005 年度工会工作量化考评，促进基层工会工作的有效开展；开展以“双爱双评”为主要内容的建设职工之家等活动。2007 年，全市已建非公企业工会 896 家，发展会员 79730 人。

15 年间，全市举办 13 期“市工会干部培训班”和 4 期“创造学”培训班，培训工会干部 1596 名；选派 158 人参加省、漳州市工会干部培训班学习；组织 256 人参加省总工会“非公有制企业工会干部上岗资格函授培训班”学习；各基层工会举办各种类型培训班 102 期，参加学习 6529 人次。

（四）女职工工作

1997 年，建立龙海市女职工再就业中心。是年，帮助 200 多位女职工重新就业。2000 年，组织 8 个代表队近千名女职工参加新千年庆“五一”健身操比赛。2006 年，开展爱心帮扶活动，捐款 12351 元，帮助 205 名特困职工子女上学。1993—2007 年，市总工会在全市建立非公企业工会女职工委员会 380 个，开展各种技术讲座 728 场、有 33168 名女职工参加学习。

（五）劳模荣誉及活动

1995 年 4 月 24 日，龙海市劳动模范协会成立。1999 年 9 月，创建“劳模荣誉室”，集中展出 177 名漳州市级以上劳动模范的彩照和主要先进事迹，成为弘扬劳模精神的教育基地。2005 年，市劳模协会被评为“漳州市先进劳模协会”。

1993—2007 年，全市有 3 人获得全国劳动模范，3 人次获全国“五一”劳动奖章、全国先进工作者、全国“五一”劳动奖状，36 人次获得省“五一”劳动奖章，18 人次获得省劳动模范，3 人次获得省先进工作者，1 人次获省“五一”劳动奖状，61 人次获得漳州市级劳动模范。

每年元旦、春节期间，对漳州市级以上劳模进行慰问，15 年间共发放慰问金 32.62 万元；组织劳模到市第一医院体检 412 人次。

第二节　共青团龙海市委员会

一、组织机构

1993年，共青团龙海市委内设办公室、组织部、宣传部、学校部、市直机关团委等机构；全市共青团基层团委47个，行政村团总支243个，农村团支部685个；全市青年19万人，团员4.26万人，团青比例为22.4%。2004年，共青团龙海市委机关内设办公室、组织部、宣传部、学校部4个职能部（室），挂靠单位有市直机关团工委。2007年，内设机构未再变动。全市有56个基层团委，其中乡镇（场）及开发区团委16个、学校团委35个、机关团委3个、非公有制企业团委2个；行政村团总支238个，农村团支部670个。全市青年22.8万人，团员4.8万人，团青比例为21.8%。

二、代表大会

1993年12月8—9日，召开第十四次龙海市共青团代表大会，出席代表248名，选举产生第十四届委员会委员33人，书记1人，副书记2人，常委7人；邱亚明当选为书记。

1997年3月3—4日，召开第十五次代表大会，出席代表269名，选举产生第十五届委员会委员30人，书记1人，副书记2人，常委7人；陈庆华当选为书记。

1999年10月22—23日，召开第十六次代表大会，出席代表200名，选举产生第十六届委员会委员27人，书记1人，副书记2人，常委7人；张碧兰当选为书记。

2002年9月27—28日，召开第十七次代表大会，出席代表200名，选举产生第十七届委员会委员29人，书记1人，副书记2人，常委7人；刘向东当选为书记。

2005年11月14—15日，召开第十八次代表大会，出席代表159名，列席代表21名，选举产生第十八届委员会委员29人，书记1人，副书记2人，常委7人；刘向东当选为书记。

三、主要活动

（一）青年教育工程

1993年，建立共青团陪审员队伍，完善“少年庭”和共青团陪审制度。1995年起，在每年“五四”青年节或“十一”国庆节期间开展18岁成人仪式教育活动；2月，以9个爱国主义教育基地，对团员青年实施爱国主义教育。1997年7月，举办“金穗杯”青少年香港知识竞赛。1998年，在全市开展创建“优秀青少年维权岗”和“青少年零犯罪社区”活动，加大“两法一例”的宣传贯彻力度；11月，在全市开展“弘扬抗洪精神，争当世纪新人”主题教育活动。2001年1月4日，成立龙海市团校。2002年，举办“学党史，知团情，立远志”青年知识竞赛活动。2005年10月，开展全市增强团员意识主题教育活动。2006年4月，开展“树立荣辱观，弘扬新风尚”青少年学生演讲比赛。2007年7月，举办基层团干部学习胡锦涛总书记6.25讲话专题辅导报告会；11月，开展“学习贯彻十七大，高举团旗跟党走”青少年学生演讲比赛，来自全市各中等学校的35名选手参加比赛。至2007年，市少年军校举办8期少年军事夏令营，参训人数近千人次。

（二）青年人才工程

青年岗位能手竞赛　1993年9月，开展“为先行工程献青春”竞赛活动。1998年，开展“学科技、懂理论、熟业务、争当跨世纪团干部”活动。2002年，开展首届“龙海市十大杰出青年”评选活动。2007年，开展首届“龙海市十佳蓝领青年”评选活动。

青年致富能手活动　1993年，继续实施“播火计划”，发展农村青年“科技工程”。1994年，成立青年厂长经理协会。1995年6月，与市科协联合开展培养“青年星火带头人”活动，推行农业技术培训和推广。1996年11月，浮宫镇青年农民郑美海被评为首届“福建省十大杰出青年农民”。1998年5月，动员和组织全市广大团员青年积极参与农村新村建设。1999年，在全市农村团组织中实施“强乡带村”工作。2002年4月，青年农民王永平被评为“第六届中国杰出青年农民”。2003年8月，共青团龙海市委被团中央、农业部授予“2002年度全国服务农村青年增收成才奖先进集体”称号。2004年4月，九湖镇青年农民朱英杰被评为第六届“福建省十大杰出青年”。2005年4月，召开青年企业家协会（原青年厂长经理协会）第二次会员大会，评选表彰首届龙海市十大杰出青年企业家和优秀青年企业家。2007年，何福赐被评为“全国农村青年致富带头人”。

培养选拔青年干部　1998年6月，共青团龙海市委书记陈庆华当选团第十四届中央委员会候补委员；8名基层团委书记被提拔到副科级领导岗位，村团支部书记100%入村两委班子。2000年，龙海市在全市80%以上的村试行镇、村两级团干“两推一选”“竞争上岗”选拔制，先后选送团委书记、机关团干160多人次到各级党校、团校培训。是年举办5期农村基层团干部培训班，参训人数550人次；累计选派89名年轻干部到基层一线、项目一线挂职锻炼。2007年，团市委机关转岗的干部全部被提拔任用。

（三）青年文明工程

青年志愿者行动　1993年，组织200多支青年突击队，开山种果266.67公顷。1997年6月，龙海市第一个青年志愿者服务站——榜山镇青年志愿者医疗卫生服务站正式挂牌对外服务，并与全镇百名困难户和13名麻风病人挂钩结对。1998年4月10日，成立龙海“110”青年志愿者服务网络。2003年，海澄镇成立福建省首家镇级社区青年志愿者服务中心。2005年“龙海慈善日”，共青团龙海市委组织200多名青年志愿者参加市“奉献爱心、建设紫云”千人登山活动、慈善捐款和爱护紫云公园，清理白色污染、种植纪念树活动。2007年4月，共青团龙海市委举办“团徽在创卫中闪光”知识竞赛，在全市的青年团员中掀起为龙海创建国家级卫生城市勇于奉献的热潮。是年，全市有30多支规范化的青年志愿者服务队在城区和农村开展抢险救灾、文明劝导、医疗卫生等志愿服务活动，形成市、镇、村三级服务网络。

创建青年文明号　1996年3月，市地方税务局稽查分局等两个单位被授予首批“市青年文明号”称号。1999年，评选市首届优秀市级青年文明号52个。2000年，创建青年文明号活动在全市10多个行业、100多个青年集体中展开。2002年2月，开展“恪守青春誓言，再创辉煌业绩”青年文明号成果展。至2005年，全市共涌现青年文明号148个，其中省级青年文明号16个、漳州市级60个。2007年，市公安局巡警大队被共青团中央评为全国青年文明号。

青少年帮扶平台　1993年3月，组织“雷锋在我心中”征文比赛；4月上旬，联合中共龙海县委宣传部召开“学雷锋活动表彰大会”，共创建文明路（街）18条，文明示范岗40个，红旗岗、效益岗20个，社会监督哨50个。1995年，开展青年志愿者敬老月活动，120多支志愿者小分队上门入户为老人送温暖。1996年10月，开展“青少年爱心储蓄”活动，组织青年志愿者、红十字会员开展无偿献血活动。1997年8月，开展“积极参与扶贫助学行动，捐助200名贫困失学儿童”活动。1998年7月夏季长江发生洪灾，团员缴纳特殊团费1万元，资助湖北监利县百名学生秋季入学。2001年11月，建设银行龙海支行青年文明号捐资助学61名贫困学生11000元。2002年春节，开展为特困户及下岗失业青年“送温暖，献爱心”活动，共赠送慰问金、慰问品等价值10多万元。2003年，在全市少先队组织中开展“红领巾手拉手送温暖”活动。2004—2006年，在春节期间开展青年文明号“真情助困进万家”活动，3年共走访慰问贫困学生150多人次，发放慰问金、学习生活用品合计人民币近7万元。2007年，组织市政法、邮电系统及腾强建筑公司等单位青年，下乡为群众义演、写春联、送粮油，为全市广大青少年送去新春的慰问和祝福。

保护母亲河行动　1993年，共青团龙海市委启动“青年绿色工程”，各级团组织以“保护母亲河”为主题，进行九龙江生态状况调查，开展植树造林、治理水土流失、防治水污染等保护和改善生态环境的活动。1996年5月，共青团龙海市委被团中央、全国绿化委员会评为“全国绿化工作先进集体”。2004年，开展“爱我家园，美化龙海”鸟巢征集、市区紫云公园筑巢引凤工程，创建“共青林”绿色基地。2007年，九龙江沿岸的乡镇以“美化龙海，保护九龙江”为主题，组织千名团员青年参加“西溪一条龙”渠道清淤行动；

各中学、中心小学团队组织也纷纷开展“手拉手捡回一个希望、还母亲河一片绿色”活动。同时，开展“雏鹰环保章”争章活动，提高青少年保护母亲河、生态环境和可持续发展意识。

青年文明社区创建活动　1997年，在全市举办团员青年共建文明社区试点活动，开展文化、中介、环境、教育等服务；石码镇红树林等社区开展“五个一”活动；海澄镇大埕社区组织青年志愿社区服务队，开展法律咨询、卫生医疗、科技传播、美化环境　“四进社区”宣传服务活动。2006年，石码镇解北社区团支部获“全国五四红旗团支部”称号。

四、少年先锋队

（一）组织机构

1993年，全市有少先队大队180个、中队1320个，队员53165人。2007年，全市有少先队大队228个、中队1648个，队员62841人。

（二）代表大会

1998年6月1日，召开中国少年先锋队龙海市第四次代表大会。出席代表157名、特邀代表30名，选举产生市第四届少先队工作委员会；选举高春生为主任。

（三）主要活动

1993年6月，开展向“省十佳少先队员黄宇珊同学学习”活动。1994年3月，在全市开展“一助一”和“手拉手”互助活动；6月，在全市少先队试行“预备团员”制度；9月，举行庆祝中国少年先锋队建队45周年红领巾鼓号队大检阅。1995年2月，在全市实施雏鹰争章活动；6月，举办“龙海少年雏鹰飞向新世纪”夏令营。1997年3月，组织参加“手拉手情系贫困小伙伴统一行动日”活动；“六一”期间在市区少先队员中开展“雏鹰假日小队手拉手文明行动”系列活动。1999年3月，深入开展“中国少年雏鹰行动”推进素质教育活动；6月，成立龙海市少年军校，举办市红领巾夏令营；12月，举办“龙海市‘邮政杯’青少年儿童‘新世纪遐想’书信赛”活动，共收到来稿近2000份。

2002年2月，在全市开展创建“少先队工作金奖学区（校）”“少先队工作红旗大队”活动。2004年“六一”期间，开展“爱护鸟类红领巾同行”鸟巢征集活动；10月，开展第一届全国少年儿童书信写作比赛活动。2005年10月，开展纪念建队56周年暨“四个一”等主题教育活动。2007年9月，转发省少工委《少先队辅导员管理办法（试行）》切实落实少先队辅导员待遇，加强少先队辅导员管理。

第三节　龙海市妇女联合会

一、组织机构

1993年，龙海市妇女联合会内设办公室、组织宣传部、生产部、维权部、少儿部5个职能部（室）；全市有乡镇（场）妇联会18个，行政村妇代会281个，居委会妇代会22个；专职妇联干部45名。1995年，龙海市妇女儿童工作委员会成立，并设办公室。1996年9月，步文、郭坑两镇妇联划归龙文区。1998年，全市乡镇（场）妇联会16个，行政村妇代会243个、居委会妇代会22个、作业区妇代会8个，市、乡镇（场）妇联干部30名；市直党政群机关、科教文卫体等单位妇委会13个，非公有制组织妇委会22个。

2004年，龙海市妇联内设办公室、组宣部、妇女发展部、权益部、儿童部5个职能部（室），挂靠单位有市妇女儿童工作委员会办公室。2007年，市妇联内设机构不变，乡镇（场）及开发区妇联组织16个，行政村（社区、居）妇代会274个，团体会员2个（市总工会女职工委员会、市女企业家联谊会）；市直党政群机关、科教文卫体等机关事业单位妇委会11个，非公有制经济组织妇代会33个；市、乡镇（场）及开发区专职妇女干部34人，其中市妇联6人、乡镇（场）及开发区28人；村（社区、居）妇代会主任274人，市直妇委会兼职干部70人。

二、代表大会

1993 年 11 月 22—23 日，召开龙海市第十一次妇女代表大会，出席代表 350 名，选举产生第十一届市妇联委员 35 名、常委 7 名，主席 1 名、副主席 2 名；林紫根当选主席。

1998 年 11 月 20—21 日，召开第十二次代表大会，出席代表 330 名，选举产生第十二届市妇联委员 30 名、常委 7 名，主席 1 名、副主席 2 名；阮丽珠当选主席。

2003 年 12 月 25—26 日，召开第十三次代表大会，出席代表、特邀代表 350 名，选举产生第十三届市妇联委员 32 名、常委 9 名，主席 1 名、副主席 2 名；连竹叶当选主席。

三、主要活动

（一）宣传教育

1993 年 3 月，龙海市妇联编撰出版记述 1919—1991 年龙海妇女运动历史的《龙江巾帼》一书。2001 年 3 月，组织市舞协、市华侨幼儿园及双第华侨农场等单位百名女文艺骨干参加漳州文化周广场文艺演出。2000—2007 年，市妇联联合有关单位评选“企业优秀女员工”“企业优秀打工妹”162 名、“优秀女企业家”12 名、“好警嫂”76 名。

1993—2007 年，举办“心系妇女工作”演讲比赛和婚姻法、妇女权益保障法、未成年人保护法知识竞赛；每年“三八”节期间，在市有线电视台开辟“巾帼风采”栏目，系列报道先进女性的事迹；在《中国妇女报》《中国妇运》《福建日报》《闽南日报》《海峡姐妹》报道杰出创业女性傅丽芬、省“十大农民女状元”王燕美、全国“五好文明家庭”成员蔡秀荣等 100 多名先进女性的典型事迹。

15 年间，龙海市妇联评选树立“双学双比”先进个人 232 名、少生快富女标兵 80 名、“巾帼建功”先进个人（标兵）243 名、“三八”红旗手 459 名、“十佳女性”40 名、“好军嫂”10 名；出版《妇女工作简讯》180 期，被全国、省、漳州市报刊，省、漳州市《妇工简讯》，各级妇女网、电视台、广播台采用 1500 多篇。

（二）扫除妇女文盲

1993 年，全市共举办妇女扫盲班 338 班 8406 人。1993 年，陈玉卿获福建省“巾帼扫盲奖”。1994 年，白水镇白水村妈妈扫盲班照片被选入国务院举办的迎“1995 年世界第四次妇女代表大会”巾帼风采图片展。1995 年，隆教乡计生服务所蓝丽春、东泗乡松岭村黄金钟获福建省妇女识字标兵，白水镇白水村获福建省“巾帼扫盲”先进单位。至 1996 年，全市共举办妇女扫盲班 1832 班、巩固提高班 626 班，42638 名文盲妇女分期脱盲，龙海通过“两基”验收基本扫除文盲。

（三）“双学双比”竞赛活动

开展学技术活动　1993 年，龙海各级妇女组织围绕发展“高产、优质、高效”农业的新路子，在农村深入开展“学文化、学技术、比成绩、比贡献”竞赛活动；举办多门类的实用技术培训 352 期，受训妇女 1.23 万名，实用技术讲座 25 讲，10.6 万名妇女掌握 1—2 项实用技术。2000 年 5 月，市妇联、市科委、市科协联合在东园镇农科所举办首期女农民技术员高新技术培训班，12 个乡镇 53 名女农民技术员、村妇代会主任参加。2007 年 6 月，市妇联举办 2 期 274 名基层妇代会主任参加高优农业栽培管理技术培训班；12 月，举办第二期乡镇场近 200 名女经纪人培训班。是年，全市各级妇女组织依托各类培训教育基地和妇女学校、妇女之家，举办高新技术、实用技术、标准化生产、无公害农业等多门类、多形式、多层次的培训 124 期，受训妇女 5700 人次；组织 420 名农村妇女参加农函大学习。

15 年间，龙海市各级妇女组织在开展“双学双比”竞赛活动中，举办各类实用技术、高新技术培训（讲座）4170 多期，受训妇女 19 万多人次；开展科技下乡咨询服务 180 多场次；组织 5700 多名妇女参加农函大学习；树立女科技示范户 2853 户，评定女农民技术员 730 名；市妇联评选表彰“双学双比”竞赛活动（科技培训）先进单位 17 个，其中被评为漳州市“双学双比”竞赛活动先进单位 10 个。

发展妇字号基地　1993 年，各级妇女组织在原有 1383 名市级女科技示范户和 168 名女农民技术员的基础上，新发展100户；全市共建立妇女生产基地45个91.23公顷，营造“三八”绿色工程示范片5片113.33公顷；市妇联与浮宫镇妇联在2公顷杨梅生产基地上又嫁接杂果500株，扩种芒果0.67公顷200株。1994年3月26日，全国妇联副主席王淑贤、书记处书记华福周等领导率领参加中国、加拿大妇女参与发展项目会议代表120多名，参观考察九龙岭妇女生产基地建设。2004年，市妇联在紫云公园建立“巾帼绿色林”。同年，颜厝镇庵前村被命名为福建省“巾帼科技致富示范村”。2007年，完善“企业＋基地”的运作模式，根据基地用工所需就地培训600多名农村妇女，指导农村妇女推行标准化生产和无公害化栽培，推进农业产业化经营。是年，九湖镇长福村被命名为福建省“巾帼科技致富示范村”；宏盛花卉有限公司被命名为福建省“巾帼科技致富示范基地”。至2007年底，全市被评为漳州市“三八”绿色工程先进集体4个、巾帼科技致富示范基地4个、巾帼科技致富示范村4个、农村妇女科技致富小组2个；全市共建立东园“巾帼高优农业示范基地”、榜山三苑“巾帼科技致富示范基地”、九湖百花村“巾帼科技致富示范村”、东照食品有限公司“浮宫巾帼科技示范基地”等166个“巾帼科技示范基地”、12个“巾帼科技致富示范村”；组建以女农民技术员、科技示范户为骨干的244支巾帼科技服务队。

开展“一带三”活动　2001年9月，福建省妇联副主席杨丽卿率领全省第二期农村妇女科技骨干培训班130名学员到龙海市参观，给予充分肯定。是年，市妇联发动全市717名女农民技术员各挂钩带动3名妇女科技致富奔小康；全市有1550户得到帮助。2007年，全市有2853名女农民技术员、女科技示范户、女企业家参与“一带三”活动，共带动11368名农村妇女增收致富，每户年均增收7000元以上，年增收万元以上有1060户。

（四）“巾帼建功”竞赛活动

1993年，龙海市妇联与市总工会联合开展“巾帼建功”活动，促进妇女岗位成才、岗位建功；全市参赛的职业妇女达1.16万人，参赛面92%。1997年，成立城镇妇女“巾帼建功”活动领导小组。在女职工中提倡“精一门、会二门、懂三门”，参加系统文化学习，增强竞岗应岗能力。全市开展岗位练兵，技术比武13场，参加人数585人，有207人参加各类电大、函大、职大学习。1993—1998年，全市有1.5万名妇女参与学雷锋、学漳州“110”活动，共组织1115组便民服务小组上街入户为民办好事11.2万件。2000年，建立城镇“巾帼志愿者队伍”1个总队，16个支队，238个分队。2003年，市女企业家联谊会成立，吸收1个团体会员和36名个人会员；选举产生首届会长。

2007年，实施“巾帼社区服务工程”，开展“巾帼建功”“巾帼文明岗”“巾帼文明社区”“学习型社区”城乡妇女“一扶持三对接”等创建活动。至2007年，市女企业家联谊会有会员56名；全市有18个“巾帼文明岗”、机关妇委会、女企业家与18个村妇代会实现结对帮扶；全市被命名为“巾帼文明岗”的单位63个，其中漳州市级26个、福建省级9个。

（五）巾帼扶贫行动

1995年起，各级妇女组织在全市开展“三助一帮”献爱心活动。1998—2000年，市妇联筹集资金4.2万元、衣物1.5万件，扶助宁夏回族自治区彭阳县30名贫困母亲和30名贫困女童，并帮助100名贫困妇女到龙海就业。2000年，在“情系西部·共享母爱”活动中，海澄镇蔡秀荣等捐资4000元，送给西部地区建“母亲水窖”。至2000年底，龙海市妇联专职妇女干部、妇代会主任、女科技示范户挂钩扶持2590户贫困户脱贫；在抗击9914号台风中，全市妇女干部捐资8800元慰问受灾44户女科技示范户。

2006—2007年，在2006年1号强台风“珍珠”袭击龙海市后，女企业家联谊会部分会员捐资2.3万元，慰问程溪、海澄、东园、东泗4个乡镇的107名受灾严重的贫困妇女。

（六）“平安家庭”创建及家庭文明建设

1996年5月，市妇联、榜山镇妇联在榜山镇上苑村抓禁赌点工作，取得一些经验，向全市推广。2001年3月6—8日，市妇联开展以“崇尚科学、拒绝邪教，创建‘五好文明家庭’”为主题的大型签字活动；6月26日，漳州、龙海两级妇联与两级禁毒办在白水镇开展“6·26”国际禁毒日宣传教育活动。

2003年7月22日，市妇联与漳州市妇联响应全国妇联号召，在颜厝镇巧山村举行“美德在农家”活动启动仪式，发出《让“美德”之花开遍农村大地》的倡议，到会观摩的有漳州市各县（区）文明办主任、妇联主席，以及龙海市各乡镇场妇联主席等。

2005年6月，市妇联、市综治办成立“平安家庭”创建活动领导小组；7月13日，在石码镇解北社区举行创建“平安家庭”活动启动签名仪式。至2005年底，全市涌现35个“平安家庭”创建活动示范点，党委、政府命名挂牌的“平安家庭”13568户，漳州市妇联、综治办命名184户，全市创评面达到80%。

2006年，全市有180个示范户获漳州市表彰；1000户家庭被命名为龙海市“平安家庭”示范户；145个村、社区获市、镇两级“平安家庭”创建活动示范村（社区）。全市有19.5万户家庭达到“平安家庭”标准，占全市总户数94%。6月26日，在全省“平安家庭”创建活动（漳州）现场会上，龙海作典型发言，与会代表参观巧山村的创建活动。

2007年10月，颜厝镇巧山村的“美德在农家”“巾帼文化中心户”活动，为省家庭文明建设工作（漳州）现场会议提供参观典型。是年，全市确立科技致富先进类、文化艺术传播类、时事政策宣讲类、市场信息交流类、清洁卫生保健类、家庭美德传播类6种类型的市一级“巾帼文化中心户”23户，镇级45户，村级200户；全市有2972户“平安家庭”户在滚动管理中被限期整改，2442户因违法犯罪、家庭暴力、违反计生、发生失窃等原因被摘牌取消“平安家庭”称号；共走访、帮扶四类家庭3898户，使2450户获得“平安家庭”称号。当年，龙海市被评为福建省“平安家庭”示范县（市）。

15年间，中共龙海市委、市政府评选表彰敬老好儿女20名；市妇联评选表彰“五好文明家庭”标兵户、“十佳幸福家庭”238户，好媳妇、好丈夫、贤内助、“十佳母亲”59名；确定颜厝镇巧山村等8个“美德在农家”活动示范点；港尾镇卓岐村被全国妇联、文化部命名为全国“美德在农家”活动示范点。

（七）维护妇女儿童合法权益

1995年，龙海市成立妇女儿童工作委员会，下设办公室，16个乡镇场也成立办公室。1999年4月，成立龙海市妇女法律咨询服务中心，聘请1名律师为法律顾问；16个乡镇场成立法律援助站，244个行政村（居）成立法律援助小组。2002年，中共龙海市委、市政府制定实施《2001—2010年龙海市儿童发展纲要》。2005年，有4名妇联干部被任命为人民陪审员，1名被聘为劳动法律监督员。2006年12月，市妇联会同市卫生局等部门，启动实施福建省“两纲”重点项目“提高孕产期保健服务能力”（为期一年）。

2007年，开展“三下乡”活动，义诊、咨询和加强对全市280名村（居）妇幼保健工作人员进行系统培训等活动；健全完善妇幼保健三级网络，提高孕产期保健服务水平。是年，龙海市孕产妇保健覆盖率97.34%、管理率91.01%，规范管理率85.49%，高危孕产妇专案管理率100%，住院分娩率达99.68%，产后访视率94.25%，孕产妇死亡率12.18/10万，指标均达到项目的基本要求；全市婚前医学检查率提高到97.6%。1993—2007年，收到来信来访2748件，调解婚姻家庭纠纷2198起，查处侵害妇女儿童身心健康案件157起，协助公安机关解救被拐卖妇女儿童21人。

（八）儿童工作

1993年，龙海市妇联制定和实施《九十年代龙海市儿童发展规划纲要》，普及“三优”知识；编写《妇幼专题》广播讲座52讲，开展“三优”知识咨询21场，接受咨询人数近1000名，为儿童健康体检8505人次。

1995年，组织实施救助失、辍学女童重返校园的“春蕾计划”，接受泰华妇女慈善会捐助品学兼优的贫困女童33名，漳州和龙海、镇三级专职妇干扶持61名特困女童完成学业。1998年，市妇联配合市关工委、教委接收捐款20多万元，资助568名在校孤儿、贫困儿童，直至小学毕业。

2000年，市直机关妇委会、个私协妇委会和邮政局、地税外税分局14单位与14个乡镇结对子，资助55名“春蕾”女童就学，每人每学期资助400—600元。2001年，全市社会各界热心人士结对资助36名“春蕾”女童就学（每人每学期400—1200元）。2002年，市妇联与市教育局、关工委抓好资助城乡600名特困生工作。

2007年，市妇联扶持26名“春蕾”女童就学，发放扶持资金15060元；“六一”期间，慰问45名结对“春蕾”女童，每人资助200元或400元及学习用品，全市受惠女童750多人，扶助资金100多万元；开展“共享蓝天·共建和谐”关爱农村留守儿童联合行动，鼓励社会各界热心人士担当“爱心妈妈”，结对帮扶、跟踪教育全市4519名农村留守儿童，共招募“爱心妈妈”1860名。

（九）参政议政

1995—2007 年，中共龙海市委、市政府制定实施《龙海市妇女发展纲要》《关于认真做好培养选拔女干部和发展女党员的工作意见》，加大妇女干部培养力度，向组织部门推荐优秀妇女人才。2006 年，全市有女干部 4607 人，占干部总数 41.4%；副科级以上女干部 52 人，其中副处级以上 3 人、正科级 16 人。在第十五届市人民代表大会中，有女代表 57 名，占总数 21%；第十一届市政协委员中，女委员 38 名，占委员总数的 20.7%；第十二届市政协委员中，女委员 31 名，占委员总数的 16.23%。

第三章　工商业团体

第一节　龙海市工商业联合会（商会）

一、组织机构

1993 年，龙海市工商联有专职会长 1 人，干部 4 人，会员 700 多家（人）。1994 年，设立中共龙海市工商联党组；成立步文、角美镇商会。1995 年成立郭坑、颜厝、九湖镇商会。1996 年成立船舶工业、饲料同业公会。是年，步文、郭坑商会归龙文区。1997 年成立浮宫、白水、海澄镇商会。2003 年成立石码镇商会。2006 年成立厦门市龙海商会和河砂同业公会。2007 年，市工商联有会长 1 人，专职副会长 2 人，干部 2 人；基层商会 7 个，同业公会 3 个，异地商会 1 个；会员 1036 家（人）。

二、代表大会

1994 年 6 月 18 日，举行第九届龙海市工商联会员代表大会，出席大会代表 100 名，选举产生第九届执行委员会成员 53 名（后增补 10 名，计 63 名），其中会长 1 名、副会长 7 名、常委 23 名；张春福当选会长。

1999 年 7 月 13 日，举行第十届会员代表大会，出席大会代表 120 名，选举产生第十届执行委员会成员 40 名（后增补 14 名，计 54 名），其中会长 1 名、副会长 7 名、常委 6 名；郑坑全当选会长。

图 18-1　市工商业联合会第十届大会（市工商联提供）

2006 年 5 月 8 日，举行第十一届会员代表大会，出席代表和列席 280 人，选举产生第十一届执行委员会成员 49 名，其中会长 1 名、副会长 12 名、常委 15 名；高德平当选会长。2007 年 6 月 4 日，召开龙海市工商联第十一届第四次执委会，补选 6 名副会长。

三、主要活动

1993 年 6 月，龙海市工商联接待专程回来参加龙海撤县建市庆典的台北龙溪同乡会理事长陈进来等。1994 年 6 月，市工商联聘请在龙海兴办企业的香港同胞郭胜通、林苍、黄绍宗、陈清江为本届名誉会长。1995 年 9 月，会长张春福到平和老区投资 350 万元，开发山地 53.33 公顷，创办平和港龙农牧开发有限公司（之后有 7 位民营企业会员在本省、山西、山东等地贫困地区进行扶贫开发、实施光彩事业项目 7 个，总投资 1500 万元）。1996 年 12 月，省委统战部、省工商联、省脱贫办联合表彰龙海市工商联为“推动光彩事业先进单位”；张春福为“推动光彩事业先进个人”。1997 年 2 月，成立“漳州弘信律师事务所龙海商会办事处”，为会员提供法律咨询。是年，组织会员在省内外，以及新加坡、马来西亚、泰国，以及中国香港、澳门、台湾等地参观考察，开阔眼界，寻找商机。1999 年，组织多个会员赴北京参加中央党校举办的“全国非公有制经济管理与务实高级培训班”。2001 年，组织工商联常委，随市领导对全市部分会员企业“二次创业”成果进行实地参观考察。2002 年，市工商联就非公有制经济健康发展存在的问题，向市政协递交《关于建立行政办证中心》团体提案，得到采纳，解决企业办证难的问题；10—11 月，先后组织食品行业会员到台湾进行商贸考察。2003 年，市工商联为市慈善总会筹建，发动 80 多家会员企业，捐款 420 万元。2004 年，组织 12 家会员企业参加“2004 年中国·福建项目成果交易会”。2005 年，组织国安船业、永得利食品等 20 多家会员企业参加“第三届（2005）中国·福建项目成果交易会”。2007 年 5 月，举办有 200 多名非公有制企业专业技术人员参加的继续教育培训班。

第二节　龙海市个体私营经济协会

一、组织机构

1993 年，龙海市个体劳动者协会有聘请的办事员 5 人；下设 12 个个体劳动者协会分会。有个体工商户、私营企业 11339 户，从业人员 18461 人。

1994 年 4 月，龙海市私营企业者协会成立，与个体劳动者协会合署办公。

2002 年 2 月，市个体劳动者协会、市私营企业者协会合并成立龙海市个体私营经济协会；下设石码、锦江、海澄、角美、龙池、九湖、程溪、颜厝、白水、浮宫、港尾 11 个个体私营经济协会分会。

2007 年，市个体私营经济协会有聘请的办事员 5 人；下设石码等 11 个分会，划分 86 个工作片、466 个会员小组，有兼职工作人员 28 人。有个体工商户、私营企业 13320 户，从业人员 51509 人。

二、代表大会

1994 年 4 月，龙海市私营企业者第一次代表大会举行，出席代表 329 名，选举产生会长黄财福（市工商局局长）和副会长 4 名、理事 28 名；聘请名誉会长、顾问各 2 名。1995—1997 年，每年举行一次代表大会。

1998 年 4 月，龙海市个体劳动者第五次代表大会举行，出席代表 146 名，选举产生会长林跃天（市工商局副局长）和副会长 5 名、理事 13 名；聘请名誉会长 2 名，顾问 13 名。

2002 年 11 月，龙海市个体私营经济协会第六次会员代表大会举行，出席代表 163 名，选举产生会长许荣渊（市工商局副局长）和副会长 11 名、理事 31 名；聘请名誉会长 5 名、顾问 19 名。

三、主要活动

1993 年，龙海出台《关于进一步加快发展个私经济的若干规定》；同时，召开放手发展股份个私经济鼓劲会，表彰十佳股份私营企业、十佳个体工商户和百名发展市场经济标兵。1994 年，制作宣传版 7 版，拍摄《九龙江上一奇葩》专题片，在《闽南日报》《福建工商报》、漳州电视台等媒体专版报道宣传，向在龙海召开的全国个协经营指导服务工作经验交流会展示会员创业风采。1995 年，市个私协会与市科委联合创办《龙海经贸信息快讯》，每半个月一期(至2001年6月共刊发150期。1999年，开始配合市工商局向100家重点企业发出《挂钩联系服务跟踪表》；先后引导帮助37家和125家企业冠省名和漳州市名；引导740户下岗人员申办个私企业，吸纳3450名下岗人员再就业。

2000年，出台《鼓励个私经济招商引资奖励办法》。2002年，在石码红树林片区开展“百城万店无假货”活动，促使片区文明经营、诚信服务蔚然成风，被定为省级“百城万店无假货活动”示范点。2006—2007年，开展“5·15”培训工程，对钳工、维修工、计算机系统操作等行业的578名会员进行业务技能培训，其中487名取得初级工合格证。2007年，配合创建食品安全示范县活动，印发宣传材料、食品货物进出台账，分发会员，引导无证照经营户依法办理证照近2000份和相关许可证500份，推荐表彰50家流通领域食品安全示范店。重组“会员法律服务中心”，为会员提供法律咨询和诉讼指导服务。

1993—2007年，市个体私营经济协会不定期编印有关政策、法规等宣传资料累计18万份；为8506人次会员提供各类信息3560条，指导生产经营3520人次，推荐93家企业参与市守合同、重信用单位评选，10家企业12种商标参加知名商标认定，引导35家企业注册商标30件，为1540名会员兑现福利待遇100多万元；组织2300人次参与安全大检查，纠正不安全因素500起；开展光彩服务周活动520场次，2万多人次会员参与上街下乡进行利民、便民服务，受扶持群众1000多人次，义务修理小家电、日用品1200件次；5000多人次会员为赈灾、扶困、助学等公益、慈善事业捐献财物总值2780多万元。

第四章　归侨　台胞联谊会

第一节　龙海市归国华侨联合会

一、组织机构

1993年，龙海市归国华侨联合会编制5人，设专职主席、副主席各1人。1997年，核定行政编制3人、事业编制1人，设专职主席、副主席各1人；直属单位有市中国旅行社、市侨联服装制品厂。下设角美、紫泥、榜山、海澄、港尾、白水、浮宫、东园、石码镇、双第华侨农场10个归国华侨联合会。

二、代表大会

1997年7月17日，龙海市第九次归侨侨眷代表大会在龙海宾馆举行，出席代表150人，海外特邀代表6人；省侨联主席庄南芳莅会祝贺。大会选举产生40位第九届侨联委员会委员；由1位主席、3位副主席、15位常委组成第九届侨联常务委员会，选举曾仕忠为主席；聘请郑永昌等4人为名誉主席。1999年3月22日召开第九届三次侨联全体委员会，选举阮青山为市侨联主席。

2003年1月7日，龙海市第十次归侨侨眷代表大会在龙海宾馆举行，出席代表146人，海外特邀代表8人。大会选举37位第十届委员会委员，选举工作常务委员组成第十届侨联常务委员会，阮青山当选主席。

三、主要活动

（一）加强组织建设

2003年4月，市侨联在全市归侨侨眷中开展创“文明侨户”活动。2004年，漳州市侨联在龙海召开基层组织建设现场会；3月，召开“文明侨户”表彰大会，表彰235户文明侨户；4月，中国侨联主席林兆枢批示：龙海市侨联开展基层侨联工作经验，这是一项新创举，反映他们这几年来基层组织建设，发挥侨联作用的成效；5月，中国侨联简报第五期刊登《福建省龙海市基层组织建设取得好经验》，在全国侨联系统推广。2005年，市侨联在重点侨村建立“侨之家”协会，作为与村侨联小组相适应的民间团体；5月31日，首家“侨之家”协会——港尾镇卓岐村“侨之家”协会成立，开创全省侨联系统之先河。2006年7月，主席阮青山在省侨联第七届第七次常委会作《开展创文明侨户活动，推动侨乡新农村建设》介绍；12月，在中国侨联“能力建设年”广州会议作《开展文明侨户活动，提高侨联服务能力》典型发言。

2007年，全市成立10个乡镇场侨联会，67个重点侨村侨联小组，建立市、镇、村三级侨联工作网络；举行第二届“文明侨户”表彰大会，表彰248户文明侨户。

（二）参政议政

1994年，市侨联参与市政协对角美镇、双第华侨农场实施归侨侨眷权益保护法进行调研。1995年，宣传贯彻《省鼓励归侨侨眷兴办企业若干规定》，全市新办侨属企业76家，投资总额133万元，解决劳动就业235人。

1996年，参与市政协开展三胞捐资情况调研，提出“要多做工作争取侨心，表彰留名，激励后者继续为家乡公益事业贡献力量”的建议。1998年，全市有侨属企业326家，总投资6336万元，利用外资972万元，解决就业1300多人。2007年，市侨联成员有政协委员9人，撰写提案13件。

1993—2007年，市人大、市政协的4个届次中，先后推荐归侨侨眷当选市人大代表12人；应邀为市政协委员67人，其中副主席1人、常委12人。侨联作为政协参加单位和侨界代表、委员，参加市人大、政协各种参政议政会、视察调查活动和撰写建议提案，为维护侨益和龙海经济、社会发展建言献策。

（三）维护侨益

1993年5月、7月，龙海市侨联分别成立缅甸归国华侨联谊会、印尼巨港学生联谊会。1997年，市侨联配合有关部门处理、落实侵犯侨益及历史遗留案件20多起，调解各类涉侨民事纠纷5起。

1999—2000年，协助解决20世纪60年代14户侨户投资兴建华侨新村的房屋所有权证和土地使用权证。2001—2002年，石码解放北路片区旧城改造，市侨联配合有关部门依照侨房拆迁法规妥善处理69户83座侨房拆迁的赔偿，维护华侨正当权益。2003年，开展“三个百”活动，即百名市、镇侨联委员联系百家侨属企业，办百件实事好事，扶助百户贫困侨户。

1993—2007年，市侨联共配合有关部门处理侵犯侨益和解决历史遗留问题81件；配合村、居调解涉侨纠纷100多起，为侨户排忧解难办好事数百件；发放慰问金16.3万元，慰问老侨联骨干和贫困侨户1408人次，扶助贫困侨户137家，帮助侨户子女就业153人；协助海外侨胞、华人寻根谒祖25起。

（四）海外联谊

1994年4月，市侨联主席曾仕忠应菲律宾龙同海联乡总会邀请，组团赴菲进行为期20天省亲考察活动；5月，市侨联主席随市委书记应邀组团赴新加坡参加龙溪会馆年会并开展招商活动。1996年，市侨联接待居住印尼乡亲郭再源先生一行21人回乡参加其捐资兴建玉江“再源中学”落成剪彩仪式；接待龙同海联乡会菲律宾总会一行42人参观考察招商局漳州经济开发区、角美工业综合开发区。1999年5月，接待新加坡漳州总会赴漳考察团一行19人，考察招商局漳州经济开发区和角美工业综合开发区。

2000年11月，市侨联领导应邀随市委常委柯莲英赴缅甸仰光参加海澄（龙海）旅缅同乡会成立65周年庆典，拜会龙海居缅知名人士70多人。

2005年9月，市侨联会同漳州侨联、厦门侨联在鸿渐村举办“东南亚文化视角——郑和下西洋国际学术研讨活动”，来自东南亚和国内专家学者160多人参加学术研讨；与会人员参加鸿渐村郑和庙公布为市级文物保护单位揭牌仪式。

15年间，市侨联与海外华侨、华人社团和200多位知名人士常年保持联系；市、镇、村三级侨联共接待回乡探亲、观光旅游、投资贸易华侨华人38000多人次，其中团组100多个2000多人次；发动归侨、侨属兴办企业400多家，投资1.2亿多元；参与引进“三资企业”26个项目，实际利用外资3亿多美元；海外乡亲捐赠修桥、造路、办学、兴医、赈灾、济贫等公益事业资金3000多万元。

第二节　龙海市台湾同胞联谊会

一、组织机构

1993 年，龙海市台湾同胞联谊会配备专职干部 2 人；全市台胞 155 户 732 人。2007 年，市台胞联谊会有专职干部 2 人；全市台胞 479 户 1153 人（历年回台湾定居有 33 户 94 人）。

二、代表大会

1997 年 6 月，龙海市第二次台湾同胞代表大会在石码镇举行。出席代表 42 人，选举产生理事会长 1 名、常委 4 名、理事 10 名；黄淑敏当选为会长，聘请柯莲英为名誉会长。2003 年 12 月，龙海市第三次台湾同胞代表大会在石码镇举行，出席代表 40 名，选举产生会长 1 名、副会长 2 名、理事 10 名；黄淑敏当选为会长，聘请柯莲英为名誉会长、高百合为顾问。

三、主要活动

1997 年，龙海市台联提出《制定具体措施帮助品学兼优的贫困生完成学业》。1998 年，提出《建设文明城市的几点意见》。2003 年，开始龙海市台胞的普查登记工作，市台联会同市公安局、市台办认定台籍身份 235 人，并协助市招生办办好台籍考生的优待证明。2006 年，市台联与台盟支部联合集会，强烈谴责陈水扁搞台独的恶劣行径，维护祖国统一和台海和平；接待全国台联文宣部与台湾金华国际传播有限公司合拍《闽南文化行》电视专题片摄制组到龙海拍摄取景。9 月，市台联成功为台湾郭氏宗亲会找到祖籍地；11 月，接待台湾国民党归侨联谊会名誉会长陈渭成率团参观国民党荣誉主席连战祖籍地马崎村。

2007 年，市台联接待全国台联举办的“海峡西岸台胞青年夏令营”一团 200 多人，到连战祖籍地——龙海马崎村开展活动。是年，市台联提出《农村小学教育资源整合问题》等建议、提案得到重视和采纳。

1993—2007 年，市台联先后推荐台胞 2 名当选漳州、龙海市人大代表，12 名受聘为漳州（2 名）、龙海市政协委员；参与视察调查、参政议政，收集社情民意和社会热点、难点问题，为龙海经济发展和社会进步建言献策。接待来龙海寻根谒祖、探亲访友、旅游投资、协作交流和参观考察的来自台湾的同胞和居住大陆的台湾同胞 100 多个团队 2000 多人次；每年春节、中秋、重阳等节日，登门慰问年老、贫苦多病的台胞计 780 多人次；协助台胞解决生产、生活、就业、升学等困难 300 多起；协助台胞回大陆寻根、返台探亲、奔丧、定居、寻找失散居台亲人等 100 多起。

第五章　科学　文化　卫生团体

第一节　龙海市科学技术协会

一、组织机构

1993 年，市科技协会内设办公室、学会部、普及部和科技咨询服务中心。全市建立乡镇科技协会 16 个、村科普小组 310 个，市级学会（协会）有畜牧兽医学会、畜牧兽医协会、水利水电学会、农学会、医学会、水产学会、林学会、机械工程学会、地学会、养蜂协会、青少年科技辅导员协会、财政协会、会计学会、珠算学会、食用菌协会、化工学会、土木建筑企业协会、集体建筑企业协会、荔枝协会、电子工程学会、税务学会、企业管理协会、企业家协会计 23 个，会员 6449 人。

1999 年，市各类协会、学会整合登记为畜牧兽医学会、水利水电学会、农学学会、医学学会、水产学会、林学会、地学学会、青少年科技辅导员协会、财政协会、会计学会、珠算学会、建筑企业协会、电子工程学会、税务学会计 14 个；对原有农技协进行归并整合为 37 个镇一级或专业农技协会，会员 9402 人。是年，新建立登记环境保护协会、标准计量技术学会、造船工业协会。2000 年，新登记计算机协会、信息协会。2002 年，新登记工商行政管理协会、蔬菜协会、药品同业协会。2007 年，新登记老科技工作者协会、仓头奶水牛养殖协会、养鸭协会。

2007 年，市科技协会内设机构与人员不变；全市乡镇科协 14 个，村科协 37 个，企业科协 2 个（德鑫机械有限公司、九湖食用菌研究所），社区科协 4 个（石码镇解放北、紫云、人民西、港口社区）。

二、代表大会

1998 年 6 月，召开龙海市科技协会第三次代表大会，选举产生科协第三届委员会委员 43 人，常务委员 11 人，主席 1 人，副主席 3 人；陈中华任主席。

2004 年 8 月，召开第四次代表大会，选举产生科协第四届委员会主席 1 人，副主席 5 人；宋继勇任主席。同时，表彰科协系统先进集体 1 个、先进工作者 64 人。

三、主要活动

（一）科普宣传与人员培训

1993 年，市科协开展科普宣传 12 场次，并通过市电台《知识窗》举行科普宣传；造船工业协会与漳州渔船检验处联办质检员培训班、参训 63 人，船舶焊工技术培训班、参训 33 人。1994 年，土木建筑企业协会与厦门职专联办水电施工员培训班、参训 60 人，建筑施工员培训班、参训 84 人。1995 年，市科协开始组织一年一次的科普宣传周活动；举办 QC 质量管理培训班、参训 219 人。1999 年，举办“创新与科教兴市”为主体的科普，335 个单位、2675 人参加；市政府举办龙海市第二届（1995—1998 年度）优秀学术论文评选活动，优秀学术论文获一等奖 5 篇、二等奖 17 篇、三等奖 27 篇，并选送 14 篇论文参加漳州市评选。

2001 年，九湖百花园成为龙海市首个省级科普示范基地。2002 年，龙佳农业观光园成为省级科普示范基地；龙海一中、石码中心小学成为漳州市第一批科普教育示范学校。2003 年，举行“依靠科学、战胜非典”为主题的科技活动，市科协向乡镇、行政村、居委会发放防治“非典”科普挂图 1480 套，VCD 光盘 300 张，宣传资料 5.7 万份；在有线电视邀请专家讲授防治“非典”知识科普讲座 62 场次普及防治“非典”科学知识。是年，东园现代农业示范区与福建农大、省农科院联结；采取与农产品龙头企业和营销商签订订单农业等生产模式，建立现代农业生产格局，农产品大部分出口日本、美国和韩国等国家；西兰花、芥菜等 6 个品种获得绿色食品证书，31 个品种获得国家工商局注册“东园牌”商标；与漳州灿坤实业有限公司签订办学协议，分期分批开展机电一体化专业技能培训，为企业输送一线技术工人。2004 年，龙海市成为全国科普示范市、福建省首届科普先进市；东园现代化农业示范区成为国家级农业科普基地，紫泥甘文现代农业示范区成为省级科普基地；在电视台开辟《农民之友》栏目，编辑出版《龙海科协第四届优秀论文汇编》。2006 年，市科协举办学术年会，有 12 篇论文入选论文集，4 篇在漳州市学术年会上宣读；龙海市获得第二届（2006 年）科普先进市称号。

2007 年，举办“提升科学素质，共建和谐海西”为主题的科技活动周。是年，科普服务站已覆盖 70% 行政村，有宣传栏 102 个、宣传员 792 人；全市建有 1 个国家级科普示范基地，3 个省级科普教育基地，2 个漳州市科普示范基地，5 个科普示范乡镇，98 个科普示范村，3 个科普示范社区，5 所科技教育示范分校；建立水产生态养殖，金定鸭原产地保护、生产及加工，莲藕观赏园和省级红树林保护示范园 4 个科普示范基地。

1993—2007 年，累计招收培训学员 22888 名，结业率高达 90% 以上。其中，有 1500 多名学员成为“田秀才”“土专家”和专业户，6400 多名学员成为科技示范户，有 2139 名学员获得农民技术职称。

（二）咨询服务与技术推广

1993 年，市科协继续推广蘑菇二次发酵等技术，全年种植蘑菇 600 万平方米。1994 年，市水产协会引进台湾卵形鲳鲹，在卓崎试养推广；食用菌协会推广蘑菇红沙壤土覆盖工艺技术。1995 年，开辟漳州市首个食用菌栽培技术咨询服务热线。1998 年，开办水产科技“110”服务网。1999 年初，组建农作物、果树、食用菌、畜牧兽医和蔬菜 6 个专业的科技“110”联动网，聘请 6 个专业的 4 名高级、8 名中级职称科技人员为主体的科技服务队伍，于 7 月 1 日正式启动；10 月，实现与市政府社会联动服务“110”联网。开通“6529110”服务热线电话，接待群众电话咨询、来访咨询、答疑解惑，赴现场技术指导，解决生产中遇到的技术难题。至 2000 年，科技“110”已接受咨询 1.4 万多人次、下乡 1510 人次，办班 86 期。2007 年，农村科技“110”联动服务网拥有 163 名中级以上科技人员，遍布全市 14 个乡镇。

（三）青少年科技教育活动

2001 年，市科协组织高中部 14 名学生参加全国青少年计算机奥赛，获第一名 1 人；组织初中生、小学生参加漳州市计算机奥赛（分区）获一等奖 4 人。2002 年，市科协组织小学生参加全省第三届计算机奥赛（分区）获一等奖 4 人。

2003 年，组织参加全省第三届小学生计算机奥赛获一等奖 4 人。2005—2006 年，组织青少年参加漳州市级以上各项竞赛有 216 人获奖。其中，全国一等奖 3 人、三等奖 7 人；省级一等奖 2 人。2007 年，全市有科技教育示范学校 5 所，其中漳州市级 2 所，辅导员 163 人；市科协组织中小学学生参加省级以上信息学奥林匹克和学科竞赛，以及青少年科技创新大赛，有 77 人获奖，其中获全国一等奖、二等奖各 2 人，获省级一等奖 2 人。

第二节　龙海市文学艺术界联合会

一、组织机构

1993 年，龙海市文联列为科级事业单位，配备专职副主席 1 人，工作人员 3 人；有书法、文学、美术、摄影、民间文学、电影、戏剧、音乐、舞蹈 9 个工作者协会，会员 578 名。2007 年，市文联设专职主席 1 人、副主席 4 人。有文学、美术、书法、戏剧、音乐、舞蹈、摄影、诗词、交谊舞、电影、民间文艺和角美镇文联、九湖镇书画社 13 个协会，会员 1000 余名。其中，市文学协会有会员 60 人，市美术协会有会员 83 人，市书法协会有会员 92 人，市戏剧协会有会员 45 人，市音乐协会有会员 55 人，市舞蹈协会有会员 60 人，市摄影协会有会员 35 人，市诗词协会有会员 52 人，市交谊舞协会有会员 45 人，市电影协会有会员 40 人，市民间文艺协会有会员 15 人。

二、代表大会

1999 年 12 月，召开第五次文联代表大会，出席代表 74 名，选举产生市文联委员 18 名；主席蔡海龙，副主席 3 名。2007 年 12 月，召开第六次文联代表大会，出席代表 88 名，选举产生市文联委员 18 名；主席颜耀辉，副主席 4 名。

三、主要活动

1993 年 6 月 28—30 日，市文联组织撤县设市书画展，征集全国名家题贺字画 100 余幅，并举行公开展览。2000 年，《漳州市美术书法摄影全国会员精展》暨龙海市美术、书法、摄影作品展在市侨联商厦举行，共展出作品 200 件；市文联协助市委宣传部完成“漳州市千米长绢书画卷”（龙海部分）。2001 年，会员姚溪山的作品《生命》获省文化厅现代戏剧本征文二等奖；《龙海书法》刊物出版。是年，会员海迪创作的中篇小说《四方粮行》发表于《福建文学》。

2002 年，《海峡都市报》连载连月美纪实文学《龙江人寻找龙江颂》；市文联与漳州市青年书法家协会举办“龙海市青年书法作品展”。

2003 年，为纪念龙海撤县建市 10 周年举办大型“书画摄影作品展”；文联承办龙海市青年歌手大赛，130 人参加比赛。是年，由市文学协会主办的《龙海文学》刊物创刊。

2004 年元宵节，市文联会同市委宣传部举办“龙海市首届民间民俗文化节”系列活动，有“棚仔艺”“大鼓凉伞”“大车鼓”表演和“现代民间绘画”“民间剪纸”展览等 16 个项目。是年，市文联与市委宣传部联合举办龙海市首届“多棱杯青年舞蹈大赛”。

2005 年，与市委宣传部联合开展“龙海市首届百花文艺奖评选活动”，有 51 人获奖；与市委政法委举办“平安龙海”大型文艺晚会，并开展“平安龙海”征歌活动，录制 5 首获奖歌曲。

2006 年，市文联组织全市美术、书法作品 104 幅，参加“漳州市首届美术书法大赛暨两岸书法精品展”。其中许海泉草书作品获金奖，杨晋轼行书作品、林玉梅楷书作品获铜奖。

2007 年，市文联成员、诗人老皮举办老皮诗歌朗诵会；夕阳美舞蹈队赴泰国参加比赛获奖。2003—2007 年，每年元宵节举办全市青少年歌手赛。

第三节　龙海市农村卫生协会

一、组织机构

1993 年，龙海市农村卫生协会配备专职人员 2 人；下设 17 个乡镇（场）分会，会员 1347 人。2007 年，市农村卫生协会配备专职人员 3 人；下设 15 个乡镇（场）分会，会员 983 人。

二、代表大会

2006 年 4 月，市农村卫生协会举行第三届会员代表大会，出席代表 94 名，听取审议《农村卫生改革和建议》工作报告，通过《龙海市农村卫生协会章程》；选举产生会长陈丁俊和副会长 3 名，理事 31 名。

三、主要活动

1993—1997 年，市农村卫生协会协助市卫生局核发乡村卫生所（室）“医疗机构执业许可证”406 家、“医生执业证书”436 人。

1993—2000 年，市农村卫生协会参与组织免费为 600 名乡医进行医疗基础知识培训，每人参训 3 年，每年为期 4 个月。1998 年，配合市卫生局对全市村级卫生机构实行人员、业务、药品、财务一体化管理改革，对村级卫生所（室）进行整顿审批发证。当年经市卫协审查，市卫生局核准发给“医疗机构执业许可证”706 家、“医生执业证书”948 人。

1997—2003 年，参与市卫生行政部门整顿规范医疗市场秩序工作，检查 4422 家次，没收不合格药品 4120 件，取缔无证行医 221 家，停业整顿 68 家，警告、批评、教育 431 家。

2003 年，实施静脉输液技术准入制度，市农村卫生协会配合市卫生局对乡村医生进行静脉输液培训 6 班 360 人，经考核合格 326 人；联合市卫生局开展创建甲级村卫生所（室）活动。

2005 年，实施乡村医生享受政府津贴补助，第一批 401 名。2007 年，第二批 73 名乡村医生，享受政府每月 60 元津贴。

第四节　龙海市计划生育协会

一、组织机构

1993 年，龙海计划生育协会有专职干部 1 人，乡镇（场）计生协 17 个、村（居）计生协 311 个、企事业单位计生协 27 个；会员 54242 人。1996 年，全市有乡镇（场）计生协 15 个，村级计生协 273 个。1998 年，全市重新登记会员 76603 人，会员小组 2184 个。2001 年，乡镇（场）计生协编制核定角美、榜山、海澄 3 镇各 2 人，其他乡镇各 1 人。是年，市计生协配专干 2 人；乡镇计生协 15 个，村级计生协 244 个，会员 48141 人，会员小组 1943 个。2004 年，市计生协编制 5 人。2007 年，无变动。

二、代表大会

1996 年 4 月举行第三次市计划生育协会会员代表大会，选举产生第三届理事会理事 30 名；会长杨英古和副会长 6 名。2003 年 5 月举行第四次会员代表大会，选举产生第四届理事会理事 25 名；会长郑古发和副会长 4 名。同时，表彰 15 个先进单位、30 名先进工作者。

三、主要活动

（一）学习交流

1993 年 8 月，漳州市计划生育协会在龙海市召开基层协会发挥“三自”作用暨海澄经验交流会。

1996 年 5 月，在华东地区计划生育协会第九次协作片会议上，市计生协作题为《实施“613899”工程推动计划生育工作上新水平》的经验介绍。

1998 年 9 月，龙海市委、市政府在东园镇召开“三为主”现场会，推广东园镇指挥网络、基础网络、管理网络和监督网络建设经验。

2000 年 4 月，市计生协在市委党校举办首批村级会长优质服务培训班。2006 年，市计生协开始举办每年一次的女组长演讲比赛。

2007 年 8 月，市计生协出台《关于进一步做好“幸福工程”工作的意见》，并由龙海市委、市政府两办转发至各乡镇（场）。

（二）计生救助

2004 年 3 月，龙海市开始实施幸福工程救助项目，采用市财政配套、慈善总会资助、社会抚养费划拨、干部职工捐献一日所得等形式，多方筹措项目资金 105 万元。2007 年 8 月，以榜山镇为试点开展“生育关怀行动”，首期募集项目资金 20 多万元。至 2007 年底，自筹项目资金 301.8 万元，滚动发放 234.3 万元，救助计生贫困母亲家庭 489 户，脱贫率 87.6%，还款率 100%。

（三）创建活动

1994 年，市计生协开展会员大整顿活动，在整顿中“劝退”不合格会员 4720 人。1998 年 2 月，龙海市委、市政府在隆教乡召开计生服务管理小组建设现场会。是年，全市创建协会小组 2056 个，占村民小组总数 96.17%。2001 年 5 月，龙海市委办公室、市政府办公室发出《关于进一步开展“双创”活动的实施意见》。2006 年，在全市开展“十、百、千、万”争创活动，即创建十个先进乡镇协会，百个高标准的一流村（居）协会，千个“五好小组”，帮扶万个计生户。

2007 年，全市共有乡镇（场）计划生育协会 15 个，村（居）计划生育协会 274 个，企业计划生育协会 10 个，会员小组 1943 个；会员 84584 个。全市创建先进乡镇计生协会 4 个，一流村居计生协会 127 个，合格村居计生协会 139 个，“双创”达标率 97.08%；“五好小组”1082 个，占小组总数 55.69%。34 个村级计划生育协会配备电脑，实行微机管理。

第六章　公益性团体

第一节　龙海市慈善总会

一、组织机构

2004年6月9日，龙海市慈善总会成立，选举产生首届组成人员82人；张水湖、宋兆培、王新辉、张俊达当选会长；杨溪峰、宋龙驱为名誉会长；毛群结、黄绍基、吴灿坤为荣誉会长。市慈善总会下设办公室，办公室内设宣传、财务和服务3个职能部门。

2007年5月24日，龙海市慈善总会举行换届，选举产生第二届组成人员89人；王新辉、许秉生、宋兆培、张水湖、张俊达、施文裕、高龙山、高德平、康清泉、蔡土木当选第二届会长；杨溪峰、苏森荣为名誉会长；毛群结、吴灿坤为荣誉会长。

二、主要活动

(一)募集活动

2004年，龙海市慈善总会共募集善款1082.5万元。2005—2006年，募集善款1936.28万元。其中在2005年10号强台风后10多天中，社会各界捐献1213.83万元、大米170吨。2007年，募集善款387.85万元。2004—2007年，社会各界捐款捐物价值3527.68万元。其中累计捐善款上百万元的有福建多棱钢业集团有限公司、石码高龙山、龙海市华艺钟表有限公司、福建省海新集团有限公司。

(二)慈善活动

2004年，市慈善总会拨出20万元资助380名在校贫困生；拨出8万元资助200名80岁以上的特困老人；拨出10万元资助贫、难侨；拨出84.5万元在紫云公园建设海新园、休闲小木屋、健康走廊等景点及角美镇龙田村幼儿园、石码镇内社村村道。2005年，针对10号珊瑚台风灾害，救助倒房重建、损房修复666户、救助受灾群众12720人，救灾善款550万元；拨出善款90万元重建、修复中小学校舍70所、救助受灾学生2319名；帮助东泗乡、海澄镇、程溪镇修农村公路4条36.1公里，拨付善款210万元；拨付善款180万元帮助除险加固水库、山塘5座、水闸5座，修复防洪堤决口12处660米、海堤塌坡3处845米、倒虹吸管1处100米。全年共拨出1030万元。

2007年，拨出善款扶贫救困17.97万元；救助112名贫困白内障患者做复明手术11.2万元；协同残联购置残疾人轮椅100台赠给100名残疾人；资助贫困学生及部分学校配置教学设施91.24万元；支持海澄镇黎明村、角美镇龙田村老年活动中心建设等44.8万元；购置3部救护车（100万元）赠送市第一医院、第二医院和中医院，购置消防车4部（283万元）装备市消防大队；捐资近千万元建设紫云公园。

三、龙海慈善日

2004年6月7日，市第十四届人大常委会第四次会议通过将每年的6月9日定为“龙海慈善日”。每年慈善日前夕都成立“慈善日”纪念活动组委会，市长担任组委会主任，举行各界慈善日纪念活动。2005年、2006年的慈善日，开展千人登山、联欢会、植纪念树、无偿献血和千人献爱心捐款等活动，分别接受捐款138.4万元和212.08万元。

2007年6月9日，市五套班子及来宾1000多人在市锦江影剧院召开市慈善总会成立3周年暨龙海慈善日纪念大会，举行消防车、救护车、残疾人轮椅捐赠仪式，以及文艺演出等活动。

第二节　龙海市红十字会

一、组织机构

1993年，龙海市红十字会有专职干部1名，由市卫生局代管；基层组织57个，会员6248名。2006年，改由市政府领导，会长由市领导兼任，设常务副会长（副科级）1人。2007年，市红十字会有专职干部1人；基层组织33个，会员2963人。

二、历届理事会

1993年就任第四届理事会，会长郑古发，副会长2名，理事12名。1999年11月就任第五届理事会，会长宋龙驱，副会长3名，理事13名。2002年10月就任第六届理事会，会长陈华，副会长2名，理事13名。2005年4月就任第七届理事会，会长汪莉莉，副会长3名，理事13名。2007年5月就任第八届理事会，会长郭丽月，副会长3名，理事13名。

三、主要活动

（一）救灾救助

1994年9月、11月，龙海境内受第13号台风和地震灾害，市红十字会2次接受香港红十字会救灾药品总值28183元，棉被590条总值32450元，分给11个乡镇卫生院，由17支医疗队开展肠道病防治，棉被分发重灾区5个乡镇，受益群众67590人。1995年12月，市红十字会被中国红十字会评为先进集体。1997年11月，龙海接受省红十字会救灾大米9吨，救助洪涝严重的颜厝镇，受益人口1690人。1998年，长江特大洪涝灾害，市红十字会募集51368元，衣物4490件，送往灾区救助受难群众。2002年8月，龙海接受中国红十字会救助第12号强热带风暴受灾的药品、食品、服装、生活用品等物资578件，总值11.2万元，救助4个乡镇42个村，受益群众3822户；9月省红十字会领导到程溪东马村了解灾情，援助维修校舍资金5000元。2005年1月，市红十字会募集60726元，通过中国红十字会转交印度洋灾民。是年8月，第10号强热带风暴袭击龙海，造成历史罕见灾害，市红十字会接受省红十字会救灾消毒剂总值42000元；漳州灿坤集团捐赠大米70吨，价值16.8万元；程溪、紫泥镇34个村受益人口1万多人。2006年5月，“珍珠”台风灾害，龙海接受厦门红十字会救助物资、漳州灿坤集团捐赠大米120吨，总值33万元，分发程溪、九湖等6个乡镇，救助受灾群众3万多人。2007年1月，市红十字会资助1000元救助颜厝中心小学患有白血病学生；11月，海澄中学红十字会募捐1.7万元，救助颅脑出血学生。

（二）救护培训

1993—2007年，市红十字会为机动车驾驶员、企业员工、消防干警、学校师生开展现场救护培训班100多期，受训9400人次，发放急救员证8143本。

（三）遗体和器官捐献

2003年4月7日，石码印尼归侨夫妇邱振兴、陈瑞琴向市红十字会申请，并办理捐献遗体公证手续。2007年，邱振兴病逝，把遗体捐献给漳州卫生职业学院作教学之用，为龙海首例遗体捐献者。

（四）无偿献血和造血干细胞捐献

1994年5月7日，市红十字会第四届第三次理事会部署发动会员、公民参加无偿献血。1995年“5·8红十字日”，有4名公民无偿献血1200毫升，为龙海市首批无偿献血者。1998年5月8日，市长康君福、副市长周阿份等46人到中心血库无偿献血。1999年，响应福建省青年志愿者万人爱心献血团活动，有乡镇、学校、机关58个团委352名青年志愿者参加爱心献血签名。2004年，全市有9个乡镇和武装部分别举行“农村好风尚、农民争献血”等活动。1995—2007年，全市有9806人次参加献血。自2001年起无偿献血占本市临床用血 90%—129%，基本满足临床用血需要。

（五）闽台事务

文化交流　1993 年，市红十字会接待法师释开封率领台湾高雄龙发堂大乐团一行 120 人，在锦江影院举行文化交流活动。1998 年 5 月，接待台湾大宗医学院博士黄伯超一行 3 人，到海澄黎明寻根谒祖。2001 年 6 月，接待金门红十字会会长王水彰一行 30 人到瑞竹岩、白礁慈济宫参访。2004 年 11 月，市红十字会会长陈华等赴金门与金门红十字会参访交流。2005 年 11 月，市红十字会接待金门红十字会原副会长许金龙一行 3 人，到程溪镇人家村寻根谒祖。

医疗救助　1997 年 11 月，市红十字会与市台办、边防大队见证接回因海难沉船被台湾东碇士兵救起的高坑村民康某、李某 2 人。2000 年 7 月，市红十字会副会长周亚森率 48 名志愿者到中心血库为台胞潘柏树无偿献血抢救治疗。2003 年 7 月，协助危重患者、台胞陈某办理紧急返台就医手续。2004 年 2 月，与金门红十字会携手调处闽龙渔 4052 号渔船被澎湖“升宏泉”号渔船撞沉，致伤 2 人的重大海难事件，办理家属 2 人入台护理伤员，达成“升宏泉”号船主负担伤者在金门治疗一切费用（约 22 万新台币）和赔偿沉船经济损失等人民币 5 万元的协议。2005 年 5 月，协助处理彰化县大村乡黄某到大陆认领“海漂尸”案相关事宜；11 月，与金门红十字会携手处理紫泥下楼村民江某海难事件。2006 年 7 月，处理下楼村民朱某在厦金海域捕鱼作业被金门驻军枪伤事件。2007 年 3 月，请求金门红十字会协助查寻在厦金海域作业的闽龙渔 08730 号渔民许某夫妇失踪一事，查明该渔船因动力故障飘到金门岸边，并助其安全返乡。

第三节　龙海市残疾人联合会

一、组织机构

1993 年，龙海残疾人联合会，编制 3 人，为副科级事业单位，由民政局代管；有 16 个乡镇残疾人联合会。1994 年，成立龙海市政府残疾人工作协调委员会，成员由市民政局、财政局、地税局、文体局、卫生局、教育局、残联等 17 个单位组成，周阿份任主任；下设办公室，残联负责办公室日常事务。1996 年，市残联与民政局脱钩，机构单列，干部参照公务员管理。2000 年，成立龙海市助残联络总站，各乡镇成立助残志愿者联络站。2001 年，市残联机构升格为正科级。2004 年，成立龙海市残疾人康复服务中心；经市政府协调划拨，市残联从知青大楼迁至石码通华大厦 3 楼。2007 年，市残联下设办公室、就业宣教科、康复中心；全市有各类残疾人 48748 人。

二、代表大会

1993 年 10 月，龙海市残疾人联合会第二次代表大会在龙海宾馆召开，出席会议代表 80 名（其中残疾人代表 42 名，占 52%），列席代表 40 名。大会选举产生第二届残联主席团委员 37 名，市委常委、副市长周阿份当选为主席；推举理事长 1 人，聘请市委书记黄浦江为名誉主席。

2000 年 9 月，龙海市残疾人联合会第三次代表大会在龙海宾馆召开，出席会议代表 80 名（其中残疾人代表 43 名，占 54%），列席代表 25 名。大会选举产生第三届残联主席团委员 39 名，副市长宋龙驱当选为主席；推举理事长 1 人，聘请市委书记吴志明为名誉主席。

三、主要工作

（一）康复工作

1993 年，市残联完成 16 个乡镇残疾人普查工作，分门别类、建档立卡；对 96 名白内障患者施行复明手术；为孕妇和婴儿发放碘油丸 5000 粒。2006 年，龙海市被民政部、卫生部、中残联确定为开展全国残疾人社区康复示范区培育活动和创建白内障无障碍工作试点单位，成立康复技术指导中心，下设肢体、

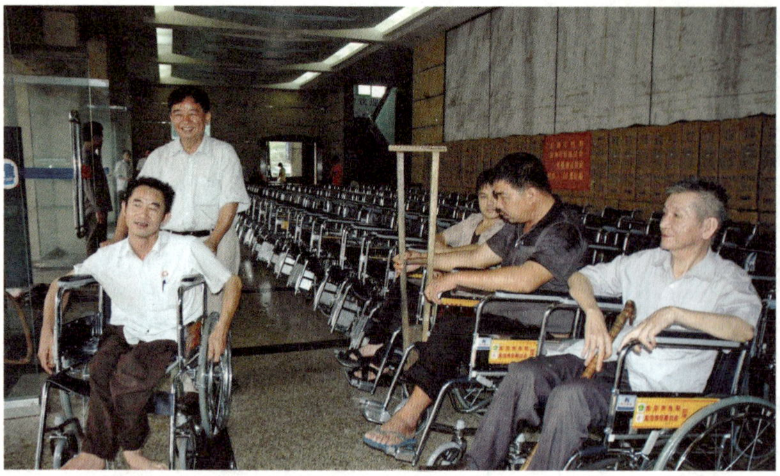
图 18-2　市残联向残疾人赠送轮椅（市残联提供）

精神、视力、听力、智力 5 类残疾人康复技术指导组和残疾人器材供应服务站。各乡镇卫生（院）服务中心建立康复室、配备康复员；各村（居）建立康复站、配备康复协调员。2007 年，龙海市被民政部、卫生部、中残联评为“全国残疾人社区康复示范区”。

1993—2007 年，免费为贫困白内障患者实施复明手术 1943 例；开展精神病防治工作覆盖人口达 65 万人，占全市人口 83%；对 1050 名重度精神残疾人实施免费服药救助；为 100 名精神病人建立家庭病床；配合卫生部门，对全市新婚育妇、孕妇、6 岁以下婴儿等共 62500 人次实施服用碘油丸进行补碘；对小儿麻痹患者、麻风致残患者实施矫正手术 294 例；为 320 多名贫困重度肢体残疾人赠送轮椅 200 部和辅助工具 120 多件；赠送听力残疾人助听器 110 个，为 7 名聋童配置王永庆“启聪行动”人工耳蜗；帮助肢体残疾人安装假肢 18 人次；为 100 多位肢体残疾人建立简易的家庭康复训练点。全市有 13865 名有康复需求的残疾人得到不同程度的康复训练和康复服务，投入康复资金 200 多万元。

（二）残疾人就业与救助

1993 年开始，市残联在每年春节多方筹措资金，到各乡镇走访慰问贫困残疾人。1995 年，龙海市开始实施按比例安置就业工作，征收“残疾人就业保障金”。

2005 年，由市地税局代征“残疾人就业保障金”。2006 年，征收残疾人就业保障金 150 万元。

2007 年，为 19 户因台风受灾倒房的贫困残疾人补助建房款 16.5 万元；全市征收残疾人就业保障金 186 万元。

1997—2007 年，全市共征收残疾人就业保障金 610 多万元；举办残疾人实用技术培训班 17 期，受训残疾人 983 人次；在全市 14 个民政福利工厂集中安置 710 名残疾人劳动就业。全市有劳动能力和就业需求的残疾人 14600 人，通过集中安置、分散就业、个人自谋职业等方式帮助 13524 名残疾人劳动就业。

（三）残疾人教育

1996 年，市残联协助教育部门，办好石码育智特教学校。石码育智特教学校配备 4 名教师，有 11 名智残儿童在校就读，实行九年义务教育。2007 年，石码育智学校有 7 名教师，26 名学生。截至 2007 年，全市残疾儿童随班就读 1372 人，入学率 90% 以上；举办智残儿童、聋童和家长培训班 6 期，受训 268 人，促进残疾儿童的学前教育；配合高招部门，帮助 11 名考上大专院校残疾人入校学习；配合慈善总会资助 29 名困难残疾学生完成高等教育学业。

（四）维权工作

1998 年，市残联实行残疾人来信来访“首问制”。2003 年 4 月，成立“龙海市法律援助中心残联援助站”。至 2007 年，市残联接受 113 人次的残疾人法律咨询；为 30 多位残疾人进行法律援助，维护残疾人的合法权益；为 2286 名享受“低保”的残疾人发放“法律援助证”。

（五）残疾人成才获奖

1996 年，残疾人剧作家姚溪山被评为漳州市专业技术拔尖人才，破格晋升为国家二级编剧。2005 年，市残联拍摄的电视专题片《同一片蓝天下》获福建省好新闻三等奖。2006 年，残疾人运动员魏燕平在亚洲远南残运会游泳项目勇夺“一金两银”，入选参赛北京残奥会。

1993—2007 年，龙海选送 35 名残疾人运动员参加漳州市、福建省及全国、远南残疾人运动会，获得 10 金 15 银 3 铜，共 28 块奖牌。

第四节　龙海市老龄工作委员会

一、组织机构

1993 年，市老龄委配专职干部 3 人，有委员 23 人；设名誉主任 2 人、主任 1 人、副主任 6 人，均由离退休的原县处级领导担任，原市政协主席杨英古担任主任。全市 16 个乡镇和市经委、财委、农委都成立老龄委；281 个行政村和 22 个居委会都建立老年协会。1996 年 10 月，龙海市对老龄委进行调整，设名誉主任 1 人、主任 1 人、副主任 5 人，杨英古续任主任。1997 年 6 月，市直机关机构改革，确定市老龄委为负责全市老年人群众性组织，由中共龙海市委领导；事业编制 4 人，其中副科级领导职数 1 人。2001 年，由常务副市长林小煌兼任主任，分管副市长宋龙驱兼任常务副主任，政府办、组织部、民政局、劳动局等部门的领导担任副主任，民政局长兼任办公室主任，18 个成员单位领导任委员；新一届市老龄委确定市直机关各党委老龄委主任由该委的分管领导兼任，乡镇场老龄委主任由退居二线的原乡镇领导担任。2003 年 6 月市直机关机构改革，市老龄工作职能、人员编制划入民政局，老龄委人员配备不变。2004 年 5 月，市老龄委由市委常委、副市长宋龙驱兼任主任。2007 年 5 月，由副市长苏森荣任主任。

2007 年，全市 14 个乡镇老龄委主任中正科级 6 人、副科级 8 人；277 个村（居）、作业区老年协会中由国家退休干部和老村干担任会长为 225 人。

二、主要活动

1994 年，龙海市成立老年社会福利基金筹集委员会。1997 年，经市民政局登记成立市老年福利协会，业务主管部门为市老龄委，主要任务是筹集和管理老年福利基金，倡导、组织和兴办老年福利事业，开展老年学研究，为老龄事业和老年人服务。1998 年，开始为 91 人次百岁老人办理每人每月 100 元的寿星补贴；同年，市老龄委出台关于贯彻《老年法》的实施意见。1999 年 2 月，市老龄委主任杨英古获全国重视老龄工作功勋奖。2004 年，由市慈善总会牵头，福建永大集团出资 8 万元资助全市 200 名特困老人。2005 年，角美镇政府被全国老龄工作委员会表彰为全国老龄工作先进单位。2007 年，全市建设老年活动阵地 542 个，面积 57137 平方米。

1993—2007 年，全市有 30 个村（居）分别被授予省、漳州市敬老模范村（居）称号；有 13 所老年学校被定为漳州市老年教育示范点。1997—2007 年，市老年福利协会共筹资 228 万元，全部投入建设位于紫云公园的市老年公寓，占地 1.17 公顷，建公寓楼 7 幢 3132 平方米及室外配套设施等项目。

第五节　龙海市关心下一代工作委员会

一、组织机构

1993 年，龙海市关心下一代协会与老协会、计生协会合署办公。下辖乡镇场关心下一代协会 21 个，村关心下一代协会 264 个；会员 22445 人。1994 年，龙海市关心下一代协会更名为龙海市关心下一代工作委员会。1996 年 10 月，市关工委与计生协会、老龄委分开，独立办公，配备工作人员 3 名。1997 年，市关工委内设三委一团。1998 年，全市乡镇村校关工委 362 个、工作队 6 支，成员 5741 人。2004 年，市关工委设 3 委 3 团，即农村科技委员会、校外辅导家教委员会、扶贫助学委员会、报告团、关爱工作团、劳动就业服务团，成员 55 人。2007 年，市关工委内设机构不变；全市 16 个乡镇场、12 个市直机关（系统）、257 个村居、34 所中学、21 所小学中心校和 122 个机关、企事业单位建立关工委；312 所小学和部分机关企事业单位建立关工小组。全市关工委和关工小组成员共4500人，建立有宣传报告员、农村科教员、关爱帮教员、校外辅导员、家教员、文化市场监督员6支队伍，成员7900人。

二、主要活动

1993年，龙海市中小学开学时，除邀请法制副校长到学校开讲法制讲座外，还普遍开设法制教育课，对青少年进行法制教育。1995年，市关工委结合纪念抗日战争胜利50周年，组织报告员进村（居）、进学校、进楼院，向广大青少年作报告。2000年，市关工委被中国关工委评为全国关心下一代先进集体。2006年，市关工委建立市、乡镇场和村（居）关爱工作团、组，壮大帮教关爱员队伍。

2007年，全市帮教、关爱组织520个，帮教关爱员2500人，形成三级帮教关爱工作网络；有市、镇乡、村居、学校及个人建立的扶贫助学奖学奖教理事会68个，筹资600多万元，每年扶助贫困生和奖励优秀生1500—2000人，发放资助、奖励金60万—80万元；建有港尾南炮台国防园、九湖邹塘王占春纪念馆、龙海一中红军楼、李林展览馆、榜山龙江风格纪念馆等13个德育基地。

第六节　龙海市消费者权益保护委员会

一、组织机构

1993年，龙海市消费者权益保护委员会有办事员3人，下设14个分会。2005年，市消委会与市工商局“12315”消费者申诉举报服务台合署办公，实行“两个牌子、一套人马”。2007年，市消委会有专职人员3人。在全市14个乡镇和双第、龙池设立16个分会；在行政村、社区、学校企业、商场设立339个消费者投诉站和12315联络站；聘请816名社会监督员，形成全市消费者权益保护网络。

二、全体委员会

1993年3月，召开第二届委员会会议，参会委员39名，选举产生会长林亚泉和副会长4名，常委21名，聘请名誉会长2名。1998年3月，召开第三届委员会会议，参会委员57名，选举产生会长黄财福和副会长15名、常委13名，聘请名誉会长4名。2006年7月，召开第四届委员会会议，参会委员46名，选举产生会长韩炳坤和副会长15名、常委10名，聘请名誉会长4名。

三、主要活动

1993年，市消委会及各分会以“3・15”活动为契机，组织法律知识竞赛，举办真伪商品展览，召开各界人士座谈会，举办电影、文艺晚会，出动宣传车，与市电视台、广播站联合开辟“以案释法”普法、消费知识等专栏和讲座，普及“消费者权益保护法”。1997年，市消委会获福建省工商局、省消委会“1995—1997年度全省保护消费者合法权益先进集体”称号。

2002年，市消委会与市工商局举办“3・15”之夜文艺晚会，邀请歌唱家郭颂等作精彩表演。2003—2004年，市消委会出动宣传车50辆次，悬挂标语62幅，举行讲座16场，召开消费者座谈会18次，印发宣传材料2.5万份，宣传“绿色消费、诚信维权”知识。2007年，浮宫消委分会联合厦门大学法学院，走村入户送法上门，宣传消费维权法律法规和商品知识、消费知识。

1993—2007年，市消委会协助各有关单位捣毁制假窝点220处，协助查获一大批假冒伪劣商品以及制假工具，案值9821万元。市消委会及各分会共受理投诉、举报4189件，解决率98%以上，为消费者挽回经济损失807.51万元；设立“便民服务点”，免费为29716人次消费者提供咨询等服务；上门开展消费环境、公共服务行业、食品安全等调查16次；开展“讲诚信、树形象”系列活动，全市先后有780家企业被省、市各级消委会评为诚信单位。

卷十九

人事　劳动和社会保障

REN SHI LAO DONG HE SHE HUI BAO ZHANG

1993—2007年，龙海市着力实施党政机构改革，不断完善干部录用、管理、退休，工人就业、技能培训，以及与之配套的工资制度改革，扩大社会保障面，解决群众后顾之忧，保障经济持续发展和社会和谐稳定。

1993年，全市干部10106人，其中党员干部2843人，占干部总数28.1%；大专学历以上4804人，占干部总数47.5%。2007年，全市干部10162人，其中党员干部3934人，占干部总数38.7%，比1993年提高10.6个百分点；大专学历以上7358人，占干部总数72.4%，比1993年提高24.8个百分点。15年间，在创新人事干部制度改革中，增强干部队伍的生机和活力，使干部队伍在政治素质、知识结构等方面更加合理、优化。

1993年，开始启动龙海人才市场，不定期举办人才集市及人才招聘会。1998年开始，逢每月28日定期举办人才市场交流会。至2007年，举办112期人才交流会，参会单位有1200家，为企业输送1.2万人。通过一系列的职称评聘工作，稳定专业技术人员队伍，确认评审和申报各类专业技术资格11616人，其中高级719人、中级3299人。

1993年，劳动部门取消按计划指标招工，企业用工通过市场调节配置，招聘人员。之后，市政府重视解决就业问题，发挥政府职能的作用，实现培训需求与培训资源的有效对接。1997年，成立龙海市职业技能培训中心，推行职业资格证书制度和技术工种持证上岗制度。15年间，安置农村和外来劳动力就业63.49万人次、城镇待业人员6.89万人、下岗职工1.71万人；农村劳动力转移培训人数5.1万人，城镇下岗及失业人员培训人数2.19万人。

15年间，先后建立城镇居民基本医疗保险、新型农村社会养老保险和城镇居民社会养老保险等重要制度，覆盖城乡居民的社会保障体系框架基本形成，由单一保障向多层次保障的根本性转变。至2007年，参加农村养老保险45572人，企业养老保险参保职工81279人，医疗保险参保人员37426人，失业保险参保职工25589人，工伤保险参保职工40026人，生育保险参保人员18682人。

第一章 机 构

第一节 编制管理机构

1993 年，龙海市机构编制委员会办公室为正科级单位，与市人事局合署办公，配备主任 1 人。1997 年 5 月 12 日，龙海市事业单位登记管理中心成立。

1999 年 3 月，龙海市机构编制委员会办公室更名为中共龙海市委机构编制委员会办公室，同时加挂龙海市人民政府机构编制管理办公室的牌子，负责全市行政管理体制、机构改革和管理机构编制工作。2001 年 2 月，龙海市事业单位登记管理中心更名为龙海市事业单位登记管理局。2007 年，龙海市事业单位登记管理局机构规格升格为副科级；编制 6 名。

第二节 干部管理机构

1993 年，龙海市人事局内设 5 个股室；编制 18 名，在编 18 人。下属人才交流服务中心和机关事业单位社会保险公司 2 个股级事业单位。

1997 年 6 月，市人事局内设综合股、调配教育股、考核任免股、工资福利股、职称股和退休干部管理委员会办公室（副科级）。

2002 年 7 月，龙海市人事局与龙海市劳动和社会保障局合署，内设秘书科、专业技术人员管理科、录用调配管理科、考核奖惩任免科、工资福利科和退休干部管理委员会办公室（副科级）。

2004 年 6 月，成立龙海市人事争议仲裁委员会，办公室设在市人事局，为股级科室。

2007 年，市人事局内设 6 个股室，在编 17 人；市人才交流服务中心干部 5 人。

第三节 工人管理机构

1993 年，龙海市劳动局内设秘书股、调配股、工资股、仲裁股、安监股（包括安全办）；行政编制 16 名，工勤人员 1 名。同年 4 月，成立劳动管理监督大队。挂靠单位有工人技考办、技工学校招生办、劳动仲裁委（办）、劳动鉴定委（办）、安全委（办）。局所属基层单位有劳动服务公司（包括劳动力市场）、社会劳动保险公司、知青服务社、工业设备维修公司、龙海技工学校。

1997 年 10 月，劳动管理监督大队更名为劳动监察中队。2000 年 6 月，成立龙海市医疗保险管理中心。2002 年 11 月，市劳动服务公司更名为市劳动就业中心。

2003 年，市劳动局更名为市劳动和社会保障局。同年 5 月，在 15 个乡镇场设立劳动保障事务所；9 月，市农村社会养老保险管理中心从市民政局划入；11 月，市机关事业单位社会保险管理中心从市人事局划入；12 月，社会劳动保险公司更名为社会劳动养老保险管理中心。

2004 年 9 月，注册成立龙海市劳务派遣有限公司。2005 年，33 个社区居委会建立社区劳动保障工作站，招聘工作人员 33 名。

2007 年，市劳动和社会保障局内设综合科、劳动就业和培训科、劳动工资科、劳动仲裁监察科、社会保险科、劳动监察大队；在编 12 人。下辖市机关事业单位社会保险管理中心、劳动就业中心、社会劳动养老保险管理中心、医疗保险管理中心、农村社会养老保险管理中心、劳务派遣有限公司、知青服务社、龙海技工学校和 15 个乡镇场劳动保障事务所，33 个社区劳动保障工作站。

第二章　编制管理

第一节　机构设置与改革

1993 年，全市新增股室 94 个，其中公安局 2 个、角美开发区 1 个、劳动局 1 个、计生委 17 个（流动人口管理站和 16 个乡镇计生办）、民政局 2 个、交通局 1 个、教育局 1 个、建委 4 个、农委 1 个、农机站 16 个（16 个乡镇农机站）、水产局 15 个（乡镇水技站）、广电局 15 个（乡镇广电站）、文化局 16 个（乡镇文化站）、土地局 1 个、机关事务管理局 1 个。

1995 年，制定《龙海市党政机构改革方案》。1996 年 9 月，中共漳州市委、市政府正式批准龙海市的机构改革方案；中共龙海市委、市政府下发《方案实施意见》《关于市级党政机构开展“三定”工作的意见》《关于部委办管理机构的设置及有关问题的意见》《关于市级党政机构改革中科股级干部职能的设置意见》《关于党政机构改革中人员分流问题的意见》5 个文件。

1997 年 3 月，机构改革试点在角美镇先行；4 月市级机构改革付诸实施；6 月市级党政群机关“三定”（定职能、定内设机构、定人员编制）方案审批。当年，市级党政群机构设置 35 个（不包括部委办管理与合署挂牌），比原来的 69 个减少 34 个。乡镇党政机构设置 6 个，比原来减少 12 个。同年 10 月，下发《龙海市机构编制委员会关于加强龙海市党政群机关、事业单位机构编制管理的通知》，对增设机构、增加编制等事项作出明确规定。

1999 年，原有 7 个刑警中队调整合并成 5 个中队。2002 年 7 月，中共龙海市委设工作机构 9 个，其中监察局与纪律检查委员会合署办公；市委机要局、市保密局并入办公室对外挂牌；社会治安综合治理委员会办公室与政法委员会合署办公；台湾工作办公室加挂政府台湾事务办公室牌子；机构编制委员会办公室加挂市人民政府机构编制办公室牌子；政策研究室并入市委办公室；机关效能建设办公室、效能投诉中心挂靠在市纪委、监察部门；市委组织员办公室挂靠在市委组织部。同年，市委部门管理机构 3 个，其中信访局由市委办公室管理为主，老干局由组织部管理，精神文明办公室由宣传部管理。市委议事协调办事机构 1 个，即市委农村工作领导小组办公室。市政府设工作部门 24 个，其中劳动和社会保障局与人事局合署，对外侨务办公室与政府办公室合署，农业局加挂乡镇企业局牌子。市政府部门管理机构 4 个，其中粮食局、物价局由发展计划局管理，文化体育局由市政府办公室管理，安全生产监督局由经济贸易局管理。市政府议事协调机构 2 个，即国防动员委员会人民防空办公室和支前双拥工作领导小组办公室。乡镇党政工作部门设社会事务、村镇建设、经济发展、计划生育、农业、党政 6 个办公室，其中设立社会治安综合治理委员会办公室与社会事务办公室合署办公；角美镇被列入省小城镇机构改革试点，增设政法办公室（综治办与其合署）、城镇管理办公室。

2003 年 3 月，市委和市政府工作部门、管理机构、议事协调机构，以及法院、检察院和 14 个乡镇完成职能配置、内设机构、人员编制“三定”工作，并付诸实施。

2004 年 3 月，9 个市直群团组织机构改革方案开始实施。同年，角美工业综合开发区和角美镇整合，设立龙海市角美工业综合开发区，实行“一套班子，两块牌子”机制。开发区党委会、管委会为龙海市委、市政府派出机构，管委会规格为副处级。

2005 年 3 月起，各乡镇机关、事业单位停止增设机构，提高机构规格。

第二节　人员编制

1993 年，从市、乡镇两级党政机关编制中调剂 50 名编制，成立市公安巡警大队。事业编制倾向农业、教育，新增人员编制 462 名，其中乡镇农业机械管理站 39 名、乡镇水产技术推广站 31 名、教育 392 名，占全年全市事业单位新增编制总数 530 名的 87.2%。核定 1993—1994 学年教职工编制总数 7153 名，比上学年增加编制 392 名，其中中学 2570 名、小学 4330 名、幼儿园 253 名。

1997 年机构改革，市级党政群人员编制核定 730 名，比原有 977 名减少 247 名；14 个乡镇的行政、事业编制和镇办临时人员精简至 1389 名，比原有 1720 名减少 331 名，其中核定行政编制 640 名，比原有 770 名减少 130 名。

2001 年 4 月，核对机关事业单位人员编制和在职人员，党政群机关（含二个省级开发区）在职人员 709 名，乡镇机关 540 名，合计 1249 名；政法系统在职人员 666 名。

2002 年 5 月 10 日，实施《龙海市党政机构改革方案》，党政群机关行政编制 1370 名，按 22% 精简后为 1069 名，扣除垂直管理机构（工商局、地税局、质量技术监督局、药品监督管理局）编制 73 名后为 996 名，其中市直机关 510 名、乡镇机关 486 名。同年，党政群机关在职人员 706 名，乡镇机关 515 名，政法系统在职人员 657 名。事业单位编制总数为 12806 名，在职实有人数 11122 名，其中财政预算编制人数 1.14 万名，占编制总数的 89%；实有人数 10062 名，占在职实有人数 90.47%。经费自理（企业化管理）编制人数 1406 名，占编制总数的 10.97%；实有人数 1060 名，占在职实有人数的 9.53%。中小学、幼儿园编制 7508 名，占编制总数的 58.62%；实有人数 7072 名，占在职实有人数的 63.59%。

2004 年 3 月，9 个市直群团组织人员编制按 30% 精简，共精简编制 18 名。

2005 年 3 月后，凡满编和超编的单位一律不准调进人员，缺编单位需要补充的人员，乡镇机关必须在现有机关人员中调剂解决，乡镇事业单位在现有机关和事业单位人员中调剂解决，确保乡镇机构编制和财政供养人员在“十一五”期间只减不增。同年，全市不在岗人员 23 名，由不在岗人员单位上报人事部门处理。2006 年，根据《中共漳州市委、漳州市人民政府关于支持重点乡镇卫生院建设的意见》，放宽县级以上医疗机构卫技人员的编制。

2007 年，贯彻《地方各级人民政府机构设置和编制管理条例》，完善人员编制“实名制”，推行事业单位人员聘用制，办理 10318 人次的聘用手续。全市行政编制 1061 名，其中市直单位 575 名、乡镇单位 486 名。

第三节　事业单位登记管理

1993 年，全市事业单位 531 个。1997 年，成立市事业单位登记管理中心，开展全市事业单位法人登记。同年 6 月开始对市属事业单位进行登记。1998 年完成全市 640 个事业单位登记工作。

1999 年，市事业单位登记管理中心对 626 个事业单位实施年检，按国务院颁发的《事业单位登记管理条例》规定开展申请登记和验证，并启动计算机网络录入相关材料。

2000 年 10 月，事业单位开展申请登记和换证，并启动计算机网络录入相关材料。

2001—2002 年，完成全国首轮事业单位登记 654 个，对事业单位名称、地址、职能、法定代表人实行动态管理。

2003—2004 年，举办 6 期核编软件培训班，建立机构编制动态管理平台，完成机构改革“三定”方案，参训人数200多人。2005年，符合事业单位年检512个。

2006年2月20—27日，举办事业单位网上登记管理培训班4期，每期2天，200名事业单位经办人员参加培训；事业单位年检除小学（不包括中心小学）外，实行书面与网上受理同时进行的方式。

2007年，全市事业单位509个；事业单位新登记3个，法定代表人变更23个，住所变更3个，举办单位变更1个，补办法人证书3个；完成全市509个事业单位年检任务，年检合格率100%。

第三章　干部管理

第一节　干部队伍

一、干部数量

1993年，全市干部10106人，其中党政机关1976人，占干部总数19.6%；文教单位5450人，占53.9%；其他部门2680人，占26.5%。

1996年，步文、郭坑镇划归龙文区管辖，全市干部9073人，比1993年减少1033人。其中，党政机关1683人，占干部总数18.5%；文教单位6268人，占69.1%；其他部门1122人，占12.4%。

2007年，全市干部10162人。其中，行政机关干部1726人，占干部总数17%；事业、企业单位干部8436人，占83%。行政机关干部中市直机关1254人、乡镇机关472人，其中有处级干部及以上28人、乡科级正职166人、乡科级副职412人。事业单位干部8194人，其中管理干部615人、专业技术人才7579人。

二、干部构成

（一）性别构成

1993年，全市干部10106人。其中，女性3048人，占干部总数30.2%；男性7058人，占69.8%。

1997年，全市干部10032人。其中，女性3686人，占干部总数36.7%，比1993年提高6.5%；男性6346人，占63.3%，比1993年减少6.5%。

2004年，全市干部10086人。其中，女性4201人，占干部总数42%，比1997年提高5.3%；男性5885人，占58%，比1997年减少5.3%。

2007年，全市干部10162人。其中，女性4449人，其中在行政机关208人、事业单位4186人、企业单位55人，占干部总数44%，比2004年提高2%，比1993年提高13.8%；男性5713人，其中在行政机关1518人、事业单位3939人、企业单位256人，占56%，比2004年减少2%，比1993年减少13.8%。

（二）年龄构成

1993年，干部中35岁以下5100人，占干部总数50.5%；36至40岁1130人，占11.2%；41至50岁2094人，占20.7%；51至60岁1782人，占17.6%。1997年，干部中35岁以下5852人，占干部总数58.3%，比1993年提高7.8%；36至40岁834人，占8.3%，比1993年减少2.9%；41至50岁1921人，占19.2%，比1993年减少1.5%；51至60岁1425人，占14.2%，比1993年减少3.4%。

2004年，干部中35岁以下5082人，占干部总数50.4%，比1997年减少7.9%；36至40岁1432人，占14.2%，比1997年提高5.9%；41至50岁2191人，占21.7%，比2001年提高2.5%；51至60岁1381人，占13.7%，比2001年减少0.5%。

2007年，干部中35岁以下4283人，占干部总数42.2%，比1993年减少8.3%；36至40岁1842人，占18.1%，比1993年提高6.9%；41至50岁2484人，占24.4%，比1993年提高3.7%；51至60岁1553人，占15.3%，比1993年减少2.3%。

（三）文化构成

1993年，干部文化程度大专以上4804人，占干部总数47.6%；中专4410人，占43.6%；高中及以下892人，占8.8%。

1997年，干部文化程度大专以上4441人，占干部总数44.3%，比1993年减少3.3%；中专4795人，占47.8%，比1993年提高4.2%；高中及以下796人，占7.9%，比1993年减少0.9%。

2004年，干部文化程度大专以上6378人，占干部总数63.2%，比1997年提高18.9%；中专3164人，占31.4%，比1997年减少16.4%；高中及以下544人，占5.4%，比1997年减少2.5%。

2007年，干部文化程度大专以上7358人，其中在行政机关1366人、事业单位5916人、企业单位76人，占干部总数72.4%，比1993年提高24.8%；中专2368人，占23.3%，比1993年减少20.3%；高中及以下436人，占4.3%，比1993年减少4.5%。

（四）政治构成

1993年，中共党员干部2843人，占干部总数28.1%。1997年，中共党员干部2152人，占干部总数21.5%，比1993年减少6.6%。2004年，中共党员干部3765人，占干部总数37.3%，比1997年提高15.8%。2007年，中共党员干部3934人，其中在行政机关1485人、事业单位2330人、企业单位119人，占干部总数38.7%，比1993年提高10.6%。

（五）民族构成

1993年，少数民族干部120人，占干部总数1.2%。1997年，少数民族干部149人，占干部总数1.5%，比1993年提高0.3%。2004年，少数民族干部166人，占干部总数1.7%，比1997年提高0.2%。2007年，少数民族干部195人，其中在行政机关31人、事业单位163人、企业单位1人，占干部总数1.9%，比1993年提高0.7%。

1993—2007年龙海市干部情况表

表19-3-1　　单位：人

年份	干部总数	其中			文化程度			年龄				分布		
		女性	中共党员	少数民族	大专以上	中专	高中及以下	35岁以下	36岁至40岁	41岁至50岁	51岁至60岁	党政机关	文教	经济部门
1993	10106	3048	2843	120	4804	4410	892	5100	1130	2094	1782	1976	5450	2680
1994	10464	3229	2807	122	4886	4662	916	5466	1112	2116	1770	2022	5653	2789
1995	10600	2734	2307	104	4558	5315	727	5245	1901	1859	1595	1734	6943	1923
1996	9073	3702	2500	138	3129	5033	911	4287	919	2103	1764	1683	6268	1122
1997	10032	3686	2152	149	4441	4795	796	5852	834	1921	1425	1433	7699	900
1998	10327	3975	2057	153	4522	5056	749	6379	838	1940	1170	1411	8061	855
1999	10248	4135	2167	157	4594	4907	747	4667	3224	1301	1056	1263	8242	743
2000	10351	4266	3268	160	4705	5050	596	5815	2073	1682	781	1223	8488	640
2001	10255	4406	3513	169	4936	4884	435	5747	2041	1813	654	1100	8554	601

续表 19-3-1

年份	干部总数	其中			文化程度			年龄				分布		
		女	中共党员	少数民族	大专以上	中专	高中及以下	35岁以下	36岁至40岁	41岁至50岁	51岁至60岁	党政机关	文教	经济部门
2002	9900	4250	3405	173	4851	4632	417	5441	2004	1813	642	1041	8380	479
2003	9695	4138	1797	29	4491	4567	637	5255	1361	1752	1327	1035	8207	453
2004	10086	4201	3765	166	6378	3164	544	5082	1432	2191	1381	1629	8128	329
2005	9840	4063	3671	171	6761	2494	585	4693	1634	2219	1294	1615	7947	283
2006	10131	4303	3730	192	7132	2493	506	4667	1724	2349	1391	1704	8159	268
2007	10162	4449	3934	195	7358	2368	436	4283	1842	2484	1553	1726	8194	242

第二节　干部录用

一、大中专毕业生分配

1993年，分配非师范类大中专毕业生158人。同年，办理47名计划内自费大中专毕业生为录聘用干部。

1994年，分配非师范类大中专毕业生221人(其中本专科毕业生51名，中专毕业生170名)。

1995年，非师范类国家统配生的就业派遣160名，其中有计划内自费毕业生推荐就业75名；农村户口的计划内自费毕业生农转非70名。

1996年，从应届大中专毕业生中，择优招收录用符合条件的国家公务员30名，充实公安队伍。安排非师范类国家统配生163人，推荐安排计划内自费生103人，审核审批办理中专毕业生见习期满转正定级230人。

1997年，安排毕业生在教育系统中小学校任教131人；安排非师范类国家统配生169人；推荐计划内自费生87人。

1998年，毕业生就业形势更加严峻，按上级政策规定，实行在国家就业方针、政策指导下，毕业生在一定范围内自主择业。同年7月起，每月举办一期的“毕业生就业洽谈会”，引导毕业生采取“双向选择”的办法就业。

2000年，机关事业单位中自然减员的183个岗位于9月公开实行招考。1999—2000年，接收3批选拔生26人。

2006年，开始接收“三支一扶”（支农、支教、支医和扶贫工作）毕业生到龙海市支农、支医工作；全年共接收5人。

2007年，接收 “三支一扶”毕业生7人到龙海市支农、支医工作。

二、招收聘用

1993年，招聘干部219人，按照“专业对口、切块分配”的办法，主要面向农林生产单位和医疗教育等一线单位。

1995年，录聘用6人，其中财政系统1人、文化系统1人、广播系统4人。

1998年，聘用国家干部17名，安排在事业单位和国有企业单位。同年20个中层职位公开实行竞聘，有74位民警参与，经笔试、演讲、面试、考核，11名民警、9名股级干部入聘；另外43名副股级、20

名正股级干部通过竞聘程序入聘；有 20 名原股级干部因身体、年龄或其他原因主动退出岗位。

1999 年，角美工业综合开发区管理管委会，实行中层干部职位公开选拔竞争上岗，有 4 个股级职位，10 名干部参加竞争上岗，其中 4 人通过笔试、面试考核中选；东泗乡 7 个股级职位，7 名干部竞争上岗。公安系统改革刑警用人制度，实行双向选择，竞争上岗；采取中队领导选民警、民警选中队领导的双向选择方式；有 33 名民警通过竞争后上岗。

2000 年 8 月，卫生系统首次进行公开招聘考试，公布岗位 118 名，招聘对象为未就业的大中专毕业生。经统一笔试、考核、体检合格后招聘 79 名。

2003—2004 年，考试招聘市第一医院医务人员 20 名，中学教师 30 名，幼儿教师 12 名，石码社区人员 30 名；招录事业单位工作人员 151 名；新进人员实行人事代理制，人事关系寄挂市人才交流中心；已有卫生、教育 167 名新进人员率先试行人事代理制。

2005 年，医疗卫生单位公开招聘，其中招聘本科毕业生不限龙海生源；公布职位 212 名，实际招聘 141 人，充实到各医疗卫生单位相关岗位。2005—2006 年，招录事业工作人员 201 人，其中招录卫生系统、畜牧兽医站、海洋与渔业执法大队、安全生产监察大队、技工学校、土地收购储备中心等事业单位人员 82 人。

2007 年，卫生教育等事业单位考试招聘干部 204 人。

三、军队转业干部安置

1993—1994 年，安置 27 名军转干部。其中 1993 年 13 人、1994 年 14 人。1995 年，指令性分配和推荐选用相结合，安置 16 名营职以下军队转业干部。1996 年，安置 12 名军转干部，并组织其参加上岗前培训。

1997—1998 年，安置军转干部 26 人；并解决医疗费分别为 8 万元。1998 年，安置团职军转干部 2 名；石码镇 8 名军休干部，有 7 名受聘在单位工作。

1999—2000 年，安置 28 名军队转业干部（团职干部 4 人），其中 1999 年安置 17 人，2000 年安置 11 人。2001—2004 年，安置军转干部 30 人，其中 2001 年 12 人、2002 年 7 人、2003 年 3 人、2004 年 8 人。2005—2006 年，安置军转干部 25 人。2007 年，安置军转干部 5 人。

四、干部公开考选

1993 年，考试录用国家公务员 11 人；考核录用干部 20 人（含工商、公安、法院系统和乡镇基层农业“六站”）；审批招聘干部 41 人。1994 年，经考试、考核录聘用干部 115 人。1997 年，考试招收 28 名公安警察。1998 年，考试录用国家公务员 24 人。同年首批面向社会公开招考录用 5 名科级领导干部；组织对公安局 20 个中层领导职位的公开竞聘。2000 年，考试招收 137 名事业单位人员，主要安排在农林水和卫生医疗等事业单位。2001 年，考试录用国家公务员 10 人。2003 年，考录公务员 23 人。2004 年，考试招收 89 名事业单位人员，安排在卫生教育等事业单位。2005 年，考试招聘卫生主管部门 99 名人员。2007 年，考试录用国家公务员 12 人。

第三节　干部培训

一、岗位培训

1993 年，举办公务员岗位知识培训班，培训内容有《行政管理概论》《法学基础与行政法》《公务员行为规范》等；培训分 3 期，每期 1 个月，1260 人参加培训，经考试合格，发给岗位培训证书。

1994—1996 年，对应过渡的人员分 24 期培训和测试，政府机关有 803 人（包括公安、司法专职在编）参加培训；有 3 人列为暂缓过渡，有 1 人不予过渡。

1997—1998 年，举办各种培训班 67 期，1.02 万人次参加培训；其中选调到科级以上干部 158 人，分

26 期参加省、市委党校干部培训学习。党校举办 26 期副科级以上干部培训班和 2 期 685 人的学历班；举办 8 期 1500 人次学党章、学邓小平理论及“三讲”（讲学习、讲政治、讲正气）辅导报告。其间，组织 3032 名青年干部参加英语学习考试，1631 名青年干部参加全国计算机等级考试。

2002 年，对市、乡镇两级行政机关公务员进行世界贸易组织知识和依法行政培训，参加培训 600 人次。

2003 年，组织公务员参加全省公务员依法行政通用法律知识考试培训，800 名公务员参加考前辅导班学习。

2004 年，1509 名公务员参加行政许可法和依法行政培训考试，成绩合格者 1445 人。同年举办 4 期公务员依法行政培训，1090 人参加考试，成绩合格者 1083 人。

2005 年，市直、乡镇国家机关公务员和行使行政职能事业单位管理人员参加电子政务培训，培训 26 批次，1386 人参加，参训率 95%；1248 人参加考试，合格达标率 98%。

2006 年，2008 名市党政群机关工作人员（包括省垂直管理单位）参加《公务员法》培训考试，考试合格率 99.75%。

2007 年，84 个行政执法单位，1533 名行政执法人员参加网络报考，要求执法人员学习《建设法治政府基本知识》读本。

二、专业再教育

1993 年，专业技术人员继续教育登记调查摸底、调研；做建立规范化专业技术人员继续教育登记制度的前期准备。

1994 年，制定《关于实行专业技术人员继续教育登记制度的通知》，建立继续教育证书，可连续记载专业技术人员接受继续教育情况。

1997 年，组织全市乡村医生进行 6 项业务和技能培训，课程 6 个月，以自学及面授相结合进行学习。

1998 年，举办教育、卫生、工程、会计等系列继续教育培训班 25 期，3450 名专业技术人员参加培训；举办 2 期 100 多人参加的职称外语考试培训。

1999 年，完善教育、卫生、工程 3 个继续教育基地的硬件建设，做到有牌子、机构、场所、师资、年度教学计划及课程安排，并建立专业技术人员继续教育档案。

2002 年，举办乡村医生“补课教育培训班”，将全市原 40 个个体开业医转纳乡医管理，进行乡医培训。

2005 年，继文化、统计、药检系列专业技术人员在办班培训后，原属财政部门管理的财会人员的继续教育，也纳入人事部门培训管理。同年，转发关于《龙海市乡村医生规范培训项目管理方案》，方案要求连续 4 年，每年用 10 天时间对乡村医生进行脱产集中培训。

2006 年，组织专业技术人员进行计算机应用能力报考，有 4014 人报名参考，完成初级职称人员培训考试 2057 人次。

2006—2007 年，非公有制企业（福建省华阳电业有限公司、福建省九龙建设集团有限公司、福建省泷澄建设有限公司）自主举办企业的专业技术人员继续教育初级培训班。

截至 2007 年，举办企事业单位的专业技术人员继续教育初级培训班 21330 人次。

第四节　任免与调配

一、任免

1993 年，市人事局任命股级干部 9 人，确定科员 34 人、办事员 8 人。

1994 年，任命股级干部 6 人，确定科员 25 人、办事员 9 人。

1995 年，任命股级干部 5 人，确定科员 77 人、办事员 8 人。同年，市委组织部、人事局印发《关于确认科员、办事员职务的实施意见》，规范机关事业单位科员、办事员职务办理的范围对象、资格条件及审批程序。党群系统干部任免由市委组织部管理外，新录用的国家公务员，试用期满后，由所在单位对其进行全面考核，提出评定和拟任职意见，再由市人事部门审核后任命。其中高中和中专学历任命为办事员，定为15级；大专学历任命为科员，定为14级；大学本科学历和研究生毕业者任命为科员，定为13级。

1997—1998年，提拔科级干部106人，其中正科级28人、副科级78人；非领导职务新提拔77名。

1999—2000年，提拔副科级以上干部144人（正科级33人、副科级111人）。其中大专以上124人，占86.1%；中级以上职称13人，占9%；新提拔正科级干部平均年龄40.5岁，副科级34.9岁。

2001年，提拔科级干部8人。2002年，乡镇换届选举，提拔科级干部156人，其中大专以上136人，占87.18%；中级以上职称21人，占13.4%，均高于当年科级干部的平均水平。

2003年，任免机关工作人员21人（次），其中人大机关工作人员1人（次），行政人员5人（次），司法人员15人（次）。1999—2003年，共确定科员78人。

2004年，任免机关工作人员58人（次），其中人大机关工作人员15人（次），行政人员27人（次），司法人员16人（次）。2004—2006年，任命股级干部59人，确定科员47人、办事员14人。

2007年，确定科员16人。

15年间，市人事局任命股级干部112人，免职11人；确定科员392人、办事员104人。

二、调配

1993年，办理干部商调手续18人，其中调出市外6人，市外调入12人。

1997—1998年，接受20名外地干部到本市交流、挂职、锻炼；选派5名年轻干部到外地挂职。1997年，抽调370名干部参加基层组织建设、新村建设及计生、综合治理工作队，选派39名大中专毕业生下乡担任村“助理”，27名机关干部下乡担任村支部书记，3名到企业担任挂职领导职务。同年调整科级领导干部198人，股级干部518人。1998年，调整科级领导干部68人，股级干部145人。

截至2007年，共办理干部商调手续219人，其中调出市外103人，市外调入116人。

第五节　考核与奖惩

一、考核

1993年，10106名机关事业干部、职工参加考核。其中，优秀1313人，称职（合格）8773人，不称职（不合格）20人。

1997年，对14个乡镇的党、政、人大班子成员，进行全面民主测评并推荐优秀科、股级干部；发放推荐表格1388套6940张，收回1384套6920张。同年，参加机关事业单位工人技术等级岗位考核1343人，获证书有高级472人、中级544人、初级327人。

1998年，机关2名工作人员考核不称职，事业单位29名工作人员没有按时参加年度考核，在当年调资中不能晋升工资。2001年，全市参加考核人数12347人。2002年，改进年度考核办法，把年度考核与机关效能考评合为一体，实现考核并轨一考多用。2003年，与市委组织部、纪检监察、效能办形成共识，制定《龙海市机关工作人员绩效考评实施方案》，建立工作实绩台账，强化科学管理。

2004年，机关事业单位参加考核人数12929人。其中，优秀等次1620人，占实际参加考核人数的12.53%；称职（合格）11164人，占86.35%；基本称职（基本合格）5人，占0.04%；不称职（不合格）33人，占0.25%；不定等次107人，占0.83%。

2006年，机关事业单位人员12966人，不属考核对象229人，实际参加考核人数12737人。其中，优秀等次 1658 人，称职（合格）10895 人，基本称职（基本合格）1 人，不称职（不合格）6 人，不定等次 177 人。

2007 年，12801 人机关事业干部、职工参加考核。其中，优秀 1711 人，称职（合格）11068 人，不称职（不合格）22 人。

15 年间，机关事业单位干部职工实行一年考核一次，考核内容包括德、能、勤、绩 4 个方面，考核结果分优秀、称职（合格）、基本称职（基本合格）、不称职（不合格）4 个等次，考核优秀等次的比例按 15%（受县级以上表彰单位）、12% 和 10%（单位内有工作人员受党纪政纪处分的）分别予以确定。考核结果与个人工资晋级挂钩，连续两年考核称职（合格）以上的人员给予晋升职务工资一档，机关连续 5 年考核称职以上的人员给予晋升级别工资一档。

二、奖惩

1993 年，按照工资改革要求奖励工资给予冲销，实行各系统与人事部门共同表彰先进，对于省部级以上荣誉称号获得者，或是一次性由上级授予奖金，或是给予办理晋升一个级别工资档次。当年，有 4 位省部级表彰的先进工作者获晋升一个级别工资档次。

1997—1998 年，共发出专项函询 8 件，15 人次；进行干部问题专项调查 14 件，转纪委立案 2 件，查明事实 12 件，责成 5 人做出书面检查，提出对 1 名领导干部降职使用建议。其间，对 4 位被判处刑罚宣告缓刑的工作人员，按照法定程序安排不叙职的工作，发给临时工资；对教育系统 4 名严重违反计生政策法规的教师，给予行政上开除公职处罚；同时办理辞职 5 人，自动离职 5 人，辞退 2 人，停薪留职 3 人。

1999 年，对违反计划生育政策（含非法抱养、收养）的机关事业单位人员进行查处。其中，对 17 人开除公职，15 人开除留用处理。

2001—2002 年，查处 93 名违纪工作人员。其中，开除公职 8 人，缓刑 21 人，违反党纪处分 26 人，违反政纪处分 38 人。

2003—2004 年，查处 44 名违纪工作人员。其中，开除 4 人，缓刑 15 人，违反党、政纪处分 25 人。

2005 年，开除公职 1 人，行政记过 1 人；对被判缓刑的 1 人给予安排不叙职工作，发给临时工资；对缓刑期满经考察符合政策规定的 2 人，给予重新分配正式工作或享受有关的退休待遇；对受党纪处分 2 人，政纪处分 1 人（监察局处理）给予相应的行政惩戒，办理自愿辞职 4 人。同年，上报国家部委办各系统表彰先进集体 3 个，省直系统表彰先进集体 2 个，漳州市直系统表彰先进集体 4 个，本市直系统表彰先进集体 4 个；省直系统表彰先进个人 1 人，漳州市直系统表彰先进个人 11 人。2005—2006 年，对 61 名违纪工作人员给予相应的惩戒，其中办理自愿辞职 13 人、辞退 3 人。

截至 2007 年，市政府奖励表彰（含与同级党委联合开展的奖励表彰）41 次，奖励表彰的数量 2116 个，其中表彰奖励先进个人（先进工作者）1036 个，先进集体（先进单位）1080 个，获表彰奖励者享受的待遇，主要是授予光荣称号、荣誉证书和奖金。同时，对各级违法违纪失职干部进行惩处，市机关、事业单位违法违纪被处分（或处理）的干部职工有 293 人。其中，警告 14 人，记过 6 人，记大过 26 人，降级 18 人，撤职 49 人，开除留用 35 人，开除公职 45 人，判刑 86 人，自动离职 14 人。

第六节　人才交流

1993 年，启动龙海市人才市场，不定期举办人才集市及与有关部门联合举办人才招聘会。

1998 年 7 月起，每月 28 日定期举办人才交流会。当年共举办 6 期，进场用人单位 60 多家次、各类人才 700 多人。人才交流中心配备计算机，储存千份人才供需信息，随时为用人单位和人才提供信息查询。

1999 年，起草《引进高层次人才和青年专业人才的若干规定》。2000 年 7 月，出台《关于引进人才的若干规定》，提出相关优惠条件，为引进高层次人才创造条件；11 月，31 名本科毕业生安排在有缺口事业单位就业。1999—2000年，共举办23期，进场用人单位156家、各类人才2153人次。

2001年，简化引进急需的外地人才的办理手续；推荐本市未就业的本、专科毕业生；在后石电厂、灿坤企业集团、紫山集团、海新集团等大中型企业，建立重点项目定期联系制度，提供服务。当年为在灿坤企业集团就业的100多名毕业生办理人事代理。

图19-1　企业招聘会现场（市劳动和社会保障局提供）

2002年11月3日，举办大型人才洽谈会，为参会50家企业、1500多名人才提供免费服务。在外地人才为龙海引进建设项目和提供各种科技信息资料56条。

2003—2004年，举办人才招聘会24期，参加用人单位540家次，吸收各类人才5400人次，并储存4500份人才供需信息。其间，对全市250多家国有、外资、乡镇企业的人才工作专题调研；摸清各类企业的人才情况，建立人事人才管理部门与企业联络机制；在龙池开发区、角美镇等举办管理人员专题招聘会，主动通知龙海籍历年来待就业毕业生300多人到场应聘。

2005—2006年，举办24期人才集市，参加招聘及委托招聘的企业有200多家，需求岗位2400多个，到非国有企业就业有1200多人；完善人才信息数据库建设，入库需求信息9600多条，求职信息7600多条，入库大中专毕业生档案有9370份；审核推荐具有较高层次的外语翻译人才22名，并建立人才后备储备库。2006年10月，在首场劳动力人才招聘会上，共有51家用人单位参加，提供岗位4589个，参会人员1222人次，达成协议631人次，其中下岗失业人员94人次，大中专毕业生271人次，农民工和外来劳动力159人次，其他人员107人次。

1993—2007年，举办112期人才交流会，参会单位有1200多家，为各类企业输送12008人；人事代理延伸到129个单位1580人。

第七节　职称评聘

一、评审管理

1993年，实行国务院转发《关于改革职称评审，实行专业技术职务聘任制的报告》，设立龙海市职称改革领导小组，有序开展职称评审工作。

1995年，评审通过初、中、高级职称1337人，其中初级职称1023人、中级职称187人、高级职称127人。

1997—1998年，经考核确认、评审通过初级职称3270人、中级职称762人、高级职称90人。

1999年，评审各系列专业技术人员2133人。

2000年，审核申报高级职称103人、中级职称525人、初级职称1363人。其中，大中专毕业生转正确认790人。

2002年，评审各系列专业技术人员1013人。

2004年，确认评审和申报各类专业技术资格1148人，其中高级职称129人、中级职称342人、初级职称677人；86人参加全国经济专业资格考试。

2005—2006年，审查申报专业技术职称及毕业生确认2431人，其中高级职称221人、中级职称1418人、初级职称792人。

至2007年，确认评审和申报各类专业技术资格11616人，其中高级职称719人、中级职称3299人、初级职称7598人。

二、聘任管理

1993年，有专业技术职务人员9929人。其中，高级职称117人，中级职称1849人，初级职称7963人。

1995年，规范技术人员办理职称资格和晋升专业技术职务增资，下发《关于办理职称资格证书和晋升专业技术职务增资时间的通知》。

1997—1998年，1262人次参加各类专业技术资格考试，成绩合格者257人，其中中级65人、初级192人。1998年，享有专业技术人员12004人，其中高级193人、中级2598人、助理级8213人、员级1000人。

1999年，59人晋升中级职称，平均年龄35岁，人员实行单列管理。

2000年，全市专业技术人才1.4万人。其中，享有高级职称370人，中级职称2560人。

2001年6月，卫生专业技术人员（中、初级）的专业技术资格开始采取全国统一考试，用人单位根据工作需要，从获得资格人员中择优聘任。

2005—2007年，推行专业技术人员评聘分开竞争上岗，按岗聘任工作机制；审查申报专业技术职称以及毕业生确认4027人，其中高级383人、中级1744人、初级1267人、毕业生确认633人。

第八节　离退休干部管理

1993年，凡已到规定退休年龄的干部，提前一个月发通知，当月办理退休手续，第二个月发退休金，核发全省统一制发的退休证。是年，办理退休人员119人，其中机关退休干部36人、事业单位退休退职干部59人、机关事业单位退休退职工人24人。

1994—1997年，各个年度办理机关退休干部分别是20人、34人、24人、33人，事业单位退休退职干部69人、92人、106人、121人，机关事业退休退职工人24人、30人、33人、42人。

1998年，办理245名干部退休，其中机关事业单位213人、企业单位32人。开展建卡登记汇总工作，落实退休干部“两个待遇”（政治待遇、经济待遇），接待来访退休干部和病休干部慰问活动，发放慰问金13.1万元。在重阳节期间，拨出4000元退管费，开展登山和门球活动。同年，对2623名机关事业单位退休人员进行调查核底，填写信息采集表，建立退休干部信息库。

2000年，办理224名干部退休，其中机关51人、事业134人、企业39人；完成164个机关事业基金单位，两年正常晋升一档离退休人员3150人。

2001—2002年，办理396名干部退休，其中机关84人、事业312人。

2003—2006年，各办理机关退休干部26人、51人、46人、41人，事业单位退休退职干部125人、161人、133人、121人，机关事业退休退职工人64人、63人、72人、119人。

2007年，办理退休人员279人，其中机关退休干部37人、事业单位退休退职干部118人、机关事业退休退职工人124人。

15 年间，全市机关事业单位退休人员 3110 人，其中机关退休干部 509 人、事业单位退休退职干部 1703 人、机关事业退休退职工人 898 人。同时在元旦、春节期间对全市退休干部开展慰问活动及发放慰问金；每年给行政机关退休干部订阅《福建老年报》《东南秋色》；组织退休人员参加有益老年活动。

第四章　工人管理

第一节　工人队伍

一、国有集体企业工人

1993 年，国有企业 100 家，从业人员 15784 人，其中长期工 14528 人、临时工 1256 人；集体企业 186 家，从业人员 8032 人，其中长期工 7230 人、临时工 802 人。

1998 年，国有企业 118 家，在册职工总数 9340 人，其中全民固定工 4992 人、集体职工 2798 人、合同制工人 1550 人；集体企业 161 家，职工总数 7415 人。

1999—2001 年，国有企业中离开单位保留劳动关系的职工人数分别为 4586 人、3498 人、3887 人，内部退养职工分别为 295 人、528 人、533 人，在岗人员分别为 8848 人、7401 人、6597 人；城镇集体企业中离开单位保留劳动关系的职工人数分别为 2516 人、1710 人、2150 人，内部退养职工分别为 151 人、154 人、241 人，在岗人员分别为 3168 人、2792 人、1968 人。

2002 年，56 家国有企业 3316 名下岗职工与企业解除劳动关系；一次性为解除劳动关系的失业职工支付经济补偿金 3246 万元（其中企业自筹资金解决 2616 万元、地方财政解决 450 万元、省拨补助资金 180 万元），人均享受经济补偿金 10331 元。

2003—2006 年，陆续为 3436 名直接裁员（含出中心欠发的 57 人）的职工发放经济补偿金 4036 万元（其中企业自筹资金 1812.4 万元、地方财政筹资解决 1192.8 万元、省拨补助资金 1030.8 万元）。

2007 年，国有集体企业资产通过政府收购、转让等形式盘活，筹措改制资金，完成蜜饯厂、花釉陶厂、地砖厂、酒厂、电机厂 5 家企业的改制任务；共安置职工、退休职工 1046 人，支付改制成本 2238 万元。

二、“三资”和港澳台企业工人

1993 年，外商企业 15 家，从业人数 1207 人，其中长期工 1042 人、临时工 165 人。港澳台企业 43 家，从业人数 1.01 万人，其中长期工 8823 人、临时工 1303 人。

1994 年，外商企业 12 家，从业人数 683 人，其中长期工 495 人、临时工 188 人。港澳台企业 109 家，从业人数 1.18 万人，其中长期工 8834 人、临时工 2926 人。

1996 年，引进“三资”和港澳台企业 130 家，主要是农业加工业，企业职工人数 1.83 万人，合同制职工 4069 人。其中，外商企业 20 家，职工人数 2054 人；港澳台企业 110 家，职工人数 1.63 万人。

2003 年，港澳台企业 107 家，职工人数 2.67 万人；外商企业 58 家，职工人数 7749 人。

2007 年，外商企业 80 家，职工人数 1.39 万人；港澳台企业 115 家，职工人数 3.27 万人。

截至 2007 年，批准引进外资企业 808 家，其中上规模外资企业 134 家 ，比 1993 年增加 604 家，增长 3.9 倍。“三资”和港澳台企业职工总人数 4.66 万人。

三、个体私营企业工人

1993年，全市个体私营工商企业14337家，从业人数29474人。其中私营企业136户，从业人数2001人。

1995年，全市个体私营工商企业21926家，从业人数62841人；个体私营工商企业有服装业、食品加工业、餐饮服务业、电子装配业、交通运输业、家具造船业、工艺品制造业及其他行业，其中家具造船业规模大数量多。

2005年，全市个体私营工商企业9924家，从业人数37142人。其中私营企业1055户，从业人数14337人。

2007年，个体私营工商企业13341家，企业职工人数51537人。其中私营企业1648户，从业人数24537人。

第二节　劳动就业与再就业

一、城镇失业人员就业

1993年，取消计划指标招工，由企业自主招聘人员；城镇登记失业率3.1%，安置城镇失业人员3478人。

1997年12月，成立"龙海市再就业领导小组"。1998年，中共龙海市委、市政府制定《龙海市进一步实施再就业工程意见》《关于做好国有企业下岗职工再就业和深化社会保险制度改革的实施意见》，出台29条优惠政策。1997—1998年，新增城镇就业9800人。

1999—2000年，安置城镇就业人数8980人。其中，安置失业人员1693人，困难职工2645人，富余职工1021人。

2001—2002年，由于取消外来工、农民工进城务工限制，全市面临着城镇下岗失业人员和外来劳动力流动就业高峰期压力；城镇登记失业率由2001年的2.75%上升到2002年的4.3%。2001年、2002年，分别安置城镇失业人员1610人、5601人。

2003—2004年，网上求职登记1.69万人，用工登记2.79万人，求职介绍成功1.42万人，城镇新增就业人数1.34万人，城镇登记失业率控制在4.2%以内。

图19-2　2006年劳动力人才招聘会（市人事局提供）

2005年，安置城镇失业人员5648人。城镇登记失业率分别控制在4.2%以内。

2006年，安置城镇失业人员6204人，城镇新增就业人数7949人。

2007年，安置城镇失业人员5920人，其中帮助城镇零就业家庭118户120人实现脱贫就业。同年，城镇登记失业率3.88%。

1993—2007年，安置城镇失业人员68880人。

二、下岗失业人员再就业

1993年，安置下岗失业人员再就业386人。

1994—1997年，安置下岗失业

人员分别是 422 人、550 人、580 人、830 人。

1998 年，城镇就业重点安置国有企业下岗职工再就业，对外来劳动力流动就业实行就业证、卡合一的审批管理制度。同年 8 月，成立国有企业下岗职工基本生活保障和再就业工作领导小组，建立解困工作机制和组织实施下岗职工再就业工程，成立市再就业服务中心和 23 个分中心。同时出台 39 条优惠政策，从税费、工商登记和社会保障等方面给予政策倾斜，增强下岗职工分流安置、企业吸纳下岗职工、下岗职工自谋职业和从事个体经营能力和保障力度。根据改革需要，全市 118 家国有企业 9340 名职工，有 50 家企业下岗职工 6050 人。为保障下岗职工基本生活和再就业，有 25 家企业建立再就业服务中心。对进入中心的 889 名下岗职工，每月发给基本生活费共 20 万元；对 72 家国有企业 797 名下岗职工发放帮困救济金 49 万元。

1999—2000 年，有 512 名下岗职工享受工商、税务部门的自谋就业的税费减免 28.4 万元；有 2560 名下岗职工接受免费职业指导登记；有 285 名接受免费转岗培训。两年安置下岗失业人员 2201 人。

2001—2003 年，将“4050”（即女 40 周岁，男 50 周岁）下岗失业人员列为重点援助对象，向龙岩地区长汀、永定等地组织劳务输出 3215 人；发放“再就业优惠证”896 本。685 名下岗失业人员享受工商税费减免 32.24 万元；1767 名下岗失业人员通过免费培训后再就业。3 年间，安置下岗失业人员 4254 人。

2002—2005 年，安置下岗人员分别是 1450 人、1054 人、1385 人、1634 人。

2006 年，安置下岗失业人员 1745 人；发放“再就业优惠证”278 本；841 名自谋职业的下岗职工享受税费减免 86.16 万元；844 名灵活就业下岗失业人员领取社保补贴 74.45 万元。

2007 年，安置下岗失业人员 2072 人；为符合申办条件的下岗失业人员发放“再就业优惠证”1457 本；享受税费减免 649 户 782 人，减免金额 66.8 万元；为 876 名灵活就业下岗失业人员发放社保补贴 42.05 万元；为 16 名下岗失业人员办理小额（担保）贷款 66.5 万元。

截至 2007 年，安置下岗失业人员就业 17109 人。

三、农村劳动力转移

1993 年，转移就业农村劳动力 2130 人。

1994—1999 年，转移就业农村劳动力分别是 2620 人、3200 人、3269 人、3575 人、3180 人、4206 人。

2000—2005 年，农村劳动力转移人数逐年递增，劳动力转移人数分别是 4687 人、5631 人、5960 人、6539 人、8500 人、8723 人。

2006—2007 年，中共龙海市委、市政府把组织实施农村劳动力转移就业工程列为为民办实事的重点项目之一，两年实现转移就业农村劳动力 19536 人。2007 年，帮助农村贫困家庭实现脱贫就业 975 户 1019 人。

截至 2007 年，转移就业农村劳动力 81756 人。

1993—2007 年龙海市城镇就业和农村劳动力转移情况表

表 19-4-1　　　　单位：人、%

年份	安置城镇就业人数			城镇登记失业率	农村劳动力转移人数
	合计	其 中			
		城镇失业人员	下岗失业职工		
1993	3864	3478	386	3.10	2130
1994	4652	4230	422	3.20	2620
1995	5049	4499	550	3.25	3200

续表 19-4-1

年份	安置城镇就业人数			城镇登记失业率	农村劳动力转移人数
	合计	其中			
		城镇失业人员	下岗失业职工		
1996	5763	5183	580	3.20	3269
1997	5180	4350	830	3.20	3575
1998	4620	3570	1050	3.00	3180
1999	4750	3729	1021	2.90	4206
2000	4230	3050	1180	3.00	4687
2001	3360	1610	1750	2.75	5631
2002	7051	5601	1450	4.30	5960
2003	7096	6042	1054	4.20	6539
2004	7151	5766	1385	4.18	8500
2005	7282	5648	1634	4.20	8723
2006	7949	6204	1745	4.10	9024
2007	7992	5920	2072	3.88	10512

四、外来人员就业

1993 年，安置外来人员就业 29676 人。其中，外省籍 17921 人，占外来人员 60.4%；外县市 11755 人，占 39.6%。就业去向：在“三资”企业 9962 人，占 33.6%；国有企业 241 人，占 0.8%；集体企业 1915 人，占 6.5%；乡镇企业 4068 人，占 13.7%；个私企业 12198 人，占 41.1%；其他企业 1292 人，占 4.3%；所从事行业有服装制鞋业、食品加工业、餐饮服务业、电子装配业、交通运输业、家具造船业、工艺品制造业及其他行业，其中服装制鞋业人员占外来人员总数 31.1%。

1997—1998 年，共办理“务工许可证”1.46 万份。外来劳动力的管理按照输出有组织、输入有管理、流动有服务、调控有手段、使用有合同、合同有鉴证、用工有监察的要求，加强规范化管理。

1999—2000 年，外来人员就业办证卡 1.51 万本，办证率 91%。

2005 年 2 月，首届大型龙海市春季企业用工招聘会，在石码锦江影剧院广场开幕，为期两天的招聘活动吸引 6250 名省内外农村劳动力和大中专院校毕业生前去应聘，提供就业岗位 8500 个，有 3625 名求职者与 58 家企业现场达成招聘协议。

2006 年 11 月 10 日，在劳动力人才招聘会上，159 名外来劳动力与用人单位达成协议。

2007 年，安置外来人员就业 52621 人，比 1993 年增加 22945 人。其中，在“三资”企业 25134 人，占 47.8%；国有企业 98 人，占 0.2%；集体企业 996 人，占 1.9%；乡镇企业 3962 人，占 7.5%；个私企业 17158 人，占 32.6%；其他企业 5273 人，占 10%。

1993—2007 年，全市累计安置农村和外来劳动力就业 63.49 万人次。

1993—2007 年龙海市外来人员就业情况表

表 19-4-2　　　　单位：人

年份	外来人员就业人数	务工者输出地		年龄结构						文化程度			所在企业性质						从事行业							
		外省籍	外县市	16–25 岁		26–35 岁		36 岁以上		大专	高中	初中及初中以下	三资企业	国有企业	集体企业	乡镇企业	个私企业	其他	服装制鞋业	食品加工业	餐饮服务业	电子装配业	交通运输业	家具造船业	工艺品制造业	其他行业
				小计	其中女性	小计	其中女性	小计	其中女性																	
1993	29676	17921	11755	16829	10528	9908	6518	2939	1468	152	3666	25858	9962	241	1915	4068	12198	1292	9215	10125	2531	2529	812	1835	2388	241
1994	31710	19343	12367	17628	11488	10140	6425	3942	1518	161	3933	27616	10297	235	1856	4191	12352	2779	10118	10226	2658	2595	925	2069	2733	386
1995	33528	20116	13412	18716	11522	12053	6612	2759	1830	159	4258	29111	11969	216	1672	4266	13147	2258	11246	10325	2592	2588	1028	2165	2665	919
1996	36115	22030	14085	19131	12211	12534	6735	4450	2061	163	4316	31636	12053	208	1681	4312	13215	4646	12618	10642	2618	2602	1019	2705	2565	1386
1997	37262	22996	14266	19815	12675	13052	6802	4395	2116	175	4622	32465	12855	195	1525	4565	12916	5206	12725	10853	2596	2625	1652	2697	2629	1485
1998	39156	24158	14998	20158	13016	13821	6915	5177	2655	167	4718	34271	13258	161	1496	4418	13652	6171	13582	11981	2602	2815	1595	2863	2597	1121
1999	41581	25780	15801	20916	13152	14615	7126	6050	3118	158	4623	36800	13669	152	1295	4623	12995	8847	13976	13269	2664	2816	1602	2918	2692	1644
2000	43267	26586	16681	22185	13968	15012	8053	6070	3206	182	4519	38566	14184	138	1362	4816	13055	9712	13952	14125	2758	2831	1815	3012	2715	2059
2001	44833	27163	17670	23058	14075	16153	8569	5622	2919	185	4486	40162	14692	126	1258	4692	12916	11149	14158	14632	2762	2869	1812	3055	2765	2780
2002	46159	29205	16954	24169	18059	17082	8828	4908	2811	173	4612	41374	15015	128	1252	4825	13292	11647	15621	14819	2733	2871	1905	3162	2788	2260
2003	47272	29791	17481	24822	17992	18165	8912	4285	2664	178	4765	42329	16221	119	1059	4963	13596	11314	15599	15285	2758	2863	1925	3234	2812	2796
2004	49195	31064	18131	25218	19114	17619	9026	6358	3092	174	4813	44208	18668	105	993	5128	14613	9688	13852	17623	2856	3015	2021	3356	2962	3510
2005	50732	31782	18950	26073	20216	18512	9651	6147	2963	188	4851	45693	21582	99	1061	4817	15759	7414	14628	18114	2865	3132	2158	3269	2955	3611
2006	51835	32053	19782	26962	21572	19216	10766	5657	2894	192	4933	46710	23629	102	1105	4625	16292	6082	15226	18212	2866	3165	2169	3306	3016	3875
2007	52621	32846	19775	27018	21665	18992	10518	6611	3153	190	5064	47367	25134	98	996	3962	17158	5273	15319	18715	2814	3226	2218	3318	3154	3857

第三节　职业培训与技能鉴定

一、就业培训

1993 年，采取自办和联合办班等形式，开办缝纫、打字、烹调、电工、电气焊、机械加工和家电维修等技术培训班。城镇下岗失业人员培训 1149 人、农村劳动力转移培训 2101 人。

1994—1996 年，城镇下岗失业人员培训分别是 1190 人、1320 人、1265 人；农村劳动力转移培训分别是 2770 人、2862 人、2308 人；共举办各类技术培训班 113 期，培训结业后推荐介绍到企事业单位就业 2604 人，培训就业率 71%。

1997 年，成立龙海市职业技能培训中心，推行职业资格证书制度和技术工种持证上岗制度。同年，城镇下岗失业人员培训 1292 人、农村劳动力转移培训 2160 人。

1999—2000 年，投入 20 多万元建设 3 个培训基地，形成包括缝纫、烹调、美容、美发、市场营销、机械、电脑、电工等 15 个专业的培训体系。两年举办培训班 262 期，5956 人参加，其中劳动部门培训 65 期，参训 1375 人；转岗培训 75 期，参训 1890 人。

2001—2002 年，城镇下岗失业人员培训 2600 人，农村劳动力转移培训 7610 人。

2003—2004 年，制定《农村劳动力转移培训方案》，对全市培训机构进行整合，建立村、镇、市三级培训体系，完善 18 个农村劳动力转移定点培训基地。两年城镇下岗失业人员培训 2755 人，农村劳动力转移培训 8015 人。

2005—2006 年，全市共举办各种类型的省内外农村劳动力职业技能培训 365 期 25091 人。其中省外及外县市农村劳动力技能培训 150 期 15029 人，本市农村和外来劳动力培训 195 期 10062 人，培训后实现转移就业 21717 人；再就业培训 75 期 3712 人，开展职业技能鉴定 27 期 1575 人。

2007 年，由市劳动就业培训中心牵头，全市 5 个实训基地、18 个农村劳动力转移定点培训机构及 6 个职业技能鉴定站，共举办各种类型的省内外农村劳动力职业技能培训 190 期 12642 人（其中省外及外县市农村劳动力培训 96 期 6317 人），参加培训结业后实现转移就业 11056 人。免费为农村劳动力开展职业技能鉴定 26 期 1003 人，合格人数 896 人。

1993—2007 年，全市农村劳动力转移培训人数 51024 人，城镇下岗失业人员培训人数 21905 人。

二、技能鉴定

1993 年，技工学校共招生 217 人，经技校技能鉴定 235 人。

1994—1996 年，技工学校共招生 330 人，经技校技能鉴定 640 人。

1997 年 1 月，成立龙海市职业技能培训中心和龙海市就业培训中心职业技能鉴定站。1997—1998 年，通过职业技能鉴定 88 人，其中美容美发有 66 人取得国家劳动部印制的中级技术等级证书，22 人取得初级证书；技校共招生 106 人，毕业 105 人，经技校技能鉴定 92 人。

1999—2000 年，两个技能鉴定站组织技能鉴定 347 人，其中经技校鉴定 300 人。

2001—2002 年，经技校进行技能鉴定 667 人。

2003—2004 年，职业技能鉴定 786 人。

2005—2006 年，开展职业技能鉴定 27 期，经技校鉴定 1575 人。

2007 年，由市劳动就业培训中心牵头，全市 6 个职业技能鉴定站，免费为农村劳动力开展职业技能鉴定 26 期 1003 人，合格人数 896 人。

第四节　劳务中介与派遣

一、职业中介

1993—1997 年，全市各个乡镇有各类职业介绍机构 28 家，共受理求职登记 26836 人次，企业用工登记 32565 人，推荐介绍就业 18032 人次，成功率 67.2%；共组织劳务输出 19679 人，劳务输入 9820 人。

1998—2000 年，各类职业介绍机构受理企业委托招工信息 1256 条，用工需求登记 26500 人，共推荐介绍劳动力就业 16690 人次；职业介绍服务中心与 14 个乡镇就业服务机构免费介绍城镇失业人员就业 3528 人，进城务工农村劳动力 6486 人。

2001 年，求职登记 8500 人次，企业用工登记 1.2 万人，推荐介绍就业 6130 人。

2002—2004 年，各类职业中介机构 43 家，介绍城镇失业人员和进城务工农民工就业 2 万多人次。

2005 年 2 月，首届大型龙海市春季企业用工招聘会在石码锦江影剧院广场开幕，提供就业岗位 8500 个，有 3625 名求职者与 58 家企业现场达成招聘协议。

2007 年，各类就业服务机构共实现求职登记 25689 人次，企业用工登记 28456 人次，成功介绍就业 23098 人次。同时还扩大省际劳务横向联系，与河南和四川省等十多个劳务输出市县的劳动保障部门签订 12 份劳务输出协议，引进省外劳动力 7629 人到龙海市就业，缓解企业用工难；举办 11 场劳动力人才招聘会，254 家参加招聘，24530 人次的城镇下岗失业人员、大中专毕业生、农村和外来劳动力参加招聘活动，有 4206 人应聘。

二、劳务派遣

1997 年，推荐派遣毕业生就业 356 人。

1999—2000 年，组织劳务输入 4465 名，其中对口帮扶 1381 名。2000 年，派遣建筑工人 15 人到国外，其中 8 人到新加坡、7 人到以色列。

2001—2002 年，有大中专毕业生 1443 人到民营企业就业，其中本科 96 人、大专 359 人；毕业生占企业单位从业人员 15.8%。

2004 年 9 月，龙海市劳务派遣公司成立，首批派遣 19 名“4050”国有企业下岗职工到厦门大学漳州校区担任学生公寓管理员。2006 年 11 月，首场劳动力人才招聘会上，大中专毕业生 271 人次与用人单位达成协议。2007 年，经审批有大中专毕业生 122 人到灿坤公司就业。

2004—2007 年，市劳务公司先后与河南、陕西、四川 3 省劳动部门、成都天一学院及福建省四海人力资源公司等建立劳务协作关系，引进 3800 多人到龙海市就业；与 70 多家用工单位签订劳务派遣、劳动保障事务代理协议；为 8000 多名劳动者提供派遣及劳动保障事务代理服务，并签订劳动合同，按时足额发放劳动工资。

第五节　劳动维权

一、劳动保障监察

1993 年，按《安全监察程序表》侧重对国营企业及集体企业实行全面的劳动安全监察。

1994 年，《福建省劳动监察暂行规定》颁布后，先后出动 700 多人次，进入 229 家企业劳动监察，监察率达 73.4%；发出监察指令书 54 份，自查表 248 份，提出整改意见 198 条，整改率 92%；发现并制止5起10人使用童工案件，处罚6000元；补办务工许可证1.39万份，收取用工管理费14万元。

1995年，《劳动法》颁布实施后，出动400多人次，对430家单位实行监察，其中乡镇、个私企业监察面80%；国有、集体、“三资”企业及较大的个私企业监察面100%；发出劳动监察自查表500多份，发出监察指令书75份，提出整改意见250条整改率90%以上；查出4家企业使用童工18人，责令辞退并依法给予处罚。

1996年，在“三资”企业、乡镇企业和个私企业检查用工、鉴定劳动合同、工人办理就业证及劳动工作时间等事项；普查65家，重查25家，发出自查表450份，提出整改意见230条，整改率95%。同年培训24名劳动监察助理员。

1997—1998年，劳动监察中队出动700人次，发出指令通知书60份，提出210条整改意见，整改率95%；协助解决企业劳动纠纷248起，解决拖欠工资近百万元，解决罢工事件4起1080人，受理各类劳动争议案件36起，结案率90%；接待企业职工来信来访878人次。

1999年，在“三资”企业、私营企业开展社会养老保险和失业的监察，发出整改指令书180份，提出整改意见360条；扩大养老保险、失业保险2871人，促进增收保险基金180万元。

2000年，要求94家企业为5000多名职工补缴养老保险，共征缴养老基金200多万元；受理举报、投诉34件，为劳动者追讨工资6.9万元。

2001年，联合相关部门检查职业中介市场及用人单位用工行为，检查用人单位120多家，职业中介12家；责令用人单位与5500多位劳动者补签劳动合同、清退非法使用童工7人，取缔3家非法职业中介；受理举报、投诉40件，办结100%；替4000多位劳动者追讨拖欠工资135多万元。

2002年，开展农民工权益保护专项检查活动，检查用人单位106家，发出《劳动监察限期整改指令书》26份；受理举报、投诉37件，办结100%；纠正用人单位各类侵害民工权益行为21件；责令用人单位与3500多位劳动者补签劳动合同、清退非法使用童工4人，为劳动者追讨工资30多万元。

2003年，清理整改劳动力市场，检查用人单位143家，涉及劳动者1.98万人；向用人单位发出劳动监察整改指令书85份；责令用人单位与劳动者补签劳动合同4200份。在“110”社会联动中接待受理投诉53件，办结率100%；为劳动者追发工资139.72万元，清退押金13.9万元；立案查处2件，罚款1.3万元。通过专项监察共责令3家非法职介停止中介活动，清退非法使用童工6名，责令用人单位为70名未成年工身体检查并补办未成年用工登记证；责令25家用人单位参加工伤保险，涉及劳动者3450人。

2004年，清理拖欠农民工工资为重点，检查用人单位278家，涉及劳动者2.83万人；向用人单位发出劳动监察整改指令书90份；责令用人单位与5100名劳动者补签劳动合同；受理投诉91件（办结89件），为2542名劳动者追讨工资309.98万元，为179位劳动者追返押金3.5万元。

2005年，清退非法使用童工19名；立案查处28件，处罚金额18.94万元，已入库16.64万元。

2006年，禁止使用童工及农民工工资支付情况等专项检查，巡查企业263户，涉及劳动者39747人；受理举报、投诉137件，已办结133件，办结率97.08%；发出《劳动监察限期整改指令书》105份；责令用人单位与9274位劳动者补签劳动合同，为1.05万位劳动者补缴工伤保险；为675位劳动者追讨工资68.55万元，为102位劳动者追回押金1.72万元；清退非法使用童工14人；立案查处15件，处罚金额11.05万元，已结案13件，罚金入库10.05万元。

2007年，整治非法用工打击违法犯罪专项行动专项检查，巡查企业235户，涉及劳动者27900人；受理举报、投诉186件（办结180件）；为649位劳动者追讨工资123.94万元，为427位劳动者追回押金1.13万元；发出《劳动监察限期整改指令书》130份；责令用人单位与7050位劳动者补签劳动合同，为5800位劳动者补缴工伤保险，清退童工11名；立案查处22件，处罚金额13.2万元，结案21件，罚款上缴国库12.7万元。

二、劳动纠纷仲裁

1993—1994年，受理集体争议2起45人，集体上访1起27人，结案率100%；处理“三资”企业罢工事件 1 起 420 人；配合企业推行劳动合同签订和鉴证，鉴证劳动合同 10919 份，其中国有企业 8311 份、集体企业 2608 份，合同鉴证率为 100%。

1995 年，举办 7 期劳动法培训班，有企业厂长、经理、工会主席、劳工干部、“三资”企业负责人 685 人参加培训。全年受理劳动争议 5 起，人数 43 人，其中集体争议 2 起，结案率达 100%；处理“三资”企业职工集体罢工事件 3 起，人数 474 人。国有企业新签订劳动合同鉴证 1648 份，鉴证率达 100%。非国有企业新签订劳动合同鉴证率 60%。

1996 年，303 家企业 39168 名职工实行劳动合同制，占全部正常生产企业的 97%；18 家企业 4148 名职工实行集体合同。全年受理办结 12 起劳动争议案件，涉及职工 126 人，妥善解决 2 起计 500 人的集体罢工事件。

1997—1998 年，完善劳动合同制度，在 17 家企业推行“集体合同”。角美、海澄、浮宫镇和角美开发区成立劳动争议调解委员会，协助解决企业劳资纠纷 248 起，解决拖欠工资近百万元；协助解决罢工事件 4 起 1080 人；受理各类劳动争议案件 36 起，结案率 90%；接待企业职工来信来访 878 人次。

1999—2002 年，受理各种劳动争议仲裁案件 155 起（其中因工伤亡赔偿争议 93 起，因工资福利待遇争议 46 起，因开除辞退争议 5 起，因履行劳动合同争议 11 起），经劳动争议仲裁庭审理，结案 144 起，结案率 92.9%；有 15 起属集体劳动争议案件，涉案人员 506 人；鉴证劳动合同 9624 份，审理 10 家外资自拟劳动合同书，纠正无效违法条款 440 条次。

2003—2004 年，实行协调劳动关系三方会议制度，鉴证劳动合同 1.28 万份、协议书 853 份；劳动争议案件立案 48 件，涉及标的额 416 万元，结案率 96%。

2005—2007 年，受理各种劳动争议 514 起，裁决 502 起，劳动合同鉴证 8.84 万份，解除劳动合同协议书 869 份，办结率 97.6%。

第五章　工资 福利 社会保险

第一节　工资

一、机关事业单位工资

1993 年，机关事业单位实行两种不同的工资制度。国家机关工作人员实行职级工资制，按不同职能，分为职务工资、级别工资、基础工资和工龄工资；事业单位工作人员实行津贴、奖励工资制度。

1994 年，组织实施机关事业单位工作人员工资制度套改工作。

1997—1998 年，机关事业单位 338 个，11203 人正常晋升工资档次审批。1998 年，机关、全民事业单位干部职工 12959 人，工资总额 9629 万元；集体事业单位 959 人，工资总额 681 万元。

1999 年 7 月 1 日起，调整机关事业单位工作人员的工资标准；机关工作人员基础工资由 110 元提高到 180 元，同时提高级别工资标准；事业单位工作人员提高职务工资及津贴标准。

2000 年，机关工作人员由国库统一支付工资；同年 7 月完成。

2001—2002 年，调整机关事业单位工作人员工资标准；2001 年 5 月 24 日与 12 月 20 日召开两次全市调资工作会议，并在调资前严格按照上级有关文件规定，制定严密的调资实施方案。属调资范围的人数 16418 人，其中在职人员 13099 人、离退休人员 3319 人。属财政拨款的在职人员有 12472 人，离退休 2595 人。

第一次调资于 2001 年 7 月完成全市 13099 名在职人员和 3319 名离退休人员的调资审核工作，并从 2001 年 6 月起开始兑现新的工资标准。2001 年地区性补贴（如一般科员为 240 元），从 2002 年元月起停止执行。2002 年 12 月，全市财政供养的编制数 1.31 万名，财政实际负担在职 1.25 万人，离退休 2595 人，财政供养人数占总人口比重为 1∶54。

2003 年，调整完成全市 1.7 万名机关事业单位工作人员工资标准和增加离退休人员离退休费。

2004 年，财政供养的编制数 1.63 万人，其中财政实际负担在职 1.31 万人、离退休 3215 人，财政供养人数约占总数的 2.3%。

2005—2006 年，调整职务、级别等工资变动 2.14 万人次，受理事业单位专业技术职务工资变动 1820 人次。2005 年机关事业单位工勤人员岗位等级考核 262 人，使用福建省人事信息系统软件，全市 347 个机关事业单位全部完成建库。2006 年工资制度改革，分块分批进行套改；完成 2698 人公务员和 14822 人事业单位工作人员的工资套改审批。

2007 年，完成机关事业基金单位 370 个，14822 名机关事业单位工作人员的工资套改审批工作。

二、企业单位工资

1993 年，企业职工的工资由国家实行工资总额宏观调控、企业自主分配的效益工资制；实行上不封顶、下不保底的浮动工资。企业从业人员年工资总额，国有企业为 2412 元、集体企业为 2085 元、外商企业为 4369 元、港澳台企业为 3609 元；工资中包括计时和计件标准工资、奖金与计件超额工资津贴、补贴及物价补贴。

1994 年，对 101 家国有企业和 140 个集体企业实行弹性工资计划管理；全年工资计划 6486.58 万元，分解给各企业，有 28 家企业实行工资与效益挂钩的办法，效益工资 1869.77 万元，其余企业实行工资总额包干办法；同年，执行最低工资标准，每月 190 元，核定困难企业职工基本生活保障标准不低于 114 元。

1995 年，全市有 249 家集体、股份制及中外合资企业按规定实行《工资总额使用手册》制度。向 287 家企业下达工资总额 1.1 亿元。其中国有企业 105 家，工资总额 4664.2 万元；集体企业 108 家，工资总额 2360.9 万元；股份制企业 14 家、合资合作及外商投资企业 60 家，工资总额 4020 万元。同年测算最低工资标准 200 元。

1996 年，256 户企业纳入工资总额调控范围，职工人数 2.36 万人，年调控工资总额达 7955 万元；176 家企业实行《工资总额使用手册》制度，继续执行企业工资总额同经济效益挂钩和工资包干，当年执行的最低工资标准 210 元。

1997 年，执行最低工资标准为 215 元；抓好工资基金手册的换发和管理工作，100% 的国有企业和 60% 的集体企业办理工资基金使用手册；在企业工资总额计划管理上，有 6 户企业继续执行工资总额同经济效益挂钩，其余 102 户实行工资总额包干。同年，省劳动厅印发《工资指导线试行办法》。

1998 年，国有企业 118 户、职工总数 1.1 万人中，实行“工效挂钩”企业有 6 户，实行工资总额包干有 112 户，职工工资总额 4466.6 万元。

1999 年，劳动和社会保障部发布《关于建立劳动力市场工资指导价位制度的通知》，公布部分职位（工种）劳动力市场工资指导价，供用人单位和劳动者参考；当年执行的最低工资标准为 270 元，2000 年为 300 元。

2001 年，《工资总额使用手册》停用；对 6 家未改制的国有企业继续执行工效挂钩制度，1 家外商投资企业中试行集体协商确定工资水平。2001—2002 年的最低工资标准为 325 元，2003—2004 年为 350 元，2005 年为 470 元，2006 年为 550 元。

2007 年，发布的部分工种（职位）工资指导价位：高位数为 1200—5100 元，中位数为 1000—2450 元，低位数为 648—1536 元。当年执行的最低工资标准为 650 元。

第二节　福利

一、补贴

1993年，实施工改，副食品价格补贴、私车补贴、书报费补贴等归并为岗位津贴和地区补贴，职工住房制度开始改革。

1997—1998年，完成第四批军队离休、退休干部自建（购）住房任务，共购房6套；军转干部享受市长基金每人每月70元。1998年7月1日，离休干部护理补贴标准，由原来每人每月200元提高到600元。企业离休干部离休金（含各种补贴）按机关同职务同条件离休干部标准进行确定。同时，离休处级干部电话补贴由原来每月30元提高到80元。

1999—2000年，为企业筹资306.5万元，为895名下岗职工发放生活费补贴；有2097名职工与企业解除劳动关系，发给一次性经济补偿金1491.5万元。

2005—2007年，保留夏季降温费补贴。2005年办理退休人员高龄补贴299件。2007年全市机关事业单位1.26万人获年终一次性奖金。

二、死亡抚恤

1993年，工作人员死亡之后，付给一次性的抚恤费，其遗属生活困难者还给予困难补助，居住城镇的非农业人口每人每月补助65元，居住农村的农业人口，每人每月补助55元。

1998年，行政、企业离休干部丧葬费由原来900元提高到1000元；抚恤金，病故的一次性发给10个月离休费。

2003年起，每年6月1—30日将牺牲、病故工作人员遗属定期定额补助对象及补助金额情况重新审核，当年共重新审核437名。

2005年，办理机关事业单位工作人员死亡抚恤金及遗属困难补助152件。事业单位工作人员在2005年12月29日之前伤亡，参照《军人抚恤优待条例》及其解释的有关规定办理伤亡抚恤；其中因工负伤致残人员按照批准的伤残等级和规定的标准，发给伤残抚恤金。同时，死亡抚恤待遇稍有提高。2006—2007年，办理机关事业单位工作人员死亡抚恤金及遗属困难补助124件。

三、困难补助

1993年，对机关事业单位工作人员遗属困难补助实行年审制。

1997年，22家国有企业255名下岗职工给予帮困救济，共发放救济金19.6万元。

1998年，72家国有企业对797名下岗职工，发放救济金49万元。

2004年，调整无工作无子女的离休干部遗偶的定期定额生活补助费标准，每人每月调整为500元。

2005—2006年，解决全市企业军转干部养老、医保问题，兑现退休企业军转干部生活困难补助；利用八一建军节会同各主管部门做好企业军转困难户的慰问工作，慰问特困户9户，较困难户17户，一般困难户201户，慰问金额2.7万元。

2007年，推进企业退休军转干部每月30元医疗保险资金的落实。在八一建军节会同各主管部门慰问企业军转困难户，慰问特困户5户，一般困难户90户，慰问金额1.7万元。同年，为117名企业军转干部解困社会补贴11.53万元，为1953年前入伍复员军人企业退休人员困难补助59名14.57万元。

第三节　社会保险

一、养老保险

（一）机关事业单位养老保险

1994 年 5 月，市机关事业单位社会保险工作，经市政府常务会批准正式启动。

1995 年 1 月，机关事业单位养老保险工作全面铺开，承负全市机关、事业单位基本养老保险基金的筹集、给付、管理。基本养老保险基金由单位缴纳部分，全额拨款机关、事业单位按在职人员工资总额的 22.5% 征收，差额拨款、自收自支事业单位按 28% 征收；个人缴纳部分按人员工资总额的 2% 征收。共有 311 个机关事业单位纳入统筹、参保，在职人员总数 1.2 万人，离退休人员总数 2690 人。当年 1 月前已办理离退休手续人员的养老金，纳入机关事业养老保险统筹支付范围。

1996 年 1 月，基本养老保险基金缴纳比例不变，缴费基数改为单位在职人员工资总额与离退休费总和，即“双基数”计提。

1997—1998 年，累计收缴社保金 4152.5 万元，累计支付养老金总额 4031.18 万元；完善“两册、一卡、一表”（养老保险花名册、养老保险手册、养老保险登记卡、养老保险基金登记表）。

2004 年，参加机关事业单位养老保险有 367 家，参保人员 1.29 万人，持保覆盖率为 100%。同年，为全市 4095 名机关事业单位参保离退休人员发放基本养老金 4995.3 万元，历年滚存结余基金 2655 万元，实现按时足额 100% 社会化发放。

2006 年底，全市参加机关事业单位基本养老保险单位 400 家，在职人员 1.29 万人，离退休（退职）人员 4512 人。当年征收基本养老保险基金 7787.06 万元，发放养老金 7339.63 万元，积累基金 447.43 万元，历年滚存积累基金 3369.24 万元。

2007 年 1 月，基本养老保险基金单位缴纳统一按单位在职人员工资总额的 30% 征收，个人缴纳部分按人员工资总额的 6% 征收；9 月，全额拨款机关、事业单位工作人员退出基本养老保险，退还所缴个人部分，终止基本养老保险关系；共核对、复核并通过银行转账支付退还 205 个参加统筹单位 1.08 万人的个人缴纳社保金，退还金额 2687.47 万元。

1995—2007 年龙海市机关社保养老保险基金收支情况表

表 19-5-1　　单位：万元

年度	养老保险基金收入	支付养老金	结余
1995	1075.04	827.00	248.04
1996	1539.36	1314.52	224.84
1997	1803.20	1588.72	214.48
1998	1895.24	1789.11	106.13
1999	2427.79	2273.11	154.68
2000	3905.36	3425.24	480.12
2001	3757.27	3673.95	83.32
2002	4856.85	4469.85	387.00
2003	4850.42	4492.12	358.30

续表 19-5-1

年度	养老保险基金收入	支付养老金	结余
2004	6041.31	5677.77	363.54
2005	7193.27	6891.91	301.36
2006	7787.06	7339.63	447.43
2007	11304.21	12797.62	-1493.41
合计	58436.38	56560.55	1875.83

（二）企业养老保险

1993 年，全市参保单位 205 户，参保职工 1.47 万人，全年征收基本养老保险费 662.23 万元；离退休人员 3804 人，全年支付养老金 821.58 万元；龙海市只有国营企业和少数合资企业参加职工基本养老保险，缴费标准为当年职工月工资总额的 21%（其中单位 19%、个人 2%）。

1994 年，企业养老保险的缴费标准提高到 25%(其中单位 21%，个人 4%)。

1996 年 1 月，覆盖范围扩大到县级以上集体企业，有 22 家集体企业 1144 名职工的养老保险由人民保险公司移交给社会劳动保险机构统一管理。

1998 年 1 月，《福建省城镇企业职工基本养老保险条例》开始实施，覆盖范围扩大到辖区内的城镇各类企业职工和城镇个体劳动者，三资企业、私营企业开始为职工缴交养老保险；养老保险基金的征缴、管理、支付有统一的规范，退休人员的退休金全部通过银行办理个人存折实行社会化发放，逐步建立社会统筹与个人账户相结合的养老保险制度。

2001 年 1 月，基本养老保险费移交地税机关代为征收；社保经办机构仍负责养老保险基金的分解记账、待遇计算和拨付等管理工作。

2004 年，再次调高养老保险缴费标准，从 25% 提高到 26%（其中单位 18%、个人 8%）。

2007 年，全市参保单位 1713 户，参保职工 81279 人（含中断缴停保的人员），全年征收基本养老保险费 9016 万元；离退休人员 9514 人，全年支付养老金 8148.59 万元。

1993—2007 年龙海市企业职工基本养老保险基金征收、拨付情况表

表 19-5-2　　单位：户、人、万元

年份	参保户数	参保人数	当年征收保险金	离退休人数	全年拨付养老金
1993	205	14692	662.23	3804	821.58
1994	208	14528	782.93	4008	861.62
1995	157	13187	1001.88	3943	1109.97
1996	201	14766	1500.71	5223	1485.20
1997	209	14894	1648.71	5493	1754.36
1998	205	14764	1621.87	6035	1858.88
1999	265	15807	2340.22	6220	2215.71
2000	303	18633	2669.75	6661	2555.92
2001	703	20219	3044.93	6939	2111.71
2002	737	20590	3253.00	7274	3609.02

续表 19-5-2

年份	参保户数	参保人数	当年征收保险金	离退休人数	全年拨付养老金
2003	787	32429	3826	7633	4043.22
2004	838	34324	4775	8047	4532.49
2005	1295	57439	5781	8500	5349.46
2006	1477	71428	7600	9040	7029.48
2007	1713	81279	9016	9514	8148.59

（三）农村养老保险

1993 年，启动农村养老保险制度，14307 人参加农村养老保险，收取保费 127.33 万元；新增参保人数 761 人，新增收保费 52.65 万元。

1995 年，农村养老保险实施村干部和义务兵养老保险。1995—1998 年，新增参保人数 23653 人，新增保额 918.78 万元，为 388 人发放养老金 21.82 万元。1998 年 3 月，将步文、郭坑两镇的保额 174.64 万元移交到龙文区。

1999 年，将义务兵的保额提高到 500 元。同年，新增参保人数 2575 人，新增保额 58.58 万元，为 153 人发放养老金 7 万元。

2004 年，实行税费改革，取消优待金统筹收费，每个义务兵 1000 元保费由财政转移支付承担拨款。

2005 年，制定《龙海市劳务派遣形式就业的农民工参加农村社会养老保险方案》。当年收取保费 7150 元，人均月缴费 130 元。

2006 年，农保实现全程网络化管理；新增参保人数 1358 人，征缴保费 186.7 万元。

2007 年，新增参保人员 295 人，征缴保费 125.1 万元，为 115 人办理一次性领取养老金 2.17 万元，为 17 人发放退保金 2.6 万元。截至 2007 年底，全市共有 302 名参保人员按月领取农村养老保险金，历年基金积累总额 2144.8 万元。

截至 2007 年，全市参加农村养老保险 45572 人。

1993—2007 年龙海市农村社会养老保险金发放情况表

表 19-5-3　　单位：人、万元

年份	新增参保人数	新增收取保费	按月领取人数	发放养老金
1993	14307	127.33	—	—
1994	761	52.65	—	—
1995	4831	228.01	—	—
1996	10486	464.00	—	—
1997	3951	139.37	—	—
1998	4385	87.40	—	—
1999	2575	58.58	—	—
2000	954	42.47	—	—
2001	264	24.26	94	5.20
2002	333	21.99	115	6.88

续表 19-5-3

年份	新增参保人数	新增收取保费	按月领取人数	发放养老金
2003	405	66.11	144	9.19
2004	280	40.87	191	11.65
2005	387	148.70	225	14.59
2006	1358	182.54	262	21.05
2007	295	118.95	302	24.45

二、医疗保险

1993 年，在编制的工作人员可享受公费医疗，凡经费自理或实行差额补助单位的工作人员不享受公费医疗；公费医疗须定点就医，实行会诊转诊制度及公费医疗经费开支范围、药品限量和用药规范。

1997 年、1998 年，分别解决军转干部医疗费分别为 2.7 万元、5.3 万元。

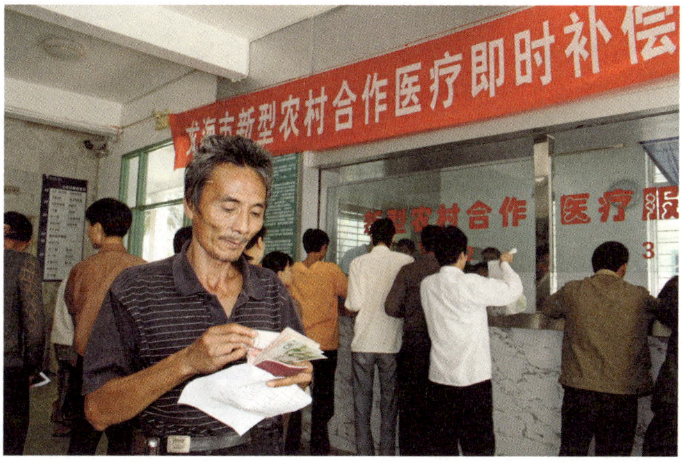

图 19-3　新型农村医疗保险（市劳动和社会保障局提供）

2001 年，主要参保对象为全市机关事业单位、社会团体，中央属、省属、漳州市属、外地驻龙海机关、企事业单位。基本医疗保险费由用人单位和职工共同缴纳，缴费标准为：用人单位按其职工月工资总额的 7% 缴纳，职工个人按其月工资总额的 2% 缴纳，由用人单位从其工资中代扣。参保单位 273 家，参保职工 20016 人。

2002 年，实行“三资”企业、私营企业参保和困难企业的参保。同年 10 月，龙海市定点医院开始刷卡，参保人员持 IC 卡就医购药。全市参保单位 281 家，参保职工 2.26 万人。

2004 年 2 月，4 家首批定点药店开始刷卡；参保单位 296 家，参保职工 2.78 万人。

2005 年 8 月，出台《龙海市城镇灵活就业人员参加基本医疗保险的暂行规定》《龙海市城镇职工参加大病统筹基本医疗保险暂行规定》，解决困难国有企业职工参保问题。参保单位 318 家，参保职工 3.01 万人。

2006 年，继续实行“三资”企业、民营企业、城镇灵活就业人员等多种经济体人员的参保；实际参保人数 3.36 万人。当年结余 1622.84 万元，累计结余 5388.87 万元。

2007 年，参保单位 365 家，参保人员 37426 人（其中在职 28955 人，退休 8471 人），统筹基金结余 1014.39 万元，基金累计结余 7460.93 万元；定点医院 21 家，定点药店 17 家。

2001—2007 年龙海市医疗保险基金收支情况表

表 19-5-4　　单位：人、万元

年份	实际参保人数	基金收入			基金支出			当年结余	累计结余
		合计	统筹收入	个帐收入	合计	统筹支出	个帐支出		
2001	20016	943.71	486.46	457.25	191.49	127.00	64.49	752.22	752.22
2002	22578	895.06	375.92	519.14	340.50	269.72	70.78	554.56	1306.78

续表 19-5-4

年份	实际参保人数	基金收入			基金支出			当年结余	累计结余
		合计	统筹收入	个帐收入	合计	统筹支出	个帐支出		
2003	23966	1114.65	474.59	640.06	610.49	424.04	186.45	504.16	1810.94
2004	27819	1440.49	691.59	748.90	853.60	529.07	324.53	586.89	2397.83
2005	30096	2548.81	879.05	1669.76	1180.61	659.29	521.32	1368.20	3766.03
2006	33626	3183.69	1430.49	1753.20	1560.85	816.82	744.03	1622.84	5388.87
2007	37426	4074.04	2014.20	2059.84	2001.98	999.11	1002.87	2072.06	7460.93

三、失业保险

1993 年，131 个单位参加失业保险统筹，1.53 万名职工参加失业保险；收缴失业保险金 41 万元，225 名失业职工领取失业救济金 29 万元。

1994 年，保险范围扩大到集体企业。1998 年，参保对象扩大至被企业辞退、除名和开除的职工。当年 7 月起，再次调高失业保险金征收比例，单位和个人分别按月工资总额 2% 和 1% 征收。

2006 年，756 个单位参加失业保险统筹，22928 名职工参加失业保险；收缴失业保险金 543 万元，599 个失业职工领取失业救济金 293 万元。

2007 年，新增参保单位 82 家，共有 838 个单位；新增参保职工 2661 人，共有 25589 人；收缴失业保险金 663 万元，为 567 名失业职工发放失业救济金 345 万元。

1993—2007 年龙海市失业保险金收缴、救济金发放情况表

表 19-5-5　　单位：人、万元

年份	参保单位	参保人数	收缴保险金	领取人数	发放保险金
1993	131	15246	41	225	29
1994	242	14871	46	1681	48
1995	194	14871	53	1573	36
1996	210	11871	56	1160	38
1997	193	11871	81	2775	47
1998	167	14974	71	213	21
1999	192	13424	96	58	13
2000	191	12889	350	349	49
2001	743	15168	273	983	244
2002	516	16719	350	1012	310
2003	536	18799	459	1245	327
2004	556	19107	484	622	253
2005	578	19855	500	687	281
2006	756	22928	543	599	293
2007	838	25589	663	567	345

四、工伤保险

1993 年，工伤保险参保单位 122 户，参保职工 9033 人。当年在国营企业中开展职工工伤保险试点，征收工伤保险费 8.3 万元；其缴费比例根据行业工伤风险程度实行差别费率，分为 0.5%、1%、1.5% 三档（按职工月工资总额），均由用人单位缴费。

1995 年 1 月，《福建省企业职工工伤保险试行规定》开始执行，企业职工因工作原因遭受事故伤害或患职业病后的医疗救治、经济补偿和职业康复等权利受到保障。当年全市征收工伤保险费 20.95 万元，支出 2.97 万元。

2004 年 1 月，《工伤保险条例》开始施行，其缴费比例也从 3 档增加到 4 档（0.5%、1%、1.5%、2%）；辖区内的各类企业、有雇工的个体工商户都要依照条例规定参加工伤保险。

2007 年，工伤保险参保单位 401 户，参保职工 4 万人。扣除上缴省市调剂金等费用后，历年基金累计结余 170.02 万元。

1993—2007 年龙海市企业职工工伤保险基金收支情况表

表 19-5-6　　单位：人、万元

年份	参保户数	参保人数	基金收入	基金支出
1993	122	9033	8.30	—
1994	145	9865	21.30	—
1995	157	13187	20.95	2.97
1996	130	11476	22.50	4.17
1997	178	14894	20.18	9.58
1998	204	13241	21.10	0.48
1999	265	11237	19.01	5.77
2000	201	11551	16.36	8.74
2001	227	12551	16.42	4.22
2002	160	10582	16.00	7.22
2003	204	12534	69.00	3.00
2004	210	17050	108.00	76.00
2005	265	25852	232.00	125.00
2006	389	35895	392.00	309.00
2007	401	40026	437.00	484.00

五、生育保险

1993 年，生育保险参保户数 122 户，参保人数 9033 人。当年开始在国营企业中开展职工生育保险试点，缴费比例为职工工资总额的 0.7%，由用人单位缴纳。当年征收生育保险费 7.81 万元，支出 0.27 万元。

1996 年 10 月《福建省企业职工生育保险规定》开始实施，征收生育保险费 24.15 万元，支出 11.53 万元。

2007 年，生育保险的缴费比例调整为 0.9%；生育保险参保单位 248 户，参保职工 18682 人。扣除上缴省市调剂金等费用后，历年基金累计结余 260.74 万元。

1993—2007年龙海市企业职工生育保险基金收支情况表

表19-5-7　　单位：人、万元

年份	参保户数	参保人数	基金收入	基金支出
1993	122	9033	7.81	0.27
1994	145	9865	18.07	8.16
1995	157	13187	19.98	11.00
1996	130	11476	24.15	11.53
1997	178	14894	20.13	13.16
1998	204	13241	22.00	8.03
1999	265	11237	20.17	6.79
2000	201	11551	16.02	4.52
2001	227	12551	12.61	6.60
2002	160	10582	11.00	5.66
2003	171	9764	22.00	6.00
2004	173	11202	22.00	8.00
2005	185	11472	30.00	6.60
2006	211	15976	74.00	12.00
2007	248	18682	115.00	26.00

卷二十 民政

MIN ZHENG

1993—2007年，龙海市民政工作围绕“解决民生、维护民利、落实民权”的要求，全面推进民政事业的改革创新与发展；1994年和1999年，先后获“全国民政工作先进市”“全国‘爱心献功臣’先进市”称号。

健全和完善基层民主政治建设体系。15年间，全市进行5次（每三年一届）的村（居）换届选举，村民委员会从1993年的281个减至2007年的238个；社区居委会从1993年的22个增至2007年的35个（含招商局漳州经济开发区5个）。2004年，石码镇解北居民委员会被命名为“省级示范社区居委会”；2007年，市民政局被评为“全省村（居）委会换届选举工作先进单位”。

开展拥军优属活动，为驻军部队提供科技培训服务，解决家属职工编制，兴建军民小学。15年间，全市共投入7472.73万元，为部队兴办55个项目、办理75件实事；2000年起，连续4次被授予“省级‘双拥’（拥军优属、拥政爱民）模范城”称号。建立优抚经费自然增长机制，兑现义务兵家属优待金，做好重点优抚对象抚恤生活补助金的发放和落实退伍军人的安置；2002年8月，接受三峡移民安置，实施库区移民后期扶持工作。

全面启动自然灾害应急救助和城乡社会救助体系，设立救灾物资储备仓库，建设减灾避灾工程，成立社会捐助接收站。15年间，全市共发放救灾款3930万元、临时救济款381.09万元、救济大米50万公斤；修建市社会福利院和乡镇敬老院19所；兴办福利企业，安置残疾人就业；下拨234万元补助款，扶持少数民族地区经济发展和社会事业建设。做好老区扶贫扶建工作，争取专项资金，帮助老区村实现“五通”（通路、通水、通电、通电话、通广播电视）。加强老龄工作，维护老年人合法权益，共办理省、漳州市老年人优待证8万多人（次），筹资228万元投建老年公寓；市老龄委先后2次被评为“福建省老龄工作先进单位”。

推进婚姻登记管理体制改革，实行集中婚姻登记，保护婚姻当事人的合法权益。规范弃婴收养登记程序，1998年开始实行依法办理弃婴收养登记。对各类社团组织进行清理整顿和依法登记、年检，完成行业协会与行政部门脱钩工作。至2007年，全市依法登记注册社会团体73个、民办非企业单位10个。

殡葬改革工作全面铺开，殡葬火化走上正轨。1993年城镇火化率100%；1998年除部分山区、海岛村外，全部实行殡葬火化；2007年城乡全部实行火化。市殡仪馆被评为“全省‘十五’期间殡葬改革工作先进单位”。开展行政区划管理和调整工作，编印发行《龙海市行政区划图》；市民政局被评为全省“城市地名标志设置先进单位”。完成6个县（市、区）级行政区域界线复查、联检工作的编制和14个乡镇级勘界工作任务。

第一章 机 构

第一节 行政机构

一、龙海市民政局

1993 年，龙海市民政局内设人秘股、社救股、优抚股、复退军人安置办、社团办、民非企业登记办、婚姻登记办、扶贫办、区划地名办、堪界办、老区办 11 个股室；编制 12 名，实有 15 人。1998 年，精简机构，改为 5 个股，即人秘股（含民族事务办公室）、社会事务股（含社团登记办公室）、救灾救济股（含老区办公室）、基层政权建设股（含区划、地名、堪界办公室）、优抚股（含复退军人安置办公室），实有 14 人。2003 年，设人事秘书科（含办公室、财务室、老龄办）、社救科（含低保科、老区办）、优抚科（含复退安置办）、社会事务科（含婚姻登记处、社团登记办、民办非企业登记办）、基层政权建设科（含区划地名办、勘界办）；编制 13 名，实有 19 人。市老龄工作划归市民政局负责，民族工作划归市民族宗教局负责。2007 年，市民政局内设机构不变，在编 19 人（含老龄委 3 人）。

二、龙海市革命老区建设委员会办公室

1993 年，龙海市革命老区建设委员会办公室挂靠在市民政局；编制 3 名，实有 2 人。2007 年，市革命老区建设委员会办公室在编 2 人。

三、龙海市支前双拥工作领导小组办公室

龙海市支前双拥工作领导小组办公室前身为龙海县支前办公室， 1997 年 10 月 15 日，确定市支前办公室为正科级单位；编制 3 名，实有 3 人。1998 年 12 月 28 日，设立龙海市双拥工作领导小组办公室，在市民政局加挂牌子；办公室主任由市民政局局长兼任。2003 年 3 月，市双拥工作领导小组办公室和市支前办公室合并成立龙海市支前双拥工作领导小组办公室，为正科级单位；编制 4 名。2007 年，市支前双拥工作领导小组办公室在编 4 人。

第二节 事业单位

一、龙海市社会福利院

1993 年，龙海市社会福利院编制 15 名；2007 年，在编 13 人。

二、龙海市军队离退休干部休养所

1993 年，龙海市军队离退休干部休养所编制 6 名，实有 3 人。2007 年，市军队离退休干部休养所在编 6 人；在所的离退休军转干部 31 人，其中师级 2 人、团级 7 人。

三、龙海市殡仪馆

1993 年，龙海市殡仪馆（差额拨款单位）编制 13 名；2007 年，在编 13 人，其他聘请人员 32 人。

四、龙海市民政福利工厂

1993 年，龙海市民政福利工厂（自收自支单位）有全民制固定工 6 人，其他聘请人员 40 人；2007 年，全民制固定工 5 人，其他聘请人员 38 人。

五、农村社保公司

1993 年，农村社保公司编制 3 名，实有 3 人；2003 年，归并为市劳动局下属单位。

第二章　基层自治组织建设

第一节　村居换届选举

一、村民委员会换届选举

1994 年 7 月，全市开展村民委员会换届选举工作。截至 11 月底，完成选举的村民委员会有 275 个，占全市村民委员会的 97.9%。新选出成员 1448 人，其中主任 266 人、委员 1182 人；推选新的村民小组长 3319 人，村民代表 8114 人。

1997 年 8 月，全市 243 个村民委员会完成换届选举任务。

2000 年 11 月，全市 244 个村民委员会除程溪镇粗坑村和奎坑村、九湖镇下庵村、角美镇西边村补选外，均按时完成选举任务。

2003 年 8 月，全市 238 个村民委员会除榜山镇崇福村、颜厝镇颜厝村、角美镇铺透村外，均按时完成选举任务。全市新当选村民委员会成员 854 人，其中中共党员 585 人，占 68.5%。

2006 年 10 月，完成村民委员会选举的有 235 个，占全市村民委员会总数的 98.7%。全市当选村民委员会成员 735 人，其中中共党员 519 人，占 70.6%；妇女 67 人，占 9.1%；平均年龄 38.2 岁，其中 30 岁以下 87 人。村民委员会主任中有中共党员 159 人，大专文化程度以上 26 人。村主任、党支部书记交叉任职有 13 个村民委员会。2007 年，全市共有 238 个村民委员会。

二、居民委员会换届选举

1994 年 11 月，全市 22 个居民委员会全部按时完成选举任务。新当选居民委员会成员 123 人，其中新当选主任 22 人、副主任 20 人、委员 81 人。

1997 年 8 月，全市 19 个居民委员会完成换届选举任务。新当选居民委员会成员 72 人，其中新当选主任 19 人、副主任 19 人、委员 34 人。

2000 年 11 月，全市 22 个居民委员会按时完成选举任务。新当选居民委员会成员 71 人，其中新当选的主任 22 人、副主任 14 人、委员 35 人。

2003 年 8 月，全市 30 个居民委员会全部一次性选举成功。新当选居民委员会成员 86 人，其中中共党员 72 人，占 83.7%。

2006 年 10 月，全市 30 个居民委员会全部一次性选举成功。新当选居民委员会成员 107 人，其中中共党员 83 人，占 77.57%；妇女 70 人，占 58.88%；平均年龄 31.8 岁，其中 30 岁以下 37 人。居民委员会主任中有中共党员 28 人，大专文化程度以上 14 人。居民委员会主任和党支部书记交叉任职有 3 个居民委员会。

第二节　村居组织建设

一、村民委员会建设

1993 年，全市共有 281 个村民委员会。

1996 年 9 月，郭坑、步文 2 个镇（梧浦、长洲村除外）共 38 个行政村划归龙文区，全市共有 243 个村民委员会。是年，制定村民委员会“五规范一满意”（规范公开内容、程序、形式、时间、地点和公开结果群众满意）的工作制度，全面推行村务公开民主管理工作。

图 20-1　村（居）委会主任培训（市民政局提供）

1997 年，建立以村民代表会议为主要形式的民主议事制度，以村务公开、民主评议和村民委员会定期报告工作为主要内容的民主监督制度；促进村民自治活动的制度化、规范化，落实群众的知情权、决策权、表达权、监督权。1998 年，全市共开展两轮示范村达标活动，共有 216 个村民委员会参加，根据新修订颁布的《中华人民共和国村民委员会组织法》，健全村务公开和民主监督制度，做好民主决策、民主管理和民主监督工作，落实新农村建设各项工作任务。1999 年，经省、漳州市联合组织考核验收，有 80% 的村达标。是年，开始在村级干部中实施绩效管理。

2006 年 10 月，全面推行村集体会计委托代理工作。是年，组织全市村民委员会主任参加农村工作培训班，分别从加强农村基层组织建设、加强基层民主制度建设、加强廉洁自律工作和预防职务犯罪、农村社会治安综合治理、农村财务管理、农村计生工作六个方面进行专题培训。

2007 年，对村干部进行一次全面考评，届中调整村干部 44 人，提拔 35 人，免职 12 人，新进班子 16 人。

二、社区居委会建设

1993 年，全市共有 22 个社区居民委员会。

1996 年 9 月，郭坑镇 3 个居民委员会划归龙文区，全市共有 19 个社区居民委员会。1997 年，在健全居民委员会选举制度的同时，建立健全社区自治组织，实行民主选举、民主决策、民主管理和民主监督，确保社区自治工作落到实处。1998 年，在全市开展社区居民委员会建设示范达标活动；1999 年，经省、漳州市联合组织考核验收，19 个居委会中获一、二等级各 9 个，三等级 1 个。

2003 年，开展全市社区居委会改制整合工作。石码镇原有 8 个居民委员会和渔业村整合为解放东、新华、九二〇、解放北、解放西、解放南、紫光、桥口、渔业、紫云、港口、侨村、人民西 13 个社区；同时完成分散在 13 个乡镇的 16 个居民委员会的社区整合工作。各社区分别成立社区居民委员会、社区党支部、社区成员代表大会、社区议事监督委员会和社区服务站，以及社区服务中心、医疗康复中心、警务室，初步形成社区服务网络。

2004—2007 年，根据省社区建设联席会议办公室、省民政厅《关于做好命名、表彰社区建设示范社区工作的通知》精神，开展全市社区建设示范活动。2004 年 9 月，石码镇解北居民委员会被命名为“省级示范社区居委会”；石码镇新华居民委员会、人民西居民委员会被命名为“漳州市级社区示范居委会”。

2007年，全市共有35个社区居民委员会（含招商局漳州经济开发区5个）。

第三章 支前拥军 优抚

第一节 支前拥军

一、支前工作

1993年，龙海投入10万元帮助中国人民解放军第175医院添置医疗仪器，改善医疗条件；拨款9720元补贴驻边海防艰苦地区部队和武警部队；解决驻军部队煤炭补贴10.23万元。市粮食部门在全市建立6个军供站（点），负责驻军粮食供应，并将粮油供应到部队外出拉练演习的流动驻地。

1994—1995年，漳州武警边防检查站在步文镇蓝田征地2533平方米建报关站，市政府特批免收级差地租54万元；投入10万元为32417部队改造道路，解决驻军部队煤炭补贴15.75万元。1996年，投入702.9万元补贴驻军部队军粮、煤、水、电等保障部队的生活。

1997年，帮助南京军区驻军部队办理7宗土地12.47万平方米的土地发证手续，并减收办证费5.68万元；帮助驻军部队解决910.8吨生活用煤，并给予补贴差价14.57万元；对担负保管任务的3个粮食管理站全面清仓检查，确保供军粮食安全；1998年，投入85万元新建1艘支前交通船，保障驻浯屿、青屿两岛部队官兵的军需物资和人员交通需要。1999年，投入6000多万元，解决驻军部队战备道路用地，改扩建省道郊柏线和林棉线24公里水泥路面；解决部队通往营区省道路灯安装、营区建设经费补助、部队副食品基地道路建设用地等问题。

2001年，成立龙海市支前保障领导小组，支持协助中国人民解放军演习。是年12月，会同驻军完成军事禁区、军事管理区划定任务，确定部队用地权属，并颁发土地证。2002年，落实驻军某后勤综合仓库扩建近13.3公顷土地征用工作。2004年7月，建立龙海市支前物资供应站，组织参加福建省国动委在漳州港举行的海上支前物资保障实兵演练。

2006年，按时完成沿海军事战备需要的用地征迁和用电线路安装等工作。2007年，解决73131、73890部队副食品基地及广州军区工程建设用地问题；对保障94967、73131部队用水、用电给予减免资金。

二、拥军活动

1993年，帮助部队125名家属职工由集体编制转为全民职工。同时继续在每年“八一”、春节期间组织慰问龙海驻军和列入“双拥”的部队；组织乡镇、科局、企业慰问挂钩共建部队，每年慰问资金和物资80多万元。

1993—1996年，为驻军部队提供科技培训服务，受训官兵共200多人；支持部队到地方办4个加油站，减免土地征用费10多万元；无偿运送2000多吨有机肥支持部队发展生产。

1997年，帮助91师解决3名随军家属转为企业干部。是年2月17日，91927部队843大队713艇被海军司令部命名为海军“龙海艇”，艇上官兵成为龙海市荣誉市民。1999年，中共龙海市委、市政府建立健全“双拥”工作领导小组，创建省级“双拥”模范城；发挥全市10个国防教育基地、11所少年军校以及城乡17所党校的优势，开展国防宣传月活动，提高全民国防意识。2000年，被授予“省级‘双拥’

模范城”。2001年，为解决转业士官和城镇退役士兵货币安置，市政府制定《关于做好转业士官、城镇退役士兵安置工作的意见》，确定货币安置标准。

2001—2002年，为驻军部队开展科技培训2期，受训官兵共80人；解决随军家属工作调动9人，优先推荐就业24人，解决子女入学44人，为40名随军家属发放基本生活补助费6.24万元；市广电部门无偿为部队提供电视信号，并补贴73131、73890部队安装电视线路资金10多万元；市电信部门投资200多万元为73131部队所有机关和分队安装983卡电话。2002年再次获“省级‘双拥’模范城”称号。

2003—2004年，解决随军家属就业安置160人，解决子女入学100多人、入托300多人，为160多名随军家属发放基本生活保障金49万元。2005—2006年，安置随军家属23人，解决子女入学入托52人，为350多名随军家属发放基本生活保障金60多万元。2005年连续三届获“省级‘双拥’模范城”称号。

2007年，中共龙海市委办、市政府办转发《中共福建省委、福建省人民政府〈关于进一步加强拥军优属工作的若干具体意见〉的通知》。市政府投入260万元，在程溪镇建设1所军民小学；投资18万元在程溪中学改建360平方米军嫂楼；投入20万元改建650平方米军民幼儿园，供300多名军地儿童入学；为350多名随军家属发放基本生活保障金30多万元。是年，龙海市第四次被授予“省级‘双拥’模范城”称号。

第二节　优抚与烈士褒扬

一、优待抚恤

1993—1996年，共为1017名老复员军人换证，并为普查中遗漏的80名老复员军人补办新证，确保全市老复员军人享受到每月定补金（城镇65元、农村45元）；对全市245名伤残军人、107名“三属”（烈士遗属、因公牺牲军人遗属、病故军人遗属）、8名失散红军按新规定发给生活补助金共85.25万元；投入28.4万元，新建住房面积1240平方米，解决全市31户无房户、草房户的重点优抚对象住房困难户；发放临时救济款2万元，帮助优抚对象解决生活和治病困难。

1997年，贯彻落实《军人抚恤优待条例》，调整优抚对象抚恤标准，保障优抚对象基本生活，全市抚恤费152.02万元。1998年，对优抚对象101名“三属”人员、224名伤残军人按标准进行定期抚恤；接受6名无军籍退休工人，向52名特种、一等伤残军人和立功人员发放慰问金。1999年，为87户老烈属、125名老伤残军人、1400名老复退军人发放抚恤补助款计17.7万元；对往年尚未定补的38名老复退军人拨款22.86万元，给予定期补贴；全市有1048名重点优抚对象接受义诊治疗。2000年，建立全市抚恤补助标准自然增长机制，按每年10%递增。

2001—2002年，对169名伤残军人、87名“三属”人员和1174名老复员军人的定期补贴标准给予不同程度的提高，对75名特困重点优抚对象给予优先落实医疗“双保障”（救助保障、补助保障）。2003—2004年，对全市享受定期定补的176名伤残军人、87名“三属”人员、1174名老复退军人按年递增10%的要求，及时提高定期定补标准。2004—2005年，每年增拨3.2万元，解决55户重点优抚对象的生活、住房和就医困难。

2006年5月，龙海市政府出台《关于重点优抚对象和革命“五老”人员医疗补助办法的通知》，对全市1368名重点优抚对象（其中有1100名老复员军人、79名“三属”人员、107名7—10级残疾军人）实施每人每年600元的医疗补助；对全市定期定补的伤残军人、“三属”人员、老复退军人进行提标补发，总金额80多万元；拨出36.2万元，帮助解决45户重点优抚对象的困难。

2007年，组织全市重点优抚对象健康体检，共支出体检费20多万元；对重点优抚对象参加新农合的个人缴费部分由市政府全额支付，并可在市民政部门得到医疗“双保障”，当年有24名住院治疗，共报销医药费5万多元；落实全市参加对越自卫反击战、支援老挝和抗美援越的复退军人933名，从当年8

月开始，给予参战人员每人每月100元固定生活补助，并纳入医疗补助。

二、烈士褒扬

1993年7月，福建省人民政府批准于1930年9月15日在革命斗争中牺牲的东泗乡虎渡村苏承荣为革命烈士。是年，龙海籍革命烈士289名，全市烈士家属232户423人。龙海境内有石码中山亭抗战阵亡将士纪念碑、海澄中山公园抗战阵亡将士纪念碑、石码镇港口澄厦战役革命烈士纪念碑、郭坑镇猪头林铁道兵烈士纪念碑、角美镇共和街石角东（石美、角美、东美）和厦门鼓浪屿战役革命烈士纪念碑、海澄镇山后村祖山头山魏忠义烈士纪念碑各1座。

1997年5月，民政部、福建省人民政府追授程溪下庄小学学生詹世忠为革命烈士。2006年3月，国家民政部、福建省人民政府追授浮宫镇丹宅村村民郑志强为革命烈士。

2007年，龙海籍（包括原步文、郭坑镇）革命烈士291名，全市烈士家属214户331人，接受优抚的无工作烈士家属25人。是年，筹集资金50万元，对九湖镇邹塘村王占春烈士故居进行重建，占地面积近1000平方米，建筑面积100平方米。

第四章 安 置

第一节 复员退伍军人安置

一、城镇退伍军人安置

1993年，全市接收安置137名城镇退伍军人。

1994—1998年，累计接收安置364个城镇退伍军人。1999年，接收安置城镇退伍军人67人及随军家属15人。其中军队离退休干部16人、城镇退役军人36人，转业志愿兵15人。2000年，接收安置城镇退役军人72名、志愿兵28名。

2001年，实施“自谋职业经济补偿”的办法，对持有退伍安置登记书的城镇退役士兵和转业士官（服役满10年以上）由市财政支付，发放一次性经济补偿金（含生活补助费）。其中，城镇退役士兵按其服役年限，年补偿金每人4000元；进藏兵一次性补偿金每人2万元；转业士官一次性补偿金每人2.5万元。当年，接收安置119名退伍军人（城镇退役士兵69名、转业士官23名、进藏退役军人27名），全部领取补偿金实行自谋职业。此后，每年城镇退伍兵和转业士官都实行个人自愿领取补偿金进行自谋职业，发放标准逐年递增。

2002—2004年，按规定补偿办法和标准共发放经济补偿金126万元。2005年，筹措专项资金302.5万元，一次性解决历年遗留的121名城镇复退士兵、转业士官的自谋职业经济补偿安置金发放。2006年，全市接收安置退役士兵39名、转业士官3名，全部办理自谋职业一次性安置工作，发放安置金55.8万元。

2007年，退伍士兵、转业军官一次性安置补偿金分别提高到1.2万元和3万元。当年，全市接受城镇退役士兵38人、转业士官3人，发放安置金54.6万元。

1993—2007年，全市共接收安置城镇退伍军人1026人、转业士官131人、进藏退伍军人31人。

二、农村退伍军人安置

1993年，农村退伍军人安置主要采取“从哪里来、回哪里去”的原则，全部安置到农村和基层单位。

当年，全市接收安置农村退伍军人 337 人。1994 年，全市接收安置农村退伍军人 332 人。

1995 年，规定农村义务兵优待金每户 1500 元。1996 年 10 月，市政府出台《龙海市优待金社会统筹试行办法》，农村义务兵优待金每户由 1500 元提高至 2000 元。是年起每年推荐部分复员军人到相关企事业单位工作，扶持复员退伍军人兴办经济实体，在资金上给予优先或优惠；在村级换届选举中，同等条件下推荐优秀退伍军人进入村两委班子任职或担任村民兵营长。

1997 年开始，农村义务兵优待金标准按上年度农民年纯收入进行发放。当年，接收安置农村退伍军人 211 人，发放优待金 63.3 万元。2005 年、2006 年、2007 年，全市接受安置农村退伍军人分别为 266 人、309 人、352 人。1997—2007 年，全市共发放农村义务兵优待金 900 多万元。

第二节 移民安置

一、三峡移民安置

2002 年 7 月，建成三峡移民安置房 29 套，2960 平方米。其中，程溪农场 10 套、1140 平方米，龙海市良种场 9 套、820 平方米，苍坂农场 10 套、1000 平方米。8 月 23 日，全市接收安置重庆市奉节县寂静乡三峡移民 29 户 147 人，其中程溪农场安置 10 户 50 人，江东良种场安置 9 户 52 人，苍坂农场安置 10 户 45 人。

图 20-2 程溪农场三峡移民住房

（市民政局提供）

2003 年，分配给三峡移民每人 0.52 亩的耕地，发放生产资料购置补助费等资金，落实帮扶措施，提高移民生产技能。2004 年，为移民提供“三就”（就业、就学、就医）和“六通”（通电、通水、通路、通电话、通市场、通有关部门）等服务；通过组织劳动技能和劳务培训促进移民就业，有 60 多人进厂务工，每户有 1—2 人从事二、三产业劳动。2005 年，组织农业科技培训和技术服务，聘请农业技术员现场指导，解决移民在生产中遇到的难题。至 2006 年，19 户三峡移民实施发展生产项目，其中种植业 4 户、养殖业 8 户、运输业 4 户、加工业 1 户、水果批发 2 户。

2007 年，组织三峡移民生产和岗位技能与就业培训，共举办实用技术培训 6 期 65 人次、职业技能培训 7 期 70 多人次；有 70 人以固定工、季节工形式实现就业。苍坂农场帮助 8 户移民建 15 座蘑菇房，建筑面积 1253 平方米，种植蘑菇 6650 平方米。是年，全市三峡移民人均纯收入达 5060 元。

二、库区移民后期扶持

2006 年，龙海市贯彻落实国务院及福建省有关大中型水库移民后期扶持政策和移民后期扶持人口登记办法，完成全市水库移民人口登记工作。

2007 年，做好大中型水库移民后期扶持政策实施工作。经福建省移民局核定，全市大中型水库后期扶持农村移民总人口 1513 人（男 685 人、女 828 人），其中原迁移民人口 658 人（男 330 人、女 328 人），新增移民人口 855 人（男 355 人、女 500 人，包括三峡移民 146 人），主要为龙海市湖后水库、漳浦县赤兰溪水库、漳浦县石过陂水库、平和县上峰水库、长泰县活盘水库和三峡水库的库区移民，分别安置在龙海 4 个乡镇 5 个行政村（程溪镇粗坑村、程溪镇塔潭村、白水镇郊边村、浮宫镇八坑村、港尾镇汤头村）和 3 个国有农场 3 个作业区（龙海市良种场后井作业区、程溪农场下庄作业区、苍坂农场大坂埔作业区）。按政策规定，自 2006 年 7 月 1 日起扶持 20 年，每人每年发放直补资金 600 元。当年向上争取库区移民后期扶持项目补助资金 87 万元，用于移民安置村（点）的农村道路、饮水、农田水利等方面建设和就业培训。

第五章 救 济

第一节 灾害救济

一、救灾应急与减灾避灾

1993—1995 年，发放灾害救济款 134 万元。

1996 年，制定救灾预备金制度，实行救灾工作分级管理，救灾款分别负担。1997 年，建立市、乡镇两级救灾预备金，实施救灾救济工作。2001 年 8 月，成立龙海市社会捐助接收站。

2007 年，修订、完善救灾应急预案和减灾避灾工程建设工作方案。建立市级救灾预备金 585 万元（其中预备金 200 万元、社会捐赠款 385 万元），各乡镇预备金各为 5 万元；在市福利院设立救灾物资储备仓库，备有救灾棉被 1000 床、绒衣裤 500 套、救灾帐篷 200 顶；与 2 家粮食和饮水生产企业签订应急救灾物资调拨协议。同时建设全市减灾避灾工程，将龙海一中、老年人活动中心、紫云公园老年福利协会公寓划定为减灾避灾群众转移安居中心；将程溪、颜厝、东泗 3 所中学划为该乡镇群众减灾避灾转移安置中心；将程溪镇洋奎村、官园村，东泗乡溪坂村，海澄镇和平村、罗坑村，隆教乡红星村的中小学划为该村自然灾害易发地区避灾安置场所。

二、困难救济

1993—1995 年，开展春夏荒缺粮户社会调查，共发放救灾款 134 万元、临时救济款 32 万元、救济大米 5 万公斤，帮助 3.25 万户困难户解决生活困难。

1996 年，发放春夏荒救灾款 40 万元、冬令救济棉被 510 件，为 2.92 万户 7.4 万人缺粮少衣群众解决生活困难；发放救灾款 46 万元、临时救济款 11.5 万元，帮助遭受 8 号、10 号台风袭击的重灾户修建住房 450 间，解决 3200 户群众灾后生活困难。1997 年，为春夏荒缺粮户发放救灾款 47 万元、临时救济款 11.5 万元，解决 2.5 万户 12.5 万人的生活困难。

1998 年，全市受台风暴雨袭击造成 910 间房屋倒塌，市政府及时拨出临时救济款 12 万元修建补助金，发放救灾款 162 万元。1999 年 10 月 9 日，全市遭受 14 号强台风严重破坏，共向重建户、特困户发放救灾款 140 万元、临时救济款 12.5 万元；捐赠款 80 万元和新棉被 1000 件。2000 年“6·18”特大强暴雨造成灾害后，发放救灾救济款 185 万元、临时救济款 28.5 万元、救济大米 16.7 万公斤，解决 6672 户受灾群众生活困难。

2001 年，发放救灾款 74 万元、临时救济款 22 万元。2002 年，春旱和霜冻，拨款 21 多万元，发放春荒救济粮 10 万公斤大米；发放救灾款 52 万元、临时救济款 23 万元，及时为困难群众排忧解难。2003 年，发放救灾款 119 万元、临时救济款 13 万元，解决 4647 户受灾群众生活困难。2004 年，先后发放 3 批救灾款 125 万元、临时救济款 22.8 万元、救济大米 2 万公斤，为 5132 户受灾群众排忧解难。

2005 年，共发放春、夏荒粮和冬令防冻临时救济款 110 万元，发放自然灾害救灾款 660 万元、救济大米 12 万公斤。9 月 5 日，中共龙海市委、市政府举办“义赈演唱会”活动，接收捐赠款 1200 多万元；先后共发放倒房重建补助款 580 万元，扶持 219 户全倒无房户和 148 户部分倒塌户等抢修或重建，其余捐赠款用于灾后集中重建和分散重建及其他救灾救济。

2006年，全市连续遭遇1号“珍珠”、4号“碧利斯”和5号“格美”等强台风、强暴雨严重袭击，因灾倒房损房的1837户，其中全倒无房户548户。全年共拨付重建救灾及其他救灾补助款1995万元，临时救济款24万元。2007年，发放救灾款130万元、临时救济款58.29万元、救济大米4.3万公斤。

1993—2007年龙海市发放救灾救济款、粮情况表

表20-5-1

年份	发放救灾款（万元）	发放临时救济款（万元）	发放救济大米（万公斤）	救济户数（户）	救济人数（人）
1993	55.5	10.5	0	4656	23283
1994	10.5	10.5	0	19396	80842
1995	68.0	11.0	5.0	8500	42500
1996	86.0	11.5	0	29200	74000
1997	47.0	11.5	0	25000	125000
1998	162.0	12.0	0	263	1315
1999	140.0	12.5	0	5126	25630
2000	185.0	28.5	16.7	6672	40302
2001	74.0	22.0	0	9150	22875
2002	73.0	23.0	10	6987	34935
2003	119.0	13.0	0	4647	16620
2004	125.0	22.8	2.0	5132	16021
2005	660.0	110.0	12.0	5760	23414
2006	1995.0	24.0	0	1837	92000
2007	130.0	58.3	4.3	10987	54935

三、捐赠灾区

1993年至1997年6月，组织群众支援灾区募捐活动，全市各界共捐款135万元、捐物价值436万元，及时运往省外支援灾区。

1997年7月，全市群众捐献救灾款3.8万元、衣物0.7万件，送往宁夏地区支援受灾群众。1998年，长江汉江地区发生特大洪涝灾害，龙海组织募捐108万元救灾款支援湖北省一县区。2003年，收到群众的捐赠和发动社会各界捐款共11.8万元、衣物0.7万件，由漳州市民政局分别送往宁夏、重庆地区和福建省三明、南平灾区。2005年，支援闽北灾区捐款7.13万元。2007年，支援四川灾区捐款6.85万元。

第二节 社会救济

一、贫困户救济

1993年，在春节期间走访慰问贫困户1850户，发放补助款28.6万元。

1994 年、1995 年、1996 年、1997 年，分别走访贫困户 2030 户、4500 多户、2910 户、2115 户，分别发放补助款 30.57 万元、50.8 万元、38.28 万元、66 万元。1998 年，对石码、浮宫两个渔业村 53 户、200 人的连家船上岸定居“造福工程”给予解决资金 32 万元。2001 年，走访特困户 460 户，发放慰问金 20 多万元。2005 年、2006 年，走访慰问分别为 2335 人、2283 人，发放慰问金分别为 24.69 万元、29.3 万元。

2007 年，走访特困户、二女结扎户、独生子女困难户、麻风病人、敬老院老人等 3059 人，发放慰问金 37.29 万元。

二、“五保”供养

1993 年，全市 986 名“五保”人员（保吃、保穿、保医、保住、保葬）除集体供养外，对分散供养的每年发给粮食 180—300 公斤稻谷、生活费 35 元以上和 2 套衣服；医药费实报实销。此外在春节期间走访慰问，发放补助款。

1995 年，全市 904 名“五保”人员人均月生活水平不低于 120 元（不含医药费）。1998 年，市政府制定《关于进一步认真做好农村“五保”供养工作意见的通知》，全市 767 名农村“五保”人员纳入乡镇统筹，实行乡镇、村分级负担制。2000 年，全市农村 782 名“三无”（无劳动能力、无生活来源、无法定赡养扶养义务人）救济对象享受“五保”供养。2004 年、2005 年、2006 年，全市“五保”供养分别为 1250 人、1551 人、1574 人，年发放生活费分别为 120 万元、156.77 万元、186.1 万元。

2007 年，“五保”生活费从原来每人每月的 83 元提高到 100 元；全市“五保”供养 1631 人，发放生活费 190.8 万元。

三、最低生活保障

1993 年，龙海市政府制定《城镇居民最低生活保障暂行办法》《农村最低生活保障暂行规定办法》，全市城乡低保工作逐步规范，扩面提标进一步加大。1998 年，对已落实应享受低保的城市居民 172 户 320 人，给予每人每年 500 元的定期补助低保金；对已落实应享受低保的农村特困户 764 户 2617 人，给予每人每年 400 元的定期生活补助。

2000 年，全市享受农村低保对象 368 户 1090 人，人均月发放低保金 30 元；享受城镇居民低保对象 236 户 484 人，人均月发放低保金 62 元。2002 年，扩大城镇低保面，全市享受城镇居民低保对象增加到 1214 户 2947 人，基本做到应保尽保。2003 年，全市享受城镇居民低保对象 1349 户 3340 人。2004 年，全市享受农村低保对象 4771 户 7624 人，年发放低保金 315.28 万元；享受城镇居民低保对象 1460 户 3637 人，年发放低保金 185.4 万元。2005 年，全市享受农村低保对象 5055 户 7742 人，年发放低保金 270.03 万元；享受城镇居民低保对象 1457 户 3634 人，年发放低保金 192.6 万元。

图 20-3 市第一医院志愿者到市敬老院义诊（市民政局提供）

2006 年 10 月，城市居民最低生活保障标准由每人每月 156 元提高到 180 元。2006 年，全市享受农村低保对象 3905 户 7110 人，年发放低保金 352.89 万元；享受城镇居民低保对象 1575 户 3895 人，年发放低保金 205.37 万元。

2007 年 8 月，对城市低保对象给予每人每月 15 元的物价补贴；从 10 月起，再次对城市低保对象给予每人每月 10 元的临时补贴。全市享受农村低保对象 5339 户 12027 人，年发放低保金 694.15 万元；全市城镇居民享受低保对象 1655 户 4108 人，年发放低保金 346.71 万元。全市低保标准全面提高，其中农村低保户从原来每月人均 35 元提高到 51.67 元，城镇居民低保标准由原来每月人均 180 元提高到 220 元。

四、医疗救助

2007 年，开始执行城乡医疗救助；全市纳入城市医疗救助人数 4108 人，筹集年度城市医疗救助资金 41.08 万元，全年累计救助 25 人次，救助金额 5.87 万元；纳入农村医疗救助人数 16189 人，筹集年度农村医疗救助资金 155.41 万元，全年累计救助 50 人次，救助金额 7.42 万元。

第六章　扶　持

第一节　扶持老区

一、“五老”补助

1993—1994 年，对“五老”人员（老地下党员、老游击队员、老交通员、老接头户、老苏区乡干部）每人每月给予补助 35 元，对“五老”配偶每人每月补助 20 元。全市共有“五老”人员 157 人。

1995 年春节，慰问老区基点村；对 157 名“五老”人员每人每月补助 60 元，对“五老”配偶每人每月补助 20 元。1996—1997 年春节，慰问老区基点村；对 157 名“五老”人员每人每月补助 80 元，对“五老”配偶每人每月补助 40 元。1997 年，“五老”人员从每人每月补助提高至 100 元、“五老”配偶每人每月补助提高至 60 元。1998 年，对全市 92 名“五老”人员实行定期补助，每人每月 100—120 元，全年共拨补 7.56 万元。1999 年，继续对全市 90 名健在“五老”人员实行定期补助。

2001 年，市民政局被评为“福建省重点优抚对象‘五老’人员和优抚安置对象事业单位普查工作”先进单位。2006 年 5 月，对“五老”人员实施每人每年 600 元的医疗补助，6 月，开始兑现 180 元个人门诊账户到人；与市级定点医疗机构签订协议，落实优惠项目。

2007 年，继续对全市 67 名“五老”人员及配偶实施补助；“五老”人员每人每月补助 150—200 元，“五老”配偶每人每月补助 100 元。

二、经济扶持

1993 年，省扶持龙海老区建设经费每年 5 万元。此外，省、漳州市分别扶持程溪镇下庄村和九湖镇新春（龙虎庵）2 个基点村、颜厝镇园中 1 个老区村创办老区工厂各 5 万元。

1994 年，省扶持九湖镇洋坪老区村水仙花基地 10 万元。1995 年，扶持九湖镇邹塘村王占春烈士故居维修及道路建设 5 万元。1996 年，省扶持程溪镇洋奎村道路建设 4 万元。

1997—1998 年，全市共有 5 个老区乡镇、11 个老区基点村；上级老区办下拨补助款 10 万元，共解决重灾户 171 户 631 人迁居；修复 3 所学校、2 条公路、3 个水坡。1998—1999 年，帮助老区向上争取各种扶持资金 200 多万元，用于老区村的“五通”建设。

2001—2002 年，向上争取扶助资金 28 万元。2003 年 4 月，省老区办核编龙海市共有老区乡镇场 7 个，老区行政村（居）106个。2003—2004年，在资金上给予支持和政策上给予倾斜，研究制订老区乡村道路、校舍修建、供水设施等项目的帮扶方案，向上申请补助资金。

2005年，向省老区建设促进会黄仲咸教育基金会争取资金4万元，帮助老区贫困子女80人解决读书难问题；6月10日，成立龙海市老区建设促进会；8月，市移动公司在程溪镇洋奎老区村投资100多万元建立一座差转台，并设立专线，帮助解决该村手机信号问题。2004—2006年，全市有64个老区村投资6720万元，建成水泥路134.4公里。其中帮助解决缺口资金190多万元，建成程溪镇8条通村水泥路40多公里。

2007年，扶持老区村小学修缮3万元；发动社会爱心人士捐助程溪老区村10个贫困学生共2万元。同时向省老区办争取资金，扶持老区水泥道路建设9万元，扶持老区村老人活动场所建设5万元。

第二节　扶持少数民族

1993年8月11日，福建省人民政府批复隆教畲族乡（简称隆教乡）享受沿海经济开发地区重点工业卫星镇的优惠政策。

1994年8月，隆教乡新厝中学与镇海附中合并，设立龙海市民族中学，为寄宿制初中校。1995—1996年，修造省道漳云线公路水泥路面，贯穿隆教乡全境，全长17公里，路面宽8米，路基宽30米；扶持隆教乡红星、新厝畲族村发展生产周转款16万元；向上级争取扶持款40万元，其中30万元用于隆教旅游经济开发区发展“民族园”旅游度假村，10万元支持隆教乡中小学建设。

1997—1998年，共下拨扶持款61万元，用于隆教乡旅游开发、新厝畲族村农业发展、修建村道、新厝中心小学校舍修缮、民族教育发展。

1999年，为隆教乡解决临时救济款5万多元。是年10月，下拨台风救灾款14.1万元、棉被80件、大米0.95万公斤，救助少数民族地区受灾户。

2000年，在各级政府的重视扶持下，全市少数民族乡、村、自然村的“五通”建设得到基本解决。是年，厦门湖里区挂钩帮扶龙海市隆教乡。

2001—2002年，帮助少数民族地区向上争取各项专用款23.5万元，扶持中小学、卫生院等基础设施建设，拨出4万元解决125户少数民族的生活困难；全市10多个科局挂钩扶持隆教乡7个行政村，给予信息、技术和资金扶助。2002年，漳州市公安局、建设局分别挂钩红星、新厝畲族村，帮助架设有线广播、冬修水利和饮水工程改造。

2003—2004年，慰问少数民族贫困户203户，资金3.68万元；慰问贫困生，争取补助款0.6万元和高教助学金2.5万元；落实建设项目14个，到位资金55.2万元。2000—2005年，厦门湖里区共扶持隆教乡资金29.5万元，捐赠电脑31台和一批图书、教改资料、教学光盘等，更新课桌椅350套。

2006年，投资160万元，建筑面积1653平方米的隆教卫生院综合楼投入使用，基本解决畲族乡群众看病困难。2005—2007年，扶助高山族就医、就学、建房，3年间共投入资金12.4万元。2006—2007年，省海洋与渔业厅、厦门湖里区挂钩帮扶隆教乡，2年间分别拨款50万元支持完善基础设施建设和发展生产。

至2007年，省、漳州市、龙海市政府共拨出234万元少数民族补助款，扶持少数民族地区经济发展和社会事业建设；主要用于扶助隆教乡旅游开发，民族中学、小学校舍修缮，隆教乡卫生院修建，红星村、新厝村、屿上村的农业、水利、道路、饮水等项目及贫困生就学。共出具少数民族高考、中考学生身份证明1730份，其他少数民族身份证明108份；批准公民变更民族成分278人。

第七章　社会福利

第一节　福利机构

一、福利院、敬老院

1993 年，市福利院入住 34 人；全市 16 个乡镇办有敬老院 18 所，入住“五保”人员 124 人，占全市“五保”人员 14%。

1998 年，全市有市福利院 1 所，乡镇敬老院 11 所，集中供养 92 人。当年共拨出福利事业费 34 万元，改善市福利院和乡镇敬老院基础设施。2000 年，有市福利院 1 所，入住 33 人；乡镇、村级敬老院 13 所，集中供养 96 人。

2002—2006 年，抓好市福利院和各乡镇、村敬老院的入院托老和服务管理，给院民每人年供大米 180 公斤、生活费 3600 元、零用钱 600 元，药费实报实销；先后投入资金 25 万元，对市福利院和乡镇敬老院进行整改、修缮、投建，以及增添设备，改善内部硬件环境和服务质量，同时深入乡镇寻找和动员孤寡重点优抚对象和“五保”人员到市福利院或乡镇、村敬老院入院安度晚年。

2007 年，全市有市福利院 1 所、床位 184 张，入住 36 人；乡镇、村级敬老院 13 所，集中供养 70 人。

二、老年福利协会

1997 年 11 月，市老年福利协会成立，主管部门为龙海市老龄委。老年协会动员社会各界资助老年福利事业，筹集和管理老年福利基金，对外进行老年福利事业的协助、资助，开展老有所学问题对策与研究，建立老有所为的专项基金。1999 年 1 月，开始在石码紫云公园入口左侧兴建市老年公寓，占地 1.17 公顷。至 2007 年，共筹资 228 万元，建设公寓楼 7 幢 3132 平方米及室外配套等项目。

第二节　慈善事业

龙海市慈善总会于 2004 年 6 月 9 日成立。当年，从募集善款拨出 20 万元资助 380 名在校贫困生；拨出 8 万元资助 200 名 80 岁以上的特困老人；拨出 10 万元资助贫、难侨；拨出 84.5 万元建设紫云公园内的海新园、休闲小木屋、健康走廊等景点及角美镇龙田村幼儿园、石码镇内社村村道。

2005—2006 年，实施救困、复明、帮残、助学、扶老和社会福利公益事业 6 大慈善项目。对因强台风受灾进行救助，救助倒房重建及损房修复 666 户、救助受灾群众生活 12720 户计 550 万元；重建及修复中小学校舍 70 所、资助受灾学生 2319 名计 90 万元；资助东泗乡、海澄镇、程溪镇修农村公路 4 条 36.1 公里计 210 万元；资助除险加固水库、山塘 5 座、水闸 5 座，修复防洪堤决口 12 处 660 米、海堤塌坡 3 处 845 米、倒虹吸管 1 处 100 米计 180 万元。春节期间，慰问资助贫困户和难侨及患绝症困难病人等 20.44 万元；在榜山、九湖、东园 3 个镇设立“造血”工程试点，资助贫困农户 14 户计 4.2 万元；支出 8.5 万元为 86 名白内障困难患者做复明手术；支出 9000 元购置电脑、办公橱等扶持石码育智学校。资助大、中、小学 890 名贫困生 68.84 万元；为全市 30 个贫困的村（场）老人协会各购买 1 台 29 寸电视机和 1 台 DVD 机；支持紫云公园新景点的建设、配置医疗设施和消防车装备等共 356.37 万元。

2007 年，市慈善总会拨出扶贫救困款 17.97 万元；资助 11.2 万元帮助 112 名贫困白内障患者做复明手术；协同市残联购置残疾人轮椅 100 台赠给 100 名残疾人；资助贫困学生及学校配置设施 91.24 万元；支持海澄镇黎明村、角美镇龙田村老年活动中心建设等 44.8 万元；购置 3 部救护车赠送龙海市第一医院、第二医院和中医院计 100 万元；购置消防车 4 部装备市消防大队计 283 万元；捐资近千万元修建紫云公园。

第三节　福利彩票与福利企业

一、福利彩票

1993 年，成立龙海市社会福利彩票有奖募捐委员会，负责辖区的福利彩票管理和发行工作。

1994 年 12 月 11—27 日，全市有奖募捐券销售在石码首次发行，采取即售即开奖形式销售，200 万元有奖募捐券全部销售完成。提留的社会福利基金全部用于社会福利事业设施、敬老院建设等。1999 年 3 月，市政府同意发行 1000 万元赈灾福利彩票，共筹集 100 多万元福利基金。2000 年，完成“八闽风采”1.1 万套福利彩票销售任务。2001 年，以电脑彩票投注站替代大奖组即开票的发行工作。全市设置电脑型福利彩票投注站 11 家，当年销售 156 万元。2004 年，全市设置电脑型福利彩票投注站 35 家，当年销售 448 万元。是年，在石码锦江影院正式发行有奖募捐券销售，完成 200 万元销售任务。

2007 年，全市设置电脑型福利彩票投注站 42 家，其中市区 9 家、乡镇 33 家；即开型视频彩票中福在线销售厅 1 家，即开型刮刮乐中心站 1 家。当年销售 1096 万元。

二、福利企业

1993 年，新发展福利企业 17 家，除隆教乡外，全市 15 个乡镇共兴办 50 家福利企业。总投资 1116 万元，投资 100 万元以上企业 5 家。榜山三星民政造纸厂，总投资 380 万元。全市福利企业共安置残疾人就业 412 人。1995 年，全市民政福利企业共 63 家，实现产值 7000 多万元，创税利 250 多万元，享受国家免税 130 万元，安置残疾人就业 454 名，并为 875 户困难户解决就业问题。

1997 年、1998 年，部分民政福利企业因经济效益差或不符合条件被摘牌，全市民政福利企业分别为 48 家、31 家，创税利分别为 254 万元、232 万元。1998 年，安置残疾人 438 名。2000 年，全市民政福利企业共 28 家，安置残疾人就业 374 人，年产值 8200 万元，创税利 342 万元。是年 12 月，年审合格 17 家，经整顿改革，被撤掉牌子、取消民政福利企业优惠政策待遇的有 11 家。

2001—2004 年，全市民政福利企业保留 17 家，安置残疾人就业 306 人。2005—2007 年，全市民政福利企业 16 家，安置残疾人就业 213 人。

第八章　其他民政事务

第一节　地名与勘界

一、地名管理

1993 年，全市 281 个行政村全部设置明显标准的路牌、村牌；市区石码镇街道、巷道统一规划、统一规格设置路标 33 杆、巷牌 120 块，新建地名命名建筑物 1 处。

1994 年，以农村集镇为主，做好全市农村门牌编号挂牌工作；对新建的主要街道进行命名。同时，修改刷新石码镇区 33 座路标，并提供《中华人民共和国地名词典》资料 20 多条。1995 年 5 月，市政府颁发《龙海市地名管理规定》。1998 年 6 月，市民政局与市建委联合发文《关于实行地名规划命名的通知》。1999 年，继续做好地名、路牌、街道、新居巷名的命名修缮工作。2006 年 7 月，市民政局被评为全省“城市地名标志设置先进单位”。

2007 年 10 月，市政府颁发《关于实行地名规划命名的通知》，全市地名管理工作依法依规办理。

1993—2007 年龙海市新建地名（建筑物）命名情况表

表 20-8-1

年份	名称	所在地址
1993	桥口新村	石码镇桥口居民住宅区
1999	嘉源小区	招商局漳州开发区安置港尾镇后石、屿仔尾、石坑三个自然村新建的住宅小区
	龙水苑	石码镇工农路市自来水公司职工住宅楼
	通华小区	石码镇桥口的住宅小区
	锦港小区	石码镇东市场对面的住宅小区
	吉鸿楼	石码镇紫光路南侧、港林路西侧的桥口三角地段的商住楼
	庆兴楼	原市木材公司仓库拆迁改建的住宅楼
	罗锦小区	石码镇罗锦村的住宅小区
	港龙新村	石码镇人民西路北侧的住宅小区
	顺风楼	石码镇人民东路与港林路之间的住宅楼
	侨联大厦	石码镇公园路北侧、锦江影剧院对面的商住楼
2002	港口花园	石码镇人民东路港口社的组团式商住楼群
2003	红树林小区	石码镇解放北路两侧，锦江道与解放西路、打石街之间旧城改造建成的住宅小区，分为秋收阁、冬藏阁、聚贤阁、景新阁住宅楼
2004	运辉花园	原市动力机厂一带旧城改造建成的商住小区
2006	宏业花园	原市酱油食品厂厂区旧城改造建成的商住小区
	水晶花园	石码镇紫光路南、北两侧开发建设的商住小区
2007	锦湖阁	石码镇紫光路北侧（登第村）开发建设的商住小区
	天翔花园	石码镇登第村村部旧址改造建成的商住小区
	茗苑楼	石码镇港口东市场南、北两侧开发建设的商住小区
	龙盛花园	芦州大道交汇于紫崴路、西浮路中段开发建设的商住小区
	锦绣家园	石码镇人民东路市消防旧址改造建成的商住小区
	九龙新城	原市造纸厂厂区旧城改造建成的商住小区

1993—2007 年龙海市路段（标准化）命名情况表

表 20-8-2

年份	名称	所在地址
1993	天水宫路、下庵路、大官前路、仙庵路、祖宫路、新田厝街、祖田厝街、大田厝街、蔡港街、新洲尾街、行后巷、大六间巷、小六间巷、新街亭巷、下埕、十六间巷、十二间巷、大宫巷、南台巷	石码镇区
	侨光路、农贸市场北路、农贸市场东路、农贸市场西路、农贸市场南路、团结路、团结北路、友谊路、环城南路、侨兴街、共和街、团结一巷、团结二巷、团结三巷、侨兴后巷	角美镇区
1994	太武路、鸿江路、兴业街、天河街、思源街、金象街、祥狮街	港尾镇区
	中闽大道、英明路、福贞路	角美工业综合开发区
1999	观音路、祥滨街、通源街、瑞兴街、育才街	港尾镇区
	锦江大桥（连接石码镇区与紫泥镇乌礁岛，横跨九龙江南港）	紫泥镇
	紫崴路、紫光路、鸿团路	石码镇区
	平宁路、人民西路（延伸至榜山镇芦州村）	榜山镇
2002	南大道	九湖镇
2003	锦园路、铸鼎街、民主街、宛南街、和平街	石码镇区
2004	文圃大道、霞兴路、公园西路、仁和西路、仁和东路、镇兴路、莲花路、温泉路	角美镇区
2007	白礁路、保生路、金山路、崎巷路、鸿渐路、桥头路	角美—海沧（路段）

二、区划勘界

1993—1995 年，全市尚未实施界线勘定工作。

1996 年，组织开展全市勘界工作。1997 年，市政府重新调整勘界领导小组和办事机构，落实车辆调配，配备专职工作人员 5 人，拨出勘界专业经费 15 万元。是年，编辑《龙海市政区图》并由福建地图出版社出版。2001 年完成县（市、区）级勘界任务。全市已贯通边界线长达 155.5 公里，其中龙海—杏林线 31.05 公里，龙海—长泰线 10.6 公里，龙海—芗城线 11.95 公里，龙海—漳浦两条线 81.9 公里和龙海—南靖线 20 公里。2002 年，在完成市（县）级勘界任务的基础上，开展市内乡镇级勘界工作。2003 年，完成市内 14 个乡镇、6 个农林场的乡镇级勘界工作。全市乡镇级界线 31 条、总长 282.95 公里。

2007 年，全市和乡镇两级界线勘定任务全部完成；新编的《龙海市行政区划图》由福建地图出版社出版。

第二节　婚姻与收养登记

一、婚姻登记

1993 年，婚姻登记在各乡镇政府婚姻登记机关（中心）办理，按照规定，存在事实婚姻的可补办婚姻登记。全年全市依法办理结婚登记 15598 对，补办结婚登记 5985 对，办理离婚登记 132 对。

2000 年 6 月，全市实行石码、榜山、紫泥、颜厝、东园、东泗、双第及漳州开发区等乡镇、场、区的申请结婚当事人统一到市妇幼保健所婚姻登记；由市计生委、卫生局和民政部门联合办理，实行婚前保健和婚姻登记综合服务；其余乡镇由各乡镇的卫生院、计生服务站、民政办公室合署办公，统一受理申请结婚当事人的婚前保健和婚姻登记工作。2002 年，全市婚姻登记统一集中到市行政服务中心的市民政局婚姻登记处办理。

2007 年，全市依法办理结婚登记 7493 对，补办结婚登记 283 对，办理离婚登记 358 对。

1993—2007 年龙海市婚姻登记情况表

表 20-8-3　　单位：对

年份	办理结婚登记数	补办结婚登记数	办理离婚登记数	办理涉外结婚登记数	出具夫妻证明数	办理涉外离婚数
1993	15598	5985	132	0	0	0
1994	8129	0	62	45	0	0
1995	6681	0	169	41	0	0
1996	6692	0	265	30	0	2
1997	5878	0	94	18	0	0
1998	6143	0	41	71	0	0
1999	6355	0	78	70	0	0
2000	6416	0	57	31	32	0
2001	6271	0	105	0	0	0
2002	6154	11	87	29	0	0
2003	5676	38	119	10	31	0
2004	6357	64	168	17	0	0
2005	6222	88	216	35	0	0
2006	6836	152	278	0	0	0
2007	7493	283	358	27	0	1

二、收养登记

1993—1997 年，全市弃婴由各乡镇民政办公室负责收养安置，尚未实施登记。

1998 年，开始实行依法办理弃婴收养登记，当年收养 24 人。

1999—2007 年，共收养弃婴 198 人。1999 年 13 人，2000 年 17 人，2001 年 6 人，2002 年 12 人，2003 年 23 人，2004 年 26 人，2005 年 24 人，2006 年 31 人，2007 年 46 人。

第三节　殡葬管理

一、殡葬改革

1993 年，全市殡葬改革工作全面铺开，实行“四改”（改变土葬乱占地的陋习、改造火化设施、改善办公设施和生活、改进收费办法），实行公开挂牌亮证收费。当年全市尸体火化 286 具，城镇火化率

100%，农村仍以土葬为主。

1994年，火化314具。1995年，火化326具。1996年，火化345具。1997年10月1日起，角美、榜山、海澄、颜厝、紫泥、双第等乡镇场纳入火化区。当年全市火化827具。1998年起，全市除靠近山区、海岛、交通不便的部分行政村外，全部实行殡改火化。当年全市尸体火化3492具，骨灰全部寄存。1999年，火化4232具。2000年，施行对特困户、无名尸和非正常死亡的遗体减收火化费或无偿服务。当年全市火化4160具。2001年2月，市殡仪馆被评为“全省殡葬改革先进单位”；7月被评为省级“创精神文明窗口”示范点单位。是年，全市火化4094具。2002年，火化4211具。2003年，东泗乡溪坂村、浮宫镇八坑村、港尾镇上午村和省山村纳入火化区。是年，全市尸体火化4512具。2004年4月，市殡仪馆被评为“全省殡葬行业先进单位”。是年，全市火化4541具。2005年，隆教乡纳入火化区，当年全市火化4439具。2006年，把偏远山区的程溪镇白云、塔潭、浮山、上坪、人家、洋奎、官园、粗坑村纳入火化区，当年全市火化4544具。

2007年，龙海城乡实现遗体全部火化。当年全市火化4575具。是年，市殡仪馆被评为“全省‘十五’期间殡葬改革工作先进单位”。

二、殡仪馆建设

1993年，改善办公设施和生活条件，集资100万元兴建1座7层殡仪馆办公大楼；改造火化设施，由原来燃煤火化改用烧油火化。

1999年，旧馆首期扩改建工程完成，总投入350多万元。2000年，投入120万元建成1300多平方米的殡仪车库、办公楼，并配套30米水井、40吨水塔。2001年，原设立在石码镇区的馆部与殡仪车队搬移至位于榜山镇雩林村许林头的殡仪馆内，投资100多万元进行修建。2002年投入300多万元，新建600平方米的火化车间和中、高档火花机4台，实现火化无烟化。2003年，新建遗体冷藏室、解剖室、储藏室和骨灰寄存楼。2004年投入1800多万元，扩大馆区3.33公顷，拓宽场地2.2公顷；配备殡仪车辆16部、公务小车1部，发电机组750千瓦、1000千瓦各1部，高档遗体冷藏柜5组15柜，送尸车12台，深水井泵1套。2005年，新购置殡仪车6部，进行火化机的大维修。

三、陵园（骨灰堂）建造

1997年，市殡仪馆建造1幢2层的骨灰楼。2003年，市殡仪馆骨灰楼增建第3层。1998年，为减轻市殡仪馆骨灰楼寄存的压力，提倡有条件的乡镇可以建造陵园（骨灰楼）。1998—2007年，港尾、白水、颜厝、东园、角美、九湖6个乡镇先后兴建陵园（骨灰堂）。

第四节　社会团体登记管理

1993年，全市登记的社会团体84个。

1997—1998年，依法对全市84个社团组织进行年检，通过审查符合规定要求的社团组织进行登记发证，不符合要求的社团组织让其自动取消。1998年12月，开展全市社会团体清理整顿工作；当年全市社会团体88个。1999—2000年，根据国务院颁布的《社团登记管理条例》的规定，对全市原登记注册的社团组织进行复查登记，符合规定给予重新登记注册34个，办理注销和撤销54个。2002年，符合规定登记注册的社会团体47个。2004年，符合规定登记注册社会团体54个。2005年，符合规定登记注册的社会团体65个。2006年，依法登记注册社会团体71个（含民办非企业单位5个）。

2007年，依法登记注册社会团体83个（含民办非企业单位10个）。

卷二十一 法治

FA ZHI

1993—2007 年，龙海市执法部门围绕确保社会治安稳定、提高群众安全感的目标，严厉打击杀人、爆炸、放火、抢劫、强奸等重特大恶性案件，以及诈骗、贪污受贿、制售假冒伪劣商品、非法集资等经济犯罪，形成治安和刑事案件逐步下降、社会治安情况逐年好转的局面。

15 年间，市公安局共立刑事案件 34225 起、破案 22599 起，打掉犯罪团伙 483 个 2142 人。市检察院共受理公安机关和自侦部门提请逮捕的案件 4872 件 6768 人，批准和决定逮捕 5873 人；受理公安机关和自侦部门移送起诉 6117 件 8105 人，决定起诉 5333 件 6910 人。市法院受理各类案件共审结 60099 件，其中刑事案件 5463 件，民商事案件 33472 件，行政案件 382 件，执行案件 20782 件，标的总计 232099.81 万元。市司法局提供法律帮助和法律援助 504 件，受援人 592 人次；调解纠纷 23835 件，调解成功 22573 件。通过依法行使职权，较好地发挥惩罚犯罪，为维护政治安定、社会稳定，促进龙海经济和社会发展提供有效的司法保障和法律服务。

第一章 公 安

第一节 机构

一、龙海市公安局

1993年，龙海市公安局内设秘书科、政工科、监察室、行政科、政保科、户政科、出入境管理科、治安科、预审科、经侦科、法制科、内保科、“三资”企业治安科；下辖刑警队、巡警大队、看守所、拘留所（拘役所）和石码、角美、海澄、浮宫、程溪分局，以及步文、郭坑、白水、颜厝、水上、榜山、东园、东泗、隆教、九湖、梅市、紫泥派出所。当年，成立角美工业综合开发区派出所、市保安服务总公司，组建治安巡逻警察大队；市公安局交通警察大队归属漳州市公安局交通警察支队直接管理，龙海市公安局仅负责业务指导和案件审批。

1995年，秘书科更名为办公室；4月，成立刑事警察大队，下设7个中队，其中第一、二、三、四中队为刑事侦察中队，第五中队为经济、毒品案件侦察中队，第六中队为机动车辆案件侦查中队，第七中队为技术、情报信息中心。

1996年，成立后石公安分局。1997年，办公室更名为警令科，行政科更名为后勤保障科，内保科更名为经济文化保卫科；成立漳州市第一支警务督察大队和机要通讯科。是年9月，将预审科职责划归刑警大队，刑警大队除保留重案、经侦缉毒、车侦3个专业侦察中队和1个综合组（办公室）外，在石码、浮宫、九湖镇设置3个责任区中队；成立市公安局公路巡逻民警大队，与交通警察大队同一支队伍，隶属关系不变。

2000年8月，撤销刑警大队经侦中队，在漳州市率先成立经济犯罪侦查大队。

2001年，警令科更名为办公室。

2003年，后勤保障科更名为装备财务科，户政科更名为户政中心，机要通讯科更名为信息通讯科；撤销经济文化保卫科，成立宣传科、网安科、监管科、禁毒大队。

2005年，石码、角美、程溪、浮宫、后石公安分局全部更名为公安派出所；龙海市公安局交通警察大队整建制全部划归龙海市公安局管理（包括人事、财权、业务）。

2007年，后石派出所与隆教派出所合署办公；4月20日，双第派出所与榜山派出所、水上派出所与紫泥派出所合署办公，分别成立榜山中心派出所、紫泥中心派出所。

二、龙海市森林公安分局

1993年，龙海市林业局公安股，编制2名，实有2人；市公安局林下林区派出所、清泉林区派出所各有编制5名。

1997年6月，市林业局公安股调整为市公安局林业分局，为副科级，列入市公安系列。林下林区派出所、清泉林区派出所分别调整为市公安局林下林业派出所、九龙岭林业派出所。

1999年3月，市公安局林业分局干警定编6人，并将原事业编制调整为专项行政编制。6月，市公安局林业分局更名为市公安局森林分局；林下林业派出所、九龙岭林业派出所分别更名为林下森林派出所、九龙岭森林派出所。

2006年5月，森林派出所民警转制为专项行政编制；11月，林下森林派出所、九龙岭森林派出所分别更名为圆山森林派出所、东海森林派出所，人员编制 5 名。2007 年机构与编制不变。

三、龙海市边防大队

1993 年，中国人民武装警察部队龙海市边防大队下设海门、屿仔尾、深沃、浯屿、流会、镇海 6 个边防派出所和海门边防工作站。

2000 年，龙海市边防大队改称龙海市公安边防大队；11 月，增设角美、紫泥、石码、浮宫 4 个边防工作站。

2005 年 3 月，流会边防派出所保留边防派出所编制，派出所警力、辖区移交镇海边防派出所托管，并成立流会兵员集中点。

2006 年，浮宫边防工作站并入海门边防工作站。

2007 年 8 月，海门边防工作站改称玉枕边防派出所。截至 2007 年底，龙海市公安边防大队下设 7 个边防派出所、3 个边防工作站。

第二节　打击犯罪

一、打击刑事犯罪

1993 年，全市立刑事案件 429 起、破 267 起。其中，立重特大案件 241 起、破 139 起，立各类命案 19 起、破 16 起；另破积案 1 起、隐漏案 24 起；抓获作案人员 387 人，打掉犯罪团伙 34 个 159 人。

1994—1995 年，立刑事案件 2218 起、破 1574 起。其中，立重特大案件 1122 起、破 563 起，立各类命案 21 起、破 18 起；另破积案 2 起，隐漏案 2 起；抓获作案人员 1716 人，打掉犯罪团伙 106 个 476 人。

1996—2000 年，加大对杀人、爆炸、投毒、放火、抢劫、强奸等 8 类重特大恶性案件的侦破打击力度，共立刑事案件 9646 起、破 6609 起。其中，立重特大案件 5461 起、破 2939 起，立各类命案 68 起、破 60 起；抓获作案人员 3725 人，打掉犯罪团伙 207 个 717 人。其间的 1996 年，破获“3・25”步文瑞竹岩寺庙抢劫杀人案、“11・20”后石电厂炸药失窃案，以及破获贩卖熊猫皮案件、缴获熊猫皮 1 张。

2001—2006 年，共立刑事案件 18841 起、破 11645 起。其中，立大案 4130 起，破重特大刑事案件 2065 起，破福建省公安厅挂牌督办案件 12 起、漳州市公安局挂牌督办案件 13 起；摧毁各类违法犯罪团伙 79 个 269 人，抓获网上逃犯 1736 人。其间的 2003 年，侦破抢劫“的士”司机系列案、榜山“3・31”故意伤害致死案、“4・11”碎尸案、港尾“5・24”投毒案等。

2007 年，立刑事案件 3091 起、破 2504 起。其中，破获福建省公安厅挂牌督办案件 3 起、漳州市公安局挂牌督办案件 7 起；立八类案件 322 起，破 279 起；现行命案立 9 起，破 9 起；抓获外省市命案逃犯 12 人，抓获网上在逃人员 807 人。

二、打击经济犯罪

1993 年，市公安局经侦科坚持以稳定企业内部治安秩序，优化外部投资环境为工作重点，做到打击、防范、建设、服务“四管齐下”，有效维护企业的正常生产秩序和合法权益。

1994 年，市公安局经侦科进一步强化侦查手段和措施，侦破黄金、文物、涤纶丝走私及贩卖外币、假币等经济犯罪案件 23 起，抓获经济犯罪人员 17 人，缴获赃物价值 120 万元。

1998 年，在清理非法“标会”中，重点整治石码及浯屿岛等地，追回款项 500 多万元。

2001 年，进行经侦部门计算机联网工作，对经侦大队内部运行模式进行改革，成立公司企业犯罪、涉税犯罪、市场秩序及知识产权、金融犯罪 4 个侦查组，强化对经济犯罪大要案的侦办；破获漳州、龙海两级市委、市政府关注的角美镇“标会”非法吸收公众存款案。

2002 年，破获龙海市首例特大虚开增值税专用发票案，查明犯罪嫌疑人甘某某父子伙同会计从 1996 年至 2002 年初为他人虚开增值税专用发票 200 余份，价税计 200 多万元。

2004 年，建立警企共建机制，对重点联系的企业实行挂点联系制度，与企业签订共建协议，并确定一名民警为联络人，通报公安经侦工作有关情况，增进各企事业单位对公安经侦工作的了解。是年，破获福建省公安厅挂牌督办的以福建省华阳电业有限公司后石电厂原项目监工王某某为首的内外勾结特大职务侵占案，案值 153 万元，追回赃款（物）值 150 万元。

2005 年，破获福建省公安厅挂牌督办的龙海市角美镇永得利面粉食品有限公司出纳员周某某侵占公司资金 170 万元的特大职务侵占案。

2007 年，立经济犯罪案件 46 起、破 34 起，涉案金额 2669.16 万元，刑拘 50 人、逮捕 29 人、起诉 42 人，挽回经济损失 533 万元；先后破获福建省公安厅挂牌督办的陈某某非法吸收公众存款案（涉案金额 600 万元）、林某某特大职务侵占案（涉案金额 400 万元）。

第三节 治安行政管理

一、公共场所治安管理

1993 年，龙海各基层派出所（分局）与治安部门密切配合，协同作战，加强对全市公共场所的管理。

1994 年，全市公共场所 183 家，其中发廊 68 家、酒家和咖啡屋 84 家、录像室 13 家、游艺室 16 家、武馆 2 家。

1995—1996 年，全市公共场所增至 1325 家，共受理办证 1229 家。市公安局治安科与宣传、文化、广播电视、工商等部门配合，对文化娱乐服务场所和报刊书摊进行定期和不定期检查，严格审批手续，建立健全各种规章制度，并组织开展安全创优活动，严格公共复杂场所的治安管理。

2001 年，开展规范歌舞娱乐服务场所专项活动，共检查歌舞娱乐场所 58 家次、发廊 128 家次、酒家 60 家次、桑拿 2 家、足底按摩 5 间，查获卖淫嫖娼案件 8 起、赌博案件 18 起，破获贩毒案件 48 起，抓获贩毒人员 2 人。

2003 年，开展收缴非法出版物专项整治活动，共检查音像销售店 164 家、书刊销售店 25 家、歌舞娱乐场所 42 家、电子游戏机 52 家，收缴盗版 VCD 光盘 258 片、非法出版书刊 228 本、电脑 4 台、游戏机 6 台、淫秽 VCD 影碟片 22 片。

图 21-1 石码派出所治安巡查（市公安局提供）

2007 年，排查摸底娱乐服务场所 14 家，督促 5 家娱乐服务场所到当地派出所进行备案，督促 8 家娱乐服务场所到文化管理部门办理相关许可证件；完成全市歌舞娱乐场所审评定级，并开展娱乐服务场所治安管理暨深化禁赌禁娼工作专项整治，检查娱乐场所、按摩场所 36 家次，当面提出整改意见 23 条，共取缔无证经营的娱乐场所 5 家，对 8 家娱乐服务场所进行处罚。

二、扫黄打丑

1993 年，查处卖淫嫖娼案件 38 起 93 人，非法介绍容留妇女卖淫案件 14 起 19 人，传播淫秽物品 26 起 53 人，赌博 78 起 530 人，取缔卖淫窝点 26 个和传播淫秽物品窝点 10 个，捣毁地下非法复制淫秽录像窝点 1 个，缴获淫秽录像带 676 片，收容教育卖淫妇女 13 人。

1994—1996年，查处卖淫嫖娼案件340起778人，介绍容留妇女卖淫186起219人，传播淫秽物品案件59起87人，赌博762起4594人。

1997—1998年，查处黄丑案件931起3214人，拘留487人，劳动教养54人，收容教育57人，移送起诉13人，收缴销毁有奖游戏机117台，电脑版112块。收缴淫秽录像带137盒、VCD光盘163片。

2000年，查处卖淫嫖娼案件238起500人，赌博案件642起2456人。

2001—2004年，先后开展打击“六合彩”非法赌博及卖淫、嫖娼、赌博、吸毒、贩毒等专项斗争。组织开展打击“六合彩”骗赌专项行动10次，共查处“六合彩”赌博案件1310起2729人，治安处罚2658人，刑拘135人。其间的2003年，以角美、颜厝、程溪等色情活动较为严重的区域为重点进行专项整治，共查处卖淫嫖娼案件98起178人，治安拘留28人，治安罚款178人，收教8人。

2005—2006年，开展禁赌专项行动，共查处赌博案件556起。其中，破刑事案件42起，刑拘50人，逮捕11人，移送起诉26人，治安案件514起，治安处罚1451人；捣毁赌博窝点62个，破获省公安厅督办案件2起、漳州市公安局督办案件2起。查处卖淫嫖娼案件428起622人，刑事拘留29人，治安拘留187人，收教99人。

2007年，共破获介绍、容留、强迫妇女卖淫的刑事案件32起，提起公诉28人；查处卖淫嫖娼案件85起，治安拘留126人，收教87人。

三、危险物品管理

（一）枪爆管理

1993年，依照枪支管理规定，对公务用枪和民用枪支依法严格管理，建立枪支管理档案。共收缴火药枪85支，炸药4.1吨，雷管300枚，管制刀具153把。

1994年，开展收缴非法持有枪支专项治理，收缴非法持有枪支133支、子弹216发，收回不符合佩带枪支4支，捣毁非法制售枪支、管制刀具窝点3个。

1997—1998年，建立从市公安局到派出所和责任区民警三级治安责任制，层层签订责任状，并实行责任倒查制度，依法治理枪支和民用爆炸物品。共查处“涉枪”案件19起22人，收缴非法持有枪支284支、子弹711发。查处“涉爆”案件78起108人，收缴一批非法民用爆炸物品。同时，加强业务培训，全市313名民用爆炸物品安全员、爆破员、仓管员、押运员全部持证上岗。加强日常检查，清查涉爆单位360家次，整改安全隐患66处。

1999—2000年，开展烟花爆竹、民爆物品整治活动20次，检查烟花爆竹销售点182家，检查民用爆炸物品服务站98家次，取缔无证经营烟花爆竹摊点86家，没收“三无”产品约4.2万元，处理违法人员52人次。

2002—2003年，以涉枪犯罪突出的石码、角美、海澄等地为专项行动的重点地区进行全面整治；开展专项整治10次，收缴各类火药枪41支、子弹190发、仿真枪301支。

2004年，制定爆炸物品安全管理制度、储存仓库值班制度及使用单位的爆破员、监炮员申领、使用爆破器材制度；开展“缉枪治爆”专项行动及区域性民爆物品和烟花爆竹安全大检查，共破获涉爆涉枪案件34起，收缴各类非制式枪支278支、子弹2580发、手榴弹35枚、炸药23.5公斤、雷管187枚、导火索403米、导爆管482米、鞭炮6箱、管制刀具1250把。

2007年，开展民爆物品和烟花爆竹专项整治行动，破获涉爆案件10起，处理违法人员24人，责令停业整顿1家，收缴炸药0.75公斤、黑火药6公斤、雷管2枚、导火索37.8米；收缴各类非制式枪支247支、子弹1502发、废旧炮弹11枚、手榴弹5枚、管制刀具286把；查获违反烟花爆竹管理规定的案件3起，收缴非法烟花爆竹180箱；排查各种生产安全隐患36处，并督促整改。

（二）剧毒和放射性物品管理

2002年，开展放射源安全管理专项整治和收缴“毒鼠强”等剧毒物品工作。

2003年，查办公安部督办的毒鼠强案件，全面清查117家药品经营店及个体流动摊点。

2004 年 8 月，定为“毒鼠强”清查收缴工作全市统一行动月，全面清查 85 家药品经营店及个体流动摊点，共收缴各类“毒鼠强”等剧毒物品 351 包（袋），取缔非法销售摊点 41 个。

2005 年，对辖区的剧毒化学品从业单位进行全面调查建立档案，规范剧毒物品的安全管理，查处违反剧毒、放射性物品管理规定案件 3 起，查处违法人员 16 人，其中罚款 15 人、拘留 1 人。

2007 年，开展拉网式清查剧毒化学品行动，侦破漳州市重大非法买卖危险物质案——“8・1”剧毒化学品氰化钠案件。

四、户政管理

（一）户籍管理

1993 年，户口管理网络延伸到村（居）委会，在每个村（居）委会设立户口协管员。全年办理粮脱钩 596 人，独生子女农转非 1300 人，各项指标农转非 646 人，制发正式身份证 29396 张，临时身份证 1429 张。

1994 年，全市常住人口 852755 人，其中非农业人口 100917 人。完成全国户口待定人员在海澄镇机关、步文镇书厅村和后店村 3 个样本单位抽样调查任务，登记对象 9224 人，制发居民身份证 10545 张，临时身份证 671 张，快证 228 张。

1995 年，实行农村户口城市化管理，调整充实户口协管员 375 人；全市 342 个村（居）委会、场钉上门牌 204392 个，常住人口登记表、户口簿都填上门牌号，实现省公安厅提出农村户口城市化管理的一户一牌一簿一册一员“五个一”要求。

1996 年，对全市各个行政村 204392 户逐一整顿核对，改变以往农宅零乱无序、难于查找的落后局面；组织全市 14 名户籍内勤民警集中进行计算机操作技术培训，加快人口信息录入工作，全市 87 万人口数据全部录入计算机。

1998 年，全市 14 个公安派出所全部完成人口计算机管理系统建设，全面取代手工操作；开展角美小城镇户籍管理制度改革，户籍在农村的省内外原农业人口经办理农转非手续到角美镇落户定居。同时，抓好居民身份证制发和纠错工作。

2001 年，共办理户口登记、变动 71449 人次；办理居民身份证 29671 张，受理审批各类农转非 562 人；办理外县市迁移准迁证 879 人；受理两劳释放人员申报户口 278 人。同时，完成编制市武装部、驻军部队移送的军队、武警部分军人身份号码任务。

2002 年，推行一系列户籍改革措施，主要是取消农业户口、非农业户口、自理口粮户口及其他类型的户口性质划分，实行户口登记管理一体化，以实际居住地登记户口的原则统一登记为居民户口，以准入条件取代城市人口控制指标，进一步放宽户口迁移管理政策。全年办理居民身份证 24480 张（其中普通证 20623 张、快证 3857 张），户籍管理制度改革办理落户人员 3431 人，办理外县市迁移准迁证 1075 人，办结户口项目变更 449 人，受理两劳释放人员申报户口 137 人。

2003 年，实行无底卡制作居民身份证，通过数字化改造居民身份证制证工艺，采用网络传输制证信息和自动翻拍技术，实现无底卡制证，提高居民身份证制证效率。同时，开展第五次居民身份证重证号、错证号及双重户口纠错工作。

2004 年，开展门楼牌清理整顿和户口核对、人口信息数据清理工作，共发放《漳州市公安局致居民一封信》21 万张，印发《户口核对回执》等各种表格 30 多万张，入户访查 163527 户，核对人数 387683 人，纠正错误 886 项；内部核对常住人口登记表 28 万份，纠正错误 557 人次。

2005 年 10 月，率先在漳州市停办一代证，全面换发二代证。当年以受理总量第一（51211 张）、受理任务完成率第一（170.7%）、人像采集合格率第一（98.62%）和受理点日平均受量第一（63.79 张）居漳州市各县（区）榜首。

2006 年，开通省内居民户口迁入申请“快速受理通道”，进一步简化省内居民迁入龙海市的申请手续。即凡省内的居民申请迁入龙海市时不再提供户籍证明，由户籍窗口工作人员利用人口信息管理系统直接在省级人口库中查实并引用居民的户籍登记信息。快速通道受理省内迁入申请 518 人，审查批准 435 人。

2007 年，全市迁入落户 8601 人，迁出户口 7553 人，补录漏登户口 774 人。

（二）流动人口和重点人口管理

1993 年，在市区人民西路设置外来人口管理站。

1994 年，对全市暂住人口进行全面清理、整顿、登记。全市暂住人口 24602 人，发证 17891 张，暂住人口中列入管理重点人口 45 人；重点人口新列管 577 人，撤管 558 人，帮教对象 1735 人，做到逐人建档，并建立帮教小组 1983 个，落实帮教措施。

1995 年，重新制定《龙海市暂住人口管理实施意见》和《关于开展租赁房屋清理整顿和管理工作的实施意见》。

1996 年，开展重点人口清理整顿工作，新列管 522 人，撤管 639 人；全市重点人口 2683 人，建立帮教小组 1843 个，帮教人员 4033 人。

1998 年，开展严厉打击流动人口违法犯罪专项整治，对全市外来流动人口进行集中清理整顿，建立乡镇派出所（分局）管理站、村（居）委会申报站、村（居）民小组申报点三级管理制，登记暂住人口 24794 人，登记率 99.1%，其中发证 23846 张，发证率 96.18%。

2002 年，全面实施暂住人口、工作对象和租赁房屋 3 个信息系统建设工程，投入资金 23 万元，对全市联网线路进行改造，由原来的语音线路改为采用 N—ISDN 通信线路，并增设石码公安分局、榜山派出所、角美开发区派出所、双第派出所、水上派出所、后石公安分局 6 个网络工作站点。

2004 年，制定《龙海市公安局开展入户访查工作实施方案》和《民警入户访查登记簿》，把社区（责任区）民警入户访查工作列入月、季和年终考评；10—11 月，共入户访查 9512 户 35880 人，发现未报备租赁房屋 112 户、流动人口补办暂住证 548 张，发现新的工作对象 73 人。

2007 年 3 月上旬，组织开展全市公安派出所基础信息采集“百日会战”，共入户访查 33398 户 99841 人，访问“E”警网 36573 次，业务操作 313589 条，总量占漳州市 18.65%，位居第一。

五、出入境管理

（一）出境管理

1993 年，健全完善各项工作制度，规范各项出入境行政许可，逐步公开透明。共受理公民申请出境 1138 人。

1997 年，赴港澳地区定居审批实行“四统一”（即统一申请办法、统一审批条件、统一审批进度、统一收费标准）。

1998 年，往港澳定居工作实行电脑打分排队制度，所有往港澳定居申请人的资料均录入电脑，由电脑自动计分，按照省公安厅公布的分数线有序安排赴港澳定居，由往年限额审批向按条件审批转变。

2001 年 12 月 1 日起，放宽赴港澳商务签注有效期限，最长可至 3 年，有效期 3 个月以下的取消纳税、创汇等限制，实行按需申领。同时，取消赴港澳旅游名额限制。

2002 年 2 月 1 日起，取消公民出国（境）申请提交境外邀请函和取消附发出境登记卡的做法。

2003 年 10 月 1 日，实行按需申领护照，建立“国家工作人员登记备案信息库”，录入信息 12356 条，建立“法定不批准出境人员通报备案信息库”，录入信息 123 条，并与常住人口信息库联网，实现网络化管理，做到计算机自动比对、核查，提高工作效率和服务水平，增强对特殊人群和不准出境人员掌握查控水平。

2007 年，开始采用新一代公安出入境管理信息系统，首次采用现场采集申请人照片，确保面见申请人制度落实。当年 12 月实现无纸化办公，对申请护照、大陆证、港澳旅游等材料通过扫描和信息录入上报，减少上报环节。

（二）入境管理

1993 年，对 2106 人次的入境人员进行户口管理和住宿登记，对全市 180 家“三资”企业进行调查摸底和造册登记。

1997 年 8 月，在公安派出所设立专兼职外事民警，建立健全“三员”〔即村（居）委会设立户管员，涉外宾馆设立申报员，“三资”企业设立联络员〕，形成管理网络，落实境外人员的临时住宿管理，保障境外人员的人身财产安全。

1999 年，投资 500 多万元建成融户口、身份证、出入境证件于一体的办证服务中心，全年不关门服务，做到限时办结。

2004 年，执行公安部《公安机关外国人管理工作分工配合机制规定》，与台办、侨联、侨办、外经等部门实行定期联席会议，通报涉外信息，在内部与治安、户政、经侦、禁毒、边防等部门建立相互通报制度。

2005 年，执行公安部《台湾居民往来大陆通行证、签注受理审批签发工作规范》，简化操作办法，扩大多次来往大陆签注签发范围，放宽来往大陆签注有效期限和有效次数限制，简化台湾居民在大陆居留手续，再次申请免体检。

2007 年 12 月，实现无纸化办公，对申请护照、大陆证、港澳旅游等材料通过扫描和信息录入上报，减少上报环节。

六、特种行业管理

1993 年，加强对全市 1606 家特种行业、公共娱乐场所的管理，促进特种行业健康发展。

1994—1995 年，对新开业的特种行业场所做到逐级审批，严格把关。全市有特种行业 439 家，已办证 343 家。

1999—2000 年，加大对特种行业场所业主培训，进一步规范经营，举办业主培训班 5 期，受训 580 人次。同时，对全市特种行业重新审核换证，总量压缩 38%。根据公安部《废旧金属收购业治安管理办法》规定，对废旧金属收购业实施管理，共清理废旧金属收购业 52 家，取缔无证和非法经营 21 家，责令限期整改 19 家。

2001 年，加大对移动电话维修业、机动车维修业、拆车厂的清理整顿力度，共收缴来源不明移动电话 28 部，责令移动电话维修业补办证 28 家。配合有关部门整顿取缔榜山镇许林头拆车业，查处非法拼装、改装机动车案件 4 起，行政处罚 4 人。

2002 年，共受理特种行业申请材料 93 份，批复 103 份，批复刻制印章材料 848 份 1120 枚，实地验收特种行业场所 35 家。8 月，全市旅馆业计算机网络联网正式启动；11 月，根据国务院下发《关于取消第一批行政审批项目的决定》，取消部分特种行业治安审核许可制度，保留旅馆业、刻字业、典当业 3 个特种行业的治安审核许可制度。

2007 年，强化阵地控制，完善和规范旅馆业治安信息管理系统的管理。全市 49 家中小旅馆全部安装旅馆业治安管控系统，50 床位以上的旅馆旅客住宿信息录入和上传率 100%；通过管控，处罚不按规定登记住宿旅客信息旅馆 47 家，取缔无证经营的旅馆 13 家，治安处罚 30 人，抓获网上逃犯 6 名，从中破获刑事案件 40 起。

七、网络管理

2003 年，市公安局公共信息网络安全监察科（简称“网安科”）开始承担全市公共信息网络的安全保护和互联网上网服务营业场所的管理，承办信息网络、计算机犯罪案件的查处。

2004 年，破获龙海市首起上网宽带账号被盗案。

2005 年，走访龙海市“五大”网络运营商，进行相关的网络安全检查和教育，加强安全措施的建设。

2006 年，查办龙海市首起传播有害信息案件。11—12 月，开展政府类网站的备案工作，对政府类网站备案的重要性进行宣传，整理备案政府类网站 30 家。

2007 年，开展全市网吧监控软件的升级工作，对各单位技术人员进行网络安全保密方面的培训。

2003—2007年，共检查网吧560家次，整改266处，查处违规网吧15家，查处黑网吧112家。

第四节 交通监管

一、道路交通管理

1993年，龙海市区（石码）开始使用红绿灯指挥交通。是年，公安交通管理部门以强化路面交通秩序管理为中心环节，基本遏制辖区内重特大交通事故多发局面，改善全市城镇和国道干线公路交通秩序。

1997年5月，公安交通管理部门加强山区支线客运车辆的管理，严肃查处客货车辆违章超载，推动“反违章、防事故”整治工作。

1998年，公安交通管理部门开始设置便民服务箱和政务公开栏，收集群众意见建议，为领导决策提供依据，提升交通安全管理水平。

1999—2000年，在江东、九湖木棉等主要路段，建立“反超载”“反疲劳驾车”工作服务站。对超载的车辆采取强制卸货卸客转运的措施。取缔货车、农用车、柴油三轮车和拖拉机载客。对摩托车、“柴三机”、残疾人专用车和未上国家目录申报牌照的车辆从事客运活动的，予以取缔。

2001年，公安交通管理部门排查辖区内交通事故多发路段，协同公路、城建等部门进行改造。对无法解决的路段，设立交通警示标志和其他安全措施。

2004年11月，组织开展摩托车交通违法整治行动，至2005年4月，共查处各类摩托车交通违法行为29160人次，其中查扣无牌摩托车7221辆，驾乘摩托车不戴安全头盔14049人次，处罚无证驾车3920人，行政拘留92人，摩托车交通违法情况得到有效遏制。

2005年5月，成立龙海市预防道路交通事故领导小组，建立龙海市道路交通安全工作局际联席会议制度，全面加强道路交通事故预防工作。

2007年，各乡镇相继成立道路交通安全委员会，同时设立农村交通安全联络员，加强农村道路交通安全管理工作。11月开始，市政府组织公安、交警、交通、公路、城监、农机、广电和乡镇政府，联合开展无证、无牌、酒后驾车和超速超载等重点交通违法行为专项整治行动，每月组织2—4次整治统一行动，覆盖全市各乡镇。12月，石码市区道路监控网络建成并投入使用，整个网络系统包括卡口型“电子警察”系统、卡口系统、道路监控系统、交通诱导系统、信号控制系统、中心显示系统6部分。

二、交通事故治理

1993年，继续开展“反违章、压事故”专项治理，重点查处柴油三轮车、农用车违章载客。

1995年10月1日，启用“122”道路交通事故报警台。1996年，公安交管部门事故处理人员参加省交警总队的组织培训，取得道路交通事故处理证。1998年，公安交通管理部门完善交通事故处理机制，拓宽122交通事故报警台服务功能，与110报警台开展社会服务联动。

2000年，公安交通管理部门公开交通事故处理程序，增强事故处理透明度。在推行公开认定交通事故责任时，允许群众旁听，允许当事人听证、申辩和举证。2003年下半年，公安交管部门全面实行交通事故处理警长负责制，警长具有对事故处理实施“简易程序”和事故现场快速处理的职权。

2004年5月1日起，按照《中华人民共和国道路交通安全法》及实施条例规定对道路交通事故进行处理，对交通事故损害赔偿的争议，当事人可以请求公安机关交通管理部门调解，也可以直接向人民法院提起诉讼。

2007年，从抓好交通安全宣传环节、客运车辆及驾驶员环节、危险路段排查整治环节、重点违法行为治理环节入手，落实目标责任，全力预防重特大道路交通事故，全市道路交通事故4项指数均同比下降。

三、机动车管理

1993 年，市公安局交通警察大队负责各类摩托车登记、检验、编排牌、证号，牌证报漳州市公安局交通警察支队核准后发放。1997 年，建立摩托车检测线。

2004 年 5 月 1 日起，实行机动车第三者责任强制保险制度；各类机动车的牌、证、表、章、卡的颜色、规格，按国家标准，由省公安厅交通警察总队统一制作；机动车管理供用全国统一的机动车号牌、行驶证、登记证书，以及全国统一的机动车计算机登记系统，登记内容实时上传，号牌号码采用计算机公开选取。

2007 年，全市有各类机动车辆 121309 辆，其中汽车 3743 辆（大型货车 267 辆，小型货车 2735 辆，大型客车 114 辆，小型客车 597 辆）；摩托车 115130 辆，其中二轮 115085 辆、三轮 45 辆；拖拉机 2119 辆（手扶 756 辆，轮式 1363 辆）；农用运输车 317 辆。所有车辆全部实行在册规范管理。

四、驾驶员管理

1993 年，摩托车类驾驶员培训考核由市公安局交通警察大队负责。

1996 年 10 月，驾驶证有效期由原来的 4 年改为 6 年。1997 年 8 月，成立全市机动车驾驶员安全教育所，驾驶员的安全教育制度化、规范化。

2004 年 5 月 1 日起，机动车驾驶员培训社会化，由交通主管部门对驾驶培训学校、驾驶培训班实行资格管理，其中专门的拖拉机驾驶培训学校、驾驶培训班由农业机械主管部门实行资格管理。经公安机关交通管理部门考试合格后，发给相应类别的机动车驾驶证。

2005 年，全市摩托车类驾驶人科目一考试（理论科目）使用计算机无纸化考试系统，建立健全考试工作的制约、防范机制，通过计算机随机安排考试任务；建立对考试员的考评制度和台账，组织考试监督小组对驾驶人考试质量不定期进行抽查。

2007 年，全市有机动车驾驶员 193534 名，其中汽车类驾驶员 89380 名（大型客车驾驶员 1212 名、大型货车驾驶员 25546 名、小型汽车驾驶员 59613 名、农用车类驾驶员 3009 名）；摩托车类驾驶员 104051 名（二轮摩托车驾驶员 102790 名、三轮摩托车驾驶员 1261 名）；其他车类驾驶员 103 名。

附：交通事故典型案例

1995 年 1 月 19 日，一部车牌号为江西 33/80435（井冈山市下土乡农机站，限坐 19 人）的小客车，载客 31 人，由驾驶员黄某从晋江市往漳州方向行驶，途径国道 324 线 304KM+580M 处右转弯，车辆驶入通行道（右道），在路左侧小型机动车道上与迎面驶来的车牌号为广西 45/71026 东风牌长头货车（广西岭溪县运输公司）交会，小客车左侧与货车车厢前角发生碰剐后侧翻，造成 10 人死亡、5 人受伤、客车严重损坏的事故。

2000 年 7 月 31 日 21 时 30 分许，江西省广丰县徐某驾驶豫 P-07520 号大货车从角美前往海沧，行至锦宅路段与相向而行，由角美开发区台资企业东海冷冻食品有限公司驾驶员郑某所驾驶闽 E-00606 号旅行车发生碰撞，造成 3 人死亡、3 人受伤及旅行车损坏的特大交通事故，肇事后徐某驾车逃逸。2000 年 8 月 1 日下午，徐某在厦门被抓获。

第五节 消防管理

一、火灾预防

1993 年，市消防大队贯彻“预防为主，防消结合”的消防工作方针，运用广播、标语、传单等形式，

图 21-2　消防灭火救援（市消防大队提供）

在城乡宣传，普及消防法规和防火灭火及逃生自救常识，提高群众自防自救能力。

1994 年，设立“消防安全基金”50 万元，购置一部泡沫消防车和一部火场指挥车，提高快速反应能力。组织对 110 家加油站、32 家液化气经营店、化工企业等易燃易爆化学品进行专项治理，对 65 家“三资”企业、乡镇企业和 30 家酒家、卡拉 OK 厅进行专项检查。共发现火险隐患 588 处，督促立即整改 506 处，限期整改 82 处，取缔 7 家不具备经营易燃易爆化学品条件的单位。

1995 年，角美消防专职队成立，隶属于角美工业综合开发区管委会领导，业务上接受市公安消防大队指导，专职队的编制、经费、器材装备由角美工业综合开发区管委会自行解决。

1998 年 12 月 23 日，龙海市中心城区消防系统总体规划编制通过市政府审批。

2001 年，市公安消防大队以遏制重特大火灾事故为目标，不断加大消防监督执法力度，相继开展公众聚集场所、建筑消防设施、网吧、加油站消防安全专项治理，解决一大批历史遗留火灾隐患，辖区消防安全环境明显好转。

2003 年 6 月，市公安消防指挥中心大楼竣工使用，占地 0.61 公顷。2006 年，中共龙海市委、市政府投资 500 余万元购置消防车 8 部，同时启动龙池开发区消防站建设。

2007 年 3 月，角美消防专职队改为市公安消防大队第二消防中队；9 月，市公安消防大队第三消防中队成立；12 月，龙池开发区消防站投入使用。

二、灭火救援

1993 年，全市发生火灾事故 8 起，经济损失 19 余万元，无重大火灾事故和伤亡事故。

1997—1998 年，市公安消防大队共接出警 216 次，扑救火灾 31 起（其中重大火灾 2 起）；参加抢险救援 9 起，抢救群众 20 人，保护人民群众财产总价值上亿元。

1999—2000 年，市公安消防大队在完成灭火救灾任务的同时，参加社会抢险救援 82 起，出动消防车辆 243 辆次，抢救遇险群众 62 人，挽回经济损失 9000 万元。

2001—2006 年，共接出警 2163 起，参与灭火 1703 次，参加社会抢险救援 416 起，抢救遇险群众 204 人，挽回经济损失 4.8 亿元。

2007 年，共接出警 221 起，出动车辆 368 辆次，出动警力 2178 人次，抢救被困人员 42 人，疏散被困人员 127 人，抢救财产价值 140 多万元。

第六节　监所管理

一、预审

1993 年，市公安局预审部门对移送的刑事案件，依法从快审讯，负责指导检查看守所管理工作。4 月，公安部下发“清理在押收审人员”的通知，市公安局预审部门配合侦查部门清查在押人犯，至 1996 年底，清理工作全面结束。

1997 年 1 月底，取消收容审查手段，实施新的刑事诉讼法。1998 年，实行侦防机制改革，预审科干警编入刑警大队，实行侦审合一，侦查员负责案件的侦查预审工作。

二、看守

1993 年，市看守所加强监所管理，打击牢头狱霸，确保监所安全无事故；共收押人犯 139 人，其中拘捕 96 人，收审 43 人。

1994 年，坚持依法管理、科学管理、文明管理，及时发现和制止拘押人员企图挖墙逃脱、自杀和集体绝食事故 10 起 20 人。1995 年 12 月 8 日，被漳州市中级人民法院判处死刑的重大流氓犯郭某某从市看守所越狱潜逃，15 日，拒捕的郭某某被当场击毙。

2002 年，与漳州市唯一的“二级看守所”——南靖县看守所成功结对子，学习、吸取对方好经验、好做法；探索建立合适的管理方法，推动监所管理工作的规范化，确保监所安全。

2006 年 6 月，因市看守所存在严重安全隐患问题，在台风来临前，将所有在押人员分流到漳州市第一看守所、南靖县看守所、长泰县看守所关押。

2007 年 7 月，新看守所动工；12 月底，4 幢 52 间监房、综合楼封顶。

15 年间，市看守所共收押各类违法犯罪人员 9958 人次。

三、治安拘留

1993 年，市治安拘留所被评为省级规范化治安拘留所。1996 年，市森林公安查处各类林业案件中，处治安拘留 3 人。1997—1998 年，治安拘留“涉爆”人员 39 人，在“扫黄打丑”中治安拘留 487 人，在治理交通秩序中治安拘留 70 人。

1999 年，市森林公安查处各类林业案件中，处治安拘留 2 人。2000 年，市森林公安查处各类林业案件中，处治安拘留 4 人。2001 年，市治安拘留所被公安部评为达标所，为漳州市唯一一家达标所。

2003 年，以角美、颜厝、程溪等色情活动较为严重的区域为重点进行专项整治，处治安拘留 28 人；市森林公安查处各类林业案件中，处治安拘留 8 人。

2005—2006 年，全市开展禁赌专项行动，处治安拘留 187 人。2007 年，查处卖淫嫖娼案件中处治安拘留 126 人。

15 年间，市治安拘留所执行“文明管理、教育感化”的方针，做好每个拘留人员入所前的谈话教育，坚持每日交接班前对监区进行安全检查，逢年过节前对监区进行全面安全大检查，发现问题突击检查，一旦发现安全隐患立即整改。

第七节 森林公安

1993 年，市公检法部门与林业、工商部门联合在全市范围内开展林业史上规模最大的打击乱砍滥伐、乱收乱购、非法加工经营木材的专项斗争，共查处各类林业案件 247 起，其中林业刑事案件 5 起、治安案件 3 起、林业行政案件 239 起。收缴木材变价款 13.22 万元；林业行政罚款 1.27 万元；收缴放生国家二级保护动物穿山甲 3 只、猴头鹰 3 只，放生各种鸟类 2200 多只。

1996 年，市森林公安分局组织开展以“打现行、破大案、催团伙、追逃犯”为重点的“严打”斗争，共查处各类林业案件 65 起。其中，林业刑事案件 6 起、逮捕 8 人，治安案件 3 起、治安拘留 3 人，林业行政案件 56 起，没收木材 115.2 立方米。

1999 年，共查处各类林业案件 47 起。其中，林业刑事案件 6 起、逮捕 8 人，治安案件 2 起、治安拘留 2 人，林业行政案件 39 起，为国家挽回直接经济损失 37.4 万元。

2000 年 1 月和 8 月，分别开展“南方二号”和“南方三号”专项行动，共查处各类林业案件 80 起。其中，林业刑事案件7起、刑拘7人，治安案件6起、治安拘留4人，林业行政案件67起，没收木材146.8立方米；救护放生国家一级保护动物蟒蛇6条。

2002年1月4日，九湖镇蔡坂村张某到本村坑尾山地劳动，因乱丢烟头引发火烧山，烧毁龙海市、南靖县5个村森林75.67公顷，烧死马尾松幼树57280株，经济损失29640元，被依法判刑5年。3月9日，榜山镇榜山村周某到岭门山地土地庙旁，用打火机点燃路边茅草，山火延烧2天，造成过火面积92.47公顷，烧毁马尾松蓄积量389立方米，幼树42000株，致集体财产损失61450元，被依法判刑7年。市森林公安分局全年先后开展“破案攻坚战”“保卫绿色行动”“候鸟行动”等多次严打专项行动，共查处各类林业案件45起。其中，林业刑事案件11起、刑拘7人，治安案件3起、治安拘留3人，林业行政案件31起，没收木材147立方米；救护放生国家一级保护动物蟒蛇10条。

2003年，先后组织开展“春雷行动”“夏季百日会战”和“绿剑行动”等打击破坏森林和野生动物资源违法犯罪的专项行动，共查处各类林业案件43起。其中，林业刑事案件7起、刑拘6人，治安案件8起、治安拘留8人，林业行政案件28起，没收木材68立方米，救护放生国家一级保护动物蟒蛇10条。

2006年，实施“长剑三号”“长剑四号”等专项行动，共查处各类林业案件43起。其中，林业刑事案件2起、刑拘1人，林业行政案件41起，没收木材133.8立方米。

2007年，组织开展“霹雳行动”“绿盾行动”等专项行动，共查处各类林业案件30起。其中，林业刑事案件3起、刑拘2人，治安案件1起、治安拘留1人，林业行政案件26起，没收木材56.97立方米，救护放生国家一级保护动物蟒蛇8条，放生各种鸟类4600多只。

第八节　公安边防

一、渔船渔民管理

1993年，龙海市边防大队审查处理渔船被台湾军方抓扣案件6起12艘215人，检查监护来靠台轮9艘36人次。1994—1995年，审查处理被台抓扣案件14起28艘485人，检查监护来靠台轮24艘97人次。

1996—1998年，检查监护来靠台轮85艘次373人次。1999年，查处船舶违规案件191起251人次，查处“三无”铁壳船2艘。1998年，破获贩卖假烟案件2起、制作假烟案件1起，案值130多万元。

2000年，查处船舶违法违规案件221起382人次，摧毁犯罪团伙2个9人，收缴炸药2710公斤，雷管625枚。检查监护来靠台轮27艘135人次。2001年，查处船舶违规案件128起307人次，检查监护来靠台轮26艘次118人次。

图21-3　龙海边防大队抓获走私柴油（市边防大队提供）

2002年，查处船舶违规案件154起237人次，查获制假窝点2个，非法买卖鳗鱼苗案件2起，检查监护来靠台轮109艘次647人次。2004年，查处船舶违规案件31起35人次；审查被台抓扣案件2起2艘4人；检查监护来靠台轮25艘次96人次，办理登陆证32本。

2005年，查处船舶违规案件257起282人次，审查被台抓扣案件9起9艘33人。2006年，查处船舶违规案件93起，检查监护来靠台轮35艘102人次。2007

年，审查被台抓扣案件30艘110人次。

二、反偷私渡

1993年，全市没有发现偷私渡案件。

1994年，查获逃台案件1起1人，查处台胞驾船要求投靠大陆定居1起1人，审查处理越南难民船来靠2艘27人。1996年，查获私渡去台案件2起2人。1998年，查获私渡去台案件4起，抓获私渡人员4人。

2002年，查获私渡案件1起1人。2003年，查获私渡台湾从事劳务活动案件1起19人，协助厦门支队抓获涉嫌偷渡人员3人。2004—2005年，查获私渡案件5起7人。2007年，没有发现偷私渡案件。

三、打击走私

1993年，全市边防辖区没有发现走私案件。

1995年，查获走私案件3起，案值10万元。1997—1999年，破获走私案件11起，案值约110万元。其中，1999年查扣走私柴油338吨，案值约70万元。

2000年，查缉涉嫌走私案件1起，缴获成品油130吨，案值25万元。2001年，查扣无证运输的“特牌”香烟62箱、用于走私“红油”的铁壳船2艘，查获非法打捞并运载塑料粉的打捞船1起1艘。

2002年，查获走私案件3起，案值70万元。2003年，查获走私案件6起8人，查扣涉案船舶2艘，柴油共100.29吨，查扣“红油”勾兑约11.3吨，查获各类台货182件。

2004年，查处走私案件10起18人，非法贩运私盐案件4起42吨。2005年，查获无合法手续货物案件1起、无合法手续成品油案件1起、无合法手续鳗鱼苗案件1起、无合法手续柴油案件1起、走私水产品案件1起。

2006年，查获买卖无合法手续成品油1起10吨、查获走私盐2起98吨、查获无主走私台货（鳖蛋）29箱。2007年，查获非法经营成品油1起，查扣走私柴油10吨。

第二章　检　察

第一节　机构

1993年，龙海市人民检察院内设刑事检察科、政工科、办公室、法律政策研究室、法纪检察科、经济检察科、监所检察科、民事行政检察科、控告申诉检察科9个科室；下设税务、林下林场、步文、角美、海澄、浮宫6个检察室，撤销供销社、农行、财政局3个检察室。

1996年，改刑事检察科为审查批捕科、审查起诉科。

1998年，经济检察科更名为反贪污贿赂工作局；全部撤销乡镇场设立的检察室。

1999年，增设职务犯罪预防中心；在控告申诉科对外增挂“龙海市人民检察院举报中心”“刑事赔偿工作办公室”牌子。

2003年，撤销法律政策研究室，改职务犯罪预防“中心”为“科”；增设行政装备科；政工科、审查批捕科、审查起诉科、法纪检察科分别更名为政治处、侦查监督科、公诉科、渎职侵权检察科。

2005年4月，恢复设立法律政策研究室。

2006年，渎职侵权检察科改为反渎职侵权局。

2007年，市检察院共设16个内设机构和法警大队1个直属机构；在编干警81人。

第二节　刑事检察

一、审查批捕

1993 年，市检察院受理公安机关和自侦部门提请逮捕的各类刑事案件 151 件 200 人；经审查，批准和决定逮捕 175 人，其中追捕 2 人、不捕 10 人、公安机关自撤 1 件 4 人。

1994 年，受理公安机关和自侦部门提请逮捕的各类刑事案件 180 件 257 人；经审查，批准和决定逮捕 149 件 202 人，退回补充侦查 31 件 50 人。其中，把杀人、抢劫、强奸、放火、爆炸、重大盗窃、流氓团伙七类犯罪作为打击重点，批捕此类案犯 88 人。

1995 年，市检察院抽调 3 批 12 人次参与全国性农村社会治安整治工作及全市反盗窃、打流窜、扫黄打丑等专项斗争。是年，受理公安机关和自侦部门提请逮捕案件 234 件 304 人；经审查，批准和决定逮捕 187 件 236 人。

1996 年，参加全国“严打”斗争统一行动，重点打击杀人、抢劫、强奸、放火、爆炸和重大盗窃、流氓团伙七类犯罪，共批捕上述案犯 131 人。是年，受理公安机关和自侦部门提请逮捕案件 312 件 442 人；经审查，批准和决定逮捕 257 件 369 人。

1997 年，修改后的刑法、刑事诉讼法开始实施，市检察院组织全体干警学习、参加培训，以适应侦查、起诉、庭审方式的重大改革，不断提高刑事检察业务水平。是年，受理公安机关和自侦部门提请逮捕 265 件 357 人；经审查，批准和决定逮捕 227 件 300 人。通知公安机关说明不立案理由 9 件 11 人，发出应当逮捕犯罪嫌疑人通知书 2 件 6 人，对刑事拘留超过 30 日的 20 件 24 人，均口头提出纠正意见。

1998 年，坚持“严打”方针，突出打击重点，严厉打击危害社会治安和人民生命财产安全的严重刑事犯，特别是杀人、抢劫、强奸、重大盗窃等犯罪，批捕上述重特大犯罪案件 169 件 223 人。是年，受理公安机关和自侦部门提请逮捕 311 件 410 人；经审查，批准和决定逮捕 261 件 334 人，不批准逮捕 41 件 60 人。

1999 年，受理公安机关和自侦部门提请逮捕 382 件 570 人；经审查，批准和决定逮捕 227 件 407 人，不批准逮捕 26 件 58 人。受理的案件数量同比有较大的增幅。实行主诉、主办检察官办案制度，确保案件质量。同时，提前介入重大复杂案件，从重从快打击严重刑事犯罪。

2000 年，受理公安机关和自侦部门提请逮捕 448 件 602 人；经审查，批准和决定逮捕 333 件 419 人，不批准逮捕 44 件 83 人。对基本事实、适用法律、定性不当等情况，在审查批捕阶段依法改正 151 件 230 人。

2001 年，投入“严打”整治斗争，成立由市检察院正副检察长任正副组长，各部门负责人为成员的“严打”整治斗争和整顿规范市场经济秩序工作领导小组，落实办案责任制，实行“三定一包”（定人员、定任务、定时间、包质量）；从全院抽调 6 名办案经验丰富的干警组成后备组，随时投入“严打”第一线。始终把有组织犯罪、带黑社会性质的团伙犯罪和流氓恶势力犯罪，爆炸、杀人、抢劫、绑架等严重暴力犯罪，盗窃、抢夺和“六合彩”赌博等严重影响群众安全和社会稳定的犯罪，以及破坏社会主义市场经济秩序的犯罪作为打击重点，批捕涉嫌上述犯罪 122 件 203 人。批捕案件平均缩短 2.5 天，有些重点案件在当天即做出批捕决定。配合公安、法院召开“严打”整治斗争公捕公判大会 3 场，公捕 33 人。

2002 年，配合有关部门开展打黑除恶、整顿和规范市场经济秩序、查禁铲“六合彩”等专项行动，及时批捕“严打”三类犯罪案件 122 件 203 人。是年，受理公安机关和自侦部门提请逮捕 364 件 499 人；经审查，批准和决定逮捕 338 件 442 人，不批准逮捕 5 件 11 人。

2003 年，坚持“从重从快”方针，采取特案特办、专案专办、急案快办、严打案件细办等措施，促进快审、快捕。如黄城某故意杀人案、林育某杀人碎尸案、张习某团伙抢劫案等一批重特大案件，在 24 小时内即做出批捕决定。批捕“三类”犯罪案件 145 件 202 人，批捕制假贩假等严重破坏经济秩序的犯罪案件 16

件 23 人，维护社会安定和市场经济秩序稳定。是年，受理公安机关和自侦部门提请逮捕 379 件 486 人；经审查，批准和决定逮捕 370 件 466 人，同比增长 9.5% 和 5.4%。

2004 年，按照市委统一部署，投入创建“平安龙海”专项整治活动。是年，受理公安机关和自侦部门提请逮捕 354 件 479 人，同比下降 6.6% 和 1.4%；经审查，批准和决定逮捕 344 件 461 人，同比下降 7% 和 1%。

2005 年，市检察院参与榜山、紫泥、九湖镇等刑事多发地区的集中整治和突出治安问题的专项治理，批捕“两抢一盗”案件 137 人，起诉 133 人。介入并引导侦查龙池开发区白礁村部分村民为争抢落户企业施工项目地材生意，煽动数百名村民阻挠企业工地施工的破坏项目建设的犯罪活动，批捕 5 名主要犯罪嫌疑人，建议追捕 5 名涉嫌组织、积极参与者。是年，受理公安机关和自侦、公诉部门提请逮捕 317 件 449 人；经审查，批准和决定逮捕 307 件 430 人，批捕案件数居漳州市第一。决定不捕 3 人，决定追捕 25 人。

2006 年，批准和决定逮捕 362 件 516 人。立案监督案 5 件 8 人，纠正不应当立案而立案 1 件 2 人。决定追捕 14 人。

2007 年，突出打击重点，共批捕故意杀人等严重暴力犯罪、黑恶势力犯罪嫌疑人 73 人，批捕盗窃、抢劫、抢夺等犯罪嫌疑人 217 人。开展“平安企业建设年”活动，严厉打击各类侵害企业合法权益的犯罪行为，共批捕涉嫌此类犯罪的聚众斗殴团伙 2 个，犯罪嫌疑人 37 人。是年，受理提请逮捕 474 件 712 人；经审查，批准和决定逮捕 471 件 708 人，同比分别上升 30% 和 37%。决定不捕 4 人，决定追捕 21 人。

二、审查起诉

1993 年，市检察院参与榜山镇开展围歼“车匪路霸”专项斗争。是年，受理公安机关和自侦部门移送起诉 148 件 196 人，决定起诉 132 件 176 人、免予起诉 38 人（追诉作免诉 9 人）、不起诉 1 件 1 人。

1994 年，开展集中打击对社会治安构成严重危害的车匪路霸、地痞村霸、带有黑社会性质的犯罪团伙，持枪作案、流窜犯罪、卖淫嫖娼和拐卖妇女、儿童等犯罪的专项斗争、专项治理。是年，受理公安机关和自侦部门移送起诉 197 件 280 人，受理移送免诉 40 件 45 人；经审查，决定起诉 132 件 158 人，免予起诉 51 人（其中追诉作免诉 6 人），退回补充侦查 75 件 79 人。

1995 年，市检察院受理公安机关和自侦部门移送起诉 225 件 294 人、免予起诉 8 件 13 人；经审查，决定起诉 190 件 227 人、免予起诉 15 件 21 人。依法追诉 11 人。

1996 年，受理公安机关和自侦部门移送起诉 435 件 615 人；经审查，决定起诉 292 件 382 人、免予起诉 71 件 103 人。报送漳州市检察院起诉 41 件 85 人。“严打”期间，有 2 批 16 名犯罪分子被依法判处死刑。

1997 年，受理公安机关和自侦部门移送起诉 287 件 386 人；经审查，决定起诉 245 件 305 人（适用简易程序 110 件 118 人），不起诉 7 人。报送漳州市检察院起诉 19 件 19 人。追诉案犯 2 人。对基本事实、适用法律、定性不当等情况，依法改正 12 件 19 人，改变定性 7 件。

1998 年，依法从重打击农村地痞、村霸、流氓等恶势力，依法严厉打击破坏社会主义市场经济秩序犯罪活动，市检察院配合市委开展农村基金会整顿工作，侦查、起诉一批案件。是年，受理公安机关和自侦部门移送起诉 322 件 310 人；经审查，决定起诉 284 件 349 人（适用简易程序 111 件 115 人），不起诉 4 人。

1999 年，受理公安机关和自侦部门移送起诉 391 件 548 人；经审查，决定起诉 301 件 401 人（适用简易程序 98 件），不起诉 11 件 11 人。

2000 年，受理公安机关和自侦部门移送起诉 465 件 621 人；经审查，决定起诉 421 件 535 人（适用简易程序 98 件），不起诉 13 件 28 人，报送上级院起诉 7 件 28 人。对基本事实、适用法律、定性不当等情况，在审查起诉阶段依法改正 15 件 23 人，追诉 4 人，追诉遗漏犯罪事实 29 条。抗诉和建议再审各 1 件。

2001 年，投入“严打”整治斗争，把严重影响群众安全和社会稳定的犯罪以及破坏社会主义市场经济秩序的犯罪作为打击重点，起诉涉嫌上述犯罪 135 件 216 人，占起诉总数的 38%。起诉案件平均缩短 13 天，有些重点案件在当天即做出起诉决定。配合公安、法院召开“严打”整治斗争公捕公判大会 3 场，公判 29 人。

2002 年，受理公安机关和自侦部门移送起诉 415 件 555 人；经审查，决定起诉 338 件 442 人（适用简易程序 98 件），不起诉 5 件 10 人，报送上级院起诉 9 件 20 人。配合有关部门深入开展打黑除恶、整顿和规范市场经济秩序、查禁生产“六合彩”等专项行动，及时起诉“严打”三类犯罪（有组织犯罪、带黑社会性质的团伙犯罪和流氓恶势力犯罪，爆炸、杀人、抢劫、绑架等严重犯罪和盗窃、抢夺等严重影响群众安全感的多发性犯罪）案件 146 件 213 人。推行普通程序简化审理，在适用范围、条件、实施步骤与法院达成共识，形成打击合力，加快办案速度，共对 9 件 12 人适用普通程序简化审，平均开庭时间仅 30 分钟。主诉检察官自主审查案件 208 件，占全部起诉案件的 55.1%。

2003 年，采取特案特办、专案专办、急案快办、严打案件细办等措施，一天内、7 天内和 15 天内审结起诉的分别有 20 件、118 件和 177 件。起诉“三类”犯罪案件 194 件 291 人，起诉制假贩假等严重破坏经济秩序的犯罪案件 14 件 20 人。是年，受理公安机关和自侦部门移送起诉 497 件 633 人；经审查，决定起诉 462 件 579 人，同比上升 36.7%和 31%。报送上级院起诉 18 件 36 人。

2004 年，受理公安机关和自侦部门移送起诉 520 件 660 人，同比上升 4.6%和 4.3%；经审查，决定起诉 496 件 611 人，同比上升 7.4%和 5.5%。报送上级院起诉 13 件 24 人。当天起诉 29 件，2—7 天内起诉的有 132 件，适用普通程序和简易审理案件 423 件 473 人，占同期审理总数的 85.3%。主诉检察官自主审查起诉的案件 365 件，占决定起诉案件的 73.6%。开展出庭质量年活动，提高出庭支持公诉水平。

2005 年，围绕市委关于深入推进“平安龙海”建设的部署要求，稳、准、快依法打击各种严重刑事犯罪活动。是年，受理公安机关和自侦部门移送起诉案件 520 件 700 人；经审查，决定起诉 485 件 643 人，起诉案件数居漳州市第一。决定不捕 3 人、不起诉 4 人，追诉漏犯 20 人。

2006 年，决定起诉 589 件 721 人，同比分别上升 21.4%和 12.1%。追诉遗漏犯罪事实 30 条（次），追诉漏犯 5 人；提出刑事抗诉 2 件 2 人，其中一件贪污案件被法院减轻处罚适用缓刑不当，经抗诉后，发回重审。

2007 年，受理移送起诉案件 731 件 1084 人；经审查，决定起诉 700 件 1031 人，同比分别上升 18.8%和 43%；报送漳州市检察院起诉 17 件 42 人。公诉部门人均办案 84 件，最高达 121 件。突出打击重点，共起诉故意杀人等严重暴力犯罪、黑恶势力犯罪嫌疑人 105 人；起诉盗窃、抢劫、抢夺等犯罪嫌疑人 266 人。严厉打击各类侵害企业合法权益的犯罪行为，共起诉涉嫌此类犯罪的聚众斗殴团伙 2 个，犯罪嫌疑人 37 人，公诉 61 人。不起诉 6 人，追诉漏犯 9 人，纠正公安机关定性不当 34 件 55 人，提出刑事抗诉 2 件 8 人。

第三节　民事行政检察

1993 年，民事行政检察工作在与法院协调、接受控告申诉及初查工作中探索启动，同时充实人员，并加强业务培训，建立、健全业务制度。

1997 年，受理不服法院民事判决案件 13 件，经审查立案 8 件；建议漳州市院提请抗诉 7 件，均被采纳；向法院提出检察建议 1 件，被采纳。

1998 年，受理各类民事行政案件 16 件，审查立案 11 件，向上级院建议提请抗诉 10 件，向法院发出检察建议 1 件。其中，抗诉金额近百万元。

1999 年，受理各类民事、经济申诉案件 16 件，立案 13 件 13 人；提请抗诉和建议提请抗诉 13 件 13 人。立案数和采纳数位居漳州市民行检察系统首位。一审抗诉案件的改判率达 100%，达到省院制定的“争先创优”标准。

2000 年，受理民事申诉案件 19 件，审查立案 11 件；提请抗诉和建议提请抗诉 11 件，被采纳 8 件；向同级法院提出检察建议书 1 份。

2001 年，受理民事行政申诉 17 件，审查立案 10 件；审查终结提请抗诉和建议提请抗诉 7 件；提出检察建议 3 件，做好申诉息诉 7 件，办案数量、质量保持在漳州市检察系统同部门的前列。

2002 年，受理民事申诉案件 20 件，立案审查 10 件；上级院提请抗诉和建议提请抗诉 7 件，被采纳 4 件；检察建议 1 件，执行和解 2 件。

2003 年，受理 19 件，审查立案 5 件；提请和建议提请抗诉 5 件。检察建议书 2 件，做好息诉工作 12 件。

2004 年，受理案件 15 件，决定立案 8 件；提请和建议提请抗诉 8 件，被上级院审查采纳 5 件；再审检察建议 2 件。

2005 年，受理民行申诉案件 13 件，立案 10 件；提请和建议提请抗诉 3 件，再审检察建议 2 件，其他检察建议 9 件，法院再审改变原判决 1 件。

2006 年，受理民行申诉案件 15 件，决定立案 5 件；建议提请抗诉 1 件，发出检察建议 2 件，执行和解 1 件。受理初查审判、执行人员涉嫌职务犯罪 2 件。

2007 年，受理民事行政申诉案件 14 件，审查立案 2 件；提请抗诉和建议提请抗诉 4 件，发出检察建议 3 份；开展刑事附带民事诉讼，提起 3 件均被法院采纳。

第四节　预防和查办职务犯罪

一、预防职务犯罪

1993 年，市检察院通过出庭支持公诉，揭露犯罪，宣传法制，提高公民的法律意识。

1994 年，先后在交警大队、邮电局、农行召开干部职工廉政教育现场会、案件通报会，运用典型的反面材料进行廉政教育。

1995 年，向有关单位发出检察建议 5 份，在市二轻局、人民银行、保险公司召开案件通报会、预防犯罪座谈会、法制宣传会 3 场。

1996—1997 年，向有关单位发出检察建议 3 份，帮助有关发案单位建章堵漏，先后到市有线电视台、市农村合作信用联社、市经贸委、市农行和基金会上法制课 6 场，通过以案释法和法律教育，达到预防犯罪的目的。

1998 年，向有关单位发出检察建议 3 份，口头建议 11 次。

图 21−4　预防职务犯罪知识竞赛（市检察院提供）

1999 年，增设职务犯罪预防中心，开展法制宣传教育，进一步增强国家工作人员的法制观念。

2000 年，构筑“四条防线”（即抓好个案预防，开展同步预防，注意重点预防，实施行业预防），强化预防职务犯罪。与市金融系统联合成立职务犯罪预防工作联络机构，并与市司法局、广电局联合创办《周末说法》有线电视专栏，通过有线电视宣传职务犯罪预防课题，加大宣传力度。

2001 年，把预防职务犯罪列入全市干

部年训的培训内容，从市检察院办理的职务犯罪案件中，筛选出典型的、有教育意义的案例，对全市15个乡、镇、开发区的1000多名党员、干部进行预防职务犯罪教育培训。2003年，精心制作预防职务犯罪警示教育巡回展，有69个单位1500余人前来接受教育。与市委组织部、党校共同在党校建立“龙海市预防职务犯罪培训教育基地”，把预防职务犯罪列为青年干部培训的一项重要内容。

2004年，成立龙海市预防职务犯罪领导小组，由市委领导任组长，有关单位负责人为成员，市检察院负责具体事务。2005—2006年，共发出预防犯罪建议20份。深入基层、学校、机关企事业单位上法制课30场次，开展警示教育22场次，受教育9000多人。

2007年，健全侦查和预防相结合的工作机制，规范案前、案中、案后预防流程，拓展职务犯罪预防的领域和方式。紧密结合办案，研究防范对策，开展个案预防2件，提出检察建议12件。

二、反贪污贿赂

1993年，市检察院立案查处国营龙海林下林场罐头厂、步文镇政府、市土地管理局等单位的贪污贿赂案件13件17人。全年查处贪污贿赂案16件21人，挪用公款案3件3人，为国家和集体挽回经济损失100多万元。

1994年，市检察院立案查处贪污贿赂案22件25人，挪用公款案6件6人。邮电局员工卢某某贪污32万余元和市农行榜山营业所原会计温某某贪污87万余元携巨款潜逃被缉拿归案。

1996年，市检察院立案查处浯屿服务组原负责人曾某某挪用公款144多万元及隆教服务组原负责人兰某某贪污公款55万元；侦破九湖党委原副书记兼客货运公司经理赵某某、市合成氨厂原现金出纳员童某某、港尾镇上午村原党支部书记江某某等一批有影响、震动大的经济犯罪案。全年立案查处贪污贿赂案17件20人，挪用公款案8件8人。

1998年，市检察院立案查处贪污贿赂案21件23人，挪用公款案1件1人。其中，向漳州市检察院反贪部门移送处级干部要案1件1人，科级干部涉嫌犯罪案件5件5人。

2000年，市检察院立案查处市公安局原经侦中队负责人、驾驶员等3人贪污、滥用职权案。全年立案查处贪污贿赂案15件21人，挪用公款案3件3人，为国家和集体挽回经济损失130多万元。

2001年，市检察院立案查处市台胞接待站干部邓某某参与挪用公款80多万元的案件。共受理各类涉嫌经济犯罪线索举报64件，决定立案侦查15件15人。其中，贪污贿赂案14件14人，挪用公款案1件1人，为国家和集体挽回经济损失110多万元。

2003年，市检察院立案查处漳州市公安局招商局漳州开发区分局原刑警大队副大队长吴某某受贿7万余元案；市教育局原中教股长甘某某贪污试卷回扣7万多元案；紫泥保险站原站长林某某挪用公款30多万元案。全年立案查处贪污贿赂案16件17人，挪用公款3件3人。

2004年，市检察院立案查处原市委办出纳员郭某某和高某某分别挪用公款134万元、100万元2起特大案件。

2006年，市检察院立案查处龙海市卫生局原副局长、妇幼保健所所长蔡某某等人受贿窝案，并向市卫生局发出检察建议。全年立案查处贪污贿赂案14件18人，为国家挽回经济损失90多万元。

2007年，市检察院立案查处龙海市安全生产监督局原安监股钟某某、甘某某和郭某某受贿窝案；查办原龙海市水利局某镇水利管理站站长林某某、郭某某伙同该站所辖某水库管理所主任施某某共同挪用公款案等。全年立案查处贪污贿赂案11件17人，为国家挽回经济损失65万元。

三、反渎职侵权

1993年，市检察院受理各类法纪案件27件28人，立案侦查12件13人，其中非法拘禁5件5人、重大责任事故4件4人、非法侵入他人住宅1件1人、玩忽职守1件1人、其他1件2人。逮捕人犯2人，移送审查起诉2件2人，移送审查免予起诉7件8人。积存3件3人。

1997年，受理渎职侵权案件线索16件，初查16件；决定立案侦查玩忽职守案件4件4人，徇私造成国有财产流失案件1件1人。1999年，受理渎职侵权案件线索8件，初查8件，配合土地管理部门开展土地执法大检查，并撰写1份调查报告。

2002年，受理渎职侵权案件线索12件，初查12件；决定立案侦查1件1人。2003年，受理渎职侵权案件线索8件，初查8件；决定立案侦查1件1人。2005年，受理渎职侵权案件线索10件，初查10件，初查率100%；决定立案侦查徇私舞弊不移交刑事案件1件2人，为漳州市首例徇私舞弊不移交刑事案件案。

2007年，受理渎职侵权案件线索6件，初查6件，初查率100%；决定立案侦查玩忽职守案件1件1人，起诉1件1人，有罪判决1件1人。

第五节 监所检察工作

1993年，针对诉讼、监管工作中的违法现象，提出口头纠正建议49人次，发出《纠正违法通知书》15份24人次，发出《纠正违法报告书》48份132人次；清理久拖不决的人犯15人；对人犯上法制课13次，受教育1789人次；个别教育211人次，动员家属规劝60多人次。

1994年，加强监管改造场所的安全防范措施，坚持安全检查制度；共纠正超期羁押人犯69件137人，发出纠正违法通知书31份56人次，口头纠正违法52人次；加强对监外“五种人”的回访考察工作，发现脱管10人，漏管2人，保外就医应收监1人；建立帮教小组16个，严厉打击牢头狱霸。

1995年，对执法部门超期羁押人犯口头提出纠正43件57人次，发出《纠正违法通知书》7份20人，发出《纠正违法报告书》4份26人，共得到纠正48件64人。对不及时执行生效的判决、裁定提出纠正13件15人。

1996年，立案侦查改造场所干警玩忽职守案件2件2人，在押人犯又犯罪案件4件4人。自办案件居漳州市前茅。向有关部门口头提出纠正超期羁押人犯69件116人，得到及时纠正64件108人；发出《纠正违法报告书》13件24人。

1997年，重点整治“牢头狱霸”突出的情况，查办又犯罪案件2件2人，打击“牢头狱霸”行为16人次。口头提出纠正超期羁押案件48件85人。发出《纠正违法通知书》22份34人，发出《纠正违法报告书》4份5人。配合清理久押不决的疑难案、团伙案、流窜作案6件17人。纠正未及时送劳改3件3人。6名犯罪保外就医条件消失及时建议收监执行；发现3名保外就医罪犯漏管及时协助基层建立管教小组。对监外“五种人”进行二次检查监督。

1998年，口头提出纠正超期羁押30件34人，发出《纠正违法通知书》5件9人、《纠正违法报告书》7件11人，共纠正未按期投劳服刑7件8人。重点查办“牢头狱霸”和违纪违规在押犯23人次，建议公安机关对1名在押犯涉嫌故意伤害进行并案处理。建议对保外就医条件消失的4名罪犯及时收监。

1999年，口头提出纠正超期羁押27件55人，发出书面纠正违法超期羁押11件15人，查办看守所干警违法违纪案件2件2人，罪犯控告申诉案件3件3人。查办“牢头狱霸”行为14人，发现脱、漏管23人次，建立帮教小组13个，落实考察人员24人，及时建议对1名保外就医人犯涉嫌犯罪进行追捕。

2000年，进行安全检查65次，发现隐患7处，提出检察建议4次。对在押人员进行集体的法制教育12次3115人次，找在押人员谈话教育142人次；发现依法不宜应当收押人员6名。对超期羁押31人，先提出口头纠正26件31人，后发出书面纠正15件20人，书面纠正的都得到纠正。

2001年，配合监管部门进行安全大检查26次，给在押人员上法制课8场，累计受教育人数1768人次；纠正暂予监外执行和不予关押各2人，分别口头和书面纠正超期羁押2件2人和3件9人。依法监督公安机关按时交付执行罪犯174人。

2002年，依法口头提出纠正意见13件19人。发出《纠正违法通知书》1份、《纠正违法报告书》3份、《检察建议书》2份；监督依法取保候审1人。对监外执行罪犯进行重点检察，发现并建议收监执行1人。

2003 年，开展清理超期羁押专项活动，共清理纠正超期羁押 16 人。强化对监管场所管理教育工作、暂予监外执行、监外执行和保外就医的监督。

2004 年，以创建规范化检察室和“双加强、双保障”示范单位活动为载体，严格规范驻所检察工作，严把收押释放、交付执行、监外执行、看守所管教四个环节的监督，有力地维护监管场所的安全稳定。同时，开展减刑、假释、保外就医专项检查活动，健全防止超期羁押长效机制，保障在押人员的合法权益，继续保持零超期羁押。

2005 年，对刑罚执行和监管活动中的各类违法情况提出纠正意见 19 人次，提出检察建议 10 份，纠正法院刑期计算错误的案件 4 人。配合有关部门做好刑释解教人员和监外执行“五种人”的管理帮教，防止重新犯罪。206 名监外执行人员均没有重新犯罪和违纪现象。

2006 年，依法开展对刑罚执行和监管活动的监督，检察环节保持无超期羁押。

2007 年，开展刑罚执行和监管活动的监督。加强对监外执行罪犯的监管监督，纠正 96 个脱漏管犯，发出书面意见书 5 份，口头提出纠正意见 96 次均被采纳。

第六节　控告申诉工作

一、受理信访

1993 年，受理群众来信 184 件，来访 16 人次。受理群众举报 235 件。

1994 年，受理刑事申诉案件的复查工作，受理信访 290 件次。

1995 年，受理来信来访 320 件次。

1996 年，受理来信 451 件，来访 14 人次。

1998 年，受理来信 330 件，来访 49 人次；受理举报 3 件。

1999 年，开展争创全国文明接待室活动。是年，受理群众来信来访 330 件。

2000 年，受理来信来访 336 件。开展检察长接待日 24 次、组织部长“夜谈”联动 12 次，接待群众来访 55 批次，人员 143 人次。

2001 年，被高检院评为“全国文明接待室”。是年，受理来信来访 361 次，院领导参加“夜谈”联动 11 次，检察长接待日 24 次。

2002 年，受理来信来访 213 件，其中控告类 124 件、举报类 89 件。

2003—2004 年，巩固建设“全国文明接待室”，深入开展为民、便民、利民和首办责任制活动，真心为群众排忧解难；同时调处矛盾纠纷，妥善处置群体性事件，消除社会不安定因素，及时将矛盾化解在基层，消灭在萌芽状态。两年共受理来信来访 377 件。

2005 年，受理涉法上访案件 120 件，其中属检察院管辖内案件 94 件。

2006 年，率先在全漳州市开通网上举报业务。同时在九湖镇、双第农场设立控告、申诉受理点，方便群众就近信访。

2007 年，用心处理涉检上访，以公正、爱民之心对待上访群众，听之诉求，解之疑惑，帮之困难，把矛盾纠纷化解在萌芽状态。是年，受理涉法上访案件 118 件，其中属检察院管辖案件 91 件。

二、办理案件

1993 年，立案复查申诉案件 5 件 5 人，立案侦查重婚案件 1 件 2 人。受理群众举报件中，初查举报线索 11 件，转交检察院其他部门查办 112 件，转有关单位处理 12 件。

1994 年，办理上级院、人大、其他部门交办件并答复 19 件。办理不服判决申诉案件 2 件，提请上级院抗诉 1 件，纠正不服免诉决定申诉案件 1 件。

1995年，受理控告重婚案5件8人，均办结或移交有关部门处理。受理刑事申诉案3件，其中维持原决定1件，不予立案复查2件。

1996年，受理上级部门或领导交、转办件112件。

1998年，办理上级和领导交办件15件，复查刑事申诉案件3件3人。立案监督1件。受理举报并初查3件。

1999年，复查刑事申诉案件1件，办理领导交办件21件，举报初查3件。

2000年，争创“全国文明接待室”。开展检察长接待日、院领导参加“夜谈”联动，批办件55件。

2001年，受理领导交办件51件；院领导参加“夜谈”联动、检察长接待日批办件30件。

2002年，办理领导交办件57件，检察长接待日批办件24件。

2005年，开展为民、便民、亲民、利民活动，将矛盾解决在萌芽状态，化解在基层。受理涉法上访案件全部办结，管辖内案件息诉率100%且无越级上访。

2007年，受理涉法上访案件中属检察院管辖案件91件，办结86件，办结的案件息诉率100%，无涉检越级上访事件。

第三章　法　院

第一节　机构

一、市法院

1993年，龙海市人民法院内设刑事审判庭、民事审判庭、经济审判庭、行政庭、执行庭、告诉申诉庭、政工科、办公室。

1999年2月3日，率先在闽南地区成立维护军人军属合法权益合议庭，依托在民事审判庭。2000年，告诉申诉庭撤销，分别设立立案庭、审判监督庭。

2003年，撤销刑事审判庭，设立刑事审判第一庭、第二庭（简称刑一庭、刑二庭），其中刑二庭受理侵财、破坏社会市场经济秩序、贪污受贿和渎职罪案件。民事审判庭改为民事审判第一庭（简称民一庭），经济审判庭改为民事审判第二庭（简称民二庭），职责不变，但经济审判改称为商事审判。4月，设立执行局，与执行庭合署办公，在立案庭设立调解室，政工科改设为政治处，设立司法行政装备管理科。

2004年3月，在立案庭设立调解速裁组。2005年8月，在民一庭设立维护非公有制企业职工合法权益合议庭。

2007年7月，在民二庭设立“维护台商合法权益合议庭”。是年，市法院审判业务庭有刑一庭、刑二庭、民一庭、民二庭、行政庭、立案庭、审判监督庭、执行庭（局）；下辖司法警察大队、政治处、办公室、纪检组监察室、司法行政装备管理科。法院内设审判委员会。

全院在编人员113人，在职法官中高级三级法官1名、高级四级法官3名、一级法官27名、二级法官22名、三级法官13名、四级法官1名。

二、基层单位

1993年，市法院下设角美法庭、程溪法庭、九湖法庭、石码法庭、海澄法庭、浮宫法庭、港尾法庭、步文法庭。1996年9月，步文法庭划归龙文区。

2000年9月，设立市司法警察大队。2006年3月，石码法庭改为龙江法庭；6月，撤销程溪法庭，在程溪设巡回办案点；10月，撤销浮宫法庭。

2007年，基层人民法庭有九湖法庭、龙江法庭、角美法庭、海澄法庭、港尾法庭。

第二节　刑事与民商事审判

一、刑事审批

1993年，市法院受理刑事案件136件198人，审结131件183人，受理的刑事案件数比上年下降32%，社会治安形势明显好转。突出打击严重刑事犯罪案件77件117人，依法从重从快判处10年以上有期徒刑16人，附加剥夺政治权利13人，5年以上不满10年有期徒刑33人。突出严惩严重经济犯罪，审理经济犯罪案件7件9人，挽回经济损失52.99万元，其中犯罪数额在5万元以上3件5人。采取重大案件提前介人，参与勘察，了解案情，认真阅卷，慎重核对犯罪事实和犯罪证据，快审快判。先后在石码、榜山、角美、海澄等地召开宣判大会11场，宣判案件13件25人。

1996年，成立严打工作领导小组，并采取定案件、定人员、定时间的措施，加快办案进度消化案件，当年共审结225件309人。

1997年，依照新的刑诉法规定，摆正控、辩、审三者位置，庭审实行控辩式，审判员居中裁判，共受理刑事案件303件390人，审结289件372人，审结率95.4%。

2000年，强化合议庭、独任审判员职责为中心的庭审方式改革，改革裁判文书制作和签发制度，加强庭审质证中有争议证据的分析和认证，增强判决的说理性。

2001年，对10起重大盗窃案件的16名罪犯判处3年至10年有期徒刑，并对15名罪犯处罚金。院、庭领导一年办结刑事案件138件。

2004年，严惩抢劫、赌博等各类共同犯罪164件，协助漳州市中级人民法院对3名故意杀人罪犯执行死刑。

2005年，审结被告人7人以上共同犯罪5件，对2件聚众扰乱社会秩序案件的主犯分别判处6年、5年和2年6个月有期徒刑。在审结3人以上犯罪团伙26件109人中，判处3年至5年有期徒刑32人，5年至15年有期徒刑15人，并处剥夺政治权利1人。

2007年，在审结的2起黑社会性质组织犯罪的28个被告人中，判处3年以上至20年有期徒刑14人，并处罚金12人；审结侵害企业刑事案件40件59人。在刑事审判中贯彻宽严相济的刑事政策，对未成年人和过失犯罪，根据其悔罪表现和本着教育为主，依法适用非监禁刑。

15年间，市法院共受理一审刑事案件5478件7223人，审结各类刑事案件5463件7202人，案件审结率99.7%。

二、民商事审判

1993年，市法院受理民事案件8件，比上年上升33%，审结5件。随着市场经济体制的建立，经济审判出现收案多、结案多、标的大新情况。受理783件，审结792件（含旧存），比上年上升49.7%，标的2637.05万元，首次突破2000万元，比上年增加一倍。其中，为农村和乡镇企业追回各种欠款188.37万元，审理借款合同127件、标的961.77万元，为金融部门收回523.76万元沉淀资金。

1995年，全面实行“直接开庭”，强化当事人的举证责任，庭审进一步公开化，让当事人有证举在法庭上，有理在法庭上讲。当年受理民事案件19件，成功送达2件案件的法律文书；受理经济纠纷1526件，审结1483件，标的4302.68万元。

1996年，受理龙海市首起债权人申请国有企业龙海市味精厂破产案。同时简化案件文书的签发权，标的 5 万元以下及赡养、抚养、扶养案件裁判文书由合议庭审判长或独任审判员签发。

1998 年，协助基金会发出催款通知书 751 份，共追回欠款 2000.5 万元；为村委会收回农业税和承包款 437.05 万元。

2000 年，审结金融案件 89 件，标的 1641.55 万元；基金会案件 138 件，标的 575.55 万元；审结民商事案件 20 件，标的 847 万元。1999—2000 年，办结涉军人、军属纠纷案件 45 件。

图 21-5 法院联片调解日（市法院提供）

2001 年，宣传贯彻新修订的婚姻法，办结婚姻纠纷 360 件；扩大民商事案件繁简分流范围，适用简易程序审结 1263 件，占 72.88%。当年受理民商事案件 1829 件（含旧存），办结 1749 件（含再审 16 件），支付令 19 件，标的 41228.66 万元。

2003 年，贯彻漳州市中级人民法院《关于进一步加强诉讼调解和指导人民调解工作的通知》精神，运用手段化解社会矛盾，民商案件调解结案及庭外调解后当事人撤诉结案占 43.17%。当年受理民商事案件 1960 件，办结 1966 件（含旧存），支付令 51 件，标的 9937.73 万元。

2005 年，审结承包租赁、企业产权转让 18 件，民营企业纠纷案件 91 件、标的 1395 万元，调解 1275 件，占 68.6%。当年受理民商事案件 1872 件，办结 1855 件，标的 7443.83 万元。

2006 年，各法庭推行联片调解、巡回办案，全院民商事调解 3296 件，调解撤诉率达 64.6%。适用简易程序审结 1256 件，占 79%。

2007 年，受理民商事案件 2181 件（含旧存 65 件），审结 2145 件，标的 6793 万元。全年审结涉企业纠纷案件 500 件，标的 4262.1 万元；受理全市 300 万元以下涉台商事案件，审结 7 件，标的 206.5 万元。

15 年间，市法院受理各类民商事案件 33576 件，审结 33472 件，标的 146192.93 万元。其中，2006—2007 年，审结劳动争议、劳动报酬 196 件。

第三节 行政审判与监督

一、行政审判

1993 年 4 月，市法院设立公路路政执行室和公路稽征执行室，配合有关部门追补税收 61.08 万元和规费 11.78 万元。全年受理行政诉讼案件 5 件，办结 5 件。同时把好立案关，对 3 件不符合立案条件的，依法裁定不予受理；对 2 件符合立案条件的，依法予以撤销。

1994 年，召开全市行政机关座谈会，总结交流行政诉讼法实施 3 年多来的经验和存在问题，评析 6 个行政机关 13 宗行政处罚案卷，并作具体指导。

1997 年，审结行政诉讼案件 15 件，是上年的 5 倍；受理非诉行政执行案件 258 件，已执行 233 件，累计追回各种税收 178 万元。

1998 年，执行非诉行政案件 302 件，标的 229 万元，超过 1993—1996 年的总和。

2001 年，审结诉讼案件 70 件，是上年的 3.7 倍；执结非诉行政案件 98 件，标的金额 41.23 万元。受理全省首起不服劳动鉴定委员会伤残评定和要求支付社会保险金、最低生活保障费的行政案件。

2003 年，与全市 20 个行政机关建立执法联络制度，提供法律咨询和司法建议，提高依法应诉能力。当年受理行政诉讼案件 55 件，审结 53 件；受理非诉执行案件 163 件，裁定准予强制执行 124 件，执结非诉执行案件 161 件。

2005 年，受理行政诉讼案件 52 件，审结 51 件，审结行政非诉案件 201 件，执行办结行政案件 80 件，执结标的 129 万元，其中征收社会抚养费 90 多万元。当年起，对涉及民事权益的行政诉讼案件，做好协调工作，在解决行政争议的同时，把民事争议一并解决，共有 35%的行政诉讼案件通过协调机制化解行政争议，促使当事人自动撤诉，做到案结事了。2007 年，审查办结行政非诉案件 279 件。

15 年间，共受理并审结各类行政诉讼案件 382 件。其中，2003—2007 年，执结计生非诉行政案件 724 件，执行到位及协助各乡镇催促缴纳金额达 1839.4 万元。

二、审判监督

1993 年，市法院办结申诉再审案件 27 件。其中，民事 11 件、经济 7 件、刑事 8 件、行政 1 件；维持 17 件，改判 2 件，其他处理 8 件。

1996 年，坚持每月 10 日至 20 日评查上个月的民经案件，从程序、实体和法律手续上对每个案件进行检查，及时指出问题，加强审判人员的责任心。当年办结申诉再审案件 7 件，其中民事 1 件、经济 6 件，评查民经案件 2839 件。

1997 年，加强审后监督，民经案件必须于每月 10 日前将上个月办结的案件移达告诉申诉庭评查，院里不定期抽查或专项评查案件，兑现执法责任制和错案责任追究制。

1998 年，开展“办案质量年”活动，深化审判方式改革，改革院庭领导审批案件制度，处理好放权与监督的关系，贯彻落实违法审判追究制度。当年办结申诉及申请再审案件 36 件，其中民事 14 件、经济 17 件、刑事 5 件。

1999 年，完善审判长选任、考评制度，落实违法审判追究责任制，从制度上确保司法公正，构筑“铁案工程”。2000 年，加强内部检查监督，贯彻落实《审判质量综合评定办法》《审判质量不合格案件责任处理办法》，抓好审判跟踪监督，院、庭领导每月一次以上到庭听审，填写听审评议卡，并根据制订的《绩效考评制度》《奖惩激励制度》等规定，定期进行考评，并随案发出监督卡。

2001 年，对本年度办结的案件进行 4 次检查和评查，特别是对重大改判和发回重审的案件认真查问题、找原因、提对策与建议。当年办结申诉及申请再审案件 17 件，其中民事 10 件、经济 6 件、刑事 1 件。

2003 年，制订《案卷评查实施方案》，采取正常案件抽查评析，拍卖和缓刑案件分类评析，发回重审和重大改判案件综合评析等措施。共检查案件 1300 件。2004 年，对 2003—2004 年第一季度审结和执结的 5334 件案件进行检查。

2007 年，审判监督庭还负责审查执行异议的裁决，实行“执裁分离”，并开展每年案件评查。当年受理申诉 2 件，申请再审 7 件，提起再审 2 件。

第四节 立案信访与案件执行

一、立案

1993 年，市法院实行由基层人民法庭和告诉申诉庭立、收案，全院统一案号。当年立案 1806 件。

1994 年，实行由告诉申诉庭统一立案，防止私立、收案及“抽屉案”发生。1997 年，由新设立的立案室统一审查立、收案。

2000 年，撤销立案室，设立立案庭，统一审查立案和编号。2001 年，推行首问责任制、一次性告知制度；符合立案标准的，当日立案率做到 100%，并在 48 小时内移交业务庭、法庭审理。是年，市法院立案大厅提供审查起诉立案、申请执行、上诉、案件跟踪、法律咨询、收退费开票，以及诉讼费缓、免、减交等柜台式服务。

2002 年，案件从立案到结案的全过程实行计算机联网流程管理，坚持排期开庭公示制，加强审限审理，建立审限跟踪、警示、催办和通报制度，杜绝案件超审限和有案不立，以及自收、自立、自审和办案不公等问题。2007 年 4 月 1 日，诉讼收费标准正式下调。当年立案 4253 件。

二、信访

1993 年，市法院坚持院长接待日及参与市长接待日活动，年接待来访 771 人、处理来信 443 件。1995 年，发挥告诉申诉便民窗口作用，接待来访、处理来信数量增加。当年接待来访 2491 人，处理来信 934 件。1997 年，农村土地、山林、滩涂等承包经营纠纷频发，接待来访 2224 人，比上年增加 132%。1994—1998 年，办结上级法院、市委、市人大等部门督办、交办件 65 件。

2000 年，法院参与"夜谈联动"中接待群众来访 510 人；全年接待 2094 人，处理来信 358 件。2002—2003 年，办结党委、人大、政府、上级法院交办件 181 件。

2003 年，设立立案服务大厅，为群众提供起诉、申请执行、法律咨询等服务。2004 年，设立信访领导小组、信访管理组、申诉审查组，健全接访制度、首问责任制和限时反馈制度等，信访和来信减少。2004—2007 年，办结人大机关批办、督办、转办件 146 件。

2007 年，接待来访 813 人，处理来信 156 件。15 年间，接待来访、咨询 16115 人（次），处理来信件 6637 件（次）。

1993—2007 年龙海市人民法院立案信访情况表

表 21-3-1　　　　单位：件、人

年份	立案	来访	来信	年份	立案	来访	来信
1993	1806	771	443	2001	3667	904	645
1994	2320	649	396	2002	3834	1321	176
1995	3779	2491	934	2003	4499	1297	1000
1996	5105	958	621	2004	4098	308	164
1997	4844	2224	653	2005	3422	618	103
1998	5542	437	422	2006	3419	821	221
1999	4397	409	345	2007	4253	813	156
2000	4026	2094	358	合计	59011	16115	6637

三、案件执行

1993 年，市法院共执行案件（民商事，下同）336 件、标的 284.65 万元。其中，强制执行 158 件，拘留 90 人，扣押 13 件，划拨 11 件，促使执行 201.6 万元；跨省、市区的案件执行 16 件，标的 17.49 万元。

1995 年，执行案件 891 件、标的 1331.49 万元，房屋 28 座。其中，查封 52 件，扣押 31 件，拘留 247 人，划拨 16 件，标的 25.93 万元，拍卖 34.7 万元；对 2 起拒不执行法院判决构成犯罪的予以追究刑事责任。

1996 年，开展为期 4 个月的执行大会战，共执行 445 件，标的 1318.34 万元；部分执行 497 件，标的 575.65 万元。1997 年，组织债务人和重点被执行人旁听开庭，接受教育，促其自觉履行债务；执行案件 1349 件、标的 3264 万元，执结案件 1349 件、标的 3264 万元，执行案件数首次超千件。

1998 年，根据省高级法院和漳州市中级人民法院的统一部署，相继开展 6 次集中统一执行和百日执行大会战；共出动 2005 人次，执结案件 501 件，标的 707.31 万元。

2000 年，执行 1483 件，标的 7286.87 万元。2003 年，办结 2050 件，标的 15626.98 万元，创历史最高纪录；强制执行 1191 件，对被执行人依法司法拘留 402 人次，对被执行人拒不履行构成犯罪依法判刑 2 人。当年，对申请执行人进行举证和风险提示，推行被执行人财产申报举报制度、执行案件公告督促制度和发放债权凭证，对重大、疑难、跨辖区案件采取移交执行、提级执行、交叉执行、集中执行等方式。

2006 年，推行“六公开”（公开执行程序、公开便民联系电话、公开执行措施和财产调查、公开执行进度、公开执行财产的处理和分配、公开案件中止和终结情况），办结执行案件 978 件，执结标的 5082.8 万元。2005—2006 年，办结拖欠民工工资案件 73 件，标的 149 万元。

2007 年，建立执行联络员制度，在全市 238 个行政村各选聘 1 名综治协管员担任法院执行联络员，为建立执行工作网络奠定基础；公开执行听证 22 件，采取换员执行 143 件。当年执行 1030 件、标的 5813 万元，其中执结涉企业案件 189 件、标的 1467.3 万元，办结务工人员工资、工伤、受害赔偿、交通事故赔偿案件 87 件、标的 563.7 万元。

第四章　司法行政

第一节　机构

1993 年，龙海市司法局设人秘股、基层股、宣教股，辖公证处和第一、第二律师所。

1995 年，成立龙海市依法治市领导小组办公室，挂靠宣教股。1997 年 10 月，成立龙海市“两劳”释解人员安置帮教办公室，挂靠基层股。

1999 年 3 月，龙海市成立“148”协调指挥中心，挂靠公证律师管理股。2000 年 7 月，成立市法律援助中心。2002 年，经省司法厅研究决定在龙海市进行司法办收编试点工作。2003 年，龙海市乡镇司法办收编工作全部完成；各乡镇设立司法所，作为司法局派出机构，实行以司法局管理为主，司法局和乡镇双重领导。

2007 年，市司法局设人秘科、基层科（挂安置帮教办）、宣教科（挂依法治市办）、公证律师管理科（挂法律援助中心、法律服务中心、“148”协调指挥中心），辖市公证处、14 个乡镇司法所、2 个律师事务所。

第二节　法律宣传

一、“二五”普法宣传

1991 年 2 月，中共龙海市委批转《关于在全市公民中开展宣传教育的第二个五年规划》，普法经费按每年人均 0.1 元列入财政预算。是年 5 月 18 日，开始在全市实行学法日制度。

1992 年，在《中华人民共和国宪法》（简称《宪法》）颁布实施 10 周年之际，组织 2 万多人参加《宪法》书面知识竞赛，18 个代表队参加抢答赛。

1993 年，市开展以《宪法》修正案为主要内容的学习宣传活动。市人大常委会和市政府对 29 个法律法规的执行情况进行执法检查。全市出版宣传专栏 11906 期，出动宣传车 1342 车次，广播法制稿件 892 篇，开展法律咨询 503 次。举办法律知识竞赛 25 场次，参赛人数 750 人次。上法制课 420 场次，受教育

25.09 万人次。举办各类普法培训班 72 期，培训普法骨干 360 人次，组织发动征订普法教材 3300 册，编印各类普法教材 54074 份。

二、“三五”普法宣传

1996 年 7 月，中共龙海市委批转《关于在公民中开展法制教育的第三个五年规划》，市人大常委通过《关于继续深入开展法制宣传教育的决议》，法制宣传教育所需经费按每年人均 0.2 元标准列入财政预算。

1997 年，重点宣传贯彻修改后的《中华人民共和国刑法》和《中华人民共和国刑事诉讼法》，并举办社会主义法制建设基本知识和宪法、行政诉讼法、行政处罚法、国家赔偿法及国家公务员暂行条例等法律法规书面知识竞赛，对新任命的政府组成人员进行法律考试。

1998 年，由市人大常委会法工委、市政府办、市普法办联合组织对全市行政执法人员进行行政诉讼法、行政处罚法、国家赔偿法、行政复议条例的培训考试，对考试合格者颁发“行政执法资格考核证”。

“三五”普法期间，举办各类企业经营管理人员普法学习班 75 期，知识竞赛 18 场次，印发普法宣传材料 4.5 万份。龙海市实验小学法制教育室上中央电视台《大风车》栏目，播放“牵住生命的手”。

三、“四五”普法宣传

2001 年 9 月 11 日，中共龙海市委、市政府批转《关于龙海市第四个五年法制宣传教育规划》；市人大常委会通过《关于进一步开展法制宣传教育的决议》。市财政按每人每年不低于 0.2 元划拨普法经费。

2002 年，龙海市出台《关于加强领导干部学法用法工作实施意见》《关于在全市公务员开展学法用法和进行依法行政培训的意见》，建立健全领导干部中心组学法、公务员学法登记制度、行政执法人员学法考试制度。全市 1 万多名干部学法纳入考试登记范围。是年，在龙海电视台举办《周末说法》栏目。

2004 年，市举办 4 期 890 名公务员参加学法用法培训班，组织全市 40 个行政执法单位的 300 名执法人员进行法律知识考试。

2005 年，市司法局会同综治办开展综合整治、平安建设，印发宣传材料 3000 余份。

“四五”期间，根据农村普法特点，先后建立农村普法学校，全市 13 个中心小学建立法制教育室，通过以点带面，推动农村普法的开展。

四、“五五”普法宣传

2006 年 5 月 9 日，中共龙海市委、市政府批转《中共龙海市委宣传部、龙海市司法局关于在全市公民中开展第五个五年法制宣传教育的规划》，普法经费每年人均 0.2 元列入财政预算。是年，龙海市被评为 2001—2005 年全省法制宣传教育先进市。

2007 年，市司法局先后配合政法委、综治办、工商局、税务局开展公司法、土地法、劳动法、税法等法律、法规的宣传教育。共举办党委中心组法制讲座 24 场次，参加人员 253 人次；举办各类培训班 24 班次，参训计 1642 人次；开展各类法制宣传活动 72 场次，分发法制宣传资料 1 万多份。

第三节　公证

1993 年，共办理各类公证 4910 件。其中，国内民事 353 件，国内经济 3806 件，涉外 515 件，涉港澳 103 件，涉台 133 件，避免经济损失 180 万元。

1997 年，司法行业内部律师、法律服务所也在办理公证业务，公证机构独立行使证明权得不到法律保障，因此取消乡镇特邀公证员，有效遏止行业的无序竞争，但也导致国内经济公证业务的减少。是年，办理国内经济公证业务 165 件，比上年下降 1134 件。

2004年，随着涉台事务公证的增多，市公证处办理涉台公证服务，为两岸同胞的投资贸易建立起互信的法律纽带。全年办理涉台公证业务173件，比上年增长144%。

2005年，房地产交易日益频繁，特别是二手房的交易、过户存在着交易量大、易手快，加上购买人流来自全国各地，不便亲自办理相关事宜。市公证处为当事人办理大量的委托公证事项，较好维护二手房交易的正常秩序。是年，办理国内民事公证文书1036件，比上年增长40%。

2007年，办理各类公证2360件。其中，国内民事1518件，国内经济62件，涉外591件，涉港澳88件，涉台101件。解答来信来访1410人次。

1993—2007年龙海市公证处业务办理情况表

表21-4-1　　单位：件、人次

年份	办理各类公证						解答来信来访
	国内经济	国内民事	涉外	涉港澳	涉台	合计	
1993	3806	353	515	103	133	4910	1350
1994	1107	260	406	99	151	2023	1360
1995	1054	154	667	79	121	2075	900
1996	1299	210	366	82	123	2080	1120
1997	165	179	522	113	165	1144	1371
1998	106	423	440	35	80	1084	1260
1999	102	511	353	81	119	1166	1320
2000	47	490	308	112	110	1067	1382
2001	41	579	327	130	125	1202	1350
2002	122	671	356	132	123	1404	680
2003	122	618	384	72	71	1267	895
2004	41	741	347	49	173	1351	1240
2005	29	1036	449	83	156	1753	1370
2006	36	1299	562	75	127	2099	1316
2007	62	1518	591	88	101	2360	1410

第四节　律师事务与法律服务

一、律师事务

1993年，龙海市有2个律师所，为单位担任法律顾问64家，代理各类案件516件，比上年增长35%，收费比上年增长20%。

1994年，市司法局实行体制改革，市第一律师事务所实行效益工资制，担任常年法律顾问50家，比上年增长47.5%，全年业务收费比增28.3%；市第二律师事务所实行自收自支制度，担任常年法律顾问

25 家，比上年增长 4.2%，收费比增 24.3%。

1998 年，龙海市深化律师所体制改革，鼓励支持发展合伙制律师事务所。5 月，创办漳州辖区内县一级首家合伙制律师事务所——漳州明证律师事务所。当年，明证律师事务所担任法律顾问 19 家，代理诉讼案件 250 件。

2001 年，弘信律师所脱钩改制工作完成。

2007 年，弘信、明证 2 个律师事务所共办理各类案件 392 件，担任法律顾问 57 家，为企业代理诉讼 80 多件。

1993—2007 年龙海市律师业务情况表

表 21-4-2　　单位：家、件

年份	承聘法律顾问	承办各类案件					
		刑事辩护	民事代理	经济代理	行政诉讼	非诉讼事务	合计
1993	64	152	172	162	1	29	516
1994	75	94	173	133	3	32	435
1995	79	238	219	175	2	51	685
1996	120	268	230	226	5	49	778
1997	83	290	200	271	6	39	806
1998	84	218	231	228	8	38	723
1999	58	207	238	179	5	37	666
2000	54	210	211	158	2	40	621
2001	40	108	147	62	2	36	355
2002	51	60	195	84	0	44	383
2003	50	71	180	86	1	37	375
2004	53	86	197	95	4	35	417
2005	47	43	108	55	1	26	233
2006	61	107	169	115	3	31	425
2007	57	90	159	101	6	36	392

二、法律服务

（一）基层法律服务

1993 年，龙海市司法局在石码、海澄两个法律服务所进行自收自支试点工作。全市担任常年法律顾问 285 家，比上年增加近 30%，其中乡镇政府 12 家、村（居）委会 199 家、乡镇企业 42 家、个体户 19 家、其他 13 家。全年代理诉讼 76 件，非诉讼 835 件，解答法律咨询 2414 人次，代写法律文书 1030 份；帮助追讨欠款 485.5 万元，挽回经济损失 320.8 万元。

1994 年，石码法律服务所实行自收自支。1997 年 5 月，市司法局成立龙海市法律服务中心，为自收自支的事业单位，编制 3 人。2005 年，市法律服务中心更名为“148”法律服务所。

2007 年，全市有法律服务所 11 个，担任法律顾问 58 家，代理民事诉讼事务 57 件，代理非诉事务 55 件。

1993—2007 年龙海市基层法律服务情况表

表 21-4-3　　单位：个、家、件

年 份	法律服务所数量	担任法律顾问	代理民事诉讼事务	代理非诉事务
1993	16	285	76	835
1994	16	215	29	151
1995	16	222	39	127
1996	16	185	103	366
1997	16	236	194	185
1998	16	239	191	248
1999	15	284	136	124
2000	15	250	134	79
2001	15	236	360	88
2002	12	110	39	47
2003	12	135	78	85
2004	12	112	96	74
2005	12	86	75	68
2006	12	70	65	60
2007	11	58	57	55

（二）法律援助

2000 年 7 月，龙海市法律援助中心成立。当年提供法律帮助和法律援助 23 件。

2002 年，将法律援助经费列入同级财政预算，为法律援助工作的开展提供经费保障。

2005 年，按照省司法厅和漳州市司法局的统一部署，龙海先后以海澄镇山后村、榜山镇平宁村、石码中心小学、港口社区、解北居委会为试点单位，法律援助中心挂点港口社区拓展和规范法律服务。同时，签订法律服务进社区协议书，配合石码司法所深入挂点社区，向群众发放法律援助联系卡。

2006 年，全市已设立 19 个法律援助站。2007 年，全市设立法律援助站 21 个，有法律援助联络员近 300 名。全年法律援助中心办理援助案件 127 件，受援人 148 人次，接受法律咨询 600 多人次。

2000—2007 年龙海市法律援助情况表

表 21-4-4　　单位：件、人

年 份	刑事辩护	民事代理	行政诉讼	公证	非诉讼法律事务	合 计	受援人数
2000	3	20	0	0	0	23	30
2001	5	21	0	0	1	27	35
2002	9	35	0	0	1	45	52
2003	11	49	0	1	0	61	70
2004	16	41	6	0	0	63	72
2005	14	60	2	0	0	76	88
2006	8	69	1	0	4	82	97
2007	15	111	1	0	0	127	148

（三）“148”法律服务专线电话

1999年3月，市司法局“148”协调指挥中心开通“148”法律服务专线电话，把律师、公证员和乡镇法律服务工作者、机关干部组织起来联动反应，解答法律咨询，上门提供法律服务或法律帮助，调解纠纷；下半年，陆续在角美、九湖、榜山、石码、东园、浮宫等乡镇开通“148”专线电话；年接受咨询208人次，接待专访68人，提供法律援助2件和法律帮助18件，调解纠纷7件。

2000年，开通“96148”法律服务专线并延伸到基层，各乡镇全部开通“148”专线电话，并投入运作。年接受电话咨询1043人次，接受来访579人次，受托办理各类法律事务707件，提供上门服务258人次，提供法律援助57件，解决纠纷261件。

2004年，“12348”专线接受咨询2026次，接待来访678人次，提供上门服务181人次，解决纠纷123件，防止群众械斗3件275人，防止群体性上访1件112人。

2007年，“148”法律服务专线电话接受咨询1160次，接待来访738人次；委托办理各类法律事务72件，提供上门服务7件，提供法律援助20件，解决纠纷33件，避免经济损失74万元；防止群体性械斗2件254人，防止民转刑案件2件3人，防止群体性上访1件128人。

第五节　安置帮教与人民调解

一、安置帮教

1997年10月，龙海市成立帮教安置领导小组，并从市到村都建立帮教领导机构，并建帮教对象花名册。当年帮教对象252人，落实帮教联系人，跟踪帮教，把帮教安置工作作为加强基层基础建设的重点。

1999年，全市新建帮教小组96个，联络人员288人，形成三级安置帮教工作网络。当年“两劳”回归人员96名，基本得到妥善安置，重新犯罪率在1.2%以下。

2001年7—9月，对1998年以来回归社会的刑释解教人员进行一次集中排查清理，共排查清理刑释解教人员1159名，通过各种渠道安置1146名，安置率98.8%。重新犯罪25名，重新犯罪率2.2%，脱漏管6名。

2007年，成立龙海市核查纠正监外执行罪犯脱管漏管专项行动领导小组。通过加强对刑释解教人员的跟踪管理，进一步健全和落实帮教责任制，较好完成释解人员的安置工作。年安置刑释解教人员68人，安置率100%，没有脱漏管现象。

二、人民调解

（一）调解组织

2004年，根据市综治委下发的《关于在全市集中开展矛盾纠纷排查调处活动意见》文件要求，成立龙海市综治委指导人民调解工作协调领导小组，下设办公室，挂靠在司法局基层科。全市建立调委会300个，其中乡镇调委会13个、街道调委会1个、村民调委会240个、居民调委会14个、社区调委会13个、外口公寓调委会1个、国有集体企业调委会9个、其他企业调委会7个、事业单位调委会2个；建成规范化调委会286个，调解人员1235名，其中调委会主任389名、调委会委员624名、其他调解员222名。

2007年，调委会和调解人员不变。

（二）调解事务

1993年，做好防止矛盾激化为重点的民事纠纷调解工作，共调解各类纠纷2983件，调解率98.7%，调解成功率90.5%，防止矛盾激化23件。

1999年，在全市司法行政系统开展争创“十岗百优”活动。是年，九湖法律服务所获司法部“部级文明法律服务所”；孙亚池、郭文宗分别被省司法厅授予“优秀司法助理员”“优秀人民调解员”称号。

2003年，全市排查调处矛盾纠纷1763件。其中，防止群体性上访11件、涉及人数520人，防止群众性械斗4件、涉及人数290人，防止民转刑案件1起、涉及人数1人。避免和挽回经济损失686万元。

2005年8月，集中开展为期3个月的矛盾纠纷大调处专项斗争，将民间纠纷消除在萌芽状态。共受理各类纠纷646件，比上年下降52.5%。9月，启动市综治委指导人民调解工作协调领导小组办公室的工作职能。

2007年，随着“平安龙海”建设的不断深入，民间纠纷大幅度下降。年排查各类纠纷1559件，比上年下降25.3%。调处成功1531件，调解成功率98.2%。

1993—2007年龙海市司法纠纷调解情况表

表21-4-5　　　　单位：件、%

年份	受理总数	调解总数	调解率	调解成功数	调解成功率
1993	3023	2983	98.7	2700	90.5
1994	1457	1457	100	1360	93.3
1995	1788	1788	100	1691	94.6
1996	2309	2309	100	2228	96.5
1997	1633	1633	100	1551	95.0
1998	1458	1458	100	1384	94.9
1999	1734	1734	100	1653	95.3
2000	1827	1827	100	1754	96.0
2001	218	218	100	207	95.0
2002	1016	1016	100	965	95.0
2003	1763	1763	100	1587	90.0
2004	1359	1359	100	1293	95.1
2005	646	645	99.8	623	96.5
2006	2086	2086	100	2046	98.1
2007	1559	1559	100	1531	98.2

卷二十二 军事

JUN SHI

1993年，龙海市人民武装部属地方建制。1996年，市武装部收归军队建制；2007年下辖17个基层武装部。龙海是漳州地区的驻军大户，长年驻扎陆、海、空和“三警”部队共有22个单位，其中师级单位2个、团级单位9个；还有列入双拥的73111部队、漳州军分区、厦门警备区、175医院、海军厦门水警区“龙海艇”、军区房管局漳州分局、73683部队530分队7个部队单位。15年来，龙海市武装部坚持人武工作军地双重领导制度，建立党管武装工作考评制度。围绕军事斗争准备，突出抓好民兵军事训练、民兵整组、战备执勤、征兵工作、装备管理、双拥工作，以及基层武装部和民兵哨所规范化建设工作；积极融入和参加海西经济建设和龙海市三个文明建设。中共龙海市委、市政府把乡镇党管武装工作列入考评党委班子一项内容；市国防动员委员会开展国防教育，增强市民国防观念；提供战备保障，完善交通基础设施建设；全市民兵政治思想受教育面95%，确保民兵队伍纯洁可靠，提高支前参战能力。龙海武装部落实预备役工作有关职责，为战时动员准备提供翔实的依据。同时，由市武装部牵头，与驻军、武警消防官兵在军民共建、人民防空等方面发挥重要作用；完成战备训练执勤任务的同时，在抢险救灾、维护社会稳定、支援地方建设做出突出的贡献。龙海武装部多次被中共福建省委、省政府、省军区评为“全面建设先进单位”“军民共建文明建设先进单位”；征兵工作被南京军区、福建省军区评为“维护军人军属合法权益先进单位”；民兵工作被省军区评为“民兵军事训练先进单位”；国防动员工作被南京军区评为“国防动员先进单位”；民兵武器装备管理连续32年安全无事故，被南京军区评为“民兵装备管理先进单位”。

1997年10月，成立龙海市人民防空办公室，实行政府和军队双重领导。1998年，市人防工作开始通过有线电视台及分发材料对人防法律、法规开展宣传教育。1999年9月，首次安装7台4千瓦的电动警报器；9月19日，防空警报首次试鸣。2002年10月，编制《龙海市人防专项规划》；第一个公建、单建式人防工程竣工。截至2007年底，全市竣工人防工程12个，安装警报器25台。

第一章　地方武装　驻军

第一节　地方武装机构

一、龙海市人民武装部

1993 年 6 月，龙海市人民武装部下辖 19 个基层人民武装部（其中 16 个乡镇武装部、2 个农场武装部和 1 个市直机关武装部）。1996 年 4 月，市人武部重新收归军队建制，称中国人民解放军福建省龙海市人民武装部，内设军事科、政工科和后勤科。是年，步文、郭坑两镇人民武装部划归龙文区。

2007 年，市人武部辖角美综合开发区、隆教乡、港尾镇、浮宫镇、白水镇、东园镇、东泗乡、海澄镇、石码镇、榜山镇、紫泥镇、颜厝镇、九湖镇、程溪镇、程溪农场、双第华侨农场、市直机关 17 个基层人民武装部。

二、龙海市国防动员委员会（中共龙海市委人民武装委员会）

1996 年 1 月，龙海市国防动员委员会成立，与中共龙海市委人民武装委员会实行一个机构两块牌子，在漳州市国防动员委员会和中共龙海市委、市政府领导下，负责组织计划并实施全市国防动员工作。中共龙海市委书记任第一主任，龙海市政府市长任主任，市人武部部长任常务副主任，人武部政治委员、政府 1 名副市长任副主任，成员由党、政、军有关部门领导组成。截至 2007 年，由于人事变动，市国防动员委员会领导成员先后进行 5 次调整。

2007 年，市国防动员委员会（市委人民武装委员会）设 9 个办公室：综合办、武装动员办、政治动员办、经济动员办、交通战备办、人民防空办、支前办、科技动员办、信息动员办。

第二节　驻军

1993 年，龙海驻军有中国人民解放军 32851 部队 50 分队、37847 部队、32286 部队、32417 部队、37888 部队 23 分队、32413 部队、32866 部队 40 分队、32525 部队农场、32417 部队紫泥军垦农场、87078 部队 63 分队、86616 部队 70 分队、32614 部队 571 分队、32407 部队 75 分队、58017 部队 56 分队和中国人民解放军南京军区福州办事处闽南司机训练中心。1994 年 1 月，中国人民解放军 58017 部队 56 分队改编为 83439 部队 13 分队。

1999 年 9 月，在龙海市组建 32891 部队。2000 年 12 月，32851 部队 50 分队改编为 73336 部队 50 分队，32286 部队改编为 73890 部队，32413 部队改编为 73132 部队，中国人民解放军南京军区福州办事处闽南司机训练中心改编为 73898 部队，83439 部队 13 分队改编为 73678 部队 110 分队。

2001 年 12 月，32417 部队改编为 73131 部队，32417 部队紫泥军垦农场改编为 73131 部队副食品生产基地，86616 部队 70 分队改编为 92985 部队 80 分队。2002 年 8 月，中国人民解放军 94967 部队进驻龙海市。2004 年 12 月，32891 部队改编为福建省预备役后勤保障旅。2005 年，73131 部队副食品生产基地改编为 73131 部队农副基地，87078 部队 63 分队改编为 94895 部队 78 分队。

2007 年，龙海市境内共驻有 17 支部队。

第二章　兵　役

第一节　征兵工作

一、征兵宣传

1993—2007年，每年征兵宣传领导小组定期召开征兵宣传工作部署会，制定宣传计划和实施方案，下发《征兵宣传工作意见》和冬季征兵宣传教育意见，印发国防教育材料配合征兵宣传工作；开设征兵宣传咨询热线电话；在各种主要场所悬挂宣传横幅，张贴宣传标语，制作宣传板块，出宣传栏，通过开展征兵宣传活动，以提高适龄青年服兵役尽义务的认识。还印发致全市适龄青年的一封信，制作“法律服务维权服务卡”送给每位应征入伍青年。同时，做好包括军属优待金的落实在内的拥军优属工作，造成当兵光荣的社会风气。通过宣传，使大多适龄青年能够正确处理国家利益与个人利益的关系，树立致富不忘报国的理想，踊跃报名应征。

二、兵役登记

1993—2007年，龙海市坚持依法开展兵役登记。凡是年满17—22岁的男性公民都要进行兵役登记，兵役登记每年8月开始，9月30日前结束。在此期间，符合条件的男性公民按规定携带户口簿和毕业证书，到户口所在地兵役登记站参加登记。17周岁的应届高中毕业生自愿的也可以到站参加登记。

兵役登记工作以市政府和市武装部为主。同时，组织业务培训，使工作人员熟悉兵役法以及兵役登记的方法和内容，严格按照宣传教育、登记填表、目测初审、审批发证等步骤做好兵役登记工作。

为方便适龄青年登记，每个村（居委会）设一个兵役登记站，每个镇开设1—2个流动兵役登记站，走村串户，一边开展国防知识、兵役法规宣传教育，一边进行兵役登记。在外出务工、经商相对集中的地区开设兵役登记站，切实做好兵役登记工作，确保适龄青年登记率达到92%以上。2000年8月，漳州军分区在龙海市召开兵役登记试点观摩会，在全区推广龙海市兵役登记的经验做法。

三、兵员征集

1993—2007年，龙海市征集的新兵绝大多数是男性，只有少数女性，其中在国家高考中招收的军事院校学员中就有女性。

年龄标准：1993—1995年，男青年为18—20周岁，女青年为18—19周岁，其中1993—1994年企业职工放宽到21周岁，应届高中毕业男女青年满17周岁的个人自愿也可征集。1996年开始，兵员征集年龄男青年为18—20周岁，高中毕业以上文化程度的青年可放宽到21周岁，其中1998年增加企事业单位职工也可放宽到21周岁，1999年增加大专以上文化程度青年可放宽到22周岁；女青年为18—19周岁。2005年，增加可征集部分年满17周岁的应届高中、职高、中专、技校毕业的男女青年入伍。

职业与社会出身：主要征集初中毕业以上农业户口青年和高中（含职高、中专、技校）毕业以上的非农业户口青年，以及具有高中毕业以上企事业单位青年职工（含工人、管理人员和技术人员），其中1998年也征集部分下岗、待业符合征集条件的优秀社会青年入伍，2005年还征集少数本人自愿且符合条件的全日制高等院校在校生入伍。

15年间，超额完成征兵任务，其中高中以上文化程度青年平均每年占总兵员数的53.6%，党团员比例占 60% 以上，达到征兵要求，并做到无任何责任退兵现象。多次被南京军区、福建省军区评为“征兵工作先进单位”。

四、走访与定兵

1993—2007 年，龙海市始终坚持征兵领导小组成员、征兵办公室成员、接兵部队人员“三方”联合走访，确保兵员质量。根据走访后的情况，由市征兵办公室组织有征兵领导小组领导、兵役机关、接兵部队和体检、政审负责人参加的定兵会，集体定兵，坚持“三不定”“四优先”和择优定兵的原则，即：表现不好的不定，问题未查清的不定，年龄、文化不符的不定；高中毕业生优先，党团员优先，三好学生优先，身体优良者优先。首先批准政治思想好、身体好、文化程度高、家庭劳动力较充裕的青年服现役。2000 年，龙海市实行“三方”联合走访、依法廉洁征兵的先进经验被福建省人民政府征兵办公室转发。

第二节　预备役

1991 年，龙海县武装部继续对当年新退伍军人和转业干部进行预备役登记，对往年登记情况进行复查核对，摸清调出、调入、死亡等人员，搞好改登、补登工作，准确掌握退伍军人、转业干部和各类专业兵的数量和分布情况，为战争兵员动员打基础。

1996 年，完成全市预备役军官评定、授衔工作。2001 年，在漳州军分区带领下规范服预备役军人管理办法，达到登记全、管理好、联得通、收得拢、拉得出、用得上的要求。

1993—2007 年，市人武部根据登记无错漏、数据准确、资料完整、分类合理、专柜存放、专人保管、防止泄密的要求，严格落实平时预备役工作有关职责，为战时动员准备提供翔实的依据。

第三章　民　兵

第一节　组织管理

一、民兵条件

1993—2007 年，规定凡是个人政治历史清楚，拥护中国共产党的领导，热爱祖国、热爱劳动，身体无残疾和严重疾病的适龄公民都可以参加民兵。男性民兵年龄为 18—35 岁，基干民兵 18—28 岁；女性民兵按基干民兵年龄条件适当选编为基干民兵，并要求县为单位一般不超过基干民兵总数的 10%。少数犯罪分子、对共产党和社会主义制度不满及对亲属犯罪不能正确对待者，不准参加民兵。对民兵的政治审查，主要看本人的现实表现。

二、组建范围

1993 年，民兵组织建设着重抓好基层民兵营（连）部的建设，通过抓民兵工作调整改革和整组，达到布局合理、编组科学、结构优化的建设要求，按照人口比例抓好普通民兵和基干民兵队伍建设。

1997 年，龙海市人武部采取“建、并、减、压”的办法，适当压缩规模，合理调整布局。坚持以乡镇、行政村为主体编组民兵，适当扩大基干民兵组建范围，一些符合组建民兵的新兴企业、“三资”企业、股份制企业、科研机构的附属企业单位，也组建民兵组织。

至 2007 年，龙海市人武部在保持基干民兵应有规模的基础上，根据可能担负的任务，加大民兵组织和结构调整的力度，围绕建设“两个基地”（前进基地、保障基地）的目标，重点抓好民兵城市防空队伍、海上民兵、入闽通道保障分队和高技术对口专业分队建设，形成“三重两沿”（重点方向、重点地区、重要目标和沿海一线、入闽通道沿线）的整体布局。按照“结合任务、就地就近、依托力量、便于指挥与管理”的原则，扩大民兵专业对口技术分队规模，优化民兵队伍整体结构。

第二节　装备管理与民兵训练

一、装备管理

1998 年，市人民武装部投入 10 多万元对民兵武器库的围墙进行加宽加高，安装脉冲电网，增加红外线探测报警装置。

2000 年，投入 12 万元对民兵武器库进行安装钢质密闭门、电视监控系统等安全设施，并加强武器库和民兵哨所兵器室安全设施建设。

2005 年 9 月，投入经费 10 万余元，对武器装备仓库进行全面整修，更换彩色电视监控系统，规范完善仓库技术区、生活区相关配套设施，提高民兵武器装备仓库建设质量。

至 2007 年，龙海严格落实武器装备安全管理规定，加强民兵训练武器动态管理，落实值班执勤制度，民兵训练武器仓库实现安全无事故目标。

二、民兵训练

1993 年，根据《民兵军事训练与考核大纲》要求，按照年度民兵军事训练计划，采取集中训练与分片设点训练相结合的方法，抓好民兵预备役军事训练工作落实。

2006 年，龙海市的民兵船运中队被福建省军区授予“2005 年度民兵预备役军事训练先进单位”称号。

2007 年 9 月，民兵训练课题“漳州港警戒时的行动”，突出力量编组、作战行动、指挥协同、综合保障等问题的研究，在省军区考核中取得优异成绩，被福建省军区评为“民兵军事训练先进单位”。

第三节　民兵哨所

1993 年，龙海市有 4 个哨所，编制女民兵 40 人，常年担负着沿海一线的战备执勤和观察警戒任务。

1994 年开始，龙海市委、市政府把哨所建设摆上重要位置，投入 12 万元为哨所更换彩电、添置影碟机和音响设备，改善生活条件，使哨所均达到正规化建设的标准。同时，逐年增加哨兵执勤补贴。市、镇两级人民武装部充分利用组织调整、年度训练、重大节日、战备检查等时机，抓好哨所民兵的政治教育和军事、战备、勤务训练，提高民兵的思想基础和勤务保障及应急能力。

2003 年，依据属地管理原则将南炮台哨所、江洋哨所划归漳州开发区管理。2006 年 6 月，浯屿哨所女民兵郑毅萍在参加福建省军区组织的科技练兵“四会”教练员评比竞赛中表现突出，受到表彰。

2007 年 8 月，市政府、市人武部先后投入资金近 97 万元，对斗美哨所迁址新建。是年，浯屿哨所女民兵林小娥被漳州军分区评为“优秀哨兵”。

第四章　国　防

第一节　国防教育

1993年后，龙海市各级政府以《民兵政治教育课本》为基本教材，根据民兵工作条例、兵役法、国防教育法等为主要内容，以刊授教育为主要手段，充分运用电视、广播、信息、网络等现代传媒增强国防教育的针对性和吸引力。同时，还充分利用民兵整组、军事训练、军事演习等有利时机，运用所订的民兵刊物对民兵进行政治教育。对外出打工的民兵，主要采取邮寄书刊和音像制品方式实施跟踪教育，使民兵的政治教育较好地得到落实，全市民兵受教育面达到95%，确保民兵队伍的政治思想纯洁可靠。

1999年，组织全市中小学校学生参加全国“迎国庆50周年”万校国防知识竞赛、国防知识征文演讲比赛，使广大青少年受到深刻、有趣的国防知识教育。2000年开始，全市各类学校普遍开展军训和国防教育课，少年军校举办军训班7期，培训学生3500名。2002年9月，在第二个“国防教育日”系列活动中，市委宣传部、人武部等单位联合在市区街心公园举行“爱我中华、建设国防”的千人签名仪式。

2003—2004年，市人武部利用课余时间、学生军训、国防教育日宣传周对中小学生进行爱国主义教育和国防常识教育；先后组织10余场次国防知识的教育辅导，受到广大教师和学生的欢迎；组织学生军训10多次，参训学生人数达3800人。同时，还利用国防教育基地对全市中小学生进行国防教育，有效增强青少年的国防观念。其中，2003年9月，市人武部投入资金5万元，在东泗乡和颜厝镇建设2个国防教育室，完善民兵国防教育资料、图片，规范教育活动场所。

2005—2007年，市人武部与龙海师范学校、龙海一中、石码中心小学“结对共建”对中小学生进行爱国主义和国防教育；先后组织30余场次国防知识的教育辅导，组织学生军训20多次，参训学生人数达8600多人。市人武部还帮助驻军与各学校开展共建活动，其中73133部队50分队与程溪中学共建，73132部队与龙海二中共建。龙海市应届高中毕业生报考各类军事院校的学生逐年增加。截至2007年年底，龙海籍学生在各类军事院校就读人数达260人。

第二节　国防动员

1993—2007年，市国防动员委员会坚持每半年定期召开一次议军会，为龙海国防动员工作提供坚实的组织领导和物质基础，确保龙海市国防动员工作有序展开。市国防动员坚持“军地兼容，平战结合，寓军于民”的方针，采取措施，抓工作落实，有效地推动各项工作的开展。坚持人武工作军地双重领导制度，人武部坚持重大工作及时向地方党委、政府领导汇报，提出合理意见和建议，取得地方党委政府的支持；坚持市委常委议军制度，高标准做好军事斗争准备，及时解决国防动员工作遇到困难和矛盾；坚持干部任用激励制度，建立党管武装工作考评制度，把乡镇党管武装工作列入市委市政府考评乡镇党委班子一项内容，有利提高和促进基层乡（镇）干部工作的积极性、主动性。

2007年，基本实现“国防动员指挥机关健全，指挥关系顺畅，各办公室开展工作正常”的目标；明确人员编组和各自职责；展开近似实战化的指挥机构演练，提高指挥机关的组织能力和协同作战的能力。

第五章　人民防空与交通战备

第一节　人民防空

一、机构与宣传教育

（一）机构

1997年10月15日，成立龙海市人民防空办公室，与市建设委员会合署办公，为副科级单位。11月18日，市人防办列入市政府序列单独设置的正科级机构；定编3人，其中主任、副主任各1人；实行政府和军队双重领导。1998年5月26日，龙海市人防办挂牌成立。2003年，市人防办更名为市国防动员委员会人民防空办公室。至2007年，机构与人员编制不变。

（二）宣传教育

1998年，市人防办分发材料1万份，在有线电视台播放10场次，对人防法律、法规开展宣传教育，受教育20万人次。1999年6月，由市人防办、市教委共同成立“三防”知识教育领导小组；7月，龙海一中等5所学校共34个班级、1709名初中生接受“三防”知识教育。2000年9月19日，利用防空警报首次试鸣，开展防空袭、试信号、讲“三防”、保安全的宣传工作，利用广播、电视、图片、标语，宣传人民防空工作重要性和警报试鸣重要性，让全市人民了解人防的警报试鸣的目的和识别3种警报信号的方法。

2001年暑假，龙海市人防办、市教委联合举办一期“三防”知识教育骨干教师培训班，参加的骨干教师20名，聘请73131部队的专家进行授课，为期一周，考试合格发给合格证书。同时，在龙海一中、龙海二中、莲花中学等11所中学，开展“三防”知识教育工作，共有79个教学班、4436个初中二年级的学生接受教育。同年11月8日，举行综合“三防”演练，73131部队防化营在龙海市体育场为近5000人的师生及群众，进行空袭后如何防核武器、防化学武器、防生物武器的各种模拟现场抢救的示范演习。

2007年，市人防办把人防宣传教育纳入国防、普法、科普、学校和社会公共安全教育体系，在龙海市政府网开设“人防之页”，结合警报试鸣展开人防宣传周。同时，举办“人防杯”文体比赛，开展形式多样的人防宣传教育。同年3月，市人防办被省人防办等单位联合评为全省人民防空宣传教育工作先进单位。

二、人民防空工程

（一）人防专项规划

2002年10月，市人防办委托福建省地下建筑设计研究院编制《龙海市人防专项规划》，全面、系统地对人口分布、城市规模、重点防护目标进行人防工程的建设规划，以及防护规则、空间开发规划进行详细论述。2003年年底，《龙海市人防专项规划》编制完成，并经过专家组论证。2005年5月23日，《龙海市人防专项规划》经市政府第七次常务会议通过。

（二）易地建设费

1993年，对因地质、地形等原因不能就地修建人员掩蔽工程的项目、新建9层以下楼房、基础埋置深度不足3米，且应建防空地下室的建筑面积小于140平方米的项目，经审批给予缴纳易地建设费。1998年6月1日，开始清理当日以前未竣工的新建民用建筑项目补办人防审批手续，并按规定收缴人防易地建设费。当年，收取人防易地建设费 25.72 万元。2000 年，收取人防易地建设费 195.19 万元。2004 年，收取人防易地建设费 554.45 万元。2007 年，收取人防易地建设费 685 万元。

（三）开发利用

2002 年 8 月 15 日，龙海市南台公园人防工程招租成功，租赁期限 5 年（即 2003 年 1 月 1 日至 2007 年 12 月 31 日），2003 年 1 月 1 日投入使用，年租金 18.25 万元，第二年起至第五年每年递增 2%。至 2007 年，共收取租金 94.97 万元，开发利用收入归市财政。其他人防工程、防空地下室由建设单位开发利用，收入归建设单位所有。

三、通信警报与防空预案

（一）警报网

1999 年 9 月，龙海市人防办首次在建设局、电信局、公交公司、交警大队、海关、人武部和海澄镇政府安装 7 台 4 千瓦的电动警报器。

2000 年上半年，在市自来水公司、海澄饲料厂、冠鸿纺织公司等 5 个地点安装 5 台电动警报器；9 月 19 日，漳州市政府统一部署，由漳州市人防办统一控制发送信号，警报试鸣成功，石码城区音响覆盖率 90% 以上。此后每年都在 9 月 19 日进行警报试鸣。

2001 年上半年，在港尾镇政府、角美镇政府、角美开发区管委会、后石电厂等 5 个地点安装 5 台警报器。

2003 年，安装 1 台警报器。

2004 年安装 2 台警报器；9 月 19 日，第一次在市人防指挥所发布警报试鸣命令，警报音响全部合格。

2005 年，安装 5 台警报器。截至 2007 年年底，全市共安装警报器 25 台。

2007 年龙海市警报器受装单位情况表

表 22-5-1

受装单位	警报类型	受装单位	警报类型
建设局	电动	冠鸿纺织公司	电动
人武部	电动	嘉伦服装厂	电动
自来水公司	电动	角美工业综合开发区	电声
海关	电动	漳州灿坤公司	电声
电信局	电动	福龙公司（角美开发区）	电动
交警大队	电声	富东工艺美术公司	电动
公交公司	电声	港尾镇政府	电动
海澄镇政府	电声	港尾中学	电动
海澄镇邮政中心支局	电动	东园开发区	电动
海澄镇海隆装卸码头	电动	厚境中学	电动
海澄中学	电动	锦江日用化工公司	电动
海新集团	电动	后石电厂	电动
龙海配合饲料厂	电动		

（二）防空警报维护

1999年，首次安装报警器，7个受装单位各确定1名联系人和1名管理员，定期、不定期配合人防办警报维修专业人员进行检查、维护、保养，保证警报器处于完好状态。截至2007年底，新受装单位也各确定1名联系人和1名管理员与人防办警报维修专业人员配合。出现工作变动需更换联系人或管理员时，受装单位与人防办共同协商新的联系人或管理员，确保队伍不散、工作正常开展。

（三）防空预案

2004年开始，龙海市防空袭预案的制订工作经过预案的草拟、整理、定稿、通过等过程，对龙海市处置防空袭紧急情况，提供一份组织实施预案，对人员疏散和掩蔽、重要目标及防护、组织指挥，以及人防专业队伍和各项保障都做部署。2005年5月23日，防空袭预案经市政府第七次常务会议通过。

第二节 交通战备工作

一、动员保障

1999年11月，龙海市交通战备办公室成立。2004年，围绕上级国防动员委员会赋予龙海市“过得去”演练和组建民兵船运团二中队和四中队的两大任务，开展全市交通战备国防潜力动员核对调查和《战时交通道路机动保障方案》《战时民用运力动员、改装方案》的拟定工作，并抽调专业人员，组成工作班子，深入每个单位、每个项目做好潜力数据的采集、表格登记和审核统计。

至2007年，市交战办根据南京战区国防动员潜力调查（每年一次全面调查整改）交通运输情况调查统计表（包括铁路运输、公路运输、水路运输、航空运输）的数据要求，针对龙海市渔船出海捕捞作业时间长的状况，下乡镇、入渔村调查摸底，再到市渔监站、海洋渔业局核对，确保调查数据准确。

二、交通战备基础设施建设

（一）重点工程建设

入闽通道（郊柏线） 为龙海林下至平和下寨公路（其中龙海境内10.9公里），改建工程于2002年列为交通战备项目，是入闽公路和市内便捷通道。2004年，龙海市配合平和县做好前期工作，负责完成工程征地、拆迁和青苗果树赔偿工作，2005年10月建成通车。

西溪大桥 为国防交通项目，2003年12月开工，2006年11月建成通车。西溪大桥全长2.82公里，工程投资9729万元，桥南接省道漳云线许林头路段，横跨九龙江，桥北接国道324线。

龙江大桥 是龙海市交通战备项目，其中龙江大道是龙江大桥的配套工程建设，路线起点接龙江大桥的终点，穿越乌礁洲，于紫泥镇锦田村东侧跨九龙江（中港）直抵新洋村，再经金娥头东折向北行，跨越九龙江（北港），直抵角美镇沙坂村南接角美中闽大道，路线方案全长7.69公里，其间桥梁5座，总长1768.68米，路基宽度25.5米，按I级公路标准设计，计算行车速度为60千米/小时。项目从2007年5月开始筹建，截至12月，完成龙江大桥“工可”报告修编、土地预审批、环境评价、地震安全评价、水利行洪论证报告等工作。

（二）农村公路建设

龙海市辖区内驻军较多，公路里程长，原有的公路技术等级普遍较低，结合国家建设农村公路的有利契机，贯彻“寓军于民、平战结合”的方针，加大投入完成全市300多公里未通水泥路面的农村公路改建，实现全市农村路网规划中公路水泥路面的目标。2004年，投入5000多万元资金，完成100多公里的农村水泥道路建设。2006年，投入5000多万元资金，完成100多公里的农村水泥道路建设。其中改善部队进出道路交通条件的道路有4条19公里，即往南太武驻军的古镇公路8.5公里水泥路面，港尾镇斗美至浯屿战备公路3公里水泥路面，紫泥甘文农场6.5公里水泥路面（通往73678部队和73131部队的营部），济南二团营区道路程溪下庄 1 公里水泥道路。

第六章　拥政爱民

第一节　抢险救灾

1994 年 7 月，龙海市石码镇五七粮食加工区发生火灾，32417 部队派出一个营官兵，安全转移 3000 吨粮食，挽回经济损失 200 万元。1996 年，第 8 号台风和天文大潮袭击龙海市，部分乡镇的江海堤决口，洪水泛滥，驻军共派出 1100 多名官兵参加抢险救灾。

1997 年 4 月，在开展“西溪一条龙”河道清淤大会战中，32417 部队出动 2000 多名官兵参加大会战。同年，冬修水利工程建设，32417 部队派出 4000 多名官兵和出动 20 台机械，参加九龙江堤岸加固工程，突击 10 天完成土石方 1.96 万立方米。

2003 年 9 月，73131 部队（原 32417 部队）派出 800 多名官兵参加扑灭东泗乡山林火灾。2004 年，73890 部队派出 30 多名官兵参加扑灭角美文圃山山林火灾；73133 部队派出官兵 2200 多人次参加扑灭榜山镇榜山村、普边村山林火灾；73898 部队多次派出官兵 200 多人次参加扑灭角美文圃山和西山山林火灾。

2005 年，第 10 号台风“珊瑚”袭击龙海市，造成强降雨，73131 部队、73135 部队、武警漳州支队出动官兵 200 人次，车辆 15 台次，冲锋舟 18 艘次，救出被困群众 500 多人。

2006 年，第 1 号强台风“珍珠”、第 4 号强台风“碧利斯”袭击龙海，驻军 73131 部队、龙海市人武部和漳州武警支队等部队出动官兵 500 多人，冲锋舟 10 艘，车辆 26 台次，转战龙海受灾地区，抢修水库 1 座，溪堤 1000 多米，疏散群众 250 多人，救出受困群众 120 多人。

1993—2007 年，龙海市人武部按照“急时应急、战时应战、平时服务”作用，共组织出动民兵预备役人员 1.6 多万人次，参加抗击强台风的抢险救灾任务，抢修道路 600 余公里，抢救各类物资 2690 多吨，为人民群众挽回经济损失近 21 亿元；并组织民兵 6500 余人参加森林灭火、社会维稳等非战争军事行动。

第二节　军民共建

龙海是漳州地区的驻军大户，1993 年龙海市境内长年驻扎陆、海、空和“三警”部队共有 22 个单位，其中师级单位 2 个、团级单位 9 个；还有列入双拥的 73111 部队、漳州军分区、厦门警备区、175 医院、海军厦门水警区“龙海艇”、军区房管局漳州分局、73683 部队 530 分队 7 个部队单位。

1993—2007 年，由市人武部牵头联络驻龙海部队 8 个团以上单位和 5 个直属营级单位，分别与市检察院、工商局、地税局等市直机关和有关企业，建立军民共建关系，每年春节、八一、国防教育日等时机，相互间组织走访慰问，开展“军事日”“学雷锋日”“部村帮扶”“局连挂钩”等共建活动。龙海地方政府共投入资金 1.4 亿元，支持部队和武警“四项建设”，提供土地 46.67 公顷作为部队军事用地。驻军部队利用自身优势，向上争取资金帮助解决群众困难；73132 部队与程溪镇携手加强军警民联防，共创军地平安建设。

截至 2007 年，龙海人武部牵头协调驻龙海各部队先后投入资金 130 多万元，慰问帮助 134 名困难学生、248 名老干部、78 户困难户和 127 户龙海籍困难官兵家庭，进一步密切军政军民关系并深入到农村贫困户和特困户家庭慰问，与隆教乡畲族中心小学开展结对助学活动。

图 22-1　2007 年 12 月，程溪镇被授予"爱国拥军模范单位"称号（市支前办提供）

第三节　支援地方建设

1993—1996 年，驻军 32417 部队支持龙海市自来水工程建设，用部队名义申报 50 个车皮从浙江金华运回大型水泥管，保证工程建设需要。龙海市在发展工业建设、开发区建设、道路桥梁建设、农田水利建设中，需要迁移部队电缆 9000 余米，电力线路 3000 余米，部队积极配合迁移工作，且从资金上给予优惠，共节省资金 800 多万元。

1997—2006 年，驻军 73137 部队为解决驻地周边村行路难的问题，向上争取资金 300 多万元，新建 1 条长 3.5 公里、路基 8 米、路面 5 米的水泥道路，群众称之为"爱民路"。驻军 73768 部队 80 分队向上争取交战资金 90 多万元及配套资金 70 多万元，开工建设紫泥金定鸭养鸭走廊 2.7 公里水泥道路，既解决通往部队营区道路，又解决金定村 100 多户养鱼养鸭户行路难的问题。2007 年，与东泗乡西岭村开展支援社会主义新农村建设，帮助解决群众迫切需要解决的流域治理和村容村貌整治。

卷二十三

外事 侨务与港澳台关系

WAI SHI QIAO WU
YU GANG AO TAI GUAN XI

1993—2007年，龙海市坚持外事侨务方针，发挥沿海侨乡优势，做好全市人员组团出访招商、外宾来访考察、接待及港澳侨社团人士联谊工作。2007年，与家乡保持联络的华侨、华人、港澳社团20个；与家乡有联系的海外乡亲及港澳同胞162185人，其中华侨31513人、华人107124人、出国人员720人、香港同胞22086人、澳门同胞742人。全市旅外人员国内眷属和港澳同胞眷属共有76345人。其中，归侨3781人、华侨眷属18158人、华人眷属43714人、出国人员眷属1212人、港澳同胞眷属9480人。

15年间，为维护华侨侨眷合法权益，龙海市先后解决侨房产权、房产纠纷105件；处理侵犯侨益102件；调解侨农侨居纠纷51件。落实侨务政策，扶持慰问贫困归侨、侨眷，共办理归侨退休职工增发生活补贴证明383份，办理“归侨身份证”300多本。重点侨乡角美镇侨联分别于1995年、1999年被评为“全国侨联先进集体”。海外华侨华人和港澳同胞捐资捐物折合人民币8486.13万元，支援家乡的教育、医疗卫生及社会福利事业。

龙海加强对台联谊和交流工作，成立旅台同胞亲属联谊会，保持与台湾2个龙海籍同乡会沟通联络。搜集21个姓氏族谱44本，拍摄台胞祖籍地风土人情相片，为两岸交往和台胞寻根认祖提供依据。全面普查去台人员及其亲属，接待和拜访回乡及探亲谒祖的台胞。全市接待台胞32609人次，其中组团376个17391人次；先后接待林洋港、连战等台湾知名人士。入台交流领域不断扩大，全市赴台总人数2301人次，其中交流项目25个261人次。对定居龙海的困难台胞和台属进行慰问资助，为台胞、台属办好事、解难题300余件。投建沿海供水、供电、道路、文教卫生等项目212个；投入4000万元用于海岛建设，其中公助435万元、自筹3565万元。台胞累计捐资3200余万元，支持家乡建设和公益事业。接待台轮284船次，对台小额贸易额301万美元。至2007年，全市共引进台资项目326个，合同投资39.63亿美元，占全省总量的27.2%；实际利用台资26.25亿美元，占全省总量的25.8%；台塑、统一、泰山、灿坤和长春化工5大企业集团相继落户龙海。

第一章　外事　侨务

第一节　机构

一、龙海市人民政府侨务办公室

1993年，龙海市人民政府侨务办公室，加挂龙海市人民政府外事侨务办公室牌子；编制7名，实有7人。2003年，编制6名。2007年，市侨办实有5人，其中行政人员4人、工勤人员1人。

二、龙海市归国华侨联合会

1993年，龙海市归国华侨联合会设专职主席、副主席各1人；编制5名，实有5人。1997年机构改革，行政编制3人，事业编制1人；设专职主席、副主席各1人。2007年，设专职主席1人，实有2人。

第二节　外事活动

一、出访

1993年2月，县乡镇企业局2人参加“中国乡镇企业出口商品贸易洽谈代表团”赴美国洽谈活动；4月，县政协主席郭彩虹与县委统战部、县侨办领导应新加坡龙溪会馆邀请赴新加坡考察，角美兴达贸易公司1人随全国组团赴泰国、马来西亚考察洽谈；6月，市法院1人随省组团赴美国考察并进行司法交流；7月，龙海供水设备订货小组一行9人赴法国、德国执行考察订货任务，市工商局1人随省组团赴美国参加“市场经济研修”培训；9月，紫山食品饮料总公司2人赴日本考察蘑菇市场；10月，格林冷冻厂1人随漳州市组团赴英国商务考察；11月，市委书记桂其明应美国洛杉矶INT电脑软件公司邀请赴美国考察；12月，龙海供水第二次设计联络小组一行5人赴法国、德国执行设计联络任务。

1994年1月，代市长庄凉江赴新加坡参加“城市规划与发展高级研修班”学习；4月，市委书记黄浦江等应邀赴新加坡参加龙溪会馆年会，并开展招商活动；5月，九湖镇个私芦柑加工场3人随漳州市组团赴印尼考察市场；7月，市龙拓冷冻食品有限公司4人赴日本接受技术培训，市智兴建材制品有限公司4人赴日本进行技术业务交流；9月，市水产局1人随全国组团赴菲律宾进行养殖合作考察，市东亚冷冻食品有限公司2人赴日本业务交流；10月，市审计律师事务所1人赴新加坡参加“社会审计专业高级研修班”学习，市造纸厂1人随省组团赴美国考察，龙海中粮食品有限公司2人赴日本进行罐头贸易；11月，龙海中粮食品有限公司2人赴美国开展罐头贸易。

1995年4月，市侨办、市侨联应邀组团赴菲律宾拜会菲律宾龙同海联乡总会，龙海一中学生洪金聪赴俄罗斯参加“全俄数学奥林匹克竞赛”；6月，龙海一中学生欧阳芳应邀赴德国参加“第二届国际手风琴夏季研讨会”；8月，市中医院医生黄跃东应邀赴意大利参加“第十五届世界社会精神医学学术大会”；9月，市人大常委会主任叶锦裕率团赴菲律宾招商，联络龙海在菲海外社团。

1996年2月，市人大常委会主任叶锦裕率团赴印尼考察、招商，联络乡谊；3月，角美镇1人随全国组团赴德国进行小城镇建设考察；4月，紫山食品饮料总公司2人赴德国进行玻璃罐头业务商谈；7月，角美工业综合开发区1人随省组团赴马来西亚参加“第二届世界福建同乡大会”并进行招商，宏雅（龙海）食品冷冻有限公司4人赴日本访问培训；9月，市委副书记林亚才随全国组团赴美国参加食物质量管理培训；10月，市水产局1人随省组团赴墨西哥进行水产考察；龙海中粮食品有限公司1人赴日本开展罐头贸易。

1997年4月，市政府组团5人赴美国、加拿大经贸考察；5月，福建海新集团有限公司1人赴美国进行饲料生产技术学习考察；7月，市侨办、市卫生局有3人赴菲律宾考察；9月，市政府部门和企业等2人随全国组团赴美国进行罐头贸易，市农业局1人应邀赴日本参加“国际水稻协作研究项目会议”；10月，角美镇3人随全国组团赴德国参加小城镇发展培训，龙海伟达食品有限公司1人赴美国、加拿大经贸洽谈及考察；11月，福建紫山集团有限公司紫山罐头厂1人赴德国考察市场，龙海中粮食品有限公司1人赴日本进行罐头贸易。

1998年，市侨办、市人大侨委主任等领导应邀赴菲律宾参加世界许氏第九届恳亲大会。

1999年1月，漳州振发食品有限公司1人赴日本开展业务活动，福建紫山集团有限公司3人赴德国、希腊进行商务考察；2月，龙海经济开发有限公司2人赴菲律宾、新加坡洽谈项目；5月，福建海新集团有限公司1人随全国组团赴美国考察现代化饲料厂经营管理，市多棱钢砂有限公司1人随全国组团赴德国参加国际石材展，市中医院医生黄跃东应邀赴韩国进行传统医学医药交流；6月，市委常委柯莲英等5人赴新加坡参加旅外乡亲联谊会；10月，市进发食品有限公司4人赴德国洽谈进出口业务；11月，福建紫山集团有限公司3人赴日本商务访问。

2000年1月，市政协主席周亚份等6人赴美国、加拿大考察联络；2月，市纪委书记杨溪峰等3人赴意大利经贸洽谈；9月，漳州进发有限公司2人赴以色列开展经贸洽谈；11月，市委常委柯莲英率团赴缅甸参加旅缅海澄（龙海）同乡会成立65周年纪念暨新会所落成庆典，福建紫山集团有限公司2人赴日本商务访问。

2001年7月、9月，福建紫山集团有限公司派遣2人先后赴新西兰、澳大利亚、日本开展经贸活动。

2002年8月，福建紫山集团有限公司、市多棱锯条有限公司各1人随漳州市组团赴印尼、澳大利亚进行经贸洽谈；9月，福建紫山集团有限公司1人赴新加坡、马来西亚开展经贸活动，龙海市全发食品私人有限公司1人随漳州市经贸代表团出访英国、法国，市电力公司1人随省组团赴日本参加“农电调度自动化培训班”学习；10月，市多棱锯条有限公司3人随漳州市组团赴意大利参加国际石材技术展览会，市二轻集体联社1人随全国组团赴澳大利亚、新西兰考察洽谈，市永发食品有限公司1人随全国组团赴法国参加国际食品展；11月，福建紫山集团有限公司2人赴日本经贸洽谈。

2003年6月，市国土资源局1人赴美国参加土地可持续发展培训；7月，市委常委张翼腾赴法国参加省委组织部举办的“人才合理配置与管理研修班”培训；8月，市粮食局1人随省组团赴法国、德国经贸考察；10月，市国土资源局1人赴荷兰参加滩涂围垦与盐碱地改良培训，龙海经济开发区有限公司1人随漳州市组团赴法国参加“法国—中国经贸投资洽谈会”；12月，龙海市政府1名副市长随全国组团赴澳大利亚、新西兰进行网络经济与信息化建设交流合作洽谈，双第华侨经济开发区管委会1人赴马来西亚、泰国经贸考察，龙海经济开发区1人随省组团赴德国、瑞典参加经贸活动。

2004年3月，市经济贸易局1人赴意大利参加食品质量安全管理培训；6月，市审计局1人赴日本参加“审计管理”培训。

2005年8月，市第一医院1人参加国家第11批援外医疗队赴博茨瓦纳执行医疗任务；9月，市协强食品有限公司1人赴德国、法国经贸考察洽谈；10月，漳州市龙海绿宝食品有限公司销售经理2人赴德国参观ANUGA国际食品展览会及考察；11月，福建紫山集团有限公司6人赴日本商务洽谈；12月，市国土资源局1人赴澳大利亚参加矿业权市场培育培训。

2006年4月，副市长陈华随全国组团赴澳大利亚考察、学习船舶制造及渔业机械行业；市交通战备办公室、市财政局各1人赴澳大利亚、新西兰与外商商讨交通工程设施与景观配套方案，考察交通工程环保设施、道路绿化管理；5月，角美工业开发区副主任黄枝炉随漳州市组团赴瑞典、芬兰洽谈投资项目，市检察院检察长钟跃峰随省组团赴澳大利亚、新西兰、新加坡考察；7月，市长杨溪峰等3人赴美国、加拿大经贸洽谈；9月，市政府1人赴英国、瑞典商务考察，漳州市紫山冷冻食品有限公司3人赴法国、英国商务考察与洽谈，福建紫山集团有限公司1人赴俄罗斯、波兰、捷克考察访问；10月，市多棱锯条有限公司1人赴意大利参加“2006年意大利维罗纳国际石材展”；11月，福建紫山集团有限公司2人赴澳大利亚、新西兰考察农副产品、食品和轻工业产品市场和行业企业。

2007年6月，市计生局1人随省组团赴日本进行人口和计划生育考察。是年，中共龙海市委、市政府及有关部门和企业因公组团出访17批。

二、来访

1993年10月，亚洲银行专家一行5人到龙海考察农贸市场建设情况；11月，韩国和日本技术人员5人到龙海锦鸿石制品有限公司指导生产。

1994年8月，日本绿化造园开发株式会社2人到龙佳石料有限公司监制验收产品。

1995年4月，亚洲银行官员拉赫曼博士率美国、英国、日本等技术援助专家到龙海考察海带养殖、农副产品市场等项目。

1996年6月，新加坡中医学院院长黄怀德到浮宫镇、双第华侨农场等地考察并应邀到市第一医院、市中医院授课；日本绿化造园开发株式会社1人到龙佳石料有限公司监制验收产品。

1997年1月，新加坡驻厦门总领事馆总领事林明和到角美工业综合开发区考察新加坡客商投资创业情况；10月，全德华侨华人联合会筹备委员会主任嘉炜邦率外宾19人参观角美工业综合开发区；10月27日，联合国世界卫生组织莱登职业大学公共卫生系史安妮、柯新望到白水中心医院视察卫生工作；10月28日，由荷兰王国雷德斯·赫格尔大学公共卫生学院霍普等组成的考察小组考察访问市第一医院；11月11日，日本长崎县谏早市市长吉次邦夫、议会会长北清定昭率谏早市友好代表团参观角美工业综合开发区统一马口铁、东海食品冷冻等企业；11月20日，世界银行专家凯林到龙海就申请承接“世界银行沿海资源可持续开发项目”进行考察和评估。

1998年5月，世界银行咨询顾问托逊·阿雷江星及其助手普拉威·帕德斯到龙海考察漳诏高速公路龙海路段拆迁安置及环保工作；11月，越南农业部副部长到东园农科所考察，美国纽约州议员欧代仕率美国纽约州中美经贸促进访问团到角美工业综合开发区考察；12月，西班牙蔬菜工业协会联合考察团到角美工业综合开发区考察农业产品加工企业。

2001年2月，澳大利亚大学和墨尔本一家权威环保组织的7位博士进驻东园镇南边村一个月，对该村气候、土壤、水利设施进行抽样检测并开展环保村试验项目；11月，以郑永传带领的马来西亚中华大堂总会“郑和研究交流团”一行8人到角美镇鸿渐村考察郑和庙。

2002年2月，印尼巨港市市长胡斯尼·宾·穆克提·易卜拉辛率代表团41人到漳州，与漳州市人民政府签署《建立友好城市关系意向书》后，在巨港市华侨社团联络部、龙海乡亲陪同下到龙海观光考察。

2004年2月，泰国亚太经济贸易促进联合协会、华联国际投资集团有限公司总裁经颂猜一行到龙海进行投资考察；10月，加拿大国际开发署专家一行7人到龙海考察农作物平衡施肥国际合作项目。

2005年9月，来自东南亚（包括国内）的160多名专家学者参加龙海市与厦门市侨联、漳州市侨联联合举行的“东南亚文化视角—郑和下西洋国际学术研讨会”活动。

2006年8月，菲律宾20多位议员到福建紫山集团考察龙海食品加工行业发展

图23-1　中美澳南边生态村项目启动仪式（东园镇镇政府提供）

情况，日本驻广州总领事馆领事竹中惠一到程溪镇考察官园中学；9月，菲律宾丹辘市市长亚洛·民罗沙一行17人到角美镇鸿渐村参访科拉松·阿基诺祖籍地，并参观福建紫山集团等企业。

2007年2月，国际蘑菇学会主席格雷格·西蒙到九湖食品菌研究所参观杏鲍菇工厂化生产；5月，日本驻广州总领事吉田雄治到程溪镇为日本利民工程援助项目——官园中学竣工落成揭牌。

第三节 海外乡亲与社团

一、华侨华人分布

1987年，龙海开展侨情普查，普查资料显示，祖籍龙海的华侨华裔能联系到的有20734户、123670人。主要分布于印度尼西亚、新加坡、菲律宾、缅甸、马来西亚、泰国、越南、柬埔寨、美国、加拿大、德国、法国、荷兰、日本、英国、澳大利亚、瑞典、巴西、哥伦比亚、约旦、丹麦、墨西哥、瑞士、沙特阿拉伯、文莱、阿根廷、以色列、西班牙28个国家。

1996年10月至1997年6月，按照省政府的部署，龙海市开展侨情普查，普查资料显示，祖籍龙海、保持联系的华侨华人125753人，其中华侨4611人、华人121142人；分布于世界29个国家和地区，以印尼、新加坡、菲律宾、马来西亚、缅甸、泰国等东南亚国家居多数。另有出国人员（新移民）236人。

2004年，全市再次开展侨情普查，普查资料显示，有联系的华侨31513人、华人107124人、出国定居的新移民720人。华侨华人分布在美洲、欧洲、澳洲、东南亚等40个国家和地区，以东南亚人数居多。其中印尼6.1万人、新加坡2.29万人、菲律宾2.19万人、马来西亚0.92万人、缅甸0.83万人、泰国0.42万人、越南0.39万人。在政治上、经济上、学术专业上有一定影响和造诣的人士1100人。

2007年，全市保持联系的华侨华人人数变化不大。

2004年龙海市海外华侨华人及出国移民分布情况表

表23-1-1 单位：人

乡镇场	华侨	华人	出国人员	小计
石码	2422	5647	128	8197
海澄	477	10641	82	11200
角美	11787	31160	42	42989
白水	3722	9308	57	13087
浮宫	1127	13661	3	14791
程溪	400	1001	15	1416
港尾	3627	5347	0	8974
九湖	539	530	2	1071
颜厝	1286	2706	0	3992
榜山	1356	5317	132	6805
紫泥	1289	7583	227	9099
东园	153	547	17	717
东泗	92	2482	0	2574

续表 23-1-1

乡镇场	华侨	华人	出国人员	小计
隆教	503	3702	3	4208
双第	2733	7492	12	10237
合　计	31513	107124	720	139357

二、海外社团

20 世纪 80 年代调查，龙海移居海外的乡亲参加的有关社团 30 个。其中比较著名的有福建会馆、漳属同乡会、龙溪会馆、海澄同乡会、中华总商会、华侨总会，以及血缘宗亲会等团体组织。有的龙海籍乡亲还担任主要社团领袖。

1993 年，有龙海籍人士参加的与家乡保持联络的海外社团 16 个。2005 年，增加新成立的印尼巨港漳属同乡会。2007 年，龙海市籍海外乡亲参加的社团 17 个。

1993—2007 年有龙海籍人士参加的海外社团组织机构情况表

表 23-1-2

社团名称	成立时间（年）	地 址	主要龙海籍负责人
马来西亚古晋福建会馆	1871	古晋大伯公庙后	黄文彬、田绍熙
泰国福建会所	1894	曼谷哇拉节 64 号	苏国世、蔡志伟、张建禄、高梧堂
印尼东爪哇漳属同乡会	1924	泗水英雄街 64 号	
马来西亚槟榔屿漳州会馆	1928	槟榔屿	
新加坡漳州总会	1929	新加坡寅杰律街 14 号	陈醒吾、林进荣
旅缅海澄同乡会	1936	缅甸仰光 18 条街	黄振来、郑天禄
马来西亚六甲漳州会馆	1936	马六甲马打古鞋路	沈征宽
越南霞漳会馆	1923（之前）	胡志明市	
菲律宾碧湖同乡会	1937（之前）	菲律宾马尼拉	杨永穆、杨克礼
马来西亚诗巫市漳泉公会	1937	诗巫市	张兆仁、蔡天成
新加坡龙溪会馆	1938	新加坡	林继华
日本东京华侨总会	1946	东京	陈焜旺
新加坡卓岐王氏同乡会	1947	新加坡亚里哇街 62 号	王才能、王木顺
菲律宾龙同海联乡总会	1958	菲律宾马尼拉	许瑞溪、林逢融、叶金强、郑永枝、张昭和
印尼雅城慕西基金会	1983	雅加达	郭再元、林秀礼
美国北加州福建会所	1984	旧金山	
印尼巨港漳属同乡会	2005	巨港	郭贻贤

三、华侨华人捐赠

1993 年，祖籍龙海的新加坡王美球捐资 323 万元，助建卓岐中学、老人公寓、村道和奖学等；新加坡华侨王龙川捐资 114 万元，助建校舍和学校设备。

1994 年，祖籍角美的印尼郭国照捐资 432 万元，兴建凤山慈善医院、购置医疗设备；资助华侨中学、流传小学办学，设立助教奖学；维修文物、修筑村道。同年，祖籍龙海的泰国王复兴捐资 145 万元，助建卓岐老人活动中心、幼儿园和文化中心。1995 年，祖籍浮宫镇的印尼郭盛才捐资 298 万元，建浮宫凫溪中学综合楼、科学楼、设助教奖学基金会和资助卫生事业。1996 年，祖籍角美的印尼华侨郭再元捐资 236 万元兴建玉江中学、资助玉江小学和玉江华侨保健站。2006 年，祖籍东园镇的日本华人陈文辉捐资 105 万元，建过田小学。

1993—2007 年，祖籍紫泥镇安山村的哥伦比亚乡亲康荣茂及夫人，先后 4 次向龙海市、漳州市博物馆捐赠不惜重金购回流失海外文物 769 件。其中百万年前化石标本、明代漳窑青花瓷等填补馆藏空白。并捐资 100 万元建漳州博物馆新馆。祖籍石码镇的新加坡华侨郑子瑜教授，晚年将自己毕生的 20 多种著作和珍藏多年总计 692 种 780 册书籍捐献给漳州图书馆。15 年间，祖籍龙海的海外乡亲支持家乡经济建设和社会事业的还有菲律宾杨永穆兄弟捐资 120 万元、向吉德基金会捐资 160 万元，建碧湖小学、修杨厝村道；李汉民捐资 125 万元建学校、修上房村道；马来西亚曾国良捐资 120 万元建社头老人活动室；菲律宾曹秀平捐资 175 万元，修建龙海华侨幼儿园、实小幼儿园、溪洲小学和助建第一医院门诊大楼；马来西亚曾氏宗亲省亲访祖团捐资 110 万元，建角美镇社头村老年活动室。

第四节　侨乡

一、归侨和侨眷

1987 年 12 月普查登记，龙海有归侨、侨眷 17544 户 94478 人。其中归侨 4938 人。2004 年，侨情普查登记，全市有归侨 3781 人，多数集中在双第华侨农场；旅外人员国内眷属（包括归侨）共有 66865 人，其中华侨眷属 18158 人、华人眷属 43714 人、出国人员眷属 1212 人。归侨侨眷人数有所减少。

2007 年，全市归侨人员、华侨眷属、华人眷属变化不大。

2004 年龙海市侨情普查归侨、华侨华人眷属情况表

表 23-1-3　　单位：人

乡镇、场	归侨	华侨眷属	华人眷属	出国人员眷属	小计
石码	41	1125	1733	108	3007
海澄	33	364	2373	259	3029
角美	184	7964	14870	177	23195
白水	381	1127	10127	48	11683
浮宫	67	380	3371	5	3823
程溪	15	146	572	12	745
港尾	23	1655	2487	0	4165
九湖	0	302	205	6	513
颜厝	15	519	885	0	1419
榜山	77	656	3015	248	3996
紫泥	198	736	2765	304	4003

续表 23-1-3

乡镇、场	归侨	华侨眷属	华人眷属	出国人员眷属	小计
东园	72	217	412	15	716
东泗	0	966	0	0	966
隆教	5	519	885	0	1409
双第	2670	1482	14	30	4196
合计	3781	18158	43714	1212	66865

二、重点侨乡

（一）角美镇

角美镇旅居海外的华侨参与组织的，与家乡保持联络的民间社团有龙同海联乡会菲律宾总会、碧湖同乡会、黄氏家族会、许氏家族会。角美镇人民政府加强侨乡（村）和风景旅游点建设，改善外商投资环境。

2004 年侨情普查显示：全镇有归侨、华侨眷属、华人眷属、出国人员眷属 23195 人；旅居海外祖籍角美华侨 11787 人、华人 31160 人、出国人员 42 人，分布于印尼、菲律宾、新加坡、马来西亚及欧美等 19 个国家。2007 年，在学术上有造诣的博士、科学家 50 多人；在国际政治舞台较有声望的有 10 多人。

（二）双第华侨农场

双第华侨农场于 1960—1979 年先后安置印尼、缅甸、越南难侨、归侨 13 批 4719 人。1993 年，农场发展多种经营，造林、种茶、种果，创办水果、茶叶加工厂。2000 年 4 月，农场增挂华侨经济开发区牌子。

2004 年侨情普查显示：全场共有归侨、华侨眷属、华人眷属、出国人员眷属 4196 人；海外华侨 2733 人、华人 7942 人、出国人员 12 人，分布于 23 个国家和地区。

至 2007 年，华侨农场有农田 200 多公顷，茶园 200 多公顷，果树 266.67 多公顷；建成以出口红茶、柑桔为主的生产基地。在发展工农业经济的同时，重视生态旅游经济的开发，并拓宽招商引资渠道发展经济。农场先后被评为全国绿化模范先进单位、全省侨务系统先进单位。

（三）卓岐村

1993 年，港尾镇卓岐村的旅新加坡侨胞王美球捐资 323 万元助建卓岐中学、老人公寓等；侨胞王文川捐资 114 万元助建学校校舍和设备。1994 年，泰国侨胞王复兴捐资 145 万元助建老人活动中心、村文化中心、幼儿园等。1997 年开始，祖籍卓岐村的新加坡华人广玄法师投资 3 亿多元兴建集旅游、休闲度假、养老为一体的瑞成休闲山庄，在休闲山庄内建造普照禅寺、广贤接待处等楼群和一个包括球场、观景台、水族馆、鱼鸟花卉观赏、饮食设施等项目的户外活动场所，总建筑面积 15 万平方米。

2007 年，全村有归侨、侨眷 3207 人；有联系的海外华侨华人 3800 多人；拥有中学 1 所、小学 1 所、幼儿园 1 所、医疗卫生所 5 所、福利院 1 所，还有文化中心、老人公寓、农贸市场等设施；农民自建楼房、别墅近 500 栋。2006 年，入选首届中国魅力乡村；2007 年被确定为“全国美德在农家示范点”。

第五节　华侨事务

一、联谊接待

1993 年 6 月，菲律宾龙同海联乡总会、新加坡龙溪会馆、印尼水仙花基金会、新加坡卓岐王氏同乡会等海外社团，分别组团（共 80 多人）回乡参加“龙海撤县建市”庆典。

1994 年 3 月，菲律宾龙同海联乡总会会长林逢融率菲律宾商业考察团到龙海访问。是年，新加坡龙溪会馆主席林继华等回龙海探亲旅游、洽谈贸易。

1995 年 12 月 9 日，印尼乡亲郭士林夫妇、郭盛才夫妇及其子孙三代人计 12 人组团回乡参加“纪念爱国华侨郭美丞先生诞辰一百周年暨龙海育才奖教奖学基金会第八次颁奖大会”。

1996 年，印尼乡亲郭再源一行 21 人回乡参加捐资兴建玉江再源中学落成剪彩仪式。是年 10 月，祖籍龙海的哥伦比亚华人康荣茂回龙海探亲，向龙海市捐赠 2 幅唐、清名画及古瓷器、各种化石标本 10 余件等珍贵文物；11 月，菲律宾龙同海联乡总会永远名誉会长许瑞溪率居菲乡亲 50 多人回龙海观光，到石码、九湖、角美、港尾等乡镇参观考察。

1997 年 10 月 19 日，祖籍紫泥镇溪洲村的林文乳等旅居海外乡亲回乡省亲，并向漳州市的优秀学生和教师颁发奖教奖学金和助学金。是年，菲律宾龙同海联乡总会永远名誉会长许瑞溪等回龙海省亲洽谈商务；祖籍港尾镇卓岐村的泰国知名人士王复兴回乡省亲。

1998 年，新加坡龙溪会馆返闽省亲团一行 10 人及印尼华人知名人士郭农林回乡省亲。

1999 年 5 月，菲律宾龙同海联乡总会理事长一行 6 人在参加第三届福建同乡恳亲会后回龙海观光考察；7 月，新加坡漳州总会赴漳州考察团一行 19 人在团长沈南方率领下到角美工业综合开发区、招商局漳州开发局考察。

2000 年 5 月，祖籍海澄霞苑的新加坡华人、原新加坡总统黄金辉携亲属 14 人到霞苑寻根谒祖；马来西亚曾氏宗亲省亲访祖团一行 19 人到祖籍地角美镇社头村寻根谒祖。

2001 年 6—11 月，菲律宾龙同海联乡总会永远名誉会长许瑞溪一行 10 人、新加坡龙溪会馆副主席郭觉民一行 3 人、日本冲绳县那霸市阮氏我华会一行 28 人，分别回祖籍地榜山南苑、石码镇、角美埭头村谒祖。

2002 年 2 月，菲律宾前工商部长林文赞偕眷回祖籍地角美镇东山村谒祖；11 月，印尼华侨华人羽毛球代表团参加福建省第十一届羽毛球“华外杯”邀请赛，其间由许楠泽带领到龙海访问。

2003 年 8 月，美国白宫总统亚太裔顾问委员会顾问刘幸诚一家到祖籍地颜厝镇寻根谒祖。

2004 年 5 月，印尼水仙花基金会、印尼巨港漳属同乡会代表一行 10 多人在许南洋、郭贻贤先生的带领下，参加福建省第四届世界福建乡亲恳亲会并到龙海参观考察。

2005 年 4 月 5 日，泰国下议院第一副议长、顾问委员会主席蔡百山及其弟蔡百河到隆教乡白坑村探亲；5 月，日本医疗法人社团、博爱医院院长陈文辉一行回东园镇过田村寻根谒祖；11 月，印尼水仙花基金会副主席许南洋率印尼华裔羽毛球代表团赴漳参加闽侨杯羽毛球邀请赛并到龙海参观访问，菲律宾龙同海总会理事长张昭和等 10 多位乡亲回龙海参观考察。

2005 年 9 月 27 日，美国环境保护署试验数据保证科长、美国驻欧盟组织代表、GLP 工作小组主席林曾玉莲携其弟回到故乡浮宫镇后宝村仙兜社寻根谒祖（后又于 2006 年 10 月 13 日再次返乡）。

2006 年 5 月，日本医疗法人社团、博爱医院院长陈文辉回乡参加东园镇过田小学落成剪彩。

2007 年 11 月，菲律宾龙同海联乡总会永远名誉会长许瑞溪一行 18 人回乡参加“海峡两岸（漳州）花卉博览会”。

二、维护华侨权益

（一）解决侨房遗留问题

1993 年，继续协调解决侨房遗留问题。

1997 年，落实并讨回 1 名菲律宾华侨在石码镇的 1 处房产。1999 年，解决 1 名新加坡华侨因石码镇的 1 处房屋买卖争议的矛盾；帮助 1 名印尼华侨找回石码镇的 2 幢房产，并办理土地房产证件和继承手续。2000 年，协调解决 7 户侨户在购置房屋后多年未能领到产权证件问题。2001 年，妥善解决市区解北片旧城改造过程 69 户 83 座侨房共 12000 平方米的拆迁补偿。2002 年，帮助华侨新村 14 户归侨户完整办理土地使用证和房产权证。2003—2004 年，协调解决锦江道旧城改造购置房产的历史遗留问题，使 10 多户侨户完整办理土地使用证和房产权证。

1993—2007 年，解决侨房产权、房产纠纷 105 件，处理侵犯侨益 102 件，调解侨农侨居纠纷 51 件。

（二）贯彻落实侨务政策

1993 年，建立华侨联系户制度，继续落实侨务政策。

1998—1999 年，为 81 家侨资企业办理享受华侨投资待遇证书，为归侨、侨眷开具申请探亲的亲属证明 2000 多份，办理归侨、侨眷农转非 16 人。1999—2000 年，为“三侨”（华侨、归侨、侨生）子女升学等出具身份证明 50 份，为 76 家侨资企业办理享受华侨投资待遇证书，为 300 名归侨离退休干部职工办理增发生活补贴。2001—2002 年，为归侨、侨眷开具申请探亲的亲属证明 1000 多份，为“三侨”子女升学等出具身份证明 30 多份，为 30 多名归侨离退休干部职工办理增发生活补贴。2003—2004 年，为 11 名归侨、侨眷办理出行证，为归侨、侨眷开具申请探亲的亲属证明 1000 多份，为“三侨”子女升学等出具身份证明 30 多份，维护 40 多名归侨、侨眷的合法权益。2005—2006 年，为 10 名归侨办理“归侨身份证”，为“三侨”子女升学等出具身份证明 30 多份，并为归侨、侨眷开具申请探亲证明。2007 年，做好侨居造福工程工作，协助双第华侨农场拆迁、改建归侨职工房屋 497 套。

1993—2007 年，共为“三侨”子女升学等出具身份证明 535 份。办理归侨离退休职工增发生活补贴（每月 60 元）证明 383 份，办理“归侨身份证”300 多本。

（三）扶持贫困归侨

1993—1996 年，持续为 28 名贫困归侨发放补助款，每人每月 20 元。

1997—1998 年，筹集福利基金 30 万元；慰问老侨联干部，补助贫困归侨、侨眷 678 户（次），发放补助款 7.78 万元。1999—2000 年，慰问老侨务工作者，补助贫困归侨、侨眷 170 多户（次），发放补助款 2.15 万元。从 2001 年起，对全市的归侨和难侨进行调查摸底，健全扶持贫困归侨机制：凡符合城乡居民最低生活保障的对象，一律纳入最低生活保障范围；对一些失去劳动能力的孤寡老人，采用市财政拨一点、海外人士捐一点、向上级侨务部门争取一点的办法，进行特殊扶持，归侨、侨眷保证每人每月生活费不低于 100 元；因突发性事故而出现临时性困难者，给予适当补助。2001—2002 年，筹集福利基金 2 万多元，慰问归侨、侨眷和老侨务工作者，补助贫困归侨、侨眷 125 户次，发放补助款 1.84 万元，助学金 920 元。2003—2004 年，帮扶贫困侨户 135 户，发放慰问金 4.37 万元。2005 年第 10 号台风和 2006 年“珍珠”台风过后，及时深入基层了解归侨、侨眷受灾情况，并向上级侨务部门争取救灾款 3 万余元，送到受灾归侨、侨眷手中。

2007 年，帮扶贫困侨户 65 户，发放慰问金 1.6 万元，解决贫困归侨、侨眷享受低保 76 户。

第二章　与港澳关系

第一节　港澳同胞与社团

一、港澳同胞

1996 年 10 月至 1997 年 6 月，按照省政府的部署，全市开展港澳同胞情况普查。资料显示，祖籍龙海保持联系的港澳同胞 16751 人。

2004 年，全市再次开展港澳同胞情况普查，资料显示，有联系的香港同胞 22086 人、澳门同胞 742 人；共有港澳同胞的眷属 9480 人，其中石码镇 1919 人、海澄镇 565 人、角美镇 2783 人、白水镇 745 人、浮宫镇339人、程溪镇121人、港尾镇385人、九湖镇189人、颜厝镇266人、榜山镇510人、紫泥镇325人、东园镇36人、东泗乡128人、隆教乡177人、双第农场992人。

2007年，全市港澳同胞与眷属变化不大。

2004年祖籍龙海的港澳同胞分布情况表

表23-2-1　　　　单位：人

乡镇、场	香港同胞	澳门同胞	小计	乡镇、场	香港同胞	澳门同胞	小计
石码	4400	38	4438	颜厝	375	0	375
海澄	1300	52	1352	榜山	1329	9	1338
角美	5526	27	5553	紫泥	966	14	980
白水	1170	20	1190	东园	45	15	60
浮宫	1029	0	1029	东泗	242	0	242
程溪	174	185	359	隆教	241	0	241
港尾	784	22	806	双第	4252	343	4595
九湖	253	17	270	全市合计	22086	742	22828

二、港澳同胞社团

1993年，与家乡保持联络龙海籍人士参加的港澳社团2个。其中香港漳州同乡会地址在文咸西街57号余庆大厦7楼；香港龙海同乡会成立于1993年，地址在香港九龙。2005年成立澳门漳州同乡会，地址在马场北路30号华景园2楼3座，负责人曾远程。

1993—2007年，香港漳州同乡总会主要龙海籍负责人有康良材、林广兆、黄绍基、杨集文；香港龙海同乡龙海籍主要负责人有黄德顺、郑永昌、黄绍基、张俊杰。

第二节　港澳事务

一、联谊往来

（一）赴港澳招商联谊培训

1993年5月，县长郑道溪、县人大主任叶锦裕、县政协副主席柯莲英等组团赴香港祝贺香港龙海同乡会成立，副县长张凯民等8人组团赴香港招商；6月，角美工业综合开发区主任王耀泉赴香港洽谈项目；7月，步文镇1人随漳州市组团赴香港考察招商。是年，市侨联及基层乡镇场侨联一行8人到香港联谊考察。

1994年3月，市花釉陶总厂1人随省组团赴香港参展；4月，角美、海澄镇等4人随省组团赴香港招商；角美工业综合开发区主任王耀泉赴香港洽谈项目；5月，市政协主席康天厚率侨办、侨联等组团赴港祝贺香港龙海同乡会成立一周年，中共龙海市委书记黄浦江等组团赴香港招商，九湖镇个私芦柑加工场3人随漳州市组团赴香港考察市场；7月，市动力机厂1人赴香港参加“中国机械行业经理人员培训班”学习。

1995年3月，市政府组团赴香港招商，签订19个投资项目，合同投资额1.3亿美元；8月，市长庄凉江等参加漳州代表团赴港出席香港漳州同乡总会10周年暨第三届理监事就职典礼仪式；10月，市长庄凉江率团赴港参加香港龙海同乡会第二届会董就职庆典。

1996 年 3 月，副市长林小煌等 3 人参加省组团赴香港招商；4 月，市全德电气有限公司经理赴香港参加“西笛集团公司年度会议”；7 月，市审计师事务所 1 人随省组团赴香港参加“注册审计师培训班”学习。

1997 年 7 月，中共龙海市委书记王良才等 2 人参加漳州市组团赴香港庆回归活动；8 月，市委书记王良才参加漳州经贸洽谈团赴香港招商引资；10 月，市长康君福率团赴港参加香港龙海同乡会第二届会董就职典礼，副市长王燕惠赴港参加党外年轻干部“香港经济与社会发展研讨班”培训，紫山罐头厂 1 人赴香港洽谈业务；11 月，副市长郑古发等 2 人赴港参加漳州市组织的“香港水仙花展”活动。

1999 年 1 月，福建紫山集团有限公司 3 人赴香港商务考察；10 月，市进发食品有限公司 4 人赴香港洽谈业务；11 月，福建紫山集团有限公司 2 人赴香港商务考察。是年，中共龙海市委、市政府组团 6 人赴香港、澳门经贸洽谈。

2000 年 10 月，市政协主席周阿份等赴港祝贺香港漳州同乡总会新会董就职；11 月，中共龙海市委常委柯莲英率团赴香港，进行联谊和考察；12 月，副市长林小煌等 4 人赴港参加“香港贸易洽谈会”，市冬泳协会一行 9 人赴港参加“香港公开冬泳锦标赛”比赛。

2002 年 3 月，港尾镇 1 人赴香港参加“工商业研讨班”培训；4 月，市林业局 1 人随省组团赴香港参加“湿地管理研讨班”培训；11 月，九湖镇花木公司 1 人随漳州市代表团赴香港参加“福建节”活动。

2004 年 5 月，市长杨溪峰等 4 人赴香港参加香港龙海同乡会第四届会董就职典礼；9 月，龙海集友武术培训中心参加在香港国际会展中心举行的“香港仁爱堂‘中国工商银行杯’国际太极拳交流大会”。

2005 年 8 月，副市长陈华等 3 人赴香港、澳门参加“第七届中国香港国际投资贸易洽谈会”。

2007 年 11 月，市林业局 1 人随省组团赴香港参加“湿地及水鸟保护管理技术研讨班”培训；市检察院 1 人随省组团赴香港参加“防范贪腐贿赂与廉政文化建设”考察研修。

（二）接待港澳社团人士

1993 年 6 月，龙海籍港澳同胞组团回乡参加“龙海撤县建市”庆典。

1994 年，香港龙海同乡会永远名誉会长曾宗正，香港漳州同乡总会副会长、香港龙海同乡会名誉会长郭国耀，香港龙海同乡会名誉会长郑永昌、副会长洪涛、黄绍基、吴寿春、蔡国联等分别回龙海探亲旅游、洽谈贸易。

1995 年，澳门福建同乡会妇女部副部长王凤玉、香港龙海同乡会副会长郭胜通等，到龙海观光考察。

1996 年 6 月，澳门福建总商会许自励一行 16 人到龙海参观、考察招商局漳州开发区和东园开发区、角美工业综合开发区；香港龙海同乡会会长郑永昌、副会长林苍、郭胜通、林绍夫等回龙海探亲访友，洽谈商务。

1997 年，香港龙海同乡会会长郑永昌、理事长黄绍基，副理事长林苍、蔡国联等回龙海省亲洽谈商务。

1998 年，香港龙海同乡会会长黄绍基、副会长林苍、蔡国联等回乡省亲。

1999 年 5 月，香港龙海同乡会副会长林苍一行 4 人在参加第三届福建同乡恳亲会后回龙海观光考察。

2005 年 5 月，香港泉州同乡总会赴漳考察团到角美工业综合开发区进行商务考察。

二、港澳同胞捐赠

1993—2007 年，龙海籍港澳同胞持续捐赠款物，用于家乡的教育、医疗卫生及社会福利事业。其中，资金较多的有：郭国耀捐资 1000 多万元建华侨中学校舍、图书馆、操场、修复文物古迹；洪涛捐资 846 万元建教学楼、敬老院、修公路，其中捐赠厦门大学 500 万元；林苍捐资 128 万元抗灾救灾；郭胜通捐资 120 万元，助建桥头小学、锦湖小学；黄绍基捐资 442 万元，助建市第一医院门诊大楼、建希望小学，捐赠慈善总会、教育基金；张俊达捐资 258 万元，用于救灾、市慈善总会相关项目、救助贫侨和修筑道路；施学顺、施文裕捐资 210 万元，用于救灾、市慈善总会相关项目；陈清江捐资 104 万元，助建锦江大桥和紫泥镇西良小学。

第三章　与台湾关系

第一节　机构

1993年，中共龙海市委台湾工作部内设人秘科、宣传科、联络科和沿海科；编制13名，实有13人。1997年，市委台湾工作部更名为市委台湾工作办公室（同时挂市政府台湾事务办公室牌子），内设综合科、联络科和沿海科；编制10名，控制编制2名。2003年，编制减为7名，实有7人。2007年，机构与人员不变。

第二节　台胞台属与社团

一、台胞台属

（一）去台人员及家属

1993年，对去台湾人员及其家属进行一次全面普查，全市有1945年以后去台人员1284户1571人。其中曾回乡探亲1021人，去台后结婚的1049人，生育子女3000多人。之后至2007年，未再进行普查。

（二）在龙海的台胞

1993年，全市有台胞及其子女155户732人。1998年，全市有台胞及其子女313户1071人，其中去台湾定居23户78人。2007年，全市台胞有479户1153人(含历年回台湾定居33户94人)。

二、台胞社团组织

（一）台北市龙溪同乡会

台北市龙溪同乡会成立于1959年，每四年一届。会址在台北市延平区西宁路83号12楼8室。1995年第九届龙溪同乡会理事长陈进来，总干事方希祯，以及理事、监事若干人。后陈进来之子陈生福通过选举连任4届理事长，陈生福之后由潘裕源任理事长。

（二）高雄市龙溪同乡会

高雄市龙溪同乡会成立于1987年10月，会址在高雄市三民区大昌路491巷36号，会员57户96人。1999年第三届理事长陈如登，总干事马精材，以及理事、监事若干人。后由叶硕仁任理事长。

（三）龙海市旅台同胞亲属联谊会

龙海市旅台同胞亲属联谊会是由居住在龙海市的旅台同胞亲属自愿组成的民间团体。1991年11月成立，首届理事会成员23人，柯莲英（女）为会长，邀请台北龙溪同乡会理事长陈进来为名誉会长。2000年5月换届，理事会成员15人，郑亚曰为会长，聘请柯莲英（女）、台北龙溪同乡会理事长陈进来、高雄市闽南同乡会理事长丁瑞琛为名誉会长，廖民生为顾问。

第三节　经济文化往来

一、经贸往来

（一）投资考察

1995年4月26日，由台湾工业总会组织的台湾区家具公会、台湾污染防治器材公会等的企业家组成的台湾工业总会福建经贸考察团一行14人到角美工业综合开发区考察。

1996年6月20日，台湾台塑关系企业总经理王永庆一行参观考察角美工业综合开发区和后石电厂厂址。

1997年6月29日，台湾泰山企业集团总裁詹世道等董事成员及台湾新闻记者参加在角美工业综合开发区举行的泰山企业（漳州）食品有限公司开业庆典仪式。

2001年2月19日，金门县海峡事务发展协进会理事长吕振南、金门县议员陈恩赐一行10人到浮宫镇参访；3月20日，台湾石矿制品同业公会经贸考察团到龙海进行投资考察；4月13日，金门县商会考察团团长许峻岷一行20人到招商局漳州开发区经贸考察；4月14日，王安石率台湾农业考察团成员一行16人到东园镇、白水镇经贸考察；5月25日，台湾工党主席郑昭明与工党人事部长一行4人到紫泥镇考察，并就龙海河沙直运台湾事宜进行探讨；5月30日，台湾布袋港发展促进会一行50人到角美工业综合开发区经贸考察；6月1日，台湾国际狮子协会一行42人到角美工业综合开发区经贸考察。

2002年4月15日，台湾农业基金会考察团到龙海考察农业综合开发项目。

2004年5月18日，台湾“立法院长”王金平胞妹王梅一行5人到台资企业灿坤电子、华阳电厂等参访；6月3日，台湾台塑董事长王永庆视察华阳电业后石电厂。

2007年7月，市领导一行8人赴台进行经贸考察。

（二）兴办企业

1993—2007年，建立台胞投资维权联席会议制度，设立市台商投诉服务中心，维护台商合法利益。全市共引进台资项目326个（签约投资44亿美元，其中台资28.3亿美元），合同投资39.63亿美元，实际利用台资26.25亿美元。台资企业分布在电力、钢铁、家电、机械、食品、冷冻、制鞋等行业。台湾岛内知名上市公司和大财团有台塑、统一、泰山、灿坤和长春化工5大企业集团落户龙海投资兴业。

1993—2007年龙海市签约引进台资企业情况表

表23-3-1　　　　单位：家、万美元

年度	企业数	签约投资	其中台资	累计企业数
1993	37	7211.16	6713.57	90
1994	26	4424.36	4007.66	116
1995	14	17383.07	17136.04	130
1996	16	155443.29	155199.79	146
1997	19	6709.07	6614.00	165
1998	19	10122.81	9740.11	169
1999	16	10519.24	10490.24	185
2000	19	9437.89	9301.40	204

续表 23-3-1

年 度	企业数	签约投资	其中台资	累计企业数
2001	24	5838.00	5670.00	228
2002	22	16757.00	16484.00	242
2003	23	159218.70	10003.70	265
2004	27	11720.00	11547.00	287
2005	25	12697.00	12594.60	312
2006	12	4886.00	2227.00	319
2007	22	7630.00	5317.00	326

（三）对台小额贸易

1993—1998 年，全市对台小额贸易较为活跃，主要以转口贸易为主，共接待台轮 128 船（次），贸易额 216 万美元。1999—2006 年，由于外汇管制执行与东山关不同，贸易成本高，该时期较萧条，接待台轮仅 73 船（次），贸易额只有 39 万美元。其间的 2005 年 6 月 6 日，台湾水果首次从金门直航龙海台轮停泊点码头；是年厦门海关将龙海停泊点作为厦门特区对台小额贸易示范点；2006 年有 26 艘台轮停靠龙海停泊点码头，主要从事海上快运业务，贸易额 16 万美元。2007 年，利用浯屿渔排直接经营活鲜鱼输台，全年接待台轮 83 船（次），贸易额 46 万美元。

（四）台胞捐赠

1993 年，高雄县路竹乡“龙法堂”住持李焜泰法师捐赠 350 万元人民币兴建中医院脑病大楼和 1 部价值 12.8 万港元的救护车。1998 年，台胞和台商捐款捐物价值 180 余万元支援长江流域灾区。2005 年 10 号（珊瑚）和 2006 年 1 号（珍珠）两次强台风给龙海造成重大损失，台胞和台商捐款 400 余万元、大米 70 吨，赈灾家乡灾区人民。2007 年，台资企业后石电厂捐资 82.1 万元兴建隆教乡流会村明德小学教学楼，捐资 70 万元兴建东园镇东宝明德小学教学楼。

1993—2007 年，台胞累计捐资人民币 3200 多万元。

二、文化交流

（一）台胞参与文化活动

1993 年 6 月 28 日，台湾有 5 个团体 186 位台胞代表参加龙海撤县设市庆典；10 月 29 日，由台湾“立法委员”朱高正为团长的台湾省高雄县路竹乡“龙发堂”李焜泰师徒 111 人组成大乐团来龙海演出，在两岸文化交流中取得重大突破。

1994 年 12 月 26 日，台湾信众一行 32 人到颜厝镇古县大庵广应圣王庙进香。

1995 年 12 月 15 日，台湾保生大帝庙宇联谊会会长赖焕章率台湾 16 座保生大帝庙董事会、管委会负责人一行 386 人到角美镇白礁慈济宫进香。

1996 年 4 月 19 日，台湾台南金兴宫、高雄南兴宫、台北北兴宫等宫庙一行 42 人到白礁慈济宫进香；4 月 22 日，许建财率台湾彰化县二林镇保安宫一行 134 人到白礁慈济宫进香。

1997 年 3 月 23 日，台湾台中市玄灵宫一行 40 人到白礁慈济宫进香；3 月 27 日，台湾台南县民雄乡一行 40 人到白礁慈济宫进香；4 月 14 日，黄先巧率台南县一行 105 人到角美镇锦宅村五恩宫进香；10 月 7 日，台湾保生大帝联谊会理事会组团到白礁慈济宫祭拜并考察祖宫的修建情况。

1998 年，台湾台南、台北、台中、高雄等地 40 座保生大帝宫庙先后组团到白礁慈济宫进香，其中规模较大的是 9 月 25 日，由会长赖焕章带领的台湾保生大帝庙宇联谊会进香团 352 人前来祭典，并参加前会长周大围铜像揭幕仪式。

1999 年 1 月 8 日，台湾学甲慈济宫一行 15 人到白礁慈济宫进香；9 月 9 日，台湾台中市天保宫一行 40 人到白礁慈济宫进香。

2000 年 9 月 30 日，台湾高雄县路竹乡慧贤宫主委陈碧霞一行 86 人到白礁慈济宫进香；12 月 3 日，台湾澎湖县南寮保灵宫主委许清凉一行 36 人到白礁慈济宫进香。

2001 年 6 月 9 日，台湾云林县麦寮乡一行 366 人到白礁慈济宫进香；10 月 12 日，台湾保生大帝庙宇联谊会会长周尚贤一行 7 人到白礁慈济宫进香。

2002 年 3 月 9 日，台湾年代电视台主持赵薇一行 6 人，采摄鸿渐许氏族史、科・阿基诺夫人先辈故居、郑和庙、白礁宫等，返台后以“台湾心、大陆情”为题播放，引起海峡两岸积极反响；4 月 25 日，台湾高雄市内惟海澄天后宫团长李弘荣一行 19 人到海澄内楼天后宫（湖美庵）参访；7 月 12 日，金门县金沙镇沙美万安堂团长张金温一行 132 人到白礁慈济宫进香；8 月 30 日，台湾台北巡府宫孙宪昌一行 25 人到白水镇金仙岩考察；11 月 19 日，台湾台北保安宫、芦州真久宫主任委员陈金水一行 140 人到白礁慈济宫进香。

2003 年 1 月 7 日，台湾台北市道教总会秘书长张木圣一行 71 人到白礁慈济宫进香；3 月和 6 月，台湾“预备役少将”白忠政率台湾彰化市庆安宫一行 230 多人到白礁慈济宫进香；8 月 24 日，台湾学甲慈济宫一行 30 人到白礁慈济宫进香。

2004 年 5 月 18 日，台湾“立法院长”王金平胞妹王梅一行 5 人到白礁慈济宫进香并祭拜白礁王氏家庙的先祖；10 月 15 日，金门县列屿保生大帝庙主任委员洪成发、金门县沙尾万安宫主任委员张金温一行 330 人到白礁慈济宫进香；11 月 10 日，金门县红十字组织负责人王水彰率金门红十字组织会员 31 人到龙海参访。

2005 年 3 月 25 日，金门列屿保生大帝庙主任委员洪成发一行 220 人到白礁慈济宫进香；3 月 28 日，台湾彰化市市长温国民率彰化市南瑶宫一行 150 人到白礁慈济宫进香；3 月 31 日，台湾台南保安宫联谊会组团到白礁慈济宫进香；9 月 8 日，10 余名台湾演员参加在龙海举行的“中华一家亲”大型专题文艺晚会演出，展现海峡两岸同文同种的历史与两岸骨肉情深的同胞情谊；12 月 24 日，台湾保生大帝庙宇联谊会会长廖武治率台北市保安宫主委一行 41 人到白礁慈济宫进香。

2006 年 3 月 25 日，金门县列屿乡保生大帝庙主委洪成发一行 375 人到白礁慈济宫进香；4 月 28 日，台湾庄奴为海澄双糕润产品代言，并到龙海二中讲学；8 月 10 日，台湾嘉义县国民党党部党际交流参访团一行 37 人到马崎村参访；11 月 2 日，陈渭成为团长的中国国民党归侨联谊会参访团到马崎村参访；11 月 19 日，台湾嘉义县妇女会到龙海参访。

2007 年 4 月，台湾廖琼枝歌仔戏剧团一行 42 人首次到白礁慈济宫演出；4 月 13 日，金门珠山村 342 人到白礁慈济宫朝圣；4 月 18 日，台湾保生大帝协会组织 200 多人到白礁慈济宫谒祖进香；7 月 13 日，两岸青年夏令营一行 151 人到马崎连氏宗祠参访；8 月，台湾嘉义县 18 乡青年团一行 62 人到龙海参访；10 月，原中国国民党中常委许历农率台湾新同盟代表团一行 35 人到马崎村连氏宗祠参访。

图 23-2　台胞到石码关帝庙朝拜　（方通泉摄）

（二）台胞寻根谒祖活动

1993 年 7 月 17 日，台湾高雄市黄姓大族寻根团到角美镇锦宅村寻根谒祖。是年，台湾台北板桥林本源后裔林梁到角美林氏义庄考察，委托理事会重修永泽堂家庙。

1995 年，角美镇流传村旅台第七代后裔郭石吉一行 32 人回乡谒祖。

1996 年 10 月 11 日，台湾民进党前主席许信良堂兄许光亮率台湾许氏宗亲一行 28 人到程溪镇人家村许氏宗祠寻根谒祖。

1997 年 11 月 7 日，台湾高雄等地陈氏宗亲一行 66 人到东园镇过田村陈氏大宗寻亲认祖；台湾同胞台南县学甲慈济宫两岸民俗文化交流活动团到白礁慈济宫寻根谒祖。

图 23-3　台胞回乡谒祖（白礁村委会提供）

1998 年 5 月 10 日，台湾金门许氏宗亲组团一行 65 人到港尾镇沙坛村、招商局漳州开发区大径社区寻根谒祖，收集许姓家谱；台湾许嘉立在厦门举办“许氏族谱展”；10 月 7 日，前国民党副主席林洋港及其家人一行 24 人回角美镇埔尾村寻根谒祖。

1999 年 11 月 23 日，台湾许炳锡率金门县许氏宗亲一行 50 人到招商局漳州开发区寻根谒祖。

2000 年 10 月 7 日，台湾许光亮夫妇一行 7 人到程溪镇人家村寻根谒祖。

2001 年 5 月 25 日，台湾工党主席郑昭明一行到东园镇东宝村宝里社寻根谒祖。

2002 年 12 月，台湾台北县许氏宗亲一行 20 人到紫泥镇下楼村吴厝溪社寻根谒祖。

2003 年 1 月 23 日，金门县陈氏宗亲理事会会长陈添丁一行 20 人到港尾镇斗美村寻根谒祖；2 月 20 日，金门县爱心基金会副会长许金龙（原国民党金门县党部书记、原金门县红十字组织负责人）一行 7 人到港尾镇沙坛村寻根谒祖；2 月 27 日，台湾台北市郭聪贤一行 12 人到石码镇炮仔街认亲拜祖。

2004 年 5 月 13 日，金门县陈氏宗亲会领队陈金盛一行 52 人到港尾镇斗美村寻根谒祖；5 月 18 日，台湾“立法院长”王金平胞妹王梅一行 5 人到角美镇白礁村祭拜王氏家庙的先祖。

2005 年 4 月 7 日，台湾工党主席郑昭明一行 18 人到东园镇东宝村宝里社寻根谒祖；5 月 7 日，陈水在率金门县陈氏宗亲一行 208 人到九湖镇衍后村寻根谒祖；6 月 3 日，金门县后湖许氏宗亲一行 67 人在团长许金龙的带领下，到程溪镇人家村马坪许氏家庙谒祖，分别向市政府、程溪镇政府和人家村许氏家庙赠送锦旗；11 月 28 日，王珠庆率台湾王氏一行 4 人到角美镇白礁村寻根谒祖。

2006 年 4 月 19 日，中国国民党荣誉主席连战偕夫人连方瑀、大女儿连惠心、儿子连胜文、连胜武和 30 余名国民党有关人士到马崎村谒祖扫墓；12 月 13 日，台湾台中市祭祀置业黄鹏爵管理委员会黄正中会长率黄氏宗亲一行 23 人到港尾镇城外村认亲祭祖。

2007 年 3 月 17 日，台湾黄氏宗亲一行 45 人到角美镇金山村寻根谒祖；9 月 4 日，台南蔡宗勋携带家谱，到角美镇蔡店社蔡氏祖籍地寻根认祖，实现族谱对接；9 月 17 日，台湾桃园县王氏宗亲一行 45 人到白礁王氏祖祠寻根谒祖；10 月，金门爱心基金会董事长许金龙率金门许氏宗亲一行 35 人前往程溪镇人家村参加马坪许氏家庙重修落成庆典活动；11 月，台北市兰氏宗亲会理事长蓝渌乔一行 22 人到隆教乡新厝村寻根谒祖。

1993—2007 年龙海市接待台胞情况表

表 23-3-2　　　　单位：个、人

年度	总人数	其中组团		探亲	旅游	认祖	进香	经贸
		个数	人数					
1993	2934	31	1753	315	335	165	1866	253
1994	1015	5	223	171	2	165	209	468

续表 23-3-2

年度	总人数	其中组团		探亲	旅游	认祖	进香	经贸
		个数	人数					
1995	1178	18	568	162	216	73	465	262
1996	950	4	572	147	5	0	642	156
1997	2121	33	1150	170	67	28	1577	279
1998	2114	30	1367	242	37	115	1471	249
1999	1633	27	838	377	0	52	874	330
2000	1777	25	776	223	165	28	949	412
2001	2645	34	1487	328	243	5	1427	642
2002	2486	29	1219	275	265	6	1345	595
2003	1824	18	719	254	154	26	806	584
2004	2780	28	1339	274	115	2	1464	925
2005	3008	33	1742	262	66	309	1593	778
2006	2533	26	1721	339	292	142	1350	410
2007	3176	35	1917	475	245	325	1504	627
累计	32174	376	17391	4014	2207	1441	17542	6970

（三）入台探亲与交流

1993 年，龙海有 22 人赴台探亲与交流。其中龙海医疗卫生部门 3 人随省红十字赴台湾进行学术交流。

1994—1999 年，入台人员逐年增加。1999 年，入台 233 人。2004 年，石码镇芗剧团应邀赴金门演出。2006 年，市小百花芗剧团应邀赴金门演出。

1993—2007 年，全市赴台人数 2301 人，其中有 25 个项目 261 人次入台进行文化交流。

1993—2007 年龙海市赴台人员情况表

表 23-3-3　　　　单位：人

年度	赴台总人数	探亲	探病	奔丧	定居	交流	年度	赴台总人数	探亲	探病	奔丧	定居	交流
1993	22	10	3	4	4	1	2001	255	207	21	3	2	22
1994	95	83	2	3	6	1	2002	207	171	12	1	0	23
1995	110	71	6	2	31	0	2003	164	148	7	0	0	9
1996	121	96	4	2	16	3	2004	164	140	2	0	0	22
1997	141	131	3	0	3	4	2005	154	91	2	0	0	61
1998	190	168	10	1	4	7	2006	184	97	0	0	0	87
1999	233	194	33	0	1	5	2007	47	34	0	0	0	13
2000	214	189	19	0	3	3	累计	2301	1830	124	16	70	261

第四节　对台工作

一、对台宣传

1993—2007年，共搜集21个姓氏族谱44本，拍摄台胞祖籍地风土人情等相片，在市图书馆网站设立"珍藏族谱"窗口，为两岸交往和前往寻根认祖的台胞提供依据。做好回乡台胞接待工作，登门拜访探亲谒祖的台胞，宣传"一国两制、和平统一"的方针和政策。每逢中秋佳节，组织台胞和台商举行联欢座谈会。保持与台湾2个龙海籍同乡会沟通联系，成立龙海市旅台同胞亲属联谊会，互通信息，了解情况；每逢换届，致信祝贺，增进亲情乡谊。密切与在台湾各界有影响力的龙海籍知名人士联系，寄发乡土期刊信息。

二、台胞救助

（一）慰问资助

1993—2007年，每逢节日对定居台胞、困难台胞和台属进行慰问；每年有20多名台湾省籍学生受到中考、高考照顾分数及考上大学、中专而经济困难的资助。帮助台胞、台属解决生产或生活中遇到的具体困难，共为台胞、台属办好事、解难题300余件。

（二）海上救援

1993年，继续实施海上救援。2000年4月13日，台湾高雄籍"顺富满号"渔轮在浯屿海面遇险，经浯屿边防官兵抢救，船上5名台湾渔民得救，渔轮脱险；7月19日，"盛财号"台轮2名台胞落水，被石码渔业社区2艘渔船发现抢救后，经龙海市第一医院全力医治，1名治愈，1名医治无效死亡。2003年9月，2艘石码渔业社区渔船抢救台湾空军失事的2名飞行员，受到海峡两岸各界的关注。

1993—2007年，共救援海上遇险、遇难台胞船只20船（次），人员96人。

三、台轮接待

1993年，龙海市台轮停泊点接待台轮32船次、台胞120人次；2002年，接待台胞108船次、台胞665人次；2007年，接待台轮99船次、587人次。

1993—2007年，龙海市接待前往经商贸易、修船修机、避风补给、旅游的台湾船舶541船次、台胞2584人次。

1993—2007年龙海市接待台轮情况表

表23-3-4

年度	1993	1994	1995	1996	1997	1998	1999	2000
船次	32	16	11	37	33	22	15	29
人次	120	65	44	164	128	110	78	135
年度	2001	2002	2003	2004	2005	2006	2007	累计
船次	34	108	45	19	8	33	99	541
人次	154	665	135	78	28	93	587	2584

卷二十四

科学技术

KE XUE JI SHU

1993—2007年，龙海引进与应用新技术、新工艺800多项；通过技术市场及福建省“6·18”项目洽谈会成果对接平台，与高等院校和科研院所成果对接，签订243项成果或技术合同，3.88亿元的技术成果成交额，技术成交年度增长率20.95%。其间，获国家发明铜奖1项；在香港科技创新博览会展览上被评定为金奖1项；获国家科技进步三等奖1项；获部级科技奖7项；获福建省、漳州市科技奖35项；4个项目获国家新产品认定，1个项目获国家星火新产品目录。争取各类科技项目立项100项，扶持资金1361万元，其中国家项目10项、省级项目21项、漳州项目69项。投入科技发展基金100万元、科技风险基金300万元；投入科技三项经费新产品试制费、中间试验费和重大科研项目补助费5555万元，扶持科技项目243项。

全市设立5个科普示范乡镇、98个科普示范村、14个农村科普示范基地、3个科普示范社区、5所科技教育示范学校及8179个科普（科技）示范户。组织青少年参加市级以上的创新大赛，有1266人获奖。通过科技培训，举办各类专业技术培训班、技术讲座，培训学员7826人；企业管理及农村实用技术等各种类型培训班，受训4.22万人次。专利申请数531件，授权数435件，其中发明专利15件。

20世纪90年代，龙海市科委先后5次被评为福建省科委系统先进单位，连续7次被评为漳州市科委系统先进单位。1998年6月，科技部授予龙海市“全国科技工作先进市”的称号。1999—2000年，龙海创建全国科技工作先进市经复查通过验收。

2007年，全市拥有高新技术企业：国家级1家、省级16家；乡镇企业技术创新中心：省级3家、漳州市级4家；重点民营科技企业：漳州市级4家、龙海市级29家；重点民营科研所10家，企业技术研发中心8家和事业单位科研机构3家；建立农、林、水科技推广机构45个，专业技术人才26341人，其中事业单位专业技术人才8469人，国有企业专业技术人才242人，集体企业经营管理人才及专业技术人才65人，外资企业和民营企业专业技术人才17565人；高新技术产业总产值240.8亿元，占工业总产值的55.48%。

第一章　科技组织

第一节　科研机构

一、事业单位科研机构

（一）市科技情报所

1993 年，市科技情报所隶属龙海市科技局。2000 年 9 月，成立龙海市生产力促进中心，与市科技情报所合署办公。2007 年，市科技情报所（市生产力促进中心）在编 4 人。

（二）市农业科学研究所

1993 年，市农业科学研究所在编 11 人，其中干部 9 人、工人 2 人；受聘中级职称 4 人，高级职称 1 人。2003 年 8 月，农科所迁址市江东良种场。2007 年，农科所在编 9 人，其中干部 7 人、工人 2 人。

（三）市江东良种场

1993 年，市江东良种场有后井、郭州、大啤头 3 个作业区；编制 313 名，实有 182 人，其中干部 12 人、工人 170 人。

2007 年，市江东良种场编制 313 人，实有 103 人，其中干部 9 人、工人 94 人。

（四）科技研究推广机构

1993 年，全市有粮食、花果、水产、畜牧、食用菌及蔬菜专业研究会 91 个。

1994 年，市科技协会、研究会 26 个，厂矿科技协会 3 个，分布在工业、农业、商业、学校、医院卫生和财税等单位。

1997 年，乡镇两级农业科学技术推广机构 82 个，各种专业技术协会 127 个，形成市、乡、村、户（技术示范户）4 级农业科技推广体系。

1998—2001 年，建立重点民营科技企业和企业技术中心。其间，拥有漳州市级以上重点民营科技企业 5 家，其中重点工业民营科技企业 3 家，农业民营科技企业 2 家。

至 2007 年，龙海有市、乡镇农业技术推广站、森林资源管理站、水产技术推广站推广机构 45 个，均属财政拨款事业单位。

二、民营科研机构

（一）民营科技研究所

1993 年，龙海市重点民营科技研究所 1 家，即九湖食用菌研究所，是闽南食用菌行业唯一从事食用菌研究、开发、推广的民营研究所，集科研、生产、经营一体化，拥有规模完善的菌种厂、微肥厂、加工厂、塑料厂及生产试验基地。

2000 年，紫泥镇成立国安船舶研究所。2002—2003 年，相继成立建材、船舶机械、盆景栽培、林木产品与技术引进研究所。2006 年，成立生态工程研究所。2007 年，成立 5 家民营研究所，涉及农林牧业等。

至 2007 年，全市重点民营科技研究所 12 家：九湖食用菌研究所、国安船舶研究所、锦江船舶机械研究所、合隆建材设备研究所、龙胜林业科技研究所、榕树盆景研究所、绿泉生态工程研究所、隆教火山地质地貌综合开发研究所、九湖花果科技研究所、荣晟农作物科技研究所、紫鑫金定鸭科技研究所、浮宫美海杨梅科技研究所。

龙海市重点民营科技研究所情况表

表 24-1-1

研究所名称	主要研究内容	负责人	批准年度
龙海市九湖食用菌研究所	进行珍稀食用菌的种质资源保护与品种选育开发研究	涂改临	1989
龙海市国安船舶研究所	从事玻璃钢高速艇及钢制船舶修造技术研究	吴连富	2000
龙海市合隆建材设备研究所	实施新型建材设备开发研究	杨隆山	2002
龙海市锦江船舶机械研究所	开展船舶机械修造研究	欧陶仁	2002
龙海市榕树盆景研究所	实施盆景艺术栽培研究开发	林联兴	2003
龙海市龙胜林业科技研究所	从事林业生产基地新产品、新技术引进和研究开发	陈坚胜	2003
龙海市绿泉生态工程研究所	从事微生物技术研究与产品研发	徐权汉	2006
龙海市隆教火山地质地貌综合开发研究所	实施火山地质结构研究及旅游资源开发	林为民	2007
龙海市九湖花果科技研究所	以花果为主要研究对象，实施花果新优品种改良和种质资源保护利用	王周绿	2007
龙海市浮宫美海杨梅科技研究所	实施杨梅种质资源保护与深加工技术研究开发	郑美海	2007
龙海市荣晟农作物科技研究所	开展农作物优良品种的技术开发与研究，促进农业增效、农民增收	郑龙川	2007
龙海市紫鑫金定鸭科技研究所	以金定鸭为研究对象，实施优良品种保护与生命科学研究	林瑞泉	2007

（二）企业技术研发中心

1996 年，紫山集团有限公司成立技术研发中心，有专业技术人才 16 人。1998 年，海新集团成立技术创新中心，有专业技术人才 8 人。1999 年，多棱钢业集团成立技术创新中心，有专业技术人才 105 人。

2001 年，漳州欣宇科技有限公司科技研发中心、博士后流动站，专业技术人才 105 人。2003 年，龙海华艺钟表有限公司成立技术创新中心，专业技术人才 30 人。2006 年，灿坤实业有限公司成立科技研发中心，专业技术人才 325 人。

2007 年，亿龙电子科技工贸有限公司成立技术研发中心，专业技术人才 6 人。

第二节　科技队伍

1993 年，龙海有农村科技示范户 1 万多户，拥有农业科技人员 2 万多人；厂矿企业协会会员 124 人，工业企业职工技术协作委员会会员 614 人；公办医疗卫生机构卫生技术人员 1182 人，中级以上职称 116 人；中学教师高级职称 35 人、中级 234 人、初级 1485 人，小学教师中级职称 215 人、初级 2649 人；经济专业技术人员 609 人，其中中级职称 49 人；统计专业技术人员 110 人，其中中级职称 15 人；新闻、档案、美术等专业技术人员 19 人，其中中级职称 5 人，初级职称 14 人。

1994 年，市科技协会研究会及厂矿科协会员 1978 人。

1996 年，乡镇科协、农村专业技术研究会会员 2003 人；市级学会会员 1978 人；农民技术人员 1343 人，其中高级职称 3 人、中级职称 113 人、初级职称 1227 人；农函大学学员 4611 人，其中结业 3856 人。

1997 年，乡镇两级农业科学技术干部 404 人，村级农科人员 841 人，聘用农民技术人员 283 人。

1998—2002 年，龙海科技推广机构、农村专业技术协会，有专业技术人员 138 人，8600 户农业科技示范户。2005 年，工程专业技术人才 629 人，农业技术人才 176 人，卫生保健部门专业技术人员 621 人，教育、经济部门专业技术人员 7713 人（其中教育部门 6297 人、经济管理部门 82 人），政法、新闻部门

170 人及非公有制社会科技人员 1164 人。

2006 年，工程专业技术人才 312 人，农业技术人才 178 人，卫生保健部门专业技术人员 619 人，教育部门专业技术人员 6567 人，经济管理部门技术人员 81 人，政法、新闻科技人员 161 人，非公有制社会科技人员 1182 人。

2007 年，全市拥有专业技术人员 26341 人。其中，国有事业单位专业技术人才 8469 人，国有企业专业技术人才 242 人，集体经济企业经营管理人才及专业技术人才 65 人，外资企业和民营企业专业技术人才 17565 人（含建筑企业工程技术和经济管理人员 2412 人）。

第二章　科技普及

第一节　科普宣传与示范

一、科普宣传

1993 年，市科协资料室与市图书馆有科技图书 2 万多册，科技情报刊物 2 种，专业报 1 种，交换资料 5500 份，印发各种资料 2 万份，向社会大众开放。

1994 年，科普宣传 355 次，受教育 31.77 万人次；编印科普资料 85 项，1.4 万册；出版科普宣传栏、科技画廊 1860 期。1995 年，举办科技讲座 105 场，听众 8.5 万人次；科技广播 3758 场次；分发科技书籍 9560 册；出版科普宣传栏、画廊 965 期。

1996 年，开展科普宣传 46 次；举办科技讲座 115 场，听众 9.67 万人次；科技广播 3845 场次；出版科普宣传栏、画廊 1263 期。

1997 年，在石码中山公园与体育场交叉处建一座长 10 米、高 2.5 米，版面 12 平方米的不锈钢结构的科普画廊，共出版 8 期；各乡镇、村也相继建立科普画廊和科技宣传栏。市科协在有线电视台创办《科普天地》节目，编播 29 期；组织 404 名科技人员，每人挂钩一户，并把科技图册 2322 份，科技资料 1.2 万份，赠送有关行政村和农户。

1997—1998 年，编印宣传刊物《地震与防震抗震》8 期 3000 余册；印发中学地震教材 3 万册；在中学、龙海师范学校开展地震知识教育。同时，三级宣传网在“唐山地震纪念日”“国际减灾日”及“科技宣传周”播放地震科普录像，举办防震减灾知识系列讲座。

1999—2000 年，组织科技下乡 73 次，科普宣传 68 次，分发科技书籍（资料）2 万册；出版科普画廊、宣传栏 56 期；举办讲座 38 场，推广先进技术 33 项。其间面向中小学发放地理课地震部分补充教材、提供地震科教录像、VCD 光盘辅助教材 9 盘；组织编写《龙海市中小学防震减灾知识讲座》，出版科普刊物《地震与防震、抗震》。

图 24-1　科普下乡（市科技局提供）

2001 年科普活动周期间，有 176 个单位 1840 名科技人员参加，举办科技讲座（报告会）34 场，听众 2780 人次；出版科技板报栏 50 个，参观人数 6600 人次；组织科技人员 340 人送科技下乡；悬挂科普挂图 4 套，赠送科技图书4600册，资料1.1万份。

2002年5月18—24日，以“科技创造未来”为主题开展科技活动，有178个单位1880名科技工作者参加，举办讲座35场，科技展览2场次，800多人参观。

2003年5月17—23日科普活动周，发放防“非典”知识科普资料小册2.5万份。同年，在中学开展地震科普知识宣传，市地震办为中学无偿提供《漳州市中等学校地理课地震部分补充教材》6000余份；为配合学校开展墙报、专栏、讲座等各种形式宣传，无偿提供《龙海市中小学防震减灾知识讲座》300册，以及一些地震科普光盘、录像带、科普书籍、系列挂图等科普书籍500册。

2004年科技活动周，有21个单位324名科技人员参加，举办大型科普报告会1场，科普讲座1场，科技展览3次，403人次参观；科技知识竞赛1场，参加人数500人；科技培训27期，培训708人；组织科技下乡服务小分队到3个乡镇5个村送科普图书、资料2000份。是年，龙海市获得“福建省科普先进市”称号。

2005年，科普讲座（报告）16场，听讲人数660人次，科普展览15次，3.68万人次参观；放映科普影视3部，2870人次观看；分发科普资料（书籍）7种4200份；制作科普展板20块总长度30米。同时，开展“科技进农家”活动，赠送科学防治高致病性禽流感宣传挂图200套和VCD光碟片862盘到14个乡镇的有关专业户、科技示范户，内容涵盖水稻、果树、蔬菜、食用菌、畜牧兽医、水产养殖等24个类别的实用技术。

2006年，建立科普志愿者队伍，成员288人，其中科技辅导员72人。在城区建设科普画廊、科普橱窗、科普学校、科普阅览室和科普活动场所。科普活动站和科普宣传栏已覆盖70%的行政村，全市有科普宣传员792人；市有线电视台和广播电台均设《农民之友》和《科学与健康》科普专题节目；《科普与信息》网站，每月出版一期《科普与信息》小报。龙海再次获“福建省科普先进市”称号。

2007年5月19—25日，以“提升科学素质，共建和谐海西”为主题开展科普活动；9月16日，在程溪镇举行“节约能源资源，保护生态环境，保障安全健康”的全国科普日活动，联合相关单位开展咨询服务。同时，举办村级科普宣传员培训班，有60人参加。10月，制定《龙海市全民科学素质领导小组工作规则》和《龙海市实施全民科学素质行动计划纲要工作方案》，启动《科学素质行动纲要》实施。全年举办科普宣传25次，科普讲座24场，科普展览7次，发放科普资料8000份（册）；建立科普活动站和科普宣传栏各120个，每个行政村配备2至3名科普宣传员。是年，东园镇被省科协授予“全省第二届科普先进乡镇”称号。

2007年，全市60%以上的行政村实现“一站、一栏、一员”（即一个科普活动站，一个科普宣传栏，一个科普宣传员）；有300人的科普志愿者队伍，开展科技宣传周的主题活动、科技三下乡、科技进农家、科普光碟进农家等活动；发放各类图书、杂志、报刊等科普宣传资料1.45万份，发送各类科普光碟790片；通过电视、广播等媒体播放科普宣传片12类320多小时。

二、科普示范

1993年，全市普遍建立推广“控稳和保花保果”为主的果树栽培综合配套新技术的科普示范点。

1994年、1995年，分别建立科普示范村18个、22个。

1996年，市水产学会开发“两水”（海水、淡水）资源，并分别建立海水、淡水5大水产科技示范基地和10大鱼虾病害综合防治网络示范中心。同年，科技协会结合发展“两高一优”农业的要求，在角美、海澄、白水、程溪、郭坑、九湖等乡镇建立稻麦、蔬菜、水产、果树、禽畜和食用菌等10个科技示范点。其中程溪镇南坑村科技示范点作为科普文明村创建活动点，推动科技示范与科普文明村创建活动相结合。

1997年，市水产学会建立10个淡水养殖和海水养殖示范点。紫泥镇溪墘村面积7公顷的鲈鱼养殖示范点，亩产超过1000公斤。市食用菌协会开展草菇、毛木耳栽培示范活动，推广新技术。全市草菇栽培100万平方米、产量1500吨，毛木耳栽培2000万袋、产量1000吨。

1997—1998 年，建立龙海一中、石码中心小学 2 所漳州级科技教育示范学校，以及 28 个科普示范村。

1999—2000 年，建立九湖百花园和浮宫科教中心科普教育基地。

2001 年，确定九湖百花园百花村为省级科普示范基地。

2002 年 5 月，东园现代农业示范园确认为中国科协申报全国科普示范基地；8 月，角美龙佳生态观光园确认为省级科普示范基地。

2003 年，建立龙海一中、石码中心小学、龙海二中、龙海市实验中学、角美中心小学 5 所科技教育示范学校。

2004 年，新增省级科普基地紫泥甘文现代农业示范区。全市共建立国家级农村科普基地——东园现代农业科普示范基地和九湖百花园百花村、浮宫科教中心、紫泥甘文现代农业、角美龙佳生态观光园 4 个省级科普示范基地。

2005 年，龙海市获“全国科普示范市”称号。

2006 年，建立港尾、东园、榜山镇 3 个科普示范乡镇和科普示范村 30 个，石码镇解北、人民西、紫云社区 3 个科普示范社区。是年 12 月，紫泥镇甘文生态农业示范园区被中国科协、财政部授予“全国科普惠农兴村先进单位”称号。

2007 年，全市建立 5 个科普示范乡镇（新增角美、颜厝镇）、98 个科普示范村、14 个农村科普示范基地、3 个科普示范社区、5 所科技教育示范学校及 8179 个科普示范户，农村科普示范体系逐步完善。同年 11 月，东园现代农业示范区被省科协、财政厅授予“全省科普惠农兴村先进单位”称号。

第二节　科技培训与青少年科技活动

一、科技培训

1993 年，农函大龙海分校在 14 个乡镇建立农函大辅导站，由科技副镇（乡）长担任站长，涉农部门负责人为成员，并有专兼职人员处理日常工作。全市构建以分校为中心，辅导站为主体，行政村为基地的培训网。

1994 年，举办各种类型培训班 325 期，培训 1.24 万人。农函大招生 1370 人，其中女学员 366 人，报读 4 个系，16 个专业，30 个教学班。是年，举办技术培训班 3 期。其中船舶焊工培训班，学员 33 人；土建中级岗位培训班，84 名施工员参加培训，82 人结业并取得岗位培训证书；水电施工培训班，学员 60 名。

1995 年，招收农函大学员 420 人；举办科技培训班 336 期，培训 1.25 万人。同年，举办船舶焊工培训班，学员 33 人，经省渔检处考试，4 人获得三级证书，11 人获二级证书，18 人获一级证书。

1996 年，招收农函大学员 305 人；举办各种技术培训班 316 期，培训 1.28 万人次，培训对象以农民技术员和农村专业技术研究会会员为主，培训内容以农函大教材为主。

1997 年，举办各种技术培训班 320 期，培训 1.5 万人，其中市标准计量学会举办 5 期技术培训班；企业管理人员技术培训，培训 350 人；有 96 个企业计量达标、6 个医疗卫生单位计量达标，并在 20 家企业建立企业标准体系，通过 ISO9000 质量体系论证。1998 年，举办科技培训班 120 期，培训 1.43 万人；科普讲座 54 期，科技广播 325 期，受教育 21 万人次。1997—1998 年，重点举办农村实用技术培训班，培训农业企业 35 家次，人员 6425 人次，发放培训资料 200 多种 5.2 万份。

2000 年，市建筑企业协会举办建筑施工安全检查标准、建筑工程招标投标法等培训班 5 期，培训 80 万人次。1999—2000 年，开设 13 个农业技术专业培训班，培训对象为农产品加工企业员工。

2001 年，农函大龙海分校招生 1421 人，2002 年 6 月考试，结业 1919 人，参考率 99.7%。

2003 年，农函大龙海分校招生 1618 人；分校与灿坤集团联合举办电子专业班，有 37 名农函大学员到企业就业。

2005年，全市20个学会开展学术研究培训、技术讲座17580人次。其中举办实用技术培训班40期，1595人次参加培训。

2006年，举办培训班20期，培训1150多人次；召开电视讲座8场，发放技术资料7000多册（份）。

2007年，组织科技下乡16次，参加科技人员128人次；举办科技培训班18期次，培训780人次。其中农村实用技术培训575人；组织农函大学员培训，有2075人参加结业考试，参考率、结业率均98.7%。

至2007年，通过农函大在内的科技培训，举办各类专业技术培训班、技术讲座，培训学员7826人；建立5个实训基地和20个农村劳动力转移定点培训机构，举办企业管理及农村实用技术等各种培训班1500期，受训87.04万人次。

二、青少年科技活动

1993年，建立青少年科技辅导员队伍，组织青少年参加市级以上的创新大赛、计算机和学科竞赛等活动，开展小发明、小创造、小改革、小论文等科技活动。选送优秀人才到省、漳州市参加电子计算机竞赛，有23名学生分别获省、漳州市奖励；获省中学生组二等奖3人，三等奖1人；获漳州市中学组一等奖3人，二等奖1人，三等奖5人；小学组一等奖4人，二等奖5人，三等奖1人。

1995年，选送青年学生参加市级以上的学科和智力竞赛，52名学生分别获得漳州市、省和全国的奖励。其中获全国奖10人、华东地区奖25人、省奖3人、漳州市奖14人。龙海一中学生郭晓峰获首届全国青少年信息学（计算机）奥林匹克分区联赛（高中组）一等奖；林智斌获第二届全国奥林匹克物理知识竞赛第一名金奖，林连凯获一等奖铜奖，黄福斌获二等奖，欧春毅、王志为获二等奖；江鹏获全国英语奥林匹克竞赛福建省初二组特等奖；许文渊、郑毅星获第五届全国“华罗庚金杯”少年数学邀请赛银奖；陈卫华获第十一届全国中学物理竞赛漳州赛区一等奖。

1996年，组织中小学生参加省和漳州市举办的计算机竞赛，8人获省奖励，12人获漳州市奖励，其中高中组2人均获得漳州市一等奖；组织小学生参加全国《动手做》科普报举办的“寒假杯”智力竞赛中，24人获奖，占奖励总数的41.4%。

2000年，在龙海一中举办环保专题讲座；组织参加全省青少年奥林匹克计算机竞赛，龙海一中高中组获二等奖3人，三等奖4人；组织参加漳州少儿科幻画比赛，4人获三等奖。

2001年10月，高中部14名学生参加全国青少年计算机奥林匹克初赛，获一等奖1人，四、五、六等奖各1人；组织初中生、小学生参加漳州市中小学生计算机奥林匹克竞赛，获一等奖4人，二等奖7人，三等奖9人。2002年，组织小学生参加全省计算机奥林匹克分区联赛，获一等奖4人，三等奖1人。2004年1月，龙海二中高三年学生陈毅兴获全国高中数学联赛一等奖。2005年，举办青少年科普讲座10次，2700人次听讲；青少年科普展览11次，4500人次参观；青少年科技创新大赛1次，50人参加；科技竞赛3次，有235人（项）获奖。

2006年，举办青少年科普讲座16场，科普展览17场，参加人数7万人次。组织青少年参加漳州市级以上各项竞赛，216人获奖。其中全国二等奖3人，三等奖7人，优秀奖10人；省级一等奖2人，二等奖13人，三等奖22人。

2007年，举办青少年科普讲座5场，听讲人数2000人；科普展览6次，有4480人参加；青少年科技创新大赛3次，95人参加；科技夏、冬令营2次，256人参加。全市5所科技教育示范学校，青少年科技辅导员163人，以点带面，组织青少年参加市级以上的创新大赛、计算机和学科竞赛等活动；29人次获漳州市级以上科技创新大赛奖励，其中获全国创新一等奖1人，全国青少年信息学奥林匹克竞赛三等奖2人，全省机器人创新大赛二、三等奖8人。

至2007年，龙海市组织青少年参加漳州市级以上的创新大赛，1266人获奖。其中一等奖168人，二等奖356人，三等奖653人。

第三节　科技咨询

一、技术咨询

1993 年，有 1.75 万名农民技术员组成农业技术咨询服务体系。

1994 年，龙海市地质勘查活动咨询服务部成立，作为龙海市科技咨询服务中心、网络成员单位，参与科协系统科技咨询服务活动，为国土及自然资源综合开发利用服务；农业有关学会组织科技人员开展多种形式的技术咨询服务，科技人员 25 人次到部队军营，举办技术培训班 3 期，培训 225 人；为 32286 部队发展养猪业，定期开展技术咨询服务。

1995 年，在程溪、榜山、紫泥、海澄等乡镇建立 9 个科技咨询服务部，聘请有技术职称，又有农业生产经验的农民技术人员担任咨询员。

1997—1998 年，市水产技术推广站技术人员开展现场技术咨询指导。1999 年，组建粮食作物、果树、食用菌、畜牧、兽医和蔬菜 6 个专业科技“110”联动网。聘请 6 个专业 4 个高级、8 个中级联动科技人员为主体服务队伍。

2000 年，科技“110”联动网接受技术咨询 1.4 万人次，下乡技术咨询服务 1510 多人次，办技术咨询服务 89 期。2004 年，联动网服务领域扩展到水产、园林等 8 个专业，受理技术咨询 1995 人次，下乡技术咨询指导 538 人次，推广新技术、新品种 40 多项，解决技术难题 60 多个，举办技术咨询培训、讲座 27 场次，1520 人参加。2005—2006 年，接受技术咨询电话 5120 人次，下乡指导 1100 人次，提供科技信息 200 多条，举办技术咨询服务培训班 49 期，受训人员 1560 人。

2007 年 5 月 19—25 日，举办科普广场活动，开展健康义诊、优生优育、防震减灾、公共安全应急处理等咨询服务活动；9 月 15 日全国科普日，市畜牧兽医协会、水产学会及相关部门在程溪举办科普活动，开展科技咨询活动。是年，市妇幼所开展婴儿儿童保健、营养咨询服务。

至 2007 年，全市农业科技服务网络入户率 90%；科技咨询服务组织 260 多个，涉及粮、渔、牧、花、果、蔬、菌加工各行各业。

二、情报咨询

1993 年，实施科技中介服务，编印科普宣传图书、期刊及科技信息交流，公布科技信息 300 多条，组织企业技术洽谈会 2 次。

1996 年，市食用菌协会开展蘑菇栽培技术产前、产中、产后情报咨询服务，向政府提出减少种植面积的建议，并向菇农分析蘑菇生产趋势。市化工学会组织科技人员围绕企业的技术改造课题，开展咨询服务和学术活动，为政府有关部门编制《龙海市化工企业科技进步“九五”规划及 2010 年发展战略》，提出《龙海市近岸海域资源永续利用战略》和《关于城镇生活垃圾和粪便开发复混肥的探讨》；协助农药厂、合成氨厂、腾龙工业公司等企业开发新产品提供新技术情报信息。

1997 年，市税务学会在全市建立 37 个咨询服务点，接受 1000 多人次税法咨询，并与司法局联合编印 1000 册《税收法规手册》和 4000 册《涉税法律法规辑录》。1998 年，科协系统 12 个科技咨询服务部开展情报咨询服务，接受情报咨询服务 370 多人次，解决技术难题 10 多个。

2003—2004 年，开展农业、工业的科技情报咨询服务，帮助企业与 30 多家高等院校、科研单位建立科技情报合作。2005 年，市科技“110”联动网接受来人来电咨询服务 2640 多人次，提供科技情报信息 100 多条。2006 年，科技“110”联动网继续推动科技情报咨询服务，接受求助电话 2480 人次，答复率 100%；现场指导 390 人次，解决率 98%。

2007 年，市科技“110”联动网牵头组织农村科技人员分赴东泗、程溪和隆教等乡镇，进村入户开展南美白对虾病害防治、果树和禽畜防疫情报咨询活动；市畜牧兽医协会组织 53 名会员分别为挂钩的畜禽养殖专业大户或养殖场提供情报咨询服务。

1993—2007 年，龙海科技信息情报网，构筑网络查询、申报、讨论工作服务平台；编辑出版龙海科技经济信息快报、科技小报及科普与信息等报刊资料 3200 多份，发布各类科技情报信息 600 多条。

第三章　科技研究与应用

第一节　科技研究

一、工业科技

1993 年，龙海注重工业企业新产品开发研究，新产品产值 0.41 亿元，新产值率 19%。

1994—1996 年，乡镇以上工业企业总产值分别为 62 亿元、103 亿元、127 亿元。其中县级以上新产品产值分别为 12 亿元、23 亿元、32 亿元，3 年平均新产品产值率 22.9%。

1999 年，国有工业新产品产值 0.14 亿元，新产值率 22.14%。1997—1999 年，乡镇以上工业企业总产值分别为 172 亿元、216 亿元、248 亿元。其中县级以上新产品产值分别为 50 亿元、60 亿元、72 亿元，平均新产品产值率 28.6%，比前 3 年高出 5.7 个百分点。

2000 年，龙海多棱钢砂有限公司开发生产的“带横槽锯条”具有强度高、韧性好、耐磨、平直度高且不易变形等特点，其技术达到国内领先水平，被省科委认定为“1999 年度福建省级新产品”。德鑫机械有限公司开发生产的“法铝青铜产品”，表面质量尺寸精度、重量精度明显高于传统铸造产品质量，减少铸件加工余量 40%；生产铸造同牌号铜合金铸件，物理、机械性能、金相组织达到砂型铸造技术要求，工艺出品率大于 70%，成品率 90%。该公司产品生产技术被省科委认定为“1999 年度福建省级新产品”。

2003 年，龙海宏发粉煤灰有限公司以粉煤灰为主要原料，进行砂浆胶结料研制出新产品取代水泥配制建筑砂浆，成为新型的建材新材料，在龙海市及其周边地区广泛推广。晓业玻璃钢工业制造有限公司应用新材料、新技术，开发系列玻璃钢大型拖网渔船、玻璃钢船艇；研发成功“30–32 米大型玻璃钢拖网渔船”，该船型排水量超过 240 吨，成为国内最大型玻璃钢船舶。该产品成为公司主导产品，被评为国家重点新产品，被福建省评为重点新产品。

2004 年，海新集团有限公司与高校的产学研合作，开发优质高效的特种饲料，壮大饲料工业产业集群效益，年产值 30 万吨。角美吴宅水泥预制厂开发新型彩色水泥瓦替代黏土瓦、波形瓦及琉璃瓦。

2005 年，合隆建材科技有限公司和漳州鸿鑫新型建筑材料有限公司，开发多种新型墙体材料、防火板等新型建材。造船产业与上海船舶研究所和江苏有关科研所等单位合作，实施玻璃钢产业开发与研究，推进船用配套材料及其相关行业的产品开发。

2006 年，机械电子金属制品业实施成套木工机械、石英钟机芯、定时电路通断器、石英钟用步进电机，以及建筑机械，石材加工机械、食品加工机械、农业机械产业相继开发与研究新产品。2006 年，龙海多棱钢砂有限公司开发生产的“花岗石砂锯锯条” 被国家科技部、财政部等 4 部委认定为“2006 年度科技新产品”。2007 年，紫山集团开发新产品，生产荸荠、蘑菇等为原料生产食品罐头。

二、农业科技

1993—1996 年，龙海在角美、东园、紫泥等乡镇建立对台农业科技示范区，引进台湾新技术 32 项、种养企业 38 家，开展农业技术研究。1997 年，龙海被国家列为海峡两岸农业合作试验区的重点县（市），发展对台农业技术研究。1995—1998 年，全面实施稻田冬季综合开发技术，冬季农业产值大幅度增加。1998 年，农业科技部门研究培育水稻优良品种，全市播种面积 3.74 万公顷，良种覆盖率 98.2%。

2002 年，以区域化栽培技术，实施旧果园改造工程；以早种 6 号枇杷、台湾青枣等优良品种更替和高位嫁接换种，对龙眼等低产果园进行改造；建设现代化新果园工程，以矮、密、早、丰栽培模式为主，综合配套生产、管理保护设施；生态果园建设工程，实施白水玳瑁山生态林果区，辐射浮宫杨梅区、九湖荔枝园、颜厝水果园等生态林果带建设；建立金定鸭产业化研究基地，实施金定鸭青壳蛋品系选育和金定三元杂交鸭选育。

2003 年，实施瘦肉猪优良品种繁育，研究人工授精和全价饲料饲养技术，瘦肉猪年出栏数 10 万头，创产值 1 亿元。2004 年，水产产业建立苗种繁育、病害防治和信息网络中心，在九龙江口的角美、紫泥、海澄镇养殖区，开展精养技术和多品种轮混养技术研究。2005 年，港尾镇格林冷冻食品有限公司和振发食品有限公司，开展“低农残”、无公害和名、特、优蔬菜的栽培技术研究，形成以净菜加工和无公害蔬菜品牌为支撑的蔬菜种植加工出口基地。

2006 年，全市设立 5 个经济作物种植基地，年示范新技术、新品种面积 3335 公顷，商品率提高 10% 以上；浮宫杨梅和九湖食用菌研究项目入选国家第一批良好农业规范试点项目。

1993—2007 年，全市农业科技开发适用技术 125 项，新增产值 1 亿多元；形成水稻、水果、蔬菜、食用菌、瘦肉猪、金定鸭、花卉、饲料加工 8 大农业支柱产业。

三、其他社会科技

1993—1996 年，市科委、科技情报所与市工商局联合编印的《龙海市科技经贸信息》发布，内容涉及企业先进技术和农村实用技术及经济贸易等相关信息，并发放到全市重点企业、有关部门、单位，以及乡镇和部分行政村。

2003 年 8 月，程溪腾龙副食品发展公司承担漳州科技计划项目，实施鸡场信息化管理模式研究。该课题主要是通过大型养鸡场信息化管理模式研究，开发基于 VFP6 软件平台的企业数据库及运行程序的分析型企业管理软件系统，建立多层次、分布式、规范化、可共享的企业信息管理系统。

2004 年 8 月，为推进乡镇科技信息化创新体系建设，实施乡镇网络信息系统硬件建设，从科技三项经费中拨出 50 万元为全市 14 个乡镇和 4 个科技示范园区统一配发电脑和打印机等信息化网络硬件设施，并实施配套基层科技信息网站建设。

2005 年，东园现代农业示范区建立农业信息机构，收集、分析、整理、筛选来自国内外农业新品种、新技术、新材料，各地农产品需求情况和价格，发布本地区农业生产和产品。是年，建立农作物病虫害远程会诊和预警、预测系统。2007 年，龙海市龙佳生态旅游度假有限公司建立农作物病虫害远程会诊和预警、预测点。

1993—1997 年，龙海构建一站式信息高速公路服务体系，开通运作“农村信息化—信息进万家”工程、新农村公共信息服务平台、基站美化天线信息化建设项目，以及公安、城建、交通、卫生等信息监控、监测系统。

第二节　科技星火技术密集区

1995 年，龙海市政府向国家科技部申请在位于九龙江口的角美、紫泥、榜山、石码、海澄、东园 6 个镇创建科技星火技术密集区。1996 年，九龙江口星火技术密集区列入国家级密集区建设规划，获得国家星火项目。1997 年，该区被国家科技部确定为“国家级星火技术密集区”。

1998 年 9 月，经福建省专家考核组实地进行中期考核评价，九龙江口星火技术密集区通过中期考核，名列全省第二位。1997—1998 年，该密集区引进先进适用科技成果 183 项，实施国家、福建省、漳州市星火计划项目 28 个，产值 19 亿元。

1999—2000 年，全区引进先进适用科技成果 213 项，实施国家、省、市星火计划项目 110 个，新增产值 2 亿元；密集区劳动生产率由 0.94 万元 / 人增加到 2.4 万元 / 人；科技进步贡献份额由 46.3% 提高到 55.58%。2000 年 6 月，国家级九龙江口星火技术密集区通过验收。

2002 年，龙海市星火技术密集区建设范围从原来的九龙江口发展到全市范围，成为全国 134 个密集区建设县（市、区）之一，是漳州市唯一国家级星火技术密集区建设县（市）。

至 2007 年，全市引进农牧渔优良品种 120 多种，推广农业成果 180 多项；开展“吨农田”工程建设和开发，实施“六配套”技术；带动和引导全市推广先进适用技术和优良品种 146 项，新增产值 3 亿多元。

龙海市星火技术密集区建设重点项目情况表

表 24-3-1　　　　单位：万元

项目名称	承担单位	技术依托单位	投资规模
水提技术在中华芦荟精深加工上的应用开发	龙海市绿农芦荟制品有限公司	厦门大学生命科学学院	421
出口豆类蔬菜标准化生产、加工产业化示范	龙海市浮宫镇农业技术推广站	漳州振发食品有限公司	110
珍稀食用菌产业化开发与技术推广	龙海市九湖食用菌研究所	福建农林大学、福建农业科学院	4000
真姬菇工厂化栽培品种选育和开发研究	龙海市九湖食用菌研究所	福建农林大学	42
菜篮子工程白水瘦肉猪基地建设	龙海市白水镇政府	福建农业科学院	15000
温泉资源利用与人体保健技术研究	龙海龙佳生态旅游度假有限公司	福建中医学院	5000
新型玻璃钢高速艇的开发研究	福建国安船业有限公司	上海 708 所	2000
新含气水产加工	龙海市嘉昌水产有限公司	福建水产研究所	2500

第三节　科技协作与交流

一、科技协作

1993 年，龙海市企业与高校、科研单位签订技术合同 7 项，实现合同金额 265 万元。1994 年，10 家企业与 10 所高校、科研单位签订技术合同 10 项，实现合同金额 385 万元。海新饲料厂与北京、上海、福州等地 13 家高等院校合作开发畜饲料系列产品。是年，市水产学会和东园镇科协为开发水产新鱼种与台湾海峡两岸水产养殖委员会协作，从台湾引进海、淡水鱼类优良品种——台湾卵鲳鲹，在东园镇卓岐农场建立水产养殖试验区 20 公顷，引进台湾卵鲳鲹 5.14 万尾。

1995 年，9 家企业与 9 所高校、科研单位签订技术合同 9 项，实现合同金额 854 万元。市科委、工商、农委、企业局等部门，组成龙海市赴京科技招商团参加“1995 年首都高等院校科技成果洽谈会”，与高等院校签订 25 项意向合同；浮宫镇科技兴农公司与北京航空航天大学签订引进开发“杨梅汁纯天然饮料”生产技术。

1996—1999 年，37 家企业与 32 所高等院校和科研院所实现成果对接，签订 37 项技术合同，1.13 亿元的技术成果成交额。2000 年，德鑫机械有限公司与清华大学科技合作，投资 100 多万元，引进“EPC 铸造法”高新技术。

2000—2006 年，紫泥锦财食品公司与厦大生命科学学院合作，实施“青壳双黄蛋”等内容的生命科学研究，成功研制出二元、三元优质肉用鸭，获得国家农产品原产地标的认证；龙佳生态旅游公司与农科院合作，实施“观光生态农业的研究与示范”研究；格林食品等企业与省水产淡水养殖研究所合作，进行“龙海市特种水产健康养殖及深加工出口示范”项目研究，获取省重大科技专项“一县一业”项目立项；九湖食用菌研究所继与省农科院合作研究课题获奖后，再与省农林大学合作，成功进行食用菌优良品种的选育并取得成效。2007 年，通过技术市场及“6・18”成果对接平台，与 30 多家科研院校实现成果对接，签订各类合同 64 份，成交金额 5285 万元。2000—2007 年，全市 57 家企业与 45 所高等院校和科研院所实现成果对接，签订 180 项技术合同，2.6 亿元的技术成果成交额。

二、科技交流

1993 年，龙海定期或不定期开展协会科技交流活动。

1994 年，全市农村、民营企业与省内外 200 所高等院校、科研院所、国有大中型企业进行技术交流，实行横向联合。每年有千名（次）科技人员参与科技交流活动。海新饲料厂与 13 家高等院校开展科技交流，引用科学经营管理企业。

2007 年，龙海农村与民营企业向有关科研单位和院校引进新技术、新工艺 145 项。1993—2007 年，引进新技术、新工艺 800 多项。

第四节　气象与地震技术应用

一、气象技术应用

（一）气象观测

1993 年，龙海气象局作为国家气候站，每日 3 次观测（08:00、14:00、20:00，夜间不守班），观测项目有：云、能见度、天气现象、气压、气温、风向风速、降水、日照、蒸发、地温；发报内容有：云、能见度、天气现象、气压、气温、湿度、风向风速、降水、地温；重要天气预报的内容有：暴雨、大风、冰雹、雷暴、视程障碍现象等。

1994—1996 年，实现地市微机联网，直接调存漳州市、省气象台气象信息与资料。

1998 年，气象现代化建设开始起步，安装全自动雨量站，实现中长期数值天气预警系统。2000 年，龙海气象局被省气象局评为“为农业服务先进集体”。

2003 年 1 月，安装自动气象站投入试运行，准确、客观、连续、定时对大气气象进行观测。是年，完成“福建省中尺度灾害性天气预警系统”3 期工程。2004 年 1 月 1 日，自动气象站正式与人工观测并轨运行。

2005 年 1 月，通过网络向省局转输原始资料，停止报送纸质报表。2006 年 1 月 1 日，自动气象站单轨运行，观测项目有气压、气温、湿度、风向风速、降水、地温等，观测项目全部采用仪器自动采集、记录，替代人工观测；观测获取的数据通过网络向省局转输。全年，共建成区域自动站 19 个，全部投入运行使用。

2007 年，安装 10 个自动气象站并投入业务使用；建成龙海市子中心站，并入漳州市地面气象自动监测网。

（二）天气预报

1993 年，抄录整理 68 项预报资料，绘制简易天气图等 3 种基本图表；通过传真接收中央气象台、省气象台的旬、月天气预报，再结合分析本地气象资料，短期天气形势，天气过程的周期变化等制作中期天气预报；执行中央气象局提出的“大中小、图资群、长中短相结合”技术原则，建立一套长期预报的特征指标和方法。1994—1999 年，运用数理统计方法和常规气象资料图表及天气谚语、韵律关系等方法，分别作出具有本地特点的补充订正预报。

2000 年，建成 9210 卫星地面接收小站，通过气象卫星，主要获得全球地面和高空探测资料、卫星云图、雷达资料、数值预报产品等信息；预报以天气图预报方法和数值预报产品的解释应用为主。2004年，建成“可视会商系统”并投入使用，每天进行省、市、县逐级天气会商。

2005年，开始利用中尺度数值预报产品、天气雷达连续监测和卫星云图、地面加密气象观测资料进行综合分析，对12小时以内将要发生的雷雨、雷雨大风、冰雹、龙卷风、强降水等中尺度强对流灾害性天气进行预测预报；通过电话、传真、手机短信及时发送给部门领导和用户。

2006年，完成“市、县可视天气会商系统”建设。2007年1月，市气象局与广播电视局协作对电视天气预报节目进行改版，改版后的天气预报节目由市气象局制作，市有线电视台播出；预报精细到乡镇场和旅游景点天气。

（三）气象服务

1993年，开始推行气象有偿专业服务，建成甚高频发射台用于全市的气象服务信息广播；气象有偿专业服务主要是为全市各乡镇（场）或相关企事业单位提供中、长期天气预报和气象资料。同时承担在农村区域自动站建设后农业气象业务服务，包括农作物观测、物候工程以及制作农气表1（每年3份）、农气表3（每年1份）。农作物观测项目有早稻、晚稻及小麦；物候观测项目有家燕、木棉。

2001年3月，建成“121”气象服务声讯系统24小时自动咨询天气预报和天气实况，实现气象服务自动化。2002年8月，成立“龙海市气象科技服务中心”，开展电视天气预报节目制作、防雷、“121”气象科技服务。2003—2007年，根据省气象局《转发福建省物价局关于气象专业有偿服务收费项目及标准的通知》精神，对气象有偿专业服务的对象、范围、收费原则和标准等内容进行规范。

（四）应急对策

1993年，决策气象服务起先以书面文字发送，后逐步转向电话、传真、手机短信、电视等。1994年，进行台风现场科学业务试验，研究应急对策。

2000年，市政府下发《龙海市人民政府转发〈漳州市人民政府关于加强防雷设施建设和管理的通知〉的通知》、市公安消防大队下发《关于加强对全市油库、加油站避雷静电设施进行检测的通知》，增强气象应急对策。

2001—2003年，完成中尺度灾害性天气预警系统三期工程，开展天气预警报告。2004年12月，配备人工增雨设备，漳州市和龙海市政府配套15万元购置人工增雨设备（“BL—1”型移动火箭作业系统），用于农业抗旱应急。

2005年，市建设局与气象局联合发布《关于转发福建省气象局、福建省建设厅〈关于加强房屋建筑和市政基础设施工程防雷装置设计审核、竣工验收工程的通知分发〉的通知》；经市政府批准，将气象探测环境保护纳入龙海城市建设规划。

2006年，市政府办下发《龙海市人民政府办公室转发国务院办公厅关于进一步做好防雷减灾工作的通知》，在全市范围内实施，防雷行政许可和防雷技术服务逐步规范化。

2007年8月，市气象局与电信局、移动公司合作，共建气象信息手机、小灵通短信发布平台，8月8日首次通过短信平台将第7号强热带风暴警报内容及时发送到市五套班子领导、全市各乡镇村防汛抗旱责任人及有关用户手中，单时次发布量20.1万户。

二、地震技术应用

（一）地震监测

1993年，开展地震前兆动物宏观异常观测；根据监测需要，停测角美龙田养鳗场、石码中心小学动物观测点，增设石码信鸽观测点和紫泥安山特种养殖观测点；增加观测动物类信鸽、鳖两种。全市有4个动物宏观测报点，即程溪养鸡场宏观点、港尾海水渔养殖场宏观点、石码信鸽协会宏观点、紫泥安山特种养殖观测点。是年，上报耕牛、鸡、鸽等动物习性异常共15起，与地震无关；东泗温泉静水位观测，春节前温泉井水位异常，水位最大升高1.22米，经分析非震异常。全年仪器正常运转率90.95%，报数正确率97.5%，上报及时率83.6%。

1994 年，4 个骨干动物宏观测报点，上报动物习性异常共 17 次，其中非震异常 13 次，地震异常 2 次，与前兆有关 2 次。1995 年，全市 4 个骨干动物宏观测报点共报动物习性异常 14 次，井水异常 7 次，其中非震异常 20 次，震时异常 1 次。1996 年，全市 4 个骨十动物宏观测报点共报动物习性异常 3 次，与地震无关。东泗温泉静水位观测站因故停测。1997—1999 年，全市 4 个骨干动物宏观测报点共报动物习性异常多次，与地震无关。

2000 年 6—12 月，引进断层气二氧化碳观测项目，采用国家地震局地下流体学科组推荐的“快速测定法”，在龙海师范学校建立漳州市第一个断层气二氧化碳观测站，于 2001 年 2 月投入使用。2001 年 5 月，增加地温（孔内温度）监测，与二氧化碳观测相配套，建立地震前兆观测数据库。

2003—2004 年，监测连续率和上报及时率 100%；监测数据表明，二氧化碳日测值继续呈现冬低夏高的年度规律，属正常年度，未有突变异常。3 个骨干宏观点保持良好工作状态，有较高的上报及时率。

2006 年，重建断层气二氧化碳观测站。是年 9 月，程溪养鸡场宏观点、港尾海水渔养殖场宏观点被省地震局指定为“福建省地震宏观观测网”。

2007 年，4 个骨干宏观点保持连续无间断观测的良好状态。省地震“十一五”规划建设项目—GPS 基准站、测震子台、海峡西岸地震观测台阵建在龙海，计划投资 700 多万元，其中海峡西岸地震观测台阵投资 600 多万元；市地震办协助省地震局专家先后完成项目选址与测试。

（二）地震预报

1993 年，对泉—汕地震带的地震活动每月进行统计分析，完成震中分布图、能量释放图、b 值图、地震频数图、缺震曲线图等图件；对原始测报数据进行登记、复核、点图，提交 1994 年地震趋势活动会商材料。1994 年初，完成泉—汕地震带震中分布图底图的绘制，年底投放泉—汕地震带 1994 年度地震震中位置，并统计、计算各有关地震参数；在此基础上，提出关于 1995 年度龙海市地震趋势会商意见的报告和图件。

1995—1996 年，对原始测报数据进行登记、复核、点图，提交地震趋势活动会商材料。1997 年，建成的地震应急中心配有快速处理观测数据装备及日产 TC725A 无线电台和 650W 备用电机设备。1998 年 3 月，首口地震专用的地下水微动态测井开钻，6 月成井，井深 170 米。

2001 年 10 月，安装“漳州市地震应急系统”软件；12 月建立断层气二氧化碳观测数据库，对二氧化碳观测资料进行初步分析处理。2003 年 6 月，配合中国地震局地球物理所和厦门地震综合队在市区开展房屋结构普查、生命线工程现场调查、工程地质调查、地震小区划等工作。普查范围涉及石码、海澄、榜山、紫泥 4 个乡镇，工作面积 30 平方公里，历时半年。

2004 年 4 月，按照省地震局地震监测台网的新布局，在沿海地区进行自由基强震台建设，龙海市强震台定在龙海一中校内。2006 年 6 月至 2007 年，龙海一中强震台进行仪器安装、调试，投入使用，建筑面积 15 平方米，监测数据通过微机联网实时自动上报省地震局。

（三）防震抗震

1993 年 5 月，颁发《龙海市地震办公室破坏性地震应急反应预案》，比较全面具体地制定市地震办各岗位、各测报点在各种紧急状态下的行动方案和应急措施。

1994 年 4 月，市地震办与市建委联合出台《新建工程（含扩建、技改项目）应加强抗震设防》的联合报告，呈报市政府批转执行；对新建工程的抗震设防工作提出 4 条整改措施。同年 9 月 16 日 14 时 20 分，东山东南海中发生里氏 7.3 级强烈地震，全市有强烈震感，其中浮宫、东园、东泗等乡镇较为严重。市政府迅速采取应急对策，实施《破坏性地震应急反应预案》；市地震办开展地震烈度调查，确定重灾区，并通报各地震测报点。在震后的 10 余次大于 5 级的强余震中，没有发生危房倒塌和人员伤亡事故，避免二次灾害的发生。

1995 年 2 月 25 日 11 点 15 分，晋江东南海中发生里氏 5.3 级地震，震中离石码镇仅 82 公里。震后立即展开震害和烈度调查，调查 10 个乡镇 20 个居民点，初定烈度为 5 度或 5 度强。

1998 年 8 月，《龙海市破坏性地震应急预案》发布实施，要求各乡镇、各有关单位要同时制定本单位、本部门的破坏性地震应急预案。2000 年 7 月，组织力量开展“龙海市断层气监测研究”课题的可行性研究。2001 年 1 月，《龙海市地震断层气监测数字化观测系统的研究》科技立项；10 月通过有关部门评估论证，肯定项目的先进性和可创性。2002 年，在龙海市信息网站建立防震减灾网页。

2004 年 4 月，把防震减灾知识列入市中学期中统考地理科试题，与龙海二中联办“防震减灾”科普讲座。12 月，《龙海市区震害预测》项目经省地震局评审后通过。

2005 年，《龙海市城区应急指挥系统》软件研发并安装电脑。通过实施震害预测项目，大量收集整理市应急指挥系统所需的各类基础资料，提高市地震应急指挥能力。

2006 年 3 月，龙海市政府发出《关于在各乡镇场设置地震防震减灾助理员的通知》，规定各乡镇场民政部门负责人兼任防震减灾助理员。地震灾情速报网，以各乡镇场防震减灾助理员、地震监测人员、部分防震减灾宣传员组成。是年 5 月，《龙海市破坏性地震应急预案》再次修改，并提出《龙海市地震应急预案》，由市政府办公室审批发布。2006—2007 年，召开两次全市防震抗震培训会。

第四章　科技项目与成果

第一节　科技项目

1993—2007 年，龙海市科技项目 100 项，其中国家级 10 项、省级 21 项目、漳州市级 69 项；获得扶持资金 1623 万元；扶持科技项目 246 项。其间，龙池开发区、福龙工业区开发建设一批科技园区；福欣不锈钢、金龙客车等国家级大型制造业投建；多棱钢砂、锯条等项目产品开发成为国际同类行业的主导产品，在国际市场占有相当份额；德鑫机械的船用铜铸件，在欧美等国家和地区备受青睐；灿坤小家电、华艺钟表、欣宇塑胶手机键盘、旭利第 4 代电子器件等新产品享誉国内外。

龙海市获得国家、省、漳州市科技计划立项项目情况表

表 24-4-1　　单位：万元

序号	项目名称	承担单位	经费数	立项年度	备注
1	九龙江口星火技术密集区	龙海市人民政府		1995	国家星火项目
2	龙海市星火技术密集区	龙海市人民政府		2002	国家星火项目
3	全自动咖啡机	漳州市灿坤实业有限公司		2005	国家火炬计划
4	花岗石砂锯锯条	龙海市多棱锯条有限公司		2006	国家火炬计划
5	新型木质球杆成套生产设备	龙海市角美振兴机械有限公司		2007	国家火炬计划
6	持续高效农业技术研究与示范	龙海市人民政府	20	1998	国家计划项目
7	透光字符电镀按键	漳州欣宇塑胶有限公司		2007	国家计划项目
8	花岗石砂锯锯条	龙海市多棱钢砂（锯条）有限公司	85	2002	国家创新基金
9	中型多功能玻璃钢高速艇	福建国安船业有限公司	55	2005	国家创新基金
10	一种透光字符电镀按键的制造工艺	漳州欣宇塑胶有限公司	50	2007	国家创新基金

续表 24-4-1

序号	项目名称	承担单位	经费数	立项年度	备注
11	龙海市罗非鱼、斑点叉尾鮰健康养殖及深加工出口示范	龙海市格林水产食品有限公司 龙海市嘉昌水产有限公司 福建省淡水水产研究所	100	2007	省星火专项 一县一业
12	高精密度石英表芯（行针式）	龙海市华艺钟表有限公司	80	2004	省创新基金
13	30—32 米大型玻璃钢拖网渔船	漳州市晓业玻璃钢船舶工业有限公司	20	2004	省创新基金
14	中型多功能玻璃钢高速艇	福建国安船业有限公司	10	2005	省创新基金
15	深加工出口无公害罗非鱼项目	龙海市格林水产食品有限公司	10	2005	省创新基金
16	超薄手机键盘生产加工工艺	漳州欣宇塑胶有限公司	15	2006	省创新基金
17	合金钢砂研发	龙海市多棱锯条有限公司	15	2006	省创新基金
18	绿色食品（蔬菜）关键技术研究及出口示范基地建设	省农科院植保所蔬菜中心 龙海市格林食品有限公司	50	2001	省重大项目
19	波儿肉山羊产业化开发与研究	文圃现代农林开发有限公司	50	2002	省重大项目
20	砂锯带钢	龙海市多棱钢砂有限公司	15	1999	省科技项目
21	对虾淡化养殖技术开发及与鲻鱼混养技术开发	龙海市东泗合强水产研究所	10	1999	省科技项目
22	淡水石斑等水产优新品种引进与技术开发	龙海市紫泥镇甘文农场 龙海市水技站	9	1999	省科技项目
23	缢蛏虾池大面积全人工育苗及名优水产生态养殖技术开发	龙海市江福水产养殖场 龙海市紫泥农业高科技发展中心	8	2000	省科技项目
24	福建龙海持续高效农业技术研究	龙海市示范区管理办公室	20	2001	省科技项目
25	闽台观光生态农业模式技术研究与示范园建设	福建省农业科学技术院 龙佳观光旅游度假公司 龙海市科技创新服务中心	21	2001	省科技项目
26	水提技术在中华芦荟精深加工上的应用开发	龙海市绿农芦荟制品有限公司 厦门大学生命科学学院	8	2003	省科技项目
27	出口豆类蔬菜标准化生产、加工的产业化示范	龙海市浮宫镇农技站 漳州振发食品有限公司	8	2004	省科技项目
28	真姬菇工厂化栽培品种选育和开发研究	龙海市九湖食用菌研究所	12	2006	省科技项目
29	高收率（90%）制取高含量（99%）呋喃酮高效合成工艺	龙海市贝特利香料有限公司	25	2007	省科技项目
30	无公害蔬菜生产技术推广	龙海市浮宫镇人民政府	13	2006	省补助基金
31	中熟杂交水稻新组合选育与示范推广	龙海市东园镇人民政府	5	2006	省补助基金
32	花岗岩砂锯锯条开发	龙海市多棱钢砂（锯条）有限公司	16	2002	漳州创新基金
33	复合型砂浆胶结料	漳州市后石新型建材有限公司	12	2002	漳州创新基金
34	中型多功能玻璃钢高速艇	福建国安船业有限公司	18	2004	漳州创新基金
35	高精密度石英表芯（行针式）	龙海市华艺钟表有限公司	18	2004	漳州创新基金

续表 24-4-1

序号	项目名称	承担单位	经费数	立项年度	备注
36	综合运用节能型熔铜炉及低压铸造技术生产锡青铜铸件	龙海市德鑫机械有限公司	15	2004	漳州创新基金
37	30—32 米大型玻璃钢拖网渔船	漳州市晓业玻璃钢船舶工业有限公司	12	2005	漳州创新基金
38	制动防坠全自动施工升降机	龙海市角美振兴机械有限公司	12	2005	漳州创新基金
39	深加工出口无公害罗非鱼	龙海市格林水产食品有限公司	15	2005	漳州创新基金
40	一种透光字符电镀按键的制造工艺	漳州欣宇塑胶有限公司	35	2006	漳州创新基金
41	彩色涂层钢板节能清洁生产技术开发及产业化	福建方明钢铁有限公司	35	2006	漳州创新基金
42	新含气调理食品	福建厨师食品（集团）有限公司	15	2006	漳州创新基金
43	带钢连续性热镀锌节能生产新工艺	福建方明钢铁有限公司	42	2007	漳州创新基金
44	高收率（90%）制取高含量（99%）呋喃酮 D 的新型工艺技术	龙海市贝特利香料有限公司	12	2007	漳州创新基金
45	砂锯带钢	龙海市多棱钢砂有限公司	8	1998	漳州科技项目
46	麻绿竹种源引进试验	龙海市程溪镇农技站	4	1998	漳州科技项目
47	高温蘑菇栽培研究与开发	龙海市九湖食用菌研究所	3	1998	漳州科技项目
48	名优特海产新品种引进与养殖技术开发	龙海市紫泥镇水技站	6	1999	漳州科技项目
49	名优特海珍品人工配合饲料的研制与开发	龙海市港兴饲料厂	6	1999	漳州科技项目
50	对台农业新品种引进试验示范与推广	龙海市海澄镇科委	5	1999	漳州科技项目
51	观光生态农业研究	龙海市龙毅农业水产开发有限公司	8	1999	漳州科技项目
52	无烟盘式蚊香研制	龙海市崇福明蚊香厂	3	1999	漳州科技项目
53	湘云鲫养殖综合技术引进开发	龙海大伟特种水产养殖场	3	1999	漳州科技项目
54	LHXS-50L 型全自动切线机	龙海市联惠鑫电子机械研究所	6	2000	漳州科技项目
55	持续高效农业技术研究与示范	龙海市持续高效农业技术研究示范管理办公室	7	2000	漳州科技项目
56	PIC 父本代种猪繁育与研究	龙海市榜山镇科委 龙海市辉龙牧业发展有限公司	8	2000	漳州科技项目
57	烤鳗鱼精加工技术成果产业化	漳州丰味食品科技开发有限公司 龙海市科技创新中心	8	2001	漳州科技项目
58	新型水再湿性胶纸带试制开发	龙海市龙大华盛胶纸带厂	6	2000	漳州科技项目
59	优质饲料菜鲁梅克斯俄菜的繁育示范与全价猪饲料开发	龙海市畲鑫农牧开发有限公司	8	2001	漳州科技项目
60	海水养殖配套技术开发研究	龙海市港尾镇科委	8	2001	漳州科技项目
61	无公害蔬菜净菜加工	龙海市格林冷冻食品有限公司	8	2001	漳州科技项目
62	冷海水保鲜玻璃钢延绳钓船	龙海市紫泥造船厂	12	2001	漳州科技项目
63	新型木工车床，钻床的研制	龙海市角美振兴机械厂	5	2001	漳州科技项目

续表 24-4-1

序号	项目名称	承担单位	经费数	立项年度	备注
64	“百荔园”优质品种改良与推广	龙海市九湖镇农技站	5	2001	漳州科技项目
65	抗病毒对虾饵料的研制与开发	龙海市辉龙饲料有限公司	5	2001	漳州科技项目
66	68 座位玻璃钢快艇（FRP — 68）	龙海国安船业有限公司	12	2002	漳州科技项目
67	球墨铸铁在齿轮开发中的应用	龙海市齿轮厂 龙海市生产力促进中心	9	2002	漳州科技项目
68	促鲻鱼性腺发育生态养殖技术研究	龙海市水产技术推广站	4	2002	漳州科技项目
69	巴西鲷的引进与高产混养技术研究	龙海市浮宫和盛水产养殖场	3	2002	漳州科技项目
70	无公害肉猪规范化生产技术体系的研究与示范	龙海市白水镇庄林埔尾山种猪场	4	2002	漳州科技项目
71	南南合作示范基地龙佳生态园建设	龙海市龙佳生态旅游度假有限公司	6	2002	漳州科技项目
72	红树林生态保护与应用研究	龙海市紫泥安山村委会	5	2002	漳州科技项目
73	果蔬高浓缩液精炼技术研究与开发	龙海市新春罐头食品厂	7	2002	漳州科技项目
74	数码控制切割机研制开发	龙海市合隆建材装饰设备有限公司	7	2002	漳州科技项目
75	无公害水产品深加工	龙海市格林水产食品有限公司	7	2002	漳州科技项目
76	大型养鸡场信息化管理系统	漳州腾龙副食品发展公司	6	2003	漳州科技项目
77	先张预应力高强混凝土管桩（PHC）	福建坚实水泥制品有限公司	10	2003	漳州科技项目
78	金定鸭种质资源的保护、利用及产业化研究	龙海市锦财食品有限公司	8	2003	漳州科技项目
79	木质球杆成套生产设备开发	龙海市角美振兴机械有限公司	10	2004	漳州科技项目
80	PC 钢棒的研制与应用	福建省坚实水泥制品有限公司	7	2004	漳州科技项目
81	凹头鲷人工繁殖及推广养殖研究	龙海市东泗合强水产研究所	3	2004	漳州科技项目
82	集装箱角件开发与工艺研究	龙海市多棱锯条有限公司	10	2005	漳州科技项目
83	水性涂料用醇丙树脂的合成与应用	福建恒森化工有限公司	7	2005	漳州科技项目
84	冷藏蟹肉罐头加工中的自动温控系统开发	龙海市嘉昌水产有限公司	7	2005	漳州科技项目
85	种猪优良品种资源库的建立 及其相关技术的研究开发	龙海市华美养猪场	5	2005	漳州科技项目
86	毛豆平衡施肥配方专家系统开发及应用	龙海市信息协会	3	2005	漳州科技项目
87	福建植保技术信息化服务系统龙海模块建设	龙海市生产力促进中心	3	2005	漳州科技项目
88	全自动咖啡机	漳州灿坤实业有限公司	30	2006	漳州科技项目
89	26—35 米玻璃钢客船	漳州市晓业玻璃钢船舶工业 有限公司	6	2006	漳州科技项目
90	新型自动联锁载货电梯开发	龙海市角美振兴机械有限公司	9	2006	漳州科技项目
91	金卤灯交流电子镇流器	漳州旭利照明电器有限公司	10	2006	漳州科技项目
92	乙炔充装安全自动化	龙海市气体有限公司	10	2006	漳州科技项目

续表 24-4-1

序号	项目名称	承担单位	经费数	立项年度	备注
93	滑菇速生高产优良品种的选育	龙海市九湖食用菌研究所	4	2006	漳州科技项目
94	畜禽粪便厌氧发酵（沼气化）处理新技术及其联产工艺初探	龙海市溢海生物技术有限公司	5	2006	漳州科技项目
95	牡蛎吊养技术示范推广	龙海市港尾镇卓岐村委会	5	2006	漳州科技项目
96	南美白对虾涝灾后的病害研究	龙海市持续高效项目办	6	2006	漳州科技项目
97	轮胎式集装箱龙门起重机	诺尔起重设备（中国）有限公司	12	2007	漳州科技项目
98	造纸废水深度处理循环利用	龙海市中泰纸业有限公司	10	2007	漳州科技项目
99	对虾人工育苗技术运用与示范推广	龙海市隆教畲族民族乡白塘村委会	5	2007	漳州科技项目
100	马铃薯标准化栽培技术示范推广	龙海市生产力促进中心	3	2007	漳州科技项目
各级科技计划立项项目扶持经费总合计			1361		

第二节　科技成果

一、国家级科技成果奖

1997 年 12 月，市农业局开展的“良种家禽及配套技术（高产优良蛋鸭技术）推广”项目，首次获得国家农业部丰收三等奖。

1998 年，市农业局实施的“云大—120”应用推广项目，获国家农业部丰收三等奖；浮宫、角美等镇政府实施的“稻田冬季综合开发”项目，获国家农业部丰收三等奖；市农业局及紫泥、角美、东泗等乡镇政府实施的“龙海市稻田冬季综合开发”项目，获国家农业部丰收二等奖。

1999 年 1—11 月，市农业局实施的“南方冬季农业开发研究与推广”项目，获国家科技进步三等奖；“叶面肥在果树、蔬菜、水稻上的推广应用”项目，获全国农牧渔业丰收三等奖；“香蕉栽培和采后处理先进技术推广”项目，获全国农牧渔业丰收三等奖。

2000 年 10 月，市农业局承担“豆—稻—豆新农作物优质高效栽培技术”省级农业项目，获全国农牧渔业丰收三等奖。

2003 年，角美振兴机械有限公司研究的“双轴仿形木工车床” 产品，参加第十四届厦门国家发明博览会展览，获得国家发明铜奖；该公司研制的“仿形木工车床”“双轴木工车床”和“锥形电机驱动的施工升降机”3 项专利成果，参与 2003 年香港科技创新博览会展览，被评定为金奖项目。

至 2007 年，全市获得国家发明铜奖 1 项；在港科技创新博览会展览被评定为金奖 1 项；获国家科技进步三等奖 1 项；获农业部丰收二等奖 1 项，农业部丰收三等奖 3 项；获全国农牧渔业丰收三等奖 3 项。

二、省级科技进步奖

1993 年，花釉陶有限公司开发的“白云陶瓷”研究项目，获得“福建省 1993 年度科技三等奖”。1995 年，花釉陶有限公司再次开发研制新优产品“轻质红陶”项目，获“福建省 1995 年度科技三等奖”。1996 年，市农业局承担的“福建冬季农业开发”省级农业项目，被省政府评为“福建省 1996 年度科技二等奖”。1997 年，由市科委牵头承担的“老龄荔枝稳产高产栽培技术研究”省级科技研发项目，申报省科技奖励，获得“福建省 1997 年度科技三等奖”。

2001 年，由福建多棱钢业集团有限公司研制的“砂锯带钢”项目，获得“福建省 2001 年度科技进步二等奖”。2002 年，龙海市九湖食用菌研究所与省农林大学、省农科院等合作共同开发、研发的“谷秆两用稻的选育及其秸秆高效利用技术”项目，获得福建省 2002 年度科技进步一等奖。

2004 年，格林食品有限公司与省农科院等合作研发的“福建省主要出口蔬菜绿色生产关键技术研究及示范基地建设”项目，市农业局与省农科院等研发的“水稻根系特性及其调控研究”项目，龙海市九湖食用菌研究所与省农科院合作研发的“茶新菇优良菌珠筛选及栽培技术研究”项目，均获“福建省 2004 年度科技进步三等奖”。

2006 年，龙佳生态旅游度假有限公司与省农科院合作研发的“观光生态农业的研究与示范”项目，获“福建省 2006 年度科技进步二等奖”。

至 2007 年，全市获省科技进步奖 10 项，其中一、二、三等奖分别为 1、2、7 项。

1993—2007 年龙海市获得省级科技进步奖情况表

表 24-4-2

项目名称	承担单位（个人）	获奖级别	获奖年度
白云陶瓷的研究	陈朝龙、高廷标、黄茂盛等	省科技三等奖	1993
轻质红陶	陈朝龙、高廷标、黄茂盛等	省科技三等奖	1995
福建冬季农业开发	黄亚昌	省科技二等奖	1996
老龄荔枝稳产高产栽培技术研究	龙海市科委等	省科技三等奖	1997
砂锯带钢	龙海市多棱钢砂（锯条）有限公司	省科技进步三等奖	2001
谷秆两用稻的选育及其秸秆高效利用技术	龙海市九湖食用菌研究所等	省科技进步一等奖	2002
茶新菇优良菌珠筛选及栽培技术研究	龙海市九湖食用菌研究所等	省科学进步三等奖	2004
福建省主要出口蔬菜绿色生产关键技术研究及示范基地建设	龙海市格林冷冻食品有限公司	省科学进步三等奖	2004
水稻根系特性及其调控研究	龙海市农业局等	省科学进步三等奖	2004
观光生态农业的研究与示范	龙佳生态旅游度假有限公司等	省科技进步二等奖	2006

三、漳州市级科技进步奖

1993 年，花釉陶有限公司研究的“轻质红陶”项目，在获得省级科技进步奖励的同时，还获得漳州市“1993 年度科技二等奖”；市疾病预防中心开展的“老年与老年情感性精神障碍及临床对照分析”和“淡水鱼类携带台湾棘带吸虫囊蚴调查与感染实验”项目，分别获漳州市“1993 年度科技三等奖”。

1995 年，市农业局开展的“水稻三化螟蛾始盛期测报模式的研究与应用”；兽医站开展的“鸭人工授精技术的应用与推广”项目，均获漳州市“1995 年度科技三等奖”。

1997 年，市水产技术推广站实施的“刀额新对虾工厂化育苗研究及低盐度水域养成技术推广”项目，获漳州市“1997 年度科技二等奖”；由市科委、紫泥明源水产品加工厂共同研发的“海水低值鱼类加工技术综合开发”、海新饲料有限公司开展的“猪浓缩料（800 #）开发”和市畜牧兽医站开展的“番北金三元商品鸭繁育与推广”等项目，均获漳州市“1997 年度科技三等奖”。

1999 年，福建多棱钢业集团有限公司研制的“砂锯带钢”项目，获漳州市“1999 年度科技二等奖”；市电力公司承担的“县区电网调度自动化系统”和市水产技术推广站等开展的“浓缩海水兑淡养殖海水虾类技术”“太平洋牡蛎工厂化育苗”“鲻鱼人工苗种淡化培育及养成技术研究”等项目，均获漳州市“1999年度科技三等奖”。

2000年，由市政府与省农科院、省农林大学共同承担的“福建省龙海持续高效农业技术研究示范”省级科技计划项目，顺利完成科技计划合同任务，并获漳州市“2000年度科技进步二等奖”；由福建国安船业有限公司开发的“30座位玻璃钢快艇开发与研究”、由合隆新型建材设备有限公司开发的“US轻钙板新型建材”、由市水土保持办公室承担的“百喜草的引种繁育与示范推广”和市中医院开展的“大黄三棱胶囊治疗精神分裂症残留型的临床研究”等项目，获漳州市“2000年度科技进步三等奖”。

2001年，由宏发粉煤灰有限公司实施的“复合型砂浆胶结料及其砂浆的研究”项目，获漳州市“2001年度科技进步三等奖”。2003年，由市水产技术推广站和东泗水产技术推广站共同开展的“罗氏沼虾标准化综合体制定与示范推广”项目，获漳州市“2003年度科技进步二等奖”。

2006年，由龙佳生态旅游度假有限公司开展的“观光生态农业的研究与示范”项目，获漳州市“2006年度科技进步二等奖”；由龙海市振兴机械有限公司研发的“木质球杆成套生产设备开发”和市第一医院实施的“数码电子阴道镜诊断子宫颈病变临床应用价值探讨”项目，均获漳州市“2006年度科技进步三等奖”。

2007年，由龙海国安船业有限公司研发的“高速玻璃钢艇”项目，获漳州市“2007年度科技进步二等奖”。

至2007年，全市共获得漳州市科技进步奖25项，其中二、三等奖分别为7、18项。

第五章　科技管理

第一节　管理机构

一、科学技术局

1993年，龙海市科学技术委员会在编7人。1997年，市科委内设综合科、管理科；编制9名；下设科技情报所。1998年5月成立科技信息中心。2000年9月成立生产力中心、科技创新服务中心和技术市场管理办公室，人员由局本部和情报所人员兼任。2002年7月，龙海市科委更名为龙海市科学技术局。

2007年，市科技局行政编制5名，实有6人；事业编制5名，实有5人。14个乡镇场设有科技组织机构，由分管领导兼任科技副镇（乡）长；配兼职科技助理员1人。

二、科学技术协会

1993年，市科学技术协会在编8人，其中干部7人、工人1人。

2007年，市科协编制5名，其中行政4名、工勤1名；实有8人。14个乡镇场均设有科协组织机构，由分管科技乡镇场副职领导负责。

三、气象局

1993年，市气象局编制11名，实有10人，聘用5人。2007年，市气象局内设2个股室；编制11名，实有15人，其中聘用5人。

四、地震办公室

1993 年，市地震办公室事业编制 3 名，实有 3 人。2006 年 3 月，各乡镇场民政部门负责人兼任防震减灾助理员，负责本区域的防震减灾工作。

2007 年，地震办公室编制、实有人员不变。

第二节　科技经费管理

1993 年，龙海建立以企业投入为主体，财政投入为引导、银行贷款为支撑、社会融资为补充的多元化科技投入体系。当年投入科技三项费用 10 万元，扶持科技项目 3 项。科技经费实行单独设账，专款专用，严禁挪为他用，项目完成时，进行结题验收，实施项目经费决算制度。

1994—1996 年，投入科技三项费用 75 万元，扶持科技项目 18 项。

1997—2000 年，投入科技三项费用 1103 万元，建立科技发展基金 150 万元，扶持科技项目 51 项。2001 年，企业新产品研发经费 24946 万元，占销售收入 4.4%。

2001—2002 年，投入科技三项费用 610 万元，扶持科技项目 45 项。同时，鼓励民营科技企业、规模以上企业技术创新投入；形成市、乡镇、企业三级多渠道的科技投入机制。

2003—2004 年，投入科技三项费用 1087 万元，扶持科技项目 40 项。除争取本级科技三项费用到位外，还建立科技发展基金，现有基金 100 万元。同时，加大乡镇财政科技投入，规定乡镇科技三项经费要占本级财政支出比例的 1.3%以上，保证每年要递增 0.1%。

2005—2006 年，投入科技三项费用 1470 万元，建立科技发展基金 100 万元，扶持项目 53 个。通过项目带动，促进企业科技投入和技术开发。同时把多元化的科技投入机制应用到乡镇的科技进步工作之中，强调乡镇政府财政的科技投入务必到位，进一步推进多元化科技投入机制的建立和完善。

2007 年，投入科技三项费用 1200 万元，建立科技发展基金 100 万元，科技风险基金 300 万元，扶持科技项目 44 项；以企业为主体，以项目为纽带，利用“6・18”成果交易会、“4・9”恳谈会、“9・8”投洽会及“11・18”花博会等招商活动与科技项目对接；企业部产品研发经费 69845 万元。

至 2007 年，全市投入建立科技发展基金 100 万元，科技风险基金 300 万元，投入科技三项费用 5555 万元，扶持项目 246 项。通过项目带动，促进企业科技投入和技术开发；规模以上工业企业的技术开发经费年平均 1.5 亿元以上，占产品销售收入的 2.6%。科技三项费用管理，参照省、漳州市科技项目经费管理办法，对企业或其他有关单位申报的科技计划项目进行审核，最后联合发文对将给予计划立项扶持项目下达项目和经费计划通知，由科技局与项目承担单位签订任务合同，并根据任务完成进度实施经费划拨。

图 24-2　2000 年 11 月，在龙海四中举办地震知识讲座（市地震办提供）

1993—2007 年龙海市科技三项经费投入情况表

表 24-5-1　　单位：万元、%

年度	财政预算支出	科技三项经费	科技经费占政府财政预算经费支出的比例
1993	7335	10	0.14
1994	9457	15	0.16
1995	14454	20	0.14
1996	20320	40	0.20
1997	23400	100	0.43
1998	23403	275	1.18
1999	29688	320	0.11
2000	28796	408	1.42
2001	26629	250	0.93
2002	23783	360	1.51
2003	34039	472	1.39
2004	44318	615	1.39
2005	55969	660	1.18
2006	83972	810	0.96
2007	118139	1200	1.02

第三节　科技项目与成果管理

一、项目管理

1993 年，龙海市是漳州市唯一被国家科学技术委员会确定为科技重点联系县（市），要求不定期地把有关出台的科技优惠政策、奖励办法上报，科技成果应用推广情况反映，以及在贯彻落实国家科技政策、方针中出现的一些新情况、新问题、新特点及时反馈；对拥有自主知识产权的企业单位，优先在项目申报上给予支持倾斜。通过科技人才宣传活动周、科普宣传日，以及科技下乡、科技入企业等活动，宣传知识产权保护与发展；专利建设列入项目合同任务技术指标内容；在多家企业开展知识产权保护专利教育活动，推动知识产权专利建设。

二、成果管理

1993 年后，龙海建立科技创新机制，推进科技成果及专利技术转化。有 35 个项目获得省、漳州市科技进步奖。其中获得省科技进步一等奖 1 项、二等奖 2 项、三等奖 7 项，获得漳州二等奖 7 项、三等奖 18 项。有 3 个项目获得香港科技成果博览会金奖，1 个项目获得第四届全国发明博览会铜奖，1 个项目获得省发明博览会金奖，4 个项目获得国家新产品认定，1 个项目获得国家星火新产品目录；取得各类专利授权 435 件，其中发明专利 15 件，专利授权量年度增长率为 68.32%；拥有注册商标 1042 件，占漳州市商标总量 17%，其中著名商标 19 件，知名商标 30 件，司法认定驰名商标 5 件，省名牌产品 19

件，国家免检产品4件；有95家企业获得ISO系列等质量标准体系认证，占龙海市规模企业的比例达到41.5%。

1993—2007年龙海市科技成果转化情况表

表24-5-2

年度	签订技术合同		专利技术			科技奖励		
	合同数（份）	合同金额（万元）	申请数（件）	授权数（件）		科技进步奖（项）		其它奖励（项）
				授权总数	其中发明专利	福建省	漳州市	国家和省发明奖
1993	7	265	4	—	—	1	3	—
1994	10	385	3	3	—	—	—	—
1995	9	854	3	4	—	1	2	—
1996	8	1650	4	2	—	1	—	—
1997	11	2630	23	4	—	1	4	—
1998	10	3205	20	29	—	—	—	—
1999	8	3810	25	21	1	—	5	—
2000	6	3062	9	33	1	—	5	—
2001	10	4110	20	25	1	1	1	—
2002	8	3381	10	30	0	1	—	—
2003	11	2455	50	24	1	—	1	2
2004	18	3911	47	36	0	3	—	—
2005	25	2710	100	50	6	—	—	3
2006	46	2830	143	72	2	1	3	—
2007	56	3560	70	102	3	—	1	1
合计	249	38916	531	435	15	10	25	—
平均增长率%	20.95	33.82	71.59	68.32				

注：1.授权专利从1994年开始统计；2.其他奖励是指省级科技发明金奖以上，国家发明成果博览会或国家级以上科技成果展览会获奖项目

第四节　人才与目标管理

一、人才管理

1993年，成立龙海市知识分子工作领导小组，成员由有关单位领导组成。

1995—1996年，龙海出台《乡镇科技工作目标责任制考核办法》；推荐24名35岁左右，具有中级职称的专业技术人才到乡镇担任科技副镇（乡）长；推荐3名拔尖人才、6名优秀青年科技人才担任科局长；优先选拔任用10名优秀人才走上科级干部领导岗位；推荐20多名优秀人才为各级党代会和人大代表、政协委员。

1997—1998 年，拥有各类专业技术人才 11223 人，培养 8600 个科技示范户；全市涌现行业拔尖人才 75 人，105 名专业技术人才走上市、镇各级领导岗位。

1999—2000 年，在东园农科所成立年轻干部理论培训和实践锻炼基地，并举办科技青年干部理论培训和实践锻炼班。2001 年，举办青年干部培训班，加强干部的后备技术储备；市管拔尖人才及优秀拔尖科技人才“一对一”培养对象实行考核，健全科技人才管理机制。

2002 年，表彰第 5 批市管专业技术拔尖人才和第 3 批优秀青年科技人才。2003 年，调整龙海市知识分子工作领导小组成员，制定《龙海市 2003—2005 年知识分子工作试点方案》；成立龙海市新经济组织英才协会，制定《龙海市新经济组织英才协会章程（草案）》；举办第 6 期青年干部培训班。

2004 年，成立龙海市人才工作领导小组，举办第 7 期青年干部培训班。2005 年，下发《关于“培育产业带头人，壮大企业家队伍”工作任务分解立项的通知》。

2006 年，授予 43 位同志“龙海市第 6 批专业技术拔尖人才”的称号，列入市委组织部管理；授予 28 位同志“龙海市第 4 批优秀青年科技人才”称号，作为市管专业技术拔尖人才后备力量培养。对漳州市管的专业技术拔尖人才实施“双向目标管理”，签订《双向目标管理责任书》；组织初、中、高级专业技术人才一周至 20 天的继续教育。2007 年，对专业技术拔尖人才和优秀青年科技人才实行对向培养和管理。

二、目标管理

（一）全国科技进步考核

1993 年，参与全国科技争先创优活动。

1994 年，参与全国县（市、区）科技进步考核。1997 年开始做好准备迎接全国科技创先的准备工作，1998 年通过国家科委的全国科技创先考核，并被评为全国科技工作先进市。

1999—2000 年，通过国家科技部的全国县（市、区）科技进步考评验收。

2001—2007 年，国家科技部实施全国县（市、区）科技进步考核，每两年考核一次。其间，龙海市成立市科技进步考核工作领导小组，先后参加 3 次的全国县（市、区）科技进步考核，均通过国家科技部科技进步考核验收。

（二）乡镇场科技进步工作考核

1993 年，乡镇科技进步考评纳入龙海市委、市政府工作责任制，考评结果作为市直机关、乡镇年度科技单项工作政绩评价依据。考核内容有：科技投入、科技机构建设、高新技术企业、技术中心等的认定情况，获各级科技进步奖情况，承担各级科技项目情况，开展科技普及宣传培训情况，知识产权保护的专利建设情况等。

1994—2002 年，重点考核乡镇科技投入、科技成果转化及科技宣传、农函大实施情况，通过考核评选出先进乡镇 6 个。2003—2005 年，重点考核乡镇科技机构建设，高新技术企业、技术中心建设，农函大情况，科技投入情况及科技成果与科技进步奖励等主要内容，通过考核评选出先进乡镇 5—6 个。

2006—2007 年，在对乡镇科技进步考核中，在原有考核的内容基础上，增加知识产权保护的专利建设和科技项目承担情况，注重科技创新与发展为主要内容的科技进步考核。

卷二十五

教育

JIAO YU

1993年，全市幼儿园413所、小学290所、中学32所。1996年，龙海市创办公立全日制培智学校——龙海市石码育智学校，提升特殊教育正规化水平。1997年1月，通过福建省人民政府教育“两基”工作评估验收；1998年3月，被授予“基本普及九年义务教育，基本扫除青壮年文盲市”称号。1999年10月，龙海市被福建省人民政府评为教育“两基”工作先进市，并获教育部颁授“中华扫盲奖”。2000年4月，龙海市荣获教育部颁授“普及九年义务教育和扫除青壮年文盲市”称号。2001年3月，龙海市通过福建省“实验教学普及市”验收；12月，被教育部中国教育学会评为“《尝试教学理论与实践》全国推广先进市”和“全国教育科学重点研究课题《尝试教学理论研究》全国先进单位”。2003—2006年，龙海市教育实施“双高普九”工作，加大力度改善办学条件，整合优化拓展教育资源，取得好成绩。

1993—2007年，龙海市坚持“优化课堂教学，提高课堂效率”为中心的教改实验，以尝试教学法实验基地为龙头，组建尝试教学实验班，实施素质教育；实现九年义务教育全覆盖，构建“教书育人、环境育人、管理育人、服务育人”的体系。同时，提高德育水平，使学生获得全面发展。全市有99所学校被各级政府评为文明学校，其中有5所学校被评为省级文明学校。全市有省级“绿色学校”13所、龙海市“绿色学校”20所，漳州市德育工作先进校19所，龙海市“平安校园”239所。

2007年，龙海市被福建省人民政府批准为“高水平高质量普及九年义务教育县（市）”；全市有幼儿园160所、小学244所、特殊教育学校1所、普通中学35所、中等职业学校6所、成人中等专业学校2所、成人广播电视大学1所，形成从初等到高等的教育体系。

第一章　学前教育

第一节　园所设置与标准园创建

一、园所设置

1993年，全市幼儿园413所、814班，其中集体办的幼儿园373所、683班，教育部门办的幼儿园14所、90班，其他部门办的幼儿园26所、41班；在园幼儿33507人，其中集体办的幼儿园29678人，教育部门办的幼儿园3054人，其他部门办的幼儿园775人，入园率70.87%；幼儿园教职工998人，其中集体办的幼儿园教职工711人，教育部门办的幼儿园教职工220人，其他部门办的幼儿园教职工67人。

1995—1997年，全市幼儿入园率保持在74%—75%左右；在园幼儿和教职工人数逐年减少。

2000年，全市村村兴办幼儿园（班），办班覆盖率100%，幼儿入园率86.89%；幼儿园占地面积72400平方米，校舍建筑面积36000平方米。

2007年，全市幼儿园160所、688班，在园幼儿20232人，入园率92.37%；教职员工867人。全市幼儿园占地面积89436平方米，校舍建筑面积56931平方米。全市公办幼儿园12所，其中位于石码镇6所，其他乡镇6所。除石码渔业幼儿园和石码第二中心幼儿园外，办园规模都在6个班以上，其中华侨（实验）幼儿园为福建省标准幼儿园、漳州市优质幼儿园，市直机关幼儿园为漳州市标准幼儿园、龙海市优质幼儿园；第二实验幼儿园、程溪军民幼儿园、角美幼儿园、石美幼儿园、海澄丽竹幼儿园均为龙海市优质幼儿园。

二、创建标准园与优质园

1997—1998年，全市投入幼儿园建设资金1817万元，新建楼房式独立幼儿园53所，购置大型活动器械875件，各种琴类595架、收录机528台。1998年，继续开展市级、学区、幼儿园三级教研网络，开展幼儿教育论文评选活动，获福建省级奖14篇，获漳州市级奖19篇。为规范教学，提高办园质量，市教育局将全市幼儿园划分为上、中、下3个片区，每学期开展教研活动，民办幼儿园教师就近参加教研，提高素质。同时，配合职校举办在职幼师培训，高中毕业生就读一年，初中毕业生就读3年，发给幼师毕业证书。

2000年，依照省颁发的“幼儿园评估标准”，对全市幼儿园（班）进行评估验收，有84个学前班被评为龙海市标准学前班，15所幼儿园被评为漳州市标准幼儿园。龙海市华侨幼儿园经上级教育主管部门复查，再次被评为

图25-1　环境优美的校园（市教育局提供）

福建省标准幼儿园。

2004年，在全市开展创建福建省优质幼儿园活动，龙海市华侨幼儿园被确认为漳州市优质幼儿园。2006年，龙海市市直机关幼儿园、龙海第二实验幼儿园、海澄丽竹幼儿园、程溪军民幼儿园通过“龙海市优质幼儿园”验收。2007年，全市幼师专业合格率达70%以上。

第二节　教学与保育

一、教学

（一）学制

1993年，幼儿教育学制为3年，按年龄段设置小班、中班、大班，招收幼儿年龄为4—6周岁。2007年，由于小学入学年龄调为6周岁，幼儿入园年龄随之下调为3—5周岁。全市有80%的民办幼儿园（班）招收3周岁以下的幼儿，开设小小班。

（二）教材、课程

1993年，全市幼儿园实施保育与教育相结合的办法。使用的教材为福建省幼儿园教育用书《领域活动指导》和《主题活动指导》。幼儿教学允许教师根据教育资源和教育对象的具体情况，对《领域活动指导》和《主题活动指导》进行结合、搭配，具有一定的机动性，有益于教师在教育过程中逐渐使课程实现园本化。民办幼儿园只要求试用《领域活动指导》教材进行教学。幼儿园教师在教学上注重采用直观法、谈话法、游戏教育法、兴趣活动法、参观访问法、感官训练法、综合教学法，运用实物、挂图、教具、木偶进行教学，条件好的幼儿园还试用电化教育。教学方法注重形式多样，丰富各种娱乐性游戏、智力游戏、音乐游戏、表演游戏等，激发幼儿兴趣，在游戏中接受启发和教育，提高认识。

1997年，全市幼儿园（班）使用福建省教委编制的《新编福建省幼儿园教材》，开设健康、科学、语言、社会、艺术五大领域的课程，各领域的内容相互渗透，设有思想品德、常识、生活卫生习惯、体育、语言、计算、音乐、美术等课程，从不同角度促进幼儿情感、态度、能力、知识、技能等方面发展。

1998年，龙海市华侨（实验）幼儿园被确定为龙海市示范性实验园，自编一套适合本地实际、富有乡土气息的幼儿园补充教材共18册，在全市推广，并且模拟尝试“综合性主题教育”幼儿园游戏课程。

2007年，全市大部分幼儿园推广使用福建省统一教材和课程，以及龙海华侨幼儿园的补充教材及辅助课程。

（三）尝试教学

1993年，在全市幼儿园开展科学教育、语言教育、教学教育、艺术教育等“尝试教学”研究活动，激发幼儿主动探索科学现象的兴趣，发展幼儿观察、思维、分析、判断的能力和大胆创新的精神。1996年，龙海建立市、学区、幼儿园三级教研网络，开展幼儿教育论文评选活动，推进教学改革。2000年8月，龙海市幼儿教研室撰写的《开展科学教育，培养创新精神》一文参加中国教育学会“尝试教育”理论研究会评审和参加省教育学会第七届基础教育评审均获一等奖，并分别入选湖南出版社出版的《尝试创新》和北京新华出版社出版的《求索创新》。2005年，龙海市华侨（实验）幼儿园教研成果显著，被中国教育学会评为“尝试教学”理论研究先进单位；被福建省确定为漳州市唯一的“幼教课改先进单位”，并代表漳州市参与福建省幼儿教材的编写。2007年，全市幼儿园普遍推广市华侨（实验）幼儿园的“尝试教学”经验。

二、保育

1993年，全市幼儿园除专任教师外，职工中设有保育员、勤杂人员，照料幼儿生活，条件好的幼儿园还配备保健医生。至2007年，幼儿园对幼儿定期进行体检，发现有传染病者及时隔离，通知家长带回治疗。园内配置体育设施，有滑梯、木马、浪桥、跷跷板、小球架等，安排幼儿开展早操等体育活动，有的还不定期举行幼儿运动会、健美比赛，增强幼儿体质。加强食堂和幼儿寝室管理，科学安排食谱与膳食，做好食宿卫生安全，保障幼儿身体健康，并教育幼儿从小自己穿衣服鞋袜，按时作息，逐步培养生活自理能力和良好的生活习惯。

附：重点幼儿园选介

一、龙海市华侨（实验）幼儿园

幼儿园占地面积2027平方米，建有3座综合楼，建筑面积3501平方米。1993年、1997年先后被评为福建省标准幼儿园，2004年被评为漳州市优质幼儿园。1991—2007年，先后被评为全国尝试教学先进单位、福建省“三八”红旗单位、福建省“巾帼文明岗”、福建省“巾帼标兵岗”、漳州市课程改革先进单位、漳州市“示范家长学校”等称号。

2007年，幼儿园开设教学班12个，就读幼儿448人；教职工64人，专职教师学历全部达标，其中具有本科学历8人、大专学历28人、中专学历9人。园所布置合理、环境优美，幼儿生活、保健、教育教学设施配套完善，园内设有多功能活动室、幼儿美术创意室、科学活动室、快乐书吧、早教活动中心和多功能大型玩具等。

幼儿园致力于倡导和践行幼儿教育先进理念，秉承“以人为本、立足本土、优质高效、和谐发展”和“一切为了孩子——健康、快乐、聪明”的指导思想，构建“三高”（思想觉悟高、业务水平高、保教质量高）和“四个到位”（敬业爱岗、严谨治学、尊重幼儿、优质服务）的目标，注重师资的培养，组织青年骨干教师开展“送教下乡”活动，形成一支高素质、德才兼备、稳定的教师队伍。教师队伍中有中学高级教师职称1人、幼儿高级教师职称32人、一级教师职称6人、二级教师职称3人，高级工职称1人，医师1人；省学科带头人2人，漳州市学科带头人2人，漳州市骨干教师4人。幼儿园长期承担职高幼师班学生的见习、实习工作，是龙海市教育教研活动基地。

二、龙海市市直机关幼儿园

1993年，幼儿园由市直机关管理局管理，1997年归市政府办公室管理，1999年6月归市教委管理，并将园址迁至石码镇工农路107号。园所占地1239.87平方米，建筑面积964.74平方米，设活动室9间、幼儿寝室8间，配室外活动场1025.54平方米及其他用室。

幼儿园布局合理，设施配套齐全，以“素质教育为目标，后勤服务为保障，服务家长为出发点”，并拥有一支高素质的教师队伍，提供优质教育资源。2007年开设教学班8个，就读幼儿321人；教职工37人，其中专职保育员8人；在专业教师22人中，有高级幼儿教师职称8人。

幼儿园先后被评为漳州市标准幼儿园、龙海市优质幼儿园、“漳州市巾帼文明岗”、漳州市教育工作先进集体、龙海市“文明学校”、龙海市教育先进单位等称号。

三、龙海市第二实验幼儿园

幼儿园位于石码镇解放西路十二棚16号，占地面积740平方米，建筑面积1285平方米。2007年开设教学班8个，就读幼儿284人，为日托制幼儿园。教职工34人，其中专职教师22人，学前教育大专以上学历者占92%，具有本科学历8人、幼儿高级教师职称7人、二级教师职称4人；漳州市学科带头人2人，漳州市骨干教师5人。

幼儿园以“发展为本、改革为魂、人和为根”办园理念，培养出一支思想好、业务精的教职工队伍；认真实践，开拓创新，形成特色，把幼儿园构建成促进幼儿全面发展的“花园、乐园、学园”；教师爱岗敬业，撰写的多篇活动设计、论文在各级报刊发表并获奖，多位教师被评为国家、省、市级优秀教师。

1993—2007年，幼儿园先后被评为漳州市“课程改革实验”先进单位、龙海市优质幼儿园、龙海市教育先进单位、龙海市“建功立业标兵岗”；获得龙海市首届幼儿园教师基本功比赛城镇组团体第一名、龙海市首届幼儿素质教育文艺会演一等奖。

第二章　小学教育

第一节　学校设置

1993 年，全市有小学 290 所，其中教育部门办学 285 所，教学点 61 个，分布在 17 个学区；由其他部门办学的有双第学区 3 所，郭坑铁路小学 1 所，西山铁路小学 1 所。一年级招生 17662 人，入学率 99%，巩固率 100%，实际毕业生 12240 人，毕业率 90%。在校生 93109 人，编为 2965 个教学班；教职工 3705 人，其中属公办小学 3379 人（其中专任教师 3023 人）、属民办小学 326 人（其中专任教师 322 人）。学校占地面积 801049 平方米，校舍建筑面积 273932 平方米，教学及辅助用房 194929 平方米。

1994 年后，学生数量逐年减少。1997 年，龙海市“两基”（基本普及九年义务教育、基本扫除青壮年文盲）工作通过省级评估验收，学校数和教学点数保持稳定。

2000 年，全市学校占地面积 1286700 平方米，校舍建筑面积 368900 平方米。生均校园面积 14.62 平方米，生均校舍建筑面积 4.41 平方米，生均图书资料拥有量 12.59 册；实验仪器达标学校为Ⅰ类 4 所、Ⅱ类 28 所、Ⅲ类 216 所。

2003 年 8 月，小学原设学区改制为中心小学。 2004 年，全市有小学 245 所，在校生 57709 人，编为 1883 个教学班，学龄人口入学率 99.99%，学业合格率 99.25%，体育合格率 96.92%，操行合格率 100%。毕业生 10910 人，毕业率 100%。教职工 3514 人。学校占地面积 1257259 平方米，校舍建筑面积 365299 平方米。全市生均校舍建筑面积 6.01 平方米，生均图书资料拥有量 17.13 册，电脑机与生比为 1 ： 20.6，实验仪器达到省颁Ⅱ类以上。

2007 年，全市有小学 244 所，在校生 59971 人，编为 1786 个教学班，学龄人口入学率 99.9%。毕业生 10695 人。学校占地面积 1319923 平方米，校舍建筑面积 372519 平方米。

第二节　教学

一、学制、教材、课程

（一）学制

1993—2007 年，全市小学学制按照教育部规定，实行 6 年全日制。

（二）教材

1993—2007 年，全市小学使用人民教育出版社出版的教材（简称人教版），英语学科使用闽教版教材，科学学科使用粤教版教材。

教材学科有思想品德、语文、数学、自然、历史、科学、英语、美术、体育、音乐 10 门。

（三）课程

1993—2002 年，全市小学执行省教育厅颁布的课程计划，每周上课 5 天半，低年级（1—2 年级）每周 29 课时，中高年级（3—6 年级）每周 32 课时，学科课每课时时长 40 分钟。各级教育行政部门要求小学严格执行上级规定的教学计划，提倡说服、引导和个别辅导的方法教育学生，强调理论联系实际，上课既要发挥教师的主导作用，更要发挥学生的主体作用，讲课要“少、精、活”，注意发展学生智力，培养学生能力，并开展电化教育工作，推进教学手段的改革。

2003 年秋季，全市小学开始课程改革。2004 年，根据教育部《关于印发义务教育课程设置实验方案的通知》，省教育厅进一步细化义务教育课程的设置和比例，重新修订《福建省义务教育课程实施计划（试行）》，对基础教育阶段的培养目标、课程设置的原则、课程设置、课时安排等方面作出具体的规定和说明，体现均衡设置课程的原则，加强课程和综合性的选择。

2004—2007 年，一、二年级的思想品德课改为品德与生活课，每周 3 课时；三至六年级的思想品德课改为品德与社会课，三、四年级每周 2 课时，五、六年级每周 3 课时。三至六年级的自然课改为科学课，每周 3 课时；增设英语课，每周 2 课时；综合实践活动课每周 6 课时。将综合实践活动作为必修课，主要包括信息技术教育、研究性学习、社区服务与社会实践、劳动技术教育（与地方和校本课程整合使用）。一、二年级新增地方与学校课程，每周 4 课时。同时，修订后的课程计划对语文、数学的每周课时安排也做了适当调整，一、二年级每周课时总量为 26 节课，三至六年级每周课时总量为 30 节课。

二、尝试教学

1993 年，以“优化课堂教学，提高课堂效率”为中心的教改试验，形成浓厚的教研、教改风气，促进教学质量不断提高。1998 年，第二届“九章杯”中国小学生数学竞赛中，龙海市有 21 名小选手获奖，其中海澄学区洪锦清获一等奖，石码学区刘开宇等 3 名获二等奖。在全国第六届“华罗庚杯”少年数学邀请赛中，海澄学区苏子强获银牌奖。全市 33 名小学生参加全国第二届作文比赛全部获奖，其中东园学区许小霞、龙海实验小学黄丹茹、石码学区黄婧分别获得高年、中年、低年级组二等奖。海澄学区内楼小学“素质教育实验班”作为漳州市代表队参加福建省第二届珠心算技术比赛，获团体第二名。白水中心小学陈慎行参加第六届东方少儿美术书法摄影国际大赛，获金牌。榜山学区南苑小学许惠清参加第七届全国少儿书法绘画摄影大赛，获一等奖。

1999—2000 学年，在漳州市中小学生田径运动会上，龙海市小学男子组和女子组均获冠军。内楼中心小学蓝茹萍参加全省第九届音舞节获琵琶比赛一等奖。2000 年，石码中心小学、内楼中心小学、角美中心小学和港尾中心小学被评为“全国尝试教学理论研究先进单位”。全市小学毕业会考，语文科、数学科及格率分别为 99.08% 和 95.99%，优秀率分别为 96.6% 和 80.12%。

2001—2002 学年，小学毕业会考语文科、数学科及格率分别为 98.6% 和 94.76%，优秀率分别为 83.86% 和 91.66%。全市小学校校建立学科兴趣小组、体育运动队和少儿合唱团，小学生参加作文、数学、书画、文艺、体育和小发明等各级各类竞赛活动，获得市级以上奖励达千人次。2006 年，石码中心小学获全省小学生象棋比赛团体第二名，海澄中心小学获漳州市电子制作锦标赛团体第二名。2007 年，龙海市组织参加漳州市小学生“三语”（普通话演讲、闽南语讲故事、英语朗诵）比赛获团体第二名、个人全能二等奖、闽南语讲故事个人第一名和普通话演讲个人第一名。

图 25-2　石码中心小学素质教育成果汇报演出（市教育局提供）

第三节　义务教育与特殊教育

一、义务教育

1993—1996 学年，加强组织入学工作，对不送子女入学的家长征收义务教育费，对家庭经济困难的，实行“减、免、缓、助”等办法，以保证所有学龄儿童入学。1997—1998 学年，全市乡镇分别举行扶贫助学发卡仪式，共扶助贫困生 474 人，发放助学金 25 万元。1999—2000 学年，20 名市领导成员挂钩 20 个地处老、少、边、贫村的小学，帮助解决实际问题，市直机关各单位与 102 名孤儿学生结成助学对子，发放助学金 53140 元，其中龙海市人武部与隆教中心小学 17 名贫困生结对子，资助他们完成九年义务教育。2001—2002 学年，实施“助学金制度”“春蕾计划”“手拉手活动”等，扶助贫困学生 658 人次，发放助学金 40 万元，使小学入学巩固率达 99.24%。制定巩固普及程度评估体系和标准，着重以学校巩固率和及格率来衡量学校的教育质量。石码、海澄地区初招实行电脑随机编排录取，农村小学毕业生实行免试分片升入初中。

2007 年，全面落实“两免一补”（对城乡义务教育阶段学生免除学杂费，对农村义务教育阶段学生免费提供教科书，对农村义务教育阶段寄宿生补助生活费），为全市 8951 名寄宿生实施“免费营养早餐工程”，化解农村普及九年义务教育债务 1500 多万元。

二、特殊教育

1996 年，龙海市创办公立全日制培智学校——龙海市石码育智学校，面向全市招生，开设 4 个复式培智教学班，实行免费教育。1997 年增办碧浦中心小学聋哑班；1998 年又增办角美中心小学和内楼中心小学弱智班。同时，报送残疾少儿到漳州、厦门、泉州特殊教育学校就读。特殊教育学制 9 年，根据教程安排，开设语文、数学、音乐、美术、手工、体育、劳技、生活、活动等课程。全日制培智教学用书与上海辅读教学用书结合使用，在教学中对残疾儿童进行思想品德、文化知识教育，开展劳动技能训练，利用多种教育方法补偿他们的身心缺陷，帮助他们树立信心、获取知识，使他们具有一定的社会适应能力，成为自食其力的劳动者。

担负特殊教育的教师都具有大专以上学历，其中本科以上学历占 60%，多毕业于福建师范大学、泉州师院、南京特师等专业院校。龙海市特殊教育得到有关部门、社会各界和海外人士的关心、支持及捐助。龙海市残疾人联合会热心提供残疾毕业生就业指导；市慈善总会资助学生课桌椅、讲台等教学设施；团市委定期组织志愿者帮助学校解决各种问题；民主促进会向学校赠送电教设备。

特殊教育招生办法与小学基本相同，但报名时需持有医院出具的智力鉴定或听力鉴定、语言鉴定，以及第二代残疾证的证明。1997 年适龄残疾少儿入学率 81.8%；1998 年三类残疾少儿入学率为 85.1%，在校就读 1399 名。

2001—2002 学年，全市智力残疾儿童 951 名（其中女生 387 名）在小学随班就读，其中石码育智学校在校生 29 名，专任教师 6 名；海澄内楼中心小学弱智班在校生 10 名，专任教师 2 名。2003—2004 学年，全市特殊教育学校在校生 1252 名，入学率 97.81%，其中视力残疾适龄人口入学率 96.88%、听力残疾适龄人口入学率 97.1%、智力残疾适龄人口入学率 97.91%。2005—2006 学年，全市三类残疾适龄人口 1179 名，在校接受义务教育 1138 名，残疾适龄人口入学率 98.19%，其中视力残疾适龄人口入学率 94.37%、听力残疾适龄人口入学率 93.51%、智力残疾适龄人口入学率 98.81%。

2007 年，全市三类残疾适龄人口 939 名，在校接受义务教育 935 名，适龄人口入学率 99.57%，其中视力残疾适龄人口入学率 100%、听力残疾适龄人口入学率 100%、智力残疾适龄人口入学率 99.51%。

附一：重点小学选介

一、龙海市实验小学

1993 年 6 月正式定名为龙海市实验小学。学校占地面积 8680 平方米，建筑面积 6269 平方米，建有"德才楼""西湖楼""五爱楼"3 座教学楼，教室 44 间，配有电脑室、舞蹈室、音乐室、美术室、阅览室等。2002 年开设教学班 37 个，就读学生 1555 人；教职工 89 人，其中高级教师 43 人，一级教师 36 人。2007 年开设教学班 40 个，就读学生 1800 人，教职工 100 人。学校先后被评为全国少先队"红旗大队""尝试教学理论研究"全国先进单位、福建省文明学校、福建省"现代教育技术"实践校、福建省"实施未成年人保护法"先进单位、福建省先进"教工之家"、福建省"小公民道德建设"先进集体、福建省少先队"红旗大队"、福建省少先队"先锋大队"等称号。

二、石码中心小学

址在石码镇新田厝。2002 年开设教学班 48 个，就读学生 2101 人；教职工 117 人(专任教师 113 人)，其中高级教师 28 人、一级教师 68 人。2007 年开设教学班 50 个，就读学生 3310 人，教师 151 人。学校现代化教学设施配套齐全，设有电脑室、自然实验室、音乐室、舞蹈室、图书室、电教室、美术室、象棋活动室等。

学校以"培养合格加特长人才、全面提高学生整体素质"为办学目标，以"勤奋、守纪、求知、创新"的校训激励全体师生勤奋学习和工作，"让每个学生都说我能行""让每个学生都得到发展"的办学特色使学生都有成功的体验，教学质量稳定一流，教育教学资源丰富，学校局域网上有 5500 多个教学课件和 200 多部优秀影片、百科知识，涵盖古今，成为学校多媒体教学的一大亮点。同时，学校还成立铜管乐队、书法、美术、武术、棋类、剪纸、雏鹰视点栏目等几十个学生社团，开展"阳光体育""校园艺术节""经典诵读""校园歌手赛"等活动，丰富师生校园生活。

学校先后被评为全国"尝试教学法"先进单位、福建省文明学校、福建省示范小学、福建省"现代教育技术"实验校、福建省"语言文字规范化"学校、福建"巾帼文明岗"、福建省"三八"先进集体、漳州市"小学新课程改革"实验基地、漳州市首批"质量信得过"学校、漳州市教育系统"示范家长学校"、漳州市"小学教学常规管理"优秀学校、龙海市教育工作先进单位等称号。

图 25-3　龙海市实验小学校园一角（市实验小学提供）

三、石码第二中心小学

1993 年，高坑小学是隶属于石码学区的一所完全小学。2003 年 7 月，龙海市撤销学区，高坑小学改制为中心校，更名为石码第二中心小学。2007 年开设教学班 12 个，就读学生 583 人；教师 57 人，其中福建省骨干教师 1 人、漳州市学科带头人 1 人、漳州市骨干教师 5 人、龙海市骨干教师 7 人，50% 的教师具有本科学历。

学校以“内强素质、外树形象、敬业奉献、争创一流”为工作指南，教育教学成绩突出，先后被评为漳州市“实施素质教育工作”先进学校、漳州市首批“小学教育质量信得过”学校、龙海市文明学校、龙海市教育先进单位、龙海市“思想品德教育”先进单位、龙海市“小学教学质量管理”达标校、龙海市“小学教学质量管理”进步奖等称号。

附二：农村示范小学

20 世纪 90 年代，福建省为规范农村小学的办学行为，优化办学条件，提高办学质量，在全省范围评选省级农村示范小学。1993 年，龙海市各小学以市教委提出的“内强素质、外树形象、敬业奉献、争创一流”为工作指南，以创建“环境美、管理好、质量高、有特色”的农村优秀示范校为目标，对照评估标准，齐心协力，勤奋工作。各校加强领导班子建设，成立创建省级农村示范校领导小组，形成“开拓进取、求实懂行、团结奋进”的优良作风，达成共识，与乡镇政府、村委会密切配合，争取社会有识之士广泛支持，多渠道筹措资金，完善学校的各项教育教学配套设施，优化教学环境，着力教学改革，加强学校内部管理，不断提高教学质量。

1994 年，龙海市通过第一批农村示范校验收的学校有厚境中心小学、古县中心小学。1996 年，通过第二批农村示范校验收的学校有颜厝镇上林小学、榜山镇上苑小学、白水中心小学。1998 年，通过第三批农村示范校验收的学校有角美锦宅小学、海澄珠浦小学、浮宫美山中心小学、港尾中心小学、港尾石埠小学。2000 年，通过第四批农村示范校验收的学校有角美中心小学、浮宫中心小学、东园凤鸣小学、程溪中心小学、隆教新厝小学。2002 年，通过第五批农村示范校验收的学校有榜山洋西小学、颜厝宅前小学等 3 所。

通过评选省级农村示范小学，优化配置、充实设备与师资，在当地教育教学中起到示范、引领作用，发挥培训和科研中心的功能。2005 年 1 月，龙海市代表福建省农村基础教育办学条件的唯一视察点，接受教育部副部长陈小娅的视察。

2007 年，全市有省级示范小学 2 所（角美中心小学和石码中心小学）、省级农村示范小学 22 所，实现山区、海岛每个中心校都有一所省级农村示范小学。

第三章　中学教育

第一节　学校设置

1993 年，全市共有中学 32 所，其中完全中学 11 所。1996 年，步文中学、郭坑中学划归龙文区；全市有中学 37 所，其中完全中学 8 所；教学班 876 个，其中高中部 69 个。

2005 年，取消浯屿附属中学，合并双第中学。2006 年，合并厚境中学和下庄中学，增建 1 所民办完全中学龙海外国语中学（简称外语中学），并把榜山中学、浒茂中学升格为完全中学建制。

2007 年，全市有中学 35 所，其中完全中学 12 所；有省一级达标校 2 所（龙海一中、龙海二中），省二级达标校 3 所（港尾中学、程溪中学、角美中学），省三级达标校 4 所（华侨中学、白水中学、龙海五中、浮宫中学），省级示范初中校 2 所（桃源中学、鸿渐中学）。

若干年份龙海市普通中学情况表

表 25-3-1

年度	中学数（所）	其中完全中学（所）	教学班总数（个）	其中高中教学班（个）	教职工总数（人）	其中专任教师（人）	学校占地面积（平方米）	校舍建筑面积（平方米）	教学及辅助用房（平方米）
1993	32	11	675	90	2341	2006	645476	176647	79682
1995	36	8	734	84	2468	2133	698321	224485	99886
1996	37	8	876	69	3662	2248	983637	314260	129614
1997	34	9	876	76	2490	2123	819953	270621	128673
1999	34	—	1002	146	2777	2469	845100	307800	—
2001	33	10	987	160	2820	2525	903556	310067	—
2003	36	12	1035	—	3009	—	1012081	343326	—
2004	35	12	1087	—	3324	2739	1082695	378550	—
2005	35	12	1087	—	3324	3103	1082695	378550	—
2006	35	12	1020	—	3389	—	1105236	408407	—
2007	35	12	972	—	3398	3103	1120806	413274	—

若干年份龙海市普通中学学生情况表

表 25-3-2　　　　单位：人、%

年度	在校学生总数	其中高中部学生数	年保留率	毕业学生数	其中高中毕业生	招生总数	其中高中招生
1993	31801	3974	初中 98.20 高中 94.48	9075	1456	11019	1420
1995	35871	3584	98.30	10271	1060	14677	1204
1996	42978	3089	104.69	10025	1154	15703	1098
1997	42967	3306	98.95	9772	812	15503	1379
1999	52120	7720	—	17256	—	—	—
2001	53317	8807	—	—	—	—	—
2003	48402	—	—	14538	—	—	—
2004	61509	—	—	20231	—	—	—
2005	61509	—	—	20231	—	—	—
2006	55666	17636	—	22574	—	—	—
2007	51904	17557	—	20501	—	—	—

第二节　教学

一、学制、教材、课程

（一）学制

1993—2007年，全市中学学制按照教育部规定，实行“三三制”，即初中部3年全日制，高中部3年全日制。

（二）教材

1993—2007年，全市中学使用的教材，按照国家教委颁布的规定执行。初中部学科有思想政治、语文、数学、英语、物理、化学、地理、历史、生物、生理卫生、体育、音乐、美术、劳动技术等。高中部学科有思想政治、语文、数学、英语、物理、化学、地理、体育、劳动技术等。随着国家教委调整课程（教学）计划，开设学科有所变动。

（三）课程

1993年，全市中学课程每周上课5天半。初中部每周总课时为初一年级32节、初二年级33节、初三年级32节，开设思想政治、语文、数学、英语、物理、化学、历史、地理、生物、生理卫生、体育、音乐、美术、劳动技术等学科；高中部每周总课时为高一年级31节、高二年级32节、高三年级33节，开设思想政治、语文、数学、英语、物理、化学、地理、体育、劳动技术等学科。

1994年，调整中学课程（教学）计划，每周上课5天半。初中部每周总课时为初一年级29节、初二年级29节、初三年级25节，开设思想政治、语文、数学、英语、物理、化学、生物、地理、历史、体育、音乐、美术、劳动技能等学科；高中部每周总课时为高一年级29节、高二年级28节、高三年级29节，开设政治、语文、数学、英语、物理、化学、生物、地理、历史、体育、艺术、社会实践等学科。

1997年，中学每周上课改为5天，每周活动总量从38课时减少到33课时。1999年，教育部正式启动新一轮基础教育课程改革，以“促进全面发展”为宗旨，优化课堂教学，加强教学科研，促进教学质量稳步提高。

2004—2007年，设置信息技术教育、研究性学习、社会实践、劳动与技术教育。初中一、二、三年级开设思想品德、语文、数学、英语、物理、化学、生物、地理、历史、体育、音乐、美术、综合实践活动、劳动技术等学科，每周学科总课时均改为34节。

二、尝试教学

1993年后，在全市中学教师中树立教改科研成果先行意识。1999—2000学年，以龙海市教育学会为载体，发挥中学八大教研片教研活动功能，确立35个市级教改实验课题，开展多校、多层次的教研、教改活动。以9个“尝试教学法”实验基地为龙头，组建尝试教学实验班，培养教学骨干，举办示范教学，开展研讨活动，推行启发式和讨论式教学，实施多元化教改实验。2000年10月，龙海市和市教委被中国教育学会教学教育研究发展中心与尝试教育研究会分别评为“全国教育科学重点研究课题《尝试教学理论研究与实践》全国推广先进市”和“全国教育科学重点研究课题《尝试教学理论研究》全国先进单位”。

图25-4　龙海一中教学活动（龙海一中提供）

2001—2002学年，市级课题组增加到77个，尝试教学实验基地增加到22个，尝试教学实验班增加到550个，并创建一批“张思中教学法基地”等，从教育局局长、校长到职能科室都主动承担课题教研任务，教育科研示范学校和实验学校取得明显成效。2002年4月，全国协作区尝试创新课堂教学研讨会在龙海市举行，来自全国各省、市、自治区的专家、学者及龙海市部分中小学校长、教师共1000多人参加研讨会，切磋教学改革方法，交流先进经验，进一步推动课堂教改工作。

2006—2007学年，龙海市中学高中部课程结构由学习领域、科目、模块3个层次构成。学习领域含语言与文学、数学、人文与社会、科学、技术、体育与健康、艺术和综合实践活动8个方面。科目有语文、数学、外语、思想政治、历史、地理、物理、化学、生物、艺术（音乐或美术）、体育与健康、技术等12—13个，以及研究性学习、社区服务和社会实践活动等。每个科目由若干模块组成，模块之间既相互独立，又反映学科内容的逻辑联系。每一模块都有明确的教育目标并构成相对完整的学习单元。

普通高中的课程由必修和选修两部分构成，通过学分体现学生的课程修习状况。必修课含8个领域之下的12–13个科目，以及研究性学习、社区服务和社会实践活动。所有普通高中学校必须开设全部必修课。学生每一年在所有学习的领域都应获得一定的学分，以防止过早偏科，有利于全面发展。必修课合计116学分；一类选修课合计22学分；二类选修课合计6学分。一类选修课：在共同必修的基础上，各科课程标准分类别、分层次设置若干选修模块供学生选择，以满足社会对人才多样化的需求，适应学生不同潜能和发展的需要。二类选修课：由学校根据当地社会经济、科技、文化发展的需要和学生的兴趣，开发若干模块供学生选择。

普通高中每学年为52周，其中教学时间40周、社会实践1周、假期（包括寒暑假、节假日和农忙假）11周。每学年分为2个学期，每学期又分为2个学段，每学段为10周，其中授课9周，复习考试1周。原则上每修习18学时获得1学分，每学时45分钟。必修课和一类选修课的每个模块通常为36学时，相当于2学分。为合理调配教育资源，允许学校根据实际情况，既可以每周安排4学时，在1个学段内完成1个模块的教学任务，也可以视教学实际需要，每周安排2学时，在2个学段内完成1个模块教学任务。体育与健康、艺术（音乐或美术）每个模块原则上为18学时，相当于1学分；研究性学习应保证270学时，为15学分；社会实践3周，为6学分；社区服务按照工作日计算，10个工作日计2学分。

第三节　参加学科竞赛与大中专院校录取

一、参加学科竞赛

1993年，龙海二中朱美燕在全国中学生时事政治知识大赛中获得三等奖。1995年，全市有5人次在全国竞赛中获奖。1997—1998年，全市有19人次在全国竞赛中获奖。2000年，全市有12人次获得全国学科竞赛一等奖和金奖。2007年，全市有2人获得全国学科竞赛奖。

1993—2007年，全市有60人次在全国学科竞赛中获得奖项。

1993—2007年龙海市中学生省级以上学科竞赛获奖情况表

表25-3-3

姓名	学校	年度	竞赛项目	获奖等次
朱美燕	龙海二中	1993	全国中学生时事政治知识大赛	三等奖
洪金聪	龙海一中	1995	全国数学奥林匹克竞赛	铜奖
许文渊 郑毅星	龙海一中	1995	全国第五届“华罗庚金杯”少年数学邀请赛	银奖

续表 25-3-3

姓名	学校	年度	竞赛项目	获奖等次
郭　毅	龙海一中	1995	全国计算机程序设计	一等奖
林率福	龙海二中	1995	第二届全国奥林匹克物理竞赛	二等奖
蔡光明	龙海二中	1996	全国中学生英语能力测试竞赛	省级一等奖
曾继峰	龙海二中	1996	全国第四届周培源中学生力学竞赛	省级二等奖
陈宗彬	龙海二中	1997—1998	全国“天源杯”奥林匹克化学竞赛	二等奖
林智斌	龙海一中	1997—1998	全国“天源杯”奥林匹克化学竞赛	三等奖
甘建斌	东园中学	1997—1998	全国“天源杯”奥林匹克化学竞赛	三等奖
欧阳芳 林　璇	龙海一中	1997—1998	澳大利亚第四届、新西兰第五届南太平洋手风琴赛	夺魁
郭毅松	龙海一中	1997—1998	全国高中数学竞赛（福建赛区）	一等奖
严金鸿	龙海二中	1997—1998	全国高中数学竞赛（福建赛区）	一等奖
林智斌	龙海一中	1997	全国物理竞赛	三等奖及省级一等奖
钟武杰	龙海二中	1997	全国高中数学联赛（福建赛区）	二等奖
方志鹏	龙海一中	1997	全国第六届“华罗庚金杯”少年数学邀请赛	金奖
颜开发	龙海一中	1997	全国初中物理知识竞赛	一等奖
郑毅星	龙海一中	1997	全国初中物理知识竞赛	二等奖
黄祺祥	龙海二中	1998	全国初中物理知识竞赛	二等奖
郭贤忠 王毅鹏	龙海二中	1998	全国高中数学联赛	一等奖
陈枢仪	龙海一中	1998	全国中学生化学竞赛	一等奖
蔡靖楠	龙海一中	1998	全国初中物理知识竞赛	一等奖
欧阳芳	龙海一中	1998	福建省第七届少年手风琴赛	一等奖
欧阳芳	龙海一中	1998	福建省第八届音乐舞蹈节手风琴赛	金奖
洪晓婷 郑建毅	龙海二中	1999	全国初中物理知识竞赛	三等奖
黄凌翔 郭渊斌	龙海一中	1999	全国中学生英语能力竞赛	特等奖
许扬扬	龙海一中	1999	全国中学生英语能力竞赛	一等奖
陈　宇	龙海一中	2000	全国初中物理知识竞赛	一等奖
刘欣茹	龙海一中	2000	福建省器乐比赛	一等奖
郑志良	龙海二中	2000	全国初中物理知识竞赛	一等奖
林亚凯	龙海二中	2000	全国高中数学联赛	二等奖
钱志丛	龙海一中	2000	第十一届全国初中应用物理知识竞赛	一等奖
陈梁鹏 洪　婧	龙海一中	2000	全国中学生英语能力竞赛	一等奖
陈泓哲	龙海一中	2000	全国初中化学竞赛（福建赛区）	一等奖

续表 25-3-3

姓名	学校	年度	竞赛项目	获奖等次
陈镇容 陈　巍	龙海一中	2000	全国中学生生物奥林匹克竞赛（福建赛区）	一等奖
欧阳芳	龙海一中	2000	福建省第九届音乐节舞蹈节手风琴赛	金奖
郑小玲 郑碧珍	白水中学	2000	福建电视台寓言小品竞赛	一等奖
郭瑞芬	龙海二中	2001	全国中学生英语能力竞赛	一等奖
蔡智超	龙海一中	2002	福建省首届中小学生美术课堂作业竞赛	一等奖
黄　鹏	龙海二中	2002	全国初中应用物理知识竞赛	一等奖
洪艺勇 纪志良	龙海二中	2002	全国第十九届中学生物理竞赛	三等奖
苏志伟	龙海一中	2002	全国化学奥林匹克竞赛	省级三等奖
康贤聪 洪永坤	龙海一中	2003	全国物理奥林匹克竞赛	三等奖
陈毅兴	龙海二中	2003	全国高中数学联赛	一等奖
刘欣茹	龙海一中	2004	福建省中小学生器乐大赛	第一名
钟浩正	龙海二中	2005	福建省第二十届青少年科技创新大赛	二等奖
姚勇辉	龙海一中	2005	国际（北京）“小马拉松”比赛	第一名
洪艺娇	龙海一中	2005	第十届全运会皮划艇	银牌
陈荣茂	龙海一中	2007	第三届全国中学生正泰品学奖	优秀奖
沈悦娴	龙海七中	2007	第三届全国校园文艺会演	金奖

二、大中专院校录取

1993 年，龙海市被高校录取数 496 人，龙海一中曾志慧获得全国高考文史类总分全省第二名。1994 年，龙海市被高校录取数 529 人，程溪中学叶水明获得福建省高考理工类总分第一名。1995 年，龙海市被高校录取数 484 人，龙海一中谢天霖获得漳州市高考理工类第一名。1996 年，龙海市被高校录取数 564 人。1997 年，龙海市被高校录取数 694 人，龙海一中洪金聪、龙海二中蔡长明分别获得漳州市高考理工类第二名和第三名；龙海二中陈志伟获得漳州市高考文史类第三名。是年，龙海市高考上省专线名列漳州市各县（市、区）第一。1998 年，龙海市被高校录取数 793 人。1999 年，龙海市被高校录取数 1001 人，龙海一中周艺燕、林碧毅分别获得漳州市高考文史类、理工类第一名。2000 年起，高中毕业生参加高考不再兼报中专学校，龙海市被高校录取数 1187 人。是年，龙海一中胡崛隽获得福建省高考理工类总分第一名。2001 年，龙海市被高校录取数 1528 人，龙海一中许丽英获得福建省高考单科（英语）第一名。2002 年，龙海市被高校录取数 1660 人，获得漳州市高考理工类总分前 10 名中，龙海市有 5 名；文史类总分前 10 名中，龙海市有 2 名。2003 年，龙海市被高校录取数 3326 人，龙海一中林琳获得漳州市高考文史类总分第一名。2004 年，龙海市被高校录取数 3678 人。2005 年，龙海市被高校录取数 3815 人，龙海一中谢宇宏获得福建省高考文史类总分第一名。2006 年，龙海市被高校录取数 3659 人，漳州市高考文史类、理工类总分前 10 名中，龙海市有 5 名。2007 年，龙海市被全国高校录取 3649 人，其中大学本科 1489 人、大专 2160 人。

附：重点中学选介

一、龙海第一中学

龙海第一中学位于石码镇。学校以“严、谨、细、实”的教风和“勤、钻、巧、严”的学风，引领师生团结拼搏、奋发向上、锐意进取、开拓创新，在实现由“三化”（绿化、美化、净化）学校向“三园”（学园、乐园、花园）式学校转变的同时，逐步实现现代化教育教学环境建设。学校拥有一支政治思想好、业务精、素质高的教师队伍，其德才兼备、学历层次、学科配置、年龄结构、发展后劲等均处于全市乃至全省重点中学的前列，涌现出一批国家、省、市、县级先进教师和学科带头人。龙海一中教育教学质量年年提高，课改实验稳步推进，课题研究成果丰硕，治学佳绩名闻遐迩。1995 年，龙海一中成为省二级达标学校，2004 年 5 月成为省一级达标中学。2002 年开设教学班 63 个，其中初中部教学班 21 个，高中部教学班 42 个，就读学生 4586 人；教职工 273 人，其中专任教师 242 人，有高级教师 49 人、一级教师 102 人、二级教师 91 人。

至 2007 年，学校已有 300 多名学生在全国各级各类学科竞赛中获奖。其中苏朝晖同学为中国夺取第一枚国际中学生奥林匹克化学竞赛金牌；高校录取的上本科人数大幅上升，其中杨清奇、庄立梅、曾志惠 3 名学生高考成绩名列全省榜首；胡崛隽摘取全省高考理科“状元”桂冠；谢宇宏摘取全省高考文科“状元”桂冠；陈超、邱国波、杨小贤 3 名学生高考成绩列漳州市理工科前三名；黄悦、黄毅君 2 名学生高考成绩列漳州市文科第三名。

龙海一中年年被评为漳州市、龙海市教育先进单位，连续四届被评为福建省文明学校，并先后被评为国家“体育锻炼标准施行办法”先进单位、省级“花园式”学校、省级“绿色学校”、省教育先进工会、省优秀“青少年维权岗”、省中小学“现代教育技术实验”学校、省中小学“科技示范”学校、省“高中课程改革”样本校、漳州市“学校综合治理”先进单位；入选全国名校行列。

二、龙海第二中学

龙海第二中学位于海澄镇。龙海二中秉承“以人为本”的办学理念，注重“以学生全面发展为本，以教师专业发展为本，以学校和谐发展为本”，实施教育教学改革，质量年年提高。2002 年开设教学班 56 个，其中初中部教学班 18 个，高中部教学班 38 个，就读学生 3800 人，教职工 218 人。有专任教师 199 人，其中高级教师 25 人，一级教师 84 人。学校高考尖子生曾获漳州市理工类第二、三、五名，文史类第三、五名，单科高考成绩曾获漳州市、福建省第一名。2006 年 4 月，成为省一级达标中学。

龙海二中校园内有一座文庙，从 2006 年起，学校每年举行纪念孔子诞辰、开展文化节、读书节活动，形成特色的品牌文化。

学校先后被评为省级文明校、省级“知识产权试点”中学、省教育系统先进集体，省中小学体育工作先进单位、省“绿色学校”、省体育卫生工作先进单位、省“依法治校”示范校、省“未成年人保护工作”先进单位、省“校园综合治理”先进单位、省“校务公开”示范单位、省“党政工共建教工之家”先进单位。

图 25-5　龙海一中校园（龙海一中提供）

三、龙海程溪中学

龙海程溪中学位于程溪镇锦山脚下，校园占地面积 78800 平方米，建筑面积 21183 平方米，拥有 3 座教学楼，1 座科学综合楼，1 座图书馆和标准田径场、篮球场、排球场。龙海程溪中学的校风、教风、学风优良，坚持“办学有特色，教学有特点，学生有特长”的办学方向，以人为本，让每个学生得到

图 25-6　龙海二中校园（张庆生摄）

充分发展，为社会培养了大量有用人才。学校继承和发扬军校共建光荣传统，走出特色办学之路，不仅开展军地共建校园、入学前军训及国防教育等系列特色活动，还接收一批近 30 名“军嫂”组成的特殊教师队伍，既解决部队的后顾之忧，也为地方教育作出贡献，教育教学水平不断提高，高考、中考成绩年年优异。1994 年，叶水明同学高考成绩获福建省理科第一名。2003 年，程溪中学经审批成为福建省第一批高考农村考点。2004 年，获得漳州市一般完全中学高考专科以上上线数第三名；同年，在龙海市中小学田径运动会上，获得高中组团体总分第二名。

2005 年 4 月，学校升格为省“三级达标”中学，2006 年升格为省“二级达标高中”校。学校先后被评为福建省文明学校、福建省“绿色学校”、漳州市“共青团金奖学校”、漳州市教育工作先进单位、龙海市文明学校、龙海市教育工作先进单位等。2007 年，全校就读学生 2873 人，教职工 215 人。

四、龙海港尾中学

龙海港尾中学位于港尾镇梅市村的狮山脚下。学校依山而建，错落有致，布局合理，环境优雅，占地面积 80000.4 平方米。港尾中学以人为本，立足提高学生综合素质，办学规模逐步扩大。2001 年 4 月，学校通过省“三级达标校”验收；2006 年 12 月被确认为省“二级达标校”。该校先后被评为福建省“花园式”学校、福建省先进“教工之家”、漳州市文明学校、漳州市“实施素质教育工作”先进学校、漳州市教育系统先进集体、龙海市教育工作先进单位等。

2007 年，开设教学班 42 个，就读学生 2450 人；教职工 95 人（其中专任教师 89 人），有高级教师 2 人，一级教师 16 人。

第四章　成人教育

第一节　扫除文盲与岗位培训

一、扫除文盲

1990 年 7 月 1 日全国第四次人口普查，龙海县 15 周岁以上人口中，非文盲率占总人口 89.3%。其中 15-40 周岁少年、青年、壮年，非文盲率为 91.25%。针对剩余文盲“三多一散”（女性文盲多、壮年文盲多、偏僻地区文盲多、文盲分散）的特点，采用多种形式的办学方法深入开展扫盲活动，在文盲较多的村（居委会）集中办扫盲班、业余提高班；在文盲较少的村则办庭院班；对壮年文盲则实行“送字上门，包教包学”。通过定期组织检查、考试，达到巩固、提高的目标。同时，每个乡镇配备成人教育干部 3 人以上，成立成人教研小组，把 5% 的教育费附加投入成人教育，聘请专任教师和兼职教师，利用社会力量，办好扫盲班、巩固班和提高班。

1993年，全市办296个扫盲班，学员10241人，兼职教师191人；办280个成人小学班，学员8772人，兼职教师234人。1995年，全市办314个扫盲班，学员10740人，专任教师16人，兼职教师352人；办408个成人小学班，学员13996人，专任教师27人，兼职教师376人。1996年，全市办349个扫盲班，学员11464人，兼职教师330人；办119个成人小学班，学员2911人，兼职教师113人。是年，全市青壮年非文盲率为97.62%。1997—1998年，全市办104个扫盲班，学员2160人，兼职教师101人；办107个成人小学班，学员2320人。1997年，龙海市通过福建省人民政府高标准扫除青壮年文盲评估验收。1998年3月，龙海市获福建省人民政府授予基本普及九年义务教育、基本扫除青壮年文盲市称号。

1999—2000年，全市办72个扫盲班，学员613人；办103个成人小学班，学员1389人。2000年，全市青壮年非文盲率为98.65%，脱盲后继续教育人数占验收时脱盲人数的97.17%，15周岁的文盲率为0.78%。1999年9月，海澄镇文化技术学校获国家教育部颁发的全国第四届“中华扫盲奖”。

2003—2004年，全市15—24岁非文盲率为100%。2005—2006年，全市15—24岁非文盲率为99.98%。2007年，全市15—24岁人口非文盲率为100%。

二、岗位培训

1993年，全市成人技术培训学校291所，开设教学班406个，在校学员数65682人，其中长班5026人、短班60656人；结业学员数39089人，其中长班3283人、短班35806人；教职工数110人，其中专任教师22人，另聘兼职教师311人。

1995年，全市有成人技术培训学校316所，开设教学班477个，在校学员数95875人，其中长班10984人、短班84891人；结业学员数64671人，其中长班7387人、短班57284人；教职工数78人，其中专任教师34人，另聘兼职教师512人。

1996年，全市有成人技术培训学校309所，开设教学班406个，在校学员数62836人，其中长班10126人、短班52710人；结业学员数53555人，其中长班7934人、短班45621人；聘任兼职教师465人。

1997年，全市有成人技术培训学校267所，开设教学班520个，在校学员数36653人，其中长班5631人、短班31022人；结业学员数50009人，其中长班7214人、短班42795人；另聘兼职教师401人。

1998年，全市开设成人技术培训班520个，在校学员数36653人。1999—2000年，全市有成人技术培训学校267所，在校学员数62759人，结业学员62740人，其中2000年结业学员31620人。

2001—2002年，全市有成人技术培训学校242所，在校学员数41575人，教职工29人，另聘兼职教师283人。

1993—2003年，技术培训的工种主要为电工、电焊工、锅炉工、水产养殖工。2004—2007年，技术培训的工种增加计算机操作工、叉车司机、摩托车修理工、汽车维修工、幼儿园保育员等。

第二节　职业教育与高等教育

一、中等职业教育

1993年，全市有龙海高级职业中学、石美职业学校、郭坑职业学校、古县中学、九湖花果中学5所职业学校；共设职业教育班29个，就读学生999人。1994年，九湖花果中学改制为普通中学；龙江中学开设职业高中班。

1997年，郭坑职业中学划归龙文区。龙海五中、石美中学、古县中学、龙江中学和港尾中学实施素质教育试点，创办初中二年后分流职业技术班。龙海五中实验班75人分设3个专业。1998年，初中二年后分流职业教育在全市铺开，参加分流教育的学生从1997年的300人增至2000人，占初三学生总数的21%左右。“农函大”首次在农村中学延伸，全市18所推行分流教育的学校加入“农函大”实用技术培训，报读学生 923 人。1997—1998 年，石美中学被莆田高等专科学校录取的学生 25 人，被闽西大学会计电算化专业录取的学生 2 人。古县中学被漳州业余大学高职班计算机专业录取的学生 15 人。龙海高级职业中学 1998 年体育师资班毕业生参加全省录、聘用考试，文化考试成绩居全省 7 个定点教学班前二名。全市职业高中学生被普通高校录取 4 人，被漳州市人事局正式录用 13 人。龙海高级职业中学和部分中学举办职业技术电脑培训，至 1998 年底参训数 3200 人次，并参加全省、全国电脑等级考试。

2000 年，港尾中学开设职业高中班。2001—2002 年，龙海高级职业中学办班 19 个，就读学生 659 人；石美职业中学办班 10 个，就读学生 260 人；港尾中学附设职中办班 10 个，就读学生 576 人；白水中学附设职中办班 7 个，就读学生 343 人；古县中学附设职中办班 4 个，就读学生 180 人；榜山中学附设职中办班 1 个，就读学生 45 人。2002 年，龙江中学、港尾中学取消职业高中班。

2003 年，全市有中等职业学校 5 所，学校占地面积 47269 平方米，在校学生数 1945 人，毕业生数 822 人，教职工数 162 人。2004 年，全市有中等职业学校 9 所，学校占地面积 52998 平方米，校舍建筑面积 34755 平方米；在校学生数 7902 人，毕业生数 602 人，教职工数 219 人。2003—2004 年，龙海高级职业中学和龙海石美职业中学除增办高中综合班，还与漳州灿坤实业公司、联天食品公司、龙佳公司等龙头企业合作，运作“订单教育”，定向培养企业所需的人才，扩大办学规模；与泉州匹克鞋服设计学校联合办学，由设计学校负责推荐学生就业。并建立健全有利于各类中等职业学校招生的导向评价机制，将中等职业学校升学人数与普通高中升学人数一样纳入初中校考核范畴。

2005 年 4 月，原龙海师范高级中学改制为龙海第一职业技术学校，当年秋季招生；5 月，漳州灿坤实业有限公司被批准创办漳州灿坤职业技术学校，成为龙海第一所民办中等职业学校，于当年秋季招生；12 月，经省教育厅批准，原龙海高级职业中学更名为龙海第二职业技术学校，被确定为省级合格中等职业学校。是年，全市有中等职业学校 5 所，学校占地面积 50998 平方米，在校学生 7902 人，毕业生 602 人。

2006 年，全市有中等职业学校 5 所，学校占地面积 50989 平方米，校舍建筑面积 34755 平方米，在校学生数 10605 人，毕业生数 963 人，教职工数 212 人。

2007 年，漳州（龙海）交通职业技术学校被批准创办并招生，成为龙海市第二所民办中等职业学校。当年，全市有中等职业学校 6 所：龙海第一职业技术学校、龙海第二职业技术学校、石美职业学校、漳州灿坤职业技术学校、漳州交通职业技术学校、龙海技工学校，学校占地面积 130918 平方米，校舍建筑面积 44205 平方米，在校学生数 12503 人（其中漳州灿坤职业技术学校 2000 人），毕业生数 2018 人，教职工数 305 人。

若干年份龙海市职业中学情况表

表 25-4-1

年份	学校（所）	班级（个）	在校学生（人）	毕业生（人）	教职工数（人）	其中专任教师（人）	学校占地面积（平方米）	校舍建筑面积（平方米）	生活用房面积（平方米）
1993	5	35	1176	369	122	88	26594	10155	4286
1995	6	46	1618	324	128	84	—	3338	2923
1996	7	45	1664	536	123	84	4380	3013	1192
1997	5	35	1363	497	108	84	3906	7287	5466
2002	6	50	2018	1074	87	69	—	—	—
2003	5	—	1945	822	162	—	47269	—	—
2004	9	—	7902	602	219	—	52998	34755	—
2005	5	—	7902	602	—	—	50998	14000	—
2006	5	—	10605	963	212	—	50989	34755	—
2007	6	—	12503	2018	305	—	130918	44205	—

附：重点职业教育学校选介

一、龙海第一职业技术学校

龙海第一职业技术学校位于榜山镇柯坑村紫云公园岳岭山麓，其前身为福建省龙海师范学校；2003年6月从漳州市下放龙海市，更名为龙海师范高级中学；2005年4月，更名为龙海第一职业技术学校。校园占地面积4.33万平方米，建筑面积2万多平方米。各项设施配套完善，拥有1个占地1.66万平方米的综合运动场、1幢图书馆、多媒体梯形会议室的综合大楼及1幢综合教学大楼、学生公寓，1座可容纳1200人同时用餐的食堂。

学校学制：初中起点3年，高中起点1年，主要开设课程有数控技术应用、机械加工技术、机械设备安装与维修、模具设计与制造、电子电器应用与维修、汽车运用与维修、制冷和空调设备运用与维修、计算机及应用、航空服务、会计等专业和高职单招辅导班。部分专业与集美轻工业学校、漳州第二职业技术学校、福建华职、漳州财贸学校联合办学，采取“1+1+1”三段式教学模式。第一学年在本校就读；第二学年在联办学校就读；第三学年由联办学校实训。2006年5月，建立技能鉴定站。2006—2007年学校共培训和鉴定初级维修电工152人，计算机系统操作工165人。2007年开设教学班29个，学生数636人，教职工数46人，其中专任教师35人（其中高级职称6人，中级职称25人）。

学校先后被评为福建省文明学校、漳州市学校安全保卫工作先进集体、漳州市“绿色学校”、漳州市德育先进学校、龙海市“平安校园”。

二、龙海第二职业技术学校

龙海第二职业技术学校位于石码镇大埕27号，是龙海市唯一“全国计算机等级考试考点”，也是龙海市邮政局培训基地。校园占地2939.34平方米，建筑面积4181平方米；主要设施有适用于幼儿教育专业的琴室、舞蹈室，计算机专业的电脑室，对外培训用的多媒体设备等。

学校学制：初中起点3年，高中起点1年；主要开设学前教育专业、会计电算化、计算机及应用、旅游与服务、芗剧表演等专业。学校围绕“办有特色专业，育有特长学生”的办学思路，加强管理，加大校企联办力度，为社会培养了大批的实用型人才。1993—1999年，开设体育教育、幼儿教育、报关、税征、旅游、会计电算化、工艺美术、烹饪、家电、缝制等专业。1999年前，每年体育教育师资班有40%、幼儿教育师资班10%的招聘名额，被录聘分配到各中小学任教。学前教育专业毕业生供不应求，100%就业；中期选拔及对口考试升大学深造者占毕业生的13%。

2007年，开设教学班29个，学生数798人，教职工数40人，专任教师中具有高级职称5人、中级职称23人。学校先后被评为“全国等级考试先进单位”、龙海市教育工作先进单位、龙海市文明学校。

二、高等职业教育

福建广播电视大学龙海分校（简称龙海电大），是一所利用广播电视、卫星通信、计算机网络课件等多种媒体进行远程开放教育的新型高等学校，是中央广播电视大学系统办学的组成部分。

龙海电大采取以电大开放教育为主，以成人中专、继续教育、岗位培训为辅的学历教育与非学历教育共同发展的办学体制。建有KU波段教学卫星接收装置，可接收中央广播电视大学卫星电视教学节目和VBI、IP教学信息；拥有1间50个座位的多媒体计算机网络教室，可与省电视大学联网，共享教学资源；建有1间90个座位双向视频会议中心超大屏幕多媒体教室，可供电大本科生、专科生和福建师范大学网络教育学院学生教学使用。龙海电大招收成人大专业余班汉语言文学专业、党政专业脱产专修班及成人招生、注册视听生、开放教育行政管理学、会计学、金融、法学、行政管理、汉语言文学、公共关系学、公关与文秘专业、小学教育、教育管理、园艺等本科、专科专业、教育园艺专业及小学教育、教育管理专业。

2002年，成立福建师范大学网络教育学院校外学习中心，开始开展现代远程教育办学工作。2004年，本科远程教育开设6个专业：法学、英语、汉语言文学、数学与应用数学、思想政治教育、计算机；专科开放教育开设8个专业：法律、金融、财会、园艺、小学教育、教育管理、工商管理、现代文员专业。2005年4月，学校通过省教育厅专家组“广播电视大学人才培养模式改革和开放教育试点”项目考察评估。2007年，龙海电大有在校生1200多人；专职、兼职教师35人，其中高级职称5人、中级职称18人。

1993—2007年，龙海电大共培养各级各类学历教育毕业生4201人，其中开放教育毕业生2859人，网络教育毕业生687人，成人中专毕业生655人；在全省电大系统评估中，龙海电大被评为“良好单位”，还被福建师范大学网络教育学院评为“先进校外学习中心”。

三、厦门大学漳州校区

2000年4月，厦门大学漳州校区建设项目正式签约，项目位于港尾镇大径村。2001年4月举行奠基仪式，开工建设，计划总投资12.9亿元，首期工程投资2.93亿元。厦门大学漳州校区占地17.12万平方米，教学、生活用房建筑面积60.8万平方米，包括4栋建筑面积76350平方米的教学楼；100间先进的多媒体教室，其中最大的可容纳200多人；主楼建筑面积48000平方米，1—5层共36000平方米为现代化的校区图书馆。教学、科研设施完善，计算机网络遍布校舍，公共计算机房有1300多台主流配置新电脑。生活园区配套齐全，食堂、商场、银行和校区医院等各种设施一应俱全，日常生活条件便利，校园使用“一卡通”系统管理和结算。每个园区都配有公共自动洗衣房、自动开水机、乒乓球场、羽毛球场等；学生公寓采用单元组织模式，设施完善，每人还配有单独的电话、网络接口等现代通信设施。漳州校区主要为一、二年级本科生及嘉庚学院一至四年级学生共2万人的教学和生活园区。2003年9月，首期工程竣工投入使用，首批5000名本科新生报到入住。

2005年，厦门大学重新调整漳州校区功能，厦大本科生逐批迁回校本部思明校区和翔安新校区，漳州校区用于厦门大学嘉庚学院扩大办学和厦门大学部分学院的科技创新平台。科技园占地16.13万平方米，为厦门大学精细化工孵化与产业化基地，培养创新创业人才，转化科技成果，达到产学研结合。厦门大学嘉庚学院内设5个分院、20个系：法学院、外文学院、生化大楼人文与传播学院、国际商学院、信息科学与技术学院、法律系、英语系、日语系、艺术设计系、音乐系、中文系、新闻传播系、国际经贸系、电子商务系、会计系、管理系、物流管理系、财政金融系、电子工程系、计算机科学与技术系、信息与计算科学系、机电工程系、土木工程系、建筑学系、环境科学与工程系；有41个专业和2个实践教学训练中心、1个科研中心。

2007年，首届厦门大学嘉庚学院毕业生433人之中，获得学士学位有411人，其中进入各类企事业单位工作及出国、考研的有331人。全院学生参加国际性赛事获奖93项、全国性赛事获奖484项、全省性赛事获奖921项。

第五章　教　师

第一节　队伍构成

一、来源

1993年，有200多名大中专师范类毕业生进入教师队伍，但不能满足全市中小学、幼儿园教育的实际需要，只得通过聘请临时代课教师解决难题。1995—1997年，教育部门接收部分非师范类大中专毕业生250人，经上岗培训，充实到农村缺编的中小学任教。2000年，停止中等师范毕业生分配工作。2005年，停止大专以上师范类院校毕业生分配工作。2006年，初中师资基本饱和，高中师资严重缺编。2006—2007年，只接收本科及以上学历师范类毕业生，其他学历师范类毕业生实行考试竞争上岗。

二、人员分布

1993年，龙海市普通中学有教职工2341人，其中公办教职工2308人（其中专任教师1984人），民办教职工33人(其中专任教师22人)。职业中学有教职工122人，其中专任教师88人。小学有教职工3705人，其中公办教职工3379人（其中专任教师3023人）、民办教职工326人（其中专任教师322人）。幼儿园有教职工998人，其中公办教职工204人（其中专任教师176人）。

1995年，全市普通中学有教职工2468人，其中公办教职工2444人（其中专任教师2119人）、民办教职工24人（其中专任教师14人）。职业中学有教职工128人，其中专任教师84人。小学有教职工3827人，其中公办教职工3599人（其中专任教师3493人）、民办教职工228人（其中专任教师226人）。幼儿园有教职工1114人，其中公办教职工216人（其中专任教师186人）。

1996年，全市普通中学有教职工3662人，其中公办教职工2649人（其中专任教师2248人）、民办教职工13人(其中专任教师3人)。职业中学有教职工123人，其中专任教师84人。小学有教职工4026人，其中公办教职工3879人（其中专任教师3757人）、民办教职工147人（其中专任教师146人）。幼儿园有教职工1152人，其中公办教职工205人（其中专任教师169人）。1996—2000年，全市办理教师资格申请共4888人，其中认定普通中学高中教师资格358人、普通中学初中教师资格1392人、职业中学教师资格34人、小学教师资格2965人、幼儿园教师资格139人。

1997年，全市普通中学有教职工2490人，其中公办教职工2483人（其中专任教师2120人）、民办教职工7人（其中专任教师3人）。职业中学有教职工108人，其中专任教师84人。小学有教职工3758人，其中公办教职工3702人（其中专任教师3626人）、民办教职工56人（其中专任教师55人）。幼儿园有教职工1059人，其中公办教职工225人（其中专任教师189人）。是年，普通中学高中专任教师学历本科及以上144人、专科131人、中专1人、高中毕业2人，初中专任教师学历本科及以上167人、专科1528人、中专103人、高中毕业47人。小学专任教师学历专科45人、中专2890人、高中毕业394人、高中以下352人。

2007年，全市各级各类学校有教职工7785人(其中专任教师7315人)，其中中学教职工3398人(其中专任教师3103人）、小学教职工3514人（其中专任教师3497人）、幼儿园教职工（包括民办幼儿园）867人（其中专任教师709人）、特殊学校教职工6人。全市拥有各类教师资格认定9407人。全市中小学校长全部经过岗位培训，持证上岗。小学、初中骨干教师省、市级培训率11.77%，小学、初中专任教师信息技术培训率100%。全市初中专任教师学历具有本科及以上者占27.36%，小学专任教师学历具有大专及以上者占44.74%。新聘初中专任教师均具教师资格。

第二节　教师培训

1993年，规定新任教师岗前培训时间应不少于120学时，中学新任教师岗前培训由漳州城市职业学院（原漳州教育学院）负责，小学新任教师岗前培训由龙海市教师进修学校负责。1995年起，规定中小学教师专业技术人员每年必须参加一定学时的继续再教育培训，高级和中级职称的教师为72学时，初级职称的教师为42学时。

1997年，全市举办76期教师继续教育培训班，中小学教师831人晋升一级职称。1998年，参加培训12424人，完成1100名教师的职称评审。

1999—2000学年，参加培训13535人，培养福建省、漳州市级骨干教师593人。高级和中级职称教师由漳州市城市职业学院负责继续再教育培训；初级职称教师由龙海市教师进修学校负责继续再教育培训。

2001 年起，中级职称教师可以由漳州教育学院和龙海市教师进修学校联合负责继续再教育培训。2001—2002 学年，组织教师 4228 人次参加小学教育专科自学考试和 1760 人次参加中学“专升本”自学考试，并组织教师 2900 人参加普通话测试。2003—2004 学年，组织小学骨干教师 255 人、初中骨干教师 219 人，接受省、地（市）级培训；组织全体小学、初中专任教师参加信息技术初级培训。2006 年筹措资金 330 多万元，全面完成小学校长提高培训和新一轮中小学教师全员培训，有 3823 人参加继续教育培训，培训骨干教师 372 人，培训新教师 53 人。

2007 年，龙海市教师进修学校开始对高级和中级职称教师进行继续再教育培训。是年，龙海市教师进修学校有教职员工 64 人，其中高级职称 33 人 。全年投入资金 50 万元，委托漳州师范学院对全市学科剩余或专业不对口的中学教师 113 人举办为期 1 年的转学科脱产培训。投入 68 万元，由中学对口帮扶中心小学，利用周末组织中青年小学教师 1725 人参加英语教学能力培训，基本保证小学从三年级起开设英语课程。组织校长、骨干教师 1000 人参加远程教育培训；完成中小学教师 4548 人继续教育培训计划。

1996—2007 年龙海市教师参加培训与继续教育情况表

表 25-5-1　　　　单位：人

培训年度	小学教师	中学教师
1996	692	714
1997	614	517
1998	791	929
1999	596	793
2000	813	986
2001	1850	1091
2002	2139	1208
2003	1683	932
2004	2508	1268
2005	3020	1814
2006	2447	1197
2007	2182	1636

第三节　职称构成

1993 年，全市普通中学教师有高级职称 8 人、中级职称 138 人、初级职称 1225 人、未评职称 291 人。职业中学教师有高级职称 1 人、中级职称 18 人、初级职称 63 人、未评职称 6 人。小学教师有中级职称 21 人、初级职称 2649 人、未评职称 481 人。1997 年，全市中学教师有高级职称 50 人、中级职称 309 人、初级职称 1425 人。小学教师有高级职称 5 人、中级职称 395 人、初级职称 2720 人。2005 年，龙海市推行专业技术人员评聘分开竞争上岗，全市中学教师有高级职称 88 人、中级职称 375 人；小学教师有“小中高”高级职称 5 人、中级职称 587 人。

2006 年，全市中学教师有高级职称 146 人；小学教师有“小中高”高级职称 5 人。2007 年，对 2005

年以后晋升小学高级教师、中学中（高）级教师，实行教师职称评聘公开积分量化制度，全市聘任中高级职称的教师有 2554 人。

第四节　教师待遇

一、经济待遇

1993 年 10 月 1 日起，全市中小学实行中小学职务（技术）等级工资制，中小学教师工资总额提高 10%，由职务（技术）工资和津贴两部分构成，其中职务（技术）等级工资部分占 70%，津贴部分占 30%，取消物价、福利性补贴、奖金等项目，保留地区生活补贴、类区补贴、教龄津贴、班主任津贴等部分。

执行新工资标准后，工作人员连续两年年度考核合格（职称）及以上者，正常晋升一个工资档次。1996 年 10 月，地区生活补贴变换为岗位职务补贴（2000 年 7 月起，岗位职务补贴、类区补贴归并为漳州市地区补贴，最低补贴标准为 255 元）。自 1993 年 10 月工资改革后，分别于 1997 年 10 月、1999 年 7 月、2001 年 1 月、2001 年 10 月、2003 年 7 月进行 5 次工资标准调整。

1993—2000 年，教师工资由龙海市（县级）人事、财政部门核定，乡镇财政支付。2001 年 7 月起，教师工资全额纳入市本级财政预算，实行中小学教师工资由市财政统一发放，中小学教师继续教育也按年工资总额 1.5% 给予专列预算，恢复地方性补贴（最低标准每人每月 345 元）。2006 年筹资 40 多万元，慰问山区、海岛、少数民族教师、特困教师和离退休教育干部。2007 年 1 月 1 日起，全市教师缴存的住房公积金，全部纳入市财政配套缴交并调整公积金缴存基数。

二、政治待遇

1993 年，黄素瑶获省“五一”劳动奖章。1994 年，庄宝琴被评为省劳动模范；12 月，陈文明被省教育委员会评为全省电化教育先进工作者。1996 年，蒋惠民获省“五一”劳动奖章。1997 年，谢高明被评为省劳动模范。1998 年，吴木宾被国家教委、人事部评为全国优秀教育工作者；蔡一珠被省人民政府评为省优秀工作者；吴建山、杨少辉、陈月凤、胡河钗、许永安、李友忠、陈国沫 7 人被省人民政府评为省优秀教师。1999 年 5 月，林文寿被国家体委、体育部评为全国实验学校体育锻炼标准先进个人。

2000 年，郭雨声被评为省劳动模范；7 月，郑港坪被省高考评卷点评为省高考优秀评卷教师；10 月，刘伟华被评为省优秀青年教师。2002 年 2 月，方小雄被省教育厅评为全省先进工作（生产）者；郭胜坚被中共福建省委教育工委评为省先进德育工作者。2003 年，陈昌安获省“五一”劳动奖章。2004 年 11 月，曾阿英被省教育厅评为全省基础教育课程改革先进个人。2005 年，吴木宾被国家体育总局评为全国群众体育先进个人；赖聪林获现代教育教学科研论文评审委员会评给全国性教研成果一等奖。2006 年，颜巧玲获教育部、文化部、中国关工委颁发全国艺术人才选拔活动优秀辅导奖；卢明辉被省人民政府评为省特级教师；5 月，纪建辉获省中学生生物竞赛委员会第 15 届全国中学生生物学奥林匹克联赛福建省赛区指导老师三等奖；9 月，林小华被省教育厅评为省优秀教师；10 月，林跃鹏被省科技协会评为全省优秀科技辅导员；11 月，康建辉被省委、省政府评为全省抗洪救灾先进个人。

2007 年 3 月，林清华被省教育厅、省发改委、省财政厅联合评为实施中小学危房改造工作先进个人；5 月，郭莉敏获省中学生生物竞赛委员会第 16 届全国中学生生物学奥林匹克联赛福建省赛区指导老师二等奖；9 月，王俊勇被教育部评为全国优秀教师，江良才、曾桂丽被省人民政府评为省优秀教师，郑国庆、李秀惠、朱进有被省教育厅、省人事厅联合评为省优秀教师；10 月，陈崇山被中国教育学会评为“新世纪曙光杯”第五届全国学生书法大赛园丁奖；11 月，吴惠玲获省普教室高中新课程优质课评比一等奖；12 月，张小结获省教育厅优秀指示教师奖，纪志艺被省教育厅评为全国少儿歌舞剧创作与展示竞赛福建省赛区决赛三等奖。

1993—2007 年，龙海市教师获国家级表彰奖励 7 人次、福建省表彰奖励 36 人次、漳州市表彰奖励 57 人次。受漳州市表彰奖励的有优秀教师、学科优秀教师、师德标兵 17 人次；“十佳名师”提名奖 2 人次；先进工作者、教育先进工作者、电教先进个人计 9 人次；课改成果先进个人、学科竞赛指导奖、新课程学科说课奖计 11 人次；巾帼建功标兵、女教职工标兵、妇女标兵计 4 人次；优秀共产党员和党务工作者计 7 人次；教学质量管理先进个人 3 人次；其他项目先进个人 4 人次。全市有教师和教育工作者被选为福建省、漳州市、龙海市人民代表大会代表有 13 人，被选为漳州市、龙海市政协委员有 29 人，与其他人大代表、政协委员一起参政议政，有的教师还被提拔担任有关党政部门负责人。

第六章 管 理

第一节 管理机构

1993 年，龙海市教育局内设秘书股、人事股、计财股、初等教育股、中等教育股、高考招生办公室 6 股室。挂靠龙海市教育督导室。1997 年 4 月，龙海市教育局更名龙海市教育委员会。2002 年 7 月，龙海市教育委员会复名龙海市教育局。2004 年 4 月，龙海市教育督导室更名为龙海市人民政府教育督导室。2006 年 2 月，成立中共龙海市教育工作委员会，与市教育局合署办公。

2007 年，龙海市教育局内设秘书科、人事科、财务审计科、监察室、电教仪器科、生产管理科、职业与成人教育科、初等教育科、中等教育科、德育科。

第二节 学校与教学管理

一、幼儿园管理

（一）业务管理

1993 年，龙海市幼儿教育管理实行地方负责、分级管理模式。市教育局是全市幼儿园（班）的行政主管部门，教师进修学校教研室配备一名人员负责幼儿教研工作。各中心校设幼教辅导员配合工作，对全市幼儿教育进行行政管理和业务指导。

1997—1998 年，实行幼儿园（班）登记注册制度和复查制度，全市幼儿园注册复查率为 96%。同时，把幼儿教育工作纳入“双高普九”（高水平、高质量、普及九年义务教育）、“对县督导”的评估检查内容。2005 年和 2006 年，龙海通过评估检查时，其中幼儿教育均获高分。市教育局幼教专员和各乡镇幼教辅导员配合各相关科室，对幼儿园食品卫生安全、消防安全、房屋安全、接送车辆安全等进行规范化管理。至 2007 年，保证每星期组织一次对办园规模较大的幼儿园进行常规检查，并及时反馈检查情况，给予指导，帮助其整改，完善幼儿园管理。

（二）民办幼儿园年检

1993—1998 年，龙海市教育局转发漳州市教育局《关于发放民办学校办学许可证有关问题的通知》，并制定《龙海市民办幼儿园办学基本条件评定指标》，实行年检制指标总分 100 分，由各中心校根据指标评定 80 分以上的上报市教育局，再由市教育局民办教育办公室配合幼教专职干部和德育科成员组成检查组进行检查评定，评定合格者发给合格证，限期整改仍不合格者则予以关闭。1999—2000 学年，对全市幼儿园（班）进行全面注册复查，合格幼儿园有346所，合格率为98.9%，发给合格证。2007年，经年检复查，关闭不合格幼儿园42所。通过年检、整改，有效促进了民办幼儿园办学条件和保教质量的提高，规范民办幼儿园健康发展。

二、小学管理

1993—1997年，全市小学校加强科学管理，由单向的内部管理向多维的社会管理转变。至1998年，全市获漳州市级“文明校”18所，获福建省级“文明校”8所。至2000年，全市97%的学校达到校园“三化”（绿化、美化、净化）的要求；15.5%的学校被评为“文明学校”。

2001年，小学推行3项教育工程：“学校德育工程”，旨在提高学生思想政治素质，促进学生德、智、体、美均衡发展；“教育质量工程”，以“端正方向，从严治校，主攻课堂，提高质量”的教学改革方针，创建22个尝试教学实验基地、550个实验班，推进全市课堂教学改革实施；“队伍建设工程”，提高教师素质，试行《龙海市小学高级教师竞聘积分办法》。2005—2006学年，组织小学教师参加全国青年教师“智慧、互助、成长”教学设计大赛，有27人获奖，其中获一等奖2人、获二等奖4人。2007年，组织小学教师参加专科自考、函授学习，注重培育、评选优秀教师。

三、中学管理

1993—1996年，实施中学教师坐班制度，为实行教师聘任制度打下基础。

1997—1998学年，全市初中专任教师任职合格率100%，学历合格率98.5%，超出验收水平的3.93个百分点。两年新补充初中专任教师832人，任职合格率和学历合格率均为100%。1999—2000学年，全市组织教师参加各类培训13535人次，培养福建省、漳州市骨干教师593人，在任专任教师和新补充教师合格率均为100%，至2000年，全市初中专任教师具有本科学历195人。2001—2002学年，全市初中教师学历达标率95.6%，高中教师学历达标率50.9%，教师任职合格率达到100%；校长100%参加培训，持证上岗。至2004年，仍加强教师继续教育，组织中学教师604人参加“专科升本科”考试。全市新培养漳州市级以上骨干教师107人。

2006年，龙海市自主开展中学高级、一级教师继续教育，推进新一轮中学教师全员培训，全市培训骨干教师372人，培训新教师53人，并组织中学教师参加“专科升本科”考试。全市中学教师参加“全国教学观摩比赛”，一人获二等奖。2007年，试行《龙海市中学中（高）级教师任职竞聘积分及聘任办法》，对2005年以后晋升中学中（高）级职称的教师施行教师职称评聘公开积分量化制度，促进职称评聘公开、公平、公正。投入50万元，委托漳州师院对初中教师113人进行转岗脱产培训；考录师范类本科毕业生110人，充实中学教师队伍。同时，组织全市校长、骨干教师计1000人参加教育部主办的中国教育干部远程教育培训，并有65%的中学专任教师参加“专科升本科”考试和本科函授学习。

四、教学管理

1993—1998年，执行《福建省小学学籍管理办法》，加强小学学籍管理，凡年满6周岁的儿童免试就近入学。小学入学编班采取随机分配的办法进行。学生户籍迁离原学校服务区，可办理转学。对因故在非户籍所在地申请就学的学生，经市教育局审核符合条件的，可准其借读。转学或借读的学生，必须随附义务教育登记卡和学籍卡。小学在籍生，原则上不予留级，学校不得开除或劝退学生。

1999—2000学年，建立全员德育工作机制，加快10个德育基地建设，深入开展“尊敬师长”活动，加快创建“文明学校”步伐，健全校园文化和社区德育网络。全市中小学100%设立“青少年维权岗”，设立家长学校268所，学员38907人。举行“尊敬师长”及爱国主义宣讲报告1317场，受教育51万人次，差生转化率90%以上。

2006年，龙海一中、龙海二中、港尾中学被评为漳州市高中教育质量管理先进学校；华侨中学、石美职业中学、龙海四中、龙海七中被评为漳州市初中教育质量管理先进学校；龙海一中、龙海二中、程溪中学、石码中心小学、龙海实验小学、九湖中心小学被评为漳州市实施素质教育先进学校，还有6所小学被评为漳州市常规管理优秀学校。

1993—2007年，全市有99所学校被各级人民政府评为文明学校。其中龙海一中、龙海二中、程溪中学、石码中心小学、龙海实验小学5所学校被评为省级文明学校；港尾中学、角美中学、石美职业学校、龙海职业学校、程溪中心小学、九湖中心小学、海澄中心小学、浮宫中心小学、港尾中心小学9所学校被评为漳州市文明学校；有85所学校被评为龙海市文明学校。全市有省级“绿色学校”4所、漳州市“绿色学校”13所、龙海市“绿色学校”20所。有19所学校被评为漳州市德育工作先进校，239所学校被评为龙海市“平安校园”。

第三节　经费与设施管理

一、经费管理

1993年，龙海市财政投入教育经费2303万元。1997年，教育支出占财政总支出的25.5%，各乡镇自筹资金投入教育达到25%以上。

1996—1998年，龙海财政对教育投入（不含省、地专款）平均增长率大于财政经常性收入平均增长率。

1999—2000年，财政对教育拨款（不含省、地专款）平均增长率为17.75%，高出财政经常性收入增长率0.85%，财政对教育拨款占财政总支出额27.23%。

2001年7月起，教师工资全额纳入市本级财政预算，实行中小学教师工资由市财政统一发放的管理办法，全部足额发放，并落实地方性补贴。

2006年，把“两免一补”（对全市城乡义务教育阶段学生免除学杂费，对农村义务教育阶段学生免费提供教科书，对农村义务教育阶段寄宿生补助生活费）工作列入市政府为民办实事项目，全市免除学杂费1878.9万元，为近2000名贫困学生免费提供教科书，为270多名贫困家庭寄宿生补助生活费，向上级争取各类补助资金249万元支持学校建设，各中小学筹措500多万元改善办学条件。为全市8951名寄宿生实施“免费早餐工程”。化解农村“普九”（普及九年义务教育）债务1500多万元。多渠道筹措捐资助学资金5937万元，其中社会捐赠3346万元，乡镇投入170万元，村级投入530万元。

2007年起，市财政局按季度拨付预算内教育经费、教育附加、“两免一补”、转移支付专项资金，并及时拨付春节慰问、教师培训、教师节、高考等专项经费377万元。是年，兑现落实2001—2004年遗留未报销的教职工医疗费近400万元；兑现落实全市教职工住房公积金待遇，使全市教职工在医疗保险、社会保险、住房公积金等方面享受与公务员同等的待遇。同时，上级补助龙海市提高公用经费标准、寄宿生生活补助、城市低保免杂费、课改经费、中职国家补助金、中小学危房改造、新校园建设工程、“双高普九”专项奖励、寄宿制学校建设、中小学布局调整费、少数民族寄宿制学校等21个项目，补助资金1754万元。

1993—2007年龙海市教育事业经费情况表

表25-6-1　　单位：万元

年份	全市财政总支出	全市财政对教育拨款
1993	7335	2303
1994	9457	3586
1995	14454	4166

续表 25-6-1

年份	全市财政总支出	全市财政对教育拨款
1996	20320	5193
1997	23400	5699
1998	23403	6439
1999	29688	6750
2000	28796	6904
2001	26629	8677
2002	23783	9267
2003	34039	9055
2004	44318	10884
2005	55969	13784
2006	83972	17926
2007	118139	20196

二、设施管理

（一）校舍改造

1993 年，全市中学、小学、公办幼儿园校园面积 1454464 平方米，校舍总面积 455579 平方米。

1994—1996 年，实施“两基”工程，新办龙海六中、龙海七中、龙海八中、玉江中学、鸿渐中学、海澄中学、厚境中学和桃源中学，迁建龙海五中、榜山中学、卓岐中学、隆教民族中学。三年全市共扩大校园面积 600732 平方米；投入资金 6530 万元，其中市级财政 435 万元；新建中学校舍 58 幢，建筑面积 63612 平方米；新建小学校舍 149 幢，建筑面积 66998 平方米。

1997—1999 年，龙海市“两基”办学条件不断完善，并通过省人民政府教育“两基”评估验收和跟踪复查；初中、小学校园面积生均分别为 20.2 平方米和 12.9 平方米；校舍面积生均分别为 6.9 平方米和 3.8 平方米。全市新建扩建初中校 13 所，新建、扩建、迁建小学百所。全市中小学校园占地面积扩大 91 万平方米，校舍建筑面积增加 25 万平方米；总投资约 3 亿元。

2000—2001 学年，初中、小学的校园面积生均分别为 19.6 平方米和 14.62 平方米，初中、小学校舍建筑面积生均分别为 7.01 平方米和 4.41 平方米。

2001—2002 学年，中学、小学校舍面积生均分别为 7.7 平方米和 4.8 平方米。全市中小学校园总面积为 2245148 平方米，年平均增长率为 6%；全市中小学校舍面积为 749921 平方米，年平均增长率为 12%。2003—2004 学年，初中、小学校舍面积生均分别为 7.2 平方米和 6.01 平方米。

2006 年，程溪中学、角美中学、浮宫中学、白水中学、华侨中学共新征地近 8 公顷，新建校舍 29400 平方米，投入资金 3100 万元；教师进修学校学术交流中心于 8 月 6 日封顶，投入资金 1500 万元；完成第二期第三批 8 所省危房项目校的改造任务，改造校舍 16021 平方米，投入资金 1315 万元。

2007 年 3 月，龙海市被评为福建省中小学危房改造工程先进集体。是年，全市新建校舍 24326 平方米，建成海澄中心小学、隆教中心小学、港尾镇石埠小学、东泗乡渐山小学 4 所小学寄宿制学校，完成 14 个省级危房改造项目计划（包括 3 个拆除危房项目），消除危房 12211 平方米，重点改造校舍抗震排查发现的危房 9500 平方米，共投入资金 4050 万元。至 2007 年，全市中小学、幼儿园生均校园面积、生均校舍面积均达标。共有完全中学 12 所，学生数 32654 人，校园面积 800596 平方米，校舍面积 317623 平方米；中等职业学校 6 所，学生数 12503 人，校园面积 130918 平方米，校舍面积 44205 平方米；初级中学 23 所，学生数 19250 人，校园面积 495495 平方米，校舍面积 173888 平方米；小学 244 所，学生数 59971 人，校园面积 1319923 平方米，校舍面积 372519 平方米；特殊教育学校 1 所，学生数 1163 人，校园面积 600 平方米，校舍面积 245 平方米；公办幼儿园 12 所，学生数 2377 人，校园面积 13978 平方米，校舍面积 7680 平方米。

2001—2007 年，全市实施中小学危房改造工程，总投入资金 5988 万元，其中市级财政投入 709 万元，共消除学校危房面积 29803 平方米；实施危房改造项目 32 个，新建校舍 68959 平方米。

（二）设备管理

教学仪器　1993 年，全市投入 32 万元添置教学仪器设备。1997—1998 学年，全市学校实验仪器达标校有中学Ⅰ类 2 所，中学Ⅱ类 9 所，中学Ⅲ类 23 所；小学Ⅰ类 4 所，小学Ⅱ类 28 所，小学Ⅲ类 216 所。2004 年，全市中小学教学器材和设施基本达到 2000 年省颁Ⅱ类以上标准。2007 学年，投入资金 588 万元，订购教学仪器，重点扭转农村学校基础薄弱的现象。当年，龙海市所有完全中学和部分初中校均拥有专用的实验综合楼及配套标准、规范的实验室设施。全市 10 所完全中学实验仪器达标达到高中Ⅰ类标准，20 所初中校达到Ⅱ类标准，220 所小学达到Ⅱ类标准。

1993—2007 年，全市共投入中小学教学实验室设备建设经费 1300 万元，其中添置教学仪器设备 560 万元，购置实验桌椅、仪器橱及实验演示台等 125 万元。同时，还下拨 120 万元对学校实验室、仪器保管室内部水电、地板等基础设施进行改造。

电化设备　1993 年后，全市中小学校相继购置教学电子设备。至 2002 年，全市已建成多媒体教室 29 间，年平均增长率为 40%，全市中小学拥有电脑 2204 台。至 2004 年，初中校电脑机与学生比为 1 ： 17.9，小学校电脑机与学生比为 1 ： 20.6。2006 年，初中校电脑机与学生比为 1 ： 15.32，小学校电脑机与学生比为 1 ： 17.88，中小学现代教育技术装备基本满足信息技术必修课需要。

2007 学年，投入 1433 万元，重点用于补充教学设施设备和建设农村学校实验室、计算机室、图书室。投入 513 万元，配置多媒体和电脑，加强农村学校基础设施建设。

1993—2007 年，全市投入教学技术装备资金 2800 万元，其中用于中学购置电脑 3250 台、多媒体教学设备 256 套；小学购置电脑 2105 台、多媒体投影设备 15 套、简易多媒体设备 517 套。全市基本做到完全中学高中部班班有多媒体，初中校每校有一套多媒体，小学中心校和 15 所完全小学班班有简易多媒体，195 所完全小学至少有 1 套简易多媒体。全市学校共添置塑钢学生课桌椅 45003 套，投入资金 518 万元，批量更换使用多年的旧课桌椅。

图 25-7　多媒体教学（市教育局提供）

第四节　教育督导

一、“六项”督导

1993 年，全市各乡镇全部通过实施义务教育六项督导评估的验收，有 11 个乡镇依法宣布实施九年义务教育。1994 年，又有 4 个乡镇依法宣布实施九年义务教育。1995 年，龙海市实现全面普及九年义务教育的目标，人口覆盖率为 100%。

2006 年，开展“对县督导”工作。2007 年 3 月，成立龙海市教育工作督导评估自评领导小组，市长任组长，市委、市政府召开“对县督导”工作会议，颁发乡镇政府教育工作责任状和龙海市各职能部门教育工作职责分解表，建立乡镇政府教育工作督导评估制度。2006 年、2007 年，完成自评工作，接受漳州市政府和福建省政府“对县督导”的复查和评估。

二、“两基”督导

1995 年 4 月，成立龙海市教育“两基”工作领导小组，市长任组长，下设办公室。同年，中共龙海市委、市政府召开全市教育工作会议，全面开展教育“两基”工作。1996 年 9 月，通过漳州市政府教育“两基”核查验收。1997 年 1 月 5—10 日，通过福建省政府教育“两基”工作的评估验收。1998 年 11 月，龙海市被福建省政府推荐为接受国家教育“两基”督导检查的 11 个县（市、区）之一。教育部督查组长白景龙视察角美中心小学时题词：“一流校舍、科学管理、因材施教、培育英才”。

1999 年 4 月，龙海市被漳州市政府评为教育“两基”工作先进市；10 月，被福建省政府评为教育“两基”工作先进市和教育部颁授“中华扫盲奖”。

2000 年 4 月，龙海市被教育部授予“普及九年义务教育和扫除青壮年文盲市”称号。至 2007 年，龙海市保持这一称号。

三、“双高普九”督导

2003 年，龙海市教育实施“双高普九”工作。是年 3 月，成立龙海市实施“高水平高质量普及九年义务教育”工作领导小组，中共龙海市委、市政府召开“双高普九”工作会议，市政府与各乡镇政府签订实现“双高普九”工作目标责任状；市政府颁发《关于印发〈龙海市各有关职能部门实施“双高普九”工作的主要职责〉的通知》，全力推进“双高普九”工作，全面统筹各级教育协调发展，增加教育投入，加大力度改善办学条件，整合优化拓展教育资源，取得较好的成绩。2004 年 11 月，接受福建省政府教育督导室验收前的指导。2006 年 1 月，接受福建省政府“双高普九”评估验收，10 月通过整改项目省级复查。2007 年 1 月，福建省政府批准龙海为“市高水平高质量普及九年义务教育县（市）”。

四、素质教育督导

1999 年，龙海市开始贯彻落实《中共中央国务院关于深化教育改革全面推进素质教育的决定》和《国务院关于基础教育改革与发展的决定》，实施素质教育，推进义务教育发展。2001 年，国家教育督导组到龙海市督导检查，经过督导、评估，反馈确定 12 所中小学为素质教育合格学校。2003 年，开始学校素质教育督导评估试点，推进素质教育实施。2004 年，完成第一轮全市中小学素质教育督导评估。2005 年 1 月 5 日，教育部副部长陈小娅到角美中心小学、龙海二中就农村基础教育工作进行调研，对龙海市农村学校的办学环境和办学质量表示肯定。从 2007 年起，全市开始进行第二轮中小学素质教育督导评估。2006—2007 年，全市有 16 所中小学被评为漳州市素质教育先进学校。2007 年，漳州市教育督导评估复查，龙海市获得“良好”等级。

卷二十六

文化 体育

WEN HUA TI YU

1993—2007年，龙海市城乡文化设施逐步完善，群众文化活动持续发展，常年举办文艺展演、文化下乡、农村信息技术咨询等活动。组织文艺培训和创作，全市共有77件（幅）作品、176人（次）表演在省级以上展演比赛中获奖；摄制出版10部芗剧舞台艺术VCD片在海内外发行。1998年，实现市级图书阅览电脑自动化管理，2002年，实现网上文献资源共享；年均接待读者15万人（次），流通册次20万册。开展文物普查，加强文物管理和保护，至2007年全市共有文物保护单位118处，其中国家级4处、省级2处、龙海市级112处。严格行政审批和执法程序，整顿和规范文化市场秩序。2007年，市文化娱乐协会共有会员单位311个。

15年间，龙海市史志部门征集、研究和编写党史资料，出版中共地方党史资料和《龙海党史》通讯，坚持党史书刊发行，开辟龙海党史网站、专栏；组织编纂新时期地方志和综合年鉴，征集与编纂地情资料，出版地情书籍。1993年6月出版《龙海县志》；2007年7月，启动《龙海市志》编纂工作。至2007年底，共出版《龙海年鉴》5卷，部门志、乡镇志和地情书籍10多部。市档案馆进行馆藏档案的整理编目和系统化工作，开辟政府政务信息公开阅览室，年均接待查阅者780人次、利用档案资料2300卷（册）；指导全宗单位的依法建档和保管利用，全市共有28个单位达到档案管理省级先进水平。

1993年，龙海市投建调频广播电台，转播中央、省、漳州市广播电台节目，设置开播10多个栏目。1999年，实施广播电视光缆工程和“百乡千村”覆盖工程，建设改造有线电视网络。2007年，共播出模拟电视节目32套，全市有线电视用户7.24万户。电影发行放映市场萎缩后，启动数字化电影放映，2007年开始在全市农村实施国家电影“2131”（农村在二十一世纪实现一村一月放映一场电影）工程。

1993–2007年，龙海市城乡体育场所配套投建，群众体育运动活跃，全民健身意识提高，形成老中青少四级全民健身网络。角美镇、榜山镇被授予“全国体育先进乡镇”称号，颜厝镇、双第华侨农场、市农民体育协会先后被授予“全国亿万农民健身活动先进乡镇（单位）”称号。农民体育、职工体育、老年体育代表团（队）在各级专项比赛中屡次获奖。在专业体育比赛中，全市共有1290多人（次）在省、漳州市级获奖；龙海籍运动员共有110多人（次）在全国、国际级获奖及取得名次。注重体育人才培训，建立业余训练网络，组织少儿参加专项比赛，促进竞技体育成绩提高，共向上级训练单位输送60多名运动员。

第一章 机构与设施

第一节 机构

一、文化体育娱乐机构

（一）龙海市文化体育局

1993年，龙海市文化局内设办公室、文化股，编制7名，实有7人；龙海市体育运动委员会内设群体股、竞训股、行政股，编制6名，实有6人。1997年5月，市文化局、市体委合并为龙海市文化局，对外加挂龙海市体育运动委员会牌子，人员编制未核，实有10人。2002年，市文化局更名为市文化体育局，内设办公室、文化股、体育股。2007年，内设机构不变，编制7名，实有8人。

（二）龙海市文化市场稽查队

1997年10月，龙海市文化市场稽查队成立，行使文化娱乐场所稽查执法职能，编制5名，实有2人。2007年，实有5人。

（三）其他文体事业单位

龙海市文化馆　1993年，龙海市文化馆编制10名，实有10人。其中馆员3人、助理馆员4人、管理员2人。2004年6月，市文化馆被文化部评为“二级文化馆”。2007年，实有10人，其中副研究馆员1人、馆员5人、助理馆员4人。

龙海市博物馆　1993年，龙海市博物馆编制4名，实有4人。其中馆员1人、助理馆员2人、管理员1人。2007年，实有3人，其中副研究馆员1人、馆员1人、助理馆员1人。

龙海市图书馆　1993年，龙海市图书馆编制15名，实有15人，其中馆员1人、助理馆员4人、管理员1人。1994年后，连续被文化部评为“二级图书馆”。2007年，实有15人，其中副研究馆员1人、馆员4人、助理馆员6人。

龙海市芗剧团　1993年，龙海市芗剧团编制60名，在编在岗53人。由于老演员退休减员，至2002年期间从社会选聘部分临时演员。2004年后，分批向社会公开招考新演员，部分临时演员转正。2007年，在编在岗39人，其中专业技术职称人员20人，有副高1人、中级11人、初级8人。

龙海市新华书店　1993年，龙海市新华书店编制15名，实有32人。2005年1月，市新华书店更名为福建新华发行（集团）有限责任公司龙海分公司。2007年，实有25人。

龙海市电影发行放映公司　1993年，龙海市电影发行放映公司（包括电影队）编制64名，实有64人。2007年，实有41人。

龙海市少年儿童业余体育学校　1993年，龙海市少年儿童业余体育学校编制7名，实有7人，其中中级教练员2人、初级教练员5名。2007年，实有8人，其中高级教练员1人、中级教练员3人、初级教练员3人。

乡镇村文化单位　1993年，全市乡镇文化站16个，每个站人员编制1人，挂靠所在乡镇，临时人员1—7人不等。1995年，角美、郭坑、海澄文化站进入（1993—1994年）全省百强文化站行列。2007年，全市乡镇文化站14个，人员编制不变。

二、龙海市委党史研究室

1993年，龙海市委党史研究室编制5名，实有4人。2007年，实有3人。

三、龙海市地方志编纂委员会

1993 年，龙海市地方志编纂委员会编制 6 名，实有 6 人。1999 年 1 月，成立龙海市人物研究会，挂靠在龙海市地方志编纂委员会。2003 年 3 月，增加编制 5 名。2007 年，内设办公室、编辑部，编制 11 名，实有 11 人。

四、龙海市档案局（馆）

1993 年，龙海市档案局（馆）编制 13 名，实有 10 人。2007 年，实有 13 人。全市有市级综合档案馆 1 座、基层档案室 82 个；配备专、兼职档案工作者 126 人。

五、龙海市广播电视事业局（广播电视台）

1993 年，龙海市广播电视系统在编人员 33 人，合同工 4 人。

1994 年 4 月 4 日，经广电部批准设立龙海调频广播电台。1997 年 6 月 11 日，龙海市广播电视局改为龙海市广播电视事业局；12 月，龙海调频广播电台与龙海有线电视站合并为一个播出实体，改称为龙海广播电视台，由龙海市广播电视事业局统一领导和管理。

1998 年 8 月，全市 13 个乡镇广播电视站（石码镇由市台直接管理）收归市广播电视事业局管理，作为市广播电视事业局派出机构。市广播电视事业局实行局台合一的管理体制，内设办公室、总编室、新闻部、专题部、播出部、事业部、乡镇总站 7 个科室。2007 年，全系统在编人员 77 人，合同工 57 人。

第二节　文化艺术团体

一、龙海市文学艺术界联合会

1993 年，龙海市文学艺术界联合会配备兼职主席 1 人，专职副主席 1 人，工作人员 3 人。2007 年，配备兼职主席 1 人、专职副主席 1 人，工作人员 1 人。

二、学术协会

1993 年，全市有文学、美术、书法、摄影、戏剧、音乐、舞蹈、民间文学、电影 9 个工作者协会，共有会员 578 人。2007 年，全市有文学、美术、书法、摄影、戏剧、音乐、舞蹈、民间文艺、电影、诗词、交谊舞 11 个协会及角美镇文联、九湖镇书画社；市直协会共有会员 582 人。

三、民间职业剧团

1993 年，全市民间职业剧团（办证）33 个。2007 年，全市民间职业剧团（办证）37 个。

第三节　文化体育娱乐场所

一、文化活动场所

（一）市属文化场馆

龙海市文化馆　馆址在龙海市文化大楼，为“二级文化馆”。馆内设排练演出厅、展览厅、业余艺校教室、档案资料室以及专业工作室，配备计算机 5 台、打印机 2 台、传真机 1 台；投影机 1 台、电视机4台、VCD（录像机）2台、照相机2台，以及舞台灯光、音响、服装、道具、中西乐器、美术教学石膏模型等艺术展览和演出设备；馆内外设有宣传橱窗（栏）36米。馆办文艺团队有业余艺校演出队、少儿手风琴艺术团、芗剧曲艺演唱队、民间绘画研究会、灯谜协会等5个（其中以农民为主的团队2个），馆内常设文化活动有演出、展览、图书借阅等项目。馆办文艺（文学）刊物有《龙海谜刊》《百花村》。2006年，与市文体局合办编辑群众文化类的简报、信息、通讯等交流材料。

龙海市博物馆　馆址位于石码镇九二〇路114号龙海市文化大楼二层，使用面积220平方米，其中文物小展厅160平方米、文物库房16平方米。馆内收藏文物1099件、集中露天收藏石雕文物200多件，收存100多处古文化遗址采集的标本和资料。设有龙海历史文物展览厅，陈列分为远古时代、隋唐时代、宋元时代、明清时代、新民主主义革命时期五大部分，展现龙海的历史沿革、社会发展的渊源关系。

龙海市图书馆　址在石码镇公园南路，为国家二级馆。1993年，市图书馆馆舍面积2361平方米，拥有阅览座席202位，设有报刊阅览室、图书外借室、特藏室、少儿室、采编室等，藏书8.3万册。1998年，龙海市投入8万元添置设备，实现图书馆采编及成人外借电脑自动化管理，成为漳州市首家实现电脑自动化管理的县级公共图书馆。2002年，创建图书馆电子阅览室。

（二）乡镇村文化场所

1993年，全市各乡镇均设有文化站，共有16个，村文化活动中心162个。1997年，以海澄镇黎明村为试点，创办漳州市第一家集思想教育、政策宣传、科技培训、文体娱乐等功能为一体的宣传文化中心。1999年5月和2000年6月，漳州市委分别在龙海召开漳州市宣传文化中心建设现场会。2001年4月，召开全市宣传文化阵地建设现场会，创建以石码镇为龙头，经颜厝镇、九湖镇，抵达程溪镇的西部宣传文化走廊。2005年6月，创建文化中心户，开展全市“十佳家庭藏书户”和“优秀家庭藏书户”评选活动。2006年，市文化馆在各乡镇组织未成年人、农民等文化活动点：组织角美民间绘画、海澄民间绘画、九湖民间绘画、榜山民间绘画、东泗民间绘画、海澄黎明宣教文化中心、港尾卓歧宣教文化中心、角美鸿渐宣教文化中心8个文化活动基地（示范点）；文化馆少儿业余艺校（石码镇）、角美少儿艺术中心、海澄少儿艺术中心、紫泥金定少儿民间绘画班、海澄内楼少儿书画班5个未成年人文化活动基地（示范点）；海新集团、紫山集团、角美开发区、龙池开发区4个农民工文化活动点。2007年，全市乡镇文化站14个，设有图书报刊阅览室、棋牌室等活动场所；村文化活动中心238个。是年，龙海市启动基层宣传文化中心户建设工程，制定《龙海市关于创建基层宣传文化中心户的工作实施意见》；创建镇级中心户1320户、县（市）级中心户126户、漳州市级中心户14户；成立市、镇基层宣传文化中心户建设领导小组，市政府把中心户建设费用纳入财政拨款项目；召开文化中心户建设现场会，评选命名10户基层宣传文化中心示范户；8月30日，通过漳州市委宣传部检查验收。开展特色创建活动，妇联创建“巾帼宣传文化中心户”，团市委创建“青年宣传文化中心户”等；在电视台开辟“龙江才艺大看台”栏目，每周一期播出各种家庭文化中心户表演和竞赛活动。

二、体育场所

（一）市区体育场所

1993年，市政府投资90万元建成1500平方米的市少体校综合大楼。1994年，投资20多万元整修市人民体育场。1997年，投资200万元重修市人民体育场，建造400米环形跑道，改变体育场难于开展训练和正常活动的状况。2000年4月，市体委办公活动场所及人民体育场、馆行政划拨为龙海一中校园。同年12月，市体育中心第一期征用土地5.33公顷立项。2003年，位于石码镇解东小学校内的市少儿游泳池因学校操场改造被拆除，租用柯坑游泳池为少儿游泳培训场所。2004年，筹建市文体中心，投资1445万元，征地7.07公顷，并完成部分土方回填；将人民影院改建成容纳4场羽毛球、6台乒乓球的综合训练馆，填补市区无室内体育馆的空白。2005年，市文体中心休育场、体育馆开始征地，办理相关手续，设计招标。2007年3月，市文体中心体育场建设工程开始施工。

（二）基层体育场所

1993—1996年，全市基层体育场所较为匮乏。1997年，各乡镇兴建一批体育场馆。1998年，全市拥

图 26-1　人民体育场　（市文体局提供）

有 298 个田径场，其中 400 米标准场 3 个，篮、排球场 269 个，羽毛球场 47 个，乒乓球活动室 361 个。在城镇规划与建设中配套修建住宅区的健身点和健身走廊，全市人均拥有体育场馆面积 0.4 平方米。2000 年 6 月，漳州市首家采用美国进口循环水设施的龙佳生态农业观光园游泳池投入使用。2001—2002 年，向上级争取到 5 条全民“健身路径”，分别建在市体育场、二环路广场、角美公园、龙佳生态园、颜厝巧山老年休闲中心。2004 年，完成省赠 10 条“健身路径”的布点安装使用；龙佳生态休闲山庄、旺佳健身运动中心和角美镇田里村建有较大规模的体育运动场所。2006 年，16 个乡镇场配备安装“健身路径”，6 个村受省政府赠建 32 米 ×19 米篮球场和健身器材，2 个村受国家赠送篮球架；榜山镇、颜厝镇、双第农场、石码镇渔业小区自购 11 件（套）室外体育健身器材安装并投入使用；港龙小区建成标准室外灯光球场；龙海二中投资 100 多万元建成室内篮球训练馆；角美镇龙田村投资 30 多万元建成乒羽训练馆和老年人活动中心；角美龙佳生态有限公司投资 800 多万元建设标准射箭基地；角美镇东山村、埔尾村分别筹建 6 个和 2 个标准的室外灯光球场。2007 年，投资 40 万元，完成全市 10 个农民健身示范点工程配套体育设施安装并启用。全市有五分之一的行政村（居）配置以篮球场为主体的公共体育设施，村办、民办体育场馆 200 多座。龙佳生态休闲山庄共投资 2000 多万元，兴建标准游泳池、射箭场、钓鱼区、划船区、溜冰场、篮球场、羽毛球馆、乒乓球馆、棋牌室、攀岩区、无线电测向等场地；颜厝镇旺佳健身运动中心共投资 1200 万多元，建设 50 米室外标准游泳池和 25 米室内标准游泳池。

三、其他文化娱乐场所

（一）市属单位娱乐场所

龙海市工人文化宫　址在石码镇解放西路，隶属龙海市总工会。1993 年，编制 8 名，实有 8 人。1997 年，在全省文化宫工作“达标创先”活动中，被省总工会评为合格工人文化宫。2007 年，有工作人员 6 人。市工人文化宫楼高 5 层，建筑面积 1197 平方米，室外场地有排球场、篮球场、旱冰场，室内设有乒乓球、多功能舞厅等设施。

龙海市青少年宫　址在石码镇人民路，隶属共青团龙海市委。1993 年，市青少年宫有编制 14 名，实有 11 人。2007 年，在编人员 13 人。市青少年宫楼高 4 层，建筑面积 1000 平方米，内设美术、音乐、文艺等活动室和一所幼儿园。

龙海市老年人活动中心　址在石码镇人民路，隶属政协龙海市委员会管理。1993 年，聘请 2 名退休人员，实行“以楼养楼”（第一层门市出租，租金作为经费）。2000 年 12 月，市老年活动中心转由市老龄委管理。2007 年体制人员不变。市老年活动中心楼高 8 层，高 37 米，主楼顶端为圆顶建筑，建筑面积 1700 平方米，内设办公室、营业厅、会客室、音乐室等。

（二）社会娱乐场所

1993 年，全市文化经营单位 339 家，新办“三厅”（歌厅、舞厅、卡拉 OK 演唱厅）13 家，分布在

9个乡镇。1994年，全市有“三厅”27家（不含酒家包厢的卡拉OK）、录像播放出租店105家、电子游戏机室69家、书刊出售租赁点33家、台球室16家、铜管乐室20家。

1998年，全市有“三厅”105家、录像播放出租店99家、电子游艺室117家、台桌球室51家、书刊书画出售出租点49家。2004年，成立龙海市娱乐业协会，发展221个会员单位，全市经营单位（户）全部加入。

2007年，市文化娱乐协会发展新会员单位78个，因停业等原因退出协会的有12个；全市共有会员单位暨经营单位311个（家），其中音像经营店78个、书刊/电子出版物/美术品经营店38个、网吧86个、文化体育娱乐场所10个、演出场所4个、演出团体27个、印刷企业68个，分布在各个乡镇。

第二章　文学艺术

第一节　文学

一、文学创作

1993年，全市征集文学作品41篇，参加作者38人。是年，郑扬海的小说、庄河水的报告文学、老皮的诗集出版。1995年，刘淑惠的诗集《缺席》出版；郑扬海的中篇小说《公厕轶事》获福建省文学佳作奖。1997年，庄河水的《脊梁颂》获全国优秀报告文学二等奖。1998年，黄文山的散文集《闪光的铺路石》出版。1999年，组织稿件345篇，参加作者322人，从中精选34篇编印《龙海—为您放歌》文学作品集；庄河水的《实干家》获“当代共产党人”大型图书优秀作品评选一等奖。

2000—2001年，郑扬海的长篇随笔、中篇小说分别发表于《南方》《福建文学》；庄河水的《走向辉煌》获全国“共和国的脊梁”报告文学征文二等奖、《永远的爱心》获“中国共产党成立80周年”爱国诗文（散文）作品评选一等奖。2002年，结集出版的主要有：郑扬海的小说集《再来四客冰激凌》、叶子的中篇小说《向日葵之门》、老皮的诗集《卑微者之歌》、黑枣的诗集《亲爱的情诗》、子凡梅的《子凡梅诗集》、年月的报告文学《龙江人寻找龙江颂》、洪海涛的《海之子》等。2003年，《龙海文学》刊物创刊。2004—2005年，郑扬海的小说、评论分别发表于《上海文学》《福建文学》《厦门文学》。2006年，在漳州市第三届百花文艺奖评奖中，龙海的文学创作获三等奖2个；在龙海市首届百花文艺奖评奖中，文学作品获一等奖1个、二等奖3个、三等奖4个。2007年，郑扬海的小说、随笔发表于《福建文学》等刊物。是年，在漳州第二届水仙花文艺创作奖评奖中，郑扬海的小说《吊嗓子》获一等奖。

1993—2007年，全市文学作者共在省级以上刊物发表各类文学作品1000多件，出版小说集、散文随笔集、长篇报告文学、诗歌集50多册；共编印《百花村》76期、《龙海文学》4期。

二、民间文学

（一）民间故事

1992年10月，龙海县民间文学集成编委会完成全县民间故事采集任务，计1200多篇150多万字，从中选刊50多万字，编印《中国民间故事集成福建卷·龙海分卷》。1996年10月，市文化馆编印《紫云传说》民间故事集。1999年5月，林兆明搜集整理的民间故事《采风》集由漳州市民间艺术家协会编印。2001年、2005年，林兆明搜集整理的民间故事集《两瓮银元》《选村长》分别由海峡文艺出版社、大众文艺出版社出版。

（二）民间歌谣

1992 年 2 月，龙海县民间文学集成编委会完成全县民间歌谣采集任务，编印《中国民间歌谣集成福建卷·龙海分卷》，共选刊劳动歌、时政歌、仪式歌、情歌、生活歌、历史传说歌、儿歌 7 类 245 首。1993—2007 年，黄瑞金、林兆明、谢亚甚、廖顺福、蔡井祥等民间艺术家坚持采集整理民间歌谣，并陆续发表。

（三）灯谜

1993 年，持续举办每年一届的全市灯谜会猜，参加文化下乡活动，编印《龙海谜刊》。1995 年，举办南靖、龙海灯谜联猜。1996 年，举办“土地日”专题灯谜会猜。1997 年，白水镇灯谜分会每逢星期六在有线电视站开辟“悬谜征射”。2001 年，全市灯谜会猜改变历届由乡镇组队方式，首次让市直单位参与，市地税局等 10 个单位结合本部门的法律法规制作。2003 年，龙海市灯谜协会与欣然超市、红树林房地产等企业联合举办灯谜猜射。2006 年，陈启裕获“文心印泥杯”海内外印谜创作赛一等奖。2007 年，举办“人行杯·诚信与我”灯谜擂台赛；举办第二次农业普查灯谜展猜和国庆节专场灯谜猜射。

1993—2007 年，共举办“全市灯谜会猜”15 届，编印《龙海谜刊》22 期，发表谜论 90 多篇。

第二节　艺术

一、音乐

1993 年 9 月，欧阳芳的手风琴独奏获福建省第二届少儿艺术节演奏一等奖。1994 年 7 月，在福建省第五届手风琴比赛中，龙海选手获儿童组三等奖 2 人，少年组二等奖 1 人、三等奖 2 人，获合奏、二重奏优秀奖。1996 年，在福建省第六届手风琴比赛中，龙海选手获儿童组优秀奖 2 人，少年组三等奖 1 人、优秀奖 3 人，获合奏、三重奏、七重奏优秀奖；在福建省“绿竹杯”少儿电视卡拉 OK 决赛中，龙海选手获二等奖、三等奖、优秀奖各 1 人。1997 年 6 月，欧阳芳、林璇同获澳大利亚南太平洋国际手风琴比赛少年组第一名、新西兰国际手风琴比赛键钮组第一名；10 月，在福建省第八届音乐舞蹈节活动中，欧阳芳的手风琴独奏获器乐金奖、熊立红的独唱获声乐优秀奖。1998 年 8 月，李冰获福建省第七届青少年手风琴比赛少年组优秀奖。1999 年，《心中流出甜蜜的歌——方阿泉歌曲选》由沈阳出版社出版。

2000 年 8 月，在福建省第九届音乐舞蹈节活动中，欧阳芳的手风琴独奏获青年组金奖、蓝茹萍的琵琶独奏获幼儿组一等奖、少儿琵琶合奏获优秀奖、琵琶合奏曲《郑成功收复台湾》（作者郭光焕、蔡艺萍）获创作三等奖。2001 年 5 月，龙海选手 4 人合奏获福建省第九届电子琴比赛少儿组优秀奖。2002 年 8 月，在漳州市第二届“三禾杯”曲乐比赛中，龙海选手 16 人（次）分别获琵琶齐奏、琵琶二重奏、琵琶独奏、钢琴独奏、二胡独奏金奖。

图 26-2　庄奴在龙海二中（市委报道组提供）

2003 年 3 月，林静岚获第五届中国少年儿童歌曲卡拉 OK 大赛福建赛区选拔赛演唱二等奖。2004 年 8 月，在福建省第三届少年儿童民乐大赛中，龙海选手获琵琶儿童组金奖 1 名、古筝少年组金奖 1 名、琵琶儿童组银奖 1 名、二胡儿童组银奖 1 名、琵琶少年组铜奖 1 名。2004—2006 年，龙海选手 28 人（次）分别获第四、五、六届“蒲公英杯”中国青少年艺术新人选拔赛福建赛区比赛小提琴演奏金、银、铜奖。2006 年，龙海选手 9 人分别在福建省第二届中小学生专项比赛获琵琶、钢琴、小提琴、二胡演奏一、二、三等奖；29 人（次）分别在福建省第十届“动感地带杯”手风琴比赛中获二、三等奖和优秀奖；在龙海市首届百花文艺奖评奖中，音乐获三等奖 3 个。

2007 年，陈怡君获福建省第三届艺术节（漳州赛区）少儿歌手大赛独唱金奖。

二、舞蹈

1993 年 9 月，角美学区的舞蹈《白雪公主和七个小矮人》获福建省第二届少儿艺术节演出二等奖。1995 年 2 月，九湖大鼓凉伞队获“泉州・中国广场民间文化艺术节”表演二等奖和优秀编导奖。

2001 年 10 月，康佩珊、高武荣双人舞获漳州市首届“人保杯”舞蹈大赛金奖。2003 年，龙海选送的舞蹈《欢乐果园》获福建省首届儿童舞蹈电视大赛表演三等奖。2004 年，在福建省首届文艺推新人大赛中，龙海选送的舞蹈《我是解放军》获银奖，许若冰、刘萤独舞同获十优选手；在漳州市第二届“人保杯”电视舞蹈电视大赛中，龙海选送的三人舞《远山的孩子》获金奖。2005 年 8 月，在“小荷风采”全国少儿舞蹈展演（福建）选拔赛中，龙海选送的群舞获表演二等奖 1 个，创作、表演三等奖 1 个。2006 年，在龙海市首届百花文艺奖评奖中，舞蹈获三等奖 1 个；8 月，在福建省第二届少儿艺术节“爱贝通杯”舞蹈比赛（漳州）赛区中，龙海选送的独舞《风舞行动》《飞翔吧，小海燕》获金奖。

2007 年，在漳州第二届水仙花文艺创作奖评奖中，龙海选送的舞蹈获三等奖 1 个。

三、美术

（一）专业绘画

1993 年，龙海选送的 2 幅宣传画入选福建省第二届群文美展，4 幅作品入选福建省第二届少儿艺术节美术作品展览。1994 年，龙海选送的 1 幅油画入选福建省第二届书画节美术作品展览。1996 年，在福建省第六届少儿绘画作品展览中，柯育天的 1 幅作品获少年组二等奖，洪立娴的 1 幅作品获儿童组三等奖。1997 年，陈霖的 1 幅作品获漳州市第十届独生子女少儿书画展一等奖。1998 年，龙海选送的 1 幅油画入选福建省油画展。1999 年，龙海选送的 2 幅油画、1 幅宣传画入选第三届福建省书画节作品展。

2000 年，组织创作漳州市千米长绢书画卷（龙海部分）参加漳州市展览。2001—2002 年，龙海 6 人（次）分别在第一、二届“星星河”全国少儿美术书法摄影作品大赛中获绘画一、二等奖。2002 年，蔡耀昌的 1 幅国画入选首届中国职工艺术节全国职工书法美术作品展。2003 年，黄浩君、黄长寿合作的 5 幅宣传画获全国第十三届“群星奖”美术福建选拔赛优秀奖。2005 年，龙海选送的 1 幅国画入选福建省第二届社区文化艺术节作品展；陈忠进的 1 幅油画获福建省首届校外教育系统书画展览二等奖。2006 年，龙海选送的 4 幅国画入选福建省第十回东海浪（新人新作）画展；在龙海市首届百花文艺奖评奖中，美术作品获二等奖 1 幅、三等奖 5 幅。

2007 年，杨航的 1 幅科幻画获福建省青少年科技创新大赛一等奖。

（二）民间绘画

1993 年，龙海市继续保持“中国现代民间绘画之乡”称号，常年开展现代民间绘画的培训辅导、创作展览和研讨交流活动，选送作品参加各级展赛。是年 1 月，5 幅作品入选福建民间美术展览，赴菲律宾展出；5 月，5 幅作品获中国农民书画展赛优秀奖，在中国美术馆展出；12 月，6 幅作品入选全国现代民间绘画画乡作品邀请展，其中获二等奖 1 幅、三等奖 3 幅。

1995 年 9 月，3 幅作品入选中国农村巾帼书画展，其中获三等奖 1 幅（作品被收藏）、优秀奖 2 幅（作品捐赠第四次世界妇女大会）。1996 年 2 月，5 幅作品入选中国农民画优秀作品展。1997 年 10 月，19 幅作品入选福建省奔小康农民书画展览，其中获一等奖 1 幅、二等奖 1 幅、三等奖 1 幅。1998 年 3 月，3 幅作品入选第二届中国农民画展，其中获三等奖 1 幅、优秀奖 2 幅。1999 年 10 月，5 幅作品入选中国当代民间绘画作品邀请展，其中获三等奖 1 幅。

2000 年 10 月，5 幅作品入选中国农民画联展，其中获优秀奖 1 幅。2001 年 9 月，5 幅作品入选“新世纪・新风采”中国农民画精品展，其中获二等奖 2 幅、三等奖 1 幅；10 月，编辑出版《龙海现代民间绘画》画册，选登 35 位作者创作的 78 幅作品。2002 年 4 月，5 幅作品入选中国农民画联展，其中获三等奖 1 幅、优秀奖 1 幅。2004 年 5 月，在漳州市首届水仙花文艺创作奖评奖中，龙海现代民间绘画获二、三等奖各 1 幅；9 月，6 幅作品入选第七届中国艺术节全国现代民间绘画画乡建设成果展。2005 年 10 月，5 幅作品入选全国现代民间绘画大展，其中获铜奖 1 幅；12 月，6 幅作品入选福建省第二届社区文化艺术节展览，其中获银奖 1 幅。2006 年，在龙海市首届百花文艺奖评奖中，现代民间绘画获一等奖 2 幅、二等奖 2 幅、三等奖 1 幅；4 月，蓝溪泉创作的《祖地乡情》作为龙海市礼物之一赠送中国国民党荣誉主席连战；9 月，5 幅作品入选中国现代民间绘画精品展，其中获一等奖 1 幅。是年，在漳州市第三届百花文艺奖评奖中，龙海现代民间绘画获三等奖 1 幅。

2007 年 10 月，4 幅作品入选第三届中国农民画艺术节——中国百县农民画大展，其中获银奖 1 幅（作品被收藏）。是年，在漳州市第二届水仙花文艺创作奖评奖中，龙海现代民间绘画获三等奖 1 幅。

四、书法

1993 年，许海泉的 1 幅作品获“环球杯”海内外书画篆刻艺术作品大展赛一等奖；陈凯的 1 幅作品获福建省第二届少儿艺术节书法作品展览二等奖。1994 年，龙海选送的 4 幅作品入选福建省第二届书画节书法作品展览。1996 年，龙海选送的 3 幅作品入选福建省第六届少儿书法作品展览。1997 年 2 月，王乾细的 1 幅作品获全国“亚美杯”书法竞赛三等奖。1999 年 7 月，蓝君植的 1 幅作品获福建省第三届书画节作品展铜奖。

2000 年 7 月，连俊三的 1 幅作品获世界华人艺术展书法铜奖。2002 年 6 月，潘毅斌的 1 幅作品获福建省第三届少儿书法美术摄影大赛书法铜奖。2004 年 4 月，林水笔的 1 幅作品获“国际艺苑之星书画艺术大赛”书法作品老年组金奖。2005 年 10 月，龙海选送 2 幅作品入选福建省第二届社区文化艺术节书法作品展。2006 年，黄小岚的 1 幅作品获“爱祖国、爱福建”全省第二届青少年书法征稿比赛少年组二等奖；在漳州市第三届百花文艺奖评奖中，龙海选送的书法获二等奖 1 幅；在龙海市首届百花文艺奖评奖中，书法获一等奖 1 幅、二等奖 1 幅、三等奖 5 幅。

2007 年，林志明的书法扇面获省选拔赛金奖、全国第十四届群星奖创作奖，林玉梅的书法条幅获省选拔赛银奖；郭妙兰的 1 幅作品获全国第二届中小学生艺术展览书法类一等奖。是年，在漳州市第二届水仙花文艺创作奖评奖中，龙海选送的书法获一、二、三等奖各 1 幅。

1993—2007 年，先后结集出版《龙海书法》《龙海市书法家协会会员作品集》《龙海市书画作品集》。

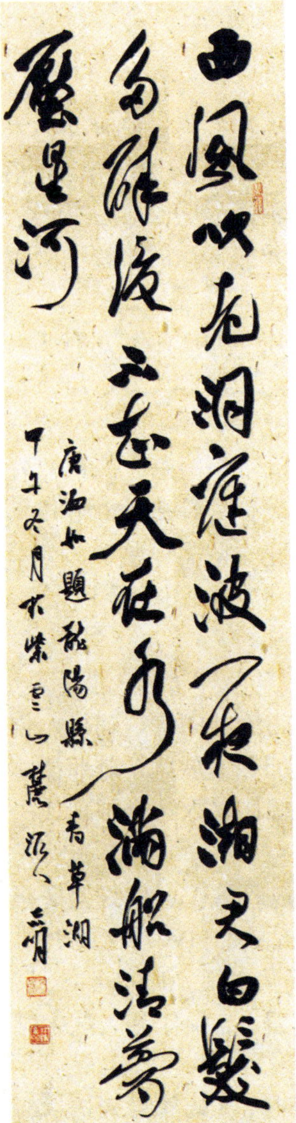

图 26-3　林志明书法条幅（市文联提供）

图 26-4　许海泉书法对联（市文联提供）

五、摄影

1993 年，龙海选送的 2 幅作品入选福建省第二届少儿艺术节摄影作品展览。1996 年，郭婷婷的 1 幅作品获福建省第四届少儿摄影作品展览少年组三等奖。

2002 年，朱仕琪的 1 幅作品获海峡两岸（漳州）花卉博览会摄影比赛一等奖。是年 6 月，黄晨星的 1 幅作品获福建省第三届少儿书法美术摄影大赛摄影铜奖。2003 年 8 月，龙海选送的 3 幅作品入编《漳州市“美丽人居”摄影集》；9 月，方通泉的 1 幅作品获“中国劳模——时代领跑者”全国摄影展佳作奖。2004 年，方通泉的 1 幅作品获第二届全国后勤系统摄影作品比赛三等奖、1 幅作品获漳州市首届水仙花文艺创作奖铜奖。是年 10 月，王树森、周国文、方通泉各 1 幅作品入选全国老年摄影大奖赛。

2005 年，方通泉的 2 幅作品获全国中老年摄影大赛优秀奖。2006 年，周国文的 1 幅作品获福建省教育摄影比赛一等奖。是年，在龙海市首届百花文艺奖评奖中，摄影获二等奖 1 幅、三等奖 2 幅。

2007 年，龙海选送的 1 幅作品获漳州市第二届水仙花文艺创作奖优秀奖；2 幅作品入选闽南民俗风情摄影比赛。

第三章　地方戏剧

第一节　剧目创作

1993 年 12 月，市芗剧团创作排演的《疯女恋》（作者姚溪山）参加福建省第十九届戏剧会演暨首届闽台戏剧节演出，获优秀剧目二等奖、优秀音乐设计奖。

1995 年，姚溪山创作的《侨乡轶事》获福建省现代戏优秀剧本征文一等奖；市芗剧团排演《侨乡轶事》参加福建省现代戏创作调演，并被推荐为福建省参评中宣部“五个一工程”、文化部“文华奖”剧目。是年 9 月，在福建省第五届民间职业剧团会演中，现代小戏《约会》（作者甘成德）获创作一等奖、《婆媳俩》（作者甘成德）获创作三等奖。1996 年 7 月，《侨乡轶事》晋京汇报演出，获“田汉戏剧奖”剧本一等奖，省政府“百花文艺奖”三等奖；10 月，现代小戏《约会》获全国第七届群星奖铜奖。是年，编印《龙海现代小戏选》。

1999 年，市芗剧团创作排演现代戏《龙江人》（作者姚溪山）参加福建省第二十一届戏剧会演；《忠诚谱》（作者姚溪山、郭志贤）获剧本三等奖。

2001 年，姚溪山创作的现代戏《生命》获省“向建党八十周年献礼征文”剧本二等奖。2002 年，姚溪山创作的古装小戏《县官审皇帝》获文化部群星奖。

2003 年，选编新创作的 15 个芗剧现代小戏优秀作品，与漳州市文化与出版局联合编辑出版《龙海戏曲》3000 册。

2005 年，市芗剧团与福建省文艺音像出版社联合摄制 10 部芗剧舞台艺术片，出版《中国民间戏曲艺术集锦》VCD 珍藏版，向海内外发行。

2006 年，在龙海市首届百花文艺奖评奖中，戏剧获一等奖 1 个、二等奖 1 个；姚溪山创作的小品《诚信不可掺水》获福建省首届小戏小品曲艺大赛创作金奖。2007 年，姚溪山创作保生大帝历史剧本《大道真人》。

1993—2007 年，全市共创作 34 个芗剧现代小戏剧本。

图 26-5　龙海芗剧丛书（市文体局提供）

第二节　戏剧表演

一、专业戏剧表演

1993 年，市芗剧团业务演出 252 天，平均每天两场；新排剧目《疯女恋》参加福建省第十九届戏剧会演。1995—1996 年，新排剧目《侨乡轶事》分别参加福建省现代戏调演、晋京献演。1999 年，新排剧目《龙江人》参加福建省第二十一届戏剧会演。

2007 年，业务演出 215 天，平均每天两场；市政府还特拨 15 万元，作为新剧目《大道真人》的经费，排练启动。

1993—2007 年，市芗剧团参加各项戏剧（芗剧）表演比赛 13 次，其中表演伴奏获奖团体 1 次、个人 35 人（次）。

二、民间戏剧表演

（一）芗剧（歌仔戏）

1993 年，举办全市第十七届民间职业剧团会演。1994 年，举办全市第五届民间职业剧团现代小戏会演。1995 年，举办全市第十八届民间职业剧团会演；参加全省第五届民间职业剧团会演。1996 年，举办全市第六届民间职业剧团现代小戏会演。1997 年，现代小戏芗剧《对皇历》参加福建省“开元杯”小戏、小品展演；现代小戏芗剧《约会》参加全国第七届群星奖评选。1998 年，举办全市第七届民间职业剧团现代小戏会演。

2000 年 9 月，举办全市第八届民间职业剧团现代小戏会演。2001 年，举办全市民间职业剧团会演。2005 年，石码镇芗剧团赴金门演出，为龙海市芗剧首次赴台文化交流。2006 年，龙海市小百花芗剧团赴金门演出。

2007 年，台湾财团法人廖琼枝歌仔戏文教基金会到白礁慈济宫献演，成为台湾歌仔戏剧团来龙海文化交流的新起点。

1993—2007 年，全市民间职业剧团参加各项戏剧（芗剧）表演比赛 3 次，其中表演伴奏获奖团体 5 次、个人 7 人（次）。

（二）布袋木偶戏

1993 年，全市有民办布袋木偶戏剧团 10 多个，主要在乡村、社区民俗节庆庙会期间应聘演出，全年共演出 1200 多场。2007 年，全市有九湖新瑞祥、紫泥下楼、石码华艺、东园凤山、东园过田、白水金鳌、白水井园 7 个民办布袋木偶戏剧团；由于演出市场萎缩，全年演出不足 1000 场。

1993—2007 年龙海市戏剧（芗剧）表演伴奏获奖名表

表 26-3-1

年份	会演比赛活动名称	剧　目	奖　次	获奖团体、个人
1993	福建省第十九届戏剧会演	《疯女恋》	优秀音乐设计奖	洪文和、郭光焕
			优秀演员奖	杨丽玲
			演员奖	王丽虹
			演奏奖	姚富祝、洪文和

续表 26-3-1

年份	会演比赛活动名称	剧 目	奖 次	获奖团体、个人
1994	福建省第四届“水仙花杯”（新苗）演员比赛	片段	新秀奖	李瑞东、洪惠坤
		伴奏	新秀伴奏奖	姚富祝、肖明辉
	漳州市地方戏剧巡回观摩	《苦命鸳鸯》	优秀演员奖	郭维窕
1995	福建省现代戏调演	《侨乡轶事》	导演奖	林国辉
			优秀演员奖	郭维窕
			音乐奖	郭光焕、洪文和、陈松民
			舞美奖	华山
			演员奖	杨金龙、杨丽玲、蓝海斌
1995	福建省第五届民间职业剧团展演	《约会》	演出一等奖	蔡坂芗剧团
			银牌演员奖	苏海龙、林长凤、郭月珍
		《婆媳俩》	演出奖	艺友芗剧团
			银牌演员奖	潘燕艺、潘燕珍
		《何处归宿》	演出奖	埭美芗剧团
			银牌演员奖	庄美华、陈友铭
1997	福建省首届小戏小品调演	《对皇历》	演出三等奖	龙海市文化馆
	全国第七届群星奖评选	《约会》	铜奖	龙海市文化馆
1998	福建省第三届优秀中青年演员比赛	《京娘送兄》	银牌奖	郭维窕
			铜牌奖	杨丽玲
1999	福建省第二十一届戏剧会演	《龙江人》	演出奖	龙海市芗剧团
			演员奖	郭维窕
2000	漳州市首届地方戏剧节	《骄女闹朝》	优秀演员奖	裴竹叶、郭维窕
	漳州市首届地方戏曲唱腔比赛	片段	最佳演唱奖	林素兰
2001	漳州市中青年演员比赛	片段	一等奖	林素兰
	福建省第四届优秀中青年演员比赛	片段	铜牌奖	李瑞东、林素兰
2002	福建省“水仙花”戏剧比赛	片段	银牌奖	林素兰
2006	“爱我漳州”首届小品相声比赛	《诚信不可掺水》	最佳导演奖	康国祥
			最佳演员奖	林江鸿
2007	福建省第六届优秀中青年演员比赛	《华子良下山》	银牌奖	李瑞东
		《吴汉杀妻》	铜牌奖	林素兰

第三节　民间曲艺

一、锦歌弹唱

1993 年，全市有锦歌弹唱队 10 多队，分布在石码、角美、颜厝、榜山、海澄、东园等乡镇。1997 年，市文化馆召开锦歌老艺人和音乐词、曲作者联席座谈会；组织创作出一批既具有锦歌音乐特色、又富有时代节奏感的新作品，并编印成册。1998 年 10 月，新编的锦歌弹唱《龙江春》获“福建省庆祝国庆五十周年‘大洋杯’歌咏比赛”二等奖。

2000 年后，锦歌老艺人所剩无几，年轻人传承不精，在市场经济浪潮的冲击和外来文化的影响下，弹唱队相继解散。2007 年，全市只有角美、海澄镇个别村社锦歌弹唱队坚持活动。

二、芗曲坐唱

1993 年，全市有芗曲坐唱队 30 多队，分布在各乡镇。芗曲坐唱队以芗剧为唱腔，坐唱为主，表演为辅，自费购置乐器，配合中心或单位宣传，创作歌词，编排节目，坚持每星期常规活动和节庆日演唱。2007 年，全市有芗曲坐唱队 40 多队。

三、南音演唱

1993 年，角美镇尚有南音演唱活动。2002 年，程溪镇下庄村南音传承人卢炳全开始自费在自家演唱厅、下庄中学等地传授南音，培养学员数十人，组成一个演唱团队，代表漳州参加国内外南音演唱活动。2002—2004 年，下庄南音队先后参加漳州南音代表团赴澳门庆典演唱、第七届中国泉州国际南音、中国古乐大会大合唱。

2005—2007 年，下庄南音队先后参加第八届中国泉州国际南音中国古乐大会大合唱，厦门海峡两岸南音展演暨民间艺术节演唱及院校、中小学、地方政府、民间民俗等文艺演出，并多次接待台湾、香港、新加坡等国内外来宾，进行整弦联欢交流。

四、民间文艺表演

1993 年，全市有民间文艺表演队 160 多队，分布在程溪、九湖、颜厝、榜山、海澄、角美、紫泥、浮宫、东园、白水等镇和双第农场。是年农历正月初一，在市体育场举行全市民间文艺踩街活动；初二举行舞狮表演赛。1995 年，组织大鼓凉伞队赴厦门、泉州表演；参加省农运会、漳州地改市十周年庆典表演活动。1997 年、1999 年、2001 年，分别举办全市民间文艺踩街活动，来自各乡镇的彩车、大鼓凉伞、舞龙、舞狮、高跷、腰鼓等民间艺术队参加表演。2005 年元宵节，举办“龙海市首届民间民俗文化节”，有棚仔艺、大鼓凉伞、大车鼓等 16 个项目参加表演。是年 5 月，角美镇石美村北狮阵参加漳州市“舞动青春”狮王争霸赛，获最高奖项“狮王奖”。

图 26-6　程溪下庄南音演唱（市文体局提供）

2007 年，全市有民间文艺表演队 350 多队，分布在各个乡镇场。

第四章　群众文化

第一节　群众文化活动

一、专题文化活动

1993 年，实施文化体制和艺术改革，转变政府文化职能，动员全市各部门、单位和团体、企业开展文化活动。是年，承办“汇利通杯”全国少儿歌手赛。1994 年，举办全市青少年歌手赛、龙海市少儿美术作品展。1995 年，举办全市乡镇文艺调演、“学校音乐周”歌咏晚会。1996 年，举办“乡企之星”文艺晚会、“绿竹杯”少儿电视卡拉 OK 选拔赛。1997 年，举办“文艺春天”书法展、龙海市少儿独生子女画展。1998 年，举办第四届乡镇文艺调演、“农行杯”全市首届交谊舞比赛、龙海市小学生文娱汇演、“科技之光”文艺演出。1999 年，举办“青春潮”文艺晚会，龙海市首届少儿声乐器乐比赛。

2000 年，贯彻落实“代表中国先进文化的前进方向”的精神，争创“文化先进县”，发展社区文化、村镇文化、企业文化、校园文化，开展系列文化活动。是年 8 月，建立周末广场文艺演出制度，共举行 15 次广场文艺晚会，来自学校、企业、农场、乡镇、少儿业余艺校、民间职业剧团等代表队，演员近 3000 人次，演出 200 多个节目。2001 年，举办“农行之夜”“海新之夜”“金龙之夜”“红树林之夜”等文艺晚会。2002 年，举办纪念“国际消费者权益日 20 周年”暨“3・15”之夜文艺晚会。

2003—2004 年，举办“平安龙海”“税法宣传月”“百城万店无假货”“榜山之夜”“农行之夜”“政法雄风”“纪念邓小平诞辰 100 周年”等文艺晚会；举办“多棱杯”青年舞蹈大赛。2005—2006 年，举办“绽放青春激情・共建和谐港尾”“平安龙海”“税之情”“童心飞扬”“纪念抗战胜利 60 周年”“奋进漳州——魅力龙海”等文艺晚会；举办“农行杯”青年歌手赛、“全市第二届交谊舞比赛”。

2007 年，举办市首届“企业之歌”合唱比赛、“闽南走透透——走进龙海”大型综艺演出、市优秀青年蓝领文艺演出、“农行杯”青少年歌手赛、“欢乐新农村行”14 个乡镇巡回文艺演出。

二、节庆文化活动

1993 年，以“龙海撤县建市”为主题，举行大型团体操表演、彩车游行、文艺踩街活动。1994 年元宵，举办全市民族器乐比赛；国庆节期间，举办“爱我中华”全市歌手赛。1995 年，举办“五四”青年节交谊舞比赛、“六一”儿童节广场文艺演出、“七一”电视直播文艺晚会。1996 年，举办庆祝“建国 47 周年”暨“纪念红军长征胜利 60 周年”《长征组歌》文艺晚会。1997 年元宵，举行文艺踩街活动；“三八”妇女节，举办广场文艺演出。1998 年，举办庆祝“建党 77 周年”

图 26-7　社区文体活动（市文体局提供）

图 26-8　文化三下乡（市文体局提供）

电视直播文艺晚会。1999 年，举办庆祝“建国 50 周年”电视直播文艺晚会，创作排练大型舞蹈节目《奔向二十一世纪》参加漳州市“祖国颂”综艺晚会；举行文艺踩街活动。

2000 年 10 月，举办庆祝“建国 51 周年”文艺晚会。2001 年 7 月，举办庆祝“建党 80 周年”文艺晚会；国庆节，举行文艺踩街活动。2003 年元宵节，举办“国税杯”广场文艺演出。2004 年，举办庆祝“建党 83 周年”电视歌手大奖赛。2005 年元旦，举办广场系列文艺晚会；元宵节，举办“龙海市首届民间民俗文化节”。2007 年，举办庆“六一”颁奖文艺晚会。此外，每年春节、元宵期间均举办芗剧公演、少儿文艺联欢会。

三、文化下乡活动

1996 年，启动全市文化下乡工程。是年，文化下乡活动 6 次，赠书 4800 多册，优惠展销图书 100 多种 4000 多册。1997—1998 年，全市文化下乡活动共 14 次（场），赠送图书 5 万多册，科技资料 2 万多份。1999—2000 年，全市文化下乡活动共 24 次（场）。2001—2004 年，全市文化下乡活动共 70 多次（场）。

2005—2006 年，全市文化下乡活动共 65 次（场），送出春联 1000 多幅，赠书 1.29 万册，举办 270 多场科技讲座和培训班，分发材料 2 万多份。2007 年，全市文化下乡活动 36 次（场），在各乡镇开展“共享和谐、携手先行——欢乐新农村”巡演活动。

第二节　文化展览和文艺培训

一、文化展览

1993 年，以“龙海撤县建市”为主题，征集全国名家题贺字画，举办“书画展览”；是年举办“龙海市现代民间绘画展览”。1994 年，举办“龙海市少儿美术作品展”。1997 年，举办“文艺春天”书法展、“龙海市少儿独生子女画展”，元宵节举办全市花灯展览。1998 年，举办“郑长琰书画展”。2000 年，贯彻落实“代表中国先进文化的前进方向”的精神，争创“文化先进县”。是年 5 月，举办“漳州市美术书法摄影全国会员精展”暨“龙海市美术、书法、摄影作品展”。

2002 年，举办“龙海市青年书法作品展”。2003 年 6 月，举办“纪念龙海撤县建市 10 周年书画摄影作品展”。2005 年，举办“林颖书法展”。2006 年元宵期间，由中共漳州市委宣传部、龙海市委、龙海市政府、漳州市文联联合主办的“中国现代民间绘画之乡——龙海现代民间绘画精品展”在漳州芗城区举行，展出作品 88 幅。2007 年，举办“龙海市首届书法协会会员作品展”“牛劲春书法探索展”“龙海旅厦艺术家书法、雕塑、摄影、美术展”。

二、文艺培训

1993 年后，市文化馆先后创办少儿业余艺校、水仙花少儿手风琴艺术团，成立灯谜协会、民间绘画研究会，以及各种文艺兴趣小组；编印文艺刊物。至 2007 年，文化馆常年举办美术、舞蹈、手风琴、小提琴、声乐、吉他、写作等培训班，每年培训学员 600 多人（次）；组织手风琴习奏会、小提琴习奏会等文化娱乐活动；在基层乡镇、学校建立少儿书画、音乐舞蹈等培训创作活动基地，开展艺术扶贫。市青少年宫常年举办武术、棋艺、美术、书法、声乐、舞蹈、写作等 30 多个青少年培训项目，每年培训学员 1800 多人（次）；组织青少年学生参加节假日期间开展的主体性文艺活动。

第五章　文物　图书

第一节　文物

一、文物普查

1993 年，搜集整理 3 处省级文物保护单位、64 处龙海市级文物保护单位及数十件珍贵文物资料；编辑出版《龙海文物》（内部）。

1997 年 3 月，市博物馆进行藏品文物清点登记，入账造卡的文物 1000 多件、石雕文物 500 多件，另有先秦时代古文化移址发掘出土、采集收存的陶、瓷、石器等类型的器物残片、残件数千件。是年，全市已发现文物古迹 218 处，其中古文化遗址 108 处、其他的古迹 110 处。1998 年，开展《漳州市文物志》龙海分卷的编撰工作，共搜集、整理全市 141 处文物单位的资料。

1999—2000 年，全市新发现文物古迹有 24 处，其中古文化遗址 6 处、古墓葬 3 处、古建筑物 9 处、摩崖石刻 6 处。2001—2002 年，全市新发现的文物古迹 25 处，其中古文化遗址 3 处、其他古迹 22 处；采集收藏漳州窑系列的陶瓷标本 200 多件（片）。2003—2004 年，新发展和登记入册文物点 40 处，收集编写文物点文字资料 2 万多字，照片资料 500 多幅，建立文物单位档案 25 个；编辑文字资料、图片、绘图等文本 50 本（套）；协助省博物院考古所对榜山镇雩林村“万宝山汉代遗址”进行挖掘和野外考古调查。2005—2006 年，开展全市第二次重要文物普查、考古调查和涉台文物普查工作，新发现古文化遗址 12 处、古建筑 6 处、摩崖石刻 1 处、其他类 3 处；建立 15 处涉台文物资料档案。

2007 年 10 月 15 日，按照全国第三次文物普查实施方案的要求，成立“龙海市第三次全国文物普查领导小组”，制定《龙海市第三次全国文物普查工作方案》，新发现并登记造册文物点 9 处。

二、文物保护

1993 年，有 21 处文物点列入第三批龙海市级文物保护单位。

1994 年 5 月，增补海澄城隍庙为第三批龙海市级文物保护单位。1996 年 11 月，角美镇白礁慈济宫被列为第四批全国重点文物保护单位。1997 年 10 月，有 12 处文物点列入第四批龙海市级文物保护单位。1998 年 5 月，增补玳瑁山金仙岩、海澄南院寺院 2 处为第四批龙海市级文物保护单位。1999—2000 年，接受市公安局移交的石雕文物 32 件。2001 年 1 月，角美镇杨厝村过井社林氏义庄被列为省级文物保护单位；6 月，江东桥被列为第五批全国重点文物保护单位。

2001—2002 年，全市发起群众自筹资金，抢救维修文物单位 8 处；做好国家文物保护单位白礁慈济宫的维修保护规划和开发旅游环境建设规划方案；配合打击文物走私 3 起、文物技术鉴定 5 起；有 21 处文物点列入第五批龙海市级文物保护单位。

2003—2004 年，鼓励动员文保单位自筹文物维修经费 200 多万元，抢救维修文物单位 5 处；向国家文物局争取修建白礁慈济宫的文物维修费 170 万元；配合打击文物走私案件 2 起，文物盗窃案 4 起，鉴定文物 150 多件，接受文物移交 25 件；有 26 处文物点列入第六批龙海市级文物保护单位。

2006 年，完成国保文物单位的资料编制文本建档和计算机系统存档电子信箱等文本资料上报工作。是年，角美镇林氏义庄、天一总局被列为第六批全国重点文物保护单位；连氏宗祠、白礁王氏家庙和白礁慈济宫被省文物局列入福建省涉台文物重点保护单位。

2007 年，预列登记为龙海市级文物保护单位 1 处；编制《白礁慈济宫保护规划方案》及专项经费申请。

1993—2007 年，全市文物保护单位共 118 处，其中国家级 4 处、省级 2 处、龙海市级 112 处。另有预列登记为龙海市级文物保护单位 8 处；建立文物保护管理小组 100 个，从事无偿服务的文物保护管理人员 800 名；共编制 15 处文物保护单位的《保护维修计划方案规划建设项目的经费申请》。

1992—2007 年龙海市文物保护单位情况表

表 26-5-1

名称	级别	批次	公布时间	年代	类别	所在地址
白礁慈济宫	国家	四	1996-11-20	宋	古建筑	角美镇白礁村
江东桥	国家	五	2001-06-25	宋	古建筑	榜山镇
林氏义庄	国家	六	2006-05-25	清	古建筑	角美镇杨厝村
天一总局					古建筑	角美镇流传村
木棉亭	省	三	1996-09-02	明	碑刻	九湖镇木棉村
镇海卫古城遗址	省	六	2005-05-26	明洪武	古建筑	隆教乡镇海村
陈太傅墓	龙海市	三	1992-10-11	唐	古墓葬	榜山镇洋西村象镇社观音山东北部
岱仙岩康长史祠					古建筑	九湖镇田中央村
唐刺史胡子文夫人林氏墓				唐	古墓葬	颜厝镇庵前村
高美亭石古井				宋	古建筑	榜山镇普边泗洲佛祖庙前院
柯坑石古井					古建筑	榜山镇柯坑社
王东湖墓					古墓葬	九湖镇衍护村
壶屿石桥				元	古建筑	角美镇桥头村
石雕观音造像					石雕造像	角美镇埭头村南霞亭
凤山岳庙				明	古建筑	榜山镇柯坑村岳岭山
关帝庙					古建筑	石码镇解北居委会
清宝殿					古建筑	角美镇流传村
蓝田石楼					古建筑	步文镇蓝田村
南园雨露奕世恩光石碑坊					古建筑	角美镇东美村南园社
西昆慈济宫					古建筑	角美镇石美村西门社
永兴堂石佛像					石雕造像	步文镇石仓村永兴堂内
紫云岩寺及摩崖石刻					名胜古迹	石码镇高坑村紫云岩

续表 26-5-1

名称	级别	批次	公布时间	年代	类别	所在地址
古林岩寺	龙海市	三	1992-10-11	清	名胜古迹	石码镇高坑村林坑社
洪思墓					古墓葬	九湖镇衍护村石狮岩
古县生土楼				清末	古建筑	颜厝镇庵前村
志洁行芳旌节坊					古建筑	角美镇桥头村辽东社
王咸熙及王氏墓群				清、民国	古墓葬	九湖镇衍护村蛇仔仑山
海澄城隍庙	龙海市	三	1994-05-05	明	古建筑	海澄镇内楼村
岱洲慈济宫	龙海市	四	1997-10-31	宋	古建筑	角美镇石厝村
谢太傅庙（又称积苍庙）					古建筑	颜厝镇庵前村
中山亭				民国	重要史迹	石码镇中山公园
大隐宫				明	古建筑	角美镇田里村
内社关帝庙					古建筑	石码镇内社村
清惠宫					古建筑	海澄镇黎明村
宛南亭观音庙					古建筑	石码镇打石街
万寿宫					古建筑	角美镇田里村
威惠庙					古建筑	东园镇凤鸣村
五福禅寺					古建筑	石码镇霞庵路
蔡氏祠堂				清	古建筑	角美镇洪岱村
红滚庙				民国	古建筑	海澄镇山后村
玳瑁山金仙岩	龙海市	四	1998-05-04	明	古建筑	白水镇玳瑁山
海澄南院寺院					古建筑	海澄镇内楼村
连氏宗祠祖墓（连佛保墓宋代、连木斋墓明代、建筑物清代）	龙海市	五	2001-08-30	宋·明·清	古建筑	榜山镇长洲村马崎社
方氏家庙				明	古建筑	石码镇登第村
佛祖宫					古建筑	白水镇山边村
龙鹫堂					古建筑	角美镇锦宅村
龙应殿					古建筑	榜山镇上苑村、文苑村
浦边宫					古建筑	榜山镇普边村
清山岩					名胜古迹	双第华侨农场
石狮岩					名胜古迹	九湖镇衍护村
三元庙					古建筑	角美镇流传村
三元庙					古建筑	角美镇玉江村
乌礁慈济宫					古建筑	紫泥镇南书村
正顺祠					古建筑	榜山镇芦州村

续表 26-5-1

名称	级别	批次	公布时间	年代	类别	所在地址
许氏家庙、祠堂	龙海市	五	2001-08-30	明・清	古建筑	程溪镇人家村
许氏家庙、祠堂					古建筑	九湖镇新塘村
许氏家庙、祠堂					古建筑	角美镇鸿渐村
翼晋宫、杨氏牌坊					古建筑	榜山镇平宁村
壁荣宫				清	古建筑	白水镇白水村
林氏祠堂					古建筑	白水镇山边村
龙应寺					古建筑	东园镇过田村
万安楼					古建筑	程溪镇人家村
圆明庵					古建筑	榜山镇崇福村
林前岩寺（石刻最早五代、建筑物清代）	龙海市	六	2004-11-08	五代・清	名胜古迹	九湖镇林前村太湖山
白礁关帝庙				明	古建筑	角美镇白礁村白礁社
常春岩佛祖庙					古建筑	东泗乡虎渡村常春山
蔡氏家庙					名胜古迹	榜山镇平宁村西头社
甘氏祖祠					古建筑	东园镇东园村顶下房社
黄氏古民居					古建筑	榜山镇北溪头村
刘氏宗祠					名胜古迹	颜厝镇洪坂村五社楼
王氏祖祠					古建筑	角美镇白礁村白礁社
月港遗址				明	名胜古迹	海澄镇豆巷村
严氏家庙					古建筑	榜山镇平宁村严溪头社
郑氏家庙					古建筑	榜山镇洋西村山北社
慈寿宫				明代旧址修建	名胜古迹	角美镇南门村南门社
广惠圣王庙					名胜古迹	东园镇凤山村炉内社
陈氏宗祠				明・清	名胜古迹	东园镇凤山村炉内社
辅信将军庙					名胜古迹	东园镇东园村
甘露祖庙					名胜古迹	九湖镇田中央村
奕德堂、陈氏宗祠					名胜古迹	白水镇崎岎村鹤头社
东兴宫				清	名胜古迹	紫泥镇溪洲村东头社
凤安宫					名胜古迹	白水镇崎岎村鹤头社
黄氏祖祠					古建筑	榜山镇北溪头村
黄氏家庙					石刻古迹	角美镇南门村南门社
三宝寺碑记					名胜古迹	紫泥镇溪墘村
郑氏建筑群					古建筑	浮宫镇美山村

续表 26-5-1

名称	级别	批次	公布时间	年代	类别	所在地址
郑和庙	龙海市	六	2004-11-08	清	名胜古迹	角美镇鸿渐村
碧浦观音佛祖庙				清代旧址修复	古迹	东泗乡碧浦村
岱岭慈云寺					名胜古迹	港尾镇岱岭山

第二节　图书

一、图书收藏

1993 年，市图书馆藏书 6.5 万册，其中少儿书籍 1.6 万多册，报刊合订本 1 万多册，地方文献 1643 册。2005 年 6 月，举办“全市首届家庭藏书评选活动”，近 50 个家庭报名参加，从中评选出龙海市 10 户“十佳”藏书家庭和 8 户优秀藏书家庭；多者藏书 12218 册，少者藏书 1000 多册。2007 年，市图书馆藏书 10.8 万多册，其中少儿书籍 2.6 万多册，报刊合订本 3 万多册，地方文献 2000 多册；馆内藏有线装本《四库全书》1 套，台湾文献汇编 1 套。

1993—2007 年，市图书馆共收藏本市单位、个人及在外龙海籍人士赠送的著书 228 册（部），其中正式出版著书 61 册（部）、内刊出版著书 167 册（部）。

1993 — 2007 年龙海图书馆藏部分正式出版著作情况表

表 26-5-2

书名	编著者	出版社	出版时间
奋发者之歌	庄河水	香港现代出版社	1993
科拉松·阿基诺传	张永和	花城出版社	
龙海县志	龙海县地方志编纂委员会	东方出版社	
侨乡银莲	庄河水	海峡文艺出版社	
镇海卫志校注	黄超云校注	中州古籍出版社	
食品化学实验	吴仲儿等	暨南大学出版社	1994
城市街镇企业经营谋略大观	魏荣章等	鹭江出版社	1995
港尾镇志	港尾镇志编纂委员会	黄山书社	
龙海交通志	龙海市交通局	社会科学文献出版社	
导弹和人造卫星	林溪波	上海科学普及出版社	1996
中国稻种资源目录：地方稻种第一分册、第二分册、野生稻种（共三册）	黄清港、盛锦山	农业出版社	
中国稻种资源目录	刘洋河	农业出版社	
红盾耕耘录	龙海市工商局	厦门大学出版社	1997
岁月回眸	陈虹	海峡文艺出版社	
中国食用豆类学	郑卓杰	农业出版社	

续表 26-5-2

书 名	编著者	出版社	出版时间
九龙江·连家船	张亚清	海峡文艺出版社	1998
历史的使命（第十七集）	傅溪鹏	作家出版社	
漳州水仙花雕刻艺术	朱振民	黄山书社	
烽火征程	陈方、丘兰生	中央文献出版社	1999
抗洪壮歌（福建卷）	林国良	中央文献出版社	
龙海年鉴（1997—1998）	龙海年鉴编纂委员会	中华书局	
人生在世	唐镇河	北京燕山出版社	
仙人掌类与多肉植物鉴赏	谢维荪、郭毓平	上海科学技术出版社	
心中流出甜蜜的歌——方阿泉歌曲选	李多甫	沈阳出版社	
永恒的回忆	陈仲初、郑梦彪	中国文联出版社	
龙江潮	庄河水	海风出版社	2000
你是我的夜色	刘纪胜	百花文艺出版社	
兽界	林志远	中国文联出版社	
中国当代音教论文选	林绿琪	远方出版社	
龙海年鉴（1999—2000）	龙海年鉴编纂委员会	新华出版社	2001
两瓮银元	林兆明	海峡文艺出版社	
三大基本国策（全三册）	林国良	中央文献出版社	
心中的丰碑	曾昭铎	中央文献出版社	
叩开大厦之门	林志远	中国文联出版社	
江山驰笔	江山	新华出版社	2002
龙江人寻找龙江颂	年月	作家出版社	
三平祖师公传奇	陈娟	香港文学报社出版社	
爱国奇人张圣才	蔡燕生	中国文化出版社	2003
陈维仪回忆录	陈维仪	中国文联出版社	
江文丛稿	陈虹	海风出版社	
报端集	张亚清	海潮摄影艺术出版社	2004
海之子	洪海涛	海潮摄影艺术出版社	
龙海年鉴（2001—2002）	龙海市地方志编纂委员会	中国文联出版社	
龙江走笔	郗卿、邓娜	海潮摄影艺术出版社	
神灯和女神	林艺群	海潮摄影艺术出版社	
诗歌在网络	老皮	中国文联出版社	
水仙之乡凭探索——漳州市科普作品选集	康火南	福建科学技术出版社	
再来四客冰激凌	海迪	作家出版社	

续表 26-5-2

书 名	编著者	出版社	出版时间
卑微者之歌	老皮	远方出版社	2005
龙海年鉴（2003—2004）	龙海市地方志编纂委员会	中央文献出版社	
探究	吴福兴	新华出版社	
选村长	林兆明	大众文艺出版社	
姚溪山剧作选	龙海市委宣传部	中国戏剧出版社	
紫云史志杂谈	张日庆	中国文化出版社	
龙海人民革命史	中共龙海市委党史研究室	中央文献出版社	2006
三余集	许鼎传、黄剑岚、江智猛	中国文化出版社	
寻找牧羊女	蔡刚华	作家出版社	
龙海村社	龙海市地方志编纂委员会	中国文联出版社	2007
论乡讯	王仲莘	海潮摄影艺术出版社	

二、图书服务

1993 年，市图书馆实行开架借阅，开架册数占馆藏总量的 85% 以上，免费提供书刊阅览服务。

1998 年，实现电脑自动化管理。2002 年，实现网上文献资源共享。

1993—2007 年，报刊阅览室及电子阅览室全周开放，年接待读者 15 万人（次），流通册次 20 万册。在全市学校建立的红领巾图书角 139 个，开展爱国主义教育和德育教育；每年配合学校举办各种讲座、报告会、知识竞赛及读书活动，参加人数 1 万多人（次）。开发利用馆藏信息资源，坚持农村信息技术咨询，先后同 193 家乡镇企业和专业户挂钩并定题跟踪，为发展农村经济服务；每年编印文献资料 2 次、《信息选编》24 期。参加文化下乡活动，举办农村实用技术信息发布会和图书、图片展览，现场接受农民咨询，15 年共无偿提供实用技术资料 470 多种 4 万多份。

三、图书发行

1993 年，市新华书店发行图书 261.57 万册（本），销售额 365.3 万元。1998 年，发行图书 332.18 万册（本），销售额 1388.05 万元。2003 年，发行图书 381.23 万册（本），销售额 1973.66 万元。2007 年，发行图书 288.6 万册（本），销售额 1968.17 万元。

1993—2007 年，市新华书店共发行图书 7 类 4655.71 万册（本）。其中，哲学、社会科学 16.83 万册（本），文化、教育 1150.83 万册（本），文学、艺术 17.29 万册（本），自然科学、技术 16.75 万册（本），少儿读物 23.12 万册（本），大中专及中小学教材、教辅 3413.29 万册（本），音像电子、其他出版物 17.6 万册（本）；销售总额 21373.79 万元。

全市各乡镇均有民营书店，2007 年有 40 多家。其中，石码镇有临风书屋、颖新书店、法律书店、邮政书店、文翔书社，角美镇的指南针书店、新书店、东东图书、东美书刊店，海澄镇有麒麟书店、博欣书店、鹏风书店，白水镇有圩内书店、克迅书店等。

第六章　史志　档案

第一节　党史研究

一、党史史料编撰

1993—1994 年，撰写 18 名龙海著名党史人物传略，刊登在《中共福建党史人物——新民主主义革命时期》。1995 年，撰写《龙溪县、海澄县解放接管和社会主义改造》《龙海村镇建设城市化》。1996 年，撰写《发展外向型经济，建设沿海城市》，刊载在《新时期漳州城市改革》；撰写《在困难中调整，在复兴中前进》，刊登在《六十年代漳州国民经济调整》。1997—1998 年，撰写蔡良承、常秋贵、陈砚田等 25 名中华人民共和国成立后龙海县正处级党政领导干部的人物传略，刊登在《中共漳州党史人物——社会主义革命时期》；《女工情怀——黄银莲的故事》《培植水稻是我生命中重要的一部分——记水稻种植专家黄海澄》《南乡英雄李金发》《娥眉剑出鞘——谢小梅早期斗争的故事》分别刊登在《历史的足迹》《烽火征程》和《血沃杜鹃红》等党史刊物；《政策暖人心，万众颂党恩——龙海市拨乱反正》刊登在《漳州拨乱反正》专集；《引导农民走翻身路——龙海农业合作化运动》刊登在《漳州农业合作化运动》专集；《龙海文化大革命——不堪回首的十年内乱》《三年折腾话得失——龙海县“大跃进”运动》刊登在《漳州“大跃进”运动》专集。1999 年，撰写《构建市场经济，描绘富强蓝图》，刊登在《漳州社会主义市场经济体制的构建与探索》专集；编写出版《中国共产党龙海市历次代表大会简介》。

2001 年，与南下海澄纪念册编委会共同编写出版《光辉历程——中国人民解放军长江支队五大队三中队南下海澄纪念册》。2002 年，协助原龙海县委书记陈维仪撰写出版《陈维仪回忆录》。2003 年，撰写《筑巢引凤建园区——龙海工业园区的建设和发展》，刊登在《漳州党史特色专题研究》。2006 年，完成《（龙海市）抗战时期人口伤亡和财产损失情况调查报告》，编写出版《龙海人民革命史（新民主主义革命时期）》。

图 26-9　王占春纪念馆（市委党史研究室提供）

2007 年，完成《龙海知识青年上山下乡概述》《知青典型人物传略》《知青回忆录》和《知青名录》等“知青史”专题资料的征编和《1949—2007 年龙海党史大事记（初稿）》25 万字。

15 年间，还组织撰写《龙江怒潮——大革命时期石码人民的倒蓝反廖运动》《南乡烽火——程溪暴动》《大海作证——50 年代龙海沿海地区保卫海疆安宁纪实》《一座跨越时空的不朽丰碑——龙江风格的诞生与传播》等 7 篇刊登在《八十春秋党旗红》；《闪光的青春——卢克和港尾民团起义记》《执行党的政策的模范——黄坤元筹款记》《挺立潮头——记工人先锋林和尚》《青山为她做证——记苏区妇女主席欧甚》等 7 篇刊登在《为了崇高的信念》；《建国后毛泽东与邓小平关于利用资本主义的思想的比较考察》《马兴元关爱龙海农业劳动模范两三事》《抗美援越战争中的龙海儿女》《“三肾书记”郑霜高》刊登在《福建党史月刊》；《中共厦门（闽中）角美石码交通站的建立与活动——厦漳龙三市党史研究室联合调查报告》《请“梅仙”当翻译》《铁胆丹心奏响抗日歌》《智勇双全的宿将苏静》《以身许国的红军壮士苏精诚》等10多篇分别刊登在《漳州党史通讯》《血沃杜鹃红》第7辑和《漳州百年百杰》等党史类刊物。

二、党史理论研讨

1993年，参加省、漳州市“纪念毛泽东诞辰100周年”理论研讨会，提交征文2篇，其中《毛泽东“敞开大门”思想与邓小平对外开放战略——从角美外向型经济的发展看对外开放的必要性》获省级优秀奖。1995年，参加“抗日战争胜利50周年”理论研讨会，提交征文《试述抗日民族统一战线的建立》1篇。1996年，召开“漳属地区第一个中共支部——石码党支部成立70周年”纪念会。1998年，参加漳州市“纪念周恩来诞辰100周年”研讨会，提交征文《“文革时期”周恩来与经济战线两次重大斗争》1篇。1999年，参加漳州市“庆祝中华人民共和国建立50周年”理论研讨会，提交征文《从龙海造纸厂改制成功看国有小企业改革中政府的主导作用》1篇。

图 26-10 海澄烈士陵园（市委党史研究室提供）

2001年，参加漳州市“纪念建党80周年暨党的建设与经济发展”理论研讨会和龙海市“纪念建党80周年”理论研讨会，提交征文《依靠广大人民群众是中国共产党取得解放战争胜利的正确决策》等2篇。2002年，参加漳州市“纪念红军进漳70周年”研讨会，提交征文《红旗漫卷龙江——纪念中国工农红军东路军进漳70周年》1篇。2003年，参加省、漳州市“纪念毛泽东同志诞辰110周年”学术研讨会，提交征文3篇，其中《建国后毛泽东与邓小平关于利用资本主义的思想的比较考察》刊登在《福建省纪念毛泽东诞辰110周年论文集》。2004年，参加漳州市“纪念邓小平诞辰100周年”理论研讨会，提交征文4篇，其中《略论邓小平全球化战略思想》获优秀论文奖。2005年，参加漳州市“纪念抗日战争胜利60周年”理论研讨会，提交征文《试论瓦窑堡会议对抗日民族统一战线确立的历史贡献》1篇。2006年，参加漳州市“纪念建党85周年”理论研讨会，提交征文《弘扬龙江精神，构建海峡西岸和谐社会》1篇。

第二节 地方志工作

一、编纂出版志鉴

（一）编辑出版《龙海县志》

1984年5月，龙海县人民政府启动社会主义时期地方志编纂工作，成立龙海县志办公室，组织编纂机构，发动各机关单位和乡镇场征集资料；1987年完成志书编纂初稿，1988年2月进入总纂，1993年6月由东方出版社出版，印数5000册。《龙海县志》16开本精装加套封。卷首配有政区图、彩色照片46版，其中记载远古时代、汉梁、隋唐、宋、元、明、清、民国时期的文化、文物古迹及革命活动等内容的彩照15版，记载中华人民共和国成立后龙海在政治、经济、农业、水利、渔业、林业、工业等方面所取得的成就彩照31版共156幅彩色照片；39幅黑白照片置于各卷首。

《龙海县志》上限追溯事物起始，下限截至1991年，1992年补志资料以附录形式置于志尾。全书由总述、大事记和39卷专业分志组成，共178章，183万字。《龙海县志》体例完备，资料翔实，内容丰富，突出地方特色和时代特点，有较好收藏价值。

（二）编纂《龙海市志》

中共龙海市委、市政府于2007年5月印发《关于编修〈龙海市志〉（1993—2005）工作的通知》，启动第二轮修志工作。2007年10月，市政府召开《龙海市志》编修工作动员大会，对编纂工作进行动员

图 26-11　《龙海市志（1993-2007）》评稿会（市方志委提供）

图 26-12　《龙海市志（1993-2007）》总纂会（市方志委提供）

和部署。各承编单位相继成立编纂小组，并开展资料搜集工作。根据漳州市地方志编委会统一部署，第二轮志书下限至 2007 年，《龙海市志》始于撤县设市的 1993 年，下限延至 2007 年。

（三）编纂出版年鉴

1998 年月 4 月，龙海市政府印发《关于编纂出版〈龙海年鉴〉的通知》，并确定龙海年鉴每两年编写一卷，由龙海市地方志编纂委员会负责编纂。首部年鉴时限为 1997—1998 年。1999 年 8 月，《龙海年鉴（1997—1998）》由中华书局出版，是龙海首部年鉴，也是漳州市第一部正式出版的综合地方性年鉴。设有特载、大事记、概况、中国共产党龙海市委员会共 33 个类目，配有彩页 22 版，为 16 开精装本，字数 66 万字，印数 2000 册。

2001 年 10 月，《龙海年鉴（1999—2000）》卷由新华出版社出版，为 16 开精装本，字数 75 万字，印数 1500 册。2004 年 1 月，《龙海年鉴（2001—2002）》卷由中国文联出版社出版，为 16 开精装本，字数 90 万字，印数为 1000 册，并编制刻录光盘。2005 年 10 月，《龙海年鉴（2003—2004）》卷由中央文献出版社出版，为 16 开精装本，字数 100 万字，印数为 1000 册，并制作光盘。2007 年 12 月，《龙海年鉴（2005—2006）》卷内部出版，为 16 开精装本，字数 90 万字，印数 1000 册。

（四）编纂出版部门志与乡镇志

1993 年，龙海县烟草局、龙海县总工会分别编纂出版《龙海县烟草志》《龙海县总工会志》，均为内部出版。1995 年 6 月，龙海市交通局编纂的《龙海交通志》由社会科学文献出版社出版；7 月港尾镇政府主办编纂的《港尾镇志》由黄山书社出版。1999 年，龙海市政协、龙海市侨联先后编撰出版《龙海市政协志》《龙海华侨史记》，均为内部出版。2005 年 1 月，龙海市工商联内部出版《龙海市商会志》。

1993—2007 年，全市出版的部门志、乡镇志共 7 部；另有紫泥、角美等乡镇及卫生局等单位油印的志稿 10 多部。

二、编辑出版地情文献资料

（一）编辑出版《龙海当代人物》

2002 年 9 月，由龙海市人民政府主办、龙海市地方志编纂委员会承办的《龙海当代人物》启动编辑工作。通过征集名单、写信联系、收集资料、校对修改，2003 年 6 月第一卷内部出版。2004 年 6 月第二卷开始征集，2007 年 1 月内部出版。两卷共征集 1015 名龙海籍在外工作的副处级以上领导干部、副高以上职称人员，以及部分企事业单位负责人、社会知名人士等人物简历，共计 66 万字，配有 136 版反映龙海发展情况的彩色图页，并附有光盘。

（二）编辑出版《龙海村社》

2006 年 1 月，龙海市政府办公室发出《关于转发市方志委〈关于编纂龙海市村社与宗祠要览的工作意见〉的通知》，启动《龙海村社》征集编纂工作，并成立编写机构；3月召开各乡镇分管领导和编写人员专题会议进行部署和培训，4月底大部分承编单位将初稿上交。2007年1月完成初稿的修改和内容的补充；12月由中国文联出版社出版。《龙海村社》收集内容涉及全市12个镇、2个乡、2个农场的238个行政村、33个社区居委会（含漳州开发区4个），内容包括概要、政区沿革、姓氏源流、经济状况、基础设施、名胜古迹、宗祠、人物等，并配有反映全市重点村社基本概貌的彩页106版。

（三）编辑出版其他地情资料

1993—2007年，龙海市地方志编委会协同有关部门，通过挖掘和收集地情资料，出版多部记载龙海地方特色的地情资料书籍。主要出版的书籍有《漳州历史人物（龙海卷）》《漳州水仙花造型雕刻艺术》《龙海寺宫庙》《龙海旅游资源荟萃》《瞬间永驻——龙江风格老照片集》《龙海文物》《龙海撤县建市十五周年大事记》；收集整理并报送由福建省地方志编纂委员会编纂的《福建名产志》《福建地名志》《福建姓氏志》龙海部分的资料；协助龙海市政协开展谱牒研究，出版《龙海姓氏》。

三、读志用志

1993—2007年，共向社会各界和全国有关图书馆发放《龙海县志》《龙海年鉴》《龙海当代人物》《龙海村社》9000余部，光盘500多盘；接待来访的修志人员和市内外社会各界人员查询志书和地情资料人员，年均60人次；特别是接待150多名台胞、港澳同胞前来查询资料，寻根访祖，其中帮助前台湾“行政院长”林洋港、菲律宾前总统科拉松·阿基诺夫人、新加坡前总统黄金辉、台湾巨商许文龙查询史料和谱牒，帮他们找到祖籍地；配合市花卉协会查找县志及有关史书，找到水仙花除在九湖镇种植外，在清代曾在原海澄县区域内种植过的记载，为市花卉协会提供真实的历史资料和研究扩种的依据。其间，2003年，参与“龙江风格”40周年纪念活动，协同市委宣传部编印《瞬间永驻—龙江风格老照片集》画册，形象地再现当年“拦江筑坝”的历史场景；2006年，为迎接连战回榜山镇马崎社寻根谒祖，帮助马崎社编写《马崎连氏族谱》，在连战回乡时作为礼物送给他。

四、地方志理论研究

1993年，市方志委有5人分别参加福建省地方志学会、福建省民俗学会、漳州市地方志学会、漳州市人物研究会，其中3人是常务理事、理事。至1995年，撰写有关地方志和民俗论文30多篇，参加年会及学术研讨会；有多篇论文发表于《中国地方志》《福建史志》《福建乡土》《漳州今古》等专刊，或收入论文专集。1996年，有5篇论文收入《新时期漳州市地方志论文》《漳州人物》等专刊。其中，3篇获优秀奖，1篇入选《中国地方志书目要览》。1999年，市方志委发起组织龙海市人物研究会，开展人物、谱牒资料收集与研究。

2000—2005年，有20多篇论文发表于省级、漳州市级刊物。张日庆出版个人专著《紫云史志杂谈》；黄剑岚与他人合作结集出版《三余集》。2007年6月，撰写论文《搞好三个服务，探索用志新途径》刊登在中国地方志指导小组办公室主编的《新编地方志开发利用成果汇编》。

五、收集编写谱牒

龙海市部分姓氏组织人员挖掘抢救谱牒，新编族谱，为加强宗亲联系和闽台族谱对接提供资料依据。截至2007年，龙海市完成编写的族谱共有34个姓氏。

附：姓氏谱牒

蔡氏　《流江蔡氏家谱》《岭兜蔡氏家谱》《蔡氏鸿山肇世世系图谱》《济阳蔡氏族谱》（以上为旧谱）），《谢仓蔡氏崇报堂族谱》。

陈氏　漳州《陈氏族谱》《霞寮陈氏世系渊泉》（康熙二十八年）《塔江陈氏族谱》（以上3本为古谱），俊美《陈氏族谱》。

甘氏　峨山鹭边《甘氏族谱》（古谱）《鹭边甘氏三房族谱》。

高氏　《高氏族谱》（2004年编、吴宅九冬）《潳都高氏族谱》《高坑高氏族谱》。

郭氏　《流传郭氏族谱》（清嘉庆手抄）《霞林郭氏族谱》（清嘉庆手抄）《霞谷郭氏族谱》（清）《瀛州郭氏族谱》。

洪氏　《鸿团志·村史·族谱》（2003年、新编）、象洋《洪氏宗谱连家谱》（2001年）《河福洪氏族谱》（新编）。

黄氏　《霞苑黄氏族谱》（明宣德元年）《霞苑黄氏族谱续谱》（明嘉靖二十三年）《紫云篁坑黄氏大宗族谱》（角美镇东门社）《霞苑黄氏族谱》（清嘉庆十四年）《壶西黄氏传志录》（角美西边社）《开漳黄氏族谱》（东泗乡东泗社）《长洲族谱》（榜山镇长洲社）《埭头族谱》（角美镇埭头社）《南门黄氏族谱》（角美镇南门社）《浦西黄氏族谱》（2002年重修）。

李氏　《渐山李氏族谱》《福河李氏族谱》（以上2本为旧谱），《角美石厝李氏历代族谱》（1998年）《陇西恒山李氏族谱》（1998年），金山、墩尾、霞店《李氏族谱》（1995年）。

林氏　《象峰世次昭穆宗谱》《文山林氏族谱》《龟山塔林氏谱》（以上3部为旧谱），《集英堂林氏族谱》（2000年续编，角美·恒仓）《林本源家传》（1984年台湾王国璠编写）《仰孟林氏族谱》（录自林凤池编旧谱）《南园林氏族谱》（1993年敬愉堂重辑）《林氏族谱》（白水镇山边村，年代不详）《林氏屿头族谱》（1998年续编）《溪头林氏家族各房世系图》。

王氏　《溪美王氏族谱》（旧谱）《卓岐王氏三槐堂族谱》、州里王氏《燕诒堂族谱》。

吴氏　《紫泥吴氏宗谱》（民国二年）《紫泥村涂仔吴族谱续本》（2001年）《龙海下吴吴氏宗谱》（1998年）。

谢氏　《谢氏简谱》（乾隆十七年）《谢氏简谱》（民国十一年）《星中央谢氏谱》（永乐间首修）。

许氏　《马坪许氏族谱》《鸿渐美许氏族谱》（以上2本为旧谱），《许氏许林头族谱》（2000年纶恩堂续编）《许氏家谱》（1988年程溪镇奎坑）《南坑许氏族谱》（程溪镇南坑旧谱）《许氏族谱》（2000年招商局漳州开发区大径许厝）《许氏世谱》（雍正八年东园港边）。

杨氏　《杨氏白塘族谱》《白石杨氏家谱》（古谱）。

曾氏　《武城曾氏族谱后宝谱图》（古谱）《武城曾氏重修族谱》《 角里曾氏简谱》。

郑氏　《翠林家乘》（明郑深道）《鄱山郑氏族谱》《文苑社诒穀堂族谱》、邹岱《郑氏（三房）族谱》《石码郑氏世泽堂族谱》（清代手抄）（以上为旧谱），《文苑郑氏族谱》《台南开基祖郑振衣公后裔族谱》《鄱山林前郑氏祖谱》《澎湖马公郑氏族谱》《青美郑氏源流》。

钟氏　冠山《钟氏族谱》（古谱）。

周氏　东瀛《周氏族谱》。

朱氏　《镇海朱氏族谱》、朱厝《朱氏族谱》。

庄氏　《马州锦绣庄氏族谱》（新编）。

江氏　古城《江氏族谱》（清江河龙编）。

蓝氏　古谱《蓝氏族谱》。

丁氏　《白石丁氏世谱》。

连氏　《马崎连氏族谱》（新编，2006年3月出版）。

徐氏　《霞漳溪邑刘瑞保官地徐氏族谱》。

潘氏　《仁美潘氏族谱》。

邱氏　《马麓镇南社邱氏崇本堂小谱》（光绪壬午）。

施氏　《漳州施氏宗支实录》。

苏氏　《苏氏太江族谱》（新编）。

孙氏　《马崎孙氏族谱》（新编）。
汤氏　《漳州青阳中山汤氏族谱》。
严氏　《漳州严氏谱牒汇编》。
颜氏　《颜氏族谱》（嘉庆甲子年首修）。
魏氏　《龙海港内钜鹿魏氏族谱》（新编）。

第三节　档案管理

一、档案保管

1993年，龙海市档案馆建筑面积1652平方米，馆藏档案33507卷（盒），资料6050册。因馆藏已饱和，之后只接收部分市直机关和乡镇单位的档案，对无法按时接收进馆的档案，采取寄存的办法，与各有关单位办理寄存手续。1997—1998年，接受文书档案和干部档案2831卷、科技档案100卷、资料100册，馆藏档案共42250卷（盒），资料7302册。1999—2000年，接收文书档案、干部档案、工程档案3299卷（盒）、农村土地延包建档361卷（盒）。2001—2002年，接收41个单位1999年到期（含1999年）文书档案、干部档案、工程档案5552卷（盒）、“三讲”（讲学习、讲政治、讲正气）教育档案43卷。2003—2004年，接收文书档案、干部档案、工程档案2080卷（盒）。截至2004年底，共办理寄存手续50个单位，其中45个全宗。2005年，翻修部分馆舍，增加库房近50平方米。2005—2007年，接收6个单位逾期档案4000多卷、基建档案232个单位3361卷。2007年，档案馆实有建筑面积982平方米，馆藏档案55541卷（盒），资料7353册。

二、培训与指导

1993—2007年，全市有1.5万人（次）接受档案法制教育；近百名档案员累计受训308人（次），并推荐60名档案员参加省、漳州市档案局举办的业务培训班和继续教育培训班。定期或不定期开展《档案法》执法检查，对全市的全宗单位的档案法制宣传教育、依法归档建档和保管利用等方面进行检查、指导、验收。先后有28个单位通过考评，达到档案管理省级先进水平。其间的2002—2006年，在全市范围内进行村（居）级建档工作，在海澄镇内楼村、豆巷村、大埕居民委员会，以及石码镇解北居民委员会和角美镇侨兴居民委员会创建建档示范村（居）点。

三、档案利用

1993年，对馆藏的全部档案进行整理、编目和系统化工作，库房的案卷一律按组织机构—年代—重要程度进行排列上架，以便于借阅。1997年，继续开展馆藏档案著录标引、解密划控工作，编纂各立档单位的《全宗介绍》。1998年，购置复印机和电脑，录入民国时期原龙溪县与海澄县档案目录2.5万条并对外开放。

至2000年12月，共向社会开放3批（民国时期至1969年）档案资料1475卷（册），条目60570条。2001—2002年，共向社会开放4批。2003—2004年，对馆藏全宗进行重新编制，撤销空号，合并重叠全宗，确定为220个全宗；提供利用档案资料4818卷。2005—2007年，建立档案数据库，共录入文件机检目录近10万条，检索工具主要以《全引目录》为主，辅以《案卷目录》《专题目录》和人名卡；开辟政府政务信息公开阅览室，提高政府政务信息透明度；提供《1955年工地民工花名册》，为3500多名中原民工出具原始凭证。

15年间，编辑出版《龙海市档案馆指南》《龙海市档案新旧档号对照手册》和《龙海市档案局工作制度汇编》；年均接待查阅者780人次，利用档案资料2300卷（册）。

第七章　广播 电视 电影

第一节　广播

一、广播电台建设

1993年，投建龙海调频广播电台，全县15个乡镇均建立接收站；5月，调频广播安装调试完成；6月1日，正式播出。1994年4月，龙海调频广播电台呼号为“龙海人民广播电台”，发射频率为93.3兆赫兹。1995年，添置2台卫星广播解调器用于接收中央台的卫星信号，安装1套调频天线用于接收省台的调频信号，改变长期以来转播信号质量差的状况。

2005年3月，龙海广播电台投建1套音频工作站编辑网络，包括2个音频播出工作站（主备机）、2个音频编辑工作站、1个音频服务器，并采用硬盘播出，音频网络自成一个局域网。2007年，广播电台搬迁至新广电大楼，处于停业状态。

二、广播节目编播

1993年，全市广播每日除了定时转播中央台及省台节目外，自办节目主要有《新闻》《科普园地》《卫生保健》《音乐欣赏》《芗剧》等栏目，播出时间每天7小时。其中新闻栏目《本县新闻》和《金三角内外》两个节目每周编发5次，重播10次，每次10分钟。1995年，广播播出时间由原来每天7小时增加到10小时。1998年3月，又增加到每天12小时，播出时段从原来早、中、晚广播改为第一次播音6：15—12：30，第二次播音14：45—20：30。

2005年，随着音频工作站的建立，对节目编播又进行一次改革，除转播中央、省、漳州市广播电台节目外，共设置《龙海新闻》《信息全接触》《科学与健康》《农家之友》《校园直通车》《流行风云赛事》《八闽剧场》《天气预报》《送你一支歌》《广告与音乐》《芗剧连播》10多个栏目。2007年，广播节目编播暂停。

三、调频广播覆盖网

1993年6月1日，调频广播电台正式播出。1994年4月，设立龙海调频广播电台，发射台批准台址为紫云岩，北纬24° 25′ 48″，东经117° 48′ 36″，地面海拔高度187米。实际发射台址是龙海市石码镇公园东8号，北纬24° 26′ 48″，东经117° 48′ 36″，地面海拔高度3米。指配发射频率为90.1兆赫兹，实际发射频率为93.3兆赫兹。1998年4月，实际发射频率又改为90.1兆赫兹，发射功率为100瓦。天线为四层三面拆合振子天线，海拔高度18米，发射方向为全向，水平极化，覆盖龙海境内。全市各个乡镇相应建立调频转播台转播《龙海人民广播电台》节目。通过调频广播与有线广播相结合，全市广播覆盖率达到94.1%，一直延续到2007年。

四、农村有线广播网

1993年，调频广播电台正式开播后，角美、海澄、浮宫、白水、隆教、颜厝、榜山7个乡镇的镇至村的有线传输也改为调频传输，其余乡镇保留有线传输。为通过调频广播与有线广播相结合的方式，恢复全市广播的开通，继续加强对重点乡镇有线广播线路建设。是年，利用鹰厦铁路电气化补偿有利时机，拨出20万元，筹建步文、郭坑、角美等乡镇的有线广播线路共24杆公里。1994—1996年，每年投资10多万元，用于整修农村广播网络建设。1997年后，随着有线电视的发展，农村有线广播网络建设逐渐减少，直至2007年结束。

第二节　电视

一、电视台建设

1993年，全市乡镇广播站更名为广播电视站，实行龙海市广播电视局与乡镇政府双重领导。1994年7月1日，建立龙海电视台，并开播《龙海新闻》，厦门电视台赠送一套模拟摄像和编辑设备。1998年，各乡镇广播电视站先后回收广播电视系统以外开办的乡（镇）、村广播电视网，以及实施广播电视光缆工程和“百乡千村”覆盖工程等各阶段工作，建设改造有线电视网络，发展有线电视用户。

2003年，龙海电视台投建非线性编辑系统，实现采、编、播一体化、数字化，提高电视节目制作播出质量。2004年2月6日，全台电视节目实现采、编、播一体化、数字化。

2003—2004年，添置3台DV卡姆摄像机，投入近20万元购置2套硬盘播出机、6套非线性工作站和1套字幕提示器。2005—2006年，投入近100万元添置摄像、播出设备，提高有线电视的播出质量和稳定性。2007年，市电视台单数码摄像机增至12台。

二、电视节目编播

1994年7月1日，龙海有线电视站开播《龙海新闻》，每周播出1期。1995年3月，《龙海新闻》每周播出增至2期。1996年2月，增至3期。1997年，率先在漳州市县级台中实现每周6档新闻，内容从会议和政务扩展到社会新闻。2000年，每周日晚增设《周末说法》《百草园》两个专题栏目，向群众宣传法律知识和医疗保健知识。是年7月，播出《记者视线》专题栏目。2004年4月，增设《农民之友》栏目，首次采用闽南语播出。此外，还根据各阶段宣传需要，制作播出一批时政、社教专题。2007年，增设《走进龙海》《科学与健康》两个专题栏目，改版《周末说法》为《平安与法》。

三、电视转播发射网

1993年，龙海电视差转台主要转播漳州电视台节目，转播时间08：00—24：00。是年11月，龙海有线电视施工。1994年4月，有线电视播出12套节目。1995年10月，市有线电视站通过微波与9个乡镇广电站进行联网。1998年4月，电视差转台停止转播。1999年12月，使用光缆与各乡镇广电站实现大联网。

2004年6月，取消使用开路天线接收的信号作为有线电视前端信号源，全面使用光纤、卫星、微波信号作为有线电视前端信号源。2007年，共播出模拟电视节目32套。

四、微波传输网

1992年，建立接收漳州电视台节目微波站。1995年4月，龙海有线电视站完成与省有线电视台微波联网，接收其下传的“综艺台”“影视台”“服务台”“体育台”4套节目信号；10月，龙海有线电视微波站建立，负责全市9个乡镇有线电视信号传输，系统采用8吉赫兹调频微波传输系统，共传送龙海新闻台、漳州电视台、福建电视台、福建影视台和中央6套电影频道，微波链路总长54公里，覆盖乡镇有角美、紫泥、步文、郭坑、颜厝、海澄、浮宫、东园和白水。1999年后，随着龙海广播电视光缆工程的实施，有线电视微波传输逐渐为光纤传输所取代。

2003年12月，建立港尾斗美至浯屿微波传输系统，采用AML传输方式，点对点，微波频率11吉赫兹，传输带宽550兆赫兹，传输距离3.3公里，解决浯屿岛收看电视难的问题。

五、有线电视网

1993年，龙海市区石码镇有线电视系统开始投建。

1994年10月，有线电视系统建设完成，最初向电视终端输送电视信号12个频道，共有8000多户安装有线电视，综合覆盖率95%。1995年12月，电视信号增至16个频道，终端用户增至1.4万户。1996年，在步文、颜厝、东园3个乡镇开展镇至村有线电视联网试点，随后向全市铺开。1998年12月，电视信号增至24个频道，终端用户增至2.09万户。

1999—2001年，筹集资金700多万元，实施广播电视光缆工程和“百乡千村”覆盖工程，建设改造市区至乡镇光缆226公里，熔接光节点89个，覆盖100多个行政村。2001年12月，电视信号增至31个频道，终端用户增至4.37万户。2002年4月，全市有线电视实现光纤大联网；各乡镇、村有线电视旧网络升级改造随即展开。2003年8月，开建厦门大学漳州校区有线电视工程，架设光缆干线10多公里，完成1600个终端。9月，厦大漳州校区首批师生看到龙海有线电视节目。2003—2005年，共投资500多万元，改造79个村有线电视网络，网络带宽从300兆提高到500兆，电视信号增至32个频道。2007年，全市干、支线网络长度566.34公里，覆盖各个乡镇和双第农场、龙池开发区，以及厦门大学漳州校区。一级光缆干线光节点有16个，二级光缆干线光节点有196个。全市有线电视用户7.24万户。

六、有线数字电视

2007年2月1日，龙海作为全国首批推进有线电视数字化的沿海地区，在市区石码镇进行开通数字电视试点工作。是年12月29日，全市有线数字电视整体转换工作启动。有线数字电视频道107套。

第三节　电影

一、电影发行放映

1993年，龙海市电影发行放映公司面临电影体制改革和经营机制改革，从宣传、管理、服务方面提高电影社会效益和经济效益，超额完成漳州市下达的电影发行放映承包任务34.2%。

1994年，全市农村放映区域全方位开放，部分热门影片公开投标。1995年，配合放映院、队，组织一批主旋律影片和“纪念抗日战争、反法西斯战争胜利50周年”“电影诞生90周年”活动的宣传放映。1996年，随着改革开放的深入，多元化文化市场形成，电影放映业急剧滑坡，电影面临严峻的考验。公司所属人民电影院20人全部停岗待业，人员内部下岗；国办电影队人员则每人配备一台放映机自行放映收入。1998年，组织送科技电影下乡巡回放映。

2000年，电影发行放映市场萎缩，经济效益每况愈下。2006年，启动周末电影广场，每周在固定场所免费播放电影。是年12月4日，市电影公司举行“龙海市数字化电影放映启动仪式”，由高亮度、高清晰度、高反差的电子放映机依据宽带数字存储、传统技术进行数字化播映，实现龙海电影文化产业第三次技术革命。2007年，开始在全市农村实施国家电影“2131”工程（即在21世纪初，在广大农村实现一村一月放映一场电影）。

二、电影放映院、队

1993年，全市放映单位影剧院10座，国办电影队9队，镇办电影队和村办电影队87队，代管省地质五队、林下林场、工业学校、江东机砖厂、渔业大队5个放映单位；从事农村放映人员200多人。

1993—1996年，市电影公司举办3次农村放映培训班，共培训49队，参训人员97人。1998年，全市有国办电影队 8 队，镇办和村办电影队 150 队；从事农村电影放映人员 300 多人。1999 年后，电影业处于滑坡状态，除市区锦江影剧院和农村电影队时有放映外，全市影剧院基本停业。2007 年，国办电影队保持原有的人员。

第八章　体　育

第一节　群众体育

一、农民体育

1993 年，开展以传统项目为主、新兴项目为辅的乡镇、村社群众体育比赛和农民健身活动。是年 4 月，省电视台《体育大观》栏目到龙海采访拍摄民间传统武术活动，并专题播放；6 月，东园镇过田村龙舟队一行 38 人代表漳州市参加在集美举行的“国际龙舟比赛”，获 600 米直道竞速第五名。1996 年，农民于志强、叶春林在“全省武术演武大会”中分别获传统王祖拳一等奖和器械大刀二等奖。

1997 年，各乡镇都成立农民体育协会，举办不同规模的群众性比赛达 100 多场（次），参加活动人数 51 万人（次）。是年 6 月 20 日，“迎香港回归横渡及飘游九龙江健身活动”在九龙江龙海市水域举行，来自各乡镇 100 多人参加。1998 年，角美镇举办“美港杯”“绿洲杯”篮球锦标赛，有数个省级篮球队参与。是年，角美镇在全国第八届运动会上获“全国体育先进集体”称号；11 月，省体委、省农民体育协会主办的“亿万农民健身活动先进乡镇联谊会”在角美镇召开。

1999 年 9 月，龙海代表队在“漳州市第三届农民运动会”五大项目比赛中，获篮球冠军、田径第三名、武术第二名、中国象棋第二名、乒乓球女子第二名、乒乓球男子第三名；在 36 项个人项目中，共获金牌 6 枚、银牌 11 枚、铜牌 13 枚。是年，龙海运动员代表漳州市农民体育代表团参加“福建省第四届农民运动会”游泳、田径、棋类、自行车、篮球等项目比赛，获金牌 1 枚、银牌 2 枚、铜牌 4 枚。

2000 年 6 月 16 日，“龙年龙海市龙舟赛会”在九龙江水域举行，有 7 个乡镇的 26 艘大、中型龙舟近 1000 名农民参赛。是年，九湖镇、浮宫镇分别被授予全省“农民体育活动先进乡镇”、全省“先进体育乡镇”称号。

2001—2002 年，龙海代表队在“漳州市农民特定田径赛”中，获团体总分第一名；在“漳州市第四届农民运动会”中，获金牌 3 枚、银牌 8 枚、铜牌 13 枚。榜山镇代表队获“漳州市乡镇秧歌舞决赛”二等奖。2003 年，角美镇沙坂村、玉江村和榜山镇上苑村等传统武术馆参加“首届南少林传统武术锦标赛”，共获金牌 3 枚、银牌 13 枚、铜牌 2 枚。

2004 年，榜山镇参加漳州市“亿万农民健身活动”展示暨“漳州市第二套健身秧歌比赛”，获第二名。是年 11 月，榜山镇被授予“全国体育先进乡镇”称号，颜厝镇被授予“福建省亿万农民健身活动先进乡镇”称号。2005 年 6 月 22 日，“龙海市‘电力杯’龙舟赛会”在九龙江水域举行，有 8 个乡镇 24 个村的 38 艘龙舟 1800 多名农民参赛；国庆节前夕，在龙佳生态山庄举办“建设杯”篮球赛，有 8 支队伍、120 多名农民运动员参赛。是年 10 月，市农体协被授予“2001—2004 年度全国群众体育先进单位”称号。

2006 年，颜厝镇水头村龙舟队代表漳州市参加“第四届泉州国际龙舟锦标赛”，获 1000 米直道竞速第六名；角美镇沙坂村武术馆 6 人代表漳州市参加“福建省首届民间传统武术比赛”，获金牌 2 枚、银牌 2 枚、铜牌 5 枚；全市组成 96 人的农民体育代表团，参加“漳州市第五届农民运动会”9 个项目比赛，获金牌 13 枚、银牌 16 枚、铜牌 13 枚。是年 11 月，颜厝镇和双第华侨农场分别被授予“全国亿万农民健身活动先进乡镇”和“福建省亿万农民健身活动先进乡镇（场）”称号；市农体协被评为“全国亿万农民健身活动先进单位”。

2007 年，全市共举办 200 多次农民健身群众活动和体育比赛，农村体育人口普及率 42%。是年，组织 4 名运动员代表漳州市参加“福建省第六届农民运动会”象棋项目比赛，获 2 个第五名。截至 2007 年底，全市共有三级农体协（含单项协会）320 家。

二、职工体育

1993 年，机关、企事业单位在节假日期间举办各类职工体育比赛活动，其中市税务、工商、邮电、政法等系统已形成制度化。是年 6 月 28 日，组织 2800 多名运动员参加“龙海撤县改市庆典”大型团体操表演；8 月，市冬泳协会一行 14 人参加杭州“全国马拉松水上长游比赛”，康和庆、陈加辉、陈州、郑漳志分别获第八名、第十二名、第十四名、第二十名。

1996 年，在“福建省第三届职工运动会”中，阮成博获老年组 3000 米、5000 米跑第三名，吴可夫获中国象棋第四名。1997—1998 年，市直机关、“三资”企业、乡镇企业举办中国象棋、篮球、乒乓球、拔河等比赛共 80 多场（次），观众 10 多万人（次）。1999 年 2 月，黄国祥代表漳州市冬泳队参加“99’全国冬泳锦标赛”，获“55 — 59 岁”组 100 米自由泳亚军、50 米自由泳第四名。1999—2000 年，共举办全市性的乒乓球、篮球、排球、羽毛球、中国象棋、围棋等比赛 23 场（次）。

2002 年，全市成立 11 个体育协会及市银鹰体协、市邮电体协 2 个行业协会。2003—2004 年，在全市开展体育进社区活动，举办各种体育比赛 150 多场（次），参加人数 10 多万人（次）。

2007 年，组队参加“漳州市第五届中国象棋比赛”，获甲组第一、第二、第四名；参加“漳州市体育系统第五届乒乓球比赛”，获团体第五名；市冬泳协会组队参加第九届“迎新春・盼统一”厦金海峡冬泳比赛，获团体第八名。是年 5 月，“第十届全国城市运动会”射箭比赛在龙海龙佳生态温泉山庄举行，有 29 个城市代表队参加。

三、老年体育

1993 年，持续开展老年拳剑舞操练活动，重阳节举行大会操和各类比赛活动。是年，龙海队代表漳州市参加“福建省第三届老年人运动会”，黄水勇获中国象棋赛团体第一名和个人第四名，施剑虹获羽毛球双打第一名，姚溪源获乒乓球团体第三名和个人赛第九名。

1995 年 10 月，全省农村老年人体育基层工作经验交流大会在龙海召开。1996 年 12 月，龙海代表队参加全省门球等级赛，获得甲级队资格。1997 年 2 月，市老年体育协会被授予“福建省全民健身工作先进单位”称号。1998 年 3 月，杨汉美被评为“全国老体工作先进个人”。1999 年 5 月，龙海代表队获“漳州市第五届老年人运动会”地掷球赛冠军。

2000 年 1 月，市老体协被评为“福建省万队百万老年人拳剑操歌舞大汇演活动”先进单位；9 月，龙海地掷球队代表漳州市参加“福建省亿万老年人健身活动启动

图 26-13　龙海市万人健步走活动（市文体局提供）

图 26-14　老体协元宵活动（黄燕红摄）

式暨省老年人地掷球比赛”获冠军。2002 年 6 月，龙海代表队获“漳州市第六届老年人运动会”地掷球赛亚军。

2003 年 3 月，在“福建省亿万老年人健身活动展示暨及老年人太极柔力球比赛”中，蔡松江获男子双打冠军；4 月，龙海地掷球队获“漳州市老年人地掷球赛”亚军；7 月，浮宫镇浮宫村等 7 个村被授予第一批“漳州市农村老年体育工作示范点”；9 月，张春煜获“漳州市太极柔力球比赛”单打冠军；10 月，在“漳州市老年人气排球比赛”中，角美镇、市代表队分别获金、铜牌。是年，市老体协港口老年人健身活动站被授予全国“巾帼健身队”称号；市老体协、角美镇老体协被评为省级“开展亿万老年人健身活动先进单位”。2004 年 2 月，角美镇流传村代表队获“福建省亿万老年人健身活动展示暨老年男子气排球比赛”第四名；9 月，龙海队代表漳州市参加“福建省老年人地掷球比赛”获第二名。2005 年 9 月，龙海代表队获“漳州市老年人地掷球比赛”冠、亚军。

2006 年，全市组成 80 人的老年人体育代表团参加“漳州市第七届老年人运动会”11 个项目比赛，获金牌 4 枚、银牌 2 枚、铜牌 3 枚。是年 5 月，龙海地掷球代表队获“漳州市第七届老年人运动会”地掷球赛冠军；9 月，龙海队代表漳州参加“‘钢城杯’全国老年塑质地掷球赛”，获上游强队第九名，并获“全国体育道德风尚奖”，队长谢清溪被授予“全国精神文明运动员”称号；9 月 29 日，市人民政府办公室转发《龙海市老年体育事业“十一五”发展规划意见》；11 月，龙海地掷球代表队代表漳州参加“福建省第七届老年人运动会”比赛。

2007 年，全市有 14 个村被授予“漳州市农村老年体育工作示范点”。截至 2007 年底，全市建立村级老体协机构 271 个，成立辅导站 250 个，辅导员 562 人；有老年人活动中心 680 座 8508 平方米、门球场 15 处、地掷球场 10 处、气排球场 52 处、柔力球场 47 处、羽毛球场 97 处、综合活动场 409 处；建立乒乓球、羽毛球、门球、地掷球、汽排球、太极拳、木兰拳（剑、扇）、柔力球、健身秧歌等代表队 1436 队；有 3 批 25 个村通过“漳州市农村老年体育示范点”达标验收。

第二节　学校体育

1993 年 6 月，组织 8 所中、小学学生参加“龙海撤县改市庆典”大型团体操排练表演。1993—1996 年，举办中学生第二十至二十三届、小学生第十八至二十一届田径运动会。

1997 年，落实《学校体育条例》，学校体育项目布局作新的调整；依托小学、中学、市少体校三级业余训练网络，抓好传统体育项目。是年 8 月，举办龙海市中学生第二十四届、小学生第二十二届田径运动会。1998 年，白水学区中心校、石美职高分别被国家教委、体委和福建省教委、体委评为“执行国家体育锻炼标准先进单位”。

1999 年，龙海一中和龙海二中体育教师林文寿分别被评为全国“1998—1999 年度学校实施体育锻炼标准”先进单位和先进个人；龙海实小、海澄内楼中心校、白水桃源中学陈力伟、程溪学区吴大亮、石码中心校林国华分别被评为全省先进单位和先进个人。是年 10 月，举办龙海市中学生第二十五届、小学生第二十三届田径运动会。

1999—2000 年，举办全市“素质杯”乒乓球赛、小学排球赛和中小学生田径运动会。2000 年 11 月，市中小学生田径队参加漳州市中小学生田径运动会，获男女小学组和男子初中组团体冠军、女子高中团体第三名、男子高中组团体第四名、女子初中团体第五名；个人单项比赛中获金牌 13 枚、银牌 13 枚、铜牌 10 枚。是年，海澄学区被评为省“全民健身活动先进单位”。

2001—2002 年，龙海二中男子篮球队、石码中心小学女子排球队代表漳州市参加“福建省中小学生篮、排球赛”均获第五名；市中小学生田径队参加漳州市中小学生田径运动会，获男女小学组和男子中学组团体总分第一名、女子高中组团体总分第三名；石码中心小学、海澄内楼小学在漳州市基层小学排球赛中，分别获冠、亚军；龙海实小、石码中心小学代表队漳州市中小学生田径运动会乒乓球比赛中，获金牌 1 枚、银牌 2 枚、铜牌 3 枚。

2003 年，调整和重新布局 20 所重点传统项目学校。2004 年，龙海二中被授予全国贯彻“学校体育条例”优秀学校和全国“中学生排球协会副主席学校”称号；龙海七中获漳州市排球锦标赛冠军。是年 5 月，市小学生田径队在漳州市少儿乒乓球锦标赛中，获金牌 3 枚、银牌 1 枚、铜牌 1 枚；在福建省少儿乒乓球锦标赛中，获第一、第二、第六、第七名各 1 人；在福建省少儿田径锦标赛中，获第一、第五、第七名各 1 人。8 月，市民族中学蹴球队、毽球队参加漳州市少数民族传统体育项目比赛获男、女子单蹴、女子混合双蹴 4 个第一名；代表漳州市参加福建省第六届少数民族传统体育运动会获男女混双第一名；在福建省传统校排球锦标赛中，龙海一中男排、龙海二中男排均获第三名。10 月，举办龙海市中小学生田径运动会。

2005 年，开展全市重点体育传统项目学校评估活动。2006 年，市民族中学蹴球、高脚竞速、女子毽球等项目代表漳州市参加福建省第六届少数民族体育运动会比赛；石码第二中心小学女排参加漳州市少儿排球赛获第一名；龙海二中校长吴木宾被评为“全国群众体育先进个人”。是年 9 月，在漳州市中小学排球比赛中，龙海一中女排获第二名，龙海七中女排获第三名。10 月，举办龙海市中小学生田径运动会。

2007 年，在漳州市传统学校排球比赛中，龙海七中、石码中心小学均获第三名。

第三节　专业体育竞赛

一、参加漳州市、省级体育比赛

1993 年，在福建省残疾人运动会中，许媛获 F5 级女子跳远金牌和跳高金牌。

1994 年，在福建省游泳精英赛中，洪跃伟打破男子 100 米蝶泳省纪录。1997 年，龙海市组队，有 256 人参加漳州市第八届运动会 15 个项目比赛，获得团体总分第三名，共获金牌 17 枚、银牌 19 枚、铜牌 20 枚。

1997—1998 年，全市有 136 人代表漳州市参加省级各类比赛，共破省纪录 3 人（次）、获前三名 38 人（次）；参加漳州市级各类比赛，共获第一名 60 人（次）、第 2—3 名 356 人（次），被评为漳州市先进集体和个人体育道德风尚奖有 7 个代表队、16 人（次）。

1999—2000年，全市组织567人（次）参加福建省、漳州市48个单项比赛，共获金牌76枚、银牌57枚、铜牌51枚。其中在“漳州市‘全国体育先进县’篮球赛”中，龙海代表队获冠军。2001—2002年，全市组织973人（次）参加福建省、漳州市运动会及各种单项比赛，共获金牌93枚、银牌89枚、铜牌99枚。其中在福建省第十二届运动会中，龙海代表团获金牌7枚、银牌5枚、铜牌8枚。龙海市被授予“全省30佳县（市）”称号，排列第22名。2003年，组织参加福建省、漳州市比赛，共获金牌42枚、银牌38枚、铜牌48枚。

图 26-15 龙海市领导慰问女排教练陈忠和（市文体局提供）

2004—2005年，组织363人参加漳州市第十届运动会14个项目比赛，共获金牌57枚、银牌60枚、铜牌50枚，名列漳州市金牌数第二、奖牌数第二、总分第三；组织56人代表漳州市参加福建省第十三届运动会6个项目比赛，共获金牌7枚、银牌9枚、铜牌14枚。龙海被授予“全省30佳县（市）”称号，排列第16名。2006年，组队参加漳州市乒乓球比赛，获金牌1枚、银牌3枚、铜牌1枚。

2007年，组队参加漳州市排球年度赛和漳州市羽毛球年度赛，获排球甲组第二名、羽毛球团体第三名；参加漳州市游泳比赛，获男子团体第四名、女子团体第四名。

二、参加全国、国际比赛

1993年，在第七届全国运动会中，周秀恋获田径三级跳远第九名；杨恋红、张永红分别获帆船第五名、第九名。

1994年，在日本广岛举行的国际田径赛中，周秀恋以13.16米成绩获女子三级跳远第一名；在菲律宾首届岷闽运动会中，周秀恋、洪跃伟、曾淑芬共获田径、游泳、射箭6枚金牌；在“朝阳三建杯”全国射箭比赛中，曾淑芳获18米射第二名和25米射第三名。1995年7月，在全国帆船锦标赛中，杨惠红获欧洲级短距离冠军。1996年3月，在全国春季田径运动会中，杨宏玲获女子撑杆跳高冠军。1999年，在全国青少年射箭锦标赛中，王美英获60米射第一名、40米射第五名，个人总成绩第三名；在全国青少年武术锦标赛中，张杰获自选拳术冠军。

2000年，在国内、国际性比赛中，张杰（武术）、王美英、杨雅静（射箭）、洪跃伟（游泳）等获金牌5枚、银牌9枚、铜牌7枚；2月，在泰国曼谷举行的“亚洲射箭巡回比赛”中，王美英获个人奥林匹克排名第八名，王美英、杨雅静与队友获团体铜牌。2001年，林羡玲（女子沙滩排球）、张杰（武术）、欧阳舒婷（武术）、杨宏玲（女子田径撑杆）、王美英（女子射箭）、洪跃伟（游泳）、欧阳依一（中国象棋儿童组）分别代表省队、国家队参加全国比赛，共获金牌8枚、银牌5枚、铜牌4枚。2002年6—7月，在云南、宁夏、青岛三站全国女子沙滩排球巡回赛中，林羡玲与队友配合均获冠军；8月，在第三届亚洲沙排锦标赛中，林羡玲与队友配合又获冠军。是年，在全国青少年武术套路锦标赛中，张杰、欧阳舒婷分别获男子甲组长拳冠军、女子乙组规定拳冠军。2003年7月，在全国赛艇青年锦标赛中，洪艺娇获第二名。2004年9月，在全国赛艇锦标赛中，洪艺娇获第四名。2005年，在全国赛艇锦标赛和全国第十届运动会中，洪艺娇分别获八人单桨有舵手第二名、赛艇八人单桨有舵手第二名。2006年，在第九届远南运动会中，角美镇残疾人魏燕鹏获金牌3枚、银牌2枚。

三、龙海籍教练领队参加国际比赛

1996年7月，中国女排教练陈忠和协助带领的中国女排在亚特兰大举行的第二十六届奥运会中获银牌。2003 年 11 月，中国女排主教练陈忠和带领的中国女排在日本重夺女子排球“世界杯”冠军。2004 年 8 月，中国女排主教练陈忠和带领的中国女排在雅典举行的第二十八届奥运会获金牌。

第四节　体育人才培养

一、培训与参赛

1993 年，组织学员参加漳州市少儿田径分龄赛，获 17 项第一名；参加漳州市少儿男女排球赛，获男子组第二名、女子组第三名。是年 6 月，市少体校承担并完成“龙海撤县改市庆典”大型团体操组织排练任务。

1994 年，组织学员参加省、漳州市比赛，获得前三名奖牌 76 枚。1995 年，建立业余训练网络，即市少体校—传统项目学校—社会业余训练—基层运动队。少体校男女排获漳州市业余体校排球赛女子组第二名、男子组第三名；组织学员参加漳州市少儿田径分龄赛，男子组获 4 项第一名，女子组获 5 项第一名、1 项第二名，谢殷蓉在 100 米竞赛中以 12.6 秒打破市纪录，达到国家二级运动员标准；田径队学员代表漳州市参加福建省少年田径赛，共获金牌 4 枚、银牌 2 枚、铜牌 3 枚；8 月，谢仇蓉代表福建省中学生到省体训队田径班集训，参加全国中学生田径运动会。

1996 年，组织学员参加漳州市少儿田径、乒乓球、武术年度赛，共获 16 项第一名、17 项第二名、13 项第三名；杨月铃代表漳州市参加福建省年度少儿乒乓球赛，获女子甲组第一名；谢殷茹、郑桂凤、陈林成代表漳州市参加福建省少儿田径分龄赛，获跳远第三名、第五名。1997 年，举办龙海市首届体育夏令营。

1998 年，市少体校在训的学员人数：田径 26 人、排球 23 人、编外乒乓球 18 人、羽毛球 16 人、武术 18 人。主要的年龄分布：田径 1986—1988 年出生，排球 1985—1986 年出生，乒乓球 1987—1990 年出生，羽毛球 1988—1990 年出生，武术 1987—1989 年出生。在漳州市少年锦标赛中，田径队获 5 项第一名、4 项第二名、3 项第三名，男女排球队分别获第三名和第二名。举办第二届体育夏令营。

1999—2000 年，组织学员参加漳州市各项目年度赛，田径队共获 29 项第一名、21 项第二名，女排获第二名，男排获第三名，乒乓球获 4 项第一名、2 项第二名，散手、跆拳道获 2 项第一名、3 项第二名；男排参加福建省传统校排球赛，获第三名。举办第三、四届体育夏令营。

2001 年，市少体校所负责的体育项目在漳州市第九届运动会中，共获金牌 25 枚、银牌 19 枚、铜牌 21 枚；在锦江影剧院广场举行龙海市支持北京申奥成功签名活动；举办第五届体育夏令营。

2002 年，市少体校 25 名学员参加福建省第十二届运动会比赛，共获 1 项第二名、3 项第三名、3 项第四名、7 项第五名、2 项第六名。举办第六届体育夏令营。

2003 年，组织学员参加漳州市年度赛，举重 8 人获第一名，田径 6 人获 9 项第一名，游泳 3 人获 7 项第一名，女排获第一名，乒乓球男女团体获第二名；乒乓球柯晨获省少儿男子丁组第二名；女排参加全国软式排球赛获第六名。举办第七届体育夏令营。

2004 年，组织学员参加漳州市年度赛，田径、举重、游泳、乒乓球、武术、排球共获得 11 项第一名，5 项第二名，8 项第三名；参加省年度赛共获 1 项第一名，2 项第三名。举办第八届体育夏令营。

2005 年，在漳州市第十届运动会中，少体校学员共获 35 枚金牌、38 枚银牌、34 枚铜牌，郭杨程破两项少年举重纪录。2006 年，组织学员参加漳州市年度赛，共获 14 项第一名，12 项第二名，8 项第三名；参加福建省第十三届运动会，共获 3 枚金牌、5 枚银牌、5 枚铜牌、1 项第四名、1 项第五名。

2007 年，组织学员参加漳州市年度赛，女排获第二名，田径获得 4 项第一名、3 项第三名；参加福建省年度赛，共获 1 项第五名、1 项第六名；参加福建省少羽毛球年度赛，获双打第一名；参加福建省少儿武术比赛，获社区组第四名、第六名。

二、向上输送人才

1993年，市少体校输送杨惠红、姚谬到省体工队水上中心；曾淑芳、黄展川到省体工队射箭中心。1994年，向大中专体育院校及上级训练单位输送16名队员，其中大专5男2女、中专3男4女，省体工队乒乓球队1男、射箭队1女。1996年，向省体工队、厦门体工队输送3名运动员。1998年，女排1名被调到省沙滩排球队，男排2名参加省男排队集训、1名报调省少体校，田径队1名参加省射箭队集训、5名被省体校定为优秀苗子；推荐2名参加漳州市少体校排球队集训，3名参加省队集训。

1999—2000年，全市共有38名学生被录取到大中专体育院校，4名分别从市少体校、基层学校输送到省体工队，向漳州市少体校输送9名运动员，向省体校输送3名运动员。2001年，向省体校输送2名运动员。2003年，输送林丽娟到漳州皮划赛艇基地，蔡伟玲、吕仕凌到省体校。2004年，输送郭艺娜、陈莹到漳州市少体校。2006年，选送1名到省体工队东山帆板运动中心测试。2007年，向漳州市少体校、厦门市少体校、省少体校输送15名运动员。

附：体育彩票发行

1994年，龙海首批5家中国体育彩票站点设立，年销售近30万元。1999年12月，采取即售即开奖形式，先在石码一环路，后在锦江影剧院广场举行，两场共销售80万元。2007年，全市共有60家体育彩票站点，其中市区25家、乡镇35家，年销售近4300万元。

截至2007年底，龙海共获得的体育彩票公益金480万元，用于群众体育、竞赛经费、场地设施部分弥补、体育扶贫等项目。

第九章　文化市场管理

第一节　管理制度

1993年，全市文化市场管理由市文化局为主负责，市委宣传部、政府办、公安、文化、广电、工商等部门配合，抽调人员组成执法队伍，查处文化市场违法违纪行为。

1996年，成立市社会文化管理委员会和“扫黄打非”领导小组，各乡镇成立稽查小组；制定《廉政公约》《办证程序》《办案程序》《稽查守则》和《便民服务守则》。1997年，实行稽查、办证、收费、审批分开办法，责任、奖罚到人。是年10月，市文化市场稽查队成立。1998—1999年，制定相关规定，实行执法责任制，规范文化市场的档案资料制度。

2000年，制定《文化行政（当场）处罚决定书》《暂扣清单》《讯问笔录》《行政处罚告知书》《行政处罚决定书》，规范执法程序。2001年，成立市“文化市场专项整治办公室”“电子游戏经营场所专项治理领导小组”，组织协调文化市场整治工作。

2003年，贯彻实施《行政许可法》，清理审批项目，规范37个审批项目办事程序。2004年，成立“龙海市网吧等互联网上网服务营业场所专项整治工作协调小组”。

2005—2006年，制定《龙海市文化体育局行政执法责任制规定》《龙海市文化体育局执法依据》，在网上公开33项行政审批、7项备案项目。

2007年，制定《行政执法职权分解方案》，将行政执法职权分解到具体执法机构和执法岗位，规范文化市场执法行为，提高依法行政水平。

第二节　执法稽查

1993年，举办4期文化经营户培训班；组织3次“扫黄打非”行动和3次检查，取缔无证经营户12家，收缴非法出版物682件。

1994年，制订管理办法，制止色情服务；召开“三厅”（录像厅、游戏厅、舞厅）会议，组织统一行动6次。1995年，举办“三厅”和录像播放出租、电子游戏机、民间剧团培训班。1996年，查处无证开业的酒家、餐厅附设KTV包厢的经营单位6家、违章书刊点3家，关闭有奖游艺机1家。

1997年，组织统一行动6次，查处取缔无证经营、距离学校200米以内的游戏机室7家、饭店附设KTV11家、录像放映点2家、录像片出租点13家，查处违规演出团体2家；进行3次全市文化娱乐场所安全大检查，给予停业整顿5家，限期整改11家。1998年，举办文化市场法规知识培训30期，受训人员1400多人（次）；检查文化经营单位1500多家（次），查处无证经营140多家（次），取缔40多家。

1999年，检查文化经营单位2000多家（次），查处无证经营60家、违规演出团体3个。2000年，检查文化经营单位和印刷企业近1200多家（次），查处无证经营26家、违规演出团体2个。

2001—2002年，召开文化经营户法规宣传会议1次，举办文化市场法规图片宣传3次，共检查文化经营单位1971家（次）。

2003—2004年，公布举报电话、设立举报信箱、开展法规宣传咨询活动、曝光黑网吧，聘请义务监督员，发动全社会共同参与监督。同时，召开守法经营教育会议，签订守法经营责任书。全年共出动执法人员951人（次），检查文化经营单位1217家（次），查处违法违规经营单位289家，清除距离中小学校范围不足200米的网吧、电子游戏机室等娱乐经营场所72家，切断黑网吧的互联网接入服务80家。

2005—2006年，共召开经营业主法规培训及安全生产工作会议12次，开展执法检查328次，检查文化体育经营单位1055家（次），查处违规经营单位308家，切断黑网吧互联网接入113家（次）。

2007年，开展网吧、印刷复制业、文化市场平安建设等系列专项治理和集中行动，检查文化体育经营单位362家（次），查处违规经营单位84家，切断黑网吧互联网接入169家（次）。

卷二十七

医疗 卫生

YI LIAO WEI SHENG

1993—2007年，龙海市疾病预防控制中心大楼等一批市直单位项目相继投入使用，乡镇卫生院改造提升，村级医疗机构规范建设，全市三级医疗卫生服务网络进一步健全。医疗卫生机构建筑面积由1993年的6.07万平方米增至2007年的9.99万平方米，床位数由1993年的1270张增至2007年的1302张；医疗设备总值由1993年的658万元增至2007年的5733万元；卫生专业技术人员由1993年的911人增至2007年的1082人。15年间，引进和推广应用医疗技术新项目，开展创新特色诊疗法，开辟中、西医各学科新领域，部分项目填补龙海医疗技术的空白；医疗应急救助配备逐年完善。1997年，开设“120”急救服务，共出车874辆（次），抢救危重伤病员737人（次），至2007年，共出车4.98万辆（次），救治急危重患者7630人（次）。

建立全市疫情网络直报系统，疾病预防控制体系全面完善。1993年，法定报告传染病发病率为90.65人/10万，病死率为0；2007年法定报告传染病发病率为177.13人/10万，病死率为0.03%。保持鼠疫“零疫情”，霍乱、非典型性肺炎、人禽流感等重大传染病得到有效控制；丝虫病、血吸虫病、脊髓灰质炎、白喉消灭或消除，确保肺结核病人规则治疗。2007年，“七苗（卡介苗、乙肝疫苗、麻疹疫苗、脊灰疫苗、百白破疫苗、流感疫苗、乙脑疫苗）”全程预防接种率98%。

规范孕产妇系统管理，孕妇住院分娩率由1993年的47.43%提高至2007年的100%。实施妇幼保健保偿责任制，孕产妇系统管理率由1993年的65%提高至2007年的91.01%；儿童保健系统管理率由1993年的63.47%提高至2007年的87.31%。成立老年康复中心，开展老年人常见慢性病的防治工作，为老年人提供医疗、保健、康复场所和服务。全面实施惠民项目，Ⅰ类疫苗免费预防接种、结核病免费治疗、婚前免费医学检查、乡村医生接受免费规范化培训和享受政府津贴。2007年，全市参加新型农村合作医疗农民60.4万人，参合率90.15%。

坚持城乡卫生监督，检查食品等生产经营单位，进行公共场所空气质量监测，组织从业人员预防性健康体检和卫生知识培训，审核发放卫生许可证。开展爱国卫生运动，全市媒介生物防制常规化，改水改厕比率逐年提高。2004年，龙海市被评为省级卫生城市。

加强医疗卫生系统的医德医风建设和医政、药政管理；落实医疗机构评审制度，整顿医疗服务和医药市场，提高医疗服务水平。同时，组织开展无偿献血活动，全市无偿献血基本满足临床用血的需求。

第一章　机构与队伍

第一节　机构

一、行政机构

（一）龙海市卫生局

1993 年，龙海市卫生局内设医政股、药政股，编制 9 名，实有 9 人；下设单位有龙海市卫生进修学校，编制 6 名，实有 5 人。1997，市卫生局增设卫生监督股。2002 年 3 月，药政股析出归市药品监督管理局。2004 年 9 月，析卫生监督股建立卫生监督所。2007 年，市卫生局内设综合科、业务科和监察室，实有 7 人；下设市卫生进修学校，实有 5 人。

（二）龙海市爱国卫生运动委员会办公室

龙海市爱国卫生运动委员会办公室，是市爱国卫生运动委员会的常设办事机构。1993 年，市爱卫办人员编制 2 人，实有人员 2 人。2007 年，机构、人员不变。

（三）龙海市食品药品监督管理局

2001 年 11 月 29 日，龙海市药品监督管理局成立，为主管药品监督的行政执法机构，实行省以下垂直管理，内设综合股、市场股、稽查股；编制 13 名，实有 13 人。2002 年 3 月 11 日，市卫生局药政管理职能移交市药品监督管理局。2006 年 9 月，更名为市食品药品监督管理局，增设食品股，增加履行对食品的综合监督、组织协调和对重大事故查处职能。2007 年，全局实有 13 人。

二、事业单位

（一）龙海市疾病预防控制中心

1993 年，龙海市卫生防疫站为副科级事业单位，编制 63 名，实有 61 人。2004 年 9 月，更名为龙海市疾病预防控制中心，卫生监督职能划归市卫生局卫生监督所；编制 53 名，实有 46 人。2007 年，市疾病预防控制中心实有 47 人。其中，专业技术人员 34 人；主任医师 1 人、副主任医技师 5 人、主管医技师 13 人、医技师 12 人。

（二）龙海市卫生监督所

2004 年 9 月，设立龙海市卫生监督所，副科级事业单位，内设食品卫生监督科、公共卫生监督科、医疗机构监督科、卫生许可科；人员编制 18 人。2006 年，全所实有 15 人。2007 年，全所实有 14 人。

第二节　医疗卫生单位

一、市直医疗卫生单位

（一）龙海市第一医院

1993 年，市第一医院设置医疗科室 22 个、医技科室 13 个，编制床位 300 张；在编人员 268 人。1994 年，市第一医院被确定为“爱婴医院”；1997 年，被评定为二级甲等综合医院；1998 年，被确

图 27-1　中医院住院部大楼（市中医院提供）

定为全省第一批、龙海市首家“福建省交通事故伤员救治定点医院”；2000 年，被确定为“国际紧急救援中心网络医院”。

2005 年 10 月 3 日，龙海市第一医院角美分院开诊。市第一医院角美分院位于角美镇石厝村，医院编制床位 200 张；人员编制 280 名。内设临床科室 18 个、医技科室 10 个、辅助科室 3 个。

2007 年，市第一医院设置职能科室 6 个、临床科室 16 个、医技科室 17 个，编制床位 300 张；在编人员 338 人，自聘人员 92 人，其中，卫生技术人员 308 人，占总人数 91.12%；有正高级职称 7 人、副高级职称 14 人、中级职称 70 人。市第一医院角美分院在编人员 107 人，自聘人员 15 人，其中卫生技术人员 87 人，占总人数 82.24%；有副高级职称 3 人、中级职称 14 人。

（二）龙海市第二医院

1993 年，全院设置医疗科室 18 个、医技科室 7 个，编制床位 150 张；在编人员 148 人。

1995 年，市第二医院被确定为“爱婴医院”；1997 年，被评定为二级乙等综合医院；2000 年 1 月，被确定为“福建省交通事故医疗定点救治医院”。

2007 年，全院设置职能科室 19 个、医技科室有 13 个，编制床位 150 张；在编人员 137 人，其中卫生技术人员 110 人，占总人数的 80.29%；有正高级职称 1 人、副高级职称 8 人、中级职称 53 人。

（三）龙海市中医院

1993 年，全院门诊部设有临床科室 18 个、医技科室 11 个，住院部设有临床科室 8 个，编制床位 120 张；在编人员 104 人。1995 年 11 月，核定病床增至 150 张，在编人员 108 人。

1997 年，市中医院被定为“全国示范中医院”，被确定为“爱婴医院”、二级乙等综合医院。1998 年 5 月，创办“流动医院”。2000 年，医院被确定为“国际紧急救援中心网络医院”；2000 年 1 月，被确定为“福建省道路交通事故伤员救治定点医院”。

2007 年，全院设置职能科室 18 个、医技科室 11 个，编制床位 150 张；在编人员 154 人，其中卫生技术人员 141 人，占总人数的 91.6%；有正高级职称 1 人、副高级职称 1 人、中级职称 46 人。

（四）龙海市妇幼保健所

1993 年，龙海市妇幼保健所在编人员 33 人。2004 年，重新核定事业编制 31 人，编制床位 6 张。2004 年 9 月，被确定为“爱婴医院”。

2007 年，全所设置保健科室 6 个、医技科室 5 个；在编人员 26 人，其中卫生技术人员 23 人；有高级职称 2 人、中级职称 10 人。

二、基层医疗卫生单位

（一）乡镇场卫生院（社区卫生服务中心）

1993 年，全市有 16 所乡镇卫生院，编制床位 680 张；在编人员 712 人。1999 年，白水、角美、石码、港尾、浮宫和紫泥 6 所卫生院被确定为“爱婴医院”。2001 年，东园、东泗、榜山、海澄 4 所卫生院被确定为“爱婴医院”。2002 年 5 月，石码卫生院更名为石码社区卫生服务中心。2003 年，设立双第华侨农场卫生院，核定床位 10 张，人员编制 12 人。2005 年 9 月，角美中心卫生院更名为角美社区卫生服务中心。

2007 年，全市有 2 所社区卫生服务中心和 13 所乡镇场卫生院，其中白水中心卫生院、浮宫中心卫生院、紫泥卫生院、港尾卫生院和石码社区卫生服务中心为一级甲等医院；编制床位 502 张；人员编制 694 人；每所乡镇卫生院都有 1—3 名妇幼人员和 1 名专职或兼职儿童保健人员。

（二）村卫生所

1993 年，全市有乡村卫生所、室 406 所（间），乡村医生 436 人。1998 年，全市有乡村卫生所、室 588 所（间），乡村医生 751 人。2000 年，全市有乡村卫生所、室 752 所（间），乡村医生 930 人。2004 年，全市有乡村卫生所、室 776 所（间），乡村医生 990 人。

2007 年，全市有乡村卫生所、室 813 所（间），其中卫生所 234 所、卫生室 579 间，覆盖率 100%；乡村医生、执业（助理）医师共 1124 人。

图 27–2　社区卫生服务（市卫生局提供）

三、民营医院、个体诊所

（一）民营医院（门诊部）

2002 年 6 月，九湖镇林下村综合门诊部开诊，编制观察床 20 张。

2003 年 3 月，榜山卫生院同济门诊部开诊，2005 年 5 月更名为龙海同济门诊部；编制观察床 10 张。

2004 年 6 月，龙海生殖保健门诊部开诊，编制观察床 3 张；9 月，设置角美侨兴综合门诊部，编制观察床 5 张；11 月，角美瑞鑫门诊部开诊，编制观察床 6 张；12 月，设置东园祥康门诊部，编制观察床 7 张。

2005 年 4 月，漳州龙池医院投建，2007 年建成运营，编制床位 30 张；5 月，设置角美中山妇科门诊部，编制观察床 6 张；同月，设置角美祥康五官科门诊部，编制观察床 8 张；7 月，设置角美生殖医学门诊部，编制观察床 5 张。

2006 年 6 月，东园瑞安综合门诊部开诊，编制观察床 8 张；11 月，榜山泽贤综合门诊部开诊，编制观察床 8 张。

（二）个体诊所

1993 年，全市有个体诊所 33 间、执业人员 84 人。1998 年，全市有个体诊所 35 间、执业人员 51 人。2000 年，全市有个体诊所 36 间，执业人员 53 人。2007 年，全市有个体诊所 61 间，执业人员 161 人。

（三）药店

1993 年，全市有药店 58 家，其中集体 30 家、民营 28 家。2001 年，全市有药店 44 家，其中集体 23 家、民营 21 家。2004 年，全市有药店 86 家，其中集体 15 家、民营 71 家。

2007 年，全市有药店 162 家，其中集体 10 家、民营 152 家。

第三节　医疗卫生队伍

一、人员数量

1993 年，全市公办医疗卫生机构在编人员 1343 人，其中取得卫生专业技术职称人员 911 人；大专以上学历 162 人，占总人数的 12.06%；中级以上职称 116 人，占总人数的 8.64%。1996 年，全市公办医疗卫生机构在编人员 1286 人。2000 年，全市公办医疗卫生机构在编人员 1230 人。2005 年，全市公办医疗卫生机构在编人员 1209 人。

2007 年，公办医疗卫生机构编制 1868 人，实际在编人员 1347 人，其中取得卫生专业技术职称人员1082人，占总人数的88.86%；本科168人、大专264人、中专432人，大专以上学历占总人数的32.07%，比1993年增加20.01%；高级职称63人（正高级职称10人、副高级职称53人），中级职称231人，初级职称788人。中级以上职称占总人数的21.83%，比1993年增加13.19%。；其他卫生人员115人，行政公勤人员150人

二、人员类别

（一）中医人员

1993年，全市有中医师67人、中医士47人。1996年，全市有中医师82人。2000年，全市有中医师94人。2007年，全市有中医师96人，其中主任中医师1人、副主任中医师12人、主治中医师38人、中医师45人；中医士12人。

（二）西医人员

1993年，全市有西医师168人、西医士100人。2000年，全市有西医师224人。2007年，全市有西医师286人，其中主任医师9人、副主任医师29人、主治医师79人、医师169人；西医士106人。

（三）中西医结合医师

1993年，全市有中西医结合医师2人。2000年，全市有中西医结合医师4人。2007年，全市有中西医结合医师8人；中医诊所18家，从事中医诊疗和中西医结合诊疗的执业人员43人。

（四）医技与护理人员

1993年，公办医疗机构中有护师134人、护士137人；助产士57人；检验技师18人、检验技士19人。2000年，公办医疗机构中有护师176人，护士58人。2007年，公办医疗机构中有护师176人、护士110人；助产师41人、助产士45人；检验技师35人、检验技士21人。

（五）防疫人员

1993年，公办医疗卫生机构中从事疾病预防控制（卫生防疫）的专业技术人员有104人。2007年，公办医疗卫生机构中从事疾病预防控制的专业技术人员有147人，其中疾控中心48人、卫生院92人、市直医院7人；本科14人、大专23人、中专16人；主任医师1人、副主任医（技）师6人、主管医（技）师22人。

（六）妇幼保健人员

1993年，公办医疗卫生机构中从事妇幼保健工作的专业技术人员有74人，其中市级妇幼保健机构人员有33人、乡级卫生院妇幼人员（含兼职）41人。2007年，公办医疗卫生机构中从事妇幼保健工作的专业技术人员有74人，其中妇幼保健所23人、卫生院51人；大专20人、中专53人；副主任医（护、技）师3人、主管医（护、技）师3人。

若干年份龙海市医疗卫生技术人员数量情况表

表27-1-1　　单位：人

年度	总人数	医师				护师	助产师	药师			检验技师	其他技师	师级小计	医士			护士	助产士	药剂士			检验技士	其他技士	士级小计	职称合计
		中医	西医	中西结合	小计			中药	西药	小计				中医	西医	小计			中药	西药	小计				
1993	1343	67	168	2	237	134	0	10	14	24	18	19	432	47	100	147	137	57	65	19	84	19	35	479	911
1996	1286	82	184	1	267	171	0	30	20	50	17	38	543	32	106	138	105	28	44	22	66	22	23	382	925
2000	1230	94	224	4	322	176	39	33	29	62	25	31	655	18	102	120	58	31	27	17	44	9	9	271	926
2005	1209	94	250	5	349	171	40	25	27	52	27	39	678	14	87	101	77	38	19	17	36	14	9	275	953
2007	1347	96	286	8	390	176	41	26	33	59	35	36	737	12	106	118	110	45	22	20	42	21	9	345	1082

第二章　医疗卫生设施与技术

第一节　医疗卫生设施

一、市直医疗卫生单位设施

（一）龙海市第一医院

1993 年，全院建筑面积 9000 平方米；医疗设备总值 428 万元，万元以上的医疗设备 10 台。1994 年，7000 平方米的门诊大楼投入使用。1996 年，建立中心血库；改建 7 层住院部大楼卫生间；建立中心吸引、中心给氧室。1998 年，兴建中心血库大楼，增设手术室，维修改建内科大楼。1999 年，改建中心给氧室及中心吸氧室，装修住院部病房，建立 ICU 病房。2002 年，建设多功能电教室。2007 年，修缮医师工作部，改装医技科室。是年，全院总建筑面积 19400 平方米。

至 2007 年，全院共投入 1572 万元购置万元以上的医疗设备 105 台，购置 CT 机、彩超、全自动大生化检测仪器、病理图像分析仪、惠普多功能心电监护仪、新生儿高压氧舱等设备。医疗设备总值 2000 万元，万元以上的医疗设备 115 台。

附：龙海市第一医院角美分院

2004 年 5 月动工，2005 年 7 月竣工，10 月投入使用；投资 2000 万元，建筑面积 1.69 万平方米。拥有德国西门子彩超和 CT 机、日本奥林巴斯电子胃镜、日本岛津 X 光机、美国雅培血球计数仪、意大利全自动生化仪及惠普心电监护等一系列先进医疗设备。是年，角美开发区外资企业出资 80 万元，为分院购置电梯和救护车。2007 年，分院医疗设备总值 1098 万元，万元以上的医疗设备 47 台。

（二）龙海市第二医院

1993 年，全院建筑面积 9913 平方米；医疗设备总值 45 万元，万元以上的医疗设备 4 台。1997 年 12 月，续建的 6057 平方米病房大楼工程竣工。2001 年 6 月，新建的 850 平方米门诊部投入使用。2007 年，全院总建筑面积 16800 平方米。

至 2007 年，全院共投入 689 万元购置万元以上的医疗设备 25 台，购置全自动血球计数仪、心电监护仪、激光治疗仪、自动生化检查仪、内窥镜显像仪、颤起搏器、多参数监护仪、脑血管治疗仪和电脑牵引床等设备。医疗设备总值 734 万元，万元以上的医疗设备 29 台。

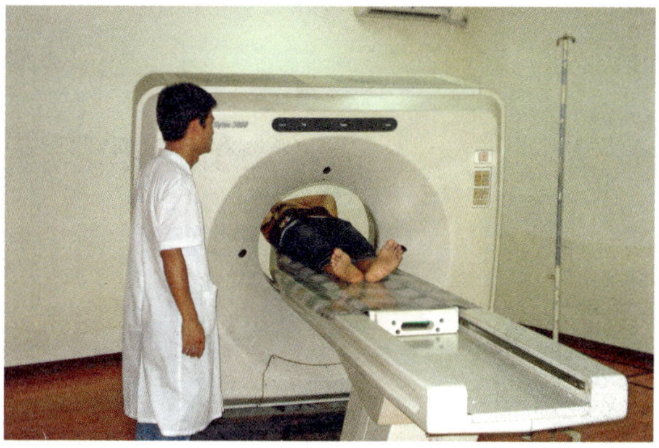
图 27-3　CT 检查设备（市第二医院提供）

（三）龙海市中医院

1993 年，全院建筑面积 5600 平方米；医疗设备总值 25 万元，万元以上的医疗设备 5 台。1994 年 10 月，台湾高雄市林弘和夫人方惠兰投资 120 万元，合作兴建玉珠大楼，1995 年 12 月落成，建筑面积 1200 平方米。

设置中医脑病科，成立“玉珠脑病研治所”。是年5月，台胞释开丰法师投资350万元建设的病房大楼投入使用。1999年，重新装修医院药房。2004年，新建300多平方米的“120”急救用房。2007年，全院总建筑面积10600平方米。

至2007年，全院共投入1234万元购置万元以上的医疗设备25台，购置CT机、遥控X光机、纤维胃镜、心腹两用B超机、电解质分析仪、血库冰箱、手术显微镜、麻醉机、自动分析心电图机、贝克曼全自动生化仪、磁酶免分析仪、血报分析仪、电子胃镜、中心监护系统、除颤仪、磁共振、C臂X光机等设备。医疗设备总值1259万元，万元以上的医疗设备30台。

（四）龙海市疾病预防控制中心

1993年，市卫生防疫站有1200平方米办公化验楼1座和1200平方米综合楼1座；医疗设备总值46.5万元，万元以上的医疗设备6台。2004年，建设市疾病预防控制中心大楼，总建筑面积4100平方米，2007年10月投入使用。

至2007年，中心共投入58万元购置万元以上的医疗设备14台，购置原子吸收分光光度计、原子荧光光度计、紫外可见分光光度计、MP—2溶出分析仪、气相色谱仪、全自动生化分析仪、全自动血液细胞分析仪、红外捕获CO和CO_2测定仪、噪声统计分析仪、500mAX射线机、生物安全柜、CO_2培养箱、低温冰箱、冰库等设备。医疗设备总值104.5万元，万元以上的医疗设备20台。

（五）龙海市妇幼保健所

1993年，市妇幼保健所建筑面积1120平方米；医疗设备总值3.51万元，万元以上的医疗设备1台。1995年6月，投建综合大楼1座，建筑面积1100平方米。2007年，全所总建筑面积2220平方米。

至2007年，全所共投入51.23万元购置万元以上的医疗设备9台，购置冷冻治疗机、激光乳腺诊断仪、多功能治疗仪、SBA-600C半自动生化仪、CLWITEK50尿分析仪、Feb.80离心机、BC-1800血球计数仪、CFT-6004B红外线乳腺诊断仪、迈瑞DP3300全数字便携式超声诊断仪、XF-1C血红蛋白仪、US-200尿分析仪等设备。医疗设备总值54.74万元，万元以上的医疗设备10台。

二、基层医疗卫生单位设施

（一）乡镇场卫生院

1993年，全市16所卫生院总建筑面积3.27万平方米；浮宫中心卫生院筹资54万元投建的800平方米门诊综合楼交付使用。乡镇卫生院医疗设备短缺，大中型设备到位率低，小型设备老化，医疗设备总值110万元。1994年，海澄卫生院筹资59万元投建的1560平方米业务楼竣工；白水中心卫生院筹资52万元建成门诊大楼并投入使用。1995年，紫泥卫生院职工集资15万元，建成700平方米宿舍楼。1996年2月，港尾卫生院筹资60万元投建的门诊综合楼落成，建筑面积1250平方米；榜山卫生院筹建的门诊综合楼投入使用。1999年，乡镇卫生院经费恢复由市卫生局管理。2001年，根据产科规范化建设的要求，基层卫生院统一配备电动吸引器、多普勒胎心仪、聚血盆等产科设备要件。2003年，统一配备新生儿复苏囊、胎心监护仪等产科抢救仪器设备，添置B型超声机、心电监护仪、胎心监测仪、全自动血球计数器、半自动生化分析仪等设备。是年，投入50多万元，规范卫生院预防接种门诊。2006年，东泗卫生院完成产儿科病房楼建设和门诊住院楼改扩建，面积1730平方米；颜厝卫生院投入资金41万元，改扩建门诊楼业务用房516平方米。

图27-4　村级卫生所（室）规范化建设（市卫生局提供）

2007年，全市15所卫生院（卫生服务中心）总建筑面积4.67万平方米，医疗设备总值483万元。2004—2007年，市直医疗卫生单位无偿捐助乡镇场卫生院资金和设备仪器价值 52 万元。

（二）村卫生所（室）

1993 年，全市卫生室一般只配置体温计、听诊器、血压计 3 样，卫生所一般多配备 1 套出诊型急救箱、医用供氧器（7 升）及简易担架等设备。至 2007 年，村卫生所（室）设备齐全，房屋建筑面积基本达到 40 平方米以上，布局合理。

三、民营医院（门诊部）

2002—2006 年，九湖镇林下村综合门诊部配置有麦迪逊 B 超机、迈瑞全自动血球仪、迈瑞半自动生化仪、200mAX 光机、三导全自动心电图机；龙海同济门诊部配置有 B 超机、X 光机、心电图机、无影手术灯、高频电离子刀、多功能雾化器、离心机、电动吸引器；龙海生殖保健门诊部配置有电动吸引器、洗胃机、显微镜、血球计数仪、心电图机、尿常规分析仪、生化分析仪、X 光机、恒温箱；角美侨兴综合门诊部配置有电动吸引器、心电图机、B 超机、显微镜、血球计数仪、尿常规分析仪、生化分析仪、微波多功能治疗仪；角美瑞鑫门诊部配置有 200mAX 光机、B 超机、单导自动心电图机、尿液分析仪、半自动生化仪、全自动三分类血液分析仪；东园祥康门诊部配置有血球计数仪、B 超机、X 光机、生化仪、口腔治疗椅、尿常规仪、手术显微镜、心电图机、多参数监护仪、裂隙灯、多功能电离子手术治疗机、多功能微波手术治疗仪、双目显微镜；角美中山妇科门诊部配置有半自动生化仪、多功能酶检测仪、尿 11 项分析仪、恒温水箱、恒温培养箱、离心机、显微镜、B 超机、心电图机、数码电子阴道镜；角美祥康五官科门诊部配置有 X 光机、激光泪道治疗机、裂隙灯、眼科 AB 超仪、万能手术床、无影灯、心电图机、麻醉呼吸机、心电监护仪、血球计数仪、生化仪、B 超机、手术显微镜；角美生殖医学门诊部配置有电动吸引器、治疗车、全封闭抢救车、半自动尿液分析仪、全自动酶标仪、B 超机、离心机、恒温箱、恒温培养箱、数码电子阴道镜、显微镜、综合手术床、心电图机；东园瑞安综合门诊部配置有电动吸引器、洗胃机、显微镜、无影灯、高频电刀、人工呼吸机、B 超机、生化仪、心电图机、尿常规分析仪、X 光机、721 分光光度计、离心机、多功能手术床、数码阴道镜；榜山泽贤综合门诊部配置有电动吸引器、洗胃机、显微镜、无影灯、人工呼吸机、B 超机、生化仪、心电图机、尿常规分析仪、X 光机、离心机、多功能手术床。

2007 年运营的漳州龙池医院，建筑面积 5000 平方米；配置有荷兰原装进口彩色多普勒 B 型超声诊断仪、500mAX 光机、全自动进口生化分析仪、全自动血球计数仪、进口电子胃镜、进口电子阴道镜、心脏电除颤仪、多功能手术床、耳鼻喉内窥镜及数字治疗仪、妇科综合治疗仪、微波治疗仪等诊疗设备 50 多台。

第二节　医疗技术

一、中医

1993 年，市中医院继续承担全市的中医医疗、教学、科研工作。1995 年，市中医院开设脑病专科，建立玉珠脑病房，用中医理论和技术治疗脑病，填补龙海精神病患者住院治疗的空白。1996 年，市中医院脑病专科被确定为福建省重点专科建设单位。2001 年 5 月，市中医院脑病专科被确定为福建省重点专科。

1993—2007 年，市直医疗卫生单位和乡镇场卫生院、社区卫生服务中心均设有中医临床科室。市直医疗卫生单位研制 11 号效灵散、小地抗痛胶囊、静安汤、健脑忘忧汤、益脑丸、头痛合剂等中药方剂；开展小夹板固定、中药熏洗、针灸推拿、拔罐、牵引治疗骨伤；应用穴位注射、中药外敷、熏洗坐浴、针灸等疗法及术后并发症的处理治疗肛肠疾病；开展颈腰椎牵引、手法推拿、针刺、艾灸、温针、拔火罐、红外线、电针、穴位注射、刺络放血、针刀、头针、腕踝针、三伏灸、刮痧、远红外生物陶瓷、子午流注开穴等疗法治疗颈椎病、腰椎间盘突出、面瘫、骨性关节炎。部分乡村卫生所（室）以传统中医药方和推拿疗法治疗关节炎、气管炎、胃炎、鼻炎、痔疮、蛇伤、烧烫伤、皮肤肿毒、骨伤等病症。

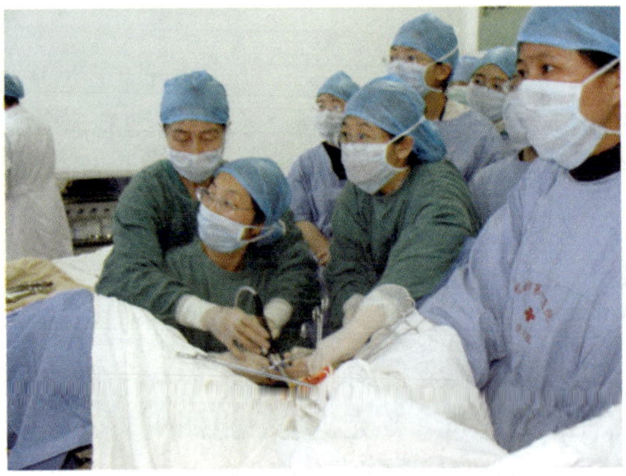

图 27-5　开展高难度手术（市卫生局提供）

二、西医

1993 年，市第一医院外科肝胆组开展肝癌切除术；神经外科成功手术额叶巨大脑膜瘤 2 例；血液病专业骨干成功治好急性淋巴性白血病 2 例；口腔科成功手术口腔肿瘤、下颌骨骨折。1997 年，市第二医院内科开展食道气囊扩张术，解决食道癌患者痛苦；外科开展胆道术后胆汁回输术，为胆道手术提供新技术；儿科开展经皮肾穿刺活检术，提高儿科肾病诊疗水平。1998 年，市第一医院骨科在上海周维江教授的带教下，成功施行全髋关节置换手术；神经内外科专业组采用早期钻孔引流成功治疗脑溢血患者 24 例；肝胆外科专业组、泌尿外科专业组成功开展高难度的胰腺肿瘤手术，以及重 500 克巨大膀胱结石手术。

2000 年，市第一医院新建肿瘤科专业组，开展钴—60 放射治疗。市第二医院外科成功开展浆肌麻醉、浆肌套重造消化道手术。市中医院开展心脏手术、肝叶切除 + 胆肠吻合术、肝内外胆管多发性结石术、组合式外固定支架、动力髋钢板固定、皮瓣移植、倒置髓内钉内固定等新技术。2003 年，市中医院开展全髋人工关节置换术、腰椎骨脱椎弓根螺钉内固定加植骨术等新技术。2006 年，市中医院开展腰椎骨折前路减压 + 肽网植骨钢板内固定、L3 型骨盆骨折骶髂关节固定 + 前侧重新钢板内固定、骨肿瘤切除缺损人工骨替代术等新技术。2007 年，市第一医院妇科开展重达 3.5 公斤的巨大肿瘤切除、巨大盆腔肿物的切除、宫颈原位癌切除；眼科在漳州市医院主任医师刘明玉指导下，开展非超声乳化小切口晶体囊外摘除术，填补医院空白。

1993—2007 年，全市已成功开展腹腔镜、胆道镜、胸腔镜、宫腔镜、膀胱镜、阴道镜、五官内窥镜等数十种微创诊疗手术；开展甲状腺手术、全胃切除术、贲门癌手术、食道癌手术、乳腺癌手术、直肠癌根治术、全髋置换、腰椎间盘切吸术、晶体植入术、无痛胃镜术、支架放置术和碘 125 粒子支架放置术、急性心梗溶栓、中心静脉压监测、肝动脉结扎治疗肝严重挫裂伤出血、锁骨下静脉穿刺、癌胚抗原检查等新技术。外科开展结肠癌联合腹腔镜肝转移癌切除手术、胰十二指肠切除术、胸腔镜下的肺叶切除术、复杂的脊柱手术、脑肿瘤切除、颅骨缺损钛网修补术、前列腺电切术、肿瘤介入治疗、应用射野挡块与低熔点铅的放疗技术；妇科开展宫腔镜及腹腔镜联合手术；产科建立胎儿中央监护站；头颈外科开展全喉切除术及人工晶体植入术；内科在抢救冠心病、心肌梗塞、心衰、联合化疗施治血液病等临床应用方面取得较好的疗效。

三、中西医结合

1993 年，市中医院脑科继续采用中西医结合方法，通过中医中药的疏肝解郁，活血安神，化痰清热，配合适当的西药及相应的仪器辅助，治疗精神分裂症、躁狂抑郁症及各种神经症、失眠、头痛及癫痫等疾病，有效率达到 81.5%。

1993—2007 年，全市已采用中医手法整复配合西医人工关节置换术、交锁髓内钉内固定术、腰椎爆裂骨折前路减压植骨融合钢板内固定术、腰椎后路减压椎弓根螺钉内固定术、椎体成形术、各种钢板内固定术、以及骨肿瘤病灶清除植骨术、周围神经损伤、肌腱韧带断裂修补术，关节内可吸收 3 螺钉内固定术、微创经皮钢板内固定术、颅骨凹陷骨折撬拔术等手术治疗。采用静脉点滴和鼻饲管服用中药，以及针灸等中西医结合方法治疗脑血栓并发麻痹性肠梗阻。采用中西医结合治疗反流性食管炎和带状疱疹。

四、护理

1993 年，市中医院开展示范中医院护理管理，通过护理基本技能培训和考核提高护士业务素质。1999 年，市第一医院组建 ICU 病房，设置病床 10 张，配有呼吸机、心脏起搏除颤仪、电子冰帽、心电监护中央工作站、低温治疗仪、床边X光机、B超机及中心给氧、中心吸引医疗设备，增强综合抢救能力。2000年，市第一医院护理部完善急救护理管理，开展人工呼吸、呼吸机操作、气管切开护理等急救抢救技术训练。2001年，市第一医院护理部开展股静脉置管术、周围静脉留置针等新技术。2002年，市第一医院护理部开展整体护理，儿科开设儿童乐园，加强病人心理护理和健康教育。2006年9月，市中医院ICU病房投入使用，设置病床9张。2007年，市第一医院ICU病房重新装修，增设陪伴休息室。

1993—2007年，市直医疗卫生单位和乡镇场卫生院、社区卫生服务中心均设住院护理。

第三节　医疗救助

1993—1996年，市第一医院、第二医院、中医院均设立急诊科开展急诊医疗服务。1997年1月20日，市中医院在本市开通“120”急救电话，开设“120”院前急救服务。是年7月和1998年5月，市第一医院和第二医院分别开通6555120和6753120急救电话，设立急救机构，加强院前急救工作。各医院添置救护车和急救药械，充实急救医务人员，完善医疗急救的绿色通道，并与市交警大队配合，参与“122”交通事故报警台联动；同时参与“110”社会联动行列。1997年，市直医疗单位共出车874辆（次），抢救危重伤病员737人（次）；1998年，共出车2474辆（次），抢救危重伤病员2408人（次）。1999年11月，市第一医院建立ICU病房，配备病床和专业人员，加强危重病人抢救培训。

2000年，市第一医院和市中医院被卫生部确定为“国际紧急救援中心网络医院”，可为境外人士提供紧急救援服务。

2001—2002年，市直医疗单位共出车10139辆（次），接诊病人8659人（次），抢救成功率达96.5%。2004年，市中医院新建“120”急救用房。

2005年8月，市第一医院麻醉科主治医师曾志忠成为国家第11批援外医疗队的队员，被派往博茨瓦纳开展援外医疗救助。2006年，市第一医院快速处置沈海高速公路发生的重大车祸，迅速救治20余名伤者。是年，应对“珍珠”“格美”“碧利斯”强台风和连续4次暴雨洪水的袭击，全市配备3支急救队奔赴灾区第一线，及时救治受灾人员。

2007年，市中医院“120”急救中心出车2905辆（次），抢救病人2036人（次），救治急危重患者225人（次）；第一医院“120”出车1620辆（次），接诊病人1579人（次），救治急危重患者234人（次）；市第一医院角美分院“120”出车1762辆（次），接诊病人1643人（次），救治急危重患者84人（次）；第二医院“120”出车632辆（次），接诊病人1583人（次），救治急危重患者138人（次）。

第三章　疾病防治

第一节　传染病防治

一、甲类传染病防治

（一）鼠疫

1993年，龙海境内未发生鼠疫。市疾控中心继续按照省市的鼠疫监测方案进行疫情监测。至2007年，监测结果均没有检出鼠疫杆菌，境内仍保持鼠疫零疫情。

（二）霍乱、急性肠道传染病

1993 年，无霍乱病例。1994—2002 年，间断发生，共发生 209 例、死亡 1 例。2003 年，市疾控中心的霍乱监测系统在市直医院、角美、紫泥、石码、榜山、海澄等乡镇医疗机构开设肠道门诊，加强急性肠道传染病疫情监测，查无霍乱病例。2005 年，监测各类标本 4583 份。2006 年，监测各类标本 3577 份。2007 年，监测各类标本 3265 份。

二、乙类传染病防治

（一）麻风病

1993—1996 年，陆续发现新的麻风病人 15 人。1997 年，全市有现症麻风病人 17 人。1998 年，采用规则治疗治愈 14 例；新发现 5 例。1999 年，新发现 4 例。2000 年 12 月，全市麻风患病率降至 0.78/10 万。2006 年，制定麻风病可疑线索与密切接触者调查实施方案；9 月，组织乡镇、村兼职医生培训；分两个阶段调查，共调查 15 个乡镇的 25 所村卫生所，走访村医，拜访退休的麻风工作者，获得线索 73 条，发现新麻风病人 1 人。是年，复查全市存活的麻风病人、体检病人家属 620 人，全市还在治疗的 6 人、复发 1 人；新发现麻风病人 1 人，给予免费抗麻风病治疗。2007 年，没有新发现可疑病例。

（二）非典型性肺炎（SARS）

2003 年 2 月，根据国内发生非典型性肺炎（SARS）疫情的防控要求，设立防治专家咨询、后勤保障、医疗抢救、宣传报告和疫情处理 5 个小组；指定龙海市第一医院为收治“非典”患者定点医院，市中医院为收治“非典”患者隔离留观的后备医院，按规定设置隔离留观病房，规范感染科建设。同时，在市直 3 所医院建立“国家疾病监测个案专报系统”；在 15 所卫生院建立电话直报网络。加强到龙海、返乡人员登记、跟踪和监测工作。2003 年，全市接诊发热病例 394767 人（次），监测来自外省、市、地区的到龙海及返乡人员 1237 人。2004 年，全市发热门诊累计接诊病人数 40615 人（次），组织对角美、紫泥、港尾、隆教 4 个乡镇的非典型性肺炎疫情进行督查；对到龙海及返乡人员进行医学观察 43 名，未发现疑似病例。

（三）人禽流感防治

2004 年 2 月，组织有关人员对禽流感防控工作进行督查。共督查卫生院 4 所、村级卫生所室 9 所、个体禽类养殖场 8 家，未发现禽类养殖户动物间禽流感病例，也未见与禽类密切接触的人员身体异常，并以此指导各乡镇卫生院进行防治工作。组织专业技术人员对市直医院不明原因肺炎病例进行主动搜索，并对角美、海澄、东园、紫泥 4 个乡镇的高暴露人群开展监测，每季度采血 20 份，共采集 80 份送省疾控中心检验，均无发现异常。2005 年，2 月、5 月、8 月、11 月，分别对 2 个饲养场的高暴露人群及其密切接触的家庭成员采集单份血清标本 80 份进行监测，未发现阳性病人。2006—2007 年，采检高暴露人群血清标本 200 份，均未检出阳性标本。

图 27-6　白衣天使抗击“非典”宣誓（市卫生局提供）

三、丙类传染病防治

1993—1996年，全市新登记肺结核病病人1286人。1997—1999年，全市新登记肺结核病病人共1079人。坚持全程治疗的685人中，治愈670人。

2002年7月，启动龙海市实施世行贷款/英国赠款中国结核病控制项目，市卫生局下发《关于进一步做好结核病归口管理工作》文件，制定结核病病人登记、报告、转诊制度，向各医疗单位分配病人转诊任务。同时，下发关于265人任结核病专（兼）职人员暨工作职责的通知，规定肺结核病人特别是涂阳病人一经诊断后，由结防机构与乡镇卫生院或村卫生所签订责任状，负责病人全程督导，全面落实免费诊断和治疗传染性肺结核病人的政策。是年，共发现活动性肺结核病病人114人，其中初治涂阳病人75人、复治涂阳病人24人、重症涂阴病人15人。2003年，全市共发现活动性肺结核病病人230人，其中初治涂阳病人146人、复治涂阳病人65人、重症涂阴病人19人。2004年，全市共发现活动性肺结核病病人318人。2006年，全市共发现活动性肺结核病病人334人。

2007年，全市共发现活动性肺结核病病人347人，其中初治涂阳病人282人、复治涂阳病人30人、重症涂阴病人35人。

第二节　寄生虫病防治

一、血吸虫病防治

1993—2000年，持续在原疫区组织查螺、查病、灭螺，除旧螺区还查到残余钉螺外，未发现新螺点。2000年，对原疫区人群查病，抗原皮试258人、皮试阳性12人、粪检12人，无发现阳性病人。为巩固灭螺效果，每年对原螺区喷药1—2次。2003年，对Ⅱ类（3—9年内未查出钉螺）村、Ⅲ类（10—15年内未查出钉螺）村共查36.24万平方米，查出旧螺点3个，有螺面积2260平方米，钉螺密度0.04只/平方米。

2004年，对Ⅰ类、Ⅲ类地区共查30.09万平方米，查出旧螺点3个，有螺面积4425平方米，钉螺密度0.02只/平方米。两年分别解剖48只和25只钉螺，检查结果均为阴性。2005年，按照《龙海市2005年消灭现有钉螺区工作实施方案》，在港尾镇上午村钉螺区组织开展查螺灭螺和螺区改造工作，共投入45万元，查螺22万平方米，灭螺4425平方米；血清诊断362人，采集阑尾镜检253条，解剖钉螺2300粒，检查结果均为阴性。螺区开沟500米，喷药、覆土2万多平方米。2006年，加大血吸虫病螺区改造力度，投入120多万元，基本完成上地坑、岭头、蔡田困牛山等螺区改造工程，实现消灭现有螺区的目标。同时组织Ⅰ类地区查螺17.36万平方米，没有发生新螺点。

2007年4月，省疾病预防控制中心专家组对港尾、浮宫、隆教、白水、程溪5个乡镇的新旧螺区进行复查，查螺面积16.59万平方米，确认现存钉螺面积1027平方米，与2006年初相比下降88.72个百分点。

二、丝虫病防治

1993—1999年，在血检村捕捉人房蚊15086只做蚊媒检测，解剖镜检致倦库蚊11445只，全部阴性。每年随机抽取全市不同流行程度的1%人口为监测对象。其间，1993—1996年监测23个村，血检34744人，检出微丝蚴血症者14人，经治疗，复检全部转阴；1997—1999年，血检22003人，均为阴性。1999年，经随访原有晚期病人，已死亡81人；生存113人，其中病情好转20人、症状无改变的90人、时有发作的3人。2000年9月，经福建省、漳州市卫生防疫站专家组审评考核，龙海市达到消灭丝虫病的标准。2001年10月，全国丝虫病检查指导组到龙海市进行检查。2002年8月，通过卫生部消灭丝虫病考核验收。2003—2007年，继续捕获人房蚊，解剖镜检致倦库蚊，均未发现阳性。

三、疟疾防治

1993—2003 年，每年都有发病，发病最多年份为 1995 年的 13 例；全市共发病 50 例，全部治愈。疫情集中发生在有外来民工聚居的打石场、石料场等工地。流行病学个案调查显示，本地人口发病的患者也均到过石窟或大型建设工地打工，有的在工地发病，有的回家后发病。在医院、卫生院设立的发热门诊对“四热”（疟疾、疑似疟疾、感冒发热发热待查）病人血检监测 3003 人份，检出疟原虫 35 人；打石场、工地、林场外来人员监测 2128 人，阳性 13 人。2004 年，分别检查 211 人和 106 人，均为阴性；媒介按蚊调查 26 个点，捕捉按蚊 180 只，有 3 个点查到微小按蚊，分别是清泉林场九龙岭工区、双第农场胜利村、角美镇后坪村。另外，还有 5 个多斑按蚊点、2 个美彩按蚊点、1 个棋斑按蚊点和 2 个日月潭按蚊点。微小按蚊是主要传播媒介。2004—2007 年，无疟疾新病例。

第三节　地方病防治

1993 年，市疾控中心持续开展每年的“4・15”碘缺乏病宣传活动日活动，定期深入重病区为重点人员服用碘油胶丸等碘制剂；每月在加工现场抽取加碘盐样品监测，每季度在碘缺乏病区食盐经销点和居民家抽取 25 份食用盐样品检验，及时发现不合格食盐，以保证居民购买、食用合格加碘盐。2000 年 4 月 25 日，龙海市通过省级消除碘缺乏病阶段目标评估验收。

2003 年，对市盐业公司碘盐监测每月一次，共监测 96 份，合格率 100%。经销点和居民用户每季监测一次，共 320 份，合格率为 97%；开展第五次全市碘缺乏病调查，共查 30 所小学 1200 名学生，甲肿率 3.9%；尿碘检测 210 份，中位数 124μg/L，碘盐检测 210 份，合格率 95.61%。2004 年，省疾控中心在角美镇开展碘缺乏病的普查工作，共查 8—10 岁儿童（小学生）1200 名，查出甲状腺肿大 38 人，发现率 3.2%。2006 年 5 月，对抽取 14 个乡镇 30 所小学的 1200 名学生进行地甲病检查，又对随机抽出 210 名学生进行尿碘检查，结果符合国家的控制指标；检测学生家中食盐 210 份，合格率 97.5%。

2007 年，对居民用户碘盐监测两次，上半年抽取 4 个乡镇 16 个村 128 户食用的盐样，合格率 100%；下半年抽取 5 个乡镇 16 个村 160 户食用的盐样，合格率 98%。

第四节　计划免疫

一、脊髓灰质炎防治

1993 年 12 月，全市开展脊髓灰质炎疫苗第一次第一轮强化免疫，之后每年一次两轮对 4 岁以下儿童强化服苗或补漏补种。至 2005 年计 13 次 24 轮，未再发生本土野毒株脊髓灰质炎病例。对住院的急性迟缓性麻痹（AFP）病例实施旬报制度，主动搜索、排查。2001—2007 年共 24 例，经流行病学调查、采双份合格粪便标本送检、分离病毒、专家会诊等，也均排除，证实无脊髓灰质炎病例发生。

二、病毒性肝炎防治

1993 年，全市发现肝炎病例 577 例，发病率 68.61/10 万。在慢性肝炎和肝硬化中，乙型肝炎仍占较大比例。2002 年，实施集中订购疫苗，逐级分发，把提高新生儿首针免接种率列为工作重点；2003 年，将乙肝疫苗纳入免疫规划，随着免疫接种的坚持，肝炎发病率显著降低，乙型肝炎逐步得到有效控制。2003—2007 年，全市乙型肝炎的发病率仍然高居各种法定传染病的首位。1993—2007 年，全市病毒性肝炎发病数共 9855 例，年发病率在 49.9/10 万至 123.6/10 万之间。

1993—2007年龙海市病毒性肝炎发病情况表

表27-3-1　　单位：例、%

年份	发病数	每10万人发病率	年份	发病数	每10万人发病率
1993	577	68.61	2001	564	72.19
1994	530	62.45	2002	605	77.32
1995	606	71.40	2003	755	96.47
1996	433	49.90	2004	796	101.50
1997	509	66.49	2005	768	90.86
1998	588	76.43	2006	765	89.88
1999	548	70.83	2007	1052	123.60
2000	759	97.42	合计	9855	49.9－123.6

三、流行性乙型脑炎防治

1993年，全市乙脑疫情始终处于散发状态，之后未出现较大规模的流行，少数病例均集中在夏季，年龄均在15岁以下。1996—1998年没有乙脑病例发生。2003—2007年，乙脑的预防接种全面开展，形成有效的免疫屏障，阻止乙脑病毒的扩散传播，防止疫情的发生及蔓延。

第四章　卫生保健

第一节　妇女保健

一、婚前检查

1993年，全市仅有石码镇开展婚前检查。1994年，榜山、海澄2个镇也被列入婚前检查范围。1995年，婚检范围有石码、海澄、榜山、紫泥、颜厝5个镇。2000年6月，在全市所辖15个乡镇场开展婚前检查。在市妇幼保健所设立婚前医学检查、优生检测和婚姻登记中心，接受石码、紫泥、角美、颜厝、海澄、东泗、东园、双第8个乡镇场婚姻当事人的婚前服务，同时在角美、港尾、浮宫、白水、程溪、九湖、隆教7个乡镇设立婚前医学检查点，分别接受各乡镇婚姻当事人的婚前服务。2002年2月，对全市2000年10月1日至2001年9月30日婚前医学检查进行调查，总婚检率为94.87%。是年3月，撤销原设角美、港尾、浮宫、白水、程溪、九湖、隆教7个乡镇的婚前医学检查点，全市的婚前医学检查集中到市妇幼保健所进行。2003年10月，新婚姻登记条例实施，实行自愿婚前检查。至2006年，婚前检查、婚前医学保健服务工作进入低谷。

2007年6月，市政府将婚前医学检查补助经费和优生检测费纳入财政预算，对每对参加婚前医学检查的经费补贴70元。市政府将婚姻登记服务处和计生优生检测迁至市妇幼保健所办公，搭建集结婚登记和婚前检查，以及相关知识咨询的"一站式"服务平台。8月，全市免费婚检惠民项目正式启动，婚检率提高至96%以上。

二、孕妇保健

（一）孕产妇系统管理

1993年，全市有203个村纳入孕产妇系统管理（简称“孕管”），占总村数的70%，比1992年增加42个村。1994年，孕管村增至218个村。至1998年，全市262个村（居）全部建立孕管；建卡4059张，收卡率56.72%，孕管率90.05%。1999年，建卡6643张，收卡率94.62%，孕管率100%。2000年，建卡6720张，收卡率93.49%，孕管率100%。2001年，在榜山、九湖等5个乡镇选择重点入村户进行孕管的示范指导工作，完善孕管卡的规范管理；全市建卡6918张，规范管理卡6455张，孕管率93.15%。2002—2006年，全市孕管率分别为90.50%、90.39%、86.27%、88.78%、90.04%。

2007年，实行《福建省孕产妇系统保健管理规范》，全市孕产妇系统管理率91.01%，规范化管理率85.44%，高危孕产妇筛查率26.26%，高危孕产妇管理率100%。

（二）妇幼保健保偿责任制

1993年，在全市13个乡镇实行从婚检开始到儿童3周岁期间的妇幼保健保偿责任制。1994年，15个乡镇全部实施。1995年开始，逐步加强“有价诊券”的管理，做好孕妇的建卡、保健、高危孕妇的筛查与管理；对持有《妇幼保健手册》的服务对象进行跟踪管理，规范保健保偿服务，完善妇幼保健保偿责任制。

2002年，抽调市妇幼保健所人员，分成两组深入各个乡镇，对妇幼保健保偿服务的运转情况进行专项检查。2003年，在完善和配套妇幼保健保偿管理机制上，扩大保健保偿的覆盖面，使全市以乡镇为单位入保率达70%以上。2005年，根据《福建省孕产妇系统管理办法》规定A卡的填写和运转，同时加强B、C、D、E卡的管理与运作。

2007年，加强孕产妇保健管理，提高乡镇妇幼管理人员业务能力，及时发现高危孕产妇，管理率100%。

（三）住院分娩

1993年，各乡镇卫生院建立高危追踪报告制度，高危孕产妇95%以上住院分娩；全市孕产妇死亡率为22.66/10万。1995年，全市扩大孕产妇系统保健覆盖面，强化高危管理，推行住院分娩，提高产科质量，提高基层抢救、转诊能力，孕产妇死亡率当年降低到6.73/10万。1998年，在港尾卫生院开展住院分娩试点，当年港尾镇住院分娩率直升至95%；全市住院分娩率45.84%。1999年，在全市15个乡镇场推行住院分娩，住院分娩率75.34%。

2000年，在程溪镇设立救助贫困孕产妇分娩住院的补偿；在东园镇推行产前跟踪，待产、产后随访服务，巩固和提高住院分娩率。当年，全市住院分娩7029人，住院分娩率97.65%；榜山、紫泥、角美、东泗、隆教、双第6个乡镇场达到100%。

2007年，孕产妇住院分娩率100%，孕产妇死亡率12.18/10万；5岁以下儿童死亡率下降为11.21‰。

1993—2007年龙海市住院分娩率及孕产妇、5岁以下儿童死亡率情况表

表27-4-1

年份	住院分娩率(%)	孕产妇死亡率(1/10万)	5岁以下儿童死亡率(‰)
1993	47.43	22.66	22.66
1994	54.52	38.77	18.87
1995	46.08	6.73	19.51
1996	43.56	11.21	19.25
1997	43.39	27.80	18.76

续表 27-4-1

年份	住院分娩率 (%)	孕产妇死亡率 (1/10 万)	5 岁以下儿童死亡率 (‰)
1998	45.84	41.97	18.05
1999	75.34	28.41	17.76
2000	97.65	0	16.81
2001	98.26	13.46	18.04
2002	99.49	29.37	17.62
2003	99.55	45.38	14.52
2004	99.74	43.73	14.43
2005	99.88	26.09	13.18
2006	100	12.83	10.01
2007	100	12.18	11.21

三、妇女病普查防治

1993 年，开展妇女病普查 1094 人，发现各种疾病 346 人，全部给予治疗；开展冷冻治疗宫颈糜烂新技术，共治疗 284 人（次）；开展冷光乳腺诊断仪检查乳腺疾病 104 人，查出患有妇科病 12 人，治疗 11 人。

1994 年，普查 2952 人，查出患有妇科病 1353 人，治疗 1204 人。1995 年，普查 1428 人，查出患有妇科病 615 人，治疗 492 人，冷冻治疗宫颈糜烂 76 人（次）。1996 年，普查 2099 人，查出患有妇科病 843 人，治疗 676 人。1997 年，普查 2495 人，查出患有妇科病 1135 人，治疗 975 人。1998 年，对全市 12 个系统 1869 名妇女普查，查出患有妇科病 759 人，占总数的 40.6%，其中接受系统治疗作为保健对象有 704 人，治疗有效率 90.3%。1999 年，对 993 名农村妇女进行妇女病普查，查出患有妇科病 430 人，发病率 43.3%，治疗有效率 91.53%。

2000 年，对全市 910 名机关、企事业单位的妇女进行普查，查出患有妇科病 292 人，疾病检出率为 32.09%，100% 接受系统治疗，治疗有效率 92.75%。2001 年，对 31897 名妇女开展普查普治，查出患有妇科病 5530 人，接受治疗 1635 人，治疗有效率 94.68%。2002 年，在程溪、港尾等乡镇卫生院开展普查普治 1848 人（此后每两年普查一次）。2004 年，普查 45 个机关企事业单位、1 个农场共 1109 人，查出患有妇科病 376 人，患病率 33.9%，治疗有效率 100%。

2006 年，普查 1021 人，查出患有妇科病 417 人，患病率 40.84% 人，治疗有效率 100%。2007 年，未开展普查。

第二节　儿童保健

一、儿童保健系统管理

1993 年，全市开展儿童保健系统管理（简称“儿管”）的行政村 127 个，占总村数的 41.91%。1995 年，儿管村 156 个。1996 年，对全市所有的村开展儿管工作，婴儿死亡率从 1991 年的 33.23‰下降到当年的 13.60‰；5 岁以下儿童死亡率从 1991 年的 47.6‰下降到当年的 19.25‰；儿童营养状况明显好转，6 岁以下儿童营养不良占 1.08%；4 个月婴儿母婴喂养率 91.34%，同时基本消灭新生儿破伤风；7 岁以下儿童保

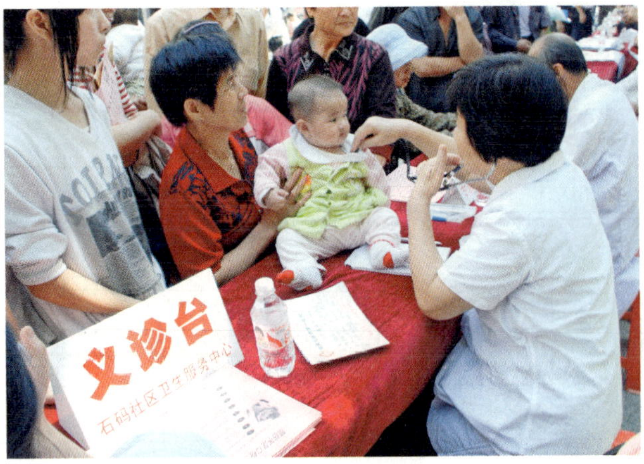

图 27-7　2005 年石码社区卫生服务中心义诊（市卫生局提供）

健覆盖率 32.33%，3 岁以下儿管率 39.94%。1999 年、2000 年，7 岁以下儿童保健覆盖率分别为 82.20%、87.03%；3 岁以下儿管率分别为 85.12%、91.59%。

2001 年 12 月，建立儿管卡联系制度，到榜山、九湖等 5 个乡镇进行“两管”（孕管、儿管）的示范检查。2002 年 3 月，全市各乡镇卫生院专职妇幼人员参加《福建省儿童系统管理》培训，开展儿童体检、填写儿童体检表和体弱儿表、规范记录表，提高体弱儿筛查率。当年的儿管率 86.87%，儿管覆盖率 100%，幼儿体检 51364 人（次），体弱儿管理率 100%。2003 年 3 月，向全市各乡镇卫生院赠送儿童床，要求各卫生院配备杠杆秤、专职妇幼人员或儿保人员、配合开展儿童体检。2004 年，全市儿管率 86.82%，体弱儿筛查率 10.20%，体弱儿管理率 100%。2006 年，全市儿管率 87.79%。

2007 年，市妇幼保健所儿保门诊开展婴儿儿童保健、营养咨询；门诊婴儿儿童体检 786 人，微量元素检测 48 人。全市儿管率 87.31%。

二、托幼机构儿童保健

1993 年，在石码城区及各乡镇中心托幼园（所）开展儿童系列保健工作。对入园入托儿童开展乙肝、血色素调查 1573 人。其中，轻度贫血 80.92%，中度以上 6.04%；乙肝表面抗原阳性率 16.94%，治疗率 100%；试点调查幼儿蛔虫感染 137 人，驱虫率 80%。

1994 年，在全市幼儿中心园所体检 3350 人，发现疾病 1741 人，及时给予治疗。1995 年，全市儿童体检 4500 人，矫治体检中发现的疾病缺点，提高儿童健康水平。1996 年，全市儿童体检 3897 人次，体检中发现患病儿童 127 人，全部进行跟踪治疗；对 371 名幼教人员进行体检，查出患病 30 人，给予治疗和处理。1997 年，幼儿健康检查 4245 人，继续建立健康指导，发现疾病给予及时治疗和处理。1998 年，检查 2809 人，发现问题 62 人，给予及时治疗。同时对 153 名幼师进行体检，发现问题 64 人，给予及时治疗。

1999—2000 年，共对幼托机构 10116 名儿童进行健康检查，对 494 名托幼机构工作人员进行体检。2001 年 10—11 月，对石码私办托儿所开展年度体检，包括筛查乙肝表面抗原、阳性建议复查两对半、“大三阳”的儿童建议休学治疗。2002 年，幼儿体检 51364 人（次）。2003 年 5 月，石码镇公办幼儿园对 3—4 岁在园儿童开展视力筛查（用字母匹配）。2004 年 7 月，根据福建省《托儿所、幼儿园卫生保健管理办法》，对托幼机构卫生保健工作指导；配合教育局培训全市托幼机构辅导员、园长。2005 年 1 月，根据母婴保健法宣传科学育儿，举办育儿班。当年在角美、九湖、程溪、颜厝、榜山、石码、港尾 7 个镇和东泗乡开展托幼机构工作人员健康体检办证。2006 年 4 月开始，石码地区公办幼儿园在园儿童年度健康体检统一由妇幼所儿保股承担。

2007 年，“六一”儿童节前完成在园儿童健康体检，体检人数 1515 人，入托健康体检 1083 人；并对辖区内幼教人员 601 人进行健康体检，办理健康证 572 份。

第三节　老年人保健

1993 年，各医疗卫生单位均设立老年门诊，开展优先服务，承担老年人保健职能；基层福利院都配有专职或兼职医疗保健人员。

1995年，市中医院建立以服务老年人为主的脑病研治基地。1997年11月，成立龙海市老年康复中心，依托市中医院实行一套人马两块牌子，为老年人提供医疗、保健、康复综合场所。1999年，市第一医院设立ICU病房、家庭病房、老年保健室、预约服务、社区服务；市中医院“120流动医院”开诊，添置中巴车，购置帐篷等野外医疗所设施，抽调精干医务人员，每周组织到“老少边”农村巡诊，为农村特别是出不了门的老年人上门诊疗。

2001年6月，市残联组织实施的白内障复明工程在市第一医院进行，免费为70名白内障患者手术。2002年，石码社区卫生服务中心组建一支由12名医务人员组成的社区卫生服务队伍，与辖区60岁以上患高血压、糖尿病、瘫痪病人等老年人签订保健合同，采取上门建立健康档案、检查、诊疗、健康指导等合同式服务。2004年11月，市政府办公室印发《龙海市石码社区示范点慢性非传染性疾病综合防治规划（2004—2010年）》，依托石码社区卫生服务中心开展心脑血管疾病、糖尿病、恶性肿瘤、慢性阻塞性肺部疾患等老年人常见慢性病的防治工作。2004年开始，依托石码社区卫生服务中心开展心脑血管疾病、糖尿病、恶性肿瘤、慢性阻塞性肺部疾患等老年人常见慢性病的防治工作。2006年，市第二医院设置老年门诊观察床。

2007年，市残联组织实施的白内障复明工程在市中医院进行，免费为200多位白内障患者手术；市直医疗单位抽出资深医师为老年大学卫生保健课程授课。

第四节　健康教育

1993年，在市广播电台开办《学科学、讲卫生》讲座，每周开播2讲，每讲连播3天；定期出版卫生墙报，编印各种宣传材料；结合卫生主题日定期举办展览活动。同时，编辑印发《龙海卫生信息》。

1995年，在市广播电台创办《健康教育》广播节目，每周播放2期；与市有线电视台、中医院、疾控中心联办“百草园”卫生知识栏目；播放《九亿农民健康教育行动》系列录像资料；录制卫生新闻报道，报送市有线电视台；在龙海创建卫生城市期间，报道城乡“创卫”状况。

2004年，全市专兼职健康教育人员有64人；组织开展“拒吸第一支烟，做不吸烟的新一代”为主题的千名中小学生签名活动3次。2005年，组织举办学校健康教育培训班3期、学生健康教育专题讲座5期；培训专（兼）职健康教育人员，出版健康教育宣传栏，印发学校健康教育宣传材料，转发上级健康教育宣传材料，学校订阅卫生报刊。当年，调查各中小学校健康教育开课率达70%以上，经测试，中小学生健康知识知晓率达70%以上，健康行为形成率达60%以上。2007年，健康教育机构网络覆盖面达95%。

第五章　卫生监督

第一节　食品与饮用水卫生监督

一、食品卫生监督

1993年，组织食品从业人员培训班3期，共有620人参加；开展食品卫生大检查11次，对生产和经营单位坚持监测5404家（次），其中停业整顿18家、警告60家（次）、行政罚款61家，合格率

86.18%。是年后，继续开展节前和专题检查，监督食品生产经营单位，销毁伪劣、变质不洁食品。1996年7—9月，进行夏秋季食品卫生大检查。1998年，在石码市区冷饮、冷冻市场开展专项整治检查，并对学校及其周边食品卫生大检查。1999年，对违禁水产品进行拉网式大检查。

2001年，以治理餐桌污染、建设食品放心工程为专题，进行追缴广西玉林误售氰化钠的行动；在全市食品行业范围内开展“食品卫生放心店”创建活动。2003年，以防抗非典型性肺炎为中心进行春季食品卫生安全保障检查大行动。2004年，进行奶粉市场专项检查；市卫生局实施“量化分级，强化规范管理”试点，对直饮水厂量化分级，评出龙谷、紫山、长力3家为A级管理单位，报省审核认定。2005年，进行“苏丹红一号”专项检查，以及每年围绕防治肠道急性传染病开展的食品大检查，没收销毁有害食品；在全市中小学校、托幼机构食堂推行食品卫生监督量化分级管理制度。1996—2005年，全市累计查办食品卫生许可证22717家（次）；从业人员预防性健康体检103366人（次），体检合格率97.94%；查出“五病”(痢疾、伤寒、病毒性肝炎、活动期肺结核、化脓性或渗出性及接触性皮肤病)患者4160人（次），当年调离率100%；各类食品抽检6133份，合格率从1996年的86.9%提高到2005年的91.66%；各类餐具抽检5723份，餐具卫生合格率从1996年的9.44%提高到2005年的88.68%。

2006年，开展治理餐桌污染和建设食品放心工程活动，举办食品从业人员培训8000多人（次），检查各类食品和餐具合格率分别为85%和75%。

2007年，创建国家食品安全示范县（市），开展餐饮业专项整治工作。检查餐饮业和集体食堂1350家，查处各类违法案件36起，督促整改606家，取缔24家，没收销毁变质食品380公斤。市区“四率”（餐饮经营单位无卫生许可证查处率、食品卫生监督量化分级管理制度实施率、建立原料进货索证制度单位实施率、对餐饮单位使用病死或死因不明的畜禽及其制品以及使用有毒有害物质加工食品行为的监督检查覆盖率）均达100%；农村地区“四率”也分别达到98%、95%、98%和100%。

二、饮用水卫生监督

1993年，市卫生防疫站负责石码、海澄、榜山水厂和农村饮用水11个监测点的水质定期监测，以及农村水厂的改水技术指导工作。至2005年，每年检测水样50—150份，同时开展群众自送井水理化检验服务工作。2006年，市卫生局卫生监督所成立后，对全市5家集中式供水单位及4家二次供水单位进行跟踪监督。

2007年，对辖区10家供水单位的水源水、出厂水、管网末梢水监测水样230份；体检供管水人员70人；抽检48家食品生产企业50份水样。市区集中式供水单位从业人员持健康证明、卫生知识培训证明上岗12人；“五病”人员调离率100%。

第二节 公共场所与职业卫生监督

一、公共场所卫生监督

1993年，公共场所从业人员体检257人，发现“五病”患者3人，当年调离3人；发放卫生许可证72份。

1994年，开展公共场所从业人员体检672人，体检率95.2%，发现“五病”人员10人，当年调离10人；开展公共场所卫生监督监测581家（次），覆盖率97.64%。1998年，全市在册的公共场所从业人员974人，预防性健康体检961人，卫生知识培训955人；监督户数716家，新办理及换发卫生许可证543份；监测理发店181家，旅社13家。

2003年，配合非典型性肺炎防控，加强对公共场所的监督管理。当年，新办和换发卫生许可证312份，复核295份，发证率99.02%；从业人员卫生知识培训（含“非典”知识培训）1087人，培训率96.11%；

体检 1120 人，体检率 99.02%；发现“五病”人员 65 人，全部调离。按相应公共场所卫生标准及监测技术规范，监测理发店 215 家、旅社 25 家、足浴 8 家、游泳池 3 家；采集公共场所空气、客房用品、用具样本计 1205 份，分别进行空气中细菌指标监测和用品消毒效果监测，占应监测的 98.06%。2006 年，公共场所卫生监督工作划入新成立的卫生监督所负责，其从业人员健康体检和卫生指标的监测则由疾控中心根据监督所的计划独立实施。

2007 年，审核 166 家公共场所的卫生许可证；对 1219 名公共场所从业人员进行预防性健康体检和卫生知识培训；对 45 家大型公共场所的 288 个点进行空气质量监测，给不符合卫生标准及要求的单位发出监督意见书责令其整改；对 4 家洗浴场、游泳池进行专项检查，不合格的游泳场及时整改。

二、职业卫生监督

1993 年，对市合成氨厂、磷肥厂、气体厂 3 家工厂进行有害因素监测和职工健康体检，体检 303 人。

1994 年，对 12 家有害生产环境工厂进行监测，其中粉尘 102 点，合格率 65.68%；毒物 73 点，合格率 95.89%；噪音 110 点，合格率 100%。1999 年，组织对 14 家医院 22 台 X 光的从业人员 24 人进行体检和个人剂量测定，进行放射卫生知识培训，并发放“放射工作人员证”。

1999—2000 年，共监测粉尘企业 57 家（次），测尘 297 点，合格 217 点，合格率 74.6%；毒物（苯类）监测 16 家次 294 点，合格 240 点，合格率 82.2%；物理因素（粉尘、噪声）监测 541 点，合格 439 点，合格率 80%；职业性健康监护、粉尘作业工人拍片 682 人，体检率 53.7%；毒物作业工人体检 884 人，体检率 76.79%；物理因素工人体检 1317 人，体检率 61.5%，发现有 2 名职业禁忌证，责令调离工种。

2006 年，卫生监督所成立后，从相关单位调查收集资料，筛选出可能涉及职业病危害的用人单位 79 家，分用人单位自查、派出执法人员进行督查、整改完善 3 个阶段开展监督整顿；对其中存在问题的 5 家发出监督意见书，责令整改。是年 12 月，有 14 家用人单位进行职业危害项目申报，3605 名工人进行职业性健康体检，2 家企业的 51 个作业点进行职业危害因素监测；完成 22 家用人单位的职业卫生建档工作。

2007 年，职业卫生就业前体检 54 人，在岗期间体检 822 人；车间有毒有害气体监测 37 点、噪音监测 19 点、粉尘 3 点、微小气候 37 点。

第三节　学校卫生监督

1993 年开始，每年对全市中小学卫生监督的综合评价，开展学生集体驱虫工作。至 1998 年，共为 79 所中小学 2.68 万名学生进行健康体检。

1999 年，举办中小学校医及保健老师业务培训班，42 人参加；在中小学开展常见病防治监测。2000 年，体检中小学生 13.89 万人（次），体检率 96.16%；完成学生发育、营养、肥胖状况评价（以国标评），覆盖率达 56.3%。2001 年，对全市 13 个乡镇 44 所中小学、幼儿园的食堂、食杂店及周边 30 家流动饮食摊点进行专项检查。2004 年，全市学校发生突发性传染病共 6 起，发病人数 97 人。接到疫情报告，立即组织人员进行核实诊断，开展流行病学调查、现场消毒等相应措施，阻止传染病的流行，防止二代病例的发生；对学校食堂、集体用餐场所及周边食品经营摊点的卫生状况进行监督指导，取缔 26 家餐饮业、48 家食品摊点，没收销毁不合格儿童食品、饮料等计 257 公斤。

2005—2006 年，对学校集体用餐食堂进行检查和容易造成食物中毒或其他食源性疾患的重要环节重点监督指导，督促从业人员 196 名进行健康体检，责令 2 名“五病”人员调离岗位；对 54 家学校食堂加强卫生监督与管理，并发放卫生许可证；对全市 6 个重点乡镇的学校食堂“三防”（防尘、防鼠、防虫害）设施的设置、食堂的环境卫生和食品贮存、加工、销售中的污染等环节进行突击检查，责令 1 家食堂进行停业整顿，5 家食堂限期整改。

2007 年，共检查中小学及幼儿园食堂 253 所、学校周边餐饮摊店 156 家、学校周边副食品店 235 家；

责令50家食堂限期整改、2家停业整顿；有320名从业人员进行健康体检。是年，全市中专、技工学校、中学、职业中学、小学、托幼机构均配备专（兼）职健康教育人员。

第六章　爱国卫生运动

第一节　创建卫生城市

1993—1994年，投资近1000万元用于全市环境卫生设施、道路等建设。1995年9月，福建省全国第三次城市卫生检查团到龙海。全市有96个单位（企业）接受检查，有681人（次）接受健康教育考核和民意测验。1996年，龙海市着手创建省级卫生城市，表彰47个单位为市级卫生单位。是年10月，获省级卫生乡镇的角美镇、港尾镇通过到期后的省级复核验收。1997年5月，市政法委、地税局、华侨幼儿园3个单位被省控烟与健康会授予“省级无吸烟单位”称号。

2000年7月12日，颁布《龙海市区公共场所禁止吸烟的暂行规定》。2001—2003年，在城镇和农村清理卫生死角25840处，疏通水沟1208公里，清运垃圾3.5万车，内河清淤138公里；实行密闭收集垃圾，集中运输和进行无害化处理，喷洒药物消毒环境；管好禽畜粪便，保护水源。2004年，市区评选“卫生清洁户”2180户、“卫生单位（楼院）”189个。是年12月，创建“省级卫生城市”的考核验收通过，龙海市被命名为“省级卫生城市”；角美镇和港尾镇的“省级卫生乡镇”也通过届满的复查。

2005年4月，开展“行动起来，共创优美卫生环境”爱国卫生月活动；5月，结合世界无烟日，组织全市10多所中学5993名学生进行签名，以实际行动“拒吸第一支烟”，超额完成省控烟与健康协会下达的任务。2006年，制定实施《龙海市爱国卫生工作2006－2010年规划》，开展市区环境整治。

2007年，成立“龙海市创建国家卫生城市领导小组”，开展创建“国家卫生城市”活动；围绕健康教育、食品卫生、公共场所卫生和生活饮用水卫生、传染病防治、病媒生物防制等工作重点，将创卫任务细化分解成7大任务37项指标，明确工作职责，实施目标管理责任制。是年，龙海市被国家项目办选定为“迈向无烟中国”项目（县、市）点。

第二节　改水改厕

一、改水

1993年，投资17万元，建设村级自来水厂3座，受益人口3700人。1994年，新建村级自来水厂3座，全市自来水普及率达46.46%。1995年6月16日，引进法国设备，投资1.4亿元，首期日产8万吨市自来水工程全部竣工验收，7月14日向石码地区供水。至1996年，全市建自来水厂（站）190个，受益人口57.17万人，占总人口比率70.67%；有手压机井2312台，受益人口3.9万人，占总人口比例4.81%；投资总额为26717.95万元，其中国家投资14469.96万元，集体投资5529.75万元，个人投资637.24万元，其他投入4340.6万元。至2003年，全市农村改水人口65.68万人，比率为96.63%。其中饮用自来水64.65万人，比率为95.60%；饮用手压机井水1890人，比率为1.03%。2004年4月，全国爱国卫生运动委员会授予龙海市为“全国农村自来水普及工作先进单位”。

2005年，全市改建、扩建自来水厂（站）173个，受益人口65.10万人，比率96.99%；手压机井1900个，受益人口 7500 人。2005 年，省爱卫会对角美自来水厂进行考核，并授予“福建省农村优秀水厂”称号。

至 2007 年底，全市改水比率 100%。

二、改厕

1993 年，全市开展个人家庭户的厕所改造工作。其中，农村改厕 2611 户，新建公厕 11 座。1994 年，农村改厕 3210 户，新建公厕 26 座。1996 年，全市建设使用无害化户厕所及卫生户厕所 3.69 万户，占总户数的 18.66%；粪便无害化处理 11.79 万户，比率为 14.89%；卫生校厕 366 座，卫生公厕 364 座，总投资额 597.09 万元。2003 年，全市农村改厕全部使用三格化粪池的卫生户厕所 13.55 万户。2005 年，全市改厕达 13.95 万户，卫生厕所普及率 82.56%，粪便无害化处理率 87.07%。2006 年，向省爱卫会申请“改厕项目县（市）”，并将 450 户任务分解到 6 个乡镇 8 个行政村。

2007 年，全市改厕比率 82.32%。

第三节　媒介生物防制

1993 年，成立龙海市媒介生物防制指挥部，制定每年工作计划，开展防制工作。每年 4 月（爱国卫生月）、国庆节、春节前后开展爱国卫生运动，重点是环境治理，做好水源保护、粪便处理、清理沟渠和卫生死角，铲除孳生地。每年灭鼠两次，平均投溴敌隆毒米饵 7—8 吨 / 年；重点单位、公共场所设置灭鼠毒饵盒，每季换米饵一次；每年灭蟑螂两次，在重点场所增加浓度灭苍蝇、蚊子。

1997—1998 年，共开展 4 次全民性灭鼠活动，在石码、角美、海澄、港尾 4 镇以抓灭鼠为中心的除“四害”（老鼠、苍蝇、蚊子、蟑螂）活动；举办投药员技术培训班 2 期，768 人参加学习。拨款 4 万元，购买溴敌隆毒米饵 8 吨进行全面投放。清理卫生死角，配合药物杀灭蚊、蝇、蟑螂。市区用凯素灵加敌敌畏杀灭两次，总面积达 8 万平方米；用凯素灵加滑石粉消杀水沟蟑螂 10 公里。市区、角美、港尾 3 地共投放捕蝇笼 200 个，用灭蟑螂蚂蚁药 8000 包、灭苍灵 1000 包，冬季再投放毒鼠米饵 1 吨进行补缺补漏。

1999 年，市政府办公室批转市创卫办、市爱卫办《关于加强市区灭除“四害”管理的意见》的通知。聘请省防疫站专家进行业务培训，建立一支以 21 人下岗工人为主体的“龙海市消毒站”专业队，承担市区的主要消杀任务和突击歼灭病媒生物任务。是年 12 月，龙海市被确认为省级“灭鼠先进城区”。

至 2000 年，共开展 8 次全民性灭鼠活动；举办投药员技术培训班 4 期，888 人参加学习。拨款 21 万元，购买设施材料等进行全面投放。

2001 年，全市投药 400 公斤，在市区开展灭蚊、蝇、蟑螂活动，对主要街道的下水道进行全面的消杀。2002 年 6—11 月，投入 10 万元，耗用灭蟑药凯素灵 800 公斤、灭蟑灵灭蟑笔 4 万多支，对市区公共场所、住宅、城乡接合部及市区下水道进行全面灭蟑；11 月 26—28 日，在市区集中开展投药灭鼠活动，投放灭鼠米饵 4.5 吨，同时做好鼠尸、残药、鼠粪清理，堵塞鼠洞，修补防鼠设施。是年 11 月，龙海市被省爱卫会确认为“灭蟑螂先进城区”。

图 27-8　指导药物消毒（市爱卫办提供）

2003 年，共出动专业人员 120 人次，在市区开展除“四害”消杀活动。2004 年，投入资金9.2万元，开展全市除“四害”和环境卫生专项整治，入户发放宣传材料3万份，上街分发传单5000份。2005年，全市共投放灭鼠米饵8吨、4.5%氯氰菊酯800公斤、孑孓灵50公斤、灭虫净700公斤，清除垃圾及卫生死角300多处，疏通水沟21公里。2006年，以“爱我龙海，清洁家园，创建健康人居环境”为主题，开展市区“除四害”活动。

2007年，共投入资金15万元用于除“四害”，先后投放灭鼠米饵3.6吨，放置毒饵盒500个，喷洒灭虫灵粉1250公斤、10%氯氰菊酯500公斤、孑孓灵50公斤。是年，全市灭鼠、灭蟑达标5年届满，被省爱卫会继续确认为达标城区。

第七章　管　理

第一节　医政管理

一、整顿和规范医疗市场

1993年，宣传贯彻《医疗机构管理条例》，以监督为中心，以基层为重点，整顿和规范全市的乡村卫生所室。1994年，取缔无证游药贩7起11人。

1996年12月，成立“龙海市医疗机构清理整顿领导小组”，由分管副市长任组长。1997年2月，市政府办公室批准下发《龙海市医疗机构清理整顿实施方案》；3月，批准《龙海市医疗机构设置规划》，正式聘任33名医疗机构监督员，负责对全市集体、个人举办的医疗机构进行全面的清理整顿；6月，按照《诊所、卫生所（室）、医务室基本标准》，对全市诊所、卫生所（室）、医务室、村卫生室（所）等医疗机构设置进行整顿、清理；7月，针对各乡镇在贯彻实施医疗机构清理整顿工作中遇到的一些问题，提出《关于医疗机构清理整顿工作中有关问题的处理意见》；12月成立“龙海市医疗机构评审委员会”，负责对龙海市医疗机构的基本标准、服务质量、技术水平、管理水平等进行综合评价，落实医疗机构评审制度，达不到评审标准的医疗机构由市卫生局做出处理决定。

1998年5月，下发《关于联合诊所完善管理的暂行规定》，对部分不符合设置规划的乡镇卫生所（室）进行合并；在完成医疗机构申请执业的登记注册以后，取缔无证行医、非法游医、骗人“医托”。2001年3月，对无证行医、擅自增加诊疗科目、擅自变更诊疗地点、擅自聘用人员、出租执业证照、转让经营，以及异地游医等进行清理取缔。

2005年7月，成立“龙海市打击非法行医专项行动领导小组”及办公室，制定《龙海市打击非法行医专项行动实施方案》，组织执法队伍联合行动，打击非法行医行为，重点打击未取得《医疗机构执业许可证》擅自开展诊疗活动的黑诊所，打击无任何行医资格的游医、假医，以及借助宣传、招摇撞骗等非法行医活动；11月，对778家医疗机构重新登记审核验收，责令整改34家。当年，整顿医疗服务市场，查处非法医疗机构24家，立案19家，罚款3.89万元。

2006年，以打击非法行医、跨科行医和聘用非卫生技术人员为重点，立案查处32家（次），取缔无证行医25家，没收医疗器械、药品130件，罚款6.1万元。市卫生局还依法按照规定程序举行3起无证行医行政处罚案件听证会，体现依法行政和执法公正；11月，完成全市920家卫生所（室）、诊所的年检工作。

2007年，共开展医疗机构执法检查34次，其中打击非法行医专项活动18次，查出存在违法行为的医疗机构59家，立案查处18起，现场取缔非法行医26家，没收药品、器械价值约6.4万元，罚款1.85

万元，受理举报投诉和上级交办案件 9 件。

二、医疗服务管理

1994 年国务院《医疗机构管理条例》公布后，对全市范围内所有医疗机构进行重新登记注册，对全市医疗机构设置进行重新规划，要求村卫生所（室）原则上每个行政村设 1 所，人口超过 1000 人或距行政村 1500 米以上的自然村可增设 1 所，乡镇卫生院所在地原则上不设诊所。

2001 年，进行全市一次性使用无菌医疗器械市场秩序的整顿和规范工作。当年，根据国务院体改办等部门《关于城镇医药卫生体制改革的指导政策实施方案》，将医疗机构分为营利性与非营利性，凡政府举办的及农村卫生所（室）原则上定为非营利性，民营医疗机构、在石码镇内个人医疗机构原则上定为营利性。2006 年，为简化就医细节，便于群众在全市各医疗机构就医，全市各医疗机构统一使用龙海市通用门诊病历。

2007 年，对全市申请执业登记的医疗机构进行实地考察核实，对有关执业人员进行医院感染管理和基本理论、知识、技能的考核。

三、医德医风建设管理

1993—1994 年，在全市医疗单位重申树立良好医德医风的规定，通过多种形式建立监督网络。两年举办“医德医风教育”培训班 3 期，350 多人参加；纠正不合理收费 22 项。

1997 年，实行卫生系统党务、政务、医务“三公开”的卫生医疗制度，制定行风评议方案。至 1998 年，共查处违章违纪事件 5 起，处以罚款和扣发奖金。1999—2000 年，制定“医疗机构审批发证”“麻醉药品管理”“专业技术人员评聘”“药品许可证”4 个办事程序；到基层医疗卫生单位巡回举办“新刑法与卫生”“医疗纠纷防范与对策”“依法行政、严谨办案”法制辅导讲座 28 期，受教育人数 2660 人（次）；共查处违章违纪事件 34 起，处以罚款和扣发奖金 9170 元。

2001—2002 年，召开行风工作专题会议和各种教育专题会 143 场次，参加的医务人员 6011 人（次）；纠正医药购销中不正之风、清理“小金库”、打击“六合彩”，处理违章违纪行为 2 件 4 人、查处收受“红包”1 件 1 人；市第一医院自查违反规章制度 30 起，涉及 65 人；表彰 52 个医德医风建设先进个人和 3 个先进单位，8 人被评为漳州市医德医风建设先进个人；蔡丽卿被评为全省医德医风建设先进个人。2005 年，开展自查自纠以开单提成为重点的医疗服务不正之风活动，共有 11 个单位查出 29 项违规行为；通过正面教育和严肃查处，制止收受“红包”回扣行为；全市医疗单位共拒收“红包”10 人（次），拒收金额 1.12 万元，上交“红包”金额 0.5 万元。2006 年，治理医药购销领域商业贿赂，组织自查自纠，共有 160 名医务人员主动上缴回扣款 26.65 万元，上缴“红包”款 3520 元；有 4 家单位自查出接受药械生产经营企业捐赠的仪器或接受宣传经费，价值 5.66 万元。

2007 年，打击收受“红包”、回扣行为，共有 136 人拒收红包款 3.22 万元；36 人自纠上缴开单提成款 3.84 万元；治理商业贿赂，完成 8 件遗留案件处理，完善相关制度 22 项；对医疗卫生单位进行明察暗访，共查出存在问题 11 件，及时通报整改。

四、执业准入与输液准入

1993 年 4 月，对全市医疗单位聘用从事医疗活动的外来人员的行政资格进行全面审查，对不具备行医资格的人员予以辞退处理。

1995 年 12 月，完成发放护士执业证书和进行首次注册工作。1998 年，制订《龙海市卫生局关于加强乡村卫生所（室）管理的意见（试行）》，对全市村级卫生机构实行人员、业务、药品、财务一体化管理，核发“医疗机构执业许可证”和《医生执业证书》，进行首次医师执业注册工作。

1999 年 5 月，开展创建甲级村卫生所（室）活动。当年全市有 211 个村卫生所（室）达到甲级所标准。2003 年，市卫生局下发《龙海市医疗机构静脉输液技术准入管理暂行规定（试行）》，对全市门诊、诊所、卫生所（室）输液工作实行准入制度，换发静脉输液技术准入合格证，对人员进行静脉输液相关知识培训和理论与操作考试，合格者发给合格证。2004 年 4 月，根据《乡村医生从业管理条例》规定，筛选 185 人参加漳州市卫生局组织的乡医资格认定培训，经考核及格 179 人，合格率为 96.7%。

2005—2007 年，停止办理乡村医生资格的认定工作，乡村医疗机构人员向执业医师队伍转轨。

五、乡村医生培训管理

1993 年，在卫生中专学校开办函授乡村医士专业，学制 3 年，以函授、自学为主，结合面授辅导和实验、实习，适当应用视听教学。

1994 年，省卫生厅同意成立乡村医生系统化教育龙海面授点。1995 年，成立龙海市乡医系统化正规化中等医学教育领导小组。1995—1998 年，分 6 期，共招收 791 名乡医参加系统化教育。1997 年，组织全市乡医进行 6 项业务和技能培训，课程 6 个月，以自学及面授相结合进行学习。

2002 年，举办乡村医生补课教育培训班，将全市原 40 个个体开业医转纳乡医管理，进行乡医培训。2004 年，制定《龙海市乡村医生培训实施意见（试行）》，对乡医的培训从 2004—2010 年期间内的培训内容、培训机构、培训要求及组织，以及师资要求、考核登记等都作了具体要求。2005 年，市政府办公室转发市卫生局、财政局关于《龙海市乡村医生规范培训项目管理方案》。

2005—2007 年，每年用 10 天时间对乡村医生进行脱产集中培训；市政府下拨专用培训经费，每个参加培训的人员补助 300 元。

六、医疗事故鉴定与调处

1993 年，龙海医疗事故发生 5 起，其中协商解决 2 起、行政调解 2 起、民事诉讼 0 起、事故鉴定 1 起。1993—2001 年，医疗事故技术鉴定由市卫生局负责，为医疗机构与患者协商解决；行政调解由卫生局牵头组织医疗机构与患者双方调解。

2002 年，取消县一级卫生局成立的医疗事故技术鉴定委员会，改为由地（市）级以上医学会设鉴定委员会。当年，医疗事故发生 17 起，其中协商解决 3 起、行政调解 8 起、民事诉讼 2 起、医疗事故鉴定 7 起。

2007 年，全市发生医疗事故 11 起，其中协商解决 1 起、行政调解 5 起、民事诉讼 0 起、医疗事故鉴定 5 起。1993—2007 年，龙海市医疗事故发生 114 起，其中协商解决 29 起、行政调解 62 起、民事诉讼 2 起、医疗事故鉴定 38 起。

第二节　药政管理

1993 年，共检查药品经营单位和个人 836 家（次），查出不合格药品 360 件，依法立案查处 47 起，涉及冒充正品价值 2.1 万元，罚款 3.2 万元；采用药品快检办法及开展药品质量咨询等，共发现假药品 40 多种。

1994 年，组织药品管理法宣传活动，举办伪劣药品展览。是年 11 月，市人大、市政府组织相关单位开展医药市场整顿，对全市 17 个乡镇场 903 家医药卫生单位及个人的药品质量进行检查，覆盖率达 80.3%，抽检 261 件，不合格率 68%；查办 85 起，立案 38 起，其中万元以上大案 2 起，罚没款总金额 5.5 万元。1995 年，市卫生局被卫生部评为“全国卫生系统执行《药品管理法》”先进集体，1 名工作人员被评为“全国卫生系统执行《药品管理法》”先进工作者。1996 年，清理整顿无证经营药品的药店 2 家、5 个隶属市医药公司的乡镇药品经营部、6 个基层供销社医药批发部。

1998 年，对少数非法经营药品的食杂店进行清理。对全市各药品经营使用单位进行一次全面药品质量检查，部分重点单位反复检查，共检查 900 家次，抽验 700 多件，发现假冒中药材 23 种，假冒西药 14

个厂家、40多个批号，对出售这些假药的海澄、九湖两个医药批发部立案处理。

2000年，结合全国打假活动，卫生、公安部门联合执法，捣毁一起涉嫌制造假冒北京同仁堂药品的窝点。2001年，市整顿和规范医疗药品市场秩序领导小组下发《龙海市整顿和规范医疗药品市场秩序工作方案》，制定《关于加强医疗和药品管理工作的若干规定》，指导农村医药市场整治工作；查处违规违法药品（医疗器械）经营20起，暂控药品价值约3万元，药品案件罚款9.51万余元；抽检药品845件，合格率72.3%；组织销毁近两年中查获的假冒伪劣药品，按正品货值约10万元；破获一起假借癌症病人非法购买麻醉药品案。

2002年8—9月，开展农村药品大检查，没收过期的失效药品（含针剂）400多种，非法进口药品78盒，过期一次性注射器90支，非法进口一次性注射器8支；当场行政处罚67起，立案查处15家，罚没款4.2万元，打击、取缔无证经营使用药品单位10家。

2003年，开展农村药品市场大检查和打假专项行动，检查590多家药品经营、使用单位，查办涉药案件195件，罚款11.3万元；取缔无证药品使用、经营场所21个；没收药品（医疗器械）价值标值2.3万元。2004年，取缔无证经营18家，查获不合格药品400多种次，查办涉药案件138件，违法药械货值4.5万元，依法罚没款16.1万元。2005年，取缔无证经营12家，查获不合格药品80多种次，查办涉药案件72件，涉案货值7.6万元，依法罚没款19.43万元。

2006—2007年，开展整顿和规范药品市场秩序专项行动。共检查药品经营使用单位和个体药店1018家（次）；查办涉药案件132件，违法药械货值10.28万元，罚没款45.2万元。

第三节　血液管理

一、无偿献血

1993年，龙海尚未开展无偿献血。

1994年5月7日，召开龙海市红十字会第四届第三次理事会议，要求各基层红十字会、有关部门积极开展宣传工作，发动会员、公民报名参加无偿献血，争取突破这项工作，并在市广播电台播放公民无偿献血宣传材料。1995年5月7日，召开龙海市红十字会第四届第四次理事会议，有4名与会者献血1200毫升，为龙海首批公民无偿献血者。1998年5月8日，市长康君福、常务副市长周阿份到中心血库参加献血，当日有46人献血。

1999年3月7日，配合福建省青年志愿者万人爱心献血团活动，组织46个乡镇场、中学团委，5个科局机关团委和7个卫生单位团委，共352个青年志愿者到市中心血库大楼举行爱心献血签名仪式，随后分批进行检查身体，按中心血库的采供血计划安排，当天有62人献血；4月30日，市政府召开贯彻实施《中华人民共和国献血法》工作会议，确保无偿献血工作顺利开展；9月1日，组织部机关党委和政府办机关党委共26人参加献血。

2000年4月7日，榜山镇组织“百名农民献血活动”。随后，隆教乡开展“畲乡好风尚、农民争献血”活动；石码镇组织居民、个体户献血；程溪镇、九湖镇、紫泥镇、双第农场、港尾镇、东园镇、白水镇也先后组织农民献血。7月31日，市人武部41名官兵到中心血库献血。2001年，5名献血积极分子受到漳州市政府表彰。2002年，全市献血1141人，献血量22.82万毫升。2007年，全市献血1362人，献血量44.24万毫升。

2001—2007年，全市无偿献血年平均1157人，献血占临床用血年均101.4%。

二、血液使用

1993年4月，市第一医院成立血库。1998年，龙海市设置中心血库，负责全市辖区医疗机构的临床用血采集和提供。2004 年 7 月，取消中心血库，医院临床用血由漳州市中心血站统一采集调配。2007 年，龙海用血量 34.52 万毫升。

2001—2007 年，全市无偿献血基本满足临床用血的需求。

1995—2007 年龙海市无偿献血及用血量情况表

表 27-7-1　　单位：人、万毫升、%

年份	无偿献血	献血量	用血量	献血占临床用血
1995	4	0.12	78	0.15
1996	115	2.3	80	2.88
1997	168	3.36	76	4.42
1998	75	1.50	75	2.00
1999	331	6.62	74	8.95
2000	1016	20.32	36.80	55.22
2001	1387	27.74	26.20	105.88
2002	1141	22.82	24.76	92.16
2003	999	19.98	20.44	97.74
2004	886	17.72	19.62	90.32
2005	1320	26.40	27.02	97.71
2006	1002	32.44	34.68	93.54
2007	1362	44.24	34.52	128.16

卷二十八 宗教 旅游

ZONG JIAO LV YOU

1993—2007年，龙海市宗教事务管理部门围绕宗教工作基本方针，依法管理宗教团体；成立道教协会、佛教协会、基督教“三自”（自治、自养、自传）爱国会、天主教爱国会，并举行2次换届。至2007年，全市登记管理的宗教活动场所82处，其中道教16处、佛教29处、基督教25处（包括临时登记3处）、天主教12处（包括临时登记1处）；宫庙试点管理30处。其间，治理乱、滥建寺庙教堂和露天宗教造像，“拆、改、补”11处违规场所。做好宗教界的普法教育工作，促进宗教界人士学法、守法、用法。宗教界人士先后有1名担任漳州市人大代表，12名分别担任历届全国、省、漳州市、龙海市政协委员。发挥爱国宗教团体的作用，培养爱国爱教的教职人员，制止宗教中的非法活动，维护宗教领域的安定和稳定。加强宗教事务管理，促进宗教活动场所的制度化、法制化、规范化建设。加强安全检查指导，确保宗教活动场所安全。落实宗教房产政策，解决历史遗留问题，归还7处宗教房产，维护宗教团体和宗教活动场所的合法权益。引导宗教界人士服务社会、造福人群，全市宗教界共捐资2100多万元用于社会慈善公益事业。

15年间，龙海市旅游业有较大发展。利用境内自然景区和人文景区的优势，以滨海旅游为龙头、生态旅游为主体、人文旅游开发为特色、宗教谒祖旅游为补充，投入近1亿元资金，致力于景区规划、宣传促销、引资开发、环境整治及配套设施建设。制定旅游项目投资优惠政策，鼓励扶持新办旅游企业，签订引进外资开发旅游项目，建成龙佳生态温泉山庄等一批观光型、参与型、休闲度假型的旅游景区和龙海钻石大酒店等多家综合性的服务设施，形成点、线、面相结合的旅游体系基本框架。

牛头山古火山口被列入漳州滨海火山地质地貌保护区，实行Ⅰ级保护；龙佳生态温泉山庄被授予“全国农业旅游示范点”。贯彻落实《旅行社管理条例》及《实施细则》，强调旅游行业标准化建设，规范经营服务行为。宏雅（龙海）酒店被批准为“省旅游涉外定点接待单位”；角美旅游服务总公司先后被评为全省“优秀旅行社”“创文明行业、建满意窗口”示范单位、“旅游系统先进单位”。组织旅游培训，开设旅游新线路，旅游业务持续增长。全市旅游接待人数由1993年29万人次增至2007年282万人次；旅游收入由1993年的1330万元增至2007年的8762万元。

第一章　宗教界别

第一节　道教

一、宫庙

1993年，全市道教宫庙152处。1994年，对全市道教活动场所（宫庙）进行登记管理，首批登记试点管理3处。1995年登记试点管理5处；1996年登记3处；1998年登记7处，其中试点管理2处；1999年登记4处，其中试点管理3处；2001年登记9处，其中试点管理6处。

2002年，道教活动场所依托市道教协会管理；当年登记试点管理1处。2003年，制定宫庙财务管理制度；当年登记试点管理3处。2004年登记5处，其中试点管理1处。2005—2007年，共登记试点管理6处。

2007年，全市道教宫庙多数有修缮、重建或扩建；登记的道教活动场所（宫庙）16处，道士11人；宫庙试点管理30处。

二、主要活动

1994年8月25日，成立龙海市宫庙领导小组。1996年，第二届闽台城隍历史文化研讨会在海澄城隍庙举行，海峡两岸100多位专家学者参加。2000年11月，撤销市宫庙领导小组，成立龙海市道教协会，协助管理部门做好年检、登记、宣传教育等工作。

2003年1月7日，台湾台北市道教总会秘书长张木圣一行71人到白礁慈济宫进香。2005年11月，海澄城隍庙结彩楼庆祝“城隍爷”诞辰。是年，白礁慈济宫吴真人诞辰典仪被列入福建省第一批非物质文化遗产名录。2007年6月，白礁慈济宫举行祝圣与朝圣活动，接待台湾、厦门、泉州、潮州、汕头及漳州一带香客朝圣团300多个。

1993—2007年，白礁慈济宫在每年农历三月十五日举办为期7天的保生大帝圣诞节，15年共接待海内外香团290—350个，信众10万—13万人（次）；岳岭凤山岳庙在每年农历三月廿四日举行送、迎岳帝大炉仪式，周边的海澄、榜山镇5个村社民众参与；海澄城隍庙在每年农历十月初一至初十日举行庙会祝诞活动，初一城隍神像出宫巡游。

图28-1　海澄城隍庙（市方志委提供）

1993—2007年龙海市道教活动场所登记情况表

表28-1-1

<table>
<tr><th>场所</th><th>地 址</th><th>始建时间</th><th>登记时间</th></tr>
<tr><td>白礁慈济宫</td><td>角美镇白礁村</td><td>南宋绍兴二十年</td><td rowspan="3">1996.09</td></tr>
<tr><td>岳岭凤山岳庙</td><td>榜山镇与海澄镇交界岳岭</td><td>明万历</td></tr>
<tr><td>祖山红滚庙</td><td>海澄镇山后村</td><td>明万历九年</td></tr>
<tr><td>鳌头宫</td><td>紫泥镇西良村</td><td>宋朝末年</td><td rowspan="5">1998.11</td></tr>
<tr><td>岐阳宫</td><td>港尾镇卓岐村</td><td>明洪武年间</td></tr>
<tr><td>鸿岸宫</td><td>海澄镇山后村港岸社</td><td>明永乐年间</td></tr>
<tr><td>镇海城隍庙</td><td>隆教畲族乡镇海村</td><td>明正统十三年</td></tr>
<tr><td>海澄城隍庙</td><td>海澄镇内楼村</td><td>明隆庆五年</td></tr>
<tr><td>大码头关帝庙</td><td>石码镇红树林小区</td><td>明嘉靖年间</td><td>1999.12</td></tr>
<tr><td>岱仙岩</td><td>九湖镇田中央村</td><td>唐</td><td rowspan="3">2001.05</td></tr>
<tr><td>琵琶岩</td><td>九湖镇蔡坂村</td><td>唐、宋</td></tr>
<tr><td>后溪清惠宫</td><td>苍坂农场后溪</td><td>明嘉靖十八年</td></tr>
<tr><td>金兴宫</td><td>紫泥镇金定村</td><td>清乾隆年间</td><td>2004.10</td></tr>
<tr><td>东岳庙</td><td>白水镇方田村</td><td>唐</td><td rowspan="3">2004.12</td></tr>
<tr><td>玉皇殿</td><td>白水镇磁美村</td><td>元至正十九年</td></tr>
<tr><td>玉枕宫</td><td>海澄镇玉枕村</td><td>明嘉靖年间</td></tr>
</table>

1993—2007年龙海市宫庙试点管理登记情况表

表28-1-2

<table>
<tr><th>场所</th><th>地 址</th><th>始建时间</th><th>登记时间</th></tr>
<tr><td>锦宅五恩宫</td><td>角美镇锦宅村</td><td>明万历三十一年</td><td>1994.11</td></tr>
<tr><td>浦边慈济宫</td><td>榜山镇普边村</td><td>明永乐四年重建</td><td rowspan="2">1994.12</td></tr>
<tr><td>梅市天后宫</td><td>港尾镇梅市村</td><td>明万历年间</td></tr>
<tr><td>浯屿天妃宫</td><td>港尾镇浯屿村</td><td>明正德九年</td><td>1995.02</td></tr>
<tr><td>东美高真殿</td><td>角美镇东美村</td><td>明万历年间</td><td>1995.08</td></tr>
<tr><td>西昆慈济宫</td><td>角美镇石美村</td><td>明成化十三年</td><td rowspan="3">1995.12</td></tr>
<tr><td>岱洲慈济宫</td><td>角美镇石厝村</td><td>宋末</td></tr>
<tr><td>篁津宫</td><td>石码镇打索街</td><td>清</td></tr>
<tr><td>安怀宫</td><td>白水镇白水村</td><td>清</td><td rowspan="2">1998.11</td></tr>
<tr><td>登第德麟宫</td><td>石码镇登第村</td><td>清嘉庆年间</td></tr>
<tr><td>祖宫天后宫</td><td>石码镇解东路</td><td>清</td><td rowspan="3">1999.12</td></tr>
<tr><td>城外保安宫</td><td>港尾镇城外村</td><td>清顺治年间</td></tr>
<tr><td>青浦锦园宫</td><td>港尾镇沙坛村</td><td>清同治年间</td></tr>
</table>

续表 28-1-2

场所	地　址	始建时间	登记时间
金鳌西峰宫	白水镇金鳌村	宋末元初	2001.04
五社威武庙	海澄镇豆巷村	明万历四十年	
考后高港宫	港尾镇考后村	明天启年间	
洪岱灵应宫	角美镇洪岱村	清乾隆年间	
华瑶天池宫	海澄镇内楼村	清嘉庆年间	
霞苑清惠宫	海澄镇黎明村	南宋绍兴五年	
九龙岭土地公庙	九湖镇木棉村	唐	2002.04
鹭田霞井庙	东园镇东园村	宋	2003.12
林下圆通堂	九湖镇林下村	宋末元初	
碧南石龙宫	白水镇西凤村	元至正二十四年	
泗洲庵	颜厝镇下半林村	南宋绍定年间	2004.12
木棉蓬莱寺	九湖镇木棉村	宋末	2005.12
平宁首兴宫	榜山镇平宁村	清道光二十四年	2006.06
戴厝马关帝庙	石码镇解东龙海桥	明末	2006.11
下庄玉麟宫	白水镇崎岎村	明万历年间	2007.08
都边佛祖庵	榜山镇田边村	清	2007.12
璧潆宫	白水镇白水村	清乾隆十一年	

第二节　佛教

一、寺院

1993 年，全市佛教寺院 54 座。是年 10 月，全市佛教寺院登记开放 7 处；受戒僧尼 19 人，其中比丘 5 人、比丘尼 14 人；僧尼来自本地及周边县市。之后，除瑞竹岩、龙池岩等少数寺院由僧尼管理外，其余由在家信徒组成管委会管理，延请僧尼常住。1994—2004 年，共登记 22 处。

至 2007 年，全市佛教寺院多数有修缮、重建或扩建；已登记的佛教寺院 29 处，共有僧尼 58 人。

二、主要活动

1999 年，瑞竹岩寺开始于每年农历十一月初八日举办为期 7 天“水陆普利法会”，每次活动均有上百名法师参加，参与信众数千人。2001 年 6 月，瑞竹岩寺成立龙海市佛教协会，组织学习培训，制定寺院管理制度，协助管理部门做好登记、年检、安全防范等工作。2002 年，瑞竹岩寺被确定为漳州市“四五”（指 1986 年至 2005 年进行的第四个五年普法规划）普法示范点。是年，成立佛教慈善功德会。2004 年，安福寺住持、厦门南普陀寺长老瑞苗法师圆寂，安福寺举办追思法会，中国佛教协会副会长释圣辉、福建省佛教协会副会长释普法莅临法会，各地佛教信徒数千人参加追思法会。2006 年 12 月，瑞竹岩寺筹资兴建占地 6.67 公顷、预算总投资 8000 万元的瑞竹岩大家庭养心苑（养老院）举行奠基仪式。

1993—2007 年，各寺院除在每月农历初一、十五、佛诞日正常佛事活动外，还不定期地举办各种消灾、祈福法会；紫云岩寺在每年农历九月十九日举行“拜千佛”活动。

15 年间，共有 15 名僧尼分别到闽南佛学院等地学习佛法；先后有 5 名僧尼分别担任全国、省、漳州市、龙海市政协委员。

1993—2007 年龙海市佛教活动场所登记情况表

表 28-1-3

场所	地　址	始建时间	登记时间
龙池岩寺	角美镇白礁村	南北朝永初年间	1993.10
瑞竹岩寺	榜山镇梧浦村	唐	
龙应寺	东园镇过田村	五代后唐	
紫云岩寺	石码镇高坑村	宋	
高美亭寺	榜山镇普边村	宋	
观海寺	海澄镇黎明村	明	
古林寺	石码镇高坑村林坑社	清康熙年间	
林前岩寺	九湖镇林前村	宋	1994.07
五福禅寺	石码镇仙庵路 34 号	明成化七年	
院后虎硿岩寺	九湖镇院后村	唐	1996.09
白云岩寺	颜厝镇洪坂村	唐	
云盖岩寺	浮宫镇霞威村	宋	
清安岩	双第农场新碑	唐	1998.11
莲堂寺	海澄镇黎明村山美社	宋绍兴五年	
金仙岩	白水镇大帽山	元至正十九年	
岱岭慈云寺	港尾镇上午村岱岭	明	
宛南亭	石码镇打石街中段	明弘治五年	
复兴寺	港尾镇古城村	清乾隆年间	
安福寺	白水镇井园村	元至正十八年	1999.12
南太武福兴寺	隆教乡南太武	唐	2001.05
龙云寺	白水镇郊边村	元至正年间	
鱼嘴岩寺	颜厝镇洪塘村	明	
普照禅寺	港尾镇卓岐村	公元 2000 年	2002.04
乌礁三宝寺	紫泥镇溪墘村	南宋	2004.07
日照岩寺	九湖镇内寮农场	唐	2004.12
禅德寺	海澄镇山后村屿兜社	宋	
大愿寺	榜山镇榜山村	明永乐年间	
佛心寺	东泗乡董浦村下吴社	明万历年间	
龙兴寺	港尾镇沙坛村	清乾隆年间	

第三节　基督教

一、教堂

1993 年，全市登记基督教堂 13 处；受洗礼教徒约 2500 人，牧师 1 人，传道人员 7 人。1994 年登记 2 处；1996 年登记 1 处；1998 年登记 4 处；1999 年登记 2 处，其中临时登记 1 处；2002 年临时登记 1 处；2004 年登记 2 处，其中临时登记 1 处。

2004 年 10 月，石码解西基督教礼拜堂重建，投资 170 万元，建筑面积 1190 平方米。新教堂为哥特式建筑风格。2007 年，石码解西基督教礼拜堂投资 30 万元，建牧师楼 260 平方米。

截至 2007 年，全市登记基督教堂 25 处，其中临时登记 3 处；受洗礼教徒约 5000 人，牧师 4 人，传道人员 9 人。

图 28-2　石码解西基督教堂（朱仕琪摄）

二、主要活动

2000 年 7 月，龙海市基督教“三自”爱国会举行换届；9 月，开展纪念中国基督教“三自”爱国运动 50 周年活动，举办大规模音乐晚会，进行爱国主义和社会主义教育。2006 年 12 月，龙海市基督教“三自”爱国会举行换届。

1993—2007 年，全市各基督教堂、除了每周正常礼拜活动外，每逢圣诞节、复活节及其他重大节日均组织唱诗会，诵经布道。

15 年间，有 5 批 20 人参加漳州市基督教义工培训班，11 人参加省神学院等的学习培训；先后有 4 名基督教界人士担任龙海市历届政协委员。

1993—2007 年龙海市基督教活动场所登记情况表

表 28-1-4

<table>
<tr><th>场所</th><th>地　址</th><th>始建时间</th><th>登记时间</th></tr>
<tr><td>程溪基督教堂</td><td>程溪镇下叶村</td><td>1886</td><td rowspan="12">1993. 10</td></tr>
<tr><td>蔡坑基督教堂</td><td>九湖镇蔡坑村</td><td>1887</td></tr>
<tr><td>解西基督教礼拜堂</td><td>石码镇解放西路 77 号</td><td>1892</td></tr>
<tr><td>角美基督教礼拜堂</td><td>角美镇眠床街 19 号</td><td>1896</td></tr>
<tr><td>九冬基督教堂</td><td>角美镇吴宅村九冬社（1869 年创办于东美、后移九冬）</td><td>1898</td></tr>
<tr><td>白水基督教堂</td><td>白水村许厝尾</td><td>1899</td></tr>
<tr><td>北洲基督教堂</td><td>紫泥镇锦田村北洲社</td><td>1906</td></tr>
<tr><td>新塘基督教礼拜堂</td><td>九湖镇新塘村</td><td>1908</td></tr>
<tr><td>海澄南路基督教堂</td><td>海澄镇九二一南路 184 号</td><td>1918</td></tr>
<tr><td>杨厝基督教堂</td><td>角美镇杨厝村</td><td>1924</td></tr>
<tr><td>石门基督教堂</td><td>角美镇福井村石门社</td><td>1935</td></tr>
<tr><td>白水后街基督教堂</td><td>白水镇后街 18 号</td><td>1947</td></tr>
</table>

续表 28-1-4

场所	地　址	始建时间	登记时间
解东基督教堂	石码镇解放东路 279 号	1950	1993. 10
新田厝基督教福音堂	石码镇新田厝 43 号	1915	1994. 07
卓港基督教福音堂	东泗乡卓港村	1925	
海澄溪头街基督教福音堂	海澄解放路 30—34 号	1922	1996. 09
白塘基督教堂	隆教畲族乡白塘村	1930	1998. 11
民主路基督教堂	海澄镇民主路 18 号	1932	
南炉基督教堂	东泗乡西岭村南炉社	1935	
白塘涵口基督教堂	隆教畲族乡白塘村	1936	
塔潭基督教堂	程溪镇塔潭村	1924	1999. 12
董浦基督教福音堂	东泗乡董浦村（临时登记）	1930	
鸿渐基督教聚会点	角美镇鸿渐村（临时登记）	1942	2002. 04
港尾基督教堂	港尾镇梅市村（临时登记）	1909	2004. 09
溪洲基督教堂	紫泥镇溪洲村	1936	2004. 11

第四节　天主教

一、教堂

1993 年，全市登记天主教堂 9 处；受洗礼教徒约 5300 人，神职人员 7 人，其中神甫 1 人、修女 6 人。2001 年登记 1 处；2004 年，登记 2 处，其中临时登记 1 处，是年 6 月，港尾天主堂筹资 250 多万元，在原址上建造占地 1230 平方米、总建筑面积 3200 平方米、主体高度 21.9 米、双塔尖总高度 45.8 米的哥特式建筑风格教堂。

图 28-3　梅市天主堂（市民宗局提供）

2007 年，全市登记天主教堂 12 处，其中临时登记 1 处；受洗礼教徒约 6000 人，神甫 4 人，修女 6 人（神职人员均为神学院毕业）。

二、主要活动

1999 年 12 月，龙海市天主教爱国会举行换届，组织学习培训，宣传政策法规，协助管理部门开展抵御渗透、维护稳定工作。2000 年 10 月，天主教代表人士举行抗议梵蒂冈“封圣”活动。2004 年，龙海市天主教爱国会举行换届。

1993—2007 年，岭东天主堂在每年“五一”期间举行为期 9 天的“大圣若瑟”瞻礼，参与活动有厦门、泉州、汕头等地信徒万人以上。

15 年间，有 3 人被选送参加省市社会主义学院学习，有 1 名天主教界人士担任漳州市人大代表，2 名担任龙海市历届政协委员。

1993—2007 年龙海市天主教活动场所登记情况表

表 28-1-5

场所	地　址	始建时间	登记时间
林下天主堂	九湖镇林下村	1845	1993.10
港尾天主堂	港尾镇梅市村	1853	
古城天主堂	港尾镇古城村	1873	
岭东天主堂	榜山镇梧浦村岭东社	1885	
庄林天主堂	白水镇庄林村	1890	
港口天主堂	颜厝镇上洋村港口社	1902	
石码天主堂	石码镇锦江道 16 号	1908	
下洲天主堂	浮宫镇霞兴村下洲社	1923	
大霞天主堂	白水镇大霞村	1941	
凤山天主堂	东园镇凤山村炉内社	1930	2001.05
岩前天主教聚会点	程溪镇洋奎村岩前（临时登记）	1906	2004.06
古县天主堂	颜厝镇后垅村	1905	2004.12

第二章　宗教管理与服务

第一节　事务管理

一、管理机构

1993 年，龙海市宗教事务局编制 3 名，实有 3 人。1997 年 4 月，市宗教事务局撤销，管理职能归并市委统战部。2002 年 7 月，成立龙海市民族与宗教事务局，管理民族事务和宗教事务工作；编制 4 名，实有 4 人。2007 年，在编 4 人。

二、登记管理

1993 年 5 月，依照《福建省宗教活动场所登记管理规定》，对全市寺庙教堂进行全面调查；10 月，对符合条件的活动场所予以登记，同时对登记发证的宗教活动场所进行年检。至 2002 年底，全市登记和临时登记的宗教活动场所 70 处（包括 1996 年划归龙文区的佛教寺庙 1 处、基督教堂 1 处、天主教堂 1 处），由市政府发证。

2003 年，市民族与宗教事务局为全市登记和临时登记的宗教活动场所发证机关。2004 年 3 月，制定《龙海市关于建立遏制乱滥建寺观教堂、露天宗教造像和活动场所长效管理机制的意见》，并召开大会贯彻实施，对全市 11 处乱、滥建场所依法予以“拆、改、补”治理；11 月，副省长王美香率检查组到龙海检查，对龙海治理乱、滥建工作给予肯定。是年，先后发出《关于加强安全工作的通知》《关于加强宗教领域安全工作的意见》等文件，提高宗教团体以及宗教活动场所安全防范意识。2005年，根据国务院颁布的《宗教事务条例》的规定，取消年检。

2005—2007年，每年不定期对宗教活动场所进行抽查，先后向6处属危房的宗教活动场所发出停止在原场所进行活动的通知；对经同意举办的较大规模的宗教活动，到现场检查指导，保证活动安全有序。

2007年，全市登记管理的宗教活动场所共有82处，其中道教16处、佛教29处、基督教25处（包括临时登记3处）、天主教12处（包括临时登记1处）；宫庙试点管理30处。

三、引导教育

1993年，贯彻中共中央、国务院《关于进一步做好宗教工作若干问题的通知》精神，组织全市宗教界人士学习宗教政策法规，提高自身素质。

1994年，印制《宗教活动场所管理条例》1000份，发放到全市各寺观教堂。1995年，破获台湾非法传入邪教“观音法门”在石码发展教徒一案，受公安部表彰。1996年，制止台湾天主教神甫欲非法上台讲道事件。1997年4月，制止台湾神汉上台参与主持寺庙庆典活动，开展反渗透教育。

2000年，在中共龙海市委党校开设宗教法规课程，提高党员干部懂法执法及宗教教职人员、信教群众懂法守法意识。2001年，在全市宗教领域开展“四五”普法活动。2002年4月，中共龙海市委、市政府召开全市宗教工作会议，下达乡镇《宗教工作目标管理责任书》，明确每年市委、市政府对落实《责任书》情况进行考评。是年，在市委党校举办科级、股级等干部培训班中开设宗教法规课程；海澄祖山红滚庙、石码天主教堂被确定为漳州市第二批普法示范点。

2003年6月，漳州市宗教系统“四五”普法示范点第二次经验交流会在海澄祖山红滚庙召开。2005年，以宣传《宗教事务条例》为重点，开展“普法年”活动，在全市108处主要宗教、民间信仰活动场所安放宣传板；印制分发《宗教事务条例》500册，举办培训班28期，组织150多人参加法律知识测试。2006年，市宗教局有3名干部取得行政执法资格。

2007年，举办千人宗教法律法规知识竞赛，共有普法对象1000多人参加；组织基督教人士开展神学思想建设讨论，天主教神职人员、信徒开展民主管理理论等系列活动。

第二节　宗教服务

一、维护权益

1993年，全市累计清理归还在“文化大革命”期间被占用或改为他用的教堂、寺庙42处。

1999—2000年，先后归还东园镇凤山村天主堂、白水镇区天主堂、海澄镇区天主堂、五福禅寺主殿、九湖镇新塘村基督教堂5处宗教房产。2002年，妥善解决石码天主堂修建过程中发生的纠纷。2003年，石码天主堂与石码竹器厂达成分期归还房产及用地的协议，解决教堂房产纠纷难题。2004—2005年，由市财政拨出8万元资助石码粮食复制品厂，限期搬迁占用土地用房，收回800平方米土地及地上建筑物，并办理土地使用证，解决石码五福禅寺房产遗留问题。至此，全市宗教界房产遗留问题全部落实解决。

二、支持慈善事业

1993年，龙海组织宗教界人士开展“扶贫济困”献爱心活动，捐赠服务慈善公益事业。1997年，瑞竹岩寺向市希望工程捐款5万元，资助200名成绩较好的贫困学生就学。1998年，全市宗教界人士向受灾的闽北地区和长江流域地区捐款10万元，捐献衣物1.5万件、棉被200条；角美白礁宫为村文明建设和兴修水利捐款40万元，为村民安装变压器捐款15万元，为本村受灾村民捐款5万元；九湖岱仙岩支持村部建设50万元，修建水泥路96万元，改水工程12万元。

2000年，长江发生洪灾，全市宗教界人士捐款10多万元，捐献衣物1万多件。2001—2002年，龙海宗教界共捐款20多万元用于助学济困等活动。2003—2004年，全市宗教界共捐款70多万元用于慈善公益事业。2005年，市道教协会到隆教乡、东泗乡、海澄镇帮扶31名贫困小学生，每名资助400元。2005—2006年，全市宗教界共捐款360多万元用于慈善公益事业。2007年，全市宗教界共捐款280多万元用于慈善公益事业。

1993—2007年，全市宗教界共捐资2100多万元，用于扶贫、助学、敬老、建桥、造路等社会慈善公益事业。

第三章　旅游景观

第一节　自然景观

一、海滨风光

（一）牛头山古火山口

位于隆教乡白塘村的海滩，经历3次喷发，喷发年代距今2200万年，是地质和地震学家研究大陆边缘构造和闽南沿海地壳深部结构的一个“窗口”和游览胜地。以隆教古火山口为主要景观的漳州（龙海市与漳浦县交界地带）滨海火山遗迹，有罕见的无根喷气口群、气孔柱群，堪称“海底兵马俑”，是世界上少数完整的海底古火山口。2001年3月，古火山口被国家国土资源部批准为国家地质公园。牛头山古火山口的爆发口成一圆锥形，直径约数十米，中心位置有一凹槽，深约3米，槽口四周成斜坡状，散布着一堆堆突兀交错的黑色岩礁，潮退即现，潮涨即隐。

（二）隆教海滨沙滩

位于隆教乡，东起镇海旗尾山，西至白塘牛头山，为隆教湾、白塘湾、湖前湾相连组成的海滨沙滩。海岸线长达6公里余，呈月牙状。海底平坦，无礁石淤泥，沙质洁白晶莹，海水清澈碧蓝，出水沙岸宽百米，防风林带四季常青，坡度平缓、海浪柔和，湾内气候冬暖夏凉，四季宜人。

（三）九龙江口红树林湿地保护区

位于九龙江出海口，1994年11月，被列为国家第一批重点保护湿地。2006年12月，经省政府批准，保护区进行范围调整，并重新确定界限和功能区划分。保护区面积扩大至420.2公顷，由甘文片、大涂洲片和浮宫片3部分组成。红树林千姿百态，一年四季绿色葱茏，随着海潮的涨落或隐或现，形成壮美的景观。

图 28-4　紫泥红树林（李储全摄）

图 28-5　南太武山（市旅游局提供）

二、峰峦石景

（一）南太武山

位于隆教乡西北部、港尾镇东南部，与金门的北太武山为“姐妹山”，海拔 560 米。东北濒临大海，与厦门、金门鼎立相望。古时曾是军事要地；山上有 24 景和历代摩崖石刻。1982 年 6 月被列为龙海县级文物保护单位。1993 年，设立龙海南太武旅游实业有限公司，进行旅游景点建设，并开辟滨海旅游区。1999 年，南太武滨海旅游区部分项目建成投入使用。

（二）大帽山

位于白水镇，海拔 794 米，系闽南四大名山之一，有 8 岩 12 景。1995 年，台商独资兴建，租赁荒地 312 公顷，开通公路 15 公里，重建寺庙，复兴古迹，新建景点，种植名果，形成较为规模的生态旅游景区。2000 年 11 月，龙海市政府批准设立大帽山休闲农场旅游风景区。

（三）白云岩

位于颜厝镇洪坂村丹庄自然村的白云山山腰。登岩远眺，九龙江奔流向东，绿野平畴，溪山如画。隔九龙江与云洞岩遥遥相对，被称为“姐妹山”。岩上白云萦绕，景观迷人；有 2 座古寺、8 处景点、历代石刻及无尾螺和红壳虾神奇小动物。

（四）“鸡母窠”山

位于九湖镇，山上巨石峰立，其形酷似一只母鸡在孵蛋，1989 年改称凤凰山，旁建观荔亭。每年 7—8 月，漫山遍野尽是荔海绿浪，鲜红荔果点缀其间，呈现出亚热带果园特有的风光。2007 年，凤凰山有荔枝 30 万株，100 余种品类，面积约 1000 公顷，是亚洲最大的连片荔枝林。

第二节　人文景观

一、寺庙

（一）白礁慈济宫

位于角美镇白礁村，内祀奉宋代民间名医、保生大帝（俗称大道公）吴夲，是闽台保生大帝庙宇的祖宫。宋景祐年间始建，高宗绍兴二十年（1150 年）改建、二十一年（1151 年）扩建为二进庙宇；清嘉庆年间增建前殿，成为 3 进宫殿式建筑；1923 年及 1991 年修葺。宫庙占地约 5000 平方米，建筑面积 1900 平方米。整座殿宇依山递高，飞檐交错，雄伟壮观。在垂檐复宇、翼角翠飞之间，殿内的盘龙石柱、斗拱朱漆、彩绘描金，集宋、元、明、清的建筑、绘画、雕塑、书法等艺术于一炉，名人题词的历史故事、山水禽兽花木为题材的石刻、木雕、壁画、剪贴等艺术作品汇集其间。每年多达 10 万多人参拜，常有台湾游客组团到白礁谒祖进香。1996 年 11 月被列为国家级文物保护单位。

（二）石码关帝庙（又称武庙）

位于石码镇九二〇社区解放北路，明朝嘉靖年间始建，历史上曾历经 5 次重建。1992 年 10 月被列为龙海县级文物保护单位。2007 年完成第 6 次重建，总体保存清代建筑风格。占地 353 平方米，主庙建筑面积 273 平方米，坐西南朝东北，大殿面阔 3 间进深 2 间，中有天井，重檐歇山顶，左右两侧钟鼓楼；后殿两层楼阁，面阔 3 间进深 1 间，单檐歇山顶。

（三）海澄文庙

位于海澄镇龙海二中内，明隆庆元年 (1567 年) 始建，历代均有修葺。现存文庙范围 2500 平方米，建筑面积 1500 多平方米，坐东北朝西南。有泮池、大成门、两庑、月台、大成殿、崇圣祠；东南还有名宦祠，西北有乡贤祠。大成门面阔 5 间进深 2 间。左右两庑各为 5 间。大成殿面阔 5 间进深 3 间，重檐歇山顶。殿前陛石为青石蟠龙浮雕，雕刻技艺高超。整座文庙石雕构件众多，均系始建原物。1987 年 3 月被列为龙海县级文物保护单位。1990 年再次修葺。

（四）海澄城隍庙

位于海澄镇内楼村，明隆庆五年（1571 年）始建，明崇祯后多次修葺，1994 年再次重修。占地 5900 平方米，主庙建筑面积 554 平方米，坐西北朝东南；有山门、天井、厅廊、献台、大殿、佛堂；大殿面阔 3 间进深 5 间；抬梁木构架，单檐歇山顶。1994 年 5 月被列龙海市级文物保护单位。

（五）五恩宫

位于角美镇锦宅村，原名灵惠宫，明万历三十一年 (1603 年) 始建。300 多年前锦宅村先贤跟随郑成功收复台湾，后定居台南县佳里镇一带。入台之际，他们将灵慧宫内的五尊神像恭迎船上，落籍后在各聚居的 5 个村建庙供奉。1991 年 12 月，台湾乡亲捐资 1200 万元，在祖籍地重建宫庙。1994 年建成后定名为五恩宫。

（六）浯屿天后宫

位于港尾镇浯屿村，始建年代不详。明天启元年（1621 年）荷兰侵略者占领浯屿，天妃宫遭损坏。清康熙二十五年（1686 年）重建，道光五年（1825 年）之后又多次维修，1985 年 11 月再次修建完成。主体建筑为 3 进架构式石木结构，梁架为招梁式，木结构，柱为木柱石柱础，斗拱均雕刻图案。前后有 4 殿，3 个天井，面阔 3 间进深 3 间，宫深 38.9 米、宽 9.2 米，建筑面积 376.28 平方米。宫外两侧有井 2 口，是郑成功于 1661 年驻岛所凿的龙虎井。1987 年 3 月，被列为龙海县级文物保护单位。

（七）木棉庵

位于九龙岭下木棉村，距漳州市区约 12 公里。是南宋末年郑虎臣诛奸臣贾似道之处。明平倭寇名将俞大猷在此立下“宋郑虎臣诛贾似道于此”石碑。1936 年，在庵右前方建 8 柱长方形木棉亭，石柱联大书“明春秋大义，为天下除奸”。1996 年 9 月，被列为福建省级文物保护单位。

（八）石狮岩寺

位于九湖镇院后村后寨山，距漳州市区 4 公里。山上有圆明、石门、龙泉、妙峰、玉泉庵和 18 处景点；在人文、历史、考古、佛学、建筑等方面具有观赏、研究、开发价值。2001 年 8 月，被列龙海市级文物保护单位。

（九）林前岩寺

位于九湖镇林前村林前岩半山腰，又名乌石岩。五代时期始建，历代修复、重建，总体为清代建筑风格。1930 年重建主殿佛祖殿，占地 500 平方米，建筑面积 250 平方米，单进式，面阔 3 间进深 2 间。寺前的墙壁有 1 幅长龙浮雕。2004 年 11 月，被列为龙海市级文物保护单位。

（十）圆山岱仙岩

位于漳州南郊西部、九龙江西溪南岸的九湖镇田中央村。东南面的岱仙岩康仙祠，唐代始建，宋代有两次修葺，清乾隆三十七年（1772 年）复修。祠坐南朝北，两殿，中有天井。前殿面阔 3 间进深 3 间。后殿面阔 3 间进深 3 间，悬山顶。是漳州最早道教正一道的发源地之一。1992 年 10 月，被列为龙海县级文物保护单位。

（十一）瑞竹岩寺

位于榜山镇梧浦村的瑞竹岩，距漳州市区 13 公里，为五代高僧楚熙所辟。岩上原有寺庙大部分坍塌，

图 28-6　瑞竹岩（市旅游局提供）

图 28-7　炮台遗迹（林建祥摄）

图 28-8　江东桥（康荣辉摄）

1990 年按原址重建，经多次扩建，殿堂斋舍亭台建筑面积 4000 多平方米，规模宏大，闻名海内外。

（十二）普照禅寺

位于港尾镇卓岐村的瑞成休闲农庄内，在原福德寺（又名关刀寺）原址兴建，背靠南太武山，面朝台湾海峡，1995 年兴建，占地 10.67 公顷，耗资上亿元。普照禅寺与瑞成休闲农庄二合为一，融朝圣、观光、休闲、户外活动于一体，充满异国风情。其中外建筑文化与佛教文化神奇的融合，形成颇具特色的世界化佛教建筑景观。

（十三）云盖寺

位于浮宫镇田头村。宋朝始建，1995 年重建庙宇。同时创办云盖山佛光文化事业，建有佛光文化城、法华院等。2000 年 11 月，龙海市政府批准设立云盖山旅游风景区。

（十四）紫云岩寺

位于石码镇高坑村紫云山上，明永乐年间（1403—1424 年）始建。现总体保存为清代建筑风格，占地面积 2000 平方米。明吕滨溪曾隐居岩内读书，后中解元，于是出资重修塑三宝佛金身并题额“紫云岩”。寺面阔 5 间进深 3 间，硬山顶。寺内尚存清康熙、同治、光绪及民国时期碑记和历代摩崖题刻多处。1992 年 10 月，被列为龙海县级文物保护单位。2000 年翻修扩建。

二、古城

（一）镇海卫城

位于太武山之南的隆教乡镇海村，距市区 51 公里。明洪武二十年（1387 年）建。城墙全部石头砌就，依山临海，既为海城又是山城。卫城内外有祠、庙、亭、碑供游人观瞻。2005 年 5 月 26 日，被列为福建省级文物保护单位。

（二）石坑铳城

位于港尾镇石坑村西侧 500 米处临海的山冈上城，又名郑成功枪城。清顺治九年（1652 年）建。城垣依山而筑，由东南向西北倾斜，有居高临下之势。枪城均用三合土夹以海螺壳、瓦片、瓷片夯筑而成，十分坚实，虽经长年累月风雨剥蚀但保存完好。1982 年 7 月，被列为龙海县级文物保护单位。

三、古塔及古桥

（一）晏海楼

位于海澄镇东北角古月港的港口附近，又名八卦楼。明万历十年（1582 年）始建，原为军事瞭望塔。清康熙四十一年（1702 年）、乾隆三年（1738 年）两次修建。楼高 4 层，楼平面呈八角形，高 22.44 米，周长 85.8 米，砖木结构，坐东北朝西南，八角攒尖顶。正门题刻“晏海楼”，后门额刻“揽秀毓奇”。1987 年 3 月，被列为龙海县级文物保护单位。1994 年，按清代造型修建。

（二）江东桥

江东桥原名虎渡桥，又名通济桥。位于漳州市城东 16 公里处，距龙海市区 10 公里，跨越九龙江的北溪下游。宋绍熙年间（1190—1194年）始建浮桥，明嘉靖四十四年（1565年）建石梁桥，是中国十大古名桥之一。2001年6月，被列为国家级文物保护单位。江东桥水域形成以鲈鱼为特色的滨江旅游餐饮区。

四、民居

（一）林氏义庄

位于角美镇杨厝村过井社内，清道光元年（1821年）由台湾乡亲林平侯投建。整体结构系3座并排的具有闽南风格的两进大厝，前有鱼池，后有花园，后面建2层长楼1座，配合东西对向护厝，围拱全庄。2006年5月，被列为国家级文物保护单位。

（二）天一民信总局

位于角美镇流传村，全称"郭有品天一汇兑银信局"，清光绪六年（1880年）由旅居菲律宾华侨郭有品创办。天一总局的"苑南楼"始建于清宣统三年（1911年），后经购地扩建，1921年又建成北楼和"陶园"（花园），以北楼作为"天一总局"的办公业务经营大楼。总建筑面积4495平方米，是典型的中西合璧式建筑。2006年5月，被列为国家级文物保护单位。

（三）杨氏大夫第

位于石码镇解西居委会霞庵路，清光绪三十年（1904年）始建，坐北朝南，占地约1600平方米，建筑面积666平方米。大夫第计6厅14房，3进式，左右厢房，屋后花园，有大小鱼池两处，池边有假山拱桥猴洞，还有各式各样的石桌石椅；大厝前是大石埕和围墙。整座建筑整齐有序，壁画优美，木雕、石雕形态逼真，是闽南建筑史上一奇葩。2007年，申报为省级文物保护单位。

图28-9　林氏义庄（市旅游局提供）

（四）北溪头黄氏古民居

位于榜山镇北溪头村北溪头社，明弘治、正德年间始建，距今约500年历史。占地1556平方米，建筑面积1156平方米，房屋共99间，砖木结构，单檐歇山顶。主体建筑坐南向北，面阔5间进深3间，3进式2天井大宅，主体建筑大宅左右两侧和背面配建凹字形护厝建筑，大宅院正面建置围墙和过道廊厅，大院内四周建置4米宽环绕通道，整座宅院的平面建置成为回字形方形建筑群体。建筑布局合理，规模宏大，设置完善，保存较为完整，显示明代闽南民间建筑风格。2004年11月8日，被列为龙海市级文物保护单位。

图28-10　天一总局（市旅游局提供）

（五）郑氏建筑群

位于浮宫镇美山村青美社，清光绪十七年（1891年）始建，历经30年建造而成。占地约1.87万平方米，房屋共118间，大院主体建筑坐南朝北，砖木结构，硬山顶，2进式，中设天井，3座并排的大厝，左右两侧和背面建筑长廊式厢房。整座大院内的建筑石雕、木雕精雕细作。2004年11月，被列为龙海市级文物保护单位。

图28-11　杨氏大夫第（市旅游局提供）

（六）埭美古民居

位于东园镇埭尾村，距沈海高速公路东园出口处2公里。全村四面绕水，古榕遍村，30多米宽的水道蜿蜒绕村而过。明代始建，历经多次增修扩建。整个村落由

图 28-12　埭美古民居（林国勇摄）

19 排 276 座民居组成。其古厝群布局整齐划一，形成规模，是龙海现存最大、保存最完整的建于明代至清代中期的古民居建筑群，是“闽系红砖建筑”的典型代表。2007 年，申报为龙海市级文物保护单位及福建省级历史文化名村。

（十）人家万兴楼

位于程溪镇人家村，清嘉庆七年（1802 年）始建，土木结构，4 层圆形住宅楼，高 16 米，墙厚 1.2 米，占地 615 平方米。楼内依次为住房、走廊、天井，楼门处为梯间，对面设楼厅，每层隔扇形住房 8 间，房外设走廊环道，楼中天井直径 7.5 米，天井内筑六角形石结构水井 1 口，仍保存原貌。2001 年 8 月 30 日，被列为龙海市级文物保护单位。

五、生态景观

（一）龙佳生态温泉山庄

位于角美镇中部，是龙佳企业于 1998 年创办的旅游景区。山庄的龙佳温泉占地 2 万多平方米，以唐宫园林风格设计建成，内设 50 多个风情各异的露天温泉泡池。还设有奇石馆、书画馆、民俗展览馆等。山庄近临 324 线国道，各距厦门、漳州市区 25 公里，交通便捷。是联合国闽南合作网成员单位和全国农业旅游示范点。

（二）百花村、百花园

位于九湖镇的百花村原名塘北村，至今已有 500 多年的历史。1963 年朱德视察誉其为“百花村”，1980 年 10 月陆定一视察题写“百花村”门额。全村的花卉和盆景盆栽，除销往国内 18 个省市和港澳地区外，还远销东南亚国家及世界各地。2001—2007 年，每年元月 8 日，龙海市在这里举办“百花村花卉节”。

位于九湖镇的百花园，是“海峡两岸（漳州）花卉博览会”的分会场，占地 4.13 公顷，1999 年建成使用。紧邻 324 国道南侧，地理位置优越，设计新颖，布局科学，有各类精品花卉的陈列馆。园内有文艺宣传、花卉展销、精品展览、参观交流等活动。至 2007 年，共举办 8 届花卉博览会。

（三）紫云公园

位于龙海市区西南面的紫云山上，1996 年投入建设，2002 年加大开发力度，至 2007 年，市政府各有关部门、单位及社会各界贤达先后捐投资金 2000 多万元，修建 12 公里长的环山道路和 5 公里多的游览步行山道，沿途有紫云岩寺、灿坤景区、大寨景区、科教景区、观海景区、红滚景区、岳岭景区和爱心广场、西游憩园、生肖园、竹林响水、生态科技园、望江亭、镜潭、五猪下槽等 20 多个景点。占地总面积 3.97 平方公里，其中风景林保护面积 2.30 平方公里。是一处集自然景观，山林野趣、寺庙的人文景观，具有一定文化内涵，以休闲、健身、观景、娱乐、度假为主要功能的综合性公园。

（四）南太武高尔夫乡村俱乐部

位于港尾镇大径海滨，地处招商局漳州经济开发区中间，占地 123.6 公顷，1996 年建成启用。包括高尔夫球场、别墅区、度假中心、海上活动区、地形景观区等配套旅游设施。2007 年，建有国际标准 18 洞高尔夫球场、高尔夫练习场、沙滩木屋、西餐厅等设施。

第四章　旅游开发

第一节　景区开发

一、景区规划

1993年，龙海旅游部门签订开发海门岛娱乐城协议书和隆教湾旅游项目意向书；编印隆教湾、海门岛简介，制定开发的初步方案。

1994年，港尾石坑新世界度假村、卓岐山海娱乐园获得批准证书；高尔夫球场及配套设施用地120公顷报省政府批准。1995年，提出设立龙海市沿海旅游经济开发区的规划，把高尔夫球场、隆教湾、海门岛列为开发重点；聘请省城乡规划设计研究院制定出《隆教海滨旅游城总体规划》《隆教海滨旅游城隆教湾分区规划》《海门岛（宏雅）娱乐城总体规划》。1996年，筹建紫云公园园林风光旅游区；开辟角美镇侨台寻根谒祖旅游项目。1997年，规划开发九湖旅游农业大观园，把万亩荔枝海、千亩水仙花、百亩百花园和家庭花圃纳入范围。1998年，规划“南太武山——古火山口”一日游景点线路。

2000年4月，“4·9”漳州恳谈会期间，南太武高尔夫球乡村俱乐部与港尾镇签订合同，计划增资4250万元，变更土地使用权17.73公顷，用于开发别墅区。同年11月，市政府分别下发《关于同意设立云盖山旅游风景区的批复》和《关于同意设立大帽山休闲农场风景区的批复》，云盖山旅游风景区规划范围为185公顷，大帽山休闲农场风景区312公顷。1999—2000年，重点抓好隆教湾火山地质公园及云盖山旅游景区、大帽山休闲农场的规划。

2001年5月，邀请中国地质科学院中国地质学会旅游地学研究会的专家对牛头山“古火山口”再次进行考察，并与周边的南太武山等景区景点相结合，进行全面规划。2002年12月，与北京达沃斯景观规划设计院签订合同，对全市的旅游发展做总体规划。2003年8月，市政府制定《鼓励旅游业发展的若干规定》；聘请福建省泛闽风景艺术中心制定紫云公园整体规划。2004年5月，成立龙海市旅游产业发展工作领导小组，市长任组长。2005年，北京达沃斯景观规划设计院编制完成《龙海市旅游发展（2005—2020年）总体规划》，分为近期、中期、远期3大部分；是年4月评审通过。2006年，开发中国国民党荣誉主席连战祖籍地连氏宗祠景点与瑞竹岩、万松关、江东桥连片的特色旅游项目。

2007年，完成马崎连氏宗祠景点旅游线路规划；市政府拨款100万元，聘请清华大学古建筑研究学院，对白礁慈济祖宫建设配套进行全面的规划测绘，制定保护方案。

二、景区建设

1993年，龙海引进外资发展旅游业，实际到资473.7万美元。

1994年，引进外资发展旅游业，实际到资468万美元。1995年，台商投资开发金仙岩生态旅游区；外资投建瑞成休闲农庄，投建云盖山旅游风景区。1996年，集资修建紫云公园的景区和景点，修造环山道路和游览步行山道；隆教乡经联社与东园、港尾两村民合股190万元创办隆教旅游经济发展有限公司，兴建度假村。1997年，开辟九湖旅游农业大观园。1998年，龙佳企业投建龙佳生态温泉山庄。1999年，全市新办旅游企业5个；九湖镇重整百花村，新建“花博会”分会场。

2000年，投资400多万元，建成长1.5公里的白礁村保生路。2001年，南太武高尔夫乡村俱乐部50幢小木屋开工。2002年，南太武滨海旅游区、紫云公园休闲旅游区、角美侨台祖籍地旅游区、九湖农业大观园旅游区部分项目建成使用；龙佳山庄新征农田、山坡地26.67公顷，野生动物园正式对外开放。

2003年，市政府拨出15万元，白水镇配套10万元，修造大帽山休闲农场盘山公路。至2003年，紫云公园投资1200多万元（其中社会捐资600万元），新建环山公路6公里；有关乡镇和单位捐建山门、光明阁、双方亭、望江亭、听荷榭等景点，翻修扩建红滚庙、紫云岩寺和观海寺。

2004年，签约古火山口、江东桥、红树林、九九坑、双第农场5个旅游项目。2005年，签订天城（中国）旅游开发有限公司在九湖林前投资的风景区项目。2006年，签订厦门明升集团在白塘湾景区旅游综合开发项目。由福建首鑫旅游发展有限公司投资的"环球风情碧海湾"开发项目，项目整体规划开发面积347公顷，一期开发面积67—80公顷，利用隆教湾的自然、人文景观，进行旅游景点的建设和旅游地产的开发。是年，修建马崎村的村道，对连氏宗祠周围环境进行修缮建设。

2007年6月，签约台湾永发成有限公司独资投资的东泗鳄鱼谷温泉旅游项目。

三、景区保护

1993年，全市旅游景区都建立值班管理制度。云洞岩管理处在编5人，负责云洞岩景区名胜古迹的保护和管理，隶属龙海市城乡建设委员会。1994年，下发《龙海市人民政府关于建立隆教湾旅游经济开发区及统一审批用地的通知》。1996年，呈报《白礁慈济宫的环境保护问题亟须解决》，提出暂停开山采石、拆除违章建筑、加强管理机构建设、加强财务管理、搞好白礁村旅游业总体发展规划的建议。1998年，海澄镇继修复晏海楼、文庙之后，又筹资262万元，修缮城隍庙。1999年3月，市政府办公室就白礁慈济宫的管理与保护发文通知。是年2月、11月，国家旅游局局长何光暐和福建省委常委、常务副省长张家坤先后到隆教湾牛头山古火山口，对该景区的规划开发和保护利用进行考察调研。

2000年3月，市政府上报《关于牛头山古火山列为国家地质公园的请示》，申请建立国家级地质公园；5月，漳州市人民政府出台《关于设置漳州滨海火山地质地貌保护区的通告》，将牛头山古火山口列入漳州滨海火山地质地貌保护区，实行一级保护。9月，国家旅游局副局长孙钢到景区考察调研。

2001年3月，国土资源部公布漳州滨海火山地貌为国家地质公园。之后，上级国土资源部门拨款9万元，龙海市拨款25万元，隆教乡自筹150万元，用于古火山口进一步的开发和保护。2002—2004年，市林业局每年拨出15万元，协助龙佳休闲山庄做好园林绿化保护。

2006年9月，市政府办公室下发《关于成立马崎连氏宗祠景区管委会的通知》，加强榜山镇长洲村马崎自然村的建设和保护。是年，白礁慈济宫从上级政府拨款中斥资40多万元维修后殿，实施保护文化生态示范区。

2007年4月，在龙佳温泉山庄召开创建AAAA级景区申报动员大会，成立领导小组和工作机构。同时加强全市旅游景区景点内部的安全监控。

第二节　市场开发

一、宣传促销

1993年，邀请中央新闻纪录电影制片厂摄制《太武情思》《龙海潮》两部旅游风光影片；编印《龙海之旅》彩色画页，出版《福建乡土》龙海专辑；在纽约《侨报》及省内外报刊刊登12篇介绍龙海旅游的资料，《龙海乡讯》先后刊登旅游宣传资料15篇；配合漳州市旅游局在荔枝品尝会上宣传隆教湾、海门岛两个旅游开发区。同时，组织企业人员分赴重点客源地进行展播、推介、促销；组织参加每年的泉州国内旅游交易会、厦门中国国际投资贸易洽谈会和福建旅游博览会布展。

1997年5月，组织旅游项目参加在湄洲岛举办的全省首届旅游贸洽会。1998年，在第二届闽台城隍历史文化研讨会期间宣传龙海旅游资源并进行招商。1999年，组织境内外客商到九湖、隆教实地考察，推介旅游资源和投资环境。2000年3—4月，邀请长泰、龙文、芗城等县区的同行到龙海踩线，研究相互组团，商讨组织“一日游”的线路；6 月，邀请厦门市、三明地区旅游局及部分旅行社、旅游服务公司的负责人对角美龙佳农业观光度假村进行踩点，与两地市的部分旅行社签订互相接团协议。是年，协调邮电部门在“因特网”安排专板，免费给旅游部门上网促销；编印 1 万本《龙海旅游》彩色图片小册分发到各个景区，对游客进行宣传；选送部分旅游企业图片，参加“新疆旅交会”福建展台及在省内外各种大型旅游会议，进行宣传。

2001 年 12 月，由各景区出资、龙海市邮政局编制的《龙海旅游风光》明信片在社会上发行。2002—2003 年，与宣传部门联合，组织旅游摄影比赛和导游词征文比赛；配合上级旅游部门，组织省内电视台及多家外省卫星电视台来龙海拍摄旅游风景名胜电视专题片，制作龙海景区 VCD；在《中国财经报》刊登龙海旅游专版。2004 年 7 月，邀请厦门市各旅行社、旅游企业的经理和导游员到龙佳生态休闲山庄参加旅游联谊活动，推介龙海旅游资源特色和争取旅游市场占有率。2005 年，省旅游局、省电视台公共频道《体验福建》摄制组联合编导拍制 3 集 45 分钟的《体验龙海》节目，将龙海的旅游景观向外宣传展示；在紫云公园举办全市旅游景点的展销宣传等活动；国庆期间举办全市旅游景点照片展览，在锦江影剧院、紫云公园灿坤阁巡回展出。龙佳休闲山庄参加“首届海峡旅游博览会”展示。2006 年，拍摄《寻根揽胜在龙海》DVD 影碟，在与台湾旅游双向对接中发挥作用，并作为礼物赠送回乡谒祖的中国国民党荣誉主席连战。是年，汇集省内外各地名小吃，在红树林社区广场举办“首届龙海美食旅游节”。

2007 年，参加国家旅游局在江苏苏州举行的国内旅游交易会，并在会议之前参加由漳州市旅游局组织的大篷车到福州、温州、杭州、上海等地进行旅游推介。同年，配合中央电视台 4 套《快乐中国行》拍摄组宣传以百花村、花卉走廊为主题的龙海花果旅游资源；以漳州首届旅游节为契机，在“东山关帝文化旅游节”和“长泰漂流旅游节”活动中宣传推介龙海旅游资源；耗资 10 万元，在中国电信股份有限公司出版的《福建之旅——福建旅游消费黄页》上刊登大篇幅的龙海旅游资源宣传推介资料。

至 2007 年，发行《龙海旅游》小册 2 万本、明信片 5000 多张，拍摄 20 多个景区景点专题片并复制 1 万多个光盘。

二、旅游交通线路

（一）旅游交通

龙海交通便利，鹰厦铁路穿境而过，并设有 2 个停靠站。境内有厦漳、漳龙、漳诏高速公路和国道 324 线、319 线，省道 210 线、212 线、208 线，包括乡村公路通车总里程 1306 公里。角美至嵩屿的 6 车道公路通车，连接厦门国家级海沧台商投资区。内河通航轮船，海轮直达厦门、福州、上海、广州、澳门、香港。市区距厦门国际机场 50 公里。水运、公路、铁路、航空相互联结，形成立体交通网。华侨饭店、旅行社有旅游大巴接送游客直达厦门、福州、广州、深圳；闽南快运可直达福州、厦门、泉州市等地。

（二）市内旅游线路

开辟（石码接团）市内 1 日游线路。

线路一：游览瑞竹岩—连战祖籍地（马崎）—江东桥—午餐（品尝龙海名菜“江东鲈鱼”）—龙佳生态温泉山庄—白礁慈济宫（路上参观龙池开发区）。

线路二：游览招商局漳州开发区、厦大漳州校区—大帽山—午餐（品尝农家菜）—后石华阳电厂—隆教牛头山火山口—镇海卫。

线路三：游览紫泥红树林—连战祖籍地（马崎）—午餐（品尝龙海名菜“江东鲈鱼”）—百花村（花博会）—九湖荔枝海—木棉庵。

（三）市外线路

发展国内假日游业务，开辟（龙海接团）省内、省外旅游线路。其中，有 1—3 日短途专车线路；4—9 日双飞、双飞单卧、双卧长途线路；2—4 日专车、双飞红色路线。

（四）境外路线

1993 年，与漳州国际旅行社国内人员旅游部签订协议，开辟（龙海接团）香港 10 日游 A 线、泰港

12 日豪华游、新泰港 13 日游、新马泰港 17 日游路线。至 2007 年，开通的有厦门、漳州国际旅行社（龙海接团）至世界各地及港澳台地区旅游路线。

三、客源市场

（一）国内外游客

1993 年，全市旅游接待 29.3 万人次，其中国内游客 28.5 万人次、境外游客 8000 人次；游客主要来自于港澳台地区及日本、菲律宾、新加坡、泰国、印度尼西亚、英国、法国、美国、加拿大、澳大利亚等国。2000 年，旅游接待 38.72 万人次，其中国内游客 37.4 万人次、境外游客 1.32 万人次；游客主要来自于港澳台地区及日本、菲律宾、新加坡、泰国、印度尼西亚、马来西亚、韩国、蒙古、印度、英国、法国、德国、意大利、俄罗斯、瑞士、瑞典、西班牙、荷兰、美国、加拿大、澳大利亚、新西兰等国。

2007 年，全市旅游接待人数 281.7 万人次，其中国内游客 279.6 万人次、境外游客 2.1 万人次；游客主要来自于港澳台地区及 20 多个国家。

1993—2007 年，全市旅游接待总计 1547.73 万人次，其中国内游客 1527.5 万人次、境外游客 20.23 万人次。

（二）旅游收入

1993 年，全市旅游收入 1330 万元。之后，随着国内外旅游升温，全市旅游资源的合理开发利用，到龙海旅游观光的国内外游客持续增长。2000 年，全市旅游收入 6963 万元。2007 年，全市旅游收入 8762 万元。

1993—2007 年，全市旅游总收入 60154 万元。

1993—2007 年龙海市旅游接待人数及旅游收入情况表

表 28-4-1　　单位：万人次、万元

年份	接待境外人数	接待国内人数	旅游收入
1993	0.8	28.5	1330
1994	1.06	31	1835
1995	1.26	27	1236
1996	1.4	21	1300
1997	1.5	28	1600
1998	1.8	32	1718
1999	1.96	33	2013
2000	1.32	37.4	6963
2001	2.41	149	4472
2002	1.08	131	5430
2003	0.96	139	5167
2004	0.19	169	5537
2005	0.39	177	6091
2006	2	245	6700
2007	2.1	279.6	8762
合 计	20.23	1527.5	60154

第五章　旅游管理与服务

第一节　旅游管理

一、管理机构

1993 年，龙海市旅游管理局有编制 4 人，实有 2 人。1997 年，更名为龙海市旅游事业局，为科级事业单位；编制 4 人，实有 3 人。2007 年，市旅游局在编 4 人。

二、旅游行业管理

1993 年，市旅游局对全市旅游行业进行管理，对旅游单位的经营活动进行检查监督。

1999 年，贯彻落实《旅行社管理条例》及《实施细则》，强调旅游行业标准化建设，对市旅游局所属的市旅游服务公司进行整顿，对全市 3 家旅行社进行检查审核，规范经营服务行为，保护旅游者权益。

2000 年，印发《龙海市旅游专项资金管理办法的通知》。2004 年，引导重点景区加入厦门、漳州、龙岩 3 市的“建设无行政区划界限旅游区”“旅游市场开放与规范管理合作”活动。2005 年，对全市旅游行业的领导班子、管理队伍、行业品位及薄弱环节进行全方位的分析排查，研究整改措施，分解目标职责，明确奖惩责任。2006 年，制定《龙海市旅游突发公共事件应急预案》，要求各旅游企事业单位根据实际情况制订相应预案；在春节、五一、国庆黄金周期间，深入基层检查安全，排查隐患，做好整改、防范工作的指导；在第 1 号“珍珠”台风来袭之前，通知景区景点关闭，不准接待游客，以防发生意外，同时加强景区景点内部的安全监控。

2007 年，对全市重点旅游景区建设、旅游行业管理服务水平进行检查监督，提升旅游目的地品位和档次；4 月，在龙佳生态温泉山庄召开全市旅游系统安全生产工作会议，与各旅游企事业单位签订《安全生产责任状》。

三、旅游培训

1993 年，推荐选送优秀从业人员参加国家、省、市各级业务部门组织的旅游培训，选送专业人员参加全国旅行社总经理（部门经理）、导游资格证书考试。1994 年，市高级职业中学创办 1 班旅游服务中专班，招生 40 名。1995 年，旅游服务中专班再招生 45 名；并增加烹饪专业班 1 班，招生 45 名。

至 2007 年，全市共有旅行社总经理（部门经理）资格证书 80 人；有导游资格证书 50 人，其中国家级导游 15 人。龙佳生态温泉山庄景区配有导游（讲解）16 人、高级导游（讲解员）2 人。

第二节　旅游服务

一、宾馆、酒店

1993—1998 年，全市具有一定规模和接待能力的宾馆酒店 8 家，即龙海宾馆、锦江宾馆、龙良宾馆、成兴酒店、龙海中国旅行社、龙海华侨大厦、宏雅（龙海）酒店、华商酒店。至 2007 年，全市新增主要旅游酒店和山庄有 3 家，即龙佳生态温泉山庄、邦臣良友温泉酒店、龙海钻石大酒店。

图 28-13　钻石大酒店（市旅游局提供）

二、旅行社

1993—1997 年，全市有 3 家旅行社和 1 家旅行社连锁店，即龙海中国旅行社、角美旅游服务总公司、漳州金方舟旅行社和康辉旅行社龙海门店。2007 年，全市有 3 家旅行社和 1 家旅行社连锁店，即角美旅游服务总公司、漳州龙海中旅假日旅行社、漳州龙海四季旅行社有限公司和康辉旅行社龙海门店。

（一）龙海中国旅行社

1976 年，龙海中国旅行社成立，全民所有制事业单位，实行企业管理，主要组织国内旅游及餐厅、客房服务。1996 年因大楼拆建歇业。

（二）角美旅游服务总公司

1992 年，成立角美旅游食品发展公司。1993 年 6 月，更名为角美旅游服务总公司。公司是福建省唯一乡镇级国内旅行社，代办国内公民往国外境外旅游探亲业务，被授予“中国民用航空二类客运企业”，获准代理航空运输销售业务，票务部加入全国电脑联网，并获国家旅游局“涉外旅游汽车定点单位”。1996 年，被评为全省“优秀旅行社”。1998 年，被授予省级“创文明行业、建满意窗口”示范单位。2000 年 2 月，被省旅游局评为福建省“旅游系统先进单位”。

（三）康辉旅行社龙海门店

1996 年，康辉旅行社龙海门店设立，是漳州康辉旅行社连锁店，为旅游者代办出境、入境和签证手续，为旅游者安排食宿、提供旅游线路向导等服务。

（四）漳州金方舟旅行社

1997 年，漳州金方舟旅行社在龙海成立，属独资企业。主要从事组织国内旅游、代办国内公民出境旅游，代办代订票务，经营旅游纪念品、工艺美术品等业务。

（五）龙海中旅假日旅行社

2005 年，龙海中旅假日旅行社成立，为国家旅游局批准，经龙海市工商局登记注册，缴纳足额质量保证金，办理旅行社责任险，具有独立法人资格的国内旅行社。主要经营国内旅游、入境旅游等相关事务。

（六）漳州龙海四季旅行社有限公司

2006 年，漳州四季旅行社由漳州搬迁至龙海，全称改为漳州龙海四季旅行社有限责任公司。主要经营国内旅游、入境旅游等相关事务。

卷二十九

民俗 方言

MIN SU FANG YAN

1993—2007年，龙海境内仍然传承传统的民俗与闽南方言，随着时代的变迁，民俗与方言有略微的变化。

民间的生活习俗、礼仪习俗和岁时节俗大都体现人们对大自然的崇拜，以及敬天畏神的内涵，蕴含复杂的社会生活内容及浓烈的感情色彩，逐渐融入新的节日喜庆活动。龙海民间的礼仪习俗表现在生产、婚嫁、生育、寿辰、殡葬、祭祖、庆典、交往等方面。传统的农业社会在礼仪习俗上其细节还反映诸多禁忌，乃至陋习，对百姓的生活影响深远。其中，婚嫁、生育、殡葬是人生最看重的礼俗。

改革开放后，境内农村生活水平已经从温饱型转向小康型，人们注重在生产活动之余，开展传统的民间习俗活动。龙海民俗活动充满乡土气息、别具村野风情。至2007年，全市在不同岁时进行的各种民俗活动有30多项。龙海民俗活动是境内群众在长期生产与生活实践中形成的，是千百年来由闽越文化和中原文化相互融合衍生出的非物质文化。她形式多种多样，五彩纷呈，与民间岁时节庆习俗、民间祭祀密切相关。有反映生产劳动情景和场面的舞蹈、竞技等民俗活动，以龙舟竞渡、跑旱船、秧歌舞等最具代表性。旧县志有《竹枝词》道“端阳佳节可人天，溪北溪南竞斗船；金鼓声喧齐喝彩，锦标争夺看谁先？”这正是龙海九龙江两岸人民赛龙舟的写照。有反映人民群众传统文化生活的，如大鼓凉伞、舞狮、舞龙、斗花（水仙花雕刻）、斗风筝、扎彩棚等。还有反映人民群众曲艺说唱活动的，如锦歌弹唱、芗剧（歌仔戏）、布袋木偶戏表演等。龙海的民俗活动还因区域不同，会有所变异，如沿海地区的水族舞、丘陵地区的盾牌舞等。民间信仰的差异性也产生不同的民俗文化活动，特别是庙神崇拜，具有浓厚的地方宗族文化和宗教文化色彩。在传承旧风俗的同时，融入新的时代精神。改革开放后，政府大力宣传移风易俗，开展精神文明建设，发扬新风俗，特别是在建设和谐社会与社会主义新农村活动中，形成尊老爱幼、助人为乐、拾金不昧的好风气。

龙海方言是闽南次方言漳州话的主要组成部分，保留不少古汉语语音特点和词汇；随着经济文化交流，也增添一些普通话和网络语言。龙海话在中老年人中间传播比较稳定；青少年中间或多或少受普通话的影响，特别是幼儿推广普通话，有的甚至不讲龙海话。应该在推广普通话的同时，重视闽南方言的传承与保护，特别是在少年儿童中间推广闽南方言，教学方言童谣。

第一章 民 俗

第一节 生活习俗

一、饮食

（一）主食

境内居民日常三餐以大米为主食，一般是早餐、晚餐吃稀饭，午餐吃干饭。随着改革开放消费观念的改变，20 世纪 90 年代后，城镇许多居民以牛奶、豆浆、油条、面包和馒头作为早餐，或者到各色面店、豆浆店、早餐店吃早餐；城镇不少早餐店应运而生。

（二）菜肴

城乡居民仍以猪肉等肉类、鱼类为荤菜主菜肴。城镇居民以清淡、原味为主；农村居民因体力劳动的需要，菜肴仍以油多、味重为主，有部分农村居民也开始向以清淡、原味为主转化。传统的家常小菜如腌芥菜、腌莴苣等蔬菜腌制品及咸牛奶制品等，仍为城乡居民所喜爱。在城郊，出现了不少蔬菜腌制大户，四季向城镇市场供应腌制菜品。

（三）饮料

茶叶已成为龙海居民必需的消费品，随着生活水平的提高，不管是城镇还是农村居民对茶叶的色、香、味、韵越来越讲究；同时讲究以山泉水、井水或矿泉水来泡茶，使茶叶的内在韵味发挥到极致。许多有降火、补充体能、提神的功能性饮料，各种成品水果汁已成为居民餐饮或待客的饮料，当地有降火、清热解毒功效的传统散装饮料也十分盛行。

（四）小吃

春节吃年糕，二月初二日吃菜粿，三月初三日吃润饼（即春卷），五月初五日吃粽子、卤面，六月十五日吃米圆，八月十五日吃月饼、麻糍，冬至日吃冬节圆，立夏、立冬日用中草药炖肉、鸡等养身，这些习俗仍然盛行。而七月初七日吃糯米油饭、十二月十六日吃咸糯米饭的习俗已淡出居民生活。传统风味小吃白水贡糖、海澄双糕润、五香发展成工厂化生产，已成为馈赠亲友的佳品，豆酥饼、撵宝饼、东美香脯糕、石厝嘴口酥依然为居民品茶和馈赠亲友的佳物。在城镇，粽子、卤面、春卷、五香等名小吃有常年摆设的小摊或专门小吃店。进入 21 世纪后，德克士、新佳美经营的鸡翅、牛排、薯条、汉堡等洋小吃开始进入石码市区等城镇，深受居民特别是儿童青睐。

二、服饰

20 世纪 90 年代后，境内居民穿着追求美观和时尚。男性居民穿着以夹克、西装和衬衫为主；女性居民穿着冬大以套装、风衣为主，夏天以裙子、七分裤、无袖上衣、T 恤衬衫为主，款式极其丰富。成衣市场非常红火，成衣店星罗棋布、装修华丽，成为市区一道亮丽的风景线。手工缝纫店生意已大不如前，连农村也少有人前去订制衣服。牛仔服依然流行，布料质地更柔软，颜色更丰富，款式也更多，深受男女青年的喜爱，一些中年男女也热衷穿着。

三、居住

20 世纪末至 21 世纪初，城乡和农村居民建房开始向楼房化发展，以框架结构和砖混结构为主；在市区许多新建的楼房配有电梯、地下车库、绿地等设施，并形成居住小区，有专门的物业公司进行管理，过去那种沿街店面式住房逐渐消失；农村新建的房子基本上不再采用四壁、六壁的具有闽南建筑风格的传统样式，都是一家一幢的楼房化建筑，一些地方还专门辟出土地建设农民别墅。但是，一些具有传统民居仍然保留红瓦白墙的闽南建筑风格，如东园镇埭新村。

四、出行

20 世纪 80 年代，境内城乡居民大都拥有自行车、摩托车，自行车一般用于上下班或上下学之用，一些居民还购买高档的山地自行车用于远足或锻炼；摩托车在城乡一般用于上下班或短途出行之用，在农村更是用作生产工具，是少量物资运输的最佳交通工具。除了中巴车外，豪华大巴车也是居民出行的交通工具。2005 年后，城乡居民开始大量购买小汽车作为交通工具，全市居民已拥有 10000 多部私人小轿车。石码镇、浮宫镇和白水镇共有 20 多艘快艇每日往返于厦门。许多居民旅游出行还搭乘飞机。的士已非常普遍，主要是往返于漳州和厦门。由于不少城镇居民特别是中青年都持有汽车驾驶证，小汽车租赁生意在城镇已十分盛行。

第二节　礼仪习俗

一、婚姻

婚姻是男女终身大事，在民间被认为是人生“四大喜事”之头桩喜事。古礼依纳采、问名、纳吉、纳征、请期、亲迎、归宁礼仪为规范，包括提亲、送庚帖、相亲、定亲、“选日子”、迎亲、入门、拜堂、入洞房、拜公婆、入厨房、回娘家“做客”，整个仪式较为繁琐。婚嫁礼俗充满先民对婚姻的期待与祝福。百姓人家对婚嫁比较看重，富有女家非常铺张，常以“全厅面”陪嫁；小康之家也讲究场面；平民人家也要讲究过得去，甚至举债应付。故有“未富毋敢起大厝，未有毋敢娶新妇”之俗语。过去平民百姓多有抱养“童养媳”之风。随着时代的进步，一些不合时宜的习俗也日渐式微。农村青年的婚嫁大多还是仿古礼举行。

但是进入 21 世纪以后，境内农村及城镇，大部分青年是自由恋爱、自愿结为夫妻的，在确定恋爱关系后，就到民政部门办理结婚证书，并时兴拍摄婚纱照。但是家长仍然为他们走送庚帖、行聘等礼俗。在结婚日用鞠躬代替跪拜，用鲜花装饰汽车迎娶。新郎新娘不再重视繁文缛节，重视的是豪华和气派，是新房的高档装修、豪华家具与家用电器。石码市区的在婚礼的当天或第二天大都要到宾馆饭店举办宴席，宴请亲朋好友，宴前还要举行新式的结婚仪式。当今，婚礼也呈现多样化，有旅游结婚或集体婚礼。

二、生育

自古有“不孝有三，无后为大”之训，祈求子嗣被视为传统家庭头等大事。各式生命礼仪显示重男轻女的现象。生育过程中，有一些较为重要的习俗，如补胎、分娩、坐月子、做满月、做“四个月”、周岁。整个庆生礼俗极富含尊重生命的意涵和迎接生命的乐趣。产后的贺仪习俗更是体现生男育女对产妇一生命运影响。在传统的生育礼俗中衍生许多光怪陆离的禁忌。20 世纪 80 年代开始实行一个家庭生育一个小孩政策，民众更加珍惜生育活动，但是有些农村还是保留重男轻女的旧习俗。

三、丧葬

丧葬礼仪也是境内民间庄严隆重的礼仪之一。丧葬礼仪有诸多繁文缛节：临终（搬铺）、送终、报丧、哭丧、乞水沐浴、套衫、入殓、成服、转柩、祭奠、旋棺、绞棺、发引、下葬、做七、做旬、做功德。出殡之日，往往要请“鼓吹乐”，亲朋好友均要到场致哀送行。殡殓礼仪习俗中亲友互相协办丧事，其隆重场面体现家庭之哀荣。俗谚云："七十三、八十四，阎罗王不请自己去"，所以男性在这两年里多不举行寿庆。

四、寿诞

农村还是为老辈寿诞者敬上寿龟、寿桃，寿者吃长寿面。20 世纪 80 年代，城镇过生日的方式在变化，人们根据新历过生日，年龄也按周岁计算；摆在生日席上的是蛋糕和蜡烛，贺寿以唱外国的歌曲《生日歌》为时髦；有的子孙相约上酒楼设宴为长辈过生日。

第三节　岁时节俗

一、传统岁时节日习俗

龙海的岁时节俗包括节气，主要有清明、冬至等节气外，重要节日有春节、"天公"生日、上元节（元宵节）、上巳节（三月节）、端午节、乞巧节、中元节（七月半节）、普度、中秋节、重阳节等。老百姓仍然保持传统节日，特别是春节，充满喜庆欢乐的气氛，人们心情愉快，希望有个好"彩头"，蕴含求福、避灾的心理意向。春节更重视好彩头，春节俗称"新正"，是一年中最重要欢庆节日。这个阶段从农历十二月十六日做"尾牙"开始到年正月初五日结束。其民俗活动非常丰富多彩，做"尾牙"祭神灵，随后是"清尘"、祭灶、送神、贴春联、备办年货、围炉、分压岁钱、守岁等。除夕夜守岁，油灯心开花，视为好兆头。开"正"放鞭炮，人人互道恭喜发财，讨得一年好彩头。在元宵节夜，到处张灯结彩，有祈福、吃汤圆、吃蚵仔面线（俗称"蚵仔面线兜，好人来相交"）、舞龙弄狮、观赏花灯、踩街、斗茶碗、烧玄坛爷、攻炮城、乞龟、放水灯等喜庆活动。在端午节吃粽子、划龙舟、挂菖蒲、撒雄黄。在中秋节吃麻糍、糕粿，游园赏月、吃中秋饼、玩骰子博饼，谁博得"四红"，如状元头彩，俗称"状元插金花"，要放鞭炮庆贺，预兆来年好运气。民间习俗还有许多禁忌，怕冲了好彩头。春节打破碗块，要念"岁岁平安"，平时则念"瓷落地，子孙多"，化凶为吉，增添好彩头。

岁时节俗与衣食住行及劳动生产密切相关，各种习俗都寄托人们对人生的祈求和期望。在节日里敬鬼神祭祖先，希望降瑞福于人间，庇佑家庭，蕴含复杂的社会生活内容及浓烈的感情色彩。

二、现代节日习俗

现代节日有元旦、妇女节、植树节、劳动节、青年节、护士节、儿童节、中国共产党建党节、中国人民解放军建军节、教师节、中华人民共和国国庆节等，大都有强烈的爱国主义和国际主义教育意义，尤其元旦、劳动节、国庆节，社会各界尤为重视，政府还特地制定法定放假节日，群众在国家法定节日开展民间文化活动。改革开放以后，在青少年之间流行从国外引入的节日，如情人节、愚人节、母亲节、父亲节、感恩节、圣诞节。节日期间，人们会选购鲜花或其他礼物馈赠亲友，或以短信、电话问候。

图 29-1　喜迎春节（市文体局提供）

第四节　民俗活动

一、民间信仰活动

（一）慈济宫保生大帝信俗

境内凡立有保生大帝（俗称大道公）宫庙的村社，均举行祭祀纪念活动。农历三月十五日开始做“三月半节”，连续3天演对台戏，闽南各种民间戏曲、音乐、舞蹈均呈现于活动中，诸如芗剧（歌仔戏）、高甲戏、木偶戏、宫观道教音乐、威风鼓、大鼓吹阵、南音、八管队、道教神坛祭祀舞、龙阵、狮阵、同安宋江阵、拍胸舞、蜈蚣棚、车鼓弄、钱鼓舞、大鼓凉伞、摇钱树、抬四轿、戏灯、火把游行等。供奉保生大帝的祭品有用150多公斤糯米做成的大寿龟；同时有巫觋作铁条穿腮等巫术表演。是日，抬保生大帝神像出庙游乡，各式神轿、阵头和花车，随着大道公神轿巡视大街小巷，以驱邪纳福。沿途锣鼓喧天，舞龙舞狮，踩高跷，演戏，还有祭祀保生大帝的专用的颂歌。年轻力壮的信徒要抬着神轿赤脚踩过炭火堆。

保生大帝信俗于2005年10月31日被列为第一批福建省级非物质文化遗产名录。

（二）林前伽蓝药王巡社

这是流传于九湖镇林前村的民间祭祀活动。唐朝“开漳圣王”陈元光率中原五十八部将入闽平定“蛮獠之乱”后，为了安抚当地的畲民，便将汉族佛、道教中的“抬神像巡游”活动与畲民泼水合二为一，形成独特的汉族泼水节。每年农历正月十四日早上开始抬伽蓝药王神像巡社，供全村村民朝拜；正月十五日中午12点开始，由16人组成抬伽蓝药王神像过小溪来回3遍，全村村民都可以下去朝神像泼水，将神像送至对岸，循环往复。农历正月十五日，村庄里锣鼓喧天，男女老少纵情歌舞，仅大鼓凉伞每年就有10多支，村民集中到小河边，观看并参与活动。

图29-2　白礁慈济宫保生大帝祭祀活动（市文体局提供）

图29-3　九湖林前伽蓝药王巡社（林财民摄）

林前村伽蓝药王巡社于2007年4月10日被列为第一批漳州市非物质文化遗产名录。

（三）洋西山北“拾福分”

榜山镇洋西村的广平宣王庙，供奉西周宣王姬静。宋高宗年间，郑伯可因逃难入九龙江畔观音山北，拓地定居。此后人丁兴旺，渐成村落。村民沿袭祖地习俗，建庙供奉姬静为保护神。历经宋元明清时期，山北郑氏后裔迁徙漳泉，广东、贵州、浙江、江苏省，以及东南亚一些国家和港澳台地区。每年农历六月二十五日都要举行“拾福分”的民俗活动。“拾福分”是该村独特民俗活动，形式古朴典雅，参与人数众多，时间固定；以祭祀姬静为载体，以分猪肉、寿桃为核心内容的“拾福分”仪式。

该民俗活动于2007年7月13日被列入第二批漳州市非物质文化遗产名录。

（四）常春岩戏钹（演金）

常春岩位于东泗乡虎渡村。戏钹由常春岩创始人香花和尚在常春岩口传身教流传下来的。每年农历十二月初八日，所有常春岩佛门弟子聚集在一起，有的在佛祖前诵经，有的进行演金、杂技表演。诵经声、锣鼓声、鞭炮声、热闹非凡。

该民俗活动于2007年申报入选第三批漳州市非物质文

化遗产名录。

（五）角美锦宅村蜈蚣阵

起源于清乾隆年间，由锦宅人黄民光首创。黄民光科举中进士及第，在宫廷看到庆典活动时的表演蜈蚣阵很热闹、很喜庆，后来回乡将其表演形式教给乡亲。蜈蚣阵表演流传数百年，成为挂香请神的民俗活动。蜈蚣阵造型典雅，场面壮观。大型庙会、庆典、文体踩街活动，都视蜈蚣阵为主要内容。锦宅村 17 个自然村有 17 支蜈蚣阵，连接起来有 200 多米长，五彩缤纷，艳丽夺目，栩栩如生。改革开放以后，每到节日喜庆日，锦宅村就会举行蜈蚣阵活动。

（六）石码港口虎爷习俗

港口锦港庙供奉虎爷公有 300 多年的历史。在百姓心里，虎爷能够为民消灾，伸张正义。人们把他作为保护神，香火一直很旺盛。与其他民间信仰不同，虎爷神明安放在神桌下面，而且供品一定要用生的食品。信俗活动在农历正月十六日诞生日和四月十六日出巡日举办。20 世纪 80 年代以来，每年举办虎爷信俗活动，金门县高氏宗亲都有代表回来参加民俗活动，开展文化交流。

（七）梅市天后宫王醮巡安习俗

港尾镇梅市村的天后宫供奉明万历年间“代天巡狩”的进士江灏，至今有 400 多年历史。每四年举行一次，从农历八月请王开始至十二月王船出巡止为时 5 个月。其间，以各式花纸扎结大王、二王、三王、中军 4 尊神像和数十个吹鼓弹唱的小纸人，并在庙前布置王殿中军府的花屏，供信众祭拜。

（八）隆教乡红星村抢孤习俗

该习俗始于明代。由红星村大社自然村朱氏开基祖朱明武创建，至今流传 600 多年。每四年农历十一月举办一次活动。抢孤习俗是“建醮”活动中的一个重要项目。“建醮”活动从筹备到结束时间持续 5 个月，从农历七月到十一月；抢孤活动从起鼓至辞王爷有 4 天：第一天起搭孤棚、王爷棚、戏棚，全村善男信女连吃素斋戒 3 天，道士续做 3 天 3 夜的道场，芗剧、木偶戏连演 3 天；第三天夜幕降临时全村每家、每户都到祠堂前面两侧摆上八仙桌，每桌摆满祭品，近 300 桌占满整个埕院。午夜 12 点抢孤正式开始。“建醮”活动最高峰是王爷出港和竞攀抢孤；期间包括王爷游街、舞龙舞狮、文艺踩街活动，场面壮观，热闹非凡，轰动周边乡村，到场参观民众数以万计。红星村抢孤民俗与台湾宜兰县的头城抢孤有着密切关系。21 世纪以后，台湾宜兰民俗学者多次到红星村调研、探讨与交流，增进文化认同感。

图 29-4　角美锦宅蜈蚣阁（朱仕琪摄）

（九）园明庵踏火习俗

榜山镇崇福村园明庵每年农历正月十五日都会举办踏火节。这一传统民俗活动流传 400 多年历史。踏火节活动主要有宗亲祭神、设醮祭祷、迎神行像、踏火狂欢、绕境巡安。踏火节期间人神同过火，寓意邪魂不附，祈福消灾境安民；公演大戏宴请亲朋好友，增添节日气氛。其设坛祭祷之华丽，主持仪式之隆重，场面之壮观，是龙海市农村最具魅力的民俗活动之一。

图 29-5　首届海峡两岸抢孤民俗文化（林财民摄）

（十）送王船

送王船是龙海农村一种民俗活动，旨在祈求风调雨顺、四季平安。送王船送的是“代天巡狩”的王爷，代替玉皇巡游四方、赏善罚恶、保佑民间风调雨顺、国泰民安。一般是 3—4 年举行一次，通过掷筊在固定的农历月份确定某一天举行送王船仪式。送王船时，要特制一艘王船，或是用杉木制成，或是纸制，把王爷请上王船，载上柴、米、油、盐及各项生活用品等实物，在送行的那一天，用民间极其隆重的仪式，将王船敬送到靠近村里的海边或河边焚烧。此习俗以沿海、沿江的港尾、浮宫、白水、东园、海澄一带较为盛行。

二、节庆民俗活动

（一）大鼓凉伞

大鼓凉伞主要流行于龙海的九湖、颜厝、程溪等镇。大鼓凉伞以鼓伞对舞为特点，打鼓的将士击鼓动作刚强有力，神态健壮威武；撑伞的姑娘舞步轻盈优美，与将士形成鲜明的对比；老大伯与老阿婆以诙谐风趣的动作穿插其中，使舞蹈刚柔结合，活泼风趣。经过专业文艺工作者的不断整理加工，发展成舞台表演形式，并有配乐伴奏，内容更加丰富，艺术更臻完美。20世纪80年代以后，大鼓凉伞舞不仅在民俗文化活动中表演，而且越来越多地参与各种大型文艺活动。1993年，龙海撤县建市和2003年建市10周年庆均举办大鼓凉伞活动。

（二）结彩楼

结彩楼流传至今已有500多年的历史，明代月港开埠时就已兴起，清康熙年间至民国35年（1946年），进入鼎盛时期。龙海市海澄、浮宫镇都曾经结过彩楼，并且延续至今。结彩楼一般选择在秋收过后，是人们对风调雨顺、百业丰收、太平盛世和安居乐业美好生活的庆祝和追求，是一种集建筑、彩塑、花灯、游艺、戏曲、书画、纸扎、雕刻和剪纸为一体的综合性、多样性、群众性大型民俗文艺活动。它活动的时间大多持续10个昼夜之久。2005年农历十月初一日至初十日，海澄城隍庙举办结彩楼活动，彩楼高达18米，分为3层6卦，以竹木为骨架，综合彩布、彩纸、彩塑等艺术，彩楼上有数百个人物、动物、植物等造型，栩栩如生，气势雄伟，五彩斑斓，姿态万千。活动期间还邀请群众喜闻乐见的芗剧团来此演出，一天两台戏同时开演，连续10天，热闹非凡。

（三）南音演唱

宋景炎年间（1276—1278年），漳州都统张达之妻陈璧娘曾赋《平元曲》一首（诗收入光绪版《漳州府志》），诗中有“我能管弦又长舞”句，因此陈璧娘被中外南音研究专家确认迄今为止有历史记载的福建南音第一传人。明万历三十二年（1604年），海澄县人李碧峰、陈我含刊印《新刻增补戏队锦曲大全满天春》两卷，是迄今为止发现最早的关于南音戏的著作，现珍藏于英国剑桥大学图书馆。

龙海市程溪镇下庄南音是古龙溪南音之延续，有着漫长而悠久的历史，荟集中原雅乐之精华，吸收元曲之特长，与闽南的民间音乐融为一体，词曲清丽柔曼，旋律深沉美妙。

2007年8月28日，程溪镇下庄南音与东山县南音一起被列入第二批福建省非物质文化遗产名录。至2007年，龙海市程溪镇下庄村应邀组队并代表漳州参加国内外南音演唱活动数十场，均受好评，引起南音界人士对漳州地区南音传承的认可与关注。

（四）锦歌弹唱

锦歌弹唱是石码地区民间喜闻乐见的民俗活动。它以座唱形式，用闽南语演唱，由琵琶、洞箫、月琴、二胡4项民间乐器伴奏，曲调沿用历代民歌的旋律，通俗质朴，粗犷而优美，受到人民的喜爱。1951年，石码、九湖等地重建锦歌社。1956年7月，龙溪县举办首届锦歌演唱会，有50多名老艺人参加会唱。此后，锦歌被龙海列为城乡民俗文化活动项目，在俱乐部普遍建立锦歌小组。“文化大革命”期间，锦歌遭受禁锢，不少老艺人也相继去世，锦歌面临失传危机。1976年，龙海县文化馆在石美俱乐部扶植恢复演唱组，对锦歌的内容及演唱形式进行改革。1979年4月，召开老艺人座谈会，对锦歌的抢救、继承、改革等问题进行探讨研究。

图29-6　九湖大鼓凉伞（高建国 摄）

1979—1981 年，先后录制传统曲目 15 个、不同流派曲调 50 多首。1986 年以后，多次举办锦歌会唱，召开老艺人和音乐词、曲作者联席座谈会，组织创作出一批既具有锦歌音乐特色，又富有时代节奏感和内容的新作品，并编印成册。

2006 年 5 月，龙海市锦歌与漳州市锦歌一起被列入首批国家级非物质文化遗产名录。

（五）猜灯谜

灯谜是龙海民俗文化活动的特色项目之一。相传明宣德三年（1428 年），石码人、太子太傅郑深道告老返乡，当年元宵在石码郑氏祖庙张灯悬谜，与乡绅耆老共庆佳节。此后，不少官绅文人逢年过节常作谜悬猜。清光绪末年，为庆慈禧太后寿诞，石码海防分管旗人，就其官廨悬谜征射达旬日。1932 年后，石码镇“文虎”“龙门”两个谜社的灯谜爱好者研讨灯谜创作，每逢佳节悬谜征射，曾出版《文虎半月刊》，编印《谜海》《锦江谜拾》《芗城谜萃》《墨庐谜话》等书。

中华人民共和国成立后，文化馆、工人文化宫、卫生防疫站常年举办灯谜活动，编印《谜刊》《谜苑》《锦江谜集》《闽南虎》等专辑。1983 年，文化馆组织成立灯谜协会，举办首届全县灯谜会猜；同年 5 月，全国灯谜函寄展猜在石码举行，有 14 个省市、498 位谜友投寄谜条 2736 条，贺诗、贺词、贺电 44 件。1993 年后，龙海市多次举办函猜、会猜、联猜、电控竞猜、节庆对外猜射等活动，并组队参加外地（市）、省、全国联猜。至 2007 年连续举办灯谜联猜活动；编印《龙海谜刊》21 期。

（六）歌仔戏

歌仔戏在福建又称为芗剧，是在台湾歌仔戏和闽南改良戏的基础上发展而成的，起源于龙海锦歌，成型于台湾宜兰，流行于闽南地区、台湾宜兰和东南亚各国华侨、华人集聚地，是维系中国内地与中国台湾、东南亚华人华裔聚居地所有闽南人的一条重要情感纽带。歌仔戏的道白、唱词以闽南语、闽南方言为主，语言形象生动、风趣幽默、通俗易懂，是福建五大地方剧种之一。几乎每到乡社庙会，都有歌仔戏表演活动；重大节庆日还会邀请多个歌仔戏团搭台竞演。

2006 年 5 月 20 日，龙海歌仔戏与漳州芗剧一起被列入首批国家级非物质文化遗产名录。

（七）布袋木偶戏

布袋木偶戏俗称掌中戏、布袋戏，流传于龙海市和漳州市区、漳浦县、南靖县、长泰县，以及中国港澳台地区和东南亚等地。漳州市布袋木偶戏流传数百年；清光绪年间戏班相继兴起，并随后传入台湾。漳州布袋戏原唱汉调、昆腔、京剧，后改唱芗剧。龙海农村节庆活动时有邀请戏班表演。民国 19 年（1930 年），海澄金童兴布袋戏班受邀到东南亚演出 3 年，随后，布袋木偶戏也流传到东南亚等地。

2005 年 5 月 20 日，龙海市布袋木偶戏与漳州市布袋木偶戏一起入选首批国家级非物质文化遗产名录。

（八）角美沙坂宋江九洲八卦阵

最早由安溪县江湖武术师传至角美镇沙坂村，传授的一套新拳术称作“宋江九洲八卦阵”，他也成为“耀德堂”第一代武术宗师。宋江九洲八卦阵在漳州有 4 个堂号，在漳州芗城区有“朝元堂”“朝鹤堂”“威德堂”，在龙海有“耀德堂”。角美镇沙坂村的“耀德堂”流传最为广泛，树立旗号为“龙虎旗”。

宋江九洲八卦阵分为三种阵法：第一种为 24 人小八卦，第二种为 48 人中八卦，第三种为 108 人大八卦。大八卦在排练中难度很大，历史上的传人能练成的是凤毛麟角，至今大八卦已难见。沙坂的 48 人宋江九洲八卦阵演练，其精彩程度足以让人惊叹。宋江九洲八卦阵的阵图有十大攻防阵法，还有空手拳术 36 套，颇受闽南地区各地武术界人士的推崇。1992 年，台湾有一位大学教授来沙坂调研台湾“相公八卦阵”与沙坂“宋江九洲八卦阵”的关系。2005 年，台湾台东大学教授、民俗艺阵研究室主持人吴腾达先生到沙坂寻访闽台共同的民俗艺阵“宋江九洲八卦阵”，叹为观止。

角美沙坂宋江九洲八卦阵于 2007 年申报列入第三批漳州市级非物质文化遗产名录。

图 29-7 角美沙坂宋江九洲八卦阵（市文体局提供）

（九）龙舟赛活动

俗称扒龙船，龙海有12个乡镇387个自然村处于江河港道地带，每年端午节，都会举办龙舟赛会，祭祀“水仙王”。龙舟赛会一般由村社自发组织，约定时间地点，邀集毗邻村社参赛，规模大小不一，每年赛事在一个月左右，颜厝、榜山、紫泥、角美、石码、海澄等九龙江沿岸的村社年年举办活动，而且每四年就有一次大活动。1985年，为纪念石码建埠500周年，举行龙海县“锦江龙舟赛”，有12个乡镇48队参加，国家、省、市体委领导和返回桑梓的台胞、侨胞莅临指导，盛况空前。2005年，举行龙海市“电力杯”龙舟赛会，有8个乡镇1700多名运动员参加，参赛规模超过历届。

1993—2007年龙海市民俗活动非物质文化遗产保护单位情况表

表29-1-1

名称	级别	批次	公布时间	保护单位	备注
芗剧（歌仔戏）	国家	一	2006-05-20	龙海市	与漳州市申报的相关项目
布袋木偶戏	国家	一	2006-05-20	龙海市	与漳州市申报的相关项目
锦歌	国家	一	2006-05-20	龙海市	与漳州市申报的相关项目
保生大帝信俗	福建省级	一	2005-10-31	白礁慈济宫	
林前伽蓝药王巡社	漳州市级	一	2007-04-10	九湖镇林前村	
洋西山北“拾福分”	漳州市级	二	2007-07-13	榜山镇洋西村山北社	

第五节　特色风物与小吃

一、特色风物

（一）龙海水仙花

原产地九湖镇，位于漳州市园山东麓的蔡坂、洋坪、新塘、下庵、田中央、大小梅溪一带。自明景泰年间（1450—1456年）栽培至今有560年历史。龙海水仙花又称漳州水仙花，闻名遐迩，是世界公认的多花水仙，开花最多、香味最优的一种，也是中国十大名花之一。每逢新春佳节，家家户户必备水仙花盆景祈求喜庆吉祥。龙海也由此发展水仙花盆景雕刻技艺。每年春节期间，都会到北京、上海等地举办水仙花雕刻展。2005年以后，漳州市水仙花协会带着水仙花和雕刻师到台湾举办水仙花技艺展，为海峡两岸架起文化桥梁。

（二）紫泥金定鸭

原产地紫泥镇金定村，有200多年历史。金定鸭有赤眉等9种品种。厦门大学生物学和金定村挂钩协作，进行良种培育，选育出以麻色羽型为主的赤麻鸭，大大提高金定鸭品质。金定鸭与从南洋引进的正番鸭杂交产下的后代称半番鸭，与北京鸭杂交产下的后代称土北鸭，是国际市场畅销货。

（三）紫泥溪墘红鲟

原产地紫泥镇溪墘村，有400多年历史。由于靠九龙江畔，溪墘村民祖祖辈辈有传统捕捞鱼鲟技术。这里出产的鲟类以红鲟为优品。溪墘红鲟味道鲜美，营养价值很高，是宴席上的珍品佳肴，也是秋冬季节营养补品，畅销国内外。

（四）江东鲈鱼

产于龙海市江东桥一带水域，因生长地为海水与淡水交汇的地方，江东鲈鱼鲜嫩肥美，具有海鲈鱼的硬质肉，却没有海鲈鱼的腥气，有淡水鲈的清甜，但无淡水鲈鱼肉质软烂的缺陷。江东鲈鱼嘴阔身长，鳞细小，色银白，背有不规则小黑点，黑白清晰分明，与上海松江鲈鱼一起名满天下。古江东桥的对面，新建现代化的江东桥，两桥对望，遥相致意。两桥之间，是颇具规模的鲈鱼一条街，江东人依傍着好山好水创造出菊花鲈鱼、芋香鲈鱼、阴阳鲈鱼、清蒸鲈鱼、椒盐鲈鱼、清炖鲈鱼、糖醋鲈鱼、红焖鲈鱼 20 多道鲈鱼菜肴。2006 年连战回乡祭祖时，江东鲈鱼便成为当地待客的招牌菜。

图 29-8 江东鲈鱼(市旅游局提供)

2007 年，江东鲈鱼被中华餐饮协会授予“中华名小吃”称号。

（五）浮宫土笋冻

浮宫镇地处九龙江入海口，海岸线长 18 公里，堤外滩涂生长一种海虫，俗称土笋。土笋冻制作技艺始创于明正统年间；明正统十三年（1448 年），霞郭村下寮社的陈居龙发现土笋，并发动村民挖掘，经制作成土笋汤食用，味道鲜美清甜。之后，村民发现土笋汤冷却冻结后能保持鲜美度，且嫩脆清甜、滑冷爽口，是夏天美食小品。其成品是闽南传统名小吃，供不应求。其制作技艺世代传承至今，被列为龙海市级非物质文化遗产名录。

图 29-9 土笋冻（市旅游局提供）

（六）仙草冻

仙草又称田草、凉粉草、仙人草，是一种药食两用的植物，熬煮后结成冰凉块状。早在明清时期，闽台两地民众在盛夏劳作之余就利用田草熬制成清凉饮料。该制作技艺由龙海市泰山台资企业传承，并结合现代食品工程技术开拓新产品。其制作技艺申报被列为福建省级非物质文化遗产名录。

（七）浮宫杨梅

原产地浮宫镇，境内的际都等 11 个行政村 45 个自然村种植杨梅，故浮宫镇被誉为“福建省杨梅第一镇”。南宋年间引进种植，至今 800 多年历史。浮宫杨梅畅销国内外，是老少皆宜佳果，可鲜吃，也可以制作杨梅干，加工蜜饯和杨梅酒。浮宫杨梅腌制技艺被列入龙海市非物质文化遗产，申报第四批漳州市级非物质文化遗产名录。

二、风味小吃

（一）白水贡糖

产于白水镇，始创于清乾隆年间，漳州府以此为贡品进献朝廷。其制作技艺世代相传，成品具有味香、质醇、食酥、色美之特点，深受群众的喜爱，作为节日喜庆佳品和馈赠礼品。2000 年，白水贡糖在第二届海峡花博会上获金奖。

（二）东美香脯糕

原产地角美镇东美村后面街锦成糕饼店，始作于明崇祯年间，距今 300 多年，清同治年间最负盛名，畅销东南亚各地。成品具有浓郁的葱油香味、润喉、冰凉可口之特点，是婚寿节庆佳品和品茗配料。产品畅销闽南和台湾、东南亚等地。其制作技艺申报被列为漳州市级非物质文化遗产名录。

（三）海澄双糕润

原产地海澄镇。始作于清道光年间，制作技艺传承至今 170 多年，是甜粿类点心衍化而来。成品具有质纯不粘、滑而不腻、气味芳香、甘甜适口、余味无穷之特点，是婚庆、馈赠及佐茶佳品。产品远销全国各地与港澳台，以及东南亚等地。其制作技艺申报被列为漳州市级非物质文化遗产名录。

（四）石码“五香”卷

以猪肉、洋葱（或葱头）、淀粉、五香粉等为原料，搅拌成泥状，再用豆腐衣裹成条状，油炸后即可食用，外酥内嫩，醇香可口。长期以来，每逢过年过节、婚寿喜庆，家家户户必备卤面，配以“五香”卷招待亲朋好友。产品远销厦门、泉州、福州、莆田、龙岩及港澳台等地。2002 年 10 月，在四川成都举办的“第十二届全国厨师暨厨艺大赛”上，石码“常常满烧腊饭店”开发的“石码常常满五香”获“中华金厨奖”；

图 29-10　石码五香（市旅游局提供）

图 29-11　石码蚵仔煎（市旅游局提供）

同时，被中国烹饪联合会、中国烹饪协会认定为“中国名点”。

（五）蚵仔煎

蚵仔煎是龙海传统风味小吃，以加水后的番薯粉浆里搅拌入牡蛎、蛋、葱或蒜等食材。闽南有句俗谚叫“肥蚵仔肥韭菜”，意思是农历二月，韭菜的生长最为旺盛的时候，也是牡蛎最为肥硕的季节。蚵仔煎则是两者奇妙的黄金组合。蚵仔煎宜热食，外酥内软，根据各人口味配上胡椒盐、辣酱、什醋酱、萝卜片酸、芫荽等佐料，香味可口。

（六）石码古街肉粽

肉粽由糯米、猪肉、栗子、虾米、香菇、鸭蛋等原料配制而成。首先把糯米洗净，放于冷水中浸泡半小时，然后捞起晾干，再放锅里，拌上卤汤和葱头油，并加适量的味精、五香和酱色糖乌，用中火炒半小时。其他佐料，依照不同方法加工，猪肉或火烧或清炖，栗子要生剥现用。用叶子包粽时不松不紧，棱角分明。烧煮肉粽，做到火旺而稳中，随时加水，不使肉粽露出水面，一般炖上 3 小时即可出锅。这样炖制的肉粽，色、香、味俱佳。

（七）锅边糊

是龙海传统风味小吃。所谓锅边糊即在锅（鼎）口边烧制米浆成美味小吃。制作方法是将大米洗净用清水浸泡一夜（大米浸泡时间足够，米浆才能磨的细腻）后捞出沥干，掺水约 1.5 公斤磨成浆，再加入硼砂 2 克（先用水溶解）搅拌均匀。猪骨头放进清水锅里熬煮成骨头汤约 3 公斤。大锅烧热，将备好的汤加一倍清水，盖上锅盖，烧沸后揭去锅盖，往锅边抹一层熟油，然后抄起小半碗米浆沿着擦油处薄薄地均匀地浇一圈。米浆在滚烫的锅边上脱水、冒泡、变干。紧接着盖上大锅盖，等个半分钟左右掀盖，把锅沿干脆微鼓的一圈白色米皮铲成一片片，顺势推入汤里，当最后一次浆成熟铲入后，加入虾、蛏、牡蛎、紫菜、香菇、瘦肉、韭菜、葱花，再调入酱油、精盐、味精、老酒、胡椒粉、葱头油即成。米皮的样子有点像熟猪皮，有弹性，软而不烂，滑爽可口，不用咀嚼，入口即化。

（八）埭美粉粿

又称地尾粉粿，是龙海传统风味小吃。起源于明万历十八年（1590 年）；清光绪十六年（1890 年），埭美村（又称地尾村）甘姓两兄弟研究改进制作技艺，使之更加凉爽可口，是老少皆宜的夏季佳品。主要原料是绿豆，有清热解毒、润喉润肺的功效。地尾粉粿制作技艺入选龙海市级非物质文化遗产。

第二章　方　言

第一节　龙海方言特点

一、语音与词汇特点

龙海流行的方言是以市区石码镇为中心的龙海话。龙海话是闽南方言次方言漳州话的一种土语。漳州话代表地区是漳州市芗城区；而芗城区是原来龙溪县县城，有 1320 年的历史。龙海市区石码镇与芗城区距离只有 20 公里，两地方言极其相似。

龙海话保留不少古汉语语音特点和词汇，与闽南方言其他土语一样，语音和普通话差别很大；词汇更与普通话不同，保留许多上古语词汇，如普通话吃、你、媳妇、亲戚，龙海话叫食 tsia、汝 li、新妇 sinpu、亲七 tsinqi。

龙海话在境内也有不同的发音差异，主要有石码、角美、九湖、隆教 4 个语音片区。以石码为代表，4 个片区内部差异不大。九湖靠近芗城区，读音有阳入调，与石码稍有区别；隆教靠近漳浦县，近似漳浦音，主要是“张、章，香、洋”等部分读音与石码片不同；角美靠近厦门同安区，近似同安音，主要是“猪、去、鱼、煮、箸”等读音与石码片不同，如猪 di 读成 du，鱼 hi 读成 hu。

龙海方言与普通话词汇大部分只是读音不同；形音意完全不同的占 1/3，如蚕豆叫虎抓豆，灯泡叫电珠，这是龙海话特有方言词。有些词汇与普通话语序颠倒，但词意相同，如普通话叫台风、热闹、母鸭、花菜，龙海话叫风台、闹热、鸭母、菜花。

龙海话保留很多上古汉语词汇。如“假使”叫“设使”，曹操《让县自明本志令》有“设使天下无孤”；龙海话“好势”是好的意思，江淹《云山赞序》云：“壁上有杂画，皆作山水好势”；龙海话把费用、盘缠叫“所费”，《世说新语》云：“所费诚复小小”；龙海话步行叫“步辇”，这是唐代中州话，《唐语林》道：“上令左右以步辇召之”；龙海话“古意”，为殷勤待客的意思，杜甫《登兖州城楼诗》：“从来多古意，临眺独踌躇”；龙海话“大汉”，意指高个子、长大，杜荀鹤诗云：“不觉裹头成大汉，昨夜竹马作儿童”；龙海话“知影”，即知道，韩愈《与崔群书》有“仆愚陋无所知晓”；闽南话把读书叫“读册”，《唐书》云：“中书令读册”。这些现今常用的龙海话，人们都可在汉唐的诗文中找到字眼或词汇。

二、语法特点

（一）词尾

仔（a）：普通话读 zi，龙海话读成 a，可作为名词、数量词、形容词、动词词尾。如兄弟仔（兄弟）、舅仔（小舅子）、一点仔油（一点儿油）、静静仔做（静静地做）、笑笑仔讲(微笑着说)。

人（lang）：普通话读 ren，龙海话读为 lang(郎)，可作为名词词尾。如百姓人（老百姓）、少年人（年轻人）、乡社人（乡下人）、工仔人（做工的）。

仙（sian）：普通话读 xian，龙海话读为 sian，可作为比拟词尾。如看命仙（相命先生）、走街仔仙（要艺人）、讲古仙（说书人）、鸦片仙（鸦片鬼）。

路（lo）：普通话读路（lu），龙海话读为 lo，可作为名词和形容词词尾。如手路（手艺）、头路（职业）、低路（下贱或低级）、幼路（精致）。

（二）代词

人称代词：我（eua），阮（euan，表示复数：我们）；汝（你），恁（ning，表示复数：你们）；伊（他），侬（yin，表示复数：他们）。

指示代词：遮（jia，这里），遐（yia，那里）。

疑问代词：倒落仔（duoluoya，什么地方），啱久（nuaku，多久）。

第二节　民谚

一、民谚来源

民谚来源于生产与社会活动，是群众的生活与生产经验总结，带有规律性和普遍意义，对生产、生活又具有指导价值。“春濛晒死鬼，夏濛涨大水，秋濛风，冬濛霜”；“冬节在月头，要寒年暝兜；冬节在月尾，要寒正二月；冬节月中央，无雪又无霜；冬节乌，年暝酥，冬节红，年暝淡（下雨）”；“初一十五，水滇（涨）日昼渡；初八廿二，早咈（退潮）暗滇；初十廿五，潮平闭户”等是印证气候性的规律。农事谚语，更体现农民从事农耕的智慧。如“人误田一时，田误人一年”、“清明无播播谷雨，收成无够饲老鼠”；“立夏播、割草蔻，小满涂、不可谋”；“大暑暑不透，播田播秋后”；“小满柜，芒种穗，夏至饭”；“冬节前犁金，冬节后犁银”；“倒稻一半，倒麦无看”等。

龙海的民谚俗语乡土味浓，群众喜闻乐见，世代相传。如“盐馆称锤，咸、涩、韧”，喻为人悭吝；“捏惊死，放惊飞”，喻优柔寡断；“千家富难养一家穷”，告诫人们勿只图依赖别人；“犁头戴鼎，为了某（妻）团”，喻辛勤劳作；“一手捉不了两尾鳗”，说明做事勿贪多；“做田要有好田边，住厝要有好厝边”、“种田要有好田底，娶新妇要拣好娘礼”，教为人处世之道。

二、注音举例

忧头苦面 (iu tÁau ku0bin，满面忧愁)。

不搭不七 (put tap puttqit，不合格，不清不楚)。

不三似两 (put sam su liang，不三不四)。

要死要活 (be sibe ua，寻死觅活，非常不满)。

哄狗相咬 (hong kau sio ka，挑动人家互斗)。

押鸡哞成妇 (ake mu tsia pu，不能强迫母鸡菢窝)。

死鸭仔硬喙别 (si ayaher tsui pe，自己理屈仍然强辩)。

鸭卵较密嘛有缝 (alui ka bat baupang，真相捂得再紧也会泄露)。

人未富，哞通起大厝 (lang bue pu，mu tangki dua tsu，劝人不要过于张扬)。

行船走马三分命 (kia tsun tsauber sahun bia，做交通职业危险，性命没保障)。

妈祖婆，莫食蚝 (妈祖生日过后牡蛎就不再肥嫩)。

三、俗语举例

食人饭，患人问。

阉鸡趁凤飞。

问路靠嘴水，行路靠脚腿。

两人没相嫌，糙米煮饭也会粘。

众人一样心，黄土变成金；三人四样心，赚钱不够买灯芯。

做田要有好田边，住厝（房子的意思，下同）要有好厝边。

吃称饭（隔夜饭）也着看天时。

有钱人惊死，无钱人惊无米。

好某（妻）娶会着，恰好吃补药。

嫁着臭头翁，有肉又有葱；嫁着跋缴（赌博）翁，规厝内空空。

钱未趁到手，毋通（不要）大虾配烧酒。

着算了吃，毋通吃了算。

鸭母装金原扁嘴（丑的事物再掩饰仍是丑）。

一圆打四结铁公鸡（喻一毛不拔）。

一声唔知，万事无代（喻少惹事为妙）。

人情世事陪够够，无鼎兼无灶（喻人情世事应酬不完）。

大目新娘找无灶（讥眼前之物，竟找不到）。

大鼎未滚，小鼎强强滚（责他人抢发言）。

上司管下司，锄头管畚箕（讥一个管一个）。

心歹无人知，嘴歹大厉害（劝人慎言）。

仙人打鼓有时错，脚步行差谁人无(喻错误难免，要及时更正)。
父母疼子长流水，子儿想父母有时存(喻父母惦记子女久长，子女却偶尔想着父母)。
甘愿担菜卖葱，毋甲别人公家庑(喻女子宁可吃苦，也不与人共夫)。
叫猪叫狗，不如自己走(喻求人不如求己)。
人比人，气死人。
一人苦一项，无人苦相同。
人惊出名猪惊壮。
死人不死猪（爱钱如命）。
人生在世，吃穿二字。
有团万事足，无官一身轻。
七成八败九还在（指胎儿怀七月而流产还可救活，八月则难以救活，九月以后就问题不大了）。
团仔脚穿（屁股）三斗火。
男大到廿五，女大到大肚（怀孕）。
多团好名，独子好命。
大石也要小石擎，红花也要绿叶扶。
无彼种脚穿（屁股），唔通吃彼种泻药(喻没那种本领，勿做那种事)。
厝内无猫，老鼠跷脚(群龙无首，一切无序)。
惊七月半水，无惊七月半鬼(七月半前后常闹水灾)。
一时想无到，终身苦到老(一失足成千古恨)。
佛靠扛，人靠装(菩萨靠人抬才显灵，人靠装扮才好看)。
猪仔贪别人槽(自己的不吃，专门贪吃别人的)。
十嘴九脚穿(屁股)(指七嘴八舌吵闹不休，意见无法统一）。
无空寻隼(意喻无事生非或有意刁难)。
老鼠嘎猫做生日(意喻所做的事并非真心实意)。
人咧衰，放屁弹死鸡(意喻人运气不好时，做任何事情又再招来不幸)。
吃米不知米价(意喻只知享福而不事生计)。
半桶水出力摇(意喻一知半解或功夫不深的人却夸夸其谈显示自己有才华)。
牛牵到北京也是牛(指本性难改)。
青瞑鸡啄着一尾虫(青瞑：瞎眼，比喻事情凑巧，侥幸碰上了好运气）。
在家日日好，出门朝朝难(喻指出门在外许多事情不如在家方便，叫人出门远行要有克服困难的思想准备)。
一粒田螺九碗汤(搭配过量，意指不看事实瞎指挥)。
细汉偷割瓠，大汉偷牵牛。
常打勿会惊，常骂勿会听。
平安恰赢大趁(赚)钱。

四、歇后语举例

老鼠钻入牛角尖——死路一条。
过桌夹肉饲大家——慷别人之慨。
虎网仔着贼偷——无希望。
菜瓜拱狗——双头了。
自己背金斗，替人看风水——自顾不暇。
七月半鸭仔——呣知死。

乌龟包咸菜——假料。

金胡蝇——臭腹内。

隔壁晬灯火——多管闲事。

五、童谣

龙海童谣是龙海人民集体创作智慧的结晶，内容丰富多彩，充满童趣，又能在潜移默化中增长儿童的知识。有些童谣是伴随游戏趁韵而作，使儿童玩得更加快乐；也有的特意使用拗口语句，借以训练儿童的说话能力；还有的是母亲育儿童时随口哼唱，伴随着儿童成长。

例："二九暝，年暝兜；喇蚶炒豆，放炮烧灯猴。"

"天呜呜，卜下雨，榉锄头，巡水路，掘着一尾田娘古，要娶某（妻）；阿公要煮咸，阿嬷要煮正（意：淡），两人相打弄破鼎，伊呦郎统七通呛。"

"月光光（唸 gong，音公），秀才郎（long），骑白马，过番平（南洋）。"

"阿达姐，做人新妇，识道理；晏晏睏，早早起，入大厅，拭桌椅；入灶脚，洗碗箸，入房间，绣针黹；敬示大郎，惜小弟，规家大细好规矩，呵咯亲家青姆敫教示。"

第三节　龙海方言的传播与变化

一、龙海方言的传播

漳州方言是初唐陈政、陈元光父子率府兵入闽驻军漳州而定型的。龙海话的流行区含原来的龙溪和海澄县，龙溪县治与漳州府治共处一地的时间有 1274 年历史，现在的龙海话成为漳州主要次方言。随着龙溪、海澄县人迁台湾和东南亚，聚族而居。龙海话便成为当地最主要语言。他们都讲龙海话，并且大多讲的是近于漳州腔的龙海话。龙海话不仅流播于今龙海地区，也随着原来的龙溪、海澄两县移居粤东、雷州半岛、浙江平阳县、海南和江西东北部、广西东部而播迁当地。由于他们迁去的年代较久，和当地人民频繁接触中受了当地方言的影响，所以他们的龙海话和本土的龙海话仍然有较大的差别。

二、龙海话的变化与保护

1993—2007 年，龙海话并没有太多的变化。本土话的腔调在中老年人中间比较稳定，但是在青少年中间或多或少受外地语言以及普通话的影响，与本土话有些变异。国家推行普通话，一般在幼儿园，都用普通话教学和游戏，小孩从小就讲普通话；他们的父母大都是年轻人，回家与父母亲也用普通话交流，所以有些小孩不会讲闽南话；特别是在外工作的家庭，没有了语言环境，因此他们的小孩大都不会讲闽南方言。

保护闽南方言，应该在幼儿园进行闽南方言教学，从童谣教起，在娱乐和趣味中学习，让龙海话得到传承。

卷三十 乡镇场概况

XIANG ZHEN CHANG GAI KUANG

2007年，龙海市辖东泗、隆教畲族2个乡，石码、角美、程溪、九湖、颜厝、榜山、紫泥、海澄、东园、白水、浮宫、港尾12个镇和双第华侨农场、程溪农场、苍坂农场、江东良种场、林下林场、九龙岭林场6个农林场，其中双第华侨农场原是省侨办农场，享受省级经济开发区优惠政策待遇，1998年移交龙海市管理；程溪农场是中央农垦部闽南垦区农场，由福建省农垦厅代管，1971年移交给龙海管理。全市有238个行政村和30个社区居委会（不包括招商局漳州开发区所辖5个社区居委会）。

程溪镇位于龙海西部，九湖、颜厝2个镇位于西北部，角美镇位于北部及东北部，榜山、石码、海澄3个镇位于中部。东园镇位于中南部，东泗乡、白水镇位于南部，浮宫镇、港尾镇、隆教畲族乡位于东南部，紫泥镇位于九龙江入海口。受自然环境和气候影响和制约，乡镇区域经济发展不平衡；但是，各乡镇充分利用各自优势，发挥“强农惠农”政策，围绕“海西建设，漳州先行，龙海率先”和“建设经济强市，构建和谐龙海”发展主题，稳步推进经济和社会事业持续发展。

第一章　乡

第一节　东泗乡

一、乡情述要

东泗乡位于龙海市南部，东与白水镇、东园镇接壤，西与程溪镇、九龙岭林场、东南花都毗邻，南界漳浦县，北连海澄镇；距厦门市区 44 公里，距漳州港 27 公里；处于区域中心点，独具地理优势，九龙江支流南溪横贯全境。乡政府所在地碧浦村，距市区中心 16 公里。辖区东西最大距离 15 公里，南北最大距离 8.5 公里，总面积 59.42 平方公里。其中陆地 59.28 平方公里，占 99.77%；水域 0.14 平方公里，占 0.23%。境内大部分为低山丘陵和山间盆地相间地形，地势西北高，东南低；山体高程一般在 100—600 米之间，平原高程一般在 2—10 米之间；乡域最高山体青岩山，海拔 562.8 米。境内属九龙江水系，南溪自下浦村入境，由西而东，贯穿全境，从太江村流入东园镇。境内河道长 16.5 公里，河流宽度 80—160 米，容量 780 万立方米，流量 1000—1400 立方米 / 秒，流速 1.0—1.05 立方米 / 秒（排洪期）。

境域地表水资源丰富，多为山泉水；地下淡水未受污染，纯净度较高；地下热水储藏量大，所含矿物质多。东泗、碧浦、水浒、西岭、松岭 5 村连线处蕴藏一条宽约 0.7 公里、长约 3 公里的地下温泉带。据闽南地质调查院初步勘查，出水量约为 5000 吨 / 日，水温约 83℃，为高矿化氯钠型优质温泉，各种化学成分适于发展热带、亚热带高值鱼、藻类等淡水养殖业。

2007 年底，东泗乡辖 14 个村民委员会、44 个自然村；总户数 6290 户、总人口 23302 人。

二、经济发展

（一）农业

1993 年，东泗乡农作物总播种 3003.33 公顷（其中耕地 1098.8 公顷），粮食作物总产量 14529 吨；水果种植 271.93 公顷、产量 306 吨，其中柑桔种植 56 公顷、产量 217 吨；猪出栏 10878 头，禽出栏 10.5 万只，羊出栏 55 头，牛出栏 138 头；淡水养殖 40.4 公顷，产量 100 吨；农业总产值 3100 万元，农民人均纯收入 1213 元。

图 30-1　东泗乡政府办公楼（东泗乡政府提供）

1997 年，全乡初步形成粮食、水果、水产、蔬菜、畜牧和食用菌 6 大主导产业，成立水果、水产和蔬菜3个专业技术协会。1998年，引进、嫁接美国琥珀李、“奈92-1”脐橙、“妃子笑”荔枝等优良品种2.8万株；利用地热资源，养殖罗氏沼虾、鳗鱼40多公顷，其中罗氏沼虾养殖面积占全省的四分之一。2000年，全乡耕地改种蔬菜、水果、花卉180公顷，累计改种面积466.13公顷；引进高优农业项目4个，种植花卉26.67公顷、绿竹3.33公顷，鳗鱼池改养甲鱼100万只。2002年，实现从罗氏沼虾到南美白对虾更新换代，全乡养殖南美白对虾533.33公顷，产量4000吨，产值8000万元；有南美白对虾育苗场19家，年育苗38亿尾。2004年，全乡万亩白对虾养殖呈现成活率高、产量稳定的良好态势，总产量为5395吨、产值1.29亿元；水产育苗35亿尾、产值525万元；新种植杨梅333.33公顷，总面积500公顷，产量80吨；引进台湾力志集团投资种植速丰林，首期种植333.33公顷。

2007年，全乡农作物总播种967.73公顷，其中粮食作物播种606.4公顷、总产量3765吨（稻谷产量3122吨）；水果种植743公顷，产量645吨，主要是香蕉和荔枝；猪出栏7415头，禽出栏7.03万只，牛出栏140头；肉蛋奶总产量1104吨；水产品总产量8327吨，全为淡水产品；农业总产值16316万元，农民人均收入3518元。

（二）工业

1993年，东泗乡工业总产值1630万元，其中乡办工业企业产值102万元、村办工业企业产值26万元、合作办工业企业产值559万元、个体工业企业产值943万元。1996年，全乡工业产值5543万元，其中乡镇工业企业产值4904万元。2004年，投资400万元的中源木业有限公司建成投产，为东泗乡引进首家产值上规模的工业企业。2006年，虎渡村创办锦发石料场。2007年，全乡工业总产值3081万元。其中规模以上工业企业1家，产值701万元。

（三）基础设施建设

1993年，东泗乡建设虎渡至官浔柏油路工程。1995年，开通500门程控电话。1998年，完成县道虎官公路虎渡至西岭桥头7.17公里水泥路建设。2000年，投入资金670万元实施电网一期改造。2002年，投入110万元，完成浮东公路南溪桥至虎渡路段2.7公里水泥路面建设；投入203万元，对340公顷中低产田和水产养殖的排灌系统进行改造。2004年，投入160万元进行电网二期改造；投资14.7万元完成碧浦、东泗庵前供水工程，受益2100人；投入500多万元维修加固水库、堤坝、水闸；投资445万元，完成松西线一期工程、海官线西岭段、龙清公路3条农村等级公路建设，总长10.7公里。2005年，完成松西线二期工程、晏马线渐山段、水浒村至海官线路段3条农村等级公路建设，总长18.2公里，总投资900万元。2006年，完成浮东线虎渡村、浮东线太江村、海官线东泗村、晏溪线溪坂段4条农村等级公路建设，总长12.9公里，总投资730多万元。2007年，完成总投资190万元的马溪线公路（马口—溪坂）建设，畅通东泗乡西大门交通。

三、社会事业

1993年，东泗乡卫生院有病床25张，卫生技术人员19人；有1所中学、14所小学，教职工157名；乡村卫生所23家，医务人员13人。1996年，教育通过省“两基”评估验收。1997年，再次通过“两基”跟踪检查。1999年，开通有线电视，可收看30多套节目。在9910号台风灾害后，及时把13.42万元救灾款、0.97万公斤大米和50件棉被发放到受灾群众手中。

2000年，投入110万元重建东泗中学教学楼，投入60万元重建下浦小学和渐山小学教学楼，投资125万元为虎渡村上娘自然村受灾群众重建住房23座。2002年，投入180万元，完成东泗中学教学楼建设。2004年，投入60万元，改造溪坂小学危房。是年，全乡享受最低生活保障、散居的农村五保户785人。2005年，东泗中心小学被评为福建省农村示范小学。2006年，投入108万元，为溪坂村遭受0601号台风袭击的受灾群众重建20座新居。

2007年，全乡有初级中学1所、中心小学1所、完小11所；小学教师89人、初中教师46人；小学生1290人、初中生806人；有卫生院1所，卫生技术人员23人；乡村卫生所（室）24家，医务人员129人。

第二节 隆教畲族乡

一、乡情述要

隆教畲族乡位于龙海市东南沿海突出部，东与厦门特区隔海相望，南临台湾海峡，北连港尾镇、招商局漳州开发区，西界漳浦县。属亚热带海洋性气候。境域面积77.1平方公里。乡政府驻地红星村，距龙海市区52公里。境内海岸线长达25公里，内有优良的深水港资源和广袤的发展腹地，区位条件和自然条件都十分优越；拥有国家地质公园牛头山古火山口天然海滨浴场（隆教湾、白塘湾、湖前湾）、南太武山、镇海卫古城、旗尾山、镇海角灯塔等丰富的自然景观和人文景观，还有“抢孤棚”“攻炮城”“拜新娘”等具有丰富文化底蕴的畲乡民俗风情，是闽南金三角得天独厚的旅游观光、休闲、度假、避暑胜地。其中隆教滨海火山地质公园和隆教湾沙滩已被列入南太武海滨旅游区的主要景点。

1997年，设立隆教畲族乡海星居委会。2007年，隆教乡辖10个村委会和1个居委会；总户数6148户，人口24830人，其中畲族人口7406人，约占总人口三分之一。

二、经济发展

（一）农业

1993年，全乡农作物总播种3414公顷（其中耕地1286.73公顷），粮食总产量9156吨；水果种植316.93公顷、产量66吨，其中龙眼种植210.67公顷、产量10吨；猪出栏9656头，禽出栏15.4万只，羊出栏903头，牛出栏399头；有渔船115艘、动力732千瓦，水产品总产量1588吨，其中海水产品1552吨；农业总产值2700万元。

1996年，开始发展浅海养殖，面积10公顷；剑麻番麻种植223.33公顷，产量46吨。1997—1998年，实施“1241”旱粮工程，普及扩套种技术733.33公顷；建立天马山农业科技园，建成26.67公顷芦笋试种基地，新开发果园613.33公顷。1999年，有浅海养殖100公顷，池塘养殖17.33公顷，水产苗种场4家。2000年，开展农业结构调整，优化种植结构，发展经济作物种植，发展订单农业，促进农民增产增收；作业渔船马力增加，并使用机械起网，网具扩大，近海作业产量逐年上升；浅海养殖新品种不断推广，共有浅海养殖253.33公顷（以复养面积计算），池塘养殖51.33公顷，水产苗种场11家。2002年，建成蔬菜种植基地400公顷，常年种植1066.67公顷。2005年，全乡有耕地面积1080.33公顷。

2007年，全乡农作物总播种2046.6公顷，其中粮食作物播种840.47公顷、总产量3956吨（稻谷产量2706吨）；水果种植477.8公顷，产量699吨，主要是龙眼、荔枝和杨梅；猪出栏7415头，禽出栏17.51万只，牛出栏1118头，羊出栏4299头，兔出栏91220只；肉蛋奶总产量979吨；水产品总产量18245吨，其中海水产品产量18111吨；农业总产值11075万元。

图30-2 隆教乡政府（隆教乡政府提供）

（二）工业

1993年，全乡有工业企业12家，工业总产值308万元，其中乡镇工业企业产值178万元（乡办工业企业产值48万元，村办工业企业产值12万元，合作办工业企业产值75万元，个体工业企业产值43万元）。1996年，台资企业漳州后石电厂落户白坑村，漳州金田混凝土有限公司和漳州台连混凝土有限公司2家台资企业相继在白坑村建成投产；3家以碎石、方料石为主产品的工业企业相继建成投产。是年，全乡工业总产值3136万元。2005年，引进造船企业——漳州毅宏投资开发有限公司，投资1.5亿元。2006年，引进漳州振鑫煤灰开发有限公司、新益材（福建）环保建材有限公司，以后石电厂煤灰为原料，加工制造成加气混凝土砌块砖，年产量50万立方米。2007年，全乡工业总产值8757万元，其中2家规模以上工业企业创产值4637万元。是年，引进漳州市鑫佳泰科工贸有限公司，主产墙体装饰石材。

（二）基础设施建设

1993—1994年，新建穿越南太武山从古城至镇海旅游公路15公里。1997—1998年，投入3800万元建成一条长18公里、宽30米的水泥砼路面滨海大通道，兴建日供水1万吨的自来水工程和1座3.5万千瓦的变电站。投入310万元，新建小（二）型水库2座；投入102万元，完成5座水库的除险加固工程，新增加及改善灌溉面积133.33公顷。同时完成200吨级镇海旅游码头第一期工程。1999年，投入170万元，建设流会、镇海、白塘3条村主道水泥路4.8公里。投入156万元在龙潭水库下游建起拦水坝、虑水池、管理房，安装主管道7公里，解决村民生活用水问题。2000年，投入270万元，建设后石电厂周围水泥路1.3公里，古火山口旅游水泥路1公里，红星观海水泥路1公里，新厝村水泥主干道800米，关头村水泥主干道1140米。2001—2002年，投入48万元铺设管灌工程12公里；投入20多万元维修加固前线水库。2003—2004年，投入600多万元，完成15公里长的南太武山古镇旅游水泥公路建设，完成11公里长行政村主干道水泥路面建设。投入200多万元，完成全乡所有农网主干线的改造。2007年，新建3座小小型水库，全乡共有小（二）型水库2座，小小型水库20座，总库容1349万立方米。全乡实现村村通信光缆和开通宽带业务，固定电话普及率93%，移动电话普及率65%。

三、社会事业

1993年，全乡伤残抚恤人数4人，享受定期定量补助21人；发放救灾款3.19万元，救济受灾群众1116人次；隆教乡卫生院有病床20张，卫生技术人员6人。1997—1998年，投入620万元，新建一所小学，扩建校舍6400平方米，完成校园绿化3000平方米。2001—2002年，投入150万元，开通隆教有线电视网络；投入25万元，改建白塘小学危房，建筑面积832平方米。2003—2004年，投入200多万元改建流会小学教学楼1500平方米。2005年，投资130万元、建筑面积1650平方米的隆教乡卫生院投入使用。2007年，全乡有烈属3户3人，伤残抚恤人数6人，享受定期定量补助33人；发放救灾款8.02万元，救济受灾群众677人次；有五保户94户95人，发放救济款9.46万元；有306户634人享受低保，共发放农村居民最低生活保障金31.3万元。全乡有10所小学，在校学生1697人，其中少数民族学生656人；有71个教学班，教职工146人，适龄儿童入学率100%；有初级中学1所，在校生961人，其中少数民族学生390人；有19个班级，教职工66人，入学率98.7%；幼儿园11所，学前3年入学率94.8%。乡卫生院1所，卫生技术人员16人；村级卫生所（室）24家，医务人员26人；参加新型农村合作医疗有20941人，参合率88.5%。

第二章　镇

第一节　角美镇

一、镇情述要

角美镇位于龙海市北部偏东，东与厦门市接壤，西与榜山镇、龙文区隔江相望，南隔九龙江北港与紫泥镇相峙，北界长泰县。境域总面积163平方公里。镇区距龙海市区28公里，距厦门岛15公里。国道324线、319线从镇区通过，厦漳高速公路和鹰厦铁路从北部通过，海沧铁路、同三高速公路穿越境区，以及有联接海沧和长泰的角海路、角泰路，交通方便快捷。角美镇是厦门市环岛20公里经济圈和海湾型城市建设的重要组成部分，是闽南著名侨乡和台胞祖籍地，有海外华人、华侨与中国港澳台同胞20多万人，分布在世界19个国家和中国港澳台地区。

图30-3　角美镇政府（角美镇政府提供）

2003年11月，角美镇和龙池、福龙2个省级开发区整合成角美工业综合开发区。2007年，全镇（区）辖31个行政村和7个社区居委会；总户数33076户、总人口119759人。

二、经济发展

（一）农业

1993年，全镇农作物总播种12474.73公顷，其中耕地4765.13公顷；粮食总产量54896吨；水果种植698.33公顷、产量4628吨，其中荔枝种植149公顷、产量375吨，龙眼种植244.27公顷、产量894吨，香蕉种植143公顷、产量1715吨。猪出栏56383头，禽出栏80万只，牛出栏66头。有渔船615艘、动力1829千瓦，水产品总产量5012吨，其中海水产品3416吨（养殖855.13公顷、产量3258吨）、淡水产品1596吨（养殖386.47公顷、产量1584吨）；农业总产值2.05亿元，农民人均纯收入1601元。1995年，粮食作物播种8666.67公顷，总产量59578吨；水果总产量7007吨，猪肉产量4645吨，禽肉产量1172吨；全镇农业总产值4.12亿元，创新历史最高水平。1997年，粮食总产量59340吨。

1999—2000年，全镇投入1200多万元，用于江海堤防、水闸和农业示范区建设，引导调优农业种植结构3333.33公顷。两年粮食总产分别为4.97万吨和4.05万吨。2001年，粮食总产量3.56万吨，农业总产值5.22亿元。2002年，粮食总产量2.95万吨，农业总产值5.37亿元。2003—2004年，扩大对台农业合作与交流，推进有机食品、绿色食品、无公害食品和原产地等认证工作，培育一批农业龙头企业，形成较为稳定的产销衔接新模式。全区共有水产养殖530多公顷、水果种植653.33公顷、蔬菜种植1066.67公顷、食用菌种植250万平方米。两年分别完成农业产值5.44亿元和5.11亿元。2005—2006年，扶持农产品加工“龙头”企业，鼓励“订单”农业，发展食用菌、蔬菜、水产、禽畜、速生丰产林五大产业，带动农民增收。

2007年，农业总产值5.83亿元，农民人均纯收入5345元。全镇农作物总播种5454.33公顷，其中粮食作物播种2269.2公顷、总产量13495吨，其中稻谷产量11570吨；水果种植822.87公顷、产量7467吨，其中香蕉295.73公顷、产量4811吨，龙眼373.27公顷、产量1860吨，荔枝103.33公顷、产量285吨；猪出栏34959头，禽出栏32.03万只，牛出栏417头，羊出栏357头；肉蛋奶总产量4637吨；水产品总产量43572吨，其中海水产品产量33069吨；食用菌产量32976吨，其中蘑菇产量30553吨，食用菌栽培成为角美农副产品的一大创收渠道，每年菇（菌）农可增收2.3亿元。

（二）工业

1993年，全镇有工业企业371家，工业总产值4.52亿元。其中，乡办工业企业产值3.63亿元，村办工业企业产值0.32亿元，合作办工业企业产值0.21亿元，个体工业企业产值0.36亿元。1998年，全镇新办工业企业68家，总投资额7000多万元。1999年，新办工业企业50家，总投资额5545万元（其中内联引进资金3826万元），工业产值38.39亿元。2000年，全镇完成工业产值42.54亿元，其中镇级20.34

亿元，工业在镇域经济总量中占到62.2%。2001年，全镇新办工业企业18家，投资额1.25亿元。

2002年，全镇新办工业企业13家，投资额6575万元。是年，台湾著名小家电生产厂商灿坤集团进驻龙池工业区。2003年，全区完成工业总产值60.66亿元，总量分别占漳州市、龙海市工业产值的1/10和1/3；规模工业企业48家，产值51.16亿元，同比增长23.6%，占全区工业产值的84.3%，占龙海规模工业产值的40%。2004年，全区完成工业总产值99.84亿元；新增规模工业企业15家，达到63家，产值89.83亿元，同比增长75.6%，占全区工业产值的90%；新办各类工业项目79个，新开工、续建或投产投资300万元以上工业项目43个，完成工业固定资产投产总额3.31亿元。截至2004年底，已初步形成以灿坤集团为龙头的家电电子产业集群，以东海、泰山、同发、金之榕企业为龙头的食品产业集群，以统一马口铁、多棱集团为龙头的金属制品产业集群，以九龙、坚实、新二和企业为龙头的建筑建材产业集群。2005年，全区实现工业产值118.83亿元，同比增长19%；净增规模工业企业12家，达到75家，完成工业税收3.4亿元，同比增长96.4%，百元工业产值含税率2.3%；新开工投资500万元以上新办或技改扩建项目52个，新投产投资500万元以上工业企业39家，完成工业固定资产投资总额13.62亿元。2006年，全区实现工业产值153.35亿元，同比增长29%；净增规模工业企业16家，达到91家，实现规模工业产值140亿元，同比增长23%；完成工业税收4.76亿元，同比增长40%；新开工投资500万元以上新办或技改扩建项目46个，新投产投资500万元以上工业企业数32个，完成工业固定资产投资总额14.2亿元。

2007年，全区拥有工业企业注册数1126家，实现工业产值181.09亿元，比上年增长18.1%；分别占漳州、龙海总量的1/6和近1/2；规模工业企业总数达107家，完成工业产值175.7亿元，约占龙海市总量的1/2，其中产值达亿元的企业31家，比上年增加9家；工业税收6.13亿元，占财政总收入8.44亿元的72.6%；新办或技改扩建投资500万元以上工业项目37个，总投资8.82亿元；新批外资项目31个，合同利用外资额1.94亿美元，实际利用外资8404.2万美元，同比增长47.8%；出口企业64家，实现出口创汇63.27亿元，占龙海全市出口总额83%。全区获得ISO9000质量体系认证企业20家；获得HACCP认证企业14家；获得ISO14000环境体系认证2家；获得中国驰名商标3个（多棱、集友、泰山）；获得省著名商标4个，漳州知名商标6个；获得中国名牌产品1个，省名牌产品2个，集友、恒森涂料获得国家免检产品；有6家企业被省评为高新技术企业，灿坤实业被评为“国家重点高新技术企业”；上缴税收达1000万元的有5家、达500万元的13家、达100万元的38家；组建集团公司5家。

（三）基础设施建设

1993年，角（美）嵩（屿）公路扩宽改造动工；角（美）江（东）公路改造基本完成。1994年，投入资金1300万元铺设完成角美明星街42米；建设一个11万伏的输变电站；新建角美综合开发区日供水2万吨、首期日供水5000吨的自来水厂。1996年，角美水果批发市场、角美经贸综合大楼、角美垃圾中转站等竣工并投入使用。1997—1998年，全镇投入2.3亿元，用于兴建和完善道路、电力、供水、通信、江海堤等基础设施和公用设施；扩容开通1.5万门程控电话，增建角美邮电大楼和东美、鸿渐2个邮电所，实现村村通电话；鸿渐文圃山庄落成，时任中共中央常委、国家副主席胡锦涛莅临参观。1999年，投入70万元延伸镇兴路、文圃西路400米；投入240万元建设长2公里的角联路；投入80万元建设田里至恒苍的道路。2000年，投入1200万元对角江公路14.2公里长路面进行拓宽改造，第一期工程进展顺利，水泥路面基本铺成；建设长2.3公里的西山新村道路及长1.5公里的白礁道路。

2001—2002年，全镇累计投入基础设施、村镇建设资金达2.4亿元。其中，角江公路拓宽改造（铺设水泥路面）后正式通车；投资1.4亿元的北引改造工程和投资1700万元的农村电网改造工程完成并投入使用。2003年，全镇累计投入建设资金7500万元，建成龙池安置小区和霞兴小区3#楼、仁和公寓12#楼、禾祥花园3幢住宅楼等项目。2004年，投入800万元完成20公里农村道路硬化；投入198万元更新镇区、福龙工业园主干道路灯202盏。2005—2006年，累计投入5957万元，实施角海路改造、角泰路改造、角江路辅道青洋蓬至镇区段、角江路文圃工业园区段、中闽大道后段、文圃大道后段、北港大桥等主次干道建设；投入5561万元，完成龙池开发区、福龙工业园、文圃工业园22公里园区道路建设。

2007 年，全镇投入 1.03 亿元，实施龙池大道延伸段、角泰路、仁和西路、角江路、林尾渠路建设，实施福龙污水处理厂二期、龙池消防站、龙池垃圾处理场、镇区文圃路口至铁道段人行道改造项目。

三、社会事业

1993 年，鸿渐中学教学楼、卫生院门诊大楼、角美镇敬老院落成；角美卫生院有病床 100 张，卫生技术人员 102 人。1994 年，集资 60 万元兴建角美中心小学教育服务中心大楼。1995 年，投入 1126 万元兴建角美中学教学楼。1996 年，角美镇先后经漳州市、福建省人民政府评估验收实现教育“两基”达标。1997 年 10 月，角美镇在全国“八运会”上被评为“全国群众体育先进单位”。1998 年，全镇拥有中学 5 所、小学 35 所；有中小学生 2220 人，教职工 973 人。同年，角美镇被农体委评为“全国亿万农民健身活动先进乡镇”“全国群众体育先进单位”；教育“两基”达标通过省政府和国家教育部的验收。2002 年 3 月，角美卫生院通过省交通事故伤员救治定点医院的评审；10 月，角美中心小学获王丹萍教育奖。2003 年，建成角美中学综合教学楼、图书馆。2005 年，爱国卫生运动深入开展，村容村貌有所改善；高致病性禽流感和急性肠道炎得到防控；镇老体协门球队、汽排球队在全省比赛中分别获得第一名和第四名。2006 年，角美中学、华侨中学进入省三级达标校行列，鸿渐中学被评为省级农村示范校，角美中学获准设立高考考点，第二中心小学新校园落成，多方筹资 270 万元建立 8 个扶贫助学奖教奖学理事会；市第一医院角美分院投入使用；12 月 15 日，成立漳州市首个镇级文化艺术联合会，由书画协会、作家协会、乐音协会、舞蹈协会、摄影协会、民间艺术协会、收藏协会 7 个协会组成。

2007 年，角美中学通过省二级达标中学验收，教育工作通过省政府教育“对县督导”工作验收；角美卫生院有卫生技术人员 9 人，龙海市第一医院角美分院有中级以上卫生技术人员 17 人，另有卫生所（室）136 家、医务人员 175 人。

第二节　程溪镇

一、镇情述要

程溪镇是革命老区镇、全国“双拥”模范镇，位于龙海市西南部，地处漳州市西南侧，紧依国道 324 线；东与九湖镇接壤，南界漳浦县，西邻平和县，北连南靖县，东南与九龙岭林场、东泗乡相接；镇区距漳州市区 18 公里。境域面积 247.3 平方公里。环境独特，盛产水果、林木、花卉，素有“花果竹之乡”的美称。地理环境得天独厚，属南亚热带海洋性季风湿润气候，四季如春，气候温和，誉为“天然”大温室，年平均气温 21℃，年平均日照 2116 小时，年均降雨量 1371 毫米，有效积温 7666 度，无霜期 358 天。季风明显，秋冬多偏北风，春夏多偏南风。境内金属矿产主要有铁矿、锰矿、铜矿、铀矿；非金属矿石料有普边红石、太武白石、虎皮石、花白石、观音青石、墨石、玄武岩石；黏土矿有高岭土、耐火黏土、砖瓦黏土；砂矿有河砂、

图 30-4　程溪镇政府办公楼（程溪镇政府提供）

石英砂，还有泥煤、水晶和钾长石等矿。境内地下水、地表水资源丰富。

1999年，析洋奎村，另成立奎坑村。2007年，全镇辖20个行政村、1个居委会、1个镇办农场、2个镇办果林场；总户数9938户、人口37308人。

二、经济发展

（一）农业

1993年，程溪镇农作物总播种3369.87公顷，其中耕地1536.2公顷；粮食总产量14985吨；水果种植3047公顷、产量7501吨，其中菠萝种植914公顷、产量3223吨，柑桔种植483.67公顷、产量3259吨，荔枝种植463公顷、产量50吨，橄榄种植357.33公顷、产量29吨；猪出栏9948头，禽出栏9.8万只，牛出栏492头；淡水养殖39.6公顷，产量225吨；农业总产值4032万元，农民人均纯收入1200元。1995年，粮食种植2533.33公顷，总产量17055吨；水果总产量20472吨，水产品总产量855吨，猪肉产量662.5吨，禽肉产量155.45吨，林果竹基地开发1333.33公顷；全镇农业总产值1.32亿元。1997年，发展反季节蔬菜基地333.33公顷，年产值4500万元。1998年，以裕池、百福两家公司为龙头，在浮山、东头等开发133.33公顷花卉基地。2000年，全镇有麻竹基地3733.33公顷，产值9562万元；水果基地3266.67公顷，年产量1.7万吨；林木基地7666.67公顷，年产木材940万立方米。2002年，全镇拥有4000公顷果园、6666.67公顷麻竹、7666.67公顷林木，初步形成麻竹、林果、花卉、反季节蔬菜、养殖五大基地。2003年，全面实施菠萝种植从山地向田间转移，推广高优特新品种；程溪菠萝被省质量技术监督局确认为无公害农产品，并向国家工商总局申请注册“程溪”牌商标。2004年，完成1.67万公顷集体林权制度改革，转移种植菠萝近600公顷，发展巨尾桉种植1333多公顷。2006年，种植菠萝3000公顷，种植巨尾桉3666.67公顷，出栏成鸭500万只。

2007年，全镇农作物总播种1139.93公顷，其中粮食作物播种478.27公顷、总产量2921吨，其中稻谷产量2559吨；水果种植4010.67公顷、产量20990吨，其中菠萝种植2073.33公顷、产量14050吨，柑桔类种植1101.33公顷、产量4705吨，荔枝种植540公顷、产量1200吨；猪出栏33061头，禽出栏35.41万只，羊出栏102头；肉蛋奶总产量2959吨；水产品产量1500吨，全为淡水产品；农业总产值18595万元，农民人均纯收入3764元。

（二）工业

1993年，叶仑村与漳州矿泉水开发公司联合创办矿泉水厂；塔潭村村民创办3家个体竹器加工厂。全年乡镇工业企业产值2415万元，其中乡办工业企业产值785万元，村办工业企业产值670万元，个体工业企业产值960万元。1995年，乡镇工业企业迅速发展，涉及果干、罐头食品、手工艺品等加工业。其中菠萝干、清水笋罐头、塔潭竹凉席开始进入国际市场。全镇工业企业迅速发展，产值6800万元。其中镇办工业企业产值2240万元，村办工业企业产值1039万元，联户工业企业产值1471万元，个体工业企业产值2050万元。1998年，全镇工业企业产值1.78亿元，主要涉及果蔬、竹木、建筑材料等加工业。

2002年，乡镇企业规模扩大，全镇累计拥有工业企业49家，年创产值2.2亿元，其中规模以上工业4家，产值5500万元。2003—2004年，全镇工业企业产值分别为2.21亿元、2.31亿元。两年新办项目11个，其中投资500万元以上规模工业项目2个，初步形成以国道324线、省道林棉线两侧集农产品深加工、电子生产和木制品加工为一体的工业走廊。2006年，全镇工业产值1.81亿元，其中规模工业企业6家、产值7508万元。2007年，全镇工业企业60家，实现工业总产值2.11亿元，其中规模工业总产值9737万元。

（三）基础设施建设

1993年，投资15万元完成镇区经联社至食品站水泥路建设；新建南坑、下叶两个村的水泥路1公里；投资5万元，新建东楼至湖后水库公路3公里。1995年，完成程溪至三平24公里旅游公路建设；拓宽“浮上线”8.5公里道路；完成粗坑至东楼8公里公路；基本实现村村通电话，大哥大直放站及BB机发射台投入使用。1996 年，镇区增辟两条街道，长 400 米；拓宽改建全长 15.24 公里的县道林棉线公路；投资 250 万元，建成官园程控电话交换机模块局和集镇程控电话交换机扩容，实现全镇电话装机容量 3000 门。1997 年，完成投资 3874 万元的林棉线公路建设；完成塔潭至三平旅游公路第二期建设；投资 100 万元扩建镇区改革路、开放路成为 23 米宽的水泥路；投资 25 万元完善农贸市场配套设施。

1999—2000 年，投资 1000 多万元完成东南线公路、三平公路、浮上线公路修建工程。2002 年，投资 100 万元完成内官线等级水泥路建设、浮山桥建设和东南线乡村道路路面维护；投资 2800 万元进行全镇农网改造。2004 年，投入 260 多万元完成下庄、内云、白云 3 条共 4.6 公里的等级水泥路建设。2005—2006 年，投入 3900 多万元完成东南线、浮山线、程塔线及各行政村村道和郊柏线程溪段共计 18 条 70.2 公里的水泥路建设；投入 100 万元完成粗坑、和山、叶仓、人家等 17 个村的水利工程建设及河道清淤、水库除险加固工程。

2007 年，投入近 600 万元完成东楼、粗坑和三关堂 3 条共 12.8 公里水泥路建设，实现全镇行政村等级水泥路“村村通”；投入 230 多万元加固水库 4 座，修复水毁工程 7 处，修复水毁公路桥梁 2 座。

三、社会事业

1993 年，集资 400 万元，新建军民小学、东头、奎坑、下庄、董坑、浮山、内云、人家、洋奎、程中、官中、下中等中小学校教学楼。1995 年，在全市率先实现中小学校舍楼房化目标。1997 年，兴建径口小学教学楼、中心幼儿园教学楼、下庄小学校门，程溪中学和下庄中学教师套房以及官园中学教师宿舍楼；全镇有 96 名学生考上中专，37 名学生考上大学。1998 年，全镇千人病床已达 8 张，配有 2 名医生和 1 名护士。1999 年，程溪中学高考上省专线绝对数居漳州市农村中学第一名；下庄中学中考居龙海市第三名；程溪学区初考居上半市第一名。

2000 年，镇卫生院投资 4 万元购置 1 台 B 超机，投资 5000 元新购 1 台心电图机，投资 1.1 万元购置 1 台尿十项仪。2001 年，卫生院投资 22 万元对门诊综合大楼和宿舍楼进行装修。2004 年，发放最低生活保障金 27.2 万元，解决 286 户、500 多人的温饱问题。2005—2006 年，为全镇 600 多名生活困难群众落实生活保障金 50 多万元，基本做到应保尽保。2006 年，投入 780 万元完成程溪中学、官园中学、东马小学等中小学危房改造。2007 年，全镇有程溪、下庄 2 所中学，小学优化整合为 18 所。

第三节　九湖镇

一、镇情述要

九湖镇位于龙海市西部，是闽南著名的花果之乡、中国首批花木之乡，也是水仙花的故乡、榕雕艺术的摇篮，以及全国最大的虎皮兰、仙人掌生产基地。境域面积 87 平方公里。东与颜厝镇接壤，西与林下林场毗连，南靠程溪镇和九龙岭林场，北界芗城区，东南角与双第华侨农场接界，西北角与南靖县交界。地处九龙江西溪流域中下游，漳州市南郊，是漳州市区的“南大门”。国道

图 30-5　九湖镇政府办公楼（九湖镇政府提供）

324 线九湖路段为福建至广东交通要道，南通汕、深，东接漳、厦、泉；省道郊柏线九湖路段是游客前往平和三平旅游胜地的主要道路；距漳州市区中心 3.5 公里，距离漳州铁路南站不到 4 公里。

2007 年，辖 23 个行政村、1 个镇办农场、1 个居委会；总户数 15416 户、人口 56030 人。

二、经济发展

（一）农业

1993 年，全镇农作物总播种 3879.53 公顷（其中耕地 1549.4 公顷），粮食总产量 16280 吨；水果种植 1849.67 公顷、产量 13275 吨，其中荔枝种植 963.13 公顷、产量 1317 吨，柑桔种植 469.8 公顷、产量 10089 吨；猪出栏 24200 头，禽出栏 13.6 万只；淡水养殖 63.13 公顷，产量 283 吨；农业总产值 9486 万元，农民人均纯收入 1846 元。1996 年，全镇完成农业总产值 1.92 亿元，农民人均收入 2293 元。1999 年，全镇完成农业总产值 1.98 亿元，农民人均收入 2857 元。2002 年，全镇完成农业总产值 2.14 亿元，农民人均收入 3815 元；新办农产品加工企业 2 家；回缩矮化老龄荔枝树 166.67 公顷，改造旧柑园 133.33 公顷，发展郊区绿色农业、生态农业 57.33 多公顷；在内寮百亩荔园建成 3.33 公顷的无公害荔枝生产示范基地。2003 年，全镇芦柑 533.33 公顷、荔枝 1113.33 公顷；在琪塘村高位嫁接 13.33 公顷荔枝“蜜丁香”新品种，带动全镇范围内荔枝高位嫁接，推动全镇果树品种升级换代；发展郊区绿色农业、生态农业 66.67 公顷。2007 年，全镇农作物总播种 1779.73 公顷，其中粮食作物播种 406.4 公顷、总产量 2606 吨，其中稻谷产量 2462 吨；水果种植 1156.67 公顷、产量 6100 吨，其中柑桔类种植 433.33 公顷、产量 3250 吨，荔枝种植 633.33 公顷、产量 1500 吨；猪出栏 27730 头，禽出栏 53.55 万只；肉蛋奶总产量 4662 吨；水产品产量 1430 吨，全为淡水产品；袖珍菇、凤尾菇等鲜品产量 800 吨，黑木耳干品产量 60 吨，杏鲍菇干品产量 50 吨；农业总产值 26070 万元，农民人均纯收入 4900 元。

（二）工业

1993 年，全镇工业总产值 10469 万元。其中，乡办工业企业产值 2686 万元，村办工业企业产值 3433 万元，合作办工业企业产值 810 万元，个体工业企业产值 3540 万元。1996 年，引进龙海市新春罐头食品厂、龙海市九湖林下食品厂等工业企业。1998 年，两个工业小区共开发土地 10 公顷，引进和创办精艺拉管、三实电器、天帮箱包、华佳电子等 23 家三资企业，初步形成电子器件、旅游工艺、五金建材、纸塑包装和食品罐头五大行业。1999 年，成立院后工业小区。

2000 年，在延伸旧工业区开辟新工业区的基础上，全年新办工业企业 15 家。2002 年，以工业园区建设为重点，促使新办企业向工业园区集中，企业投资向规模化转变。全年新办工业企业 11 家（其中规模企业 6 家），总投资 1 亿元的龙海市华艺钟表有限公司和投资 450 万元的漳州杰成电子有限公司落户蔡坑片区，成为九湖大型电子产业的支柱。2003 年，围绕把九湖建成漳州市郊的生态型工业旅游强镇目标，以九湖工业园区建设为龙头和主载体，着力引导企业向工业园区聚集，形成规模、群集效应。全年园区开发利用土地 50.67 公顷，拥有企业 27 家，其中上规模企业 15 家，投资总额 1.87 亿元；形成以石英钟电子类、家具制造类为主的两大产业区。2005 年，投资 300 万元以上新办或技改扩建项目 12 家，投资总额 1.2 亿元；新投产 9 家，上千万元以上的项目 5 个，投资总额 1.8 亿元；全年完成工业产值 13 亿元，实现工业税收 3000 万元；工业区入驻企业 42 家，投资额超过 4.2 亿元。2006 年，福建厨师食品集团有限公司获“中国驰名商标”、华艺钟表获“福建省著名商标”；截至年底，工业园区入驻企业 61 家，投资额超过 6.3 亿元。

2007 年，全镇完成规模工业产值 9.87 亿元，工业固定资产投资 3.9 亿元；家具、食品加工等行业的投入成为主体，其中食品加工业投入 8000 万元、家具业投入 4000 万元，产业集聚效应逐步显现；全年投资 500 万元以上的项目 12 个，投资总额 1.1 亿元；上千万元以上的项目 9 个，投资总额 3.1 亿元。是年，康之味食品获得“福建省著名商标”，福建厨师食品集团有限公司获得“福建省品牌农业重点企业”称号。

（三）基础设施建设

1993 年，九湖镇投资 100 多万元建设漳圆公路，在林下、蔡坂村河岸建设面积 0.07 公顷、长 120 米的高排渠压载平台，投入10多万元用于百花村花圃建设。1996年，投资1500万元用于拓宽改建省道郊柏线九湖路段，完成九湖花果市场二期土地征用，投资23万元建成九湖计生财政综合楼。1997年，建成九湖新塘农贸市场和林下农贸市场，完成九龙江二期加固工程。1999年，投资125万元建设梅溪排涝设施清淤加固工程，投资100多万元用于九湖镇南大道配套工程建设。1999—2000年，投资近1000万元建成漳州市第二届海峡两岸花博会龙海市分会场九湖百花园。

2002年，投资1260万元用于九湖工业园区规划建设，主要有洋坪连接漳圆公路拓宽，荔海到漳州艺校道路改造，仙人球、榕树科技示范园建设等。农业基础设施投入126万元，主要用于抗春旱挖机井、增灌溉减受灾等农田水利设施、农业科技示范基地建设，提高农业的抗灾能力。2003年，水仙花栽培示范基地申请国家农业综合开发投资计划，总面积180公顷，总投资270万元；完成荔海到漳州艺校道路改造总长4.2公里，总投资360万元；完成洋坪连接漳圆公路总长2.5公里，总投资180万元；投资360万元修建鸡母石至大帽山道路。

2005年，完成九湖至庵兜1.7公里、324线至木棉1.1公里、百花园至长福1.3公里、美山至蔡坑1.3公里、县道郊柏线至林下段1公里、324线至美山2.4公里道路施工建设，并顺利通车。2007年，总长10公里的龙厦铁路九湖段进入征地拆迁阶段；投资1007万元，实施面积336.53公顷土地的整理项目；投资1000多万元在9个村开展“农村饮水工程”；投资168万元进行农业综合开发项目建设，新修1.45公里的机耕道1条，实现水仙花地水浇200公顷。

（四）花卉产业

1993年，全镇水仙花种植266.67公顷，年产1440万粒，年销售额约3600万元；仙人球种植100公顷，每亩产值10万元；榕树盆景种植233.33公顷，每亩产值8.5万元。1994年，水仙花种植300公顷，年产值4400万元；仙人球种植106.67公顷，每亩产值9.5万元；榕树盆景种植236.67公顷，每亩产值8.8万元；三角梅绿化苗种植23.33公顷，每亩产值5万至10万元。1998年，由于柑橘种植锐减，水仙花种植面积开始较大幅度增加，全镇种植400多公顷，年产值7000万元。

2000年，全镇开始较大面积种植虎皮兰，种植120公顷，每亩产值3.5万元；野生树头盆景16.67公顷，每亩产值20万元。2002年，九湖水仙花种植626.67多公顷，年销售3360多万粒，销售额7200多万元，出口额为65万美元。2003年，全镇拥有水仙花、榕树盆景、仙人球花卉、观叶类和绿化苗木等种植达666.67多公顷，成立“漳州·中国水仙花协会”和“龙海花卉协会·兰花专业委员会”；举办“第三届中国·百花村花卉节”，参加展销的花卉企业和花卉门市有400多家。

2004年，水仙花开始实施品牌战略，按标准分类，统一包装，让会员共享宜春/圆山牌商标；举办“第四届中国·百花村花卉节暨漳州市第二届水仙花雕刻艺术大奖赛”和“第六届海峡两岸（福建漳州）花卉博览会盆景展览暨百花村花卉节”，参展作品包括省内和台湾地区的300多盆优秀盆景。

2007年，花卉盆景种植800公顷，成为福建省最大花卉生产基地、福建省最大花卉交易集散中心、“全国定点花卉市场”；举办“第九届海峡两岸（福建漳州）花卉博览会暨农业合作洽谈会——百花村花卉交易会”，参展的花卉企业、花卉营销门市368个，签约的花卉企业6家，营销项目8个，合同交易额4600万元，市场花卉交易销售额1200万元。

三、社会事业

1993年，建设龙海五中学生宿舍楼和教师宿舍楼各1座。1996年，全镇开展教育集资，用于龙海六中主楼、师生宿舍、食堂等配套建设资金300万元，龙海五中征地、跑道建设及其他补助款200万元。1997年，投资约30万元建设蔡坑小学教学楼。1999年，全镇中小学基本实现教学楼房化，并发动群众自愿捐资助学，用于扩建基层小学宿舍、文体中心，以及师生宿舍楼等配套设施。

2007年，全镇享受农村最低生活保障共241户、617人，总金额25多万元。全镇农民参加新型农村合作医疗保险人数4.8万人，参合率85.7%；到12月底共受理住院医药费补偿857人次，补偿金额128.78万元，人均补偿1737元。

第四节　颜厝镇

一、镇情述要

颜厝镇位于龙海市西部，地处漳州市区南郊。面积 52 平方公里。东与榜山镇接壤，南与双第华侨农场隔岭为界，西连九湖镇，北与漳州芗城区和龙文区隔江相望；镇区距离漳州市区 1.9 公里，距离龙海市区 20 公里。省道漳云线穿境而过，紧依九龙江畔。境内山丘为低山和高丘陵，最高点牛头寨山海拔 540.8 米，最低点浦园社海拔 15 米。九龙江从路边村入境，经上洋、宅前、丹洲、马洲村，从水头村出境；境内河道长 10 公里。另有大溪、小溪两条支流。

2007 年，辖 20 个行政村和 1 个镇办新社农场；总户数 13390 户、人口 51288 人。

二、经济发展

（一）农业

1993 年，全镇农作物总播种 3982 公顷（其中耕地 1552.27 公顷），粮食总产量 20348 吨；水果种植 641.8 公顷、产量 2007 吨，其中荔枝种植 405.47 公顷、产量 670 吨，柑桔种植 92.33 公顷、产量 625 吨；猪出栏 25250 头，禽出栏 23.1 万只，牛出栏 150 头；渔业总产量 597 吨，其中淡水养殖 119.4 公顷、产量 508 吨；农业总产值 7050 万元，农民人均纯收入 1340 元。

1994 年，粮食产量 20673 吨，同比增长 1%；农民人均纯收入 2000 元，比 1993 年增加 33%。1996 年，开发山地 66.67 公顷；新种水果 233.33 公顷；发展立体种养 80 公顷；种植蔬菜 533.33 公顷；栽培食用菌 60 多万平方米；形成果、蔬、渔、禽畜、菇五大农业生产基地；农业总产值 1.2 亿元。1998 年，在沿江的高优农业经济带发展 200 多公顷蔬菜基地、30 万平方米食用菌生产基地和 133.33 公顷花卉生产基地，成为漳州市“菜篮子”工程的重点生产基地。1999 年，实有耕地 1445.14 公顷，其中水田 1146.47 公顷、旱地 298.67 公顷。

2002 年，完成旧果园改造 120 公顷，果蔬技术试验 80 公顷，农业综合开发项目 293.33 公顷，土地整理 20 公顷，引进新品种 4 个。2004 年，完成林权登记 42 宗，面积 1251.73 公顷，全镇有 11 个村完成集体林权制度改革和林权登记换发证工作。2006 年，农业总产值 2 亿元，农民人均纯收入 4420 元。

图 30-6　颜厝镇政府（颜厝镇政府提供）

2007 年，全镇农作物总播种 2845.73 公顷，其中粮食作物播种 797 公顷，都种植稻谷，稻谷产量 4806 吨；水果种植 670.2 公顷、产量 11171 吨，其中龙眼种植 138.67 公顷、产量 2872 吨，柑桔类种植 165.53 公顷、产量 2179 吨，荔枝种植 312 公顷、产量 5320 吨；猪出栏 12952 头，禽出栏 44.43 万只，羊出栏 77 头，牛出栏 156 头；肉蛋奶总产量 5955 吨；水产品产量4602吨，其中淡水产品产量4452吨；农业总产值25340万元，农民人均纯收入4620元。

（二）工业

1993年，全镇工业总产值14508万元，其中乡办工业企业产值8083万元，村办工业企业产值3406万元，合作办工业企业1524万元，个体工业企业产值1495万元。1994年，引进中外合资企业1家、外商独资企业3家，全镇“三资”企业总数达到6家，“三资”企业产值达5000万元。

1997年，全镇有产值上亿元的企业1家，上千万元的企业12家，其中紫山集团跨入全国中型企业行列。1998年，以紫山集团、绿宝食品罐头有限公司为代表的食品罐头行业，增值8000万元；以华艺钟表为代表的电子行业，增值3000万元以上。2002年，紫山集团被评为全国十强罐头企业。

2005年，规划建设40公顷的长边工业园。新开工投资300万元以上项目14个，新投产投资300万元以上工业企业11家，规模工业企业总数15家。2006年，全镇投资300万元以上项目达到72个，初步形成食品加工、塑料加工、造纸印刷、家具生产、电子和化妆品研发等产业集群。

2007年，全镇工业总产值16.69亿元，增长11.9%；全镇规模工业产值11.5亿元；新办或技改扩建投资500万元以上项目有5个，项目总投资3625万元；新投产投资500万元以上工业企业5家；新增规模工业企业4家，总数为21家。

（三）基础设施建设

1993年，集资200万元，建设镇村主干道15公里柏油路和4公里水泥路；集资150万元，新建并开通500门模块程控直拨电话；集资200多万元，整修加固九龙江堤坝3.5公里，镇内排涝堤坝12公里。1994年，投资20万元用于丹洲、马洲电话线路铺设，实现全镇村村通电话；投入1100万元的自来水第一期工程竣工。

1996年，全镇投入9000万元，完成日供水量2万吨的福建省粮食专用管灌引水工程、完成11万伏输变电站建设、完成2000门微波程控电话的模块建设、建设12个新村示范点。1997年，投入3800万元完成9.6公里的漳州至水头公路拓宽改造工程。1998年，新装电话3000多部，有4个行政村达到“电话明星村”标准，成为漳州市第一个“电话富裕镇”。2002年，巧山村通过3.15万平方米旧村改造，建成126幢商住楼、8000平方米绿地，成为漳州市旧村改造示范点。2004年后，投入资金1400多万元，完成村道水泥路建设16条34.1公里。

2007年，完成供水项目建设村、场17个，受益人口4万多人；投入资金370多万元，完成村道硬化8条，总长11.5公里。

三、社会事业

1993年，全镇共有23个医疗服务网点，每年举行一次预防传染病宣传；有27所幼儿园，22个文化室1个芗剧团，2支电影队，5支农民鼓乐队，13支农民传统文艺队，4个农民扫盲班，1个锦歌社，17个老人协会。集资595万元，新建中小学教学楼、办公楼、教师宿舍楼等20座，面积17500平方米。1994年，集资150多万元，投入路边村小学教学楼建设和一批中小学教学设施购置；投入100多万元，建成5个有线电视分站。

1995年，集资600多万元，投入长边中学、古县中学及颜厝、马洲、丹洲等小学教学楼配套建设。1996年，投入1000多万元，兴建9座中小学教学楼、食堂、宿舍和综合办公楼，建筑总面积7244平方米，全镇100%实现教育楼房化；上林、田址、古县3所小学成为省级农村示范校。1998年10月，在古县中心小学建立古县村史展览馆，展出有关经济、农业、乡镇企业等10个项目的图片98张。

2001年，举办科普班、农函班、科技讲座等87期，提高村民科技意识和水平。2006年，颜厝镇获得全国“亿万农民健身先进乡镇”称号；巧山村成为省级“平安家庭”示范点和全省创建“平安家庭”工作现场会参观点。

2007年，全镇共有2所初级中学，16所小学。全年共受理参合农民住院补偿人数1250人次，发放住院补偿费用195.5万元；累计有343户、824人享受最低生活保障，月发放低保金4.24万元。

第五节　榜山镇

一、镇情述要

榜山镇位于龙海市中部，境域面积 56 平方公里；东接石码镇，西邻颜厝镇，南与双第华侨农场、海澄镇交界，西北与龙文区相接，东北与角美镇、紫泥镇隔九龙江相望。乡镇公路里程 131 公里；江海堤岸长 15.2 公里。境内国道 324 线、319 线，省道 208 线和厦漳、漳诏、漳龙高速公路纵横交错，是横跨东西、承接南北的交通枢纽要镇，区位优势十分独特。

全镇有各类企业近 2000 家，基本上形成“一村一品”的经济发展格局，形成建材、食品罐头、粮行米市、水产冷冻、家具、皮革、羽绒、饲料、造纸、物流 10 个产业群体。其中荸荠专业市场是全市最大的荸荠集散市场；皮革市场驰名省内外；家具市场的规模和功能位居漳州市同类市场之首。1999 年，榜山镇经济实力跻身福建省百强镇、福建省乡镇企业百强镇、漳州市乡镇企业十强镇行列。

2007 年，辖 19 个行政村和 1 个镇办农场；总户数 19595 户、人口 76706 人。

二、经济发展

（一）农业

1993 年，全镇农作物总播种 4473.73 公顷（其中耕地 1573.73 公顷），粮食总产量 21487 吨；水果种植 147.87 公顷、产量 783 吨，其中柑桔种植 72.33 公顷、产量 486 吨；猪出栏 15174 头，禽出栏 14 万只，牛出栏 30 头；有渔船 59 艘、动力 474 千瓦，渔业总产量 412 吨，其中淡水养殖 63.73 公顷、产量 217 吨；农业总产值 6805 万元。是年开始改变 “稻—稻—麦”的单一位种植模式，改变冬季只种小麦历史，农业种植结构向市场信息化调整，农业向产业化调整。

1997 年，全镇粮食良种覆盖率达 95% 以上，水稻种植面积 1466.67 公顷，总产量 2.28 万吨。1998 年，建成 3 个蔬菜基地、2 个水产基地、3 个畜禽基地，有 1 家年出栏万头猪养殖场落户。

2000 年，全镇初步形成蘑菇、日本蒿菜、商品鳖、PIC 种猪、花卉、香蕉 6 大特色支柱农产品生产基地，其中商品鳖年产 70 多万只、产值 1500 多万元。

2002 年，调整农作物种植面积 1933.33 公顷，用于种植各类低农残蔬菜及其他农产品，亩均增加产值 500 多元。2003 年，农业总产值 1.67 亿元，形成万亩吨谷田、万头商品猪、千亩高产高优柑桔、266.67 公顷蔬菜、333.33 公顷香蕉，以及商品鳖养殖六大特色农产品基地。推行稻谷、荸荠为主多熟制种植，每年晚季调整 666.67 公顷种植荸荠，冬季 200 公顷蔬菜、266.67 公顷荷兰豆、马铃薯及花卉。农业向产业化、规模化、商品化转变，出现一批农产品营销大户。

图 30-7　榜山镇政府（榜山镇政府提供）

2004 年，投资 661 万元，调整三苑洋绿色生态示范基地土地192.53公顷，受到全国政协委员视察组检查、观摩。

2007年，全镇农作物总播种2244.2公顷，其中粮食作物播种850.33公顷、总产量5480吨，其中稻谷产量4231吨；水果种植247.67公顷、产量6641吨，其中香蕉种植168公顷、产量4210吨，柑桔类种植42.13公顷、产量1648吨；猪出栏21830头，禽出栏17.88万只，牛出栏52头；肉蛋奶总产量3398吨；水产品产量4035吨，全为淡水产品；农业总产值21183万元，农民人均纯收入3938元。

（二）工业

1993年，全镇工业总产值35630万元。其中，乡办工业企业产值10260万元，村办工业企业产值6808万元，合作办工业企业产值15170万元，个体工业企业产值3392万元。1997—1998年，兴办工业企业188家，全镇个私工业企业1489家，初步形成豆皮、罐头、饲料、家具、建材、粮食等十大产业。

2001年，榜山发挥家具制造的优势，年总产值超亿元有4个村，其中平宁村2.5亿元、南苑村2亿元、芦州村1.65亿元、翠林村1亿元。2004年，新办、技改扩建工业项目28个，总投资4800万元；海昌食品获HACCP认证、广发食品获IFS欧洲食品认证、锦江蚊香获漳州市名牌产品。

2006年，平宁工业区入驻企业22家，完成投资8207万元，其中15家企业已投产，创产值1.8亿元；观音山工业区有昇邦工业和百汇轻纺2家企业入驻。

2007年，全镇工业总产值17.92亿元；规模工业企业25家；建成规模工业园区4个，民营企业突破2000家；产品全部出口企业19家，出口交货值4亿元。

（三）基础设施建设

1993年，投入资金60万元修建11万伏变电站。1998年，投资856万元，建成九龙江达标防洪堤15.4公里，加固土石方19.25万立方米。1999年，扩建莲池水库自来水工程，库容150万立方米，修建改造22公里的自来水主管道；投资800万元，建成双第—普边公路14公里，以及南苑、福河、洋西、北溪头4条村道水泥公路7.5公里。

2002年，投资1378万元，在田边、上苑、南苑等17个村实行农村电网改造；投入资金65万元，加固莲池水库。2003年，投建九龙江堤岸水泥公路9公里，榜山、文苑、柯坑、南苑、上苑、雩林、翠林7条村道水泥公路8.2公里。

2005年，投资500多万元，完成农村水泥公路11.1公里建设；投入180多万元，完成莲池水库、浮山水库的除险加固和九龙江江堤护岸工程。

2007年，配合做好西浮公路拓宽改建及芦州大道拓宽建设工程等市级项目。

三、社会事业

1993年，有2所中学（榜山中学、崇福中学），19所小学，24所幼儿园，250名教职工；有镇卫生院1所，各类技术人员60人，设有中西内科、皮肤科、妇产科、烧伤科、化验室、心电图及B超室，拥有病床40张。全镇享受最低生活保障、散居的农村五保户34人。

1997—1998年，投入2200万元，先后对13所中小学进行新建或扩建，建筑面积2.34万平方米。其中1997年教育“两基”工作通过省级跟踪核查。

1999—2000年，投入资金引进推广农业新技术和培训农业科技人才；投入200万元用于改善小学校舍和教学条件。2002年，筹资158万元把洋西小学改建成占地1公顷、建筑面积1700平方米的花园式校园。

2004年，投入30多万元，筹建2处健身路径晨练点和完善12处大型体育设施配套建设。是年，榜山镇被评为全国体育先进乡镇；19个行政村成立农体协会。2006年，投资300多万元，对2所中学和19所小学进行改造。

2007年，全镇有中学2所（榜山中学、龙海第八中学），在校学生4324人，教师271人；小学19所，在校学生6020人，教师346人；幼儿园、托儿所48所。建立保洁队伍22支，新建垃圾中转站48个。全镇有敬老院、老人活动室20所。参加农村社会养老保险670人，享受居民最低生活保障1250人。

第六节　紫泥镇

一、镇情述要

紫泥镇位于龙海市东北部，地处九龙江入海口；东邻厦门市，北接角美工业综合开发区，西南紧靠龙海市区，南与海澄镇隔水相望。紫泥镇由浒茂、乌礁两岛屿组成，九龙江南、中、北港环抱两岛；境域面积 68 平方公里，其中浒茂岛 47.5 平方公里，乌礁岛 20.5 平方公里；海岸线总长 55.6 公里。全镇有耕地 2200 公顷，水面 3586.67 公顷，滩涂 1866.67 公顷。

境域属典型河口冲积洲，地势平坦低洼，土地肥沃，表层深厚，水资源充沛，咸淡水交汇。农业生产条件优越，水产养殖得天独厚。粮食、水产品、水禽、蘑菇和蔬菜是农业的主要产品；金定鸭和溪墘红蟳驰名海内外。船舶制造、食品加工是独具特色支柱产业。自然地理、生态资源独特性，使紫泥成为远近闻名的鱼米之乡和造船基地。甘文农场红树林中活跃着白鹭等 70 多种野生鸟类，数十种鱼、虾、蟹、贝等海生动物及 90 多种底生动物。

2007 年，辖 15 个行政村及 1 个镇办农场；总户数 14522 户、人口 58131 人。

二、经济发展

（一）农业

1993 年，全镇农作物总播种 5762.4 公顷（其中耕地 2243.93 公顷），粮食作物总产量 33790 吨；水果种植 43.93 公顷、产量 1516 吨，其中香蕉种植 31.53 公顷、产量 1412 吨；猪出栏 23698 头，禽出栏 72.4 万只，羊出栏 30 头；有渔船 1295 艘、动力 5846 千瓦，渔业总产量 5160 吨，其中海水养殖 969.47 公顷、产量 3129 吨，淡水养殖 360.8 公顷、产量 1100 吨；农业总产值 11513 万元，农民人均纯收入 1670 元。

1997 年，省政府表彰 50 名“产粮多贡献大先进个人”，紫泥镇占 19 名，其中种粮大户林德文被评为省劳动模范。

1998 年，全镇粮食总产量 3.51 万吨，淡、海水养殖面积 1180 公顷，机动渔船 1316 艘，水产品总产量 2.07 万吨，金定鸭出栏 263 万只，禽蛋产量 3650 吨，鸭苗 2000 万苗，蘑菇种植 40 万平方米、产量 3200 吨。

2000 年，进行农业产业结构调整，粮食播种面积有所减少，形成粮食、蔬菜、蘑菇、禽畜、水产全面发展的大农业格局，建成 2 公里金定鸭养殖走廊和 10 家水产育苗场，以及万亩南美白对虾养殖基地。推广莲藕套养沙虾、稻田套养沙虾、虾蟹贝生态混养、禽鱼（虾）立体混养 4 项新技术，农业科技进步对经济贡献率达 55%。当年全镇年产优质稻米 1.2 万吨，高值蔬菜 0.6 万吨，莲藕 0.2 万吨，蘑菇 1.7 万吨；母鸭存栏 30 万只，年产肉

图 30-8　紫泥镇政府（紫泥镇政府提供）

鸭300万只，蛋品7000吨，种苗3000万苗。甘文牌溪墘红蟳、溪墘青蟹获得国家农业部“无公害农产品”标志证书，并获得“福建省名牌产品”称号。2004年，金定鸭获得原产地保护标记注册认证证书；甘文生态现代农业示范园区连续4年承担国家立项农业综合开发项目，并建成100公顷水产标准化生产示范基地，成为福建省生态农业建设工程示范区、漳州市生态现代农业示范区、国家级持续高效农业和外向型高优农业龙海市示范区之一。

2007年，全镇农作物总播种4361.73公顷，其中粮食作物播种1155.07公顷，全是稻谷，产量6722吨；水果种植38.67公顷、产量1450吨，其中香蕉种植34公顷、产量1205吨；猪出栏29463头，禽出栏184.89万只；肉蛋奶总产量7937吨；水产品产量50945吨，其中海水产品36475吨、淡水产品14470吨；食用菌总产量20500吨，其中蘑菇产量19900吨；农业总产值59991万元，农民人均纯收入5066元。

（二）工业

1993年，全镇工业总产值11856万元，其中乡办工业企业产值377万元，村办工业企业产值4474万元，合作办工业企业3781万元，个体工业企业产值3224万元。造船企业17家，产值3150万元；鱼、肉制品加工企业8家，产值1900万元。

1997年，紫泥镇首家外资企业——福建通利工艺品有限公司在西良村投产，主要产品塑料花多数销往中国香港地区及美国。1998年，扩建彩陶制品厂。2000年，国安船业公司成功开发40座位高速玻璃钢艇、国际标准型玻璃钢龙舟等产品，并投入批量生产，填补省内船舶生产空白；紫泥造船厂新建2艘300吨位远洋渔轮。

2002年，龙海市锦财食品有限公司生产的锦财牌金定鸭双蛋黄咸蛋批量出口日本市场，全年出口数量360万粒，创汇158万美元。2004年，下楼民政造纸厂投资450万元，引进一条日产50吨的3100型宽幅纸品生产线；珍桂食品公司投资300万元，新建一条年生产52吨肉制品生产线；国安船业公司投资400万元，建造3000吨级造船台2座和1000吨级造船台2座。2005年3月，龙海市把乌礁岛沿江下游5公里地段规划为修造船产业集聚区，赋予相关工业园区优惠政策，聚集国安船业、新胜海船业、兴明造船、紫顺造船、华南造船等28家造船企业，年创产值2亿元；厦船重工与新胜海船业签订合作5年，实现大企业与紫泥镇民营造船业的强强联合。2006年，引进名屋食品和绿康食品2家企业，改变紫泥镇食品工业单一发展的现状。

2007年，新开工、扩建、续建的投资上500万元工业项目5个，规模工业企业数6家；国安船业公司建成闽南地区最大的2万吨级船坞。全镇工业总产值5.37亿元，其中修造船企业产值2.64亿元；烤鱼片、猪肉干加工企业产值1.15亿元。

（三）基础设施建设

1993年，开始筹建浒茂水泥公路；1995年10月开工，1996年2月竣工，总投资163.1万元。1995年，锦江大桥动工兴建，1998年12月竣工并投入使用，全桥总长467.45米，并承架跨江供水通道以解决紫泥镇自来水供给，总投资3321.55万元。1998年10月，紫泥镇投资1300万元从龙海自来水厂引入自来水，供应每个行政村、场，日供水量1.5万吨。1999年12月，扩建乌礁公路水泥路面，总投资720万元。2001年3月，紫泥镇供电所建成，辖区内有专用配变电设备100台，总投资2500万元。2002年，建设500吨级下楼陆岛交通码头，总投资700万元，成为海岛的水上黄金通道。同年，环绕两岛的55.6公里的海堤达标工程通过省级验收。2007年，北港大桥竣工，总投资2200万元；北港大桥将紫泥镇连接角美镇，打通紫泥镇陆路对外第二通道。

三、社会事业

1993年，紫泥镇有中学2所，小学13所，42所幼儿园，卫生院1所。1997—1998年，镇村两级投入820万元新建中小学教学楼8幢1.15万平方米、扩建小学校舍5幢2980平方米。全镇有3家芗剧团、8支录像放映队；各村有文化阅览室、老年活动室；有广播电视站，有线电视与龙海市联网。

2002年，新建溪洲小学，浒茂中学恢复完中校办学。2004年，乌礁中学新建4间简易教室，西良小学教学楼完成土建工程。

2006年，投入130万元新建仁和小学教学楼；投入120万元新建锦田小学教学楼；投入173万元新建乌礁中学教学楼；投入40万元清理卫生死角80处、污水沟7.26公里，绿化进岛公路两侧。当年，紫泥卫生院被列入漳州市乡镇重点建设点；“双高普九”教育通过省验收。2007年，全镇有1所卫生院，52家村级医疗所，医务人员66名。其中镇卫生院有医护人员39人，病床35张。全镇有14所小学、1所完全中学（浒茂中学）和1所初中校（乌礁中学）。小学教学班117班、在校学生3850人，初中教学班56班、在校生2926人，高中教学班10班、在校生523人。

第七节　石码镇

一、镇情述要

石码镇位于龙海市中部，地处北纬24° 6′，东经117° 48′，为龙海市政府驻地。东与海澄镇山后村交界，南邻榜山镇和海澄镇，西与榜山镇平宁村接壤，北隔九龙江与紫泥镇相望。西距漳州市区中心21公里，东沿九龙江距厦门市18海里。境域面积3.34平方公里。

境内属九龙江水系，九龙江南港从镇区北部穿流而过，境内河道长7.2千米。另有内河2条，全镇河流水面1.2平方公里。石码港潮汐属半日潮浅海潮。最低潮位为-0.80米（1938年），最高潮位为5.52米。最大潮差于1959年8月23日为4.53米，最小潮差为0.03米，平均潮差为2.66米。平均半潮面2.33米，平均高潮位3.66米，平均低潮位1.00米。平均涨潮3小时47分，平均落潮8小时38分。农历每月“初三日前，十八日后”出现大潮。农历每年八月、九月出现最高潮位，俗称“秋潮”。

境内交通便利，省道208线、县道西港线、漳诏高速公路穿过境内，设有高速公路龙海出入口；锦江道客货运码头成群，每天有快艇和货轮往返厦门。境内设有长、短途汽车站，往返龙海各乡（镇、场）和其他县市；日客流量1万余人。

全镇有村级文化活动中心17家，有各类文化专业户28户。音乐、美术、书法、摄影及文学业余创作队伍300多人，有省、市级文物保护单位6处。石码镇名胜古迹甚多，有天后宫、宛南亭、关帝庙、基督教堂、杨氏大夫第、石码中山亭、红军楼、龙海桥等风景名胜，是龙海消暑纳凉的好去处。风土人情浓厚，有格子扇、连家船、石码港口虎爷信俗等传统民俗；土特产品丰富，有石码卤面、石码五香、石码肉粽、石码米烧粿等特色小吃，其中石码卤面和石码五香于2002年获得“中华金厨奖”。南音、锦歌（芗剧）、端午节赛龙舟、传统舞龙舞狮、闽台乡土文化、畲族文化民俗风情浓厚，拥有龙舟制作工艺、吹麦芽糖、彩扎艺术（“棚仔艺”和“结彩楼”）等传统民间技艺。

2007年，辖13个社区居委会和4个村委会，194个居民小组、27个村民小组；总户数21341户，人口69038人。

图30-9　石码镇政府办公楼（石码镇政府提供）

二、经济发展

（一）农业

1993年，全镇农作物总播种193.33公顷（其中耕地78.27公顷），粮食总产量1045吨；水果种植2公顷、产量2吨，主要是荔枝、柿子、龙眼和香蕉；猪出栏2209头，禽出栏3.3万只；有渔船365艘、动力30279千瓦，渔业总产量14476吨，其中海水产品14469吨；农业总产值3887万元。1997年，引进高优品种和种植高值应时、反季节蔬菜，综合经济效益明显提高；投资750万元添置7艘铁壳渔船投入生产，全年渔业总产值13512万元，同比增长4.8%。2002年，全镇农业产值1.5亿元，同比增长18.3%。

2007年，全镇农作物总播种68公顷，全部种植蔬菜，总产量1820吨；猪出栏555头，禽出栏3698只；肉蛋奶总产量158吨；渔业社区、高坑村港口自然村有捕鱼渔船273艘，海洋捕捞产量20737吨；农业总产值22465万元。

（二）工业

1993年，全镇工业总产值39594万元，其中乡镇工业企业15338万元（乡办工业企业产值12642万元，村办工业企业产值2077万元，合作办工业企业产值365万元，个体工业企业产值254万元），以纸制品、塑料制品、食品加工、皮革制品、竹木加工、水产品加工、机械加工和制鞋业为主。1997年先后有29家企业投入1250万元进行技改，新增产值9800万元；有4家企业研制的5项产品获得专利，成鸿机修厂研制的船用柴油乳化机荣获国家实用新型专利。2002年，全镇工业产值9.01亿元，已形成纸制品印刷、家具制造、机械加工等支柱产业。2005年，规模工业企业7家，其中新增加企业4家；规模工业总产值4.08亿元，同比增长10.5%。2006年，全镇工业总产值6.97亿元，其中规模工业产值4.15亿元。

2007年，拥有工业企业421家、职工4363人，总产值6.64亿元；拥有3个省级著名商标和2个漳州市级知名商标。

（三）第三产业

1993年，开辟镇政府和县供销干校底层门面，增加商业网点；镇办1家综合服务公司，提供劳工、文化、教育、事务等方面服务；通过股份制组建粮食加工集团和塑料印刷集团；国有集体企业由28家发展到40家，三资企业由4家发展到8家；全镇个私企业有2358家，从业人员8637个；综合市场3个，临时市场3个，实现消费品零售总额6.24亿元。1997年，全镇共投入1500万元新发展第三产业项目135个，新增产值7800万元，全镇第三产业总数已达2503个。2000—2003年，全镇合同外资额1240万美元，实际利用外资404万美元。

2007年，全镇个私企业有3745家，占全镇企业产值75.8%；从业人员10417人，已成为经济发展中的生力军。其中，欣然超市、吉马超市年营业额超500万元，成为石码镇最具规模的商品零售企业。

（四）基础设施建设

1993年，石码镇改建锦江道九二〇地段、高坑港口路段；新建桥口东市场、旧货市场。1997年，投资1992万元，动工兴建5大项目，其中完成投资850万元的二环路路面，包括慢车道和花台工程；投资27万元建设总长660米的高坑排洪港两侧人行道和花台；投资30.3万元对市区2100平方米的破损道路进行维修。1997—2003年，新建紫鑫公寓、顺风楼、港口花园、运辉花园、佳鑫花园、解放北路红树林片区等18个商住小区；累计投入资金8亿元，拆迁旧城房屋面积30多万平方米，新建商品房面积50多万平方米。

2000—2006年，市政工程总投资3.5亿元，新建、扩宽道路18公里；紫岚绿地、港口绿地、成兴绿地相继建成并投入使用；市区工农路、人民路等主干道两侧的房屋立面装修和人行道花砖铺设工程顺利竣工；紫云公园、南台公园、中山公园、街心公园得到完善。

2007年，全镇新建续建房地产项目9个，完成投资1.8亿元，累计完成投资3.17亿元，其中第二农贸市场一期、水晶花园一期、经贸大厦二期竣工并投入使用，天翔花园封顶，九龙新城、水晶花园二期、锦龙小区安置房正在施工建设中，第二农贸市场二期、东市场安置房正在筹建阶段。同时实施市政基础设施建设项目 6 个，总投资 1.39 亿元，年度计划投资 8300 万元，已完成投资 9900 万元。其中锦江道东段一期、工农路改造、平宁路向南延伸段、紫崴路配套工程、紫云山门及配套工程正在施工，体育场已开工建设。

三、社会事业

1993 年，有幼儿园 16 所，在园幼儿 1947 人，专任教师 187 人，学前 3 年教育入园率 90.6%；小学 3 所，在校学生 5017 人，教职员工 246 人，小学适龄儿童入学率 100%；中学 3 所，在校初中生 3468 人，专任教师 296 人，初中 13—15 周岁学龄人口入学率为 100%；三类残疾儿童入学率 100%。石码保健院有床位 78 张，每万人拥有病床 5 张；专业卫生人员 70 名，其中执业医师 13 人，执业助理医师 9 人，注册护士 12 人。新建人民西小学和登第小学。

1999 年，投资 425 万元的石码中心小学教学楼投入使用。2004 年，开始实行低保制度，低保工作基本实现应保尽保。2007 年，有龙海第一中学、民办龙海市外国语学校 2 所完中学校，有四中、七中 2 所初中学校和石码中心小学、石码第二中心小学 2 所中心学校，民办幼儿园（托儿所）42 所；在校学生 14603 人，其中小学 4693 人，初中 5108 人，高中（含职业学校）4802 人；教职员工 954 人。石码镇除了有市级 5 家医疗单位外，还有镇卫生院；有床位 100 张，每万人拥有病床 7 张；专业卫生人员 78 名，其中执业医师 16 人，执业助理医师 17 人，注册护士 14 人。拥有 1 个县级文体中心、2 个村级体育场，100% 的居（村）委会安装健身器材。共发放城乡最低保障金 200.4 万元，解决 1045 户 2558 人困难居民的基本生活。

第八节　海澄镇

一、镇情述要

海澄镇位于龙海市中部偏东，东南与东园镇接壤，西与双第农场、西北与榜山镇、石码镇交界，西南与九龙岭林场交接，南与东泗乡毗连，北隔九龙江南港与紫泥镇相望。境域面积 61.4 平方公里，东西长 9.5 公里，南北宽 6.46 公里。

图 30-10　海澄镇政府办公楼（海澄镇政府提供）

海澄地处九龙江南岸，是古月港所在地。月港是明代中国对外贸易商港，与世界 47 个国家与地区有贸易往来。至今留下建于明清时期的名胜古迹——海澄文庙、城隍庙、晏海楼、月港古码头等。

2007 年，辖 19 个村委会、3 个社区居委会和 2 个镇办农场；总户数 20356 户、人口 76752 人。

二、经济发展

（一）农业

1993年，全镇农作物总播种6936.5公顷（其中耕地2209公顷），粮食总产量37292吨；水果种植410.93公顷、产量2213吨，其中柑桔种植171.2公顷、产量1381吨，荔枝种植84.73公顷、产量88吨；猪出栏39870头，禽出栏67万只，牛出栏352头；有渔船1795艘、动力4384千瓦，渔业总产量2193吨，其中海水养殖419.27公顷、产量1220吨，淡水养殖214.87公顷、产量834吨；农业总产值10500万元。1994年，海澄镇成为龙海市“对台农业引进合作示范区”重点乡镇。1998年，冬季引进黑龙江省的马铃薯种苗推广种植，创出万亩的“稻稻薯”栽培模式，实现每亩水田产粮1500公斤（含马铃薯折原粮部分）、产值4000元的粮钱丰收计划。2000年，投入937.7万元，加强以现代农业示范园区、土地整理开发和海堤除险加固工程为主要内容的农田水利设施建设；完成近万亩的土地开发整理，通过省级商品粮基地建设项目、农业科技示范场和农业综合开发等项目验收。

2003—2004年，全镇基本形成出口创汇豆类、马铃薯、高优高值蔬菜3个万亩生产基地和毛豆生产、马铃薯栽培、养虾育虾三大农业支柱产业。其中全镇马铃薯种植稳定在1000公顷，产值约2300万元。

2007年，全镇农作物总播种4300.6公顷（其中粮食作物播种3033.33公顷），粮食作物总产量18718吨（其中稻谷产量13978吨）；水果种植52.87公顷、产量270吨，主要是香蕉、荔枝和龙眼；猪出栏42621头，禽出栏25.32万只，牛出栏106头，羊出栏669头；肉蛋奶总产量4489吨；水产品产量22817吨，其中海水产品产量14994吨、淡水产品产量7823吨；食用菌总产量2551吨，全为蘑菇；农业总产值33141万元。形成马铃薯种植、育虾养虾和毛豆种植三个基地，即1000公顷低农残、高产优质马铃薯示范基地，千亩西兰花、三豆（甜豆、荷莲豆、四季豆）出口创汇生产基地，百亩3熟3高产攻关示范基地。

（二）工业

1993年，全镇工业总产值43946万元。其中，乡办工业企业产值20888万元，村办工业企业产值11693万元，合作办工业企业产值6024万元，个体工业企业产值5341万元。台资企业滋味珍实业有限公司生产牛、猪肉系列产品获1993年香港国际优质食品博览会金奖。1994年，兴办海澄工业小区，首期开发10公顷，投入500万元。新引进外资企业4家，总投资额1550万美元；新立项外资企业2家，总投资额500万美元；新投建外资企业4家，投资额972万美元；新增资“三资”企业7家，增资额200万美元。1995年11月，福建省海新集团有限公司成立，成为漳州市第一家规范化股份制企业，为全省最大的饲料生产基地。1998年，全镇工业产值28.29亿元，拥有年产值超千万元的企业35家。其中海新集团有限公司是漳州市第一家亿元企业。全镇饲料、雨伞、食品、建材4个行业形成较大规模，其中饲料行业有5个生产厂家，年产量12万吨，成为全省乡镇级较大的生产基地。

2001—2002年，经过整合，工业区形成一区带三园格局，总面积106.67公顷，累计引入企业60家，年产值7.2亿元。2006年，引进总投资2500万美元的省级重点项目台湾怡晋工业，以及福龙冷冻、欣龙包装、伟丰纸业等一批含税高、劳力密集、投资量大的项目。海新泡吧饼干、配合水产饲料2类产品获得省名牌产品称号；雅佳福（福建）食品有限公司获得省著名商标称号。

2007年，全镇工业产值20.68亿元，同同比增长长23.8%，其中规模工业产值12.93亿元，同同比增长长35.4%。新增规模工业企业2个。投资500万元以上的新办（或技改、扩建）项目5个，项目总投资7970万元，已完成投资5443万元；新投产投资500万元以上工业企业项目6个，项目总投资2731万元，已完成投资2738万元。海新集团“海新”图文商标获得中国驰名商标称号。

（三）基础设施建设

1993年，进行镇区旧城改造；普贤码头2×500泊位及豆巷、内楼、河福3个小型码头竣工投入使用。1994年，投入1000万元兴建东环路，投入130万元扩建西门桥。1995年，筹资6000多万元，完成海澄镇雕、东环城路、民政路、北引自来水工程等7个项目建设。1997—1998年，新开辟龙海市区二环城路海澄段和山后交通安全岛。2000年，新建改造农村主干道4条计2.5公里，整治旧区街道3条计1.8公里。

2001—2002 年，投入 2800 万元，完成海澄分区 3 个功能小区规划和 5 个新村建设、旧村改造规划，以及西浮路仓头段拆迁用地规划等 5 个重点项目规划。2003 年，分别投资 500 万元和 3000 万元，新建海澄至紫泥陆岛交通码头和漳州市首家溶剂油专用码头——亿源码头。2004 年，投入 550 万元，完成海官线（海澄至东泗虎渡路段）全线改造，海下线（海澄镇雕至上寮村路段）60% 以上工程量建设，以及内溪、屿上、玉枕、河福等村部分农村水泥路建设；投入 100 多万元，完成黎明、罗坑、溪北等村和镇区东环路至镇雕等路段的路灯安装配套工程建设。2005—2006 年，投入农村公路配套资金 2388 万元，先后完成海官线、海下线、罗浦公路、沉寨公路、城隍路、九二一北路和埭新、前厝、珠浦、内溪、屿上、玉枕等村共 15 条 40.6 公里长的水泥路建设。

2007 年，投入 70 多万元，完成镇垃圾中转站和豆巷、山后、屿上、黎明、罗坑等村垃圾中转点建设，配备垃圾车、垃圾保洁桶等设备。完成埭新尾围水闸扩建及配套港道、怡晋工业园港道改造等水利设施建设，以及部分港道的清淤清障工作。

三、社会事业

1993 年，境内有 1 所技术学校，3 所中学，17 所小学，1 所公办幼儿园；有市第二医院、镇卫生院等完善的卫生医疗服务网络，村村配备合格卫生服务室。1994 年，古月港文化与经济研讨会在海澄召开，来自台湾、省内各地 60 多位教授、学者参加会议，收到论文 29 篇。1997 年、1998 年，教育“两基”分别通过全省合格验收和国家跟踪检查。

2000 年，海澄龙舟代表队包揽“龙年龙海龙舟赛”中型组前四名。2001—2002 年，建设龙海技校教学楼、龙海二中科技楼、市第二医院门诊部。2003 年，投入 225 万元，完成莲花中学危房改造、龙海二中教学楼整修等。2005 年，有 641 户 1366 人的城镇、农村人口享受最低生活保障，190 多户五保户享受五保待遇。

2007 年，完成海澄中学、莲花中学等教学楼工程的建设；推进龙海二中教学楼、学生公寓和食堂开工建设；撤并多间小学，优化教育资源，提高教育教学质量；推进农村医疗改革，全镇参合农民 6.15 万人，上缴入库参合金 82.87 万元，农民参合率 93.8%。

第九节　东园镇

一、镇情述要

东园镇位于龙海市东南隅，北纬 24° 25’，东经 117° 54’；东与浮宫镇、南与白水镇均隔南溪相望，西与东泗乡相连，西北与海澄镇接壤，正北端为九龙江西溪、北溪干流与南溪汇流处。境内有省道 208 线和沈海高速公路互通口；距龙海市区 13 公里，距漳州市区 32 公里，距厦门市区 50 公里。

境域面积 35.4 平方公里，东西最大距离 6.4 公里，南北最大距离 6.7 公里。其中，陆地 29.87 平方公里，占 84.38%；水域 5.53 平

图 30-11　东园镇政府（东园镇政府提供）

方公里，占15.62%。东园镇境域整体形状呈“心”形，中部为山体，其余地势平坦。最高海拔259米，最低海拔2.5米。九龙江南溪从茶斜村入境，流出田厝村后与北、西溪汇流，流域面积34.5平方公里。境内潮汐属半日潮浅海潮。平均落潮历时为6小时，每年的农历八月、九月出现最高潮，历年最高潮位为9.31米（1996年8月31日），年平均水温度为23.6℃。

2007年，辖14个村和1个居委会及3个镇办农场；总户数10569户、人口40285人。

二、经济发展

（一）农业

1993年，全镇农作物总播种4856.8公顷（其中耕地1767.2公顷），粮食总产量27121吨；水果种植161.8公顷、产量419吨，主要是荔枝、龙眼、柑桔、杨梅和香蕉等；猪出栏22571头，禽出栏41万只，羊出栏13只，牛出栏48头；有渔船101艘、动力463千瓦，渔业总产量972吨，其中海水养殖26.2公顷、产量71吨，淡水养殖212.87公顷、产量862吨；农业总产值7253万元。1997年7月，东园现代农业示范区被福建省定为十三个现代农业试点之一。1998年，全镇建立3个禽畜和水产养殖专业村，14个栽培食用菌专业村，有200户养鸭、400户养鸡、10户养猪专业户。

2000年，在东宝、茶斜等8个村建立对台新品种示范基地73.33公顷，种植青枣、莲雾等台湾良种水果；在南边、港边等3个村建立名优特蔬菜基地133.33公顷，种植台湾甜椒、黄秋葵等；在过田等9个村建立840公顷稻田农业开发基地，种植优质豆类、叶菜类等。同时组建养鹅领导小组，组建鹅业发展合作社，培植养鹅大户。

2002年，对外引进上海亚太、雷州绿野等9家农业企业，对内培育150户种养大户和90户营销大户；多种成分参与农业开发，多渠道打通农产品销售市场；成立蔬菜协会，协调产销关系。是年，“东园”牌农产品在国家工商注册登记。2004年，完成全镇涉及10个村的682.07公顷林权改革任务；投入679.54万元，完成东园村碑内洋二期土地整理305.99公顷，完善配套设施，呈报国土资源厅验收。

2007年，全镇农作物总播种3210.8公顷，其中粮食作物播种1053.8公顷、总产量7293吨，其中稻谷产量6459吨；水果种植135.2公顷、产量1214吨，有台湾珍珠芭乐、杨桃、释伽、木瓜、火龙果、台湾青枣等50个品种；猪出栏21490头，禽出栏29.07万只，牛出栏74头，羊出栏97头；肉蛋奶总产量3014吨；水产品产量5627吨，其中淡水产品产量4743吨；农业总产值26322万元，农民人均纯收入4514元。截至2007年，全镇形成880公顷蔬菜生产基地、233.33公顷南菜北调基地、40公顷台湾水果生产基地、866.67公顷优质水稻基地、13.33公顷内销蔬菜生产基地，获注册商标农产品1个、绿标6个。

（二）工业

1993年，全镇工业总产值3711万元。其中，乡办工业企业产值1116万元，村办工业企业产值1317万元，合作办工业企业产值977万元，个体工业企业产值301万元，主要从事食品加工、饲料生产、工艺品、造纸等行业。1998年，新办工业企业25家，其中年产值上千万元的有10家、上亿元的有1家。

2000年8月，东园工业区经漳州市人民政府确认为市级工业区，由龙海市人民政府和东园镇人民政府合办。工业区总体规划面积为6.8平方公里，首期控制性详细规划开发面积2.9平方公里。2004年，东园工业区拥有各类企业74家，其中投资500万元以上的企业60家，项目涉及家具、食品、机械、造纸、彩印、包装和建材等行业。是年，全镇工业产值8.59亿元，完成出口交货值2.46亿元。2005年，全镇实现工业产值7.35亿元；新引进工业项目28个、总投资5.82亿元，新增规模工业企业3家。2006年，全镇实现工业产值9.76亿元；新引进工业项目6个、总投资1.8亿元；东园工业区先后投入资金1.5亿元，拥有各类工业企业93家。

2007年，实现工业总产值11.97亿元，其中规模工业产值9.25亿元；新投建投产企业7家，新开工建设项目11家；合同外资额1515万美元，实际到资额820万美元。东园工业区内拥有企业92家，其中规模工业企业数19家；内资企业48家、外资及港澳台资企业44家，其中台资企业32家，涉及家具、食品、机械、造纸、彩印、包装、建材、电子等行业。

（三）基础设施建设

1993年，架设1条1.5万千伏和1条3.5万千伏供电专线，解决工业、生活用电。1997年，投入1453万元，拓宽改造24.5公里柏油路，以及完成省道西浮线东园段4.56公里长水泥路面铺设和绿化；投入1169万元，建成日供水量2万吨的自来水供水网络，解决工业、生活用水。1999—2000年，投入780万元，新建田间机耕路26公里，田间排灌系统27.12公里，桥梁17座，涵洞26座，排洪闸2座，电动灌溉站19座；投入340万元，加固海堤7公里。2001年，投入650万元，完成漳诏高速公路东园段和东园分离式立交接线工程，以及乡道东园至新林长2.3公里、宽9米的水泥路及东园至厚境长4公里、宽6米的水泥路建设。2003年，投入930万元，完成5.8公里乡道、2公里工业区内道路、1.03公里秋租村水泥路建设、2.63公里凤山至凤鸣村路段柏油路建设。2004年，投入86.1万元，完成秋租片3座水闸的整修和加固，新砌灌溉渠2.75公里。2005年，投入230万元，完成凤山村和埭尾村6.7公里的农村等级公路建设。2006年，投入25万元，改建、修复茶斜堤坝、新林水闸及其他沿江水毁工程；投入63万元，新建南边至凤鸣线2公里水泥路。2007年，重点抓好厚境村新村建设示范点，科学规划凤鸣村西浮线阳光段西侧新村建设。

三、社会事业

1993年，全镇有东园中学和厚境中学2所中学，共有学生1240人，教职工108人；小学11所，学生4658人，教职工182人。1996年，设立东园广播电视站。1997年，教育“两基”通过省级验收和跟踪检查验收。1998年，投入53.43万元，实现全镇有线广播电视联网；投入50万元，改建镇卫生院；民间职业剧团创作的现代小戏《约会》获全国第七届“群星奖”铜牌。1999年，东园卫生院改建工程竣工。至1999年培育各类技术人员500人，农民技术员70多人，科技示范户720多户，建立粮食、水果等专业技术研究会5个；研究低农残栽培技术、水稻超高产栽培技术等12项新技术。

2007年，东园镇有中学2所，初中班26班，学生1074人，教职工114人；小学12所，有82班，学生2566人，教职工148人。镇卫生院1所，村卫生所（室）16所；有床位18张，专业卫生人员30名，其中执业医师7人。有镇文化站、广播电视站各1处，有线电视用户5000多户，入户率50.5%；有村级文化活动中心15处，各类文化专业户6户，各类图书室6个，藏书4000多册。14个村安装健身器材，经常参加体育活动的人员占常住人口的37%。参加新型农村养老保险参保率71%。

第十节　白水镇

一、镇情述要

白水镇地处龙海市南部、九龙江南溪南岸。境域面积80.4平方公里；东与浮宫镇毗邻，西与东泗乡接壤，南界漳浦县，北隔南溪与东园镇相望。距龙海市区22公里，距漳州港29.5公里。境内大部分为山地，西南为中低山地，东北为平原呈半月形。地势略为西高东低、南高北低，地面高程一般在海拔20—40米，最高点玳瑁山海拔794米。

2007年，辖15个村民委员会和1个居民委员会；总户数12436户、人口45695人。

二、经济发展

（一）农业

1993年，全镇农作物总播种3683.6公顷（其中耕地1268.27公顷），粮食总产量18902吨；水果种植1629.27公顷、产量5362吨，其中香蕉种植292.33公顷、产量4385吨，荔枝种植268.4公顷、产量124吨，柿子种植444.47公顷、产量169吨；猪出栏25171头，禽出栏31万只，羊出栏120头，牛出栏

130头；有渔船54艘、动力159千瓦，渔业总产量249吨，其中海水产品16吨，淡水养殖130公顷、产量233吨；农业总产值4120万元。是年，方田村和金鳌村从台湾引进小胡瓜、紫茄等品种，并陆续引进台湾芭乐、莲雾、木瓜、芒果等高优水果品种；庄林村率先办起小规模养猪场，引进良种母猪。1994年，建立常年蔬菜基地486.67公顷，冬种蔬菜基地973.33公顷；庄林、磁美、山美等村种植香蕉446.67公顷，产值1660万元；新引进中华鳖、牛蛙、沙虾等高值高效水产品种，产量355吨。同时，兴建万头养猪场。1995年，龙海市引进南美白对虾并推广，白水镇大霞村首先开发1.33公顷进行试养。1997年，建立常年蔬菜生产基地866.67公顷，开发冬闲田93.33公顷，发展“四豆一菜”种植（枝豆、四季豆、荷莲豆、甜豆，蔬菜），同时郊边、山美、金鳌3个村再次掀起开山种果热潮。1998年，全镇逐步形成蔬菜、水果、畜牧和水产四个特色产业基地。1999年，全镇形成1221.47公顷耕地种植“四豆”为主的作物格局。

图30-12 白水镇政府（白水镇政府提供）

2000年，全镇建立“四豆一菜”万亩蔬菜基地，并兴建庄林、山边果蔬市场，解决果农水果销售问题；有百头以上猪饲养大户65户，小饲养户95户，全年瘦肉型猪出栏5万多头，产值4000多万元。2003年，建立集约化、工厂化饲养的畜牧生产基地，瘦肉猪出栏数突破10万头，存栏数达10万多头，年产值3亿多元；是漳州市母猪饲养基地、商品猪重要生产基地，福建省瘦肉猪生产出口最多的乡镇及福建省核定合格的瘦肉猪出口基地。2004年，全镇水稻种植392公顷，总产量2793吨；266.67公顷白对虾生产效益平稳；引进种植台湾“金萱”软枝乌龙等茶叶新品种80多公顷。2006年，林权改革全面完成，登记发证面积4394.53公顷。

2007年，全镇农作物总播种2238.4公顷，其中粮食作物播种644.93公顷、总产量3833吨，其中稻谷产量2189吨；水果种植748.33公顷、产量16844吨，其中杨梅353.33公顷、产量3100吨，另有荔枝、龙眼、台湾青枣等；猪出栏56014头，禽出栏8.64万只，牛出栏131头，羊出栏39头；肉蛋奶总产量4573吨；淡水产品产量3490吨；农业总产值22802万元。

（二）工业

1993年，全镇工业总产值4117万元，其中乡办工业企业产值1204万元，村办工业企业产值688万元，合作办工业企业产值445万元，个体工业企业产值1780万元；主要有金鑫机砖厂、宏达轧钢厂、白水方田罐头厂和白水农产品加工厂等企业。1994年，宏达轧钢厂停产，改建为饲料厂，1995年停产。1996年白水方田食品罐头厂停产。1997年，全镇工业产值2亿元。1999年10月，创办宏美达塑料包装厂，为白水糖果、食品等企业产品设计外包装。

2002年，以“银峰食品工业综合有限公司”为龙头的山边工业区和以“漳龙食品有限公司”为骨干的楼埭糖果加工区形成。这两家工业企业的投建，实现规模工业零的突破。2004年，龙海市真好意食品有限公司“真好意”贡糖获第六届海峡两岸（福建漳州）花卉博览会优质食品金奖称号；金鑫机砖厂面积扩大到3.33公顷，日产机砖数十万块。

2005—2006年，完成投资300万元以上的企业有漳龙食品有限公司、龙海市真好意食品有限公司、庆丰食品有限公司、佳兴食品有限公司、宏美达包装有限公司等7家；投资50万元以上的企业11家。

2007年，加快招商引资力度，利用厦门、泉州市招商网络，使食品工业有较快发展。当年，全镇工业企业产值1.6亿元，同比增长18.5%；规模工业产值3790万元，同比增长81.2%。

（三）基础设施建设

1993年，南溪公路改泥土路面为沥青路面；投入416万元续建农田管灌5处3400米，增加灌溉面积110公顷，总灌溉面积702.67公顷，实现万亩管灌工程。1994年，完成碧溪路建设首期工程，铺建山边至大霄柏油路。1995年，拓宽整修郊马公路青仔岭降坡6.7公里，开通马峰公路7.7公里。1996年，投资577.99万元加固的海堤石坡，通过福建省加固达标验收。1997年，投资2300万元，拓宽、改建南溪公路白水段15.4公里，铺设8米宽两车道的水泥路面。1998年，投资150万元，铺设白佛线郊马公路宽6米、长7公里沥青路面；完成扩建日供水4000吨的镇区自来水工程，解决2万人饮水、用水问题。2000年，投入193.8万元，改造南坑洋农业基础设施，受益面积533.33公顷。2002年，投入150万元启动建设镇区24米大街二期工程；进行5个村电网改造，全面完成投入800万元的全镇农村电网改造。2004年，投资350万元，郊马公路全程改沥青公路为水泥路，构筑连接漳浦的大通道；投建龙海市白水自来水供水公司，安装取水管长5公里，供水主管长14.27公里，日供水2.6万立方米；220千伏变电站、供电站建成，年供电6600万千瓦时。

2007年，启动南溪清淤工程，建设集镇垃圾场；实现村道全面水泥路面化；自然村“村村通”完成6条，全长7公里。

三、社会事业

1993年，辖区有中心卫生院；有白水中学1所，中学在校生804人，小学在校生4648人。1995年，投资80万元，建成白水卫生院新门诊大楼；有医务人员37人（其中主任医师3人、副主任医师1人），开设普通病房8间、产科病房5间，病床35床，被评为甲级二等卫生院。1997—1998年，全镇清除小茅厕2130座，建成卫生新公厕112座；民间剧团排演的芗剧小戏获省三等奖；投入300万元，用于新扩建中小学教学楼及配套教学设施；教育“两基”工作通过跟踪验收，达省颁一类标准。2002年，投入270万元的白水中学综合教学楼和学生公寓建成。2004年，白水中心小学被评为全国教育科学重点研究课题尝试教学理论研究先进单位。2005—2006年，在遭受“龙王”等台风后，全镇共发放救灾资金17.5万元、重建补助款39.4万元，修复倒房35座，维修80多座。

2007年，有中学2所（白水中学、桃源中学）、小学12所、幼儿园20所；中小学教师358名。音乐、美术、书法、摄影及文学业余创作队伍180人，其中以书画、剪纸和灯谜等活动最为活跃。有镇文化站、广播电视站各1处，有村级文化活动中心16处，各类文化专业户20户，各类图书室9个；有镇卫生院1所，村卫生所（室）39间；专业卫生人员70名，其中执业医师50人，执业助理医师8人，注册护士12人。有镇文体活动中心1个，学校体育场13个，90%的村安装健身器材，经常参加体育活动的人员占常住人口的43.8%。16个村（居）参加新型农村合作医疗参合率99.7%。

第十一节　浮宫镇

一、镇情述要

浮宫镇位于龙海市东南部，北纬24° 22′ 13″，东经117° 54′ 26″；境域面积81平方公里。距龙海市区13公里，距厦门市13海里。东与招商局漳州开发区和港尾镇接壤，西与东园镇隔溪相连，南与漳浦县及白水镇接壤，北与厦门特区隔海相望。省道漳云线贯穿境内东西，招商局漳州开发区疏港公路横跨南北；九龙江至此处入海，海岸线总长17公里。属亚热带海洋性季风气候，气候温和，四季如春，全年无霜期350天以上，平均气温摄氏22° 左右。以“福建省杨梅第一镇”闻名省内外。2007年，辖19个村委会、1个溪东农场和1个浮宫社区居委会，105个自然村；总户数13897户、人口54146人。

二、经济发展

（一）农业

图 30-13　浮宫镇政府（浮宫镇政府提供）

1993 年，全镇农作物总播种 4333.33 公顷（其中耕地 1761.93 公顷），粮食总产量 25123 吨；水果种植 1511 公顷、产量 4771 吨，其中杨梅种植 720.6 公顷、2521 吨，荔枝种植 276.63 公顷、产量 741 吨，柿子种植 313.07 公顷、产量 513 吨；猪出栏 21985 头，禽出栏 23.4 万只，羊出栏 10 头，牛出栏 83 头；有渔船 75 艘、动力 667 千瓦，渔业总产量 2980 吨，其中海水产品 2413 吨（养殖 152.47 公顷，产量 319 吨），淡水养殖 282.73 公顷、产量 567 吨；农业总产值 6850 万元，农民人均纯收入 2550 元。

1998 年，大力引导农民开山种果，果树种植面积 2000 多公顷，产量 6000 吨以上，其中杨梅 1066.67 公顷，成为闽南最大的杨梅生产基地。大力开发滩涂养殖和淡水养殖，并引进台湾改良泥鳅、美国斑点叉尾鮰和红鱼等新品种，水产养殖 333.33 公顷，其中海水养殖 200 多公顷，水产产量 6000 吨。同时，大力发展与台湾农业合作，创办闽台合作企业 3 家，利用外资 700 多万美元，引进台湾农林牧副渔优良品种 12 种、先进技术 8 项。1999 年，推广先进技术 4 项、优良品种 16 个，改良品种 200 公顷，开发优质米基地 680 公顷，在山塘、港前推广“豆、稻、菜”示范种植 68.67 公顷。

2000 年，加大杨梅种植和技术改良，全镇杨梅总面积 1733.33 公顷，其中可摘面积 1266.67 公顷，年产量 3900 吨。漳州、龙海两级水产局合作在浮宫镇建立海水、淡水养殖示范基地，其中有淡水养殖基地 39.33 公顷、海水养殖基地 29.07 公顷。2001 年，实施“三个一万”（即一万亩优质杨梅种植示范片、一万亩高效海淡水养殖示范片、一万亩高值蔬菜种植示范片）和“六个基地”（即优质米示范基地、稻豆菜轮作示范基地、创汇蔬菜基地、机械化生产基地、泥蚶养殖基地、生态立体养殖基地）。2002 年，浮宫杨梅被省政府评为“福建省名牌产品”。2004 年，完成林改登记 3984.53 公顷。2005 年，确立“三片”发展重点，即在丹宅、际都等靠山地区发展以杨梅为主种植业，在霞兴等靠田地区鼓励粮食生产和发展高优农作物，在海山等靠海地区推广水产养殖业，形成水果、蔬菜、水产三大产业体系。

2007 年，全镇农作物总播种 2623.73 公顷，其中粮食作物播种 992.93 公顷、总产量 6123 吨，其中稻谷产量 5581 吨；水果种植 1690.93 公顷、产量 8818 吨，其中杨梅 1173.33 公顷、产量 4750 吨，柑桔类种植 123.33 公顷、产量 3171 吨，荔枝种植 280 公顷、产量 350 吨；猪出栏 11438 头，禽出栏 27.01 万只，牛出栏 95 头，羊出栏 591 头；肉蛋奶总产量 1328 吨；水产品产量 16826 吨，其中海水产品 9651 吨、淡水产品 7175 吨；农业总产值 30561 万元，农民人均纯收入 4500 元。

（二）工业

1993 年，全镇工业总产值 7468 万元，其中乡办工业企业产值 1256 万元，村办工业企业产值 1780 万元，合作办工业企业产值 1655 万元，个体工业企业产值 2777 万元，主要有浮宫镇榨油厂、龙海市富兴经济发展有限公司、浮宫华源农副产品加工厂、龙海市盛发畜禽浓缩饲料厂、龙海宫福瓷砖有限公司等企业。1994 年，全镇工业开始发展。1998 年，全镇工业涉及农副产品加工、食品加工与包装、建筑建材、矿产开采、造纸等行业。其中，有梭子蟹加工厂 20 多家，年产量 6000 多吨，产品出口美国、日本等国家，成为全省最大的梭子蟹加工创汇基地。

2000 年，振发食品公司投入 450 万元，新建 1 座厂房，拓建 1 条生产线。2001—2002 年，落户工业园区的内外资项目57个，实际利用外资452万美元，实际利用内资500万元，出口创汇1100万美元。全镇有梭子蟹加工企业45家，产值1亿多元。2003年，共签约12家，洽谈4家，有8个项目开工。2004年，投资3540万元，新建或扩建300万元以上项目8个；新投产项目6个，完成投资2330万元；在建300万元以上项目3个，完成投资1210万元。同时，引进外资项目4个，总投资2250万美元。

2007年，全镇工业总产值3.47亿元，其中规模工业产值1.34亿元；新开工项目4个，计划总投资5620万元；新投产项目5个，总投资5300万元；新增规模工业企业2家；投资500万元以上新办技改企业5家。

（三）基础设施建设

1993年，铺设新圩路街道水泥路面，总长0.82公里、宽4米。1995年，实施漳云路大桥至亭子岭段硬化拓宽工程，总长12公里、宽30米。1996年，在一比疆深海处兴建码头8个，形成码头群，其中对台贸易码头2个、客轮码头1个。1998年，铺设进村水泥路面和拓宽改造省道、县道、乡道公路总长30多公里；兴建开通4000门程控电话及建设移动电话发射塔。1999年，投资110万元，清淤港道3公里，整修渠道6.5公里，实施海堤二期加固2公里；投资260万元，综合治理农田733.33公顷。

2000年，投资280万元，铺设新圩路、镇前路和南溪公路溪山路段水泥路面5.53公里；投资300万元建设饮水工程。2001年，投资100多万元，完成浮宫至白水公路硬化，总长1.1公里；筹资500多万元完成镇区、邱厝、田头等10个村自来水管道铺设和改造。2002年，筹资200多万元在邱厝、霞郭、霞圳、埔里4个村进行村道硬化工程。2003年，投资100万元，实施丹宅片200公顷节水灌溉项目。2004年，投资15万元进行海堤维修加固、堤容堤貌整治和各种水闸除险加固；投资710万元，完成霞郭、霞圳、八坑、邱厝、溪山、山塘、埔里7个村长15.4公里的水泥路面建设。2005年，投资188万元完成省级农业综合开发项目大洲洋标准农田建设项目。2006年，投资30多万元进行海堤、水库的除险加固；投资10多万元进行港道清淤；投资820万元完成道路建设18.2公里，实现村村通水泥路；投资280万元对镇容镇貌、镇区道路、排水设施进行全面整治。

2007年，建设浮宫段从霞郭村草埔头社至霞威村中埔社连接疏港公路，道路宽60米。

三、社会事业

1993年，有2所中学、19所小学、21所幼儿园，450名教职工。全镇享受最低生活保障、散居的农村五保户15人。1994年，成立浮宫镇广播电视站。1995年，开通有线电视，可收看13套节目。1999年，投入161万元，推广先进技术4项，优良品种16个；推广杨梅高位嫁接、疏花疏果、保鲜新技术。2000年，有业余芗剧团5个，每年演出都在250场以上，其中霞兴芗剧团表演的剧目多次在海峡卫视播出，还应邀到马来西亚、新加坡等国家演出。2002年，浮宫中学恢复高中部，首批招收75人。2003—2004年，投资120万元改造中小学危房和改善教学条件。2006年，投入130万元完成浮宫中学教学楼建设，通过省级三级重点达标校验收。

2007年，有完中校1所、初中校1所、小学19所、幼儿园21所；教职员428人，中小学及幼儿园在校生8521人；有中心卫生院1所，医务人员48人，病床24张；乡村医疗站68所，医务人员81人。

第十二节 港尾镇

一、镇情述要

港尾镇位于龙海市东南部，是福建省渔业十强镇，水产品产量占全市的50%；渔业总产值占全镇农林牧渔业总产值83%以上。境域面积108平方公里。东面靠海，西与浮宫镇接壤，西南与漳浦县交界，东南与隆教乡相邻，北接招商局漳州开发区；与厦门经济特区隔海相望，海路相距5公里。是福建省建设海峡西岸经济区和打造厦门湾组合港的重要组成部分，是漳州对接厦门，推进厦漳同城化的先行区。省道201线、208线、疏港高速公路、沿海大通道贯穿港尾境内，南太武大道等高新区路网、迎宾大道等滨海新城路网、港城路等小城镇核心区路网工程的陆续开工，构筑港尾全新立体式交通枢纽。

图 30-14　港尾镇政府（港尾镇政府提供）

港尾旅游资源丰富，拥有天然优良的深水港湾和54.5公里长海岸线；拥有南太武名山和具有理疗、保健功能的汤溪温泉，还有200公顷太武湖，国际标准的高尔夫球场，无居民海岛浯垵岛、破灶屿、小破灶屿，东南亚风格的瑞成休闲农庄，以及明清时期建造的南炮台、天妃宫等旅游景点。招商局漳州开发区、台资企业后石电厂、厦门大学漳州校区相继入驻境内。

2002年，石坑村、大径村、白沙村、店地村划归招商局漳州开发区管理。2007年，辖15个村委会、1个居委会；总户数12044户、人口47133人。

二、经济发展

（一）农业

1993年，全镇农作物总播种4652.33公顷，其中耕地2039.8公顷；粮食总产量18886吨；水果种植1494.4公顷、产量879吨，其中荔枝种植494.33公顷、153吨，龙眼种植157.93公顷、产量127吨，桃种植277.87公顷、产量228吨；猪出栏19880头，禽出栏17.6万只，羊出栏326头，牛出栏233头；有渔船421艘、动力4715千瓦，渔业总产量47011吨，其中海洋捕捞产量43844吨；农业总产值17295万元。1997年，推广杂交水稻200公顷，亩产提高150公斤；引进芦笋、水仙花、台湾杂交西红柿、日本小黄瓜等新优经济作物。1998年，拓展海上“田园”，利用世行贷款发展万亩浅海养殖，其中新发展网箱1400口，养殖高价值的鲷科和石首鱼科鱼类；全镇384艘外海捕捞渔船全部配有雷达导航、先进探鱼器等设备。

1999—2000年，引进除草降解聚乙烯地膜覆盖花生技术、岩薯5号、白虾等新技术、新品种30多个；450户村民培育牡蛎附苗育苗130.67公顷，可供牡蛎吊养1333.33公顷。2002年，全镇水产品总产量71373吨，其中海洋捕捞5万多吨，产值4亿多元；同时加快渔船由木质船向钢质船更新，增强外省作业能力和风险抵御能力。2003—2004年，全镇完成林权改革登记2608.53公顷，发展速生丰产林133.33公顷。2005年，以上午、省山等村为主的国家农业综合开发项目进入实施阶段，其中上午村片通过验收；投入6000多万元，铸造45艘钢质外海捕捞渔船。

2007年，全镇农作物总播种2555.8公顷，其中粮食作物播种1182.53公顷、总产量6702吨，其中稻谷产量4344吨；水果种植1600.33公顷、产量3788吨，其中杨梅611.8公顷、产量2645吨，龙眼种植362.8公顷、产量221吨，荔枝种植572.27公顷、产量283吨；猪出栏7118头，禽出栏9.53万只，牛出栏134头，羊出栏285头；肉蛋奶总产量811吨；水产品产量118328吨，其中海水产品114626吨、淡水产品3702吨；农业总产值99589万元。

（二）工业

1993年，全镇工业总产值5682万元，其中乡办工业企业产值2994万元，村办工业企业产值1973万元，合作办工业企业产值369万元，个体工业企业产值346万元。1998年，形成1个镇办、6个村办工业区；

格林、嘉荣食品公司各引进一条新的生产线，扩建厂房8000平方米。1999年，嘉昌公司投入130万元新建蟹肉加工车间；港兴饲料厂与省海洋所合作开发鲍鱼饲料，进入批量生产。

2001—2002年，嘉荣食品、格林水产、格林食品通过HACCP卫生体系认证和ISO9002质量体系认证；引进建南混凝土、益材粉煤灰等投入上千万元项目。2004年，实现工业产值6.18亿元；引进合同外资1856万美元，实际利用外资1045万美元；新办、扩建规模工业项目11个，新投产4个。2005年，实现工业产值7.9亿元，其中规模工业企业产值6.2亿元；投资300万元以上新办或技改扩建项目13个；新增规模工业企业2家。2006年，实现工业产值13.3亿元，其中规模工业企业产值11.75亿元；新办或扩建投资500万元以上项目13个，新投产500万元以上工业企业10家，新增规模工业企业4家。

2007年，全镇工业产值17.51亿元，规模工业企业19家、产值15.84亿元，形成以水产品深加工、特色工艺品生产、机械制造和船舶修造为支柱的产业。鸿一企业年实现产值近9亿元，为全镇产值最大的工业企业；嘉荣食品公司拥有员工1200多人，为全镇最大的劳力密集型企业；本土民营企业格林产业集团，为全镇首个企业集团。15年间，港尾镇立足“以工促农，工业立镇”发展思路，构建“一区三园”（镇办工业小区、民营经济创业园、滨海加工贸易出口园、临港经济工业园）框架，形成以速冻果蔬、水产品、工艺品、家具、建材、机械制造、码头仓储7大行业为主的工业格局。全镇共有工业企业273家，销售产值500万元以上的规模工业企业10家，固定资产上千万元以上的企业有15家。工业经济的快速发展带动综合实力迅速提升，港尾镇列入“漳州市2006年经济实力十强镇”行列，位居第三名。

（三）基础设施建设

1997年，投入4600万元，进行漳云线港尾路段14.56公里水泥路拓宽改造工程，由泥结石路面改造为主车道8—16米宽的水泥砼路面。1998年，投入124万元对汤溪清淤整治。2000年，投入1200万元对全镇19个村进行电网改造工作。2001—2002年，投入1300万元建设漳州市首条海底电缆工程——浯屿岛3.5万伏输电线路，线路总长12.43公里；投入643万元建设港佛公路，工程全长4.97公里，路基宽12米，水泥路面宽7米。2003年，漳东线—斗美公路完成水泥硬化，省山、浯屿入村主干道竣工通车。2004年，投入近千万元建设卓岐—大径公路2.2公里，以及总长9.7公里的上午、格林、城外、沙坛和考后5条村道。2005年，全镇15个行政村村道都完成水泥路面建设。

2007年，投入900万元的自来水工程完成从招商局漳州开发区到南安水库的管道衔接；投资200多万元，进行汤溪3.5公里的清淤治理；投入4200万元，完成滨海新城北大道建设。

三、社会事业

1993年，全镇有中学2所，附中1所，小学19所，幼儿园20所，中小学教职工434人、在校生10300人。1996年10月，港尾镇在全省“家园杯”新型村镇建设竞赛活动中荣获“优胜乡镇”和“优胜村庄”称号。1997年，校园“三化”（绿化、美化、净化）建设投入75万元，45%中小学校步入花园式学校行列。1998年8月，复兴幼儿园首期工程竣工；11月，通过教育部“两基”复检验收。2000年9月，龙海市第一家社区退休职工管理服务站在卓岐村成立，30多名离退休人员来自龙海盐场、卓岐海堤管理处等单位。1999—2000年，镇影剧院改造成镇宣传文化中心；卓岐村投资85万元，建成卓岐宣教中心，为村“两思”（致富思源，思而思进）教育基地。2001年，投资304万元建成的港尾中学学生公寓投入使用，并通过省“三级达标校”验收；投入300万元新建斗美小学教学楼；投资60万元新建的卫生院住院大楼投入使用。2003年，向全镇252户、440名低保人员、五保户发放低保款14多万元。2004年，投入35万元建设卫生院职工食堂和停车场。2006年，落实全镇1.2万户农户农村住房统一保险，落实低保政策，做好禽流感防控和动物疫情防疫等工作。

2007年，卓岐中学并入港尾中学，成为港尾中学分校；全镇有中学3所，小学19所；有在校中学生4554人，小学生3879人。港尾中学被确定为全市4个高考考点之一；卓岐村宣教中心获“全省农村文化工作先进单位”称号。

第三章 农 场

第一节 双第华侨农场

一、场情述要

双第华侨农场位于龙海市西南部，境域面积 31 平方公里；东接海澄镇，西与九湖镇接壤，南接九龙岭林场，北连颜厝镇、榜山镇；距龙海市区 15 公里，距厦门特区 50 公里。境内有 1 条绕境高速公路和直达龙海市区通道。属亚热带海洋性季风季候。年平均气温 20.9℃，无霜期 350 天，降雨量 1400 毫米；农场水资源主要为贯穿场区的九九溪、鱼塘及山泉等，是龙海市第二水源所在地。

1993 年，农场属省侨办管辖。1998 年 10 月 19 日，由省侨办移交龙海市直接管辖。2000 年 4 月，增挂华侨经济开发区牌子，实行“一套人马、两块牌子”；享受省级经济开发区待遇。

2007 年，辖 4 个管区、19 个自然村；总户数 1369 户、人口 3593 人，其中归侨侨眷 2556 人；有海外亲属 1.5 万人，分布在 23 个国家和地区。农场干部、工人 2039 人，其中退休干部、职工 1142 人。全场职工全部纳入社保、医保。

二、经济发展

（一）农业

1993 年，农场土地面积 4333.33 公顷，其中可耕地 3333.33 公顷，农田 200 多公顷，茶园 213.33 公顷，果树 266.67 公顷，造林 100 多公顷。1998 年，农场移交龙海管辖时有果树 417.53 公顷、茶园 39.2 公顷、水田 139 公顷、林地 2269.13 公顷。年产粮食 2000 吨，柑桔 6486 吨，果品远销东南亚国家及国内各大城市。1999—2000 年，成立农场柑桔生产管理指导小组，每个管区建立 2—3 个高产优质示范区，带动柑桔产业向高产优质发展；投入 20 多万元对荔枝进行回缩修剪改造。2001 年，引进巨尾桉，种植 33.33 公顷；投入 86 万元，在耕地和山地种植荔枝 16.67 公顷；柑桔种植 326 公顷，产量 8606 吨。2002 年，农场柑桔获得农业部中国绿色食品使用标志；巨尾桉种植 133.33 公顷。2004 年，投入 265 万元新种植巨尾桉 400 公顷，通过挖明穴、回表土、施基肥、防白蚁等科学管护，提高造林质量；柑桔种植面积、产量缩小，仅有 191.73 公顷、4486 吨。2005—2006 年，实施速丰林工程、经济果区工程、创汇蔬菜工程，其中巨尾桉 2005 年投入 190 万元种植 183.73 公顷，2006 年投入 200 万元种植 200 公顷。

图 30-15 双第华侨农场（双第华侨农场提供）

2007 年，全场农作物总播种 49.53 公顷，其中粮食作物播种

34.86 公顷、总产量 222 吨，其中稻谷产量 116 吨；水果种植 260 公顷、产量 2653 吨，其中柑桔类种植 120 公顷、产量 1650 吨，荔枝种植 66.67 公顷、产量 300 吨；猪出栏 498 头，禽出栏 8.1 万只，牛出栏 25 头；肉蛋奶总产量 153 吨；水产品产量 325 吨，全部为淡水产品；农业总产值 1545 万元，其中林业产值 276 万元。

（二）工业

1998 年，有罐头厂、食品加工厂、机械修造厂、纸箱包装厂等工业企业。2001 年，盘活国有资产，利用原先闲置厂房和设备进行招商引资，引进龙海市永川食品有限公司。2002 年，引进恒盛木业；永川食品公司上缴利税 57 万元。2003 年，中外合资企业龙海市源鑫食品公司征地 2.67 公顷开始建设；永川食品公司扩大生产规模，产值 2000 万元以上。同年，引进厦门鑫盛达保利龙有限公司。2004 年，引进台霸运动器材有限公司；厦门鑫盛达保利龙有限公司、龙海市恒盛木业公司增加投资 500 多万元。2005 年，引进工业项目 4 个、资金 4450 万元；规模工业产值 1650 万元。2006 年，引进工业项目 2 个；规模工业产值 3006 万元。2007 年，引进龙海市大华涂料有限公司等 2 家公司。

（三）基础设施建设

1998 年，村村通水、通电、通路。2000 年，双普公路一期工程完成 2 公里拓建任务；投入 350 万元，修建沉寨公路场内路段 4.2 公里。2001 年，投资 430 万元修建双第至榜山普边水泥公路，长 6.9 公里，宽 7 米，接省道漳云线；投入 25 万元，挖掘机井 2 口、修建水池 3 座，改善侨星、前卫、新碑 3 个管区饮水问题。2002 年，投入 350 万元，完成双普公路二期水泥路面铺设。2005 年，投入 85 万元，铺设侨星至寨仔管区水泥路面 2.6 公里。2006 年，投资 287.5 万元，全面修竣 4 个管区农田主干渠，新建拦水坝 5 座，排灌支渠 15 条 12.7 公里；投入 400 万元，改建天城至侨星管区水泥路面 4.2 公里。2007 年，投入 265 万元进行中低产田改造，并做好河道清淤和水库除险加固。

三、社会事业

1993 年，农场有电影院、图书馆、体育馆、乐园等公共设施和邮电所、银行、商场等配套生活设施；有 4 所学校，村村办幼儿园、托儿所。1998 年，农场建有双第中学和中心小学。1999 年，农场实施“侨居造福工程”，改造原来简易安置房。2000 年 10 月，第二批 87 套“侨居造福工程”开工兴建。2001 年，投入 30 万元，改造旧房 10 幢 60 户，改善 260 多人的住房条件。2003 年 10 月，农场中小学校收归龙海市教育局管辖，双第中学撤销，双第中心小学成为榜山学区第二中心小学；全场参加社保人员 1257 人，每月人均领取养老保险金 312 元。2004 年，投入 3 万元购置健身器材；投入 8 万元环卫经费，美化农场人居环境；全场参加社保人员 1127 人，每月人均领取养老保险金 323 元。2006 年，全场参保 954 人，退休 1053 人，每月人均领取养老保险金 466 元。

2007 年，小学有教师 9 名，班级 6 个，学生 176 名；双第卫生院从农场分离出去，直接归龙海市卫生局管理，有医卫人员 10 名；职工参保 949 人，退休职工 1096 人，退休金由龙海市社保公司发放，每人每月 573 元；12 月，双第社会福利中心一期工程动工，占地面积 1 公顷，总投资 420 万元，建筑面积 3850 平方米，可解决农场 200 名孤寡老人的养老问题。

第二节 程溪农场

一、场情述要

程溪农场分布在程溪、九湖两镇和程溪驻军部队区域内，地块零散，首尾相距约 26 公里。场部在九湖镇林下村，距离漳州市区 6 公里。农场大部分职工来自漳州、厦门、石码等城镇知青，是福建省当前唯一的国有知青农场。农场土地面积 242.6 公顷，农用面积 181.4 公顷。省道林棉线 20 多公里贯穿上半场，东西走向的省道郊柏线（林下至平和）6 公里贯穿下半场；有红星、光明山、倒桥、柿子、下庄、山顶点一带的乡道；有高塘、虎山、牛角垅、十八桥、三节桥一带居民点的乡村道路四通八达，大多是水泥路面，交通便捷。

境内有小型水库2座：虎山水库，在高塘作业区虎山居民点，库容10000立方米；红星水库，在倒桥作业区红星居民点，库容10000立方米。全场居住户电话普及率100%，有线电视入户率90%。

2007年，程溪农场辖1个居委会（场部）、2个公司（福建省腾龙工业公司、漳州市腾龙副食品发展公司）、2个作业区（倒桥作业区、高塘作业区），以及10多家企业；是一个以农业为基础、工业为支柱的国有农垦企业。全场有15个居民点；总户数378户、人口921人。

二、经济发展

（一）农业

1993年，农场利用水田新开鱼塘9.67公顷，种植水果6公顷，食用菌产量增加1倍多。同时，农场借给农户生产资金42万元，拨出3.2万元补贴荔枝承包受灾户，全场农户人均纯收入1751元。1995年底，腾龙副食品发展公司完成2万只蛋鸡场的建设，腾龙养鸡场形成6.5万只蛋鸡的生产规模，总投资1180万元，其中上级投资865万元。1996年，蛋鸡养殖规模达10万只，并按生态配套6.67公顷淡水养鱼场和6.67公顷水果种植园。1998年，全年生产鲜蛋582万公斤，对漳州蛋品市场价格起调控作用。1999年，扩建养猪场；12月，受霜冻影响，果树受损严重。2001年，蛋鸡养殖保持在10万只，肉猪养殖场猪存栏2000头。2003年，鼓励农户土地有序流转，盘活农场土地和果树资源，增加产出；改变单一蛋鸡饲养，引进鸡胚蛋试养。2004年，鸡胚蛋养殖大面积展开，占总产蛋量的60%以上，而且售价高、效益好。2006年，腾龙副食品发展公司被福建省农业厅认定为福建无公害农产品鸡蛋基地。

2007年，全场种植蔬菜12.87公顷，产量121吨；水果种植86.47公顷、产量446吨，其中柑桔类种植53.93公顷、产量418吨；猪出栏4159头，禽出栏5.64万只，牛出栏17头；肉蛋奶总产量1083吨；食用菌鲜品产量220吨，主要为袖珍菇、凤尾菇等，另产黑木耳干品10吨；农业总产值1779万元。

（二）工业

1993年，腾龙工业公司的骨干企业有龙海造漆厂、龙海香料厂；主要产品有龙江牌、三龙牌、鸿龙牌各类油漆，以及申龙牌树兰花、茉莉花、白玉兰膏、花油等天然香料产品。是年，腾龙工业公司与港

图30-16 程溪农场（程溪农场提供）

商合资成立的漳州瑞龙化工有限公司投产，主要生产瑞龙牌油漆。1996年，饲料厂年产量1万吨；鸡粪初级加工厂年产量3000吨。1998年，龙江牌油漆被漳州市人民政府定为漳州市知名商标。2000年，腾龙副食品发展公司投入120万元，引进禽畜粪便处理设备—GALLUS，新建有机肥料厂；2月，龙江牌注册商标被省工商局认定为福建省著名商标。2001年，引办第一家民营企业柿子绿顺果蔬加工厂，投资200万元。2004年，腾龙工业公司生产的醇酸清漆、醇酸色漆和聚氨酯清漆、聚氨酯色漆获得福建省首批溶剂型木器涂料产品3C认证，内墙乳胶漆获得内墙涂料CQC认证。2006年，总投资505万元的漳州佳联化工有限公司投产，主要生产树脂；总投资800万元的漳州金川景观艺术有限公司基本完成投资，主要生产雕塑工艺品；瑞龙公司合资经营到期，原瑞龙公司的相关业务和资产，由腾龙工业公司按法律程序承接。

2007年，腾龙工业公司投入600万元完成第一期技改，实现产值7031万元；漳州圆山家具有限公司投产，主要生产钢制家具；漳州市板桥酒业有限公司投产，主要生产各种酒类。截至2007年，农场共引进各类企业11家，固定资产投资3335万元，新增工业产值13581万元，投资项目涉及化工、家具、工艺品、建材、饲料、食品等行业。

三、社会事业

1993年，农场有篮球场2个，体育活动室1个；场部小区、作业区都安装健身器材，职工群众经常参加体育活动。还有“职工书屋”、福利楼（敬老院）、老人文化活动中心、农村幸福园各1个。1994年10月，腾龙工业公司创刊《腾龙歌声》（期刊）。1995年4月，创办的《安全与劳动保护快讯》（月刊）、《腾龙质量通讯》等内部刊物相继发行。1997年，农场率先在全省国营农场中参加职工基本养老保险。1998年，正式编印内部期刊《农科简讯》，定期系统地向场农户传播农业技术、气象信息、经营经验、市场动态、先进事迹等内容。2001年，全场职工参加社会基本医疗保险。同年，场办幼儿园由于幼教工作社会化，剥离场部机关编制，由个人承办。2006年，农场职工参加养老保险673人，其中在职职工330人、退休职工343人。

2007年，农场投入66万元改善生活环境，新建职工宿舍楼3栋24套；投入20万元完成下庄、三节桥、光明山2公里水泥路面硬化，以及红星、虎山等居民点道路整治；投入4万元新建1个体育活动场所和购置体育用品。是年职工参保676人，退休职工372人，退休金由漳州市社保公司发放，退休平均工资786元/月。

四、移民工作

2002年1月，根据龙海市政府的统一部署，农场接受“三峡库区”农村移民安置任务，选择下庄点作为移民安置点；4月根据移民要求，建房用地采用每户60平方米单层或双层两种规格进行规划和建设；7月30日，移民安置房完工，共建安置房10套、建筑面积1140平方米，投资34.6万元；配套工程投资20万元；为三峡移民划出每人0.5亩耕地及0.02亩菜地，供移民耕作。2002年8月23日，10户50名三峡库区移民抵达农场下庄安置点。2007年，移民中的26名劳动力，全部解决就业。

人物

REN WU

人　物

人物传

陈应龙

陈应龙（1902—1993 年），原名陈今生，字运生，白水镇方田村人。著名针灸气功专家。1925—1927 年就读于集美师范学校，其间拜陈嘉庚弟弟陈敬贤为师学习“调和静法”气功，萌发学习祖国医学服务民众的宿志。先后到印尼学练源于中国的“罔田静坐”；到上海向中国精神研究会会长鲍芳洲学习、研究气功、催眠疗病法，练就“灵子潜动术”；到无锡中国针灸学研究社向针灸学家承瞻研学中国针灸学，把气功治神养神功能同针灸补泻手法熔为一炉，独创带气行针及“子午补泻手法”，用无形灵子潜动通过有形银针为人治病。1936 年到潮汕一带施用针灸和气功疗法，开始其传奇式的行医生涯。先后在越南及东南亚各国行医 10 多年。中华人民共和国成立后，回国就任厦门市中医院院长、名誉院长 40 年。以“创古今未有之医术，治古今难治之奇症”“愿将人病犹己病，救得他人是我生”为座右铭，致力于中医针灸、气功疗疾的研究和实践，形成“行子午补泻针技，创运气行针之术，研制奇难痼病，巧施急救妙术”四大特长，增添中医医学宝库，治愈无数患者，备受国人和国际友人的推崇和敬仰。著作有《陈应龙针灸医案》《针治聋哑四要》《子午补泻法一得》《坐式练功 + 十八法》《灵子术浅悦》《灵子术修法》《医疗气功选练》，主编《中国针灸学概要》等。历任中国侨联委员、福建省侨联常委、厦门市政协副主席，省民革常委以及厦门市卫生协会副主席，福建省中医学会副理事长、针灸学会副会长等职。多次到新加坡、菲律宾等国家和中国香港地区讲学，传授交流针灸气功医术。其事迹收入《中国名人词典》。

连震东

连震东（1904—1986 年），字定一，连横子，台南人，祖籍漳州府龙溪县永宁乡唐化里二十七都关霞保马崎社，今榜山镇长洲村马崎社。1919 年台南第二公学校毕业。当年夏入东京私立应庆大学普通部、经济系预科、本科就读，1929 年大学经济系毕业回台湾。1931 年秉承父意内渡大陆，为国效力。在国民党元老张继主持的华北党务视察办公处、西安京西筹备委员会工作。1937 年抗日战争爆发，投笔从戎，到军中任职，1942 年在中央战干团任教官，后升陆军军官学校西安分校少将总教官。1945 年 11 月受命为台北洲接管委员会主任。1946 年 1 月代理台北县长兼建设局长。1949 年 1 月改任东南军政长官公署地政局长。1950 年 5 月任国民党中央改造委员会委员兼《中华日报》董事长。此后先后担任过台湾省参议会秘书长、台湾省政府委员兼建设厅厅长、民政厅厅长，中国国民党中央委员、五组主任，台湾省政府秘书长，“行政院内政部”部长、政务委员，国民党中央常委、中央评议委员会主席团主席，

“总统府国策顾问”“资政”等职。1986年12月1日，在台北逝世。台湾最高当局为他举行隆重葬礼，蒋经国特颁“总统令”褒扬。

康良材

康良材（1904—1995年），又名康开树，紫泥镇安山村人。1911年就读于锦江小学，毕业后随叔父当油漆工。1926年到印尼巨港，在锦德粮油食杂（批发）公司当店员，1932年提为经理。1935年与林开德等合资创办肆丰公司，任经理。在巨港其间参加侨社进步活动，创办夜校，教授华文；与教育界同仁成立“励志社”，创办《朝霞》半月刊，亲任经理，宣传华夏文化。1935年为联络感情，发展业务，发动内河船行商组织“航友社”，任主席，1937年抗战爆发，“航友社”改为华侨社团，开展抗日救亡活动。组织戏剧爱好者成立演出组，到椰城、泗水、万隆、三宝垅等地公演，进行抗日宣传，并把演出收入全部献给“筹赈会”，支援祖国抗日战争。1940年冬，回乡为父医病、治丧，适日寇南侵，太平洋战争爆发，而滞留石码。1946年，结束巨港业务，与香港“大丰行”合股，1952年后历任大丰行副董事长、经理、总经理。1979年与陈静伯等和漳州市合作创办“香港好得洋行”，任副董事长。同时与同乡多人筹资以补偿贸易形式在紫泥创办“锦江渔牧公司”。1984年，领头筹组“香港漳属同乡会”，任一、二届会长，后任永远名誉会长。其间历任香港九轻工业食品进出口商会1—12届会长，香港布商总会会长、香港中华总商会会董、香港华闽公司顾问。兼任中华全国工商联委员、福建省政协委员，泉州华侨大学、漳州大学校董，漳州华侨中学、龙海华侨中学名誉董事长、漳州市侨联名誉主席、龙海市侨联顾问等。康良材热爱桑梓，为家乡做了很多好事。1961年和黄珠昌等联络海外乡亲集资兴建龙海侨联大楼，三年困难时参与发动海外乡亲进口化肥2000多吨，引进各种拖拉机40多台，支援家乡农业生产。1995年，逝世于香港。

王 德

王德（1906—1996年），原名曾宗乾，浮宫镇后宝村人。1906年5月出生于厦门。1926年12月，加入中国共产主义青年团（原名中国社会主义青年团），为漳州共青团首批9个团员之一。1927年2月加入中国共产党，2月至4月参与“漳州农工运动讲习所”的筹备和学习。1927年秋，被学校列入“共产党嫌疑分子”名单遭到开除，遂到九湖、程溪一带与王占春、卢克等一起开展农民运动。同年12月，王德调到厦门共青团福建临时省委工作，任漳州、石码、海澄地区特派员。1928年3月任共青团福建省委组织部部长。1929年7月任共青团福建省委书记。1930年任中共福建省委常委、军委委员。1930年5月，与罗明、陶铸等5人成立“破狱委员会”，成功地领导震撼全国的厦门劫狱斗争，救出原中共厦门市委书记刘端生、团福建省委书记陈柏生等人。同年8月，任中共福建省委组织部部长。1931年1月，奉调到上海共青团中央分配工作，先后任团中央满洲省巡视员、共青团满洲省委组织部部长，团中央组织部秘书长代理组织部部长、共青团河北省委书记等职。1931年12月初被捕，在敌人威逼利诱之下，不屈不挠，坚持斗争。1936年10月，按中共中央北方局的意见，在报上刊登“声明”后出狱。1937年3月，任中共北平学委组织部部长、中共北平市委组织部部长，参与著名的“一·二九”运动的组织领导工作。抗战爆发后，被派往绥远任中共绥远省工委组织部部长，后带武装队伍到晋西北。1938年5月，到延安任中共中央组织部地方科长。1942年8月任中共晋绥二地委书记、一二〇师独立二旅政委等职。中华人民共和国成立后，历任粤西区党委第二书记、党委第一书记、广州市委第二书记、广州市委第一书记、广东省委候补书记、广东省委书记处书记兼广州市委书记、中南局候补书记兼组织部长。先后任政协广州市第一、二、三、四届主席。1979年任中共广东省委书记。1982年9月在党的十二大会议上主动提出不做中央顾问委员会委员的候选人，带头离休，以实际行动支持党中央对党政干部职务终身制的改革。1996年2月23日，在广州因病逝世，享年90岁。

林永木

林永木（1909—2006 年），又名林新铭，紫泥镇仁和村人。1926 年到印尼巨港当店员，1935 年开咖啡店，后经营土特产；1945 年与黄毓秀、林才和、黄智生合股创办“四海源”公司，经营进出口贸易，总公司设在新加坡，巨港椰城设分公司，任巨港分公司经理，并代理新加坡太古公司船务；在占卑独办美源、联源食杂店。1962 年移居香港，任香港裕雅公司经理。历任巨港中华总商会副主席、亚弄公会主席、航友社常委。1984 年参与筹建香港漳属同乡会，任副会长。1993 年、1994 年分别受聘为龙海旅港同乡会永远名誉会长、漳州市区旅港同乡会名誉会长、龙海市侨联顾问等。他关心家乡建设，1955 年以来，与归侨黄燕钧发起并募股兴办公私合营双第华侨农场，带头捐资兴建龙溪县华侨医院，筹建龙溪县华侨中学、紫泥华侨保健站、筹建龙海侨联大厦。捐助建设安山小学、漳大教学楼、漳州师院图书馆等。1955 年、1957 年、1959 年应中央侨委邀请到北京参加国庆观礼，受到周总理、陈毅副总理、廖承志主任等的接见。2006 年 7 月 29 日，逝世于漳州。

苏　静

苏静（1910—1997 年），原名苏鸥，上小学时改名苏孝顺，海澄镇内溪村碑头自然村人。中国共产党优秀党员、久经考验的忠诚的共产主义战士、无产阶级革命家、中国人民解放军优秀的政治工作者、中国人民解放军高级将领。1932 年 4 月，与苏精诚等组建一支 40 多人的游击队，任政委，率队报名参加红军，被安排到闽南工农革命委员会所属的宣传队任队长；5 月底转入中央红军第一军团，随军回师井冈山，参加中央苏区第四、第五次反“围剿”和艰苦卓绝的二万五千里长征，先后任红一军团总指挥参谋、侦查科副科长、科长。1936 年 1 月，加入中国共产党。抗日战争时期，历任八路军一一五师东进支队司令部秘书长兼军法处处长、一一五师司令部二科科长、政治部保卫部部长兼敌工部部长、战时工作委员会公安处副处长、山东军区政治部秘书长等职。解放战争期间，历任山东军区参谋处副处长兼教育处长、东北民主联军总司令部情报处长、东北野战司令部作战处长兼教育处长等职。在解放战争转入战略反攻阶段，在哈尔滨东北解放军参谋会议上，首次提出部队作战训练向“大兵团、正规化、攻坚战”转变的建议，并组织编辑出版军事材料，适应了作战方式转变的迫切需要。平津战役中，作为解放军军代表不畏艰险只身进入北平，同傅作义进行和谈，并代表解放军签署《关于和平解决北平问题的协议书》，为和平解放北平做出特殊贡献。中华人民共和国成立后，历任中南军区副参谋长、中国人民解放军总参谋部军务部长、国务院业务组成员、国务院政工小组组长、国家计划委员会副主任。是中国共产党第九、十、十一届中央委员，中国人民政治协商会议第五届全国委员会常务委员。1955 年被授予中将军衔。荣获二级八一勋章、一级独立自由勋章、一级解放勋章。1988 年被授予中国人民解放军一级红星功勋荣誉章。1997 年 11 月 28 日，在北京病逝，享年 87 岁。

黄珠昌

黄珠昌（1913—2007 年），又名黄侨民，东园镇秋租村人。1930 年随叔父黄葫芦往印尼谋生，在泗水、三宝垅当店员，1935 年后在三宝垅当布贩，1939 年转营土产兼工业；1942 年在泗水办线厂、肥皂厂；1951 年转营输入口商兼线厂。历任印尼泗水漳属同乡会副主席、主席，泗水新华中学财政，大公商报副董事长，1956 年至 1957 年任泗水中华商会副主席、泗水侨团联合会副主席。1960 年任东爪哇遣侨委员会总财政。1960 年因病携眷回国就医。1961 年往香港与友人合作开设“三友”“永业”公司。1965 年组建“新中华国货有限公司”任经理。1971 年后又开设并任繁盛国产服装贸易公司经理、德胜制衣有限公司总经理等。1962 年后历任龙海县政协副主席、福建省侨联委员、龙溪地区侨联副主席、龙海县侨联副主席、顾问。1984 年参与组建“香港漳属同乡会”，历任副会长、名誉会长，龙海旅港同乡会永远名誉会长。他情系桑梓，参与捐资兴建海澄侨联会所、龙海侨联大厦，参与发动进口化肥 2000 多吨，支援家乡农业生产。支援家乡建设和捐赠各项公益事业数百万元。2007 年 9 月 25 日，逝世于香港。

林开德

林开德（1915—1998 年），又名林树滋，角美镇玉江村岗洲社人。1927 年随舅父往菲律宾，因水土不服，又回乡念书；1930 年到印尼巨港当店员、经理。1935 年与友人合股创设建丰公司，任经理，经营出入口贸易。参股香港大丰行、厦门南丰信局，后公司折股转往雅加达合股创办益成公司，任经理。在印尼期间，参与组织航友社、“七七”照相馆，热情发动侨胞捐款支援祖国抗日战争。参与筹建巨港中华总商会，任副主席、财政，参与捐资重建椰城新华中、小学并任校董。1952 年举家回国，定居漳州市区。集资创建千人座位侨芗剧场，任经理。协助福建华侨投资公司创办漳州罐头厂、大华蜜果厂。发动华侨筹建漳州旅社、漳州华侨医院、漳州华侨新村。与印尼归侨共同创办龙溪华侨中学、漳州华侨中学，兼二校董事长 30 多年。捐资重建岗洲小学。1953 年后历任全国侨联委员、省侨联常委，地区侨联主席，龙海市侨联顾问，省政协委员、漳州市（县级）政协副主席。1979 年携眷往香港定居。改革开放初期，参加创办与漳州市合作的香港好得洋行，任副董事长，经营出口业务。1984 年参与筹建香港漳属同乡会，被选为副会长。1986 年被授予“全国侨联工作积极分子”称号。1993 年后又受聘为龙海旅港同乡会、漳州市区香港同乡会永远名誉会长。1998 年 3 月 13 日，逝世于香港。

黄金辉

黄金辉（1915—2005 年），新加坡籍华人。祖籍漳州府海澄县九都城外西路霞苑，今属海澄镇黎明村。1930 年在《海峡时报》任政治新闻记者；1941 年转任美国合众社驻新加坡、马来亚等记者；1959 年回《海峡时报》任副总编辑，曾赴刚果和印度尼西亚等国家采访；1973 年任新加坡政府驻马来西亚高级专员；1980 年任新加坡政府驻日本和韩国大使；1984 年任新加坡广播局主席；1985 年 8 月当选新加坡第四任总统，至 1993 年 9 月因健康和年龄问题，辞去总统职务。2000 年 5 月 1 日，黄金辉率亲属 14 人，在新加坡驻厦门总领事馆总领事林明河陪同下到海澄镇黎明村寻根，受到家乡各级领导和黄氏宗亲的热烈欢迎和亲切接待。2005 年 5 月 2 日，逝世于新加坡。

林金生

林金生（1916—2001 年），台湾嘉义县人，祖籍龙溪县永宁乡海洋下里二十九、三十都四望山东山社，今角美镇东山村。日本东京帝国大学法学系毕业。台湾光复后，任台南县政府自治指导员、社会课长。1947 年任台南县东石区区长、云林县虎尾区区长。1951 年任嘉义县县长。1954 年任中国国民党云林县党部主任委员。1957 年任云林县县长。1964 年任澄清湖工业给水厂厂长。1967 年任国民党台湾省党部书记长、国民党中央党部第一组副主任。1969 年任国民党台北市党部主任委员。1970 年任国民党中央副秘书长。1972 年任“行政院政务委员”兼“内政部”部长。1976 年改任“交通部”部长。1981 年专任“政务委员”。1983 年任国民党考核纪律委员会主任。1984 年任“考试院”副院长，后离任。1969 年当选中国国民党第十届候补中央委员，1976 年后当选中国国民党第十一届、十二届中央委员、中央常务委员，是当时少数台湾本土出生的政治人物。2001 年逝世。

张秋世

张秋世（1920—2001年），台湾省云林县人。祖籍平和县高坑乡白石保。1942年台北高等学校理工科毕业。当年4月在日本名古屋帝国大学医学系就学。1945年9月大学毕业，任本校附属医院妇产科医生兼助产学校教师。1946年在云林斗六镇开业行医。1948年6月，到漳浦县赤湖开业行医。1951年11月在石码开设诊所。1956年任龙溪县医院、浮宫卫生院主治医师。1978年后历任龙海县第一医院副主任医师、主任医师、副院长、名誉院长，政协龙海县第五届、六届副主席，政协漳州市第五届副主席，省政协委员，农工民主党福建省委委员，福建省台联会理事，龙溪地区、漳州市台联会会长等。张秋世医术高明，于1959年出席福建省卫生战线先进工作者表彰大会。改革开放后，广泛联系台胞，积极宣传对台政策，热情帮助台胞寻根，参与漳州引进日本空调机组装、洗衣机装配线，以及龙海与日商合办“海田合作农场”引种“七叶胆”等项目。多次出席省农工党、全国台盟等举行的“为四化建设服务，为统一祖国服务”经验交流会。2001年逝世。

康荣茂

康荣茂（1926—1998年），紫泥镇安山村人。出生于石码镇。1947年前往印尼巨港当店员，与人合伙做岛际走水生意。1961年后创办和美公司，经营日杂百磁批零，逐渐扩展为进出口商，在椰城设分支机构。后来在椰城合资创建荣光大厦，开超级商场、设荣光戏院、办纳珍银行。与同乡郭国照合资购置雅加达郊区地皮200公顷，参与印尼首都新工业区建设。1983年到哥伦比亚创办农场，从家乡招收17人，到哥伦比亚参加开发，是开拓哥伦比亚事业第一代福建人。1989年受聘为香港漳属同乡会顾问。身居异国，心系桑梓。1972年后，先后为漳州、龙海文教、卫生、福利等事业捐赠款物值数百万元；1994年、1996年先后捐赠漳州市博物馆、龙海市博物馆数十件珍贵文物，并捐资80万元人民币建漳州博物馆新展楼。1998年，逝世于印尼。2001年其遗孀陈水景遵照康荣茂遗愿，将家中全部文物带回赠予漳州博物馆，并出席博物馆新馆落成典礼。

郭其超

郭其超（1928—1994年），新加坡籍华人，祖籍角美镇流传村。1935年在角美碧湖小学读书。1948年前往泉州正大信局当侨批员。1950年前往印尼巨港当学徒、工人、店员；1955年前往雅加达自营小生意，数年后开设“都麻里”有限公司；1959年前往新加坡开设和达私人有限公司，任董事长，专营中国杂货。不久，加入新加坡籍。经过20多年的发展，又创办新加坡郭其超贸易私人有限公司，任董事主席；创办香港巨丰贸易有限公司和金龙宝石有限公司等，任董事长。1979年，率先与漳州侨联创办“中外合资宝石加工厂”，开展来料加工；联络香港同乡在紫泥镇创办补偿贸易的“锦江渔牧公司”；与龙海侨联创办“中外合资龙海华丰冰厅”，参与和漳州市合作在香港创建“好得洋行”，开创龙溪地区在境外开设“中外合资”企业先河。后来又投资“中外合资漳州大酒店”等，为漳州引进外资工作起到了促进作用。热心家乡公益事业，捐资创建学校、幼儿园、老人活动室，赠送拖拉机、救护车、医疗设备等，至1994年，为家乡捐款、捐物数百万元。1986年以来，受聘为星州漳州总会名誉会长、香港漳属同乡会名誉会长、漳州市海外联谊会名誉会长等。1994年，逝世于新加坡。

黄海澄

黄海澄（1931—2007年），出生于海澄镇黎明村。1949年10月任海澄县城关区莲花乡委员，村民兵干部、团干部、土改工作队员。1951 年 12 月在海澄县率先成立农业生产互助组，任组长，带领组员选用水稻良种，第一年粮食增产近三成，被评为福建省农业增产模范。1952 年 9 月加入中国共产党，同年底又带头创办初级社，任社长、莲花乡乡长。1955 年任黎明农业生产合作社（高级社）社长、黎明党总支书记、莲花乡乡长。1955 年被福建省人民委员会授予“农林业劳动模范”称号。1957 年出席全国农业劳动模范代表大会，后又被破格聘为省农科院特约研究员。1958 年 9 月至 1965 年 4 月，先后任莲花公社副社长、公社党委委员，公社社长、公社党委常委。其间，被选为中国青年代表团成员出访古巴。1965 年 5 月被选为国家水稻专家组成员派到马里传授水稻种植丰产技术。1968 年回国后，历任莲花公社黎明大队革委会主任、党总支书记、公社党委委员、龙海县县委委员、龙溪地区革委会农林处领导成员、龙溪地委委员、省农业局党组领导成员兼局生产组负责人。1975 年 10 月任龙海县委副书记、县革委会副主任。1980 年 10 月任龙海县第五届政协主席、省第五届人大代表、省政协委员。1998 年退休。曾被评为全国青年社会主义建设积极分子、农业部农业增产模范、全国优秀团员等。2007 年 11 月 5 日逝世。

黄绍基

黄绍基（1950—2006 年），出生于石码镇。1975 年移居香港，子承父（黄松年）业，担任香港英明实业有限公司董事长，该公司生产帽子以品种全、款式新、花色多样享誉香港，称雄东南亚，每年以 250 万打数量行销世界。之后又创办并任香港华南企业集团主席，担任好事域发展有限公司、瑞旭有限公司董事长。1985 年在深圳创办南方帽厂，接着又在龙海、东莞、海南、上海、南京、佛山、潮州等地创办 10 多家帽厂，同时涉足制衣、纸箔、玩具、房地产等行业。仅在龙海就创办“港龙房地产”“御泰房产”公司，1991 年以 35% 股份与龙海市政府合作创办“福龙公司”，开发占地 100 公顷的角美工业综合开发区。他造福桑梓，先后捐资数百万元，兴办家乡教育、卫生等公益事业。历任龙海旅港同乡会副会长、会长、名誉会长，香港漳州同乡总会会长，龙海市侨联名誉主席、龙海市政协委员。2006 年 6 月 2 日，在长乐出车祸不幸逝世。

人物录

黄成璋

黄成璋（1927—2001 年），出生于平和县国强乡。1948 年 3 月至 1949 年 9 月参加革命工作，为闽南游击队平和独立大队战士、班长。1949 年 9 月任平和县四区副区长。1950 年 1 月任龙溪专署行政干校学员、宣教组织股股长。1952 年 4 月至 1972 年 7 月，先后任龙溪专署合作总社、手管局、工业、轻工业局科长、副局长。1972 年 7 月任龙海县工交组副组长。1975 年 11 月至 1978 年 9 月，先后担任龙海合成氨厂、糖厂革命委员会主任、党支部书记。1978 年 9 月任龙海县总工会副主席、主席。1985 年 1 月至 1988 年 10 月任龙海县政协副主席。2001 年 12 月 21 日逝世。

郑福全

郑福全（1928—2003 年），浮宫镇美山村人。1949 年 10 月参加工作，任海澄县公安局侦察员。1950 年 6 月任海澄县二区公安助理员。1951 年 3 月任海澄县检查组组员。1952 年 8 月任海澄县六区副区长、区长。1955年7月任海澄县港尾区区长。1958年3月任海澄县沙坛乡党委书记。1958年8月任海澄县港尾公社党委书记。1959年11月任海澄县海防部副部长。1964年11月任龙海县港尾公社党委书记。1970年7月任龙海县机器厂书记。1975年10月至1979年9月，先后任龙海县东园公社革委会主任、书记。1979年9月至1984年2月，任龙海县角美公社党委书记。1983年12月任龙海县政协副主席、统战部部长。1984年2月任中共龙海县委书记。1984年12月，任龙海县人大常委会主任。1989年9月退休。2003年7月逝世。

袁培俭

袁培俭（1930—1998年），山东省乳山县人。1947年5月在山东省乳山海关任海关检查员。1949年2月参加南下工作队，同年4月加入中国共产党。1950年5月任福建省东山县税务局所长、副局长、局长。1955年7月参加华东财政学校税务班学习。1956年7月任东山县副县长。1958年7月任东山县化工总厂厂长。1960年1月任龙海县合气氨厂、农药厂书记。1975年10月任龙海县工交办、经委副主任、主任。1980年10月至1991年1月任龙海市人大常委会副主任、党组成员。自第八届起至第十一届，连续四届当选为龙海市人民代表。1991年3月被龙海县政府聘为县政府工业顾问。1992年8月离休。1998年12月30日逝世。

江亚森

江亚森（1930—1990年），出生于港尾镇梅市村。1951年8月参加工作，担任海澄县财政科科员和县政府总务股长。1952年底至1960年，先后担任海澄县财委会秘书和财贸部干事。1957年3月加入中国共产党。1961年至1970年，先后担任龙海县财贸部副部长、莲花公社党委副书记、浮宫公社党委书记兼革委会主任。1970年6月任紫泥公社党委委员，后担任革委会常委、党委副书记。1975年5月，任紫泥公社党委书记兼革委会主任。1978年8月任县委统战部部长。1980年10月任龙海县副县长。1984年11月任龙海县人民政府调研员。1987年11月当选第七届政协龙海县委员会副主席。在紫泥公社工作期间，带领群众围垦造田1000多亩，完成北引工程左干渠工程的修建任务。1987年，直接参与指挥浮宫大桥工程建设。1990年7月6日，在去福州途中因公殉职，享年60岁。

陈添裕

陈添裕（1931—1993年），白水镇方田村人。1950年10月至1952年6月，先后任白水区公所工作队员、经费会计、区农会副主席。1952年7月任海澄县供销社科长，1956年6月任副主任。1958年3月任海澄县商业局副局长。1960年3月任龙海县商业局局长；1961年6月任县供销社主任；1965年11月任县委财贸部副部长；1968年8月任县供销社主任，12月任县商业服务站主任；1972年12月任县商业局局长；1976年1月任县供销社主任；1978年1月任县财办主任；1979年12月任县计委主任。1980年10月任龙海县副县长。1984年1月任龙海县人大常委会副主任。1992年6月退休。1993年12月15日逝世。

黄跃东

黄跃东（1953—2006年），石码镇人。1983年毕业于福建中医学院。1984年3月任龙海县第一医院副院长。1986年7月任龙海县中医院院长、党支部书记。1988年5月被评为福建省劳动模范。1995年5月被授予“福建省优秀专家”称号，并获国务院颁发的享受政府特殊津贴证书。2000年8月任漳州市中医院院长、内科主任医师，福建中医学院教授、硕士生导师，中国中医药学会脑病专业委员会委员，中国中西医结合精神专业委员会委员，福建中医药学会理事，省中医脑病专业委员会主任委员，省中西医结合精神科专业委员会主任委员。2003 年 4 月任厦门市中医院院长。致力于中医精神疾病的临床与科学研究，对精神分裂症、躁狂抑郁症、癫痫、老年性痴呆、神经症等精神疾病的治疗，发挥中医中药的特色优势，对慢性精神疾病及其他难治性精神疾病疗效独特，在精神疾病的维持治疗、疗效巩固、解决服用西药所出现的不良反应等方面，发挥中医中药特色起到中西优势互补作用。先后在省级以上刊物发表论文 22 篇，出版《精神疾病中医临床治疗》《精神病中西医结合研究》2 部专著，并多次受邀赴国外讲学。2006 年 2 月 9 日因病去世。

郑志强

郑志强（1981—2000 年），浮宫镇丹宅村人。初中毕业后到厦门打工。2000 年 12 月 16 日晚，厦门航空公司一位女员工携女儿途经莲花广场时，歹徒杨某某忽然蹿上，抢走其黑色提包。正在附近的郑志强听到呼救声后，冲上前抓住歹徒肩膀，歹徒转身一刀捅进郑志强胸部。郑志强强忍剧痛，捂着胸口继续追赶，最后因流血过多倒在血泊中，不幸牺牲，献出年仅 19 岁的生命。同年 12 月 21 日，厦门市社会治安综合治理委员会、共青团厦门市委、开元区委和政府分别追授郑志强为厦门市见义勇为勇士、特区青年卫士、特区建设青年突击手标兵等荣誉称号。2006 年 3 月，郑志强被福建省人民政府授予“革命烈士”。

詹世忠

詹世忠（1983—1996 年），程溪镇人，1996 年 5 月 4 日，时为程溪镇下庄小学六年级学生的詹世忠，在程溪镇下庄村往顶楼的桥下溪潭中，为抢救落水儿童英勇献身，时年 13 岁。1996 年，詹世忠荣获漳州市见义勇为先进分子、福建省见义勇为积极分子的称号。1997 年 5 月，被福建省人民政府、国家民政部追认为“革命烈士”。

人物表

1993—2007年龙海籍任龙海市外副处级、军队副团职以上领导干部以及高级技术职称人物表

（已知，以姓氏笔画为序）

姓 名	工作单位	主要职务、职级	职称
马金云	江西省公安厅	副厅长兼政治部主任	
马素明	龙岩市人民政府驻上海联络处	主任	
马溪水	福建省九龙江北溪管理局	副书记	
王卫国	中国人民武装警察部队漳州市支队	副支队长	
王水木	漳州市侨务外事办公室	副主任	
王尔村（女）	福建师范大学音乐学院		副教授
王亚生	漳州市中医院		副主任医师
王亚罗	福州市仓山区人大常委会	副主任	
王亚腰	福建省交通规划设计院		高级工程师
王连发	福建省军区独立师三团司令部	参谋长	
王志雄	福建省福州耐火材料厂	厂长	高级工程师
王河本	广西建筑综合设计研究院设计所	副所长	高级建筑师
王育敏（女）	福建农林大学食品科技学院	党总支书记	
王茂才	江西省吉安市农业局		高级农艺师
王　南	漳州市委农林办	副主任	
王养萍	漳州大学	副校长	副教授
王美娜（女）	龙溪师范学校		高级讲师
王海勤	漳州市农业技术推广站		高级农艺师
王振福	中共漳州市委组织部	副部长	
王润卿（女）	贵州都匀东方机床厂	副总工艺师	高级工程师
王继跃	漳州市科学技术局	副局长	
王盛喜	武警福建省总队泉州市支队	副支队长	
王舜卿	沈阳飞机制造公司242医院口腔科	主任	主任医师
王锦禄	云南省畹町市	副市长	
王碧瑶	福建省体育工作大队射箭队女队	主教练	高级教师
王聚仁	福建省民族和宗教厅	厅长	

续表

姓 名	工作单位	主要职务、职级	职称
王聚贤	福建省医院		主任医师
王慧卿（女）	芗城区人大常委会	副主任	
王耀泉	漳州市人民政府	副市长	
尤金朝	厦门市口腔医院		副主任医师
方水城	海口市海南燕南船务有限公司	总经理	
方江陵	厦门大学物理系近代物理实验室	主任	高级工程师
方龙辉	华安县人民政府	副县长	
方亚夏	厦门市公安局集美分局	副局长	高级经济师
方张川	中国人民银行厦门分行	行长、党组书记	高级经济师
方英杰	石化总公司石油化工科学研究院		高级工程师
方　敏	国家旅游局、杭州五洲大酒店	处长、总经理	
方荣松	莆田军分区	参谋长	
方美河	广州武警学院	正团级	
方清海	中共福州市委、纪委	副书记、书记	
方源良	漳州市农科所		副研究员
方碧成	中国工商银行漳州市分行	副调研员	高级政工师
甘苏兴	中国人民解放军海军工程学院	正师级教员	
甘阿明	长泰县公安局	局长	
甘松茂	福建炼油化工有限公司物业管理中心	书记	
甘国荣	漳州市科委科技情报研究所		副研究员
甘国辉	中国科学院地理科学与资源研究所		研究员
甘金本	厦门市看守所	所长	
甘学群	厦门市物价局综合与法规处	处长	
甘南山	厦门市建委		高级工程师
甘思远	漳州市医院		主任医师
甘细福	福建省集美水产学院		高级讲师
甘国瑞	中国船舶工业第 6354 研究所	副总工程师	高级工程师
甘墨泉	厦门市技术监督局	助理调研员	高级工程师
卢长江	漳平市医院		副主任医师
卢长河	漳州农校	校长	
卢永昌	漳州市科委	副调研员	
卢汰春	中国科学院研究所		研究员

续表

姓名	工作单位	主要职务、职级	职称
卢绍武	福建省人事厅公务员管理处	处长	
叶小玲（女）	漳州市医院		副主任医师
叶庆喜	漳州市皮肤病防治院	副院长	主任医师
叶振煜	中共漳浦县委、县人民武装部	常委、政委	
叶清才	厦门华侨亚热带植物引种园	党支部书记	
叶建平	新华通讯社		主任编辑
白亚根	中南财经政法大学信息学院信息系		教授
冯仲光	海军雷达兵第三旅政治部	副主任	
吕海鹏	厦门鹭江大学电工系		副教授
吕海鸿	厦门市人民广播电台经济台	副总监	高级编辑
吕海鹤	厦门市湖滨中学	副校长	中学高级教师
吕耀明	泉州市第三医院	院长	主任医师
朱元佑	漳州市医院		主任医师
朱宗民	厦门市警备区后勤部	部长	
朱荣龙	漳州市劳动和社会保障局	副局长	
朱清龙	福建三农集团股份有限公司	党委书记	高级工程师
朱清福	厦门市邮政局	局长	高级经济师
朱智强	厦门大学嘉庚学院国际商学院	副院长	副教授
朱新扬	宁夏回族自治区城市调查队	副队长	高级统计师
朱德隆	南京医科大学附属苏州医院		主任医师、教授
朱毅辉	漳州教育学院	党委副书记	
庄志坚	中国人民解放军 73291 部队	部队长、大校	
庄振东	漳州市物资局	副局长	
庄振海	龙溪仪表厂	厂长、党委书记	高级工程师
庄凉江	漳州市人大常委会	副主任兼秘书长	
庄凉辉	漳州市供销社	副主任	
庄渭川	江西省建筑科学研究院	院长	教授级高级工程师
刘木根	云南省东川市政协	主席	
刘文智	北京市家具公司	副总工程师	教授级高级工程师
刘中黔	泉州市商业银行	行长	高级经济师
刘亚良	华安县委、纪委	常委、书记	
刘亚忠	福建人民出版社文史编辑室		编审

续表

姓 名	工作单位	主要职务、职级	职称
刘再源	武警诏安县公安边防大队	大队长、武警中校警衔	
刘青泉	厦门大学哲学系		教授
刘旺根	云南省东川市矿业有限公司	总经理	
刘炳文	东华理工学院		副教授
刘素环（女）	中国银行漳州分行	副调研员	高级政工师
刘振江	漳州市公安局经侦支队	大队长	
刘雅丹（女）	农业部中国水产学会	副处长	副译审
刘碧煌	三明市公安局刑侦支队	政委	
刘毅宙	中共罗源县委组织部	部长	
刘淑敏（女）	北京市首都国际机场医院儿科	主任	
江小平	福建省烟草专卖局	调研员	
江卫阳	人民海军报社	社长、大校	高级编辑
江天来	北京市公安局文化保卫处	副处级干部	
江正兴	泉州市乡镇企业局	局长	
江龙海	泉州市人民保险公司	总经理	
江永林	兴业银行厦门分行国际业务部、会计结算部	总经理	
江亚龙	漳州市公安特警支队	副支队长	
江志强	中共漳州市龙文区委	常委	
江秀明（女）	漳州市粮食局	副局长	
江松辉	仙游县委、县人民武装部	常委、政委	
江荣昌	江苏省农科院杂草研究中心	主任	研究员
江振发	福建化工学校	党委副书记、副校长	
江振英	湖北省武汉市中级人民法院	正处级审判员	高级法官
江振南	厦门市无线电管理处	处长	
江智诚	中共漳州市委老干部局	副局长	
江 滨	漳州业余大学	校长、副书记	
江福全	闽南日报社	书记、社长、总编	高级编辑
江福来	中国人民银行厦门市中心支行宣传群工部	部长	
江解放	江西省九江市公安局交警支队	副支队长	
江锦祥	海洋局第三海洋研究所（厦门）		研究员
江锦源	厦门市国际经济合作公司	党委副书记	
许丁才	陕西省医疗保险管理中心	副主任	

续表

姓 名	工作单位	主要职务、职级	职称
许友明	福建广播电视大学漳州分校和漳州业余大学	校长	
许文忠	漳州市中级人民法院	副处级审判员	四级高级法官
许文章	中国（福建）对外贸易中心集团有限责任公司计划财务处	处长、总会计师	
许亚目	中国水产总公司广州建港工程公司		高级工程师
许志勇	福建省教育厅基础教育处	处长	
许本港	厦门锻压机床有限公司	副总工程师	高级工程师
许克祥	福建中医药大学成人教育学院	副院长	副研究员
许武章	中共漳州市诏安县委、组织部	常委、部长	
许枝聪	南平市人大常委会	副主任	
许国防	漳州市疾病预防控制中心		副主任医师
许明昌	三明市人事局	副调研员	
许忠贤	厦门市发展计划委员会重点工程建设前期办公室	副主任	
许佳娜（女）	中共厦门市思明区委办公室	副主任	
许建明	中共厦门市委农办	助理调研员	
许宪生	漳州教育学院艺术系	副主任	副教授
许振明	厦门厦工集团有限公司	副总经理	高级工程师
许海龙	厦门市人事局	调研员	
许海溪	厦门市建设与管理局办公室	副主任	
许跃生	中共厦门市思明区委、政法委	副书记、书记	
许琳琅（女）	北京体育大学		副教授
许敬行	中国音乐学院作曲系		教授
许厦生	龙溪轴承（集团）股份有限公司	总经理	高级工程师
许鹊君（女）	漳州职业技术学院		副教授
许新生	福建省电力有限公司	副总经理	
许　慎（女）	漳州市医院		副主任医师
许定春	中国人民银行厦门市中心支行保卫处	处长	
许志鸿	同济大学交通运输工程学院学术委员会	主任	教授
许鼎盛	福建省水产研究所		研究员
许镇川	福建省舞台美术学会	会长	国家一级舞台美术设计师
阮亚宏	漳州市水利局	副局长	
阮丽玉（女）	厦门出入境商品检验检疫局	副处长	

续表

姓 名	工作单位	主要职务、职级	职称
阮秀华（女）	福建教育学院党委办公室	调研员	副研究员
阮荣祥	福建省人大法制委员会	主任	高级编辑
阮良成	秦山核电站		高级工程师
孙井德	漳州市环境保护局	副局长	
孙吉连	大连海军基地 91550 部队	副司令员	
孙联明	漳州师范学院总务处	处长	副研究员
纪永茂	漳州市农委	副调研员	
纪华国	厦门市湖里区纪委、监察局	副书记、局长	
纪建仁	漳州市公安局龙文分局	局长	
纪跃进	漳州市龙文区政协	副主席	
纪益成	厦门大学评估研究中心	副主任	教授
严康宁	漳州市医院		副主任医师
苏卫东	厦门市气象台	台长	高级工程师
苏天元	长泰县人民检察院	检察长	
苏水秀	北京大学		教授、高级工程师
苏允枝	中国空军漳州厂站	副师级	
苏龙辉	漳州市环保局	副局长	
苏孝道	华安县委、县政府	常委、常务副县长	
苏丽珠（女）	漳州市计生服务站		副主任医师
苏希鲁	闽江职业大学	副校长	教授
苏宇华	第一军医大学组胚教研室	副主任	副教授
苏宗科	厦门大学计统系	党总支书记	副教授
苏松杰	漳州市电业局		副总工程师
苏　京	南京军区	副参谋长、少将	
苏明宗	驻闽部队某部	参谋长、大校	
苏勇民	厦门市海投房地产总公司	董事长	
苏勇军	漳州市安监局	副局长	
苏倚门	87 师后勤部军需科	科长	
苏彩云（女）	漳州市人大常委会	副主任、秘书长	
苏清河	漳州市经委	助理调研员	高级工程师
苏琼珠（女）	海军北京示范幼儿园	园长	
苏朝晖	中国科学院吉林省长春市应用化学研究所		研究员

续表

姓 名	工作单位	主要职务、职级	职称
苏富仁	福建化工学校	书记、校长	
苏碰皮	漳州市海洋与渔业局	副局长	高级工程师
苏锦裕	厦门大学外文学院		副教授
苏新辉	厦门市第一医院核医学科		副主任医师
苏　震	扬州大学税务学院信息系	主任	教授
苏丽珠（女）	漳州市计划生育技术服务站		副主任医师
苏春成	厦门古龙集团有限公司	副董事长、总裁	
巫汉平	漳州市人民政府	副秘书长、办公室主任	
巫庆平	福州大学工艺美术学院		副教授
巫嘉耀	上海杰启达机电科技有限公司	总经理、总工程师	教授级高级工程师
李元兴	福建省委办公厅	副主任	
李　历	漳州市委机关党委会	副书记	
李友忠	漳州市土地管理局	局长	
李玉祥	漳州市人民检察院	副巡视员	
李吉祥	海军南海舰队二支队	支队长	
李仲坚	漳州市公安局	党委委员、办公室主任	
李志达	福州大学		教授
李志忠	清华大学工业工程系	党总支书记	教授
李泗水	南京军区第二军事调研室	团长	
李其团	漳州市人大常委会城乡建设环境资源保护委员会	主任	高级工程师
李林明	铁道部第四工程局		教授、高级工程师
李奇辉	厦门检察院后勤处	处长	
李建聪	教育部科技发展中心	副主任	
李春成	龙岩市审计局	副局长	
李春辉	漳州市教育局	副调研员	
李栋文	厦门市地税局	调研员	
李栋武	厦门市物资集团有限公司	总经理	
李庭兴	集美大学校长办公室、党委办公室	主任、调研员	
李彦义	漳州市农业局	副局长	
李淑珠（女）	厦门市中山医院消化内科		副主任护师
李辉煌	东山县委、纪委	副书记、书记	
李稻根	厦门大学机关第三党总支	书记、纪委书记	

续表

姓名	工作单位	主要职务、职级	职称
李毅勇	中国人民财险厦门自贸区中心支公司	总经理	
李经帮	漳州市统计局	党组书记、局长	
李志贤	厦门大学化学系		教授
李秀芬（女）	厦门第三塑料厂		高级工程师
李庐峰	福建省（集美）水产研究所	副主任	高级工程师
李明滨	北京大学		教授
李英标	福建省技术监督局	副局长	高级经济师
李章栋	厦门市工商局监察室	主任	
李奇伟	广州甘蔗糖业研究所	所长	研究员
李顺亮	深圳文锦渡出入境边防检查站	副站长	
李清标	诏安县人大常委会	副主任	
李溪泉	南京工业大学		副教授
严康宁	漳州市医院		副主任医师
杨九金	北京石油大学重质油加工国家重点实验室		教授级高级工程师
杨井枝	中国农业银行厦门分行	总经理	
杨少明	漳州市公安边防支队司令部	参谋长、中校警衔	
杨仁安	国家海洋三所	办公室主任	
杨水池	漳州市芗城区农业区划委员会办公室		高级农艺师
杨文彬	中国人民解放军体育学院训练部	部长、大校	
杨龙财	福州市城市管理执法局	大队长	
杨叶飞	北京房山区霞云岭乡	党委副书记	
杨亚文	漳州市文明办	副主任	
杨再兴	西安卫星测控中心厦门测控站技术室	主任（副团）	高级工程师
杨　尧	福建（厦门）海洋研究所海化室		副研究员
杨伏山	中国新闻社厦门支社	副社长	主任记者
杨守谦	福建省地质矿产勘查开发局审计处	处长	高级工程师、高级经济师
杨玛罗	福建师大第二附属中学	校长兼书记	中学特级教师
杨秀琼（女）	漳州教育学院	副院长	高级教师
杨君顺	陕西科技大学机械设计院	院长	教授
杨君辉	中国科学院软件所		研究员
杨其林	杏林玻璃厂		高级工程师
杨国联	厦门市海军干休所	所长	

续表

姓 名	工作单位	主要职务、职级	职称
杨忠国	福建省农资集团厦门公司	副总经理	
杨和杰	中共中央台湾工作办公室台湾事务法律咨询中心	主任	
杨金明	漳州市公安局刑警支队	政委	
杨建平	中共漳州市委员会、市政法委	副书记、书记	
杨建坤	浙江台州市建设局		高级工程师
杨细明	永安市政府	副市长	高级工程师
杨威罗	福建水文总站		高级工程师
杨秋君（女）	厦门大学		副教授
杨信安	福州大学数学系		教授
杨胜华（女）	中共平和县委、县政府	常委、副县长	
杨彦杰	福建社会科学院科研组织处	处长	研究员
杨爱国	中国人民解放军第175医院普外科		副主任医师
杨爱明	北京协和医院		副教授
杨跃辉	厦门市保通通信系统有限公司	总经理	
杨维生	福建气象局	局长	高级工程师
杨朝章	漳州市中医院		副主任医师
杨森山	厦门市同安区农业局		高级农艺师
杨锦海	中国戏剧出版社		编审
杨淑敏	济南医院耳鼻喉科		主任医师
杨浩石	厦门大学美术系		教授
杨杨柳	浙江省测绘局		高级工程师
杨金明	漳州市公安局刑警支队	政委	
连思标	漳州一中	校长、党委书记	中学高级教师
吴　知	厦门市档案局、档案馆	副局长、馆长	
吴育旗	福州大学计算机系	副主任	副教授
吴万钫	中国石化总公司北京设计院自控室党支部	支部书记	高级工程师
吴井泉	厦门水警区部队	副师长	
吴文益	漳州卫生学校		高级讲师
吴加金	军医学科学院基础医学研究所研究室	主任	高级工程师
吴连城	厦门广告公司	总经理	
吴奕纯	厦门日报社		高级记者
吴小明	泉州市农业发展银行	副行长	

续表

姓 名	工作单位	主要职务、职级	职称
吴龙海	胜利油田临盘采油厂工艺研究所		高级工程师
吴禾清	漳州卫生学校	党委副书记、纪委书记	副教授
吴志力	浙江省电力设计院变电室	主任	高级工程师
吴其山	中国人民解放军 61413 部队	正团级	
吴国膺	浙江大学电机系		副教授
吴瑞枝	南京医科大学附属脑科医院		主任医师、教授
吴源华	交通部四航局二公司	副总经理	高级工程师
邱亚明	中共华安县委、县政府	常委、副县长	
邱亚典（女）	南靖县第二医院		副主任医师
邱亚斌	漳州市公安局警卫处、武警漳州市警卫处	处长、武警上级警衔	
邱颂芬	厦门市委文明办创建处	处长	
邱跃灵	中国人民解放军第 175 医院	副师级	副主任技师
邱黎明（女）	漳州市农业局	副局长	
邱毅勇	中信集团香港肖特吉公司	董事、总经理	
邱耀辉	中国人民解放军第 175 医院体检保健中心	主任（正师级）	副主任技师
何古城	厦门水产局	局长	
何先进	漳州市体育局	副局长	
何南辉	福建省国土资源厅	副厅长	
何堡玉（女）	福建省卫生厅科教处	副处长	
沈小美（女）	漳州卫校学生处		高级讲师
沈文辉	厦门水产学院		副教授
沈进平	漳州市国家安全局、机关党委	助理调研员、专职副书记	
沈国强	甘肃省人民医院	院长	主任医师
沈顺文	厦门市政府办公室	副主任	
宋松辉	西安交通大学		高级工程师
宋锦华	上海市黄浦区武装部	部长	
宋肇瑞	厦门福达感光材料公司		高级工程师
张水白（女）	广西南宁市委党校	副校长	副教授
张水根	漳州市公路局	局长	
张阿芬	集美大学财经学院		副教授
张月仲	中远集团（上海）运输公司项目投标部		高级经济师
张亚明	云霄县人民检察院	检察长	

续表

姓 名	工作单位	主要职务、职级	职称
张亚清	漳州市委宣传部、 闽南日报社	副部长，社长、总编辑	
张光前	中国第十八冶金建设公司	党委副书记	高级政工师
张国强	上海航天局 812 研究所		高级工程师
张和安	中国人民银行漳州市中心支行	调研员	
张建阳	中国石化集团长岭炼化公司	副总工程师	高级工程师
张　俐（女）	福建中医学院骨伤系	副主任	
张祝发	漳州市文化与出版局	副局长	
张素惠	厦门市检察院民事行政检察处	副处长	
张西郊	复旦大学体育教学部教研室	主任	副教授
张安桢	福建省骨伤研究所	所长	主任医师
张逸南	招商局漳州开发区有限公司	副总经理	
张清香	中国地震局厦门地震勘测研究中心	主任	高级工程师
张碧珍（女）	厦门中山医院干部病房		副主任医师
张俊卿	厦门中山医院神经外科		主任医师
张惠文	龙岩人民医院		副主任护师
张澄茂	福建水产研究所		副研究员
张朝喜	广州黄埔造船厂	副总工程师	研究员级高级工程师
张慧德	漳州市对外贸易经济合作局	副局长	
陈大靖	厦门大学财政金融系党总支	副书记、调研员	
陈天兴	中国人民解放军 37709 部队	师级	副主任医师
陈天球	厦门市人民政府教育督导室	副主任	中学高级教师
陈元和	漳州市人大常委会	副秘书长	
陈元德	漳州市广电局、电视台	副局长、台长	
陈友仁	河北人民广播电台		高级编辑
陈车茶	中国人民武装警察部队总部后勤部	处长、上校	
陈中坚	漳州市检察院反贪局检察技术处	副处长	
陈水仙（女）	广州有色金属研究总院		高级工程师
陈长河	中国第二历史档案馆		研究馆员
陈文加	福建省卫生厅	副厅长	
陈文条	省军区福州第四干休所卫生所		副主任医师
陈文铮	漳州市教委	副调研员	
陈火结	中国科学院西双版纳热带植物园昆明分部		高级工程师

续表

姓 名	工作单位	主要职务、职级	职称
陈少坚	集美大学体育学院	副院长	教授
陈玉生	漳浦县公安边防大队	大队长	
陈玉英（女）	国家海洋局第三海洋研究所		高级工程师
陈 礤（女）	中国冶金地质勘查工程总局中南地质勘查院	副院长	高级工程师
陈龙山	中共漳州市龙文区委、区政府	常委、副区长	
陈龙山	广州中山大学中山眼科中心	主任	主任医师、教授
陈嘉厚	北京大学东方学系	主任	教授
陈元海	福建省省直机关党工委	副书记	
陈 英	国家海洋局第三海洋研究所		高级工程师
陈来发	漳州市纪律检查委员会	副书记	
陈水金	吉林市人大常委会、人民代表民族办公室	委员、主任	
陈平宗	福建师范大学物理系		副教授
陈东生	漳州市人民政府口岸办公室	主任、党组书记	
陈印春	漳州市皮肤病防治院	副院长	副主任医师
陈永文	共青团福建省委办公室	副主任	
陈永乐	天津地质研究院		教授级高级工程师
陈永红（女）	漳州师范学院	党委书记	
陈永忠	厦门市政工程有限公司		高级工程师
陈永辉	漳州市医院		副主任医师
陈亚贞（女）	厦门大学企管系		教授
陈亚温	厦门大学经济学院		教授
陈亚福	漳州市芗城医院外科		主任医师
陈成禄	江西省南昌市园林规划设计研究院	副院长	高级工程师
陈朱文	漳州师院政治经济系、漳州市社科联	主任、副主席	副教授
陈 任	银川大学生物系		教授
陈 悦	厦门大学物理系	副主任	副教授
陈庆华	漳州市纪委纠风室	主任	
陈安金	福州军区第31军92师炮兵团	参谋长	
陈进春	厦门市中医院	书记、院长	主任医师、教授
陈志坚	中共南靖县委、武装部	常委、政委	
陈志强	厦门六中		高级教师
陈志勇	漳州安全生产监察室	副主任	

续表

姓 名	工作单位	主要职务、职级	职称
陈志福	漳州市检察院	副检察长	
陈丽琴（女）	福建亚热带植物研究所	党委书记（副处）	
陈招才	中共福建省委老干部局管理处	处长	
陈正国	厦门大学经济学院	副院长	副研究员
陈杰奇	漳州市教育学会	副会长、秘书长	
陈雨树	中国人民解放军第 31 军 277 团	团长	
陈国川	厦门大学机电工程系		副教授
陈国财	厦门市湖里区人大常委会	副主任	
陈国良	中国人民保险公司漳州市分公司	总经理	
陈国荣	厦门市社会保险管理中心	主任	
陈国源	厦门中西医结合学会		副主任医师
陈易洲	政协漳州市委员会	副主席兼秘书长	
陈忠和	中国国家女子排球队	主教练	排球高级教练
陈和来	福建省公务员局	副巡视员	
陈金枝	漳州市公安局经侦支队	政委	
陈金宗	中国人民解放军 73132 部队医院	副院长（副师级）	副主任医师
陈金海	漳州市建设委员会	总建筑师	高级建筑师
陈金锡	南平市计量局	局长	高级工程师
陈怡仁	厦门市同安区人大常委会	副主任	
陈庚申	中国科学院福建物质结构研究所		副研究员
陈宝宗	漳州市司法局	副局长	
陈宗厚	龙溪师范	副校长	特级教师
陈建文	中共北京市委宣传部宣传处	处长	副研究员
陈建东	漳州市医院		副主任医师
陈建发	湛江海军医院	副团职	
陈建成	漳州市医院		主任医师
陈春成	南平水泥厂		高级工程师
陈春杰	长泰县人民武装部	副部长	
陈镜湖	中国人民解放军第一零零二工厂	总工程师	高级工程师
陈秋金	重庆华葡桥梁有限公司计划经营部	经理	高级会计师
陈荣发	政协台江区委员会	常务副主席	
陈顺福	解放军电子工程学院	副军级	教授

续表

姓 名	工作单位	主要职务、职级	职称
陈俊杰	福建省军区守备二师军械科	科长（副团级）	
陈晋来	永安第九中学		中学高级教师
陈剑勇	厦门市将军保健所		副主任医师
陈胜武	福建省对外贸易经济合作厅	调研员	
陈美珍（女）	汕头大学	支部书记	
陈珍珍（女）	厦门大学计划统计系		教授
陈炳隆	漳州市经济作物站		高级农艺师
陈海山	漳州第一职校教务处		中学高级教师
陈海枝	中国科技大学		教授
陈海株	中共漳浦县委	常委	
陈诺琦	漳州市医院		副主任医师
陈跃鸿	漳州市医院		副主任医师
陈清杰	漳州市消防支队后勤处	副团级	
陈清西	厦门大学生命科学学院		教授
陈清俊	龙岩市新罗区政府	助理调研员	
陈清根	福建厦门微波（无线）通信局	局长	高级工程师
陈清港	广东经济出版社		副编审
陈鸿鹏	南靖县人民检察院	检察长	
陈鸿霖	香港大学微生物系		教授
陈琳国	中国文物报社、北京师范大学	副总编辑	教授
陈越良	中央民政部财务和机关事务司	副司长	
陈联源	漳州市中医院		副主任医师
陈鼎木	上海华东建筑设计研究院计算机所		高级工程师
陈朝辉	国防科技工程学院	少将	
陈智仁	福建省测绘局	副局长	高级工程师
陈锦河	中国人民解放军175医院	正师级	主任医师
陈 颖	中国建筑第七工程局	副局长	教授级工程师
陈福州	云霄县人民政府	县长	
陈碧华	福建林业科学研究院		教授、高级工程师
陈榕根	中国人民解放军信息工程大学		教授
陈聪港	漳州市粮食局	局长	
陈 臻	漳州市卫生局	副局长	

续表

姓 名	工作单位	主要职务、职级	职称
陈　鎦	漳州市人民防空办公室	副主任	
邵蕴默	中国国际贸易促进会厦门分会外联处	处长	
肖飞麟	深圳市口岸管理服务中心	副主任	高级会计师
林启才	柯达（中国）股份有限公司厦门分公司	HSE 工程师	高级工程师
林　才	广州天河天联通讯器材公司	副总经理	高级工程师
林水龙	香港中旅集团	董事长	
林黎奋	中国农业科学院作物品种资源研究所科技开发研究中心	主任	研究员
林尧钦	重庆高等建筑专科学校教务处	副处长	
林兴利	厦门海关驻东渡办事处	助理调研员	
林亚讨	厦门市人民防空办公室指挥通讯处	副处长	
林亚阔	福建省乒乓球队		高级教练
林万海	龙岩卷烟厂	副厂长	
林元烧	厦门大学海洋与环境学院		教授
林水明	中国人民解放军第二炮兵 96251 部队	旅长	
林月玲（女）	福建省发展计划委员会地区处	副处长	
林文根	潮州军分区后勤部	部长	
林双泉	福建师范大学人事处		副研究员
林玉泉	漳州市建设局	助理调研员	
林可容	福州大学数学系		教授
林平西	漳州市委党校科研处	主任	
林永龙	福建日报报业集团海峡消费报社	总编辑	
林永发	华侨大学管理信息科学系	党总支书记、副主任	副教授
林永兴	集美轻工学校		高级讲师
林永泉	漳州市建设局	局长、党组书记	
林永忠	漳州市农业局		高级农艺师
林邦馨	福建党政专用电信局	局长	高级工程师
林吉才	漳州市交通局	纪检组长	
林亚才	漳州市龙文区人大常委会	主任	
林亚东	农业部财务司、审计室	助理巡视员、主任	
林亚泉	漳州市工商行政管理局	副局长	
林亚祥	厦门邮政速递局	局长	

续表

姓 名	工作单位	主要职务、职级	职称
林伟松	漳州市纪律检查委员会纪检监察三室	主任	高级经济师
林志伟	漳州市计委	党组副书记	
林志惠	芗城区东铺头卫生院		副主任医师
林苏林	中石化漳州市石油分公司	党委书记	
林丽英（女）	杭州武警医院		副主任医师（副师级）
林连枝	漳州市地方税务局	副局长、调研员	
林财兴	湖南有色冶金劳动保护研究所	所长	教授级高级工程师
林财和	武汉理工大学机电工程学院		教授
林　秀（女）	中国科学院福建物质结构研究所		高级工程师
林明华	武警厦门市支队	副政委	
林佰才	厦门市检验检疫局	副调研员	
林金耀	福州市国家安全局	处长	
林育培	漳州艺术馆、漳州画院		副研究馆员
林建丰	福建省人大常委会信访办公室（办公厅人事处）	副主任（处长）	
林裕音	中山大学外国语学院		教授
林建立	漳州军分区政治部	副主任	
林建福	厦门市统计局	局长	
林建德	厦门大学人文学院	党总支书记	副研究员
林春生	漳州师范学院	副院长	副教授
林树西	厦门大学海洋系	党总支书记	副教授
林树根	福建农林大学动物科学学院		副教授
林俊德	漳州市委老干部局	副局长	
林奕峰	漳州市委宣传部	副调研员	
林勇鹏	厦门警备区政治部	主任	
林晓能	深圳市公安局	副调研员	
林恩及	南京军区南京总医院		主任医师、教授
林笔水	国家海洋局第三海洋研究所		副研究员
林宽发	省纪委第五处驻地税局纪检组	副厅级	
林萍河	广西南宁航道管理处	主任	
林常青	漳州职业技术学院		副教授
林焕发	漳州市国土资源局	副局长	
林清溪	厦门市同安区中医院内科	主任	主任医师

续表

姓 名	工作单位	主要职务、职级	职称
林清港	厦门市双十中学		高级教师
林　琦	闽南日报社	副社长	
林斌龙	闽南日报社		高级编辑
林属水	南靖县卫生防疫站		主任医师
林　瑜	漳州出入境检验检疫局	副局长	
林解放	龙岩武警支队后勤处	处长	
林瑞铭	广西化工研究院	总工程师	高级工程师
林瑞斌	集美大学财税系	主任	副教授
林细知	北京市公安局	正处级警察	
林家驹	三明市物资局	调研员	
林锦明	第二军医大学药学院		高级实验师
林新安	漳浦县人大常委会	副主任	
林满河	漳州市地税局	副局长	
林嘉禾	海南省水利局	副局长	高级工程师
林精华	漳州市教育学院	纪委副书记	副教授
林毅鹏	福建闽迈特五矿有限责任公司	副总经理	
林毅俊	厦门银行、悦华支行	团委书记、行长	
欧阳圣	漳州市科学技术局	副局长	
欧阳曾	漳州大学食品工程系		副教授
欧阳显镇	厦门市第一医院		主任医师
欧阳耀国	厦门大学电子系		教授
周立东	厦门市委党校总务处	处长	
周亚冷（女）	中共漳州市委组织部、老干局	副部长、局长	
周亚森	福州军区第 184 医院	副院长	
周海松	中国人民解放军 94 医院眼耳鼻喉科	主任	副主任医师
周展岐	福建省汽车工业集团公司人事处	处长	
周朝晖	厦门大学化学系		教授
周惠民	中国一拖集团公司通配厂	总工程师	高级工程师
周锡杰	广东省茂名高岭土总公司	总经理	高级工程师
郑丁水	三明市第六医院		主任医师
郑友庆	漳州市环境保护局	助理调研员	
郑云峰	煤炭科学研究总院杭州环境保护研究所		高级工程师

续表

姓名	工作单位	主要职务、职级	职称
郑水福	国家海洋第三研究所	副处级	
郑文川	漳州市广播电视局	副局长	
郑宗源	中国国家女子排球队		国家级教练员
郑亚川	武警厦门消防支队	副政委	
郑亚曰	守备师司令部炮兵指挥部	主任	
郑亚潮	厦门市劳动和社会保障局	调研员	
郑亚澄	中国人民解放军第三军医大学成都军医学校训练部	副部长	副教授
郑全利	上海光学仪器研究所		高级工程师
郑仲贤	武警漳州边防支队	参谋长	
郑江旗	漳州市人大常委会教科文卫委	主任	
郑青松	漳州市审计局	副局长	
郑国元	漳州市中医院	党委书记	
郑国文	漳州市芗城区人大常委会	主任	
郑明容（女）	福建省委老干部局机关党委	副书记	
郑明辉	招商局漳州开发区经济发展局	局长	高级经济师
郑金钟	上海市第二中级人民法院	正处级审判员	三级高级法官
郑金钟	福建省正大拍卖有限公司		高级经济师
郑周达	漳州市医院		副主任医师
郑清波	地矿部福建省地质矿产处		教授级高级工程师
郑学秋	龙岩市新罗区委党史研究室		副研究员
郑肃欣	三明化工厂合成氨厂	副总工程师	高级工程师
郑素花（女）	北京邮电大学语言学院		副教授
郑秀珍	永安第九中学		中学高级教师
郑健生	中国人民解放军第175医院		副主任医师
郑健生	厦门大学物理系		教授
郑海洋	漳州市委党校	副校长	副教授
郑海源	集美大学		副教授
郑清水	辽宁省丹东市照相机总厂	工会主席	
郑　渊	北京邮电工业学校	校长	教授
郑惠能	漳州市疾病预防控制中心	副主任	副主任医师
郑道溪	中共泉州市委	书记	
郑韵琴（女）	福建省委巡视组	正处级巡视专员	

续表

姓 名	工作单位	主要职务、职级	职称
郑盛火	中国航天科工集团第四总体设计部科技委	常委	研究员
郑德干	海军 92985 部队	副团级	
赵明春	福建省烟草专卖局机关办事处	主任	
赵振寰	中国科学院自动化研究所	总工程师	高级工程师
胡建旗	福建省电力物资公司	经理	高级经济师
胡漳源	漳州市纪律检查委员会案件综合管理室	主任	
柯志宏	华安县人民政府	县长	
柯和祥	厦门市交通纪律工作委员会、交通委员会监察室	副书记、主任	
柯和根	上海师范大学艺术学院美术系艺术设计专业	主任	副教授
柯建忠	厦门市地税局	总经济师	
柯瑞发	福建省革命老根据地建设委员会办公室计划财务处	副处长	
柯振芳	上海市震旦律师事务所		二级律师
钟巧珍	厦门市同安区医院		副主任护师
钟祝融	福建电大漳州分校		副教授
钟唐强	漳州职业技术学院		高级工程师
俞武东	国家统计局漳州调查队		高级统计师
饶志明	漳州师范学院化学系		教授
洪亚勇	中共南靖县委	副书记	
洪江强	中国人民解放军某部	旅长、大校	
洪寿生	漳州市委宣传部	副调研员	
洪志明	漳州片仔癀厂	厂长	
洪秀莹（女）	化工部北京化工研究院		高级工程师
洪良芳	漳州电业局	副局长、党委书记	高级工程师
洪国强	商务部中国国际电子政府业务部	总经理	
洪国瑶	漳州进出口商品检验检疫局	局长	高级工程师
洪和根	北京大学药学院	党委书记	教授
洪如水	福建农学院		副教授
洪金用	漳州市龙文医院	副院长	副主任医师
洪春魁	厦门进出口商品检验局	纪检组副组长	高级政工师
洪树德	福州大学（厦门）工艺学术学院		教授
洪秋生	中国工商银行福建省分行稽核监督部	总经理	
洪泰田	福建师范大学体育系	副主任	教授

续表

姓 名	工作单位	主要职务、职级	职称
洪海根	南京军区守 12 师管理科	科长	
洪智勇	厦门市同安区人民检察院	检察长、党组书记	
洪潮洲	漳州市疾病预防控制中心		副主任医师
姚士冰	厦门大学化学化工学院		教授
姚井金（女）	南靖县医院		副主任医师
桂其明	厦门市政协、中共杏林区委	副主席、书记	
钱锦江	中远集团上海集装箱运输有限公司远洋船舶		高级政工师
徐建成	漳州市科学技术局	局长、党组书记	
徐顺发	北京市中国旅行社翻译导游接待中心	副总经理	高级导游
徐惠尔（女）	三明市委台湾工作办公室	副主任	
徐聪能	南京军区海防 13 师农场	场长	
徐拱璧	福州大学电气工程系	副主任	副教授
高天海	泉州市中医院	副院长	副主任医师
高文川	厦门华特集团有限公司	董事长	
高斗山	武汉理工大学	调研员	高级讲师
高玉顺	中共厦门市同安区委、区政府	副书记、区长	
高亚杰	厦门市思明区城市管理行政执法局	副局长	
高亚辉	厦门大学生命科学院	副院长	教授
郭启宗	厦门大学中文系	主任	教授
高亚德	西安阎良区人民政府	副区长	
高廷训	广西省壮族自治区柳州市园林科学研究所	总工程师	高级工程师
高启明	武装警察漳州市支队	支队长	
高国跃	漳州市委纪委	常委、正处级纪检监察员	
高景星	厦门大学化学化工学院		教授
高细水	国家卫生部国际合作司	副司长	
高清港	武汉理工大学		副教授
高裕昌	漳州市编制委员会办公室	调研员	
高锦雀	漳州市矿管办	主任	高级工程师
郭天辉	中国联通福州分公司	副总经理	
郭文科	漳州医学护理职业学院		高级讲师
郭汉宗	漳州市人大常委会	副秘书长	
郭亚辉	漳州市芗城区人大常委会	副主任	

续表

姓 名	工作单位	主要职务、职级	职称
郭亦俊	福建省军区福州第五干休所	所长	
郭志坚	漳州市医院胸心外科		副主任医师
郭志贤	福建艺术学校漳州分校	主任	国家一级导演
郭丽玉（女）	漳州第二职业中专学校		中学高级教师
郭丽珠（女）	漳州市中医院		副主任医师
郭沧海	漳州市人民检察院	副处级检察员	
郭陈福	福建省农科院甘蔗研究所		副研究员
郭国华	无锡轻工大学（今江南大学）图书馆	馆长	副研究员
郭忠福	漳州市疾病预防控制中心		主任医师
郭炳火	国家海洋局第一海洋研究所物理海洋研究室	主任	研究员
郭莲子（女）	中国船舶工业总公司第四六二厂职工医院		副主任医师
郭海强	厦门绿泉实业总公司	副总经理、党委书记	
郭继敏	中国人民保险公司漳州分公司	总经理	
郭朝才	厦门市委党校教务处	处长	中学高级教师
郭登科	济南机械职工大学		副教授
郭力生	中国五矿集团钢铁板块事业部	总经理	高级国际商务司
郭森民	福州人造板厂技术中心	办公室主任	高级工程师
郭启宗	厦门大学中文系	主任	教授
郭福泉	诏安县委	副书记	
郭德凤	厦门大学离退休工作处	处长	
郭德福	福州火车站	站长	
黄井根	龙岩市卫生学校		教授级高级讲师
黄水城	漳州市公安局	副局长	
黄文龙	漳州市人民政府	副秘书长兼文明办主任	
黄文杰	连勤 18 分部南安综合仓库政治处	主任	
黄允利	武警宁德支队	支队长	
黄双庆	漳州市人大常委会	副主任	
黄正华	漳州市侨联	主席	中学高级教师
黄汉屮	福建师范大学	副校长	
黄永坤	漳州市审计局	局长	
黄亚江	漳州市支前双拥办	副主任	
黄亚泉	海军南海舰队航空兵政治部司法办	主任（副团职）	

续表

姓 名	工作单位	主要职务、职级	职称
黄亚顺	漳州市水产供销公司	党支部书记	
黄在发	中共漳州市委组织部	副处级组织员	
黄传芳	中共厦门市同安区委台湾工作办公室	主任	
黄仲渊	漳州市政府	副市长	高级会计师
黄宏源	福建省农业厅畜牧兽医局	副局长	
黄志强	厦门市海沧区民政局	副局长	
黄丽英	福建医科大学人文社科系		副教授
黄连泉	中国人民解放军 94 医院		主任医师
黄财福	招商局漳州开发区工商行政管理局	局长（副处级）	
黄宝琪	上海医药工业研究综合服务开发中心	副主任	高级工程师
黄步翔	漳州市人大常委会	副主任	
黄有容	漳州市农校粮油研究室		高级农艺师
黄仲贤	漳州市种子管理站		高级农艺师
黄旺根	浙江大学		副教授
黄顺和	集美大学体育学院教务处	副处长	副教授
黄莲秀（女）	厦门松柏中学		中学高级教师
黄育民	厦门国贸集团股份有限公司	总裁助理	研究员
黄定基	厦门大学工商管理学院	党委书记	副教授
黄建中	漳州市气象局	副局长	
黄建龙	福建省公安厅国内安全保卫总队	副总队长	
黄建春	漳浦县人民武装部	副部长	
黄建璋	漳州市第一中学	校长	中学高级教师
黄娜娥（女）	厦门市开元区建委	副主任	
黄振杰	漳州师范学院数学系		教授
黄桂芳	中国外交部	驻外大使	
黄　健	海南省海口锦纶丝厂与海口锦纶浸胶帘子布厂	厂长	高级工程师
黄跃东	厦门市中医院	院长	主任医师
黄　敏	福建省体育局竞技体育处	副处长	副研究员
黄清泉	厦门市政府	副秘书长	高级工程师
黄清亮	招商局漳州经济开发区公用事业公司	总经理	高级工程师、高级经济师
黄清港	中国农业科学院		研究员
黄清黎	漳州市行政干校	副校长	高级经济师

续表

姓 名	工作单位	主要职务、职级	职称
黄惠玲（女）	中国建设银行厦门市分行行长办公室	主任	高级统计师
黄 绚	中国科学院地理科学与资源研究所		研究员
黄廉甫	中共漳州第一中学总支部	书记	中学高级教师
黄源泉	厦门市银监局	副局长	
黄碧玉	北京工业大学	党委书记	教授
黄德豪	漳州市委农办	主任	
曹文彬	中国包装进出口福建公司	总经理	
曹再扬	集美轻工业学校	副校长	高级讲师
康丁仁	华安县人民武装部	副部长	
康长河	集美大学艺术学院		教授
康玉文	漳州职业技术学院		副教授
康元泰	漳州市政府办公室	副主任	
康亚婵（女）	漳州市医院		副主任护师
康宇丹	福建省教育学院艺术分院		高级讲师
康志雄	浙江省林业科学研究院	副院长	研究员
康两期	中国人民解放军第175医院		副主任医师
康丽华（女）	中国林业科学研究院热带林业研究所		研究员
康丽明（女）	厦门市集美区计划生育技术服务站		副主任医师
康荣宗	漳州市环保局	副局长	
康海宁	闽南地质大队	助理调研员	高级工程师
康祥根	中国航空技术进出口厦门公司经理部	经理	高级工程师
康基顺	漳州市医院	党委副书记、纪检书记	副主任医师
康惠明	海航第25团	参谋长	
康锦堂	漳州师范学院	院长	副教授
康溪顺	漳州市建设局	副局长	
康淑美	漳州卫生学校		高级讲师
梁才美	漳州市人大常委会	副主任	
梁家平	福建省政府办公厅	副处长	
傅国根	厦门中山医院		副主任医师
葛玉麟	广州城市规划咨询中心	主任	高级建筑师
曾行春	江西省吉安市人民法院	副院长	
曾志宏	广东省湛江港务集团船舶服务总公司	总经理	

续表

姓 名	工作单位	主要职务、职级	职称
曾志斌	中共福建省委组织部干部一处	副处长	
曾武祈	福建省计划生育委员会政策法规处	副处长	
曾春水	厦门华侨中学		中学高级教师
曾建忠	闽南渔场指挥部	助理调研员	高级工程师
曾思奇	中央民族大学少数民族语言文学学院		教授
曾思仁	秦皇岛市侨联、市耀华玻璃厂	副主席	高级工程师
曾宝昌	内蒙古工业大学管理工程系	主任	教授
曾思勤	上海市电器科学研究所党群办公室	副主任	
曾家良	北京航空设备公司	副总工程师	高级工程师
曾绍宗	漳州市芗城区人大常委会	副主任	
曾思源	北京市石景山区职工中专学校	副校长	中学高级教师
曾泉冷	漳州市委组织部	助理调研员	
曾勇平	漳州市纪委宣教室	主任	
曾海泉	厦门公安局刑侦局（支队）	政委	高级警官、高级工程师
曾继炎	厦门天隆成燃气总公司	总工程师	教授级高级工程师
曾继样	上海宝钢房地产公司项目筹建处、上海明旭房地产有限公司	主任、经理	高级工程师
曾智勇	漳州市纪委纪检监察二室	主任	
曾智聪	厦门市防雷中心	主任、党支部书记	高级工程师
曾福明	厦门移动通信公司		高级工程师
曾慧珠（女）	天津市中国电子科技集团公司第十八研究所		高级工程师
曾衡国	中国工商银行漳州市分行	纪委书记	
游建兴	诏安县人民政府	副县长	
游婉玲（女）	中共漳州市委、统战部	常委、部长	
谢文英	中共漳州市委机要局	局长	
谢永祥	南方歌舞团	副团长	国家二级作曲家
谢全益	厦门市开元区人民防空办公室	主任	
谢国勋	厦门大学化学系		高级实验师
谢国基	重庆市綦江齿轮厂		高级工程师
谢育生	招商局漳州开发区地方税务局	局长（副处级）	
谢建忠	漳州市医院		副主任医师

续表

姓 名	工作单位	主要职务、职级	职称
谢亚绒	湖南稀土材料研究所卫生所		副主任医师
谢国兴	四川省机械研究设计院	副总工程师	高级工程师
童庆会	安徽省政府驻上海办事处		高级工程师、高级经济师
蒋细定	厦门大学南洋研究院		副研究员
蓝宗建	东南大学土木工程学院		教授
蓝丁寿	中国人民解放军空军、中国联合航空公司	参谋长助理、少将，总经理	特级飞行员
蓝万安	漳州市中级人民法院	副院长	
蓝开发	漳州市供销合作社	主任	
蓝升宝	兰州市规划国土资源局		高级工程师
蓝亚狮	福建鼎富投资有限公司	总经理	
蓝志忠	中国银行业监督管理委员会漳州市银监局	副局长	经济师
蓝武湖	龙海市人民检察院	检察长	
蓝青来	海军东海舰队（厦门）直政处东明办公室	主任（副团级）、中校	
蓝松路	漳州劳动教养所	副所长	
蓝和国	武警漳州市支队	副政委	
蓝宗进	陕西飞机工业（集团）有限公司		研究员级高级工程师
蓝科坤	中共厦门大学组织部	部长	教授
蓝美顺	武警漳州市边防支队后勤处	处长（副团级）、武警中校警衔	
蓝振海	厦门鹭江大学经济系	主任	教授
蓝景辉	漳州市土产畜产进出口公司	总经理、支部书记	助理国际商务师
蓝瑞海	厦门市公安局	调研员	
蓝福谦	厦大艺术教育学院、党总支	副院长、书记	副研究员
蔡　锋	海洋工程勘察与设计研究院（厦门）	院长	教授
蔡川佑	云南民族学院中文系		教授
蔡月莲（女）	漳州市芗城区人民政府	副区长	
蔡文球	厦门市公安局高崎国际机场分局政治处	主任、调研员	一级警督
蔡立国	中国石化石油勘探开发研究院无锡实验地质研究所	副所长、总工程师	高级工程师
蔡有根	中国工商银行漳州分行	行长、党组书记	高级经济师
蔡亚蚶	武警江西总队一支队	副支队长	
蔡伟忠	厦门市政府办公厅秘书处	处长	
蔡如源	福建省档案局	处长	

续表

姓 名	工作单位	主要职务、职级	职称
蔡如木	上海对外贸易学院		副教授
蔡志伟	漳州市水利水电勘测设计研究院	总工程师	高级工程师
蔡阿根	厦门大学海洋系	副主任	教授
蔡志忠	步兵92师政治部	秘书科长	
蔡灵德	浙江省金华中心医院		主任医师
蔡　斌	厦门兴业证券信息技术有限公司	副总经理	高级工程师
蔡芳川	集美大学教学评价办公室	副主任	教授
蔡芳井	厦门市育才职业学校	副校长	中学高级教师
蔡建宗	人民日报海外版驻福建记者站	站长	
蔡子鸿	上海海运局		高级船长
蔡才英	中美合资上海梅达焊接设备有限公司	总工程师	教授级高级工程师
蔡金狮	北京化工集团实验厂	总会计师	高级会计师
蔡国晨	中国电子科技集团公司第十八研究所		高级工程师
蔡国赓	福建三龙集团公司	总工程师	教授级高级工程师
蔡金钟	集美大学档案馆	馆长	研究馆员
蔡明章	福建师范大学		副教授
蔡育池	中储粮直属库	副主任	
蔡春树	广州市港务局	总助理	高级工程师
蔡春雷	中国科学院京区党委会	常务副书记	高级工程师
蔡秋红（女）	福建省妇女儿童活动中心	主任	
蔡秋颜（女）	长泰县医院		副主任护师
蔡珠兰（女）	中国科学院地理科学与资源研究所		高级工程师
蔡桂英（女）	福建省林业勘察设计院		教授级高级工程师
蔡淑惠（女）	厦门大学物理系		教授
蔡惠林	漳州市纪委、市监察局	副书记、局长	
蔡惠明	甘肃省交通厅办公室	主任（正处级）	
蔡福龙	国家海洋研究所（厦门）		教授
蔡碧华（女）	厦门卫生学校		高级讲师
蔡碧茹（女）	福建农林大学基础部党总支	副书记	
蔡碧辉（女）	厦门卫生学校		高级讲师
蔡德根	漳州市物价局	副局长、党组书记	

续表

姓 名	工作单位	主要职务、职级	职称
颜长征	厦门航空有限公司办公室	主任	
颜明池	中国民用航空总局政策法规司政策处	处长	
潘文才	厦门市公安消防支队	副支队长	
潘有荣	中国农业大学		副教授
潘清海	海军南海舰队航空兵司令部管理处	副处长（副团职）	
潘耀辉	厦门市开元区人大常委会	副主任	
魏玉山	漳州市公安局巡警支队	支队长	
魏荣顺	福建省九龙江北溪供水局	副局长、党委书记	
魏震木	河海大学土木工程系		教授

1993—2007年龙海籍在龙海市内担任副处级以上领导干部名表

（以单位和任职时间先后为序）

姓 名	籍贯	职 务	任职时间
桂其明	隆教乡	市委书记	1993.1—1993.12
郑道溪	榜山镇	市委副书记	1993.1—1993.9
蔡炳智	海澄镇	市委副书记	1993.1—1994.1
庄凉江	榜山镇	市委副书记	1993.1—1996.4
林亚才	浮宫镇	市委副书记	1993.11—1996.8
张水湖	海澄镇	市委副书记	1995.7—2002.2
郭进福	浮宫镇	市委副书记	2002.2—2007.7
宋龙驱	海澄镇	市委副书记	2004.9—
林荣赞	浮宫镇	市委常委	1993.1—1998.9
蔡德根	石码镇	市委常委	1993.1—1995.6
张亚清	石码镇	市委常委	1993.1—1994.1
周阿份	榜山镇	市委常委	1993.11—1998.11
江国荣	港尾镇	市委常委	1993.11—1999.9
郭进福	浮宫镇	市委常委	1997.7—2007.7
林亚标	海澄镇	市委常委	1999.2—
宋龙驱	海澄镇	市委常委	2002.2—2004.9
陈跃得	石码镇	市委常委	2003.11—
郭福泉	浮宫镇	市委常委	2004.9—2006.12

续表

姓 名	籍贯	职 务	任职时间
叶锦裕	海澄镇	市人大主任	1993.1—1999.1
张水湖	海澄镇	市人大主任	1999.1—2004.1
许跃国	角美镇	市人大主任	2004.1—
方亚秀	石码镇	市人大副主任	1993.1—2002.6
康奇基	紫泥镇	市人大副主任	1993.1—1994.1
林再生	紫泥镇	市人大副主任	1994.1—1999.1
蒋东海	海澄镇	市人大副主任	1994.1—1999.1
吴启山	紫泥镇	市人大副主任	1997.2—
林荣赞	浮宫镇	市人大副主任	1999.1—2004.1
张海岸	紫泥镇	市人大副主任	1999.1—2004.1
江国荣	港尾镇	市人大副主任	2004.1—
陈海石	白水镇	市人大副主任	2004.1—
郑道溪	榜山镇	市长	1993.1—1993.9
庄凉江	榜山镇	市长	1993.9—1996.4
许魁伟	东园镇	副市长	1993.1—1994.1
宋兆培	海澄镇	副市长	1993.1—1994.1
林亚才	浮宫镇	副市长	1993.1—1994.1
周阿份	榜山镇	副市长	1993.1—1999.1
郑古发	榜山镇	副市长	1993.1—1999.1
王燕惠	角美镇	副市长	1993.11—1998.12
王耀泉	海澄镇	副市长	1993.11—1994.3
苏延河	海澄镇	副市长	1994.1—1995.10
黄双庆	石码镇	副市长	1996.5—1997.8
许跃国	角美镇	副市长	1996.9—2004.1
宋龙驱	海澄镇	副市长	1999.1—2004.9
郭福泉	浮宫镇	副市长	1999.1—2006.7
江国荣	港尾镇	副市长	1999.9—2004.1
江志强	港尾镇	副市长	2004.1—2007.1
张文通	浮宫镇	副市长	2004.1—
林亚标	海澄镇	副市长	2007.1—
阮亚祥	东园镇	副市长	2007.8—

续表

姓 名	籍贯	职 务	任职时间
郑文全	榜山镇	副市长	2007.1—
苏森荣	港尾镇	副市长	2007.1—
郑朝昌	石码镇	副市长	2007.1—
蔡建忠	榜山镇	副市长	2007.1—
蔡炳智	海澄镇	市政府调研员	1993.10—1996.11
许魁伟	东园镇	市政府副调研员	1994.1—2000.4
郭彩洪	浮宫镇	市政协主席	1993.1—1994.1
康天厚	紫泥镇	市政协主席	1994.1—1999.1
周亚份	榜山镇	市政协主席	1999.1—2004.1
宋兆培	海澄镇	市政协副主席	1994.1—2004.1
郭国耀	角美镇	市政协副主席	1993.1—1999.1
洪长水	颜厝镇	市政协副主席	1994.1—2007.1
陈和兴	九湖镇	市政协副主席	1999.1—
林跃珍	海澄镇	市政协副主席	2004.1—
方锦芳	东泗乡	市政协副主席	2007.1—
阮亚祥	东园镇	角美开发区主任	2003.11—2007.7
江龙辉	港尾镇	角美开发区副书记、主任	2003.11—
黄枝炉	浮宫镇	角美开发区副主任	2003.11—
郭少菁	浮宫镇	角美开发区副主任	2007.8—
蓝武湖	隆教乡	市检察院检察长	1993.1—1994.11
苏天元	东泗乡	市检察院助理调研员	2003.11—2007.12
周新全	榜山镇	双第华侨农场书记	2003.3—2007.12

1993—2007 年龙海市获副高级以上职称人物表（已知）

职 称	姓 名
中学高级	谢高明、刘若贤、陈国栋、谢亚溪、李春桂、蔡主华、王超森、陈玉志、方淑影、林如涛、李太清、朱淮生、高亚水、林忠信、林剑斌、黄奇巧、曾惠芬、洪海润、林建亮、杨金声、周锡敏、蔡一珠、许耀德、林跃鹏、沈国华、尤秀美、熊亚圣、许永义、欧　和、林炉松、吴亚杰、许含茂、毛春标、叶国光、刘应标、陈清锡、欧阳文、邱天文、潘永全、黄子达、毛朝本、卓鸿田、周荣生、陈福盛、王闽忠、林银河、黄元森、吴亚毅、林清枞、陈水波、王振民、郑亚波、许亚柏、江建安、郭瑞松、蓝中国、郑秉元、洪启良、杨井顺、王一专、蔡良辉、陈泰山、廖寿冰、许本草、卢明辉、蔡　健、苏含菊、宋维禄、陈正伦、石维沧、蒋龙凤、方添根、黄亚利、蔡国强、林建龙、林亚海、林柏庄、许绍贞、郑万祥、林赐来、方炎福、庄啸林、郭海发、黄　旭、陈国强、姚　坚、潘志龙、吴　政、林淑华、陈金龙、郭育晃、黄美心、康宏宏、吴清河、洪劲村、郭文通、戴劲军、曾家全、施美玉、许少华、蔡水增、蔡伟然、陈志强、江文招、甘亦坚、郭建国、曾福生、陈亚元、吴长水、颜学武、高建春、许漳茂、林宏春、林水池、林立山、李亚秋、徐建明、吴仁德、林炳泉、施和成、欧阳溪发、郑清松、吴建山、朱英才、杨建义、蓝艺勇、高清水、甘炉明、方国慧、陈亚龙、林连璋、康清溪、姚海瑞、欧阳福、陈伯元、许安山、周春松、黄天文、杨建设、王国明、杨建伟、杨松江、郭维真、郑祥庆、陈荣春、陈永林、张国彩、林建雷、甘旺盛、陈水淼、林旺金、洪和国、林瑞庆、郭鸿河、蔡炳煌、李忠华、叶志强、林大章、郭武英、杨龙坤、叶金顺、陈志达、曹爱惠、林哲夫、陈　涵、吴丽心、林　莉、郑港坪、黄建元、佘淮川、高松辉、洪瑞海、许丽卿、陈水源、朱毅斌、辛　尧、陈思奇、张添金、方合山、苏福志、张国科、郑连泗、蔡龙福、刘水根、沈丽卿、郑少师、纪亚文、杨金峰、王阿星、许会财、郭跃锦、林陈力、林美香、谢国冰、高亚花、连亚杰、陈龙标、王辉忠、郭连春、戴金灶、陈小敏、蔡卫华、陈逸顺、林诏南、黄水成、黄宝山、王瑞钦、黄燕燕、吴清花、钱美榕、林毓冷、徐清秀、蒋炳煌、谢月美、卢厚温、方港水、卢伟荣、林朝甫、陈碰成、黄添辉、廖东年、黄亚雪、林河山、黄英英、郑树根、陈丽荣、林汉义、黄玉枝、林芳龙、郭龙海、林清毅、康水源、郭亚芬、陈国全、蔡永润、黄茶冰、蓝金兴、李梅英、蔡全发、陈淑惠、黄国略、翁调南、刘耀宗、郭龙山、高聪能、杨贵昌、周坤山、甘和安、陈挺仁、林潮龙、吴能文、陈升科、蔡亚回、陈侨龙、杨瑞龙、苏少华、杨乃仁、傅亚荣、郑碰辉、苏亚萍、邱胜利、陈志敏、钟亚花、陈文华、林明亮、陈林发、陈开发、林瑞明、蔡井祥、黄宝明、康霜花、蔡纯和、黄友章、江顺和、黄英民、郭绍鹏、陈理明、许联经、林溪河、陈宝羡、宋鲁萍、欧阳昭、郑根红、陈开福、苏向东、高国良、苏胜利、曾火炎、林德发、蔡松欣、黄旭明、林鸿发、陈林森、洪立红、柯育仁、林仕峰、方亚榴、郑清标、吴佳华、陈丽荣、黄宇平、杨妙姗、邱耀宗、郭宝龙、张碧辉、林溪树、陈海魁、杨玉琴、郭茂生、苏建国、兰亚金、陈建新、叶建能、蓝能聪、蓝文生、李文慧、方胜谦、朱文记、郑河清、洪毅敏、郑阿县、蔡荣海、王丽兰、李淑美、侯维杨、陈子峰、陈建议、欧阳永成、陈亚胜、朱素环、苏国旗、陈美辉、吴金冷、张汉国、黄朝平、杨佳来、黄素英、郭瑞荣、林雪莲、董欣源、纪森华、蒋鹏海、吴能泉、周海鹰、钱美丽、郭挥能、郭清松、林福顺、林加生、王建设、江胜能、杨守龙、李伯坚、许镇国、李进发、曾庆益、徐瑞棋、沈雪冷、王瑞川、蔡宝木、江莉蓉、欧阳亮、陈育慈、张英元、许物强、陈跃生、许德财、叶彩铭、颜丽珠、蔡福林、杨秧洪、许明发、钟育患、姚丽敏、李玉金、黄炳源、黄国华、郑松华、陈丽珍、郑建忠、陈小灵、曾文峰、张亚松、陈毅平、陈志忠、许炳辉、陈少鸿、许秋云、林文寿、康腾飞、黄井木、林春发、苏伯榕、郑永文、杨乾顺、黄建成、王亚宁、丁联进、黄若玲、谢秉泰、胡秀丽、康艺华、郭惠卿、吴晓红、郑国才、周秀丽、郭石玉、潘再发、康雅丽、宋少娟、苏瑞芬、许方祥、郑惠娜、郑丽玲、林银叶、庄　晨、方来德、许丽琴、高　菁、林汉旺、林爱兰、周立红、蔡亚苹、徐爱蓉、熊淑娇、高岷山、苏松河、陈建明、周田英、吴丽丽、郑溪山、戴宝章、陈　玲、许少滨、纪华勇、何良发、杨富裕、甘亚文、郑丽珍、李港石、张庆华、许锦花、陈蜜桃、苏碧树、洪福全、林坑水、郭清花、洪才明、朱良山、许松谦、陈继忠、陈启跃、黄其山、林玉祥、许海灵、郑彩霞、罗素莲、白振南、林过枝、吴辉映、欧阳阿小、何井金、黄亚伟、曾鸿图、林亚彪、陈永聪、康正龙、李琛虹、杨顺根、王秀蓉、刘跃明、陈文庆、郭群雄、王翠兰、苏永祥、苏健文、卢金美、王丽娇、林小环、杨德川、林绿云、林福财、倪丽玲、林美珊、黄艺东、江来发、林少坤、吕美德、徐德发、黄文彬、吕维煜、施建新、庄雅致、王容发、林吉新、苏春龙、蔡鹏庆、冯毅东、方建福、洪启璇、曹瑞灿、刘伟丹、陈淑雅、吴丽卿、苏承波、江龙生、李和川、苏集成、陈清山、郭泉成、高开亭、周建山、陈金霞、高亚美、蔡伟妙、陈振明、林立武、胡溪忠、朱仲生、郑美蓉、林漳南、陈元裕、纪连成、甘立渊、姚建成、陈文明、陈淑滨、苏亚标、李和定、陈清辉、陈佳富、陈立伟、林建瑞、郭汀滔、李美玲、孙建兴、张明灯、郑建水、潘建全、黄新川、黄亚荣、陈建斌、阮俊贤、林永生、郭老叩、彭文金、冯素环、林和平、刘裕民、叶勇源、王彩月、陈智祥、林宝华、张冬梅、郑溪松、郑清太、郑国庆、陈宗源、郑联昌、蔡卿银、郑志成、谢亚苹、刘志明、郑有量、何学评、郑连升、陈建祥、姚嘉松、陈永林、郭细才、许建枝、纪顺华、刘汉生、郑启明、黄秋娥、苏秉亮、陈连顺、刘文辉、吴惠卿、苏建秋、周维东、郑溪温、郑金华、方瑞英、李月凤、王美莲、林小玲、陈承懿、连中华、林庆蓉、康晓全、蔡立民、林井清、周毓丹、黄丹霞、郑志强、郭龙昌、郑志春、谢惠玲、陈月珍、方丽羡、康华容、王长福、许国平、陈丽丽、许丽蓉、廖迪河、吴坑泉、林亚华、郭雅惠、陈慧明、欧阳胜勇、林淑珠、林田土、王德安、杨秀鸿、何丽琼、李益人、沈继岿、郑亚涛、吴丽娟、李丽红、

续表

职称	姓　名
中学高级	高艺华、郑志毅、郭进强、林雅卿、王俊勇、江月卿、蔡蓉蓉、黄森菊、欧阳美惠、曾瑜玲、叶银环、何添泉、王瑞卿、王惠琴、陈秀娥、冯玉玲、黄金桂、魏素琴、陈玉琛、陈志明、郭国成、张爱萍、洪美月、谢继昌、黄港泉、郑丹青、许凤英、康志达、李保平、蔡月琴、王力坚、洪美顺、吴育仁、曾建慧、黄素惠、张亚凤、潘长成、朱毅勇、徐蔓娟、林江河、林彩绸、黄跃进、钟志艺、陈添锡、曾若真、杨长能、陈勤辉、许嘉玲、童谆辉、邱小珍、苏明兴、蔡建东、许君勇、林项英、谢国叶、黄丹蓉、林淑茹、林丽莉、陈丽珠、杨明陶、蔡聪鹭、蔡三育、康育环、康海松、周艺清、许招来、王强斌、黄惠漳、林惠雪、谢莲珠、冯明亮、谢明亮、陈建志、洪炳煌、杨俊健、许明山、陈锦兰、郑美玉、胡友辉、郑高明、郭瑞莲、林碰英、高小松、李瑞明、林宝全、曾荣裕、郭明生、曾红星、曾瑞华、林国瑞、洪亚勇、林全龙、李坚人、陈锦明、郑宝红、洪达勇、郑剑华、徐雅林、陈雪怀、黄艺展、甘亚雄、洪小娇、白鸿忠、陈月凤、曾武进、林团勇、李碧红、陈维东、何生武、李港土、叶秀玲、陈志逵、王丽云、黄建才、黄庆群、杨玉树、周港川、郑义忠、陈晓萍、陈建顺、郑小龙、洪亚英、陈满兰、黄群红、游宏珍、吴春菊、陈丽羡、吴余水、苏春华、李建辉、王柳明、柯红卫、郑智强、洪谦成、陈水勇、林建忠、王秋霖
高级讲师	郭全伟、吴国年、郭金叶
小 中 高	陈周沐、林　梅、郑英咏
主任医师	陈金满、洪寿龙、甘俊夫、康华泰、蔡丽卿、黄跃东、李　飞、袁震群、罗则栋、林　璋、郑连生、刘漳河、陈力宏、黄华雄、洪劲榕、吴云璋、严江松、汪秀蓉、杨振邦、甘晓红、陈坤福、周海树（中医）、周　云（中医）
副主任医师	蔡亚节、陈子佳、陈来丁、黄淑贞、蔡美卿、刘海良、郑雪霞、周友才、许河江、陈力宏、郭文川、吴福禄、黄艺云、陈希玲、谢建忠、郭太平、林来长、林菜花、纪细田、康淑华、郑姗姗、周　云、甘晓红、周中淮、施秀聪、李　萍、陈　煜、陈恩博、吴文松、黄金海、郑　赞、朱金龙、周　丽、吴莹如、郭永丽（护师）、张永苍（护师）、刘裕民、林亚田、柯霜枝、杨丽娜、严玉莲、朱俩合、苏缓和、江希平、陈明轩、刘秀枞、陈长发（药师）、曾美纯（护师）、郭荣忠、梁志强、林跃明、苏建明、吴海宁、郑锦山、陈聪武、杨跃忠、洪丽华、郭艳红、徐晓红、陈江发、许慧琼（护师）、高阿珍（护师）、高惠恋（技师）、林国华（技师）、郑延顺、陈细庆、林慧川、许文生、周　键、邱　晖、林明祥、郑和泉、高月凤、朱玉环、张建南
高级农艺师	李秋水、郭旺龙、杨明杰、胡振农、郑龙川、赵文权、康锦堂、蔡良才、吴龙井、苏连庆、黄雪芬、高建设、苏松灵、钱映雪、连白冬、林炎文、袁跃辉（高级农经师）、蔡亚港、郑友明、黄亚坤、曾行海、陈建明、陈　平、冯建设、林为民、王惠珠
高级工程师	高仁义、甘为仁、王振兴、姚清港、侯济南、黄福全、郭达裕、黄　云、郑小河、姚来银、郭应辉、陈跃东、洪南山、李天祥、吴自然、方建波、姚溪顺、沈文胜、何文成、王建雄、陈国春、肖　艺、林和顺、刘海明、薛志勇、曾南星、林春良、许木兴、林国明、倪亚山、简才兴、郑井叶、阮全和、严天鹏
高级经济师	洪长水、吴兹熙、林海洋、杨国宜、蔡土木、陈福胜、宋乃正、杨斌锋、高溪树、游伟才、康志勋
高级会计师	陈川忠、李碧辉、李宏华
高级畜牧师	陈叁拾、林惠宗、曾春琳
研究实习员	肖焰铭、林居庭、郑水根、林国英
高级畜牧师	张再建、林瑞旗
高级审计师	郭翠琴
高级教练	林耀辉
副编审	黄剑岚、张日庆
副研究馆员	高建国、曾广智、叶井毕、郭亚文
二级编剧	姚溪山

1993—2007 年获全国劳模、省级劳模名表

姓名	工作单位	奖励名称	颁奖单位	颁发年份
高溪树	市造纸厂	全国劳动模范	国务院	1995.04
洪长水	福建紫山集团有限公司	全国劳动模范	国务院	2005.04
陈亚坑	市公路分局	省劳动模范	省政府	1993.04
蔡土木	海新集团公司	省劳动模范	省政府	1994.04
庄宝琴（女）	龙海一中	省劳动模范	省政府	1994.04
蔡水源	市瓷厂	省劳动模范	省政府	1994.04
高福祥	市公路分局	省劳动模范	省政府	1994.04
陈启清	市造纸厂	省劳动模范	省政府	1994.04
周昭平	市电力公司	省劳动模范	省政府	1997.04
杨滨华（女）	农行九湖营业所	省劳动模范	省政府	1997.04
蔡阳水	颜厝镇上溪村	省劳动模范	省政府	1997.04
谢高明	程溪中学	省劳动模范	省政府	1997.04
林德文	紫泥镇巽玉村	省劳动模范	省政府	1997.04
洪瑞勇	角美搬运公司	省劳动模范	省政府	1997.04
洪长水	福建紫山集团有限公司	省劳动模范	省政府	1997.04
郭雨声	龙海一中	省劳动模范	省政府	2000.04
王晋江	港尾镇卓崎村	省劳动模范	省政府	2000.04
陈丽蓉（女）	海澄信用社	省劳动模范	省政府	2000.04
高温清	市自来水公司	省劳动模范	省政府	2003.04
涂改临	九湖镇食用菌研究所	省劳动模范	省政府	2003.04

注：此表登记截止时间为 2007 年 12 月

1993—2007 年获省、部级以上表彰的先进个人名表

（已知，以获奖年份为序）

姓　名	工作单位	奖励名称	颁奖单位	颁发年份
陈贻北	县农药厂	1993 年度安全生产先进工作者	省政府	1993.02
许永慧	县创安办	1992 年度创安活动先进工作者	省政府	1993.04
吴和思	紫泥镇	全国农业青年星火带头人	团中央、国家科委	1993.04
庄凉江	龙海市委	社会主义精神文明建设先进工作者	省委、省政府	1993.08
林再生	龙海市委	社会主义精神文明建设先进工作者	省委、省政府	1993.08
吴启山	市粮食局	1994 年度全国内贸系统先进工作者	国家贸易部、人事部	1995.03
蓝　海	市国土局	全国土地管理宣传工作先进个人	国家土地管理局	1995.04

续表

姓　名	工作单位	奖励名称	颁奖单位	颁发年份
郑万福	市教育局	全国优秀工会积极分子	全国总工会	1995.05
钟清海	市劳动局	全省安全生产先进工作者	省政府	1996.03
陈仕发	市合成氨厂	全省安全生产先进工作者	省政府	1996.03
林紫根	市妇联	全国妇联信访工作先进个人	国家信访局	1996.08
林跃珍	角美镇	优秀乡镇长	建设部	1996.11
蔡炳智	市政府	先行工程先进工作者	省委、省政府	1996.12
蔡丽卿(女)	市第一医院	妇幼工作先进个人	卫生部	1997
许银华	市统计局	投入产出调查先进个人	国家统计局	1997
陈辉明	市统计局	信息自动化建设先进个人	国家统计局	1997
张水湖	市委政法委	省社会治安综合治理先进个人	省委、省政府	1997.01
朱炳宗	市水利水电局	千里海堤加固达标先进工作者	省委、省政府	1997.02
蔡金泉	海澄水管站	抗洪救灾先进工作者	省政府	1997.02
林亚才	龙海市委	千里海堤加固达标先进工作者	省委、省政府	1997.02
许恭明	紫泥镇政府	千里海堤加固达标先进工作者	省委、省政府	1997.02
林龙凤(女)	紫泥镇政府	千里海堤加固达标先进工作者	省委、省政府	1997.02
林耀煌	市财政局	千里海堤加固达标先进工作者	省委、省政府	1997.02
林细目	紫泥镇巽玉村	1996年度产粮多贡献大先进个人	省政府	1997.02
陈金辉	紫泥镇巽玉村	1996年度产粮多贡献大先进个人	省政府	1997.02
陈亚祥	紫泥镇巽玉村	1996年度产粮多贡献大先进个人	省政府	1997.02
陈炎辉	紫泥镇巽玉村	1996年度产粮多贡献大先进个人	省政府	1997.02
林银寿	紫泥镇巽玉村	1996年度产粮多贡献大先进个人	省政府	1997.02
陈清龙	紫泥镇巽玉村	1996年度产粮多贡献大先进个人	省政府	1997.02
梁中海	紫泥镇巽玉村	1996年度产粮多贡献大先进个人	省政府	1997.02
林建祥	紫泥镇巽玉村	1996年度产粮多贡献大先进个人	省政府	1997.02
陈武艺	紫泥镇巽玉村	1996年度产粮多贡献大先进个人	省政府	1997.02
梁永捷	紫泥镇巽玉村	1996年度产粮多贡献大先进个人	省政府	1997.02
林武湖	紫泥镇巽玉村	1996年度产粮多贡献大先进个人	省政府	1997.02
林长平	紫泥镇巽玉村	1996年度产粮多贡献大先进个人	省政府	1997.02
梁良友	紫泥镇巽玉村	1996年度产粮多贡献大先进个人	省政府	1997.02
林德文	紫泥镇巽玉村	1996年度产粮多贡献大先进个人	省政府	1997.02
林亚仁	紫泥镇巽玉村	1996年度产粮多贡献大先进个人	省政府	1997.02

续表

姓　名	工作单位	奖励名称	颁奖单位	颁发年份
林国盛	紫泥镇巽玉村	1996 年度产粮多贡献大先进个人	省政府	1997.02
林河源	紫泥镇巽玉村	1996 年度产粮多贡献大先进个人	省政府	1997.02
陈水怨	紫泥镇巽玉村	1996 年度产粮多贡献大先进个人	省政府	1997.02
邱耀希	双第华侨农场	第三次全国工业普查先进工作者	第三次全国工业普查办公室	1997.04
陈添水	市统计局	第三次全国工业普查先进工作者	第三次全国工业普查办公室	1997.04
甘江海	东园镇政府	省计划生育先进工作者	省政府	1997.05
陈建钟	角美镇政府	省计划生育先进工作者	省政府	1997.05
詹世忠	程溪下庄小学	革命烈士	省政府、民政部	1997.05
陈建忠	角美镇政府	省计划生育先进工作者	省政府	1997.05
陈和兴	榜山镇政府	省计划生育先进工作者	省政府	1997.05
陈海石	市委组织部	省优秀党务工作者	省委	1997.07
王良才	龙海市委	全国科技工作先进个人	科技部	1997.07
康君福	市政府	全国科技工作先进个人	科技部	1997.07
黄亚昌	市农业局	省优秀专家	省委、省政府	1997.08
康清河	市统计局	第一次全国基本单位普查先进个人	第一次全国基本单位普查办公室	1997.09
蔡步晖	市统计局	第一次全国基本单位普查先进个人	第一次全国基本单位普查办公室	1997.09
陈添水	市统计局	第一次全国基本单位普查先进个人	第一次全国基本单位普查办公室	1997.09
张水河	市民政局	全国农村社会养老保险先进个人	民政部	1997.10
周亚森	市卫生局	改水先进个人	全国爱卫会	1997.10
吴木宾	龙海二中	全国优秀教育工作者	国家教委、人事部	1998
蔡一珠(女)	龙海一中	省优秀教育工作者	省政府	1998
吴建山	程溪中学	省优秀教师	省政府	1998
杨少辉	角美中学	省优秀教师	省政府	1998
陈月凤(女)	东园中学	省优秀教师	省政府	1998
胡河钗(女)	石码学区	省优秀教师	省政府	1998
许永安	海澄学区	省优秀教师	省政府	1998
李友忠	角美学区	省优秀教师	省政府	1998
丁丽瑄(女)	市华侨幼儿园	省优秀教师	省政府	1998
陈周沫	市实验小学	省优秀教师	省政府	1998
江志敏	港尾学区	省优秀教师	省政府	1998
余文胜	角美镇政府	全省基层组织建设优秀驻村工作队员	省委	1998

续表

姓　名	工作单位	奖励名称	颁奖单位	颁发年份
郑龙川	市农业局	省有突出贡献的农业科技工作者	省政府	1998.02
谢育生	市地税局	第六届精神文明建设先进工作者	省委、省政府	
方秀丽(女)	市工商局	省“创文明行业、建满意窗口”活动先进个人	省委、省政府	1998.02
江素兰(女)	市统战部	全国宗教场所登记工作先进个人	国务院宗教事务局	1998.02
陈亚祥	紫泥镇巽玉村	1997 年度产粮多贡献大先进个人	省政府	1998.02
林溪福	紫泥镇巽玉村	1997 年度产粮多贡献大先进个人	省政府	1998.02
林河源	紫泥镇巽玉村	1997 年度产粮多贡献大先进个人	省政府	1998.02
陈　盛	紫泥镇巽玉村	1997 年度产粮多贡献大先进个人	省政府	1998.02
林国权	紫泥镇巽玉村	1997 年度产粮多贡献大先进个人	省政府	1998.02
连来发	紫泥镇仁和村	1997 年度产粮多贡献大先进个人	省政府	1998.02
陈元美	紫泥镇金定村	1997 年度产粮多贡献大先进个人	省政府	1998.02
梁福廷	紫泥镇巽玉村	1997 年度产粮多贡献大先进个人	省政府	1998.02
林细目	紫泥镇巽玉村	1997 年度产粮多贡献大先进个人	省政府	1998.02
陈金辉	紫泥镇巽玉村	1997 年度产粮多贡献大先进个人	省政府	1998.02
梁良文	紫泥镇巽玉村	1997 年度产粮多贡献大先进个人	省政府	1998.02
林亚仁	紫泥镇巽玉村	1997 年度产粮多贡献大先进个人	省政府	1998.02
林国盛	紫泥镇巽玉村	1997 年度产粮多贡献大先进个人	省政府	1998.02
林德文	紫泥镇巽玉村	1997 年度产粮多贡献大先进个人	省政府	1998.02
高聪海	市纪委	农村扶贫开发与小康建设先进个人	省委、省政府	1998.05
吴允基	市农机站	农村扶贫开发与小康建设先进个人	省委、省政府	1998.05
连秋波	市公安局	农村扶贫开发与小康建设先进个人	省委、省政府	1998.05
杨英古	市老龄委	重视老龄工作功勋奖	中国老龄协会	1998.08
曾燕舟	程溪农场	全国优秀工会积极分子	全国总工会	1998.10
高　德	市统计局	全国第一次农业普查工作先进个人	全国第一次农业普查工作领导小组	1998.12
陈添水	市统计局	全国第一次农业普查工作先进个人	全国第一次农业普查工作领导小组	1998.12
郑田土	市统计局	全国第一次农业普查工作先进个人	全国第一次农业普查工作领导小组	1998.12
陈元瑞	海澄镇	全国第一次农业普查工作先进个人	全国第一次农业普查工作领导小组	1998.12
林文寿	龙海二中	实施学校体育锻炼标准先进个人	国家体委、体育部	1999.05
郭德宏	角美旅游服务总公司	全国归侨、侨眷工作先进个人	国务院侨办、中国侨联	1999.07
郑子文	市侨办	全国归侨、侨眷工作先进个人	国务院侨办	1999.09

续表

姓　名	工作单位	奖励名称	颁奖单位	颁发年份
谢育生	市地税局	省首届人民满意公务员	省政府	1999.09
蓝锦发	市民政局	民族团结进步模范先进个人	省政府	1999.12
张德亮	德鑫机械有限公司	全国乡镇企业质量管理先进工作者	农业部	2000
林裕勇	市政协	政协先进工作者	省政协	2000
许荣渊	市工商局	1998－1999年度粮食市场监督管理工作先进个人	国家工商局	2000.01
蔡国瑞	市农业局	全国生态农业建设先进工作者	农业部	2000.03
陈忠发	市乡企局	全国乡镇企业优秀管理工作者	农业部	2000.03
黄亚卿	市农业局	1999年度物价信息工作先进工作者	农业部	2000.03
林子淳	角美环卫所	全国先进工作者	国务院	2000.05
郭雨声	龙海一中	省先进工作者	省政府	2000.10
陈佳木	出入境检验局龙海办事处	全省精神文明先进工作者	省政府	2000.12
陈佳木	出入境检验局龙海办事处	国家检验检疫系统先进工作者	国家出入境检验检疫局	2000.12
黄财福	市工商局	全国工商行政管理系统先进工作者	人事部、国家工商局	2000.12
黄财福	市工商局	1998—1999年度精神文明创建活动先进个人	省委、省政府	2000.12
高　德	市统计局	1996—2000年度统计普法先进工作者	司法部、国家统计局	2000.12
林文生	白水镇政府	2000年全国乡镇（街道）基层计划生育工作先进个人	国家计生委	2000.12
陈红毛	港尾镇计协	全国计划生育协会先进志愿者	中国计生协会	2000.12
许跃国	市政府	社会帮扶先进个人	宁夏回族自治区党委、自治区政府	2001
陈　华	市政府	中国青年志愿服务奖	团中央、中国青年志愿者协会	2001
黄建林	市武装部	优秀党务工作者	省军区	2001
连秀凤（女）	市司法局	“三五”普法先进个人	司法部、中宣部	2001
洪文安	市武装部	三等功	省军区	2001
张海顺	市计生局	婚育新风进万家活动先进个人	中宣部、国家计生委	2001.01
李石江	市文体局	1996—2000年度福建省体育先进工作者	省政府	2001.01
林耀辉	市少体校	1996—2000年度全国青少年体育先进工作者	国家体育总局	2001.01
陈励池	海澄镇党委	婚育新风进万家活动先进个人	中央宣传部、国家计生委	2001.01
孙亚池	九湖司法所	优秀司法助理员	司法部	2001.04
孙亚池	九湖司法所	全国司法行政系统先进工作者	人事部、司法部	2001.06
黄建林	市武装部	优秀共产党员	省委	2001.07

续表

姓　名	工作单位	奖励名称	颁奖单位	颁发年份
钟全明	角美镇政府	计划生育先进工作者	省政府	2001.07
郑霜高	榜山镇洋西村	优秀共产党员	省委	2001.07
陈来发	市乡镇企业局	全国乡镇企业系统统计工作先进工作者	农业部	2001.08
林碧婵（女）	市乡镇企业局	全国乡镇企业系统统计工作先进工作者	农业部	2001.08
郑霜高	榜山镇洋西村	省学习“三个代表”基层干部标兵	省委	2001.08
江云聪	市检察院	在参加和协助“4·20”专案工作中表现突出特予嘉奖	省委、省政府	2001.11
庄凉庚	市国土局	全国土地资产管理工作先进个人	国土资源部	2001.11
纪春冰（女）	市电力公司	全国第三批农村水电初级电气化县建设先进工作者	水利部	2001.11
郑木长	九湖镇	从事计划生育工作满十五年、工龄三十年，为社会主义事业作出了贡献	国家计生委	2002
王永平	九湖镇新塘村	第三届中国“十大杰出青年农民”	团中央	2002
阮亚祥	石码镇	精神文明先进工作者	省委、省政府	2002
阮亚祥	石码镇	清理整顿农村合作基金会工作先进个人	省政府	2002.03
陈文辉	市农工办	清理整顿农村合作基金会工作先进个人	省政府	2002.03
许佳鹏	海澄镇大埕居委会	全国防震减灾宣传工作先进个人	中央宣传部、中国地震局	2002.03
黄智慧	市质监局	全国质量技术监督执法打假工作先进个人	国家质检总局	2002.04
康清河	市统计局	第五次全国人口普查国家级先进个人	第五次全国人口普查领导小组	2002.12
洪文安	市武装部	优秀人武部主官	南京军区	2003
李亚容	隆教乡	第五次全国人口普查国家级先进个人	国务院第五次全国人口普查领导小组	2003.01
傅丽芬（女）	金冠（龙海）有限公司	全国城镇妇女“巾帼建功”标兵	全国城镇妇女“巾帼建功”活动领导小组	2003.02
张海顺	市计生局	计划生育工作先进工作者	省政府	2003.03
方达慰	市司法局	2001—2003年“严打”先进个人	省委、省政府	2003.04
董成枝	市公安局	省先进工作者	省委、省政府	2003.04
詹俊勇	市司法局	2001—2003年“严打”先进个人	省委、省政府	2003.04
施福明	市司法局	2001—2003年“严打”先进个人	省委、省政府	2003.04
阮亚祥	石码镇	全国严打整治斗争先进工作者	中央政法委员会、中央综合委员会	2003.04
陈海石	市委组织部	省先进工作者	省委、省政府	2003.04
阮亚祥	石码镇	全省严打整治斗争先进工作者	省委、省政府	2003.06
陈清风	隆教乡	2001－2002年度计划生育工作先进个人	省政府	2003.06
阮亚祥	石码镇	省第八届精神文明建设先进工作者	省委、省政府	2003.08

续表

姓　名	工作单位	奖励名称	颁奖单位	颁发年份
林明亮	市法院	省“严打”先进工作者	省委、省政府	2003.08
林颖斌	市委文明办	省第八届精神文明建设先进工作者	省委、省政府	2003.08
张海顺	市计生局	全国人口和计划生育法制建设先进个人	国家人口计生委	2003.09
黄元章	市总工会	全国优秀工会工作者	全国总工会	2003.09
张文钦	市委保密局	全国先进保密工作者	中央保密委办公室、国家保密局	2003.12
郑闽林	市第一医院	“抗非典”优秀党员	农工党中央	2004
蔡　雄	市航道管理处	全国交通系统先进工作者	交通部、人事部	2004
傅丽芬（女）	金冠（龙海）有限公司	全国三八红旗手	全国妇联	2004.03
陈顺泉	双第华侨农场	全国归侨侨眷先进个人	国务院侨办、中国侨联	2004.06
欧阳振强	程溪塔潭村	五一绿化奖章	全国绿化委	2004.06
阮青山	市侨联	全国归侨侨眷先进个人	国务院侨办、中国侨联	2004.07
廖光澄	锦城冷藏运输有限公司	全国归侨侨眷先进个人	国务院侨办、中国侨联	2004.07
蔡慧敏	中国银行龙海支行	总行优秀团干	中国银行总行	2004.07
王德兴	市林业局	全国林业法制工作先进个人	国家林业局	2004.09
陈爱琴（女）	市人事局	省就业再就业工作先进工作者	省政府	2004.11
林建委	市地税局	省就业再就业工作先进工作者	省政府	2004.11
黄来发	紫泥镇	全国人口与计生委系统作风建设先进个人	国家人口与计生委员会	2004.11
姚细目	紫泥镇	2004年全国粮食生产大户	农业部	2004.12
郭福泉	市政府	第一次全国经济普查先进个人	国务院第一次全国经济普查领导小组	2005
王德兴	市林业局	全国绿化奖章	全国绿化委员会	2005
康庚金	市乡镇企业局	全国乡镇企业教育工作先进个人	农业部	2005
黄益文	市乡镇企业局	全国乡镇企业系统优秀统计工作者	农业部	2005
刘向东	团市委	全国优秀共青团干部	团中央	2005
苏麒辉	市统计局	第一次全国经济普查先进个人	国务院第一次全国经济普查领导小组	2005
詹俊勇	紫泥镇	全国模范司法所长	司法部	2005
郭小辉	石码镇	第一次全国经济普查先进个人	国务院第一次全国经济普查领导小组	2005
钱海忠	颜厝镇	2003—2005年计划生育工作先进个人	省政府	2005
蓝耀明	隆教乡	全省民族团结进步模范个人	省委、省政府	2005
周亚波	榜山镇	人口与计划生育先进工作者	省政府	2005

续表

姓　名	工作单位	奖励名称	颁奖单位	颁发年份
朱江兴之家	九湖镇百花村	全国“绿色家庭”	全国妇联、全国环保总局	2005
吴木宾	龙海二中	全国群众体育先进个人	国家体育总局	2005
陈　华	市政府	2001—2005年度全国“婚育新风进万家”活动先进个人	中宣部、中央文明办、国家人口计生委等10个部门	2005
杨溪峰	市政府	武委会好主任	省委、省军区	2005.04
吴龙井	市农业局	全国农业系统“四五”普法先进个人	农业部	2005.10
蔡亚佳之家	海澄镇	全国第五届“五好文明家庭”	全国妇联	2005.11
陈南勇	市民宗局	全国宗教系统“四五”普法先进个人	国家宗教事务局	2005.12
黄茂进	市农业局	全国农业植物有害生物普查工作先进个人	农业部	2005.12
陈叁拾	市农业局	全国农业技术推广先进工作者	农业部	2005.12
张海顺	市计生局	人口和计划生育先进工作者	省政府	2005.12
沈应生	市纪委	第九届（2003—2005年度）精神文明建设先进工作者	省委、省政府	2006
高延胜	市委组织部	优秀党务工作者	省委	2006
叶明东	市武装部	军事训练先进个人	省军区	2006
叶明东	市武装部	优秀指挥员	省军区	2006
方鹏飞	市电力公司	第九届（2003—2005年度）精神文明建设先进工作者	省委、省政府	2006
陈木土	市司法局	全国“四五”普法先进个人	中宣部、司法部	2006
吴双位	市卫生局	全国结核病防治工作先进个人	卫生部	2006
林亚全	紫泥镇溪洲村	2005年“全国优秀乡村医生”	卫生部	2006
张丽阳	市邮政局	第四届（2003—2005年度）创建文明行业工作先进个人	省委、省政府	2006
谢国来	建设银行龙海市支行	第四届（2003—2005年度）创建文明行业工作先进个人	省委、省政府	2006
詹俊勇	紫泥镇司法所	全国司法行政系统先进工作者	司法部、人事部	2006
谢素叶（女）	榜山镇平宁村	全国“双学双比”女能手	全国农村妇女“双学双比”活动领导小组	2006
林亚强	角美镇	全国人口和计划生育科技工作先进个人	国家计生委	2006
王大朝	角美镇龙田村	优秀共产党员	省委	2006
康建辉	程溪镇	省防抗台风抗洪抢险救灾先进个人	省委、省政府	2006
黄为平	程溪镇	省集体林权制度改革工作先进个人	省委、省政府	2006
郑凯木	东泗乡	省防抗台风抗洪抢险救灾先进个人	省委、省政府	2006
黄茂存	双第华侨农场	全国社区侨务先进工作者	国务院侨办	2006

续表

姓　名	工作单位	奖励名称	颁奖单位	颁发年份
王燕美（女）	角美龙田育美养猪场	全国“三八”红旗手	全国妇联	2006
黄亚兰（女）	良兴商场有限公司	全国“双学双比”女能手	全国农村妇女“双学双比”活动领导小组	2006
王金菊（女）	石码中心小学	全国百名优秀春苗女童	全国妇联	2006
卢明辉	程溪中学	省特级教师	省政府	2006
颜巧玲（女）	龙海七中	2006年全国艺术人才选拔活动优秀辅导奖	教育部、文化部、中国关工委	2006
苏麒辉	市统计局	2005年全国1%人口抽样调查先进个人	国务院全国1%人口抽样调查领导小组办公室	2006.10
林建祥	市统计局	2005年全国1%人口抽样调查先进个人	国务院全国1%人口抽样调查领导小组办公室	2006.10
郭福泉	市政府	2005年全国1%人口抽样调查先进个人	国务院全国1%人口抽样调查领导小组办公室	2006.10
陈丽君	龙海七中	全国第二届中小学生艺术展演活动一等奖	教育部	2007
郭妙兰	龙海七中	全国第二届中小学生艺术展演活动一等奖	教育部	2007
林朝晖	程溪镇	第二次全国农业普查先进个人	国务院第二次农业普查领导小组办公室	2007
倪亚山	市人防办	人民防空工程建设先进工作者	国家人防办	2007
苏彩恋	角美中心小学	省优秀教师	省委、省政府	2007
高琼珊	市总工会	全国女职工工作先进工作者	全国总工会	2007
田建裕	角美供销合作社	全国供销合作社系统劳动模范	人事部、全国供销总社	2007
黄小明	海澄镇	全国粮食生产大户标兵	农业部	2007
赵文泉	市农业局	全国测土配方施肥工作先进个人	农业部	2007
黄晓明	市海洋与渔业局	全国渔政工作先进个人	农业部	2007
连竹叶（女）	市妇联	全国妇联系统信访工作先进工作者	全国妇联、国家信访局	2007
蔡秀荣之家	海澄镇玉枕村	全国第六届“五好文明家庭”	全国妇联	2007
郑小平	市建设局	全国建设系统先进工作者	人事部、建设部	2007
王德兴	市林业局	全国林业系统先进工作者	人事部、国家林业局	2007
黄定芳	港尾镇	第五届全国优秀进城务工青年	团中央等部委	2007
吴灿坤	漳州灿坤实业有限公司	海峡西岸经济区建设突出贡献奖	省政府	2007
郭欣欣	角美旅游服务总公司	全国“双学双比”女能手	全国农村妇女“双学双比”活动领导小组	2007
王俊勇	龙海一中	全国优秀教师	教育部	2007

1993—2007 年龙海市获省、部级以上表彰的先进单位情况表

（已知，以获奖年份为序）

获奖单位	获奖名称	授奖单位	颁奖时间
市外经委	全省外贸工作先进单位	省政府	1993.01
角美镇	全省社会治安综合治理先进单位	省委、省政府	1993.02
龙海市	省 1991—1992 年度文明城市（县城）	省委、省政府	1993.08
角美镇	省 1991—1992 年度十好文明集镇	省委、省政府	1993.08
紫泥镇	省 1991—1992 年度十好文明集镇	省委、省政府	1993.08
市工商局	省级文明单位	省委、省政府	1993.08
市粮食局	省级文明单位	省委、省政府	1993.08
紫山集团	全国 500 家先进乡镇企业	国家农业部	1993.09
紫泥镇	省 1992 年度文明乡镇	省政府	1993.10
海澄镇	省 1992 年度文明乡镇	省政府	1993.10
九湖镇蔡坂村	省 1992 年度明星村	省政府	1993.10
郭坑镇郭坑村	省 1992 年度明星村	省政府	1993.10
白水镇白水村	省 1992 年度明星村	省政府	1993.10
角美镇	省农村工作先进单位	省政府	1994.03
角美镇	全国第三产业普查先进单位	国务院第三产业普查协调小组	1994.03
市民政局	全国民政工作先进单	民政部	1994.05
角美镇侨联	全国侨联先进单位	中国侨联	1994.05
市总工会	全国工会干部教育先进单位	全国总工会	1994.09
市人武部	1994 年民兵武器安全管理无事故单位	省政府、省军区	1995.01
程溪镇	双拥模范镇	省委、省政府	1995.01
市政府	粮食生产先进单位	省政府	1995.01
市政府	水产工作先进单位	省政府	1995.01
市政府	水利工作先进单位	省政府	1995.01
紫泥镇	第二批科技示范镇	省政府	1995.05
角美镇	先进基层党组织	省委	1995.10
隆教乡	第三次全省民族团结进步模范单位	省政府	1996.03
角美镇	先行工程建设先进单位	省委、省政府	1996.12
市公路分局	先行工程建设先进单位	省委、省政府	1996.12
市武装部	全面建设先进单位	省政府、省军区	1996.12
市武装部	军事训练先进单位	省政府、省军区	1996.12
角美镇	全国先进基层党组织	中组部	1996

续表

获奖单位	获奖名称	授奖单位	颁奖时间
市政府	经济作物生产先进单位	省政府	1997.01
市政府	乡镇企业工作先进单位	省政府	1997.01
市政府	专题信息先进单位	省政府	1997.02
紫泥镇	全省千里海堤加固达标建设先进单位	省委、省政府	1997.02
海澄镇玉枕村	千里海堤加固达标先进单位	省委、省政府	1997.02
市水利水电局	千里海堤加固达标先进单位	省委、省政府	1997.02
市政府	千里海堤加固达标先进单位	省委、省政府	1997.02
市工业普查办公室	第三次全国工业普查先进单位	第三次全国工业普查领导小组办公室	1997.04
市政府	军民共建三挂钩先进单位	省政府	1997.07
角美镇	全国群众体育先进集体	国家体育运动委员会	1997.10
角美镇	第一次全国基本单位普查工作先进集体	全国基本单位普查领导小组	1997.12
市粮食局	全国粮食系统精神文明建设先进单位	国家粮食储备局	1997.12
民兵武器装备仓库	业务管理正规化建设达标先进单位	省政府、省军区	1997.12
团市委	全国培养青年星火带头人组织奖	团中央、国家科委	1997.12
市审计局	全国审计机关先进集体	人事部、审计署	1997.12
市武装部	业务管理正规化建设达标先进单位	省政府、省军区	1997.12
角美工业综合开发区管理委员会	省（1994—1997）文明单位	省委、省政府	1997
角美供销社	全国供销合作社系统先进集体	人事部、全国供销总社	1997
市武装部	全面建设先进单位	省政府、省军区	1997
市公安局	社会治安综合治理先进单位	省委、省政府	1997
角美镇	全国小城镇建设示范镇	建设部	1997
龙海市	脱贫致富奔小康先进单位	省委、省政府	1997
市政府	水利水电建设先进单位	省政府	1998.01
工商银行龙海市支行	第六届（1996—1997）福建省文明单位	省委、省政府	1998.02
港尾镇	第六届（1996—1997）福建省文明乡镇	省委、省政府	1998.02
角美镇	第六届（1996—1997）福建省文明乡镇	省委、省政府	1998.02
市地税局	第六届（1996—1997）福建省文明单位	省委、省政府	1998.02
海澄镇	第六届（1996—1997）福建省文明单位	省委、省政府	1998.02
市工商局	第六届（1996—1997）福建省文明单位	省委、省政府	1998.02
市第一医院	第六届（1996—1997）福建省文明单位	省委、省政府	1998.02
市邮电局	第六届（1996—1997）福建省文明单位	省委、省政府	1998.02
市国税局	第六届（1996—1997）福建省文明单位	省委、省政府	1998.02

续表

获奖单位	获奖名称	授奖单位	颁奖时间
市水利水电局	1997 水利水电生产先进单位	省政府	1998.02
市委组织部	全国学习党的十五大文件知识竞赛先进单位	中央组织部等单位	1998.03
人民银行龙海市支行	省级文明单位	省政府	1998.03
市教委	普及九年义务教育、扫除青壮年文盲达标市	省政府	1998.03
市土地局	全省非农业建设用地清查工作先进集体	省政府	1998.03
市芗剧团	百花文艺奖三等奖	省政府	1998.05
市水利水电局	全省支持农村扶贫开发与小康建设先进单位	省委、省政府	1998.05
龙海市委	党建工作先进市	省委	1998.06
龙海市	全国科技工作先进市	科技部	1998.06
紫泥镇	龙海市冬季农业综合开发二等奖	农业部	1998.07
角美工业综合开发区	全国乡镇企业示范区	农业部	1998.10
角美镇	乡镇企业百强镇	省政府	1998.11
海澄镇	乡镇企业百强镇	省政府	1998.11
角美镇计生服务所	全国计划生育系统先进集体	人事部、国家计划生育委员会	1998.11
市农业局	龙海市稻田冬季综合开发丰收二等奖	农业部	1998.12
市武装部	营院整治先进单位	省军区	1998.12
市政府	1997 年度秋冬修水利建设先进单位	省政府	1998
东泗乡	国家农业部丰收二等奖	农业部	1998
角美镇计生服务所	全国计划生育系统先进集体	人事部、计生委	1998
角美镇	经济发展“百强乡镇”	省委、省政府	1998
市水利水电局	全省初级水利化先进单位	省政府	1998
市文化馆	全国第七届戏剧、曲艺群星奖评选铜奖	文化部	1998
市外经局	全国外经贸工作先进单位	外经贸部	1999.03
角美镇侨联	全国侨务工作先进单位	国务院侨务办公室、中国侨联	1999.07
角美镇	先进基层党组织	省委	1999.07
角美镇	全国创建文明村镇工作先进单位	中央精神文明建设领导委员会	1999.09
东园镇团委	共青团领办科技项目“神农奖”	团中央	1999.10
龙海市	普及九年教育、扫除青壮年文盲先进单位市	省政府	1999.10
市粮食局	拥军支前先进单位	省政府	1999.11
龙海市	林业工作站建设合格县	国家林业局	1999.12
市武装部	民族团结进步模范先进单位	省政府	1999.12
隆教乡	民族团结进步模范先进单位	省政府	1999.12

续表

获奖单位	获奖名称	授奖单位	颁奖时间
角美镇团委	全国“五四红旗团委”标兵	团中央	1999.12
龙海市	全国“爱心献功臣行动”先进市	全国双拥领导小组、民政部	1999.12
市水产局	全国技术推广先进单位	农业部	1999.12
海澄内楼中心小学	中小学劳动技术教育先进集体	教育部	1999.12
市武装部	民族团结进步模范单位	省政府	1999.12
龙海市	双拥模范城	省委、省政府	2000.01
龙海市	普及九年教育、扫除青壮年文盲先进单位市	教育部	2000.04
龙海市	全国儿童工作先进市	国务院妇女儿童工作委员会	2000.05
市关工委	全国关心下一代工作先进集体	中央关工委	2000.05
九湖法律服务所	部级文明法律服务所	司法部	2000.06
榜山镇	省第三批科技示范乡镇	省政府	2000.06
海澄镇文技校	第四届全国“中华扫盲奖”	教育部	2000.06
市武装部	深化民兵工作调整改革先进单位	省政府、省军区	2000.10
市武装部	全面建设先进单位	省委、省政府、省军区	2000.12
团市委	团中央创建“五四红旗团委”组织奖	团中央	2000.12
市武装部	全面建设先进单位	省委、省政府、省军区	2000.12
市乡企局	全国乡镇企业质量管理先进单位	农业部	2000.12
建设银行龙海市支行	“全国思想政治工作”先进集体	建设银行总行	2000.12
海新集团公司	全国乡镇企业质量管理先进单位	农业部	2000.12
市武装部	民兵武器装备管理先进单位	南京军区、省军区	2000
市公安局	公安部重点信访工作先进集体	公安部	2000
市地税局	第七届福建省文明单位	省委、省政府	2001
市武装部	民兵武器装备管理先进单位	南京军区	2001.04
市邮政局	第七届福建省文明单位	省委、省政府	2001.05
市农业局	全国基本农田保护工作先进单位	农业部、国土资源部	2001
角美镇	全国乡村经济总收入百强镇	国家统计局	2001.02
市乡镇企业局	全国乡镇企业质量管理先进单位	农业部	2001.02
市良种场	国家级农作物品种区试先进单位	全国农作物品种审定委员会	2001.03
石码镇	福建省社会治安综合治理先进单位	省委、省政府	2001.04
市国土局	全国基本农田保护工作先进单位	国土资源部、农业部	2001.06
龙海市	1999—2000 年计划生育工作一类先进市	省政府	2001.07
市乡镇企业局计财审计股	全国乡镇企业系统财会工作先进集体	农业部	2001.08

续表

获奖单位	获奖名称	授奖单位	颁奖时间
海澄镇	全国婚育新风进万家先进单位	中央宣传部、国家计生委	2001.10
龙海市	全国婚育新风进万家活动先进市	中央宣传部、国家计生委	2001.10
市电力公司	全国第三批农村水电初级电气化县建设先进集体	水利部	2001.11
市电力公司	电力市场整顿和优质服务年活动先进集体	国家电力公司	2001.12
市武装部	冬季征兵工作先进单位	南京军区	2001
市武装部	全面建设先进单位	省军区	2001
市武装部	深化民兵工作调整改革先进单位	省政府、省军区	2001
工商银行龙海市支行	第七届福建省文明单位	省委、省政府	2001
港尾镇	全国创建文明村镇工作先进镇	中央文明委	2002.01
石码镇武装部	全国基层民兵预备役工作先进单位	中央军委参谋部、总政治部	2002.06
港尾镇卓岐村	省第八届文明村	省委、省政府	2002.04
角美镇龙田村	省第八届文明村	省委、省政府	2002.04
紫泥镇	省第八届文明乡镇	省委、省政府	2002.04
市武装部	军地学习实践“三个代表”重要思想先进单位	省委	2002.07
市武装部	军民共建精神文明先进单位	省委宣传部、文明办、省军区政治部	2002.08
市武装部	“军民共建精神文明”先进单位	省政府、省军区	2002.09
市关工委	全国关心下一代宣传工作先进集体	中国关工委	2002.09
龙海市	全国第五次人口普查先进单位	第五次全国人口普查领导小组	2002.12
市粮食局	双拥工作先进集体	省政府	2002.12
龙海市	双拥模范城	省委、省政府、省军区	2002
市武装部	民兵装备管理先进单位	南京军区	2002
市政府	全省清理整顿农村合作基金会工作先进单位	省政府	2002
市政府	体育三十佳县（市）区	省政府	2002
九湖信用社	全国农村信用社支农先进单位	中国人民银行	2002
市政府	全国农村自来水普及先进市	国家爱卫会	2002
市粮食局	双拥工作先进集体	省政府	2002
市电力公司	电网调度自动化系统实用化单位	国家电力公司	2002
龙海市	全国无公害农产品（种植业）生产示范基地县达标单位	农业部	2003.01
角美镇	全国创建文明村镇工作先进镇	中央文明办	2003.01
东园镇	2002－2004年度全国农村科普示范基地	中国科学技术协会	2003.01
市武装部	国防动员工作先进单位	省国防动员委员会	2003.02

续表

获奖单位	获奖名称	授奖单位	颁奖时间
团市委	2002 年度“服务农村青年增收成才奖先进集体”	共青团中央、农业部	2003.03
角美镇妇女联合会	全国妇联系统先进集体	人事部、全国妇联	2003.03
龙海市	2001—2002 年计生工作一类先进市	省政府	2003.04
港口公园巾帼健身队	全国亿万妇女健身活动“巾帼文明健身队”	全国妇联	2003.05
市巡警大队	全国公安机关优秀基层单位	公安部	2003.06
角美镇党委	福建省先进基层党组织	省委	2003.06
角美镇妇女联合会	全国“三八”红旗集体	全国妇联	2003.06
市公安局刑侦大队重案中队	全省“严打”整治斗争先进集体	省委、省政府	2003.07
市巡警大队	“2000—2002 年度创建文明行业”工作先进单位	省委、省政府	2003.08
市电信分公司	省第八届文明单位	省委、省政府	2003.08
市电力公司	省第八届文明单位	省委、省政府	2003.08
市地税局	省第八届文明单位	省委、省政府	2003.08
市人民银行	省第八届文明单位	省委、省政府	2003.08
石码镇	省第八届文明乡镇	省委、省政府	2003.08
工商银行龙海市支行	省第八届文明单位	省委、省政府	2003.08
建设银行龙海市支行	省第八届文明单位	省委、省政府	2003.08
建设银行龙海市支行专柜	省先进窗口单位	省委、省政府	2003.09
角美工商所	“创文明行业、建满意窗口”竞赛先进单位	省委、省政府	2003.10
市武装部	2002—2003 年度城市民兵工作调整改革先进单位	省政府、省军区	2003.12
市武装部	全面建设先进单位	省委、省政府、省军区	2003.12
市征兵办公室	2002 年度征兵工作先进单位	省政府、省军区	2003
市公安局	全国公安县级机关大练兵活动先进典型单位	公安部	2004.08
市建设银行	模范职工之家	建设银行总行	2004.09
龙海市	全国科普示范县（市、区）	中国科协	2004.10
角美工商所	第四届全国优秀“青少年维权岗”	共青团中央、中央综治办、国家工商总局等 11 部委	2004.10
龙海市	全国计划生育优质服务先进市	国家人口计生委	2004.12
龙海市	计划生育信息化建设先进单位	国家人口计生委	2004.12
龙海市	全国团建先进县（市）	团中央	2004.12
市侨办	全国侨务系统先进单位	国务院侨办	2004.12

续表

获奖单位	获奖名称	授奖单位	颁奖时间
市国土资源局	全国国土资源管理系统先进集体	人事部、国土资源部	2004.12
市农业局	2004年度省科学技术三等奖（项目：水稻根系特性及其调控研究）	省政府	2004.12
东园镇劳务保障事务所	下岗再就业先进单位	省政府	2004.12
双第华侨农场	造林先进单位	省政府	2004.12
角美工商所	全国工商行政管理系统先进工商所	国家工商总局	2004.12
格林冷冻食品有限公司	2004年度省科学技术二等奖（项目：福建省主要出口蔬菜绿色生产关键技术研究及示范基地建设）	省政府	2004.12
九湖食用菌研究所	2004年度省科学技术三等奖（项目：茶树菇优良菌珠筛选及栽培技术研究）	省政府	2004.12
农工党龙海市总支	2003－2004年度全国社会服务工作先进集体”	农工党中央	2004
金冠塑料包装有限公司	全国“巾帼文明岗”	全国城镇妇女“巾帼建功”活动领导小组	2005.03
市国土资源局	全国建设用地报批管理先进单位	国土资源部	2005.04
市武装部	国防动员工作先进单位	省国防动员委员会	2005.04
市农民体育协会	全国群众体育先进单位	国家体育总局	2005.10
龙海市	2001—2005年全国婚育新风进万家活动先进市	中宣部、中央文明办、人口计生委等10部门	2005.11
龙海市	省计划生育优质服务先进市	省政府	2005.12
市武装部	全面建设先进单位	省委、省政府、省军区	2005.12
龙海市	2001—2004年度全省社会治安综合治理先进集体	省委、省政府	2005
龙海市	全国计划生育优质服务先进市	国家人口计生委	2005
龙海市	全国无公害农产品出口示范基地县达标单位	农业部	2005
龙海市	全国海域使用管理示范单位	国家海洋局	2005
龙海市	双拥模范城	省委、省政府、省军区	2005
龙海市	民兵武器库管理建设先进单位	南京军区	2005
市政府	高水平高质量普及九年义务教育达标市	省政府	2005
市交警大队	省治理公路“三乱”工作先进单位	省政府	2005
市第一次全国经济普查领导小组办公室	第一次全国经济普查先进集体	国务院第一次全国经济普查领导小组	2005
市农业局土肥站	全国农牧渔业丰收奖三等奖	农业部	2005
市乡镇企业局	全国乡镇企业系统财会先进集体	农业部	2005
角美镇	全国重点镇	建设部、发改委、民政部、国土资源部、农业部、科技部	2005

续表

获奖单位	获奖名称	授奖单位	颁奖时间
程溪镇	爱国拥军模范单位	省委、省政府、省军区	2005
角美镇	全国文明村镇	中央文明委	2005
港尾镇团委会	全国创建文明村镇工作先进村镇	中央文明委	2005
九湖林业站	先进林业站	国家林业局	2005
港尾镇	全国优秀青年中心	团中央	2005
海澄镇	全国优秀青年中心	团中央	2005
紫泥司法所	全国模范司法所	司法部	2005
紫泥镇甘文农业示范园区	全国“科普惠农兴村计划”百个农村示范基地	中国科协	2005
角美工业综合开发区管委会	第一次全国经济普查先进集体	国务院第一次全国经济普查领导小组	2005
团市委少年军校	全国少年军校示范校	团中央、全国少年军校总校	2005
龙佳生态旅游观光园	全国优秀全民健身活动点	国家体育总局	2005
龙佳生态温泉山庄	全国农业旅游示范点	国家旅游局	2006
漳州市绿宝食品有限公司	全国农产品加工业示范企业	农业部	2005
龙海永和食用菌专业合作社	福建农村合作经济组织首批示范试点单位	省政府	2005
龙海东园蔬菜专业合作社	福建农村合作经济组织首批示范试点单位	省政府	2005
龙海市	“十五”期间全国残疾人工作先进市	国务院残疾人工作委员会	2006.05
市经贸局	2001—2005年度治理“餐桌污染”建设“食品放心工程”先进单位	省政府	2006.06
市电力公司	全省先进基层党组织	省委	2006.06
市电力公司	省军民共建“三挂钩”工作先进集体	省政府、省军区	2006.07
市供销合作社联合社	全国供销合作社系统“四五”法制宣传教育先进集体	全国供销总社	2006.07
白水镇崎汾小学家长学校	全国流动人口子女、农村留家儿童示范家长学校	全国妇联	2006.09
龙海市1%人口抽样调查领导小组办公室	2005年全国1%人口抽样调查先进集体	国务院全国1%人口抽样调查领导小组办公室	2006.10
市林业局	省集体林权制度改革工作先进集体	省委、省政府	2006.12
紫泥镇甘文农业示范园区	全国“科普惠农兴村”先进单位	中国科协、财政部	2006.12
省农科院、龙佳生态旅游度假有限公司、龙海市科技创新服务公司	“观光生态农业的研究与示范”项目福建省科技进步三等奖	省政府	2006.12
市地税局	省第九届（2003—2005年度）文明单位	省委、省政府	2006.12
市国税局	省第九届（2003—2005年度）文明单位	省委、省政府	2006.12
市电力公司	省第九届（2003—2005年度）文明单位	省委、省政府	2006.12

续表

获奖单位	获奖名称	授奖单位	颁奖时间
市武装部	省维护国防利益和军人军属权益先进单位	省高级人民法院、省军区政治部	2006.12
市交警大队	省第九届（2003—2005 年度）文明单位	省委、省政府	2006.12
市电信局	省第九届（2003—005 年度）文明单位	省委、省政府	2006.12
市邮政局	省第九届（2003—2005 年度）文明单位	省委、省政府	2006.12
人民银行龙海市支行	省第九届（2003—2005 年度）文明单位	省委、省政府	2006.12
建设银行龙海市支行	省第九届（2003—2005 年度）文明单位	省委、省政府	2006.12
龙海一中	省第九届（2003—2005 年度）文明学校	省委、省政府	2006.12
龙海二中	省第九届（2003—2005 年度）文明学校	省委、省政府	2006.12
市巡警大队	省第四届（2003—2005 年度）创建文明行业工作先进单位	省委、省政府	2006
市公安边防大队	省军民共建“三挂钩”工作先进集体	省政府、省军区	2006
市总工会再就业服务中心	促进再就业行动先进单位	全国总工会	2006
市民政局	2001 — 2005 年全国民政系统法制宣传教育先进集体	民政部	2006
市人寿保险公司	第四届（2003—2005 年度）创建文明行业工作先进单位	省委、省政府	2006
省公路江东征收管理所	省第九届（2003—2005 年度）文明单位	省委、省政府	2006
海师高级中学	省第九届（2003—2005 年度）文明学校	省委、省政府	2006
石码中心小学	省第九届（2003—2005 年度）文明学校	省委、省政府	2006
角美中心小学	省第九届（2003—2005 年度）文明学校	省委、省政府	2006
角美镇龙田村	省第九届（2003—2005 年度）文明村镇	省委、省政府	2006
港尾镇卓岐村	省第九届（2003—2005 年度）文明村镇	省委、省政府	2006
榜山镇福河村	省第九届（2003—2005 年度）文明村镇	省委、省政府	2006
石码镇	省第九届（2003—2005 年度）文明村镇	省委、省政府	2006
石码镇解北社区	省第九届（2003—2005 年度）文明社区	省委、省政府	2006
海澄镇上寮村	省第九届（2003—2005 年度）文明村镇	省委、省政府	2006
白水镇	省第九届（2003 2005 年度）文明村镇	省委、省政府	2006
紫泥镇巽玉村	省第九届（2003—2005 年度）文明村镇	省委、省政府	2006
市工商局	省第九届（2003—2005 年度）文明单位	省委、省政府	2006
龙海七中	2006 年全国艺术人才选拔活动优秀组织奖	教育部、文化部、中国关工委	2006
角美供销社	自强基层社	全国供销总社	2006
双第华侨农场	全国绿化模范单位	全国绿化委	2006
紫泥镇政府	省首届科普先进示范乡镇	省政府	2006
石码镇党委	全省先进基层党组织	省委	2006

续表

获奖单位	获奖名称	授奖单位	颁奖时间
颜厝镇	全国“亿万农民健身活动”先进乡镇	农业部、国家体育总局、中国农体协	2006
龙海市	全国人口和计划生育信息化建设先进单位	国家人口计生委	2006
市防汛抗旱指挥部	2006年全省防抗台风抗洪抢险救灾先进集体	省委、省政府	2006
市“平安家庭”创建活动领导小组	全国“平安家庭”创建活动先进集体	全国妇联、中央综治办、共青团中央、公安部、司法部、国家广电总局	2006
龙海市	全国人口和计划生育信息化建设先进单位	国家人口计生委	2006
市防汛抗旱指挥部	2006年全省防抗台风抗洪抢险救灾先进集体	省委、省政府	2006
市电信局	全民健身周先进单位	国家体育总局	2006
龙海市	全国计划生育优质服务先进市	国家人口计生委	2007
	国家级食品安全示范县	国家食品药品监管局	2007
	建筑之乡	省政府	2007
	全国残疾人社区康复示范区	民政部、卫生部、中国残联	2007
	福建省计划生育优质服务先进市	省政府	2007
市民政局	2001—2005年度全国民政系统法制宣传教育先进集体	民政部	2007
市统计局	全国第二次农业普查先进单位	国务院全国第二次农业普查领导小组办公室	2007
角美镇第二次农业普查领导小组办公室	全国第二次农业普查先进单位	国务院全国第二次农业普查领导小组办公室	2007
海澄镇第二次农业普查领导小组办公室	全国第二次农业普查先进单位	国务院全国第二次农业普查领导小组办公室	2007
港尾镇第二次农业普查领导小组办公室	全国第二次农业普查先进单位	国务院全国第二次农业普查领导小组办公室	2007
市检察院	文明接待室	最高人民检察院	2007
市巡警大队	2006年度全国青年文明号	团中央、公安部	2007
角美供销合作社	全国销售百强基层社	全国供销总社	2007
	全国效益百强基层社	全国供销总社	2007
市地税局	全国税务系统文明单位	国家税务局	2007
漳州市腾龙副食品发展公司	全国农垦现代农业示范区	农业部	2007
程溪镇	全国双拥模范单位	全国双拥工作领导小组	2007
港尾镇卓岐村	全国“美德在农家”活动示范点	全国妇联、文化部	2007
九湖镇长福村	全国“巾帼科技致富示范村”	全国农村妇女“双学双比”活动领导小组	2007
角美镇鸿渐村	全国“平安家庭”创建活动示范（社区）村	全国妇联、中央综治办、团中央、公安部、司法部、国家广电总局	2007

索引

SUO YIN

索 引

一、本志索引分为要目索引、人物索引和表格索引。要目索引为专志一级目要目；人物索引仅列立传人物；表格索引按表序排列。

二、概述、大事记、卷首照片、内文插入照片以及人物表不作索引。

三、索引后的数字为内容页码；条目名称相同者，并列为一条，标出先后页码。

四、本索引按词条首字汉语拼音字母顺序排列。首字为同一字的，按第二字的汉语拼音字母顺序排列，以此类推。

要目索引

A

爱岗敬业，发挥专长 530
爱国卫生运动 792
安全监督执法 455
安全生产监督 285
安全生产监督管理 455
安全生产专项整治 456
安置 596
安置帮教 641
安置帮教与人民调解 641
案件查处 58
案件执行 635

B

白赤线（县道 519） 154
白佛线（县道 513） 154
白礁慈济宫 810
白水贡糖 831
白水航运公司客运码头 168
白水镇 862
白水镇高优水产养殖基地 278
白云岩 810
百花村、百花园 814
百岁寿星 68
斑节对虾 274
办理案件 630
办理代码标识 449
办理行政复议案件 517
榜山镇 852
包裹 185
保护区用海 99
保密工作 494
保险业 372

保险业机构 359
保育 704
报刊发行 186
报刊发行与集邮 186
鲍鱼 273
暴雨 47
北港大桥 160
北溪头黄氏古民居 813
北溪引水工程 203
编辑出版《龙海村社》 756
编辑出版《龙海当代人物》 756
编辑出版《龙海县志》 755
编辑出版地情文献资料 756
编辑出版其他地情资料 757
编印统计资料 421
编制管理 560
编制管理机构 559
编纂《龙海市志》 755
编纂出版部门志与乡镇志 756
编纂出版年鉴 756
编纂出版志鉴 755
标准化管理 447
宾馆、酒店 819
殡仪馆建设 608
殡葬改革 607
殡葬管理 607
兵役 646
兵役登记 646
兵员征集 646
丙类传染病防治 783
病虫害防治 250
病虫害监测 250
病虫害预测预报 242
病毒性肝炎防治 784
波浪 40
泊位、码头 163
补偿费征收 58
补贴 581
捕捞 269
捕捞产量 270
捕捞机械 268
捕捞区域与种类 269
捕捞渔具 267
布袋木偶戏 742 829

C

猜灯谜 829
财产保险 372 373 374
财税监管 398
财税检查 406
财税体制 385
财务管理 399 400
财政机构 398
财政检查 406
财政金融审计 452
财政收入 387
财政收支 385 387
财政体制 385
财政性存款 363
财政预算执行审计 452
财政支出 390
财政资金管理 399
财政总收入 139
采矿权管理 93
“菜篮子”经营 319
“餐桌污染”治理 349
采矿权管理与规费征收 93
采矿权价款和使用费 94
菜肴 823
参加全国、国际比赛 767
参加学科竞赛 713
参加学科竞赛与大中专院校录取 713
参加漳州市、省级体育比赛 766
参政议政 532 533 542 545
参政议政，民主监督 529 530 531
残疾人成才获奖 554
残疾人教育 554
残疾人就业与救助 554
残损币的回收、上缴 362
仓储设施 324
茶叶 234
查处假币 378
查处违纪违法案件 473
查处制假售假违法行为 442
查缉走私活动 353

产权产籍管理 132
产业结构 145
产业与投资结构 145
产值 240
尝试教学 704 707 712
常春岩戏钹（演金） 826
常规统计 417
常委会工作机构 500
常委会会议 503
常务委员会组成 519
场情述要 869 870
潮流 40
潮汐 40
车辆购置税 394
成果管理 698
成人教育 717
承办福建省委党校函授法律专业本科班（学制 2.5 年） 494
承办福建省委党校函授行政管理专业大专班（学制 3 年） 493
承办福建省委党校经济管理专业函授大专班（学制 3 年） 493
承办中央党校函授大专班（学制 3 年） 493
承办中央党校函授法律专业本科班（学制 2.5 年） 494
承办中央党校函授经济管理专业本科班（学制 2.5 年） 494
城区建筑监察 136
城市副食品生产基地 255
城市规划 103
城市环境整治 135
城市建设 107
城市噪声监测 53
城市住户调查 421
城市总体规划 103
城乡建设规划 103
城乡居民储蓄存款 363
城乡绿化 248
城乡人口密度 62
城镇村及工矿用地 41
城镇居民人均可支配收入 141
城镇居民生活 146
城镇失业人员就业 572
城镇土地使用税 396
城镇退伍军人安置 596
程溪农场 870
程溪镇 845
程长线（县道 515） 154
抽样调查 421
出访 657
出行 824
出境管理 616
出境检验检疫 354
出口国家与地区 333
出口贸易 331
出口贸易量 331
出口商品 332
出口生产企业 332
出口收汇核销 369
出入境管理 616
出入境检验检疫 353
除险加固 203
储蓄存款 148 150
畜牧业 253
畜禽饲养 253
传染病防治 781
传统岁时节日习俗 825
船舶工业用海 97
船员管理 283
创办《龙海乡讯》 485
创建标准园与优质园 703
创建活动 550
创建卫生城市 792
词尾 833
慈济宫保生大帝信俗 826
慈善活动 551
慈善事业 603
村级饮水工程 205
村居换届选举 592
村居组织建设 593
村民委员会换届选举 592
村民委员会建设 593
村卫生所 775
村卫生所（室） 779
村支书、村长培训 493
村庄规划 106

村庄建设　122
存款　362

D

打击犯罪　612
打击经济犯罪　612
打击刑事犯罪　612
打击走私　623
打击走私贩私　441
大鼓凉伞　828
大帽山　810
大气环境　50
大气环境质量监测　53
大中专毕业生分配　564
大中专院校录取　715
代表大会　502　534　536　538　539　542　543　544　546　547　548　549　550　553
代表构成　467　501
代表选举　467　500
代词　833
代发工资　370
代理保险业务　371
代理发行国债　371
代理基金业务　371
代理业务　371
代收电话费　370
代收行政处罚费　371
代收水电费　370
代收税款　371
代收学杂费　371
代收业务　370
贷款　363
贷款证管理　380
待遇　496
埭美粉粿　832
埭美古民居　813
淡水捕捞　269
淡水动植物　45
淡水水域　263
淡水养殖　274
淡水渔业资源　263
档案保管　759
档案管理　759
档案利用　759
党风廉政建设　472
党史理论研讨　755
党史史料编撰　754
党史研究　754
党外人士工作　486
党校工作　493
党员　476
党员代表大会　467
党组织建设　479
刀额新对虾　275
导航设施　179
导航与通信设备　268
道教　801
道路交通管理　618
道路与桥梁建设　112
灯谜　738
登记管理　807
低温冻害　48
低温寒害　48
堤防工程　206
堤防工程管理　217
地表水　40
地层　36
地产管理　83
地方病防治　784
地方人民政府　508
地方人民代表大会　499
地方商业银行与政策性银行　358
地方税收稽查　408
地方武装驻军　645
地方武装机构　645
地方戏剧　741
地方志工作　755
地方志理论研究　757
地籍地产管理　83
地籍管理　83
地貌　36
地名管理　604
地名与勘界　604
地税管理　406
地税收入　397

地税征收 396
地下水 40
地震 48
地震办公室 697
地震技术应用 688
地震监测 688
地震与其他地质灾害 48
地震预报 689
地质 36
地质 地貌 36
地质构造 36
第八个五年计划（1991—1995 年） 411
第八届委员会第三次会议提案 525
第八届政协 524
第八届政协常务委员会会议 522
第九个五年计划（1996—2000 年） 412
第九届委员会提案 525
第九届政协 524 525
第九届政协常务委员会会议 523
第三产业 857
第三次全国工业普查 419
第十二届人大常委会 503 506
第十二届人大常委会审议决定 505
第十二届人民代表大会 504
第十二届人民政府（1994.1—1999.1） 513
第十二届人民政府全体会议 511
第十二届人民政府专题会议 512
第十二届委员会第一次会议提案 526
第十二届政协 524 525
第十二届政协常务委员会会议 523
第十个五年计划（2001—2005 年） 412
第十届委员会提案 525
第十届政协 524 525
第十届政协常务委员会会议 523
第十三届人大常委会 503 506
第十三届人大常委会审议决定 505
第十三届人民代表大会 504
第十三届人民政府（1999.1—2004.1） 514
第十三届人民政府常务会议 512
第十三届人民政府全体会议 511
第十三届人民政府专题会议 512
第十一、十二届人民政府常务会议 512
第十四届人大常委会 503 506
第十四届人大常委会审议决定 505
第十四届人民政府（2004.1—2007.1） 515
第十四届人民政府常务会议 512
第十四届人民政府全体会议 511
第十四届人民政府专题会议 513
第十五届人大常委会 503 506
第十五届人大常委会审议决定 505
第十五届人民政府（2007.1—） 515
第十五届人民政府常务会议 512
第十五届人民政府全体会议 511
第十五届人民政府专题会议 513
第十一个五年规划（2006—2010 年） 413
第十一届人大常委会 503 506
第十一届人大常委会审议决定 505
第十一届人民代表大会 504
第十一届人民政府（1991.1—1994.1） 513
第十一届人民政府全体会议 511
第十一届人民政府专题会议 512
第十一届委员会提案 525
第十一届政协 524 525
第十一届政协常务委员会会议 523
第五次全国人口普查 420
第一次全国第三产业普查 419
第一次全国经济普查 420
第一次全省税源普查 420
电报 191
电力工业 292
电力工业用海 97
电力价格 425
电视 761
电视节目编播 761
电视台建设 761
电视转播发射网 761
电信 188
电信服务 194
电信管理 193
电信管理与服务 193
电影 762
电影发行放映 762
电影放映院、队 762
东美香脯糕 831
东泗合强水产养殖基地 278
东泗乡 839

东兴证券股份有限公司漳州新华北路营业部龙海服务部 360
东兴证券业务 376
东园工业区 304
东园镇 860
冬春水利工程 210
动员保障 652
斗美村 265
督查工作 518
读志用志 757
渡口 169
渡口客运 172
队伍构成 721
对台工作 674
对台农业合作 229
对台小额贸易 670
对台宣传 674
对外、对港澳台宣传 485
对外经济统计 419

E

“二五”普法宣传 636
鹅 254
儿童保健 787
儿童保健系统管理 787
儿童工作 541

F

“福万通”借记卡 362
发放木材运输证 259
发票管理 405 406
发展党员 477
发展概况 139
法律服务 639
法律宣传 636
法律援助 640
法院 631
法制工作 517
法制宣传培训 517
反不正当竞争 442
反渎职侵权 628
反贪污贿赂 628
反偷私渡 623
反洗钱监管 380
方言 832
防范和化解金融风险 380
防空警报维护 652
防空预案 652
防控体系建设 489
防汛办公设备 213
防汛抗旱 212
防汛抗旱纪要 214
防汛抗旱责任制 213
防疫人员 776
防震抗震 689
房产交易和中介市场管理 133
房产税（城市房地产税） 396
房地产交易和抵押 128
房地产开发 127
房地产开发企业 126
房地产市场 127
房地产市场管理 132
房屋建设 107
飞翼客运码头 168
非典型性肺炎（SARS） 782
非工程设施建设 212
非公有制经济人士工作 487
非金属矿物制品业 301
废旧物资收购 322
分布 42 238
风 38
风味小吃 831
峰峦石景 810
佛教 803
伏季休渔 284
扶持 601
扶持老区 601
扶持贫困归侨 665
扶持少数民族 602
服饰 823
服务措施 335
服务环境 75
服务社会 529 531 532 533 534
服务业 329

浮东线（县道 512） 154
浮宫港务客运码头 168
浮宫航运公司客运码头 168
浮宫土笋冻 831
浮宫杨梅 831
浮宫镇 864
福建华艺集团有限公司 308
福建绿宝食品集团有限公司 307
福建梦娇兰日用化学品有限公司 307
福建省厨师食品集团有限公司 306
福建省电信有限公司龙海市分公司 188
福建省海新集团有限公司 306
福建省华发包装集团 342
福建省九龙江北溪管理局 216
福建紫山集团有限公司 307
福昆线龙海路段 156
福利 581
福利彩票 604
福利彩票与福利企业 604
福利机构 603
福利企业 604
福利院、敬老院 603
抚恤与社会福利救济保障补助支出 392
抚养系数 67
妇女保健 785
妇女病普查防治 787
妇幼保健保偿责任制 786
妇幼保健人员 776
赴港澳招商联谊培训 666
复员退伍军人安置 596
富华码头 167

G

改厕 793
改进工作作风 475
改水 792
改水改厕 792
概况 161 162 164 175
甘蔗 234
甘蔗与茶叶 234
干部队伍 562
干部队伍建设 480
干部公开考选 565
干部构成 562
干部管理 481 562
干部管理机构 559
干部录用 564
干部培训 493 565
干部人事制度 480
干部数量 562
干旱 47
岗位培训 565 718
港澳事务 666
港澳台商投资企业 291
港澳同胞 665
港澳同胞捐赠 667
港澳同胞社团 666
港澳同胞与社团 665
港佛线（县道 511） 154
港口 161
港口用海 98
港尾镇 866
高等职业教育 720
高管人员市场准入监管 382
高速公路 158
高雄市龙溪同乡会 668
鸽 254
歌仔戏 829
个体私营经济管理 432
个体私营企业工人 572
个体诊所 775
耕地 41 225
耕地保护与开发整理 90
耕地开发整理 91
耕地与劳力 225
耕作、收获机具 226
耕作技术 240
工程安全监督管理 131
工程招标投标管理 131
工程质量监督管理 131
工会组建与规范化建设 535
工人队伍 571
工人管理 571
工人管理机构 559
工伤保险 587

工商行政管理 430
工商税收 387
工商税制改革 386
工商业团体 542
工业 840 841 846 848 851 853 855 857 859 861 863 865 867 870 871
工业办 308
工业标准化 447
工业贷款 363
工业开发区 302
工业科技 684
工业品价格管理 424
工业统计 418
工业用海 97
工业总产值 139 305
工业总量 305
工业总量与企业选介 305
工资 福利 社会保险 579
工资 579
工作机构 466 467 510 520
公安 611
公安边防 622
公厕 119
公共场所卫生监督 790
公共场所与职业卫生监督 790
公共场所治安管理 613
公共交通 118
公共绿地 248
公交汽车票价 427
公路汽车运价 426
公路养护 175
公民思想道德教育 482
公平交易监督管理 441
公益性团体 551
公有住房出售 133
公证 637
宫庙 801
共青团龙海市委员会 536
供电 117
供气 117
供水 116
供水工程管理 219
供销合作社经营体制改革 313
供销社系统经营 319
古城 812
古塔及古桥 812
固定电话 190
固定电话 电报 190
固定资产投资管理 415
固定资产投资结构 146
固定资产投资审计 453
固定资产投资统计 418
官九线龙海路段 155
管理 129 216 256 308 345 725 794
管理机构 308 398 696 725 807 819
管理与服务 282
管理制度 769
贯彻落实侨务政策 665
广播 电视 电影 760
广播 760
广播电台建设 760
广播节目编播 760
广发华福证券有限责任公司龙海服务部 360
广告管理 440
归侨 台胞联谊会 544
归侨和侨眷 662
规范金融秩序 379
规费征收 94 174
规模以上工业企业总产值 306
郭坑火车站 160
锅边糊 832
国道 156
国防 649
国防动员 649
国防教育 649
国家级科技成果奖 694
国家税收稽查 407
国内贸易总量 317
国内外游客 818
国税管理 405
国税收入 394
国税征收 393
国土资源 41
国外贷援款项目审计 454
国有（控股）企业审计 453
国有集体企业工人 571

国有集体企业管理 310
国有建设用地审批 86
国有经济 144
国有林场林地 244
国有企业 289
国有与国有控股保险公司 359
国有与国有控股商业银行 357
国有资产管理 403
果树 238

H

海榜线（县道 514） 154
海滨风光 809
海澄 500 吨级陆岛交通码头 167
海澄城隍庙 811
海澄客运码头 167
海澄码头 166
海澄双糕润 831
海澄文庙 811
海澄亿源千吨液体化工码头 166
海澄镇 858
海堤 207
海堤建设 207
海底工程用海 98
海关监管 351
海官线（县道 510） 153
海隆码头 166
海门陆岛码头 169
海上保鲜 280
海上救援 674
海水 40
海水生物 45
海水养殖 271
海外联谊 529 533 545
海外社团 661
海外乡亲与社团 660
海洋捕捞 270
海洋功能区划 96
海洋环境保护 99
海洋渔业资源 264
海域 33
海域地貌 37
海域管理 95
海域管理机构 81
海域环境监测与检查 100
海域使用监督检查 99
海域状况 95
海域状况与海洋功能区划 95
函授教育 493
寒冻 48
行政服务 516
行政机构 591 773
行政区划 34
行政审判 633
行政审判与监督 633
行政事业财务管理 400
行政事业单位审计 451
行政事业管理支出 391
航道 164
航道用海 98
航道整治 178
航政管理 178
河道管理 218
河砂管理 221
核算统计 418
红蟳（锯缘青蟹） 272
洪水预警报系统 212
后备干部培养 481
后石电厂 10 万吨级煤码头 168
后石电厂 5000 吨级综合码头 168
后石电厂支航道 165
后石电厂专用航道助航标志 179
后石港区 164
户籍管理 615
户政管理 615
护理 780
花卉 235
花卉 果树 235
花卉产业 849
华福证券业务 376
华侨华人分布 660
华侨华人捐赠 661
华侨事务 663
华阳电业有限公司 342
化学原料及制品业 296

环保监督管理 55
环保执法检查 56
环境保护 49
环境监测 52
环境卫生 118
环境质量 49
环卫设施建设 118
黄河燃料码头 167
汇兑 187
汇兑与机要通信 187
会计管理 403
惠渔政策 283
惠渔政策与伏季休渔 283
婚前检查 785
婚姻 824
婚姻登记 606
婚姻构成 71
婚姻与收养登记 606
火车站 160
火灾预防 619
货币 361
货币发行 361
货运 170 173
货运附加费（山区公路建设还贷基金）征收 175
货运工具 169
霍乱、急性肠道传染病 782

J

“鸡母窠”山 810
“巾帼建功”竞赛活动 540
机动车管理 619
机动车维修行业管理 180
机动车维修和驾驶员培训行业管理 180
机动渔船 266
机构 49 57 81 129 173 183 188 216 256 282 345 357 411 417 422 430 443 450 455 457 559 591 611 623 631 636 650 657 668 733 773
机构设置与改革 560
机构市场准入监管 382
机构与队伍 73 773
机构与设施 188 733
机构与网点 183
机构与宣传教育 650
机关党组织 478
机关党组织建设 479
机关事业单位工资 579
机关事业单位养老保险 582
机关团体存款 363
机关效能建设 475
机械总动力 227
机要通信 187
鸡 253
基本建设贷款与技术改造贷款 365
基本农田保护 90
基本情况 107 120 124 126 159 201 393 396 476 496
基本养老保险费 397
基层单位 631
基层党组织 478
基层法律服务 639
基层体育场所 735
基层医疗卫生单位 774
基层医疗卫生单位设施 778
基层治安组织建设 489
基层自治组织建设 592
基础设施建设 840 842 844 846 848 851 853 855 857 859 862 864 866 868 870
基督教 805
疾病防治 781
集体建设用地审批 87
集体经济 144
集体林地 243
集体林权制度改革 245
集体企业 290
集邮 186
集镇建设 120
集镇建设选介 120
脊髓灰质炎防治 784
计划编制与执行 411
计划管理 411
计划免疫 784
计划生育 73
计划生育服务 74
计划生育管理 76

计量管理　446
计量监督管理　446
计量违法行为查处　447
计生救助　550
纪检监察机构　466
纪律检查　472
技能鉴定　576
技术与设备引进　345
技术咨询　683
寄生虫病防治　783
加强党内监督　472
加强农村基层党风廉政建设　472
加强组织建设　544
家畜　253
家电制造　300
家具与交通设备制造业　295
家具制造业　295
家禽　253
家庭构成　70
家庭与婚姻构成　70
甲类传染病防治　781
甲鱼　276
价格管理　424
驾驶员管理　619
驾驶员培训行业管理　180
监测　255
监测设备　52
监督管理　440
监督检查　433　434　435　437　507
监管机构　357
监所管理　620
监所检察工作　629
检查督促　494
检察　623
减免税管理　405　406
减轻农民负担　490
建设监察与执法　135
建设项目审批　58
建设项目审批与监督　55
建设项目治理与案件查处　58
建设用地审批　86
建置　33
建筑企业　124
建筑市场管理　130
建筑业贷款　364
建筑业与房地产业　124
健康教育　789
健全纪检监察制度　473
鉴证　435
箭道埕货运码头　168
江堤　206
江堤建设　206
江东大桥　159
江东鲈鱼　830
江东桥　812
奖惩　568
降水与雷电　37
交通干线噪声　51
交通监管　618
交通事故治理　618
交通用地　41
交通运输管理　173
交通运输价格管理　426
交通运输设备制造业　296
交通运输用海　98
交通战备工作　652
交通战备基础设施建设　652
角海线（县道 517）　154
角江线（县道 518）　154
角美工业综合开发区　302
角美火车站　160
角美锦宅村蜈蚣阵　827
角美旅游服务总公司　820
角美沙坂宋江九洲八卦阵　829
角美镇　663　842
教师　721
教材　706　712
教材、课程　704
教师待遇　724
教师培训　722
教堂　805　806
教学　704　706　712
教学管理　726
教学与保育　704
教育督导　730
教育收费　428

接待港澳社团人士　667
节庆民俗活动　828
节庆文化活动　745
结彩楼　828
结售汇　369
结算　368
解决就业　344
解决侨房遗留问题　664
巾帼扶贫行动　540
金融安全监测与预警　381
金融机构管理　382
金融稽核与现场检查　381
金融监管　377
金融审计　452
金融市场管理　378
金融债权管理　380
金属制品　299
金穗卡　361
金银加工业管理　378
锦歌弹唱　744　828
锦江大桥　160
进出境运输工具监管　351
进出口报关单办理　352
进出口货物监管　352
进出口贸易　331
进口贸易　333
进口贸易量　333
进口商品　333
近岸海域水环境质量监测　53
近海捕捞　270
近海水域　42　263
经费管理　727
经费与设施管理　727
经济待遇　724
经济发展　139　839　841　843　846　848　850　852　854　857　859　861　862　865　867　869　871
经济扶持　601
经济合同管理　435
经济技术合作　344
经济建设　513　514　515
经济建设财务管理　402
经济建设支出　390
经济结构　144
经济均量　140
经济林营造　247
经济适用房　134
经济文化往来　669
经济运行管理　308
经济责任审计　451
经济增长效率　143
经济总量　139
经贸往来　669
经营体制改革　230　313
经营效益　342
精神文明建设　482
景区保护　816
景区规划　815
景区建设　815
景区开发　815
警报网　651
靖程线（县道 569）　155
境外路线　817
境域　33
九湖工业园区　305
九湖镇　847
九龙江口红树林湿地保护区　809
九龙江西溪大桥　159
九龙江下游助航标志　179
救护培训　552
救济　598
救灾救助　552
救灾应急与减灾避灾　598
就业培训　576
居民服务业　331
居民生活　146
居民委员会换届选举　592
居住　823
剧毒和放射性物品管理　614
剧目创作　741
捐赠灾区　599
决策支持系统　213
军队转业干部安置　565
军民共建　653

K

开发利用　651
开发区财政体制　386
开发与利用　96
看守　621
康复工作　553
康辉旅行社龙海门店　820
考核　567
考核与奖惩　567
科技成果　694
科技队伍　678
科技管理　696
科技交流　687
科技进步管理　309
科技经费管理　697
科技培训　681
科技培训与青少年科技活动　681
科技普及　679
科技项目　690
科技项目与成果　690
科技项目与成果管理　698
科技协作　686
科技协作与交流　686
科技星火技术密集区　685
科技研究　684
科技研究推广机构　677
科技研究与应用　684
科技咨询　683
科技组织　677
科教文卫事业费支出　391
科普示范　680
科普宣传　679
科普宣传与人员培训　547
科普宣传与示范　679
科学　文化　卫生团体　546
科学技术局　696
科学技术协会　696
科研机构　677
蚵仔煎　832
客源市场　818
客运　170　172
客运附加费（交通建设基金）征收　175
客运工具　169
课程　706　712
控断面水环境监测　52
控告申诉工作　630
控制性详细规划　103
库区移民后期扶持　597
快递　185
快艇客运　173
矿产资源　42
矿产资源补偿费征收　94
矿产资源管理　92
矿产资源规划　92
矿产资源规划和利用　92
矿产资源利用　92
矿山治理　95
矿数　42
矿业秩序整顿　94
矿业秩序整顿和矿山治理　94
矿种　42
困难补助　581
困难救济　598

L

“两基”督导　730
“六千”水利工程　211
“六千”水利工程与小水电工程　211
“六项”督导　730
垃圾清运保洁　119
来访　659
来源　721
劳动保障监察　577
劳动工资统计　419
劳动纠纷仲裁　578
劳动就业与再就业　572
劳动维权　577
劳力　225
劳模荣誉及活动　535
劳务派遣　577
劳务输出　344
劳务中介与派遣　577
老干部工作　496
老年福利协会　603

老年人保健 788
老年体育 764
雷电 48
离退休干部管理 570
礼仪习俗 824
理发业 331
理论教育 484
理赔 374
历届代表会议 468
历届理事会 552
立案 634
立案信访与案件执行 634
利率监管 379
联络台胞 533
联谊接待 663
联谊团体 520
联谊往来 666
良种繁育技术 241
粮食保管 325
粮食仓储 324
粮食购销 322
粮食收购价格 424
粮食系统经营 322
粮食系统经营体制改革 314
粮食征购 322
粮食作物 231
粮油存储 325
粮油市场监督管理 349
粮油销售 323
烈士褒扬 596
林地 41 243
林地与林权 243
林木流通管理 259
林木限额采伐 259
林前伽蓝药王巡社 826
林前岩寺 811
林权 245
林氏义庄 813
林业 243
林业管理 259
林业执法查处 259
陵园（骨灰堂）建造 608
领导机构 463 466 508
领导接访 495
领导批示件办理 518
流动人口和重点人口管理 616
流行性乙型脑炎防治 785
流通纪念币、钞 361
龙发对台贸易码头 167
龙海慈善日 551
龙海方言的传播 836
龙海方言的传播与变化 836
龙海方言特点 832
龙海话的变化与保护 836
龙海稽征所 174
龙海籍教练领队参加国际比赛 767
龙海锯缘青蟹养殖基地 278
龙海市爱国卫生运动委员会办公室 773
龙海市白水航运公司 171
龙海市边防大队 612
龙海市殡仪馆 592
龙海市残疾人联合会 553
龙海市城建监察大队 129
龙海市畜牧兽医局 256
龙海市慈善总会 551
龙海市大洋快艇有限公司 171
龙发贸易公司 348
龙海市对外贸易公司 348
龙海市档案局（馆） 734
龙海市地方税务局 399
龙海市地方志编纂委员会 734
龙海市地质矿产局 81
龙海市第一医院 773 777
龙海市第二医院 774 777
龙海市对外贸易与经济合作局 347
龙海市飞翼快艇有限公司 171
龙海市浮宫航运公司 172
龙海市妇女联合会 538
龙海市妇幼保健所 774 778
龙海市革命老区建设委员会办公室 591
龙海市个体私营经济协会 543
龙海市工商业联合会（商会） 542
龙海市公安局 611
龙海市公交公司 170
龙海市供销社 346
龙海市关心下一代工作委员会 555

龙海市广播电视事业局（广播电视台）　734
龙海市归国华侨联合会　544　657
龙海市国防动员委员会（中共龙海市委人民武装委员会）　645
龙海市国家税务局　398
龙海市国土资源局　81
龙海市国土资源局角美工业综合开发区分局　81
龙海市海安船务有限公司　172
龙海市海润船舶管理有限公司　172
龙海市海洋与渔业局　282
龙海市海洋与渔业执法大队　283
龙海市恒盛水产专业合作社养殖基地　277
龙海市红十字会　552
龙海市环境卫生管理处　130
龙海市疾病预防控制中心　773　778
龙海市计划生育协会　550
龙海市建设局　129
龙海市交通服务有限公司　170
龙海市交通局　173
龙海市经济贸易局　308　345
龙海市军队离退休干部休养所　591
龙海市科学技术协会　546
龙海市老龄工作委员会　555
龙海市粮食局　346
龙海市林业局　256
龙海市轮船公司　171
龙海市旅台同胞亲属联谊会　668
龙海市民政福利工厂　592
龙海市民政局　591
龙海市农村卫生协会　549
龙海市农村信用合作联社　359
龙海市农机站　256
龙海市农业局　256
龙海市人民武装部　645
龙海市人民政府常务会议　512
龙海市人民政府防汛抗旱指挥部办公室　216
龙海市人民政府侨务办公室　657
龙海市人民政府全体会议　511
龙海市人民政府专题办公会议　512
龙海市森林公安分局　611
龙海市社会福利院　591
龙海市食品药品监督管理局　773
龙海市市容管理处　130
龙海市水利局　216
龙海市水政监察大队　216
龙海市税务局　398
龙海市台湾同胞联谊会　546
龙海市土地管理局　81
龙海市委党史研究室　733
龙海市卫生监督所　773
龙海市卫生局　773
龙海市文化市场稽查队　733
龙海市文化体育局　733
龙海市文学艺术界联合会　548　734
龙海市物资总公司　346
龙海市乡镇企业局　308
龙海市消费者权益保护委员会　556
龙海市烟草专卖局（烟草公司）　347
龙海市盐务局（龙海市支公司）　347
龙海市医药公司　346
龙海市邮政局储汇分局　359
龙海市友联航运有限公司　172
龙海市长龙运输有限公司　170
龙海市支前双拥工作领导小组办公室　591
龙海市中医院　774　777
龙海市总工会　534
龙海水仙花　830
龙海中国旅行社　820
龙海中旅假日旅行社　820
龙佳生态温泉山庄　814
龙卡　362
龙须菜　273
龙舟赛活动　830
隆教海滨沙滩　809
隆教畲族乡　841
隆教乡红星村抢孤习俗　827
鲈鱼　272
陆地水　39
陆路交通设施　153
陆路运输　169
陆上保鲜　280
陆生动物　43
陆生动植物　43
陆生植物　43
陆域　33
路桥用海　98

路政管理 174
轮船客运 172
罗非鱼 276
罗氏沼虾 275
落实责任制 490
旅行社 820
旅游服务 819
旅游管理 819
旅游管理与服务 819
旅游行业管理 819
旅游交通 817
旅游交通线路 817
旅游景观 809
旅游开发 815
旅游培训 819
旅游收入 818
旅游娱乐用海 98
律师事务 638
律师事务与法律服务 638
绿卡 362

M

麻风病 782
码头 166
锚地用海 98
梅市天后宫王醮巡安习俗 827
媒介生物防制 793
美术 739
面积、产量 238 271
面积、产量、产值 236
面积与产量 231 233 234 274 277
面向社会，多做贡献 530
苗种 276
苗种选育 276
灭火救援 620
民办幼儿园年检 725
民兵 647
民兵哨所 648
民兵条件 647
民兵训练 648
民革漳州市委会龙海总支部委员会 529
民间歌谣 738
民间故事 737
民间绘画 739
民间曲艺 744
民间文学 737
民间文艺表演 744
民间戏剧表演 742
民间信仰活动 826
民间职业剧团 734
民进漳州市委会龙海总支部委员会 531
民盟漳州市委会龙海总支部委员会 530
民居 813
民商事审判 632
民事行政检察 626
民俗 823
民俗活动 826
民谚 833
民谚来源 833
民营股份制保险公司 360
民营科技研究所 677
民营科研机构 677
民营医院（门诊部） 775 779
民营医院、个体诊所 775
民主党派 529
民族构成 65 563
民族与姓氏构成 65
闽南火鸡 254
闽台事务 553
模拟移动电话 192
牡丹卡 361
牡蛎 273
木材加工及木、竹、藤、棕、草制品业 300
木棉庵 811
目标管理 700
目标责任制 55
牧机具 227
募集活动 551

N

纳税申报 405 406
南美白对虾 275
南太武高尔夫乡村俱乐部 814
南太武山 810

南音演唱 744 828
内河航道 164
内陆地貌 36
内陆水域 42
内资企业登记管理 433
年度计划 413
年检审制度 179
年龄比例 67
年龄构成 67 467 562
牛 253
牛头山古火山口 809
农产品和农业生产资料价格管理 424
农场 869
农村财务监督 257
农村党组织 478
农村党组织建设 479
农村个人建房用地审批 87
农村工作 490
农村公路建设 652
农村集体土地所有权登记发证 83
农村居民生活 148
农村劳动力转移 573
农村社保公司 592
农村税费改革 387
农村退伍军人安置 596
农村小康建设 491
农村养老保险 584
农村有线广播网 760
农村住户调查 421
农副产品收购 321
农副食品加工 293
农副食品加工与食品制造业 293
农工党漳州市委会龙海市总支部委员会 531
农机管理 258
农机推广与应用 258
农机维修与安全监理 258
农民人均纯收入 141
农民体育 763
农牧业管理 257
农牧业执法监督 257
农业 839 841 843 846 848 850 852 854 857 859 861 862 865 867 869 871
农业标准化 448
农业财务管理 401
农业产业化经营 228
农业贷款 364
农业机械 226
农业技术 240
农业科技 684
农业生产资料供应 319
农业生产资料价格 424
农业水费和水资源费征收 222
农业水费征收 222
农业税收 388
农业统计 418
农业综合开发 227
农业总产值 139
农作物种植 231
疟疾防治 784
女职工工作 535

P

“平安家庭”创建及家庭文明建设 540
排涝港道 210
排涝工程 209
排涝闸 209
排涝站 209
排水排污 117
排污费征收 56
排污倾倒用海 99
培训与参赛 768
培训与服务 258
培训与指导 759
配方施肥技术 240
皮革、羽毛（绒）制品业 302
贫困户救济 599
品种 231 233 234
聘任管理 570
平均密度 61
评审管理 569
浦角线（县道 503） 153
普查 419
普通信函 184
普贤二期 1000 吨级码头 166
普贤一期 2×500 吨级泊位码头 166

普照禅寺 812

Q

其他党务工作 493
其他地质灾害 49
其他服务业 331
其他行业 300
其他金融机构 360
其他类贷款 366
其他粮食作物 231
其他民政事务 604
其他培训 494
其他企业 291
其他社会科技 685
其他审计 453
其他收费 428
其他收入 388
其他调查 421
其他文化娱乐场所 736
其他文体事业单位 733
其他银行业机构 359
其他用海 98
其他支出 392
企业财务管理 401
企业存款 362
企业单位工资 580
企业党组织 478
企业党组织建设 480
企业管理 310
企业技术研发中心 678
企业收入 388
企业选介 306
企业养老保险 583
企业债券管理 380
企业资质管理 130
气候 水文 37
气温与霜降日 37
气象服务 688
气象观测 687
气象技术应用 687
气象局 696
气象要素 37
气象与地震技术应用 687
气象灾害 45
气压 39
枪爆管理 614
抢险救灾 653
侨乡 662
桥梁 159
青年干部培训 493
青年教育工程 536
青年人才工程 536
青年文明工程 537
青少年科技活动 682
青少年科技教育活动 548
清理征占用林地 259
清理整顿农村合作基金会 379
情报咨询 683
区划勘界 606
区域环境噪声 51
取水管理 220
去台人员及家属 668
全国基本单位普查 419
全国科技进步考核 700
全国农业普查 420
全民义务植树 248
全社会固定资产投资额 140
全体委员会 556
全体委员会议 469
群众体育 763
群众文化 745
群众文化活动 745

R

人才管理 699
人才交流 568
人才与目标管理 699
人大常委会 499
人大常委会主要工作 504
人大代表 500
人大代表建议、政协提案办理 518
人防专项规划 650
人家万安楼 814
人均财政总收入 141

人均工业总产值 141
人均农业总产值 140
人均全社会固定资产投资 141
人均社会消费品总额 141
人口变动 63
人口抽样调查 421
人口分布 61
人口构成 65
人口迁徙 64
人口总量 61
人口总量与分布 61
人民代表大会 500
人民防空 650
人民防空工程 650
人民防空与交通战备 650
人民调解 641
人禽流感防治 782
人事任免 506
人寿（身）保险 373 374 375
人文景观 810
人员编制 561
人员分布 722
人员类别 776
人员数量 775
任免 566
任免与调配 566
日常信访工作 495
日照 38
入境管理 616
入境检验检疫 353
入台探亲与交流 673
瑞竹岩寺 811

S

三峡移民安置 597
丧葬 824
扫除妇女文盲 539
扫除文盲 717
扫除文盲与岗位培训 717
扫黄打丑 613
森林保护 249
森林病虫害防治 250
森林防火 249
森林公安 621
厦成线龙海路段 156
厦门大学漳州校区 721
厦门湾航道后石电厂支航道整治 178
厦漳高速公路龙海路段 159
山林纠纷调处 245
山塘 201
商标管理 437
商标广告管理 437
商标注册 437
商品购销 318
商品经营 318
商品粮基地建设 227
商业贷款 364
商业贸易统计 418
商业系统购销 318
商业系统经营体制改革 313
商业信函 185
上级补助收入 389
少年先锋队 538
设备管理 729
设施 189
设施管理 728
社会保险 582
社会福利 603
社会救济 599
“三化”达标建设 212
“三五”普法宣传 637
“三优”服务 75
“三资”和港澳台企业工人 571
“三资”企业贷款 365
“四五”普法宣传 637
“双高普九”督导 730
“双学双比”竞赛活动 539
社会事业 847 513 514 515 516 840 842 845 849 851 853 855 858 860 862 864 866 868 870 872
社会团体登记管理 608
社会消费品零售总额 140
社会娱乐场所 736
社会治安综合治理 489
社区居委会建设 593

摄影　740
身份构成　467
审查批捕　624
审查起诉　625
审计监督　450
审判监督　634
生产基地建设　255
生产示范基地　237
生产条件　225　263
生产总值　139
生活习俗　823
生活资料供应　320
生态保护环境　51
生态公益林保护　251
生态景观　814
生物资源　263
生育　824
生育保险　587
声环境　51
省道　155
省级科技进步奖　694
省控断面地表水环境监测　52
省驻机构　216
失业保险　586
失业保险费　397
施政纪要　513
湿度　38
石坑铳城　812
石码“五香”卷　831
石码港口虎爷习俗　827
石码港区　161
石码港务客运码头　168
石码古街肉粽　832
石码关帝庙（又称武庙）　810
石码镇　856
石码镇渔业社区　264
石狮岩寺　811
石油价格　424
食品安全监督　458
食品卫生监督　789
食品药品监督管理　457
食品与饮用水卫生监督　789
食品制造　294
食盐价格　426
食盐专卖　329
食用菌　233
史志　档案　754
市场　315
市场监督管理　431
市场开发　816
市场设置　315
市场与贸易量　315
市场准入机制　179
市第九届政协委员会会议　522
市第十二届人民代表大会　502
市第十二届政协委员会第一次会议　522
市第十届政协委员会会议　522
市第十三届人民代表大会　502
市第十五届人民代表大会　503
市第十一届政协委员会会议　522
市法院　631
市级机构　216
市级饮水工程　205
市江东良种场　677
市交通运输管理所　173
市科技情报所　677
市内旅游线路　817
市农业科学研究所　677
市区体育场所　735
市区饮用水源环境监测　52
市属单位娱乐场所　736
市属基层水利单位　216
市属文化场馆　734
市外线路　817
市委机构　463
市政基础设施建设　112
市直工作部门　510
市直机关、乡镇党员干部轮训　493
市直医疗卫生单位　773
市直医疗卫生单位设施　777
事务管理　807
事业单位　591　773
事业单位登记管理　561
事业单位科研机构　677
视察调研　506　524
视察调研与监督检查　506

视频会议系统 212
收费标准 427
收费许可 427
收费许可与标准 427
收集编写谱牒 757
收入 373
收入水平 146 148
收养登记 607
寿诞 825
受理信访 630
受理与查办案件 473
书法 740
蔬菜 233
蔬菜与食用菌 233
鼠疫 781
数字移动电话 193
双第华侨农场 663 869
水产品保鲜 280
水产品加工 280
水产品经销 280
水产品销售 282
水产品总产量 278
水产品总产值 279
水产品总量 278
水产品总量与经销 278
水稻 231
水环境 49
水环境质量监测 52
水库 201
水库工程管理 217
水利工程管理 217
水利工程设施 201
水利执法 222
水路交通设施 161
水路运输 171
水路运输管理 180
水生生物 45
水土保持 57
水土保持监管 58
水土流失类型 57
水土流失类型与治理 57
水土流失治理 57
水域资源 42
水闸与排涝工程管理 218
水资源费征收 222
水资源管理 220
水资源量 39
税收 393
税收体制 386
税务登记 405 406
税务管理 405
税务机构 398
税务稽查 407
税种税率 393 396
司法行政 636
丝虫病防治 783
私营、股份制经济 144
死亡抚恤 581
寺庙 810
寺院 803
送王船 827
俗语举例 834
素质教育督导 730
塑料制品业 301
岁时节俗 825
所得税 394 396
所有制结构 144 289

T

台胞参与文化活动 670
台胞救助 674
台胞捐赠 670
台胞社团组织 668
台胞台属 668
台胞台属与社团 668
台胞寻根谒祖活动 671
台北市龙溪同乡会 668
台风 45
台轮接待 674
台盟漳州市委会龙海支部委员会 533
泰山企业（漳州）食品有限公司 342
滩涂 263
特色风物 830
特色风物与小吃 830
特殊教育 708

特种行业管理 617
特种设备监管 449
提案办理 525
体育 763
体育场所 735
体育人才培养 768
天气预报 687
天一民信总局 813
天主教 806
调解事务 641
调解与仲裁 436
调解组织 641
调配 567
调频广播覆盖网 760
铁路 160
通信警报与防空预案 651
通用设备制造业 300
童谣 836
统计分析与研究 422
统计服务 421
统计服务与执法监督 421
统计管理 417
统计执法监督 422
统一马口铁公司 342
统战工作 486
投递线路 184
投资方式 339
投资行业构成 340
投资环境 334
投资结构 339
投资考察 669
图书 751
图书发行 753
图书服务 753
图书收藏 751
屠宰定点管理 348
土地承包责任制 230
土地分等定级和基准地价 83
土地管理 82
土地基础测绘 82
土地经营权转让 230
土地利用规划 82
土地利用规划和基础测绘 82
土地使用管理 88
土地使用权登记办证 83
土地使用权抵押登记 86
土地使用制度改革 88
土地收购储备 89
土地收购储备和招拍挂 89
土地与矿产资源管理机构 81
土地招拍挂 89
土地执法监察 89
土地治理 227
土地资源 41
兔 253
团结联系民主党派 486
推广使用条形码 449
推行政务、办事公开 476
托幼机构儿童保健 788

W

“五保”供养 600
“五老”补助 601
“五五”普法宣传 637
500 吨级陆岛交通码头 167
外汇 369
外汇存贷款业务 369
外汇存款 369
外汇贷款 370
外汇监管 379
外来人员就业 574
外商、港澳台经济 144
外商投资企业 290
外事 侨务 657
外事活动 657
外资企业登记管理 434
完善机制 495
网点 183
网际网络 196
网络管理 617
网络建设 196
危险物品管理 614
微波传输网 761
维护妇女儿童合法权益 541
维护华侨权益 664

维护侨益 545
维护权益 808
维护职工权益 534
维权工作 554
委员产生 520
委员构成 521
卫生保健 785
卫生监督 789
卫星云图接收系统 213
未利用土地 41
慰问资助 674
文化构成 72 468 563
文化活动场所 734
文化交流 485 670
文化市场管理 769
文化体育娱乐场所 734
文化体育娱乐机构 733
文化下乡活动 746
文化艺术团体 734
文化与职业构成 72
文化展览 746
文化展览和文艺培训 746
文明城市创建 484
文明村镇创建 483
文明单位创建 483
文明行业、文明窗口创建 483
文物 图书 747
文物 747
文物保护 747
文物普查 747
文学 737
文学创作 737
文学艺术 737
文艺培训 746
污染源调查 53
污染源调查与治理 53
污染源治理 54
无偿献血 797
无偿献血和造血干细胞捐献 552
无公害畜禽生产基地 255
无线电话（小灵通） 192
无线电及卫星通信系统 213
无线寻呼 192
浯屿村 265
浯屿天后宫 811
五恩宫 811
舞蹈 739
物价管理 422
物价监测 429
物价监督 428
物价检查 428
物价水平 423
物业管理 133
物资采购 325
物资储备 214
物资供应 326
物资系统经营 325
物资系统经营体制改革 315

X

西港线龙海路段 155
西溪桥闸复航整治 178
西溪引水工程 204
西医 780
西医人员 776
戏剧表演 742
下岗失业人员再就业 572
仙草冻 831
险种 372
险种和收入 372
县（市）级财政管理体制 385
县道 153
县第八届政协委员会第三次会议 522
县第十一届人民代表大会第三次会议 502
现代节日习俗 825
现金管理 377
线路 160
乡 839
乡村道路 153
乡村医生培训管理 796
乡情述要 839 841
乡镇、村建设 120
乡镇场财政体制 385
乡镇场科技进步工作考核 700
乡镇场卫生院 778

乡镇场卫生院（社区卫生服务中心） 774
乡镇场与开发区财政管理体制 385
乡镇工业企业管理 310
乡镇规划 105
乡镇企业贷款 365
乡镇人大组织 500
乡镇人民政府 511
乡镇与村庄规划 105
芗剧（歌仔戏） 742
芗曲坐唱 744
向上输送人才 769
项目管理 698
项目引进 338
消防管理 619
消费贷款 365
消费结构 147
消费水平 147 149
消费税 393
消费特征 147 149
消费者权益保护 443
小吃 823
小水电工程 211
小修养护 176
小学管理 726
小学教育 706
校舍改造 728
歇后语举例 835
协商监督、参政议政 524
新党员和入党积极分子培训 494
新耕作模式 240
新建水库 202
新农村建设 491
信访 635
信访工作 495 507
信函 184
信托（拍卖）业机构 360
信托（拍卖）业务 377
信息技术运用 197
刑事检察 624
刑事审批 632
刑事与民商事审判 632
兴办企业 669
兴业卡 362
兴业银行龙海支行 358
性别构成 66 467 562
性别与年龄构成 66
姓氏构成 65
蓄水工程 201
宣传促销 816
宣传工作 482
宣传教育 73 539 650
宣传培训 494
学前教育 703
学术协会 734
学习交流 550
学校设置 706 710 765
学校卫生监督 791
学校与教学管理 725
学制 704 706 712
学制、教材、课程 706 712
血吸虫病防治 783
血液管理 797
血液使用 797
鸭 254

Y

“148”法律服务专线电话 641
烟草专卖 328
烟草专卖管理 350
沿岸捕捞区域与种类 270
沿海防护林营造 247
沿海航道 165
盐政缉查 351
颜厝镇 850
晏海楼 812
羊 253
杨氏大夫第 813
洋西山北“拾福分” 826
养殖 271
养老保险 582
养路费征收 174
养殖机械 268
养殖品种 272 275
养殖用海 96
药店 775

药品、医疗器械采购 326
药品、医疗器械销售 327
药品监督管理 459
药政管理 796
冶金 298
冶金和金属制品业 298
野生动植物 43
业务管理 725
液化气价格 426
医德医风建设管理 795
医技与护理人员 776
医疗保险 585
医疗服务管理 795
医疗服务收费 427
医疗技术 779
医疗救助 601 781
医疗事故鉴定与调处 796
医疗卫生单位 773
医疗卫生队伍 775
医疗卫生设施 777
医疗卫生设施与技术 777
医药公司购销 326
医政管理 794
移动通信 192
移民安置 597
移民工作 872
遗体和器官捐献 552
乙类传染病防治 782
义务教育 708
义务教育与特殊教育 708
艺术 738
议案与建议办理情况 504
议购议销 323
易地建设费 650
疫情 254
疫情监测 254
缢蛏 272
音乐 738
银行卡 361
银行业 361
银行业机构 357
引、供水工程管理 219
引导教育 808
引水工程 203
引水工程管理 219
饮料 823
饮食 823
饮食业 330
饮水工程 205
饮用水卫生监督 790
营林生产 246
营销网点 316
营业税 394 396
营运线路 170
营运业务 170 172
应急对策 688
拥军活动 594
拥政爱民 653
用材林营造 247
优待抚恤 595
优抚与烈士褒扬 595
优惠政策 334
邮件寄递 184
邮路 183
邮政设施 184
邮政网路 183
邮政网路与设施 183
有线电视网 762
有线数字电视 762
幼儿园管理 725
渔船检验管理 283
渔船渔民管理 622
渔船与船员管理 283
渔船主机 267
渔港 268
渔港与渔用码头 268
渔机与仪器 267
渔区分布 264
渔区与渔业劳力 264
渔业机具 266
渔业基础设施用海 97
渔业人口与劳力 266
渔业水域 263
渔业用海 96
渔用码头 269
渔政执法 285

渔政执法与安全生产监督 285
与港澳关系 665
与民主党派协商 486
与台湾关系 668
语法特点 833
语音与词汇特点 832
玉枕洲对渡客运码头 167
预案体系建设 213
预备役 647
预防和查办职务犯罪 627
预防职务犯罪 627
预期寿命 68
预审 620
预算管理 399
预算内收入 387
预算内支出 390
预算外收入 389
预算外支出 393
预算外资金管理 400
园地 41
园林绿化 114
园明庵踏火习俗 827
园所设置 703
园所设置与标准园创建 703
圆山岱仙岩 811
远洋捕捞 270
云盖寺 812
孕产妇系统管理 786
孕妇保健 786
运输工具 169 171
运输管理 179
运输企业 171
运输市场准入机制和年检审制度 179

Z

灾害救济 598
再贷款 366
在龙海的台胞 668
造地工程用海 99
造林与绿化 246
造纸 294
造纸与纸制品制造业 294
增加税利与收入 342
增长水平 142
增长速度 142
增值税 393
漳东线龙海路段 155
漳龙高速公路龙海路段 158
漳州灿坤实业有限公司 342
漳州海达航运有限公司 172
漳州海关查验科 347
漳州海关驻石码办事处 347
漳州海事局石码办事处 174
漳州金方舟旅行社 820
漳州龙海四季旅行社有限公司 820
漳州市公路局龙海分局 174
漳州市级科技进步奖 695
漳州市住房公积金管理中心龙海管理部 130
长城卡 362
长春化工（漳州）有限公司 342
长运集团龙海汽车站 170
账户监管 379
招商活动 336
招商引资 334
招收聘用 564
招银港区 162
招银港区支航道 165
照相业 331
振龙码头 167
镇 842
镇海卫城 812
镇级饮水工程 205
镇情述要 842 845 847 850 852 854 856 858 860 862 864 866
征兵工作 646
征兵宣传 646
蒸发 38
整顿和规范医疗市场 794
证券和信托（拍卖） 376
证券业机构 360
证券业务 376
郑氏建筑群 813
政策与措施 74
政法队伍建设 488
政法工作 488

政府采购管理 404
政府法制监督 517
政府债务管理 404
政区 33
政务督查 518
政务审批改革 476
政协常务委员会会议 522
政协地方组织 519
政协委员 520
政协委员会会议 520 522
政治待遇 724
政治构成 563
政治教育 531
支持慈善事业 808
支持民主党派议政、参政 487
支航道 164
支前工作 594
支前拥军 594
支前拥军 优抚 594
支援地方建设 654
执法稽查 770
执法监察 474
执法监督 489
执业准入与输液准入 795
直管公房管理 132
职称构成 723
职称评聘 569
职工 青年 妇女团体 534
职工教育 535
职工体育 764
职业构成 72
职业教育与高等教育 718
职业培训与技能鉴定 576
职业卫生监督 791
职业中介 577
植保、排灌机具 226
植物保护 242
植物检疫 243
纸币与金属币 361
纸制品 295
指挥系统建设 212
制度改革 176
制度建设 494
质量技术监督 443
质量监督管理 444
质量体系培训与管理 445
质量执法监督 444
治安行政管理 613
治安拘留 621
治理类型 58
致公党龙海总支部委员会 532
中等职业教育 718
中共龙海市第八届委员会全体会议 469
中共龙海市第九届委员会全体会议 469
中共龙海市第十届委员会全体会议 469
中共龙海市第十一届委员会全体会议 470
中国工商银行股份有限公司龙海支行 357
中国共产党龙海市第八次代表大会 468
中国共产党龙海市第九次代表大会 468
中国共产党龙海市第十次代表大会 468
中国共产党龙海市第十一次代表大会 468
中国鸿一企业有限公司 342
中国建设银行股份有限公司龙海支行 358
中国联通有限公司龙海市分公司 189
中国农业发展银行龙海支行 358
中国农业银行龙海市支行 358
中国平安财产保险股份有限公司龙海支公司 360
中国平安人寿保险股份有限公司龙海营销服务部 360
中国人民保险公司龙海市支公司 359
中国人民财产保险股份有限公司龙海市支公司 359
中国人民银行龙海市支行 357
中国人寿保险股份有限公司龙海市支公司 360
中国太平洋财产保险股份有限公司龙海支公司 360
中国太平洋人寿保险股份有限公司龙海营销服务部 360
中国移动通信集团福建有限公司龙海分公司 188
中国银行股份有限公司龙海支行 358
中国银行业监督管理委员会漳州银监分局龙海监管办事处 357
中间业务 370
中西医结合 780
中西医结合医师 776
中心城区近期建设规划 104
中学管理 726
中学教育 710
中医 779
中医人员 776

中长期计划编制与执行 411
钟表与计时仪器 299
钟表与计时仪器、家电制造业 299
种类 238
种类与分布 235 238
重大决策纪要 470
重大事项审议决定 505
重点工程建设 652
重点供水工程 219
重点经营企业 281
重点侨乡 663
重点项目建设管理 416
重点渔村 264
重点渔镇 264
重要会议 511
重要会议与重大决策 467
猪 253
主食 823
主要防洪堤 207
主要工业行业 292
主要工作 524 553
主要公共建筑 108
主要海堤 208
主要花事活动 237
主要活动 529 530 531 532 533 534 536 538 539 542 543 544 546 547 548 549 550 551 552 555 556 801 803 805 806
主要林种营造 247
主要企业介绍 125 126
主要桥梁 159
主要投资企业 342
主要养殖基地 277
主要住宅建筑 109
住房制度改革 133
住宿餐饮业 329
住宿业 329
住院分娩 786
住宅资金管理 134
注册登记 432 433 434
注音举例 834
驻军 645
专案工程 177
专卖机构营销 328
专题党课 493
专题文化活动 745
专项贷款 366
专项规划 104
专项审计调查 453
专项调查 419
专业法规培训 494
专业绘画 739
专业体育竞赛 766
专业戏剧表演 742
专业再教育 566
转移支付 385
装备管理 648
装备管理与民兵训练 648
卓岐村 663
咨询服务与技术推广 548
资金构成 341
紫菜 273
紫泥金定鸭 830
紫泥溪墘红鲟 830
紫泥镇 854
紫泥镇甘文水产生态养殖基地 277
紫石线（县道 516） 154
紫云公园 814
紫云岩寺 812
自来水价格 426
自然变动 63
自然环境 36
自然景观 809
自然条件 263
自然灾害 45
宗教服务 808
宗教管理与服务 807
宗教界别 801
综合服务 516
综合开发与经营体制 227
综合审计 453
综合统计 417
总体水平 148
走访与定兵 647
组建范围 647
组建抢险队伍 214
组织防汛抗旱 213

组织管理 647
组织机构 463 499 508 519 529 530 531 532 533 534 536 538 542 543 544 546 548 549 550 551 552 553 555 556
组织建设 476
组织司法协调 488
最低生活保障 600
作物栽培技术 241
漳州出入境检验检疫局龙海办事处 347
作物栽培技术与良种繁育技术 241
作业区 161 164

人物索引

C

陈添裕 881
陈应龙 875

G

郭其超 879

H

黄成璋 880
黄海澄 879
黄金辉 878
黄绍基 880
黄跃东 881
黄珠昌 877

J

江亚森 881

K

康良材 876
康荣茂 879

L

连震东 875
林金生 878
林开德 878
林永木 877

S

苏 静 877

W

王 德 876

Y

袁培俭 881

Z

詹世忠 882
张秋世 879
郑福全 880
郑志强 882

表格索引

表 1-1-1　2007 年龙海市行政区划辖属表　34
表 1-1-2　2007 年龙海市属农林场区划表　35
表 1-2-1　1993—2007 年龙海市月平均雨量情况表　38
表 1-2-2　1993—2007 年龙海市逐月湿度情况表　38
表 1-2-3　1993—2007 年龙海市逐月日照时数情况表　38
表 1-2-4　1993—2007 年龙海市逐月蒸发量情况表　38
表 1-2-5　1993—2007 年龙海市逐月平均风速情况表　39
表 1-2-6　1993—2007 年龙海市平均和不同频率地表水资源总量分布情况表　39
表 1-2-7　2007 年龙海市野生植物保护级别和分布情况表　44
表 1-3-1　若干年份龙海市台风灾害情况表　46
表 1-3-2　若干年份龙海市暴雨灾害情况表　47
表 1-3-3　若干年份龙海市干旱灾害情况表　48
表 1-4-1　龙海市地表水环境功能区划情况表　50
表 1-4-2　龙海市重要生态功能保护区情况表　51
表 2-1-1　1993—2007 年龙海市人口总量情况表　61
表 2-1-2　若干年份龙海市乡镇人口密度对比情况表　62
表 2-1-3　1993—2007 年龙海市农业人口和非农业人口构成情况表　63
表 2-1-4　1993—2007 年龙海市人口自然变动情况表　63
表 2-1-5　1993—2007 年龙海市人口迁徙变动情况表　64
表 2-2-1　1993—2007 年龙海市人口性别比例情况表　67
表 2-2-2　1990 年、2000 年龙海市人口年龄构成对比表　67
表 2-2-3　1993—2007 年龙海市百岁以上老人情况表　69
表 2-2-4　1990 年、2000 年龙海家庭户规模情况表　71
表 2-2-5　1990 年、2000 年龙海家庭户类别情况表　71
表 2-2-6　1990 年、2000 年龙海人口文化程度构成情况表　72
表 2-3-1　1993—2007 年龙海市计划生育服务站计生服务情况表　76
表 3-2-1　1995 年龙海市国有土地使用权（生地）出让基准地价表　84
表 3-2-2　2005 年龙海市中心城区及乡镇场商业、住宅、工业用地基准地价情况表　85
表 3-2-3　2007 年龙海市中心城区及乡镇场商业、住宅、工业用地基准地价情况表　85
表 3-2-4　1993—2007 年龙海市建设用地审批情况表　88
表 3-2-5　2000—2007 年龙海市土地开发整理项目情况表　91
表 3-3-1　1993—2007 年龙海市矿产资源开发利用情况表　93

表 4-2-1 1993—2007 年龙海市城市道路建设情况表 114
表 4-2-2 1997—2007 年紫云公园景点建设捐献情况表 115
表 4-3-1 1995—2007 年龙海市部分农民新村建设示范点情况表 124
表 4-4-1 1993—2007 年龙海市房地产交易、抵押情况表 128
表 4-5-1 1993—2007 年龙海市房屋产权证登记情况表 132
表 5-1-1 1993—2007 年龙海市主要经济指标完成情况表 140
表 5-1-2 1993—2007 年龙海市主要经济指标完成量人均值情况表 141
表 5-1-3 1993—2007 年龙海市主要经济指标平均增长速度情况表 143
表 5-1-4 若干时期龙海市在漳州市各县（区）的经济增长效率水平排名情况表 143
表 5-2-1 1993—2007 年龙海市三次产业结构情况表 145
表 5-3-1 若干年份全国、福建省、漳州市及龙海市城乡居民人均收入比较情况表 150
表 6-5-1 1993—2007 年龙海市公路规费征收（汽车类）情况表 175
表 6-5-2 1993—2007 年漳州市公路局龙海分局辖养公路统计表 176
表 6-5-3 1993—2007 年漳州市公路局龙海分局小修养护经费收支统计表 177
表 6-5-4 1993—2007 年漳州市公路局龙海分局大中修专案工程统计表 177
表 8-1-1 1993—2007 年龙海市新建山塘工程情况表 201
表 8-1-2 2007 年龙海市各乡镇小（二）型水库情况表 203
表 9-1-1 1993—2007 年龙海市耕地与劳力情况表 225
表 9-3-1 1993—2007 年龙海市粮食作物生产情况表 232
表 9-3-2 1993—2007 年龙海市蔬菜与食用菌生产情况表 234
表 9-3-3 1993—2007 年龙海市茶叶与甘蔗生产情况表 235
表 9-4-1 1993—2007 年龙海市花卉产业情况表 236
表 9-4-2 1993—2007 年龙海市果树种植情况表 239
表 9-6-1 1993—2007 年龙海市林业用地面积情况表 244
表 9-6-2 2007 年龙海市集体林权制度改革完成情况表 245
表 9-6-3 1993—2007 年龙海市山林权属争议调处情况表 246
表 9-6-4 1993—2007 年龙海市营林面积情况表 247
表 9-6-5 1993—2007 年龙海市发生森林火灾情况表 249
表 9-6-6 1993—2007 年主要森林病虫害发生、防治情况表 250
表 9-6-7 2007 年龙海市生态公益林面积情况表 251
表 9-8-1 1993—2007 年龙海市林业执法查处情况表 260
表 10-1-1 1993—2007 年龙海市机动渔船变化情况表 267
表 10-4-1 1993—2007 年龙海市渔业总产量与总产值情况表 279
表 11-1-1 2007 年龙海市经贸系统尚未改制国有工业企业情况表 290
表 12-2-1 1993—2007 年龙海市国内贸易社会消费品零售总额情况表 318
表 12-3-1 1993—2007 年龙海市供销系统农业生产资料购销统计表 320
表 12-3-2 1993—2007 年龙海市供销系统生活资料供应情况表 321
表 12-3-3 1993—2007 年龙海市供销系统农副产品收购情况表 322
表 12-3-4 1993—2007 年龙海市供销系统废旧物资收购情况表 322
表 12-3-5 1993—2007 年龙海市粮食收购情况表 324
表 12-3-6 1993—2007 年龙海市医药公司药品购进统计表 326

表 12-3-7　1993—2007 年龙海市医药公司药品销售统计表　327
表 12-3-8　1993—2007 年漳州市烟草公司龙海分公司卷烟销售情况表　328
表 12-5-1　1993—2007 年龙海市货物实际出口总值情况表　334
表 12-6-1　若干年份龙海市新签协议外资额与实际利用外资额统计表　339
表 12-6-2　若干年份龙海市“三资”企业投资方式构成情况表　339
表 12-6-3　2003—2007 年龙海市年出口额上千万美元的企业情况表　343
表 12-6-4　若干年份龙海市“三资”企业生产经营效益情况表　344
表 12-8-1　若干年份漳州海关驻石码办事处对运输工具和货物监管及报关单办理情况表　353
表 13-2-1　1993—2007 年龙海市银行业人民币各项存贷款余额情况表　366
表 13-2-2　1997—2007 年龙海市结售汇情况表　369
表 13-2-3　1993—2007 年龙海市外汇存贷款余额情况表　370
表 13-2-4　2001—2007 年龙海市银行业金融机构中间业务收入情况表　372
表 13-3-1　1996—2007 年中国人民财产保险龙海市支公司业务情况表　375
表 13-3-2　1996—2007 年中国人寿保险龙海市支公司业务情况表　375
表 13-5-1　1993—2007 年龙海市金融机构现金收支及投放回笼情况表　378
表 14-2-1　1993—2007 年龙海市财政预算内收入完成情况表　389
表 14-2-2　1993—2007 年龙海市上级补助收入和预算外收入情况表　390
表 14-2-3　1993—2007 年龙海市财政预算内支出决算情况表　392
表 14-3-1　1994—2007 年龙海市国税收入情况表　395
表 14-3-2　1994—2007 年龙海市地税收入情况表　397
表 15-4-1　1998—2007 年龙海市被认定福建省著名商标名表　438
表 15-4-2　2000—2007 年龙海市被认定漳州市知名商标名表　439
表 15-5-1　1999—2007 年龙海市获福建省名牌产品汇总表　446
表 15-6-1　1993—2007 年龙海市审计情况表　454
表 16-1-1　1993—2007 年龙海市委历任书记、副书记、常委名表　463
表 16-2-1　第八届至第十一届中共龙海市党员代表构成情况表　468
表 16-4-1　1993—2007 年龙海市党员情况表　477
表 16-9-1　1993—2007 年龙海市来信来访办理情况表　495
表 17-1-1　1993—2007 年龙海市人大常委会主任、副主任名表　499
表 17-1-2　龙海市第十二届至第十五届人民代表构成情况表　501
表 17-1-3　龙海市第十一届第三次至第十五届第一次会议议案与建议办理情况表　504
表 17-2-1　1991—2007 年龙海市（县）人民政府历任市（县）长、副市（县）长名表　508
表 17-2-2　2002—2007 年龙海市行政服务中心受理与办结项目情况表　517
表 17-2-3　2000—2007 年龙海市办理行政复议案件情况表　518
表 17-3-1　1991—2007 年龙海市政协委员会历任主席、副主席名表　519
表 17-3-2　龙海市政协第八届至第十二届委员会参加单位、委员人数情况表　521
表 17-3-3　龙海市政协第八届至第十二届委员构成情况表　521
表 19-3-1　1993—2007 年龙海市干部情况表　563
表 19-4-1　1993—2007 年龙海市城镇就业和农村劳动力转移情况表　573
表 19-4-2　1993—2007 年龙海市外来人员就业情况表　575
表 19-5-1　1995—2007 年龙海市机关社保养老保险基金收支情况表　582

表 19-5-2　1993—2007 年龙海市企业职工基本养老保险基金征收、拨付情况表　583
表 19-5-3　1993—2007 年龙海市农村社会养老保险金发放情况表　584
表 19-5-4　2001—2007 年龙海市医疗保险基金收支情况表　585
表 19-5-5　1993—2007 年龙海市失业保险金收缴、救济金发放情况表　586
表 19-5-6　1993—2007 年龙海市企业职工工伤保险基金收支情况表　587
表 19-5-7　1993—2007 年龙海市企业职工生育保险基金收支情况表　588
表 20-5-1　1993—2007 年龙海市发放救灾救济款、粮情况表　599
表 20-8-1　1993—2007 年龙海市新建地名（建筑物）命名情况表　605
表 20-8-2　1993—2007 年龙海市路段（标准化）命名情况表　606
表 20-8-3　1993—2007 年龙海市婚姻登记情况表　607
表 21-3-1　1993—2007 年龙海市人民法院立案信访情况表　635
表 21-4-1　1993—2007 年龙海市公证处业务办理情况表　638
表 21-4-2　1993—2007 年龙海市律师业务情况表　639
表 21-4-3　1993—2007 年龙海市基层法律服务情况表　640
表 21-4-4　1993—2007 年龙海市法律援助情况表　640
表 21-4-5　1993—2007 年龙海市司法纠纷调解情况表　642
表 22-5-1　2007 年龙海市警报器受装单位情况表　651
表 23-1-1　2004 年龙海市海外华侨华人及出国移民分布情况表　660
表 23-1-2　19932—007 年有龙海籍人士参加的海外社团组织机构情况表　661
表 23-1-3　2004 年龙海市侨情普查归侨、华侨华人眷属情况表　662
表 23-2-1　2004 年祖籍龙海的港澳同胞分布情况表　666
表 23-3-1　1993—2007 年龙海市签约引进台资企业情况表　669
表 23-3-2　19932—007 年龙海市接待台胞情况表　672
表 23-3-3　1993—2007 年龙海市赴台人员情况表　673
表 23-3-4　1993—2007 年龙海市接待台轮情况表　674
表 24-1-1　龙海市重点民营科技研究所情况表　678
表 24-3-1　龙海市星火技术密集区建设重点项目情况表　686
表 24-4-1　龙海市获得国家、省、漳州市科技计划立项项目情况表　690
表 24-4-2　1993—2007 年龙海市获得省级科技进步奖情况表　695
表 24-5-1　1993—2007 年龙海市科技三项经费投入情况表　698
表 24-5-2　1993—2007 年龙海市科技成果转化情况表　699
表 25-3-1　若干年份龙海市普通中学情况表　711
表 25-3-2　若干年份龙海市普通中学学生情况表　711
表 25-3-3　1993—2007 年龙海市中学生省级以上学科竞赛获奖情况表　713
表 25-4-1　若干年份龙海市职业中学情况表　719
表 25-5-1　1996—2007 年龙海市教师参加培训与继续教育情况表　723
表 25-6-1　1993—2007 年龙海市教育事业经费情况表　727
表 26-3-1　1993—2007 年龙海市戏剧（芗剧）表演伴奏获奖名表　742
表 26-5-1　1992—2007 年龙海市文物保护单位情况表　748
表 26-5-2　1993—2007 年龙海图书馆藏部分正式出版著作情况表　751
表 27-1-1　若干年份龙海市医疗卫生技术人员数量情况表　776

表 27-3-1　1993—2007 年龙海市病毒性肝炎发病情况表　785
表 27-4-1　1993—2007 年龙海市住院分娩率及孕产妇、5 岁以下儿童死亡率情况表　786
表 27-7-1　1995—2007 年龙海市无偿献血及用血量情况表　798
表 28-1-1　1993—2007 年龙海市道教活动场所登记情况表　802
表 28-1-2　1993—2007 年龙海市宫庙试点管理登记情况表　802
表 28-1-3　1993—2007 年龙海市佛教活动场所登记情况表　804
表 28-1-4　1993—2007 年龙海市基督教活动场所登记情况表　805
表 28-1-5　1993—2007 年龙海市天主教活动场所登记情况表　807
表 28-4-1　1993—2007 年龙海市旅游接待人数及旅游收入情况表　818
表 29-1-1　1993—2007 年龙海市民俗活动非物质文化遗产保护单位情况表　830

编 后 记

在中共龙海市委、龙海市政府的领导下，龙海撤县建市以来首部地方志——《龙海市志（1993—2007）》，历经多年编纂，终于成书问世。

1993 年 6 月，社会主义时期第一部《龙海县志》由东方出版社出版发行。1993 年 5 月撤县建市以来，龙海市进入了新的发展时期。龙海市方志委自 1997 年 3 月起开始组织编纂《龙海年鉴》，至 2007 年共编纂 5 部年鉴，为二轮修志打下了较好的基础。2007 年 5 月，按照国务院《地方志工作条例》规定，市委、市政府印发《关于做好〈龙海市志（1993—2005）〉编纂工作的通知》（后根据漳州市方志委部署，下限调整至 2007 年），同时调整充实地方志工作领导小组，启动第二轮修志工作。

2007 年 10 月，市委、市政府召开全市第二轮修志工作会议，全面部署第二轮志书编修工作。各承编单位共成立领导小组 28 个，指定分管领导 132 人，配备编撰人员 156 人。市志总编室加强对编撰人员的业务指导，并于 2008 年 3 月在龙海宾馆举办专业志编撰业务培训会。在全市承编单位的共同努力下，于 2011 年 4 月完成市志初稿。同年 7 月 18—21 日召开《龙海市志（1993—2007）》评稿会议，邀请省、市及部分县（区）地方志负责人和专家学者对志稿进行评议，围绕篇目设计、结构层次、行文规范、记述文风、资料补充、编辑加工等问题展开富有建设性的研究讨论。

2013 年 8 月，市志编修进入总纂阶段，总编室制定《龙海市志（1993—2007）》总纂工作方案和行文细则。同时聘请 5 位退休同志参与总纂修改工作，共召开 29 次有关专业分志内部评稿会，至 2016 年 4 月完成总纂初稿。2016 年 5 月，《龙海市志（1993—2007）》初稿经龙海市人民政府初审后，报送漳州市方志委审核验收，并于 12 月顺利通过审核。同年 10 月至 11 月组织开展印刷出版公开招投标工作，最终中标单位为深圳中华商务安全印务股份有限公司，出版社为方志出版社。2017 年，总编室提请市统计局帮助核对重要数据，并聘请专家对部分卷进行重点调整、充实。同年 10 月送方志出版社审核，12 月通过审核。2018 年，总编室根据出版社专家提出的修改意见，再次对市志进行修改、补充，并分类搜集照片，充实志书内容。至 2018 年底，在原龙海市地方志编纂委员会的牵头推动下，志书内容基本定稿。

2018 年 12 月，根据全省机构改革要求，原龙海市地方志编纂委员会与中共龙海市委党史研究室整合为中共龙海市委党史和地方志研究室，继续承担起编修市志的重要任务，并明确把实现市志出版作为 2019 年度头等大事。全体编修人员加班加点、奉献担当，一丝不苟做好文字校对、数据修正等各项工作，确保志稿质量，达到出版要求。2019 年 4 月，《龙海市志（1993—2007）》实现定稿付梓。

《龙海市志（1993—2007）》的编纂工作是一项浩繁的文化工程，历届市委、市政府始终把修志工作列入日常工作议程，历任市委、市政府主要领导和分管领导经常关心指导修志工作，认真听取修志工作汇报，帮助解决人员、出版经费等重大问题。各承编单位全力支持修志工作，心往一处想、劲往一处使，团结协作、任劳任怨，一心一意编修市志。总编室人员和聘请的退休老同志、专家不遗余力、字斟句酌，为修志工作作出了重要贡献。

值此《龙海市志（1993—2007）》问世之际，谨向长期以来关心支持《龙海市志》编纂工作的原福建省地方志编纂委员会、原漳州市地方志编纂委员会的各位领导、各位专家表示衷心的感谢，向热心帮助指导《龙海市志》编纂工作的全国方志界各位同仁、方志出版社的各位专家和社会各界人士致以诚挚的谢忱，向长期奋战在《龙海市志》编纂工作前沿阵地的原龙海市地方志编纂委员会的各位同志致以崇高的敬意！

《龙海市志（1993—2007）》出版发行了，但限于编纂工作的水平，疏漏、误缺在所难免，诚恳希望方志界专家、学者和广大读者不吝赐教。

2019 年 3 月

《龙海市志（1993—2007）》各分卷撰稿、编辑人员一览表

卷名	承编单位	撰稿人员	编辑人员
概述	市方志委	简少雄（根据市政府工作报告整理）	张日庆
大事记	市方志委	根据中共龙海市委办、市政府办、市广电局提供资料整理	许明枝 杨海珍
政区 环境	市方志委、民政局、气象局、环保局、国土局、林业局、地震办、水土保持办	林本谅 简少雄 洪河明 王建龙 苏松涛 洪晓湘 陈景华 许发才 钟艺旭 黄振标 康为民 陈武华 黄德川	张日庆
人口	市计生局、统计局	叶秀丽 李文艺 林本谅	张日庆
国土资源管理	市国土局、海洋与渔业局	黄振标 林金泉 江永才 林永生	杨海珍
城乡建设	市建设局、电力公司、住房公积金管理中心龙海管理部	欧春花 邹俊伟 林 民 林瓜量 吴志清	杨海珍
经济综述	市发改局	张日庆 陈颖丽	张日庆
交通	市方志委、交通局、公路局、航道管理站、石码港务监督处、稽征所	简少雄 黄剑岚 王君虎 林明全 陈文贵 李毓苹 邱素珍 曾建锋 郑建宗	简少雄
邮政 电信	市邮政局、电信局、移动公司、联通公司	陈德辉 郑木昌 陈英凡 黄洁宁 方毅裴 方宝龙 方媛晖	柯少强
水利	市水利局、北溪管理局、省围垦工程处	严宗杰 陈小炫 苏如峰 陈夏颖 郭信义	蔡国瑞
农林牧业	市农业局、林业局、林下林场、畜牧局、乡企局、农机站	蔡国瑞 康为民 王清江 曾港盛 林明长 陈忠发 黄邱山 何亚忠	蔡国瑞
渔业	市海洋与渔业局	江永才 林永生	蔡国瑞
工业	市经贸局、工业办、二轻局、乡企局、角美镇、东园镇、九湖镇	赖若平 林亚鹏 许如藩 苏礼义 胡进辉 胡复揩 蓝爱国 黄强占 陈忠发 郭艺辉 黄益文 蓝爱国 郑建龙	简少雄
商业贸易 招商引资	市经贸局、供销社、粮食局、物资局、医药公司、烟草局、盐务局、外经贸局、后石电厂协调办、海关石码办事处	赖若平 林亚鹏 许如藩 苏礼义 康志勋 蔡佳冠 王伟彬 关毅民 蔡志敏 曾伟明 郭丽芬 廖河灵 林本谅 周立民 甘锦汉 周亚淋 刘端坤 柯俊盛 陈亚暖 梁武安	柯少强
金融	市人民银行、银监龙海办事处、人保财险公司、人寿龙海支公司、东兴证券龙海服务部、广发华福证券龙海服务部、龙海拍卖行	曾锦棠 石明春 陈澄泰 陈德辉 郑木昌 周 勐 康旺根 林元生 陈志坚 周伟成	杨海珍
财政 税务	市财政局、国税局、地税局	林财民 蔡锦成 许建彬 洪松辉 邹海强	杨海珍
综合经济管理	市发改局、统计局、物价局、工商局、质监局、审计局、安监局、食品药品监督管理局	阮秀惠 钟国裕 陈颖丽 李文艺 周和平 刘 强 许舞洪 黄秋霞 林佩辉 林小红 郭碧珠 刘渊虹 欧生辉 郑水波	杨海珍
中国共产党龙海地方组织	市委办、宣传部、文明办、组织部、机关党工委、纪委、党校、统战部、政法委、农办、信访局、老干局	陈亚山 林明真 甘玉云 罗 珊 康瑞枞 钟艺红 曾明泉 林明贤 邱水福 张 玲 陈永洲 郑武勇 吴俊强 蔡炳源 黄继文 林炳查 黄丰远 杨细忠 陈达贤 姚冰雪 李 俊 曾勇辉 吴少杰	陈春红 柯少强 卢艺容

续表

卷名	承编单位	撰稿人员	编辑人员
人大 政府 政协	市人大办、政府办、行政服务中心、政协办	苏通瑞 王燕国 徐子杰 林本谅	邱旺山 柯少强
民主党派 社会团体	民革、民盟、民进党、农工党、致公党、台盟、总工会、团市委、妇联、工商联、侨联、台联、科协、文联、卫协、计生协会、慈善总会、红十字会、残联、老龄委、关工委、消委会	林新来 蓝寿义 陈忠杰 吴　永 康志星 许燕章 林跃卿 蔡源盛 王祝伟 叶雅青 康开通 陈素英 陈四趑 洪景明 叶玉斌 许可义 赵常青 康丽惠 蔡明辉 许海泉 黄　梅 王小燕 徐国才 苏孝德 黄启读 郑逸明 郑溪成 姚溪山 林建贤 钟德根 黄秋霞 刘　强 许舜洪 郭雅芬	林本谅
人事 劳动和社会保障	市编办、人事局、劳动和社会保障局	黄源来 郭美福 邱维旭 李安辉	蔡国瑞
民政	市民政局、支前双拥办、移民局、慈善总会	洪河明 王建龙 曹立宏 黄继生 苏孝德	高建国
法治	市公安局、法院、检察院、司法局、交警大队、消防大队、边防大队	林力君 王乾细 陈福来 黄建明 甘永远 林锦武 林长俊 陈壮雄 洪建财	简少雄
军事	市武装部、支前双拥办、人防办、交通战备办公室	胡平苏 洪进春 洪璋国 曹立宏 黄其河 黄剑岚 王君虎	简少雄
外事 侨务与港澳台关系	市侨办、侨联、台办	林本谅 张辉煌 纪华云 叶玉斌 陈国树	高建国
科学技术	市科技局、气象局、科协、气象局、地震办	黄毓辉 陈维鑫 陈景华 赵祥清 康丽惠 苏松涛 洪晓湘 陈武华	蔡国瑞
教育	市教育局	张永忠 康炳林 周志荣 张永忠	柯少强
文化 体育	市文体局、党史室、方志委、档案局、广电局、文联	陈溪东 陈志群 陈春杰 纪亚彪 高建国 黄燕红 陈立人 曾跃基 杨海珍 吴金树 蔡艺山 黄英聪 蔡阿全 颜跃辉 许海泉	高建国
医疗 卫生	市卫生局、爱卫办、食品药品监督局、疾控中心、妇幼保健院、创卫办	郭扬通 郭跃辉 王小燕 陈子平 郑水波 钟政兴 吴莹如 吴艺龙	高建国
宗教 旅游	市民宗局、旅游局	周立民 林明远 张坤明 沈静怡	高建国
民俗 方言	市方志委、文化馆	张日庆 高建国	张日庆
乡镇场概况	东泗乡、隆教乡、角美镇、程溪镇、九湖镇、颜厝镇、榜山镇、紫泥镇、石码镇、海澄镇、东园镇、白水镇、浮宫镇、港尾镇、双第华侨农场、程溪农场	曾雅玲 王有政 郭艺辉 陈志勇 郑建龙 刘松水 曾志军 钱舜锴 林鹏发 叶栋杰 黄毅聪 林艺虹 黄益文 蓝爱国 王碧丽 林娟娟 蓝　腾 陈立平 王立群	简少雄
人物	市方志委、各承编单位	各承编单位提供	陈娜娟 林本谅 杨海珍 柯少强

图书在版编目（CIP）数据

龙海市志．1993–2007/ 中共龙海市委党史和地方志研究室编．
—北京：方志出版社，2019.4

ISBN 978-7-5144-2884-1

Ⅰ．①龙…Ⅱ．①中…Ⅲ．①龙海 – 地方志 –1993–2007
Ⅳ．① K295.74

中国版本图书馆 CIP 数据核字（2018）第 001186 号

龙海市志（1993–2007）

编　　者：中共龙海市委党史和地方志研究室
责任编辑：冯　松

出 版 人：冀祥德
出 版 者：方志出版社
地址　北京市朝阳区潘家园东里 9 号（国家方志馆 4 层）
邮编　100021
网址　http://www.fzph.org
发　　行：方志出版社图书经销中心
电话（010）67110500
经　　销：各地新华书店
印　　刷：深圳中华商务安全印务股份有限公司
装帧设计：深圳中华商务安全印务股份有限公司

开　　本：889 × 1194　　1/16
印　　张：64
字　　数：1948 千字　　32 插页
版　　次：2019 年 4 月第 1 版　　2019 年 4 月第 1 次印刷
印　　数：0001~4500 册

ISBN 978-7-5144-2884-1　　定价：580.00 元